Weber · Ehrich · Hörchens
Handbuch zum Betriebsverfassungsrecht

Handbuch zum Betriebsverfassungsrecht

von

Ulrich Weber
Rechtsanwalt am OLG Köln,
Fachanwalt für Arbeitsrecht

Dr. Christian Ehrich
Richter am ArbG, Köln

Dr. Angela Hörchens
Rechtsanwältin am LG Berlin

1998

Verlag
Dr. Otto Schmidt
Köln

> Die Deutsche Bibliothek – CIP-Einheitsaufnahme
>
> Weber, Ulrich:
> Handbuch zum Betriebsverfassungsrecht / von Ulrich
> Weber ; Christian Ehrich ; Angela Hörchens. – Köln :
> O. Schmidt, 1998
> ISBN 3-504-42602-0

Verlag Dr. Otto Schmidt KG
Unter den Ulmen 96–98, 50968 Köln
Tel.: 02 21/9 37 38-01, Fax: 02 21/9 37 38-9 21

© 1998 by Verlag Dr. Otto Schmidt KG

Das Werk einschließlich aller seiner Teile ist urheberrechtlich geschützt. Jede Verwertung, die nicht ausdrücklich vom Urheberrechtsgesetz zugelassen ist, bedarf der vorherigen Zustimmung des Verlages. Das gilt insbesondere für Vervielfältigungen, Bearbeitungen, Übersetzungen, Mikroverfilmungen und die Einspeicherung und Verarbeitung in elektronischen Systemen.

Das verwendete Papier ist aus chlorfrei gebleichten Rohstoffen hergestellt, holz- und säurefrei, alterungsbeständig und umweltfreundlich.

Umschlaggestaltung: Jan P. Lichtenford, Mettmann
Gesamtherstellung: Bercker Graphischer Betrieb GmbH, Kevelaer
Printed in Germany

Vorwort

Das deutsche Betriebsverfassungsgesetz wird in seinen Auswirkungen auf den Wirtschaftsstandort Deutschland unterschiedlich bewertet. Viele Arbeitgeber betrachten die betriebliche Mitbestimmung als Investitionshindernis und machen diese dafür verantwortlich, daß ausländische Unternehmen derzeit nur in geringem Umfang in Deutschland investieren. Demgegenüber sehen prominente Arbeitsrechtler, wie der Präsident des Bundesarbeitsgerichts, Herr Prof. Dr. Thomas Dieterich, im deutschen Betriebsverfassungsrecht sogar einen Standortvorteil für den Industriestandort Deutschland. Sicher ist, daß sich die Mitbestimmung nach dem Betriebsverfassungsgesetz nunmehr über Jahrzehnte in deutschen Betrieben bewährt hat. Nachdem zu den wesentlichen Streitpunkten des Gesetzes eine umfangreiche Rechtsprechung des Bundesarbeitsgerichts existiert, sind informierte Arbeitgeber und Betriebsräte in der Lage, die eigenen Rechte und Pflichten korrekt einzuschätzen. Dies führt in vielen Fällen schon im Vorfeld zur Vermeidung streitiger Auseinandersetzungen zwischen Arbeitgebern und Betriebsräten.

Da die Diskussion derzeit in vielen Arbeitsbereichen weg vom Flächentarifvertrag hin zu betrieblichen Lösungen geht, müssen die Tarifvertragsparteien und alle im Arbeitsleben Aktiven nachhaltig daran interessiert sein, durch Erweiterung des Wissensstandes von Betriebsrat, Personalleitung und Geschäftsleitung allen Beteiligten den Umgang mit dem Betriebsverfassungsgesetz zu erleichtern. Diesem Ziel soll das vorliegende Buch dienen. Durch die Darstellung der Rechtsprechung des Bundesarbeitsgerichts soll allen im Betrieb Tätigen ein neutraler Berater an die Hand gegeben werden, der es in verständlicher Form ermöglicht, die eigenen rechtlichen Möglichkeiten zu erkennen.

Schwerpunktmäßig wurden nicht nur die üblichen Streitfelder der Mitbestimmung bei Einstellung, Versetzung und Kündigung von Arbeitnehmern behandelt. Besonderes Augenmerk wurde auch auf die Grundlagen der Betriebsverfassung, die verschiedenen Organe und die allgemeinen Begrifflichkeiten gelegt. Nur eine exakte Kenntnis der Rechtsprechung des Bundesarbeitsgerichts zur Definition des Betriebes oder des leitenden Angestellten ermöglicht eine unangreifbare Anwendung des Betriebsverfassungsgesetzes. Fehler in diesem Bereich ziehen sich von der Betriebsratswahl bis hin zu der Frage, ob ein Mitbestimmungstatbestand gegeben ist.

Vorwort

In Anbetracht der Aktualität der Thematik wurden der Europäische Betriebsrat und dessen Kompetenzen ausführlich behandelt. Gleiches gilt für die Wahl des Betriebsrates, seine Konstituierung und Geschäftsführung. Arbeitgeber und Betriebsrat werden auch praktische Hinweise für den Abschluß von Betriebsvereinbarungen, für deren Regelungsbereiche und Beendigungsmöglichkeiten finden. Besonderes Gewicht wurde im Interesse einer praxisnahen Darstellung auf die Erläuterung der Rechtsprechung des Bundesarbeitsgerichtes gelegt, die bis Mitte 1997 berücksichtigt wurde.

Köln, Berlin im Oktober 1997

Ulrich Weber   Dr. Christian Ehrich   Dr. Angela Hörchens

Inhaltsübersicht

	Seite
Vorwort	V
Inhaltsverzeichnis	XIII
Literaturverzeichnis	XXXI
Abkürzungsverzeichnis	XXXV

Teil A
Grundlagen

	Rz.	Seite
I. Betriebsbegriff	1	1
II. Betriebsteile	14	4
III. Nebenbetriebe	23	8
IV. Gemeinsamer Betrieb	27	9
V. Geltungsbereich des BetrVG	35	12

Teil B
Organe der Betriebsverfassung

	Rz.	Seite
I. Betriebsrat	1	47
II. Gesamtbetriebsrat	127	82
III. Konzernbetriebsrat	254	122
IV. Wirtschaftsausschuß	322	139
V. Jugend- und Auszubildendenvertretung	438	166
VI. Gesamt-Jugend- und Auszubildendenvertretung	521	189
VII. Schwerbehindertenvertretung	535	194
VIII. Gesamtschwerbehindertenvertretung	551	198
IX. Betriebsausschuß	555	199
X. Weitere Ausschüsse	575	204
XI. Gemeinsame Ausschüsse	583	206
XII. Betriebs- und Abteilungsversammlungen	590	208
XIII. Europäischer Betriebsrat	649	223
XIV. Sprecherausschuß für leitende Angestellte	708	241

Teil C
Geschäftsführung des Betriebsrats

	Rz.	Seite
I. Wahl und Aufgaben des Betriebsratsvorsitzenden	1	269
II. Betriebsratssitzung	24	275
III. Betriebsratsbeschluß	39	279
IV. Sitzungsniederschrift	69	288
V. Geschäftsordnung des Betriebsrats und der Ausschüsse	80	290
VI. Sprechstunden des Betriebsrats	88	293

Teil D
Rechtsstellung der Betriebsratsmitglieder

I. Eigenverantwortliche Tätigkeit	1	297
II. Arbeitsbefreiung nicht freigestellter Betriebsratsmitglieder	7	299
III. Lohnausgleich für Betriebsratsarbeit außerhalb der Arbeitszeit	32	308
IV. Die Rechtsstellung freigestellter Betriebsratsmitglieder	49	313
V. Ersatzmitglieder	86	326
VI. Geheimhaltungspflicht	128	339
VII. Entgelt- und Entwicklungsschutz	151	345
VIII. Kündigungsschutz	173	353
IX. Abberufung von Betriebsratsmitgliedern	225	369
X. Handlungsmöglichkeiten des Betriebsrates zur Erzwingung betriebsverfassungsgemäßen Verhaltens des Arbeitgebers	261	384

Teil E
Kosten des Betriebsrats

I. Allgemeine Grundsätze	1	391
II. Kosten der Betriebsratstätigkeit	5	392
III. Sachaufwand und Büropersonal	57	413

		Rz.	Seite
IV.	Bekanntgabe der Betriebsratskosten in der Betriebsversammlung	83	422
V.	Streitigkeiten	86	423
VI.	Haftung des Betriebsrats	94	425

Teil F
Betriebsvereinbarungen

		Rz.	Seite
I.	Allgemeine Grundsätze	1	427
II.	Gegenstand von Betriebsvereinbarungen	5	428
III.	Abschluß von Betriebsvereinbarungen	23	433
IV.	Auslegung von Betriebsvereinbarungen	33	436
V.	Geltungsbereich	38	437
VI.	Tarifvorbehalt	50	440
VII.	Rechtswirkungen einer Betriebsvereinbarung	77	449
VIII.	Innenschranken von Betriebsvereinbarungen	92	453
IX.	Durchführung von Betriebsvereinbarungen	99	455
X.	Möglichkeiten des Betriebsrats bei Mißachtung von Betriebsvereinbarungen durch den Arbeitgeber	102	456
XI.	Verzicht, Verwirkung, Ausschlußfristen und Abkürzung der Verjährungsfristen	105	457
XII.	Auswirkungen eines Betriebsinhaberwechsels und von Betriebsumstrukturierungen auf Betriebsvereinbarungen	114	459
XIII.	Beendigung der Betriebsvereinbarung	120	460
XIV.	Nachwirkung von Betriebsvereinbarungen	137	466
XV.	Folgen der Unwirksamkeit von Betriebsvereinbarungen	143	468
XVI.	Regelungsabrede	147	469
XVII.	Streitigkeiten	153	471

Teil G
Verfahren vor der Einigungsstelle

	Rz.	Seite
I. Zuständigkeit der Einigungsstelle	1	473
II. Errichtung der Einigungsstelle	11	476
III. Rechtsstellung der Einigungsstellenmitglieder	22	480
IV. Ablauf des Einigungsstellenverfahrens	43	486
V. Inhalt und Rechtswirkungen des Spruchs der Einigungsstelle	56	489
VI. Gerichtliche Überprüfung des Einigungsstellenspruchs	68	493

Teil H
Mitbestimmung in sozialen Angelegenheiten

	Rz.	Seite
I. Allgemeine Grundsätze	1	499
II. Die Mitbestimmungstatbestände im einzelnen	49	513
III. Freiwillige Mitbestimmung	176	551

Teil I
Mitbestimmung in personellen Angelegenheiten

	Rz.	Seite
I. Personalplanung	1	555
II. Innerbetriebliche Stellenausschreibung	15	559
III. Personalfragebögen und allgemeine Beurteilungsgrundsätze	27	562
IV. Auswahlrichtlinien	63	572
V. Maßnahmen der beruflichen Bildung	87	578
VI. Personelle Einzelmaßnahmen	121	588
VII. Geltung der Schutzvorschriften für leitende Angestellte, § 105 BetrVG	395	668

Teil J
Mitbestimmung in wirtschaftlichen Angelegenheiten

	Rz.	Seite
I. Allgemeine Voraussetzungen für die Beteiligung des Betriebsrats nach §§ 111 ff. BetrVG	8	673

		Rz.	Seite
II.	Aufbau der Beteiligungsrechte bei Betriebsänderungen	45	682
III.	Besonderheiten bei Personalabbau und Neugründung, § 112a BetrVG	85	695
IV.	Rechtsstreitigkeiten um und nach dem Abschluß von Interessenausgleich/Sozialplan	92	697
V.	Ausgleichsansprüche gemäß § 113 BetrVG	100	700

Teil K
Beteiligung des Betriebsrats in Tendenzbetrieben und Religionsgemeinschaften, § 118 BetrVG

I.	Allgemeine Grundsätze	1	703
II.	Die geschützten Bestimmungen des § 118 Abs. 1 BetrVG	6	704
III.	Einschränkung der Beteiligungsrechte des Betriebsrats	19	709

Anhang

I.	Checklisten	715
II.	Muster	727

Stichwortverzeichnis 733

Inhaltsverzeichnis

	Seite
Vorwort	V
Inhaltsübersicht	VII
Literaturverzeichnis	XXXI
Abkürzungsverzeichnis	XXXV

Teil A
Grundlagen

	Rz.	Seite
I. Betriebsbegriff	1	1
II. Betriebsteile	14	4
III. Nebenbetriebe	23	8
IV. Gemeinsamer Betrieb	27	9
V. Geltungsbereich des BetrVG	35	12
1. Betriebsgröße	35	12
2. Persönlicher Geltungsbereich	43	14
a) Arbeitnehmer i. S. von § 5 Abs. 1 BetrVG	43	14
b) Einschränkungen nach § 5 Abs. 2 BetrVG	68	24
c) Leitende Angestellte i. S. von § 5 Abs. 3 BetrVG	75	27
aa) Die Tatbestandsgruppen des § 5 Abs. 3 Satz 2 BetrVG	78	28
(1) Allgemeine Voraussetzungen	78	28
(2) Die Merkmale im einzelnen	84	29
(a) Selbständige Einstellungs- und Entlassungsbefugnis (Nr. 1)	84	29
(b) Generalvollmacht oder Prokura (Nr. 2)	88	30
(c) Leitende Angestellte i. S. von § 5 Abs. 3 Satz 2 Nr. 3 BetrVG	93	32
bb) Die Auslegungsregel des § 5 Abs. 4 BetrVG	108	36
(1) Bedeutung der Vorschrift	109	36
(2) Die Merkmale im einzelnen	115	38

		Rz.	Seite
(a) Zuordnung anläßlich einer Wahl oder durch gerichtliche Entscheidung (Nr. 1)		116	38
(b) Leitungsebene mit überwiegend leitenden Angestellten (Nr. 2)		120	39
(c) Für leitende Angestellte übliches Jahresgehalt (Nr. 3)		122	39
(d) Dreifache Bezugsgröße (Nr. 4)		126	40
cc) Einzelfälle		130	41
3. Räumlicher Geltungsbereich		133	42
4. Tendenzbetriebe und Religionsgemeinschaften		140	44
5. Privatwirtschaft		145	45

Teil B
Organe der Betriebsverfassung

	Rz.	Seite
I. Betriebsrat	1	47
1. Wahl des Betriebsrats	1	47
a) Zeitpunkt der Wahl	2	47
b) Wahlberechtigung und Wählbarkeit	5	48
c) Größe des Betriebsrats	18	51
d) Zusammensetzung des Betriebsrats	25	53
e) Wahlvorstand	39	57
f) Gruppenwahl und Gemeinschaftswahl	59	62
g) Verhältniswahl und Mehrheitswahl	61	63
h) Wahlvorschläge	68	65
i) Wahlverfahren	74	66
k) Wahlschutz, Wahlkosten	81	68
l) Wahlanfechtung, Nichtigkeit der Wahl	91	70
2. Amtszeit des Betriebsrats	103	74
a) Beginn der Amtszeit	103	74
b) Dauer der Amtszeit	105	75
c) Ende der Amtszeit	106	75
d) Erlöschen der Mitgliedschaft im Betriebsrat	116	78
3. Aufgaben des Betriebsrats	119	79
II. Gesamtbetriebsrat	127	82
1. Voraussetzungen der Errichtung	127	82
a) Unternehmen	128	82
b) Bestehen mehrerer Betriebsräte	130	83

		Rz.	Seite
2.	Zusammensetzung	132	83
	a) Gruppenvertretung	132	83
	b) Ersatzmitglieder	137	85
3.	Amtszeit der Mitglieder	140	86
	a) Regelmäßige Dauer der Mitgliedschaft im Gesamtbetriebsrat	140	86
	b) Ausschluß von Gesamtbetriebsratsmitgliedern	142	87
	c) Erlöschen der Mitgliedschaft im Gesamtbetriebsrat	146	88
4.	Geschäftsführung	150	89
	a) Wahl des Vorsitzenden und seines Vertreters	151	89
	b) Bildung von Ausschüssen	155	90
	c) Freistellung von Mitgliedern des Gesamtbetriebsrats	164	93
	d) Schulung von Mitgliedern des Gesamtbetriebsrats	165	94
	e) Abberufung des Vorsitzenden	166	95
5.	Kosten und Sachaufwand	167	95
6.	Gesamtbetriebsratssitzungen	171	97
7.	Beschlußfassung des Gesamtbetriebsrats	183	101
	a) Stimmrecht und Stimmengewichtung	183	101
	b) Beschlußfähigkeit	190	103
8.	Rechtsstellung des Gesamtbetriebsrats gegenüber den einzelnen Betriebsräten	192	104
9.	Zuständigkeit des Gesamtbetriebsrats	195	104
	a) Zuständigkeit kraft Gesetzes (§ 50 Abs. 1 BetrVG)	195	104
	b) Zuständigkeit kraft Auftrags (§ 50 Abs. 2 BetrVG)	217	112
10.	Gesamtbetriebsvereinbarungen	224	114
11.	Gesamtbetriebsrat und Wirtschaftsausschuß	231	116
12.	Gesamtbetriebsrat und Europäischer Betriebsrat	234	116
13.	Informationspflicht des Gesamtbetriebsrats gegenüber den Einzelbetriebsräten	235	117
14.	Betriebsräteversammlung	236	117
	a) Bedeutung	237	117
	b) Zusammensetzung und Aufgaben	239	118
	c) Einberufung und Durchführung	248	120

	Rz.	Seite
III. Konzernbetriebsrat	254	122
1. Voraussetzungen der Errichtung	254	122
a) Konzern	255	122
b) Bestehen mehrerer Gesamtbetriebsräte	268	126
c) Zustimmung der Gesamtbetriebsräte	270	127
2. Rechtsstellung des Konzernbetriebsrats	273	127
3. Zusammensetzung	276	128
4. Amtszeit der Mitglieder	284	130
5. Geschäftsführung	291	131
6. Beschlußfassung des Konzernbetriebsrats	299	133
7. Verhältnis des Konzernbetriebsrats zu den Gesamtbetriebsräten	305	134
8. Zuständigkeit des Konzernbetriebsrats	306	134
a) Zuständigkeit kraft Gesetzes (§ 58 Abs. 1 BetrVG)	308	135
b) Besondere Zuständigkeiten	314	136
c) Zuständigkeit kraft Auftrags (§ 58 Abs. 2 BetrVG)	315	137
9. Konzernbetriebsvereinbarungen	317	137
10. Konzernunternehmen mit nur einem Betriebsrat	319	138
IV. Wirtschaftsausschuß	322	139
1. Allgemeine Grundsätze	322	139
2. Voraussetzungen der Errichtung	325	140
3. Größe und Zusammensetzung	334	142
4. Amtszeit der Mitglieder	342	143
5. Rechte und Pflichten der Mitglieder	344	144
6. Geschäftsführung	348	145
a) Sitzungen	350	145
b) Kosten	372	150
7. Aufgaben	374	150
a) Wirtschaftliche Angelegenheiten	375	150
b) Beratung mit dem Arbeitgeber	390	155
c) Unterrichtung durch den Arbeitgeber	391	156
aa) Zeitpunkt der Unterrichtung	392	156
bb) Umfang der Unterrichtung	396	157
cc) Vorlage von Unterlagen	398	157

	Rz.	Seite
dd) Betriebs- und Geschäftsgeheimnisse	402	158
ee) Hinzuziehung von Sachverständigen	406	159
ff) Folgen der Mißachtung der Unterrichtungspflicht durch den Arbeitgeber	409	160
d) Unterrichtung des Betriebsrats	411	160
e) Erläuterung des Jahresabschlusses durch den Arbeitgeber	415	161
f) Unterrichtung der Arbeitnehmer durch den Arbeitgeber	418	162
8. Verfahren bei Meinungsverschiedenheiten	421	163
a) Voraussetzungen des Einigungsstellenverfahrens nach § 109 BetrVG	422	163
b) Gegenstand und Rechtsfolgen des Verfahrens nach § 109 BetrVG	425	163
c) Arbeitsgerichtliches Beschlußverfahren	435	166
V. Jugend- und Auszubildendenvertretung	**438**	**166**
1. Bedeutung und Funktion	438	166
2. Voraussetzungen der Errichtung	440	167
3. Wahlberechtigung und Wählbarkeit	442	167
4. Größe und Zusammensetzung	446	169
5. Zeitpunkt und Durchführung der Wahl	448	169
6. Amtszeit	457	171
7. Aufgaben	460	172
a) Allgemeine Aufgaben	461	172
b) Unterrichtung durch den Betriebsrat	466	174
c) Sitzungen des Betriebsrats	468	175
d) Aussetzung von Betriebsratsbeschlüssen	475	178
e) Teilnahme an Besprechungen zwischen Arbeitgeber und Betriebsrat	477	178
8. Geschäftsführung	480	179
a) Allgemeine Grundsätze	480	179
b) Sitzungen	482	180
c) Sprechstunden	486	180
9. Jugend- und Auszubildendenversammlungen	490	181
10. Rechtsstellung der Mitglieder	500	183
a) Ehrenamtliche Tätigkeit	500	183
b) Schulungs- und Bildungsveranstaltungen	501	184
c) Schutzbestimmungen	504	185

	Rz.	Seite
aa) Tätigkeits- und Entgeltschutz	504	185
bb) Benachteiligungs- und Begünstigungsverbot	505	185
cc) Kündigungsschutz	506	185
dd) Übernahme von Auszubildenden	511	187
d) Geheimhaltungspflicht	520	189
VI. Gesamt-Jugend- und Auszubildendenvertretung	521	189
1. Bedeutung und Funktion	521	189
2. Voraussetzungen der Errichtung	523	190
3. Zusammensetzung	525	191
4. Amtszeit	526	191
5. Zuständigkeit	527	191
6. Geschäftsführung	529	192
7. Stimmengewichtung	532	193
8. Rechtsstellung der Mitglieder	533	193
VII. Schwerbehindertenvertretung	535	194
VIII. Gesamtschwerbehindertenvertretung	551	198
IX. Betriebsausschuß	555	199
1. Voraussetzungen der Errichtung	555	199
2. Zusammensetzung	557	199
3. Beendigung der Amtszeit	565	202
4. Stellung und Aufgaben	568	203
X. Weitere Ausschüsse	575	204
XI. Gemeinsame Ausschüsse	583	206
XII. Betriebs- und Abteilungsversammlungen	590	208
1. Formen von Betriebs- und Abteilungsversammlungen	591	208
a) Regelmäßige Betriebs- und Abteilungsversammlungen	591	208
b) Weitere Betriebsversammlungen	600	210
2. Einberufung, zeitliche Lage, Ort und Dauer	608	213

	Rz.	Seite
3. Teilnahmeberechtigte	618	216
4. Durchführung	628	218
5. Kosten und Vergütungsfortzahlung	642	221
XIII. Europäischer Betriebsrat	649	223
1. Geltungsbereich des EBRG	650	223
2. Möglichkeiten zur Verwirklichung des grenzüberschreitenden Unterrichtungs- und Anhörungsverfahrens	658	226
3. Besonderes Verhandlungsgremium der Arbeitnehmer	659	226
a) Bildung	659	226
b) Zusammensetzung	660	226
c) Geschäftsführung und Kosten	662	227
d) Aufgabe	663	228
4. Vereinbarung zwischen besonderem Verhandlungsgremium und zentraler Leitung	665	228
a) Europäischer Betriebsrat kraft Vereinbarung	666	229
b) Anderes Verfahren zur Unterrichtung und Anhörung der Arbeitnehmer	668	229
c) Übergangsbestimmung	670	230
5. Europäischer Betriebsrat kraft Gesetzes	672	231
a) Voraussetzungen	672	231
b) Zusammensetzung	675	231
c) Bestellung und Abberufung der inländischen Arbeitnehmervertreter	679	232
d) Amtszeit	682	233
e) Geschäftsführung, Bildung eines Ausschusses	685	234
f) Aufgaben	690	235
6. Grundsätze der Zusammenarbeit	699	238
a) Vertrauensvolle Zusammenarbeit	699	238
b) Geheimhaltungspflicht	700	238
7. Schutzbestimmungen	703	239
8. Gesetzesverdrängende Vereinbarungen	705	240
XIV. Sprecherausschuß für leitende Angestellte	708	241
1. Allgemeine Grundsätze	708	241
2. Voraussetzungen der Errichtung	711	242

	Rz.	Seite
3. Zahl der Mitglieder	719	244
4. Wahl	722	245
5. Amtszeit	725	245
6. Geschäftsführung	735	247
7. Rechtsstellung der Mitglieder	738	248
8. Zusammenarbeit mit Arbeitgeber und Betriebsrat	755	253
9. Versammlung der leitenden Angestellten	761	254
10. Mitwirkung der leitenden Angestellten	762	254
a) Allgemeine Aufgaben	763	255
b) Unterstützung einzelner leitender Angestellter	771	257
c) Arbeitsbedingungen und Beurteilungsgrundsätze	774	258
d) Bestimmung eines leitenden Angestellten im Europäischen Betriebsrat	776	258
e) Personelle Einzelmaßnahmen	777	258
aa) Einstellung und personelle Veränderung	778	259
bb) Kündigung	783	260
f) Wirtschaftliche Angelegenheiten	791	262
aa) Wirtschaftliche Angelegenheiten i. S. von § 106 BetrVG	792	262
bb) Betriebsänderungen	794	262
g) Folgen der Verletzung von Mitwirkungsrechten	797	263
h) Vertragliche Änderungen der Beteiligungsrechte	801	264
11. Richtlinien und Vereinbarungen	803	265
12. Freiwillige Sprecherausschüsse	816	268

Teil C
Geschäftsführung des Betriebsrats

	Rz.	Seite
I. Wahl und Aufgaben des Betriebsratsvorsitzenden	1	269
1. Wahl in der konstituierenden Sitzung	1	269
2. Aufgaben des Betriebsratsvorsitzenden	14	272
II. Betriebsratssitzung	24	275
1. Vorbereitung	24	275
2. Teilnahmerecht	30	276
3. Durchführung	35	278

	Rz.	Seite
III. Betriebsratsbeschluß	39	279
1. Beschlußfähigkeit	39	279
2. Beschlußfassung	44	281
3. Rechtswirksamkeit der Beschlüsse	56	284
4. Aussetzung von Beschlüssen	60	285
IV. Sitzungsniederschrift	69	288
V. Geschäftsordnung des Betriebsrats und der Ausschüsse	80	290
VI. Sprechstunden des Betriebsrats	88	293

Teil D
Rechtsstellung der Betriebsratsmitglieder

	Rz.	Seite
I. Eigenverantwortliche Tätigkeit	1	297
II. Arbeitsbefreiung nicht freigestellter Betriebsratsmitglieder	7	299
1. Wahrnehmung von Betriebsratsaufgaben	10	299
2. Erforderlichkeit der Arbeitsbefreiung	16	303
3. Keine Entgeltminderung	28	306
III. Lohnausgleich für Betriebsratsarbeit außerhalb der Arbeitszeit	32	308
IV. Die Rechtsstellung freigestellter Betriebsratsmitglieder	49	313
1. Anzahl der Freistellungen	49	313
2. Wahl der freizustellenden Betriebsratsmitglieder	62	318
3. Die Aufgaben des freigestellten Betriebsratsmitgliedes	79	323
V. Ersatzmitglieder	86	326
1. Die Reihenfolge des Nachrückens von Ersatzmitgliedern	89	327
2. Die Fälle des Nachrückens von Ersatzmitgliedern	98	329

	Rz.	Seite
VI. Geheimhaltungspflicht	128	339
1. Geheimhaltung von Betriebs- und Geschäftsgeheimnissen	129	339
2. Geheimhaltung von „persönlichen Geheimnissen" von Arbeitnehmern	147	344
3. Geheimhaltung von Betriebsratsinterna	150	344
VII. Entgelt- und Entwicklungsschutz	151	345
1. Entgeltschutz	151	345
2. Tätigkeitsschutz	165	349
VIII. Kündigungsschutz	173	353
1. Kündigungsschutz während der Ausübung des Betriebsratsamtes	173	353
2. Kündigungsschutz im Falle der Betriebsstillegung	208	364
3. Kündigungsschutz nach Beendigung des Betriebsratsamtes	218	366
4. Kündigungsschutz weiterer betriebsverfassungsrechtlicher Funktionsträger	222	368
IX. Abberufung von Betriebsratsmitgliedern	225	369
1. Antragsberechtigung	227	369
2. Ausschluß von Betriebsratsmitgliedern	232	370
a) Verletzung der Schweigepflicht	243	375
b) Vernachlässigung betriebsverfassungsrechtlicher Befugnisse	244	375
c) Verstöße gegen die Pflicht zur vertrauensvollen Zusammenarbeit gemäß § 2 Abs. 1 BetrVG	244	375
d) Verstoß gegen das Verbot von Kampfmaßnahmen zwischen Arbeitgeber und Betriebsrat gemäß § 74 Abs. 2 Satz 1 BetrVG	245	376
e) Verstoß gegen die allgemeine Friedenspflicht nach § 74 Abs. 2 Satz 2 BetrVG	246	377
f) Verstöße gegen das Verbot parteipolitischer Betätigung nach § 74 Abs. 2 Satz 3 BetrVG	247	377
g) Verstöße gegen die Grundsätze des § 75 Abs. 1 BetrVG für die Behandlung der Betriebsangehörigen	248	378
h) Sonstige grobe Pflichtverletzungen	249	378

	Rz.	Seite
i) Nicht zum Ausschluß aus dem Betriebsrat führen	250	379
3. Auflösung des Betriebsrats	252	380
X. Handlungsmöglichkeiten des Betriebsrats zur Erzwingung betriebsverfassungsgemäßen Verhaltens des Arbeitgebers	261	384

Teil E
Kosten des Betriebsrats

	Rz.	Seite
I. Allgemeine Grundsätze	1	391
II. Kosten der Betriebsratstätigkeit	5	392
1. Allgemeine Geschäftsführung	5	392
2. Hinzuziehung von Sachverständigen	10	394
3. Kosten der Rechtsverfolgung (insbesondere Rechtsanwaltskosten)	17	396
4. Aufwendungen einzelner Betriebsratsmitglieder	24	399
5. Abmeldepflicht und Vergütungsfortzahlung bei Betriebsratstätigkeit	32	402
6. Schulungskosten	38	405
a) Erforderlichkeit der Schulung	39	405
b) Grundsatz der Verhältnismäßigkeit	46	408
c) Umfang der Kostentragungspflicht	49	409
d) Formelle Voraussetzungen der Kostentragungspflicht	52	412
e) Schulungsbesuch durch Ersatzmitglieder	54	413
7. Tarifliche Ausschlußfrist, Verjährung, Verwirkung	55	413
III. Sachaufwand und Büropersonal	57	413
1. Büroräume und -ausstattung	59	414
2. Fachliteratur	66	416
3. „Schwarzes Brett"	73	418
4. Sonstige Sachmittel (insbesondere Überlassung eines Personalcomputers)	75	419
5. Büropersonal	80	421

	Rz.	Seite
IV. Bekanntgabe der Betriebsratskosten in der Betriebsversammlung	83	422
V. Streitigkeiten	86	423
VI. Haftung des Betriebsrats	94	425

Teil F
Betriebsvereinbarungen

	Rz.	Seite
I. Allgemeine Grundsätze	1	427
II. Gegenstand von Betriebsvereinbarungen	5	428
III. Abschluß von Betriebsvereinbarungen	23	433
IV. Auslegung von Betriebsvereinbarungen	33	436
V. Geltungsbereich	38	437
VI. Tarifvorbehalt	50	440
1. Arbeitsentgelte und sonstige Arbeitsbedingungen	52	441
2. Tarifliche oder tarifübliche Regelung	56	441
3. Verhältnis zum Tarifvorrang des § 87 Abs. 1 BetrVG	68	445
4. Tarifliche Öffnungsklausel (§ 77 Abs. 3 Satz 2 BetrVG)	74	448
VII. Rechtswirkungen einer Betriebsvereinbarung	77	449
1. Unmittelbare Wirkung	78	449
2. Zwingende Wirkung	79	449
a) Bedeutung	79	449
b) Günstigkeitsprinzip	81	449
c) Ablösende Betriebsvereinbarung	86	451
VIII. Innenschranken von Betriebsvereinbarungen	92	453
1. Bindung an zwingendes Recht	92	453
2. Billigkeitskontrolle	95	454

	Rz.	Seite
IX. Durchführung von Betriebsvereinbarungen.....	99	455
X. Möglichkeiten des Betriebsrats bei Mißachtung von Betriebsvereinbarungen durch den Arbeitgeber...................................	102	456
XI. Verzicht, Verwirkung, Ausschlußfristen und Abkürzung der Verjährungsfristen............	105	457
XII. Auswirkungen eines Betriebsinhaberwechsels und von Betriebsumstrukturierungen auf Betriebsvereinbarungen.....................	114	459
XIII. Beendigung der Betriebsvereinbarung.........	120	460
1. Zeitablauf und Zweckerreichung	120	460
2. Kündigung.................................	122	461
3. Aufhebungsvertrag	128	462
4. Abschluß einer neuen Betriebsvereinbarung	129	463
5. Wegfall der Geschäftsgrundlage...............	130	464
6. Sonstige Beendigungstatbestände	134	465
XIV. Nachwirkung von Betriebsvereinbarungen.....	137	466
XV. Folgen der Unwirksamkeit von Betriebsvereinbarungen...................................	143	468
XVI. Regelungsabrede	147	469
XVII. Streitigkeiten	153	471

Teil G
Verfahren vor der Einigungsstelle

I. Zuständigkeit der Einigungsstelle	1	473
1. Erzwingbares Einigungsstellenverfahren	3	473
2. Freiwilliges Einigungsstellenverfahren..........	8	475
II. Errichtung der Einigungsstelle	11	476

	Rz.	Seite
III. Rechtsstellung der Einigungsstellenmitglieder	22	480
IV. Ablauf des Einigungsstellenverfahrens	43	486
V. Inhalt und Rechtswirkungen des Spruchs der Einigungsstelle	56	489
VI. Gerichtliche Überprüfung des Einigungsstellenspruchs	68	493

Teil H
Mitbestimmung in sozialen Angelegenheiten

I. Allgemeine Grundsätze	1	499
1. Bedeutung und Reichweite des § 87 Abs. 1 BetrVG	1	499
2. Erfordernis der „Mitbestimmung"..............	7	500
3. Vorrang von Gesetz und Tarifvertrag	12	502
4. Kollektiver Bezug	19	503
5. Eil- und Notfälle	23	504
6. Initiativrecht	27	506
7. Folgen der Mißachtung des Mitbestimmungsrechts durch den Arbeitgeber	33	507
a) Unwirksamkeit der Maßnahme	34	507
b) Antrag des Betriebsrats nach § 23 Abs. 3 BetrVG	37	509
c) Allgemeiner Unterlassungsanspruch des Betriebsrats	40	510
d) Vorläufiger Rechtsschutz....................	45	512
II. Die Mitbestimmungtatbestände im einzelnen	49	513
1. Betriebliche Ordnung und Verhalten der Arbeitnehmer (Nr. 1)	49	513
2. Lage der Arbeitszeit (Nr. 2)	54	516
3. Vorübergehende Verkürzung und Verlängerung der Arbeitszeit (Nr. 3)	65	518
4. Auszahlung der Arbeitsentgelte (Nr. 4)	80	521
5. Urlaubsgrundsätze (Nr. 5)	82	522

	Rz.	Seite
6. Technische Überwachungseinrichtungen (Nr. 6)...	86	522
7. Arbeits- und Gesundheitsschutz (Nr. 7)	94	526
8. Sozialeinrichtungen (Nr. 8)	102	530
9. Werkmietwohnungen (Nr. 9)	110	533
10. Betriebliche Lohngestaltung (Nr. 10)	119	536
11. Leistungsbezogene Entgelte (Nr. 11)	161	548
12. Betriebliches Vorschlagswesen (Nr. 12)	172	551
13. Vermögensbildung	175	551
III. Freiwillige Mitbestimmung	176	551

Teil I
Mitbestimmung in personellen Angelegenheiten

	Rz.	Seite
I. Personalplanung............................	1	555
II. Innerbetriebliche Stellenausschreibung	15	559
III. Personalfragebögen und allgemeine Beurteilungsgrundsätze................................	27	562
IV. Auswahlrichtlinien	63	572
V. Maßnahmen der beruflichen Bildung	87	578
VI. Personelle Einzelmaßnahmen	121	588
1. Beteiligungsrechte bei Einstellungen, Eingruppierungen, Umgruppierungen und Versetzungen (§§ 99–101 BetrVG)	121	588
a) Allgemeine Voraussetzungen der Mitbestimmung nach §§ 99–101 BetrVG	121	588
b) Die mitbestimmungspflichtigen Maßnahmen im einzelnen	127	589
aa) Einstellung	127	589
bb) Eingruppierung	134	592
cc) Umgruppierung	141	594
dd) Versetzung	148	596

	Rz.	Seite
c) Unterrichtung des Betriebsrats und Einholung der Zustimmung	165	601
d) Gründe für die Verweigerung der Zustimmung	200	611
aa) § 99 Abs. 2 Nr. 1 BetrVG	201	612
bb) § 99 Abs. 2 Nr. 2 BetrVG	217	615
cc) § 99 Abs. 2 Nr. 3 BetrVG	218	616
dd) § 99 Abs. 2 Nr. 4 BetrVG	227	619
ee) § 99 Abs. 2 Nr. 5 BetrVG	230	620
ff) § 99 Abs. 2 Nr. 6 BetrVG	235	621
e) Antrag auf Ersetzung der Zustimmung gemäß § 99 Abs. 4 BetrVG	238	622
f) Vorläufige Maßnahmen gemäß § 100 BetrVG	242	623
g) Verletzung der Beteiligungsrechte durch den Arbeitgeber gemäß § 101 BetrVG	267	628
2. Beteiligungsrechte des Betriebsrats bei Kündigungen (§ 102 BetrVG)	275	630
a) Anwendungsbereich	276	631
b) Die ordnungsgemäße Einleitung des Anhörungsverfahrens durch den Arbeitgeber	295	637
c) Der materiellrechtliche Inhalt der Mitteilungspflicht	309	642
d) Stellungnahme des Betriebsrats	334	649
e) Rechtsfolgen des Widerspruchs des Betriebsrats	363	658
f) Erweiterung des Mitbestimmungsrechts durch Betriebsvereinbarung	380	664
g) Beteiligungsrechte des Betriebsrats bei Ausspruch von Massenentlassungen	386	666
h) Darlegungs- und Beweislast für die ordnungsgemäße Betriebsratsanhörung	391	667
VII. Geltung der Schutzvorschriften für leitende Angestellte, § 105 BetrVG	395	668

Teil J
Mitbestimmung in wirtschaftlichen Angelegenheiten

I. Allgemeine Voraussetzungen für die Beteiligung des Betriebsrats nach §§ 111 ff. BetrVG	8	673
1. Begriff der Betriebsänderung	13	674

	Rz.	Seite
2. Die einzelnen Fälle einer Betriebsänderung nach § 111 Satz 2 BetrVG	15	675
a) Einschränkung und Stillegung des ganzen Betriebs oder von wesentlichen Betriebsteilen ..	15	675
b) Verlegung des Betriebs oder von wesentlichen Betriebsteilen	28	678
c) Zusammenschluß mit anderen Betrieben oder die Spaltung von Betrieben	32	678
d) Grundlegende Änderung der Betriebsorganisation, des Betriebszwecks oder der Betriebsanlagen	35	680
e) Einführung grundlegender neuer Arbeitsmethoden und Fertigungsverfahren	41	681
II. Aufbau der Beteiligungsrechte bei Betriebsänderungen	45	682
III. Besonderheiten bei Personalabbau und Neugründung, § 112a BetrVG	85	695
IV. Rechtsstreitigkeiten um und nach dem Abschluß von Interessenausgleich/Sozialplan	92	697
V. Ausgleichsansprüche gemäß § 113 BetrVG	100	700

Teil K
Beteiligung des Betriebsrats in Tendenzbetrieben und Religionsgemeinschaften, § 118 BetrVG

I. Allgemeine Grundsätze	1	703
II. Die geschützten Bestimmungen des § 118 Abs. 1 BetrVG	6	704
III. Einschränkung der Beteiligungsrechte des Betriebsrats	19	709
1. Absoluter Ausschluß von Beteiligungsrechten	19	709
2. Eingeschränkte Anwendbarkeit der §§ 111 bis 113 BetrVG	20	710
3. Relativer Ausschluß von Beteiligungsrechten	22	710

Anhang
Seite

I. Checklisten 715
1. Organe der Betriebsverfassung 715
2. Betriebsratswahl 719
3. Betriebsvereinbarung 722
4. Betriebsratsanhörung/Behandlung im Betriebsrat 726

II. Muster 727
1. Formulierungsvorschlag bei Widerspruch des Betriebsrats   727
2. Betriebsratsanhörung/ordentliche Kündigung 727
3. Betriebsratsanhörung/außerordentliche Kündigung 728
4. Betriebsratsanhörung/Änderungskündigung 728
5. Niederschrift Betriebsratssitzung 729
6. Einleitung eines Beschlußverfahrens gem. § 99 BetrVG ... 730
7. Einleitung eines Beschlußverfahrens gem. § 101 BetrVG .. 731

Stichwortverzeichnis 733

Literaturverzeichnis

Bachner, Auswirkungen unternehmensinterner Betriebsumstrukturierungen auf die Wirksamkeit von Betriebsvereinbarungen, NZA 1997, 79

Boecken, Das SGB VI ÄndG und die Wirksamkeit von „alten" Altersgrenzenvereinbarungen, NZA 1995, 145

Brill, Das Verhältnis zwischen Gesamtbetriebsrat und Einzelbetriebsräten, ArbuR 1983, 169

Buchner, Das Gesetz zur Änderung des Betriebsverfassungsgesetzes, über Sprecherausschüsse der leitenden Angestellten und zur Sicherung der Montan-Mitbestimmung, NZA 1989 Beil. 1, 2

Buchner, Die Reichweite der Regelungssperre aus § 77 Abs. 3 Satz 1 BetrVG, DB 1997, 573

Dänzer-Vanotti, Leitende Angestellte nach § 5 III, IV BetrVG n. F., NZA 1989 Beil. 1, 30

Dänzer-Vanotti, Rechte und Pflichten des Sprecherausschusses, DB 1990, 41

Däubler/Kittner/Klebe, Kommentar zum Betriebsverfassungsgesetz, 5. Aufl. 1996

Deinert, Lohnausfallprinzip in § 37 BetrVG und Verbot der Diskriminierung wegen des Geschlechts, NZA 1997, 183

Derleder, Betriebliche Mitbestimmung ohne vorbeugenden Rechtsschutz – Zur drohenden Zerstörung eines empfindlichen Gleichgewichts, ArbuR 1983, 289

Derleder, Die Wiederkehr des Unterlassungsanspruchs, ArbuR 1995, 13

Dietz/Richardi, Kommentar zum Betriebsverfassungsgesetz, Band 1, 6. Aufl. 1981, Band 2, 6. Aufl. 1982

Ehrich, Amt, Anstellung und Mitbestimmung bei betrieblichen Beauftragten, 1993

Ehrich, Die Neuregelung des § 41 Abs. 4 Satz 3 SGB VI – nun doch wieder mit 65 Jahren in Rente?, BB 1994, 1633

Ehrich, Die Zuständigkeit des Gesamtbetriebsrats nach § 50 Abs. 1 Satz 1 BetrVG und ihre Bedeutung bei den betrieblichen Beteiligungsrechten, ZfA 1993, 427

Ehrich, Die Zuständigkeit des Gesamtbetriebsrats kraft Beauftragung nach § 50 Abs. 2 BetrVG, ArbuR 1993, 68

Ehrich, Handbuch des Betriebsbeauftragten, 1993

Ehrich, Leitende Angestellte, Handwörterbuch des Arbeitsrechts (HwB-AR), Stand: Oktober 1997

Ehrich, Sprecherausschuß, Handwörterbuch des Arbeitsrechts (HwB-AR), Stand: Oktober 1997

Ehrich/Hoß, Die Kosten des Betriebsrats – Umfang und Grenzen der Kostentragungspflicht des Arbeitgebers, NZA 1996, 1075

Ehmann/Schmidt, Betriebsvereinbarungen und Tarifverträge, NZA 1995, 193

Engels/Müller, Regierungsentwurf eines Gesetzes über Europäische Betriebsräte, DB 1996, 981

Engels/Natter, Die geänderte Betriebsverfassung, BB 1989 Beil. 8

Fabricius/Kraft/Wiese/Kreutz, Betriebsverfassungsgesetz, Gemeinschaftskommentar, Band I, §§ 1–73 mit Wahlordnungen, 5. Aufl. 1994; Band II, §§ 74–132, 5. Aufl. 1995 (zitiert: GK-Bearbeiter)

Feudner, Betriebsautonomie versus Tarifautonomie, DB 1993, 2231

Fitting/Kaiser/Heither/Engels, Kommentar zum Betriebsverfassungsgesetz, 18. Aufl. 1996

B. Gaul, Beteiligungsrechte von Wirtschaftsausschuß und Betriebsrat bei Umwandlung und Betriebsübergang, DB 1995, 2265

D. Gaul, Die Beendigung der Betriebsvereinbarung im betriebsratslosen Betrieb, NZA 1986, 628

Gemeinschaftskommentar zum Kündigungsschutzgesetz, 4. Aufl. 1996 (zitiert: KR-Bearbeiter)

Gerhards, Nachwirkung des Tarifvertrages bei Verbandsaustritt und Verbandswechsel des Arbeitgebers, BB 1997, 362

Haug, Tarifvorrang und innerbetriebliche Regelungsmechanismen, BB 1986, 1921

Heinze, Die betriebsverfassungsrechtlichen Ansprüche des Betriebsrats gegenüber dem Arbeitgeber, DB 1983 Beil. 9

Heinze, Regelungsabrede, Betriebsvereinbarung und Spruch der Einigungsstelle, NZA 1994, 580

Hess/Schlochauer/Glaubitz, Kommentar zum Betriebsverfassungsgesetz, 4. Aufl. 1993

Hoß, Neue Rechtsprechung zur Anrechnung der Tariflohnerhöhung, NZA 1997, 1129

Hoß/Liebscher, Der Austritt aus dem Arbeitgeberverband – Eine Chance für die Betriebspartner?, DB 1995, 2525

von Hoyningen-Huene, Fehlerhafte Betriebsvereinbarungen und ihre Auswirkungen auf Arbeitnehmer, DB 1984, Beil. 1

von Hoyningen-Huene/Meyer-Krenz, Mitbestimmung trotz Tarifvertrages?, NZA 1987, 793

Hromadka, Der Begriff des leitenden Angestellten, BB 1990, 57

Hromadka, Sprecherausschußgesetz, 1991

Kappes/Rath, Betriebsversammlungen während der Arbeitszeit, DB 1987, 2645

Konzen, Arbeitnehmerschutz im Konzern, RdA 1984, 65

Konzen, Rechtsfragen bei der Sicherung der betrieblichen Mitbestimmung, NZA 1995, 865

Kramer, Probleme der Mitwirkungsrechte des Sprecherausschusses, NZA 1993, 1024

Kramer, Rechtsfragen der Bildung und Zusammensetzung eines Sprecherausschusses, BB 1993, 2153

Krauss, Der Austritt aus dem Arbeitgeberverband – Keine Chance für die Betriebspartner, DB 1996, 528

Kümpel, Instanzgerichte kontra BAG zum Unterlassungsanspruch des Betriebsrats, ArbuR 1985, 78

Leege, Die Anforderungen an die Abmeldepflicht und die Darlegungslast für erforderliche Betriebsratstätigkeiten nach § 37 Abs. 2 BetrVG, DB 1995, 1510

Loritz, Die Beendigung freiwilliger Betriebsvereinbarungen mit vereinbarter Nachwirkung, DB 1997, 2074

Loritz, Die Kündigung von Betriebsvereinbarungen und die Diskussion um eine Nachwirkung freiwilliger Betriebsvereinbarungen, RdA 1991, 65

Löwisch, Kommentar zum Sprecherausschußgesetz, 2. Aufl. 1994

Lunk, Grundprobleme der Jugend- und Auszubildendenversammlung nach § 71 BetrVG, NZA 1992, 534

Martens, Die Neuabgrenzung der leitenden Angestellten und die begrenzte Leistungsfähigkeit moderner Gesetzgebung, RdA 1989, 73

Martens, Zum Fortbestand freiwilliger Sprecherausschüsse ohne Ablösung durch einen gesetzlichen Sprecherausschuß, NZA 1989, 409

C. Meyer, Die Nachwirkung von Sozialplänen gem. § 77 VI BetrVG, NZA 1997, 289

H.P. Müller, Zur Präzisierung der Abgrenzung des leitenden Angestellten, DB 1988, 1697

Monjau, Der Gesamtbetriebsrat, BB 1972, 839

Münchener Handbuch zum Arbeitsrecht, Band 1, Individualarbeitsrecht I, 1992; Band 3, Kollektives Arbeitsrecht, 1993

Natter, Organisationsformen und Wahl von Sprecherausschüssen der leitenden Angestellten, AR-Blattei SD 1490.1 „Sprecherausschuß I"

Natter, Geschäftsführung des Sprecherausschusses, AR-Blattei SD 1490.2 „Sprecherausschuß II"

Neumann, Unterlassungsanspruch des Betriebsrats gegen den Arbeitgeber nur nach § 23 Abs. 3 BetrVG?, BB 1984, 676

Nipperdey, Grundfragen des Beurteilungsspielraums bei unbestimmten Rechtsbegriffen im Betriebsverfassungsrecht, DB 1977, 1093

Oetker, Grundprobleme bei der Anwendung des Sprecherausschußgesetzes, ZfA 1990, 43

Richardi, Die Kehrtwende des BAG zum betriebsverfassungsrechtlichen Unterlassungsanspruch des Betriebsrats, NZA 1995, 8

Richardi, Die Neuabgrenzung des leitenden Angestellten nach § 5 III und IV BetrVG, NZA 1990 Beil. 1, 2
Richardi, Der Begriff des leitenden Angestellten, ArbuR 1991, 33
Rüthers, Rechtsprobleme des Zeitlohnes an taktgebundenen Produktionsanlagen, ZfA 1973, 399
M. Schmidt, Der Europäische Betriebsrat, NZA 1997, 180
Schneider, Die Anrechnung von Tarifverbesserungen, insbesondere Tariflohnerhöhungen auf übertarifliche Vergütungsbestandteile, DB 1993, 2530
Stege/Weinspach, Kommentar zum Betriebsverfassungsgesetz, 7. Aufl. 1994.
Steindorff, Nochmals – Neubestimmung der leitenden Angestellten, ArbuR 1988, 266
Veit/Waas, Die Umdeutung einer kompetenzwidrigen Betriebsvereinbarung, BB 1991, 1329
Walker, Zum Unterlassungsanspruch des Betriebsrats bei mitbestimmungswidrigen Maßnahmen des Arbeitgebers, DB 1995, 1961
Wank, Die Geltung von Kollektivvereinbarungen nach einem Betriebsübergang, NZA 1987, 505
Weber/Ehrich, Direktionsrecht und Änderungskündigung bei Veränderungen im Arbeitsverhältnis, BB 1996, 2246
Weber/Ehrich/Hoß, Handbuch der arbeitsrechtlichen Aufhebungsverträge, 1996
Weber/Hoß, Die Umsetzung der Entscheidung des Großen Senats zur Mitbestimmung bei der Anrechnung übertariflicher Zulagen durch die Rechtsprechung des 1. Senats, NZA 1993, 632
Wlotzke, Die Änderung des Betriebsverfassungsgesetzes und das Gesetz über Sprecherausschüsse der leitenden Angestellten, DB 1989, 111

Abkürzungsverzeichnis

a. A.	anderer Ansicht
a. a. O.	am angegebenen Ort
abl.	ablehnend
Abs.	Absatz
abw.	abweichend
a. E.	am Ende
a. F.	alte Fassung
AFG	Arbeitsförderungsgesetz
AG	Aktiengesellschaft
AiB	Arbeitsrecht im Betrieb (Zeitschrift)
AktG	Aktiengesetz
a. M.	anderer Meinung
Anm.	Anmerkung
Anh.	Anhang
AP	Arbeitsrechtliche Praxis
ArbG	Arbeitsgericht
ArbGG	Arbeitsgerichtsgesetz
AR-Blattei	Arbeitsrechtsblattei
ArbPlSchG	Arbeitsplatzschutzgesetz
ArbRJahrbuch	Das Arbeitsrecht der Gegenwart (Zeitschrift, Band)
ArbStättV	Arbeitsstättenverordnung
ArbZG	Arbeitszeitgesetz
ARS	Arbeitsrechtssammlung, Entscheidungen des Reichsarbeitsgerichts und der Landesarbeitsgerichte
ARSt	Arbeitsrecht in Stichworten
Art.	Artikel
ASiG	Gesetz über Betriebsärzte, Sicherheitsingenieure und andere Fachkräfte für Arbeitssicherheit
Aufl.	Auflage
AuR	Arbeit und Recht
AZO	Arbeitszeitordnung
BAG	Bundesarbeitsgericht und Amtliche Sammlung des BAG
BAnz.	Bundesanzeiger
BB	Der Betriebs-Berater (Zeitschrift)
BBG	Bundesbeamtengesetz
BBiG	Berufsbildungsgesetz
Bd.	Band

Abkürzungsverzeichnis

BDSG	Bundesdatenschutzgesetz
Beil.	Beilage
bes.	besonders
BeschFG	Beschäftigungsförderungsgesetz
betr.	betreffend
BetrAVG	Gesetz zur Verbesserung der betrieblichen Altersversorgung
BetrVG 52	Betriebsverfassungsgesetz 1952
BetrVG	Betriebsverfassungsgesetz 1972
BFH	Bundesfinanzhof
BGB	Bürgerliches Gesetzbuch
BGBl. I, II	Bundesgesetzblatt, Teil I, Teil II
BGH	Bundesgerichtshof
BGHZ	Entscheidungen des Bundesgerichtshofes in Zivilsachen
BImSchG	Bundesimmissionsschutzgesetz
BlStR	Blätter für Steuer-, Sozial- und Arbeitsrecht
BSG	Bundessozialgericht
BT	Deutscher Bundestag
BT-Drucks.	Drucksache des Deutschen Bundestages
BUrlG	Bundesurlaubsgesetz
BVerfG	Bundesverfassungsgericht
BVerfGE	Amtliche Sammlung des BVerfG (Band, Seite)
BVerwG	Bundesverwaltungsgericht
BVerwGE	Amtliche Sammlung des BVerwG (Band, Seite)
DB	Der Betrieb (Zeitschrift)
DIN	Deutsche Industrie-Norm, Deutsches Institut für Normung
DRK	Deutsches Rotes Kreuz
DVO	Durchführungsverordnung
E	Entscheidung, Entwurf
EG	Europäische Gemeinschaft
EFZG	Entgeltfortzahlungsgesetz
entspr.	entsprechend
ES	Entscheidungssammlung
EU	Europäische Union
EuGH	Europäischer Gerichtshof
EuroAS	Europäisches Arbeits- und Sozialrecht (Zeitschrift)
EzA	Entscheidungssammlung zum Arbeitsrecht

f., ff.	folgend(e)
Fn	Fußnote
GesBetrAusschuß	Gesamtbetriebsausschuß
GewO	Gewerbeordnung
ggf.	gegebenenfalls
GG	Grundgesetz
GK	Gemeinschaftskommentar
GmbH	Gesellschaft mit beschränkter Haftung
GmbHG	Gesetz für die Gesellschaften mit beschränkter Haftung
GS	Großer Senat
GO	Geschäftsordnung
HGB	Handelsgesetzbuch
h. M.	herrschende Meinung
i. d. F.	in der Fassung
i. d. R.	in der Regel
insb.	insbesondere
i. S.	im Sinne
i. V. m.	in Verbindung mit
JArbSchG	Jugendarbeitsschutzgesetz
KAPOVAZ	kapazitätsorientierte variable Arbeitszeit
KO	Konkursordnung
kr.	kritisch
KSchG	Kündigungsschutzgesetz
LAG	Landesarbeitsgericht
LAGE	Entscheidungen der Landesarbeitsgerichte
LFG	Lohnfortzahlungsgesetz
LPVG NW	Landespersonalvertretungsgesetz Nordrhein-Westfalen
MDR	Monatsschrift für deutsches Recht (Zeitschrift)
MuSchG	Mutterschutzgesetz
m. w. Nachw.	mit weiteren Nachweisen
n. F.	neue Fassung
Nr.	Nummer
NZA	Neue Zeitschrift für Arbeits- und Sozialrecht

OLG	Oberlandesgericht
OWiG	Gesetz über Ordnungswidrigkeiten
PersVertr.	Personalvertretung, Die Personalvertretung (Zeitschrift)
PersVG	Personalvertretungsgesetz
RAG	Entscheidungen des Reichsarbeitsgerichts
RdA	Recht der Arbeit (Zeitschrift)
Rspr.	Rechtsprechung
Rz.	Randziffer
S.	Satz oder Seite
s. a.	siehe auch
SAE	Sammlung arbeitsrechtlicher Entscheidungen (Zeitschrift)
SchwbG	Schwerbehindertengesetz
SGB	Sozialgesetzbuch
s. o.	siehe oben
sog.	sogenannt(e)
SozplKonkG	Gesetz über den Sozialplan im Konkurs- und Vergleichsverfahren
SprAuG	Sprecherausschußgesetz
StGB	Strafgesetzbuch
StVollzG	Strafvollzugsgesetz
StVZO	Straßenverkehrszulassungsordnung
s. u.	siehe unten
TVAL	Tarifvertrag für die bei Dienststellen, Unternehmen und sonstigen Einrichtungen der alliierten Behörden und der alliierten Streitkräfte im Gebiet der BRD beschäftigten Arbeitnehmer
TVG	Tarifvertragsgesetz
u.	und
u. a.	unter anderen
UmwBerG	Gesetz zur Bereinigung des Umwandlungsrechts (Umwandlungsbereinigungsgesetz)
UmwG	Umwandlungsgesetz
u. U.	unter Umständen
UVV	Unfallverhütungsvorschrift
UWG	Gesetz gegen den unlauteren Wettbewerb

VG	Verwaltungsgericht
VGH	Verwaltungsgerichtshof
vgl.	vergleiche
VO	Verordnung
Vorb.	Vorbemerkung
WahlO	Wahlordnung
z. B.	zum Beispiel
ZDG	Zivildienstgesetz
Ziff.	Ziffer
ZPO	Zivilprozeßordnung
z. T.	zum Teil
ZTR	Zeitschrift für Tarifrecht
z. Z.	zur Zeit

Teil A
Grundlagen

I. Betriebsbegriff

Das BetrVG sieht in § 1 vor, daß in Betrieben mit in der Regel mindestens fünf ständigen wahlberechtigten Arbeitnehmern, von denen drei wählbar sind, Betriebsräte gewählt werden. Der Begriff des Betriebes wird vom BetrVG nicht definiert, sondern vorausgesetzt. Maßgebend ist deshalb die Definition des Betriebsbegriffs, welche die Rechtsprechung und die Lehre entwickelt hat. Danach ist ein Betrieb „die organisatorische Einheit, innerhalb derer ein Arbeitgeber allein oder mit seinen Arbeitnehmern mit Hilfe von sächlichen und immateriellen Mitteln bestimmte arbeitstechnische Zwecke verfolgt, die sich nicht in der Befriedigung des Eigenbedarfs erschöpfen"[1]. 1

Entscheidendes Kriterium ist die Einheit der Entscheidung in mitbestimmungspflichtigen Angelegenheiten. Ein einheitlicher Betrieb liegt vor, wenn die in einer Betriebsstätte vorhandenen materiellen und immateriellen Betriebsmittel gezielt eingesetzt werden und der Einsatz der menschlichen Arbeitskraft von einem **einheitlichen Leitungsapparat** gesteuert wird[2]. Für die Einheit und Selbständigkeit einer Betriebsstätte spricht, wenn in ihr die typischen betrieblichen mitbestimmungspflichtigen Entscheidungen, insbesondere in sozialen und personellen Angelegenheiten, getroffen werden. Unerheblich ist, ob diese Entscheidungen nach Richtlinien einer Zentrale zu treffen sind[3]. 2

Die Organisation muß auf **gewisse Dauer angelegt** sein, nicht aber auf längere und unbestimmte Zeit, so daß auch Saison- oder Kampagnebetriebe Betriebe i.S. von § 1 BetrVG sein können[4]. 3

---

[1] Siehe etwa BAG vom 7. 8. 1986, AP Nr. 5 zu § 1 BetrVG 1972; BAG vom 29. 1. 1987, AP Nr. 6 zu § 1 BetrVG 1972; BAG vom 14. 9. 1988, AP Nr. 9 zu § 1 BetrVG 1972; BAG vom 29. 5. 1991, AP Nr. 5 zu § 4 BetrVG 1972; BAG vom 14. 12. 1994, AP Nr. 3 zu § 5 BetrVG 1972 Rotes Kreuz; BAG vom 25. 9. 1996, NZA 1997, 613 (617); BAG vom 26. 9. 1996, NZA 1997, 666 (667); *Dietz/Richardi*, § 1 Rz. 52; GK-*Kraft*, § 4 Rz. 5; *Hess/Schlochauer/Glaubitz*, § 1 Rz. 2 ff.; *Stege/Weinspach*, § 1 Rz. 4; *Fitting/Kaiser/Heither/Engels*, § 1 Rz. 55 m. w. Nachw.

[2] BAG vom 25. 9. 1986, AP Nr. 7 zu § 1 BetrVG 1972; BAG vom 14. 9. 1988, AP Nr. 9 zu § 1 BetrVG 1972; BAG vom 18. 1. 1990, AP Nr. 9 zu § 23 KSchG 1969; *Fitting/Kaiser/Heither/Engels*, § 1 Rz. 63.

[3] *Dietz/Richardi*, § 1 Rz. 71, 73; GK-*Kraft*, § 4 Rz. 20; *Fitting/Kaiser/Heither/Engels*, § 1 Rz. 63.

[4] *Dietz/Richardi*, § 1 Rz. 69; *Fitting/Kaiser/Heither/Engels*, § 1 Rz. 68; GK-*Kraft*, § 4 Rz. 19; *Hess/Schlochauer/Glaubitz*, § 1 Rz. 13.

4 Voraussetzung für einen selbständigen Betrieb ist weiterhin die fortgesetzte Verfolgung eines **arbeitstechnischen Zweckes**. Auf die Art des verfolgten Zweckes (Produktion, Verwaltungen, Vertrieb, Dienstleistung) oder eine Gewinnerzielungsabsicht des Arbeitgebers kommt es nicht an. In einem eigenständigen Betrieb können auch **mehrere arbeitstechnische Zwecke** verfolgt werden, sofern dies innerhalb einer einheitlichen, auf die arbeitstechnischen Erfolge ausgerichteten Organisation geschieht[5].

5 Betriebliche Tätigkeiten müssen nicht zwingend innerhalb der Betriebsstätte wahrgenommen werden, da auch Monteure und Außendienstmitarbeiter zum Betrieb gehören, für den sie tätig werden. Keine Voraussetzung für das Vorliegen eines eigenständigen Betriebes ist zudem das Vorhandensein einer einheitlichen Betriebsgemeinschaft, da es auf subjektive Einstellungen im Interesse der Rechtssicherheit nicht ankommen kann[6].

6 Betriebe i. S. des BetrVG können nach alledem sein Produktionsbetriebe, Verwaltungen, Dienstleistungsbetriebe, Ladengeschäfte, Büros (z.B. eines Anwalts, Notars oder Steuerberaters), Apotheken[7], fremdgenutzte Wohnanlagen mit mehreren Mietwohnungen und Hausmeistern[8], Krankenhäuser und landwirtschaftliche Betriebe, nicht aber Familienhaushalte, da deren arbeitstechnische Tätigkeit ausschließlich dem Eigenbetrieb dient[9].

7 Vom Betrieb zu unterscheiden ist das **Unternehmen**. Diesem kommt neben dem Betrieb eigenständige betriebsverfassungsrechtliche Bedeutung zu, wenn in einem Unternehmen mehrere Betriebsräte bestehen. In dem Fall ist nach § 47 Abs. 1 BetrVG ein Gesamtbetriebsrat zu errichten. Auf Unternehmensebene ist auch der Wirtschaftsausschuß (§ 106 BetrVG) zu bilden, der den Unternehmer in wirtschaftlichen Angelegenheiten beraten und den (Gesamt-)Betriebsrat unterrichten soll. Außerdem richten sich die Beteiligungsrechte des Betriebsrats bei Betriebsänderungen i. S. der §§ 111 ff. BetrVG gegen den Unternehmer[10]. Die Unternehmensebene ist darüber hinaus Anknüpfungs-

---

5 BAG vom 25. 9. 1986, AP Nr. 7 zu § 1 BetrVG 1972; BAG vom 14. 9. 1988, AP Nr. 9 zu § 1 BetrVG 1972; *Dietz/Richardi*, § 1 Rz. 60; GK-*Kraft*, § 4 Rz. 15; *Fitting/Kaiser/Heither/Engels*, § 1 Rz. 61; *Hess/Schlochauer/Glaubitz*, § 1 Rz. 3; *Stege/Weinspach*, § 1 Rz. 5.
6 So zu Recht *Fitting/Kaiser/Heither/Engels*, § 1 Rz. 67; **a. A.** *Dietz/Richardi*, § 1 Rz. 63.
7 BAG vom 5. 8. 1965, AP Nr. 2 zu § 21 KSchG.
8 BAG vom 16. 10. 1987, AP Nr. 69 zu § 613a BGB.
9 *Fitting/Kaiser/Heither/Engels*, § 1 Rz. 58; *Stege/Weinspach*, § 1 Rz. 5.
10 Zur Identität der Begriffe „Unternehmer" und „Arbeitgeber" im Rahmen der §§ 111 ff. BetrVG s. BAG vom 15. 1. 1991, AP Nr. 21 zu § 113 BetrVG 1972.

I. Betriebsbegriff

punkt für die Unternehmensmitbestimmung nach den §§ 76 ff. BetrVG 1952, dem Mitbestimmungsgesetz 1976, dem Montan-Mitbestimmungsgesetz sowie dem Montan-Mitbestimmungsergänzungsgesetz, die unmittelbaren Einfuß auf die wirtschaftliche Lenkung des Unternehmens gewährt.

Auch der Unternehmensbegriff wird vom BetrVG nicht definiert, sondern vorausgesetzt. Das Unternehmen ist die organisatorische Einheit, mit der der Unternehmer seine wirtschaftlichen oder ideellen Zwecke verfolgt[11]. Wesentliches Erfordernis für ein Unternehmen ist die **Einheit des Rechtsträgers**, bei dem es sich um eine natürliche Einzelperson, eine Personengesellschaft (OHG, KG) oder eine Kapitalgesellschaft (AG, KGaA, GmbH) handeln kann[12]. 8

Der Betrieb kann mit dem Unternehmen, also dem Rechtsträger, identisch sein, wenn das Unternehmen nur aus einem Betrieb besteht. In dem Fall ist die Unterscheidung von Betrieb und Unternehmen betriebsverfassungsrechtlich ohne Bedeutung. Ein Unternehmen kann aber auch mehrere Betriebe umfassen, wenn der im Unternehmen verfolgte Zweck in mehreren Einheiten verfolgt wird, die jeweils selbständige Betriebe nach den obigen Grundsätzen (s. o. Rz. 1 ff.) bilden. 9

Der Betrieb **endet** bei einer dauerhaft gewollten **Betriebsstillegung.** Diese setzt die Einstellung der wirtschaftlichen Betätigung in der Absicht voraus, die Weiterverfolgung des bisherigen Betriebszwecks dauernd oder für eine ihrer Dauer nach unbestimmte, wirtschaftlich nicht unerhebliche Zeitspanne aufzugeben[13]. Keine Beendigung des Betriebes stellen dagegen die nur durch die tatsächlichen Verhältnisse bedingten **vorübergehenden Unterbrechungen** (z. B. bei Katastrophen oder Arbeitskämpfen) dar[14]. Auch der alleinige rechtsgeschäftliche Betriebsinhaberwechsel i. S. von § 613a BGB führt nicht zur Beendigung des Betriebes, weil der Betrieb als solcher erhalten bleibt[15]. 10

Ebensowenig berührt eine **Änderung** der **arbeitstechnischen Zielsetzung** den Bestand des Betriebes, wenn die Organisationseinheit fort- 11

---

11 BAG vom 5. 3. 1987, AP Nr. 30 zu § 15 KSchG 1969; *Fitting/Kaiser/Heither/Engels,* § 1 Rz. 142; GK-*Kraft,* § 4 Rz. 7 m. w. Nachw.
12 Vgl. BAG vom 23. 8. 1989, AP Nr. 7 zu § 106 BetrVG 1972.
13 BAG vom 12. 2. 1987, AP Nr. 67 zu § 613a BGB; BAG vom 27. 2. 1987, AP Nr. 41 zu § 1 KSchG 1969 Betriebsbedingte Kündigung; BAG vom 28. 4. 1988, AP Nr. 74 zu § 613a BGB; BAG vom 27. 6. 1995, AP Nr. 7 zu § 4 BetrVG 1972.
14 Vgl. BAG vom 16. 6. 1987, AP Nr. 20 zu § 111 BetrVG 1972.
15 Siehe etwa BAG vom 9. 2. 1994, AP Nr. 104 zu § 613a BGB.

besteht[16]. Auch die **Verlegung der Betriebsstätte** hat keinen Einfluß auf den Bestand des Betriebes, sofern die Belegschaft im wesentlichen erhalten bleibt[17]. Dagegen endet der Betrieb im Falle einer nicht unerheblichen räumlichen Veränderung der Betriebsstätte, wenn eine neue Belegschaft aufgebaut wird[18].

12 Bei einer **Eingliederung** in einen anderen Betrieb oder einer **Zusammenlegung** mit einem anderen Betrieb oder mehreren anderen Betrieben zu einem neuen einheitlichen Betrieb (Verschmelzung) endet der Betrieb. Gleiches gilt im umgekehrten Fall der **Betriebsaufspaltung**, sofern jeweils neue einheitliche Betriebe gebildet werden und der bisherige Betrieb seine Identität verliert[19]. In den Fällen hat der Betriebsrat jedoch ein Übergangsmandat nach Maßgabe von § 321 UmwG.

13 Die Abspaltung eines Betriebsteils oder von Betriebsteilen führt dagegen nicht zur Beendigung des verbleibenden (Rest-)Betriebes, sofern dessen Identität gewahrt bleibt. Nichts anderes gilt bei der Verschmelzung durch Aufnahme eines Betriebes oder von Betrieben hinsichtlich des aufnehmenden Betriebs.

II. Betriebsteile

14 Bei einem Betriebsteil handelt es sich um einen in den Betrieb eingegliederten Teil des Betriebes, der von diesem organisatorisch abgrenzbar und relativ selbständig ist[20]. Anders als der selbständige Betrieb oder Nebenbetrieb hat der Betriebsteil **keine eigenständige Organisation**. Vielmehr ist er in die Organisation des Hauptbetriebes eingegliedert. Mit dem Betriebsteil wird ein Teilzweck verfolgt, der in seiner Zielsetzung regelmäßig dem – übergeordneten – arbeitstechnischen Zweck des Gesamtbetriebs dient (z. B. die Lackiererei einer Automobilfabrik, Druckerei eines Zeitungsbetriebs oder zentral gelenkte Filialen)[21].

---

16 BAG vom 23. 3. 1984, AP Nr. 4 zu § 23 KSchG 1969.
17 *Dietz/Richardi*, § 1 Rz. 79; *Fitting/Kaiser/Heither/Engels*, § 1 Rz. 69.
18 BAG vom 12. 2. 1987, AP Nr. 67 zu § 613a BGB.
19 Vgl. *Fitting/Kaiser/Heither/Engels*, § 1 Rz. 71 f.
20 BAG vom 25. 9. 1986, AP Nr. 7 zu § 1 BetrVG 1972; BAG vom 28. 6. 1995, AP Nr. 8 zu § 4 BetrVG 1972; *Dietz/Richardi*, § 4 Rz. 11; GK-*Kraft*, § 4 Rz. 45; *Fitting/Kaiser/Heither/Engels*, § 4 Rz. 5.
21 Vgl. BAG vom 23. 9. 1982, AP Nr. 3 zu § 4 BetrVG 1972; BAG vom 29. 5. 1991, AP Nr. 5 zu § 4 BetrVG 1972; BAG vom 29. 1. 1992, AP Nr. 1 zu § 7 BetrVG 1972.

II. Betriebsteile

Für einen Betriebsteil ist in der Regel kein eigener Betriebsrat zu bilden. Ausnahmsweise gelten Betriebsteile für die Wahl des Betriebsrats nach **§ 4 Satz 1 BetrVG** dann als **selbständige Betriebe**, wenn sie 15

die Voraussetzungen des § 1 BetrVG erfüllen, d. h. wenn in ihnen in der Regel mindestens fünf wahlberechtigte Arbeitnehmer beschäftigt werden, von denen drei wählbar sind,

und

▶ **entweder** räumlich weit vom Hauptbetrieb entfernt (Nr. 1)
▶ **oder** durch Aufgabenbereich und Organisation eigenständig (Nr. 2) sind.

Zu beachten ist hierbei, daß nicht jede räumlich oder organisatorisch abgrenzbare Arbeitsstätte ein Betriebsteil i. S. des § 4 Satz 1 BetrVG ist. Zwar bedarf ein Betriebsteil im Gegensatz zum selbständigen Betrieb i. S. von § 1 BetrVG keines umfassenden eigenständigen Leitungsapparats, der insbesondere in personellen und sozialen Angelegenheiten wesentliche Entscheidungen selbständig treffen kann. Erforderlich für das Vorliegen eines Betriebsteils i. S. von § 4 Satz 1 BetrVG ist jedoch, daß dort überhaupt eine den Einsatz der Arbeitnehmer bestimmende **Leitung** institutionalisiert ist und von dieser das **Weisungsrecht** des Arbeitgebers ausgeübt wird[22]. 16

Bei dem Merkmal der **räumlich weiten Entfernung vom Hauptbetrieb** i. S. von § 4 Satz 1 Nr. 1 BetrVG kommt es nicht allein auf die objektive geographische Entfernung an. Vielmehr darf ein erfolgreiches Zusammenwirken unter den Arbeitnehmern und mit einem gemeinsamen Betrieb in Fragen der Betriebsverfassung nicht zu erwarten sein[23]. Zu berücksichtigen sind insbesondere die **Verkehrsverhältnisse** sowohl mit dem Kraftwagen als auch mit öffentlichen Verkehrsmitteln[24]. Eine räumlich weite Entfernung wurde daher bereits bei 15 bis 30 km angenommen, wenn es auf Straßen ständig zu Verkehrsstaus kommt und bei Benutzung öffentlicher Verkehrsmittel mehrfach umgestiegen werden muß[25]. Das Merkmal der „räumlich weiten Entfernung" stellt einen unbestimmten Rechtsbegriff dar, der dem Tatsachengericht einen gewissen Beurteilungsspielraum einräumt[26]. 17

---

22 BAG vom 29. 5. 1991, AP Nr. 5 zu § 4 BetrVG 1972; BAG vom 28. 6. 1995, AP Nr. 8 zu § 4 BetrVG 1972.
23 *Dietz/Richardi*, § 4 Rz. 17; GK-*Kraft*, § 4 Rz. 53; *Fitting/Kaiser/Heither/Engels*, § 4 Rz. 12.
24 Vgl. BAG vom 24. 9. 1968, AP Nr. 9 zu § 3 BetrVG; BAG vom 24. 2. 1976, AP Nr. 2 zu § 4 BetrVG 1972; *Dietz/Richardi*, § 4 Rz. 19; *Fitting/Kaiser/Heither/Engels*, § 4 Rz. 12.
25 LAG Köln vom 13. 4. 1989, AiB 1990, 359.
26 *Stege/Weinspach*, § 4 Rz. 5.

18 Eine räumlich weite Entfernung wurde von der Rechtsprechung etwa **bejaht** bei 28 km und schlechten Verkehrsverbindungen[27], bei 40 km und häufigen Staus auf der Autobahn[28], 60 km und einer Mindestfahrzeit von einer Stunde, auch wenn in der Betriebsstätte nur ein Betriebsrat mit einem Mitglied gewählt werden kann[29], 200 km selbst bei günstigen Fahrverbindungen[30]. **Verneint** wurde dagegen eine räumlich weite Entfernung u. a. bei 10 km bzw. 22 km und guten Verkehrsbedingungen[31], 40 km und guten Straßen- und Bahnverbindungen[32].

19 Das Merkmal „**durch Aufgabenbereich und Organisation eigenständig**" i. S. von § 4 Satz 1 Nr. 2 BetrVG liegt vor, wenn folgende Voraussetzungen **nebeneinander** erfüllt sind: Zum einen müssen die dem Betriebsteil obliegenden Aufgaben von den sonst im Betrieb verfolgten Aufgaben deutlich abgegrenzt und im Verhältnis zum Gesamtbetrieb verselbständigt sein. Zum anderen muß eine **eigene Leitung** auf der Ebene des verselbständigten Teils eines Betriebes bestehen, insbesondere in personellen und sozialen Angelegenheiten i. S. der §§ 87 ff., 99 ff. BetrVG[33]. Hierbei genügt es, daß in dem Betriebsteil der wesentliche Kern der Arbeitgeberfunktionen ausgeübt wird, die der Mitbestimmung unterliegen. Den vollen Umfang der Arbeitgeberfunktionen in sozialen und personellen Angelegenheiten muß die Leitungsmacht nicht umfassen[34]. Auch die einheitliche kaufmännische Leitung des Gesamtunternehmens steht der Annahme eines selbständigen Einzelbetriebes nicht entgegen, da die Leitungsmacht nicht solche Gebiete umfassen muß, die der Unternehmensleitung vorbehalten sind[35]. Ebensowenig folgt aus der räumlichen Nähe und

---

27 BAG vom 23. 9. 1960, AP Nr. 4 zu § 3 BetrVG.
28 LAG Köln vom 28. 6. 1989, LAGE § 4 BetrVG 1972 Nr. 4.
29 LAG München vom 21. 10. 1987, BB 1988, 1182.
30 LAG Düsseldorf vom 16. 9. 1971, DB 1971, 2069.
31 BAG vom 5. 6. 1964, AP Nr. 7 zu § 3 BetrVG; BAG vom 17. 2. 1983, AP Nr. 4 zu § 4 BetrVG 1972; LAG Hamburg vom 1. 11. 1982, BB 1983, 1095.
32 BAG vom 24. 2. 1976, AP Nr. 2 zu § 4 BetrVG 1972. Noch weiter BAG vom 29. 3. 1977, ArbuR 1978, 254, wonach ein Betrieb auch anzunehmen sei, wenn eine unselbständige Betriebsabteilung 45 km vom Hauptbetrieb entfernt sei und sich dort Produktionsabteilung, Materialeinkauf, Verwaltung, technische und soziale Betreuung und Personalabteilung befänden. Bedenklich BAG vom 24. 9. 1968, AP Nr. 9 zu § 3 BetrVG, das die Entfernung Köln-Essen (70 km) als räumlich nicht weit ansieht. A. A. LAG Köln vom 13. 4. 1989, AiB 1990, 359.
33 BAG vom 29. 1. 1992, AP Nr. 1 zu § 7 BetrVG 1972; *Fitting/Kaiser/Heither/Engels,* § 4 Rz. 14 m. w. Nachw.
34 Vgl. BAG vom 29. 5. 1991, AP Nr. 5 zu § 4 BetrVG 1972; BAG vom 29. 1. 1992, AP Nr. 1 zu § 7 BetrVG 1972.
35 BAG vom 1. 2. 1963, AP Nr. 5 zu § 3 BetrVG; BAG vom 24. 2. 1976, AP Nr. 2 zu § 4 BetrVG 1972.

aus organisatorischen Verbindungen zu einem Betrieb des Unternehmens mit anderen Aufgaben noch nicht die fehlende Eigenständigkeit eines Betriebsteils[36].

Nach Organisation und Aufgabenbereich eigenständig angesehen werden Reinigungsobjekte, die von einem Gebäudereinigungsunternehmen an verschiedenen Orten betrieben werden, wenn die Reinigungskräfte jeweils nur für das einzelne Objekt eingestellt werden, der Arbeitseinsatz innerhalb des Objekts von der dafür allein zuständigen Objektleiterin geregelt wird und ein Austausch von Reinigungskräften zwischen benachbarten Objekten nicht erfolgt[37]. Gleiches wird für Bewachungsobjekte angenommen, die von einem Bewachungsunternehmen an verschiedenen Orten betrieben werden[38]. Ist eine Hauptverwaltung für mehrere Betriebe zuständig und trifft sie im wesentlichen planerische, unternehmensbezogene Aufgaben, überläßt sie die Entscheidungen in personellen und sozialen Angelegenheiten hingegen im wesentlichen der Leitung der einzelnen Produktionsstätten, so handelt es sich nach Ansicht des BAG betriebsverfassungsrechtlich um zwei Betriebe, die getrennte Betriebsräte zu bilden haben[39]. 20

Nach § 3 Abs. 1 Nr. 3 BetrVG können durch Tarifvertrag von § 4 BetrVG abweichende Regelungen über die Zuordnung von Betriebsteilen bestimmt werden, soweit dadurch die Bildung von Vertretungen der Arbeitnehmer erleichtert wird. Möglich ist daher die Zuordnung von Betriebsteilen zum Hauptbetrieb, auch wenn bei den Betriebsteilen die Voraussetzungen des § 4 Satz 1 BetrVG an sich gegeben wären. 21

Bei Meinungsverschiedenheiten über die Selbständigkeit eines Betriebsteils kann darüber vor Durchführung der Betriebsratswahl nach § 18 Abs. 2 BetrVG eine Entscheidung des Arbeitsgerichts im Beschlußverfahren herbeigeführt werden. Wurde in einem Betriebsteil, der dem Hauptbetrieb zuzuordnen ist, zu Unrecht ein Betriebsrat gewählt, so ist dessen Wahl nach § 19 BetrVG anfechtbar. Gleiches gilt, wenn in dem Hauptbetrieb und dem Betriebsteil ein einheitlicher Betriebsrat gewählt worden ist, obwohl bei letzterem die Voraussetzungen des § 4 Satz 1 BetrVG gegeben sind. Ist aber die Anfech- 22

---

36 BAG vom 24. 2. 1976, AP Nr. 2 zu § 4 BetrVG 1972; BAG vom 25. 11. 1980, AP Nr. 3 zu § 18 BetrVG 1972.
37 LAG Hamm vom 9. 12. 1977, EzA § 4 BetrVG Nr. 2.
38 LAG Hamm vom 9. 12. 1987, ARST 1988, 178.
39 BAG vom 23. 9. 1982, AP Nr. 3 zu § 4 BetrVG 1972. Ähnlich ArbG Kassel vom 16. 12. 1985, NZA 1986, 723 (für die Hauptverwaltung einer Vielzahl von Filialbetrieben).

tungsfrist verstrichen und wurde der Betriebsbegriff nicht offensichtlich verkannt, so bleibt ein durch gemeinsame Wahl der Arbeitnehmer mehrerer Betriebe gebildeter Betriebsrat für die Dauer seiner Amtszeit im Amt. Ihm stehen alle gesetzlichen Beteiligungsrechte zu[40]. Ist umgekehrt für einen Teil des Betriebes ein Betriebsrat gewählt und die Wahl nicht angefochten worden, so hat der Betriebsrat ebenfalls alle entsprechenden Beteiligungsrechte, unabhängig davon, ob er tatsächlich für eine betriebsratsfähige Einheit gewählt wurde[41].

III. Nebenbetriebe

23 Für einen Nebenbetrieb ist ein eigener Betriebsrat zu wählen, wenn in ihm regelmäßig mindestens fünf wahlberechtigte Arbeitnehmer beschäftigt werden, von denen drei wählbar sind. Ein Nebenbetrieb ist eine organisatorisch selbständige Betriebseinheit unter eigener Leitung, die einen eigenen Betriebszweck verfolgt, jedoch in ihrer **Aufgabenstellung** auf eine **Hilfeleistung für einen Hauptbetrieb** ausgerichtet ist und den dort erstrebten Betriebszweck unterstützt[42]. Haupt- und Nebenbetriebe müssen denselben Inhaber haben und zum selben Unternehmen gehören[43].

24 Ist der Nebenbetrieb wegen Nichterreichens der Mitarbeiteranzahl nach § 1 BetrVG nicht betriebsratsfähig, so ist er dem Hauptbetrieb zuzuordnen (§ 4 Satz 2 BetrVG). In dem Fall nehmen die Arbeitnehmer des Nebenbetriebes stets an der Betriebsratswahl des Hauptbetriebes teil[44].

25 Auch bei Nebenbetrieben können die Tarifvertragsparteien gemäß § 3 Abs. 1 Nr. 3 BetrVG durch Tarifvertrag von § 4 BetrVG abweichende Regelungen treffen, soweit dadurch die Bildung von Vertretungen der Arbeitnehmer erleichtert wird. Danach können selbst betriebsratsfähige Nebenbetriebe entgegen § 4 BetrVG zum Hauptbetrieb zugeordnet werden.

---

40 BAG vom 11. 4. 1978, AP Nr. 8 zu § 19 BetrVG 1972; BAG vom 26. 10. 1979, AP Nr. 5 zu § 9 KSchG 1969.
41 BAG vom 27. 6. 1995, AP Nr. 7 zu § 4 BetrVG 1972.
42 BAG vom 17. 1. 1978, AP Nr. 1 zu § 1 BetrVG 1972; BAG vom 17. 2. 1983, AP Nr. 4 zu § 4 BetrVG 1972; BAG vom 25. 9. 1986, AP Nr. 7 zu § 1 BetrVG 1972; BAG vom 29. 5. 1991, AP Nr. 5 zu § 4 BetrVG 1972; BAG vom 29. 1. 1992, AP Nr. 1 zu § 7 BetrVG 1972.
43 Vgl. BAG vom 5. 12. 1975, AP Nr. 1 zu § 47 BetrVG 1972; BAG vom 1. 4. 1987, AP Nr. 64 zu § 613a BGB; *Dietz/Richardi*, § 4 Rz. 9; *GK-Kraft*, § 4 Rz. 44; *Fitting/Kaiser/Heither/Engels*, § 4 Rz. 16 m. w. Nachw.
44 *Fitting/Kaiser/Heither/Engels*, § 4 Rz. 17.

IV. Gemeinsamer Betrieb

Ist zweifelhaft, ob ein Nebenbetrieb selbständig oder dem Hauptbetrieb zuzuordnen ist, kann nach § 18 Abs. 2 BetrVG hierüber eine Entscheidung des Arbeitsgerichts im Beschlußverfahren herbeigeführt werden. Hinsichtlich der rechtlichen Konsequenzen der fehlerhaften Betriebsratswahl wegen unzutreffender Zuordnung eines selbständigen Nebenbetriebes zum Hauptbetrieb bzw. – umgekehrt – wegen unzutreffender Annahme des Vorliegens eines selbständigen Nebenbetriebes gelten die Ausführungen zu den Betriebsteilen sinngemäß (s. o. Rz. 22). 26

IV. Gemeinsamer Betrieb

Aus dem Erfordernis der organisatorischen Einheit (s. o. Rz. 1) folgt, daß ein Betrieb ohne weiteres nicht zu zwei oder mehreren Unternehmen gehören kann. Allerdings können nach ständiger Rechtsprechung des BAG[45] mehrere Unternehmen einen **gemeinsamen Betrieb** haben. Mit der Vorschrift des § 322 UmwG[46] wurde das von der Rechtsprechung geschaffene Rechtsinstitut des gemeinsamen Betriebes gesetzlich ausdrücklich anerkannt. 27

Von einem gemeinsamen Betrieb mehrerer Unternehmen ist auszugehen, wenn die in einer Betriebsstätte vorhandenen materiellen und immateriellen Betriebsmittel für einen einheitlichen arbeitstechnischen Zweck zusammengefaßt, geordnet und gezielt eingesetzt werden und der Einsatz der menschlichen Arbeitskraft von einem **einheitlichen Leitungsapparat** gesteuert wird. Dazu müssen sich die beteiligten Unternehmen **zumindest stillschweigend** zu einer **gemeinsamen Führung** rechtlich verbunden haben. Diese einheitliche Leitung muß sich insbesondere auf die wesentlichen Funktionen des Arbeitgebers in sozialen (§§ 87 ff. BetrVG) und personellen (§§ 92 ff. 28

---

45 Siehe etwa BAG vom 29. 1. 1987, AP Nr. 6 zu § 1 BetrVG 1972; BAG vom 23. 11. 1988, AP Nr. 77 zu § 613a BGB; BAG vom 18. 1. 1990, AP Nr. 9 zu § 23 KSchG 1969; BAG vom 14. 12. 1994, AP Nr. 3 zu § 5 BetrVG 1972 Rotes Kreuz; BAG vom 24. 1. 1996, NZA 1996, 1110.
46 § 322 UmwG besagt:
(1) Wird im Falle des § 321 Abs. 1 Satz 1 die Organisation des gespaltenen Betriebes nicht geändert, so wird für die Anwendung des Betriebsverfassungsgesetzes vermutet, daß dieser Betrieb von den an der Spaltung beteiligten Rechtsträgern gemeinsam geführt wird.
(2) Führen an einer Spaltung oder an einer Teilübertragung nach dem Dritten oder Vierten Buch beteiligte Rechtsträger nach dem Wirksamwerden der Spaltung oder der Teilübertragung einen Betrieb gemeinsam, gilt dieser als Betrieb im Sinne des Kündigungsschutzrechts.

BetrVG) Angelegenheiten erstrecken[47]. Die Wahrnehmung einheitlicher unternehmerischer Funktionen im Bereich der wirtschaftlichen Mitbestimmung ist dagegen nicht zwingend erforderlich[48]. Eine lediglich unternehmerische Zusammenarbeit, etwa auf der Grundlage von Organ- oder Beherrschungsverträgen, oder die einheitliche Leitung eines Konzerns i. S. von § 18 AktG reichen nicht aus[49].

29 Die Existenz einer Führungsvereinbarung kann auch konkludent aus den tatsächlichen Umständen des Einzelfalles hergeleitet werden[50]. Kennzeichnend für eine Leitungsvereinbarung ist danach, daß der Kern der Arbeitgeberfunktionen in sozialen und personellen Angelegenheiten von derselben institutionalisierten Leitung ausgeübt wird. Die formale Ausübung von Arbeitgeberbefugnissen durch den jeweiligen Vertragsarbeitgeber steht der Annahme einer konkludenten Leitungsvereinbarung zur Führung eines gemeinschaftlichen Betriebes mehrerer Unternehmen nicht entgegen. Ob eine einheitliche Leitung hinsichtlich wesentlicher Arbeitgeberfunktionen vorliegt, beurteilt sich nach der innerbetrieblichen Entscheidungsfindung und deren Umsetzung[51].

30 Darlegungs- und beweispflichtig für das Vorliegen eines gemeinsamen Betriebes sind im Streitfalle der Betriebsrat oder die Arbeitnehmer[52]. An deren Darlegungs- und Beweislast dürfen aber nach der Rechtsprechung keine zu strengen Anforderungen gestellt werden[53]. Spricht die tatsächliche Handhabung für eine einheitliche Leitung, können auch entgegenstehende Erklärungen die Annahme, es liege ein einheitlicher Betrieb vor, nicht hindern[54].

31 Tatsächliche Umstände, die für einen gemeinsamen Betrieb sprechen, können sein: Gemeinsame Nutzung der technischen und immateriellen Betriebsmittel, gemeinsame räumliche Unterbringung, die personelle, technische und organisatorische Verknüpfung der Arbeits-

---

47 BAG vom 14. 9. 1988, AP Nr. 9 zu § 1 BetrVG 1972; BAG vom 23. 11. 1988, AP Nr. 77 zu § 613a BGB; BAG vom 14. 12. 1994, AP Nr. 3 zu § 5 BetrVG 1972 Rotes Kreuz; BAG vom 24. 1. 1996, NZA 1996, 1110 (1111).
48 BAG vom 29. 1. 1987, AP Nr. 6 zu § 1 BetrVG 1972.
49 BAG vom 18. 1. 1990, AP Nr. 9 zu § 23 KSchG 1969; BAG vom 14. 9. 1988, AP Nr. 9 zu § 1 BetrVG 1972.
50 BAG vom 18. 1. 1990, AP Nr. 9 zu § 23 KSchG 1969; BAG vom 24. 1. 1996, NZA 1996, 1110 (1111).
51 BAG vom 24. 1. 1996, NZA 1996, 1110.
52 BAG vom 23. 3. 1984, AP Nr. 4 zu § 23 KSchG 1969; BAG vom 18. 1. 1990, AP Nr. 9 zu § 23 KSchG 1969.
53 BAG vom 23. 3. 1984, AP Nr. 4 zu § 23 KSchG 1969; BAG vom 18. 1. 1990, AP Nr. 9 zu § 23 KSchG 1969.
54 *Fitting/Kaiser/Heither/Engels*, § 1 Rz. 78.

IV. Gemeinsamer Betrieb

abläufe, das Vorhandensein einer unternehmensübergreifenden Leitungsstruktur zur Durchführung der arbeitstechnischen Zwecke, insbesondere zur Wahrnehmung der sich aus dem Direktionsrecht des Arbeitgebers ergebenden Weisungsbefugnisse, gemeinsame Lohnbuchhaltung, Sekretariat, Druckerei, Kantine[55].

Unterhalten mehrere Unternehmen in der eben dargestellten Weise einen gemeinsamen Betrieb, so ist dieser sowohl betriebsverfassungsrechtlich[56] als auch kündigungsschutzrechtlich[57] als Einheit zu sehen: 32

In einem gemeinsamen Betrieb ist ein einheitlicher Betriebsrat durch alle Arbeitnehmer zu wählen, selbst wenn die einzelnen Unternehmen in dem gemeinsamen Betrieb jeweils weniger als fünf Arbeitnehmer beschäftigen, in dem gemeinsamen Betrieb jedoch insgesamt die Mitarbeiterzahl des § 1 BetrVG erreicht wird. Der in dem gemeinsamen Betrieb mehrerer Unternehmen gebildete Betriebsrat nimmt alle Beteiligungsrechte nach dem BetrVG wahr, wozu auch die wirtschaftliche Mitbestimmung nach §§ 111 ff. BetrVG bei etwaiger Auflösung des gemeinsamen Betriebs gehört[58]. 33

Kündigungsschutzrechtlich hat das Bestehen eines gemeinsamen Betriebes zur Folge, daß zugunsten der Mitarbeiter die Vorschriften des Kündigungsschutzgesetzes selbst dann eingreifen, wenn zwar die einzelnen Unternehmen in dem gemeinsamen Betrieb jeweils nicht mehr als zehn Mitarbeiter beschäftigen, dort aber insgesamt mehr als zehn Arbeitnehmer i. S. von § 23 Abs. 1 Satz 2 und 3 KSchG tätig sind. Zudem muß bei der Frage der Sozialauswahl geprüft werden, ob im gemeinsamen Betrieb ein anderer – weniger schutzbedürftigerer – Arbeitnehmer als der zu kündigende Arbeitnehmer beschäftigt ist[59]. Hierbei kommt es nicht darauf an, ob dieser bei dem gleichen oder bei einem anderen Unternehmen beschäftigt ist. Somit ist u. U. einem Arbeitnehmer eines anderen Unternehmens zu kündigen, selbst wenn sich ein Arbeitgeber entschließt, sein Personal des gemeinsamen Betriebes zu reduzieren. Etwas anderes gilt bei der betriebsbedingten Kündigung nach Auflösung des Gemeinschaftsbetriebes. In dem Fall entfällt die Notwendigkeit einer auf den früheren Gemeinschaftsbetrieb bezogenen Sozialauswahl gemäß § 1 Abs. 3 KSchG[60]. 34

---

55 BAG vom 23. 3. 1984, AP Nr. 4 zu § 23 KSchG 1969; BAG vom 18. 1. 1990, AP Nr. 9 zu § 23 KSchG 1969; BAG vom 24. 1. 1996, NZA 1996, 1110 (1111).
56 BAG vom 14. 9. 1988, AP Nr. 9 zu § 1 BetrVG 1972.
57 BAG vom 23. 3. 1984, AP Nr. 4 zu § 23 KSchG 1969.
58 Vgl. BAG vom 5. 3. 1987, AP Nr. 30 zu § 15 KSchG 1969.
59 BAG vom 13. 9. 1995, NZA 1995, 307 (308).
60 BAG vom 13. 9. 1995, NZA 1995, 307.

V. Geltungsbereich des BetrVG

1. Betriebsgröße

35 Die Geltung der Vorschriften des BetrVG bzw. die Bildung eines Betriebsrats in einem Betrieb ist nach § 1 BetrVG abhängig von folgenden beiden Voraussetzungen:
▶ Zum einen müssen in dem Betrieb in der Regel mindestens fünf ständige wahlberechtigte Arbeitnehmer (§ 7 BetrVG) beschäftigt sein.
▶ Zum anderen müsen von den fünf ständigen wahlberechtigten Arbeitnehmern mindestens drei wählbar sein (§ 8 BetrVG).

36 Die Errichtung eines Betriebsrats ist damit in Betrieben nicht möglich, in denen entweder regelmäßig weniger als fünf ständige wahlberechtigte Arbeitnehmer beschäftigt sind, oder – bei einer Beschäftigtenzahl von mindestens fünf wahlberechtigten Arbeitnehmern – nur ein oder zwei Arbeitnehmer wählbar sind. Zum Arbeitnehmerbegriff s. u. Rz. 43 ff.

37 Für die Bestimmung der **regelmäßig Beschäftigten** ist nicht entscheidend, wie viele Arbeitnehmer dem Betrieb gerade zufällig angehören. Vielmehr ist auf die normale Zahl der Beschäftigten abzustellen, also auf die **Personalstärke, die für den Betrieb** im allgemeinen **kennzeichnend** ist. Dabei haben Zeiten außergewöhnlichen Arbeitsanfalls (z. B. Ausverkauf, Weihnachtsgeschäft) oder zeitweiligen Beschäftigungsrückgangs (z. B. Urlaubszeit in einem Fertigungsbetrieb oder Nachsaison in einem Ferienhotel) außer Betracht zu bleiben[61]. Zur Feststellung der Zahl der in der Regel beschäftigten Arbeitnehmer bedarf es sowohl eines Rückblicks auf die bisherige personelle Stärke als auch einer Einschätzung der zukünftigen Entwicklung[62].

38 Zu berücksichtigen sind danach u. a. Teilzeitkräfte, beurlaubte und kranke Arbeitnehmer, Arbeitnehmer, die ihren Wehrdienst oder Zivildienst leisten, Arbeitnehmer in Mutterschutz[63] und in Erziehungsurlaub, wenn die Zahl der Arbeitnehmer vor und nach dem Erziehungsurlaub unverändert ist[64], sowie Aushilfskräfte, wenn und soweit eine bestimmte Anzahl regelmäßig beschäftigt wird. Auch die zu ihrer Berufsausbildung Beschäftigten, Praktikanten, Umschüler und

---

61 Vgl. BAG vom 22. 3. 1983, AP Nr. 7 zu § 113 BetrVG 1972; BAG vom 9. 5. 1995, AP Nr. 33 zu § 111 BetrVG 1972.
62 BAG vom 12. 10. 1976, AP Nr. 1 zu § 8 BetrVG 1972; BAG vom 22. 2. 1983, AP Nr. 7 zu § 113 BetrVG 1972; BAG vom 31. 1. 1991, AP Nr. 11 zu § 23 KSchG 1969; BAG vom 9. 5. 1995, AP Nr. 33 zu § 111 BetrVG 1972.
63 BAG vom 19. 7. 1983, AP Nr. 23 zu § 113 BetrVG 1972; BAG vom 10. 12. 1996, NZA 1997, 733.
64 BAG vom 31. 1. 1991, AP Nr. 11 zu § 23 KSchG 1969.

V. Geltungsbereich des BetrVG Rz. 42 **Teil A**

Volontäre zählen zu den Arbeitnehmern[65]. Nicht zu berücksichtigen sind dagegen die Helfer im freiwilligen sozialen Jahr[66], Leiharbeitnehmer[67] und Arbeitnehmer, die vorübergehend zur Vertretung erkrankter oder beurlaubter Arbeitnehmer tätig sind[68].

Bei sog. **Kampagnebetrieben**, die nur während der Saison bestehen, ist die Anzahl der während der Saison regelmäßig beschäftigten Arbeitnehmer maßgebend[69]. In Betrieben, in denen während des ganzen Jahres gearbeitet wird, deren Belegschaft jedoch während der Saison jeweils ansteigt **(Saisonbetriebe),** ist von der Beschäftigtenzahl außerhalb der Saison auszugehen, sofern diese nicht den größeren Teil des Jahres dauert (etwa in Kurorten)[70].   39

Ständig beschäftigt ist ein Arbeitnehmer, wenn dieser die zu erfüllende Arbeitsaufgabe auf unbestimmte, stets aber längere Zeit wahrnimmt. Unerheblich sind die Dauer der Arbeitszeit (Vollzeit- oder Teilzeitbeschäftigung) und der Zeitpunkt der Einstellung. Entscheidend ist, ob der Arbeitnehmer auf einem ständig zu besetzenden Arbeitsplatz tätig ist[71]. Einzubeziehen sind somit auch befristet eingestellte Arbeitnehmer, sofern diese auf einem ständigen Arbeitsplatz beschäftigt werden.   40

Die Voraussetzungen des § 1 BetrVG für die Errichtung eines Betriebsrats sind **zwingend**[72]. Lediglich im Rahmen des § 3 Abs. 1 Nr. 2 BetrVG kann die Pflicht zur Errichtung eines Betriebsrats zugunsten tarifvertraglicher Sondervertretungen eingeschränkt werden. Wird trotz Vorliegens der Voraussetzungen des § 1 BetrVG kein Betriebsrat gewählt, bleibt der Betrieb vertretungslos.   41

Sinkt während der Amtszeit des Betriebsrats die Zahl der wahlberechtigten Arbeitnehmer nicht nur vorübergehend unter 5, so endet damit mangels eines betriebsratspflichtigen Betriebes gleichzeitig das Amt des Betriebsrats[73]. Ausnahmsweise bleibt der Betriebsrat aber   42

---

65 *Fitting/Kaiser/Heither/Engels*, § 1 Rz. 240.
66 BAG vom 12. 2. 1992, AP Nr. 52 zu § 5 BetrVG 1972.
67 BAG vom 18. 1. 1989, AP Nr. 1 zu § 9 BetrVG 1972.
68 *Fitting/Kaiser/Heither/Engels*, § 1 Rz. 240.
69 *Dietz/Richardi*, § 1 Rz. 125; *GK-Kraft*, § 1 Rz. 65; *Fitting/Kaiser/Heither/Engels*, § 1 Rz. 242; *Stege/Weinspach*, § 1 Rz. 11.
70 BAG vom 12. 10. 1976, AP Nr. 1 zu § 8 BetrVG 1972 (mindestens 6 Monate); *Dietz/Richardi*, § 1 Rz. 126; *Fitting/Kaiser/Heither/Engels*, § 1 Rz. 242; *Stege/Weinspach*, § 1 Rz. 11.
71 *Dietz/Richardi*, § 1 Rz. 123; *Fitting/Kaiser/Heither/Engels*, § 1 Rz. 244.
72 *Fitting/Kaiser/Heither/Engels*, § 1 Rz. 250.
73 *Dietz/Richardi*, § 1 Rz. 119; *GK-Kraft*, § 1 Rz. 68; *Fitting/Kaiser/Heither/Engels*, § 1 Rz. 237; *Stege/Weinspach*, § 1 Rz. 13.

bestehen, wenn der Arbeitgeber zum Zwecke der Ausschaltung eines ihm unbequemen Betriebsrats durch willkürliche Entlassung von Arbeitnehmern den Wegfall der Voraussetzungen des § 1 BetrVG arglistig herbeiführt[74]. Allein die Unterschreitung der Mindestzahl von drei wählbaren Arbeitnehmern hat keine Auswirkungen auf den Fortbestand des Betriebsrats[75].

2. Persönlicher Geltungsbereich

a) Arbeitnehmer i. S. von § 5 Abs. 1 BetrVG

43 Die Vorschriften des BetrVG gelten in vollem Umfang für Arbeitnehmer i. S. von § 5 Abs. 1 BetrVG. Hierzu gehören Arbeiter und Angestellte einschließlich der zu ihrer Berufsausbildung Beschäftigten. Als Arbeiter und Angestellte gelten nach § 6 Abs. 1 Satz 2, Abs. 2 Satz 2 BetrVG auch die in Heimarbeit Beschäftigten, die in der Hauptsache für den Betrieb arbeiten oder Angestelltentätigkeiten verrichten.

44 Um Arbeiter i. S. des BetrVG handelt es sich nach § 6 Abs. 1 Satz 1 BetrVG bei denjenigen Arbeitnehmern, die eine arbeiterrentenversicherungspflichtige Beschäftigung (§ 128 SGB VI) ausüben, auch wenn sie nicht versicherungspflichtig sind. Angestellte i. S. des BetrVG sind nach § 6 Abs. 2 Satz 1 BetrVG ohne Rücksicht auf ihre Versicherungspflicht Arbeitnehmer, die eine durch das SGB VI als Angestelltentätigkeit bezeichnete Beschäftigung ausüben (§ 133 SGB VI). Maßgebend für die Abgrenzung von Arbeitern und Angestellten ist im Zweifel die Verkehrsauffassung, die in den Eingruppierungsnormen eines Tarifvertrages zum Ausdruck kommen kann[76]. Bei sog. **gemischten Tätigkeiten** (z. B. Chemielaboranten, Strom- und Gasablesern) ist entscheidend, ob die gedanklich-geistige Arbeit oder die mechanische Handarbeit überwiegt[77]. Von Bedeutung ist die Abgrenzung insbesondere für das Wahlverfahren (§ 14 BetrVG), die Zusammensetzung des Betriebsrats (§§ 10, 12 BetrVG) und des Wahlvorstandes (§ 16 Abs. 1 BetrVG), die Wahl des Vorsitzenden und stellvertretenden Vorsitzenden des Betriebsrats (§ 26 BetrVG), die Zusammensetzung der Betriebsausschüsse (§§ 27 Abs. 2, 28 Abs. 2 BetrVG), das aufschiebende Vetorecht der überstimmten Minderhei-

---

74 So zu Recht *Fitting/Kaiser/Heither/Engels*, § 1 Rz. 237; a. A. *GK-Kraft*, § 1 Rz. 68 (ohne Begründung).
75 *Dietz/Richardi*, § 1 Rz. 119 und 133; *Fitting/Kaiser/Heither/Engels*, § 1 Rz. 237; *Stege/Weinspach*, § 1 Rz. 13.
76 Vgl. BAG vom 13. 5. 1981, AP Nr. 24 zu § 59 HGB.
77 S. BAG vom 1. 9. 1982, AP Nr. 65 zu §§ 22, 23 BAT 1975; BAG vom 4. 8. 1993, AP Nr. 1 zu § 1 BAT; *Fitting/Kaiser/Heither/Engels*, § 6 Rz. 12.

V. Geltungsbereich des BetrVG　　　　　　　　　Rz. 47 Teil A

tengruppe (§ 35 BetrVG) sowie die Freistellungen nach § 38 Abs. 2 Satz 3 und 4 BetrVG.

Das BetrVG enthält keine eigene Begriffsbestimmung des Arbeitnehmers, sondern geht von einem allgemeinen arbeitsrechtlichen Begriff des Arbeitnehmers aus[78]. Danach ist Arbeitnehmer, wer auf Grund eines privatrechtlichen Vertrages im Dienste eines anderen zur Leistung fremdbestimmter Arbeit in **persönlicher Abhängigkeit** verpflichtet ist[79]. 45

Das Arbeitsverhältnis wird durch Abschluß des Arbeitsvertrages begründet, der ausdrücklich oder stillschweigend durch entsprechendes tatsächliches Verhalten (etwa durch Aufnahme von Tätigkeiten im Betrieb des Arbeitgebers durch den Arbeitnehmer gegen Zahlung von Arbeitsvergütung) erfolgen kann. Für die Geltung des BetrVG ist unerheblich, ob der Arbeitsvertrag rechtswirksam ist. Daher handelt es sich auch bei solchen Personen um Arbeitnehmer i. S. des BetrVG, die aufgrund eines anfechtbaren oder nichtigen Arbeitsvertrages beschäftigt werden, solange sie im Betrieb tatsächlich beschäftigt sind[80]. 46

Unerheblich für die Arbeitnehmereigenschaft ist, ob die Tätigkeit haupt- oder nebenberuflich erbracht wird[81], in Voll- oder Teilzeit ausgeübt wird[82], das Arbeitsverhältnis befristet ist[83] oder die Tätigkeit der Sozialversicherungspflicht unterliegt[84]. Auch auf die Staatsangehörigkeit des Mitarbeiters kommt es bei der Arbeitnehmereigenschaft nicht an[85]. 47

---

78 Vgl. BAG vom 12. 2. 1992, AP Nr. 52 zu § 5 BetrVG 1972; *Fitting/Kaiser/Heither/Engels,* § 5 Rz. 8.
79 Siehe etwa BAG vom 9. 5. 1984, AP Nr. 45 zu § 611 BGB Abhängigkeit; BAG vom 13. 11. 1991, AP Nr. 60 zu § 611 BGB Abhängigkeit; BAG vom 25. 3. 1992, AP Nr. 48 zu § 5 BetrVG 1972; *Dietz/Richardi,* § 5 Rz. 8; *Fitting/Kaiser/Heither/Engels,* § 5 Rz. 9 m. w. Nachw.
80 BAG vom 15. 11. 1957, AP Nr. 2 zu § 125 BGB; BAG vom 5. 12. 1957, AP Nr. 2 zu § 123 BGB; *Dietz/Richardi,* § 5 Rz. 46; *GK-Kraft,* § 5 Rz. 10; *Fitting/Kaiser/Heither/Engels,* § 5 Rz. 12.
81 BAG vom 24. 1. 1964, AP Nr. 4 zu § 611 BGB Fleischbeschauer-Dienstverhältnis; BAG vom 16. 3. 1972, AP Nr. 10 zu § 611 BGB Lehrer, Dozenten; *Dietz/Richardi,* § 5 Rz. 25; *Fitting/Kaiser/Heither/Engels,* § 5 Rz. 26.
82 BAG vom 29. 1. 1992, AP Nr. 1 zu § 7 BetrVG 1972; *Dietz/Richardi,* § 5 Rz. 28; *GK-Kraft,* § 5 Rz. 34; *Fitting/Kaiser/Heither/Engels,* § 5 Rz. 24 und 41 m. w. Nachw.
83 *Dietz/Richardi,* § 5 Rz. 27; *GK-Kraft,* § 5 Rz. 37; *Fitting/Kaiser/Heither/Engels,* § 5 Rz. 29 ff. S. dazu auch LAG Düsseldorf vom 26. 9. 1990, DB 1991, 238, wonach auch eine nur kurzfristige Tätigkeit nicht gegen die Arbeitnehmereigenschaft einer Aushilfskraft spricht.
84 *GK-Kraft,* § 5 Rz. 36; *Fitting/Kaiser/Heither/Engels,* § 5 Rz. 25.
85 *Dietz/Richardi,* § 5 Rz. 67; *Fitting/Kaiser/Heither/Engels,* § 5 Rz. 27.

48 Zu den Arbeitnehmern i. S. des BetrVG gehören ferner solche Personen, deren Arbeitsverhältnis (etwa wegen Wehr- oder Zivildienstes) ruht[86].

49 Arbeitnehmer i. S. des BetrVG sind weiterhin Personen, die nicht unmittelbar vom Betriebsinhaber selbst, sondern von einer Mittelperson eingestellt werden (sog. **mittelbares Arbeitsverhältnis**), sofern eine Bindung an die Weisungen des mittelbaren Arbeitgebers besteht und das Arbeitsergebnis dessen Betrieb zugute kommt[87].

50 Besonderheiten ergeben sich bei sog. **Leiharbeitsverhältnissen:**

51 Bei einem **echten Leiharbeitsverhältnis** wird ein Arbeitnehmer grundsätzlich im Betrieb seines Arbeitgebers beschäftigt und von diesem nur ausnahmsweise an einen anderen Arbeitgeber verliehen, um im fremden Betrieb aufgrund der Anweisungen des Entleihers vorübergehend zu arbeiten, etwa um Kenntnisse und Fertigkeiten an Arbeitnehmer des fremden Betriebes zu vermitteln[88]. In dem Fall bleibt der Mitarbeiter Arbeitnehmer des verleihenden Betriebs mit allen betriebsverfassungsrechtlichen Rechten (insbesondere dem aktiven und passiven Wahlrecht), wobei dies nach Auffassung des BAG selbst bei längerfristiger Überlassung gilt[89]. Allerdings hat der Betriebsrat beim Einsatz von Leiharbeitnehmern – unabhängig von der Dauer der Überlassung – ein Mitbestimmungsrecht nach § 99 BetrVG[90]. Außerdem erstreckt sich das Mitbestimmungsrecht des Betriebsrats aus § 87 Abs. 1 BetrVG auf Leiharbeitnehmer, sofern diese von Regelungen in sozialen Angelegenheiten (z. B. Dienst- und Urlaubspläne) betroffen sind[91].

52 Ein **unechtes Leiharbeitsverhältnis** liegt dagegen vor, wenn der Arbeitnehmer von einem Arbeitgeber von vornherein zu dem Zweck eingestellt wird, an Dritte gewerbsmäßig überlassen zu werden. Die

---
86 GK-Kraft, § 5 Rz. 51; *Fitting/Kaiser/Heither/Engels,* § 5 Rz. 28 m. w. Nachw.
87 Vgl. BAG vom 18. 4. 1989, AP Nr. 65 zu § 99 BetrVG 1972; *Dietz/Richardi,* § 5 Rz. 83; *Fitting/Kaiser/Heither/Engels,* § 5 Rz. 67.
88 Siehe dazu *Fitting/Kaiser/Heither/Engels,* § 5 Rz. 70 ff. m. w. Nachw.
89 BAG vom 18. 1. 1989, AP Nr. 2 zu § 14 AÜG; BAG vom 18. 1. 1989, AP Nr. 1 zu § 9 BetrVG 1972; **a. A.** *Dietz/Richardi,* § 5 Rz. 82; *Fitting/Kaiser/Heither/Engels,* § 5 Rz. 72, wonach der Mitarbeiter bei längerfristiger Eingliederung zusätzlich das aktive und passive Wahlrecht zum Betriebsrat des entleihenden Betriebes erwerben könne.
90 BAG vom 15. 4. 1986, AP Nr. 35 zu § 99 BetrVG 1972; *Fitting/Kaiser/Heither/Engels,* § 5 Rz. 72; abweichend *Dietz/Richardi,* § 5 Rz. 72 (nur bei einer Eingliederung von mehr als drei Monaten).
91 Vgl. BAG vom 28. 9. 1988, AP Nr. 60 zu § 99 BetrVG 1972; BAG vom 28. 7. 1992, AP Nr. 7 zu § 87 BetrVG 1972 Werkmietwohnungen; *Fitting/Kaiser/Heither/Engels,* § 87 Rz. 72 m. w. Nachw.

V. Geltungsbereich des BetrVG

betriebsverfassungsrechtliche Stellung der Leiharbeitnehmer im Rahmen gewerblicher Arbeitnehmerüberlassung ist in **§ 14 AÜG** ausdrücklich geregelt. Nach § 14 Abs. 1 AÜG bleiben Leiharbeitnehmer auch während der Zeit ihrer Arbeitsleistung bei dem Entleiher Angehörige des entsendenden Betriebs des Verleihers. Darüber hinaus ist der Betriebsrat des Entleiherbetriebs immer dann auch für Leiharbeitnehmer zuständig, wenn der Entleiher Maßnahmen (insbesondere in sozialen Angelegenheiten) anordnet, die der Beteiligung des Betriebsrats unterliegen[92]. Bei der Wahl des Betriebsrats im Entleiherbetrieb sind Leiharbeitnehmer weder wahlberechtigt noch wählbar (§ 14 Abs. 2 Satz 1 AÜG). Allerdings sind sie nach § 14 Abs. 2 Satz 2 AÜG berechtigt, die Sprechstunden des Betriebsrats im Entleiherbetrieb aufzusuchen und an den Betriebs- und Jugendvertreterversammlungen im Entleiherbetrieb teilzunehmen. Ferner gelten die §§ 81, 82 Abs. 1, 84 bis 86 BetrVG auch im Entleiherbetrieb bezüglich der dort tätigen Leiharbeitnehmer (§ 14 Abs. 2 Satz 3 AÜG). Weiterhin ist der Betriebsrat des Entleiherbetriebs vor der Übernahme eines Leiharbeitnehmers zur Arbeitsleistung nach § 99 BetrVG zu beteiligen, § 14 Abs. 3 Satz 1 BetrVG. Dabei hat der Entleiher dem Betriebsrat gemäß § 14 Abs. 3 Satz 2 auch die schriftliche Erklärung des Verleihers nach § 12 Abs. 1 Satz 2 AÜG vorzulegen. Außerdem ist der Entleiher verpflichtet, Mitteilungen des Verleihers nach § 12 Abs. 2 AÜG dem Betriebsrat unverzüglich bekanntzugeben (§ 12 Abs. 3 Satz 3 AÜG).

Vom unechten Leiharbeitsverhältnis zu unterscheiden ist die **Tätigkeit einer Drittfirma auf der Grundlage eines Werk- oder Dienstvertrages** sowie der Einsatz von Mitarbeitern dieser Fremdfirma im Betrieb des Arbeitgebers. Vergibt der Arbeitgeber Tätigkeiten an eine Fremdfirma im Wege des Werk- oder Dienstvertrages und werden diese Tätigkeiten von Mitarbeitern der Fremdfirma im Betrieb des Arbeitgebers ausgeführt, so stehen dem Betriebsrat des Arbeitgebers nach der Rechtsprechung des BAG[93] nur dann Beteiligungsrechte hinsichtlich der Mitarbeiter der Fremdfirma (insbesondere nach § 99 BetrVG) zu, wenn dieses Personal in den Betrieb **eingegliedert** wird. Die Eingliederung setzt voraus, daß der Arbeitgeber gegenüber den Mitarbeitern der Fremdfirma wenigstens einen Teil der Arbeitgeberstellung übernimmt. Sie ist dagegen zu verneinen, wenn nur das

53

---

92 BAG vom 28. 7. 1992, AP Nr. 7 zu § 87 BetrVG 1972 Werkmietwohnungen; BAG vom 15. 12. 1992, AP Nr. 7 zu § 14 AÜG.
93 BAG vom 15. 4. 1986, AP Nr. 35 zu § 99 BetrVG 1972; BAG vom 1. 8. 1989, AP Nr. 68 zu § 99 BetrVG 1972; BAG vom 5. 3. 1991, AP Nr. 90 zu § 99 BetrVG 1972; BAG vom 5. 5. 1992, AP Nr. 97 zu § 99 BetrVG 1972; BAG vom 18. 10. 1994, AP Nr. 5 zu § 99 BetrVG 1972 Einstellung.

betriebsfremde Unternehmen die für ein Arbeitsverhältnis typischen Entscheidungen über den Einsatz nach Zeit und Ort zu treffen hat[94].

54 **Keine Arbeitnehmer** i. S. des BetrVG sind **freie Mitarbeiter.** Etwas anders gilt dann, wenn sie in den Betrieb eingegliedert werden, um zusammen mit den dort schon beschäftigten Arbeitnehmern den arbeitstechnischen Zweck des Betriebes durch **weisungsgebundene** Tätigkeit zu verwirklichen. Nach neuerer Rechtsprechung des BAG[95] sollen aber bei der Beschäftigung eines freien Mitarbeiters oder eines freien Handelsvertreters die letztgenannten Voraussetzungen regelmäßig nicht gegeben sein. Ein Beteiligungsrecht des Betriebsrats hinsichtlich freier Mitarbeiter (insbesondere nach § 99 BetrVG wegen Einstellung) komme nur bei **atypischen Fallgestaltungen** in Betracht, etwa wenn „freie Mitarbeiter" Tätigkeiten ausübten, die ihrer Art nach weisungsgebunden seien, oder wenn „freie Mitarbeiter" die gleiche Tätigkeit verrichteten wie im Betrieb festangestellte Mitarbeiter[96].

55 Zu prüfen ist jedoch stets, ob es sich bei dem von den Parteien bezeichneten „freien Mitarbeiterverhältnis" nicht tatsächlich um ein Arbeitsverhältnis handelt und damit der Mitarbeiter als Arbeitnehmer i. S. des BetrVG anzusehen ist. Insofern gelten nach ständiger Rechtsprechung des BAG[97] für die Abgrenzung des Arbeitsverhältnisses vom freien Mitarbeiterverhältnis folgende Grundsätze:

56 Das Arbeitsverhältnis unterscheidet sich von dem Rechtsverhältnis eines freien Mitarbeiters (Dienstvertrag) durch den **Grad** der **persönlichen Abhängigkeit,** in der sich der zur Dienstleistung Verpflichtete jeweils befindet. Eine wirtschaftliche Abhängigkeit ist weder erforderlich noch ausreichend. Arbeitnehmer ist danach derjenige Mitar-

---

94 BAG vom 5. 3. 1991, AP Nr. 90 zu § 99 BetrVG 1972; BAG vom 5. 5. 1992, AP Nr. 97 zu § 99 BetrVG 1972; BAG vom 18. 10. 1994, AP Nr. 5 zu § 99 BetrVG 1972 Einstellung.
95 BAG vom 30. 8. 1994, AP Nr. 6 zu § 99 BetrVG 1972 Einstellung.
96 BAG vom 30. 8. 1994, AP Nr. 6 zu § 99 BetrVG 1972 Einstellung unter Hinweis auf BAG vom 15. 4. 1986, AP Nr. 35 zu § 99 BetrVG 1972, BAG vom 3. 7. 1990, AP Nr. 81 zu § 99 BetrVG 1972 und BAG vom 27. 7. 1993, AP Nr. 3 zu § 93 BetrVG 1972, wo jeweils eine mitbestimmungspflichtige Einstellung **bejaht** wurde.
97 Siehe etwa BAG vom 30. 10. 1991, AP Nr. 59 zu § 611 BGB Abhängigkeit; BAG vom 29. 1. 1992, AP Nr. 47 zu § 5 BetrVG 1972; BAG vom 24. 6. 1992, AP Nr. 61 zu § 611 BGB Abhängigkeit; BAG vom 9. 6. 1993, AP Nr. 66 zu § 611 BGB Abhängigkeit; BAG vom 16. 2. 1994, AP Nr. 15 zu § 611 BGB Rundfunk; BAG vom 20. 7. 1994, AP Nr. 73 zu § 611 BGB Abhängigkeit; BAG vom 9. 11. 1994, AP Nr. 18 zu § 1 AÜG; BAG vom 30. 11. 1994, AP Nr. 74 zu § 611 BGB Abhängigkeit; BAG vom 26. 7. 1995, AP Nr. 79 zu § 611 BGB Abhängigkeit.

V. Geltungsbereich des BetrVG

beiter, der seine Dienstleistung im Rahmen einer von Dritten bestimmten Arbeitsorganisation erbringt. Ein typisches Abgrenzungsmerkmal enthält insoweit die für die Abgrenzung des Handelsvertreters vom abhängig beschäftigten Handlungsgehilfen maßgebliche Bestimmung des § 84 Abs. 1 Satz 2 HGB. Danach ist selbständig, wer im wesentlichen frei seine Tätigkeit gestalten und seine Arbeitszeit bestimmen kann. Unselbständig und deshalb persönlich abhängig ist dagegen der Mitarbeiter, dem dies nicht möglich ist. Diese Bestimmung enthält – über ihren unmittelbaren Anwendungsbereich hinaus – eine allgemeine gesetzgeberische Wertung, die bei der Abgrenzung des Dienstvertrages vom Arbeitsvertrag zu beachten ist, zumal sie die einzige Norm darstellt, die Kriterien dafür enthält[98].

Für eine **Eingliederung** in die fremde Arbeitsorganisation ist kennzeichnend, daß der Beschäftigte einem Weisungsrecht des Arbeitgebers unterliegt. Dieses Weisungsrecht kann Inhalt, Durchführung, Zeit, Dauer und Ort der Tätigkeit betreffen. Die fachliche Weisungsgebundenheit ist für Dienste höherer Art nicht immer typisch. Die Art der Tätigkeit kann es mit sich bringen, daß dem Dienstverpflichteten ein hohes Maß an Gestaltungsfreiheit, Eigeninitiative und fachlicher Selbständigkeit verbleibt, insbesondere bei Tätigkeiten in akademischen Berufen (z. B. Ärzte, Journalisten)[99]. 57

Unerheblich ist, wie die Parteien das Vertragsverhältnis bezeichnen. Der Status des Beschäftigten richtet sich nicht nach den Wünschen 58

---

[98] BAG vom 30. 10. 1991, AP Nr. 59 zu § 611 BGB Abhängigkeit; BAG vom 29. 1. 1992, AP Nr. 47 zu § 5 BetrVG 1972; BAG vom 24. 6. 1992, AP Nr. 61 zu § 611 BGB Abhängigkeit; BAG vom 9. 6. 1993, AP Nr. 66 zu § 611 BGB Abhängigkeit; BAG vom 16. 2. 1994, AP Nr. 15 zu § 611 BGB Rundfunk; BAG vom 20. 7. 1994, AP Nr. 73 zu § 611 BGB Abhängigkeit; BAG vom 9. 11. 1994, AP Nr. 18 zu § 1 AÜG; BAG vom 30. 11. 1994, AP Nr. 74 zu § 611 BGB Abhängigkeit; BAG vom 26. 7. 1995, AP Nr. 79 zu § 611 BGB Abhängigkeit.

[99] BAG vom 9. 6. 1993, AP Nr. 66 zu § 611 BGB Abhängigkeit; BAG vom 16. 2. 1994, AP Nr. 15 zu § 611 BGB Rundfunk; BAG vom 20. 7. 1994, AP Nr. 73 zu § 611 BGB Abhängigkeit; BAG vom 9. 11. 1994, AP Nr. 18 zu § 1 AÜG; BAG vom 30. 11. 1994, AP Nr. 74 zu § 611 BGB Abhängigkeit; BAG vom 26. 7. 1995, AP Nr. 79 zu § 611 BGB Abhängigkeit. Weitergehend ArbG Nürnberg vom 31. 7. 1996, NZA 1997, 37 (zur Arbeitnehmereigenschaft einer Versicherungsvermittlerin im Außendienst), wonach jemand Arbeitnehmer sei, der in eigener Person ohne Mitarbeiter und im wesentlichen ohne eigenes Kapital und ohne eigene Organisation tätig werde, wohingegen jemand selbständig sei, der mit eigenem Kapitaleinsatz einen eigenen Apparat ggf. auch unter Einsatz von eigenen Mitarbeitern aufbaue und bei welchem dem Risiko der nur erfolgsbezogenen Vergütung eine entsprechende unternehmerische Chance gegenüberstehe. Ähnlich bereits LAG Köln vom 30. 6. 1995, AP Nr. 80 zu § 611 BGB Abhängigkeit. Zu weiteren abweichenden Ansichten siehe *Fitting/Kaiser/Heither/Engels*, § 5 Rz. 17a.

und Vorstellungen der Vertragspartner, sondern danach, wie die Vertragsbeziehung nach ihrem Geschäftsinhalt objektiv einzuordnen ist. Denn durch Parteivereinbarung kann die Bewertung einer Rechtsbeziehung als Arbeitsverhältnis nicht abbedungen und der Geltungsbereich des Arbeitnehmerschutzrechts nicht eingeschränkt werden. Der wirkliche Geschäftsinhalt ist den ausdrücklich getroffenen Vereinbarungen und der **praktischen Durchführung** des Vertrages zu entnehmen. Wenn der Vertrag abweichend von den ausdrücklichen Vereinbarungen vollzogen wird, ist die tatsächliche Durchführung maßgebend. Denn die praktische Handhabung läßt Rückschlüsse darauf zu, von welchen Rechten und Pflichten die Parteien in Wirklichkeit ausgegangen sind[100].

59 Für die Abgrenzung entscheidend sind demnach die Umstände der Dienstleistung, nicht aber die Modalitäten der Entgeltzahlung oder andere formelle Merkmale wie die Abführung von Steuern und Sozialversicherungsbeiträgen und die Führung von Personalakten. Die Arbeitnehmereigenschaft kann nicht mit der Begründung verneint werden, es handele sich um eine nebenberufliche Tätigkeit. Umgekehrt spricht nicht schon der Umstand für ein Arbeitsverhältnis, daß es sich um ein auf Dauer angelegtes Vertragsverhältnis handelt[101].

60 Bei der Frage, in welchem Maße der Mitarbeiter persönlich abhängig ist, muß vor allem die Eigenart der jeweiligen Tätigkeit berücksichtigt werden. Denn abstrakte, für alle Arbeitsverhältnisse geltende Kriterien lassen sich nicht aufstellen. Eine Anzahl von Tätigkeiten kann sowohl im Rahmen eines Arbeitsverhältnisses als auch im Rahmen eines freien Dienstverhältnisses (freien Mitarbeiterverhältnisses) ausgeübt werden. Das Bestehen eines Arbeitsverhältnisses kann mithin auch aus der Art der zu verrichtenden Tätigkeit folgen[102].

61 Der typische Fall eines Arbeitsverhältnisses ist die **Eingliederung** in den Betrieb mit i.d. Regel festen Arbeitszeiten. Ein starkes Indiz für die Arbeitnehmereigenschaft ist nach neuerer Rechtsprechung des

---

100 BAG vom 9. 6. 1993, AP Nr. 66 zu § 611 BGB Abhängigkeit; BAG vom 16. 2. 1994, AP Nr. 15 zu § 611 BGB Rundfunk; BAG vom 20. 7. 1994, AP Nr. 73 zu § 611 BGB Abhängigkeit; BAG vom 26. 7. 1995, AP Nr. 79 zu § 611 BGB Abhängigkeit jeweils m. w. Nachw.
101 BAG vom 9. 6. 1993, AP Nr. 66 zu § 611 BGB Abhängigkeit; BAG vom 16. 2. 1994, AP Nr. 15 zu § 611 BGB Rundfunk; BAG vom 20. 7. 1994, AP Nr. 73 zu § 611 BGB Abhängigkeit; BAG vom 26. 7. 1995, AP Nr. 79 zu § 611 BGB Abhängigkeit jeweils m. w. Nachw.
102 BAG vom 16. 2. 1994, AP Nr. 15 zu § 611 BGB Rundfunk; BAG vom 20. 7. 1994, AP Nr. 73 zu § 611 BGB Abhängigkeit; BAG vom 30. 11. 1994, AP Nr. 74 zu § 611 BGB Abhängigkeit.

V. Geltungsbereich des BetrVG   Rz. 63 **Teil A**

BAG[103] auch die Aufnahme von Mitarbeitern in Dienstplänen, wobei die Arbeitnehmereigenschaft nicht durch die Möglichkeit ausgeschlossen werden soll, den bereits übernommenen Einsatz abzulehnen bzw. abzugeben. Dagegen reichen eine Tätigkeitsausübung im Betrieb des Auftraggebers aus eigenem Anlaß (etwa zur Benutzung von betrieblichen Einrichtungen aus Gründen der Arbeitserleichterung) oder eine nur gelegentlich notwendige Zusammenarbeit mit Arbeitnehmern des Betriebes für das Merkmal der persönlichen Abhängigkeit nicht aus[104]. Ob ein Mitarbeiter einen „eigenen Schreibtisch" hat oder ein Arbeitszimmer (mit)benutzen kann, zu dem er einen Schlüssel hat, und ob er in einem internen Telefonverzeichnis aufgeführt ist, hat für sich genommen ebenfalls keine entscheidende Bedeutung[105].

Umgekehrt wird ein Arbeitnehmer nicht allein dadurch zum freien Mitarbeiter, daß der Arbeitgeber sein Weisungsrecht längere Zeit nicht ausübt. Soll ein Arbeitsverhältnis in ein freies Mitarbeiterverhältnis umgewandelt werden, muß dies unzweideutig vereinbart werden. Eine bloß andere Bezeichnung des Rechtsverhältnisses reicht nicht aus. Die Bedingungen, unter denen die Dienste erbracht werden, müssen so gestaltet werden, daß eine Eingliederung in die fremde Arbeitsorganisation nicht mehr stattfindet[106].   62

Nicht zu den **Arbeitnehmern** gehören **arbeitnehmerähnliche Personen,** da bei ihnen das Merkmal der persönlichen Abhängigkeit fehlt. Eine wirtschaftliche Abhängigkeit reicht insoweit nicht aus (s. o. Rz. 56). Ebenfalls keine Arbeitnehmer sind Personen, die aufgrund eines öffentlich-rechtlichen Verhältnisses beschäftigt werden, wie z. B. **Beamte** und Beamtenanwärter. Etwas anderes gilt jedoch, wenn Beamte (z. B. bei Ruhen ihres Beamtenverhältnisses oder im Ruhestand) im Betrieb eines privatrechtlichen Unternehmens aufgrund eines Arbeitsvertrages tätig werden. In dem Fall sind sie Arbeitnehmer[107]. Weiterhin gelten die bei den privatisierten Unternehmen der Bahn und Post beschäftigten Beamten nach § 19 Abs. 1 DBGrG, § 24 Abs. 2 PostPersRG für die Anwendung des BetrVG als Arbeitnehmer. Keine Arbeitnehmer sind ferner Personen, die anstelle des Wehrdien-   63

---

103 BAG vom 16. 2. 1994, AP Nr. 15 zu § 611 BGB Rundfunk; BAG vom 20. 7. 1994, AP Nr. 73 zu § 611 BGB Abhängigkeit; BAG vom 30. 11. 1994, AP Nr. 74 zu § 611 BGB Abhängigkeit.
104 Vgl. BAG vom 27. 3. 1991, AP Nr. 53 zu § 611 BGB Abhängigkeit.
105 BAG vom 9. 6. 1993, AP Nr. 66 zu § 611 BGB Abhängigkeit; BAG vom 16. 2. 1994, AP Nr. 15 zu § 611 BGB Rundfunk; BAG vom 20. 7. 1994, AP Nr. 73 zu § 611 BGB Abhängigkeit; BAG vom 30. 11. 1994, AP Nr. 74 zu § 611 BGB Abhängigkeit.
106 BAG vom 12. 9. 1996, DB 1997, 47 = BB 1996, 2690.
107 *Fitting/Kaiser/Heither/Engels,* § 5 Rz. 101a.

stes **zivilen Ersatzdienst** leisten (§ 25 WehrPflG, §§ 1 ff. ZDG), da sie in einem öffentlich-rechtlichen Beschäftigungsverhältnis stehen[108]. Dagegen sind Kriegsdienstverweigerer in einem freien Arbeitsverhältnis nach § 15 a ZDG. Keine Arbeitnehmer sind Personen, die kraft öffentlich-rechtlichen Zwangs beschäftigt werden (z. B. **Strafgefangene**)[109], Personen, die im Rahmen eines **freiwilligen sozialen Jahres** tätig sind (§§ 1, 15 G. zur Förderung eines freiwilligen Jahres vom 17. 8. 1964, BGBl. I S. 640, geändert durch G. vom 18. 12. 1989, BGBl. I S. 2261)[110] sowie Entwicklungshelfer, die nach dem EntwicklungshelferG vom 18. 6. 1969 (BGBl. I S. 549) Entwicklungsdienst leisten[111]. Personen, die in Maßnahmen zur Arbeitsbeschaffung (§§ 91 bis 99 AFG) beschäftigt werden, sind – wie aus dem Wortlaut des § 93 Abs. 2 AFG folgt – Arbeitnehmer.

64 Zu den Arbeitnehmern i. S. des BetrVG gehören nach § 5 Abs. 1 BetrVG auch die zu ihrer **Berufsausbildung Beschäftigten**. Durch die Vorschrift des § 6 BetrVG werden sie einer Gruppe von Arbeitnehmern (Arbeitern oder Angestellten) zugeordnet, je nachdem, zu welchem Beruf sie ausgebildet werden.

65 Der Begriff „Berufsausbildung" i. S. von § 5 Abs. 1 BetrVG ist weiter als der des BBiG. Er umfaßt nicht nur die im BBiG geregelten Berufsausbildungsverhältnisse, sondern – neben der beruflichen Grundausbildung i. S. von § 1 Abs. 2 BBiG – alle Maßnahmen, die auf betrieblicher Ebene die **beruflichen Kenntnisse, Fertigkeiten und Erfahrungen vermitteln** sollen[112]. Zu den zu ihrer Berufsausbildung Beschäftigten gehören danach auch Volontäre, Umschüler, Anlernlinge, Praktikanten, die ein Hochschul- oder Fachhochschulstudium ableisten und während des Praktikums in einer privatrechtlichen Vertragsbeziehung zum Betriebsinhaber stehen[113], Teilnehmer an berufsvorbereitenden betriebsinternen Ausbildungsmaßnahmen[114], Krankenpfle-

---

108 *Dietz/Richardi*, § 5 Rz. 58; GK-*Kraft*, § 5 Rz. 49; *Fitting/Kaiser/Heither/Engels*, § 5 Rz. 100.
109 BAG vom 3. 10. 1978, AP Nr. 18 zu § 5 BetrVG 1972.
110 BAG vom 12. 2. 1992, AP Nr. 52 zu § 5 BetrVG 1972; *Fitting/Kaiser/Heither/Engels*, § 5 Rz. 100 m. w. Nachw.
111 Vgl. BAG vom 27. 4. 1977, AP Nr. 1 zu § 611 BGB Entwicklungshelfer.
112 Vgl. BAG vom 10. 2. 1981, AP Nr. 25 zu § 5 BetrVG 1972; BAG vom 25. 10. 1989, AP Nr. 40 zu § 5 BetrVG 1972; BAG vom 28. 7. 1992, AP Nr. 7 zu § 87 BetrVG 1972 Werkmietwohnungen; *Dietz/Richardi*, § 5 Rz. 32; *Stege/Weinspach*, § 5 Rz. 1a; *Fitting/Kaiser/Heither/Engels*, § 5 Rz. 87 m. w. Nachw.
113 BAG vom 30. 10. 1991, AP Nr. 2 zu § 5 BetrVG 1972 Ausbildung. Einzelheiten dazu siehe bei *Fitting/Kaiser/Heither/Engels*, § 5 Rz. 93a.
114 BAG vom 10. 2. 1981, AP Nr. 25 zu § 5 BetrVG 1972; BAG vom 25. 10. 1989, AP Nr. 40 zu § 5 BetrVG 1972; *Dietz/Richardi*, § 5 Rz. 8; *Fitting/Kaiser/Heither/Engels*, § 5 Rz. 88 m. w. Nachw.

V. Geltungsbereich des BetrVG   Rz. 67 Teil A

geschüler[115], Teilnehmer an berufsvorbereitenden Maßnahmen für jugendliche Arbeitslose[116] sowie Personen, die in einem vom BBiG nicht anerkannten Beruf (wie z. B. Elektroassistent, Ingenieurassistent) ausgebildet werden.

Das Ausbildungsverhältnis i. S. von § 5 Abs. 1 BetrVG muß durch **privatrechtlichen Vertrag** begründet werden, der allerdings auch durch schlüssiges Verhalten zustandekommen kann[117]. Unerheblich für das Vorliegen einer Arbeitnehmereigenschaft i. S. von § 5 Abs. 1 BetrVG ist der Umstand, ob der zu seiner Berufsausbildung Beschäftigte vom Arbeitgeber eine Geldleistung erhält[118]. Ebensowenig kommt es darauf an, ob die betriebliche Ausbildung Teil eines einheitlichen Ausbildungsganges ist, der aus einem betrieblich-praktischen und einem schulisch-theoretischen Ausbildungsteil besteht[119]. 66

Keine Arbeitnehmer i. S. von § 5 Abs. 1 BetrVG sind nach neuerer Rechtsprechung des BAG[120] **Auszubildende** in einem **reinen Ausbildungsbetrieb** soweit sie dort nicht innerhalb des laufenden Betriebes mit einer Zwecksetzung eingesetzt werden, die auch die dort beschäftigten Arbeitnehmer verfolgen. Unerheblich ist dabei, ob sich eine Vielzahl innerbetrieblicher Regelungen in sozialen Angelegenheiten auch auf die Auszubildenden erstreckt und der Ausbilder gegenüber diesem Personenkreis weisungsberechtigt ist[121]. Denn die Arbeitnehmereigenschaft von Auszubildenden setze voraus, daß sie aufgrund eines privatrechtlichen Ausbildungsvertrags im Rahmen der arbeitsrechtlichen Zielsetzung des Ausbildungsbetriebes eine berufliche Unterweisung erhalten. Dafür entscheidend sei die Eingliederung des Auszubildenden in den Betrieb des Ausbildenden. Hierfür werde 67

---

115 Dies gilt jedoch nicht bei der rein schulischen Ausbildung der medizinisch-technischen Assistenten, BAG vom 28. 7. 1992, AP Nr. 7 zu § 87 BetrVG 1972 Werkmietwohnungen.
116 BAG vom 26. 11. 1987, AP Nr. 36 zu § 5 BetrVG 1972.
117 BAG vom 10. 2. 1981, AP Nr. 25 zu § 5 BetrVG 1972; BAG vom 25. 10. 1989, AP Nr. 40 zu § 5 BetrVG 1972; BAG vom 13. 5. 1992, AP Nr. 4 zu § 5 BetrVG 1972 Ausbildung; *Fitting/Kaiser/Heither/Engels,* § 5 Rz. 89.
118 Vgl. BAG vom 10. 2. 1981, AP Nr. 25 zu § 5 BetrVG 1972; BAG vom 25. 10. 1989, AP Nr. 40 zu § 5 BetrVG 1972.
119 BAG vom 10. 2. 1981, AP Nr. 25 zu § 5 BetrVG 1972; BAG vom 8. 5. 1990, AP Nr. 80 zu § 99 BetrVG 1972; BAG vom 28. 7. 1992, AP Nr. 7 zu § 87 BetrVG 1972 Werkmietwohnungen.
120 BAG vom 21. 7. 1993, AP Nr. 8 zu § 5 BetrVG 1972 Ausbildung (unter ausdrücklicher Aufgabe der bisherigen gegenteiligen Rechtsprechung, vgl. BAG vom 12. 6. 1986, AP Nr. 33 zu § 5 BetrVG 1972; BAG vom 13. 5. 1992, AP Nr. 5 zu § 5 BetrVG 1972 Ausbildung); ebenso BAG vom 26. 1. 1994, AP Nr. 54 zu § 5 BetrVG 1972; BAG vom 20. 3. 1996, NZA 1997, 107; BAG vom 20. 3. 1996, NZA 1997, 326; BAG vom 12. 9. 1996, NZA 1997, 273.
121 BAG vom 20. 3. 1996, NZA 1997, 107.

eine betrieblich praktische Unterweisung gefordert, bei der der Arbeitgeber dem Auszubildenden praktische Aufgaben zu Ausbildungszwecken zuweise. Die betriebsverfassungsrechtlich entscheidende Eingliederung des Auszubildenden liege jedoch nur vor, wenn sich die berufspraktische Ausbildung im Rahmen der arbeitstechnischen Zielsetzung des Betriebes vollziehe, zu dessen Erreichung die betriebsangehörigen Arbeitnehmer zusammenarbeiteten. Dabei müsse die Berufsausbildung mit dem laufenden Produktions- oder Dienstleistungsprozeß verknüpft sein. Dies sei der Fall, wenn der Auszubildende mit solchen Tätigkeiten beschäftigt werde, die zu den beruflichen Aufgaben der Arbeitnehmer dieses Betriebes gehörten. Sei der Betriebszweck eines Ausbildungsbetriebes allein auf die Vermittlung einer berufspraktischen Ausbildung beschränkt, seien die dort tätigen Auszubildenden nicht in vergleichbarer Weise wie die übrigen Arbeiter oder Angestellten im Betrieb integriert. Ihre Ausbildung vollziehe sich nicht im Rahmen der jeweiligen arbeitstechnischen Zwecksetzungen eines Produktions- oder Dienstleistungsbetriebes. Vielmehr sei ihre Ausbildung selbst Gegenstand des Betriebszwecks[122].

b) Einschränkungen nach § 5 Abs. 2 BetrVG

68   In der Vorschrift des § 5 Abs. 2 BetrVG werden bestimmte Personengruppen aufgeführt, die nicht als Arbeitnehmer i. S. des BetrVG gelten. Diese Regelung hat weitgehend nur klarstellende Funktion, weil es sich bei zahlreichen der dort genannten Personen bereits nach allgemeinen arbeitsrechtlichen Grundsätzen nicht um Arbeitnehmer handelt[123].

69   Keine Arbeitnehmer i. S. des BetrVG sind nach § 5 Abs. 2 BetrVG:

70   1. In Betrieben einer juristischen Person die Mitglieder des Organs, das zur gesetzlichen Vertretung der juristischen Person berufen ist. Hierbei handelt es sich bei rechtsfähigen Vereinen um die Mitglieder des Vorstands (§ 26 BGB) sowie um den Sondervertreter nach § 30 BGB, bei Stiftungen um die Mitglieder des nach dem Stiftungsgeschäft bestellten gesetzlichen Vertretungsorgans (§§ 85, 86 BGB), bei der Aktiengesellschaft um die Vorstandsmitglieder (§ 78 AktG), bei der KG auf Aktien die Komplementäre (§ 278 Abs. 2 AktG), bei der GmbH um die Geschäftsführer (§ 35 Abs. 1 GmbHG), sowie bei Versicherungsvereinen und Genossenschaften um die Vorstandsmitglieder

---

122 BAG vom 21. 7. 1993, AP Nr. 8 zu § 5 BetrVG 1972 Ausbildung; BAG vom 26. 1. 1994, AP Nr. 54 zu § 5 BetrVG 1972; BAG vom 20. 3. 1996, NZA 1997, 107 f.
123 So zu Recht *Fitting/Kaiser/Heither/Engels*, § 5 Rz. 102.

(§ 34 VAG, § 24 GenG). Im Falle des Konkurses einer juristischen Person ist gesetzlicher Vertreter der Konkursverwalter (§ 6 Abs. 2 KO).

2. Die Gesellschafter einer offenen Handelsgesellschaft oder die Mitglieder einer anderen Personengesamtheit, soweit sie durch Gesetz, Satzung oder Gesellschaftsvertrag zur Vertretung der Personengesamtheit oder zur Geschäftsführung berufen sind, in deren Betrieben. Im einzelnen handelt es sich hierbei um alle oder einzelne Gesellschafter einer offenen Handelsgesellschaft (§§ 114, 125 HGB) oder einer Gesellschaft bürgerlichen Rechts (§§ 709, 710, 714 BGB), die Mitreeder bzw. die Korrespondenzreeder einer Reederei (§§ 489, 493, 496 HGB), die persönlich haftenden Gesellschafter (Komplementäre) einer Kommanditgesellschaft (§§ 164, 170 HGB), einen der Ehegatten (bei ausdrücklicher Vereinbarung) oder beide Ehegatten einer ehelichen Gütergemeinschaft (§ 1421 BGB) sowie den Vereinsvorstand eines nicht rechtsfähigen Vereins (§ 54 BGB, § 26 BGB analog). Ein nicht-vertretungsberechtigter Gesellschafter einer Personengesamtheit kann neben seiner gesellschaftsrechtlichen Stellung auch Arbeitnehmer sein, sofern er keine Arbeitgeberstellung einnimmt, sondern die für die Arbeitnehmereigenschaft maßgebliche abhängige Arbeit schuldet[124].

3. Personen, deren Beschäftigung nicht in erster Linie ihrem Erwerb dient, sondern vorwiegend durch Beweggründe karitativer oder religiöser Art bestimmt ist. Hierzu gehören Anhänger religiöser Orden wie Mönche, Ordensschwestern und Diakonissen[125]. Ebenso verneint das BAG[126] die Arbeitnehmereigenschaft von Rote-Kreuz-Schwestern, gleichgültig, ob sie in einem Krankenhaus des DRK beschäftigt oder aufgrund eines Gestellungsvertrages im Krankenhaus eines Dritten tätig sind. Dagegen wird die Arbeitnehmereigenschaft sog. Gastschwestern, die bei einer Schwesternschaft des DRK angestellt und in einem von der Schwesternschaft mitbetriebenen Krankenhaus beschäftigt sind, vom BAG[127] bejaht.

---

124 Vgl. BAG vom 28. 11. 1990, AP Nr. 137 zu § 1 TVG Tarifverträge: Bau; LAG Bremen vom 29. 3. 1957, AP Nr. 1 zu § 611 BGB Arbeits- und Gesellschaftsverhältnis; *Dietz/Richardi*, § 5 Rz. 103; *Fitting/Kaiser/Heither/Engels*, § 5 Rz. 106 m. w. Nachw.
125 ArbG Bremen vom 31. 5. 1956, AP Nr. 4 zu § 5 ArbGG 1953.
126 BAG vom 3. 6. 1975, AP Nr. 1 zu § 5 BetrVG 1972 Rotes Kreuz; BAG vom 20. 2. 1986, AP Nr. 2 zu § 5 BetrVG 1972 Rotes Kreuz; **a. A.** *Hess/Schlochauer/Glaubitz*, § 5 Rz. 26; *Stege/Weinspach*, § 5 Rz. 5; *Trümner*, in: Däubler/Kittner/Klebe, § 5 Rz. 145; *Fitting/Kaiser/Heither/Engels*, § 5 Rz. 109.
127 BAG vom 4. 7. 1979, AP Nr. 10 zu § 611 BGB Rotes Kreuz; BAG vom 14. 12. 1994, AP Nr. 3 zu § 5 BetrVG 1972 Rotes Kreuz.

73 **4. Personen, deren Beschäftigung nicht in erster Linie ihrem Erwerb dient, und die vorwiegend zu ihrer Heilung, Wiedereingewöhnung, sittlichen Besserung oder Erziehung beschäftigt werden.** Bei den zu ihrer Heilung und Wiedereingewöhnung Beschäftigten handelt es sich insbesondere um Kranke, Körperbehinderte, Alkoholabhängige, Rauschgiftsüchtige, Geisteskranke und Nichtseßhafte, soweit sie in Anstalten oder sonst aus arbeitstherapeutischen Gründen beschäftigt werden[128]. Hierzu gehören ferner die nach § 74 SBG V zur Wiedereingliederung Beschäftigten, die in einem Rechtsverhältnis eigener Art (Schwerpunkt Rehabilitation) zum Arbeitgeber stehen[129]. Personen, die in erster Linie zu ihrer sittlichen Besserung oder Erziehung beschäftigt werden, sind Strafgefangene[130] (sofern sie nicht nach § 39 StVollzG mit einem Dritten ein „freies Beschäftigungsverhältnis" eingehen), unter der Obhut des Jugendamtes stehende Jugendliche (§ 42 SGB VIII) sowie Sicherungsverwahrte nach § 66 StGB in den Unterbringungsanstalten, soweit sie nicht in einem Arbeitsverhältnis stehen[131]. Ob Schwerbehinderte in einer Behindertenwerkstatt nach § 54 SchwbG Arbeitnehmer sind, hängt im jeweiligen Einzelfall davon ab, ob der Schwerpunkt ihrer Beschäftigung in der Rehabilitation liegt oder ein Ausbildungs- bzw. normaler Arbeitsvertrag geschlossen wird. Sämtliche dieser Möglichkeiten sind in § 13 SchwbWV vorgesehen.

74 **5. Der Ehegatte, Verwandte und Verschwägerte ersten Grades, die in häuslicher Gemeinschaft mit dem Arbeitgeber leben.** Unter „Arbeitgeber" i. S. von § 5 Abs. 2 Nr. 5 BetrVG ist eine natürliche Person zu verstehen. Für Verwandte und Verschwägerte von Vorstandsmitgliedern oder Geschäftsführern einer juristischen Person sowie für Verwandte und Verschwägerte von vertretungsberechtigten Gesellschaftern einer Personengesamtheit gilt § 5 Abs. 2 Nr. 5 BetrVG nach Sinn und Zweck (Vermeidung möglicher Interessenkollisionen) lediglich insoweit entsprechend, als diese Personen nicht zum Betriebsrat wählbar sind. Allerdings gehören sie zu den wahlberechtigten Arbeitnehmern, die vom Betriebsrat bei der Wahrnehmung seiner Beteiligungsrechte nach dem BetrVG repräsentiert werden[132]. Für Verwandte und Verschwägerte in der Seitenlinie und für Abkömmlinge und Verschwägerte zweiten Grades, also Enkel und deren Ehegatten ent-

---

128 Vgl. BAG vom 25. 10. 1989, AP Nr. 40 zu § 5 BetrVG 1972.
129 BAG vom 29. 1. 1992, AP Nr. 1 zu § 74 SGB V; BAG vom 19. 4. 1994, AP Nr. 2 zu § 74 SGB V.
130 BAG vom 24. 4. 1969, AP Nr. 18 zu § 5 ArbGG 1953; BAG vom 3. 10. 1978, AP Nr. 18 zu § 5 BetrVG 1972.
131 *Fitting/Kaiser/Heither/Engels*, § 5 Rz. 110.
132 *Fitting/Kaiser/Heither/Engels*, § 5 Rz. 112.

V. Geltungsbereich des BetrVG   Rz. 77 Teil A

hält das Gesetz keine Regelung. Werden diese als Arbeitnehmer beschäftigt, so gehören sie zur Belegschaft. Gleiches gilt für Verlobte[133]. Ebensowenig fallen Personen unter § 5 Abs. 2 Nr. 5 BetrVG, die zum Arbeitgeber in einem eheähnlichen Verhältnis stehen, selbst wenn sie in häuslicher Gemeinschaft mit dem Arbeitgeber leben[134].

c) Leitende Angestellte i. S. von § 5 Abs. 3 BetrVG

Obwohl die leitenden Angestellten rechtlich als Arbeitnehmer anzusehen und in den für Arbeitnehmer geltenden Sozialschutz weitgehend einbezogen sind, nehmen sie im Rahmen des BetrVG eine **Sonderstellung** ein. Nach § 5 Abs. 3 Satz 1 findet das BetrVG, soweit in ihm nicht ausdrücklich etwas anderes bestimmt ist, keine Anwendung auf leitende Angestellte. Die leitenden Angestellten gehören somit nicht zu der vom Betriebsrat repräsentierten Belegschaft. Eine „andere Bestimmung" i. S. von § 5 Abs. 3 Satz 1 enthält das BetrVG lediglich in den §§ 105, 107 und 108. Ansonsten hat der Betriebsrat hinsichtlich der leitenden Angestellten keine Beteiligungsrechte[135]. 75

Der betriebsverfassungsrechtliche Begriff des leitenden Angestellten wird in § 5 Abs. 3 Satz 2 BetrVG näher umschrieben. Diese Bestimmung enthält **drei Tatbestandsgruppen,** wobei es für die Zuordnung zum Kreis der leitenden Angestellten genügt, daß der Arbeitnehmer unter eine dieser Gruppen fällt[136]. 76

Die Abgrenzung der leitenden Angestellten von den sonstigen Angestellten des Betriebes nach § 5 Abs. 3 Satz 2 BetrVG ist **zwingend,** so daß weder durch Tarifvertrag noch durch Betriebsvereinbarung festgelegt werden kann, wer leitender Angestellter ist. Entsprechende Vereinbarungen zwischen Unternehmen und Betriebsrat oder den Tarifvertragsparteien über den Kreis der leitenden Angestellten sind daher rechtlich ohne Wirkung. Ebensowenig begründet eine Vereinbarung zwischen Arbeitgeber und Arbeitnehmer den Status des leitenden Angestellten, da der **Begriff des leitenden Angestellten der Disposition der Parteien** des Arbeitsvertrages **entzogen** ist. Gleiches gilt für „Ernennungen" zum leitenden Angestellten oder die Bezeichnung eines Angestellten als „leitender Angestellter" im Arbeitsvertrag ohne die Übertragung der in § 5 Abs. 3 Satz 2 BetrVG erwähnten 77

---
133 *Dietz/Richardi,* § 5 Rz. 119.
134 ArbG Köln vom 9. 6. 1976, DB 1976, 2068.
135 *Ehrich,* HwB-AR „Leitende Angestellte" Rz. 86.
136 *Richardi,* in: Münchener Handbuch zum Arbeitsrecht, Band 1, § 25 Rz. 22, 24; *Buchner,* NZA 1989 Beil. 1, 2 (6); *Wlotzke,* DB 1989, 111 (118); *Ehrich,* HwB-AR „Leitende Angestellte" Rz. 7 m. w. Nachw.

Aufgaben und Funktionen des Angestellten im Betrieb und Unternehmen[137].

aa) Die Tatbestandsgruppen des § 5 Abs. 3 Satz 2 BetrVG

(1) Allgemeine Voraussetzungen

78 Nach dem Obersatz der drei Abgrenzungstatbestände des § 5 Abs. 3 Satz 2 BetrVG ist leitender Angestellter nur, wer **nach Arbeitsvertrag** und **Stellung im Unternehmen oder im Betrieb** die in den Nrn. 1 bis 3 näher bezeichneten Funktionen erfüllt. Dem Hinweis auf den Arbeitsvertrag kommt keine eigenständige Bedeutung zu. Denn es ist selbstverständlich, daß ein Arbeitnehmer seine Tätigkeit, die ihn zum leitenden Angestellten macht, auf der Grundlage eines Arbeitsvertrages erbringt[138]. Nicht erforderlich ist, daß die genannten Aufgaben und Befugnisse im Arbeitsvertrag schriftlich niedergelegt sind; es genügen auch entsprechende mündliche Abreden[139]. Zweckmäßigerweise sollten diese in der Praxis jedoch stets im Arbeitsvertrag schriftlich fixiert werden, weil dadurch die Aufgaben und Befugnisse i.d. Regel zweifelsfrei ermittelt werden können.

79 Sofern der Angestellte mit Billigung des Arbeitgebers leitende Funktionen ausübt, ist selbst bei anders lautenden Verträgen davon auszugehen, daß dies nach dem Arbeitsvertrag geschieht[140].

80 Zwingend erforderlich ist in jedem Fall, daß der leitende Angestellte die ihm vertraglich eingeräumten Funktionen auch **tatsächlich** im Unternehmen oder im Betrieb **ausübt**. Er muß nicht nur im Außenverhältnis die Funktionen wahrnehmen können, sondern auch im Innenverhältnis zum Arbeitgeber die Funktionen wahrnehmen dürfen. Die tatsächlichen Verhältnisse müssen daher mit den arbeitsvertraglichen Grundlagen übereinstimmen[141].

---

137 Vgl. BAG vom 5. 3. 1974, AP Nr. 1 zu § 5 BetrVG 1972; BAG vom 19. 8. 1975, AP Nr. 1 zu § 105 BetrVG 1972; *Ehrich*, HwB-AR „Leitende Angestellte" Rz. 8 m. w. Nachw.
138 *Richardi*, in: Münchener Handbuch zum Arbeitsrecht, Band 1, § 25 Rz. 26; ders., ArbuR 1991, 33 (37); *Ehrich*, HwB-AR „Leitende Angestellte" Rz. 12; *Engels/Natter*, BB 1989 Beil. 8, 7 („deklaratorischer Natur").
139 Vgl. BAG vom 23. 3. 1976, AP Nr. 14 zu § 5 BetrVG 1972; *Richardi*, ArbuR 1991, 33 (37); *Hromadka*, BB 1990, 57 (58); *Ehrich*, HwB-AR „Leitende Angestellte" Rz. 13 m. w. Nachw.
140 *Fitting/Kaiser/Heither/Engels*, § 5 Rz. 135; *Ehrich*, HwB-AR „Leitende Angestellte" Rz. 15; *Hromadka*, BB 1990, 57 (58).
141 *Richardi*, in: Münchener Handbuch zum Arbeitsrecht, Band 1, § 25 Rz. 27; *Fitting/Kaiser/Heither/Engels*, § 5 Rz. 136; *Ehrich*, HwB-AR „Leitende Angestellte" Rz. 16 m. w. Nachw.

V. Geltungsbereich des BetrVG　　　　　　　　　　　　Rz. 85 Teil A

Für die Eigenschaft des leitenden Angestellten reicht es nicht aus, 81
daß der Arbeitnehmer die in § 5 Abs. 3 Satz 1 Nr. 1 bis 3 BetrVG
genannten Aufgaben und Befugnisse nur **gelegentlich** oder **vertretungsweise** wahrnimmt (siehe aber auch unten Rz. 106). Vielmehr
müssen diese Aufgaben der Gesamttätigkeit des Angestellten das
Gepräge geben, was dann nicht der Fall ist, wenn sie weniger als die
Hälfte seiner gesamten Aufgaben ausmachen[142].

Aus der gesetzlichen Formulierung „Stellung im Unternehmen oder 82
im Betrieb" folgt jedoch, daß sich die Aufgaben und Befugnisse,
welche die besondere Stellung eines leitenden Angestellten rechtfertigen, auch auf einen Betrieb konzentrieren können. Rein betriebsbezogene Aufgaben ohne unternehmerischen Charakter reichen aber
insoweit nicht aus. Vielmehr müssen **wichtige betriebsleitende Aufgaben mit Unternehmensbezug** wahrgenommen werden[143].

Gehört ein leitender Angestellter **mehreren Betrieben** an, so kann 83
sein Status nur für alle Betriebe beurteilt werden[144].

(2) Die Merkmale im einzelnen

(a) Selbständige Einstellungs- und Entlassungsbefugnis (Nr. 1)

Zu den leitenden Angestellten gehört gemäß § 5 Abs. 3 Satz 2 Nr. 1 84
BetrVG, wer nach Arbeitsvertrag und Stellung im Unternehmen oder
im Betrieb zur selbständigen Einstellung und Entlassung von im
Betrieb oder in der Betriebsabteilung beschäftigten Arbeitnehmern
berechtigt ist. Hierbei handelt es sich um ein **formales Abgrenzungskriterium**[145]. Die Befugnis muß sich **sowohl** auf die Einstellung **als
auch** auf die Entlassung beziehen. Die Ermächtigung nur zu dem
einen von beiden genügt nicht[146].

Ein leitender Angestellter muß nicht nur im Außenverhältnis befugt 85
sein, Einstellungen und Entlassungen vorzunehmen, sondern auch
im **Innenverhältnis** gegenüber dem Arbeitgeber im wesentlichen frei

---

142 BAG vom 17. 12. 1974, AP Nr. 8 zu § 5 BetrVG 1972; BAG vom 23. 1. 1986, AP Nr. 30 zu § 5 BetrVG 1972; *Richardi*, in: Münchener Handbuch zum Arbeitsrecht, Band 1, § 25 Rz. 27; *ders.*, ArbuR 1991, 33 (37); *Ehrich*, HwB-AR „Leitende Angestellte" Rz. 17.
143 *Fitting/Kaiser/Heither/Engels*, § 5 Rz. 138; *Ehrich*, HwB-AR „Leitende Angestellte" Rz. 18; *Engels/Natter*, BB 1989 Beilage 8, 7 f.
144 BAG vom 25. 10. 1989, AP Nr. 42 zu § 5 BetrVG 1972; *Ehrich*, HwB-AR „Leitende Angestellte" Rz. 19 m. w. Nachw.
145 *Richardi*, in: Münchener Handbuch zum Arbeitsrecht, Band 1, § 25 Rz. 28; *Wlotzke*, DB 1989, 111 (119); *Ehrich*, HwB-AR „Leitende Angestellte" Rz. 20.
146 *Ehrich*, HwB-AR „Leitende Angestellte" Rz. 21; *Fitting/Kaiser/Heither/Engels*, § 5 Rz. 141 m. w. Nachw.

von Weisungen über die Einstellung und Entlassung von im Betrieb oder in der Betriebsabteilung beschäftigten Arbeitnehmern entscheiden können[147]. Daraus folgt, daß der bloße „**Titularprokurist**" kein leitender Angestellter ist.

86 Die Einstellungs- und Entlassungsbefugnis muß sich auf **im Betrieb oder in der Betriebsabteilung beschäftigte Arbeitnehmer** beziehen. Nicht erforderlich ist, daß sich die Befugnis auf alle Arbeitnehmer des Betriebes oder der Betriebsabteilung erstreckt. Da aber die eigentliche unternehmerische Aufgabe des Angestellten in der Personalführung und -planung liegt, muß sich die Befugnis auf einen **erheblichen Teil** der Arbeitnehmer, mindestens aber auf eine Arbeitnehmergruppe (Arbeiter/Angestellte/AT-Angestellte/Außendienstangestellte u.ä.) beziehen. An der notwendigen maßgeblichen Einflußnahme fehlt es dagegen, wenn sich die Einstellungs- und Entlassungsbefugnis nur auf einen kleinen Teil der Belegschaft erstreckt. Nicht zu den leitenden Angestellten gehören daher der einstellungs- und entlassungsbefugte Polier auf der Baustelle sowie der Leiter eines kleinen Filialgeschäftes, der Hilfskräfte einstellen und entlassen darf[148].

87 Der Angestellte muß **selbständig** die Entscheidung darüber treffen, welcher Arbeitnehmer eingestellt oder entlassen wird. Dies bedeutet, daß der Angestellte grundsätzlich nicht an die Zustimmung des Arbeitgebers oder anderer übergeordneter Stellen im Unternehmen oder im Betrieb gebunden sein darf. Der bloße Vollzug von Personalentscheidungen anderer Stellen genügt folglich nicht. Ebenso fehlt die selbständige Befugnis, wenn eine andere gleichgeordnete Stelle mit entscheiden muß. Die Bindung an einen Stellenplan oder an Auswahlrichtlinien steht der selbständigen Befugnis jedoch nicht entgegen[149].

(b) Generalvollmacht oder Prokura (Nr. 2)

88 Leitender Angestellter ist weiterhin, **wer** nach Arbeitsvertrag und Stellung im Unternehmen oder im Betrieb **Generalvollmacht oder Prokura hat,** sofern die **Prokura** auch **im Verhältnis zum Arbeitgeber nicht unbedeutend ist** (§ 5 Abs. 3 Satz 2 Nr. 2 BetrVG).

89 Generalvollmacht ist die zum gesamten Geschäftsbetrieb ermächtigende Vollmacht (§ 105 Abs. 1 AktG) oder eine Vollmacht, welche

---

147 BAG vom 11. 3. 1982, AP Nr. 28 zu § 5 BetrVG 1972; *Dietz/Richardi,* § 5 Rz. 142; *Fitting/Kaiser/Heither/Engels,* § 5 Rz. 140; *Ehrich,* HwB-AR „Leitende Angestellte" Rz. 22.
148 BAG vom 5. 3. 1974, AP Nr. 1 zu § 5 BetrVG 1972; BAG vom 11. 3. 1982, AP Nr. 28 zu § 5 BetrVG 1972; *Ehrich,* HwB-AR „Leitende Angestellte" Rz. 25 m. w. Nachw.
149 Vgl. *Ehrich,* HwB-AR „Leitende Angestellte" Rz. 26 ff. m. w. Nachw.

V. Geltungsbereich des BetrVG   Rz. 92 Teil A

die Besorgung eines wesentlichen Teils der Geschäfte des Vollmachtgebers umfaßt. Der Inhalt der Prokura ist in den §§ 48, 49 HGB gesetzlich festgelegt.

Die Erteilung einer **Handlungsvollmacht** wird zwar von § 5 Abs. 3 Satz 2 Nr. 2 BetrVG nicht erfaßt. Allerdings können bei Handlungsbevollmächtigten die Voraussetzungen des § 5 Abs. 3 Satz 2 Nr. 3 BetrVG gegeben sein[150]. 90

Aufgrund der Ergänzung der Nr. 2 um den letzten Halbsatz („und die Prokura auch im Verhältnis zum Arbeitgeber nicht unbedeutend ist") im Jahre 1988 kann ein Prokurist leitender Angestellter auch dann sein, wenn seine Vertretungsbefugnis im Innenverhältnis Beschränkungen unterliegt[151]. Für die Erfüllung des in § 5 Abs. 3 Satz 2 Nr. 2 BetrVG enthaltenen funktionalen Merkmals ist maßgebend, ob der Prokurist **bedeutende unternehmerische Leitungsaufgaben** i. S. von § 5 Abs. 3 Satz 2 Nr. 3 BetrVG wahrnimmt. Sind die formalen Voraussetzungen der Tatbestände des § 5 Abs. 3 Satz 2 Nr. 2 BetrVG erfüllt, ist nur zu prüfen, ob die durch eine Prokuraerteilung nach außen dokumentierten unternehmerischen Befugnisse nicht so weit aufgehoben sind, daß eine erhebliche unternehmerische Entscheidungsbefugnis in Wirklichkeit nicht besteht[152]. 91

Bloße **Prokuraprokuristen,** die aufgrund ausdrücklicher Vereinbarung oder Weisung des Arbeitgebers von der Prokura keinen Gebrauch machen dürfen, werden nicht von § 5 Abs. 3 Satz 2 Nr. 2 BetrVG erfaßt[153]. Auch Prokuristen, die **ausschließlich Stabsfunktionen** wahrnehmen, sind keine leitenden Angestellten i. S. von § 5 Abs. 3 Satz 2 Nr. 2 BetrVG[154]. Zulässige Beschränkungen der Prokura (z. B. in Form einer Gesamt- oder Niederlassungsprokura) schließen dagegen die Tatbestandsgruppe der Nr. 2 grundsätzlich nicht aus[155]. 92

---

150 *Ehrich,* HwB-AR „Leitende Angestellte" Rz. 31; *Fitting/Kaiser/Heither/Engels,* § 5 Rz. 153.
151 BAG vom 11. 1. 1995, AP Nr. 55 zu § 5 BetrVG 1972.
152 BAG vom 11. 1. 1995, AP Nr. 55 zu § 5 BetrVG 1972.
153 BAG vom 11. 1. 1995, AP Nr. 55 zu § 5 BetrVG 1972; *Richardi,* in: Münchener Handbuch zum Arbeitsrecht, Band 1, § 25 Rz. 31; *Dietz/Richardi,* § 5 Rz. 146; *Fitting/Kaiser/Heither/Engels,* § 5 Rz. 152; *Ehrich,* HwB-AR „Leitende Angestellte" Rz. 34a m. w. Nachw.
154 BAG vom 11. 1. 1995, AP Nr. 55 zu § 5 BetrVG 1972. Angestellte in Stabsfunktionen können jedoch leitende Angestellte i. S. von § 5 Abs. 3 Satz 2 Nr. 3 BetrVG sein, sofern von ihnen darüber hinaus eine bedeutsame unternehmerische Führungsaufgabe wahrgenommen wird, vgl. BAG vom 11. 1. 1995, a. a. O.
155 BAG vom 11. 1. 1995, AP Nr. 55 zu § 5 BetrVG 1972: *Ehrich,* HwB-AR „Leitende Angestellte" Rz. 35.

(c) Leitende Angestellte i. S. von § 5 Abs. 3 Satz 2 Nr. 3 BetrVG

93 Zu den leitenden Angestellten gehört schließlich gemäß § 5 Abs. 3 Satz 2 Nr. 2 BetrVG, wer nach Arbeitsvertrag und Stellung im Unternehmen oder im Betrieb regelmäßig sonstige **Aufgaben wahrnimmt, die für** den **Bestand und** die **Entwicklung des Unternehmens** von **Bedeutung sind** und deren Erfüllung **besondere Erfahrungen und Kenntnisse** voraussetzt, wenn er dabei entweder die Entscheidungen im wesentlichen frei von Weisungen trifft oder sie maßgeblich beeinflußt. Dies kann, wie im folgenden Halbsatz klargestellt wird, auch bei Vorgaben insbesondere auf Grund von Rechtsvorschriften, Plänen oder Richtlinien sowie bei Zusammenarbeit mit anderen leitenden Angestellten gegeben sein.

94 Bei der Regelung der Nr. 3, die im Jahre 1988 völlig neu gefaßt worden ist, handelt es sich – wie die Formulierung „sonstige Aufgaben" verdeutlicht – gewissermaßen um den **Grundtatbestand** für die Abgrenzung der leitenden Angestellten. Soweit leitende Angestellte die formalen Kriterien der Nrn. 1 und 2 nicht erfüllen, kommt es auf die in Nr. 3 festgelegte **funktionsbezogene Aufgabenstellung** an[156].

95 Ein Arbeitnehmer ist nach § 5 Abs. 3 Satz 2 Nr. 3 BetrVG als leitender Angestellter zu qualifizieren, wenn die folgenden **drei Voraussetzungen kumulativ erfüllt** sind:
- ▶ Regelmäßige Wahrnehmung sonstiger Aufgaben, die für den Bestand und die Entwicklung des Unternehmens oder eines Betriebes von Bedeutung sind,
- ▶ deren Erfüllung besondere Erfahrungen und Kenntnisse voraussetzt,
- ▶ wenn er dabei entweder die Entscheidungen im wesentlichen frei von Weisungen trifft oder sie maßgeblich beeinflussen kann.

96 Es müssen zunächst Aufgaben wahrgenommen werden, „die für den Bestand und die Entwicklung eines Unternehmens oder eines Betriebes von Bedeutung sind". Damit sind Aufgaben gemeint, die sich deutlich von den Aufgaben abheben, die anderen Angestellten übertragen werden, und die für die Erfüllung des Unternehmens wichtig sind. Die Aufgaben können wirtschaftlicher, technischer, kaufmännischer, organisatorischer, personeller oder wissenschaftlicher Art sein. Sie müssen jedoch stets **sowohl** für den Bestand **als auch** für die Entwicklung des Unternehmens oder eines Betriebes Bedeutung haben. Tätigkeiten, die **allein** für den Bestand **oder** die Entwicklung von Bedeutung sind (z. B. Überwachung einerseits, Forschung anderer-

---

[156] Vgl. *Fitting/Kaiser/Heither/Engels*, § 5 Rz. 154; *Ehrich*, HwB-AR „Leitende Angestellte" Rz. 39; *Dänzer-Vanotti*, NZA 1989 Beil. 1, 30 (32).

V. Geltungsbereich des BetrVG   Rz. 100 Teil A

seits) **reichen nicht aus.** Damit soll gewährleistet werden, daß nur solche Arbeitnehmer als leitende Angestellte zu qualifizieren sind, die der Unternehmensleitung wegen ihrer Tätigkeit und der Bedeutung ihrer Funktion nahestehen. Unerheblich ist, welcher Leitungsebene der Angestellte angehört[157].

Das Gesetz bezieht die Aufgaben auf Bestand und Entwicklung des Unternehmens oder **eines Betriebes.** Ob einer Aufgabe für Bestand und Entwicklung des Betriebes Bedeutung zukommt, ist nicht von der Betriebsebene her zu bestimmen. Maßgebend ist allein, daß eine für die Erreichung der Unternehmensziele wichtige Aufgabe auch dann vorliegen kann, wenn sie bei mehreren Betrieben eines Unternehmens nur für den Bestand und die Entwicklung **eines** Betriebes von Bedeutung ist[158]. 97

Zu den unternehmensbezogenen Aufgaben gehören z. B. die Leitung des Rechnungswesens, der Öffentlichkeitsarbeit, der Forschung und der Anwendungstechnik. Zu den für einen Betrieb wichtigen Aufgaben gehören etwa die Leitung der Produktion oder einer Produktionsabteilung in einem Zweigwerk[159]. 98

Die Erfüllung der Aufgaben muß bestimmte Erfahrungen und Kenntnisse voraussetzen. Eine besondere Ausbildung wird nicht verlangt. Die erforderlichen Kenntnisse können nicht nur durch ein akademisches Studium oder eine gleichwertige Ausbildung, sondern auch durch eine längere Tätigkeit oder im Selbststudium erworben sein[160]. Regelmäßig dürfte diese Voraussetzung keine Schwierigkeit bereiten, da sie bei dem Personenkreis, der den leitenden Angestellten zugeordnet werden könnte, praktisch immer vorhanden sein wird. 99

Der Angestellte muß bei der Wahrnehmung der Aufgaben entweder **die Entscheidungen im wesentlichen frei von Weisungen treffen** oder sie **maßgeblich beeinflussen.** Dem leitenden Angestellten muß rechtlich und tatsächlich ein eigener erheblicher Entscheidungsspielraum zur Verfügung stehen, wobei unerheblich ist, ob er die maßgebenden Entscheidungen selbst trifft (Linienfunktion) oder nur die Vorausset- 100

---

157 *Richardi,* in: Münchener Handbuch zum Arbeitsrecht, Band 1, § 25 Rz. 43; *ders.,* ArbuR 1991, 33 (40); *Hromadka,* BB 1990, 57 (60); *Ehrich,* HwB-AR „Leitende Angestellte" Rz. 42 m. w. Nachw.
158 *Richardi,* in: Münchener Handbuch zum Arbeitsrecht, Band 1, § 25 Rz. 44; *Ehrich,* HwB-AR „Leitende Angestellte" Rz. 43.
159 *Ehrich,* HwB-AR „Leitende Angestellte" Rz. 44 m. w. Nachw.
160 BAG vom 17. 12. 1974, AP Nr. 7 zu § 5 BetrVG 1972; BAG vom 9. 12. 1975, AP Nr. 11 zu § 5 BetrVG 1972; BAG vom 10. 2. 1976, AP Nr. 12 zu § 5 BetrVG 1972; *Dietz/Richardi,* § 5 Rz. 155; *Fitting/Kaiser/Heither/Engels,* § 5 Rz. 167; *Ehrich,* HwB-AR „Leitende Angestellte" Rz. 45 m. w. Nachw.

zungen schafft, an denen die Unternehmensleitung nicht vorbeigehen kann (Stabsfunktion)[161].

101 Mit der Neuregelung des § 5 Abs. 3 Satz 2 Nr. 3 BetrVG wurde auch die sog. **„Ratgruppe"** ausdrücklich anerkannt. Unternehmerische Leitungsaufgaben kann folglich auch derjenige Angestellte wahrnehmen, der die Unternehmensleitung bei ihren Aufgaben unmittelbar unterstützt, so z. B. der Vorstandsassistent[162]. Die maßgebliche Beeinflussung der im Rahmen der unternehmensleitenden Aufgaben zu treffenden Entscheidungen schließt jedoch einen besonders erheblichen Grad an selbstbestimmter Tätigkeit mit ein. Hieran fehlt es, wenn die Unternehmensleitung von Vorschlägen ohne interne Begründung abweichen kann[163].

102 Das Merkmal, daß der Angestellte im wesentlichen frei von Weisungen die Entscheidungen trifft oder sie maßgeblich beeinflußt, muß **auf den gesetzlich festgelegten Aufgabenbereich bezogen** sein. Allein die Weisungsfreiheit bei der Erfüllung der Arbeitsaufgaben reicht nicht aus. Vielmehr muß es sich dabei um solche Tätigkeiten handeln, die **für die Erreichung des Unternehmensziels von Bedeutung** sind. Hieran fehlt es, wenn die Tätigkeit keinen Einfluß auf Zielvorstellungen und Produktion des Unternehmens hat[164].

103 Werden in einem Unternehmen, das eine dezentralisierte Organisation aufweist oder durch einen kooperativen Führungsstil geprägt wird, die fachlichen **Aufgabengebiete** derart **in Teilbereiche aufgeteilt („Atomisierung"),** daß sie für die Erreichung der Unternehmensziele nicht mehr von maßgeblicher Bedeutung sind, so kann es sich nicht mehr um die Wahrnehmung unternehmerischer Leitungsaufgaben handeln. Als leitender Angestellter ist nur diejenige Person anzusehen, der organisatorisch die aufgeteilten Fachbereiche unterstellt sind[165].

104 § 5 Abs. 3 Satz 2 Nr. 3 Halbsatz 2 BetrVG stellt außerdem klar, daß dem leitenden Angestellten Vorgaben insbesondere aufgrund von

---

161 Vgl. BAG vom 29. 1. 1980, AP Nr. 22 zu § 5 BetrVG 1972; BAG vom 11. 1. 1995, AP Nr. 55 zu § 5 BetrVG 1972.
162 Vgl. BAG vom 23. 1. 1986, AP Nr. 32 zu § 5 BetrVG 1972; *Fitting/Kaiser/Heither/Engels*, § 5 Rz. 160.
163 *Fitting/Kaiser/Heither/Engels*, § 5 Rz. 163; *Engels/Natter*, BB 1989 Beil. 8, 9; *Ehrich*, HwB-AR „Leitende Angestellte" Rz. 49.
164 *Richardi*, in: Münchener Handbuch zum Arbeitsrecht, Band 1, § 25 Rz. 48; *Ehrich*, HwB-AR „Leitende Angestellte" Rz. 51.
165 BAG vom 5. 3. 1974, AP Nr. 1 zu § 5 BetrVG 1972; BAG vom 9. 12. 1975, AP Nr. 11 zu § 5 BetrVG 1972; *Fitting/Kaiser/Heither/Engels*, § 5 Rz. 159; *Richardi*, ArbuR 1991, 33 (41); *Buchner*, NZA 1989 Beil. 1, 2 (7); *Ehrich*, HwB-AR „Leitende Angestellte" Rz. 52 m. w. Nachw.

V. Geltungsbereich des BetrVG   Rz. 106 Teil A

Rechtsvorschriften, Plänen oder Richtlinien gegeben werden können sowie eine Zusammenarbeit mit anderen leitenden Angestellten vorkommen kann. Rechtsvorschriften und sonstige Vorgaben sind allerdings nicht in jedem Fall unbeachtlich (s. o. Rz. 100). Maßgebend ist **der Grad der Einbindung in Pläne und Richtlinien**. Sind durch die Vorgaben die Entscheidungen bereits weitgehend vorprogrammiert, so daß die Tätigkeit des Angestellten mehr ausführenden Charakter hat, fehlt es an einer selbstbestimmten Tätigkeit i. S. der Nr. 3[166].

Schließlich muß der leitende Angestellte die Aufgaben **regelmäßig** wahrnehmen. Die Aufgabenwahrnehmung darf danach nicht nur gelegentlich erfolgen, sondern muß die Gesamttätigkeit **prägen**, sie schwerpunktmäßig bestimmen. Dazu ist erforderlich, daß der Angestellte **zu einem überwiegenden Teil** eine Tätigkeit nach Nr. 3 ausübt. Angestellte, die Aufgaben nach Nr. 3 nur zu einem geringen Bruchteil ihrer Arbeitszeit ausüben, können keine leitenden Angestellten sein (s. aber auch u. Rz. 106)[167].   105

Leitender Angestellter ist demnach nicht, wer nur zur **Erprobung** Aufgaben wahrnimmt, welche die Tätigkeiten eines leitenden Angestellten ausmachen. Die Vereinbarung einer **Probezeit** steht der Annahme eines leitenden Angestellten jedoch nicht entgegen, sofern der Angestellte bereits während der Probezeit uneingeschränkt die zum leitenden Angestellten qualifizierenden Aufgaben wahrnimmt. Ebenso kann ein **ständiger Vertreter eines leitenden Angestellten** selbst leitender Angestellter sein[168]. Dagegen kann der Angestellte, der einen leitenden Angestellten nur **vorübergehend** vertritt, nicht allein bereits deshalb leitender Angestellter sein (s. o. Rz. 81)[169]. Ebensowenig reicht allein die **Vorgesetzteneigenschaft** eines Mitarbeiters für   106

---

166 Vgl. BAG vom 9. 12. 1975, AP Nr. 11 zu § 5 BetrVG 1972; BAG vom 23. 3. 1976, AP Nr. 14 zu § 5 BetrVG 1972; *Fitting/Kaiser/Heither/Engels*, § 5 Rz. 166; *Ehrich*, HwB-AR „Leitende Angestellte" Rz. 54; *Hromadka*, BB 1990, 59 (61).
167 BAG vom 5. 3. 1974, AP Nr. 1 zu § 5 BetrVG 1972; BAG vom 23. 1. 1986, AP Nr. 32 zu § 5 BetrVG 1972; *Fitting/Kaiser/Heither/Engels*, § 5 Rz. 168; *Wlotzke*, DB 1989, 111 (121); *Ehrich*, HwB-AR „Leitende Angestellte" Rz. 55 m. w. Nachw.
168 *Richardi*, in: Münchener Handbuch zum Arbeitsrecht, Band 1, § 25 Rz. 49; *Fitting/Kaiser/Heither/Engels*, § 5 Rz. 161; *Ehrich*, HwB-AR „Leitende Angestellte" Rz. 56.
169 BAG vom 23. 1. 1986, AP Nr. 32 zu § 5 BetrVG 1972; *Buchner*, NZA 1989 Beil. 1, 2 (8); *Dänzer-Vanotti*, NZA 1989 Beil. 1, 30 (32). Die Ausführungen in der Gesetzesbegründung, eine regelmäßige Aufgabenwahrnehmung *könne* auch im Vertretungsfall vorliegen (vgl. BT-Drucks. 11/2503, S. 30), lassen sich in dieser Allgemeinheit mit Wortlaut und Zweck der Nr. 3 nicht vereinbaren, so zu Recht *Fitting/Kaiser/Heither/Engels*, § 5 Rz. 161.

die Eigenschaft eines leitenden Angestellten i. S. von § 5 Abs. 3 Satz 2 Nr. 3 BetrVG aus[170].

107 Ob ein Angestellter die Merkmale der Nr. 3 erfüllt, ist aufgrund einer **Gesamtwürdigung aller Umstände des Einzelfalles** zu klären. Maßgebend bei der Ermittlung des jeweiligen Entscheidungsspielraums im Einzelfall sind insbesondere die Größe und Struktur des Unternehmens sowie dessen Organisation[171].

bb) Die Auslegungsregel des § 5 Abs. 4 BetrVG

108 Ergänzt wird die dritte Tatbestandsgruppe des § 5 Abs. 3 Satz 2 BetrVG durch die sog. **Auslegungsregel des § 5 Abs. 4 BetrVG.** Danach ist leitender Angestellter nach § 5 Abs. 3 Satz 2 Nr. 3 BetrVG im Zweifel, wer

1. aus Anlaß der letzten Wahl des Betriebsrats, des Sprecherausschusses oder von Aufsichtsratsmitgliedern der Arbeitnehmer oder durch rechtskräftige gerichtliche Entscheidung den leitenden Angestellten zugeordnet worden ist oder
2. einer Leitungsebene angehört, auf der in dem Unternehmen überwiegend leitende Angestellte vertreten sind, oder
3. ein regelmäßiges Jahresarbeitsentgelt erhält, das für leitende Angestellte in dem Unternehmen üblich ist, oder
4. falls auch bei der Anwendung der Nummer 3 noch Zweifel bleiben, ein regelmäßiges Jahresarbeitsentgelt erhält, das das Dreifache der Bezugsgröße nach § 18 des Vierten Buches Sozialgesetzbuch überschreitet.

(1) Bedeutung der Vorschrift

109 Die Regelung des § 5 Abs. 4 BetrVG umfaßt **keine eigenen Tatbestandsmerkmale,** nach denen ein Angestellter den leitenden Angestellten zugeordnet werden kann. Ebensowenig enthält diese Vorschrift eine (widerlegbare oder unwiderlegbare) Vermutung in dem Sinne, daß eine Tatsache das Vorhandensein einer anderen Tatsache vermuten läßt. Vielmehr gibt § 5 Abs. 4 BetrVG **nur** eine **Entscheidungshilfe** und greift erst dann ein, wenn Zweifel bestehen, ob ein Angestellter leitender Angestellter nach § 5 Abs. 3 Satz 2 Nr. 3 BetrVG ist oder nicht[172].

---

170 BAG vom 17. 12. 1974, AP Nr. 6 zu § 5 BetrVG 1972; ähnlich BAG vom 23. 1. 1986, AP Nr. 30 zu § 5 BetrVG 1972.
171 *Fitting/Kaiser/Heither/Engels,* § 5 Rz. 159, 164.
172 *Ehrich,* HwB-AR „Leitende Angestellte" Rz. 60; *Richardi,* NZA 1990 Beil. 1, 2 (8 ff.); *Engels/Natter,* BB 1989 Beil. 8, 10; *Dänzer-Vanotti,* NZA 1989 Beil. 1, 30 (33); *Wlotzke,* DB 1989, 111 (122); **a. A.** *H. P. Müller,* DB 1988,

V. Geltungsbereich des BetrVG   Rz. 113 Teil A

§ 5 Abs. 4 BetrVG ändert auch nicht den Inhalt der Legaldefinition von § 5 Abs. 3 Satz 2 Nr. 3 BetrVG. Die in ihm erwähnten Tatbestandsgruppen relativieren nicht den abschließenden Charakter der Begriffsbestimmung. § 5 Abs. 4 BetrVG findet nur bei der Auslegung des § 5 Abs. 3 Satz 2 Nr. 3 BetrVG Anwendung, nicht aber bei der Einordnung nach Nr. 1 und 2[173]. 110

Keine eindeutige Antwort gibt § 5 Abs. 4 BetrVG auf die Frage, **worauf** sich die **Zweifel** beziehen müssen. Aus dem Zweck des Gesetzes, die Rechtsanwendung für die Praxis durch die Konkretisierung der unbestimmten Rechtsbegriffe in Abs. 3 Satz 2 Nr. 3 BetrVG zu erleichtern[174], folgt, daß es allein auf **rechtliche** Zweifel am Auslegungsergebnis ankommt, nicht aber auf die tatsächlichen Voraussetzungen, also deren Ermittlung. Alle Tatsachen müssen vor der Heranziehung des Abs. 4 eindeutig ermittelt sein[175]. 111

Eine Heranziehung von § 5 Abs. 4 BetrVG kommt nur bei **rechtlich erheblichen Zweifeln** in Betracht, wenn also die tatbestandsmäßigen Voraussetzungen für die Feststellung der funktionsbezogenen Merkmale nach Ausschöpfung aller Erkenntnismöglichkeiten nicht geklärt werden können und beide Auslegungsergebnisse gut vertretbar und begründbar erscheinen. § 5 Abs. 4 BetrVG ist mithin lediglich eine „Orientierungshilfe in Grenzfällen"[176]. 112

Somit kann es leitende Angestellte geben, welche die Merkmale des § 5 Abs. 4 BetrVG nicht erfüllen. Umgekehrt können bei Angestellten 113

1697 (1699 f.); *Martens*, RdA 1989, 73 (83 f.), wonach Abs. 4 einen „eigenen Anwendungsbereich" habe. Diese Annahme ist jedoch weder mit dem Wortlaut noch mit dem Zweck der Vorschrift – die Rechtsanwendung für die Praxis durch Konkretisierung der unbestimmten Rechtsbegriffe in § 5 Abs. 3 Satz 2 Nr. 2 BetrVG zu erleichtern (vgl. BT-Drucks. 11/2503, S. 30) – zu vereinbaren. Zu den verfassungsrechtlichen Bedenken an § 5 Abs. 4 BetrVG s. *Fitting/Kaiser/Heither/Engels*, § 5 Rz. 130 ff.; vgl. auch *Richardi*, in: Münchener Handbuch zum Arbeitsrecht, Band 1, § 25 Rz. 51, der die gesetzgeberische Konzeption für mißglückt hält, da die im Grundtatbestand des Abs. 3 Nr. 3 und die in Abs. 4 enthaltenen Merkmale inkommensurabel seien.
173 *Richardi*, in: Münchener Handbuch zum Arbeitsrecht, Band 1, § 25 Rz. 53, 54; *Ehrich*, HwB-AR „Leitende Angestellte" Rz. 61.
174 Vgl. BT-Drucks. 11/2503, S. 30.
175 *Fitting/Kaiser/Heither/Engels*, § 5 Rz. 177 f.; *Ehrich*, HwB-AR „Leitende Angestellte" Rz. 62; *Engels/Natter*, BB 1989 Beil. 8, 10; *Wlotzke*, DB 1989, 111 (122 f.); *Buchner*, NZA 1989 Beil. 1, 2 (9); a. A. H. P. *Müller*, DB 1988, 1697 (1699).
176 Vgl. *Richardi*, in: Münchener Handbuch zum Arbeitsrecht, Band 1, § 25 Rz. 55; *Fitting/Kaiser/Heither/Engels*, § 5 Rz. 179 f.; *Ehrich*, HwB-AR „Leitende Angestellte" Rz. 63 m. w. Nachw.; a. A. H. P. *Müller*, DB 1988, 1697 (1699 ff.), demzufolge die Erfüllung der Merkmale des § 5 Abs. 4 BetrVG bereits zur Anerkennung als leitender Angestellter ausreiche.

die Merkmale des § 5 Abs. 4 BetrVG vorhanden sein, ohne daß es sich bei ihnen um leitende Angestellte nach § 5 Abs. 3 BetrVG handelt[177].

114 Das Erfordernis der „begründeten Zweifel" ist **Tatbestandsvoraussetzung** von § 5 Abs. 4 BetrVG, deren Vorliegen der gerichtlichen Kontrolle unterliegt. Bei allzu leichtfertiger Annahme von Zweifeln ist die Zuordnung fehlerhaft[178].

(2) Die Merkmale im einzelnen

115 Die Regelung des § 5 Abs. 4 BetrVG umfaßt vier Fallgruppen, die aus formalen Kriterien bestehen. Es reicht aus, daß sie **alternativ** vorliegen. Lediglich das Merkmal der Nr. 4 hat die Bedeutung eines (weiteren) Hilfskriteriums, da dieses nur heranzuziehen ist, „falls auch bei der Anwendung der Nr. 3 noch Zweifel bleiben".

(a) Zuordnung anläßlich einer Wahl oder durch gerichtliche Entscheidung (Nr. 1)

116 Nach § 5 Abs. 4 Nr. 1 BetrVG ist leitender Angestellter im Zweifel, wer
▶ aus Anlaß der letzten Wahl des Betriebsrats, des Sprecherausschusses oder von Aufsichtsratsmitgliedern der Arbeitnehmer oder
▶ durch rechtskräftige gerichtliche Entscheidung
den leitenden Angestellten zugeordnet worden ist.

117 Bei der Zuordnung aus Anlaß der letzten Wahl wird die Zuordnung regelmäßig durch den Wahlvorstand erfolgen. Sind Betriebs- und Sprecherausschußwahlen gleichzeitig eingeleitet worden, so entscheidet das Zuordnungsverfahren nach § 18a BetrVG[179].

118 Wurde ein Arbeitnehmer durch rechtskräftige gerichtliche Entscheidung den leitenden Angestellten zugeordnet, ist diese maßgebend. Gemeint ist die Statusbeurteilung in einem Beschlußverfahren (§ 2a Abs. 1 Nr. 1 und Abs. 2, §§ 80 ff. ArbGG). Eine Inzidentfeststellung im Urteilsverfahren, etwa in einem Kündigungsrechtsstreit, reicht dagegen nicht aus, weil das Arbeitsgericht in diesem Verfahren nicht wie im Beschlußverfahren nach § 83 Abs. 1 ArbGG den Sachverhalt von Amts wegen aufklärt[180].

---

177 *Ehrich*, HwB-AR „Leitende Angestellte" Rz. 64; *Fitting/Kaiser/Heither/Engels*, § 5 Rz. 179.
178 *Ehrich*, HwB-AR „Leitende Angestellte" Rz. 65 m. w. Nachw.
179 *Richardi*, in: Münchener Handbuch zum Arbeitsrecht, Band 1, § 25 Rz. 59; *Ehrich*, HwB-AR „Leitende Angestellte" Rz. 68.
180 Vgl. *Ehrich*, HwB-AR „Leitende Angestellte" Rz. 69; *Fitting/Kaiser/Heither/Engels*, § 5 Rz. 183a jeweils m. w. Nachw.

V. Geltungsbereich des BetrVG

Die Zuordnung verliert ihre praktische Bedeutung, wenn sich die Tätigkeit des Angestellten nachträglich geändert hat[181]. 119

(b) Leitungsebene mit überwiegend leitenden Angestellten (Nr. 2)

Nach § 5 Abs. 4 Nr. 2 BetrVG ist im Zweifel leitender Angestellter, wer einer **Leitungsebene angehört,** auf der in dem Unternehmen **überwiegend** leitende Angestellte vertreten sind. Da durch dieses Merkmal § 5 Abs. 3 Satz 2 Nr. 3 BetrVG konkretisiert wird, der sowohl leitende Angestellte in Linien- als auch in Stabsfunktion erfaßt, ist unter dem Begriff der Leitungsebene nicht der einseitig vom Arbeitgeber festgelegte Organisationsplan, sondern die Führungsebene zu verstehen. Funktional gesehen zielt Nr. 2 auf solche Angestellten ab, die gleiche oder vergleichbar bedeutsame Funktionen wahrnehmen, die in dem Unternehmen überwiegend von leitenden Angestellten ausgeübt werden[182]. 120

„Überwiegend" bedeutet, daß mehr als 50% leitende Angestellte auf der Ebene vertreten sein müssen. Dabei können nur die Angestellten Berücksichtigung finden, deren Status als leitender Angestellter feststeht oder nicht umstritten ist[183]. 121

(c) Für leitende Angestellte übliches Jahresgehalt (Nr. 3)

Leitender Angestellter ist im Zweifel weiterhin, wer ein **regelmäßiges Jahresarbeitsentgelt** erhält, das für leitende Angestellte in dem Unternehmen **üblich** ist (§ 5 Abs. 4 Nr. 3 BetrVG). Den Vergleichsmaßstab bildet das Gesamtniveau im konkreten Unternehmen. Auf die Höhe der Gehälter der leitenden Angestellten in der jeweiligen Branche kommt es nicht an. Zum regelmäßigen Jahresarbeitsentgelt gehören das **Festgehalt** und **zusätzliche Vergütungsbestandteile,** wie etwa Erfolgsbeteiligung oder Tantiemen, sofern sie regelmäßig anfallen. Einmalige Sonderzahlungen bleiben dagegen unberücksichtigt[184]. 122

---

181 *Richardi,* in: Münchener Handbuch zum Arbeitsrecht, Band 1, § 25 Rz. 61; *ders.,* NZA 1990 Beil. 1, 2 (6); *Dänzer-Vanotti,* NZA 1989 Beil. 1, 30 (35); *Buchner,* NZA 1989 Beil. 1, 2 (10); *Hromadka,* BB 1990, 57 (63); *Ehrich,* HwB-AR „Leitende Angestellte" Rz. 70 m. w. Nachw.
182 *Ehrich,* HwB-AR „Leitende Angestellte" Rz. 71; *Wlotzke,* DB 1989, 111 (123).
183 GK-*Kraft,* § 5 Rz. 138; *Fitting/Kaiser/Heither/Engels,* § 5 Rz. 186; *Ehrich,* HwB-AR „Leitende Angestellte" Rz. 72 m. w. Nachw.
184 *Richardi,* in: Münchener Handbuch zum Arbeitsrecht, Band 1, § 25 Rz. 64; *Fitting/Kaiser/Heither/Engels,* § 5 Rz. 187 (unter Hinweis auf § 14 SGB IV); *Buchner,* NZA 1989 Beil. 1, 2 (10), *Ehrich,* HwB-AR „Leitende Angestellte" Rz. 73 m. w. Nachw.

123 Das auf diese Weise für einen Angestellten ermittelte regelmäßige Jahresarbeitsentgelt ist zu vergleichen mit den Gehältern der Angestellten, die vergleichbare Aufgaben wahrnehmen. Bei den Angestellten, deren Jahresarbeitsentgelt den Vergleichsmaßstab bildet, muß es sich jedoch stets um leitende Angestellte handeln. Nicht erforderlich ist, daß in dem betreffenden Gehaltsbereich „überwiegend", also mehr als die Hälfte, leitende Angestellte sind[185].

124 „Üblich" i. S. der Nr. 3 bedeutet, daß Sonderfälle, wie etwa ein höheres Gehalt infolge höheren Lebensalters, Auslandstätigkeit, Berufsanfänger, außer Betracht bleiben[186].

125 Läßt sich nur durch die Höhe des Gehaltes eine Orientierungshilfe gewinnen, so muß der Arbeitgeber sowohl im Zuordnungsverfahren nach § 18a BetrVG als auch im gerichtlichen Verfahren Auskunft über das Gehalt des betreffenden Angestellten sowie über die Gehälter der vergleichbaren Gruppe leitender Angestellter geben. Dabei ist allerdings die Offenlegung der individuellen Jahresgehälter des einzelnen leitenden Angestellten regelmäßig nicht erforderlich, sofern das Gehaltsband einschließlich der Sonderfälle dargestellt wird[187].

(d) Dreifache Bezugsgröße (Nr. 4)

126 Falls bei der Anwendung der Nr. 3 noch Zweifel bestehen, ist gemäß § 5 Abs. 4 BetrVG leitender Angestellter, wer ein regelmäßiges Jahresarbeitsentgelt erhält, das das Dreifache der Bezugsgröße nach § 18 Sozialgesetzbuch IV überschreitet. Die Bezugsgröße wird jährlich nach der Sozialversicherungs-Bezugsgrößenverordnung neu festgesetzt. Das Dreifache dieser Bezugsgröße beträgt im Jahre 1997 in den alten Bundesländern einschließlich Berlin 153 720,– DM, in den neuen Bundesländern einschließlich Berlin-Ost 131 040,– DM.

127 Die Regelung der Nr. 4 steht unter einem **doppelten Vorbehalt:** Zum einen müssen rechtserhebliche Zweifel bei der Anwendung des § 5 Abs. 3 Satz 2 Nr. 3 BetrVG gegeben sein. Zum anderen müssen auch bei der Heranziehung von § 5 Abs. 4 Nr. 3 BetrVG, etwa im Hinblick auf die Üblichkeit der Jahresarbeitsentgelte in dem Unternehmen, Zweifel gegeben sein[188].

---

185 *Richardi,* in: Münchener Handbuch zum Arbeitsrecht, Band 1, § 25 Rz. 65; *Ehrich,* HwB-AR „Leitende Angestellte" Rz. 75.
186 *Fitting/Kaiser/Heither/Engels,* § 5 Rz. 188.
187 *Ehrich,* HwB-AR „Leitende Angestellte" Rz. 77; *Wlotzke,* DB 1989, 111 (123).
188 *Richardi,* in: Münchener Handbuch zum Arbeitsrecht, Band 1, § 25 Rz. 68; *Ehrich,* HwB-AR „Leitende Angestellte" Rz. 79.

Da es sich bei § 5 Abs. 4 Nr. 4 BetrVG um ein reines Hilfskriterium handelt, ist ein Rückgriff hierauf nicht möglich, wenn die nach Nr. 3 relevanten unternehmensbezogenen Gehaltsgrenzen nicht erreicht sind, der in Nr. 4 genannte Betrag jedoch überschritten wird. Umgekehrt ist Nr. 4 kein zusätzliches Tatbestandserfordernis, sofern die Voraussetzungen der Nr. 3 erfüllt sind[189]. 128

Grundsätzlich wird aber die „Üblichkeit" des regelmäßigen Jahresarbeitsentgelts für leitende Angestellte in dem Unternehmen genau bestimmbar sein, so daß ein Rückgriff auf § 5 Abs. 4 Nr. 4 BetrVG nicht erforderlich ist. Damit ist die Vorschrift **praktisch bedeutungslos**[190]. 129

cc) Einzelfälle

Das BAG hat die Eigenschaft als leitender Angestellter u. a. **bejaht** bei einem 130
- **Abteilungsleiter** eines Technischen Überwachungsvereins mit Verantwortung auf dem Gebiet der **Energietechnik** und des **Umweltschutzes**[191],
- **Abteilungsleiter** für Organisation und Unternehmensplanung[192],
- **Leiter der Hauptabteilung Finanzwesen**, der dem für den Finanzbereich zuständigen Geschäftsführer unmittelbar untersteht[193],
- **Leiter der Hauptabteilung Rechnungswesen**, zu dessen Aufgabe die eigenständige Aufstellung von Jahresabschlüssen gehört, selbst wenn die Bilanzen von ihm nicht unterzeichnet werden[194],
- **Leiter einer Betriebsabteilung**, der nicht nur **arbeitsrechtliche Weisungen** erteilt[195],
- **Leiter** der Abteilung **technische Kontrolle** eines Luftfahrtunternehmens[196],
- **Leiter einer Forschungsabteilung**, der auch am Abschluß von Lizenzverträgen beteiligt ist[197],

---

189 *Richardi*, in: Münchener Handbuch zum Arbeitsrecht, Band 1, § 25 Rz. 68; *Ehrich*, HwB-AR „Leitende Angestellte" Rz. 80; *Buchner*, NZA 1989 Beil. 1, 2 (10).
190 So zu Recht *Fitting/Kaiser/Heither/Engels*, § 5 Rz. 191; *Richardi*, ArbuR 1991, 33 (44); *Engels/Natter*, BB 1989 Beil. 8, 12; *Buchner*, NZA 1989 Beil. 1, 2 (10); *Steindorff*, ArbuR 1988, 266 (271).
191 BAG vom 29. 1. 1980, AP Nr. 24 zu § 5 BetrVG 1972.
192 BAG vom 17. 12. 1974, AP Nr. 8 zu § 5 BetrVG 1972.
193 BAG vom 11. 1. 1995, AP Nr. 55 zu § 5 BetrVG 1972.
194 BAG vom 11. 1. 1995, AP Nr. 55 zu § 5 BetrVG 1972.
195 BAG vom 8. 2. 1977, AP Nr. 16 zu § 5 BetrVG 1972.
196 BAG vom 8. 2. 1977, AP Nr. 16 zu § 5 BetrVG 1972.
197 BAG vom 23. 3. 1976, AP Nr. 14 zu § 5 BetrVG 1972.

▶ **Verkaufsleiter,** der nach Kundenwünschen Industrieanlagen entwirft und die Kosten ermittelt[198],

▶ **Wirtschaftsprüfer** als angestellter Prüfungsleiter oder Berichtskritiker von Wirtschaftsprüfungsgesellschaften[199],

▶ **Sicherheitsingenieur** und Sicherheitsfachmann eines Luftfahrtunternehmens mit 6500 Beschäftigten[200].

131 Allerdings wird es sich ganz generell bei den **Betriebsbeauftragten,** wie etwa den Betriebsärzten, Sicherheitsfachkräften, Datenschutzbeauftragten oder Immissionsschutzbeauftragten regelmäßig **nicht** um leitende Angestellte handeln, da bei ihnen im Hinblick auf ihre betrieblichen Funktionen die Voraussetzungen des § 5 Abs. 3 BetrVG grundsätzlich nicht erfüllt sein dürften[201].

132 Die Eigenschaft als leitender Angestellter wurde vom BAG bisher u. a. **verneint** bei einem

▶ **Abteilungsleiter** eines Maschinenbauunternehmens[202],

▶ **Leiter** der **Koordination** der Arbeiten mehrerer Firmen an einem Großprojekt[203],

▶ **Leiter** eines **Verbrauchermarktes** mit 45 Arbeitnehmern ohne nennenswerten eigenen Entscheidungsspielraum in personellen und kaufmännischen Angelegenheiten[204],

▶ **Hauptabteilungsleiter** eines von 20 Hauptbüros eines großen Unternehmens[205],

▶ **Verkausleiter** in einer Niederlassung eines Kraftfahrzeugunternehmens[206],

▶ **Grubenfahrsteiger**[207].

3. Räumlicher Geltungsbereich

133 Das BetrVG gilt grundsätzlich für alle Betriebe, die innerhalb der Grenzen der Bundesrepublik Deutschland liegen (sog. „**Territorialitätsprinzip**")[208]. Unerheblich ist hierbei die Staatsangehörigkeit des

---

198 BAG vom 1. 6. 1976, AP Nr. 15 zu § 5 BetrVG 1972.
199 BAG vom 28. 1. 1975, AP Nr. 5 zu § 5 BetrVG 1972.
200 BAG vom 8. 2. 1977, AP Nr. 16 zu § 5 BetrVG 1972.
201 Vgl. dazu *Ehrich,* Handbuch des Betriebsbeauftragten, Rz. 42, 109, 252, 518.
202 BAG vom 17. 12. 1974, AP Nr. 6 zu § 5 BetrVG 1972.
203 BAG 29. 1. 1980, AP Nr. 24 zu § 5 BetrVG 1972.
204 BAG vom 19. 8. 1975, AP Nr. 1 zu § 105 BetrVG 1972.
205 BAG vom 19. 11. 1974, AP Nr. 2 zu § 5 BetrVG 1972.
206 BAG vom 15. 3. 1977, DB 1978, 496.
207 BAG vom 23. 1. 1986, AP Nr. 30 zu § 5 BetrVG 1972 (unter Aufgabe der früheren gegenteiligen Rechtsprechung).
208 Vgl. BAG vom 27. 5. 1982, AP Nr. 3 zu § 42 BetrVG 1972; BAG vom 7. 12. 1989, AP Nr. 27 zu Internationales Privatrecht, Arbeitsrecht.

V. Geltungsbereich des BetrVG Rz. 137 **Teil A**

Arbeitgebers und des Arbeitnehmers. Aus diesem Grund finden die Vorschriften des BetrVG auch auf **inländische Betriebe ausländischer Unternehmen** und die dort beschäftigten Mitarbeiter Anwendung, selbst wenn es sich bei diesen um ausländische Arbeitnehmer handelt und mit ihnen die Geltung ausländischen Rechts vereinbart worden ist[209].

Auf **im Ausland gelegene Betriebe deutscher Unternehmen** findet das **BetrVG** dagegen **keine Anwendung,** auch wenn mit den dort beschäftigten Arbeitnehmern einzelvertraglich deutsches Recht vereinbart worden ist[210]. 134

Die Grundsätze zum räumlichen Geltungsbereich des BetrVG sind **zwingend,** so daß von ihnen weder durch Tarifvertrag noch durch Betriebsvereinbarung abgewichen werden kann[211]. 135

Hat das Unternehmen seinen Sitz im Ausland, so ist für die inländischen Betriebe unter den Voraussetzungen der §§ 47 Abs. 1, 106 Abs. 1 Satz 1 BetrVG ein Gesamtbetriebsrat und ein Wirtschaftsausschuß zu bilden, wobei die im Ausland gelegenen Betriebe an der Bildung des Gesamtbetriebsrats und des Wirtschaftsausschusses nicht teilnehmen bzw. die in den ausländischen Betrieben beschäftigten Arbeitnehmer bei der Ermittlung der für die Errichtung des Wirtschaftsausschusses maßgebenden Zahl nicht mitzählen[212]. Ein Konzernbetriebsrat kann nur für einen Konzern gebildet werden, der seinen Sitz im Inland hat. Jedoch kann ein inländischer (Teil-)Konzern in den Fällen gebildet werden, in denen ein inländisches Unternehmen anderen inländischen Unternehmen im Leitungsweg übergeordnet ist (sog. Konzern im Konzern)[213]. Zur Errichtung von Europäischen Betriebsräten s. u. Teil B Rz. 649 ff. 136

Werden Arbeitnehmer eines inländischen Betriebes **vorübergehend** im Ausland beschäftigt (z. B. Montagearbeiter, LKW-Fahrer, Vertreter, Fliegendes Personal in Luftfahrtunternehmen), so sind sie den im Inland tätigen Mitarbeitern gleichgestellt, d. h. sie haben nach §§ 7, 8 BetrVG das aktive und passive Wahlrecht und werden vom Betriebsrat des inländischen Betriebs insbesondere bei personellen und sozia- 137

---

209 BAG vom 9. 11. 1977, AP Nr. 13 zu Internationales Privatrecht, Arbeitsrecht.
210 Vgl. BAG vom 24. 4. 1978, AP Nr. 16 zu Internationales Privatrecht, Arbeitsrecht; BAG vom 10. 9. 1985, AP Nr. 3 zu § 117 BetrVG 1972; *Dietz/Richardi,* Vorbem. § 1 Rz. 41; GK-*Kraft,* § 1 Rz. 20; *Fitting/Kaiser/Heither/Engels,* § 1 Rz. 10 m. w. Nachw.
211 *Fitting/Kaiser/Heither/Engels,* § 1 Rz. 15.
212 *Fitting/Kaiser/Heither/Engels,* § 1 Rz. 13, § 47 Rz. 16, § 106 Rz. 9 jeweils m. w. Nachw.
213 *Dietz/Richardi,* Vorbem. § 1 Rz. 40; *Fitting/Kaiser/Heither/Engels,* § 1 Rz. 14.

len Angelegenheiten repräsentiert[214]. Insofern gilt der Grundsatz der sog. **„Ausstrahlung"** eines inländischen Betriebs über die Grenzen der Bundesrepublik hinaus[215].

138 Eine „vorübergehende" Beschäftigung inländischer Arbeitnehmer im Ausland liegt vor, wenn der Auslandseinsatz zeitlich beschränkt ist, etwa wenn der Auslandseinsatz von vornherein befristet ist, der Arbeitgeber sich das Recht des jederzeitigen Rückrufs vorbehalten hat oder der inländische Arbeitgeber auch während der Dauer des Auslandseinsatzes weisungsbefugt bleibt[216]. Unerheblich ist, ob die Arbeitnehmer eines inländischen Betriebes vorübergehend in eine ausländische Organisation eingegliedert werden[217].

139 Dagegen fehlt die Zugehörigkeit zu einem inländischen Betrieb bei Arbeitnehmern, die noch nicht dem Betrieb angehört haben und nur für eine (befristete) Tätigkeit im Ausland eingestellt werden[218].

4. Tendenzbetriebe und Religionsgemeinschaften

140 Auf Tendenzbetriebe und -unternehmen finden die Vorschriften des BetrVG nur insoweit Anwendung, als die Eigenart des Unternehmens oder des Betriebes dem nicht entgegensteht, § 118 Abs. 1 Satz 1 BetrVG. Die Regelungen der §§ 106 bis 110 BetrVG gelten bei Tendenzbetrieben und -unternehmen nicht, die Bestimmungen der §§ 111 bis 113 nur insoweit, als sie den Ausgleich oder die Milderung wirtschaftlicher Nachteile für die Arbeitnehmer infolge von Betriebsänderungen regeln (§ 118 Abs. 1 Satz 2 BetrVG). Einzelheiten zum Tendenzschutz s. u. Teil K – Beteiligung des Betriebsrats in Tendenzunternehmen.

---

214 Vgl. BAG vom 27. 5. 1981, AP Nr. 3 zu § 42 BetrVG 1972; BAG vom 18. 2. 1986, AP Nr. 33 zu § 99 BetrVG 1972; BAG vom 7. 12. 1989, AP Nr. 27 zu Internationales Privatrecht, Arbeitsrecht; *Dietz/Richardi*, Vorbem. § 1 Rz. 48 f. Zur Möglichkeit der Betriebsratstätigkeit im Ausland beim dortigen Einsatz inländischer Arbeitnehmer siehe *Fitting/Kaiser/Heither/Engels*, § 1 Rz. 24.
215 Vgl. BAG vom 10. 9. 1985, AP Nr. 3 zu § 117 BetrVG 1972; *Dietz/Richardi*, Vorbem. § 1 Rz. 43; *Fitting/Kaiser/Heither/Engels*, § 1 Rz. 16 jeweils m. w. Nachw.
216 BAG vom 7. 12. 1989, AP Nr. 27 zu Internationales Privatrecht, Arbeitsrecht; *Dietz/Richardi*, Vorbem. § 1 Rz. 44.
217 *Fitting/Kaiser/Heither/Engels*, § 1 Rz. 18, 22 m. w. Nachw.
218 BAG vom 21. 10. 1980, AP Nr. 17 zu Internationales Privatrecht, Arbeitsrecht; *Dietz/Richardi*, Vorbem. § 1 Rz. 46.

V. Geltungsbereich des BetrVG
Rz. 146 **Teil A**

Keine Anwendung findet das BetrVG auf Religionsgemeinschaften und ihre karitativen und erzieherischen Einrichtungen unbeschadet ihrer Rechtsform, § 118 Abs. 2 BetrVG.

141

Unter Religionsgemeinschaften sind nicht nur die eigentlichen Religionsgemeinschaften und Kirchen, sondern auch deren selbständige Teile wie Orden und Sekularinstitute zu verstehen. Auch karitative und erzieherische Einrichtungen der Kirche (z. B. Schulen, Krankenhäuser, Kindergärten, Altersheime, Waisenhäuser) sind – unabhängig von ihrer Rechtsform – der Betriebsverfassung entzogen. Ob es sich bei solchen Einrichtungen um solche der Kirche handelt, bestimmt sich grundsätzlich nach kirchlichem Recht und deren Selbstverständnis. Die von diesen Einrichtungen wahrzunehmenden Aufgaben müssen sich als Wesens- und Lebensäußerung der Kirche darstellen[219].

142

Dienen die religiösen oder weltanschaulichen Ziele lediglich als **Vorwand** für die Verfolgung wirtschaftlicher Ziele, so liegt eine „Religionsgemeinschaft" i. S. von § 118 Abs. 2 BetrVG nicht vor[220].

143

§ 118 Abs. 2 BetrVG bezieht sich nur auf die Religionsgemeinschaften und deren karitativen und erzieherischen Einrichtungen, die privatrechtlich organisiert sind. Für die öffentlich organisierte verfaßte Kirche und wirtschaftliche Einrichtungen der Körperschaften des öffentlichen Rechts (z. B. die Klosterbrauerei einer Ordensgemeinschaft) findet das BetrVG bereits nach § 130 BetrVG keine Anwendung[221].

144

5. Privatwirtschaft

Das BetrVG gilt für alle Betriebe der Privatwirtschaft. Keine Anwendung findet es nach § 130 BetrVG auf Verwaltungen und Betriebe des Bundes, der Länder, der Gemeinden und sonstiger Körperschaften, Anstalten und Stiftungen des öffentlichen Rechts. Auf diese finden die Personalvertretungsgesetze des Bundes und der Länder Anwendung.

145

Die Vorschrift des § 130 BetrVG grenzt den Geltungsbereich des BetrVG gegenüber dem Personalvertretungsrecht des Bundes und der

146

---

219 Vgl. BVerfG vom 11. 10. 1977, AP Nr. 1 zu Art. 140 GG, BAG vom 6. 12. 1977, AP Nr. 10 zu § 118 BetrVG 1972; BAG vom 30. 7. 1987, AP Nr. 3 zu § 130 BetrVG 1972; BAG vom 14. 4. 1988, AP Nr. 36 zu § 118 BetrVG 1972.
220 BAG vom 22. 3. 1995, AP Nr. 21 zu § 5 ArbGG 1979, wonach die „Scientology Kirche Hamburg e.V." keine Religions- oder Weltanschauungsgemeinschaft, sondern ein Gewerbebetrieb sei.
221 BAG vom 30. 7. 1987, AP Nr. 3 zu § 130 BetrVG 1972.

Länder ab, wobei dem BetrVG keine Ersatz- oder Auffangfunktion zukommt[222]. Maßgebend für die Abgrenzung ist die **formelle Rechtsform des Betriebes,** nicht hingegen, wer wirtschaftlich gesehen Inhaber des Betriebes ist oder zu wem die Arbeitsverhältnisse der in diesem Betrieb Beschäftigten bestehen[223]. Alle Betriebe mit **privater Rechtsform** unterliegen dem **BetrVG,** auch wenn sie (ausschließlich oder überwiegend) der öffentlichen Hand gehören. Dagegen fallen alle Betriebe, die von der öffentlichen Hand geführt werden und öffentlich-rechtlich organisiert sind (sog. „**Eigenbetriebe**"), unter das **PersVG** des Bundes und der Länder[224].

147 Wird ein sog. **gemeinschaftlicher Betrieb** (s. o. Rz. 27 ff.) sowohl von einer (natürlichen oder juristischen) Person des Privatrechts als auch von der öffentlich-rechtlichen Verwaltung geführt, so findet das BetrVG Anwendung, wenn sich die Betriebsführung mangels entgegenstehender Anhaltspunkte auf der Grundlage einer privatrechtlichen Vereinbarung in der Rechtsform einer BGB-Gesellschaft vollzieht[225].

---

[222] BAG vom 30. 7. 1987, AP Nr. 3 zu § 130 BetrVG 1972; BAG vom 24. 1. 1996, NZA 1996, 1110 (1113); *Fitting/Kaiser/Heither/Engels,* § 130 Rz. 4.
[223] BAG vom 7. 11. 1975, AP Nr. 1 zu § 130 BetrVG 1972; BAG vom 24. 1. 1996, NZA 1996, 1110 (1113); GK-*Fabricius,* § 130 Rz. 2 ff. m. w. Nachw.
[224] Vgl. BAG vom 24. 1. 1996, NZA 1996, 1110 (1113).
[225] BAG vom 24. 1. 1996, NZA 1996, 1110; ähnlich *Fitting/Kaiser/Heither/Engels,* § 130 Rz. 4.

Teil B
Organe der Betriebsverfassung

I. Betriebsrat

1. Wahl des Betriebsrats

In allen Betrieben mit in der Regel **mindestens fünf ständigen wahlberechtigten Arbeitnehmern,** von denen drei wählbar sind, sind nach § 1 BetrVG Betriebsräte zu wählen. Eine erzwingbare Verpflichtung zur Wahl des Betriebsrats besteht bei Vorliegen der Voraussetzungen des § 1 BetrVG allerdings nicht (s. o. Teil A Rz. 41). Ob in betriebsratsfähigen Betrieben ein Betriebsrat gewählt wird, hängt vielmehr allein von der Initiative der Arbeitnehmer des Betriebes oder einer im Betrieb vertretenen Gewerkschaft ab.

a) Zeitpunkt der Wahl

Die **regelmäßigen Betriebsratswahlen** finden **alle vier Jahre** in der Zeit vom 1. März bis 31. Mai statt, § 13 Abs. 1 Satz 1 BetrVG. Besteht im Betrieb ein Sprecherausschuß, so sind sie nach § 13 Abs. 1 Satz 2 BetrVG zeitgleich mit den regelmäßigen Wahlen des Sprecherausschusses gemäß § 5 Abs. 1 SprAuG einzuleiten. Die letzten regelmäßigen Betriebsratswahlen haben im Jahre 1994 stattgefunden. Die nächsten regelmäßigen Betriebsratswahlen finden in den Jahren 1998, 2002, 2006 usw. statt.

Außerhalb des regelmäßigen Zeitraumes ist nach § 13 Abs. 2 BetrVG eine Betriebsratswahl durchzuführen, wenn
▶ mit Ablauf von 24 Monaten, vom Tage der Wahl an gerechnet, die Zahl der regelmäßig beschäftigten Arbeitnehmer um die Hälfte, mindestens aber um fünfzig, gestiegen oder gesunken ist,
▶ die Gesamtzahl der Betriebsratsmitglieder nach Eintreten sämtlicher Ersatzmitglieder unter die vorgeschriebene Zahl der Betriebsratsmitglieder gesunken ist,
▶ der Betriebsrat mit der Mehrheit seiner Mitglieder seinen Rücktritt beschlossen hat,
▶ die Betriebsratswahl mit Erfolg angefochten worden ist,
▶ der Betriebsrat durch eine gerichtliche Entscheidung aufgelöst ist oder
▶ im Betrieb ein Betriebsrat nicht besteht.

4 In diesen Fällen ist für die Zahl der zu wählenden Betriebsratsmitglieder die Zahl der Arbeitnehmer des Betriebes zum Zeitpunkt der vorzeitigen Neuwahl entscheidend[1].

b) Wahlberechtigung und Wählbarkeit

5 Wahlberechtigt sind alle Arbeitnehmer des Betriebes, die am (letzten) Wahltag das 18. Lebensjahr erreicht haben, § 7 BetrVG. Eine bestimmte Dauer der Betriebszugehörigkeit ist nicht erforderlich.

6 **Arbeitnehmer** ist, wer auf Grund eines privatrechtlichen Vertrages im Dienste eines anderen fremdbestimmte Tätigkeiten in **persönlicher Abhängigkeit** erbringt[2]. Maßgebend ist insoweit der in § 5 Abs. 1 BetrVG enthaltene Arbeitnehmerbegriff (Einzelheiten hierzu s. o. Teil A Rz. 45 ff.).

7 **Wahlberechtigt** sind sonach die Arbeiter und Angestellten des Betriebes unabhängig von ihrer Staatsangehörigkeit, die zu ihrer Berufsausbildung Beschäftigten (s. o. Teil A Rz. 64 ff.), Teilzeitbeschäftigte, Aushilfskräfte, sofern zwischen ihnen und dem Arbeitgeber am Wahltag ein Arbeitsverhältnis besteht und solche Arbeitnehmer, die mindestens sechs Monate im Jahr beschäftigt werden[3], Arbeitnehmer in einem sog. Job-Sharing-Arbeitsverhältnis (§ 5 BeschFG) sowie Arbeitnehmer in einem Arbeitsverhältnis mit kapazitätsorientierter variabler Arbeitszeit (§ 4 BeschFG)[4], Heimarbeitnehmer, die in der Hauptsache für den Betrieb arbeiten (§ 6 Abs. 1 Satz 2, Abs. 2 Satz 2 BetrVG) und Arbeitnehmer, deren Arbeitsverhältnisse etwa wegen Ableistung des Wehrdienstes oder der Inanspruchnahme von Erziehungsurlaub ruhen. **Nicht wahlberechtigt** sind dagegen die in § 5 Abs. 2 BetrVG genannten Personen (s. o. Teil A Rz. 68 ff.), leitende Angestellte i. S. von § 5 Abs. 3 Satz 2 BetrVG (s. o. Teil A Rz. 75 ff.), Leiharbeitnehmer (s. o. Teil A Rz. 52), freie Mitarbeiter sowie Mitarbeiter von Fremdfirmen, die von diesen im Rahmen eines Dienst- oder Werkvertrages eingesetzt und nicht in den Betrieb eingegliedert werden (s. o. Teil A Rz. 53).

8 Im Falle einer **ordentlichen Kündigung** des Arbeitsverhältnisses besteht das Arbeitsverhältnis bis zum Ablauf der Kündigungsfrist fort.

---

1 Vgl. BAG vom 22. 11. 1984, AP Nr. 1 zu § 64 BetrVG 1972.
2 Siehe etwa BAG vom 9. 4. 1984, AP Nr. 45 zu § 611 BGB Abhängigkeit; BAG vom 13. 11. 1991, AP Nr. 60 zu § 611 BGB Abhängigkeit; BAG vom 25. 3. 1992, AP Nr. 48 zu § 5 BetrVG 1972.
3 BAG vom 12. 10. 1976, AP Nr. 12 zu § 8 BetrVG 1972; BAG vom 29. 1. 1992, AP Nr. 1 zu § 7 BetrVG 1972.
4 *Fitting/Kaiser/Heither/Engels*, § 7 Rz. 5a.

I. Betriebsrat

Nach Ablauf der Kündigungsfrist bleibt der Arbeitnehmer wahlberechtigt, wenn und solange er während des Kündigungsschutzverfahrens weiterbeschäftigt wird, sei es aufgrund des Weiterbeschäftigungsanspruchs nach § 102 Abs. 5 BetrVG, sei es wegen des vom Großen Senat des BAG entwickelten sog. allgemeinen Weiterbeschäftigungsanspruchs[5]. Ansonsten besteht keine aktive Wahlberechtigung des gekündigten Arbeitnehmers nach Ablauf der Kündigungsfrist, selbst wenn er gegen die Kündigung des Arbeitgebers Kündigungsschutzklage erhoben hat[6]. Bei einer **außerordentlichen Kündigung** verliert der Arbeitnehmer das aktive Wahlrecht mit Zugang der Kündigung, sofern nicht die Voraussetzungen des allgemeinen Weiterbeschäftigungsanspruches gegeben sind. Ein Betriebsratsmitglied, dem der Arbeitgeber außerordentlich kündigen will, bleibt für die Neuwahl des Betriebsrats so lange wahlberechtigt, als der Betriebsrat seine Zustimmung zu der Kündigung nicht erteilt oder das Arbeitsgericht die Zustimmung des Betriebsrats zur Kündigung nicht nach § 103 Abs. 2 BetrVG rechtskräftig ersetzt hat[7].

Wählbar sind **alle wahlberechtigten Arbeitnehmer,** die sechs Monate 9 dem Betrieb angehören oder als in Heimarbeit Beschäftigte in der Hauptsache für den Betrieb gearbeitet haben, § 8 Abs. 1 Satz 1 BetrVG. Auf das Erfordernis der sechsmonatigen Betriebszugehörigkeit werden gemäß § 8 Abs. 1 Satz 2 BetrVG Zeiten angerechnet, in denen der Arbeitnehmer unmittelbar zuvor einem anderen Betrieb desselben Unternehmens oder Konzerns angehört hat.

Der Arbeitnehmer muß **tatsächlich beschäftigt** worden sein. Urlaubs- 10 oder krankheitsbedingte Unterbrechungen sind jedoch unschädlich. Die bloße rechtliche Zugehörigkeit zum Betrieb reicht nicht aus, wenn der Arbeitnehmer dort nie tätig geworden und seine tatsächliche Zuordnung auch für die Zukunft nicht abzusehen ist[8].

Ist dem Arbeitnehmer (ordentlich oder außerordentlich) gekündigt 11 worden und erhebt er Kündigungsschutzklage, so bleibt er – obwohl er grundsätzlich nicht aktiv wahlberechtigt ist (s. o. Rz. 8) – zum Betriebsrat wählbar. Dadurch wird ausgeschlossen, daß der Arbeitgeber durch eine Kündigung die Kandidatur eines ihm unliebsamen Bewerbers verhindert. Zudem kann anders als bei der Wahlberechtigung, die am Wahltag zweifelsfrei feststehen muß, die Wirksamkeit

---
[5] Vgl. BAG (GS) vom 27. 2. 1985, AP Nr. 14 zu § 611 BGB Beschäftigungspflicht.
[6] LAG Berlin vom 2. 5. 1994, BB 1994, 1857; *Dietz/Richardi*, § 7 Rz. 9; GK-*Kreutz*, § 7 Rz. 29; *Fitting/Kaiser/Heither/Engels*, § 7 Rz. 15 m. w. Nachw.
[7] *Dietz/Richardi*, § 7 Rz. 11; *Fitting/Kaiser/Heither/Engels*, § 7 Rz. 15a.
[8] BAG vom 28. 11. 1977, AP Nr. 2 zu § 8 BetrVG 1972.

der Wahl eines Betriebsratsmitglieds zunächst in der Schwebe bleiben[9]. Wird der Kündigungsschutzklage stattgegeben, so ist die Wahl wegen des Fortbestehens des Arbeitsverhältnisses wirksam[10]. Allerdings ist der gewählte Mitarbeiter nach Ablauf der Kündigungsfrist für die Dauer des Kündigungsschutzprozesses an der Ausübung seines Amtes verhindert, so daß für ihn gemäß § 25 Abs. 1 Satz 2 BetrVG ein Ersatzmitglied nachrücken muß. Dies gilt nicht bei tatsächlicher Weiterbeschäftigung des Arbeitnehmers während des Kündigungsschutzprozesses. Wird die Kündigungsschutzklage abgewiesen, steht damit fest, daß zum Zeitpunkt der Wahl ein Arbeitsverhältnis nicht bestand. Die Wahl des gekündigten Arbeitnehmers ist folglich unwirksam.

12 Die **Mitgliedschaft** im **Wahlvorstand schließt** die **Wählbarkeit** des Arbeitnehmers **nicht aus**[11]. Dagegen ist die **Wählbarkeit** zum Betriebsrat **ausgeschlossen,** wenn eine strafgerichtliche Verurteilung unter den Voraussetzungen der §§ 45, 45a StGB zum Verlust der Führung geführt hat, Rechte aus öffentlichen Wahlen zu erlangen, § 8 Abs. 1 Satz 3 BetrVG.

13 Besteht der Betrieb weniger als sechs Monate, so sind nach § 8 Abs. 2 BetrVG diejenigen Arbeitnehmer wählbar, die bei der Einleitung der Betriebsratswahl, d. h. bei Erlaß des Wahlausschreibens (§ 3 Abs. 1 WahlO), im Betrieb beschäftigt sind und die übrigen Voraussetzungen für die Wählbarkeit erfüllen. Dies gilt entsprechend, wenn der Betrieb zwar schon länger besteht, aber noch nicht sechs Monate betriebsratsfähig ist.

14 **Formelle Voraussetzung** für die Ausübung des aktiven und passiven Wahlrechts ist die **Eintragung** der Arbeitnehmer in die **Wählerliste,** § 2 Abs. 3 WahlO. Insoweit hat der Arbeitgeber dem Wahlvorstand die für die Anfertigung der Wählerliste erforderlichen Auskünfte zu erteilen und die erforderlichen Unterlagen zur Verfügung zu stellen. Insbesondere hat er den Wahlvorstand bei der Feststellung der in § 5 Abs. 3 BetrVG genannten Personen zu unterstützen, § 2 Abs. 2 WahlO.

15 Die Eintragung eines nicht wahlberechtigten Arbeitnehmers in die Wählerliste begründet kein Wahlrecht. Umgekehrt nimmt die Nichteintragung einem wahlberechtigten Arbeitnehmer nicht das Wahlrecht. Ist die Wählerliste unrichtig, so kann der betroffene Arbeitneh-

---

9 *Dietz/Richardi,* § 8 Rz. 10; *Fitting/Kaiser/Heither/Engels,* § 8 Rz. 8; *Hess/Schlochauer/Glaubitz,* § 8 Rz. 4 f.; **a. A.** GK-*Kreutz,* § 8 Rz. 18.
10 BAG vom 14. 5. 1997, DB 1997, 2083.
11 BAG vom 12. 10. 1976, AP Nr. 1 zu § 8 BetrVG 1972; BAG vom 4. 10. 1977, AP Nr. 2 zu § 18 BetrVG 1972.

mer hiergegen Einspruch einlegen (§ 4 WahlO). Fehler der Wählerliste können ferner die Anfechtung der Betriebsratswahl begründen (s. u. Rz. 91 ff.).

Sind die **Wahlen** zum **Betriebsrat und** zum **Sprecherausschuß zeitgleich** einzuleiten, so haben sich die Wahlvorstände gemäß § 18a Abs. 1 Satz 1 BetrVG unverzüglich nach Aufstellung der Wählerlisten, spätestens jedoch zwei Wochen vor Einleitung der Wahlen, gegenseitig zu unterrichten, welche Angestellten sie den leitenden Angestellten zugeordnet haben. Soweit zwischen den Wahlvorständen Einvernehmen über die Zuordnung zustande kommt, sind die Angestellten entsprechend ihrer Zuordnung in die jeweilige Wählerliste einzutragen. Anderenfalls ist das Zuordnungsverfahren nach § 18a Abs. 2 und 3 BetrVG durchzuführen[12]. 16

Wird mit der Betriebsratswahl nicht zugleich eine Wahl zum Sprecherausschuß eingeleitet, so hat der Wahlvorstand den Sprecherausschuß entsprechend § 18a Abs. 1 Satz 1 Halbsatz 1 BetrVG zu unterrichten, § 18a Abs. 4 Satz 1 BetrVG. Soweit kein Einvernehmen über die Zuordnung besteht, hat der Sprecherausschuß nach § 18a Abs. 4 Satz 2 BetrVG Mitglieder zu benennen, die anstelle des Wahlvorstandes an dem Zuordnungsverfahren teilnehmen. 17

c) Größe des Betriebsrats

Die Zahl der Mitglieder des Betriebsrats ist in **§ 9 BetrVG zwingend vorgeschrieben.** Danach besteht der Betriebsrat in Betrieben mit in der Regel 18

```
       5 bis   20 wahlberechtigten Arbeitnehmern aus einer Person,
      21 bis   50 wahlberechtigten Arbeitnehmern aus 3 Mitgliedern,
      51 wahlberechtigten Arbeitnehmern
         bis  150 Arbeitnehmern aus  5 Mitgliedern,
     151 bis  300 Arbeitnehmern aus  7 Mitgliedern,
     301 bis  600 Arbeitnehmern aus  9 Mitgliedern,
     601 bis 1000 Arbeitnehmern aus 11 Mitgliedern,
    1001 bis 2000 Arbeitnehmern aus 15 Mitgliedern,
    2001 bis 3000 Arbeitnehmern aus 19 Mitgliedern,
    3001 bis 4000 Arbeitnehmern aus 23 Mitgliedern,
    4001 bis 5000 Arbeitnehmern aus 27 Mitgliedern,
    5001 bis 7000 Arbeitnehmern aus 29 Mitgliedern,
    7001 bis 9000 Arbeitnehmern aus 31 Mitgliedern.
```

---

12 Einzelheiten dazu s. bei *Ehrich*, HwB-AR „Leitende Angestellte" Rz. 100 ff.

19 In Betrieben mit mehr als 9000 Arbeitnehmern erhöht sich die Zahl der Mitglieder des Betriebsrats für je angefangene weitere 3000 Arbeitnehmer um 2 Mitglieder.

20 In Betrieben mit bis zu 51 wahlberechtigten Arbeitnehmern sind nur die aktiv wahlberechtigten Arbeitnehmer zu berücksichtigen (zum aktiven Wahlrecht s. o. Rz. 7 ff.). Sind mehr als 51 wahlberechtigte Arbeitnehmer vorhanden, so hängt die Größe des Betriebsrats allein von der Gesamtzahl der betriebszugehörigen Arbeitnehmer ab, ohne daß es auf deren aktive Wahlberechtigung ankommt (zum Kriterium der Betriebszugehörigkeit s. o. Teil A Rz. 43 ff.). Mitzuzählen sind in dem Fall somit auch jugendliche Arbeitnehmer.

21 Der Stichtag für die Feststellung der gesetzlichen Mitgliederzahl ist der Tag, an dem von dem Wahlvorstand das **Wahlausschreiben** erlassen wird[13] (§ 3 Abs. 2 Nr. 4 BetrVG). Maßgebend ist jedoch nicht die Anzahl der Beschäftigten an diesem Tag. Zu berücksichtigen sind vielmehr nur die **in der Regel** wahlberechtigten bzw. betriebszugehörigen Arbeitnehmer unabhängig von der Anzahl der Arbeitnehmer, die gerade am Stichtag oder kurz vor oder nach dem Stichtag vorhanden sind. Abzustellen ist auf die Belegschaftsstärke, die für den Betrieb im allgemeinen kennzeichnend ist. Dabei haben Zeiten außergewöhnlichen Arbeitsanfalls oder zeitweiligen Beschäftigungsrückgangs (etwa Personalverstärkung zum Weihnachtsgeschäft bzw. Personalverringerung in der Sommerzeit) außer Betracht zu bleiben. Zur Feststellung der Zahl der in der Regel wahlberechtigten bzw. beschäftigten Arbeitnehmer bedarf es sowohl eines Rückblicks auf die bisherige Stärke als auch einer Einschätzung der zukünftigen Entwicklung[14].

22 Die Feststellung der in der Regel wahlberechtigten bzw. betriebszugehörigen Arbeitnehmer obliegt dem Wahlvorstand, der die insoweit erforderliche Prognose hinsichtlich der bisherigen Personalstärke und deren künftigen Entwicklung abzugeben hat[15]. Hierbei steht ihm im Rahmen seines pflichtgemäßen Ermessens ein gewisser Beurteilungsspielraum zu[16]. Besondere praktische Bedeutung kommt diesem in Grenzfällen zu, wenn es also darum geht, ob die Beschäftigtenzahl

---

13 BAG vom 12. 10. 1976, AP Nr. 1 zu § 8 BetrVG 1972.
14 BAG vom 12. 10. 1976, AP Nr. 1 zu § 8 BetrVG 1972.
15 BAG vom 12. 10. 1976, AP Nr. 1 zu § 8 BetrVG 1972.
16 BAG vom 12. 10. 1976, AP Nr. 1 zu § 8 BetrVG 1972; BAG vom 25. 11. 1992, AP Nr. 8 zu § 1 GesamthafenbetriebsG; GK-*Kreutz*, § 9 Rz. 9; *Fitting/Kaiser/Heither/Engels*, § 9 Rz. 4 m. w. Nachw.; **a. A.** *Nipperdey*, DB 1977, 1093 (1095).

I. Betriebsrat

eine der in § 9 BetrVG vorgesehenen Stufen über- oder unterschreitet. Ändert sich die Zahl der in der Regel wahlberechtigten bzw. betriebsangehörigen Arbeitnehmer in der Zeit zwischen dem Erlaß des Wahlausschreibens und dem Wahltag, hat dies auf die gesetzliche Mitgliederzahl des Betriebsrats keinen Einfluß[17].

Hat ein Betrieb nicht die ausreichende Zahl von wählbaren Arbeitnehmern, so ist die Zahl der Betriebsratsmitglieder der nächstniedrigeren Betriebsgröße zugrunde zu legen, § 11 BetrVG. Hat etwa ein Betrieb mit in der Regel 300 Arbeitnehmern nur vier wählbare Arbeitnehmer, so besteht der Betriebsrat aus drei Arbeitnehmern. Die Vorschrift des § 11 BetrVG gilt entsprechend, wenn der Betrieb zwar genügend wählbare Arbeitnehmer hat, um den Betriebsrat in der gesetzlichen Weise zu besetzen, aber keine ausreichende Zahl von Arbeitnehmern zur Übernahme des Betriebsratsamtes bereit ist[18].   23

Verstößt die Wahl gegen die Vorschrift des § 9 BetrVG über die Größe des Betriebsrats, begründet dies die Anfechtung der Wahl gemäß § 19 BetrVG[19].   24

d) Zusammensetzung des Betriebsrats

Ein besonderer **Minderheitenschutz** für die Gruppen der Arbeiter und Angestellten ist in der Vorschrift des **§ 10 BetrVG** vorgesehen, in welcher die Zusammensetzung des Betriebsrats an der personellen Stärke dieser Gruppen ausgerichtet wird.   25

In Betrieben mit in der Regel bis zu zwanzig wahlberechtigten Arbeitnehmern, in denen der Betriebsrat nur aus einer Person besteht, greift ein Gruppenschutz nicht ein. Hier gilt ein reines Mehrheitsprinzip.   26

Besteht der Betriebsrat aus mindestens drei Mitgliedern, so müssen Arbeiter und Angestellte nach § 10 Abs. 1 BetrVG entsprechend ihrem zahlenmäßigen Verhältnis im Betriebsrat vertreten sein. Stichtag für die Berechnung ist der Erlaß des Wahlausschreibens. Später eintretende Veränderungen der Arbeitnehmerzahl bleiben unberücksichtigt. Die nicht wahlberechtigten Arbeitnehmer (z. B. die jugendlichen Arbeitnehmer) werden mitgezählt. Zu berücksichtigen sind auch – entsprechend der Zuordnung zu den Gruppen – die in Heimarbeit   27

---

17 *Joost*, in: Münchener Handbuch zum Arbeitsrecht, Band 3, § 296 Rz. 108.
18 *Dietz/Richardi*, § 11 Rz. 6; *Joost*, in: Münchener Handbuch zum Arbeitsrecht, Band 3, § 296 Rz. 107; *Fitting/Kaiser/Heither/Engels*, § 11 Rz. 7 m. w. Nachw.; **a. A.** GK-*Kreutz*, § 9 Rz. 21, § 11 Rz. 11.
19 *Joost*, in: Münchener Handbuch zum Arbeitsrecht, Band 3, § 296 Rz. 111.

Teil B Rz. 28   B. Organe der Betriebsverfassung

Beschäftigten, die in der Hauptsache für den Betrieb arbeiten. Leitende Angestellte i. S. von § 5 Abs. 3 BetrVG zählen nicht mit[20].

28 Die Verteilung der Sitze auf die Gruppen erfolgt gemäß § 5 Abs. 1 Satz 2 WahlO nach den Grundsätzen der Verhältniswahl (Höchstzahlensystem). Der Wahlvorstand hat die Zahlen der im Betrieb beschäftigten Arbeiter und Angestellten in einer Reihe nebeneinander zu stellen und beide durch 1, 2, 3, 4 usw. zu teilen. Die ermittelten Teilzahlen sind nacheinander reihenweise unter den Zahlen der ersten Reihe aufzuführen, bis höhere Teilzahlen, als aus früheren Reihen für die Zuweisung von Sitzen in Betracht kommen, nicht mehr entstehen. Aus den Teilzahlen werden so viele Höchstzahlen ausgesondert und der Größe nach zugeordnet, wie Höchstzahlen auf sie entfallen. Jede Gruppe erhält soviele Sitze, wie Höchstzahlen auf sie entfallen. Sofern die niedrigste in Betracht kommende Höchstzahl auf beide Gruppen zugleich entfällt, wird durch Los ermittelt, welche Gruppe diesen Sitz erhält, § 5 Abs. 1, 2 WahlO. Gleiches gilt, wenn beiden Gruppen gleichviele Arbeitnehmer angehören (§ 5 Abs. 4 WahlO).

Beispiel:

Ein Betrieb hat in der Regel 143 Arbeitnehmer, davon 119 Arbeiter und 24 Angestellte. Der Betriebsrat besteht nach § 9 Satz 1 BetrVG aus 5 Mitgliedern. Die Verteilung auf die Gruppen errechnet sich wie folgt:

119 Arbeiter	24 Angestellte
: 1 = 119	: 1 = 24
: 2 = 59,5	: 2 = 12
: 3 = 36,6	: 3 = 8
: 4 = 29,7	: 4 = 6
: 5 = 23,8	: 5 = 4,8

Die 5 höchsten Teilzahlen sind: 119, 59,5, 36,6, 29,7, 24, 23,8. Vier Höchstzahlen entfallen auf die Arbeiter und eine Höchstzahl auf die Angestellten. Der Betriebsrat setzt sich demgemäß aus vier Vertretern der Arbeiter und einem Vertreter der Angestellten zusammen.

29 Gegenüber der bloßen Anwendung des Verhältnismäßigkeitsprinzips nach § 10 Abs. 1 BetrVG wird die Minderheitsgruppe durch **§ 10 Abs. 2 BetrVG** insoweit begünstigt, als ihr eine bestimmte **Mindestzahl** von Sitzen auch für den Fall garantiert wird, daß sie nach dem

---

20 *Joost*, in: Münchener Handbuch zum Arbeitsrecht, Band 3, § 296 Rz. 114; *Fitting/Kaiser/Heither/Engels*, § 10 Rz. 5.

I. Betriebsrat

Höchstzahlensystem völlig ausfiele oder nur eine geringere Zahl von Sitzen erhielte. Danach erhält die Minderheitsgruppe mindestens bei

```
         bis zu  50 Gruppenangehörigen 1 Vertreter,
     51 bis     200 Gruppenangehörigen 2 Vertreter,
    201 bis     600 Gruppenangehörigen 3 Vertreter,
    601 bis   1 000 Gruppenangehörigen 4 Vertreter,
  1 001 bis   3 000 Gruppenangehörigen 5 Vertreter,
  3 001 bis   5 000 Gruppenangehörigen 6 Vertreter,
  5 001 bis   9 000 Gruppenangehörigen 7 Vertreter,
  9 001 bis  15 000 Gruppenangehörigen 8 Vertreter,
         über 15 000 Gruppenangehörigen 9 Vertreter.
```

Beispiel:
Ein Betrieb beschäftigt 520 Arbeitnehmer, davon 480 Arbeiter und 40 Angestellte. Der Betriebsrat besteht nach § 9 Satz 1 BetrVG aus 9 Mitgliedern. Die Verteilung auf die Gruppen würde sich nach § 10 Abs. 1 BetrVG wie folgt errechnen:

480 Arbeiter	40 Angestellte
: 1 = 480	: 1 = 40
: 2 = 240	
: 3 = 160	
: 4 = 120	
: 5 = 96	
: 6 = 80	
: 7 = 68,57	
: 8 = 60	
: 9 = 53,3	

Bei einer Verteilung nach dem Höchstzahlensystem würden alle Sitze der Arbeitergruppe zufallen. Nach § 10 Abs. 2 BetrVG steht der Gruppe der Angestellten aber mindestens ein Vertreter zu. Der Betriebsrat besteht deshalb aus acht Vertretern der Arbeiter und einem Vertreter der Angestellten.

Eine Gruppe erhält nach **§ 10 Abs. 3 BetrVG keine Vertretung,** wenn ihr nicht mehr als fünf Arbeitnehmer angehören (ohne daß es auf deren Wahlberechtigung und Wählbarkeit ankommt) **und** diese nicht mehr als ein Zwanzigstel der Arbeitnehmer des Betriebes darstellen. Eine Minderheitsgruppe von fünf Arbeitnehmern ist sonach in einem Betrieb mit bis zu 99 Arbeitnehmern noch vertretungsberechtigt, weil hier fünf Arbeitnehmer stets mehr als ein Zwanzigstel der Arbeitnehmer darstellen. Bei mindestens sechs zugehörigen Arbeitnehmern steht der Minderheitsgruppe immer eine Vertretung im Betriebsrat zu, ohne daß es insoweit auf das Verhältnis zur Gesamtarbeitnehmerzahl in dem Betrieb ankommt[21].

31 Stehen einer Minderheitsgruppe nach § 10 Abs. 2 BetrVG Sitze im Betriebsrat zu, macht sie aber von ihrem Wahlrecht keinen Gebrauch, so wird der Betriebsrat in der nach § 9 BetrVG maßgebenden Größe allein mit Vertretern der Mehrheitsgruppe besetzt, ohne daß bei deren Wahl die Arbeitnehmer der Minderheitsgruppe mitwirken[22].

32 Die Verteilung der Betriebsratssitze auf die Gruppen kann nach **§ 12 Abs. 1 BetrVG** abweichend von § 10 BetrVG geregelt werden, wenn beide Gruppen dies vor der Wahl in getrennten und geheimen Abstimmungen beschließen[23].

33 Nach § 12 Abs. 2 BetrVG kann jede Gruppe auch Angehörige der anderen Gruppe wählen. In dem Fall gelten die Gewählten insoweit als Angehörige derjenigen Gruppe, die sie gewählt hat. Dies gilt auch für Ersatzmitglieder. Die Möglichkeit der Wahl gruppenfremder Bewerber besteht nur bei der Gruppenwahl, nicht aber auch bei gemeinsamer Wahl[24].

34 **Wechselt** ein Betriebsratsmitglied oder ein Ersatzmitglied während der Amtszeit **die Gruppe,** so berührt dies nach § 24 Abs. 2 BetrVG nicht die gruppenmäßige Zuordnung seines betriebsverfassungsrechtlichen Mandats bzw. seiner Stellung als Ersatzmitglied der ursprünglichen Gruppe.

35 Die Verteilung der Betriebsratssitze auf die Gruppen hat der Wahlvorstand im Wahlausschreiben vorzunehmen (§ 3 Abs. 2 Nr. 4 WahlO).

36 Verstöße gegen die Bestimmungen der §§ 9, 10, 12 BetrVG über die Verteilung der Betriebsratssitze können zur Wahlanfechtung nach § 19 BetrVG berechtigen, sofern durch die Verstöße das Wahlergebnis beeinflußt wurde und eine Berichtigung des Wahlergebnisses nicht möglich ist.

---

21 *Fitting/Kaiser/Heither/Engels,* § 10 Rz. 11 m. w. Nachw.
22 BAG vom 20. 10. 1954, AP Nr. 1 zu § 25 BetrVG; *Joost,* in: Münchener Handbuch zum Arbeitsrecht, Band 3, § 296 Rz. 122; *Dietz/Richardi,* § 10 Rz. 20; GK-*Kreutz,* § 10 Rz. 24; *Fitting/Kaiser/Heither/Engels,* § 10 Rz. 15 m. w. Nachw.
23 Einzelheiten hierzu siehe bei *Joost,* in: Münchener Handbuch zum Arbeitsrecht, Band 3, § 296 Rz. 124 ff.
24 Streitig. Wie hier *Joost,* in: Münchener Handbuch zum Arbeitsrecht, Band 3, § 296 Rz. 130; *Dietz/Richardi,* § 12 Rz. 20; GK-*Kreutz,* § 12 Rz. 31; *Hess/Schlochauer/Glaubitz,* § 12 Rz. 18; **a. A.** *Fitting/Kaiser/Heither/Engels,* § 12 Rz. 14; *Stege/Weinspach,* § 12 Rz. 4.

Der Betriebsrat soll sich weiterhin nach § 15 Abs. 1 Satz 1 BetrVG 37
möglichst aus Arbeitnehmern der einzelnen Betriebsabteilungen und
der unselbständigen Nebenbetriebe zusammensetzen (zu den Begriffen des Betriebsteils und Nebenbetriebes siehe Teil A Rz. 14 ff., 23 ff.). Dabei sollen gemäß § 15 Abs. 1 Satz 2 BetrVG möglichst auch Vertreter der verschiedenen Beschäftigungsarten der im Betrieb tätigen Arbeitnehmer berücksichtigt werden. Gemeint sind damit die einzelnen Berufsgruppen, wie z. B. Facharbeiter, Hilfsarbeiter, Reinigungspersonal, kaufmännische Angestellte und in Heimarbeit Beschäftigte. Außerdem sollen die Geschlechter entsprechend ihrem zahlenmäßigen Verhältnis vertreten sein, § 15 Abs. 2 BetrVG. Bei der Regelung des § 15 BetrVG handelt es sich jedoch nicht um eine verbindliche Wahlvorschrift, sondern lediglich um eine sog. **Sollvorschrift,** so daß Verstöße gegen sie keine Wahlanfechtung ermöglichen.

Schließlich besteht entsprechend dem Grundgedanken der §§ 75 38
Abs. 1 Satz 1, 80 Abs. 1 Nr. 7 BetrVG eine Obliegenheit der Arbeitnehmer und des Wahlvorstandes, ausländische Arbeitnehmer bei der Bildung des Betriebsrats zu berücksichtigen, soweit dies nach der Zusammensetzung der Belegschaft zweckmäßig erscheint. Allerdings kann auch hier eine Mißachtung dieser Obliegenheit eine Wahlanfechtung nach § 19 BetrVG nicht begründen[25].

e) Wahlvorstand

Die Vorbereitung und Durchführung der Wahl obliegt nach § 18 39
Abs. 1 Satz 1 BetrVG dem Wahlvorstand. Eine Betriebsratswahl kann nur erfolgen, wenn dieser bestellt ist, anderenfalls ist sie nichtig.

Der Wahlvorstand muß aus einer ungeraden Zahl von Mitgliedern 40
bestehen, mindestens aus drei wahlberechtigten Arbeitnehmern. Für jedes Mitglied des Wahlvorstandes kann für den Fall seiner Verhinderung ein Ersatzmitglied bestellt werden. In Betrieben mit Arbeitern und Angestellten müssen im Wahlvorstand beide Arbeitnehmergruppen vertreten sein (§ 16 Abs. 1 Satz 3 bis 5 BetrVG). Dies gilt nicht, wenn es keine wählbaren Gruppenangehörigen gibt oder kein Mitglied der Gruppe bereit ist, im Wahlvorstand mitzuwirken. In Betrieben mit weiblichen und männlichen Arbeitnehmern sollen dem Wahlvorstand nach § 16 Abs. 1 Satz 6 BetrVG Frauen und Männer angehören. Die Bestellung eines Wahlvorstandes, der nur aus männlichen Arbeitnehmern besteht, führt jedoch weder zur Unwirksamkeit noch zur Anfechtbarkeit der Betriebsratswahl.

---
25 *Joost,* in: Münchener Handbuch zum Arbeitsrecht, Band 3, § 296 Rz. 142.

41 Besteht im Betrieb ein Betriebsrat, so hat dieser spätestens zehn Wochen vor Ablauf seiner Amtszeit den Wahlvorstand zu bestellen. Ein Mitglied des Wahlvorstandes ist zum Vorsitzenden zu bestimmen. Der Betriebsrat kann die Zahl der Wahlvorstandsmitglieder über drei hinaus erhöhen, wenn dies zur ordnungsgemäßen Durchführung der Wahl erforderlich ist (§ 16 Abs. 1 Satz 1 BetrVG).

42 Der Wahlvorstand ist auch vom Betriebsrat zu bestellen, wenn dieser zurückgetreten ist, da er nach § 22 BetrVG die Geschäfte bis zur Neuwahl fortzuführen hat. Dagegen können der gerichtlich aufgelöste Betriebsrat (§ 23 Abs. 2 BetrVG) und der Betriebsrat, dessen Wahl erfolgreich angefochten worden ist, keinen Wahlvorstand bestellen. Gleiches gilt für einen Betriebsrat im Falle der Nichtigkeit seiner Wahl (s. o. Rz. 101 f.).

43 **Besteht** in einem betriebsratsfähigen Betrieb i. S. von § 1 BetrVG **kein Betriebsrat**, so wird in einer Betriebsversammlung von der Mehrheit der anwesenden Arbeitnehmer ein Wahlvorstand gewählt, § 17 Abs. 1 Satz 1 BetrVG. Zu dieser Betriebsversammlung können drei wahlberechtigte Arbeitnehmer des Betriebes oder eine im Betrieb vertretene Gewerkschaft einladen und Vorschläge für die Zusammensetzung des Wahlvorstandes machen (§ 17 Abs. 2 BetrVG). Auch der Arbeitgeber ist berechtigt, eine Betriebsversammlung nach § 17 BetrVG i. V. mit § 44 Abs. 1 Satz 1 BetrVG einzuberufen[26].

44 Die Wahl des Wahlvorstandes in einer Betriebsversammlung ist nichtig, wenn die Einladung zu dieser Versammlung nicht so bekanntgemacht worden ist, daß alle Arbeitnehmer des Betriebes hiervon Kenntnis nehmen konnten und durch das Fernbleiben der nicht unterrichteten Arbeitnehmer das Wahlergebnis beeinflußt werden konnte[27].

45 Der Zeitpunkt und die Tagesordnung der Betriebsversammlung sind von den Einladenden den im Betrieb vertretenen Gewerkschaften rechtzeitig mitzuteilen (§ 46 Abs. 2 BetrVG). Außerdem ist der Arbeitgeber nach § 43 Abs. 2 Satz 1 BetrVG unter Mitteilung der Tagesordnung einzuladen. Die Arbeitnehmer, die auf der Betriebsversammlung anwesend sind, haben mit Mehrheit der Stimmen den Leiter der Betriebsversammlung zu wählen, der die gleichen Rechte und Pflichten wie der Betriebsratsvorsitzende auf einer Betriebsversammlung hat (s. u. Rz. 630). Der auf der Betriebsversammlung gewählte Wahlvorstand muß aus einer ungeraden Zahl von Mitgliedern

---

26 Vgl. BAG vom 19. 3. 1974, AP Nr. 1 zu § 17 BetrVG 1972.
27 BAG vom 7. 5. 1986, AP Nr. 18 zu § 15 KSchG 1969.

I. Betriebsrat   Rz. 48 Teil B

(mindestens drei) bestehen. Ihm müssen Vertreter beider Gruppen angehören (§ 17 Abs. 1 Satz 2 BetrVG i. V. mit § 16 Abs. 1 BetrVG).

Findet trotz Einladung keine Betriebsversammlung statt oder wählt diese keinen Wahlvorstand oder bestellt der amtierende Betriebsrat acht Wochen vor Ablauf der Amtszeit keinen Wahlvorstand, so bestellt ihn das Arbeitsgericht auf Antrag von mindestens drei wahlberechtigten Arbeitnehmern oder einer im Betrieb vertretenen Gewerkschaft, §§ 16 Abs. 2 Satz 1, 17 Abs. 3. In dem Antrag an das Arbeitsgericht können auch Vorschläge für die Zusammensetzung des Wahlvorstandes gemacht werden (§§ 16 Abs. 2 Satz 2, 17 Abs. 3 BetrVG). Das Arbeitsgericht kann nach §§ 16 Abs. 2 Satz 3, 17 Abs. 3 BetrVG für Betriebe mit in der Regel mehr als 20 wahlberechtigten Arbeitnehmern auch Mitglieder einer im Betrieb vertretenen Gewerkschaft, die nicht Arbeitnehmer des Betriebes sind, zu Mitgliedern des Wahlvorstandes bestellen, wenn dies zur ordnungsgemäßen Durchführung der Wahl erforderlich ist. 46

Die gerichtliche Bestellung eines Wahlvorstandes für die erstmalige Wahl eines Betriebsrats nach § 17 Abs. 3 BetrVG setzt nach der Rechtsprechung des BAG[28] grundsätzlich voraus, daß zuvor eine **ordnungsgemäße Einladung** zu einer **Betriebsversammlung** nach § 17 Abs. 2 BetrVG erfolgt ist. Von dieser könne auch nicht abgesehen werden, wenn der Arbeitgeber eine ihm obliegende, zur Bewirkung der Einladung notwendige Mitwirkungshandlung, wie z. B. das Versenden der Einladung an alle Außendienstmitarbeiter verweigere. Dessen Mitwirkung müsse gerichtlich durchgesetzt werden. Ein Verzicht auf die Einladung sei allenfalls bei Hindernissen gerechtfertigt, deren Beseitigung den Einladenden nicht möglich oder zumutbar sei[29]. 47

Die durch das Gericht bestellten Wahlvorstandsmitglieder erlangen ihr Amt mit Rechtskraft des Beschlusses. Bis dahin kann eine Betriebsversammlung einen Wahlvorstand noch wählen oder der Betriebsrat diesen bestellen[30]. Damit entfällt das Rechtsschutzinteresse für die beantragte gerichtliche Bestellung des Wahlvorstandes. Das gerichtliche Beschlußverfahren ist erledigt und ein bereits ergangener noch nicht rechtskräftiger Beschluß aufzuheben. 48

---
28 BAG vom 26. 2. 1992, AP Nr. 6 zu § 17 BetrVG 1972.
29 BAG vom 26. 2. 1992, AP Nr. 6 zu § 17 BetrVG 1972. **A. A.** *Fitting/Kaiser/Heither/Engels*, § 17 Rz. 19a (sofern die überwiegende Zahl der Arbeitnehmer im Außendienst oder bei Entleihern tätig sei).
30 Vgl. BAG vom 19. 3. 1974, AP Nr. 1 zu § 17 BetrVG 1972; *Dietz/Richardi*, § 17 Rz. 3; GK-*Kreutz*, § 17 Rz. 10, 33; *Hess/Schlochauer/Glaubitz*, § 17 Rz. 17; *Fitting/Kaiser/Heither/Engels*, § 17 Rz. 22 m. w. Nachw.

49 Jede **im Betrieb vertretene Gewerkschaft** kann zusätzlich einen dem Betrieb angehörigen **Beauftragten** als nicht stimmberechtigtes Mitglied **in den Wahlvorstand entsenden,** sofern ihr nicht ein stimmberechtigtes Wahlvorstandsmitglied angehört, §§ 16 Abs. 1 Satz 7, 17 Abs. 1 Satz 2 BetrVG. Hierunter fällt nicht ein Ersatzmitglied, das erst im Falle der Verhinderung eines ordentlichen Mitglieds nachrückt. Rückt das Ersatzmitglied endgültig nach, so erlischt das Entsendungsrecht der Gewerkschaft, der dieses Ersatzmitglied – nunmehr als stimmberechtigtes Wahlvorstandsmitglied – angehört. Der Wahlvorstand muß organisatorisch sicherstellen, daß jede im Betrieb vertretene Gewerkschaft das Teilnahmerecht ausüben kann. Eine Pflicht zur Unterrichtung besteht – anders als bei Betriebsversammlungen nach § 46 Abs. 2 BetrVG – nicht. Macht allerdings eine im Betrieb vertretene Gewerkschaft ein Teilnahmerecht geltend und ist das Verlangen berechtigt, dann ist sie zu jeder Sitzung des Wahlvorstandes einzuladen. Eine Gewerkschaft ist im Betrieb vertreten, wenn ihr mindestens ein Arbeitnehmer des Betriebes angehört[31]. Der Nachweis kann durch notarielle Erklärung („Tatsachenbescheinigung") ohne Namensnennung einzelner Arbeitnehmer geführt werden[32].

50 Der Wahlvorstand hat aus seiner Mitte einen **Vorsitzenden** zu bestellen, sofern dieser nicht schon durch den Betriebsrat, die Betriebsversammlung oder das Arbeitsgericht bestellt worden ist.

51 **Verringert** sich die Zahl der Wahlvorstandsmitglieder dadurch, daß ein Mitglied oder mehrere Mitglieder ausscheiden, auf unter drei Mitglieder, so muß eine Nachbestellung durch den amtierenden Betriebsrat erfolgen oder eine Nachwahl durch die Betriebsversammlung durchgeführt werden. Ist dabei der Vorsitzende des Wahlvorstands selbst nicht ausgeschieden, bleibt dieser auch nach der Vornahme der Nachwahl oder Nachbestellung Vorsitzender des Wahlvorstands[33].

52 **Aufgabe des Wahlvorstandes** ist die Vorbereitung und Durchführung der Betriebsratswahl. Kommt der Wahlvorstand dieser Verpflichtung nicht unverzüglich nach, so kann er auf Antrag von drei wahlberechtigten Arbeitnehmern oder einer im Betrieb vertretenen Gewerkschaft durch das Arbeitsgericht ersetzt werden, § 18 Abs. 1 BetrVG.

---

31 Vgl. BAG vom 25. 3. 1992, AP Nr. 4 zu § 2 BetrVG 1972; *Dietz/Richardi*, § 2 Rz. 21; GK-*Kraft*, § 2 Rz. 26; *Fitting/Kaiser/Heither/Engels*, § 2 Rz. 26 m. w. Nachw.
32 BAG vom 25. 3. 1992, AP Nr. 4 zu § 2 BetrVG 1972; bestätigt durch BVerfG vom 21. 3. 1994, AP Nr. 4a zu § 2 BetrVG 1972.
33 BAG vm 14. 12. 1965, AP Nr. 5 zu § 16 BetrVG.

I. Betriebsrat

Rz. 55 **Teil B**

Unverzüglich nach Abschluß der Wahl hat der Wahlvorstand öffentlich die Auszählung der Stimmen vorzunehmen, deren Ergebnis in einer Niederschrift festzustellen und es den Arbeitnehmern des Betriebes bekannt zu geben. Dem Arbeitgeber und den im Betrieb vertretenen Gewerkschaften ist eine Abschrift der Wahlniederschrift zu übersenden (§ 18 Abs. 3 BetrVG). Vor Ablauf einer Woche nach dem Wahltag hat der Wahlvorstand die gewählten Betriebsratsmitglieder zur konstituierenden Sitzung des Betriebsrats einzuberufen, § 29 Abs. 1 Satz 1 BetrVG. Der Vorsitzende des Wahlvorstands leitet nach § 29 Abs. 1 Satz 2 BetrVG die Sitzung, bis der Betriebsrat aus seiner Mitte einen Wahlleiter bestellt hat. 53

Nach überwiegender Auffassung[34] **endet das Amt des Wahlvorstands** mit der Einberufung des Betriebsrats zu dessen konstituierenden Sitzung. Da allerdings der Vorsitzende des Wahlvorstands nach § 29 Abs. 1 Satz 2 BetrVG die konstitutive Sitzung des Betriebsrats leitet, bis dieser aus seiner Mitte einen Wahlleiter bestellt hat, kann dann dies nicht für den Vorsitzenden des Wahlvorstands gelten. Dessen Amt endet erst mit der Bestellung des Wahlleiters[35]. 54

Die Mitgliedschaft im Wahlvorstand ist ein **Ehrenamt**[36]. Die Mitglieder des Wahlvorstandes sind von ihrer beruflichen Tätigkeit freizustellen, soweit dies für die Erfüllung ihrer Aufgaben erforderlich ist. Bei Arbeitsversäumnis zum Zwecke der Betätigung im Wahlvorstand ist die Arbeitsvergütung fortzuzahlen (§ 20 Abs. 3 BetrVG). Wird ein Mitglied des Wahlvorstands aus betriebsbedingten Gründen außerhalb seiner persönlichen Arbeitszeit tätig, besteht ein Anspruch auf Freizeitausgleich bzw. auf Befreiung von der Arbeit während der persönlichen Arbeitszeit unter Fortzahlung des Arbeitsentgelts. Vergütungsansprüche von Wahlvorstandsmitgliedern sind im Urteilsverfahren geltend zu machen, wenn der Arbeitgeber das Arbeitsentgelt wegen einer Säumnis von Arbeitszeit vorenthält, die auf einer Betätigung im Wahlvorstand beruht[37]. Notwendige Auslagen sind zu erstatten[38]. Allerdings ist der Wahlvorstand **nicht berechtigt**, gegen den 55

---
34 BAG vom 14. 11. 1975, AP Nr. 1 zu § 18 BetrVG 1972; *Dietz/Richardi*, § 16 Rz. 48; *Fitting/Kaiser/Heither/Engels*, § 16 Rz. 58; *Hess/Schlochauer/Glaubitz*, § 16 Rz. 29.
35 Ähnlich GK-*Kreutz*, § 16 Rz. 78.
36 *Fitting/Kaiser/Heither/Engels*, § 16 Rz. 59.
37 BAG vom 5. 3. 1974, AP Nr. 5 zu § 20 BetrVG 1972.
38 Siehe dazu auch BAG vom 3. 3. 1983, AP Nr. 8 zu § 20 BetrVG 1972, wonach ein Ersatz von Unfallschäden, den ein Mitglied des Wahlvorstandes bei der Benutzung des eigenen Pkw erleidet, dann in Betracht kommt, wenn der Arbeitgeber die Benutzung ausdrücklich gewünscht hat oder diese erforderlich war, damit das Mitglied des Wahlvorstandes seine gesetzlichen Aufgaben wahrnehmen konnte.

Willen des Arbeitgebers die Wahlvorschlagslisten um die **Lichtbilder** der Kandidaten **zu ergänzen.** Hieraus entstehende Kosten hat der Arbeitgeber nicht zu tragen[39].

56 Zu den vom Arbeitgeber nach § 20 Abs. 3 BetrVG zu tragenden Kosten der Wahl gehören auch die Kosten einer notwendigen und angemessenen **Schulung** der Mitglieder über eine ordnungsgemäße Vorbereitung und Durchführung der Wahl[40]. Der halbtägige Besuch einer **Schulungsveranstaltung** durch ein erstmals bestelltes Mitglied des Wahlvorstands wird von der Rechtsprechung ohne nähere Darlegung des Fehlens ausreichender Kenntnisse der Wahlvorschriften als erforderlich angesehen[41].

57 Die Mitglieder des Wahlvorstands genießen nach § 15 Abs. 3 KSchG, § 103 BetrVG einen **besonderen Kündigungsschutz** (s. u. Rz. 88 ff.).

58 Die **fehlerhafte Wahl des Wahlvorstandes** in einer Betriebsversammlung oder seine **fehlerhafte Bestellung** durch den Betriebsrat können unter den Voraussetzungen des § 19 BetrVG zur Anfechtung der Betriebsratswahl berechtigen (s. u. Rz. 91 ff.).

f) Gruppenwahl und Gemeinschaftswahl

59 Besteht der Betriebsrat aus einer Person, so werden die **Gruppenvertreter** von den Arbeitern und Angestellten in **getrennten Wahlgängen gewählt,** es sei denn, daß die beiden Gruppen vor jeder Neuwahl in getrennten und geheimen Abstimmungen eine Gemeinschaftswahl beschließen, § 14 Abs. 2 BetrVG. Erforderlich ist, daß sich an beiden Abstimmungen die Mehrheit der wahlberechtigten Angehörigen jeder Gruppe beteiligt und die Mehrheit der jeweils abgegebenen Stimmen auf den Vorschlag der gemeinsamen Wahl entfällt[42].

---

39 BAG vom 3. 12. 1987, AP Nr. 13 zu § 20 BetrVG 1972.
40 BAG vom 7. 6. 1984, AP Nr. 10 zu § 20 BetrVG 1972 (unter Aufgabe der früheren einschränkenden Rechtsprechung, vgl. BAG vom 13. 3. 1973, AP Nr. 1 zu § 20 BetrVG 1972; BAG vom 26. 6. 1973, AP Nr. 3 zu § 20 BetrVG 1972; BAG vom 5. 3. 1974, AP Nr. 5 zu § 20 BetrVG 1972, nach der sich das Mitglied des Wahlvorstands in zumutbarer Weise selbst mit den Aufgaben des Wahlvorstands vertraut oder von bereits geschulten Mitgliedern des Wahlvorstands oder des Betriebsrats unterrichten lassen mußte); *Dietz/Richardi*, § 20 Rz. 28, 32; *GK-Kreutz*, § 20 Rz. 61; *Fitting/Kaiser/Heither/Engels*, § 20 Rz. 29.
41 BAG vom 7. 6. 1984, AP Nr. 10 zu § 20 BetrVG 1972.
42 BAG vom 7. 7. 1954, AP Nr. 2 zu § 13 BetrVG; BAG vom 2. 2. 1962, AP Nr. 10 zu § 13 BetrVG; *Joost*, in: Münchener Handbuch zum Arbeitsrecht, Band 3, § 296 Rz. 217; *Fitting/Kaiser/Heither/Engels*, § 14 Rz. 22; abweichend *Dietz/Richardi*, § 14 Rz. 25 ff., 31, wonach die absolute Mehrheit der wahlberechtigten Arbeitnehmer in jeder Gruppe erforderlich sein soll.

Eine Gemeinschaftswahl findet immer statt, wenn der Betriebsrat nur aus einer Person besteht, also in Betrieben mit in der Regel bis zu 20 wahlberechtigten Arbeitnehmern. 60

g) Verhältniswahl und Mehrheitswahl

Sind bei der Wahl des Betriebsrats **mehrere Betriebsratssitze** zu besetzen und sind mehrere Wahlvorschläge eingereicht worden, so erfolgt die Betriebsratswahl nach den **Grundsätzen der Verhältniswahl,** § 14 Abs. 3 Halbsatz 1 BetrVG. Dies gilt unabhängig davon, ob sich die Arbeitnehmer für die Gruppen- oder Gemeinschaftswahl entschieden haben. 61

Die Verhältniswahl erfolgt als **Listenwahl.** Die auf die Listen abgegebenen Stimmen werden zueinander in ein Verhältnis gesetzt, aus dem sich die Verteilung der Betriebsratssitze auf die Listen ergibt. Die Wahlberechtigten können sich nur für eine Liste entscheiden. An die Liste als solche ist der Wähler gebunden. Veränderungen durch den Wähler, wie etwa die Streichung von Bewerbern, sind nicht möglich, anderenfalls ist seine Stimme ungültig[43]. 62

Die Verteilung der Sitze auf die einzelnen Listen erfolgt nach dem sog. **Höchstzahlverfahren** (System d'Hondt). Gemäß § 15 WahlO werden im Falle der Gruppenwahl die den einzelnen Vorschlagslisten der Gruppe zufallenden Stimmenzahlen in der Reihe nebeneinander gestellt und sämtlich durch 1, 2, 3, 4 usw. geteilt. Die ermittelten Teilzahlen sind nacheinander reihenweise unter den Zahlen der ersten Reihe aufzuführen, bis höhere Teilzahlen, als aus früheren Reihen für die Zuweisung von Sitzen in Betracht kommen, nicht mehr entstehen. Jede Vorschlagsliste erhält so viele Mitgliedersitze zugeteilt, wie Mitgliedersitze auf sie entfallen (§ 15 Abs. 2 Satz 1 WahlO). Wenn die niedrigste in Betracht kommende Höchstzahl auf mehrere Vorschlagslisten entfällt, entscheidet das Los darüber, welcher Vorschlagsliste dieser Sitz zufällt, § 15 Abs. 2 Satz 2 WahlO. Entfallen auf eine Vorschlagsliste mehr Höchstzahlen, als sie Bewerber aufweist, so gehen nach § 15 Abs. 3 WahlO die überschüssigen Mitgliedersitze auf die folgenden Höchstzahlen der anderen Vorschlagslisten über. Innerhalb der einzelnen Vorschlagslisten bestimmt sich die Reihenfolge der gewählten Kandidaten nach der Reihenfolge ihrer Benennung (§ 15 Abs. 4 WahlO). 63

---

43 *Dietz/Richardi,* § 14 Rz. 42; *GK-Kreutz,* § 14 Rz. 54; *Fitting/Kaiser/Heither/Engels,* § 14 Rz. 26 m. w. Nachw.

Beispiel:

Für einen Betrieb sind fünf Vertreter der Angestellten zu wählen. Es wurden zwei Vorschlagslisten eingereicht. Auf die Liste 1 entfallen 628 Stimmen, auf die Liste 2367 Stimmen. Die Höchstzahlenberechnung führt zu folgendem Ergebnis:

Liste 1	628		Liste 2	367
: 1	628		: 1	367
: 2	314		: 2	183,5
: 3	209,3		: 3	122,3
: 4	157		: 4	91,7
: 5	125,6		: 5	73,4

Die Reihenfolge der Höchstzahlen ist: 628; 367; 314; 209,3; 183,5. Von den fünf zu vergebenden Mandaten entfallen daher drei Mandate auf die Liste 1 und zwei Mandate auf die Liste 2, jeweils entsprechend der Reihenfolge der Benennung der Bewerber auf der Liste.

64 Wird aufgrund eines gemeinsamen Beschlusses nach § 14 Abs. 2 BetrVG eine **gemeinsame Wahl** durchgeführt, so muß außer der Verteilung der Höchstzahlen auf die Listen noch eine Zuordnung zu den Arbeitnehmergruppen vorgenommen werden. Hierbei werden gemäß § 16 Abs. 1 WahlO zunächst die Arbeitersitze, sodann in gesonderter Rechnung die Angestelltensitze verteilt. Jede Vorschlagsliste erhält so viele Mitgliedersitze von jeder Arbeitnehmergruppe zugeteilt, wie bei der gesonderten Berechnung Höchstzahlen auf sie entfallen. Bei der Verteilung der Arbeitersitze sind nur die der Arbeitergruppe, bei der Verteilung der Angestelltenliste nur die der Angestelltengruppe der einzelnen Liste zugehörigen Bewerber zu berücksichtigen[44]. Enthält eine Liste nur Arbeiter oder Angestellte, so gehen die der nicht vertretenen Gruppe an sich zustehenden Sitze nach den Höchstzahlen auf andere Listen über, die Arbeiter und Angestellte enthalten[45].

65 Die Wahl erfolgt nach den Grundsätzen der **Mehrheitswahl,** wenn nur ein einziger Wahlvorschlag eingereicht worden ist (§ 14 Abs. 3 Halbsatz 2 BetrVG, §§ 21 ff. WahlO), nur ein Mitglied des Betriebsrats zu wählen ist (§ 14 Abs. 4 Satz 1 Halbsatz 1 BetrVG, § 25 WahlO) oder wenn bei einer Gruppenwahl für eine Gruppe nur ein Vertreter zu wählen ist (§ 14 Abs. 4 Satz 1 Halbsatz 2 BetrVG, § 25 WahlO). In den beiden Fällen des § 14 Abs. 4 Satz 1 BetrVG ist das Ersatzmit-

---

44 Siehe dazu die Berechnungsbeispiele bei *Fitting/Kaiser/Heither/Engels*, § 16 WahlO 1972 Rz. 1 ff.
45 BAG vom 2. 3. 1955, AP Nr. 1 zu § 16 WahlO; *Dietz/Richardi*, § 14 Rz. 50; *Fitting/Kaiser/Heither/Engels*, § 14 Rz. 31.

glied gemäß § 14 Abs. 4 Satz 2 BetrVG in einem getrennten Wahlgang zu wählen.

Bei der Mehrheitswahl werden die gewählten Bewerber – unabhängig von deren Reihenfolge auf dem Stimmzettel – durch Ankreuzen der dafür vorgesehenen Stellen gekennzeichnet (§ 21 Abs. 3 Satz 1 WahlO). Gewählt sind die Bewerber, welche die entsprechend der Zahl der zu vergebenden Betriebsratssitze meisten Stimmen auf sich vereinigen. Bei Stimmengleichheit entscheidet das Los, § 23 Abs. 1 WahlO.

66

Für die gemeinsame Wahl bestimmt § 23 Abs. 2 Satz 1 WahlO abweichend vom reinen Mehrheitsprinzip, daß jeder Gruppe nur so viele Betriebsratsmitglieder angehören können, als ihr nach § 10 oder § 12 Abs. 1 BetrVG Vertreter im Betriebsrat zustehen, auch wenn nach den auf die einzelnen Bewerber entfallenden Stimmenzahlen bei der einen Gruppe mehr, bei der anderen Gruppe weniger Bewerber gewählt wären. Befindet sich unter den Gewählten nicht die erforderliche Zahl von Gruppenvertretern, so tritt gemäß § 23 Abs. 2 Satz 2 WahlO an die Stelle des oder der im Verhältnis zu viel gewählten Angehörigen der durch den Wahlausgang gewählten Gruppe die entsprechende Zahl von Bewerbern mit der verhältnismäßig höchsten Stimmenzahl, die der anderen Gruppe angehören[46].

67

h) Wahlvorschläge

Die Wahl des Betriebsrats erfolgt zwingend auf der Grundlage von Wahlvorschlägen. Vorschlagsberechtigt sind die wahlberechtigten Arbeitnehmer des Betriebes und die im Betrieb vertretene Gewerkschaft (§ 14 Abs. 5 BetrVG). Eine Betriebsratswahl, die nicht aufgrund von Wahlvorschlägen durchgeführt wird, ist nichtig[47].

68

Die Wahlvorschläge der Arbeitnehmer müssen nach § 14 Abs. 6 und 7 BetrVG von mindestens **einem Zwanzigstel** der wahlberechtigten Arbeitnehmer bei der gemeinsamen Wahl bzw. der wahlberechtigten Gruppenangehörigen bei der Gruppenwahl, jedoch **mindestens von drei Wahlberechtigten bzw. Gruppenangehörigen** unterzeichnet sein. In Betrieben mit in der Regel bis zu 20 wahlberechtigten Arbeitnehmern oder bis zu 20 wahlberechtigten Gruppenangehörigen genügt die Unterzeichnung durch zwei wahlberechtigte Arbeitnehmer

69

---

46 Vgl. die Berechnungsbeispiele bei *Fitting/Kaiser/Heither/Engels*, § 16 WahlO 1972 Rz. 2.
47 *Joost*, in: Münchener Handbuch zum Arbeitsrecht, Band 3, § 296 Rz. 196; *Dietz/Richardi*, § 14 Rz. 68; GK-*Kreutz*, § 14 Rz. 81; *Fitting/Kaiser/Heither/Engels*, § 14 Rz. 44.

oder wahlberechtigte Gruppenangehörige. In jedem Fall genügt die Unterzeichnung durch 50 wahlberechtigte Arbeitnehmer bzw. wahlberechtigte Gruppenangehörige[48].

70 Die **Wahlvorschläge der Gewerkschaften** sind gemäß § 14 Abs. 8 BetrVG von **zwei Beauftragten** zu unterzeichnen. Im Betrieb vertreten ist die Gewerkschaft, wenn ihr mindestens ein Arbeitnehmer des Betriebes als Mitglied angehört (s. o. Rz. 49). Die Gewerkschaft hat zu entscheiden, wen sie als Beauftragte bestimmt. Hierbei kann es sich um Arbeitnehmer des Betriebes, die Mitglieder der Gewerkschaft sind, oder um ehrenamtliche oder hauptamtliche Funktionäre der Gewerkschaft (auch Angehörige der Gewerkschaft aus anderen Betrieben) handeln[49].

71 Ist der Wahlvorschlag der Gewerkschaft nicht von zwei Beauftragten unterschrieben, ist er ungültig (§ 29 Abs. 2 WahlO), sofern die Unterschriften nicht innerhalb der Frist für die Einreichung von Wahlvorschlägen nachgeholt werden (vgl. § 6 Abs. 1 Satz 2 WahlO).

72 Der an erster Stelle unterzeichnete Beauftragte gilt als Listenvertreter, § 29 Abs. 3 Satz 1 WahlO. Die Gewerkschaft kann nach § 29 Abs. 3 Satz 2 WahlO einen Arbeitnehmer des Betriebes, der Mitglied der Gewerkschaft ist, als Listenvertreter benennen.

73 Wahlbewerber genießen ab dem Zeitpunkt der Aufstellung des Wahlvorschlags einen besonderen **Kündigungsschutz** nach § 15 Abs. 3 KSchG, § 103 BetrVG (s. u. Rz. 88 ff.)

i) Wahlverfahren

74 Die Betriebsratswahl wird **eingeleitet** mit dem Erlaß des **Wahlausschreibens** durch den Wahlvorstand (§ 3 Abs. 1 Satz 1 und 2 WahlO). Ein Abdruck des Wahlausschreibens ist zusammen mit einem Abdruck der Wählerliste bis zum Abschluß der Stimmabgabe an einer geeigneten Stelle im Betrieb auszuhängen und zur Einsichtnahme auszulegen, § 3 Abs. 4 WahlO, § 2 Abs. 4 WahlO.

75 Das Wahlausschreiben muß zwingend die in § 3 Abs. 2 WahlO genannten Angaben enthalten. Bei Verstößen gegen den dort vorgeschriebenen Inhalt des Wahlausschreibens ist die Wahl nach § 19 BetrVG anfechtbar. Bei der Angabe des letzten Tages der Frist für die

---
[48] Zu den inhaltlichen Anforderungen an eine Vorschlagsliste siehe *Joost,* in: Münchener Handbuch zum Arbeitsrecht, Band 3, § 296 Rz. 200.
[49] GK-*Kreutz,* § 14 Rz. 128; *Fitting/Kaiser/Heither/Engels,* § 14 Rz. 68 m. w. Nachw.

I. Betriebsrat

Einreichung eines Wahlvorschlages hat der Wahlvorstand keinen Entscheidungsspielraum. Zur Behebung von heilbaren Mängeln (§ 8 Abs. 2 WahlO) der eingegangenen Vorschlagslisten muß er eine Nachfrist von drei Arbeitstagen setzen[50]. Die fehlende Angabe des Ortes der Wahllokale stellt dann keinen Verstoß gegen wesentliche Wahlvorschriften dar, wenn eine Ergänzung so rechtzeitig erfolgt, daß für die Wahlberechtigten keine Einschränkung des Wahlrechts eintritt[51].

Das Wahlausschreiben muß spätestens sechs Wochen vor dem Tag der Stimmabgabe erlassen werden. Der erste Tag der Stimmabgabe soll wiederum spätestens eine Woche vor dem Tag liegen, an dem die Amtszeit des Betriebsrats abläuft (§ 3 Abs. 1 WahlO). **Wahlvorschläge** sind innerhalb von zwei Wochen nach dem Erlaß des Wahlausschreibens beim Wahlvorstand einzureichen, von diesem auf ihre Gültigkeit zu prüfen und anschließend bekanntzumachen (§§ 6 ff. WahlO). Die Wahl selbst erfolgt am Wahltag durch Abgabe von Stimmzetteln. Sie ist **geheim** und **unmittelbar** (§ 14 Abs. 1 BetrVG). Jeder Wähler kann seine Stimme nur persönlich abgeben. Eine Vertretung ist unzulässig. Ist der Arbeitnehmer verhindert, seine Stimme persönlich im Betrieb abzugeben, etwa bei Urlaub oder Krankheit, so kann er im Wege der **Briefwahl** wählen (Einzelheiten s. §§ 26 bis 28 WahlO).

76

Sind in einem Wahlgang mehrere Betriebsräte zu wählen, so werden – wenn mehrere Wahlvorschläge eingegangen sind – auf dem Stimmzettel die Vorschlagslisten in der Reihenfolge ihres Eingangs aufgeführt, § 11 Abs. 2 WahlO. Ist nur ein Wahlvorschlag gemacht worden, so werden die darin genannten Bewerber in der Reihenfolge, in der sie auf dem Vorschlag genannt sind, aufgeführt (§ 21 Abs. 2 WahlO). Ist nur **ein Bewerber** zu wählen, so werden alle gültig benannten Bewerber in alphabetischer Reihenfolge auf dem Stimmzettel aufgeführt (§ 25 Abs. 3 WahlO).

77

Die Wahl des Betriebsrats einschließlich ihrer Vorbereitung und etwaiger Vorabstimmungen (§ 14 Abs. 2 BetrVG) findet grundsätzlich während der Arbeitszeit im Betrieb statt[52].

78

Unverzüglich nach Abschluß der Wahl sind die **Stimmen** vom Wahlvorstand **öffentlich auszuzählen** und die Gültigkeit der abgegebenen Stimmen zu prüfen (§§ 13 f., 21 f. WahlO). Sodann ist zu ermitteln,

79

---

50 Vgl. BAG vom 9. 12. 1992, AP Nr. 2 zu § 6 WahlO BetrVG 1972.
51 BAG vom 19. 9. 1985, AP Nr. 12 zu § 19 BetrVG 1972.
52 *Joost,* in: Münchener Handbuch zum Arbeitsrecht, Band 3, § 296 Rz. 256; *Dietz/Richardi,* § 20 Rz. 34; GK-*Kreutz,* § 20 Rz. 33; *Fitting/Kaiser/Heither/Engels,* § 20 Rz. 33.

welche Personen in den Betriebsrat gewählt worden sind, §§ 15, 16, 23, 25 Abs. 3 WahlO.

80 Nachdem ermittelt ist, welche Arbeitnehmer als Betriebsratsmitglieder gewählt worden sind, hat der Wahlvorstand eine Wahlniederschrift mit den in § 17 Abs. 1 WahlO genannten Angaben zu fertigen, die Namen der Gewählten bekanntzugeben (§ 19 WahlO) und die Gewählten von ihrer Wahl schriftlich zu benachrichtigen. Diese können innerhalb von drei Arbeitstagen die Wahl durch – auch mündliche – Erklärung gegenüber dem Wahlvorstand ablehnen (§ 18 Abs. 1 WahlO).

k) Wahlschutz, Wahlkosten

81 Nach § 20 Abs. 1 Satz 1 BetrVG darf niemand die Wahl des Betriebsrats behindern. Insbesondere darf kein Arbeitnehmer in der Ausübung des aktiven und passiven Wahlrechts beschränkt werden, § 20 Abs. 1 Satz 1 BetrVG. Außerdem darf die Wahl des Betriebsrats nicht durch Zufügung oder Androhung von Nachteilen oder durch Gewährung oder Versprechung von Vorteilen beeinflußt werden (§ 20 Abs. 2 BetrVG).

82 Das Verbot der Wahlbeeinflussung bezieht sich gleichermaßen auf materielle und immaterielle Nachteile und Vorteile. Als Nachteile kommen insbesondere Kündigungen, Versetzungen auf einen schlechteren Arbeitsplatz, Nichtgewährung von Arbeitgeberdarlehen und Nichtberücksichtigung bei Überstunden in Betracht. Unzulässige Vorteile sind in erster Linie alle finanziellen Zuwendungen sowie Beförderungen und Höhergruppierungen. Möglich ist jedoch die **zulässige Ausübung von Rechten** im Zusammenhang mit der Wahl[53].

83 Eine **Wahlbeeinflussung** liegt weiterhin vor, wenn im Wahlverfahren selbst einer Gruppe nur für den Fall, daß eine Gemeinschaftswahl durchgeführt wird, zusätzliche Sitze im Betriebsrat versprochen werden[54]. Ebenso ist eine Wahlbeeinflussung gegeben, wenn bestimmte Kandidaten vom Arbeitgeber tatsächlich oder finanziell bei der Wahlwerbung unterstützt werden[55]. Dagegen handelt es sich nicht um eine unzulässige Wahlbeeinflussung, wenn eine im Betrieb vertretene Gewerkschaft anläßlich der Betriebsratswahlen Werbung durchführt und etwa die Betriebsangehörigen auffordert, gewerkschaftlich gebundene Wahlbewerber zu wählen[56].

---

53 Vgl. *Joost*, in: Münchener Handbuch zum Arbeitsrecht, Band 3, § 296 Rz. 237.
54 BAG vom 8. 3. 1957, AP Nr. 1 zu § 19 BetrVG.
55 BAG vom 4. 12. 1986, AP Nr. 13 zu § 19 BetrVG 1972.
56 Vgl. BAG vom 14. 2. 1967, AP Nr. 10 zu Art. 9 GG.

I. Betriebsrat   Rz. 88 **Teil B**

Die Behinderung der Betriebsratswahl kann nach § 119 Abs. 1 Nr. 1   84
BetrVG mit Geldstrafe oder Freiheitsstrafe bis zu einem Jahr geahndet
werden[57].

Die Kosten der Wahl trägt der Arbeitgeber (§ 20 Abs. 3 Satz 1   85
BetrVG). Die Kostentragungspflicht umfaßt alle Vorgänge, die mit der
Einleitung, Durchführung und Beendigung der Wahl zusammenhängen, wie z. B. die Kosten für die Beschaffung von Wählerlisten,
Stimmzetteln, Wahlurnen, Vordrucken und Portokosten bei Briefwahl[58]. Außerdem sind dem Wahlvorstand die für die Betriebsratswahl erforderlichen Mittel (Räume, Schreibmaterial, Gesetzestexte,
ggf. auch Schreibkräfte) vom Arbeitgeber zur Verfügung zu stellen.
Zu weiteren erforderlichen Kosten des Wahlvorstands s. o. Rz. 55 ff.

Die Kosten der Wahl sind vom Arbeitgeber nur im **erforderlichen**   86
Umfang zu tragen[59].

Versäumnis von Arbeitszeit, die zur Ausübung des Wahlrechts, zur   87
Betätigung im Wahlvorstand oder zur Tätigkeit als Vermittler (§ 18a
BetrVG) erforderlich ist, berechtigt den Arbeitgeber nicht zur Minderung des Arbeitsentgelts (§ 20 Abs. 3 BetrVG). Insbesondere den Mitgliedern des Wahlvorstands hat der Arbeitgeber für die mit der Wahl
verbundenen Tätigkeiten Arbeitsbefreiung zu erteilen.

Wahlvorstandsmitglieder und Wahlbewerber genießen den besonderen **Kündigungsschutz** des § 15 Abs. 3 KSchG. Danach ist die Kündigung eines Mitglieds eines Wahlvorstands vom Zeitpunkt seiner Bestellung an, die Kündigung eines Wahlbewerbers vom Zeitpunkt der   88
Aufstellung des Wahlvorschlages an, jeweils bis zur Bekanntgabe des
Wahlergebnisses unzulässig, es sei denn, daß Tatsachen vorliegen,
die den Arbeitgeber zur Kündigung aus wichtigem Grund ohne Einhaltung einer Kündigungsfrist berechtigen und die nach § 103
BetrVG erforderliche Zustimmung des Betriebsrats vorliegt oder
durch eine gerichtliche Entscheidung ersetzt ist. Nach Bekanntgabe
des Wahlergebnisses ist die Kündigung innerhalb von sechs Monaten
unzulässig, es sei denn, daß Tatsachen vorliegen, die den Arbeitgeber
zur Kündigung aus wichtigem Grund ohne Einhaltung einer Kündigungsfrist berechtigen (§ 15 Abs. 3 Satz 2 BetrVG).

---
57 Zu den zivilrechtlichen Folgen von Verstößen gegen das Beeinflussungsverbot siehe *Joost*, in: Münchener Handbuch zum Arbeitsrecht, Band 3, § 296 Rz. 243 ff.
58 Vgl. *Fitting/Kaiser/Heither/Engels*, § 20 Rz. 27.
59 BAG vom 3. 12. 1987, AP Nr. 13 zu § 20 BetrVG 1972; *Joost*, in: Münchener Handbuch zum Arbeitsrecht, Band 3, § 296 Rz. 254; *Dietz/Richardi*, § 20 Rz. 29; *Fitting/Kaiser/Heither/Engels*, § 20 Rz. 30.

89 Die ordentliche Kündigung von Wahlvorstandsmitgliedern und Wahlbewerbern nach Beginn des Sonderkündigungsschutzes sowie während des Nachwirkungszeitraumes des § 15 Abs. 3 Satz 2 BetrVG ist ausnahmsweise nur bei der völligen Stillegung des Betriebes oder einer Betriebsteilstillegung zulässig, wobei den betriebsverfassungsrechtlichen Funktionsträgern erst zuletzt gekündigt werden darf.

90 Zugunsten von Mitgliedern des Wahlvorstands greift der besondere Kündigungsschutz des § 15 Abs. 3 Satz 1 KSchG nicht ein, wenn die Wahl des Wahlvorstandes nichtig ist[60]. Erhalten bleibt ihnen in einem solchen Fall aber der nachwirkende Kündigungsschutz von 6 Monaten für Wahlbewerber zum Wahlvorstand.

l) Wahlanfechtung, Nichtigkeit der Wahl

91 Bei Verstößen gegen wesentliche Vorschriften über das Wahlrecht, die Wählbarkeit oder das Wahlverfahren kann die Betriebsratswahl nach § 19 Abs. 1 BetrVG beim Arbeitsgericht angefochten werden. Nicht jeder Verstoß berechtigt zur Anfechtung, sondern nur ein Verstoß gegen **wesentliche Wahlvorschriften.** Als wesentlich sind solche (zwingenden) Vorschriften anzusehen, die tragende Grundprinzipien der Betriebsratswahl enthalten[61].

Beispiele:
▶ Verkennung des Betriebsbegriffs durch den Wahlvorstand[62];
▶ Zulassung von nicht wahlberechtigten Personen (z. B. von jugendlichen Arbeitnehmern oder leitenden Angestellten i. S. von § 5 Abs. 3 BetrVG) zur Wahl[63];
▶ Zulassung nicht wählbarer Personen als Wahlkandidaten[64];
▶ Nichtberücksichtigung einer Vorschlagsliste mit gekündigten Arbeitnehmern durch den Wahlvorstand[65];
▶ Wahl einer unrichtigen Anzahl von Betriebsratsmitgliedern[66];

---

60 BAG vom 7. 5. 1986, AP Nr. 18 zu § 15 KSchG 1969.
61 Vgl. BAG vom 14. 9. 1988, AP Nr. 1 zu § 16 BetrVG 1972; *Fitting/Kaiser/Heither/Engels*, § 19 Rz. 9.
62 BAG vom 21. 10. 1969, AP Nr. 10 zu § 3 BetrVG; BAG vom 17. 1. 1978, AP Nr. 1 zu § 1 BetrVG 1972.
63 Vgl. BAG vom 29. 1. 1992, AP Nr. 1 zu § 7 BetrVG 1972; BAG vom 12. 2. 1992, AP Nr. 52 zu § 5 BetrVG 1972.
64 Vgl. BAG vom 28. 11. 1977, AP Nr. 2 zu § 8 BetrVG 1972.
65 BAG vom 14. 5. 1997, DB 1997, 2083.
66 BAG vom 12. 10. 1976, AP Nr. 1 zu § 8 BetrVG 1972; BAG vom 12. 10. 1976, AP Nr. 5 zu § 19 BetrVG 1972; BAG vom 18. 1. 1989, AP Nr. 1 zu § 9 BetrVG 1972; BAG vom 29. 5. 1991, AP Nr. 2 zu § 9 BetrVG 1972.

▶ Unrichtige Verteilung der Betriebsratssitze auf die Arbeitnehmergruppen[67];
▶ Fehlen einer Wählerliste[68];
▶ Fehlerhafte Terminangabe für die Einreichung von Wahlvorschlägen[69];
▶ Fehlende Angabe des Ortes der Wahllokale im Wahlausschreiben, sofern dieses nicht so rechtzeitig ergänzt wird, daß für die Wahlberechtigten keine Einschränkung ihres Stimmrechts eintritt[70];
▶ Unterschiedliche Gestaltung der Stimmzettel[71];
▶ Generelle Zulassung der Briefwahl ohne Vorliegen der Voraussetzungen der WahlO[72];
▶ Unzulässige Beeinflussung der Wahl (z. B. finanzielle oder sonstige Unterstützung einer bestimmten Gruppe von Kandidaten bei der Wahlwerbung durch den Arbeitgeber)[73].

Ein Verstoß gegen wesentliche Wahlvorschriften rechtfertigt eine Anfechtung nicht, wenn der Verstoß im Laufe des Wahlverfahrens **rechtzeitig berichtigt** worden ist. Rechtzeitig ist die Berichtigung dann, wenn sie zu einem Zeitpunkt erfolgt, daß danach die Wahl noch ordnungsgemäß durchgeführt werden kann[74].

Die Anfechtung ist nach § 19 Abs. 1 BetrVG ausgeschlossen, wenn durch den Verstoß das Wahlergebnis nicht geändert oder beeinflußt werden konnte. Es muß zumindest die Möglichkeit gegeben sein, daß die Wahl ohne den Verstoß zu einem anderen Wahlergebnis geführt hätte. Lassen sich die maßgeblichen Umstände nicht restlos klären und kann daher ein möglicher Ursachenzusammenhang nicht ausgeschlossen werden, ist die Anfechtbarkeit gegeben[75]. An einer möglichen Kausalität des Verstoßes für das Wahlergebnis fehlt es dagegen etwa, wenn wahlberechtigte Arbeitnehmer zur Wahl nicht zugelassen

---

67 LAG Hamm vom 14. 5. 1976, DB 1976, 2020; LAG Frankfurt vom 3. 12. 1985, DB 1987, 54.
68 BAG vom 27. 4. 1976, AP Nr. 4 zu § 19 BetrVG 1972.
69 BAG vom 9. 12. 1992, AP Nr. 2 zu § 6 WahlO BetrVG 1972.
70 BAG vom 19. 9. 1985, AP Nr. 12 zu § 19 BetrVG 1972.
71 BAG vom 14. 1. 1969, AP Nr. 12 zu § 13 BetrVG.
72 Vgl. BAG vom 27. 1. 1993, AP Nr. 29 zu § 76 BetrVG (für die Wahl der Arbeitnehmervertreter im Aufsichtsrat).
73 BAG vom 4. 12. 1986, AP Nr. 13 zu § 19 BetrVG 1972.
74 Vgl. BAG vom 19. 9. 1985, AP Nr. 12 zu § 19 BetrVG, wonach die Festlegung oder Änderung des Ortes der Stimmabgabe nach Erlaß des Wahlausschreibens zulässig ist, wenn sie so rechtzeitig erfolgt, daß sich die Wahlberechtigten rechtzeitig informieren können und damit keine Einschränkung ihres Wahlrechts eintritt.
75 BAG vom 8. 3. 1957, AP Nr. 1 zu § 19 BetrVG; *Joost*, in: Münchener Handbuch zum Arbeitsrecht, Band 3, § 296 Rz. 267 m. w. Nachw.

werden, der Stimmenunterschied aber so groß ist, daß sich auch bei Abgabe der Stimmen das Wahlergebnis nicht geändert hätte. Gleiches gilt im umgekehrten Fall der Zulassung nicht wahlberechtigter Arbeitnehmer, wenn deren unberechtigte Stimmabgabe ohne Einfluß auf das Wahlergebnis war.

94 Beschränkt sich der Anfechtungsgrund bei einer Gruppenwahl auf die **Wahl** nur einer **Gruppe,** so kann nur die Wahl dieser Gruppe angefochten werden[76].

95 **Anfechtungsberechtigt** sind nach § 19 Abs. 2 BetrVG mindestens **drei wahlberechtigte Arbeitnehmer,** eine im Betrieb vertretene Gewerkschaft oder der Arbeitgeber.

96 Nach neuerer Rechtsprechung des BAG[77] hat ein nachträglicher Wegfall der Wahlberechtigung (insbesondere durch Ausscheiden aus dem Betrieb) keinen Einfluß auf die Anfechtungsbefugnis. Erforderlich ist allerdings, daß wenigstens drei am Wahltag wahlberechtigte Arbeitnehmer das Wahlanfechtungsverfahren eingeleitet haben und dieses bis zum Zeitpunkt der Entscheidung – auch wenn nur noch einer von ihnen wahlberechtigt ist – betreiben. Scheiden jedoch alle Wahlanfechtenden während des Beschlußverfahrens aus ihren Arbeitsverhältnissen endgültig aus, so führt dies zum Wegfall des Rechtsschutzinteresses und damit zur Unzulässigkeit des Wahlanfechtungsverfahrens[78].

97 Die Wahl des Betriebsrats kann nur innerhalb einer Frist von **zwei Wochen,** vom Tage der Bekanntgabe des Wahlergebnisses an gerechnet, angefochten werden, § 19 Abs. 2 Satz 1 BetrVG. Hierbei handelt es sich um eine **Ausschlußfrist,** deren Verlängerung, etwa durch das Arbeitsgericht, selbst bei unverschuldeter Fristversäumung nicht möglich ist. Mit ihrem Ablauf erlischt das Anfechtungsrecht, so daß von diesem Zeitpunkt an die Wahl unanfechtbar wird, auch wenn wesentliche Gesetzesverstöße vorliegen[79]. Nach Ablauf der Frist des

---

[76] BAG vom 12. 2. 1960, AP Nr. 11 zu § 18 BetrVG; BAG vom 20. 5. 1969, AP Nr. 1 zu § 5 BetrVG; *Fitting/Kaiser/Heither/Engels,* § 19 Rz. 17.
[77] BAG vom 4. 12. 1986, AP Nr. 13 zu § 19 BetrVG 1972 (unter ausdrücklicher Aufgabe seiner bisherigen Rechtsprechung, vgl. BAG vom 14. 2. 1978, AP Nr. 7 zu § 19 BetrVG 1972; BAG vom 10. 6. 1983, AP Nr. 10 zu § 19 BetrVG 1972).
[78] BAG vom 4. 12. 1986, AP Nr. 13 zu § 19 BetrVG 1972; BAG vom 15. 2. 1989, AP Nr. 17 zu § 19 BetrVG 1972.
[79] BAG vom 26. 10. 1979, AP Nr. 5 zu § 9 KSchG 1969; *Joost,* in: Münchener Handbuch zum Arbeitsrecht, Band 3, § 296 Rz. 76; *Fitting/Kaiser/Heither/Engels,* § 19 Rz. 24.

I. Betriebsrat Rz. 101 **Teil B**

§ 19 Abs. 2 Satz 2 BetrVG können sich Anfechtungsberechtigte einer bereits erfolgten Anfechtung nicht anschließen[80].

Die Anfechtung erfolgt im Wege der Durchführung eines arbeitsgerichtlichen **Beschlußverfahrens** (§§ 2a, 80 ff. ArbGG). Antragsgegner ist bei der Anfechtung der Gesamtwahl der neu gewählte Betriebsrat[81]. Eine unrichtige Bezeichnung macht das Verfahren jedoch nicht unzulässig[82]. Der Arbeitgeber ist Beteiligter. Eine im Betrieb vertretene Gewerkschaft ist nur dann Beteiligte, wenn sie selbst die Wahl angefochten hat[83]. 98

Die erfolgreiche Anfechtung der Wahl hat – anders als deren Nichtigkeit – **keine rückwirkende Kraft,** sondern wirkt nur für die Zukunft[84]. Bis zur Rechtskraft des arbeitsgerichtlichen Beschlusses bleibt der bisherige Betriebsrat im Amt. Die vorgenommenen Amtshandlungen bleiben wirksam. 99

Bis zur Rechtskraft der Entscheidung genießen die Mitglieder des Betriebsrats den besonderen Kündigungsschutz i. S. von § 15 Abs. 1 Satz 1 KSchG, § 103 BetrVG. Der nachwirkende Kündigungsschutz besteht indes nicht, § 15 Abs. 1 Satz 2 a.E. KSchG. 100

Eine **Nichtigkeit** der Betriebsratswahl ist nur in **besonderen Ausnahmefällen** anzunehmen, in denen gegen wesentliche Grundsätze des Wahlrechts in einem so hohen Maße verstoßen worden ist, daß auch der Anschein einer Wahl nicht mehr vorliegt[85]. Nichtig ist die Bildung eines Betriebsrats z. B. wenn für einen Betrieb ein Betriebsrat gewählt wird, der nicht dem Betriebsverfassungsrecht unterliegt[86], wenn der Betriebsrat in einer Betriebsversammlung spontan durch Zuruf gebildet wird[87] oder bei Einsetzung eines Betriebsrats durch 101

---

80 BAG vom 10. 6. 1983, AP Nr. 10 zu § 19 BetrVG 1972; BAG vom 12. 2. 1985, AP Nr. 27 zu § 76 BetrVG 1952.
81 *Joost*, in: Münchener Handbuch zum Arbeitsrecht, Band 3, § 296 Rz. 274; *Dietz/Richardi*, § 19 Rz. 39; *Fitting/Kaiser/Heither/Engels*, § 19 Rz. 27.
82 Vgl. BAG vom 20. 7. 1982, AP Nr. 26 zu § 76 BetrVG 1952.
83 BAG vom 19. 9. 1985, AP Nr. 12 zu § 19 BetrVG 1972.
84 BAG vom 13. 3. 1991, AP Nr. 20 zu § 19 BetrVG 1972; *Joost*, in: Münchener Handbuch zum Arbeitsrecht, Band 3, § 296 Rz. 260; 283; *Dietz/Richardi*, § 19 Rz. 53; *GK-Kreutz*, § 19 Rz. 116; *Fitting/Kaiser/Heither/Engels*, § 19 Rz. 36 m. w. Nachw.
85 BAG vom 27. 4. 1976, AP Nr. 4 zu § 19 BetrVG 1972; BAG vom 28. 11. 1977, AP Nr. 6 zu § 19 BetrVG 1972; BAG vom 10. 6. 1983, AP Nr. 10 zu § 19 BetrVG 1972; *Joost*, in: Münchener Handbuch zum Arbeitsrecht, Band 3, § 296 Rz. 290; *Dietz/Richardi*, § 19 Rz. 66; *GK-Kreutz*, § 19 Rz. 131 ff.; *Fitting/Kaiser/Heither/Engels*, § 19 Rz. 3 m. w. Nachw.
86 BAG vom 9. 2. 1981, AP Nr. 24 zu § 118 BetrVG 1972.
87 BAG vom 12. 10. 1961, AP Nr. 84 zu § 611 BGB Urlaubsrecht.

bloße Anerkennung durch den Arbeitgeber[88]. Die Verkennung des **Betriebsbegriffs** führt dagegen grundsätzlich nicht zur Nichtigkeit der Wahl, sondern nur zu ihrer Anfechtbarkeit[89].

102 Die Nichtigkeit einer Betriebsratswahl kann auch nach Ablauf der Anfechtungsfrist des § 19 Abs. 2 Satz 2 BetrVG jederzeit geltend gemacht werden. Auf die Nichtigkeit kann sich jede Person berufen, die daran ein rechtliches Interesse hat[90]. Bei einer nichtigen Wahl ist die Bildung des Betriebsrats von Anfang an unwirksam. Ein nichtig gewählter Betriebsrat war nie wirksam im Amt. Handlungen des Betriebsrats sind unwirksam[91]. Auch der besondere Kündigungsschutz nach § 15 KSchG und § 103 BetrVG greift zugunsten der Mitglieder eines nichtig errichteten Betriebsrats nicht ein[92]. Lediglich der nachwirkende Kündigungsschutz als Wahlbewerber nach § 15 Abs. 3 KSchG kommt hier u. U. in Betracht[93].

2. Amtszeit des Betriebsrats

a) Beginn der Amtszeit

103 Besteht im Betrieb noch kein Betriebsrat, so beginnt die Amtszeit des neu gewählten Betriebsrats gemäß § 21 Satz 2 BetrVG **mit der Bekanntgabe des Wahlergebnisses.** Bekanntgemacht ist das Wahlergebnis zu dem Zeitpunkt, zu dem vom Wahlvorstand nach § 19 WahlO i. V. mit § 3 Abs. 4 WahlO die Namen der Gewählten durch Aushang im Betrieb bekanntgegeben werden. Auf den Tag der öffentlichen Stimmauszählung nach § 18 Abs. 3 BetrVG bzw. § 13 WahlO bzw. den Tag der Fertigung der Wahlniederschrift (§ 17 WahlO) kommt es hierbei nicht an[94].

104 Besteht zum Zeitpunkt der Bekanntgabe des Wahlergebnisses noch ein Betriebsrat, so beginnt die Amtszeit des neu gewählten Betriebs-

---
88 BAG vom 29. 9. 1988, AP Nr. 76 zu § 613a BGB.
89 BAG vom 13. 9. 1984, AP Nr. 3 zu § 1 BetrVG 1972; BAG vom 3. 12. 1985, AP Nr. 28 zu § 99 BetrVG 1972; BAG vom 9. 4. 1991, AP Nr. 8 zu § 18 BetrVG 1972; BAG vom 27. 6. 1995, AP Nr. 7 zu § 4 BetrVG 1972; *Joost*, in: Münchener Handbuch zum Arbeitsrecht, Band 3, § 296 Rz. 290; *Dietz/Richardi*, § 19 Rz. 67; GK-*Kreutz*, § 19 Rz. 138; *Fitting/Kaiser/Heither/Engels*, § 19 Rz. 4.
90 BAG vom 11. 4. 1978, AP Nr. 8 zu § 19 BetrVG 1972.
91 Vgl. BAG vom 29. 9. 1988, AP Nr. 76 zu § 613a BGB.
92 BAG vom 27. 4. 1976, AP Nr. 4 zu § 19 BetrVG 1972; BAG vom 29. 9. 1988, AP Nr. 76 zu § 613a BGB.
93 Vgl. LAG Düsseldorf vom 24. 8. 1978, DB 1979, 1092; *Joost*, in: Münchener Handbuch zum Arbeitsrecht, Band 3, § 296 Rz. 292; *Fitting/Kaiser/Heither/Engels*, § 19 Rz. 5.
94 *Dietz/Richardi*, § 21 Rz. 5; GK-*Wiese*, § 21 Rz. 12; *Fitting/Kaiser/Heither/Engels*, § 21 Rz. 8.

rats gemäß § 21 Satz 1 BetrVG am Tage nach der Beendigung der Amtszeit des bisherigen Betriebsrats (s. u. Rz. 106 ff.)[95]. Wird ein neuer Betriebsrat gemäß § 13 Abs. 2 Nr. 1 und 2 BetrVG in einer **außerordentlichen Wahl** während der Amtszeit des bisherigen Betriebsrats gewählt, so endet dessen Amtszeit nach § 21 Satz 5 BetrVG mit der Bekanntgabe des Wahlergebnisses. Gleichzeitig beginnt die Amtszeit des neuen Betriebsrats, § 21 Satz 2 BetrVG.

b) Dauer der Amtszeit

Die regelmäßige Amtszeit eines Betriebsrats beträgt nach § 21 Satz 1 BetrVG **vier Jahre.** Sie kann sich verkürzen, wenn der Betriebsrat außerhalb des für die regelmäßigen Betriebsratswahlen festgelegten Zeitraums neu gewählt wird (§ 13 Abs. 2 und 3 Satz 1 BetrVG). Sie kann sich nach § 13 Abs. 3 Satz 2 BetrVG verlängern und damit ausnahmsweise insgesamt mehr als vier Jahre betragen, wenn sie zu Beginn des für die regelmäßigen Betriebsratswahlen festgelegten Zeitraums noch nicht ein Jahr betragen hat.

105

c) Ende der Amtszeit

Die regelmäßige Amtszeit des Betriebsrats endet nach § 21 Satz 1 BetrVG mit **Ablauf von vier Jahren** seit dem Beginn der Amtszeit. Für die Berechnung des Endes der Amtszeit gilt § 188 Abs. 2 BGB i. V. mit § 187 Abs. 1 BGB.

106

Beispiele:
Ist das Wahlergebnis im Laufe des 10. 5. 1994 bekanntgegeben worden und bestand zu diesem Zeitpunkt kein Betriebsrat oder nur ein noch geschäftsführender Betriebsrat, hat die Amtszeit des Betriebsrats mit diesem Ereignis begonnen. Sie endet mit Ablauf des 10. 5. 1998.
Ist dagegen der 10. 5. 1994 deshalb der Amtsbeginn, weil die Amtszeit des vorherigen Betriebsrats mit Ablauf des 9. 5. 1994 beendet war, so endet die Amtszeit des neuen Betriebsrats mit Ablauf des 9. 5. 1998.

Die regelmäßige Amtszeit endet unabhängig davon, ob zum Zeitpunkt ihres Ablaufes bereits ein neuer Betriebsrat gewählt ist[96].

107

---

95 Bis zum Beginn der Amtszeit der neugewählten Betriebsratsmitglieder bedarf deren Kündigung entsprechend § 103 BetrVG der Zustimmung des Betriebsrats, vgl. *Joost*, in: Münchener Handbuch zum Arbeitsrecht, Band 3, § 297 Rz. 3; GK-*Wiese*, § 21 Rz. 20 m. w. Nachw.
96 *Joost*, in: Münchener Handbuch zum Arbeitsrecht, Band 3, § 297 Rz. 7; GK-*Wiese*, § 21 Rz. 24; *Hess/Schlochauer/Glaubitz*, § 21 Rz. 13; *Fitting/Kaiser/Heither/Engels*, § 21 Rz. 20 m. w. Nachw.; a. A. *Dietz/Richardi*, § 21 Rz. 12.

108 Ist der bestehende Betriebsrat **außerhalb des regelmäßigen Wahlzeitraums** gewählt worden und am 1. 3. des nächstfolgenden regelmäßigen Wahljahres ein Jahr oder länger im Amt gewesen, so endet seine Amtszeit spätestens am 31. 5. dieses regelmäßigen Wahljahres (§§ 13 Abs. 3 Satz 1; 21 Satz 3 BetrVG). In dem Fall ist die Amtszeit **kürzer** als die regelmäßige Amtszeit. Hat die Amtszeit des zwischenzeitlich gewählten Betriebsrats am 1. 3. des nächstfolgenden Jahres für die regelmäßigen Betriebsratswahlen noch nicht ein Jahr betragen, so **verlängert** sich die Amtszeit bis zum übernächsten Zeitraum der Betriebsratswahlen und endet spätestens am 31. 5. des entsprechenden Jahres (§§ 13 Abs. 3 Satz 2; 21 Satz 4 BetrVG).

109 Ist gemäß § 13 Abs. 2 Nr. 1 BetrVG ein Betriebsrat neu zu wählen, weil mit Ablauf von 24 Monaten, vom Tage der Wahl angerechnet, die Zahl der regelmäßig beschäftigten Arbeitnehmer um die Hälfte, mindestens aber um fünfzig, gestiegen oder gesunken ist, so endet die Amtszeit des bestehenden Betriebsrats gemäß § 21 Satz 5 BetrVG mit der Bekanntgabe des Wahlergebnisses des neu gewählten Betriebsrats. Gleiches gilt, wenn die Gesamtzahl der Betriebsratsmitglieder nach Eintreten sämtlicher Ersatzmitglieder unter die vorgeschriebene Zahl der Betriebsratsmitglieder gesunken ist (§ 13 Abs. 2 Nr. 2 BetrVG) oder der Betriebsrat mit der Mehrheit seiner Mitglieder seinen Rücktritt beschlossen hat (§ 13 Abs. 2 Nr. 3 BetrVG), da der zurückgetretene Betriebsrat gemäß § 22 BetrVG die Geschäfte bis zur Bekanntgabe des Ergebnisses der Neuwahl weiterführt, mithin insoweit als noch im Amt befindlich gilt[97].

110 Ist die Betriebsratswahl mit Erfolg angefochten (§ 13 Abs. 2 Nr. 4 BetrVG) oder der Betriebsrat durch eine gerichtliche Entscheidung aufgelöst worden (§ 13 Abs. 2 Nr. 5 BetrVG), so endet die Amtszeit des Betriebsrats mit Eintritt der Rechtskraft der Entscheidung. Im Falle der Nichtigkeit der Betriebsratswahl (s. o. Rz. 101 ff.) besteht von vornherein kein Betriebsrat, so daß sich die Frage der Beendigung der Amtszeit nicht stellt[98].

111 Die Amtszeit des Betriebsrats endet ferner vorzeitig, wenn der Betrieb die Betriebsratsfähigkeit verliert, etwa wenn die Zahl der in der Regel ständig wahlberechtigten Arbeitnehmer unter die vorgeschriebene Mindestzahl von fünf sinkt. Dagegen führt das Absinken der Zahl der **wählbaren** Arbeitnehmer unter drei nicht zum Ende der Amtszeit des

---
97 BAG vom 29. 9. 1988, AP Nr. 76 zu § 613a BGB; *Joost*, in: Münchener Handbuch zum Arbeitsrecht, Band 3, § 297 Rz. 12; *Dietz/Richardi*, § 21 Rz. 19; *GK-Wiese*, § 21 Rz. 33; *Fitting/Kaiser/Heither/Engels*, § 21 Rz. 28.
98 Zutreffend *Joost*, in: Münchener Handbuch zum Arbeitsrecht, Band 3, § 297 Rz. 13.

I. Betriebsrat   Rz. 115 **Teil B**

Betriebsrats. Denn das Erfordernis mehrerer wählbarer Arbeitnehmer soll lediglich eine Auswahl bei der Wahl ermöglichen. Dieses Erfordernis ist nach der Wahl jedoch bedeutungslos und hat keinen Einfluß auf die Amtszeit des Betriebsrats[99].

Die Amtszeit des Betriebsrats endet weiterhin mit der **Stillegung des Betriebs**. Bis zur Erledigung aller mit der Betriebsstillegung zusammenhängenden Aufgaben (insbesondere der Beteiligungsrechte nach §§ 111, 112 BetrVG) behält der Betriebsrat jedoch ein **Restmandat**[100]. Ebenso endet die Amtszeit eines Betriebsrats, wenn der Betrieb stillgelegt und ein neuer Betrieb errichtet wird, ohne daß zwischen beiden Betrieben Identität besteht[101]. 112

Der alleinige rechtsgeschäftliche **Betriebsinhaberwechsel** i. S. von § 613a BGB führt als solcher nicht zur Beendigung der Amtszeit des Betriebsrats, sofern die *Identität des Betriebes* gewahrt bleibt[102]. Etwas anderes gilt jedoch dann, wenn der Betriebserwerber nicht unter den Geltungsbereich des BetrVG fällt, etwa bei dem Erwerb einer erzieherischen oder karitativen Einrichtung durch eine Religionsgemeinschaft i. S. von § 118 Abs. 2 BetrVG (s. o. Teil A Rz. 141 ff.). In dem Fall endet die Amtszeit des Betriebsrats mit dem Betriebsübergang[103]. 113

Die Abspaltung eines Betriebsteils oder von Betriebsteilen führt nicht zur Beendigung der Amtszeit des Betriebsrats, sofern die Identität des Betriebes gewahrt bleibt. Gleiches gilt bei der Verschmelzung eines Betriebes durch Aufnahme eines Betriebes oder von Betrieben hinsichtlich des aufnehmenden Betriebs. U. U. kann eine außerordentliche Neuwahl des Betriebsrats nach § 13 Abs. 2 Nr. 1 BetrVG erforderlich werden. 114

Bei der **Eingliederung** in einen anderen Betrieb oder einer **Zusammenlegung** mit einem anderen Betrieb zu einem neuen einheitlichen Betrieb (Verschmelzung) verliert der Betrieb seine Selbständigkeit. Die Amtszeit des Betriebsrats des bisher selbständigen Betriebes endet daher mit der Eingliederung bzw. Zusammenlegung. Die Amtszeit 115

---

99 *Dietz/Richardi,* § 21 Rz. 27; GK-*Wiese,* § 21 Rz. 38; *Fitting/Kaiser/Heither/Engels,* § 21 Rz. 32 m. w. Nachw.
100 BAG vom 30. 10. 1979, AP Nr. 9 zu § 112 BetrVG 1972; BAG vom 16. 6. 1987, AP Nr. 20 zu § 111 BetrVG 1972.
101 Vgl. BAG vom 29. 9. 1988, AP Nr. 76 zu § 613a BGB.
102 BAG vom 28. 9. 1988, AP Nr. 55 zu § 99 BetrVG 1972; BAG vom 5. 2. 1991, AP Nr. 89 zu § 613a BGB; *Joost,* in: Münchener Handbuch zum Arbeitsrecht, Band 3, § 297 Rz. 16; *Dietz/Richardi,* § 21 Rz. 40; GK-*Wiese,* § 21 Rz. 48; *Fitting/Kaiser/Heither/Engels,* § 21 Rz. 35.
103 BAG vom 9. 2. 1982, AP Nr. 24 zu § 118 BetrVG 1972.

des Betriebsrats endet weiterhin bei einer **Betriebsaufspaltung,** sofern jeweils neue einheitliche Betriebe gebildet werden und der bisherige Betrieb seine Identität verliert. In diesen Fällen hat der Betriebsrat jedoch unter den Voraussetzungen des § 321 UmwG ein **zeitlich befristetes Übergangsmandat**[104].

d) Erlöschen der Mitgliedschaft im Betriebsrat

116 Von dem Ende der Amtszeit des Betriebsrats als solchem ist der Verlust der Mitgliedschaft einer oder mehrerer Personen im Betriebsrat zu unterscheiden. Das Erlöschen der Mitgliedschaft einer oder mehrerer Personen im Betriebsrat hat auf dessen Fortbestand grundsätzlich keinen Einfluß. Für das ausgeschiedene Betriebsratsmitglied rückt gemäß § 25 Abs. 1 Satz 1 BetrVG ein Ersatzmitglied nach. Dies gilt nach § 25 Abs. 1 Satz 2 BetrVG entsprechend für die Stellvertretung eines zeitweilig verhinderten Mitglieds des Betriebsrats (Einzelheiten zum Ersatzmitglied s. u. Teil D Rz. 86 ff.).

117 Gemäß § 24 Abs. 1 BetrVG erlischt die Mitgliedschaft im Betriebsrat durch
- Ablauf der Amtszeit;
- Niederlegung des Amtes, d. h. die einseitig durch das Mitglied gegenüber dem Betriebsrat oder seinem Vorsitzenden (formfrei) erklärte freiwillige Aufgabe des Amtes[105];
- Beendigung des Arbeitsverhältnisses;
- Verlust der Wählbarkeit (insbesondere die Beförderung eines Betriebsratsmitglieds zum leitenden Angestellten i. S. von § 5 Abs. 3 BetrVG und der Wegfall der Betriebszugehörigkeit[106]);
- Ausschluß aus dem Betriebsrat oder Auflösung des Betriebsrats auf Grund einer gerichtlichen Entscheidung;
- gerichtliche Entscheidung über die Feststellung der Nichtwählbarkeit nach Ablauf der in § 19 Abs. 2 BetrVG bezeichneten Frist, es sei denn, der Mangel liegt nicht mehr vor.

---

104 Siehe hierzu im einzelnen *Fitting/Kaiser/Heither/Engels,* § 21 Rz. 43 ff. (dort auch zu weiteren Übergangsmandaten des Betriebsrats).
105 Vgl. *Joost,* in: Münchener Handbuch zum Arbeitsrecht, Band 3, § 297 Rz. 20; *Fitting/Kaiser/Heither/Engels,* § 21 Rz. 9 f. m. w. Nachw.
106 Zur Möglichkeit der Versetzung eines Betriebsratsmitglieds in einen anderen Betrieb desselben Unternehmens gegen dessen Willen siehe LAG Frankfurt a. M. vom 8. 5. 1995, BB 1995, 2064; KR-*Etzel,* § 103 Rz. 60 m. w. Nachw. (Erfordernis der Zustimmung des Betriebsrats des abgebenden Betriebes gemäß § 103 BetrVG analog); **a. A.** *Fitting/Kaiser/Heither/Engels,* § 24 Rz. 29; offengelassen von BAG vom 26. 1. 1993, AP Nr. 102 zu § 99 BetrVG 1972.

I. Betriebsrat Rz. 121 Teil B

Ein bloßer **Wechsel der Gruppenzugehörigkeit** hat nach § 24 Abs. 2 Satz 1 BetrVG keinen Einfluß auf den Fortbestand der Mitgliedschaft im Betriebsrat. Das Mitglied bleibt weiterhin Vertreter der Gruppe, für die es gewählt worden ist. Gleiches gilt für Ersatzmitglieder, § 24 Abs. 2 Satz 2 BetrVG.

118

3. Aufgaben des Betriebsrats

Aufgabe des Betriebsrats ist im weitesten Sinne die Vertretung der Interessen der Arbeitnehmer des Betriebes gegenüber dem Arbeitgeber[107]. Zu beachten ist dabei vom Betriebsrat das in § 2 Abs. 1 BetrVG enthaltene Gebot zur **vertrauensvollen Zusammenarbeit** mit dem Arbeitgeber unter Beachtung der geltenden Tarifverträge und im Zusammenwirken mit den im Betrieb vertretenen Gewerkschaften und Arbeitgebervereinigungen zum Wohl der Arbeitnehmer und des Betriebes. Ferner hat der Betriebsrat nach § 75 Abs. 1 Satz 1 BetrVG zusammen mit dem Arbeitgeber darüber zu wachen, daß alle im Betrieb tätigen Personen nach den Grundsätzen von Recht und Billigkeit behandelt werden, insbesondere, daß jede unterschiedliche Behandlung von Personen wegen ihrer Abstammung, Religion, Nationalität, Herkunft, politischen oder gewerkschaftlichen Betätigung oder Einstellung oder wegen ihres Geschlechts unterbleibt.

119

Eine wesentliche Aufgabe des Betriebsrats besteht in der **Wahrnehmung** seiner **Beteiligungsrechte** gegenüber dem Arbeitgeber in
▶ sozialen Angelegenheiten, § 87 BetrVG (s. u. Teil H),
▶ personellen Angelegenheiten, §§ 99 ff. BetrVG (s. u. Teil I) und
▶ wirtschaftlichen Angelegenheiten, §§ 111 ff. BetrVG (s. u. Teil J).

120

Daneben weist das BetrVG dem Betriebsrat folgende weitere Aufgaben und Befugnisse zu:
▶ Wahrnehmung der allgemeinen Aufgaben des § 80 BetrVG[108],
▶ Anspruch auf rechtzeitige und umfassende Unterrichtung (§ 80 Abs. 2 Satz 1 BetrVG),
▶ Recht auf Zurverfügungstellung von erforderlichen Unterlagen (§ 80 Abs. 2 Satz 2 Halbsatz 1 BetrVG),
▶ Recht auf Einsichtnahme in Bruttolohn- und Gehaltslisten (§ 80 Abs. 2 Satz 2 Halbsatz 2 BetrVG),
▶ Recht auf Hinzuziehung von Sachverständigen unter den Voraussetzungen des § 80 Abs. 3 BetrVG,

121

---

107 *Matthes*, in: Münchener Handbuch zum Arbeitsrecht, Band 3, § 317 Rz. 1.
108 Siehe dazu *Matthes*, in: Münchener Handbuch zum Arbeitsrecht, Band 3, § 317 Rz. 7 ff.

▶ Befugnisse bei Mitwirkungs- und Beschwerderechten der Arbeitnehmer (§§ 82 Abs. 2 Satz 2, 83 Abs. 1 Satz 2, 84 Abs. 1 Satz 2, 85 BetrVG),
▶ Recht auf Teilnahme an Schulungs- und Bildungsveranstaltungen i. S. von § 37 Abs. 6 und 7 BetrVG,
▶ Anspruch auf vollständige Freistellung von Betriebsratsmitgliedern unter den Voraussetzungen des § 38 BetrVG,
▶ Anspruch gegenüber dem Arbeitgeber auf Kostentragung der Betriebsratstätigkeit (§ 40 BetrVG).

122 Im **organisatorischen Bereich** hat der Betriebsrat die Aufgabe, Sitzungen (§§ 29 ff. BetrVG) durchzuführen und dort Beschlüsse (§ 33 BetrVG) zu fassen, sobald sich die Notwendigkeit oder die Verpflichtung (vgl. § 29 Abs. 3 BetrVG) hierzu ergibt. Außerdem hat der Betriebsrat unter den Voraussetzungen des § 27 Abs. 1 Satz 1 BetrVG einen Betriebsausschuß zu errichten, Betriebsversammlungen einzuberufen (§ 43 BetrVG), an der Errichtung des Gesamtbetriebsrats mitzuwirken (§ 47 Abs. 2 BetrVG) und für die Wahl der Jugend- und Auszubildendenvertretung zu sorgen (§§ 63 Abs. 2, 80 Abs. 1 Nr. 5 BetrVG). Schließlich hat er durch rechtzeitige Bestellung des Wahlvorstands Sorge zu tragen, daß zum Ablauf seiner Amtszeit ein neuer Betriebsrat gewählt werden kann (vgl. § 16 BetrVG).

123 Darüber hinaus werden dem Betriebsrat auch von **anderen Gesetzen** bestimmte Aufgaben zugewiesen, so z. B. durch §§ 3, 17, 20 KSchG, § 6 Abs. 6 ArbZG, §§ 9, 11, 12 ASiG, §§ 712, 714, 719 RVO, §§ 14, 17 Abs. 2, 23, 25 Abs. 4, 31 SchwbG[109].

124 In Angelegenheiten, die der **echten Mitbestimmung** des Betriebsrats unterliegen, kann der Betriebsrat bei Nichtzustandekommen einer Einigung mit dem Arbeitgeber die Einigungsstelle (s. u. Teil G) anrufen, so z. B. in den Fällen der §§ 87 Abs. 2, 112 Abs. 4, 94, 95 Abs. 1 und 2 BetrVG. Hält der Arbeitgeber ein nach Ansicht des Betriebsrats bestehendes Beteiligungsrecht für nicht gegeben, so kann dies vom Betriebsrat im Wege des arbeitsgerichtlichen Beschlußverfahrens (§§ 2a, 80 ff. ArbGG) durch einen Feststellungsantrag geltend gemacht werden[110]. Besteht zwischen den Betriebspartnern Streit um **Leistungsansprüche** des Betriebsrats, etwa Informations- und Einblicksrechte (§§ 80 Abs. 2, 90 Satz 1, 92 Abs. 1 Satz 1, 99 Abs. 1, 111 Satz 1 BetrVG), Beratungsrechte (§§ 90 Satz 1, 92 Abs. 1 Satz 2, 96

---

109 Weitere Beispiele bei *Matthes,* in: Münchener Handbuch zum Arbeitsrecht, Band 3, § 317 Rz. 4.
110 Hierzu im einzelnen *von Hoyningen-Huene,* in: Münchener Handbuch zum Arbeitsrecht, Band 3, § 292 Rz. 50 ff.

Abs. 1 Satz 2, 97, 111 Satz 1 BetrVG), Kostenerstattungsansprüche (§§ 20 Abs. 3 Satz 1, 40 Abs. 1 BetrVG), Befreiungs- und Freistellungsansprüche (§§ 37 Abs. 2 und 3, 38 Abs. 1 BetrVG) oder sonstige Handlungsansprüche (§§ 93, 98 Abs. 5, 101 Satz 1, 104 Satz 1 BetrVG), so kann der Betriebsrat beim Arbeitsgericht im Wege des Beschlußverfahrens (§§ 2 a, 80 ff. ArbGG) einen entsprechenden Leistungsantrag stellen, der nach § 85 ArbGG vollstreckungsfähig ist.

Bei **groben Verstößen** des Arbeitgebers gegen seine Verpflichtungen aus dem BetrVG kann der Betriebsrat nach § 23 Abs. 3 Satz 1 beim Arbeitsgericht beantragen, dem Arbeitgeber aufzugeben, eine Handlung zu unterlassen, die Vornahme einer Handlung zu dulden oder eine Handlung vorzunehmen. Handelt der Arbeitgeber der ihm durch rechtskräftige gerichtliche Entscheidung auferlegten Verpflichtung zuwider, eine Handlung zu unterlassen, oder die Vornahme einer Handlung zu dulden, so ist er auf Antrag vom Arbeitsgericht wegen einer jeden Zuwiderhandlung nach vorheriger Androhung zu einem Ordnungsgeld zu verurteilen, § 23 Abs. 3 Satz 2 BetrVG. Führt der Arbeitgeber die ihm durch eine rechtskräftige Entscheidung auferlegte Handlung nicht durch, so ist auf Antrag vom Arbeitsgericht zu erkennen, daß er zur Vornahme der Handlung durch Zwangsgeld anzuhalten sei, § 23 Abs. 3 Satz 3 BetrVG. Das Höchstmaß des Ordnungs- und Zwangsgeldes beträgt 20 000,– DM (§ 23 Abs. 3 Satz 5 BetrVG). Zudem hat der Betriebsrat bei **Verletzung** seiner **Mitbestimmungsrechte** aus **§ 87 BetrVG** nach nunmehr einheitlicher Rechtsprechung des BAG[111] einen sog. **allgemeinen Unterlassungsanspruch** gegen den Arbeitgeber, der **keine grobe Pflichtverletzung** des Arbeitgebers i. S. des § 23 Abs. 3 BetrVG voraussetzt. Dieser allgemeine Unterlassungsanspruch kann vom Betriebsrat auch im Wege der **einstweiligen Verfügung** durchgesetzt werden[112]. 125

Kommt der Arbeitgeber seinen Aufklärungs- oder Auskunftspflichten nach §§ 90 Abs. 1, 2 Satz 1; 92 Abs. 1 Satz 1; 99 Abs. 1; 106 Abs. 2; 126

---

111 BAG *(1. Senat)* vom 3. 5. 1994, AP Nr. 23 zu § 23 BetrVG 1972 (unter ausdrücklicher Aufgabe der bisherigen gegenteiligen Senatsrechtsprechung, vgl. BAG vom 22. 3. 1983, AP Nr. 2 zu § 23 BetrVG 1972); bestätigt durch BAG *(1. Senat)* vom 23. 7. 1996, DB 1997, 378 = BB 1997, 472; ebenso bereits BAG *(6. Senat)* vom 18. 4. 1985, AP Nr. 5 zu § 23 BetrVG 1972; LAG Köln vom 22. 4. 1985, LAGE § 23 BetrVG 1972 Nr. 4; LAG Bremen vom 18. 7. 1986, AP Nr. 6 zu § 23 BetrVG 1972; LAG Frankfurt vom 11. 8. 1987, LAGE § 23 BetrVG 1972 Nr. 12; LAG Hamburg vom 9. 5. 1989, BB 1990, 633; zustimmend *Richardi*, NZA 1995, 8; *Derleder*, ArbuR 1995, 13; ablehnend *Konzen*, NZA 1995, 865; *Walker*, DB 1995, 1961.
112 Vgl. LAG Köln vom 22. 4. 1985, LAGE § 23 BetrVG 1972 Nr. 4; LAG Frankfurt vom 8. 2. 1990, BB 1990, 1626; *Fitting/Kaiser/Heither/Engels,* § 23 Rz. 74 und 107.

108 Abs. 5; 110; 111 BetrVG nicht, wahrheitswidrig, unvollständig oder verspätet nach, so stellt dies nach § 121 BetrVG eine Ordnungswidrigkeit dar, die mit einer Geldbuße bis zu 20 000,– DM geahndet werden kann. Die Behinderung der Betriebsratswahl oder -tätigkeit stellt nach § 119 BetrVG einen Straftatbestand dar, der auf Antrag des Betriebsrats oder einer im Betrieb vertretenen Gewerkschaft verfolgt wird und mit Freiheitsstrafe bis zu einem Jahr oder mit Geldstrafe geahndet werden kann.

II. Gesamtbetriebsrat

1. Voraussetzungen der Errichtung

127 Ein Gesamtbetriebsrat ist nach § 47 Abs. 1 BetrVG zu errichten, wenn in einem Unternehmen mehrere Betriebsräte bestehen. Sind die gesetzlichen Voraussetzungen gegeben, so muß die Bildung des Gesamtbetriebsrats in jedem Fall erfolgen. Den einzelnen Betriebsräten, die den Gesamtbetriebsrat zu errichten haben, steht insoweit kein Ermessensspielraum zu[113]. Wird die Bildung des gesetzlich vorgeschriebenen Gesamtbetriebsrats von den Betriebsräten unterlassen, kann dies eine grobe Pflichtverletzung i. S. von § 23 Abs. 1 BetrVG darstellen.

a) Unternehmen

128 Die Bildung des Gesamtbetriebsrats setzt zunächst ein Unternehmen voraus. Einen eigenständigen Unternehmensbegriff kennt das BetrVG nicht. Nach herrschender Meinung[114] ist das Unternehmen die organisatorische Einheit, innerhalb derer der Unternehmer allein oder in Gemeinschaft mit seinen Mitarbeitern mit Hilfe von sachlichen und immateriellen Mitteln bestimmte, hinter dem arbeitstechnischen Zweck des Betriebs liegende Zwecke wirtschaftlicher und/oder ideeller Art fortgesetzt verfolgt. Das Unternehmen muß sonach eine eigene Rechtspersönlichkeit und eine eigene organisatorische Einheit haben.

129 Das Erfordernis der einheitlichen Rechtspersönlichkeit des Unternehmens im Rahmen von § 47 Abs. 1 BetrVG bedeutet, daß eine **rechtliche Identität des „betreibenden Unternehmers"** bestehen muß[115]. Bei

---

113 *Joost*, in: Münchener Handbuch zum Arbeitsrecht, Band 3, § 305 Rz. 10; *Fitting/Kaiser/Heither/Engels*, § 50 Rz. 3.
114 BAG vom 23. 9. 1980, AP Nr. 4 zu § 47 BetrVG 1972; *Dietz/Richardi*, § 1 Rz. 54; *Fitting/Kaiser/Heither/Engels*, § 47 Rz. 7 m. w. Nachw.
115 BAG vom 11. 12. 1987, AP Nr. 7 zu § 47 BetrVG 1972; *Fitting/Kaiser/Heither/Engels*, § 47 Rz. 8 m. w. Nachw.

II. Gesamtbetriebsrat

dem betreibenden Unternehmer kann es sich um eine natürliche Person, eine Gesamthandsgemeinschaft (z. B. BGB-Gesellschaft, OHG, KG) oder um eine juristische Person (z. B. AG, GmbH, e.G., e.V.) handeln. Für Betriebe oder Unternehmen verschiedener Rechtsträger kann kein einheitlicher Gesamtbetriebsrat errichtet werden. Mehrere natürliche oder juristische Personen können sich jedoch vertraglich zusammenschließen und ein eigenes Unternehmen bilden, etwa zur Bearbeitung eines gemeinsamen Großprojekts oder zu Forschungszwecken[116]. Dagegen liegt ein Unternehmen bei bloß **wirtschaftlichen** oder **finanziellen** Beteiligungen oder Verpflichtungen nicht vor[117].

b) Bestehen mehrerer Betriebsräte

Die Errichtung eines Gesamtbetriebsrats setzt weiterhin voraus, daß 130 in dem Unternehmen mehrere, d. h. mindestens zwei, Betriebsräte bestehen. Ist in mehreren Betrieben eines Unternehmens nur in einem Betrieb ein Betriebsrat gewählt worden, so ist die Bildung eines Gesamtbetriebsrats nicht möglich[118].

Nicht zu berücksichtigen sind Betriebe eines inländischen Unterneh- 131 mens, die sich im **Ausland** befinden, da sich der Geltungsbereich des BetrVG nicht auf diese erstreckt (s. o. Teil A Rz. 134)[119]. Hat dagegen ein ausländisches Unternehmen mehrere Betriebe innerhalb der Bundesrepublik, so ist für diese Betriebe ein Gesamtbetriebsrat zu errichten, sofern bei mindestens zweien von ihnen ein Betriebsrat besteht[120].

2. Zusammensetzung

a) Gruppenvertretung

Die Mitglieder des Gesamtbetriebsrats werden durch **Entsendung** von 132 Betriebsratsmitgliedern der einzelnen Betriebsräte des Unternehmens bestimmt. Gehören dem Betriebsrat Vertreter beider Gruppen an, so sind in den Gesamtbetriebsrat zwei Mitglieder zu entsenden, die nicht derselben Gruppe angehören dürfen, § 47 Abs. 2 Satz 1 und 2

---

116 *Fitting/Kaiser/Heither/Engels,* § 47 Rz. 8.
117 BAG vom 11. 12. 1987, AP Nr. 7 zu § 47 BetrVG 1972.
118 *Joost,* in: Münchener Handbuch zum Arbeitsrecht, Band 3, § 305 Rz. 25; *Fitting/Kaiser/Heither/Engels,* § 47 Rz. 15.
119 *Dietz/Richardi,* § 47 Rz. 15; *Fitting/Kaiser/Heither/Engels,* § 47 Rz. 16 m. w. Nachw.
120 BAG vom 1. 10. 1974, AP Nr. 1 zu § 106 BetrVG 1972; BAG vom 31. 10. 1975, AP Nr. 2 zu § 106 BetrVG 1972.

BetrVG. Maßgebend ist dabei nicht die eigene Gruppenzugehörigkeit des Betriebsratsmitglieds, sondern die Gruppe, die es im Betriebsrat vertritt[121]. Besteht der Betriebsrat nur aus Vertretern einer Gruppe, also nur aus Vertretern der Arbeiter oder Angestellten, so entsendet der Betriebsrat nur ein Mitglied in den Gesamtbetriebsrat, § 47 Abs. 2 Satz 1 BetrVG. Der Gesamtbetriebsrat hat demzufolge **mindestens** soviele Mitglieder, wie Betriebsräte vorhanden sind, und **höchstens** doppelt soviele. Wird für eine im Betriebsrat vertretene Gruppe kein Mitglied entsandt, etwa weil kein Gruppenvertreter im Gesamtbetriebsrat mitwirken will, so entfällt dieser Platz im Gesamtbetriebsrat; in dem Fall wird der Betriebsrat nur durch ein Mitglied im Gesamtbetriebsrat vertreten[122]. Besteht der Betriebsrat nur aus einer Person, ist diese automatisch Mitglied im Gesamtbetriebsrat.

133 Durch **Tarifvertrag** oder **Betriebsvereinbarung** kann nach § 47 Abs. 4 BetrVG die Anzahl der Mitglieder des Gesamtbetriebsrats, nicht jedoch die Zusammensetzung der Gruppen, abweichend vom Gesetz geregelt werden. Auf diese Weise können die Tarif- und Betriebspartner die Zahl der Gesamtbetriebsratsmitglieder den Verhältnissen des konkreten Betriebs anpassen. Der Abschluß einer solchen Betriebsvereinbarung ist jedoch nicht erzwingbar[123].

134 Gehören dem Gesamtbetriebsrat **mehr als 40 Mitglieder** an und besteht keine tarifliche Regelung i. S. von § 47 Abs. 4 BetrVG, so ist nach § 47 Abs. 5 BetrVG zwischen Gesamtbetriebsrat und Arbeitgeber eine Betriebsvereinbarung über die Mitgliederzahl des Gesamtbetriebsrats abzuschließen, in der bestimmt wird, daß Betriebsräte mehrerer Betriebe eines Unternehmens, die regional oder durch gleichartige Interessen miteinander verbunden sind, gemeinsam Mitglieder in den Gesamtbetriebsrat entsenden. Ziel der Betriebsvereinbarung ist die **Verringerung der Mitgliederzahl** im Gesamtbetriebsrat[124]. Die Festsetzung der Zahl der Mitglieder steht in der freien Entscheidung der Betriebspartner, so daß nicht unbedingt eine Reduzierung auf 40 oder weniger Mitglieder erfolgen muß[125]. Vertragspartner dieser Betriebsvereinbarung sind der Arbeitgeber und der Gesamtbetriebsrat. Mithin ist der Gesamtbetriebsrat zunächst in der gesetzlich vorgeschriebenen Größe zu errichten und hat danach die Betriebsvereinba-

---

121 *Joost*, in: Münchener Handbuch zum Arbeitsrecht, Band 3, § 305 Rz. 38; *Fitting/Kaiser/Heither/Engels*, § 47 Rz. 22 m. w. Nachw.
122 *Dietz/Richardi*, § 47 Rz. 27; *Fitting/Kaiser/Heither/Engels*, § 47 Rz. 23 m. w. Nachw.
123 *Joost*, in: Münchener Handbuch zum Arbeitsrecht, Band 3, § 305 Rz. 32.
124 *Joost*, in: Münchener Handbuch zum Arbeitsrecht, Band 3, § 305 Rz. 36.
125 *Fitting/Kaiser/Heither/Engels*, § 47 Rz. 69.

II. Gesamtbetriebsrat
Rz. 138 **Teil B**

rung abzuschließen[126]. Kommt über diese Betriebsvereinbarung eine Einigung nicht zustande, so entscheidet nach § 47 Abs. 6 BetrVG eine für das Unternehmen zu bildende Einigungsstelle verbindlich.

Die in den Gesamtbetriebsrat zu entsendenden Betriebsratsmitglieder werden regelmäßig von dem Betriebsrat **durch Beschluß** bestimmt. Hat ein Betriebsrat nur ein Betriebsratsmitglied zu entsenden, ist dieses vom Betriebsrat durch Mehrheitsbeschluß zu wählen. Sind zwei Gesamtbetriebsratsmitglieder zu wählen, so haben **getrennte Wahlgänge** stattzufinden, wenn der Betriebsrat nach § 14 Abs. 2 BetrVG in getrennten Wahlgängen gewählt worden ist und jeder Gruppe mehr als ein Zehntel des Betriebsrats, jedoch mindestens drei Mitglieder angehören. Gleiches gilt, wenn der Betriebsrat nach § 14 Abs. 2 BetrVG in gemeinsamer Wahl gewählt worden ist und jeder Gruppe im Betriebsrat mindestens ein Drittel der Mitglieder angehört (§ 47 Abs. 2 Satz 3 BetrVG). In dem Fall erfolgt die Wahl in getrennten Beschlußfassungen durch Mehrheitsbeschluß der Gruppenvertreter. 135

Der Betriebsrat kann die ihm im Gesamtbetriebsrat zustehenden Sitze **nur mit seinen Mitgliedern,** nicht aber mit anderen Personen, besetzen. Unzulässig ist auch die Entsendung von Ersatzmitgliedern, solange sie nicht in den Betriebsrat nachgerückt sind. Dagegen können der Betriebsratsvorsitzende und sein Stellvertreter wie jedes andere Betriebsratsmitglied entsandt werden[127]. 136

b) Ersatzmitglieder

Der Betriebsrat hat gemäß § 47 Abs. 3 Satz 1 BetrVG für jedes Mitglied des Gesamtbetriebsrats mindestens ein Ersatzmitglied zu bestellen und die Reihenfolge des Nachrückens festzulegen. Für die Bestellung gelten nach § 47 Abs. 3 Satz 2 BetrVG die gleichen Grundsätze wie für die anderen Mitglieder des Gesamtbetriebsrats (s. o. Rz. 132 ff.). 137

Die Ersatzmitglieder müssen **aus der Mitte** des Betriebsrats bestimmt werden. Auf Ersatzmitglieder i. S. von § 25 Abs. 1 BetrVG kann der Betriebsrat nicht zurückgreifen, solange diese nicht in den Betriebsrat nachgerückt sind[128]. Besteht der Betriebsrat nur aus einer Person oder 138

---

126 BAG vom 15. 8. 1978, AP Nr. 3 zu § 47 BetrVG 1972.
127 *Joost,* in: Münchener Handbuch zum Arbeitsrecht, Band 3, § 305 Rz. 40; *Fitting/Kaiser/Heither/Engels,* § 47 Rz. 25.
128 *Dietz/Richardi,* § 47 Rz. 33; *Fitting/Kaiser/Heither/Engels,* § 47 Rz. 37.

hat eine Gruppe nur einen Vertreter, so rückt ausnahmsweise das gewählte Ersatzmitglied des Betriebsrats nach[129].

139 Das Ersatzmitglied tritt für das ordentliche Mitglied in den Gesamtbetriebsrat ein, wenn dieses zeitweilig verhindert ist oder aus dem Gesamtbetriebsrat ausscheidet (§ 49 BetrVG). Da der Betriebsrat die Mitglieder im Gesamtbetriebsrat jederzeit abberufen kann (s. u. Rz. 147), kann er damit aber auch die Vertretung durch Ersatzmitglieder neu bestimmen[130].

3. Amtszeit der Mitglieder

a) Regelmäßige Dauer der Mitgliedschaft im Gesamtbetriebsrat

140 Die regelmäßige Dauer der Mitgliedschaft im Gesamtbetriebsrat ist abhängig von der in den einzelnen Betriebsräten. Nach Ablauf der regelmäßigen Amtszeit des Betriebsrats von vier Jahren (vgl. § 21 Satz 1 und 3 BetrVG) endet gleichzeitig die Amtszeit der Betriebsratsmitglieder im Gesamtbetriebsrat. Wegen der Möglichkeit der Verlängerung der Amtszeit der einzelnen Betriebsräte nach §§ 13 Abs. 3 Satz 2, 21 Satz 4 BetrVG kann allerdings die Mitgliedschaft einzelner Gesamtbetriebsratsmitglieder über den turnusmäßigen Vierjahresrhythmus der Betriebsratswahlen erhalten bleiben.

141 Durch die Beendigung der Amtszeit der einzelnen Betriebsräte wird der Gesamtbetriebsrat als solcher nicht berührt, da der einmal gebildete Gesamtbetriebsrat eine **Dauereinrichtung** ist und keine Amtszeit hat[131]. Die regelmäßigen Betriebsratswahlen haben lediglich zur Folge, daß die Mitglieder des Gesamtbetriebsrats neu zu bestimmen sind. Das Amt des Gesamtbetriebsrats wird grundsätzlich nur dadurch beendet, daß die Voraussetzungen für seine Errichtung auf Dauer entfallen, etwa wenn die Betriebe eines Unternehmens zu einem einheitlichen Betrieb zusammengelegt werden oder in einem Unternehmen mit zwei Betrieben ein Betrieb aus dem Unternehmen ausgegliedert wird[132].

---

129 *Fitting/Kaiser/Heither/Engels*, § 47 Rz. 38.
130 *Joost*, in: Münchener Handbuch zum Arbeitsrecht, Band 3, § 305 Rz. 42; *Fitting/Kaiser/Heither/Engels*, § 47 Rz. 37.
131 BAG vom 5. 12. 1975, AP Nr. 1 zu § 47 BetrVG 1972; *Dietz/Richardi*, § 47 Rz. 19; *Fitting/Kaiser/Heither/Engels*, § 47 Rz. 19 m. w. Nachw.
132 Vgl. *Fitting/Kaiser/Heither/Engels*, § 47 Rz. 19.

b) Ausschluß von Gesamtbetriebsratsmitgliedern

Mindestens ein Viertel der wahlberechtigten Arbeitnehmer des Unternehmens, der Arbeitgeber, der Gesamtbetriebsrat oder eine im Unternehmen vertretene Gewerkschaft können nach § 48 BetrVG beim Arbeitsgericht den Ausschluß eines Mitglieds aus dem Gesamtbetriebsrat wegen grober Verletzung seiner gesetzlichen Pflichten beantragen. Die **einzelnen Betriebsräte** haben **kein Antragsrecht,** da sie die von ihnen entsandten Mitglieder jederzeit und ohne Begründung aus dem Gesamtbetriebsrat abberufen können (s. u. Rz. 147)[133].

142

Die Auflösung des Gesamtbetriebsrats als solchen kann nicht beantragt werden, da es sich bei dem Gesamtbetriebsrat um eine Dauereinrichtung handelt, der nicht durch Wahl, sondern durch Entsendung seiner Mitglieder von den einzelnen Betriebsräten errichtet wird[134]. Der Antrag auf Ausschluß braucht sich jedoch nicht auf ein Mitglied zu beschränken, sondern kann auch gegen mehrere oder alle Mitglieder des Gesamtbetriebsrats gerichtet sein, sofern sich diese gemeinschaftlich einer groben Pflichtverletzung schuldig gemacht haben[135]. Beim Ausschluß aller Mitglieder aus dem Gesamtbetriebsrat wird aber der Gesamtbetriebsrat selbst nicht aufgelöst. Vielmehr rücken die Ersatzmitglieder nach.

143

Materielle Voraussetzung für den Ausschluß ist eine **grobe Verletzung** der gesetzlichen Pflichten des Mitglieds. Der Begriff der groben Pflichtverletzung entspricht demjenigen des § 23 Abs. 1 BetrVG. Die Pflichtverletzung muß sich aber auf die Tätigkeit im Gesamtbetriebsrat beziehen. Eine grobe Pflichtverletzung, die ein Gesamtbetriebsratsmitglied in seiner Eigenschaft als Mitglied des entsendenden Betriebsrats begangen hat, reicht für einen unmittelbaren Ausschluß aus dem Gesamtbetriebsrat nicht aus[136].

144

Von dem Ausschluß aus dem Gesamtbetriebsrat bleibt die Mitgliedschaft im einzelnen Betriebsrat unberührt[137]. Ist ein Betriebsratsmitglied aufgrund rechtskräftiger gerichtlicher Entscheidung aus dem Gesamtbetriebsrat ausgeschlossen, kann es während seiner Amtszeit nicht wieder zum Mitglied des Gesamtbetriebsrats bestellt werden, da

145

---

133 *Joost,* in: Münchener Handbuch zum Arbeitsrecht, Band 3, § 305 Rz. 122; *Fitting/Kaiser/Heither/Engels,* § 48 Rz. 12.
134 *Dietz/Richardi,* § 48 Rz. 1; *Fitting/Kaiser/Heither/Engels,* § 48 Rz. 5.
135 *Dietz/Richardi,* § 48 Rz. 1; *Fitting/Kaiser/Heither/Engels,* § 48 Rz. 5 m. w. Nachw.
136 *Joost,* in: Münchener Handbuch zum Arbeitsrecht, Band 3, § 305 Rz. 123; *Fitting/Kaiser/Heither/Engels,* § 48 Rz. 7.
137 *Joost,* in: Münchener Handbuch zum Arbeitsrecht, Band 3, § 305 Rz. 124; *Fitting/Kaiser/Heither/Engels,* § 48 Rz. 1.

dies eine Umgehung der gerichtlichen Entscheidung darstellen würde[138].

c) Erlöschen der Mitgliedschaft im Gesamtbetriebsrat

146 Die Mitgliedschaft einzelner Mitglieder des Gesamtbetriebsrats endet gemäß § 49 BetrVG durch
- ▶ Erlöschen der Mitgliedschaft im Betriebsrat (s. o. Rz. 116 ff.);
- ▶ Amtsniederlegung;
- ▶ Ausschluß aus dem Gesamtbetriebsrat (s. o. Rz. 142 ff.);
- ▶ Abberufung durch den Betriebsrat.

147 Die Abberufung eines Mitglieds des Gesamtbetriebsrats durch den Betriebsrat kann **jederzeit** und ohne Vorliegen besonderer Voraussetzungen erfolgen[139]. Bei der Abberufung gelten nach § 47 Abs. 2 Satz 4 BetrVG die für die Bestellung der Gesamtbetriebsratsmitglieder geltenden Grundsätze (s. o. Rz. 132 ff.) entsprechend. Haben die Gruppen die auf sie entfallenden Gruppenvertreter für den Gesamtbetriebsrat getrennt gewählt, so hat auch allein die betreffende Gruppe über die Abberufung zu beschließen. Anderenfalls erfolgt die Abberufung durch einfachen Mehrheitsbeschluß des Betriebsrats. Die Abberufung ist dem Vorsitzenden des Gesamtbetriebsrats durch den Betriebsratsvorsitzenden mitzuteilen[140].

148 Bei Erlöschen der Mitgliedschaft im Gesamtbetriebsrat rückt das gemäß § 47 Abs. 3 BetrVG bestellte Ersatzmitglied entsprechend der festgelegten Reihenfolge nach (§§ 51 Abs. 1 Satz 1, 25 Abs. 1 BetrVG). Allerdings können der Betriebsrat bzw. im Falle von § 47 Abs. 2 Satz 3 BetrVG die betreffende Gruppe eine Neubestellung des in den Gesamtbetriebsrat zu entsendenden Mitglieds und des Ersatzmitglieds vornehmen[141].

149 Die Möglichkeit der Auflösung des Gesamtbetriebsrats als solchen besteht ebensowenig wie ein kollektiver Rücktritt des Gesamtbetriebsrats mit der Folge seines völligen Wegfalls[142]. Bei einem Rücktritt sämtlicher Mitglieder des Gesamtbetriebsrats rücken die gemäß

---

138 *Dietz/Richardi*, § 48 Rz. 14; *Fitting/Kaiser/Heither/Engels*, § 48 Rz. 19 m. w. Nachw.
139 *Joost*, in: Münchener Handbuch zum Arbeitsrecht, Band 3, § 305 Rz. 17; *Fitting/Kaiser/Heither/Engels*, § 49 Rz. 17.
140 Vgl. *Fitting/Kaiser/Heither/Engels*, § 49 Rz. 17.
141 *Joost*, in: Münchener Handbuch zum Arbeitsrecht, Band 3, § 305 Rz. 124; *Fitting/Kaiser/Heither/Engels*, § 49 Rz. 19.
142 *Dietz/Richardi*, § 49 Rz. 2; *Fitting/Kaiser/Heither/Engels*, § 49 Rz. 7.

§ 47 Abs. 3 BetrVG bestellten Ersatzmitglieder entsprechend der festgelegten Reihenfolge in den Gesamtbetriebsrat nach.

4. Geschäftsführung

Die Geschäftsführung des Gesamtbetriebsrats richtet sich weitgehend nach den Bestimmungen, die für die Geschäftsführung des Betriebsrats gelten und die nach § 51 Abs. 1 Satz 1 BetrVG für den Gesamtbetriebsrat entsprechend anzuwenden sind. Der Vorsitzende und der stellvertretende Vorsitzende des Gesamtbetriebsrats haben die gleichen Aufgaben wie der Vorsitzende und der stellvertretende Vorsitzende eines Betriebsrats (§§ 51 Abs. 1 Satz 1, 26 Abs. 3 BetrVG). Der Vorsitzende vertritt den Gesamtbetriebsrat im Rahmen der von ihm gefaßten Beschlüsse und ist zur Entgegennahme von Erklärungen befugt, die gegenüber dem Gesamtbetriebsrat abzugeben sind. Der stellvertretende Vorsitzende vertritt den Vorsitzenden im Falle von dessen Verhinderung. Ein Gesamtbetriebsrat mit weniger als neun Mitgliedern kann nach §§ 51 Abs. 1 Satz 1, 27 Abs. 4 BetrVG die laufenden Geschäfte auf seinen Vorsitzenden oder andere Gesamtbetriebsratsmitglieder übertragen.

150

a) Wahl des Vorsitzenden und seines Vertreters

Der Gesamtbetriebsrat wählt **aus seiner Mitte** einen Vorsitzenden und dessen Stellvertreter (§§ 51 Abs. 1 Satz 1, 26 Abs. 1 Satz 1 BetrVG). Die Wahl des Vorsitzenden und seines Stellvertreters findet in der zu diesem Zweck einberufenen **konstituierenden Sitzung** des Gesamtbetriebsrats statt. Zuständig für die Einladung aller Betriebsräte zu dieser Sitzung ist der Betriebsrat der Hauptverwaltung des Unternehmens. Gibt es keine Hauptverwaltung oder besteht dort kein Betriebsrat, so ist der Betriebsrat zuständig, der nach der Zahl der wahlberechtigten Arbeitnehmer der größte Betrieb des Unternehmens ist, § 51 Abs. 3 Satz 1 BetrVG. Unterbleibt die Einladung zur konstituierenden Sitzung, können die von den einzelnen Betriebsräten in den Gesamtbetriebsrat entsandten Mitglieder ohne weitere Förmlichkeiten von sich aus zusammentreten, um die Wahlen des Vorsitzenden und seines Stellvertreters vorzunehmen[143]. Die konstituierende Sitzung wird zunächst von dem Vorsitzenden des einladenden Betriebsrats geleitet, bis der Gesamtbetriebsrat aus seiner Mitte einen Wahlleiter bestellt hat (§ 51 Abs. 3 Satz 2 BetrVG). Dem Wahlleiter obliegt

151

---

143 *Dietz/Richardi*, § 51 Rz. 32; *Fitting/Kaiser/Heither/Engels*, § 51 Rz. 10 m. w. Nachw.

bis zur Wahl des Gesamtbetriebsratsvorsitzenden und seines Stellvertreters die weitere Leitung der Sitzung und die Durchführung der Wahl.

152 Die Wahl erfolgt durch einen Beschluß des Gesamtbetriebsrats, der mit einfacher Mehrheit der Stimmen der anwesenden Mitglieder gefaßt wird (§ 51 Abs. 4 Satz 1 BetrVG). Besteht der Gesamtbetriebsrat aus Vertretern beider Gruppen und haben die Vertreter einer Gruppe **weniger als ein Drittel** aller Stimmen im Gesamtbetriebsrat, so sollen nach §§ 51 Abs. 1 Satz 1, 26 Abs. 1 Satz 2 BetrVG der Vorsitzende und sein Stellvertreter nicht derselben Gruppe angehören. Haben die Vertreter jeder Gruppe **mindestens ein Drittel** aller Stimmen im Gesamtbetriebsrat, so schlägt jede Gruppe aus ihrer Mitte ein Mitglied für den Vorsitz des Gesamtbetriebsrats vor.

Beispiel:

Der Gesamtbetriebsrat besteht aus 20 Mitgliedern, von denen jeweils 10 Mitglieder Arbeiter- und Angestelltenvertreter sind. Das Gesamtstimmengewicht aller Mitglieder gemäß § 47 Abs. 7 BetrVG beträgt 15 000. Ein eigenständiges Vorschlagsrecht der Gruppen ist gegeben, wenn die Summe der Stimmengewichte der Vertreter der kleineren Gruppe mindestens 5000 beträgt.

153 Der Gesamtbetriebsrat wählt aus den Vorgeschlagenen seinen Vorsitzenden und den stellvertretenden Vorsitzenden mit einfacher Mehrheit, § 51 Abs. 2 Satz 2 BetrVG. Der nicht zum Vorsitzenden gewählte Kandidat ist automatisch der stellvertretende Vorsitzende.

154 Die Wahl des Vorsitzenden und seines Stellvertreters erfolgt im allgemeinen für die Dauer ihrer Amtszeit als Betriebsratsmitglieder, da die Mitgliedschaft im Gesamtbetriebsrat mit dem Erlöschen der Mitgliedschaft im Betriebsrat automatisch entfällt. Allerdings kann der Vorsitzende sein Amt jederzeit niederlegen. Zur Abberufung des Vorsitzenden s. u. Rz. 166.

b) Bildung von Ausschüssen

155 Der Gesamtbetriebsrat hat – ebenso wie der Betriebsrat – einen Ausschuß zur Führung der laufenden Geschäfte zu bilden, wenn er **neun oder mehr Mitglieder** umfaßt, §§ 51 Abs. 1 Satz 2, 27 Abs. 1 Satz 1 BetrVG. Die Größe dieses Gesamtbetriebsausschusses errechnet sich aus der Anzahl der Gesamtbetriebsratsmitglieder und damit aus der Zahl der betriebsratsfähigen Einheiten, ohne daß es auf die Anzahl der Arbeitnehmer ankommt.

II. Gesamtbetriebsrat

Der Gesamtbetriebsrat besteht nach § 51 Abs. 1 Satz 2 BetrVG aus dem Vorsitzenden des Gesamtbetriebsrats, dessen Stellvertreter und bei Gesamtbetriebsräten mit

9 bis 16 Mitgliedern	aus 3 weiteren Ausschußmitgliedern,
17 bis 24 Mitgliedern	aus 5 weiteren Ausschußmitgliedern,
25 bis 36 Mitgliedern	aus 7 weiteren Ausschußmitgliedern,
mehr als 36 Mitgliedern	aus 9 weiteren Ausschußmitgliedern.

Die Wahl von Ersatzmitgliedern für die Mitglieder des Gesamtbetriebsausschusses ist zwar gesetzlich nicht vorgesehen, aber zulässig[144].

Der Gesamtbetriebsausschuß muß nach § 51 Abs. 2 Satz 3 BetrVG aus Angehörigen der im Gesamtbetriebsrat vertretenen Gruppen entsprechend dem Stimmenverhältnis im Gesamtbetriebsrat bestehen. Es kommt sonach nicht auf die Zahl der für jede Gruppe entsandten Mitglieder des Gesamtbetriebsrats, sondern auf die **Verteilung der Stimmengewichte** zwischen den Gruppen an. Die auf jede Gruppe entfallende Zahl der Ausschußmitglieder wird nach dem d'Hondtschen Höchstzahlverfahren ermittelt.

Beispiel:
Der Gesamtbetriebsausschuß besteht aus neun Mitgliedern. Die Zahl der Arbeiterstimmen beträgt 8426, die der Angestellten 5289. Nach dem Höchstzahlensystem ergibt sich folgende Berechnung:

8426 Arbeiterstimmen		5289 Angestelltenstimmen	
: 1 = 8426	(1.)	: 1 = 5289	(2.)
: 2 = 4213	(3.)	: 2 = 2644,5	(5.)
: 3 = 2808,66	(4.)	: 3 = 1763	(7.)
: 4 = 2106,5	(6.)	: 4 = 1322,25	
: 5 = 1685,2	(8.)	: 5 = 1057,8	
: 6 = 1404,33	(9.)	: 6 = 881,5	

Die Sitze entfallen auf die neun höchsten Zahlen, sonach sechs auf die Arbeiter- und drei auf die Angestelltengruppe. Da der Vorsitzende und sein Stellvertreter dem Gesamtbetriebsausschuß gemäß § 51 Abs. 1 Satz 2 BetrVG kraft Gesetzes angehören und beide nicht derselben Gruppe angehören sollen (§§ 51 Abs. 1 Satz 1, 26 Abs. 1 Satz 2 BetrVG), sind noch fünf Arbeiter- und zwei Angestelltenvertreter zu wählen.

---

144 *Dietz/Richardi,* § 51 Rz. 19; *Fitting/Kaiser/Heither/Engels,* § 51 Rz. 22 m. w. Nachw.

159 Gemäß § 51 Abs. 2 Satz 4 BetrVG müssen die Gruppen mindestens durch ein Mitglied vertreten sein. Eine Gruppe ist mithin selbst dann im Gesamtbetriebsausschuß vertreten, wenn sie nach dem Höchstzahlensystem völlig ausfallen würde. Da aber der Vorsitzende und sein Stellvertreter nicht derselben Gruppe angehören sollen und beide kraft Gesetzes Miglieder des Ausschusses sind, wird es sich bei diesem Mitglied regelmäßig um den stellvertretenden Gesamtbetriebsratsvorsitzenden handeln.

160 Die **Wahl** der **weiteren Ausschußmitglieder** erfolgt grundsätzlich durch einfachen Mehrheitsbeschluß des Gesamtbetriebsrats unter Berücksichtigung der Stimmengewichtung, § 51 Abs. 4 BetrVG. Ausnahmsweise hat jede Gruppe im Falle des § 51 Abs. 2 Satz 5 BetrVG ihre Vertreter durch internen Mehrheitsbeschluß selbst zu wählen. Dafür müssen folgende drei Voraussetzungen kumulativ gegeben sein:
▶ Die Gesamtbetriebsratsmitglieder, die nach § 47 Abs. 2 Satz 3 BetrVG (also nicht durch Mehrheitsbeschluß ihres Betriebsrats, sondern durch die Gruppe) in den Geamtbetriebsrat entsandt wurden, müssen mehr als die Hälfte aller Stimmen im Gesamtbetriebsrat haben;
▶ Das Stimmengewicht der Vertreter jeder Gruppe muß mehr als ein Zehntel der Summe des Stimmengewichts im Gesamtbetriebsrat haben;
▶ Der Minderheitsgruppe müssen mindestens 3 Mitglieder des Gesamtbetriebsrats angehören. Hierbei ist entscheidend, wieviele Mitglieder der Minderheitsgruppe tatsächlich angehören, so daß eine etwaige Vergrößerung oder Verkleinerung der Anzahl der Gesamtbetriebsratsmitglieder nach § 47 Abs. 4 oder 5 BetrVG zu beachten ist[145].

161 Aus der Verweisung auf § 27 Abs. 3 BetrVG in § 51 Abs. 1 Satz 1 BetrVG ergibt sich, daß der Gesamtbetriebsausschuß die gleichen Aufgaben hat wie der Betriebsausschuß. Ihm obliegt daher zunächst die Führung der laufenden Geschäfte des Gesamtbetriebsrats, wie etwa die Vorbereitung von Sitzungen und die Durchführung von Entscheidungen des Gesamtbetriebsrats. Die Ausübung von Mitbestimmungsrechten ist grundsätzlich dem Gesamtbetriebsrat als Gesamtorgan vorbehalten[146]. Allerdings können dem Gesamtbetriebs-

---

[145] *Dietz/Richardi*, § 51 Rz. 17; *Fitting/Kaiser/Heither/Engels*, § 51 Rz. 27 m. w. Nachw.; **a. A.** *Trittin*, in: Däubler/Kittner/Klebe, § 51 Rz. 27, wonach auf das normale Entsendungsverfahren des § 47 Abs. 2 BetrVG abzustellen sei.
[146] *Joost*, in: Münchener Handbuch zum Arbeitsrecht, Band 3, § 305 Rz. 94.

ausschuß nach §§ 51 Abs. 1 Satz 1, 27 Abs. 3 Satz 2 BetrVG vom Gesamtbetriebsrat mit der Mehrheit der Stimmen Aufgaben zur selbständigen Erledigung übertragen werden. Die Beschlüsse des Gesamtbetriebsausschusses werden gemäß §§ 51 Abs. 5, 31 Abs. 1 BetrVG mit der Mehrheit der Stimmen der anwesenden Mitglieder gefaßt. Jedes Mitglied des Gesamtbetriebsausschusses hat also eine Stimme. Das Prinzip der Stimmengewichtung findet keine Anwendung.

Neben dem Gesamtbetriebsausschuß können noch **weitere Ausschüsse** des Gesamtbetriebsrats gebildet werden, so z. B. für Versorgungskassen, außertarifliche Vergütungssysteme oder Berufsbildung. Für die Zusammensetzung und Wahl der Ausschußmitglieder gelten nach § 51 Abs. 2 Satz 6 BetrVG dieselben Grundsätze wie beim Gesamtbetriebsausschuß, sofern nicht dem Ausschuß Aufgaben übertragen werden, die nur eine Gruppe betreffen (§ 51 Abs. 2 Satz 7 BetrVG). Im letztgenannten Fall ist der Gruppenschutz unnötig. Ist eine Gruppe nur durch ein Mitglied im Gesamtbetriebsrat vertreten, so können ihm gemäß § 51 Abs. 2 Satz 8 BetrVG die Aufgaben, die nur die Gruppe betreffen, übertragen werden. 162

Die Mitgliedschaft im Gesamtbetriebsausschuß endet grundsätzlich mit der Beendigung der Mitgliedschaft im Gesamtbetriebsrat. Außerdem kann jedes Mitglied sein Amt im Gesamtbetriebsausschuß jederzeit niederlegen. Eine ausdrückliche Regelung für eine **Abberufung** der Ausschußmitglieder enthält das BetrVG nicht. Mit der Abberufung des **Vorsitzenden** oder seines **Stellvertreters** (s. u. Rz. 166), die dem Gesamtbetriebsausschuß kraft Amtes angehören, endet gleichzeitig auch deren Mitgliedschaft im Ausschuß. Ihre Positionen werden von dem neu zu wählenden Vorsitzenden bzw. dessen Stellvertreter eingenommen. Möglich ist ferner die jederzeitige Abberufung der **hinzugewählten Ausschußmitglieder.** Haben die Vertreter der Gruppen im Gesamtbetriebsrat unter den Voraussetzungen des § 51 Abs. 2 Satz 5 BetrVG ihre Vertreter im Gesamtbetriebsausschuß selbst gewählt, so muß die Abberufung durch einfachen Mehrheitsbeschluß dieser Gruppenvertreter erfolgen. Anderenfalls können die Mitglieder des Gesamtbetriebsausschusses durch einfachen Mehrheitsbeschluß des Gesamtbetriebsrats abberufen werden[147]. 163

c) Freistellung von Mitgliedern des Gesamtbetriebsrats

Die Mitglieder des Gesamtbetriebsrats sind von ihrer beruflichen Tätigkeit ohne Minderung des Arbeitsentgelts nach §§ 51 Abs. 1 164

---

[147] *Fitting/Kaiser/Heither/Engels,* § 51 Rz. 31; *Trittin,* in: Däubler/Kittner/Klebe, § 51 Rz. 28 m. w. Nachw.

Satz 1, 37 Abs. 2 BetrVG insoweit **zusätzlich zu befreien,** als es nach Umfang und Art des Unternehmens zur ordnungsgemäßen Durchführung der Aufgaben des Gesamtbetriebsrats erforderlich ist. Der Anspruch auf Arbeitsbefreiung steht nicht dem Einzelbetriebsrat, sondern dem Gesamtbetriebsrat zu, der durch Ausübung seiner Kompetenz, die Tätigkeit auf seine Mitglieder zu verteilen, die personelle Auswahlentscheidung trifft[148]. Die für den Betriebsrat geltende Vorschrift des § 38 BetrVG über Mindestfreistellungen findet auf den Gesamtbetriebsrat keine entsprechende Anwendung, so daß der Gesamtbetriebsrat **keinen Anspruch auf allgemeine Freistellung** seiner Mitglieder unabhängig von der konkret erforderlichen Arbeitsbefreiung hat[149]. Der Umfang der Freistellung der einzelnen Mitglieder des Gesamtbetriebsrats hängt stets von den Verhältnissen des Einzelfalls ab, wobei es im Rahmen der Erforderlichkeit durchaus auch zu einer vollständigen Befreiung von der beruflichen Tätigkeit kommen kann[150].

d) Schulung von Mitgliedern des Gesamtbetriebsrats

165 Die Mitgliedschaft im Gesamtbetriebsrat begründet **keinen eigenständigen Anspruch** auf Befreiung von der beruflichen Tätigkeit zum Zwecke der Teilnahme an Schulungs- und Bildungsveranstaltungen. Jedoch haben die Mitglieder des Gesamtbetriebsrats in ihrer Eigenschaft als Betriebsratsmitglieder Anspruch auf Ermöglichung der Teilnahme an Schulungs- und Bildungsveranstaltungen. Im Rahmen der Feststellung der Erforderlichkeit einer Schulungs- und Bildungsveranstaltung ist die Tätigkeit im Gesamtbetriebsrat mit zu beachten, weil es sich um die Wahrnehmung von Aufgaben handelt, die mit der Betriebsratstätigkeit im Zusammenhang stehen[151]. Über die Entsendung von Mitgliedern zu Schulungs- und Bildungsveranstaltungen haben jedoch stets die Betriebsräte, nicht aber der Gesamtbetriebsrat zu befinden[152].

---

148 LAG München vom 19. 7. 1990, NZA 1991, 905 f.; *Joost,* in: Münchener Handbuch zum Arbeitsrecht, Band 3, § 305 Rz. 108.
149 LAG München vom 19. 7. 1990, NZA 1991, 905 f.; *Joost,* in: Münchener Handbuch zum Arbeitsrecht, Band 3, § 305 Rz. 109.
150 LAG München vom 19. 7. 1990, NZA 1991, 905 f.; *Joost,* in: Münchener Handbuch zum Arbeitsrecht, Band 3, § 305 Rz. 109.
151 BAG vom 10. 6. 1975, AP Nr. 1 zu § 73 BetrVG 1972; *Joost,* in: Münchener Handbuch zum Arbeitsrecht, Band 3, § 305 Rz. 110; *Fitting/Kaiser/Heither/Engels,* § 51 Rz. 49 m. w. Nachw.
152 BAG vom 10. 6. 1975, AP Nr. 1 zu § 73 BetrVG 1972; *Joost,* in: Münchener Handbuch zum Arbeitsrecht, Band 3, § 305 Rz. 110; *Fitting/Kaiser/Heither/Engels,* § 51 Rz. 49.

II. Gesamtbetriebsrat   Rz. 167 **Teil B**

e) Abberufung des Vorsitzenden

Der Gesamtbetriebsrat – bzw. die jeweilige Gruppe bei einem Vor- 166
schlagsrecht der Gruppen i. S. v. § 51 Abs. 2 Satz 1 BetrVG (s. o.
Rz. 151 ff.) – kann durch Mehrheitsbeschluß das zum Vorsitzenden
oder zum stellvertretenden Vorsitzenden gewählte Mitglied des Gesamtbetriebsrats **jederzeit abwählen** und einen neuen Vorsitzenden
oder Stellvertreter wählen[153]. Weiterhin kann der entsendende Betriebsrat das zum Vorsitzenden oder stellvertretenden Vorsitzenden
gewählte Mitglied des Gesamtbetriebsrats jederzeit nach § 49 BetrVG
abberufen. Mit der Abberufung aus dem Gesamtbetriebsrat endet
gleichzeitig das Amt des Vorsitzenden bzw. stellvertretenden Vorsitzenden.

5. Kosten und Sachaufwand

Die für den Betriebsrat geltenden Vorschriften über Kosten und Sach- 167
aufwand (§ 40 BetrVG) und über das Umlageverbot (§ 41 BetrVG)
gelten aufgrund der Verweisung in § 51 Abs. 1 Satz 1 BetrVG auch für
den Gesamtbetriebsrat entsprechend. Von besonderer Bedeutung sind
die **Reisekosten** der Mitglieder des Gesamtbetriebsrats, da sie zu den
Sitzungen von ihrer Betriebsstätte anreisen müssen. Diese Reisekosten
trägt der Arbeitgeber als Kosten der Betriebsverfassung, soweit sie
erforderlich und verhältnismäßig sind[154]. Die Kosten für die Teilnahme der Mitglieder des Gesamtbetriebsrats an dessen Sitzungen hat der
Arbeitgeber grundsätzlich auch dann zu tragen, wenn die Sitzungen
nicht am Ort der Hauptverwaltung eines Unternehmens, sondern in
einem anderen Betrieb des Unternehmens stattfinden[155]. Kosten, die
dadurch entstehen, daß der Vorsitzende des Gesamtbetriebsrats wegen
einer beabsichtigten Veräußerung eines von mehreren Betrieben einen
Betriebsbesuch durchführt, können als erforderlich angesehen werden[156]. Soweit die dem Betriebsrat vom Arbeitgeber zur Verfügung
gestellten Sachmittel nicht ausreichen, sind den Betriebsratsmitgliedern für deren Tätigkeit im Gesamtbetriebsrat Büropersonal, Räume,
Fachliteratur und sonstige Sachmittel zu überlassen[157]. Nach Ansicht

---

153 *Joost,* in: Münchener Handbuch zum Arbeitsrecht, Band 3, § 305 Rz. 88; *Fitting/Kaiser/Heither/Engels,* § 51 Rz. 19.
154 BAG vom 24. 7. 1979, AP Nr. 1 zu § 51 BetrVG 1972; *Joost,* in: Münchener Handbuch zum Arbeitsrecht, Band 3, § 305 Rz. 126.
155 BAG vom 24. 7. 1979, AP Nr. 1 zu § 51 BetrVG 1972; *Fitting/Kaiser/Heither/Engels,* § 51 Rz. 52; *Trittin,* in: Däubler/Kittner/Klebe, § 51 Rz. 53.
156 LAG Berlin vom 1. 10. 1973, BB 1974, 1439; *Fitting/Kaiser/Heither/Engels,* § 51 Rz. 52; *Trittin,* in: Däubler/Kittner/Klebe, § 51 Rz. 53.
157 *Trittin,* in: Däubler/Kittner/Klebe, § 51 Rz. 56.

des BAG[158] ist aber die Herausgabe eines eigenen **Informationsblattes** des Gesamtbetriebsrats an die Arbeitnehmer auf Kosten des Arbeitgebers wegen der Möglichkeit der Unterrichtung der Arbeitnehmer durch die einzelnen Betriebsräte nicht erforderlich.

168 Die Mitglieder des Gesamtbetriebsrats haben ferner nach §§ 51 Abs. 1 Satz 1, 37 Abs. 3 Satz 1 BetrVG zum Ausgleich für ihre Tätigkeit im Gesamtbetriebsrat, die aus betriebsbedingten Gründen außerhalb der Arbeitszeit durchzuführen ist, gegen den Arbeitgeber einen Anspruch auf entsprechende Arbeitsbefreiung unter Fortzahlung des Arbeitsentgelts. Nach wohl überwiegender Ansicht der Rechtsprechung[159] sind Reise- und Wegezeiten **außerhalb** der Arbeitszeit aus Anlaß der Betriebsratstätigkeit grundsätzlich **nicht ausgleichspflichtig.** Nur wenn bestimmte Gegebenheiten und Sachzwänge innerhalb der Betriebssphäre für die Durchführung der Reise außerhalb der Arbeitszeit maßgebend sind, werden betriebsbedingte Gründe i. S. v. § 37 Abs. 3 BetrVG angenommen[160]. Ein Anspruch aus § 37 Abs. 3 BetrVG auf Freizeitausgleich hinsichtlich der Zeit der Anreise und Abreise zu einer Sitzung des Gesamtbetriebsrats außerhalb der Arbeitszeit wurde aber selbst bei einer Terminfestsetzung verneint, die auf Wunsch des Arbeitgebers erfolgt ist[161].

169 Zu berücksichtigen ist in diesem Zusammenhang allerdings, daß zur Arbeitszeit auch die Zeit gehört, die ein Betriebsratsmitglied während seiner Arbeitszeit benötigt, um vom Arbeitsplatz zum Ort der Betriebsratssitzung und zurück zu gelangen. Sofern keine betrieblichen Gründe vorliegen, kann der Arbeitgeber nicht verlangen, daß das Betriebsratsmitglied die An- und Abreise außerhalb der betriebsüblichen Arbeitszeit durchführt[162]. Entsprechendes gilt für die Zeiten der An- und Abreise zu den Sitzungen des Gesamtbetriebsrats.

170 Zu den Kosten aus der Tätigkeit einzelner Betriebsratsmitglieder gehören vor allem Reisekosten (Fahrt, Verpflegung, Unterkunft), wenn das Betriebsratsmitglied im Rahmen seiner Aufgaben u. a. an Sitzun-

---

158 BAG vom 21. 11. 1978, AP Nr. 4 zu § 50 BetrVG 1972; a. A. *Fitting/Kaiser/Heither/Engels*, § 51 Rz. 52; *Trittin*, in: Däubler/Kittner/Klebe, § 51 Rz. 55.
159 BAG vom 22. 5. 1986, DB 1987, 1260 (zu § 46 BPersVG); LAG Bremen vom 11. 10. 1974, BB 1975, 838; LAG Baden-Württemberg vom 14. 9. 1976, AP Nr. 25 zu § 37 BetrVG 1972; a. A. LAG Hamm vom 11. 1. 1989, BB 1989, 700.
160 BAG vom 11. 7. 1978, AP Nr. 57 zu § 37 BetrVG 1972; ausdrücklich offengelassen von BAG vom 15. 2. 1989, NZA 1990, 447.
161 LAG Hamm vom 14. 7. 1978, EzA § 37 BetrVG Nr. 61.
162 *Stege/Weinspach*, § 37 Rz. 16 unter Hinweis auf BAG vom 19. 1. 1984 – 6 AZR 301/81 (nicht veröffentlicht); ArbG Berlin vom 1. 10. 1980, ArbuR 1981, 321.

II. Gesamtbetriebsrat   Rz. 173 **Teil B**

gen des Gesamtbetriebsrats teilnimmt[163]. Soweit die Teilnahme an einer Sitzung des Gesamtbetriebsrats eine Übernachtung erfordert, hat der Arbeitgeber die Kosten der Übernachtung zu erstatten. Eine solche Erstattungspflicht des Arbeitgebers hinsichtlich der anfallenden Übernachtungskosten und der weiteren Tagessatzpauschalen kommt insbesondere bei einer zweitägigen Sitzung des Gesamtbetriebsrats in Betracht[164].

6. Gesamtbetriebsratssitzungen

Die für den Betriebsrat geltenden Regelungen (§ 27 Abs. 2 bis 4 BetrVG) finden auf die Sitzungen des Gesamtbetriebsrats nach § 51 Abs. 3 Satz 3 BetrVG entsprechende Anwendung. Die Sitzungen des Gesamtbetriebsrats werden von dessen Vorsitzenden einberufen. 171

Die Häufigkeit und die Dauer der Gesamtbetriebsratssitzungen bestimmt allein der Gesamtbetriebsrat nach pflichtgemäßem Ermessen[165]. Die Sitzungen des Gesamtbetriebsrats werden wegen des Reiseaufwandes (Zeit und Kosten) zwar nicht so häufig stattfinden wie Betriebsratssitzungen. Sie können jedoch länger dauern. Die Ansetzung von zwei Tagen für eine Gesamtbetriebsratssitzung unterliegt grundsätzlich keinen Bedenken, sofern keine betriebsratsfremden Themen behandelt werden sollen[166]. 172

Nach dem entsprechend anzuwendenden § 29 Abs. 3 BetrVG (vgl. § 51 Abs. 3 Satz 3 BetrVG) hat der Vorsitzende des Betriebsrats eine Sitzung einzuberufen und den Gegenstand, dessen Beratung beantragt ist, auf die Tagesordnung zu setzen, wenn dies vom Arbeitgeber, von einem **Viertel der Mitglieder** des Betriebsrats oder der **Mehrheit der Vertreter einer Gruppe** beantragt wird, die im Betriebsrat durch mindestens zwei Mitglieder vertreten ist. Dabei ist das in § 29 Abs. 3 BetrVG auf den Betriebsrat bezogene Mehrheitserfordernis nach überwiegender Ansicht[167] im Hinblick auf das Stimmengewicht der Gesamtbetriebsratsmitglieder gemäß § 51 Abs. 4 Satz 3 BetrVG für den 173

---

163 GK-*Wiese*, § 40 Rz. 28 m. w. Nachw.
164 ArbG Darmstadt vom 5. 7. 1988, AiB 1988, 285. Zur Streitfrage, ob ein Gesamtbetriebsratsmitglied bei der Anreise zu einer Gesamtbetriebsratssitzung zur Mitfahrt im Pkw eines anderen Mitglieds des Gesamtbetriebsrats verpflichtet ist s. Teil E Rz. 26.
165 *Fitting/Kaiser/Heither/Engels*, § 51 Rz. 40; *Trittin*, in: Däubler/Kittner/Klebe, § 51 Rz. 43.
166 Vgl. ArbG Darmstadt vom 5. 7. 1988, AiB 1988, 285.
167 *Dietz/Richardi*, § 51 Rz. 43; *Fitting/Kaiser/Heither/Engels*, § 51 Rz. 41; GK-*Kreutz*, § 51 Rz. 45; *Trittin*, in: Däubler/Kittner/Klebe, § 51 Rz. 44; **a. A.** *Hess/Schlochauer/Glaubitz*, § 51 Rz. 25, wonach nur auf das Stimmengewicht abzustellen sei.

Gesamtbetriebsrat mit der Maßgabe anzupassen, daß die Antragsteller sowohl mindestens ein Viertel der Gesamtbetriebsratsmitglieder als auch ein Viertel des Stimmengewichts repräsentieren müssen. Gleiches gilt für die Ermittlung der Mehrheit einer Gruppe[168]. Einzelne Betriebsräte können die Einberufung einer Sitzung des Gesamtbetriebsrats nicht verlangen[169].

174 Der Vorsitzende des Gesamtbetriebsrats hat nach §§ 51 Abs. 3 Satz 3, 29 Abs. 2 Satz 3 BetrVG die Mitglieder des Gesamtbetriebsrats zu den Sitzungen rechtzeitig unter Mitteilung der Tagesordnung zu laden. Die Bestimmung des § 29 Abs. 2 Satz 3 BetrVG gehört zu den wesentlichen und unverzichtbaren Verfahrensvorschriften, von deren Beachtung die Rechtswirksamkeit der Beschlüsse des Betriebsrats bzw. des Gesamtbetriebsrats abhängt. Eine bestimmte Form der Ladung ist nicht vorgesehen. Erfolgt die Ladung zu einer Gesamtbetriebsratssitzung **schriftlich,** so muß sie in verkehrsüblicher Weise in die tatsächliche Verfügungsgewalt des Gesamtbetriebsratsmitglieds gelangen und dieses muß unter gewöhnlichen Verhältnissen die Möglichkeit haben, von der Ladung Kenntnis zu nehmen[170].

175 Die Ladung hat in jedem Fall **unter Mitteilung der Tagesordnung** zu erfolgen, d. h. sämtliche Angelegenheiten, die Gegenstand der Sitzung sind, müssen in der mitzuteilenden Tagesordnung aufgeführt sein. Ist die Einladung ohne Mitteilung der Tagesordnung erfolgt, kann dieser Mangel nur durch einstimmigen Beschluß der vollzählig versammelten Gesamtbetriebsratsmitglieder, bei Verhinderung vertreten durch Ersatzmitglieder, geheilt werden[171]. Gleiches gilt, wenn die Tagesordnung während der Sitzung des Gesamtbetriebsrats erweitert werden soll.

176 Ist dem Vorsitzenden des Gesamtbetriebsrats bekannt oder wird ihm nach der Einladung mitgeteilt, daß ein Gesamtbetriebsratsmitglied **verhindert** ist, so hat er das entsprechende **Ersatzmitglied** zu laden (§§ 51 Abs. 3 Satz 3, 29 Abs. 2 Satz 4 BetrVG).

177 In gleicher Weise sind auch die Gesamtschwerbehindertenvertretung (§ 52 BetrVG) und die Gesamtjugend- und Auszubildendenvertretung zu laden, soweit sie ein Teilnahmerecht haben (§§ 73 Abs. 2, 67 Abs. 1 BetrVG). Der Arbeitgeber hat gemäß §§ 29 Abs. 4 Satz 1, 51

---

168 *Fitting/Kaiser/Heither/Engels,* § 51 Rz. 41; GK-*Kreutz,* § 51 Rz. 45; *Trittin,* in: Däubler/Kittner/Klebe, § 51 Rz. 44.
169 *Dietz/Richardi,* § 51 Rz. 33; *Fitting/Kaiser/Heither/Engels,* § 51 Rz. 41; *Trittin,* in: Däubler/Kittner/Klebe, § 51 Rz. 44.
170 LAG Hamm vom 12. 2. 1992, DB 1992, 2148 = BB 1992, 1562.
171 Vgl. BAG vom 28. 4. 1988, AP Nr. 2 zu § 29 BetrVG 1972.

Abs. 3 Satz 3 BetrVG ein Teilnahmerecht an Sitzungen, die auf sein Verlangen anberaumt sind und an Sitzungen, zu denen er ausdrücklich eingeladen worden ist.

Die Vorschrift des § 31 BetrVG, wonach auf Antrag von einem Viertel der Mitglieder oder der Mehrheit einer Gruppe des Betriebsrats ein Beauftragter einer im Betriebsrat vertretenen Gewerkschaft an den Sitzungen beratend teilnehmen kann, gilt gemäß § 51 Abs. 1 Satz 1 BetrVG für den Gesamtbetriebsrat entsprechend. Ein Teilnahmerecht der Gewerkschaften ist mithin unter den gleichen Voraussetzungen wie bei Sitzungen des Betriebsrats gegeben. Daraus folgt, daß die Gewerkschaft im Gesamtbetriebsrat vertreten sein muß[172]. Die Vertretung nur in einem Betriebsrat genügt nicht[173]. Für das einem Viertel der Mitglieder oder der Mehrheit einer Gruppe zustehende **Antragsrecht** auf beratende Teilnahme des Gewerkschaftsbeauftragten ist allein auf das Stimmengewicht der Gesamtbetriebsratsmitglieder, nicht darüber hinaus auch auf die Zahl der Mitglieder[174], abzustellen[175]. Der Gesamtbetriebsrat kann ferner durch einfachen Mehrheitsbeschluß einen Gewerkschaftsbeauftragten einer im Gesamtbetriebsrat vertretenen Gewerkschaft zur Teilnahme zulassen[176].

178

Im BetrVG ist nicht vorgeschrieben, an welchem Ort der Gesamtbetriebsrat seine Sitzungen abzuhalten hat. Aus Zweckmäßigkeitsgründen werden die Sitzungen des Gesamtbetriebsrats im allgemeinen am Sitz der Hauptverwaltung abgehalten werden. Da der Wirkungsbereich des Gesamtbetriebsrats das Unternehmen mit allen seinen Betrieben erfaßt, kann der Gesamtbetriebsrat seine Sitzungen grundsätzlich aber auch in einem anderen Betrieb des Unternehmens abhalten[177]. Dies erscheint insbesondere angebracht, wenn besondere Probleme gerade dieses Betriebes zur Beratung anstehen. Ist im örtlichen Betrieb kein geeigneter Sitzungsraum vorhanden, so kann die Sitzung auch in einem Hotel stattfinden. Die Kosten dieser Sitzung hat der

179

---

172 *Joost,* in: Münchener Handbuch zum Arbeitsrecht, Band 3, § 305 Rz. 97; *Fitting/Kaiser/Heither/Engels,* § 51 Rz. 53.
173 **A. A.** *Dietz/Richardi,* § 51 Rz. 35; *Trittin,* in: Däubler/Kittner/Klebe, § 51 Rz. 45.
174 So aber *Fitting/Kaiser/Heither/Engels,* § 51 Rz. 43.
175 *Dietz/Richardi,* § 51 Rz. 35; *Trittin,* in: Däubler/Kittner/Klebe, § 51 Rz. 45 m. w. Nachw.
176 *Joost,* in: Münchener Handbuch zum Arbeitsrecht, Band 3, § 305 Rz. 97; *Fitting/Kaiser/Heither/Engels,* § 51 Rz. 43.
177 BAG vom 24. 7. 1979, AP Nr. 1 zu § 51 BetrVG 1972; *Joost,* in: Münchener Handbuch zum Arbeitsrecht, Band 3, § 305 Rz. 97; *Fitting/Kaiser/Heither/Engels,* § 51 Rz. 42; GK-*Kreutz,* § 51 Rz. 46 m. w. Nachw.

Arbeitgeber ebenso zu tragen wie Übernachtungskosten und Tagespauschalen (s. o. Rz. 170)[178].

180 Ebenso wie die Betriebsratssitzungen finden die Sitzungen des Gesamtbetriebsrats **während der Arbeitszeit** nach Verständigung des Arbeitgebers und mit Rücksicht auf die betrieblichen Notwendigkeiten statt. Sie sind nicht öffentlich (§§ 51 Abs. 1 Satz 1, 30 BetrVG).

181 Auch hinsichtlich der Sitzungsniederschrift findet die für Betriebsratssitzungen geltende Regelung des § 34 BetrVG nach § 51 Abs. 1 Satz 1 BetrVG entsprechende Anwendung: Über jede Verhandlung des Gesamtbetriebsrats ist eine Niederschrift aufzunehmen, die mindestens den Wortlaut der Beschlüsse und die Stimmenmehrheit, mit der sie gefaßt sind, enthält. Die Niederschrift ist vom Vorsitzenden und einem weiteren Mitglied des Gesamtbetriebsrats zu unterzeichnen. Der Niederschrift ist eine Anwesenheitsliste beizufügen, in die sich jeder Teilnehmer an der Gesamtbetriebsratssitzung eigenhändig einzutragen hat. Hat der Arbeitgeber oder ein Beauftragter einer Gewerkschaft an der Sitzung des Gesamtbetriebsrats teilgenommen, so ist ihm der entsprechende Teil der Niederschrift abschriftlich auszuhändigen. Einwendungen gegen die Niederschrift sind unverzüglich schriftlich zu erheben und der Niederschrift beizufügen. Die Mitglieder des Gesamtbetriebsrats haben das Recht, die Unterlagen des Gesamtbetriebsrats und seiner Ausschüsse jederzeit einzusehen. Ein Einsichtsrecht der übrigen Mitglieder des entsendenden Betriebsrats besteht nicht[179].

182 Entsprechend anwendbar ist nach § 51 Abs. 1 Satz 1 BetrVG weiterhin die Vorschrift des § 35 BetrVG über die **Aussetzung von Beschlüssen.** Der Antrag kann von der Mehrheit einer Gruppe im Gesamtbetriebsrat, von der Mehrheit der Gesamtjugend- und Auszubildendenvertretung sowie der Gesamtschwerbehindertenvertretung (§§ 27 Abs. 6, 25 Abs. 4 SchwbG) gestellt werden. Soweit danach die Mehrheit der Vertreter einer Gruppe im Gesamtbetriebsrat beantragen kann, einen Beschluß zunächst auszusetzen, durch den ihrer Ansicht nach wichtige Interessen der durch sie vertretenen Arbeitnehmer erheblich beeinträchtigt werden, ist für die Ermittlung der erforderlichen Mehrheiten allein auf die Zahl der von diesen repräsentierten Stimmen, nicht darüber hinaus auch auf die Zahl der Mitglieder[180], abzustellen[181].

---

178 ArbG Darmstadt vom 5. 7. 1988, AiB 1988, 285; GK-*Kreutz*, § 51 Rz. 46; *Trittin*, in: Däubler/Kittner/Klebe, § 51 Rz. 42.
179 *Fitting/Kaiser/Heither/Engels*, § 51 Rz. 45.
180 So aber *Fitting/Kaiser/Heither/Engels*, § 51 Rz. 46.
181 *Dietz/Richardi*, § 51 Rz. 48; *Hess/Schlochauer/Glaubitz*, § 51 Rz. 33; *Trittin*, in: Däubler/Kittner/Klebe, § 51 Rz. 46; GK-*Kreutz*, § 51 Rz. 70 m. w. Nachw.

7. Beschlußfassung des Gesamtbetriebsrats

a) Stimmrecht und Stimmengewichtung

Nach § 51 Abs. 4 Satz 1 BetrVG werden die Beschlüsse des Gesamtbetriebsrats, soweit nichts anderes bestimmt ist, mit Mehrheit der Stimmen der anwesenden Mitglieder gefaßt. Maßgebend ist hierbei nicht die Zahl der Mitglieder. Vielmehr gilt das in § 47 Abs. 7 und 8 BetrVG enthaltene Prinzip der sog. **Stimmengewichtung.** Danach hat jedes Mitglied des Gesamtbetriebsrats grundsätzlich soviele Stimmen, wie wahlberechtigte Arbeitnehmer von ihm repräsentiert werden. Dabei ist die Zahl der bei der letzten Betriebsratswahl in die Wählerliste eingetragenen Arbeitnehmer zugrunde zu legen. Spätere Verkleinerungen oder Vergrößerungen der Belegschaft sind unerheblich[182]. 183

Sind im Betriebsrat beide Gruppen vertreten und wurde je ein gruppenangehöriges Mitglied in den Gesamtbetriebsrat entsandt, hat jedes Mitglied des Gesamtbetriebsrats soviele Stimmen, wie in seinem Betrieb wahlberechtigte Angehörige seiner Gruppe in der Wählerliste eingetragen sind, § 47 Abs. 7 Satz 1 BetrVG. Entsendet der Betriebsrat nur ein Mitglied in den Gesamtbetriebsrat, so hat es nach § 47 Abs. 7 Satz 2 BetrVG soviele Stimmen, wie in dem Betrieb insgesamt wahlberechtigte Arbeitnehmer in der Wählerliste eingetragen sind. Wird der Gesamtbetriebsrat durch Tarifvertrag oder Betriebsvereinbarung verkleinert (s. o. Rz. 133 f.) und wird aus diesem Grund ein Mitglied des Gesamtbetriebsrats für mehrere Betriebe entsandt, so hat es gemäß § 47 Abs. 8 Satz 1 BetrVG soviele Stimmen, wie in den Betrieben, für die es entsandt ist, wahlberechtigte Angehörige seiner Gruppe in den Wählerlisten eingetragen sind. Sind für eine Gruppe mehrere Mitglieder in den Gesamtbetriebsrat entsandt worden, so stehen ihnen die Stimmen anteilig zu (§ 47 Abs. 8 Satz 2 BetrVG). Wird nur ein Mitglied entsandt, so vereinigt es nach § 47 Abs. 8 Satz 3, Abs. 7 Satz 2 BetrVG alle Stimmen entsprechend der Gesamtzahl der repräsentierten wahlberechtigten Arbeitnehmer auf sich. 184

Das Prinzip der sog. Stimmengewichtung kann im Einzelfall dazu führen, daß im Gesamtbetriebsrat eines Unternehmens, das viele kleine und einen sehr großen Betrieb hat, die in den Gesamtbetriebsrat entsandten Mitglieder des Betriebsrats des sehr großen Betriebes stets die Mehrheit der Stimmen haben. 185

---

[182] *Joost*, in: Münchener Handbuch zum Arbeitsrecht, Band 3, § 305 Rz. 75.

Beispiel:

Der Gesamtbetriebsrat eines Unternehmens mit 15 Betrieben besteht aus 30 Mitgliedern, jeweils 15 Arbeiter- und Angestelltenvertretern. Die Gesamtzahl der von ihnen repräsentierten wahlberechtigten Arbeitnehmer beträgt 14 000, davon 8000 Arbeiter und 6000 Angestellte. Vertritt ein an der Beschlußfassung teilnehmendes Mitglied 7600 Stimmen, die anderen 29 Mitglieder zusammen 6400 Stimmen, kann das erstgenannte Mitglied die übrigen Mitglieder stets überstimmen und damit den Beschluß herbeiführen.

186 Soweit Beschlüsse des Gesamtbetriebsrats mit **einfacher Stimmenmehrheit** zu fassen sind, bedürfen sie der Mehrheit der Stimmen der anwesenden (und an der Beschlußfassung teilnehmenden) Mitglieder des Gesamtbetriebsrats, wobei es allein auf die Zahl der von den Mitgliedern vertretenen Stimmen ankommt[183]. Ein Mitglied des Gesamtbetriebsrats kann die ihm zustehenden Stimmen nur **einheitlich** abgeben. Ein **Aufteilen** der Stimmen ist **nicht möglich**[184]. Bei Stimmengleichheit ist ein Antrag abgelehnt (§ 51 Abs. 4 Satz 2 BetrVG). Auch bei der Ermittlung der Stimmengleichheit ist nicht von der Zahl der anwesenden Mitglieder, sondern allein von den Stimmengewichten auszugehen[185].

187 Bestimmte Beschlüsse bedürfen der **absoluten** Mehrheit (d. h. der Mehrheit aller Stimmen der Gesamtbetriebsratsmitglieder), und zwar
- ▶ die Übertragung von Aufgaben zur selbständigen Erledigung auf den Gesamtbetriebsausschuß (§§ 51 Abs. 1 Satz 1, 27 Abs. 3 BetrVG) sowie auf andere Ausschüsse oder einzelne Mitglieder (§§ 51 Abs. 1 Satz 1, 28 BetrVG);
- ▶ der Erlaß einer Geschäftsordnung (§§ 51 Abs. 1 Satz 1, 36 BetrVG);
- ▶ die Beauftragung des Konzernbetriebsrats mit der Wahrnehmung einer Angelegenheit für den Gesamtbetriebsrat (§ 58 Abs. 2 BetrVG);
- ▶ die Übertragung der Aufgaben des Wirtschaftsausschusses auf einen Ausschuß des Gesamtbetriebsrats (§§ 51 Abs. 6, 107 Abs. 3 BetrVG).

188 Ist für die Beschlußfassung eine absolute Mehrheit erforderlich, so muß der Gesamtbetriebsrat beschlußfähig sein (s. u. Rz. 190 f.) und es müssen dem Beschluß so viele Mitglieder zustimmen, daß deren

---

183 *Dietz/Richardi*, § 51 Rz. 45; *Fitting/Kaiser/Heither/Engels*, § 51 Rz. 55; *Trittin*, in: Däubler/Kittner/Klebe, § 51 Rz. 31.
184 *Trittin*, in: Däubler/Kittner/Klebe, § 51 Rz. 32.
185 *Fitting/Kaiser/Heither/Engels*, § 51 Rz. 56; *Trittin*, in: Däubler/Kittner/Klebe, § 51 Rz. 32.

II. Gesamtbetriebsrat

Stimmengewichte mehr als die Hälfte aller im Gesamtbetriebsrat vertretenen Stimmengewichte betragen[186].

Beispiel:
Der Gesamtbetriebsrat besteht aus 40 Mitgliedern. Diese haben insgesamt 40 000 Stimmen. An der Abstimmung über den Entwurf einer Geschäftsordnung nehmen 20 Mitglieder (mindestens die Hälfte der Mitglieder) teil, die zusammen 25 000 Stimmen, und damit mehr als die Hälfte der Stimmen, vertreten.
Stimmen für den Beschluß 16 Mitglieder mit zusammen 18.000 Stimmen und lehnen 4 Mitglieder mit zusammen 7000 Stimmen den Beschluß ab, so ist der Beschluß nicht zustande gekommen.
Stimmen für den Beschluß 4 Mitglieder mit zusammen 21 000 Stimmen und lehnen 16 Mitglieder mit zusammen 4000 Stimmen den Beschluß ab, so hat der Beschluß die erforderliche Mehrheit gefunden.

Nach §§ 73 Abs. 2, 67 Abs. 2 BetrVG hat die **Gesamtjugend- und Auszubildendenvertretung** Stimmrecht im Gesamtbetriebsrat, soweit der zu fassende Beschluß überwiegend jugendliche oder auszubildende Arbeitnehmer des Unternehmens betrifft. Dabei gibt die Gesamtjugend- und Auszubildendenvertretung jedoch nicht die Gesamtheit der auf sie entfallenden Stimmen geschlossen ab. Vielmehr kann jedes an der Abstimmung teilnehmende Mitglied der Gesamtjugend- und Auszubildendenvertretung nur die Stimmen abgeben, die ihm nach § 72 Abs. 7 BetrVG zustehen[187].

189

b) Beschlußfähigkeit

Der Gesamtbetriebsrat ist nach § 51 Abs. 4 Satz 3 BetrVG nur beschlußfähig, wenn mindestens die Hälfte seiner Mitglieder an der Beschlußfassung teilnimmt und die Teilnehmenden mindestens die Hälfte aller Stimmen vertreten.

190

Beispiel:
Der Gesamtbetriebsrat besteht aus 20 Mitgliedern. Diese haben insgesamt 2000 Stimmen. Beschlußfähigkeit liegt vor, wenn mindestens 10 Mitglieder anwesend sind und diese mindestens 1000 Stimmen vertreten.

Die Gruppenzugehörigkeit der anwesenden Mitglieder ist grundsätzlich ohne Bedeutung. Die stellvertretende Teilnahme durch Ersatz-

191

---
[186] *Dietz/Richardi*, § 51 Rz. 46; *Fitting/Kaiser/Heither/Engels*, § 51 Rz. 58.
[187] *Fitting/Kaiser/Heither/Engels*, § 51 Rz. 60; *Trittin*, in: Däubler/Kittner/Klebe, § 51 Rz. 34.

mitglieder ist zulässig. Nimmt die Gesamtjugend- und Auszubildendenvertretung gemäß §§ 73 Abs. 2, 67 Abs. 2 BetrVG an der Beschlußfassung teil, werden die Stimmen der Gesamtjugend- und Auszubildendenvertretung nur bei der Feststellung der Stimmenmehrheit, **nicht** aber bei der Frage der **Beschlußfähigkeit,** mitgezählt[188].

8. Rechtsstellung des Gesamtbetriebsrats gegenüber den einzelnen Betriebsräten

192 Der Gesamtbetriebsrat ist ein **gleichberechtigt neben den** einzelnen **Betriebsräten** stehendes betriebsverfassungsrechtliches Organ und diesen weder übergeordnet (§ 50 Abs. 1 Satz 2 BetrVG) noch untergeordnet. Demgemäß ist er weder verpflichtet, Weisungen der einzelnen Betriebsräte zu folgen, noch ist er berechtigt, diesen Weisungen zu erteilen oder verbindliche Richtlinien für die Behandlung von einzelnen Angelegenheiten vorzugeben[189]. Insbesondere kommt ihm bei fehlender Einigung zwischen Arbeitgeber und den einzelnen Betriebsräten keine Entscheidungskompetenz zu.

193 Zwar kann der Gesamtbetriebsrat als Verbindungsorgan zwischen den einzelnen Betriebsräten in Erscheinung treten und sich um gleichartige Regelungen einer Angelegenheit in den einzelnen Betrieben bemühen. Jedoch kann er auf die Willensbildung der einzelnen Betriebsräte nicht bestimmend Einfluß nehmen[190].

194 Eine Änderung dieser Kompetenzverteilung durch Tarifvertrag oder Betriebsvereinbarung ist nicht möglich[191].

9. Zuständigkeit des Gesamtbetriebsrats

a) Zuständigkeit kraft Gesetzes (§ 50 Abs. 1 BetrVG)

195 Nach der Generalklausel des § 50 Abs. 1 Satz 1 BetrVG ist der Gesamtbetriebsrat zuständig für die Behandlung von Angelegenheiten, die das Gesamtunternehmen oder mehrere Betriebe betreffen und nicht durch die einzelnen Betriebsräte innerhalb ihrer Betriebe gere-

---

188 *Joost,* in: Münchener Handbuch zum Arbeitsrecht, Band 3, § 305 Rz. 103; *Dietz/Richardi,* § 51 Rz. 47; *Fitting/Kaiser/Heither/Engels,* § 51 Rz. 60; *Trittin,* in: Däubler/Kittner/Klebe, § 51 Rz. 34 m. w. Nachw.
189 *Joost,* in: Münchener Handbuch zum Arbeitsrecht, Band 3, § 305 Rz. 43; *Dietz/Richardi,* § 51 Rz. 28; *Fitting/Kaiser/Heither/Engels,* § 50 Rz. 5 m. w. Nachw.
190 *Dietz/Richardi,* § 50 Rz. 28; *Fitting/Kaiser/Heither/Engels,* § 50 Rz. 6 m. w. Nachw.
191 BAG vom 28. 4. 1992, AP Nr. 11 zu § 50 BetrVG 1972.

II. Gesamtbetriebsrat

gelt werden können. Unter diesen Voraussetzungen hat der Gesamtbetriebsrat die im BetrVG enthaltenen mitbestimmungsrechtlichen Aufgaben wahrzunehmen.

Die Zuständigkeit des Gesamtbetriebsrats nach § 50 Abs. 1 Satz 1 BetrVG steht nicht zur Disposition. Sie kann nicht durch eine Vereinbarung zwischen Gesamtbetriebsrat und Arbeitgeber zu Lasten der Einzelbetriebsräte erweitert werden. Eine Gesamtbetriebsvereinbarung kann eine nach § 50 Abs. 1 Satz 1 BetrVG nicht gegebene Zuständigkeit nicht begründen[192]. 196

Soweit die Beteiligungsrechte von einer bestimmten Belegschaftsstärke in den einzelnen Betrieben abhängen, bleibt diese auch maßgebend, wenn gemäß § 50 Abs. 1 Satz 1 BetrVG die Zuständigkeit des Gesamtbetriebsrats gegeben sein sollte[193]. Betrifft z. B. eine Betriebsänderung i. S. v. § 111 BetrVG mehrere Betriebe, von denen keiner mehr als 20 wahlberechtigte Arbeitnehmer beschäftigt, stehen dem Gesamtbetriebsrat keine Beteiligungsrechte zu. Ist jedoch umgekehrt unter den mehreren Betrieben, die von einer Betriebsänderung betroffen werden, ein Betrieb mit weniger als 20 Arbeitnehmern, so beziehen sich die Beteiligungsrechte des Gesamtbetriebsrats aus §§ 111 ff. BetrVG auch auf diesen Betrieb[194]. 197

Liegen die Voraussetzungen des § 50 Abs. 1 Satz 1 BetrVG vor, ist eine originäre Zuständigkeit des Gesamtbetriebsrats gegeben, die eine Zuständigkeit der Einzelbetriebsräte von Anfang an ausschließt[195]. Dies gilt selbst dann, wenn der Gesamtbetriebsrat von seiner Regelungskompetenz keinen Gebrauch macht[196]. Möglich ist aber, daß der Gesamtbetriebsrat in Angelegenheiten, in denen er nach § 50 Abs. 1 Satz 1 BetrVG zuständig ist, lediglich Rahmenregelungen trifft und die nähere Ausgestaltung den Einzelbetriebsräten überläßt[197]. 198

Umstritten ist, ob sich die Regelungskompetenz des Gesamtbetriebsrats auch auf solche – betriebsratsfähige und nicht betriebsratsfähige – Betriebe im Unternehmen erstreckt, in denen kein Betriebsrat 199

---

[192] BAG vom 26. 1. 1993, AP Nr. 102 zu § 99 BetrVG 1972.
[193] *Joost*, in: Münchener Handbuch zum Arbeitsrecht, Band 3, § 305 Rz. 46; *Dietz/Richardi*, § 50 Rz. 27; *Fitting/Kaiser/Heither/Engels*, § 50 Rz. 10 m. w. Nachw.
[194] LAG Bremen vom 31. 10. 1986, BB 1987, 195; *Joost*, in: Münchener Handbuch zum Arbeitsrecht, Band 3, § 305 Rz. 46.
[195] BAG vom 6. 4. 1976, AP Nr. 2 zu § 50 BetrVG 1972.
[196] *Ehrich*, ZfA 1993, 427 (429 ff.) m. w. Nachw.; **a. A.** *Fitting/Kaiser/Heither/Engels*, § 50 Rz. 14.
[197] *Ehrich*, ZfA 1993, 427 (430) m. w. Nachw.; **a. A.** LAG Nürnberg vom 21. 9. 1992, NZA 1993, 281.

besteht. Von der wohl h. M. im Schrifttum[198] wird dies mit der Begründung bejaht, der Gesamtbetriebsrat werde für das gesamte Unternehmen errichtet und vertrete die Arbeitnehmer des Unternehmens einheitlich. Dagegen nimmt das BAG[199] zu Recht an, daß sich die Zuständigkeit des Gesamtbetriebsrats nicht auf solche betriebsratsfähigen Betriebe des Unternehmens erstreckt, in denen kein Betriebsrat gewählt worden ist. Denn diese Betriebe stehen außerhalb der Betriebsverfassung, weswegen der Gesamtbetriebsrat auch nicht von deren Belegschaft legitimiert ist (vgl. § 47 Abs. 2 BetrVG).

200 Wird – in Übereinstimmung mit dem BAG – davon ausgegangen, daß sich die Zuständigkeit des Gesamtbetriebsrats nicht auf solche betriebsratsfähigen Betriebe erstreckt, in denen kein Betriebsrat besteht, gilt dies – was vom BAG ausdrücklich offengelassen wurde[200] – konsequenterweise ebenso für Betriebe, die nach § 1 BetrVG nicht betriebsratsfähig sind, da es auch insoweit an einer demokratischen Legitimierung für den Gesamtbetriebsrat fehlt[201].

201 Die Zuständigkeit des Gesamtbetriebsrats ist von zwei Voraussetzungen abhängig, die kumulativ vorliegen müssen:
▶ Die Angelegenheit muß entweder das Gesamtunternehmen oder zumindest mehrere Betriebe des Unternehmens betreffen.
▶ Die Angelegenheit darf nicht durch die einzelnen Betriebsräte innerhalb ihrer Betriebe geregelt werden können.

202 Das Erfordernis der „überbetrieblichen Aufgaben" bedeutet, daß diese stets über den betrieblichen Bereich hinausgehen müssen. Demgemäß gehören Angelegenheiten, die nur einen Betrieb betreffen, ausschließlich zur Zuständigkeit seines Betriebsrats[202]. Die Zuständigkeit des Gesamtbetriebsrats ist nur gegeben, wenn eine Angelegenheit mehre-

---

198 *Joost*, in: Münchener Handbuch zum Arbeitsrecht, Band 3, § 305 Rz. 48 f.; *Dietz/Richardi*, § 50 Rz. 31; *Fitting/Kaiser/Heither/Engels*, § 50 Rz. 12; *Trittin*, in: Däubler/Kittner/Klebe, § 50 Rz. 17 m. w. Nachw.
199 BAG vom 16. 8. 1983, AP Nr. 5 zu § 50 BetrVG 1972. Bestätigt durch BAG vom 25. 4. 1995, AP Nr. 130 zu § 242 BGB Gleichbehandlung und BAG vom 21. 3. 1996, NZA 1996, 974 = DB 1996, 2230 = BB 1996, 152. Ebenso *Ehrich*, ZfA 1993, 427 (432 ff.) m. w. Nachw.
200 Vgl. BAG vom 16. 8. 1983, AP Nr. 5 zu § 50 BetrVG 1972.
201 *Ehrich*, ZfA 1993, 427 (435) m. w. Nachw.
202 *Ehrich*, ZfA 1993, 427 (436) m. w. Nachw. Siehe dazu auch LAG Hamm vom 1. 2. 1996, NZA 1997, 114, wonach ein Arbeitsschutzausschuß i. S. von § 11 Abs. 1 ASiG auch in Großunternehmen wegen fehlender Zuständigkeit des Gesamtbetriebsrats nach § 50 Abs. 1 BetrVG nicht unternehmensweit unter Hinzuziehung von Mitgliedern des Gesamtbetriebsrats eingerichtet werden könne.

II. Gesamtbetriebsrat

re, d. h. mindestens zwei, oder sämtliche Betriebe des Unternehmens betrifft.

Weiterhin verlangt § 50 Abs. 1 Satz 1 BetrVG hinsichtlich der Zuständigkeit des Gesamtbetriebsrats, daß die überbetriebliche Angelegenheit nicht durch die einzelnen Betriebsräte innerhalb ihrer Betriebe geregelt werden kann. Die Auslegung des unbestimmten Rechtsbegriffs „Nicht-regeln-können" bereitet in der Praxis nicht selten erhebliche Schwierigkeiten[203]. Einigkeit besteht darüber, daß unter „Nicht-regeln-können" keine denkgesetzliche Unmöglichkeit zu verstehen ist. Anderenfalls wäre der Gesamtbetriebsrat niemals nach § 50 Abs. 1 Satz 1 BetrVG zuständig, da inhaltlich übereinstimmende Regelungen von den Einzelbetriebsräten für ihren jeweiligen Betrieb stets getroffen werden können[204]. Ebensowenig genügen die bloße Zweckmäßigkeit einer einheitlichen Regelung oder ein Koordinierungsinteresse des Arbeitgebers, um die Zuständigkeit des Gesamtbetriebsrats zu begründen. Wären diese Gesichtspunkte Maßstab für die Zuständigkeit des Gesamtbetriebsrats, bliebe es dem Unternehmer weitgehend selbst überlassen, die Zuständigkeit zu bestimmen[205]. 203

Nach ständiger Rechtsprechung des BAG[206] soll der Gesamtbetriebsrat für eine Angelegenheit zuständig sein, wenn der einzelne Betriebsrat objektiv oder subjektiv außerstande ist, das Mitbestimmungsrecht auszuüben oder wenn ein zwingendes Erfordernis für eine unternehmenseinheitliche oder jedenfalls betriebsübergreifende Regelung besteht, wobei – unter Berücksichtigung des jeweiligen Inhalts und Zwecks des infrage stehenden Mitbestimmungsrechts – auf die Verhältnisse des einzelnen konkreten Unternehmens und der konkreten Betriebe abzustellen ist[207]. 204

Für die Zuständigkeitsfrage im Bereich der **sozialen Angelegenheiten** (§ 87 BetrVG) ist davon auszugehen, daß nach § 87 Abs. 1 Einleitungssatz BetrVG grundsätzlich der Einzelbetriebsrat die Mitbestimmungsrechte wahrzunehmen hat. Bei den sozialen Angelegenheiten des § 87 BetrVG handelt es sich im Regelfall um betriebs- und nicht um unternehmensbezogene Tatbestände. Für die Mitbestimmung bei der **Verteilung der Arbeitszeit** (§ 87 Abs. 1 Nr. 2 BetrVG) ist grundsätzlich der Einzelbetriebsrat zuständig; die Zuständigkeit des Ge- 205

---
203 Eingehend hierzu *Ehrich,* ZfA 1993, 427 (436 ff.).
204 *Ehrich,* ZfA 1993, 427 (437) m. w. Nachw.
205 *Ehrich,* ZfA 1993, 427 (437) m. w. Nachw.
206 Siehe etwa BAG vom 20. 4. 1982, DB 1982, 1674; BAG vom 28. 4. 1992, AP Nr. 11 zu § 50 BetrVG 1972; BAG vom 26. 1. 1993, AP Nr. 102 zu § 99 BetrVG 1972.
207 Zu den Bedenken an dieser Definition siehe *Ehrich,* ZfA 1993, 427 (442).

samtbetriebsrats ist jedoch dann gegeben, wenn eine einheitliche Regelung wegen produktionstechnischer Abhängigkeiten sachlich notwendig ist[208]. Bei der unternehmenseinheitlichen **Einführung eines EDV-Systems** (Hardware und Software nach unternehmenseinheitlichen Standards) besteht eine originäre Zuständigkeit des Gesamtbetriebsrats für die Wahrnehmung des Mitbestimmungsrechts aus § 87 Abs. 1 Nr. 6 BetrVG[209].

206 Im Rahmen von § 87 Abs. 1 Nr. 8 bis 12 BetrVG ist die Zuständigkeit des Gesamtbetriebsrats typischerweise dann gegeben, wenn die mitbestimmungspflichtigen Maßnahmen unternehmenseinheitlich oder betriebsübergreifend erfolgen sollen. Besondere Bedeutung kommt insoweit der Zuständigkeit des Gesamtbetriebsrats beim Mitbestimmungstatbestand des § 87 Abs. 1 Nr. 10 BetrVG zu.

207 In einer Entscheidung vom 6. 12. 1988 hatte das BAG[210] die Frage zu klären, ob dem Gesamtbetriebsrat bei Gehalts-, Provisions- und Prämienregelungen des Arbeitgebers für Vertriebsbeauftragte nach § 87 Abs. 1 Nr. 10 BetrVG ein Mitbestimmungsrecht zusteht. Der Arbeitgeber war ein Großunternehmen der Computer-Industrie mit über 60 Geschäftsstellen in allen größeren Städten der Bundesrepublik. Er beschäftigte in den Geschäftsstellen etwa 450 Verkäufer. Diese Mitarbeiter gliederte er in Vertriebsassistenten, Vertriebsbeauftragte, Senior-Vertriebsbeauftragte, Verkaufsgruppenleiter und Verkaufsleiter. Den Vertriebsbeauftragten und Senior-Vertriebsbeauftragten zahlte der Arbeitgeber ein Grundgehalt sowie ein am Auftragswert ausgerichtetes variables erfolgsabhängiges Einkommen und verschiedene Prämien. Mit dem Beschlußverfahren begehrte der Gesamtbetriebsrat die Feststellung, daß er bei der Regelung der Entlohnung für Vertriebsbeauftragte ein Mitbestimmungsrecht hat, insbesondere bei der Festlegung des Grundgehalts und bei der Festlegung des Verhältnisses der einzelnen Bestandteile des Gesamtvergütungssystems zueinander.

208 Das BAG hat ein Mitbestimmungsrecht des Gesamtbetriebsrats bei der Feststellung des Verhältnisses von festen zu variablen Einkommensbestandteilen und des Verhältnisses der variablen Einkommensbestandteile untereinander angenommen. Die Voraussetzungen des § 50 Abs. 1 BetrVG hat es für gegeben erachtet, da der Arbeitgeber die Vergütung der Vertriebsbeauftragten des gesamten Unternehmens nur

---

208 BAG vom 23. 9. 1975, AP Nr. 1 zu § 50 BetrVG 1972; Ehrich, ZfA 1993, 427 (448 f.).
209 LAG Düsseldorf vom 21. 8. 1987, NZA 1988, 211; Ehrich, ZfA 1993, 427 (452 f.).
210 BAG vom 6. 12. 1988, AP Nr. 37 zu § 87 BetrVG 1972 Lohngestaltung.

II. Gesamtbetriebsrat

einheitlich regeln wolle[211]. Die vorgegebene Entscheidung, die Vergütung zentral zu regeln, lasse eine Mitbestimmung der einzelnen Betriebsräte nicht zu. Ansonsten bestünde die Gefahr, daß zentrale Entscheidungen nicht mehr erfolgten, sondern unterschiedliche Ordnungen für einzelne Betriebe Platz griffen. Selbst wenn die bloße Zweckmäßigkeit einer einheitlichen Regelung nicht ausreiche, sei vorliegend die Zuständigkeit des Gesamtbetriebsrats zu bejahen, da der Unternehmer entschieden habe, daß das Entgeltsystem für alle Vertriebsbeauftragten unternehmenseinheitlich festgelegt werden solle. Es sei daher keine Frage bloßer Zweckmäßigkeit, sondern auch eine Frage der Lohngerechtigkeit, daß das Verhältnis von festen Gehaltsbestandteilen zu variablen Einkommensbestandteilen und das Verhältnis der einzelnen variablen Einkommensbestandteile untereinander einheitlich für das gesamte Unternehmen festgelegt werde[212].

Unter Bezugnahme auf diese Entscheidung hat das BAG in einer späteren Entscheidung[213] ausgeführt: 209

„Will der Arbeitgeber eine freiwillige Leistung nur unternehmenseinheitlich gewähren, so begründet schon diese mitbestimmungsfreie Zweckbestimmung die Zuständigkeit des Gesamtbetriebsrats hinsichtlich des Verteilungsplans."

Sofern der Arbeitgeber eine zusätzliche Jahressondervergütung nur zahlen will, wenn eine einheitliche Regelung für das Gesamtunternehmen zustande kommt, kann nach Ansicht des BAG allein der Gesamtbetriebsrat das Mitbestimmungsrecht aus § 87 Abs. 1 Nr. 10 BetrVG wahrnehmen. In dem Fall entstehe nämlich ein Abstimmungsbedarf zwischen den Interessen der Einzelbelegschaften, der eine sachgerechte Ausübung des Mitbestimmungsrechts auf einzelbetrieblicher Ebene ausschließe[214]. 210

Die Frage der **Personalplanung** (§ 92 BetrVG) fällt in den Zuständigkeitsbereich des Gesamtbetriebsrats, soweit der Personalbedarf für das gesamte Unternehmen geplant wird und damit ein tatsächliches Bedürfnis nach einer unternehmenseinheitlichen Regelung besteht[215]. Auch hier würden unterschiedliche Regelungen zwischen den Einzelbetriebsräten und dem Arbeitgeber der vorgegebenen Unternehmensstruktur widersprechen. Bei der Aufstellung von Personalfrage- 211

---

211 BAG vom 6. 12. 1988, AP Nr. 37 zu § 87 BetrVG 1972 Lohngestaltung.
212 BAG vom 6. 12. 1988, AP Nr. 37 zu § 87 BetrVG 1972 Lohngestaltung.
213 BAG vom 11. 2. 1992, AP Nr. 50 zu § 76 BetrVG 1972.
214 BAG vom 11. 2. 1992, AP Nr. 50 zu § 76 BetrVG 1972.
215 *Ehrich,* ZfA 1993, 427 (459) m. w. Nachw.

bögen, Formulararbeitsverträgen und Beurteilungsgrundsätzen (§ 94 BetrVG) ist der Gesamtbetriebsrat dann zuständig, wenn im Hinblick auf die Gleichartigkeit der Betriebe und eine unternehmenseinheitlich durchgeführte Personalpolitik unterschiedliche Regelungen dieser Angelegenheiten sachlich nicht vertretbar wären[216]. Eine sachgerechte Ausübung des Mitbestimmungsrechts auf einzelbetrieblicher Ebene wäre bei derartigen Sachlagen ausgeschlossen. Entsprechendes gilt für die Beteiligungsrechte bei der Aufstellung von Auswahlrichtlinien nach § 95 BetrVG[217]. Hinsichtlich der Ausschreibung von Arbeitsplätzen gemäß § 93 BetrVG kommt die Zuständigkeit des Gesamtbetriebsrats in Betracht, sofern wegen der unternehmenseinheitlichen Personalplanung die Ausschreibung auf Unternehmensebene im Interesse der Arbeitnehmer liegt[218].

212 Organisatorische Angelegenheiten der **Berufsbildung** i. S. der §§ 96 bis 97 BetrVG können in den Zuständigkeitsbereich des Geamtbetriebsrats fallen, soweit die Maßnahmen von der Unternehmensleitung zentral durchgeführt werden bzw. mit einer unternehmenseinheitlichen Personalplanung zusammenhängen[219]. In diesen Fällen würden unterschiedliche Regelungen zwischen den Einzelbetriebsräten und dem Arbeitgeber mit der vorgegebenen Struktur des Unternehmens in Widerspruch stehen. Dagegen ist bei der Einzeldurchführung von Berufsbildungsmaßnahmen im betrieblichen Bereich (§ 98 Abs. 1 bis 5 BetrVG) sowie bei der Durchführung anderer betrieblicher Bildungsmaßnahmen i. S. v. § 98 Abs. 6 BetrVG regelmäßig der Einzelbetriebsrat zuständig, sofern sich nicht die Durchführung der Berufsbildungsmaßnahmen von Anfang an auf mehrere Betriebe erstreckt und nur so sachgerecht erfolgen kann[220].

213 Die Mitwirkung bei den **personellen Einzelmaßnahmen** i. S. d. §§ 99 ff. BetrVG fällt grundsätzlich in die Zuständigkeit der Einzelbetriebsräte, da Einstellungen, Eingruppierungen, Umgruppierungen und Versetzungen (§ 99 BetrVG) sowie Kündigungen (§§ 102, 103 BetrVG) regelmäßig nur den einzelnen Betrieb betreffen[221]. Dies gilt auch bei einer Versetzung eines Arbeitnehmers von einem Betrieb in einen anderen Betrieb desselben Unternehmens[222] oder bei der Beset-

---

216 *Ehrich,* ZfA 1993, 427 (459 f.) m. w. Nachw.
217 *Ehrich,* ZfA 1993, 427 (460) m. w. Nachw.
218 *Ehrich,* ZfA 1993, 427 (460) m. w. Nachw.
219 *Ehrich,* ZfA 1993, 427 (460) m. w. Nachw.
220 *Ehrich,* ZfA 1993, 427 (460 f.) m. w. Nachw.
221 BAG vom 21. 3. 1996, NZA 1996, 974 = DB 1996, 2230 = BB 1996, 1502; *Ehrich,* ZfA 1993, 427 (461) m. w. Nachw.
222 BAG vom 20. 9. 1990, AP Nr. 84 zu § 99 BetrVG 1972; BAG vom 26. 1. 1993, AP Nr. 102 zu § 99 BetrVG 1972; *Ehrich,* ZfA 1993, 427 (461) m. w. Nachw.

zung eines Arbeitsplatzes bei der Unternehmensleitung, dessen Inhaber Kompetenzen für sämtliche Betriebe haben soll[223]. Bei der Kündigung des Arbeitsverhältnisses durch den bisherigen Betriebsinhaber wegen fehlender Weiterbeschäftigungsmöglichkeiten nach einem Widerspruch des Arbeitnehmers gegen den Übergang seines Arbeitsverhältnisses auf einen neuen Betriebsinhaber ist der Gesamtbetriebsrat im Unternehmen des bisherigen Betriebsinhabers selbst dann nicht anzuhören, wenn der Widerspruch des Arbeitnehmers dazu führt, daß zu der Kündigung keiner der im Unternehmen des bisherigen Betriebsinhabers gebildeten Einzelbetriebsräte anzuhören ist[224]. Eine originäre Zuständigkeit des Gesamtbetriebsrats kommt bei personellen Einzelmaßnahmen lediglich dann in Betracht, wenn ein Arbeitsverhältnis mehreren Betrieben des Unternehmens gleichzeitig zuzuordnen ist[225].

Im **wirtschaftlichen Bereich** (§§ 106 bis 110 BetrVG) weist das Gesetz in den §§ 107, 108 Abs. 6, 109 Abs. 4 BetrVG dem Gesamtbetriebsrat ausdrücklich Zuständigkeiten in Angelegenheiten zu, die mit der Errichtung und der Wahrnehmung der Aufgaben des Wirtschaftsausschusses zusammenhängen (s. u. Rz. 232 ff.). 214

Bei **Betriebsänderungen** i. S. der §§ 111 ff. BetrVG ist die Zuständigkeit des Gesamtbetriebsrats nach § 50 Abs. 1 BetrVG gegeben, wenn sich die Maßnahme auf alle oder mehrere Betriebe auswirkt und deshalb eine einheitliche Regelung notwendig ist. Dies kann etwa der Fall sein bei einer Stillegung aller Betriebe oder der Zusammenlegung mehrerer Betriebe[226]. 215

Die Aufgabe des Betriebsrats nach § 80 Abs. 1 Nr. 1 BetrVG darüber zu wachen, daß die zugunsten der Arbeitnehmer geltenden Betriebsvereinbarungen durchgeführt werden, geht nicht auf den Gesamtbetriebsrat über, wenn dieser über eine mitbestimmungspflichtige Angelegenheit eine Betriebsvereinbarung schließt. Denn die Überwachungsaufgaben nach § 80 Abs. 1 BetrVG hat stets der einzelne Be- 216

---

223 ArbG Berlin vom 25. 4. 1983, BB 1983, 1920; *Ehrich,* ZfA 1993, 427 (461 f.).
224 BAG vom 21. 3. 1996, NZA 1996, 974 = DB 1996, 2230 = BB 1996, 1502.
225 BAG vom 21. 3. 1996, NZA 1996, 974 = DB 1996, 2230 = BB 1996, 1502 m. w. Nachw. Weitergehend *Fitting/Kaiser/Heither/Engels,* § 50 Rz. 40, wonach eine Zuständigkeit des Gesamtbetriebsrats bei personellen Einzelmaßnahmen ausnahmsweise auch dann gegeben sein könne, wenn bei einer besonderen Ausbildung bestimmter Arbeitnehmer auf Unternehmensebene die Durchführung der Ausbildung sich von vornherein auf mehrere Betriebe erstrecke und nur so sachgerecht erfolgen könne.
226 BAG vom 20. 4. 1994, AP Nr. 27 zu § 113 BetrVG 1972; BAG vom 24. 1. 1996, NZA 1996, 1107 m. w. Nachw. Siehe dazu auch *Ehrich,* ZfA 1993, 427 (463 f.).

triebsrat für seinen Betrieb. Etwas anderes gilt nur dann, wenn der Betriebsrat den Gesamtbetriebsrat nach § 50 Abs. 2 BetrVG beauftragt hat, die Frage der Überwachung der Durchführung der Betriebsvereinbarung für ihn zu regeln[227].

b) Zuständigkeit kraft Auftrags (§ 50 Abs. 2 BetrVG)

217 Der Betriebsrat kann nach § 50 Abs. 2 Satz 1 BetrVG mit der Mehrheit der Stimmen seiner Mitglieder den Gesamtbetriebsrat beauftragen, eine Angelegenheit für ihn zu behandeln. Damit soll den Betriebsräten die Gelegenheit eingeräumt werden, sich die besseren Verhandlungsmöglichkeiten des Gesamtbetriebsrats wegen seines unmittelbaren Kontaktes zur Unternehmensleitung zunutze zu machen. Darüber hinaus ermöglicht es § 50 Abs. 2 BetrVG den Einzelbetriebsräten, in einer Angelegenheit, deren einheitliche Regelung zwar nicht unbedingt erforderlich ist, jedoch zweckmäßig erscheint, durch Delegation auf den Gesamtbetriebsrat eine einheitliche Regelung für alle oder einen Teil der Betriebe des Unternehmens zu erreichen[228].

218 Die Beauftragung kann sich grundsätzlich nur auf eine **einzelne Angelegenheit** beziehen. Die generelle Übertragung ganzer Zuständigkeitsbereiche ist unzulässig, da § 50 Abs. 2 Satz 1 BetrVG lediglich „eine" Angelegenheit erwähnt, nicht aber wie die §§ 27 Abs. 3, 38 Abs. 1 BetrVG von Aufgaben spricht, die den Ausschüssen zur selbständigen Erledigung übertragen werden können[229]. Möglich ist jedoch die Übertragung mehrerer gleicher oder ähnlich liegender Fälle, sofern diese nach Art und Umfang konkretisiert sind und sich der Einzelbetriebsrat nicht der Verantwortung seiner wesentlichen Aufgaben entzieht[230].

219 Die Beauftragung des Gesamtbetriebsrats durch einen oder mehrere Betriebsräte kann sich auf jede Frage beziehen, die in den Zuständigkeitsbereich der Einzelbetriebsräte fällt, so z. B. auch die Wahrnehmung von Mitbestimmungsrechten oder den Abschluß von Betriebsvereinbarungen. Zulässig ist ebenfalls die Beauftragung des Gesamtbetriebsrats, im Wege der sog. gewillkürten Prozeßstandschaft für den Betriebsrat im eigenen Namen einen Anspruch des Betriebsrats gerichtlich geltend zu machen[231].

---

227 Vgl. BAG vom 20. 12. 1988, AP Nr. 62 zu § 99 BetrVG 1972.
228 *Ehrich*, ArbuR 1993, 68 (69).
229 BAG vom 23. 1. 1993, AP Nr. 102 zu § 99 BetrVG 1972; *Ehrich*, ArbuR 1993, 68 (69) m. w. Nachw.
230 *Ehrich*, ArbuR 1993, 68 (69) m. w. Nachw.
231 *Ehrich*, ArbuR 1993, 68 (69) m. w. Nachw.

II. Gesamtbetriebsrat

Der Betriebsrat kann sich gemäß § 50 Abs. 2 Satz 2 BetrVG bei der Beauftragung die Entscheidungsbefugnis vorbehalten mit der Folge, daß dem Gesamtbetriebsrat der Abschluß einer bindenden Vereinbarung untersagt ist. Der gesetzliche Regelfall ist hingegen die Beauftragung mit Entscheidungsbefugnis. Hat der Gesamtbetriebsrat die Angelegenheit in diesem Rahmen erledigt, so ist der Betriebsrat hieran gebunden. 220

Die Beauftragung des Gesamtbetriebsrats setzt in formeller Hinsicht einen Beschluß des Betriebsrats voraus, der einer qualifizierten Mehrheit bedarf; d. h. die Mehrheit aller Betriebsratsmitglieder ist erforderlich[232]. Die Mehrheit der Anwesenden oder der sich an der Abstimmung beteiligenden Mitglieder reicht sonach nicht aus. Weiterhin bedarf die Beauftragung nach § 50 Abs. 2 Satz 3 BetrVG i. V. m. § 27 Abs. 3 Satz 3 BetrVG der Schriftform. Sowohl der Beschluß als auch dessen Mitteilung an den Gesamtbetriebsrat müssen schriftlich erfolgen. Mit dem Zugang der schriftlichen Mitteilung an den Gesamtbetriebsratsvorsitzenden (§§ 51 Abs. 1 Satz 1, 26 Abs. 3 Satz 2 BetrVG) wird die Beauftragung wirksam. Die Nichteinhaltung des Schriftformerfordernisses führt gemäß § 125 BGB analog zur Nichtigkeit der Beauftragung[233]. 221

Solange die Angelegenheit durch den Gesamtbetriebsrat noch nicht verbindlich geregelt wurde, ist ein Widerruf der Beauftragung durch den Betriebsrat jederzeit ohne besonderen Grund möglich[234]. Ebenso wie die Beauftragung setzt der Widerruf einen schriftlichen Beschluß des Betriebsrats voraus (§§ 50 Abs. 2 Satz 3, 27 Abs. 3 Satz 4 BetrVG), der einer absoluten Mehrheit der Stimmen seiner Mitglieder bedarf und an den Vorsitzenden des Gesamtbetriebsrats schriftlich zu übermitteln ist (§§ 51 Abs. 1 Satz 1, 26 Abs. 3 Satz 2 BetrVG)[235]. Mit dem Zugang der schriftlichen Beschlußausfertigung an den Gesamtbetriebsratsvorsitzenden wird der Widerruf wirksam. Die Zuständigkeit des Gesamtbetriebsrats für die weitere Behandlung der Angelegenheit entfällt. 222

Das BetrVG enthält keine Angaben darüber, ob der Gesamtbetriebsrat den ihm erteilten Auftrag ausführen muß, oder ob er ein Tätigwerden nach eigenem Ermessen ablehnen kann. Im Hinblick auf den Zweck der Beauftragung, die Position des Betriebsrats zu verstärken, ist von 223

---

232 *Ehrich,* ArbuR 1993, 68 m. w. Nachw.
233 *Ehrich,* ArbuR 1993, 68 (69) m. w. Nachw.
234 *Ehrich,* ArbuR 1993, 68 (69) m. w. Nachw.
235 *Ehrich,* ArbuR 1993, 68 (69) m. w. Nachw.

einer grundsätzlichen Pflicht des Gesamtbetriebsrats zur Ausführung des Auftrags auszugehen[236].

10. Gesamtbetriebsvereinbarungen

224 Im Rahmen seiner Zuständigkeit kann der Gesamtbetriebsrat in gleicher Weise wie der Betriebsrat Betriebsvereinbarungen mit dem Arbeitgeber abschließen (Einzelheiten zu Betriebsvereinbarungen s. Teil F)[237]. Die im Rahmen der gesetzlichen Zuständigkeit nach § 50 Abs. 1 BetrVG abgeschlossenen Vereinbarungen werden als Gesamtbetriebsvereinbarungen bezeichnet. Diese gelten gemäß §§ 51 Abs. 6, 77 Abs. 4 Satz 1 BetrVG unmittelbar und zwingend für alle Arbeitnehmer, die durch den Gesamtbetriebsrat repräsentiert werden. Zur Zuständigkeit des Gesamtbetriebsrats für Betriebe ohne Betriebsrat s. o. Rz. 199 f.

225 Eine Gesamtbetriebsvereinbarung muß aber nicht in jedem Fall eine unternehmenseinheitliche Regelung enthalten. So kann sich der Anwendungsbereich einer Gesamtbetriebsvereinbarung von vornherein auf einen Betrieb oder einzelne Betriebe beschränken, wenn für die anderen Betriebe kein Regelungsbedarf besteht. Möglich ist auch, daß eine Gesamtbetriebsvereinbarung für verschiedene Betriebe verschiedene Regelungen vorsieht, soweit dies sachlich geboten ist[238].

226 Hat der Gesamtbetriebsrat im Rahmen seiner gesetzlichen Zuständigkeit mit dem Arbeitgeber eine Gesamtbetriebsvereinbarung geschlossen, können die einzelnen Betriebsräte über denselben Regelungsgegenstand grundsätzlich keine Betriebsvereinbarungen abschließen, selbst wenn diese für die Arbeitnehmer günstiger wären[239]. Etwas anderes gilt nur dann, wenn die Gesamtbetriebsvereinbarung ergänzende Betriebsvereinbarungen ausdrücklich zuläßt[240].

227 Der Geltungsbereich einer Gesamtbetriebsvereinbarung erstreckt sich nicht auf **später errichtete,** aber **betriebsratslose Betriebe** des Unternehmens (s. o. Rz. 199 f.). Ob insoweit eine Erstreckung des Gel-

---

236 *Joost,* in: Münchener Handbuch zum Arbeitsrecht, Band 3, § 305 Rz. 72; *Ehrich,* ArbuR 1993, 68 (70) m. w. Nachw.; **a. A.** *Fitting/Kaiser/Heither/Engels,* § 50 Rz. 42.
237 *Joost,* in: Münchener Handbuch zum Arbeitsrecht, Band 3, § 305 Rz. 99; *Fitting/Kaiser/Heither/Engels,* § 50 Rz. 52.
238 *Joost,* in: Münchener Handbuch zum Arbeitsrecht, Band 3, § 305 Rz. 100; *Fitting/Kaiser/Heither/Engels,* § 50 Rz. 16.
239 *Dietz/Richardi,* § 50 Rz. 50; *Fitting/Kaiser/Heither/Engels,* § 50 Rz. 54 f. m. w. Nachw.
240 *Joost,* in: Münchener Handbuch zum Arbeitsrecht, Band 3, § 305 Rz. 101; *Fitting/Kaiser/Heither/Engels,* § 50 Rz. 55.

II. Gesamtbetriebsrat   Rz. 229 **Teil B**

tungsbereichs eintritt, wenn für den neu errichteten Betrieb ein Betriebsrat gebildet wird, bestimmt sich danach, ob der Regelungsgegenstand der originären Regelungskompetenz des Gesamtbetriebsrats zuzuordnen oder der Gesamtbetriebsrat nur kraft Auftrags der Einzelbetriebsräte tätig geworden ist. Eine Übernahme von nicht in die originäre Regelungskompetenz des Gesamtbetriebsrats fallenden Gesamtbetriebsvereinbarungen für neu errichtete Betriebe setzt einen förmlichen Beschluß des Betriebsrats des neuen Betriebs analog §§ 58 Abs. 2, 50 Abs. 2 BetrVG voraus[241].

Erwirbt der Unternehmensträger einen **neuen Betrieb,** der nunmehr zum Unternehmen gehört, so gelten für diesen auch solche – bereits bestehenden – Gesamtbetriebsvereinbarungen, die der Gesamtbetriebsrat im Rahmen seiner originären Zuständigkeit nach § 50 Abs. 1 Satz 1 BetrVG abgeschlossen hat und die sich nicht von vornherein auf einen Betrieb oder einzelne Betriebe beschränken[242]. Eine Übernahme von nicht in die originäre Regelungskompetenz des Gesamtbetriebsrats fallenden Gesamtbetriebsvereinbarungen für neu erworbene Betriebe setzt einen förmlichen Beschluß des Betriebsrats der neuen Betriebe analog §§ 58 Abs. 2, 50 Abs. 2 BetrVG voraus[243]. Der Geltungsbereich einer Gesamtbetriebsvereinbarung erstreckt sich nicht auf neu erworbene, aber **betriebsratslose Betriebe,** unabhängig davon, ob diese betriebsratsfähig sind oder nicht (s. o. Rz. 199 f.).   228

Bei der **Fusion** von Unternehmen ist hinsichtlich der Fortgeltung von Gesamtbetriebsvereinbarungen wie folgt zu unterscheiden: Bleibt bei einer Fusion von Unternehmen die Identität des Unternehmens gewahrt, etwa bei der Verschmelzung zur Aufnahme, so gelten die Gesamtbetriebsvereinbarungen des aufnehmenden Unternehmens grundsätzlich weiter. Erfolgt dagegen eine Neubildung des Unternehmens und verlieren damit die bisherigen Unternehmen ihre Identität, gelten die unterschiedlichen Gesamtbetriebsvereinbarungen der vereinigten Unternehmen gemäß analoger Anwendung des § 613a Abs. 1 Satz 2 bis 4 BGB individualrechtlich in ihrem bisherigen Geltungsbereich mit der Möglichkeit der Ablösung durch eine neue Gesamtbetriebsvereinbarung weiter. Bei der Verschmelzung durch Aufnahme werden die Gesamtbetriebsvereinbarungen des übernommenen Unternehmens – ungeachtet der Frage, welche Regelung für die Arbeitnehmer günstiger ist – gemäß § 613a Abs. 1 Satz 3 BGB durch die   229

---

241 LAG München vom 8. 11. 1988, DB 1989, 1880.
242 *Fitting/Kaiser/Heither/Engels,* § 50 Rz. 55; **a. A.** *Stege/Weinspach,* §§ 47–52 Rz. 10.
243 Vgl. LAG München vom 8. 11. 1988, DB 1989, 1880.

Gesamtbetriebsvereinbarungen des aufnehmenden Unternehmens verdrängt[244]. Entsprechendes gilt bei der **Unternehmensaufspaltung**.

230 Bei Meinungsverschiedenheiten zwischen Arbeitgeber und Gesamtbetriebsrat über eine der Mitbestimmung des Gesamtbetriebsrats unterliegende Angelegenheit entscheidet im Streitfall eine für das gesamte Unternehmen zu bildende Einigungsstelle (§ 76 Abs. 1 Satz 1 BetrVG). Die Benennung der Beisitzer der Arbeitnehmerseite nach § 76 Abs. 2 BetrVG obliegt dem Gesamtbetriebsrat[245].

11. Gesamtbetriebsrat und Wirtschaftsausschuß

231 In den §§ 107, 108 Abs. 6, 109 Satz 4 weist das BetrVG dem Gesamtbetriebsrat ausdrücklich Zuständigkeiten in Angelegenheiten zu, die mit der Errichtung und der Wahrnehmung der Aufgaben des Wirtschaftsausschusses zusammenhängen.

232 Nach § 107 Abs. 2 Satz 2, Abs. 3 Satz 6 BetrVG bestimmt der Gesamtbetriebsrat die Mitglieder des Wirtschaftsausschusses und entscheidet darüber, ob die Aufgaben des Wirtschaftsausschusses anderweitig wahrgenommen werden. Weiterhin ist der Gesamtbetriebsrat zuständig für die Beilegung von Streitigkeiten über die Auskunfterteilung des Unternehmens an den Wirtschaftsausschuß, die Entgegennahme der Erläuterung des Jahresabschlusses (§ 108 Abs. 5 BetrVG) sowie über die Abstimmung des vom Unternehmen nach § 110 BetrVG zu erstattenden Berichts über die wirtschaftliche Lage des Unternehmens[246].

233 Maßgebend für die Unterrichtung nach § 106 Abs. 1 Satz 2 BetrVG und § 108 Abs. 4 BetrVG durch den Wirtschaftsausschuß ist dagegen die jeweilige Zuständigkeit der zu unterrichtenden Stelle. Demnach hat der Wirtschaftsausschuß für die Unterrichtung des Einzelbetriebsrats zu sorgen, wenn die Angelegenheit für diesen von Bedeutung ist und in dessen Zuständigkeit fällt[247].

12. Gesamtbetriebsrat und Europäischer Betriebsrat

234 In gemeinschaftsweit tätigen Unternehmen i. S. von § 3 Abs. 1 EBRG sind gemäß §§ 11 Abs. 1 Satz 1, 23 Abs. 1 Satz 1, 18 Abs. 2 EBRG die nach dem EBRG oder dem Gesetz eines anderen Mitgliedstaates auf die im Inland beschäftigten Arbeitnehmer entfallenden Mitglieder

---
244 Siehe zu alledem *Fitting/Kaiser/Heither/Engels*, § 77 Rz. 141.
245 *Joost*, in: Münchener Handbuch zum Arbeitsrecht, Band 3, § 305 Rz. 101; *Fitting/Kaiser/Heither/Engels*, § 50 Rz. 56.
246 *Ehrich*, ZfA 1993, 427 (462 f.) m. w. Nachw.
247 *Ehrich*, ZfA 1993, 427 (463) m. w. Nachw.

des besonderen Verhandlungsgremiums und des – aufgrund Vereinbarung oder kraft Gesetzes zu errichtenden – Europäischen Betriebsrats zu bestellen. Gleiches gilt nach §§ 11 Abs. 3, 23 Abs. 3, 18 Abs. 2 EBRG in gemeinschaftsweit tätigen Unternehmensgruppen, in denen kein Konzernbetriebsrat besteht (s. u. Rz. 661, 667, 669).

13. Informationspflicht des Gesamtbetriebsrats gegenüber den Einzelbetriebsräten

Eine Informationspflicht des Gesamtbetriebsrats gegenüber einzelnen Betriebsräten ist zwar im BetrVG nicht ausdrücklich vorgesehen. Da aber die Beziehungen zwischen dem Gesamtbetriebsrat und den Betriebsräten des Unternehmens vom Grundsatz beiderseitiger Loyalität beherrscht sind[248], kann sich hieraus auch im Einzelfall eine Pflicht des Gesamtbetriebsrats zur Information der Betriebsräte ergeben. Einer solchen Informationspflicht dürfte indes kaum praktische Bedeutung zukommen, da es sich bei den Mitgliedern des Gesamtbetriebsrats ohnehin gleichzeitig um Mitglieder der einzelnen Betriebsräte handelt (vgl. § 47 Abs. 2 Satz 1 BetrVG), denen die Unterrichtung ihrer jeweiligen Betriebsräte obliegt.

235

14. Betriebsräteversammlung

Nach § 53 Abs. 1 Satz 1 BetrVG hat der Gesamtbetriebsrat mindestens einmal in jedem Kalenderjahr die Vorsitzenden und die stellvertretenden Vorsitzenden der Betriebsräte sowie die weiteren Mitglieder der Betriebsausschüsse zu einer Versammlung einzuberufen. Abweichend hiervon kann der Betriebsrat aus seiner Mitte andere Mitglieder entsenden, soweit dadurch die Gesamtzahl der sich für ihn nach § 53 Abs. 1 Satz 1 BetrVG ergebenden Teilnehmer nicht überschritten wird, § 53 Abs. 1 Satz 2 BetrVG.

236

a) Bedeutung

Die Betriebsräteversammlung dient dem Zweck, einer größeren Anzahl von Betriebsratsmitgliedern, die nicht dem Gesamtbetriebsrat angehören, aus erster Hand Informationen über die Tätigkeit des Gesamtbetriebsrats, über das Personal- und Sozialwesen sowie über die wirtschaftliche Lage und Entwicklung des Unternehmens zu geben[249]. Darüber hinaus bietet sie Gelegenheit zum persönlichen Ge-

237

---

248 Vgl. *Brill,* ArbuR 1983, 169 (170) m. w. Nachw.
249 *Joost,* in: Münchener Handbuch zum Arbeitsrecht, Band 3, § 306 Rz. 2; *Fitting/Kaiser/Heither/Engels,* § 53 Rz. 2.

dankenaustausch der Betriebsratsmitglieder eines Unternehmens untereinander und dient damit einer stärkeren internen Bindung der Mitarbeiter eines Unternehmens.

238 Im Gegensatz zur Betriebsversammlung i. S. der §§ 42 ff. BetrVG ist die Betriebsräteversammlung aber kein Informations- und Diskussionsforum der Arbeitnehmer des Unternehmens, da sie die Arbeitnehmer des Unternehmens nicht unmittelbar betrifft und nicht alle Mitglieder der einzelnen Betriebsräte an ihr teilnahmeberechtigt sind.

b) Zusammensetzung und Aufgaben

239 An der Betriebsräteversammlung teilnahmeberechtigt sind – neben den Gesamtbetriebsratsmitgliedern – die Vorsitzenden und die stellvertretenden Vorsitzenden der einzelnen Betriebsräte sowie die weiteren Mitglieder der Betriebsausschüsse (§ 27 BetrVG) der Einzelbetriebsräte, § 53 Abs. 1 Satz 1 BetrVG. Hat ein Betriebsrat keinen Betriebsausschuß, sind nur der Vorsitzende und der stellvertretende Vorsitzende des Betriebsrats teilnahmeberechtigt[250].

240 Statt der gesetzlich vorgeschriebenen Teilnehmer können die einzelnen Betriebsräte andere Betriebsratsmitglieder entsenden (§ 53 Abs. 1 Satz 2 BetrVG). Die Entsendung anderer als der gesetzlich vorgesehenen Mitglieder erfolgt durch einfachen Mehrheitsbeschluß des Betriebsrats. Ein Gruppenschutz ist dabei nicht vorgesehen[251].

241 Gehören der Vorsitzende des Betriebsrats, sein Stellvertreter oder die weiteren Mitglieder des Betriebsausschusses zugleich dem Gesamtbetriebsrat an und sind sie damit ohnehin teilnahmeberechtigt, werden sie bei der Gesamtzahl der nach § 53 Abs. 1 BetrVG teilnahmeberechtigten Betriebsratsmitglieder nicht mitgerechnet. Somit kann der Betriebsrat für jedes seiner Mitglieder, das bereits Mitglied des Gesamtbetriebsrats ist, ein anderes Mitglied in die Betriebsräteversammlung entsenden[252].

242 Weiterhin ist der Arbeitgeber stets zur Teilnahme an der Betriebsräteversammlung berechtigt und wegen seiner Berichtspflicht nach § 53 Abs. 2 Nr. 2 BetrVG auch verpflichtet. Er ist deshalb unter Mitteilung der Tagesordnung zu der Betriebsräteversammlung zu laden. Gemäß

---

250 *Joost*, in: Münchener Handbuch zum Arbeitsrecht, Band 3, § 306 Rz. 7; *Fitting/Kaiser/Heither/Engels*, § 53 Rz. 6.
251 *Fitting/Kaiser/Heither/Engels*, § 53 Rz. 9 f. m. w. Nachw.
252 *Joost*, in: Münchener Handbuch zum Arbeitsrecht, Band 3, § 306 Rz. 9.

II. Gesamtbetriebsrat

§§ 53 Abs. 3, 46 Abs. 1 Satz 1 BetrVG kann er einen Beauftragten der Arbeitgebervereinigung hinzuziehen, der er angehört.

Teilnahmeberechtigt sind ferner die Beauftragten aller in einem Betrieb des Unternehmens vertretenen Gewerkschaften (§§ 53 Abs. 3, 46 Abs. 1 Satz 1 BetrVG), wobei sich aber die Pflicht des Gesamtbetriebsrats, den Gewerkschaften Zeitpunkt und Tagesordnung der Versammlung mitzuteilen, nur auf die im Gesamtbetriebsrat vertretenen Gewerkschaften beschränkt[253].

243

Ein Teilnahmerecht von Mitgliedern der Gesamtjugend- und Auszubildendenvertretung, der Gesamtschwerbehindertenvertretung, der Mitglieder des Konzernbetriebsrats und des Wirtschaftsausschusses sowie der Arbeitnehmervertreter im Aufsichtsrat ist gesetzlich nicht vorgesehen. Sie können aber von dem Vorsitzenden des Gesamtbetriebsrats zur Teilnahme eingeladen werden, falls hierfür ein sachlicher Grund besteht[254].

244

In der Betriebsräteversammlung hat der Gesamtbetriebsrat einen **Tätigkeitsbericht** zu erstatten (§ 53 Abs. 2 Nr. 1 BetrVG). Der Inhalt des Tätigkeitsberichts ist vom Gesamtbetriebsrat nach § 51 Abs. 4 BetrVG zu beschließen und vom Vorsitzenden des Gesamtbetriebsrats vorzutragen, sofern nicht der Gesamtbetriebsrat ein anderes Mitglied hierfür bestimmt. Außerdem hat der Unternehmer einen **Bericht** über das **Personal- und Sozialwesen** und über **die wirtschaftliche Lage und Entwicklung des Unternehmens** zu erstatten, soweit dadurch nicht Betriebs- oder Geschäftsgeheimnisse gefährdet werden (§ 53 Abs. 2 Nr. 2 BetrVG). Der zu erstattende Bericht muß durch ein Mitglied des Leitungsorgans des Unternehmens (z. B. bei einem Verein durch ein Vorstandsmitglied) gegeben werden, da in § 53 BetrVG – anders als in § 43 Abs. 2 Satz 3 BetrVG oder § 108 Abs. 2 Satz 1 BetrVG – eine Vertretung des Unternehmers bzw. Arbeitgebers nicht vorgesehen ist[255] Eine Vertretung des Unternehmers bzw. Arbeitgebers kommt nur bei Vorliegen zwingender Gründe in Betracht. Der Bericht des Unternehmers ist **mündlich** zu erstatten. Eine schriftliche Ausfertigung des Berichts können die Teilnehmer der Betriebsräteversammlung nicht verlangen. „Erstatten" bedeutet aber mehr als „verlesen".

245

---

253 *Joost,* in: Münchener Handbuch zum Arbeitsrecht, Band 3, § 306 Rz. 11; *Fitting/Kaiser/Heither/Engels,* § 53 Rz. 13; **a. A.** *Dietz/Richardi,* § 53 Rz. 24.
254 *Joost,* in: Münchener Handbuch zum Arbeitsrecht, Band 3, § 306 Rz. 13; *Fitting/Kaiser/Heither/Engels,* § 53 Rz. 15.
255 LAG Frankfurt vom 26. 1. 1989, DB 1989, 1473; *Fitting/Kaiser/Heither/Engels,* § 53 Rz. 19; **a. A.** *Joost,* in: Münchener Handbuch zum Arbeitsrecht, Band 3, § 306 Rz. 20.

Der Unternehmer muß auch Fragen der Teilnehmer zum Bericht beantworten[256].

246 Auf der Betriebsräteversammlung können zudem nach §§ 53 Abs. 3, 45 BetrVG alle Angelegenheiten tarifpolitischer, sozialpolitischer und wirtschaftlicher Art behandelt werden, die das Unternehmen, einen oder mehrere Betriebe oder die Arbeitnehmer des Unternehmens unmittelbar betreffen.

247 Die Betriebsräteversammlung kann dem Gesamtbetriebsrat im Rahmen zulässiger Themenstellungen Anträge unterbreiten und zu dessen Beschlüssen Stellung nehmen (§§ 53 Abs. 3, 45 Satz 2 BetrVG). Die von der Betriebsräteversammlung gefaßten Beschlüsse sind jedoch für den Gesamtbetriebsrat nicht bindend[257].

c) Einberufung und Durchführung

248 Die Betriebsräteversammlung ist nach § 53 Abs. 1 Satz 1 BetrVG **mindestens einmal in jedem Kalenderjahr** von dem Gesamtbetriebsrat einzuberufen. Unterläßt er die Einberufung, kann dies eine grobe Pflichtverletzung seiner Mitglieder darstellen und gemäß § 48 BetrVG den Ausschluß der Mitglieder, welche die Einberufung verhindern, aus dem Gesamtbetriebsrat rechtfertigen[258]. Weitere Betriebsräteversammlungen während des Kalenderjahres kann der Gesamtbetriebsrat nach seinem Ermessen einberufen, falls hierfür ein sachliches Bedürfnis besteht[259]. Kein Einberufungsrecht haben der Arbeitgeber, die Betriebsräte und die im Unternehmen bzw. den Betriebsräten vertretenen Gewerkschaften.

249 Die Betriebsräteversammlung ist als **Vollversammlung** aller Teilnahmeberechtigten einzuberufen. Nach § 53 Abs. 3 Satz 1 BetrVG kann der Gesamtbetriebsrat die Betriebsräteversammlung aber auch in Form von Teilversammlungen durchführen. Den Zeitpunkt und die Tagesordnung legt der Gesamtbetriebsrat durch Mehrheitsbeschluß fest, wobei das Prinzip der Stimmengewichtung (s. o. Rz. 183 ff.) zu beachten ist. Aus dem Gebot der vertrauensvollen Zusammenarbeit

---

256 LAG Frankfurt vom 26. 1. 1989, DB 1989, 1473; *Fitting/Kaiser/Heither/Engels*, § 53 Rz. 21.
257 *Joost*, in: Münchener Handbuch zum Arbeitsrecht, Band 3, § 306 Rz. 47; *Fitting/Kaiser/Heither/Engels*, § 53 Rz. 16.
258 *Joost*, in: Münchener Handbuch zum Arbeitsrecht, Band 3, § 306 Rz. 3; *Fitting/Kaiser/Heither/Engels*, § 53 Rz. 27.
259 *Joost*, in: Münchener Handbuch zum Arbeitsrecht, Band 3, § 306 Rz. 3; *Fitting/Kaiser/Heither/Engels*, § 53 Rz. 24.

II. Gesamtbetriebsrat

(§ 2 Abs. 1 BetrVG) folgt, daß der Zeitpunkt der Gesamtbetriebsräteversammlung zuvor mit dem Arbeitgeber aufgrund seiner Berichtspflicht (§ 53 Abs. 2 Nr. 2 BetrVG) abzustimmen ist.

Zu der Versammlung läd der **Vorsitzende des Gesamtbetriebsrats** unter Mitteilung der Tagesordnung die einzelnen Betriebsräte zu Hd. ihrer Vorsitzenden (§ 26 Abs. 3 BetrVG) ein, wobei die Einladung so rechtzeitig zu erfolgen hat, daß den einzelnen Betriebsräten eine ordnungsgemäße Vorbereitung der Teilnahme möglich ist[260]. Ebenso ist der Arbeitgeber nach §§ 53 Abs. 3 Satz 2, 43 Abs. 2 Satz 1 BetrVG unter Mitteilung der Tagesordnung einzuladen. Den im Gesamtbetriebsrat vertretenen Gewerkschaften sind Zeitpunkt und Tagesordnung der Betriebsräteversammlung gemäß §§ 53 Abs. 3 Satz 2, 46 Abs. 2 BetrVG rechtzeitig schriftlich mitzuteilen.

250

Die Betriebsräteversammlung ist nicht öffentlich (§§ 53 Abs. 3 Satz 2, 42 Abs. 1 Satz 2 BetrVG). Die Einladung von Personen, die kein selbständiges Teilnahmerecht haben, ist aber zulässig, sofern dies aus sachlichen Gründen für die Zwecke der Betriebsräteversammlung geboten ist[261]. Die Leitung der Sitzung obliegt dem Vorsitzenden des Gesamtbetriebsrats, im Falle seiner Verhinderung dem stellvertretenden Vorsitzenden, §§ 53 Abs. 3 Satz 2, 42 Abs. 1 Satz 1 Halbsatz 2 BetrVG. Die sich aus der Versammlungsleitung ergebenden Rechte und Pflichten entsprechen denen des Betriebsratsvorsitzenden als Leiter der Betriebsversammlung. Der Arbeitgeber kann nach §§ 53 Abs. 3 Satz 2, 43 Abs. 2 Satz 2 BetrVG zu allen Tagesordnungspunkten das Wort ergreifen und Stellung nehmen.

251

Die Betriebsräteversammlung findet grundsätzlich **während der Arbeitszeit** statt. Denn bei der Teilnahme an der Versammlung handelt es sich um die Ausübung von Betriebsratstätigkeit, die während der Arbeitszeit durchzuführen ist (vgl. § 37 Abs. 2 BetrVG)[262]. Sonach sind die teilnahmeberechtigten Betriebsratsmitglieder im erforderlichen Umfang von ihrer Pflicht zur Arbeitsleistung unter Fortzahlung ihrer Arbeitsvergütung freizustellen. Soweit für einzelne Betriebsratsmitglieder die Teilnahme an der Betriebsversammlung außerhalb ihrer Arbeit liegt, haben sie unter den Voraussetzungen des § 37 Abs. 3 BetrVG Anspruch auf Freizeitausgleich bzw. Mehrarbeitsvergütung einschließlich der Reisezeit, die aus betriebsbedingten Gründen zum

252

---

260 *Fitting/Kaiser/Heither/Engels*, § 53 Rz. 28.
261 *Joost*, in: Münchener Handbuch zum Arbeitsrecht, Band 3, § 306 Rz. 13.
262 *Joost*, in: Münchener Handbuch zum Arbeitsrecht, Band 3, § 306 Rz. 15; *Fitting/Kaiser/Heither/Engels*, § 53 Rz. 30 m. w. Nachw.

Zwecke der Teilnahme an der Versammlung außerhalb der Arbeitszeit durchgeführt wird[263].

253 Die Kosten, die den Betriebsratsmitgliedern durch die Teilnahme an der Betriebsräteversammlung entstehen (wie z. B. für Übernachtungen, Verpflegung, An- und Abreise), sind als Kosten der Betriebsratstätigkeit nach § 40 BetrVG vom Arbeitgeber zu tragen. Gleiches gilt für die sonstigen durch die Versammlung entstehenden Kosten[264].

III. Konzernbetriebsrat

1. Voraussetzungen der Errichtung

254 Für einen Konzern i. S. von § 18 Abs. 1 AktG kann nach § 54 Abs. 1 BetrVG durch Beschluß der einzelnen Gesamtbetriebsräte ein Konzernbetriebsrat errichtet werden. Die Errichtung erfordert die Zustimmung der Gesamtbetriebsräte des Konzernunternehmens, in denen insgesamt mindestens 75% der Arbeitnehmer der Konzernunternehmer beschäftigt sind. Die Bildung eines Konzernbetriebsrats ist damit – im Gegensatz zur Errichtung des Gesamtbetriebsrats (s. o. Rz. 127) nicht zwingend erforderlich. Der Zweck der Institution des Konzernbetriebsrats besteht darin, die Wahrnehmung der Arbeitnehmerinteressen bei Entscheidungen in sozialen, personellen und wirtschaftlichen Angelegenheiten auf der Ebene des jeweiligen Leitungsorgans zuzulassen[265].

a) Konzern

255 Die Bildung eines Konzernbetriebsrats setzt zunächst das Bestehen eines Konzerns voraus. Das BetrVG enthält keinen eigenständigen Konzernbegriff, sondern verweist in § 54 Abs. 1 Satz 1 BetrVG auf den aktienrechtlichen Konzernbegriff. Das Konzernrecht unterscheidet zwischen einem sog. Unterordnungskonzern (§ 18 Abs. 1 AktG) und einem Gleichordnungskonzern (§ 18 Abs. 2 AktG). Unter Gleichordnungskonzern sind rechtlich selbständige, unter einheitlicher Leitung zusammengefaßte Unternehmen zu verstehen, bei denen das eine Unternehmen von dem anderen nicht abhängig ist. Da die Vor-

---

263 *Fitting/Kaiser/Heither/Engels*, § 53 Rz. 31.
264 *Joost*, in: Münchener Handbuch zum Arbeitsrecht, Band 3, § 306 Rz. 22; *Fitting/Kaiser/Heither/Engels*, § 53 Rz. 32.
265 Vgl. BAG vom 21. 10. 1980, AP Nr. 1 zu § 54 BetrVG 1972; BAG vom 22. 11. 1995, AP Nr. 7 zu § 54 BetrVG 1972; *Joost*, in: Münchener Handbuch zum Arbeitsrecht, Band 3, § 307 Rz. 1 ff.; *Fitting/Kaiser/Heither/Engels*, § 54 Rz. 3.

schrift des § 54 Abs. 1 Satz 1 BetrVG lediglich auf § 18 Abs. 1 AktG verweist, kann ein Konzernbetriebsrat **nur in einem Unterordnungskonzern errichtet** werden[266].

Ein Unterordnungskonzern i. S. von § 18 Abs. 1 AktG setzt das Vorliegen eines Abhängigkeitsverhältnisses i. S. des § 17 Abs. 1 AktG und die tatsächliche Beherrschung der abhängigen Unternehmen durch die Zusammenfassung unter der **einheitlichen Leitung des herrschenden Unternehmens** voraus. 256

Eine einheitliche Leitung ist gegeben, wenn das herrschende Unternehmen auf die Verwaltung und Geschäftsführung der abhängigen Unternehmen maßgebenden Einfluß ausübt, insbesondere bei finanziellen Vorgaben oder zentraler Abstimmung anderer wesentlicher Unternehmensbereiche (wie etwa der Produktplanung und -herstellung)[267]. Die einheitliche Leitung kann beruhen auf **Mehrheitsbeteiligung**, **Eingliederung**, **Vertrag** oder **faktischer Abhängigkeit** (sog. faktischer Konzern). Bei Unternehmen, zwischen denen ein Beherrschungsvertrag (§ 291 AktG) besteht oder von denen das eine in das andere eingegliedert ist (§ 319 AktG), wird nach § 18 Abs. 1 Satz 2 AktG unwiderleglich vermutet, daß sie unter einheitlicher Leitung zusammengefaßt sind. Dies gilt nicht für andere Unternehmensverträge i. S. der §§ 291, 292 AktG (wie etwa Gewinnabführungs- oder Betriebspachtverträge)[268]. Von einem abhängigen Unternehmen wird nach § 18 Abs. 1 Satz 3 AktG widerleglich vermutet, daß es unter einheitlicher Leitung des herrschenden Unternehmens steht. 257

Zwischen den Unternehmen muß weiterhin ein **Abhängigkeitsverhältnis** bestehen. Abhängige Unternehmen sind nach § 17 Abs. 1 AktG rechtlich selbständige Unternehmen, auf die ein anderes Unternehmen (herrschendes Unternehmen) mittelbar oder unmittelbar einen beherrschenden Einfluß ausüben kann. Die Möglichkeit der Einflußnahme muß rechtlich abgesichert sein. Eine nur wirtschaftliche Verbindung der Unternehmen durch Austauschbeziehungen (etwa Liefer- oder Kreditverträge) reicht nicht aus[269]. Von einem in Mehrheitsbesitz stehenden Unternehmen wird nach § 17 Abs. 2 AktG wi- 258

---

[266] BAG vom 22. 11. 1995, AP Nr. 7 zu § 54 BetrVG 1972; *Joost,* in: Münchener Handbuch zum Arbeitsrecht, Band 3, § 307 Rz. 17; GK-*Kreutz,* § 54 Rz. 7; *Fitting/Kaiser/Heither/Engels,* § 54 Rz. 8; *Hess/Schlochauer/Glaubitz,* § 54 Rz. 9.
[267] Vgl. *Joost,* in: Münchener Handbuch zum Arbeitsrecht, Band 3, § 307 Rz. 12; *Fitting/Kaiser/Heither/Engels,* § 54 Rz. 9.
[268] *Joost,* in: Münchener Handbuch zum Arbeitsrecht, Band 3, § 307 Rz. 13; *Fitting/Kaiser/Heither/Engels,* § 54 Rz. 14.
[269] *Joost,* in: Münchener Handbuch zum Arbeitsrecht, Band 3, § 307 Rz. 19.

derleglich vermutet, daß es von dem an ihm mit Mehrheit beteiligten Unternehmen abhängig ist. Wann eine derartige Mehrheitsbeteiligung vorliegt, folgt aus § 16 AktG. Besteht ein Beherrschungsvertrag oder ist ein Unternehmen in ein anderes eingegliedert, so wird ein Unterordnungskonzern unwiderleglich vermutet, § 18 Abs. 1 Satz 2 AktG.

259 Für die Annahme eines Konzerns ist unerheblich, in welcher **Rechtsform** des herrschende und die abhängigen Unternehmen geführt werden. Herrschendes Unternehmen kann daher nicht nur eine Kapitalgesellschaft (AG, KGaA, GmbH, eG, VVaG), ein eingetragener Verein, eine Stiftung oder eine Personengesellschaft (OHG, KG, GbR), sondern auch eine **natürliche Person** sein, sofern sich diese auch in anderen Gesellschaften unternehmerisch betätigt[270]. Bei dem Unternehmensträger muß es sich nicht um einen privatrechtlich organisierten Träger handeln. Auch öffentlich-rechtliche Körperschaften (z. B. die Bundesrepublik Deutschland) und die Treuhandanstalt kommen als herrschende Unternehmen in Betracht[271].

260 Nach Ansicht des BAG[272] und eines Teils des Schrifttums[273] kann ein Konzernbetriebsrat auch bei einem Tochterunternehmen eines mehrstufigen, vertikal gegliederten Konzerns (sog. **„Konzern im Konzern"**) gebildet werden, wenn diesem ein betriebsverfassungsrechtlich relevanter Spielraum für die bei ihm und für die von ihm abhängigen Unternehmen zu treffenden Entscheidungen verbleibt.

261 Wird ein Unternehmen von zwei oder mehreren Unternehmen beherrscht **(Gemeinschaftsunternehmen),** so kann es zu jedem dieser Unternehmen in einem Konzernverhältnis stehen. Voraussetzung hierfür ist, daß die anderen Unternehmen die Möglichkeit gemeinsamer Herrschaftsführung vereinbart haben, etwa durch Stimmrechtspoolung, Konsortialverträge, Schaffung besonderer Leitungsorgane oder Koordinierung der Willensbildung[274]. Wird aufgrund mehrfa-

---

270 BGH vom 23. 9. 1991, AP Nr. 1 zu § 303 AktG; BGH vom 13. 12. 1993, AP Nr. 5 zu § 303 AktG; BAG vom 8. 3. 1994, AP Nr. 6 zu § 303 AktG; BAG vom 1. 8. 1995, AP Nr. 8 zu § 303 AktG; BAG vom 22. 11. 1995, AP Nr. 7 zu § 54 BetrVG 1972; *Joost,* in: Münchener Handbuch zum Arbeitsrecht, Band 3, § 307 Rz. 9; *Dietz/Richardi,* § 54 Rz. 6; GK-*Kreutz,* § 54 Rz. 19; *Fitting/Kaiser/Heither/Engels,* § 54 Rz. 10 m. w. Nachw.
271 Siehe dazu *Joost,* in: Münchener Handbuch zum Arbeitsrecht, Band 3, § 307 Rz. 10.
272 BAG vom 21. 10. 1980, AP Nr. 1 zu § 54 BetrVG 1972.
273 GK-*Kreutz,* § 54 Rz. 30; *Hess/Schlochauer/Glaubitz,* § 54 Rz. 17; *Fitting/Kaiser/Heither/Engels,* § 54 Rz. 21; *Trittin,* in: Däubler/Kittner/Klebe, § 54 Rz. 14; a. A. *Joost,* in: Münchener Handbuch zum Arbeitsrecht, Band 3, § 307 Rz. 14 f; *Dietz/Richardi,* § 54 Rz. 7.
274 BAG vom 30. 10. 1986, AP Nr. 1 zu § 55 BetrVG 1972; *Joost,* in: Münchener Handbuch zum Arbeitsrecht, Band 3, § 307 Rz. 27.

cher Abhängigkeit eine einheitliche Leitungsmacht über das Gemeinschaftsunternehmen tatsächlich ausgeübt, so steht das Gemeinschaftsunternehmen in mehrfacher Konzernzugehörigkeit zu allen Mutterunternehmen[275]. In dem Fall sind der Gesamtbetriebsrat oder der einzige Betriebsrat des Gemeinschaftsunternehmens an der Bildung der Konzernbetriebsräte aller Mutterunternehmen zu beteiligen[276].

Bei mehrfacher Abhängigkeit gilt auch die widerlegbare Vermutung nach § 18 Abs. 1 Satz 3 AktG[277]. Wird die einheitliche Leitungsmacht von den Mutterunternehmen durch eine dafür gebildete BGB-Gesellschaft ausgeübt, schließt dies die Konzernzugehörigkeit des Gemeinschaftsunternehmens zu den Mutterunternehmen nicht aus[278].

262

Die Bildung eines Konzernbetriebsrats ist auch in einem sog. **faktischen Konzern** zulässig[279]. Dieser liegt vor, wenn die Unternehmensverbindung nicht auf einem Beherrschungsvertrag oder einem Eingliederungsbeschluß beruht, sondern das herrschende Unternehmen rein tatsächlich einen beherrschenden Einfluß auf das andere Unternehmen ausübt, etwa durch Mehrheitsbesitz am Gesellschaftskapital des abhängigen Unternehmens oder durch Liefer- und Abnahmeverträge sowie ähnliche Beherrschungsmittel, und dadurch im abhängigen Unternehmen seinen Einfluß durchsetzen kann[280]. Die Feststellung eines faktischen Konzerns wird durch die widerlegbaren Vermutungen der Abhängigkeit und der Ausübung einheitlicher Leitung (s. o. Rz. 257 f.) erheblich erleichtert.

263

Der Unternehmer ist verpflichtet, dem Gesamtbetriebsrat Auskunft zu erteilen, ob und ggf. mit welchen Unternehmen ein Konzernverhältnis i. S. von § 18 Abs. 1 AktG besteht[281].

264

---

275 BAG vom 30. 10. 1986, AP Nr. 1 zu § 55 BetrVG 1972; *Joost*, in: Münchener Handbuch zum Arbeitsrecht, Band 3, § 307 Rz. 28 m. w. Nachw.
276 BAG vom 30. 10. 1986, AP Nr. 1 zu § 55 BetrVG 1972; *Joost*, in: Münchener Handbuch zum Arbeitsrecht, Band 3, § 307 Rz. 28; GK-*Kreutz*, § 54 Rz. 35; *Fitting/Kaiser/Heither/Engels*, § 54 Rz. 18; *Hess/Schlochauer/Glaubitz*, § 54 Rz. 15; *Trittin*, in: Däubler/Kittner/Klebe, § 54 Rz. 20; **a. A.** *Dietz/Richardi*, § 54 Rz. 5.
277 BAG vom 30. 10. 1986, AP Nr. 1 zu § 55 BetrVG 1972; *Joost*, in: Münchener Handbuch zum Arbeitsrecht, Band 3, § 307 Rz. 29; *Fitting/Kaiser/Heither/Engels*, § 54 Rz. 18.
278 *Joost*, in: Münchener Handbuch zum Arbeitsrecht, Band 3, § 307 Rz. 29; GK-*Kreutz*, § 54 Rz. 36; *Fitting/Kaiser/Heither/Engels*, § 54 Rz. 36; *Trittin*, in: Däubler/Kittner/Klebe, § 54 Rz. 22.
279 *Dietz/Richardi*, § 54 Rz. 3; GK-*Kreutz*, § 54 Rz. 25; *Fitting/Kaiser/Heither/Engels*, § 54 Rz. 15 m. w. Nachw.
280 Vgl. BAG vom 22. 11. 1995, AP Nr. 7 zu § 54 BetrVG 1972; *Fitting/Kaiser/Heither/Engels*, § 54 Rz. 15.
281 *Fitting/Kaiser/Heither/Engels*, § 54 Rz. 11.

265 Ein Konzernbetriebsrat kann nur für einen Konzern gebildet werden, dessen **herrschendes Unternehmen** seinen **Sitz** im **Inland** hat. Liegt das herrschende Unternehmen im Ausland, so kann bei diesem wegen des Territorialitätsgrundsatzes (s. o. Teil A Rz. 133) selbst dann kein Konzernbetriebsrat nach § 54 BetrVG gebildet werden, wenn sich die abhängigen Unternehmen im Inland befinden[282].

266 Übt jedoch ein ausländisches Unternehmen seine Leitungsmacht gegenüber den beteiligten inländischen Unternehmen über ein übergeordnetes inländisches Unternehmen aus, dem in einem wesentlichen Bereich (insbesondere in sozialen Angelegenheiten oder Fragen der Personalführung) eine eigene, originäre Leitungsmacht zusteht, so kann bei letzterem durch Beschluß der inländischen abhängigen Unternehmen ein Konzernbetriebsrat errichtet werden[283].

267 Abhängige Unternehmen mit Sitz im Ausland nehmen an der Bildung eines Konzernbetriebsrats für das im Inland gelegene herrschende Unternehmen nicht teil[284]. Hat ein abhängiges Unternehmen mit Sitz im Ausland einen Betrieb im Inland, so nimmt dieser in entsprechender Anwendung von § 54 Abs. 2 BetrVG die Aufgaben des Gesamtbetriebsrats wahr[285].

b) Bestehen mehrerer Gesamtbetriebsräte

268 Die Errichtung eines Konzernbetriebsrats kann nur erfolgen, wenn in den Konzernunternehmen **mindestens zwei Gesamtbetriebsräte** bestehen[286]. Hat ein Konzernunternehmen nur einen Betriebsrat, so tritt dieser an die Stelle des Gesamtbetriebsrats (§ 54 Abs. 2 BetrVG). Besteht in allen Konzernunternehmen insgesamt nur ein Gesamtbetriebsrat oder Betriebsrat, ist die Errichtung eines Konzernbetriebsrats nicht möglich.

---

282 *Joost*, in: Münchener Handbuch zum Arbeitsrecht, Band 3, § 307 Rz. 31; GK-*Kreutz*, § 54 Rz. 38; *Fitting/Kaiser/Heither/Engels*, § 54 Rz. 23; a. A. *Dietz/Richardi*, § 54 Rz. 11.
283 GK-*Kreutz*, § 54 Rz. 38; *Hess/Schlochauer/Glaubitz*, § 54 Rz. 19; *Trittin*, in: Däubler/Kittner/Klebe, § 54 Rz. 32; *Fitting/Kaiser/Heither/Engels*, § 54 Rz. 24 m. w. Nachw. Zur Problematik der Errichtung eines Konzernbetriebsrats für inländische Teile eines Konzerns bei Fehlen einer im Inland ausgeübten einheitlichen Leitungsmacht durch eine inländische Konzernspitze siehe *Joost*, in: Münchener Handbuch zum Arbeitsrecht, Band 3, § 307 Rz. 34.
284 *Dietz/Richardi*, § 54 Rz. 10; GK-*Kreutz*, § 54 Rz. 37; *Hess/Schlochauer/Glaubitz*, § 54 Rz. 20; *Fitting/Kaiser/Heither/Engels*, § 54 Rz. 25 m. w. Nachw.
285 Vgl. *Joost*, in: Münchener Handbuch zum Arbeitsrecht, Band 3, § 307 Rz. 39; *Fitting/Kaiser/Heither/Engels*, § 54 Rz. 25.
286 *Joost*, in: Münchener Handbuch zum Arbeitsrecht, Band 3, § 307 Rz. 41; *Fitting/Kaiser/Heither/Engels*, § 54 Rz. 27.

III. Konzernbetriebsrat   Rz. 273 **Teil B**

Die Initiative zur Errichtung des Konzernbetriebsrats kann jeder Ge- 269
samtbetriebsrat der zum Konzern gehörenden Unternehmen ergreifen, somit auch ein Gesamtbetriebsrat der abhängigen Unternehmen[287].

c) Zustimmung der Gesamtbetriebsräte

Die Errichtung des Konzernbetriebsrats erfordert die Zustimmung der 270
Gesamtbetriebsräte der Konzernunternehmen, in denen insgesamt
mindestens 75 v. Hundert der Arbeitnehmer der Konzernunternehmen beschäftigt sind. Über die Errichtung eines Konzernbetriebsrats
haben die einzelnen Gesamtbetriebsräte der Konzernunternehmen
jeweils durch (getrennte) Beschlüsse zu befinden. Zur Beschlußfassung des Gesamtbetriebsrats s. o. Rz. 183 ff. Für die Bildung eines
Konzernbetriebsrats reicht auch der Beschluß des Gesamtbetriebsrats
eines der Konzernunternehmen aus, wenn dieser mehr als 75 v.
Hundert der Arbeitnehmer der Konzernunternehmen vertritt[288].

Bei der Ermittlung der maßgeblichen Beschäftigtenzahl sind **alle Ar-** 271
beitnehmer der Konzernunternehmen (ohne die leitenden Angestellten i. S. von § 5 Abs. 3 BetrVG) zu berücksichtigen, unabhängig davon, ob dort (Gesamt-)Betriebsräte bestehen oder nicht[289].

Der Konzernbetriebsrat ist errichtet, sobald die entsprechenden Be- 272
schlüsse der Gesamtbetriebsräte vorliegen, die mindestens 75 v. Hundert der Arbeitnehmer der Konzernunternehmen repräsentieren.

2. Rechtsstellung des Konzernbetriebsrats

Der Konzernbetriebsrat ist – ebenso wie der Gesamtbetriebsrat – eine 273
betriebsverfassungsrechtliche **Dauereinrichtung** ohne feste Amtszeit[290]. Sein Bestehen richtet sich nach dem Vorliegen der Voraussetzungen für seine Errichtung. Mit dem Wegfall des Konzernverhältnisses (s. o. Rz. 255 ff.) entfällt zugleich der Konzernbetriebsrat[291].

---

287 GK-*Kreutz*, § 54 Rz. 41; *Fitting/Kaiser/Heither/Engels*, § 54 Rz. 28
   m. w. Nachw.
288 *Dietz/Richardi*, § 54 Rz. 17; GK-*Kreutz*, § 54 Rz. 44; *Fitting/Kaiser/Heither/
   Engels*, § 54 Rz. 31; *Trittin*, in: Däubler/Kittner/Klebe, § 54 Rz. 36.
289 BAG vom 11. 8. 1993, AP Nr. 6 zu § 54 BetrVG 1972; *Dietz/Richardi*, § 54
   Rz. 16; *Fitting/Kaiser/Heither/Engels*, § 54 Rz. 34; **a. A.** GK-*Kreutz*, § 54
   Rz. 46.
290 *Dietz/Richardi*, § 54 Rz. 22; GK-*Kreutz*, § 54 Rz. 50; *Fitting/Kaiser/Heither/
   Engels*, § 54 Rz. 37 m. w. Nachw.
291 Vgl. *Joost*, in: Münchener Handbuch zum Arbeitsrecht, Band 3, § 307 Rz. 90.

274 Da die Bildung des Konzernbetriebsrats nicht zwingend vorgeschrieben ist, können die Gesamtbetriebsräte den Konzernbetriebsrat **durch Mehrheitsbeschluß auflösen.** Ein qualifizierter Mehrheitsbeschluß ist hierfür – anders als bei der Errichtung des Konzernbetriebsrats – nicht erforderlich. Vielmehr reicht es aus, wenn die Gesamtbetriebsräte der Konzernunternehmen, in denen mehr als die Hälfte der Arbeitnehmer des Konzerns beschäftigt sind, für die Auflösung des Konzernbetriebsrats stimmen[292].

275 Eine **Selbstauflösung** des Konzernbetriebsrats ist **nicht möglich.** Ebensowenig kann der Konzernbetriebsrat seinen kollektiven Rücktritt erklären[293]. Der Rücktritt seiner Mitglieder hat nur das Nachrücken der Ersatzmitglieder zur Folge. Der Konzernbetriebsrat kann auch nicht durch Beschluß des Arbeitsgerichts aufgelöst werden. Möglich ist lediglich ein Ausschluß einzelner Mitglieder aus dem Konzernbetriebsrat durch Beschluß des Arbeitsgerichts nach § 57 BetrVG (s. u. Rz. 288).

3. Zusammensetzung

276 **Jeder** Gesamtbetriebsrat der Konzernunternehmen entsendet, wenn in ihm die beiden Gruppen der Arbeiter und Angestellten vertreten sind, je ein Mitglied einer Gruppe in den Konzernbetriebsrat (§ 55 Abs. 1 Satz 1 und 2 BetrVG). Gehören dem Gesamtbetriebsrat nur Vertreter einer Gruppe an, so ist nur eines seiner Mitglieder in den Konzernbetriebsrat zu entsenden. Diese Pflicht zur Entsendung von Vertretern in den Konzernbetriebsrat besteht auch für solche Gesamtbetriebsräte, die dessen Errichtung nicht zugestimmt oder hierüber nicht beschlossen haben[294]. Besteht in einem Konzernunternehmen nur ein Betriebsrat, so obliegt ihm die Entsendung der Vertreter, § 54 Abs. 2 BetrVG. Der Konzernbetriebsrat hat daher **mindestens** soviele Mitglieder, wie Gesamtbetriebsräte (bzw. im Falle des § 54 Abs. 2 BetrVG Betriebsräte) vorhanden sind, und **höchstens** doppelt soviele.

277 Entsandt werden können **nur Mitglieder des Gesamtbetriebsrats** (bzw. im Falle des § 54 Abs. 2 BetrVG nur Mitglieder des betreffen-

---

292 *Joost,* in: Münchener Handbuch zum Arbeitsrecht, Band 3, § 307 Rz. 91; *Dietz/Richardi,* § 54 Rz. 25; *GK-Kreutz,* § 54 Rz. 53; *Fitting/Kaiser/Heither/Engels,* § 54 Rz. 38; *Hess/Schlochauer/Glaubitz,* § 54 Rz. 33; **a. A.** *Trittin,* in: Däubler/Kittner/Klebe, § 54 Rz. 54, wonach für die Auflösung die gleiche qualifizierte Mehrheit wie für die Errichtung erforderlich sei.
293 *Dietz/Richardi,* § 54 Rz. 23; *GK-Kreutz,* § 54 Rz. 52; *Fitting/Kaiser/Heither/Engels,* § 54 Rz. 39 m. w. Nachw.
294 *Dietz/Richardi,* § 55 Rz. 14; *Fitting/Kaiser/Heither/Engels,* § 55 Rz. 4.

III. Konzernbetriebsrat

den Betriebsrats). Die Entsendung anderer Personen in den Konzernbetriebsrat ist nicht möglich[295].

Durch **Tarifvertrag** oder **Betriebsvereinbarung** kann nach § 55 Abs. 4 Satz 1 BetrVG die Anzahl der Mitglieder des Konzernbetriebsrats, nicht aber die Zusammensetzung der Gruppen, abweichend vom Gesetz geregelt werden. Die Voraussetzungen und das Verfahren richten sich nach den entsprechenden Bestimmungen über den Gesamtbetriebsrat, § 55 Abs. 4 Satz 2 BetrVG i. V. mit § 47 Abs. 5 bis 8 BetrVG (s. o. Rz. 133 ff.). Der Tarifvertrag oder die Betriebsvereinbarung sind zwischen dem Konzernbetriebsrat und dem herrschenden Unternehmen abzuschließen[296]. 278

Die in den Konzernbetriebsrat zu entsendenden Mitglieder werden regelmäßig **durch Beschluß** der jeweiligen Gesamtbetriebsräte bestimmt (zur Beschlußfassung des Gesamtbetriebsrats s. o. Rz. 183 ff.). Gehören dem Gesamtbetriebsrat Vertreter beider Gruppen an, so beschließt der Gesamtbetriebsrat grundsätzlich **einheitlich** mit der Mehrheit seiner Stimmen, welche Angehörige der beiden Gruppen entsandt werden. Ausnahmsweise hat nach § 55 Abs. 1 Satz 3 BetrVG jede Gruppe getrennt den auf sie entfallenden Gruppenvertreter zu wählen, wenn 279

▶ diejenigen Mitglieder, die ihrerseits nach § 47 Abs. 2 Satz 2 BetrVG nicht durch Mehrheitsbeschluß ihrer Betriebsräte, sondern durch die Gruppen in den Gesamtbetriebsrat entsandt worden sind, mehr als die Hälfte des Stimmengewichts im Gesamtbetriebsrat haben,
▶ das Stimmengewicht der Gruppe der Vertreter jeder Gruppe mehr als ein Zehntel der Summe der Stimmengewichte sämtlicher Mitglieder des Gesamtbetriebsrats beträgt,
▶ der Minderheitsgruppe mindestens drei Mitglieder des Gesamtbetriebsrats angehören.

Besteht in einem Konzernunternehmen **nur ein Betriebsrat** (§ 54 Abs. 2 BetrVG), so obliegt die Bestimmung der in den Konzernbetriebsrat zu entsendenden Mitglieder nicht dem Betriebsrat, sondern den im Betriebsrat vertretenen Arbeitnehmergruppen, wenn die Mit- 280

---

295 *Joost,* in: Münchener Handbuch zum Arbeitsrecht, Band 3, § 307 Rz. 47.
296 *Joost,* in: Münchener Handbuch zum Arbeitsrecht, Band 3, § 307 Rz. 48; *Dietz/Richardi,* § 55 Rz. 17; *Fitting/Kaiser/Heither/Engels,* § 55 Rz. 24; *Hess/Schlochauer/Glaubitz,* § 55 Rz. 10; *Trittin,* in: Däubler/Kittner/Klebe, § 55 Rz. 20; abweichend GK-*Kreutz,* § 55 Rz. 24 ff., wonach alle dem Konzern angehörenden Unternehmen einen einheitlichen Tarifvertrag oder inhaltsgleiche Tarifverträge abschließen müßten.

glieder des Betriebsausschusses gemäß § 27 Abs. 3 Satz 3 BetrVG durch die Gruppen getrennt bestellt werden[297].

281 Der Gesamtbetriebsrat hat nach § 55 Abs. 2 BetrVG für jedes Mitglied des Konzernbetriebsrats ein Ersatzmitglied zu bestellen und die Reihenfolge des Nachrückens festzulegen. Zu Ersatzmitgliedern können nur Mitglieder des Gesamtbetriebsrats bestimmt werden. Das Bestellungsverfahren ist identisch mit dem für die ordentlichen Mitglieder des Konzernbetriebsrats (§ 55 Abs. 2 Satz 2 BetrVG).

282 Nach der Errichtung des Konzernbetriebsrats im Wege der Beschlußfassung der einzelnen Gesamtbetriebsräte hat der Gesamtbetriebsrat des herrschenden Unternehmens zur Wahl des Vorsitzenden und des stellvertretenden Vorsitzenden des Konzernbetriebsrats einzuladen, § 59 Abs. 2 Satz 1 BetrVG. Besteht in dem herrschenden Unternehmen nur ein Betriebsrat, ist dieser für die Einberufung der konstituierenden Sitzung zuständig. Besteht im herrschenden Unternehmen kein (Gesamt-)Betriebsrat, so obliegt die Einladung dem Gesamtbetriebsrat des nach der Zahl der wahlberechtigten Arbeitnehmer größten Konzernunternehmens (§ 59 Abs. 2 Satz 1 BetrVG).

283 Der einzuberufende Gesamtbetriebsrat hat auch diejenigen Gesamtbetriebsräte zur Entsendung von Mitgliedern in den Konzernbetriebsrat aufzufordern, die über die Bildung eines Konzernbetriebsrats nicht beschlossen oder gegen die Errichtung gestimmt haben[298]. Das weitere Verfahren entspricht dem der konstituierenden Sitzung des Gesamtbetriebsrats (s. o. Rz. 151 ff.).

4. Amtszeit der Mitglieder

284 Da der Konzernbetriebsrat eine Dauereinrichtung ist (s. o. Rz. 273), hat er keine eigene Amtszeit. Lediglich seine Mitglieder können dadurch wechseln, daß deren Mitgliedschaft endet. Als Gründe für das Erlöschen der Mitgliedschaft im Konzernbetriebsrat kommen in Betracht:

285 **a) Erlöschen der Mitgliedschaft im Betriebsrat** (s. o. Rz. 116 ff.) **oder im Gesamtbetriebsrat** (s. o. Rz. 146 ff.).

286 **b) Amtsniederlegung.** Ein Mitglied des Konzernbetriebsrats kann sein Amt jederzeit ohne Grund niederlegen, § 57 BetrVG.

---

297 BAG vom 10. 2. 1981, AP Nr. 2 zu § 54 BetrVG 1972; *Joost,* in: Münchener Handbuch zum Arbeitsrecht, Band 3, § 307 Rz. 50; *Dietz/Richardi,* § 55 Rz. 7; GK-*Kreutz,* § 55 Rz. 9; *Fitting/Kaiser/Heither/Engels,* § 55 Rz. 10 m. w. Nachw.

298 *Joost,* in: Münchener Handbuch zum Arbeitsrecht, Band 3, § 307 Rz. 53.

III. Konzernbetriebsrat   Rz. 291 **Teil B**

c) **Abberufung.** Der Gesamtbetriebsrat kann jedes von ihm entsandte 287
Mitglied jederzeit abberufen, ohne daß hierfür ein besonderer Grund
erforderlich ist. Haben die Gruppen im Gesamtbetriebsrat den auf sie
entfallenden Gruppenvertreter getrennt gewählt (s. o. Rz. 279), obliegt die Abberufung der jeweiligen Gruppe, § 55 Abs. 1 Satz 4
BetrVG. Der Abberufungsbeschluß ist dem Vorsitzenden des Konzernbetriebsrats bekanntzugeben.

d) **Ausschluß durch gerichtliche Entscheidung.** Mindestens ein Vier- 288
tel der wahlberechtigten Arbeitnehmer der Konzernunternehmen, der
Arbeitgeber, der Konzernbetriebsrat oder eine im Konzern vertretene
Gewerkschaft können beim Arbeitsgericht nach § 56 BetrVG den Ausschluß eines Mitglieds aus dem Konzernbetriebsrat wegen grober
Verletzung seiner gesetzlichen Pflichten beantragen. Keine Antragsberechtigung haben die Betriebsräte und die Gesamtbetriebsräte[299].
Der Gesamtbetriebsrat kann ein von ihm entsandtes Mitglied jedoch
abberufen (s. o. Rz. 287). Die grobe Pflichtverletzung muß eine Pflicht
betreffen, die dem auszuschließenden Mitglied in seiner Eigenschaft
als Konzernbetriebsratsmitglied obliegt[300]. Eine grobe Pflichtverletzung, die ein Konzernbetriebsratsmitglied in seiner Eigenschaft als
Betriebsrats- oder Gesamtbetriebsratsmitglied begangen hat, reicht für
einen unmittelbaren Ausschluß aus dem Konzernbetriebsrat nicht
aus. Mit Rechtskraft der gerichtlichen Entscheidung über den Ausschluß aus dem Konzernbetriebsrat verliert das Mitglied des Konzernbetriebsrats seine Mitgliedschaft, § 57 BetrVG. Die Mitgliedschaft
im Betriebsrat und Gesamtbetriebsrat bleiben hiervon jedoch unberührt.

e) **Ausscheiden eines Konzernunternehmens aus dem Konzern.** 289

f) **Beendigung des Konzernverhältnisses,** etwa durch Beendigung 290
des Beherrschungsvertrages oder dauerhafte Nichtausübung der faktischen Leitungsmacht durch das herrschende Unternehmen[301].

5. Geschäftsführung

Für die Geschäftsführung des Konzernbetriebsrats und dessen Sitzun- 291
gen gelten infolge der Verweisungen in § 59 Abs. 1 BetrVG im wesentlichen die gleichen Grundsätze wie für den Gesamtbetriebsrat

---

299 Vgl. *Dietz/Richardi*, § 56 Rz. 6; *GK-Kreutz*, § 56 Rz. 9; *Fitting/Kaiser/Heither/
    Engels*, § 56 Rz. 9 m. w. Nachw.
300 *Dietz/Richardi*, § 56 Rz. 2; *GK-Kreutz*, § 56 Rz. 11; *Fitting/Kaiser/Heither/En-
    gels*, § 56 Rz. 5.
301 Vgl. *Joost*, in: Münchener Handbuch zum Arbeitsrecht, Band 3, § 307 Rz. 99.

(s. o. Rz. 150 ff., 171 ff.). Zu berücksichtigen sind jedoch folgende Besonderheiten:

292 Ein Teilnahmerecht von **Gewerkschaften** an den Sitzungen des Konzernbetriebsrats besteht nur dann, wenn die Gewerkschaft im Konzernbetriebsrat vertreten ist[302].

293 Da eine Jugend- und Auszubildendenvertretung und eine Schwerbehindertenvertretung auf Konzernebene nicht bestehen, kommt insoweit ein Teilnahmerecht nicht in Betracht.

294 Der Antrag auf **Aussetzung eines Beschlusses** des Konzernbetriebsrats nach § 35 BetrVG i. V. mit § 59 Abs. 1 BetrVG kann nur von der Mehrheit einer Gruppe im Konzernbetriebsrat gestellt werden, wobei die für die Aussetzung erforderliche Mehrheit nach der Stimmengewichtung, nicht nach der Kopfzahl zu berechnen ist[303].

295 Der Konzernbetriebsrat hat einen **Konzernbetriebsausschuß** zu bilden, wenn er aus mindestens neun Mitgliedern besteht, §§ 59 Abs. 1, 51 Abs. 1 Satz 2, 27 Abs. 1 Satz 1 BetrVG. Auf die Zusammensetzung findet die für den Gesamtbetriebsrat geltende Regelung des § 51 Abs. 1 Satz 2, Abs. 2 BetrVG nach § 59 Abs. 1 BetrVG entsprechende Anwendung. Abweichend von der für den Gesamtbetriebsrat geltenden Regelung (§ 47 Abs. 2 Satz 3 BetrVG) findet eine getrennte Wahl der Gruppenvertreter nur bei Vorliegen der Voraussetzungen des § 55 Abs. 1 Satz 3 (s. o. Rz. 279) statt[304]. Die Geschäftsführung und Beschlußfassung im Konzernbetriebsausschuß entsprechen der im Gesamtbetriebsausschuß (§§ 59 Abs. 1, 51 Abs. 5, 27 Abs. 3 BetrVG). Konzernbetriebsräte mit weniger als neun Mitgliedern können die laufenden Geschäfte auf ihren Vorsitzenden oder andere Mitglieder übertragen, §§ 59 Abs. 1, 27 Abs. 4 BetrVG.

296 Die Errichtung eines **Konzernwirtschaftsausschusses** ist **nicht möglich**[305].

297 Die **Kosten** der Tätigkeit des Konzernbetriebsrats und den erforderlichen Sachaufwand hat der Arbeitgeber zu tragen (§§ 59 Abs. 1, 40

---

[302] GK-*Kreutz*, § 59 Rz. 27; *Fitting/Kaiser/Heither/Engels*, § 59 Rz. 17; *Hess/Schlochauer/Glaubitz*, § 59 Rz. 27; **a. A.** *Dietz/Richardi*, § 59 Rz. 20; *Joost*, in: Münchener Handbuch zum Arbeitsrecht, Band 3, § 307 Rz. 87, wonach es ausreiche, daß die Gewerkschaft in einem Betriebsrat eines Konzernunternehmens vertreten sei.
[303] *Fitting/Kaiser/Heither/Engels*, § 59 Rz. 17 m. w. Nachw.
[304] Vgl. *Dietz/Richardi*, § 59 Rz. 10; *Joost*, in: Münchener Handbuch zum Arbeitsrecht, Band 3, § 307 Rz. 85.
[305] BAG vom 23. 8. 1989, AP Nr. 7 zu § 106 BetrVG 1972.

III. Konzernbetriebsrat　　　　　　　　　　　　　　　　Rz. 302 **Teil B**

BetrVG). „Arbeitgeber" ist insoweit stets das herrschende Unternehmen des Konzerns, selbst wenn es keine Arbeitnehmer bzw. keinen am Konzernbetriebsrat beteiligten Betriebsrat oder Gesamtbetriebsrat hat[306].

Schließlich kann der Konzernbetriebsrat nach §§ 59 Abs. 1, 51 Abs. 6 BetrVG unter den Voraussetzungen des § 80 Abs. 3 BetrVG **Sachverständige** zur Erfüllung seiner Aufgaben hinzuziehen[307]. 298

6. Beschlußfassung des Konzernbetriebsrats

Hinsichtlich der **Beschlußfähigkeit** des Konzernbetriebsrats gelten wegen der Verweisung auf § 51 Abs. 4 BetrVG in § 59 Abs. 1 BetrVG die für die Beschlußfähigkeit des Gesamtbetriebsrats maßgebenden Grundsätze (s. o. Rz. 190 f.). Der Konzernbetriebsrat ist daher nur beschlußfähig, wenn mindestens die Hälfte seiner Mitglieder an der Beschlußfassung teilnimmt und die teilnehmenden Mitglieder mindestens die Hälfte des Gesamtstimmengewichts im Konzernbetriebsrat vertreten. 299

Innerhalb des beschlußfähigen Konzernbetriebsrats findet nach § 55 Abs. 3 BetrVG – ähnlich wie im Gesamtbetriebsrat (s. o. Rz. 183 ff.) – eine **Stimmengewichtung** statt, die letztlich auf die Zahl der Arbeitnehmer der Betriebe bezogen ist. 300

Besteht der Gesamtbetriebsrat aus Vertretern beider Gruppen und entsendet er daher **zwei Mitglieder** in den Konzernbetriebsrat, so hat jedes Mitglied dort so viele Stimmen, wie die Mitglieder seiner Gruppe im Gesamtbetriebsrat insgesamt Stimmen haben (§ 55 Abs. 3 Satz 1 BetrVG). Das Mitglied des Konzernbetriebsrats repräsentiert damit **alle gruppenangehörigen wahlberechtigten Arbeitnehmer** der im Gesamtbetriebsrat eines Unternehmens vertretenen Betriebe. 301

Besteht der Gesamtbetriebsrat nur aus Vertretern einer Gruppe und entsendet er deshalb nur **ein Mitglied** in den Konzernbetriebsrat, so hat dieses Mitglied so viele Stimmen, wie die Mitglieder des Gesamtbetriebsrats, von dem es entsandt wurde, insgesamt im Gesamtbetriebsrat Stimmen haben, § 55 Abs. 3 Satz 2 BetrVG. Das Mitglied repräsentiert in dem Fall **sämtliche wahlberechtigten Arbeitnehmer** 302

---
306 *Joost*, in: Münchener Handbuch zum Arbeitsrecht, Band 3, § 307 Rz. 100.
307 *Dietz/Richardi*, § 59 Rz. 21; *Fitting/Kaiser/Heither/Engels*, § 59 Rz. 20; *Hess/Schlochauer/Glaubitz*, § 59 Rz. 43; *Trittin*, in: Däubler/Kittner/Klebe, § 59 Rz. 33.

der im Gesamtbetriebsrat vertretenen Betriebe unabhängig von deren Gruppenzugehörigkeit[308].

303 Im Falle des § 54 Abs. 2 BetrVG haben die von dem einzigen Betriebsrat des Konzernunternehmens in den Konzernbetriebsrat entsandten Mitglieder das sich aus § 47 Abs. 7 BetrVG ergebende Stimmengewicht (s. o. Rz. 184)[309].

304 Die Mitglieder des Konzernbetriebsrats können ihre Stimmen **nur einheitlich abgeben.** Eine Stimmenaufspaltung ist nicht zulässig[310].

7. Verhältnis des Konzernbetriebsrats zu den Gesamtbetriebsräten

305 Das Verhältnis des Konzernbetriebsrats zu den Gesamtbetriebsräten entspricht grundsätzlich dem des Gesamtbetriebsrats zu den einzelnen Betriebsräten (s. o. Rz. 192 ff.): Der Konzernbetriebsrat ist ein selbständiges betriebsverfassungsrechtliches Organ, das weder den einzelnen Gesamtbetriebsräten übergeordnet (§ 58 Abs. 1 Satz 2 BetrVG) noch an Weisungen der Gesamtbetriebsräte gebunden ist. Vielmehr hat er im Rahmen seiner Zuständigkeiten dieselben Rechte und Pflichten wie ein Gesamtbetriebsrat oder ein Betriebsrat im Rahmen seiner Zuständigkeiten[311]. Zwar kann sich der Konzernbetriebsrat um die Koordinierung der Tätigkeiten der Gesamtbetriebsräte bemühen. Jedoch darf er nicht in deren Tätigkeiten eingreifen, die sich im Rahmen ihres Aufgabenbereiches halten[312].

8. Zuständigkeit des Konzernbetriebsrats

306 Die Zuständigkeit des Konzernbetriebsrats wird in **§ 58 BetrVG** von der Zuständigkeit der einzelnen Gesamtbetriebsräte abgegrenzt. Diese Vorschrift wurde der Zuständigkeitsregelung zwischen Gesamtbetriebsrat und einzelnen Betriebsräten (§ 50 BetrVG) nachgebildet, so daß die obigen Ausführungen zur Zuständigkeit des Gesamtbetriebsrats (s. o. Rz. 195 ff.) weitgehend sinngemäß gelten.

---

308 Vgl. *Joost*, in: Münchener Handbuch zum Arbeitsrecht, Band 3, § 307 Rz. 71; *Dietz/Richardi*, § 55 Rz. 22; GK-*Kreutz*, § 55 Rz. 17; *Fitting/Kaiser/Heither/Engels*, § 55 Rz. 19 m. w. Nachw.
309 *Joost*, in: Münchener Handbuch zum Arbeitsrecht, Band 3, § 307 Rz. 72; *Dietz/Richardi*, § 55 Rz. 23; GK-*Kreutz*, § 55 Rz. 18; *Fitting/Kaiser/Heither/Engels*, § 55 Rz. 20.
310 *Dietz/Richardi*, § 55 Rz. 27; *Fitting/Kaiser/Heither/Engels*, § 55 Rz. 21.
311 *Dietz/Richardi*, § 58 Rz. 1; *Fitting/Kaiser/Heither/Engels*, § 58 Rz. 4 m. w. Nachw.
312 Vgl. BAG vom 10. 2. 1981, AP Nr. 2 zu § 54 BetrVG 1972.

III. Konzernbetriebsrat Rz. 310 **Teil B**

Verhandlungspartner des Konzernbetriebsrats ist regelmäßig die **Kon-** 307
zernleitung[313]. Bei der Beauftragung des Konzernbetriebsrats nach
§ 58 Abs. 2 BetrVG (s. u. Rz. 315 f.) kann sowohl das herrschende
Unternehmen als auch die Leitung des Unternehmens, dessen Gesamtbetriebsrats die Angelegenheit delegiert hat, Vertragspartner sein.

a) Zuständigkeit kraft Gesetzes (§ 58 Abs. 1 BetrVG)

Nach § 58 Abs. 1 Satz 1 BetrVG ist der Konzernbetriebsrat zuständig 308
für die Behandlung von Angelegenheiten, die den Konzern oder
mehrere Konzernunternehmen betreffen und nicht durch die einzelnen Gesamtbetriebsräte innerhalb ihrer Unternehmen geregelt werden können. Da die Regelung des § 58 Abs. 1 Satz 1 BetrVG die
Zuständigkeit des Konzernbetriebsrats nach den gleichen Kriterien
abgrenzt, nach denen § 50 Abs. 1 Satz 1 BetrVG die Zuständigkeit des
Gesamtbetriebsrats festlegt, sind die im Rahmen von § 50 Abs. 1
Satz 1 BetrVG geltenden Grundsätze (s. o. Rz. 195 ff.) entsprechend
heranzuziehen[314].

Demgemäß setzt der Begriff des „Nichtregelnkönnens" keine objekti- 309
ve Unmöglichkeit der Regelung durch die einzelnen Betriebsräte
bzw. die Gesamtbetriebsräte voraus. Vielmehr muß ein zwingendes
Erfordernis für eine konzerneinheitliche oder zumindest unterneh-
mensübergreifende Regelung bestehen, wobei auf die Verhältnisse
des jeweiligen Konzerns, seiner konkreten Unternehmen und der
konkreten Betriebe abzustellen ist. Reine Zweckmäßigkeitserwägun-
gen oder das Koordinierungsinteresse des Arbeitgebers genügen
nicht. Unerheblich ist daher, auf welcher betriebsverfassungsrechtlichen Ebene der Arbeitgeber eine Regelung treffen möchte. Entscheidend sind der Inhalt der geplanten Regelung sowie das Ziel, das
durch diese Regelung erreicht werden soll. Läßt sich dieses Ziel nur
durch eine einheitliche Regelung auf der Konzernebene erreichen, ist
der Konzernbetriebsrat zuständig[315].

In **sozialen Angelegenheiten** (§ 87 BetrVG) kommt eine Zuständigkeit 310
des Konzernbetriebsrats insbesondere bei der Errichtung und Verwaltung von Sozialeinrichtungen in Betracht, deren Wirkungsbereich
sich auf den Konzern erstreckt[316]. Dagegen fallen zusätzliche Versor-

---

313 *Joost*, in: Münchener Handbuch zum Arbeitsrecht, Band 3, § 307 Rz. 56;
   Fitting/Kaiser/Heither/Engels, § 58 Rz. 8.
314 BAG vom 20. 12. 1995, AP Nr. 1 zu § 58 BetrVG 1972.
315 BAG vom 20. 12. 1995, AP Nr. 1 zu § 58 BetrVG 1972 (bejaht für den Fall des
   Austauschs von Mitarbeiterdaten zwischen Konzernunternehmen).
316 Vgl. BAG vom 21. 6. 1979, AP Nr. 1 zu § 87 BetrVG 1972 Sozialeinrichtung.

gungsregelungen, die nur für ein Unternehmen des Konzerns gelten, in die Zuständigkeit des Gesamtbetriebsrats[317]. Eine Zuständigkeit des Konzernbetriebsrats kann auch bei der Einführung und Anwendung von unternehmensübergreifenden Anlagen der elektronischen Datenverarbeitung oder bei Vernetzung gegeben sein.

311 Weiterhin kann ausnahmsweise bei Fragen der **allgemeinen Personalpolitik** (§§ 92, 94 ff., 98 BetrVG) sowie bei **Betriebsänderungen** i. S. der §§ 111 ff. BetrVG die Zuständigkeit des Konzernbetriebsrats gegeben sein, etwa wenn es sich um Entscheidungen handelt, die sich in einem abgestimmten System auf die einzelnen Konzernunternehmen in einer Weise auswirken, daß die Mitbestimmung auf Betriebs- und Unternehmensebene leerlaufen würde und deshalb nur konzernweit abgestimmte Regelungen sinnvoll sind[318].

312 Bei **personellen Einzelmaßnahmen** (§§ 99 ff., 102 BetrVG) besteht grundsätzlich keine Zuständigkeit des Konzernbetriebsrats, da Entscheidungen über Einstellungen und Kündigungen auf der Betriebs- und Unternehmensebene fallen und durchgeführt werden. Der Zuständigkeit der einzelnen Betriebsräte steht nicht entgegen, daß bei den Entscheidungen Vorgaben der Konzernleitung zu beachten sind. Auch die Versetzung von einem Konzernunternehmen in ein anderes begründet nicht die Zuständigkeit des Konzernbetriebsrats[319].

313 Im Rahmen seiner Zuständigkeit steht dem Konzernbetriebsrat das allgemeine Auskunftsrecht des § 80 Abs. 2 BetrVG zu. Hierfür kann der Konzernbetriebsrat auch einen Ausschuß einrichten, der aber nicht die Stellung und Befugnisse eines Wirtschaftsausschusses hat[320].

b) Besondere Zuständigkeiten

314 Dem Konzernbetriebsrat sind die Mitwirkung bei der Bestellung des Hauptwahlvorstandes für die Wahl der Arbeitnehmervertreter im Aufsichtsrat des herrschenden Unternehmens eines Konzerns nach dem MitbestG (§§ 2, 4 der 3. WahlO MitbestG), bei der Entgegennahme eines Antrags auf Abberufung eines Aufsichtsratsmitglieds der Arbeitnehmervertreter (§ 108 der 3. WahlO MitbestG) sowie die An-

---

317 BAG vom 19. 3. 1981, AP Nr. 14 zu § 80 BetrVG 1972.
318 Vgl. *Joost*, in: Münchener Handbuch zum Arbeitsrecht, Band 3, § 307 Rz. 64; *Fitting/Kaiser/Heither/Engels*, § 58 Rz. 10.
319 Vgl. BAG vom 30. 4. 1981, AP Nr. 12 zu § 99 BetrVG 1972; BAG vom 19. 2. 1991, AP Nr. 26 zu § 95 BetrVG 1972.
320 *Joost*, in: Münchener Handbuch zum Arbeitsrecht, Band 3, § 307 Rz. 65; **a. A.** *Dietz/Richardi*, § 58 Rz. 13; *Fitting/Kaiser/Heither/Engels*, § 58 Rz. 12.

III. Konzernbetriebsrat   Rz. 317 **Teil B**

fechtung der Wahl von Aufsichtsratmitgliedern der Arbeitnehmer (§ 22 Abs. 2 Nr. 2 MitbestG) ausdrücklich zugewiesen. Außerdem ist der Konzernbetriebsrat Wahlkörper für die Vertreter der Arbeitnehmer im Aufsichtsrat eines herrschenden Montanunternehmens (§ 1 Abs. 4 Montan-MitbestG). Bei der Wahl der Arbeitnehmervertreter im Aufsichtsrat nach dem MitbestErgG wirkt der Konzernbetriebsrat bei der Bestellung des Hauptwahlvorstandes mit (§ 3 Abs. 4 WahlO zum MitbestErgG), nimmt die Anträge auf Abberufung eines Aufsichtsratsmitglieds der Arbeitnehmer entgegen (§ 101 WahlO zum MitbestErG) und leitet das Abberufungsverfahren durch Bildung eines Hauptwahlvorstandes ein. Der Konzernbetriebsrat kann ferner nach § 355 HGB unter den dort genannten Voraussetzungen beim Registergericht beantragen, die Mitglieder des Vertretungsorgans der Kapitalgesellschaft als Unternehmensträgerin zur Offenlegung des Jahresabschlusses zu zwingen. Schließlich hat der Konzernbetriebsrat von gemeinschaftsweit tätigen Unternehmensgruppen gemäß §§ 11 Abs. 2, 23 Abs. 2, 18 Abs. 2 EBRG die nach dem EBRG oder dem Gesetz eines anderen Mitgliedstaates auf die im Inland beschäftigten Arbeitnehmer entfallenden Mitglieder des besonderen Verhandlungsgremiums und des – aufgrund Vereinbarung oder kraft Gesetzes zu errichtenden – Europäischen Betriebsrats zu bestellen (s. u. Rz. 661, 667, 669).

c) Zuständigkeit kraft Auftrags (§ 58 Abs. 2 BetrVG)

Nach § 58 Abs. 2 Satz 1 BetrVG kann der Gesamtbetriebsrat mit der Mehrheit der Stimmen seiner Mitglieder den Konzernbetriebsrat beauftragen, eine Angelegenheit für ihn zu behandeln. Die Vorschrift des § 58 Abs. 2 BetrVG entspricht der des § 50 Abs. 2 BetrVG über die Beauftragung des Gesamtbetriebsrats, so daß die dortigen Ausführungen sinngemäß gelten (s. o. Rz. 217 ff.). 315

Ist dem Gesamtbetriebsrat vom Betriebsrat nach § 50 Abs. 2 BetrVG eine Angelegenheit übertragen worden, so kann er diese mit Zustimmung des Betriebsrats an den Konzernbetriebsrat zur Erledigung weitergeben[321]. 316

9. Konzernbetriebsvereinbarungen

Im Rahmen seiner Zuständigkeit kann der Konzernbetriebsrat mit dem herrschenden Unternehmen Betriebsvereinbarungen abschließen, die als Konzernbetriebsvereinbarungen bezeichnet werden (Ein- 317

---

321 *Joost*, in: Münchener Handbuch zum Arbeitsrecht, Band 3, § 307 Rz. 67; *Fitting/Kaiser/Heither/Engels*, § 58 Rz. 16.

zelheiten zu Betriebsvereinbarungen s. Teil F). Diese entfalten **normative** (unmittelbare und zwingende) Wirkung nicht nur für die herrschenden Unternehmen und deren Arbeitnehmer, sondern auch für die abhängigen Unternehmen und deren Arbeitnehmer, unabhängig davon, ob es sich um einen Vertragskonzern oder einen faktischen Konzern handelt[322].

318 Die Wirkung einer Konzernbetriebsvereinbarung erstreckt sich jedoch nicht auf solche Unternehmen und Betriebe, die keinen Gesamtbetriebsrat bzw. Betriebsrat haben, weil es insoweit – ebenso wie bei der Frage der Zuständigkeit des Gesamtbetriebsrats für Betriebe des Unternehmens ohne Betriebsrat (s. o. Rz. 199 ff.) an der demokratischen Legitimierung für den Konzernbetriebsrat fehlt[323].

10. Konzernunternehmen mit nur einem Betriebsrat

319 Die Vorschriften der §§ 54 Abs. 1, 55 ff. BetrVG berücksichtigen in ihrem Wortlaut nur den Regelfall, daß der Konzernbetriebsrat durch die Gesamtbetriebsräte der Konzernunternehmen gebildet wird. Sofern in einem Konzernunternehmen nur ein Betriebsrat besteht, sieht § 54 Abs. 2 BetrVG vor, daß dieser die Aufgaben eines Gesamtbetriebsrats nach den §§ 54 ff. BetrVG wahrnimmt. Die Bestimmungen über die Rechte, Pflichten und Zuständigkeiten der Gesamtbetriebsräte der Konzernunternehmen bei der Errichtung und Zusammensetzung des Konzernbetriebsrats gelten damit zunächst im Falle, in dem im Konzernunternehmen nur ein betriebsratsfähiger Betriebsrat besteht, für diesen Betriebsrat.

320 Ebenso gilt die Regelung des § 54 Abs. 2 BetrVG für Konzernunternehmen, die zwar aus mehreren betriebsratsfähigen Betrieben bestehen, in denen jedoch nur in einem Betrieb ein Betriebsrat gebildet worden ist[324]. Soweit das Gesetz auf die Zahl der in einem Konzernunternehmen beschäftigten Arbeitnehmer abstellt (etwa bei der Stimmengewichtung), können aber nur die in den betreffenden Betrieben

---

322 GK-*Kreutz*, § 58 Rz. 11 ff.; *Fitting/Kaiser/Heither/Engels*, § 58 Rz. 18 f.; Konzen, RdA 1984, 65 (76); *Monjau*, BB 1972, 839 (842); **a. A.** *Joost*, in: Münchener Handbuch zum Arbeitsrecht, Band 3, § 307 Rz. 77 (keine normative Wirkung von Konzernbetriebsvereinbarungen für Konzernunternehmen, die an ihrem Abschluß nicht mitgewirkt haben); *Dietz/Richardi*, § 58 Rz. 32 (normative Wirkung von Konzernbetriebsvereinbarungen für Konzernunternehmen nur bei Vorliegen eines Beherrschungsvertrages).
323 **A. A.** *Dietz/Richardi*, § 58 Rz. 20; *Fitting/Kaiser/Heither/Engels*, § 58 Rz. 20a.
324 GK-*Kreutz*, § 54 Rz. 57; *Monjau*, BB 1972, 839 (841); *Fitting/Kaiser/Heither/Engels*, § 54 Rz. 43 m. w. Nachw.; **a. A.** *Dietz/Richardi*, § 54 Rz. 31.

IV. Wirtschaftsausschuß   Rz. 324 **Teil B**

des Unternehmens beschäftigten Arbeitnehmer berücksichtigt werden, für die der Betriebsrat gebildet ist.

Keine Anwendung findet die Vorschrift des § 54 Abs. 2 BetrVG, 321
wenn mehrere Betriebsräte in einem Konzernunternehmen bestehen, die gesetzeswidrig keinen Gesamtbetriebsrat gebildet haben[325]. Diese Betriebsräte sind an der Errichtung des Konzernbetriebsrats nicht beteiligt.

IV. Wirtschaftsausschuß

1. Allgemeine Grundsätze

In größeren Unternehmen ist nach §§ 106 ff. BetrVG ein Wirtschafts- 322
ausschuß zu bilden. Der Wirtschaftsausschuß hat die Aufgabe, wirtschaftliche Angelegenheiten mit dem Unternehmer zu beraten und den Betriebsrat zu unterrichten. In den Wirtschaftsausschuß können auch sachkundige Personen berufen werden, die nicht Mitglieder des Betriebsrats und zu ihm auch nicht wählbar sind. Bei dem Wirtschaftsausschuß handelt es sich um ein **unselbständiges Hilfsorgan** des Betriebsrats (bzw. des Gesamtbetriebsrats)[326].

Die Vorschriften über den Wirtschaftsausschuß sind vielfach auf den 323
„Unternehmer" bezogen (vgl. §§ 106 Abs. 1 Satz 2, Abs. 2; 108 Abs. 2; 109 Satz 1; 110 BetrVG). Gemeint ist damit der **Rechtsträger des Unternehmens,** den das BetrVG ansonsten mit „Arbeitgeber" bezeichnet (vgl. §§ 19 Abs. 2, 23, 40, 109 Satz 2 BetrVG. Zwischen „Unternehmer" und „Arbeitgeber" besteht mithin Personenidentität[327]. Die Rechte und Pflichten gegenüber dem Wirtschaftsausschuß treffen den Arbeitgeber als Rechtsperson, nicht einen davon personenverschiedenen Funktionsträger.

Im Verhältnis zum Arbeitgeber ist zwischen den Rechten des Wirt- 324
schaftsausschusses und dem Verfahren bei Meinungsverschiedenheiten zu unterscheiden: Die Unterrichtungs- und Beratungspflichten aus § 106 BetrVG (s. u. Rz. 374 ff.) hat der Arbeitgeber gegenüber dem Wirtschaftsausschuß als solchem zu beachten. Verfahrensrechtlich sind dagegen Streitigkeiten – sei es vor der Einigungsstelle nach § 109 BetrVG (s. u. Rz. 422 ff.), sei es im Rahmen des arbeitsgericht-

---
[325] GK-*Kreutz*, § 54 Rz. 58; *Fitting/Kaiser/Heither/Engels*, § 54 Rz. 54.
[326] Vgl. BAG vom 18. 11. 1980, AP Nr. 2 zu § 108 BetrVG 1972; BAG vom 25. 6. 1987, AP Nr. 6 zu § 108 BetrVG 1972; BAG vom 5. 2. 1991, AP Nr. 10 zu § 106 BetrVG 1972; BAG vom 9. 5. 1995, AP Nr. 12 zu § 106 BetrVG 1972.
[327] *Joost*, in: Münchener Handbuch zum Arbeitsrecht, Band 3, § 311 Rz. 4.

lichen Beschlußverfahrens – zwischen (Gesamt-)Betriebsrat und Arbeitgeber auszutragen. Der Wirtschaftsausschuß ist hier weder antrags- noch beteiligungsbefugt[328].

2. Voraussetzungen der Errichtung

325 Nach § 106 Abs. 1 Satz 1 BetrVG ist ein Wirtschaftsausschuß in allen Unternehmen mit **in der Regel mehr als einhundert ständig beschäftigten Arbeitnehmern** zu errichten.

326 Berücksichtigt werden alle Arbeitnehmer des Unternehmens (zum Unternehmensbegriff s. o. Rz. 128 f.). Besteht das Unternehmen aus mehreren Betrieben, so werden die Arbeitnehmer aller Betriebe zusammengerechnet. Auf die Zahl oder die Größe der einzelnen Betriebe des Unternehmens kommt es nicht an. Auch die Arbeitnehmer betriebsratsloser Betriebe sind mitzuzählen, unabhängig davon, ob es sich um betriebsratsfähige oder nicht betriebsratsfähige Betriebe handelt. Es muß aber in dem Unternehmen **zumindest ein Betriebsrat bestehen,** weil die Bildung des Wirtschaftsausschusses nur durch den Betriebsrat (bzw. Gesamtbetriebsrat) erfolgt[329].

327 Bei der **Ermittlung der Beschäftigtenzahl** i. S. von § 106 Abs. 1 Satz 1 BetrVG ist nicht auf die durchschnittliche Beschäftigtenzahl eines bestimmten Zeitraums, sondern auf die normale Beschäftigtenzahl abzustellen, also auf die **Personalstärke, die für das Unternehmen im allgemeinen kennzeichnend ist.** Dazu bedarf es grundsätzlich sowohl eines **Rückblicks** als auch einer **Prognose** hinsichtlich der künftigen Entwicklung der Personalstärke[330]. Mitzuzählen sind auch Auszubildende, nicht aber leitende Angestellte i. S. von § 5 Abs. 3 BetrVG[331].

328 Hat das Unternehmen seinen **Sitz im Ausland,** so ist ein Wirtschaftsausschuß zu errichten, wenn die inländischen Betriebe **organisatorisch unter einheitlicher Leitung** stehen und die maßgebliche Arbeitnehmerzahl erreichen[332]. Hat – umgekehrt – das Unternehmen seinen Sitz im Inland, ist der Wirtschaftsausschuß wegen des sog. Territoria-

---

328 BAG vom 8. 8. 1989, AP Nr. 6 zu § 106 BetrVG 1972; BAG vom 22. 1. 1991, AP Nr. 9 zu § 106 BetrVG 1972.
329 Vgl. *Joost,* in: Münchener Handbuch zum Arbeitsrecht, Band 3, § 311 Rz. 4.
330 Siehe BAG vom 9. 5. 1995, AP Nr. 33 zu § 111 BetrVG 1972 (zur gleichen Problematik im Rahmen der §§ 111 ff. BetrVG).
331 *Joost,* in: Münchener Handbuch zum Arbeitsrecht, Band 3, § 311 Rz. 4.
332 BAG vom 1. 10. 1974, AP Nr. 1 zu § 106 BetrVG 1972; BAG vom 31. 10. 1975, AP Nr. 2 zu § 106 BetrVG 1972. Weitergehend *Joost,* in: Münchener Handbuch zum Arbeitsrecht, Band 3, § 311 Rz. 11, wonach auch ohne einheitliche Leitung im Inland ein Wirtschaftsausschuß zu bilden sei.

IV. Wirtschaftsausschuß

litätsgrundsatzes (s. o. Teil A Rz. 133) **nicht zuständig** für im Ausland liegende Betriebe dieses Unternehmens. Demnach werden bei der Ermittlung der für die Errichtung des Wirtschaftsausschusses maßgebenden Zahl der beschäftigten Arbeitnehmer diese nicht mitgezählt[333].

Die Zuständigkeit des Wirtschaftsausschusses ist auf den **Unternehmensbereich** beschränkt. Der **Konzernbetriebsrat** kann **keinen Wirtschaftsausschuß errichten**[334]. 329

Unterhalten dagegen zwei (oder mehr) Unternehmen einen **gemeinsamen Betrieb** (s. o. Teil A Rz. 27 ff.), in dem regelmäßig mehr als einhundert Arbeitnehmer beschäftigt sind, so ist ein Wirtschaftsausschuß auch dann zu bilden, wenn keines der beteiligten Unternehmen für sich allein diese Beschäftigtenzahl erreicht[335]. 330

Die Errichtung des Wirtschaftsausschusses ist bei Vorliegen der Voraussetzungen des § 106 Abs. 1 Satz 1 BetrVG **zwingend vorgeschrieben**[336]. Sie erfolgt dadurch, daß der Gesamtbetriebsrat die Mitglieder des Wirtschaftsausschusses bestimmt. Gibt es in dem Unternehmen nur **einen Betriebsrat,** bestimmt dieser die Mitglieder des Wirtschaftsausschusses (§ 107 Abs. 2 Satz 1 und 2 BetrVG). Ein besonderer Beschluß über die Errichtung des Wirtschaftsausschusses ist nicht erforderlich. Die Mitglieder des Wirtschaftsausschusses werden vom Gesamtbetriebsrat bzw. Betriebsrat mit **einfacher Stimmenmehrheit** einzeln gewählt. Ein bestimmter Gruppenschutz besteht nicht[337]. 331

Die Errichtung eines Wirtschaftsausschusses ist **nicht möglich**, wenn mehrere Betriebsräte eines Unternehmens gesetzeswidrig **keinen Gesamtbetriebsrat gewählt** haben[338]. Demgegenüber kann ein Wirtschaftsausschuß errichtet werden, wenn ein Unternehmen mehrere Betriebe umfaßt, jedoch nur in einem Betrieb ein Betriebsrat gewählt worden ist[339]. 332

---

333 *Fitting/Kaiser/Heither/Engels,* § 106 Rz. 9; *Joost,* in: Münchener Handbuch zum Arbeitsrecht, Band 3, § 311 Rz. 12 m. w. Nachw.
334 BAG vom 23. 8. 1989, AP Nr. 7 zu § 106 BetrVG 1972.
335 BAG vom 1. 8. 1990, AP Nr. 8 zu § 106 BetrVG 1972.
336 *Fitting/Kaiser/Heither/Engels,* § 106 Rz. 1; *Joost,* in: Münchener Handbuch zum Arbeitsrecht, Band 3, § 311 Rz. 12.
337 *Joost,* in: Münchener Handbuch zum Arbeitsrecht, Band 3, § 311 Rz. 13.
338 LAG Frankfurt vom 7. 11. 1989, LAGE § 106 BetrVG Nr. 5; *Joost,* in: Münchener Handbuch zum Arbeitsrecht, Band 3, § 311 Rz. 13; *Dietz/Richardi,* § 107 Rz. 11; *Fitting/Kaiser/Heither/Engels,* § 107 Rz. 13.
339 LAG Frankfurt vom 7. 11. 1989, LAGE § 106 BetrVG Nr. 5; *Joost,* in: Münchener Handbuch zum Arbeitsrecht, Band 3, § 311 Rz. 13; *Dietz/Richardi,* § 107 Rz. 12; **a. A.** *Fitting/Kaiser/Heither/Engels,* § 107 Rz. 13, wonach nur die Bildung eines besonderen Ausschusses nach § 107 Abs. 3 BetrVG durch den einzelnen Betriebsrat möglich sei.

333 Der Gesamtbetriebsrat bzw. der Betriebsrat können – sofern sie mindestens neun Mitglieder haben – auf die Bildung eines selbständigen Wirtschaftsausschusses verzichten und nach Maßgabe von § 107 Abs. 3 BetrVG dessen Aufgaben auf einen ihrer eigenen Ausschüsse übertragen[340].

3. Größe und Zusammensetzung

334 Der Wirtschaftsausschuß besteht nach § 107 Abs. 1 Satz 1 BetrVG aus **mindestens 3 und höchstens 7 Mitgliedern,** die dem Unternehmen angehören müssen, darunter mindestens einem Betriebsratsmitglied.

335 Zu den Mitgliedern des Wirtschaftsausschusses können auch **leitende Angestellte** i. S. von § 5 Abs. 3 BetrVG bestimmt werden, § 107 Abs. 1 Satz 2 BetrVG. Die Hinzuziehung von leitenden Angestellten bietet sich an, um die Sachkunde dieses Personenkreises für die Zwecke des Wirtschaftsausschusses nutzen zu können.

336 Im Gegensatz zu sonstigen ähnlichen Regelungen im BetrVG ist die **Größe** und **Zusammensetzung** des Wirtschaftsausschusses **nicht näher vorgeschrieben.** Die Zahl der Mitglieder wird vom Betriebsrat bzw. bei mehreren Betrieben vom Gesamtbetriebsrat frei festgesetzt (§ 107 Abs. 2 BetrVG). Die Mitgliederzahl nach § 107 Abs. 1 BetrVG kann jedoch überschritten werden, wenn der Betriebsrat (bzw. der Gesamtbetriebsrat) mit der Mehrheit der Stimmen seiner Mitglieder beschließt, die Aufgaben des Wirtschaftsausschusses einem Ausschuß des Betriebsrats zu übertragen (s. o. Rz. 333). In dem Fall darf die Mitgliederzahl nicht höher sein als die des Betriebsausschusses, der bis zu 11 Mitglieder umfassen kann, vgl. §§ 107 Abs. 3, 27 Abs. 1 BetrVG. Jedoch kann der Betriebsrat nach § 107 Abs. 3 Satz 3 BetrVG eine gleich große Zahl weiterer Mitglieder in den Wirtschaftsausschuß berufen, so daß die Höchstzahl der Mitglieder bis zu 22 Arbeitnehmer betragen kann.

337 Die Festlegung der **Größe** und die **Auswahl der Mitglieder** des Wirtschaftsausschusses erfolgen durch Mehrheitsbeschluß des Gesamtbetriebsrats bzw. des Betriebsrats[341].

338 Die **Mitglieder** des Wirtschaftsausschusses sollen gemäß § 107 Abs. 1 Satz 3 BetrVG die zur Erfüllung ihrer Aufgaben erforderliche **fachliche** und **persönliche Eignung** besitzen. Dies bedeutet, daß die zu

---

340 Einzelheiten hierzu siehe bei *Joost,* in: Münchener Handbuch zum Arbeitsrecht, Band 3, § 311 Rz. 15 ff.
341 Vgl. *Fitting/Kaiser/Heither/Engels,* § 107 Rz. 10, 14; *Joost,* in: Münchener Handbuch zum Arbeitsrecht, Band 3, § 311 Rz. 19.

berufenden Personen die notwendigen Kenntnisse zum Verständnis der Angelegenheiten haben sollen, auf die sich die Kompetenzen des Wirtschaftsausschusses beziehen (in erster Linie Kenntnisse der wirtschaftlichen und finanziellen Lage des Unternehmens sowie der technischen Produktionsabläufe). Außerdem sollen die Personen die Fähigkeit aufweisen, den Jahresabschluß anhand der gegebenen Erläuterungen zu verstehen und gezielte Fragen zu stellen[342].

Die Beurteilung des Gesamtbetriebsrats bzw. Betriebsrats über die Befähigung der Mitglieder ist grundsätzlich gerichtlich nicht überprüfbar. Jedoch darf er sich nicht bewußt über das Gebot der fachlichen und persönlichen Eignung hinwegsetzen[343]. 339

Die Bestellung in den Wirtschaftsausschuß bedarf der **Annahme** durch die betreffende Person. Ein Arbeitnehmer ist **nicht verpflichtet,** das Amt anzunehmen[344]. 340

Die Bestellung von **Ersatzmitgliedern** ist zwar nicht ausdrücklich gesetzlich vorgesehen, jedoch aus praktischen Gründen **zulässig**[345]. 341

4. Amtszeit der Mitglieder

Die Mitglieder des Wirtschaftsausschusses werden vom Betriebsrat für die **Dauer seiner Amtszeit** bestellt, § 107 Abs. 2 Satz 1 BetrVG. Sind sie vom Gesamtbetriebsrat bestellt worden, so endet ihre Amtszeit mit dem Ende der Amtszeit der Mehrheit derjenigen Betriebsratsmitglieder, die an der Bestellung mitgewirkt haben, § 107 Abs. 2 Satz 2 BetrVG. In dem Fall ist von dem Gesamtbetriebsrat in seiner jetzigen Besetzung ein neuer Wirtschaftsausschuß zu bestellen. 342

Jedes Mitglied des Wirtschaftsausschusses kann jederzeit vom Betriebsrat oder Gesamtbetriebsrat durch einfachen Mehrheitsbeschluß **abberufen** werden, ohne daß hierfür ein besonderer Grund erforderlich ist (§ 107 Abs. 2 Satz 3 BetrVG). Weitere Gründe für die Beendigung der Mitgliedschaft im Wirtschaftsausschuß sind das Erlöschen der Mitgliedschaft im Betriebsrat des einzigen Betriebsratsmitglieds im Wirtschaftsausschuß[346] sowie die Amtsniederlegung. Nicht mög- 343

---

342 BAG vom 18. 7. 1978, AP Nr. 1 zu § 108 BetrVG 1972.
343 BAG vom 18. 7. 1978, AP Nr. 1 zu § 108 BetrVG 1972.
344 *Joost,* in: Münchener Handbuch zum Arbeitsrecht, Band 3, § 311 Rz. 22.
345 Vgl. *Joost,* in: Münchener Handbuch zum Arbeitsrecht, Band 3, § 311 Rz. 23.
346 *Dietz/Richardi,* § 107 Rz. 23; *Joost,* in: Münchener Handbuch zum Arbeitsrecht, Band 3, § 311 Rz. 110 f., **a. A.** *Fitting/Kaiser/Heither/Engels,* § 107 Rz. 6, wonach mit der Beendigung der Mitgliedschaft im Betriebsrat *stets* die Mitgliedschaft im Wirtschaftsausschuß ende.

lich ist der Ausschluß aus dem Wirtschaftsausschuß durch gerichtliche Entscheidung nach § 23 Abs. 1 BetrVG[347].

5. Rechte und Pflichten der Mitglieder

344 Die Mitglieder des Wirtschaftsausschusses üben ihre Tätigkeit unentgeltlich als *Ehrenamt* aus (entsprechend § 37 Abs. 1 BetrVG). Zur Teilnahme an den Sitzungen des Wirtschaftsausschusses sind dessen Mitglieder vom Arbeitgeber **unter Fortzahlung des Arbeitsentgelts** von ihrer Tätigkeit freizustellen. Zum Ausgleich der Tätigkeit im Wirtschaftsausschuß, die aus unternehmensbedingten Gründen außerhalb der Arbeitszeit durchzuführen ist, besteht ein Anspruch auf entsprechende Arbeitsbefreiung unter Fortzahlung des Arbeitsentgelts bzw. auf Abgeltung. Insoweit gelten die Grundsätze des § 37 Abs. 2 und 3 BetrVG sinngemäß für alle Mitglieder des Wirtschaftsausschusses, unabhängig davon, ob sie zugleich Betriebsratsmitglieder oder sonstige unternehmensangehörige Mitarbeiter sind[348].

345 Da für die Berufung in den Wirtschaftsausschuß gemäß § 107 Abs. 1 Satz 3 BetrVG die zur Erfüllung der Aufgaben erforderliche fachliche und persönliche Eignung Voraussetzung ist, bestehen **keine eigenständige Ansprüche auf Teilnahme an Schulungs- und Bildungsveranstaltungen** wegen der Tätigkeit im Wirtschaftsausschuß als solcher. Allerdings können die zu Mitgliedern des Wirtschaftsausschusses bestellten Betriebsratsmitglieder im erforderlichen Umfang an Schulungs- und Bildungsveranstaltungen nach Maßgabe der allgemeinen Regelung des § 37 Abs. 6 BetrVG in ihrer Ursprungsfunktion als Betriebsratsmitglieder teilnehmen. Für die sonstigen Mitglieder des Wirtschaftsausschusses besteht demgegenüber kein Anspruch auf Teilnahme an Schulungs- und Bildungsveranstaltungen[349].

346 Alle Mitglieder des Wirtschaftsausschusses sind nach § 79 Abs. 2 BetrVG i. V. mit § 79 Abs. 1 BetrVG zur **Verschwiegenheit** hinsichtlich der Betriebs- oder Geschäftsgeheimnisse verpflichtet, die ihnen wegen ihrer Zugehörigkeit zum Wirtschaftsausschuß bekannt geworden und vom Arbeitgeber ausdrücklich als geheimhaltungspflichtig

---

347 *Joost,* in: Münchener Handbuch zum Arbeitsrecht, Band 3, § 311 Rz. 113.
348 *Joost,* in: Münchener Handbuch zum Arbeitsrecht, Band 3, § 311 Rz. 115.
349 BAG vom 6. 11. 1973, AP Nr. 5 zu § 37 BetrVG 1972; *Joost,* in: Münchener Handbuch zum Arbeitsrecht, Band 3, § 311 Rz. 116; **a. A.** *Fitting/Kaiser/Heither/Engels,* § 107 Rz. 19 m. w. Nachw., wonach ein Anspruch auf Teilnahme an Schulungs- und Bildungsveranstaltungen entsprechend § 37 Abs. 6 BetrVG für alle unternehmensangehörigen Mitglieder des Wirtschaftsausschusses bestehe.

IV. Wirtschaftsausschuß Rz. 350 **Teil B**

bezeichnet worden sind. Die Verletzung der Geheimhaltungspflicht ist gemäß § 120 BetrVG strafbar.

Soweit die Mitglieder des Wirtschaftsausschusses nicht zugleich Betriebsratsmitglieder sind, haben sie **keinen besonderen Kündigungsschutz** nach § 15 KSchG, § 103 BetrVG. Gleiches gilt hinsichtlich des allgemeinen Tätigkeits- und Entgeltschutzes gemäß § 37 Abs. 4 und 5 BetrVG. Allerdings dürfen sie wegen ihrer Tätigkeit im Wirtschaftsausschuß weder benachteiligt noch begünstigt werden, § 78 BetrVG. Eine Kündigung, die wegen der Tätigkeit als Mitglied im Wirtschaftsausschuß erfolgt, verstößt gegen das Benachteiligungsverbot des § 78 BetrVG und ist damit nichtig[350]. 347

6. Geschäftsführung

Die Vorschriften der §§ 106 ff. BetrVG enthalten – abgesehen von § 108 BetrVG hinsichtlich der Sitzungen – keine allgemeinen Regelungen über die Geschäftsführung des Wirtschaftsausschusses. Da es sich bei dem Wirtschaftsausschuß aber um ein unselbständiges Hilfsorgan des Betriebsrats handelt (s. o. Rz. 322), finden die für den Betriebsrat bzw. seine Ausschüsse geltenden Bestimmungen entsprechende Anwendung[351]. 348

So kann der Wirtschaftsausschuß entsprechend § 26 Abs. 1 Satz 1 BetrVG aus seiner Mitte einen Vorsitzenden wählen und diesen die Vorbereitung der Sitzungen, deren Leitung und die Zuständigkeit zur Entgegennahme von Unterlagen, die der Unternehmer vorzulegen hat, übertragen. Ebenso kann sich der Wirtschaftsausschuß entsprechend § 36 BetrVG eine Geschäftsordnung geben. 349

a) Sitzungen

Der Wirtschaftsausschuß soll **monatlich** einmal zu einer Sitzung **zusammentreten**, § 108 Abs. 1 BetrVG. Er kann je nach Anzahl, Umfang oder Schwierigkeit der zu behandelnden wirtschaftlichen Angelegenheiten auch häufiger oder seltener eine Sitzung abhalten. Die Sitzungen finden regelmäßig **während der Arbeitszeit** statt (§ 30 Satz 1 BetrVG analog). Bei der Wahl des Zeitpunkts ist auf die betrieblichen Notwendigkeiten Rücksicht zu nehmen (§ 30 Satz 2 BetrVG analog). Außerhalb der Arbeitszeit sind Sitzungen nur anzuberaumen, wenn dies aus besonderen Gründen erforderlich ist. 350

---

350 *Fitting/Kaiser/Heither/Engels,* § 107 Rz. 20; *Joost,* in: Münchener Handbuch zum Arbeitsrecht, Band 3, § 311 Rz. 119.
351 *Joost,* in: Münchener Handbuch zum Arbeitsrecht, Band 3, § 311 Rz. 74.

351 Vorschriften über die Einberufung der Sitzungen des Wirtschaftsausschusses sind in den §§ 106 ff. BetrVG – anders als beim Betriebsrat (vgl. § 29 BetrVG) – **nicht enthalten.** Die Sitzungen sind daher grundsätzlich unter den Mitgliedern des Wirtschaftsausschusses abzusprechen, wobei ein formalisiertes Beschlußverfahren nicht beachtet werden muß[352]. Die Ladung zu den Sitzungen erfolgt durch den Vorsitzenden des Wirtschaftsausschusses, sofern ein solcher gewählt und diesem die Einberufung der Sitzungen übertragen worden ist (s. o. Rz. 349).

352 Zu beachten ist, daß die Mitglieder des Wirtschaftsausschusses und die sonstigen Teilnahmeberechtigten zu jeder Sitzung stets **rechtzeitig** eingeladen werden müssen. Die Sitzungen des Wirtschaftsausschusses sind entsprechend § 30 Satz 4 BetrVG **nicht öffentlich**[353].

353 **Teilnahmeberechtigt** sind zunächst alle Mitglieder des Wirtschaftsausschusses. Weitere Personen können an den Sitzungen des Wirtschaftsausschusses nur teilnehmen, sofern sie eine besondere Teilnahmeberechtigung haben (s. u. Rz. 354 ff.).

354 An den Sitzungen des Wirtschaftsausschusses hat nach § 108 Abs. 2 Satz 1 BetrVG der **Unternehmer** oder sein Vertreter teilzunehmen. Unternehmer i. S. dieser Vorschrift ist der Einzelhandelsunternehmer, bei Personengesellschaften die zur Geschäftsführung berechtigten Gesellschafter, bei juristischen Personen (Aktiengesellschaft, GmbH) die Mitglieder des Vertretungsorgans (Vorstandsmitglieder, Geschäftsführer). Bei **mehreren geschäftsführungsbefugten Personen** genügt die Teilnahme einer Person, die von den Gesellschaftern bzw. dem Geschäftsführungsorgan zu bestimmen ist. In mitbestimmten Unternehmen besteht keine Primärzuständigkeit des nach §§ 33 MitbestG, 13 Montan-MitbestG bestellten Arbeitsdirektors, da dieser nur ein gleichberechtigtes Mitglied des Vertretungsorgans ist[354].

355 Der Unternehmer hat sowohl ein Teilnahmerecht als auch eine gesetzlich zwingende **Pflicht** zur Teilnahme an den Sitzungen des Wirtschaftsausschusses, weil nur dadurch den Zwecken des Wirtschaftsausschusses – Unterrichtung durch den Unternehmer und Beratung der wirtschaftlichen Angelegenheiten mit diesem – Rechnung getragen wird[355].

---

352 *Fitting/Kaiser/Heither/Engels*, § 108 Rz. 5; *Joost*, in: Münchener Handbuch zum Arbeitsrecht, Band 3, § 311 Rz. 78, 104.
353 *Fitting/Kaiser/Heither/Engels*, § 108 Rz. 4; *Joost*, in: Münchener Handbuch zum Arbeitsrecht, Band 3, § 311 Rz. 81.
354 *Fitting/Kaiser/Heither/Engels*, § 108 Rz. 9; *Joost*, in: Münchener Handbuch zum Arbeitsrecht, Band 3, § 311 Rz. 84.
355 *Joost*, in: Münchener Handbuch zum Arbeitsrecht, Band 3, § 311 Rz. 82.

IV. Wirtschaftsausschuß

Der Unternehmer kann einen **Vertreter** entsenden, bei dem es sich zumindest um eine **sachkundige Person** handeln muß, die verantwortlich unterrichten und beraten kann. Die Entsendung eines inkompetenten Vertreters bzw. die damit verbundene unzureichende Unterrichtung des Wirtschaftsausschusses kann einen groben Verstoß des Arbeitgebers gegen seine betriebsverfassungsrechtlichen Pflichten nach § 23 Abs. 3 BetrVG sowie eine Ordnungswidrigkeit i. S. von § 121 BetrVG darstellen[356]. Die Teilnahme des Unternehmers selbst oder die Entsendung einer bestimmten Person kann der Wirtschaftsausschuß nicht verlangen.

356

Nach Auffassung des BAG kann der Wirtschaftsausschuß auch **ohne den Unternehmer** zusammentreten, soweit dies – etwa zur Vorbereitung einer Sitzung – erforderlich ist[357].

357

Der Unternehmer kann nach § 108 Abs. 2 Satz 2 BetrVG **sachkundige Arbeitnehmer** des Unternehmens einschließlich der leitenden Angestellten i. S. von § 5 Abs. 3 BetrVG hinzuziehen. Obwohl für diese Arbeitnehmer eine besondere Verschwiegenheitspflicht nicht ausdrücklich angeordnet ist, ergibt sich diese aus den allgemeinen arbeitsrechtlichen Grundsätzen sowie – bei Betriebs- und Geschäftsgeheimnissen, die vom Arbeitgeber ausdrücklich als geheimhaltungsbedürftig bezeichnet worden sind – aus der Strafvorschrift des § 120 Abs. 1 Nr. 4 BetrVG. Weitere Arbeitnehmer dürfen vom Wirtschaftsausschuß gegen den Willen des Unternehmers nicht hinzugezogen werden[358].

358

Der Unternehmer kann weiterhin einen **Vertreter der Arbeitgebervereinigung** hinzuziehen (entsprechend § 29 Abs. 4 Satz 2 BetrVG)[359]. Dieser unterliegt der Geheimhaltungspflicht nach § 79 Abs. 2 BetrVG.

359

Der **Betriebsrat** hat nach § 108 Abs. 5 BetrVG in Sitzungen ein Teilnahmerecht, in denen dem Wirtschaftsausschuß der Jahresabschluß

360

---

356 *Joost*, in: Münchener Handbuch zum Arbeitsrecht, Band 3, § 311 Rz. 86.
357 BAG vom 16. 3. 1982, AP Nr. 3 zu § 108 BetrVG 1972; ebenso *Fitting/Kaiser/Heither/Engels*, § 108 Rz. 7; a. A. *Joost*, in: Münchener Handbuch zum Arbeitsrecht, Band 3, § 311 Rz. 83, wonach dies nicht dem Zweck des Gesetzes entspreche, in den Sitzungen eine gemeinsame Aussprache zwischen den Mitgliedern des Wirtschaftsausschusses und dem Unternehmer stattfinden zu lassen. Zudem werde damit das Teilnahmerecht und die Teilnahmepflicht des Unternehmers zur Disposition des Wirtschaftsausschusses gestellt. Möglich seien aber Informationssitzungen des Wirtschaftsausschusses zum Zwecke der Einsichtnahme in die vom Unternehmer vorzulegenden Unterlagen.
358 *Joost*, in: Münchener Handbuch zum Arbeitsrecht, Band 3, § 311 Rz. 88.
359 Vgl. BAG vom 18. 11. 1980, AP Nr. 2 zu § 108 BetrVG 1972.

erläutert wird. Bei den sonstigen Sitzungen besteht für die Mitglieder des Betriebsrats bzw. Gesamtbetriebsrats, soweit sie nicht Mitglieder des Wirtschaftsausschusses sind, kein Teilnahmerecht, da der Betriebsrat über den Inhalt jeder Sitzung vom Wirtschaftsausschuß zu unterrichten ist (s. u. Rz. 411 ff.).

361 Obwohl das BetrVG keine ausdrückliche Regelung über ein Teilnahmerecht von **Gewerkschaftsbeauftragten** an den Sitzungen des Wirtschaftsausschusses enthält, nimmt das BAG[360] zu Recht an, daß diese in entsprechender Anwendung des § 31 BetrVG vom Wirtschaftsausschuß hinzugezogen werden können. Ein Ausschluß von Gewerkschaftsvertretern von den Sitzungen des Wirtschaftsausschusses wäre unverständlich, da der Betriebsrat die Aufgaben des Wirtschaftsausschusses nach § 107 Abs. 3 Satz 1 BetrVG auf einen seiner Ausschüsse übertragen könnte und Gewerkschaftsbeauftragte in diesem Fall ein Teilnahmerecht hätten.

362 Die entsprechende Anwendung des § 31 BetrVG auf Sitzungen des Wirtschaftsausschusses bedeutet, daß auf Antrag eines Viertels der Mitglieder oder der Mehrheit einer Gruppe des Betriebsrats (bzw. Gesamtbetriebsrats) oder auf Beschluß des Betriebsrats (bzw. Gesamtbetriebsrats) ein Beauftragter einer im Betriebsrat (bzw. Gesamtbetriebsrat) vertretenen Gewerkschaft an den Sitzungen des Wirtschaftsausschusses teilnehmen kann. Der **Wirtschaftsausschuß** kann nach Auffassung des BAG die Hinzuziehung eines solchen Gewerkschaftsbeauftragten jedenfalls dann **selbst beschließen,** wenn ihm der Betriebsrat (bzw. Gesamtbetriebsrat) eine entsprechende Ermächtigung erteilt hat[361].

363 Die Teilnahme eines Gewerkschaftsbeauftragten kann aber jeweils nur für eine **konkret bestimmte Sitzung** des Wirtschaftsausschusses beschlossen werden. Eine **generelle Einladung** zu allen künftigen Sitzungen des Wirtschaftsausschusses ist **unzulässig**[362].

364 Die Gewerkschaftsbeauftragten unterliegen der **Geheimhaltungspflicht** nach § 79 Abs. 2 BetrVG.

365 Die **Schwerbehindertenvertretung** (bzw. Gesamtschwerbehindertenvertretung) kann entsprechend § 32 BetrVG an den Sitzungen des

---

[360] BAG vom 18. 11. 1980, AP Nr. 2 zu § 108 BetrVG 1972; BAG vom 25. 6. 1987, AP Nr. 6 zu § 108 BetrVG 1972.
[361] BAG vom 18. 11. 1980, AP Nr. 2 zu § 108 BetrVG 1972. Weitergehend *Joost,* in: Münchener Handbuch zum Arbeitsrecht, Band 3, § 311 Rz. 91, wonach der Wirtschaftsausschuß *stets* neben dem Betriebsrat die Beiziehung von Gewerkschaftsbeauftragten beschließen könne.
[362] BAG vom 25. 6. 1987, AP Nr. 6 zu § 108 BetrVG 1972.

IV. Wirtschaftsausschuß

Wirtschaftsausschusses beratend teilnehmen[363]. Ferner kann die **Jugend- und Auszubildendenvertretung** (bzw. Gesamt-Jugend- und Auszubildendenvertretung) entsprechend § 67 Abs. 1 Satz 1 BetrVG zu den Sitzungen des Wirtschaftsausschusses einen Vertreter entsenden[364].

Nach vorheriger Vereinbarung mit dem Unternehmer oder Entscheidung des Arbeitsgerichts kann der Wirtschaftsausschuß einen **Sachverständigen** hinzuziehen (§ 108 Abs. 2 Satz 3 BetrVG i. V. mit § 80 Abs. 3 BetrVG). Einzelheiten hierzu s. u. Rz. 406 ff. 366

Der **Zeitpunkt der Sitzungen** ist entweder von Fall zu Fall oder generell im voraus durch Absprache mit dem Arbeitgeber festzulegen, da dessen Teilnahme für die Tätigkeit des Wirtschaftsausschusses von wesentlicher Bedeutung und gesetzlich vorgeschrieben ist[365]. 367

Die **Tagesordnung** der jeweiligen Sitzung des Wirtschaftsausschusses wird bestimmt durch die in § 106 Abs. 2 und 3 BetrVG genannten Gegenstände, über die der Unternehmer unaufgefordert rechtzeitig und umfassend zu informieren hat (s. u. Rz. 374 ff.). Zweckmäßig ist, dem Unternehmer vor der Sitzung anstehende Fragen mitzuteilen, damit sich dieser auf die Sitzung vorbereiten kann. 368

Themen der Sitzung des Wirtschaftsausschusses können **alle wirtschaftlichen Angelegenheiten** sein, die eingehend zu besprechen und mit dem Unternehmer umfassend zu beraten sind. Insbesondere ist dem Wirtschaftsausschuß in seiner Sitzung der für das Unternehmen aufgestellte **Jahresabschluß** unter Beteiligung des Betriebsrats vom Unternehmer zu erläutern (§ 108 Abs. 5 BetrVG). 369

Sofern der Wirtschaftsausschuß einen Vorsitzenden wählt (s. o. Rz. 349), obliegt diesem die **Leitung** der Sitzung. Ansonsten können die Mitglieder des Wirtschaftsausschusses von Fall zu Fall einen Sitzungsleiter bestimmen. 370

Eine **Sitzungsniederschrift** ist gesetzlich nicht zwingend vorgeschrieben. Deren Anfertigung liegt im Ermessen des Betriebsrats. Zweckmäßig ist eine Niederschrift insbesondere dann, wenn die Beratungen mit dem Unternehmer in schwierigen Angelegenheiten zu einer Übereinkunft führen[366]. 371

---

363 BAG vom 4. 6. 1987, AP Nr. 2 zu § 22 SchwbG.
364 *Joost*, in: Münchener Handbuch zum Arbeitsrecht, Band 3, § 311 Rz. 95.
365 *Fitting/Kaiser/Heither/Engels*, § 108 Rz. 3.
366 So zu Recht *Joost*, in: Münchener Handbuch zum Arbeitsrecht, Band 3, § 311 Rz. 102.

b) Kosten

372 Die durch die Kosten des Wirtschaftsausschusses entstehenden Kosten hat – entsprechend § 40 Abs. 1 BetrVG – der Arbeitgeber zu tragen. Für die Sitzungen und die etwaige sonstige Geschäftsführung hat der Arbeitgeber im erforderlichen Umfang Räume, sächliche Mittel und Büropersonal zur Verfügung zu stellen (entsprechend § 40 Abs. 2 BetrVG)[367].

373 Allerdings folgt weder aus § 40 Abs. 2 BetrVG noch aus anderen Rechtsgrundlagen für den Wirtschaftsausschuß oder für den (Gesamt-) Betriebsrat das Recht, zu den Sitzungen des Wirtschaftsausschusses zusätzlich zu dessen Mitgliedern ein (Gesamt-) Betriebsratsmitglied als Protokollführer hinzuzuziehen. Dies gilt auch bei freigestellten (Gesamt-)Betriebsratsmitgliedern. Soweit dem Wirtschaftsausschuß erforderliches Büropersonal zur Verfügung zu stellen ist, obliegt die **Auswahl dem Arbeitgeber**[368].

7. Aufgaben

374 Nach der gesetzlichen Aufgabenzuweisung in § 106 Abs. 1 Satz 2 BetrVG und § 108 Abs. 4 BetrVG beschränken sich die Kompetenzen des Wirtschaftsausschusses – als betriebsverfassungsrechtliches Hilfsorgan des Betriebsrats – auf **Beratungs- und Unterrichtungsfunktionen** in wirtschaftlichen Angelegenheiten auf Unternehmensebene sowie auf Weitergabe seiner Informationen an den Betriebsrat. Dagegen hat der Wirtschaftsausschuß **keine Mitbestimmungsrechte** im engeren Sinne[369]. Insbesondere bei Betriebsänderungen erfolgt die Wahrnehmung der Beteiligungsrechte (Interessenausgleich, Sozialplan) nicht durch den Wirtschaftsausschuß, sondern durch den Betriebsrat (vgl. §§ 111, 112 BetrVG).

a) Wirtschaftliche Angelegenheiten

375 Der Begriff der wirtschaftlichen Angelegenheiten wird im BetrVG nicht definiert. Vielmehr enthält § 106 Abs. 3 BetrVG einen **Katalog** von zehn Angelegenheiten, die als wirtschaftliche Angelegenheiten anzusehen sind. Danach gehören zu den wirtschaftlichen Angelegenheiten **insbesondere**

---

367 BAG vom 17. 10. 1990, AP Nr. 8 zu § 108 BetrVG 1972.
368 BAG vom 17. 10. 1990, AP Nr. 8 zu § 108 BetrVG 1972.
369 BAG vom 9. 5. 1995, AP Nr. 12 zu § 106 BetrVG 1972; *Fitting/Kaiser/Heither/Engels*, § 106 Rz. 1 f.; *Joost*, in: Münchener Handbuch zum Arbeitsrecht, Band 3, § 311 Rz. 24 f.

(1) **Die wirtschaftliche und finanzielle Situation des Unternehmens.** 376
Hierzu gehören insbesondere Gewinne und Verluste, Aktiva und Passiva, die Konjunktur- und Wettbewerbslage, der Auftragsbestand, die Kostensituation (einschließlich Löhne und Gehälter, Warenlager, Rohstoff- und Energieversorgung), Investitionen, Liquidität (Kredite, Kreditwürdigkeit und Kreditmöglichkeiten), wirtschaftliche und produktionstechnische Risiken sowie wesentliche Faktoren der Preisgestaltung (Kalkulationsgrundlagen), soweit dadurch entsprechend der Einschränkung in § 106 Abs. 2 Satz 1 BetrVG nicht Betriebs- und Geschäftsgeheimnisse gefährdet werden[370]. Die finanzielle Lage des Unternehmens ist ferner bei einer von der Geschäftsleitung beabsichtigten Stellung eines **Konkurs- oder Vergleichsantrages** betroffen[371]. Die privaten Vermögens- und Einkommensverhältnisse des Unternehmensträgers gehören hingegen nicht zur wirtschaftlichen und finanziellen Lage des Unternehmens[372].

(2) **Die Produktions- und Absatzlage,** also die Kapazitäten, Lagerbestände, Auslastungen, Produktgattungen (Produktionslage) sowie die Marktbeziehungen des Unternehmens, wie z. B. Verkaufsdaten, Umsätze, Vertriebsarten, Vertriebsbeziehungen und künftige Absatzchancen (Absatzlage)[373]. 377

(3) **Das Produktions- und Investitionsprogramm.** Das Produktionsprogramm ist der **Warenerzeugungsplan,** also die Planung der Produktarten, Produktzahlen usw. Bei Dienstleistungsunternehmen betrifft es Art und Umfang der anzubietenden Dienstleistungen. Zum Investitionsprogramm gehört die Planung über den Einsatz von Kapital zur Ergänzung, Erneuerung und Neuanschaffung von Betriebsmitteln und Betriebsstätten[374]. 378

(4) **Rationalisierungsvorhaben.** Die Rationalisierung hat die effektivere Nutzung der Arbeitsvorgänge (auch im Verwaltungsbereich) zum Ziel, um die Wirtschaftlichkeit des Unternehmens zu steigern. Rationalisierungsvorhaben sind insbesondere Maßnahmen zur Hebung der Leistung des Betriebs durch Herabsetzung des Aufwands an mensch- 379

---

370 *Fitting/Kaiser/Heither/Engels,* § 106 Rz. 26; siehe auch BAG vom 17. 9. 1991, AP Nr. 13 zu § 106 BetrVG 1972: Vorlagepflicht hinsichtlich monatlicher Erfolgsrechnungen (Betriebsabrechnungsbögen) für einzelne Filialen und Betriebe.
371 *Dietz/Richardi,* § 106 Rz. 35; *Fitting/Kaiser/Heither/Engels,* § 106 Rz. 26 m. w. Nachw.
372 *Joost,* in: Münchener Handbuch zum Arbeitsrecht, Band 3, § 311 Rz. 33.
373 Vgl. *Fitting/Kaiser/Heither/Engels,* § 106 Rz. 27; *Joost,* in: Münchener Handbuch zum Arbeitsrecht, Band 3, § 311 Rz. 34.
374 *Fitting/Kaiser/Heither/Engels,* § 106 Rz. 28; *Joost,* in: Münchener Handbuch zum Arbeitsrecht, Band 3, § 311 Rz. 35.

licher Arbeitskraft, Kosten und Kapital. Hierzu gehören u.a. Automation, Einsatz von EDV-Anlagen, Datensichtgeräten und Mikroprozessoren, computergestützte Fertigung sowie betriebsorganisatorische Maßnahmen[375].

380 **(5) Fabrikations- und Arbeitsmethoden, insbesondere die Einführung neuer Arbeitsmethoden.** Fabrikationsmethoden sind die technischen Herstellungsverfahren für die Produktion von Gütern, Arbeitsmethoden die Verfahren zum Einsatz menschlicher Arbeit (z. B. Gruppenarbeit)[376].

381 **(6) Die Einschränkung oder Stillegung von Betrieben oder von Betriebsteilen.** Hierbei handelt es sich zugleich um Betriebsänderungen i. S. von § 111 Satz 2 Nr. 1 BetrVG, bei denen der Betriebsrat zu beteiligen ist. Anders als bei § 111 BetrVG ist es für die Zuständigkeit des Wirtschaftsausschusses aber **nicht erforderlich,** daß die Einschränkung oder Stillegung **wesentliche Betriebsteile** betrifft. Auch auf befürchtete Nachteile für die Arbeitnehmer kommt es nicht an. Vielmehr gehören alle Einschränkungen oder Stillegungen von Betrieben oder von Betriebsteilen zu den wirtschaftlichen Angelegenheiten des Unternehmers[377].

382 Eine **Einschränkung** des Betriebes oder von Betriebsteilen liegt vor, wenn die Leistungsfähigkeit des Betriebes oder von Betriebsteilen auf Dauer dadurch herabgesetzt wird, daß die **sächlichen Betriebsmittel verringert** werden, etwa durch Stillegung oder Veräußerung von Betriebsanlagen[378]. Auch eine bloße **Personalreduzierung** unter Beibehaltung der sächlichen Betriebsmittel kann eine Einschränkung des Betriebes oder von Betriebsteilen sein, sofern **mindestens 5% der Arbeitnehmer betroffen** sind[379].

383 Eine **Stillegung** von Betriebsteilen oder von Betriebszwecken liegt vor, wenn der **Betriebszweck** für einen seiner Dauer nach unbestimmten wirtschaftlich nicht unerheblichen Zeitraum **aufgegeben**

---

375 *Fitting/Kaiser/Heither/Engels,* § 106 Rz. 29; *Joost,* in: Münchener Handbuch zum Arbeitsrecht, Band 3, § 311 Rz. 36.
376 *Fitting/Kaiser/Heither/Engels,* § 106 Rz. 30; *Joost,* in: Münchener Handbuch zum Arbeitsrecht, Band 3, § 311 Rz. 37.
377 *Fitting/Kaiser/Heither/Engels,* § 106 Rz. 32; *Joost,* in: Münchener Handbuch zum Arbeitsrecht, Band 3, § 311 Rz. 38.
378 *Matthes,* in: Münchener Handbuch zum Arbeitsrecht, Band 3, § 351 Rz. 3 m. w. Nachw.
379 Vgl. BAG vom 22. 1. 1980, AP Nr. 7 zu § 111 BetrVG 1972; BAG vom 2. 8. 1983, AP Nr. 12 zu § 111 BetrVG 1972; BAG vom 6. 12. 1988, AP Nr. 26 zu § 111 BetrVG 1972.

IV. Wirtschaftsausschuß

wird[380]. Nicht erforderlich ist, daß das Betriebsvermögen veräußert wird. Ebensowenig schließt die Weiterbeschäftigung der Mitarbeiter in einem anderen Betrieb die Annahme einer Betriebs(teil)stillegung aus. Eine Betriebsstillegung kann weiterhin vorliegen, wenn der Betrieb verlegt und an einem neuen Ort mit einer im wesentlichen neuen Belegschaft fortgeführt wird[381]. Keine Betriebsstillegung sind die Veräußerung oder die Verpachtung eines Betriebes oder von Betriebsteilen, sofern diese nicht zum Zwecke der Stillegung erfolgen. Gleiches gilt für die Eröffnung des Konkursverfahrens[382].

Die Pflicht des Unternehmers zur Unterrichtung des Wirtschaftsausschusses über geplante Betriebsstillegungen i. S. von § 106 Abs. 3 Nr. 6 BetrVG besteht auch dann, wenn in den Betrieben **kein Betriebsrat** errichtet worden ist[383]. 384

(7) Die Verlegung von Betrieben oder Betriebsteilen. Hierunter ist jede nicht nur geringfügige Veränderung der **örtlichen Lage** des Betriebes oder Betriebsteils zu verstehen, wobei eine Verlegung des Betriebssitzes in eine andere politische Gemeinde nicht erforderlich ist[384]. Die Belegschaft muß am neuen Betriebssitz im wesentlichen die gleiche sein. Wird die **Betriebsgemeinschaft aufgelöst** und nur das sächliche Substrat des Betriebes verlegt, so handelt es sich um eine Betriebsstillegung[385]. Die Regelung des § 106 Abs. 3 Nr. 7 BetrVG entspricht der des § 111 Satz 2 Nr. 2 BetrVG mit der Maßgabe, daß der Unternehmer den Wirtschaftsausschuß auch über die Verlegung kleinerer Betriebe oder Betriebsteile zu unterrichten hat und es auf befürchtete Nachteile für die Arbeitnehmer nicht ankommt[386]. 385

(8) Der Zusammenschluß oder die Spaltung von Unternehmen oder Betrieben. Der Zusammenschluß kann entweder durch Bildung eines neuen Unternehmens bzw. Betriebes aus den bisherigen Unterneh- 386

---

380 BAG vom 27. 9. 1984, AP Nr. 39 zu § 613 a BGB.
381 BAG vom 12. 2. 1987, AP Nr. 67 zu § 613 a BGB.
382 BAG vom 17. 3. 1987, AP Nr. 18 zu § 111 BetrVG 1972. Siehe auch BAG vom 16. 6. 1987, AP Nr. 20 zu § 111 BetrVG 1972 (keine Betriebsstillegung, wenn die Betriebstätigkeit infolge äußerer Ereignisse – Materialmangel oder Brand – nur vorübergehend ruht).
383 BAG vom 9. 5. 1995, AP Nr. 12 zu § 106 BetrVG 1972.
384 Vgl. BAG vom 17. 8. 1982, AP Nr. 11 zu § 111 BetrVG 1972; *Fitting/Kaiser/Heither/Engels*, § 111 Rz. 63; *Matthes*, in: Münchener Handbuch zum Arbeitsrecht, Band 3, § 351 Rz. 55 m. w. Nachw.
385 Vgl. BAG vom 12. 2. 1987, AP Nr. 67 zu § 613 a BGB; *Fitting/Kaiser/Heither/Engels*, § 111 Rz. 64; *Matthes*, in: Münchener Handbuch zum Arbeitsrecht, Band 3, § 351 Rz. 56 m. w. Nachw.
386 *Fitting/Kaiser/Heither/Engels*, § 106 Rz. 33; *Joost*, in: Münchener Handbuch zum Arbeitsrecht, Band 3, § 311 Rz. 38.

men bzw. Betrieben oder durch Aufnahme eines Unternehmens bzw. Betriebes von einem anderen Unternehmen bzw. Betrieb erfolgen. Die Aufspaltung kann auf einer Gesamtrechtsnachfolge im Rahmen einer Umwandlung oder auf Veräußerung eines Betriebs- bzw. Unternehmensteils nach § 613 a BGB beruhen[387]. Die Vorschrift des § 106 Abs. 3 Nr. 8 BetrVG entspricht der des § 111 Satz 2 Nr. 3 BetrVG. Unerheblich für die Unterrichtung des Wirtschaftsausschusses ist aber, ob durch den Zusammenschluß oder die Spaltung von Unternehmen oder Betrieben für die Arbeitnehmer Nachteile entstehen[388].

387 **(9) Die Änderung der Betriebsorganisation oder des Betriebszwecks.** Eine Änderung der Betriebsorganisation liegt vor, wenn sich die Gliederung des Betriebes, die Zuständigkeitsbereiche und die Unterstellungsverhältnisse ändern, der Leitungsapparat des Betriebes eine andere Struktur erhält. Dieses Merkmal ist insbesondere dann gegeben, wenn die Leitung des Betriebes zentralisiert oder dezentralisiert wird[389]. Eine Änderung des Betriebszweckes ist gegeben, wenn der arbeitstechnische Zweck des Betriebes geändert wird, dem Betrieb andere Aufgaben gestellt werden, etwa ein Produktionsbetrieb in einen bloßen Reparaturbetrieb umgewandelt wird[390]. Der Betriebszweck kann sich auch dadurch ändern, daß dem bisherigen Zweck ein **weiterer Zweck hinzugefügt** wird oder einer von mehreren Betriebszwecken aufgegeben wird[391].

388 **(10) Sonstige Vorgänge und Vorhaben, welche die Interessen der Arbeitnehmer des Unternehmens wesentlich berühren.** In Betracht kommen unternehmensinterne Umstände, die von dem Katalog der Nr. 1 bis 9 des § 106 Abs. 3 BetrVG noch nicht erfaßt werden (z. B. Änderungen der Betriebsanlagen oder Kontrolleinrichtungen), sowie unternehmensexterne Angelegenheiten (insbesondere Marktbeziehungen und Rechtsstreitigkeiten, die für das Unternehmen von grundlegender Bedeutung sind)[392].

389 Der Katalog des § 106 Abs. 3 BetrVG zählt die wirtschaftlichen Angelegenheiten **nicht abschließend** auf, sondern gibt – wie aus der Formulierung „insbesondere" folgt – lediglich Beispiele. Wirtschaftliche

---
387 Siehe zu alledem *Gaul*, DB 1995, 2265.
388 *Fitting/Kaiser/Heither/Engels*, § 106 Rz. 34.
389 *Fitting/Kaiser/Heither/Engels*, § 111 Rz. 68; *Matthes*, in: Münchener Handbuch zum Arbeitsrecht, Band 3, § 351 Rz. 61 m. w. Nachw.
390 *Fitting/Kaiser/Heither/Engels*, § 111 Rz. 69; *Matthes*, in: Münchener Handbuch zum Arbeitsrecht, Band 3, § 351 Rz. 71.
391 Vgl. BAG vom 17. 12. 1985, AP Nr. 15 zu § 111 BetrVG 1972.
392 *Fitting/Kaiser/Heither/Engels*, § 106 Rz. 38; *Joost*, in: Münchener Handbuch zum Arbeitsrecht, Band 3, § 311 Rz. 31.

IV. Wirtschaftsausschuß

Angelegenheiten können damit auch solche sein, die in dem Katalog des § 106 Abs. 3 BetrVG nicht ausdrücklich genannt sind[393], so z. B.
- der **Wirtschaftsprüfungsbericht** nach § 321 HGB[394],
- die von einem Einzelhandelsunternehmen für seine **Filialen monatlich erstellten Betriebsabrechnungen,** aus denen sich der jeweilige Gewinn oder Verlust einer Filiale abrechnen läßt[395],
- die **Veräußerung von Geschäftsanteilen** einer GmbH an einen neuen Gesellschafter und deren mögliche Auswirkungen auf die Geschäftsführung und Geschäftspolitik[396], wobei der Wirtschaftsausschuß aber nicht die Vorlage des notariellen Vertrages über die Veräußerung der Geschäftsanteile verlangen kann, da dieser allein das Verhältnis zwischen bisherigen und neuen Gesellschaftern betrifft,
- der **Übergang** des **Unternehmens,** eines **Betriebes** oder **Betriebsteils** auf einen **anderen Inhaber (§ 613a BGB)**[397],
- die **Umstrukturierung** und **Entflechtung** von Unternehmen in den **neuen Bundesländern,** selbst wenn Betriebseinheiten (zunächst) aufrechterhalten werden[398].

b) Beratung mit dem Arbeitgeber

Nach § 106 Abs. 1 Satz 2 BetrVG hat der Wirtschaftsausschuß allgemein die Aufgaben, wirtschaftliche Angelegenheiten mit dem Unternehmer zu beraten. Die Beratung findet **in den Sitzungen** des Wirtschaftsausschusses statt, an denen der Unternehmer oder sein Vertreter teilzunehmen hat (s. o. Rz. 354 f.). Der Wirtschaftsausschuß muß dabei nicht nur die vom Unternehmer vorgegebenen Themen behandeln, sondern kann selbst alle wirtschaftlichen Angelegenheiten ansprechen[399].

---

393 Vgl. *Fitting/Kaiser/Heither/Engels,* § 106 Rz. 23; *Joost,* in: Münchener Handbuch zum Arbeitsrecht, Band 3, § 311 Rz. 26.
394 BAG vom 8. 8. 1989, AP Nr. 6 zu § 106 BetrVG 1972.
395 BAG vom 17. 9. 1991, AP Nr. 13 zu § 106 BetrVG 1972.
396 BAG vom 22. 1. 1991, AP Nr. 9 zu § 106 BetrVG 1972; *Fitting/Kaiser/Heither/Engels,* § 106 Rz. 38; a. A. *Joost,* in: Münchener Handbuch zum Arbeitsrecht, Band 3, § 311 Rz. 27 f.
397 *Fitting/Kaiser/Heither/Engels,* § 106 Rz. 38; **a. A.** *Joost,* in: Münchener Handbuch zum Arbeitsrecht, Band 3, § 311 Rz. 27 f.
398 *Fitting/Kaiser/Heither/Engels,* § 106 Rz. 39; **a. A.** *Joost,* in: Münchener Handbuch zum Arbeitsrecht, Band 3, § 311 Rz. 29.
399 *Joost,* in: Münchener Handbuch zum Arbeitsrecht, Band 3, § 311 Rz. 41.

c) Unterrichtung durch den Arbeitgeber

391 Der Unternehmer hat nach § 106 Abs. 2 Satz 1 den Wirtschaftsausschuß rechtzeitig und umfassend über die wirtschaftlichen Angelegenheiten des Unternehmens unter Vorlage der erforderlichen Unterlagen zu unterrichten, soweit dadurch nicht die Betriebs- und Geschäftsgeheimnisse des Unternehmens gefährdet werden, sowie die sich daraus ergebenden Auswirkungen auf die Personalplanung darzustellen. Bei dieser Unterrichtungspflicht handelt es sich um eine wesentliche betriebsverfassungsrechtliche Pflicht des Arbeitgebers, da der Wirtschaftsausschuß seine Aufgabe, den Betriebsrat zu unterrichten, nur nachkommen kann, wenn er vom Arbeitgeber die erforderlichen Informationen erhält[400].

aa) Zeitpunkt der Unterrichtung

392 Die Unterrichtung des Wirtschaftsausschusses über die wirtschaftlichen Angelegenheiten unter Vorlage der erforderlichen Unterlagen muß **rechtzeitig** und **umfassend** erfolgen. Einer Aufforderung durch den Wirtschaftsausschuß bedarf es nicht. Vielmehr hat der Arbeitgeber von sich aus tätig zu werden[401].

393 Bei der Beurteilung, wann eine Unterrichtung „rechtzeitig" ist, muß die Doppelfunktion des Wirtschaftsausschusses berücksichtigt werden, zum einen die wirtschaftlichen Angelegenheiten mit dem Unternehmer zu beraten, zum anderen den Betriebsrat so zu unterrichten, daß dieser seine Kompetenzen sinnvoll ausüben kann[402].

394 Hinsichtlich der Beratung hat die Unterrichtung eine **angemessene Zeit vor der Sitzung** des Wirtschaftsausschusses zu erfolgen, in der die Angelegenheit beraten werden soll, damit sich die Mitglieder des Wirtschaftsausschusses auf die Sitzung vorbereiten können. Die erforderliche Frist hängt vom Umfang und Schwierigkeitsgrad der zu behandelnden Angelegenheit ab[403].

395 Für die Rechtzeitigkeit der Unterrichtung des Wirtschaftsausschusses gelten die Grundsätze sinngemäß, die für den unmittelbaren Unterrichtungsanspruch des Betriebsrats gegenüber dem Arbeitgeber maßgebend sind (vgl. § 80 Abs. 2 Satz 1 BetrVG): Die Information darf

---

400 *Joost*, in: Münchener Handbuch zum Arbeitsrecht, Band 3, § 311 Rz. 42.
401 *Fitting/Kaiser/Heither/Engels*, § 106 Rz. 20; *Joost*, in: Münchener Handbuch zum Arbeitsrecht, Band 3, § 311 Rz. 44.
402 *Joost*, in: Münchener Handbuch zum Arbeitsrecht, Band 3, § 311 Rz. 44 m. w. Nachw.
403 *Joost*, in: Münchener Handbuch zum Arbeitsrecht, Band 3, § 311 Rz. 45.

nicht so spät erfolgen, daß dem Wirtschaftsausschuß eine Beteiligung insgesamt oder nur zum Teil bereits abgeschnitten wird. Ihm muß vielmehr die volle Wahrnehmung seiner Kompetenzen ermöglicht werden, wozu auch die Zeit zu rechnen ist, die der Wirtschaftsausschuß benötigt, um die Informationen zu verarbeiten und an den Betriebsrat weiterzuleiten[404].

bb) Umfang der Unterrichtung

Die Unterrichtung hat in allen wirtschaftlichen Angelegenheiten nach § 106 Abs. 2 Satz 1 BetrVG **umfassend** zu erfolgen. Hierzu gehören alle Informationen, die der Wirtschaftsausschuß benötigt, um die Angelegenheit sachkundig mit dem Arbeitgeber zu beraten und den Betriebsrat über die Entwicklung unterrichten zu können[405]. 396

Bei der Unterrichtung sind die sich aus den wirtschaftlichen Angelegenheiten ergebenden **Auswirkungen auf die Personalplanung** vom Unternehmer darzustellen (§ 106 Abs. 2 Satz 1 BetrVG). Eine Darstellung durch den Unternehmer ist insoweit jedoch nur erforderlich, wenn die Vorhaben in wirtschaftlichen Angelegenheiten bereits **konkrete Auswirkungen** auf die Personalplanung erkennen lassen[406]. 397

cc) Vorlage von Unterlagen

Die Unterrichtung des Wirtschaftsausschusses durch den Unternehmer hat gemäß § 106 Abs. 2 Satz 1 BetrVG **unter Vorlage der erforderlichen Unterlagen** zu erfolgen. Eine Unterrichtung ohne die gebotene Vorlage ist unvollständig. 398

Vorzulegen sind alle Unterlagen des Unternehmens, die für die Beurteilung der wirtschaftlichen Angelegenheiten erforderlich sind. Hierzu gehören etwa der gemäß § 108 Abs. 5 BetrVG in einer Sitzung des Wirtschaftsausschusses zu erläuternde **Jahresabschluß,** bestehend aus der Bilanz, der Gewinn- und Verlustrechnung und ggf. dem Anhang (§§ 242 Abs. 3, 264 Abs. 1 Satz 1 HGB), monatliche Erfolgsrechnungen von Verkaufsfilialen, Marktanalysen, Pläne zur Verbesserung der Arbeitsmethoden, Organisations- und Rationalisierungspläne, Investitionsplanungen, Bilanzen, Berichte, Betriebsstatistiken, Unterlagen über Lohn- und Leistungsbewertungen sowie der für Kapitalgesellschaften nach § 321 HGB vorgesehene **Prüfungsbericht des** 399

---

404 Vgl. *Joost,* in: Münchener Handbuch zum Arbeitsrecht, Band 3, § 311 Rz. 45.
405 *Joost,* in: Münchener Handbuch zum Arbeitsrecht, Band 3, § 311 Rz. 46.
406 *Joost,* in: Münchener Handbuch zum Arbeitsrecht, Band 3, § 311 Rz. 47.

Abschlußprüfers[407]. Dagegen handelt es sich bei dem notariellen Vertrag über die Veräußerung von Geschäftsanteilen nach Auffassung des BAG[408] nicht um eine Unterlage des Unternehmens. Vielmehr betreffe dieser Vertrag nur das Verhältnis zwischen dem bisherigen und dem neuen Gesellschafter, so daß er dem Wirtschaftsausschuß nicht nach § 106 Abs. 2 Satz 1 BetrVG vorzulegen sei.

400 Die Pflicht zur Vorlage der Unterlagen bedeutet, daß den Mitgliedern des Wirtschaftsausschusses die **Einsichtnahme** in die Unterlagen zu **ermöglichen** ist (§ 108 Abs. 3 BetrVG). Obwohl „Vorlage" i. S. von § 106 Abs. 2 Satz 1 BetrVG an sich nicht gleichbedeutend ist mit „Überlassen", ist der Unternehmer nach der Rechtsprechung des BAG verpflichtet, Unterlagen mit umfangreichen Daten und Zahlen den Mitgliedern des Wirtschaftsausschusses zeitweise – zur Vorbereitung auf die Sitzungen – **zu überlassen** (aus der Hand zu geben)[409]. Die Unterlagen sollen dann nach Beendigung der Sitzung zurückzugeben sein.

401 Die Mitglieder des Wirtschaftsausschusses können sich anhand der vorgelegten Unterlagen **Notizen** machen. Dagegen dürfen sie ohne Zustimmung des Unternehmers **keine Ablichtungen** oder Abschriften anfertigen, weil dies einer dauerhaften Überlassung gleichkommen würde, zu welcher der Unternehmer nicht verpflichtet ist[410].

dd) Betriebs- und Geschäftsgeheimnisse

402 Der Unternehmer ist nach § 106 Abs. 2 Satz 1 BetrVG nicht verpflichtet, eine Unterrichtung vorzunehmen und die erforderlichen Unterlagen vorzulegen, soweit dadurch Betriebs- und Geschäftsgeheimnisse des Unternehmens gefährdet werden.

---

407 Vgl. BAG vom 8. 8. 1989, AP Nr. 6 zu § 106 BetrVG 1972; BAG vom 17. 9. 1991, AP Nr. 13 zu § 106 BetrVG 1972.
408 BAG vom 22. 1. 1991, AP Nr. 9 zu § 106 BetrVG 1972.
409 BAG vom 20. 11. 1984, AP Nr. 3 zu § 106 BetrVG 1972; ebenso *Fitting/Kaiser/Heither/Engels,* § 106 Rz. 19; ablehnend *Joost,* in: Münchener Handbuch zum Arbeitsrecht, Band 3, § 311 Rz. 55, da nicht ersichtlich sei, weshalb die Einsichtnahme in die Unterlagen in den Räumen des Arbeitgebers für eine sinnvolle Vorbereitung der Mitglieder des Wirtschaftsausschusses auf die Beratung mit dem Arbeitgeber nicht ausreichend sein soll. Zudem beschwöre die Aushändigung der Unterlagen die Gefahr herauf, daß sensible Unternehmensdaten in andere Hände gelangen können, was durch die gesetzlich vorgesehene bloße Pflicht zur Vorlage gerade ausgeschlossen werde.
410 BAG vom 20. 11. 1984, AP Nr. 3 zu § 106 BetrVG 1972; *Fitting/Kaiser/Heither/Engels,* § 106 Rz. 19; *Joost,* in: Münchener Handbuch zum Arbeitsrecht, Band 3, § 311 Rz. 56.

Betriebs- und Geschäftsgeheimnisse sind Tatsachen, die im Zusammenhang mit der Betätigung des Unternehmens stehen, nur einem eng begrenzten Personenkreis bekannt sind und an deren Geheimhaltung das Unternehmen ein berechtigtes Interesse hat. Die bloße Erklärung des Unternehmers, ein Umstand sei geheim, reicht nicht aus. Auch der Umstand, daß die wirtschaftliche Angelegenheit aus einem Betriebs- oder Geschäftsgeheimnis besteht, genügt allein nicht, um die Unterrichtungs- oder Vorlagepflicht entfallen zu lassen. Die Kenntnis der zur Geheimhaltung verpflichteten Mitglieder von betriebsverfassungsrechtlichen Repräsentationsorganen wird gesetzlich noch nicht als Verletzung des Geheimnisses angesehen (vgl. § 79 BetrVG). Der Wegfall der Unterrichtungs- und Vorlagepflicht setzt vielmehr voraus, daß nach den im Einzelfall gegebenen Umständen im Unternehmen eine **Offenbarung** des Geheimnisses **trotz der Geheimhaltungspflicht nicht auszuschließen** ist, wobei aber eine Gefährdung bereits darin liegen kann, daß unabhängig von der Zuverlässigkeit der informierten Personen die Gefahr der unbefugten Offenbarung objektiv mit der Zahl der Informierten steigt. Über den Eintritt der Gefährdung der Betriebs- und Geschäftsgeheimnisse hat das Unternehmen nach pflichtgemäßer Prüfung selbst zu entscheiden[411]. 403

Umstände, die der Unternehmer ohnehin offenbaren muß (z. B. den Jahresabschluß und Lagebericht bei Kapitalgesellschaften und eingetragenen Genossenschaften, §§ 325 ff., 339 HGB), sind von der Unterrichtungs- und Vorlagepflicht nicht ausgenommen[412]. 404

Bei Meinungsverschiedenheiten zwischen Unternehmer und Betriebsrat (bzw. Gesamtbetriebsrat) über das Vorliegen einer Gefährdung von Betriebs- und Geschäftsgeheimnissen entscheiden die Einigungsstelle und ggf. das Arbeitsgericht (s. u. Rz. 421 ff.). 405

ee) Hinzuziehung von Sachverständigen

Die Hinzuziehung von Sachverständigen ist gemäß § 108 Abs. 2 Satz 3 BetrVG i. V. mit § 80 Abs. 3 BetrVG nach entsprechender Vereinbarung mit dem Arbeitgeber möglich, soweit sie zur ordnungsgemäßen Erfüllung der Aufgaben des Wirtschaftsausschusses **erforderlich** ist. Die Vereinbarung mit dem Unternehmer kann vom Wirtschaftsausschuß oder vom Betriebsrat (bzw. Gesamtbetriebsrat) geschlossen werden[413]. 406

---

411 *Fitting/Kaiser/Heither/Engels*, § 106 Rz. 21; *Joost*, in: Münchener Handbuch zum Arbeitsrecht, Band 3, § 311 Rz. 58 f. jeweils m. w. Nachw.
412 *Joost*, in: Münchener Handbuch zum Arbeitsrecht, Band 3, § 311 Rz. 57.
413 *Joost*, in: Münchener Handbuch zum Arbeitsrecht, Band 3, § 311 Rz. 96.

407 Hierbei muß aber nach Ansicht des BAG davon ausgegangen werden, daß nach dem „gesetzlichen Leitbild" des § 107 Abs. 1 Satz 3 BetrVG die Mitglieder des Wirtschaftsausschusses bereits über diejenigen Kenntnisse verfügen, die regelmäßig zur ordnungsgemäßen Wahrnehmung ihrer Aufgaben erforderlich sind. Die Hinzuziehung von Sachverständigen kommt nur in Betracht, wenn **besondere Gründe dargelegt werden**, die im Einzelfall die **Notwendigkeit sachverständiger Beratung ergeben** (wenn z. B. die zu behandelnden wirtschaftlichen Angelegenheiten ganz besondere Schwierigkeiten aufweisen)[414].

408 Die Sachverständigen sind zur Geheimhaltung verpflichtet (§§ 108 Abs. 2 Satz 3, 80 Abs. 3 Satz 2, 79 BetrVG).

ff) Folgen der Mißachtung der Unterrichtungspflicht durch den Arbeitgeber

409 Kommt der Arbeitgeber seiner Unterrichtungspflicht aus § 106 Abs. 2 Satz 1 BetrVG nicht nach, so kann der Betriebsrat bzw. der Gesamtbetriebsrat, nicht aber der Wirtschaftsausschuß den Anspruch auf Unterrichtung des Wirtschaftsausschusses im Wege des arbeitsgerichtlichen Beschlußverfahrens (§§ 2a, 80 ff. ArbGG) durchsetzen.

410 Erfüllt der Unternehmer seine Unterrichtungspflicht nicht, wahrheitswidrig, unvollständig oder verspätet, so stellt dies zudem gemäß § 121 Abs. 1 BetrVG eine Ordnungswidrigkeit dar, die mit einer Geldbuße bis zu 20 000,- DM geahndet werden kann (§ 121 Abs. 2 BetrVG). Eine „unvollständige" Unterrichtung liegt auch vor, wenn die **erforderlichen** Unterlagen nicht vorgelegt werden[415].

d) Unterrichtung des Betriebsrats

411 Der Wirtschaftsausschuß hat den Betriebsrat (bzw. Gesamtbetriebsrat) nach § 106 Abs. 1 Satz 2 **rechtzeitig und umfassend** über die wirtschaftlichen Angelegenheiten zu unterrichten. Außerdem hat der Wirtschaftsausschuß gemäß § 108 Abs. 4 BetrVG über **jede seiner Sitzungen** dem Betriebsrat (bzw. Gesamtbetriebsrat) **unverzüglich und vollständig** zu berichten. Da die Sitzungen der Beratung mit dem Unternehmer dienen, ist insbesondere über das **Ergebnis der Beratungen** zu informieren.

---

414 BAG vom 18. 7. 1978, AP Nr. 1 zu § 108 BetrVG 1972 (kein Anspruch auf Hinzuziehung von Sachverständigen zum Verständnis des vom Unternehmer zu erläuternden Jahresabschlusses).
415 *Joost,* in: Münchener Handbuch zum Arbeitsrecht, Band 3, § 311 Rz. 60 m. w. Nachw.

Adressat der Unterrichtung ist das jeweilige betriebsverfassungsrechtliche Organ, um dessen mitbestimmungsrechtliche Zuständigkeit es in der betreffenden wirtschaftlichen Angelegenheit geht. Besteht in dem Unternehmen ein **Gesamtbetriebsrat,** so ist er von dem Wirtschaftsausschuß im Rahmen der gesetzlichen Zuständigkeit nach § 50 BetrVG (s. o. Rz. 195 ff.) zu unterrichten, anderenfalls besteht die Unterrichtungspflicht gegenüber dem jeweiligen Betriebsrat, ggf. auch mehreren oder allen Betriebsräten[416]. 412

Die Unterrichtung kann schriftlich oder auch **mündlich** erfolgen. Die Übersendung etwaiger Sitzungsniederschriften genügt aber für sich allein nicht, da die Niederschrift keine umfassende Erläuterung enthält[417]. 413

Die Unterrichtung hat grundsätzlich durch den Wirtschaftsausschuß **als Kollegialorgan** zu erfolgen. Demgemäß haben sich die Mitglieder des Wirtschaftsausschusses auf einen Bericht zu einigen. Die Unterrichtung kann sodann durch ein Mitglied des Wirtschaftsausschusses erfolgen[418]. 414

e) Erläuterung des Jahresabschlusses durch den Arbeitgeber

Der Jahresabschluß ist dem Wirtschaftsausschuß nach § 108 Abs. 5 BetrVG in einer seiner Sitzungen unter Beteiligung des Betriebsrats vom Unternehmer zu erläutern. Der Jahresabschluß umfaßt gemäß § 242 Abs. 2 HGB die Bilanz und die Gewinn- und Verlustrechnung (bei Kapitalgesellschaften auch den Anhang, § 264 Abs. 1 Satz 1 HGB). Der Unternehmer hat die einzelnen Positionen zu erläutern und ihre Bedeutung sowie die gegebenen Zusammenhänge darzustellen, ggf. unter Hinzuziehung sachkundiger Mitarbeiter des Unternehmens, § 108 Abs. 2 Satz 2 BetrVG. Entsprechende Fragen der Mitglieder des Wirtschaftsausschusses und des Betriebsrats hat er zu beantworten[419]. 415

Die Erläuterung ist vorzunehmen, sobald der **Jahresabschluß fertiggestellt** ist[420]. Bei Kapitalgesellschaften bedarf der Jahresabschluß der 416

---

416 *Joost,* in: Münchener Handbuch zum Arbeitsrecht, Band 3, § 311 Rz. 62.
417 *Fitting/Kaiser/Heither/Engels,* § 108 Rz. 18 m. w. Nachw.
418 *Joost,* in: Münchener Handbuch zum Arbeitsrecht, Band 3, § 311 Rz. 64; einschränkend *Fitting/Kaiser/Heither/Engels,* § 108 Rz. 18, wonach die Unterrichtung durch ein Mitglied des Wirtschaftsausschusses nur im Falle der Zustimmung des Betriebsrats (bzw. Gesamtbetriebsrats) genüge.
419 Vgl. BAG vom 18. 7. 1978, AP Nr. 1 zu § 108 BetrVG 1972.
420 *Dietz/Richardi,* § 108 Rz. 39; *Joost,* in: Münchener Handbuch zum Arbeitsrecht, Band 3, § 311 Rz. 49; **a. A.** *Fitting/Kaiser/Heither/Engels,* § 108 Rz. 21 (Erläuterungspflicht bereits nach der gesetzlichen Prüfung, aber vor Feststellung des Jahresabschlusses).

Feststellung. Diese erfolgt für die Aktiengesellschaft durch den Vorstand und Aufsichtsrat oder die Hauptversammlung (§§ 172, 173 AktG), für die GmbH durch die Gesellschafter (§§ 46 Nr. 1, 42a Abs. 2 GmbHG), auch wenn sie einen fakultativen oder nach den Mitbestimmungsgesetzen notwendigen Aufsichtsrat hat (§ 52 Abs. 1 GmbHG).

417 Die **Steuerbilanz** muß **nicht** gesondert **erläutert** werden, sofern nicht unterschiedliche Wertansätze für das Verständnis des Jahresabschlusses von Bedeutung sind[421].

f) Unterrichtung der Arbeitnehmer durch den Arbeitgeber

418 Die Pflicht des Arbeitgebers nach § 43 Abs. 2 Satz 2 BetrVG, einmal in jedem Kalenderjahr in einer Betriebsversammlung über die wirtschaftliche Lage und Entwicklung des Betriebs zu berichten, wird ergänzt durch die gemäß § 110 BetrVG bestehende Pflicht des Unternehmers zur Unterrichtung der Arbeitnehmer über die wirtschaftliche Lage und Entwicklung des **Unternehmens**.

419 Gemäß § 110 Abs. 1 BetrVG hat der Arbeitgeber in Unternehmen mit in der Regel mehr als 1000 ständig beschäftigten Arbeitnehmern mindestens einmal in jedem Kalenderjahr nach vorheriger Abstimmung mit dem Wirtschaftsausschuß oder den in § 107 Abs. 3 BetrVG genannten Stellen und dem Betriebsrat die Arbeitnehmer **schriftlich** über die wirtschaftliche Lage und Entwicklung des Unternehmens zu unterrichten. In Unternehmen, welche diese Beschäftigtenzahl nicht aufweisen, jedoch regelmäßig mehr als zwanzig wahlberechtigte Arbeitnehmer beschäftigen, kann die Unterrichtung der Arbeitnehmer auch mündlich erfolgen, § 110 Abs. 2 Satz 1 BetrVG.

420 Der Inhalt und Umfang des Berichts sind vor der Erstattung zunächst mit dem Wirtschaftsausschuß und dem Betriebsrat zu erörtern. Eine völlige Übereinstimmung über den Bericht muß nicht erzielt werden. Allerdings hat der Arbeitgeber dem Wirtschaftsausschuß Gelegenheit zur Stellungnahme zu geben, die zu berücksichtigen und, falls sie für zutreffend erachtet wird, in dem Bericht zu verarbeiten ist. Kommt eine Einigung zwischen Arbeitgeber und dem Wirtschaftsausschuß und dem Betriebsrat nicht zustande, muß der Arbeitgeber den Bericht endgültig selbst festlegen, da er allein die Verantwortung für die Abgabe des Berichts und seinen Inhalt hat. Die abweichenden Ansichten des Wirtschaftsausschusses und des Betriebsrats braucht der

---

[421] Vgl. *Dietz/Richardi*, § 108 Rz. 34; *Joost*, in: Münchener Handbuch zum Arbeitsrecht, Band 3, § 311 Rz. 50; **a. A.** GK-*Fabricius*, § 108 Rz. 56 f.

IV. Wirtschaftsausschuß Rz. 425 **Teil B**

Arbeitgeber in seinem Bericht deshalb nicht wiederzugeben[422]. Der Betriebsrat kann seine Auffassung den Arbeitnehmern in den regelmäßigen Betriebsversammlungen mitteilen.

8. Verfahren bei Meinungsverschiedenheiten

Meinungsverschiedenheiten im Zusammenhang mit der Tätigkeit des Wirtschaftsausschusses sind entweder zunächst vor der Einigungsstelle oder unmittelbar im arbeitsgerichtlichen Beschlußverfahren auszutragen. 421

a) Voraussetzungen des Einigungsstellenverfahrens nach § 109 BetrVG

Die Einleitung des Einigungsstellenverfahrens kommt in Betracht, wenn der Wirtschaftsausschuß von dem Unternehmer eine Auskunft über eine wirtschaftliche Angelegenheit ausdrücklich verlangt, sie ihm nicht, nicht rechtzeitig oder nur ungenügend erteilt worden ist und hierüber eine Einigung zwischen dem Unternehmer und dem Betriebsrat (bzw. Gesamtbetriebsrat) nicht erzielt werden konnte, § 109 Satz 1 BetrVG. 422

Zunächst haben sonach der Betriebsrat (bzw. Gesamtbetriebsrat) und der Unternehmer zu versuchen, eine Einigung über die Auskunfterteilung an den Wirtschaftsausschuß zu erzielen. Die Einigungsstelle hat, wenn ein Einigungsversuch scheitert, zu entscheiden, **ob, wann** und **mit welchem Umfang** die Auskunft erteilt werden muß. 423

Über die Durchsetzung des Auskunftsanspruchs im Wege des Einigungsstellenverfahrens kann der Wirtschaftsausschuß nicht selbst entscheiden. Er hat lediglich die Auskunft von dem Unternehmer zu verlangen. Kommt es nicht zu einer Einigung mit dem Unternehmer, so kann lediglich der Betriebsrat (bzw. Gesamtbetriebsrat) die Einigungsstelle anrufen, § 75 Abs. 1 Satz 1 BetrVG. Der **Wirtschaftsausschuß** hat hingegen **kein Antragsrecht**[423]. 424

b) Gegenstand und Rechtsfolgen des Verfahrens nach § 109 BetrVG

Gegenstand des Einigungsstellenverfahrens ist regelmäßig der **Umfang der Auskunftspflicht,** insbesondere die Frage der **Berechtigung einer Auskunftsverweigerung** wegen befürchteter Gefährdung von 425

---

[422] *Dietz/Richardi,* § 110 Rz. 5; *Hess/Schlochauer/Glaubitz,* § 110 Rz. 9; *Joost,* in: Münchener Handbuch zum Arbeitsrecht, Band 3, § 311 Rz. 71; **a. A.** GK-*Fabricius,* § 110 Rz. 20; *Fitting/Kaiser/Heither/Engels,* § 110 Rz. 3.
[423] *Dietz/Richardi,* § 109 Rz. 14; *Joost,* in: Münchener Handbuch zum Arbeitsrecht, Band 3, § 311 Rz. 132.

Betriebs- oder Geschäftsgeheimnissen. Auch Meinungsverschiedenheiten über die Erläuterung des Jahresabschlusses nach § 108 Abs. 5 BetrVG können Gegenstand des Einigungsstellenverfahrens sein[424]. Ebenso hat die Einigungsstelle – obwohl in § 109 BetrVG nicht ausdrücklich erwähnt – über Meinungsverschiedenheiten hinsichtlich der **Vorlage von Unterlagen** zu entscheiden, da die Vorlage ein Teil der Unterrichtung ist, so daß bei einem Unterbleiben der Vorlage die Unterrichtung nicht genügend ist[425]. Die Auskunft ist ebenfalls ungenügend, wenn der Unternehmer den Mitgliedern des Wirtschaftsausschusses entgegen § 108 Abs. 3 BetrVG die Einsichtnahme in die Unterlagen verweigert. Auch dies kann Gegenstand eines Einigungsstellenverfahrens sein[426].

426 Demgegenüber ist ein Streit um die **Kompetenzen des Wirtschaftsausschusses** – wenn es also um die **inhaltliche Frage** geht, ob überhaupt eine wirtschaftliche Angelegenheit vorliegt – nach der Rechtsprechung des BAG[427] im arbeitsgerichtlichen Beschlußverfahren zu entscheiden.

427 Die Einigungsstelle hat in eigener Kompetenz vorab zu prüfen, ob sich die verlangte Auskunft überhaupt auf eine wirtschaftliche Angelegenheit bezieht und damit die Zuständigkeit des Wirtschaftsausschusses und ihre eigene Zuständigkeit gegeben sind.

428 Hinsichtlich des Verfahrens gelten die allgemeinen Bestimmungen über die Einigungsstelle (siehe Teil G).

429 Die Einigungsstelle kann gemäß § 109 Satz 3 BetrVG **Sachverständige** anhören, wenn dies für ihre Entscheidung erforderlich ist, ohne daß dies einer Vereinbarung mit dem Arbeitgeber bedarf. Da aber der Arbeitgeber die **Kosten** des Sachverständigen nur bei **objektiver Erforderlichkeit** der Hinzuziehung des Sachverständigen zu tragen hat, besteht für die Mitglieder der Einigungsstelle das Risiko, die Kosten ggf. selbst tragen zu müssen. Aus diesem Grund sollte zunächst stets ein Einverständnis mit dem Arbeitgeber über die Hinzuziehung eines Sachverständigen herbeigeführt werden[428]. Die Sachverständigen un-

---

424 *Joost,* in: Münchener Handbuch zum Arbeitsrecht, Band 3, § 311 Rz. 129 m. w. Nachw.
425 BAG vom 8. 8. 1989, AP Nr. 6 zu § 106 BetrVG 1972.
426 *Joost,* in: Münchener Handbuch zum Arbeitsrecht, Band 3, § 311 Rz. 130 m. w. Nachw.; **a. A.** *Fitting/Kaiser/Heither/Engels,* § 108 Rz. 27 (Entscheidung im arbeitsgerichtlichen Beschlußverfahren).
427 BAG vom 17. 9. 1991, AP Nr. 13 zu § 106 BetrVG 1972.
428 So zu Recht *Joost,* in: Münchener Handbuch zum Arbeitsrecht, Band 3, § 311 Rz. 134.

IV. Wirtschaftsausschuß   Rz. 434 **Teil B**

terliegen nach §§ 109 Satz 3 Halbsatz 2, 80 Abs. 3 Satz 2, 79 BetrVG der **Geheimhaltungspflicht.**

Bei der Beurteilung der Frage, ob eine **Gefährdung von Betriebs- oder** 430 **Geschäftsgeheimnissen** besteht, reicht es aus, wenn der Unternehmer der Einigungsstelle **glaubhaft** macht, daß eine Auskunft ein Betriebs- oder Geschäftsgeheimnis gefährden wird[429]. Sofern dies gelingt, hat die Einigungsstelle dem Antrag des Betriebsrats (bzw. Gesamtbetriebsrats) nicht zu entsprechen.

Der Spruch der Einigungsstelle ersetzt die Einigung zwischen Arbeit- 431 geber und Betriebsrat (§ 109 Satz 2 BetrVG). Gibt die Einigungsstelle dem Begehren des Betriebsrats nicht statt, braucht der Arbeitgeber die Auskunft nicht zu erteilen. Hat die Einigungsstelle dagegen dem Begehren des Betriebsrats entsprochen, so **hat der Unternehmer** die durch **den Spruch** der Einigungsstelle gesetzte Vereinbarung zwischen ihm und dem Betriebsrat **durchzuführen,** § 77 Abs. 1 BetrVG. Eine Mißachtung dieser Verpflichtung kann einen groben Verstoß gegen betriebsverfassungsrechtliche Verpflichtungen i. S. von § 23 Abs. 3 BetrVG sowie eine Ordnungswidrigkeit i. S. von § 121 BetrVG darstellen.

Der Spruch der Einigungsstelle ist jedoch **nicht unmittelbar voll-** 432 **streckbar.** Will der Betriebsrat (bzw. Gesamtbetriebsrat) den Spruch durchsetzen, muß er im Wege des arbeitsgerichtlichen Beschlußverfahrens beantragen, dem Unternehmer aufzugeben, die verlangte Auskunft zu erteilen. Der stattgebende Beschluß des Arbeitsgerichts ist nach § 85 Abs. 1 ArbGG, § 888 ZPO vollstreckbar.

Nach überwiegender Ansicht im **Schrifttum**[430] unterliegt der Eini- 433 gungsstellenspruch entgegen § 76 Abs. 5 Satz 4 BetrVG der **vollen gerichtlichen Überprüfung,** also nicht nur einer Kontrolle der Einhaltung der Grenzen des billigen Ermessens, da die Einigungsstelle über eine **Rechtsfrage** entscheide. Daher gelte auch die in § 76 Abs. 5 Satz 4 BetrVG bestimmte Frist von zwei Wochen für die Anrufung des Arbeitsgericht nicht.

Demgegenüber hat das **BAG**[431] offengelassen, ob ein Spruch der Eini- 434 gungsstelle nach § 109 BetrVG der vollen Rechtskontrolle der Ar-

---
429 *Fitting/Kaiser/Heither/Engels,* § 109 Rz. 3; *Joost,* in: Münchener Handbuch zum Arbeitsrecht, Band 3, § 311 Rz. 135 m. w. Nachw.
430 *Dietz/Richardi,* § 109 Rz. 19; GK-*Fabricius,* § 109 Rz. 40 ff.; *Fitting/Kaiser/Heither/Engels,* § 109 Rz. 3; *Joost,* in: Münchener Handbuch zum Arbeitsrecht, Band 3, § 311 Rz. 139 ff. m. w. Nachw.
431 BAG vom 8. 8. 1989, AP Nr. 6 zu § 106 BetrVG 1972.

beitsgerichte im Beschlußverfahren unterliegt. Vielmehr hat das BAG erwogen, im Spruch der Einigungsstelle nur eine anspruchsbegründende Entscheidung zu sehen, die einer Rechtskontrolle nur hinsichtlich der Zuständigkeit der Einigungsstelle, im übrigen aber einer Ermessenskontrolle nach § 76 Abs. 5 Satz 4 BetrVG unterliege.

c) Arbeitsgerichtliches Beschlußverfahren

435 Das arbeitsgerichtliche Beschlußverfahren (§§ 2 a, 80 ff. ArbGG) kommt bei allen Streitigkeiten in Betracht, welche das **Amt und** die **Tätigkeit** des Wirtschaftsausschusses betreffen, so z. B. die Zulässigkeit seiner Errichtung, die Bestellung der Mitglieder und seine Zusammensetzung, die Geschäftsführung, die Hinzuziehung von Sachverständigen und die Kostentragung[432].

436 Auch ein Streit um die **Kompetenzen des Wirtschaftsausschusses** – also um die inhaltliche Frage, ob überhaupt eine wirtschaftliche Angelegenheit vorliegt – ist nach der Rechtsprechung des BAG[433] im arbeitsgerichtlichen Beschlußverfahren zu entscheiden. Dagegen ist für Streitigkeiten auf die **Erfüllung der Auskunftspflicht** einschließlich der Vorlage der Unterlagen und der Erläuterung des Jahresabschlusses zunächst die Einigungsstelle zuständig (s. o. Rz. 425 ff.).

437 Das **Antragsrecht** und die **Beteiligungsbefugnis** im arbeitsgerichtlichen Beschlußverfahren stehen allein dem Betriebsrat bzw. dem Gesamtbetriebsrat, **nicht** aber **dem Wirtschaftsausschuß** zu[434].

V. Jugend- und Auszubildendenvertretung

1. Bedeutung und Funktion

438 Die Jugend- und Auszubildendenvertretung hat gemäß § 60 Abs. 2 BetrVG die besonderen Belange der Arbeitnehmer, die das 18. Lebensjahr noch nicht vollendet haben, und der zu ihrer Berufsausbildung Beschäftigten, die das 25. Lebensjahr noch nicht vollendet haben, wahrzunehmen. Im Verhältnis zum Betriebsrat ist die Jugend- und Auszubildendenvertretung wegen der organisatorischen Trennung von diesem eine eigenständige betriebsverfassungsrechtliche Institution. Allerdings handelt es sich bei ihr nicht um ein selbstän-

---

432 *Joost,* in: Münchener Handbuch zum Arbeitsrecht, Band 3, § 311 Rz. 123.
433 BAG vom 17. 9. 1991, AP Nr. 13 zu § 106 BetrVG 1972.
434 BAG vom 8. 8. 1989, AP Nr. 6 zu § 106 BetrVG 1972; BAG vom 22. 1. 1991, AP Nr. 9 zu § 106 BetrVG 1972.

V. Jugend- und Auszubildendenvertretung

dig und gleichberechtigt neben dem Betriebsrat stehendes Organ der Betriebsverfassung, das die Interessen der jugendlichen Arbeitnehmer und Auszubildenden unabhängig vom Betriebsrat und unmittelbar gegenüber dem Arbeitgeber vertritt. Die Wahrnehmung der Interessen aller Arbeitnehmer gegenüber dem Arbeitgeber (auch der jugendlichen Arbeitnehmer und der Auszubildenden) obliegt vielmehr **allein dem Betriebsrat**[435]. Aufgrund des Fehlens eigener Mitbestimmungsrechte gegenüber dem Arbeitgeber ist die Jugend- und Auszubildendenvertretung lediglich ein **Hilfsorgan** für den Betriebsrat[436].

Die Errichtung von Jugend- und Auszubildendenvertretungen hat auf betrieblicher Ebene zu erfolgen. Auf Unternehmensebene ist eine Gesamt-Jugend- und Auszubildendenvertretung zu errichten. Die Bildung einer dem Konzernbetriebsrat vergleichbaren Stufenvertretung sieht das BetrVG dagegen nicht vor. 439

2. Voraussetzungen der Errichtung

Nach § 60 Abs. 1 BetrVG ist eine Jugend- und Auszubildendenvertretung – **zwingend** – zu errichten in Betrieben, in denen in der Regel mindestens **fünf Arbeitnehmer** beschäftigt werden, die das 18. Lebensjahr noch nicht vollendet haben (jugendliche Arbeitnehmer) oder die zu ihrer Berufsausbildung beschäftigt sind und das 25. Lebensjahr noch nicht vollendet haben (Auszubildende). Zum Begriff der zu ihrer Berufsausbildung Beschäftigten i. S. der §§ 6, 60 Abs. 1 BetrVG s. o. Teil A Rz. 64 ff.). 440

Für die Bildung einer Jugend- und Auszubildendenvertretung ist – wie sich mittelbar aus § 63 Abs. 2 BetrVG ergibt – weiterhin erforderlich, daß in dem Betrieb ein **Betriebsrat besteht**[437]. Anderenfalls kann eine Jugend- und Auszubildendenvertretung nicht errichtet werden. 441

3. Wahlberechtigung und Wählbarkeit

Wahlberechtigt sind nach § 61 Abs. 1 BetrVG i. V. mit § 60 Abs. 1 BetrVG alle Arbeitnehmer des Betriebes, die am letzten Wahltag das 18. Lebensjahr bzw. alle Auszubildenden, die am letzten Wahltag das 442

---

[435] BAG vom 20. 11. 1973, AP Nr. 1 zu § 65 BetrVG 1972; BAG vom 21. 1. 1982, AP Nr. 1 zu § 70 BetrVG 1972; BAG vom 13. 3. 1991, AP Nr. 2 zu § 60 BetrVG 1972; *Dietz/Richardi,* § 60 Rz. 8; *Fitting/Kaiser/Heither/Engels,* § 60 Rz. 4 m. w. Nachw.
[436] *Joost,* in: Münchener Handbuch zum Arbeitsrecht, Band 3, § 308 Rz. 2 f.; *Lunk,* NZA 1992, 534 (536) m. w. Nachw.
[437] *Dietz/Richardi,* § 60 Rz. 6; *Fitting/Kaiser/Heither/Engels,* § 60 Rz. 22 m. w. Nachw.

25. Lebensjahr noch nicht vollendet haben. Ebenso wie bei der Betriebsratswahl setzt die Ausübung des aktiven Wahlrechts in formeller Hinsicht zudem die **Eintragung in die Wählerliste** voraus (§§ 30, 2 Abs. 3 WahlO). Bei minderjährigen Arbeitnehmern hängt die Ausübung des Wahlrechts nicht von der Zustimmung des gesetzlichen Vertreters ab[438]. Die Auszubildenden zwischen Vollendung des 18. und 25. Lebensjahres haben ein **doppeltes Wahlrecht** sowohl zur Jugend- und Auszubildendenvertretung als auch zum Betriebsrat.

443 **Wählbar** sind alle Arbeitnehmer des Betriebes, die das 25. Lebensjahr noch nicht vollendet haben, § 61 Abs. 2 Satz 1 BetrVG. Wählbar sind damit auch Personen, die zwischen 18 und 25 Jahren alt und nicht als Auszubildende beschäftigt sind, und folglich kein aktives Wahlrecht zur Jugend- und Auszubildendenvertretung haben. Stichtag für die Altersgrenze ist nach § 64 Abs. 3 BetrVG der Beginn der Amtszeit.

444 **Nicht wählbar** ist, wer infolge strafgerichtlicher Verurteilung die Fähigkeit, Rechte aus öffentlichen Wahlen zu erlangen, nicht besitzt (§ 61 Abs. 2 Satz 2 BetrVG i. V. mit § 8 Abs. 1 Nr. 3 BetrVG). Außerdem können Mitglieder des Betriebsrats nicht zu Jugend- und Auszubildendenvertretern gewählt werden, § 61 Abs. 2 Satz 2 BetrVG. Will ein Betriebsratsmitglied für die Jugend- und Auszubildendenvertretung kandidieren, muß es zuvor seine Mitgliedschaft im Betriebsrat niederlegen. Umgekehrt ist zwar ein Mitglied der Jugend- und Auszubildendenvertretung zum Betriebsrat wählbar. Mit der Annahme der Wahl verliert es jedoch die Wählbarkeit für die Jugend- und Auszubildendenvertretung, so daß mit diesem Zeitpunkt die Mitgliedschaft in der Jugend- und Auszubildendenvertretung gemäß §§ 65 Abs. 1, 24 Abs. 1 Nr. 4 BetrVG automatisch endet. Ersatzmitglieder des Betriebsrats sind dagegen zur Jugend- und Auszubildendenvertretung wählbar. Mit dem Nachrücken in den Betriebsrat scheiden sie aber aus der Jugend- und Auszubildendenvertretung aus[439].

445 In formeller Hinsicht ist für die Wählbarkeit die **Eintragung in die Wählerliste** erforderlich (§§ 30, 2 Abs. 3 WahlO). Dies gilt nicht für Arbeitnehmer zwischen 18 und 25 Jahren, die nicht zu ihrer Berufsausbildung beschäftigt und damit zwar wählbar, jedoch nicht wahlberechtigt sind. Die Wählbarkeit dieser Personen ist daher auch ohne Eintragung in die Wahlliste gegeben[440].

---

438 *Joost*, in: Münchener Handbuch zum Arbeitsrecht, Band 3, § 308 Rz. 10.
439 *Joost*, in: Münchener Handbuch zum Arbeitsrecht, Band 3, § 308 Rz. 16.
440 *Fitting/Kaiser/Heither/Engels*, § 62 Rz. 16; ebenso *Joost*, in: Münchener Handbuch zum Arbeitsrecht, Band 3, § 308 Rz. 17.

V. Jugend- und Auszubildendenvertretung

4. Größe und Zusammensetzung

Die Jugend- und Auszubildendenvertretung besteht nach § 62 Abs. 1 BetrVG in Betrieben mit in der Regel

5 bis	20 wahlberechtigten Arbeitnehmern aus	einem Mitglied,
21 bis	50 wahlberechtigten Arbeitnehmern aus	3 Mitgliedern,
51 bis	200 wahlberechtigten Arbeitnehmern aus	5 Mitgliedern,
201 bis	300 wahlberechtigten Arbeitnehmern aus	7 Mitgliedern,
301 bis	600 wahlberechtigten Arbeitnehmern aus	9 Mitgliedern,
601 bis 1000	wahlberechtigten Arbeitnehmern aus	11 Mitgliedern,
mehr als 1000	wahlberechtigten Arbeitnehmern aus	13 Mitgliedern.

446

Die Jugend- und Auszubildendenvertretung soll sich möglichst aus Vertretern der verschiedenen Beschäftigungsarten und Ausbildungsberufe der im Betrieb tätigen wahlberechtigten und wählbaren Arbeitnehmer i. S. von § 60 Abs. 1 BetrVG zusammensetzen (§ 62 Abs. 2 BetrVG). Die Geschlechter sollen entsprechend ihrem zahlenmäßigen Verhältnis vertreten sein, § 62 Abs. 3 BetrVG. Nach §§ 30, 3 Abs. 3 WahlO soll hierauf im Wahlausschreiben hingewiesen werden. Die Nichtbeachtung dieser Grundsätze hat jedoch auf die Wirksamkeit der Wahl keinen Einfluß, selbst wenn die Vorschrift des § 62 Abs. 2 und 3 BetrVG bewußt mißachtet worden ist[441].

447

5. Zeitpunkt und Durchführung der Wahl

Die **regelmäßigen Wahlen** der Jugend- und Auszubildendenvertretung finden **alle zwei Jahre** in der Zeit vom 1. Oktober bis 30. November statt, § 64 Abs. 1 Satz 1 BetrVG. Die letzten regelmäßigen Wahlen haben im Jahre 1996 stattgefunden. Die nächsten regelmäßigen Wahlen finden sonach in den Jahren 1998, 2000, 2002 usw. statt.

448

Für die Wahl **außerhalb der regelmäßigen Zeit** gilt § 13 Abs. 2 Nr. 2 bis 6 und Abs. 3 BetrVG entsprechend, § 64 Abs. 1 Satz 2 BetrVG (s. o. Rz. 3, 108).

449

Die Wahl wird durch einen **Wahlvorstand** vorbereitet und durchgeführt (§§ 30, 1 Abs. 1 WahlO). Der im Amt befindliche **Betriebsrat** hat gemäß § 63 Abs. 2 Satz 1 BetrVG spätestens 8 Wochen vor Ablauf der Amtszeit der Jugend- und Auszubildendenvertretung den Wahlvorstand und seinen Vorsitzenden zu bestellen. Die Jugend- und Auszubildendenvertretung hat hierbei nach § 67 Abs. 2 BetrVG ein Stimm-

450

---

[441] *Dietz/Richardi*, § 62 Rz. 6; *Fitting/Kaiser/Heither/Engels*, § 62 Rz. 8 m. w. Nachw.

recht. Sie selbst kann aber den Wahlvorstand für eine Neuwahl nicht einsetzen[442].

451 Dem Wahlvorstand muß mindestens ein Arbeitnehmer angehören, der in den Betriebsrat wählbar ist (§ 30 Satz 2 WahlO i. V. mit § 8 BetrVG). Jede im Betrieb vertretene Gewerkschaft kann zusätzlich ein nicht stimmberechtigtes Mitglied in den Wahlvorstand entsenden, § 63 Abs. 2 Satz 2 BetrVG i. V. mit § 16 Abs. 1 Satz 6 BetrVG. Außerdem erhalten die im Betrieb vertretenen Gewerkschaften zu den Wahlen der Jugend- und Auszubildendenvertretung ein eigenständiges Vorschlagsrecht (§ 63 Abs. 2 Satz 2 BetrVG i. V. mit § 14 Abs. 5 und 8 BetrVG).

452 Bestellt der Betriebsrat einen Wahlvorstand nicht oder nicht spätestens sechs Wochen vor Ablauf der Amtszeit der Jugend- und Auszubildendenvertretung oder kommt der Wahlvorstand seiner Verpflichtung der Vorbereitung und Durchführung der Wahl nicht nach, so bestellt bzw. ersetzt ihn das Arbeitsgericht auf Antrag, der auch von den jugendlichen Arbeitnehmern gestellt werden kann (§ 63 Abs. 3 BetrVG).

453 Die Jugend- und Auszubildendenvertretung wird in **geheimer, unmittelbarer** und **gemeinsamer** Wahl gewählt (§ 63 Abs. 1 BetrVG). Hinsichtlich der Durchführung der Wahl gelten die für eine Betriebsratswahl maßgebenden Vorschriften gemäß § 63 Abs. 2 Satz 2 BetrVG im wesentlichen entsprechend (s. o. Rz. 68 ff.).

454 Die Wahl der Jugend- und Auszubildendenvertretung erfolgt grundsätzlich als **Verhältniswahl** auf Grund von Vorschlagslisten (§§ 63 Abs. 2 Satz 2, 14 Abs. 3 Halbsatz 1 BetrVG, 31 Abs. 1 Satz 1 WahlO). Eine **Mehrheitswahl** erfolgt nach § 63 Abs. 2 Satz 2 BetrVG i. V. mit § 14 Abs. 3 Halbsatz 2 und Abs. 4 Satz 1 Halbsatz 1 BetrVG, wenn nur ein Vorschlag eingereicht wird oder nur ein Jugend- und Auszubildendenvertreter zu wählen ist.

455 Für den **Schutz** und die **Kosten der Wahl** der Jugend- und Auszubildendenvertretung erklärt § 63 Abs. 2 Satz 2 BetrVG die für den Betriebsrat geltende Vorschrift des § 20 BetrVG für entsprechend anwendbar (s. o. Rz. 81 ff.). Zudem haben die Wahlbewerber für die Jugend- und Auszubildendenvertretung und die Mitglieder des Wahlvorstands den gleichen **Kündigungsschutz** wie die Wahlbewerber und Wahlvorstandsmitglieder bei einer Betriebsratswahl (s. o. Rz. 88 ff.). Die Pflicht zur Übernahme von Auszubildenden nach Beendigung des Ausbildungsverhältnisses in ein Arbeitsverhältnis

---

[442] *Joost*, in: Münchener Handbuch zum Arbeitsrecht, Band 3, § 308 Rz. 23.

V. Jugend- und Auszubildendenvertretung

auf unbestimmte Zeit nach § 78 a BetrVG findet auf Wahlbewerber und Mitglieder des Wahlvorstands keine Anwendung[443]. Allerdings greift diese Schutzvorschrift nicht erst mit Beginn der Amtszeit des Jugend- und Auszubildendenvertreters ein, sondern schon mit der Feststellung des Wahlergebnisses nach § 17 WahlO[444].

Für die **Wahlanfechtung** gelten nach § 63 Abs. 2 Satz 2 BetrVG i. V. mit § 19 BetrVG die gleichen Grundsätze wie für die Anfechtung einer Betriebsratswahl (s. o. Rz. 91 ff.). Anfechtungsberechtigt sind nur Arbeitnehmer, die zur Jugend- und Auszubildendenvertretung wahlberechtigt sind; von diesen müssen mindestens drei die Anfechtung betreiben. Der Betriebsrat ist im arbeitsgerichtlichen Wahlanfechtungsverfahren Beteiligter[445]. 456

6. Amtszeit

Die regelmäßige Amtszeit der Jugend- und Auszubildendenvertretung beträgt nach § 64 Abs. 2 Satz 1 BetrVG **2 Jahre**. Sie **beginnt** mit der Bekanntgabe des Wahlergebnisses oder – wenn zu diesem Zeitpunkt noch eine Jugend- und Auszubildendenvertretung besteht – mit dem Ablauf von deren Amtszeit (§ 64 Abs. 2 Satz 2 BetrVG). Sie **endet** spätestens am 30. 11. eines Jahres, in dem die regelmäßigen Wahlen stattfinden, § 64 Abs. 2 Satz 3 BetrVG. Hat die Amtszeit einer Jugend- und Auszubildendenvertretung zu Beginn des für die regelmäßigen Neuwahlen festgelegten Zeitraums noch nicht ein Jahr betragen, so erfolgt die Neuwahl erst im übernächsten Zeitraum. In dem Fall endet die Amtszeit spätestens am 30. November dieses Jahres (§ 64 Abs. 2 Satz 4 BetrVG). Ist eine Neuwahl einzuleiten, weil die Gesamtzahl der Mitglieder der Jugend- und Auszubildendenvertretung nach Eintreten sämtlicher Ersatzmitglieder unter die gesetzlich vorgeschriebene Zahl gesunken ist, endet die Amtszeit mit der Bekanntgabe des Wahlergebnisses der neu gewählten Jugend- und Auszubildendenvertretung, § 64 Abs. 2 Satz 5 BetrVG. 457

Bei einem **Rücktritt** bleibt die Jugend- und Auszubildendenvertretung bis zur Bekanntgabe des Ergebnisses der Neuwahl im Amt. Zwar wird die für den Betriebsrat geltende Regelung des § 22 BetrVG auf die Jugend- und Auszubildendenvertretung nicht für entsprechend 458

---

443 *Joost*, in: Münchener Handbuch zum Arbeitsrecht, Band 3, § 308 Rz. 35; *Fitting/Kaiser/Heither/Engels*, § 63 Rz. 13.
444 BAG vom 22. 9. 1983, AP Nr. 11 zu § 78a BetrVG 1972; *Fitting/Kaiser/Heither/Engels*, § 63 Rz. 13; im Ergebnis auch *Joost*, in: Münchener Handbuch zum Arbeitsrecht, Band 3, § 308 Rz. 35.
445 BAG vom 20. 2. 1986, AP Nr. 1 zu § 63 BetrVG 1972.

anwendbar erklärt. Dies ergibt sich jedoch aus der engen Anlehnung der Vorschriften über die Amtszeit der Jugend- und Auszubildendenvertretung an die des Betriebsrats[446].

459 Die Mitgliedschaft in der Jugend- und Auszubildendenvertretung endet gemäß § 65 Abs. 1 BetrVG i. V. mit § 24 Abs. 1 BetrVG in den gleichen Fällen wie die Mitgliedschaft im Betriebsrat (s. o. Rz. 117). Sofern ein Mitglied der Jugend- und Auszubildendenvertretung im Laufe der Amtszeit das 25. Lebensjahr vollendet, bleibt es gemäß § 64 Abs. 3 BetrVG bis zum Ende der Amtszeit im Amt. Dagegen verliert es im Falle der Wahl in den Betriebsrat mit deren Annahme automatisch sein Amt in der Jugend- und Auszubildendenvertretung (§§ 65 Abs. 1, 24 Abs. 1 Nr. 4 BetrVG). Gleiches gilt, wenn das Mitglied der Jugend- und Auszubildendenvertretung Ersatzmitglied des Betriebsrats ist und wegen dauernder oder nur vorübergehender Verhinderung nachrückt. In beiden Fällen endet die Mitgliedschaft in der Jugend- und Auszubildendenvertretung endgültig[447].

7. Aufgaben

460 Da es sich bei der Jugend- und Auszubildendenvertretung lediglich um ein Hilfsorgan für den Betriebsrat handelt, das diesen bei der Vertretung der Arbeitnehmerinteressen gegenüber dem Arbeitgeber zu unterstützen hat (s. o. Rz. 438), kann sie aus eigener Kompetenz keine erzwingbaren Mitbestimmungsrechte wahrnehmen oder mit dem Arbeitgeber Betriebsvereinbarungen abschließen. Allerdings räumt ihr das BetrVG besondere Kompetenzen ein, die ihr die Wahrnehmung ihrer Aufgaben gegenüber dem Betriebsrat ermöglichen.

a) Allgemeine Aufgaben

461 Die Jugend- und Auszubildendenvertretung kann nach § 70 Abs. 1 Nr. 1 BetrVG beim Betriebsrat Maßnahmen beantragen, die den jugendlichen Arbeitnehmern und Auszubildenden unter 25 Jahren dienen. Hierzu gehören alle Angelegenheiten, die in die Zuständigkeit des Betriebsrats fallen, ohne daß die Angelegenheit ausschließlich oder überwiegend jugendliche Arbeitnehmer oder Auszubildende

---

446 Zutreffend *Fitting/Kaiser/Heither/Engels,* § 64 Rz. 14; ebenso *Dietz/Richardi,* § 64 Rz. 25; **a. A.** *Joost,* in: Münchener Handbuch zum Arbeitsrecht, Band 3, § 308 Rz. 94, wonach ein besonderes Bedürfnis für die Weiterführung der Geschäfte nicht bestehe, da die zur Jugend- und Auszubildendenvertretung wahlberechtigten Arbeitnehmer ohnehin vom Betriebsrat vertreten würden.
447 BAG vom 21. 8. 1979, AP Nr. 6 zu § 78a BetrVG 1972; *Joost,* in: Münchener Handbuch zum Arbeitsrecht, Band 3, § 308 Rz. 98 m. w. Nachw.

V. Jugend- und Auszubildendenvertretung

unter 25 Jahren betreffen muß[448]. In Betracht kommen insbesondere Fragen der betrieblichen Berufsausbildung (z. B. die Gestaltung des Ausbildungsplans oder die Verbesserung der Ausbildungsmethoden), der Arbeitszeit sowie besondere Sozialleistungen oder -einrichtungen (etwa die Einrichtung einer Jugendbibliothek oder die Bildung einer betrieblichen Sportgruppe).

Der Betriebsrat ist nach § 80 Abs. 1 Nr. 3 BetrVG verpflichtet, den Antrag der Jugend- und Auszubildendenvertretung entgegenzunehmen und, falls er berechtigt erscheint, durch Verhandlungen mit dem Arbeitgeber auf eine Erledigung hinzuwirken. Die sachliche Behandlung des Antrags liegt im Ermessen des Betriebsrats. Hält er den Antrag für unbegründet, unzweckmäßig oder unsachlich, kann er ihn zurückweisen[449]. In jedem Fall hat er die Jugend- und Auszubildendenvertretung über die weitere Behandlung der Angelegenheit zu bescheiden (vgl. § 80 Abs. 1 Nr. 3 BetrVG), sofern nicht die Jugend- und Auszubildendenvertretung bereits an der entsprechenden Betriebsratssitzung bzw. der Beschlußfassung gemäß § 67 BetrVG teilgenommen hat. 462

Nach § 70 Abs. 1 Nr. 2 BetrVG hat die Jugend- und Auszubildendenvertretung darüber zu wachen, daß die zugunsten der jugendlichen Arbeitnehmer und der Auszubildenden unter 25 Jahren geltenden Gesetze, Verordnungen, Unfallverhütungsvorschriften, Tarifverträge und Betriebsvereinbarungen durchgeführt werden. Zu den „Gesetzen" i. S. dieser Vorschrift gehören insbesondere das BBiG und das JArbSchG. Darüber hinaus bezieht sich das Überwachungsrecht auf alle Normen, die für jugendliche Arbeitnehmer und Auszubildende unter 25 Jahren von Bedeutung sind[450]. Mit Zustimmung des Betriebsrats sind die Mitglieder der Jugend- und Auszubildendenvertretung auch berechtigt, die jugendlichen Arbeitnehmer oder Auszubildenden unter 25 Jahren an ihren Arbeitsplätzen aufzusuchen, ohne daß ein konkreter Verdacht der Nichtbeachtung der in § 70 Abs. 1 Nr. 2 BetrVG genannten Vorschriften dargelegt werden muß[451]. Ebenso kann mit Zustimmung des Betriebsrats von der Jugend- und Aus- 463

---

448 Vgl. *Joost,* in: Münchener Handbuch zum Arbeitsrecht, Band 3, § 308 Rz. 39; *Fitting/Kaiser/Heither/Engels,* § 70 Rz. 5 m. w. Nachw.
449 *Dietz/Richardi,* § 70 Rz. 4; *Fitting/Kaiser/Heither/Engels,* § 70 Rz. 9.
450 *Joost,* in: Münchener Handbuch zum Arbeitsrecht, Band 3, § 308 Rz. 41; *Dietz/Richardi,* § 70 Rz. 6; *Fitting/Kaiser/Heither/Engels,* § 70 Rz. 11 m. w. Nachw.
451 BAG vom 21. 1. 1982, AP Nr. 1 zu § 70 BetrVG 1972; *Joost,* in: Münchener Handbuch zum Arbeitsrecht, Band 3, § 308 Rz. 42; *Dietz/Richardi,* § 70 Rz. 26; *Fitting/Kaiser/Heither/Engels,* § 70 Rz. 13.

zubildendenvertretung eine Fragebogenaktion durchgeführt werden[452].

464 Die Jugend- und Auszubildendenvertretung hat weiterhin gemäß § 70 Abs. 1 Nr. 3 Satz 1 BetrVG Anregungen von jugendlichen Arbeitnehmern und Auszubildenden unter 25 Jahren, insbesondere in Fragen der Berufsausbildung, entgegenzunehmen und, falls sie berechtigt erscheinen, beim Betriebsrat auf eine Erledigung hinzuwirken. Der Begriff der Anregungen ist weit zu verstehen und umfaßt auch Beschwerden[453]. Das Recht, sich nach § 80 Abs. 1 Nr. 3 BetrVG unmittelbar an den Betriebsrat zu wenden, wird den jugendlichen Arbeitnehmern und Auszubildenden unter 25 Jahren durch das Anregungsrecht des § 70 Abs. 1 Nr. 3 BetrVG nicht genommen[454].

465 Die Jugend- und Auszubildendenvertretung ist verpflichtet, die Anregungen entgegenzunehmen und sich mit ihnen auf einer Sitzung zu befassen. Über die weitere Behandlung entscheidet die Jugend- und Auszubildendenvertretung nach ihrem Ermessen. Hält sie die Anregung für nicht berechtigt, so hat sie dies in einem Beschluß festzustellen und den betreffenden jugendlichen Arbeitnehmer oder Auszubildenden hierüber zu unterrichten. Hält sie die Anregung für berechtigt, hat sie diese dem Betriebsrat mit ihrer Stellungnahme zur Erledigung zuzuleiten. Der Betriebsrat entscheidet sodann nach eigenem Ermessen, ob er die Anregung für berechtigt hält und sie dem Arbeitgeber unterbreitet. Über den Stand und das Ergebnis der Verhandlungen hat die Jugend- und Auszubildendenvertretung den jugendlichen Arbeitnehmer oder Auszubildenden zu informieren, § 70 Abs. 1 Nr. 3 Satz 2 BetrVG. Die Unterrichtung kann der Betriebsrat nach § 80 Abs. 1 Nr. 3 BetrVG auch von sich aus vornehmen.

b) Unterrichtung durch den Betriebsrat

466 Zur Durchführung ihrer Aufgaben ist die Jugend- und Auszubildendenvertretung durch den Betriebsrat rechtzeitig und umfassend zu unterrichten (§ 70 Abs. 2 Satz 1 BetrVG). Zur Unterrichtung ist allein der Betriebsrat, nicht aber der Arbeitgeber verpflichtet[455]. Die Unterrichtung erstreckt sich auf alle Angelegenheiten, die in die Zuständigkeit der Jugend- und Auszubildendenvertretung fallen. Die Unter-

---

452 BAG vom 8. 2. 1977, AP Nr. 10 zu § 80 BetrVG 1972.
453 *Joost*, in: Münchener Handbuch zum Arbeitsrecht, Band 3, § 308 Rz. 43; *Dietz/Richardi*, § 70 Rz. 8; *Fitting/Kaiser/Heither/Engels*, § 70 Rz. 14.
454 *Dietz/Richardi*, § 70 Rz. 11; *Fitting/Kaiser/Heither/Engels*, § 70 Rz. 14; *Joost*, in: Münchener Handbuch zum Arbeitsrecht, Band 3, § 308 Rz. 43.
455 *Dietz/Richardi*, § 70 Rz. 12; *Fitting/Kaiser/Heither/Engels*, § 70 Rz. 19 m. w. Nachw.

richtung muß der Betriebsrat **von sich aus** vornehmen. Geheimhaltungsbedürftige Betriebs- oder Geschäftsgeheimnisse darf der Betriebsrat nicht an die Jugend- und Auszubildendenvertretung weitergeben, da seine Geheimhaltungspflicht ihr gegenüber in § 79 Abs. 1 Satz 4 BetrVG nicht aufgehoben worden ist[456].

Die Jugend- und Auszubildendenvertretung kann nach § 70 Abs. 2 Satz 2 BetrVG verlangen, daß ihr der Betriebsrat die zur Durchführung ihrer Aufgaben erforderlichen Unterlagen zur Verfügung stellt. Erforderlich sind alle Unterlagen, welche die Jugend- und Auszubildendenvertretung im Rahmen ihrer Zuständigkeit benötigt. Hierzu gehören insbesondere Gesetzestexte, Unfallverhütungsvorschriften, Ausbildungspläne und Berichte der zuständigen Behörden, welche die jugendlichen Arbeitnehmer und Auszubildenden betreffen. Der Anspruch ist auf **Überlassung** gerichtet, eine bloße Vorlage reicht nicht aus[457]. 467

c) Sitzungen des Betriebsrats

Die Jugend- und Auszubildendenvertretung kann nach § 67 Abs. 1 Satz 1 BetrVG zu **allen** Sitzungen des Betriebsrats einen **Vertreter** entsenden (sog. **allgemeines Teilnahmerecht**). Der Betriebsratsvorsitzende hat die Jugend- und Auszubildendenvertretung rechtzeitig und unter Mitteilung der Tagesordnung zu laden (§ 29 Abs. 2 Satz 4 BetrVG). Das zu entsendende Mitglied wird von der Jugend- und Auszubildendenvertretung durch Beschluß bestimmt. Das entsandte Mitglied ist berechtigt, in der Sitzung beratend mitzuwirken. Ein Stimmrecht hat es jedoch nicht. 468

Unterbleibt die Ladung eines Mitglieds der Jugend- und Auszubildendenvertretung zur Betriebsratssitzung, so ist ein ohne Anwesenheit der Jugend- und Auszubildendenvertretung gefaßter Beschluß nicht unwirksam, da die Mitglieder der Jugend- und Auszubildendenvertretung im Rahmen von § 67 Abs. 1 Satz 1 BetrVG nur beratende Stimme und deshalb keinen unmittelbaren Einfluß auf das Abstimmungsergebnis haben[458]. 469

Werden dagegen Angelegenheiten behandelt, die **besonders** die jugendlichen Arbeitnehmer und die Auszubildenden unter 25 Jahren betreffen, so hat gemäß § 67 Abs. 1 Satz 2 BetrVG die **gesamte** Ju- 470

---
456 *Dietz/Richardi*, § 70 Rz. 22; *Fitting/Kaiser/Heither/Engels*, § 70 Rz. 21 m. w. Nachw.
457 *Joost*, in: Münchener Handbuch zum Arbeitsrecht, Band 3, § 308 Rz. 48; *Fitting/Kaiser/Heither/Engels*, § 70 Rz. 24.
458 *Dietz/Richardi*, § 67 Rz. 17; *Fitting/Kaiser/Heither/Engels*, § 67 Rz. 13.

gend- und Auszubildendenvertretung zu diesen Tagesordnungspunkten ein **Teilnahmerecht** (sog. **besonderes Teilnahmerecht**). Der Begriff der „besonderen" Betroffenheit setzt nicht voraus, daß sich die Angelegenheit quantitativ überwiegend auf jugendliche Arbeitnehmer bzw. Auszubildende unter 25 Jahren bezieht. Es reicht bereits aus, daß es sich um eine Angelegenheit handelt, die für jugendliche Arbeitnehmer und Auszubildende unter 25 Jahren von **spezieller Bedeutung** ist[459]. Eine besondere Betroffenheit i. S. von § 67 Abs. 1 Satz 2 BetrVG liegt etwa vor bei Maßnahmen aufgrund von Vorschriften, die gerade den Schutz der jugendlichen Arbeitnehmer und Auszubildenden unter 25 Jahren bezwecken (z. B. BBiG, JArbSchG), bei Angelegenheiten, die zwar alle Arbeitnehmer betreffen, die aber wegen ihrer altersspezifischen Bedeutung für die jugendlichen Arbeitnehmer und Auszubildenden unter 25 Jahren von besonderem Interesse sind (z. B. Betriebssport, Berücksichtigung der Berufsschulferien bei der Festlegung des Urlaubsplans) sowie bei personellen Einzelmaßnahmen i. S. der §§ 99 ff. BetrVG gegenüber jugendlichen Arbeitnehmern oder Auszubildenden unter 25 Jahren[460].

471 Hat die gesamte Jugend- und Auszubildendenvertretung ein Teilnahmerecht, so sind alle ihre Mitglieder vom Betriebsratsvorsitzenden unter Mitteilung der Tagesordnung rechtzeitig zu laden (§ 29 Abs. 2 Satz 4 BetrVG). Der Betriebsrat soll weiterhin nach § 67 Abs. 3 Satz 2 BetrVG Angelegenheiten, die besonders jugendliche Arbeitnehmer und Auszubildende unter 25 Jahren betreffen, der Jugend- und Auszubildendenvertretung zur Beratung zuleiten.

472 Die Jugend- und Auszubildendenvertreter haben nach § 67 Abs. 2 BetrVG **Stimmrecht,** soweit die zu fassenden Beschlüsse des Betriebsrats **überwiegend** jugendliche Arbeitnehmer oder Auszubildende unter 25 Jahren betreffen. Das besondere Teilnahmerecht der gesamten Jugend- und Auszubildendenvertretung nach § 67 Abs. 1 Satz 2 BetrVG reicht hierfür allein noch nicht aus. Der Beschluß muß zudem zahlenmäßig mehr jugendliche oder auszubildende Arbeit-

---

459 *Joost,* in: Münchener Handbuch zum Arbeitsrecht, Band 3, § 308 Rz. 54; *Dietz/Richardi,* § 67 Rz. 10; *Fitting/Kaiser/Heither/Engels,* § 67 Rz. 11.
460 *Joost,* in: Münchener Handbuch zum Arbeitsrecht, Band 3, § 308 Rz. 54 f.; *Dietz/Richardi,* § 67 Rz. 11 m. w. Nachw.; einschränkend *Fitting/Kaiser/Heither/Engels,* § 67 Rz. 11, wonach ein Teilnahmerecht der gesamten Jugend- und Auszubildendenvertretung bei personellen Einzelmaßnahmen auf den Fall beschränkt sei, daß für die Beratung besondere jugend- oder ausbildungsspezifische Gesichtspunkte eine Rolle spielten oder wenn sie von präjudizieller Bedeutung für die jugendlichen Arbeitnehmer oder Auszubildenden sei.

V. Jugend- und Auszubildendenvertretung

nehmer betreffen als andere Arbeitnehmer[461]. Bei personellen Einzelmaßnahmen gegenüber jugendlichen Arbeitnehmern oder Auszubildenden unter 25 Jahren ist das Stimmrecht stets gegeben[462].

Hat der Betriebsrat die Mitglieder der Jugend- und Auszubildendenvertretung an der Beschlußfassung nicht beteiligt, obwohl sie nach § 67 Abs. 2 BetrVG ein Stimmrecht gehabt hätten, führt dies zur Unwirksamkeit des Beschlusses, sofern nach den jeweiligen Stimmenverhältnissen die Möglichkeit bestand, daß der Beschluß bei Teilnahme der Jugend- und Auszubildendenvertretung anders ausgefallen wäre, und nicht nur einem Antrag der Jugend- und Auszubildendenvertretung entsprochen worden ist[463].

473

An den Sitzungen des **Betriebsausschusses** besteht – obwohl nicht ausdrücklich gesetzlich geregelt – ein Teilnahme- und Stimmrecht der Jugend- und Auszubildendenvertretung unter den gleichen Voraussetzungen wie bei einer Betriebsratssitzung. Dies gilt sowohl für das allgemeine Teilnahmerecht[464] als auch für das besondere Teilnahmerecht. Im letzteren Fall können aber nur so viele Vertreter der Jugend- und Auszubildendenvertretung entsandt werden, daß das zahlenmäßige Verhältnis zwischen Betriebsratsmitgliedern und Mitgliedern der Jugend- und Auszubildendenvertretung im Ausschuß dem im Betriebsrat entspricht[465]. Unter den Voraussetzungen des § 67 Abs. 2 BetrVG steht der Jugend- und Auszubildendenvertretung in den Ausschüssen des Betriebsrats ein volles **Stimmrecht** zu, wobei aber auch hier das eben genannte zahlenmäßige Verhältnis zwischen Betriebsratsmitgliedern und Mitgliedern der Jugend- und Auszubildendenvertretung gewahrt sein muß[466].

474

---

461 *Joost,* in: Münchener Handbuch zum Arbeitsrecht, Band 3, § 308 Rz. 60; *Dietz/Richardi,* § 67 Rz. 18; *Fitting/Kaiser/Heither/Engels,* § 67 Rz. 17 m. w. Nachw.
462 *Dietz/Richardi,* § 67 Rz. 18; *Joost,* in: Münchener Handbuch zum Arbeitsrecht, Band 3, § 308 Rz. 60; a. A. *Fitting/Kaiser/Heither/Engels,* § 67 Rz. 17.
463 Vgl. BAG vom 6. 5. 1975, AP Nr. 5 zu § 65 BetrVG 1972; *Dietz/Richardi,* § 67 Rz. 23; *Fitting/Kaiser/Heither/Engels,* § 67 Rz. 22; *Joost,* in: Münchener Handbuch zum Arbeitsrecht, Band 3, § 308 Rz. 62.
464 A. A. *Fitting/Kaiser/Heither/Engels,* § 67 Rz. 6.
465 *Joost,* in: Münchener Handbuch zum Arbeitsrecht, Band 3, § 308 Rz. 58; *Fitting/Kaiser/Heither/Engels,* § 67 Rz. 15; abweichend *Dietz/Richardi,* § 67 Rz. 16, wonach die gesamte Jugend- und Auszubildendenvertretung teilnahmeberechtigt sei.
466 *Joost,* in: Münchener Handbuch zum Arbeitsrecht, Band 3, § 308 Rz. 63; *Dietz/Richardi,* § 67 Rz. 22; *Fitting/Kaiser/Heither/Engels,* § 67 Rz. 20.

d) Aussetzung von Betriebsratsbeschlüssen

475 Erachtet die Mehrheit der Jugend- und Auszubildendenvertreter einen Beschluß des Betriebsrats als eine erhebliche Beeinträchtigung wichtiger Interessen der jugendlichen Arbeitnehmer oder Auszubildenden unter 25 Jahren, so ist auf ihren Antrag der Beschluß auf die Dauer von einer Woche auszusetzen, damit in dieser Frist eine Verständigung, ggf. mit Hilfe der im Betrieb vertretenen Gewerkschaften, versucht werden kann (§§ 35 Abs. 1; 66 Abs. 1 BetrVG). Der Aussetzungsantrag muß in einer Sitzung der Jugend- und Auszubildendenvertretung durch ordnungsgemäßen Beschluß gefaßt werden, welcher der Mehrheit aller Mitglieder der Jugend- und Auszubildendenvertretung bedarf[467].

476 Nach Ablauf der Wochenfrist ist über die Angelegenheit neu zu beschließen. Bestätigt der Betriebsrat den ersten Beschluß, so kann der Aussetzungsantrag nicht wiederholt werden. Gleiches gilt, wenn der erste Beschluß nur unerheblich geändert wird, §§ 35 Abs. 2; 66 Abs. 2 BetrVG.

e) Teilnahme an Besprechungen zwischen Arbeitgeber und Betriebsrat

477 Der Betriebsrat hat die Jugend- und Auszubildendenvertretung gemäß § 68 BetrVG zu solchen Besprechungen zwischen Arbeitgeber und Betriebsrat beizuziehen, in denen Angelegenheiten behandelt werden, welche die jugendlichen Arbeitnehmer und die Auszubildenden unter 25 Jahren besonders betreffen. Die Jugend- und Auszubildendenvertretung hat insoweit einen **gesetzlichen Anspruch** darauf, zu solchen Besprechungen hinzugezogen zu werden[468]. Die Hinzuziehung der Jugend- und Auszubildendenvertretung obliegt dem Betriebsratsvorsitzenden. Eine mehrfache Verletzung der Hinzuziehungspflicht durch den Betriebsrat kann einen groben Verstoß i. S. von § 23 Abs. 1 BetrVG darstellen und zur Auflösung des Betriebsrats berechtigen[469].

478 Das Teilnahmerecht bezieht sich zum einen auf die monatlichen Besprechungen nach § 74 Abs. 1 Satz 1 BetrVG, zum anderen auf **alle offiziellen Besprechungen** zwischen Arbeitgeber und Betriebsrat. Es besteht **nicht** für die **ganze Besprechung,** sondern nur für den Teil, in dem Angelegenheiten behandelt werden, welche die jugendlichen

---

467 *Dietz/Richardi*, § 66 Rz. 3; *Fitting/Kaiser/Heither/Engels*, § 66 Rz. 3; *Joost*, in: Münchener Handbuch zum Arbeitsrecht, Band 3, § 308 Rz. 67.
468 *Joost*, in: Münchener Handbuch zum Arbeitsrecht, Band 3, § 308 Rz. 68.
469 *Dietz/Richardi*, § 68 Rz. 6; *Fitting/Kaiser/Heither/Engels*, § 68 Rz. 6.

V. Jugend- und Auszubildendenvertretung

Arbeitnehmer und die Auszubildenden unter 25 Jahren besonders betreffen. Das Teilnahmerecht haben **alle Mitglieder** der Jugend- und Auszubildendenvertretung[470]. Das Recht der Teilnahme schließt die Befugnis ein, während der Besprechung das Wort zu ergreifen[471].

Das Teilnahmerecht der gesamten Jugend- und Auszubildendenvertretung gilt entsprechend für Besprechungen zwischen **Ausschüssen** des Betriebsrats und dem Arbeitgeber, soweit dort Angelegenheiten behandelt werden, welche die jugendlichen Arbeitnehmer und die Auszubildenden unter 25 Jahren besonders betreffen[472]. 479

8. Geschäftsführung

a) Allgemeine Grundsätze

Durch die Vorschrift des § 65 Abs. 1 BetrVG werden zahlreiche Regelungen, welche die Organisation und die Geschäftsführung des Betriebsrats betreffen, für die Jugend- und Auszubildendenvertretung für entsprechend anwendbar erklärt. Im einzelnen gilt dies insbesondere für 480

▶ die Möglichkeit, wegen grober Pflichtverletzung ein Mitglied aus der Jugend- und Auszubildendenvertretung auszuschließen oder die Auflösung der Jugend- und Auszubildendenvertretung zu beantragen (§§ 65 Abs. 1, 23 Abs. 1 BetrVG);
▶ das Nachrücken von Ersatzmitgliedern (§§ 65 Abs. 1, 25 BetrVG);
▶ die Wahl und die Befugnisse des Vorsitzenden und seines Stellvertreters (§§ 65 Abs. 1, 26 Abs. 1 Satz 1 und Abs. 3 BetrVG);
▶ die Beschlußfassung (§§ 65 Abs. 1, 33 Abs. 1 und 2 BetrVG);
▶ die Geschäftsordnung (§§ 65 Abs. 1, 36 BetrVG);
▶ die Tragung der Kosten durch den Arbeitgeber und das Umlageverbot (§§ 65 Abs. 1, 40, 41 BetrVG).

Ein dem Betriebsausschuß entsprechender Ausschuß für die laufende Geschäftsführung oder weitere Ausschüsse können dagegen von der Jugend- und Auszubildendenvertretung nicht gebildet werden[473]. 481

---

470 *Joost*, in: Münchener Handbuch zum Arbeitsrecht, Band 3, § 308 Rz. 69 f.; *Dietz/Richardi*, § 68 Rz. 4; *Fitting/Kaiser/Heither/Engels*, § 68 Rz. 8 m. w. Nachw.
471 *Fitting/Kaiser/Heither/Engels*, § 68 Rz. 8; *Joost*, in: Münchener Handbuch zum Arbeitsrecht, Band 3, § 308 Rz. 72.
472 *Joost*, in: Münchener Handbuch zum Arbeitsrecht, Band 3, § 308 Rz. 71; *Dietz/Richardi*, § 68 Rz. 5; *Fitting/Kaiser/Heither/Engels*, § 68 Rz. 9 m. w. Nachw.
473 *Joost*, in: Münchener Handbuch zum Arbeitsrecht, Band 3, § 308 Rz. 73.

b) Sitzungen

482 Die Jugend- und Auszubildendenvertretung kann zur Erfüllung ihrer gesetzlichen Pflichten nach ihrem Ermessen eigene Sitzungen abhalten. Hierfür bedarf es nicht der Zustimmung des Betriebsrats. Allerdings ist dieser nach § 65 Abs. 2 Satz 1 Halbsatz 1 BetrVG vor der Sitzung zu verständigen.

483 Für die **Einberufung** der Sitzungen gilt die für den Betriebsrat geltende Regelung des § 29 BetrVG entsprechend (§ 65 Abs. 2 Satz 1 Halbsatz 2 BetrVG): Die Sitzungen sind vom **Vorsitzenden** der Jugend- und Auszubildendenvertretung einzuberufen. Die Einberufung können ein Viertel der Mitglieder der Jugend- und Auszubildendenvertretung, der Arbeitgeber und der Betriebsrat beantragen.

484 **Teilnahmeberechtigt** an den Sitzungen sind sämtliche Mitglieder der Jugend- und Auszubildendenvertretung, der Vorsitzende oder ein beauftragtes Mitglied des Betriebsrats (§ 65 Abs. 2 Satz 2 BetrVG), der Beauftragte einer im Betrieb vertretenen Gewerkschaft, sofern dies ein Viertel der Mitglieder der Jugend- und Auszubildendenvertretung beantragt (§§ 65 Abs. 1, 31 BetrVG), sowie der Arbeitgeber, sofern die Sitzung auf sein Verlangen anberaumt oder er zu ihr eingeladen worden ist (§§ 65 Abs. 1, 29 Abs. 4 BetrVG).

485 Über die Sitzung ist gemäß §§ 65 Abs. 1, 34 BetrVG eine **Niederschrift** zu fertigen.

c) Sprechstunden

486 Die Jugend- und Auszubildendenvertretung kann in Betrieben, die in der Regel **mehr als 50** jugendliche Arbeitnehmer und Auszubildende unter 25 Jahren beschäftigen, eigene Sprechstunden während der Arbeitszeit einrichten, § 69 Satz 1 BetrVG. Die **Einrichtung** erfolgt durch Mehrheitsbeschluß der Jugend- und Auszubildendenvertretung. Sie entscheidet hierüber nach Ermessen. Eine Pflicht zur Einrichtung von Sprechstunden besteht nicht[474].

487 **Zeit** und **Ort** der Sprechstunden sind nicht von der Jugend- und Auszubildendenvertretung selbst festzulegen, sondern gemäß § 69 Satz 2 BetrVG durch Betriebsrat und Arbeitgeber zu vereinbaren. Die Jugend- und Auszubildendenvertretung ist jedoch von dem Betriebsrat zu der Besprechung beizuziehen (§ 68 BetrVG). Können sich Ar-

---

[474] *Dietz/Richardi*, § 69 Rz. 3; *Fitting/Kaiser/Heither/Engels*, § 69 Rz. 5 m. w. Nachw.

V. Jugend- und Auszubildendenvertretung

beitgeber und Betriebsrat nicht einigen, so entscheidet die Einigungsstelle verbindlich, §§ 69 Satz 3, § 39 Abs. 1 Satz 2 und 3 BetrVG.

An den Sprechstunden kann nach § 69 Satz 3 BetrVG der Betriebsratsvorsitzende oder ein vom Betriebsrat beauftragtes Betriebsratsmitglied beratend teilnehmen. Versäumnisse von Arbeitszeit, die zum Besuch der Sprechstunden erforderlich sind, berechtigen den Arbeitgeber nicht zur Minderung des Arbeitsentgelts des Arbeitnehmers (§§ 69 Satz 3, 39 Abs. 3 BetrVG). 488

Sinkt die Zahl der im Betrieb beschäftigten jugendlichen Arbeitnehmer oder Auszubildenden unter 25 Jahren nicht nur vorübergehend auf unter 51, so können eingerichtete Sprechstunden nicht aufrechterhalten werden, es sei denn, hierüber wird zwischen Arbeitgeber, Betriebsrat und der Jugend- und Auszubildendenvertretung Einverständnis erzielt[475]. 489

9. Jugend- und Auszubildendenversammlungen

Die Jugend- und Auszubildendenvertretung **kann** gemäß § 71 Abs. 1 Satz 1 BetrVG vor oder nach jeder Betriebsversammlung, d.h. einmal in jedem Kalendervierteljahr (vgl. § 43 Abs. 1 Satz 1 BetrVG) im Einvernehmen mit dem Betriebsrat eine Jugend- und Auszubildendenversammlung einberufen. Diese dient dem Zweck, den jugendlichen Arbeitnehmern und Auszubildenden unter 25 Jahren Gelegenheit zu geben, die sie betreffenden Angelegenheiten unter sich zu erörtern und auf die Meinungsbildung der Jugend- und Auszubildendenvertretung einzuwirken[476]. 490

Eine betriebsübergreifende Versammlung hinsichtlich der Gesamt-Jugend- und Auszubildendenvertretung ist gesetzlich nicht vorgesehen (vgl. § 73 Abs. 2 BetrVG). 491

Ob die Jugend- und Auszubildendenvertretung eine Jugend- und Auszubildendenversammlung durchführen will, liegt in ihrem Ermessen. Eine Verpflichtung hierzu besteht nicht[477]. Die Jugend- und Auszubildendenvertretung kann – da sie nur eine Hilfsfunktion für den Betriebsrat ausübt – die Versammlung **nicht selbständig** von sich aus einberufen. Vielmehr bedarf die Abhaltung einer Jugend- und Auszubildendenversammlung der **Zustimmung des Betriebsrats**. Bei der 492

---

475 *Fitting/Kaiser/Heither/Engels*, § 69 Rz. 4 m. w. Nachw.
476 Vgl. *Joost*, in: Münchener Handbuch zum Arbeitsrecht, Band 3, § 309 Rz. 1; *Fitting/Kaiser/Heither/Engels*, § 71 Rz. 1.
477 *Dietz/Richardi*, § 71 Rz. 6; *Joost*, in: Münchener Handbuch zum Arbeitsrecht, Band 3, § 309 Rz. 6; *Fitting/Kaiser/Heither/Engels*, § 71 Rz. 10 m. w. Nachw.

Beschlußfassung des Betriebsrats hat die Jugend- und Auszubildendenvertretung volles Stimmrecht nach § 67 Abs. 2 BetrVG.

493 Die Zustimmung des Betriebsrats bezieht sich sowohl auf die Durchführung einer Jugend- und Auszubildendenversammlung als auch auf ihre zeitliche Lage und auf die Tagesordnung[478]. Regelmäßig hat die Jugend- und Auszubildendenversammlung an demselben Tag stattzufinden wie die Betriebsversammlung, um Behinderungen des Betriebsablaufs möglichst zu vermeiden[479]. Im Einvernehmen mit dem Betriebsrat und Arbeitgeber kann die Jugend- und Auszubildendenversammlung gemäß § 71 Satz 2 BetrVG auch zu einem anderen Zeitpunkt als dem Tag der Betriebsversammlung einberufen werden. Die Erteilung der Zustimmung liegt im Ermessen des Betriebsrats und des Arbeitgebers. Ein Rechtsanspruch hierauf besteht nicht[480].

494 Die Einberufung der Jugend- und Auszubildendenvertretung und die Ladung zu dieser obliegt dem Vorsitzenden der Jugend- und Auszubildendenvertretung. **Teilnahmeberechtigt** sind alle Jugendlichen des Betriebs, die Auszubildenden unter 25 Jahren, die Mitglieder der Jugend- und Auszubildendenvertretung, der Arbeitgeber (§§ 71 Satz 3, 43 Abs. 2 Satz 1 BetrVG), der Betriebsratsvorsitzende oder ein anderes vom Betriebsrat beauftragtes Mitglied (§§ 71 Satz 3, 65 Abs. 2 Satz 2 BetrVG) sowie die Beauftragten der Gewerkschaften und des Arbeitgeberverbandes (§§ 71 Satz 3, 46 BetrVG).

495 Die Jugend- und Auszubildendenversammlung ist **nicht öffentlich.** Die Vorschrift des § 42 Abs. 1 Satz 2 BetrVG gilt – obwohl nicht ausdrücklich in § 71 Satz 3 BetrVG erwähnt – insoweit entsprechend[481].

496 Die **Leitung** der Jugend- und Auszubildendenversammlung obliegt dem **Vorsitzenden der Jugend- und Auszubildendenvertretung**[482].

497 Die **Durchführung** der Jugend- und Auszubildendenversammlung richtet sich weitgehend nach den Vorschriften, die für die Abhaltung von Betriebsversammlungen maßgebend sind (vgl. § 71 Satz 3

---

478 *Dietz/Richardi,* § 71 Rz. 7; *Fitting/Kaiser/Heither/Engels,* § 71 Rz. 11 m. w. Nachw.
479 BAG vom 15. 8. 1978, AP Nr. 1 zu § 23 BetrVG 1972.
480 *Joost,* in: Münchener Handbuch zum Arbeitsrecht, Band 3, § 309 Rz. 5.
481 *Dietz/Richardi,* § 71 Rz. 15; *Joost,* in: Münchener Handbuch zum Arbeitsrecht, Band 3, § 309 Rz. 8; *Fitting/Kaiser/Heither/Engels,* § 71 Rz. 20; *Lunck,* NZA 1992, 534 (539).
482 *Dietz/Richardi,* BetrVG, § 71 Rz. 14; *Fitting/Kaiser/Heither/Engels,* § 71 Rz. 18; *Joost,* in: Münchener Handbuch zum Arbeitsrecht, Band 3, § 309 Rz. 14; *Lunck,* NZA 1992, 534 (540 f.).

V. Jugend- und Auszubildendenvertretung

BetrVG). Anders als Betriebsversammlungen sind Jugend- und Auszubildendenversammlungen jedoch stets als **Vollversammlungen** durchzuführen. Die Abhaltung von Jugend- und Auszubildendenversammlungen als Abteilungsversammlungen und Teilversammlungen ist nicht möglich[483].

Die Jugend- und Auszubildendenversammlungen sind grundsätzlich **während der Arbeitszeit** durchzuführen, soweit nicht die Eigenart des Betriebs eine andere Regelung zwingend erfordert, §§ 71 Satz 3, 44 Abs. 1 Satz 1 BetrVG. 498

Themen einer Jugend- und Auszubildendenversammlung können alle Angelegenheiten sein, die zulässigerweise Gegenstand einer Betriebsversammlung sein können, mithin alle Angelegenheiten, die den Betrieb oder seine Arbeitnehmer unmittelbar betreffen einschließlich solcher tarifpolitischer, sozialpolitischer und wirtschaftlicher Art sowie Fragen der Frauenförderung und der Vereinbarkeit von Familie und Beruf (§§ 71 Satz 3, 45 BetrVG). Diese Angelegenheiten müssen die jugendlichen Arbeitnehmer und Auszubildenden unter 25 Jahren zumindest auch betreffen[484]. 499

10. Rechtsstellung der Mitglieder

a) Ehrenamtliche Tätigkeit

Die Mitglieder der Jugend- und Auszubildendenvertretung führen ihr Amt ebenso wie die Mitglieder des Betriebsrats unentgeltlich als **Ehrenamt,** §§ 65 Abs. 1, 37 Abs. 1 Satz 1 BetrVG. Die für den Betriebsrat geltenden Bestimmungen über die Arbeitsbefreiung und den Ausgleich für Amtstätigkeit, die aus betrieblichen Gründen außerhalb der Arbeitszeit durchzuführen ist, gelten nach §§ 65 Abs. 1, 37 Abs. 2 und 3 BetrVG entsprechend (s. Teil D Rz. 7 ff. und 32 ff.). Anders als bei dem Betriebsrat kommen allgemeine Freistellungen von der beruflichen Tätigkeit für Mitglieder der Jugend- und Auszubildendenvertretung nicht in Betracht, da die Vorschrift des § 38 BetrVG in § 65 Abs. 1 BetrVG nicht für entsprechend anwendbar erklärt wird. 500

---

483 *Joost,* in: Münchener Handbuch zum Arbeitsrecht, Band 3, § 309 Rz. 12; *Lunck,* NZA 1992, 534 (540); *Fitting/Kaiser/Heither/Engels,* § 71 Rz. 8 m. w. Nachw.; **a. A.** *Dietz/Richardi,* § 71 Rz. 5.
484 *Dietz/Richardi,* § 71 Rz. 16 f.; *Fitting/Kaiser/Heither/Engels,* § 71 Rz. 26 m. w. Nachw.; weitergehend *Joost,* in: Münchener Handbuch zum Arbeitsrecht, Band 3, § 309 Rz. 15, wonach ein Bezug dieser Themen zu jugendlichen Arbeitnehmern und Auszubildenden nicht erforderlich sei.

b) Schulungs- und Bildungsveranstaltungen

501 Nach §§ 65 Abs. 1, 37 Abs. 6 und 7 BetrVG haben die Mitglieder der Jugend- und Auszubildendenvertretung einen Anspruch auf Befreiung von ihrer beruflichen Tätigkeit für die Teilnahme an Schulungs- und Bildungsveranstaltungen nach den gleichen Grundsätzen, wie sie für die Betriebsratsmitglieder gelten (s. Teil E Rz. 38 ff.). **Erforderlich** für die Arbeit der Jugend- und Auszubildendenvertretung sind nur solche Veranstaltungen, die Kenntnisse vermitteln, die in einem Zusammenhang mit dem gegenüber dem Betriebsrat eingeschränkten Tätigkeitsbereich der Jugend- und Auszubildendenvertretung stehen. Eine erhöhte Schulungs- und Bildungsbedürftigkeit wegen allgemein geringerer Kenntnisse und Erfahrungen der Jugend- und Auszubildendenvertreter ist nicht anzuerkennen[485]. Vom BAG[486] wird zwar eine Schulung von Jugend- und Auszubildendenvertretern über das BetrVG, nicht aber über speziell die jugendlichen und auszubildenden Arbeitnehmer betreffende gesetzliche Regelungen (z. B. das BBiG und das JArbSchG) für ohne weiteres erforderlich erachtet. Letzteres wird damit begründet, daß Träger der Mitbestimmungsrechte allein der Betriebsrat sei und die Jugend- und Auszubildendenvertreter nicht die gleichen Kenntnisse haben müßten wie die Mitglieder des Betriebsrats. Ebenso wurde die Erforderlichkeit einer Schulungsveranstaltung bei einem Ersatzmitglied der Jugend- und Auszubildendenvertretung abgelehnt, das noch nicht endgültig in die Jugend- und Auszubildendenvertretung nachgerückt ist[487].

502 Die Erforderlichkeit der **Dauer** der Schulung richtet sich nach den für den Betriebsrat geltenden Grundsätzen (s. Teil E Rz. 47). Für Personen, die erstmals in die Jugend- und Auszubildendenvertretung gewählt werden, erhöht sich nach §§ 65 Abs. 1, 37 Abs. 7 Satz 2 BetrVG der Anspruch auf bezahlte Freistellung für die Teilnahme an als geeignet anerkannten Schulungs- und Bildungsveranstaltungen auf vier Wochen[488].

503 Die Festsetzung der **zeitlichen Lage** der Teilnahmen an Schulungs- und Bildungsveranstaltungen sowie die Entscheidung, welche Mitglieder hieran teilnehmen, erfolgen nicht durch die Jugend- und

---

485 *Dietz/Richardi*, § 65 Rz. 37; *Joost*, in: Münchener Handbuch zum Arbeitsrecht, Band 3, § 308 Rz. 83; **a. A.** *Fitting/Kaiser/Heither/Engels*, § 65 Rz. 14.
486 BAG vom 10. 5. 1974, AP Nr. 4 zu § 65 BetrVG 1972; BAG vom 6. 5. 1975, AP Nr. 5 zu § 65 BetrVG 1972; **a. A.** *Fitting/Kaiser/Heither/Engels*, § 65 Rz. 15.
487 BAG vom 10. 5. 1974, AP Nr. 2 zu § 65 BetrVG 1972.
488 Vgl. *Dietz/Richardi*, § 65 Rz. 42; *Joost*, in: Münchener Handbuch zum Arbeitsrecht, Band 3, § 308 Rz. 84; *Fitting/Kaiser/Heither/Engels*, § 65 Rz. 18 m. w. Nachw.

V. Jugend- und Auszubildendenvertretung

Auszubildendenvertretung, sondern **durch den Betriebsrat**[489]. Bei dessen Beschlußfassung hat die Jugend- und Auszubildendenvertretung jedoch ein volles Stimmrecht nach § 67 Abs. 2 BetrVG.

c) Schutzbestimmungen

aa) Tätigkeits- und Entgeltschutz

Zugunsten der Mitglieder der Jugend- und Auszubildendenvertretung greift nach §§ 65 Abs. 1, 37 Abs. 4 und 5 BetrVG der gleiche Tätigkeits- und Entgeltschutz ein wie für die Mitglieder des Betriebsrats: Sie dürfen einschließlich eines Zeitraums von einem Jahr nach Beendigung der Amtszeit nur mit Tätigkeiten beschäftigt werden, die den Tätigkeiten vergleichbarer Arbeitnehmer mit betriebsüblicher beruflicher Entwicklung gleichwertig sind. Das Arbeitsentgelt darf einschließlich eines Zeitraumes von einem Jahr nach Beendigung der Amtszeit nicht geringer bemessen werden als das Arbeitsentgelt vergleichbarer Arbeitnehmer mit betriebsüblicher beruflicher Entwicklung. Einzelheiten hierzu s. Teil D Rz. 151 ff.

504

bb) Benachteiligungs- und Begünstigungsverbot

Die Mitglieder der Jugend- und Auszubildendenvertretung dürfen – ebenso wie die Betriebsratsmitglieder – in der Ausübung ihrer Tätigkeit weder gestört noch behindert und wegen ihrer Tätigkeit weder benachteiligt noch bevorzugt werden, § 78 BetrVG. Insbesondere dürfen sie auch in ihrer beruflichen Entwicklung nicht gestört oder benachteiligt werden. Den Mitgliedern der Jugend- und Auszubildendenvertretung ist demnach die gleiche berufliche Entwicklungschance einzuräumen wie vergleichbaren anderen Arbeitnehmern.

505

cc) Kündigungsschutz

Die Mitglieder der Jugend- und Auszubildendenvertretung haben nach §§ 15 KSchG, 103 BetrVG den gleichen besonderen Kündigungsschutz wie die Betriebsratsmitglieder (s. Teil D Rz. 173 ff.).

506

Die **ordentliche Kündigung** eines Jugend- und Auszubildendenvertreters ist nach § 15 Abs. 1 Satz 1 KSchG grundsätzlich unzulässig.

507

---

[489] BAG vom 20. 11. 1973, AP Nr. 1 zu § 65 BetrVG 1972; BAG vom 10. 5. 1974, AP Nr. 3 zu § 65 BetrVG 1972; BAG vom 10. 6. 1975, AP Nr. 1 zu § 73 BetrVG 1972; *Dietz/Richardi*, § 65 Rz. 40; *Fitting/Kaiser/Heither/Engels*, § 65 Rz. 17 m. w. Nachw.

Etwas anderes gilt ausnahmsweise bei einer Betriebsstillegung oder Betriebsteilstillegung, § 15 Abs. 4 und 5 KSchG. Nach Beendigung der Amtszeit ist die ordentliche Kündigung eines Mitglieds der Jugend- und Auszubildendenvertretung innerhalb eines Jahres unzulässig (§ 15 Abs. 1 Satz 2 BetrVG).

508 Die **außerordentliche Kündigung** eines Jugend- und Auszubildendenvertreters während der Amtszeit ist nur zulässig, wenn zum einen ein wichtiger Grund i. S. von § 626 Abs. 1 BGB vorliegt (§ 15 Abs. 1 Satz 1 KSchG) und zum anderen **zuvor** der Betriebsrat zugestimmt hat oder dessen Zustimmung durch das Arbeitsgericht ersetzt wurde (§ 103 BetrVG).

509 Allein ein grober Verstoß des Jugend- und Auszubildendenvertreters gegen seine Amtspflichten berechtigt den Arbeitgeber nicht zur außerordentlichen Kündigung. In dem Fall hat der Arbeitgeber nur das Recht, gemäß § 23 Abs. 1 Satz 1 BetrVG i. V. mit § 65 Abs. 1 BetrVG beim Arbeitsgericht den Ausschluß der betreffenden Person aus der Jugend- und Auszubildendenvertretung zu beantragen. Die fristlose Kündigung eines Mitglieds der Jugend- und Auszubildendenvertretung kommt ausnahmsweise nur dann in Betracht, wenn in der Amtspflichtverletzung gleichzeitig eine schwere Verletzung arbeitsvertraglicher Pflichten liegt, wobei aber die Rechtsprechung des BAG wegen der besonderen Konfliktsituation eines Jugend- und Auszubildendenvertreters für die zur Kündigung berechtigenden schweren Verletzungen einen besonders strengen Prüfungsmaßstab anlegt[490].

510 Den **Ersatzmitgliedern** steht allein wegen dieser Eigenschaft ohne Ausübung einer Tätigkeit in der Jugend- und Auszubildendenvertretung kein besonderer Kündigungsschutz zu. Solange Ersatzmitglieder stellvertretend für ein verhindertes Mitglied der Jugend- und Auszubildendenvertretung dieser angehören, genießen sie jedoch den gleichen Schutz wie Jugend- und Auszubildendenvertreter während ihrer Amtszeit. Nach Beendigung des Vertretungsfalles haben Ersatzmitglieder ebenfalls den nachwirkenden Kündigungsschutz gemäß § 15 Abs. 1 Satz 2 KSchG, der unabhängig von der Dauer der Vertretung ein Jahr beträgt[491].

---

[490] Vgl. BAG vom 16. 10. 1986, AP Nr. 95 zu § 626 BGB.
[491] Vgl. BAG vom 6. 9. 1979, AP Nr. 7 zu § 15 KSchG 1969; *Fitting/Kaiser/Heither/Engels,* § 25 Rz. 10, § 103 Rz. 7, 35.

V. Jugend- und Auszubildendenvertretung

dd) Übernahme von Auszubildenden

Grundsätzlich endet das Berufsausbildungsverhältnis mit Ablauf der vereinbarten Dauer der Ausbildungszeit oder mit dem Bestehen der Abschlußprüfung (§ 14 Abs. 1 und 2 BBiG). Weigert sich der Arbeitgeber nach dem Ende des Ausbildungsverhältnisses, einen Arbeitsvertrag abzuschließen, kann der Auszubildende ihn im Regelfall dazu nicht zwingen. Zugunsten der in Berufsausbildung beschäftigten Mitglieder der Jugend- und Auszubildendenvertretung oder des Betriebsrats greift jedoch ein **besonderer Schutz** nach § 78a BetrVG ein, der den Auszubildenden nach der gesetzgeberischen Begründung die Ausübung ihres Amtes ohne Furcht vor Nachteilen für die berufliche Entwicklung ermöglichen soll[492]. 511

Beabsichtigt der Arbeitgeber, einen Auszubildenden, der Mitglied der Jugend- und Auszubildendenvertretung oder des Betriebsrats ist, nicht in ein Arbeitsverhältnis auf unbestimmte Zeit zu übernehmen, so hat er dies gemäß § 78a Abs. 1 BetrVG mindestens **drei Monate vor Beendigung des Ausbildungsverhältnisses** dem Auszubildenden **schriftlich mitzuteilen**. Gleiches gilt nach § 78a Abs. 3 BetrVG, wenn das Berufsausbildungsverhältnis vor Ablauf eines Jahres nach Beendigung der Amtszeit der Jugend- und Auszubildendenvertretung oder des Betriebsrats endet. Auch ein **vorübergehend nachgerücktes Ersatzmitglied** der Jugend- und Auszubildendenvertretung kann nach einer Entscheidung des BAG vom 13. 3. 1986[493] den nachwirkenden Schutz gemäß § 78a Abs. 3 BetrVG für sich in Anspruch nehmen, sofern das Berufsausbildungsverhältnis innerhalb eines Jahres nach dem Vertetungsfall erfolgreich abgeschlossen wird. 512

Unterläßt der Arbeitgeber die **rechtzeitige Mitteilung,** so führt dies nicht zu einer automatischen Überleitung des Ausbildungsverhältnisses in ein Arbeitsverhältnis[494]. Auf den Schutz des Auszubildenden nach § 78a Abs. 2 bis 4 BetrVG hat dies jedoch keine Auswirkungen (vgl. § 78a Abs. 5 BetrVG). Außerdem kann die unterlassene Mitteilung ggf. Schadensersatzansprüche des Auszubildenden begründen[495]. 513

Kommt der Arbeitgeber seiner Mitteilungspflicht nicht nach oder beabsichtigt er, den Auszubildenden nicht in ein Arbeitsverhältnis auf unbestimmte Zeit zu übernehmen, so kann der Auszubildende **innerhalb der letzten drei Monate vor Beendigung des Berufsausbildungsverhältnisses** vom Arbeitgeber **schriftlich** die Weiterbeschäfti- 514

---
492 Vgl. BT-Drucks. VII/1170, S. 1.
493 BAG vom 13. 3. 1986, AP Nr. 16 zu § 78a BetrVG 1972.
494 BAG vom 15. 1. 1980, AP Nr. 7 zu § 78a BetrVG 1972.
495 BAG vom 31. 10. 1985, AP Nr. 15 zu § 78a BetrVG 1972.

gung verlangen (§ 78a Abs. 2, 5 BetrVG). Maßgebend für die Berechnung der Dreimonatsfrist ist der Zeitpunkt der Bekanntgabe der Abschlußprüfung, sofern diese dem vertraglich vereinbarten Ende des Ausbildungsverhältnisses vorangeht. Ein früher gestelltes Verlangen ist unwirksam und muß innerhalb der Dreimonatsfrist wiederholt werden[496].

515 Hat der Auszubildende form- und fristgerecht die Weiterbeschäftigung verlangt, so **gilt** nach **§ 78a Abs. 2 Satz 1 BetrVG** im Anschluß an das Berufsausbildungsverhältnis ein **Arbeitsverhältnis als** auf unbestimmte Dauer **begründet**. Es entsteht damit kraft Gesetzes ein **unbefristetes Vollzeitarbeitsverhältnis**[497].

516 Der Arbeitgeber kann jedoch gemäß § 78a Abs. 4 Satz 1 BetrVG **spätestens bis zum Ablauf von zwei Wochen nach Beendigung des Ausbildungsverhältnisses** beim Arbeitsgericht beantragen,
- festzustellen, daß ein Arbeitsverhältnis auf Grund des Verlangens des Auszubildenden nicht begründet wird, oder
- das bereits auf Grund des Verlangens des Auszubildenden begründete Arbeitsverhältnis aufzulösen.

517 Der Antrag ist begründet, wenn dem Arbeitgeber die Weiterbeschäftigung (in einem unbefristeten Vollzeitarbeitsverhältnis) unter Berücksichtigung aller Umstände des Einzelfalles **nicht zugemutet werden kann** (§ 78a Abs. 4 Satz 1 BetrVG). Nach ständiger Rechtsprechung des BAG können **betriebliche Gründe** ausnahmsweise zur Unzumutbarkeit der Weiterbeschäftigung eines Auszubildenden führen. Dies setzt voraus, daß im Betrieb des Arbeitgebers zum Zeitpunkt der Beendigung des Ausbildungsverhältnisses **kein freier, auf Dauer angelegter Arbeitsplatz** vorhanden ist, auf dem der Auszubildende mit seiner durch die Ausbildung erworbenen Qualifikation beschäftigt werden kann[498]. Fehlt es an geeigneten Beschäftigungsmöglichkeiten, so ist der Arbeitgeber nicht verpflichtet, neue Arbeitsplätze (etwa durch Abbau von Überstunden) zu schaffen oder vorhandene Arbeitsplätze freizukündigen[499]. Ist dagegen zum Zeitpunkt der Beendigung

---
496 BAG vom 15. 1. 1980, AP Nr. 7 zu § 78a BetrVG 1972; BAG vom 13. 11. 1987, AP Nr. 18 zu § 78a BetrVG 1972; *Fitting/Kaiser/Heither/Engels*, § 78a Rz. 15.
497 *Fitting/Kaiser/Heither/Engels*, § 78a Rz. 23 und 47 (dort auch zu möglichen Ausnahmen).
498 BAG vom 16. 1. 1979, AP Nr. 5 zu § 78a BetrVG 1972; BAG vom 29. 11. 1989, AP Nr. 20 zu § 78a BetrVG 1972; BAG vom 24. 7. 1991, AP Nr. 23 zu § 78a BetrVG 1972; BAG vom 16. 8. 1995, AP Nr. 25 zu § 78a BetrVG 1972.
499 BAG vom 29. 11. 1989, AP Nr. 20 zu § 78a BetrVG 1972; BAG vom 16. 8. 1995, AP Nr. 25 zu § 78a BetrVG 1972; BAG vom 6. 11. 1996, NZA 1997, 783 (dort auch zu den Voraussetzungen der Pflicht zur Übernahme in ein Arbeitsverhältnis zu anderen als den sich aus § 78a BetrVG ergebenden Arbeitsbedingungen); **a. A.** LAG Hamm vom 6. 10. 1978, EzA § 78a BetrVG 1972 Nr. 4,

des Ausbildungsverhältnisses ein freier Arbeitsplatz vorhanden, hat bei der Prüfung der Unzumutbarkeit einer Weiterbeschäftigung ein künftiger Wegfall von Arbeitsplätzen unberücksichtigt zu bleiben[500].

Die Unzumutbarkeit der Weiterbeschäftigung wird zudem bei **schwerwiegenden Gründen persönlicher Art** für gegeben erachtet[501]. 518

Sowohl ein vor dem Ende des Berufsausbildungsverhältnisses nach § 78a Abs. 4 Satz 1 Nr. 1 BetrVG gestellter Antrag des Arbeitgebers als auch ein erst nach Beendigung des Berufsausbildungsverhältnisses nach § 78a Abs. 4 Satz 1 Nr. 2 BetrVG gestellter Antrag führen nach ständiger Rechtsprechung des BAG[502] nur zur Auflösung des Arbeitsverhältnisses **mit Rechtskraft des stattgebenden Beschlusses.** 519

d) Geheimhaltungspflicht

Die Mitglieder der Jugend- und Auszubildendenvertretung unterliegen nach § 79 Abs. 2 BetrVG der gleichen Geheimhaltungspflicht wie die Mitglieder des Betriebsrats. Der Betriebsrat darf aber keine Geheimnisse i. S. von § 79 Abs. 1 Satz 1 BetrVG an die Jugend- und Auszubildendenvertreter weitergeben, da diese von § 79 Abs. 1 Satz 3 und 4 BetrVG nicht in den Kreis der Personen einbezogen werden, denen gegenüber die Geheimhaltungspflicht der Mitglieder des Betriebsrats aufgehoben ist. Umgekehrt besteht keine Geheimhaltungspflicht der Jugend- und Auszubildendenvertreter gegenüber dem Betriebsrat (§ 79 Abs. 2 i.V. mit Abs. 1 Satz 3 BetrVG). 520

VI. Gesamt-Jugend- und Auszubildendenvertretung

1. Bedeutung und Funktion

Mit der Gesamt-Jugend- und Auszubildendenvertretung soll erreicht werden, daß auch auf **Unternehmensebene** ein betriebsverfassungsrechtliches Organ besteht, das sich speziell der Belange der jugendlichen Arbeitnehmer und Auszubildenden unter 25 Jahren des Unter- 521

---

wonach der Arbeitgeber gehalten sei, durch Entlassung eines anderen Arbeitnehmers einen anderen Arbeitsplatz freizumachen.
500 BAG vom 16. 8. 1995, AP Nr. 25 zu § 78a BetrVG 1972.
501 Vgl. LAG Niedersachsen vom 8. 4. 1975, DB 1975, 1224 (wiederholtes Nichtbestehen der Abschlußprüfung); *Fitting/Kaiser/Heither/Engels,* § 78a Rz. 41 (Arbeitsverweigerung, unbefugte Arbeitsversäumnis, Tätlichkeiten gegen den Arbeitgeber oder Mitarbeiter).
502 BAG vom 29. 11. 1989, AP Nr. 20 zu § 78a BetrVG 1972; BAG vom 24. 7. 1991, AP Nr. 23 zu § 78a BetrVG 1972; BAG vom 11. 1. 1995, AP Nr. 24 zu § 78a BetrVG 1972.

nehmens annimmt[503]. Die Errichtung einer Vertretung jugendlicher Arbeitnehmer und Auszubildender unter 25 Jahren auf Konzernebene ist gesetzlich nicht vorgesehen. Allerdings können durch freiwillige Vereinbarungen zwischen dem herrschenden Unternehmen und dem Konzernbetriebsrat Ausschüsse von Jugend- und Auszubildendenvertretern gebildet werden[504].

522 Die Stellung der Gesamt-Jugend- und Auszubildendenvertretung ist zum einen gegenüber dem Gesamtbetriebsrat, zum anderen gegenüber den betrieblichen Jugend- und Auszubildendenvertretungen abzugrenzen: Im Verhältnis zum Gesamtbetriebsrat hat die Gesamt-Jugend- und Auszubildendenvertretung die gleiche Stellung wie die Jugend- und Auszubildendenvertretung zum Betriebsrat. Insoweit kommt ihr lediglich eine Hilfsfunktion für den Gesamtbetriebsrat zu, der ihr unmittelbarer Gesprächspartner ist. Ihre Kompetenzen übt sie durch Einflußnahme auf die Willensbildung des Gesamtbetriebsrats aus. Eigene **Mitwirkungs- und Mitbestimmungsrechte** gegenüber dem Arbeitgeber stehen ihr jedoch **nicht** zu[505]. Im Verhältnis zu den einzelnen Jugend- und Auszubildendenvertretungen des Unternehmens steht sie neben diesen und ist ihnen weder über- noch untergeordnet, §§ 73 Abs. 2, 50 Abs. 1 Satz 2 BetrVG.

2. Voraussetzungen der Errichtung

523 Die Errichtung einer Gesamt-Jugend- und Auszubildendenvertretung setzt nach § 72 Abs. 1 BetrVG voraus, daß in dem Unternehmen mehrere (also mindestens zwei) Jugend- und Auszubildendenvertretungen bestehen. Weitere Voraussetzung für die Errichtung einer Gesamt-Jugend- und Auszubildendenvertretung ist das Bestehen eines Gesamtbetriebsrats, da nur über diesen Beteiligungsrechte durchgesetzt werden können. Die Errichtung einer Gesamt-Jugend- und Auszubildendenvertretung kommt deshalb entgegen überwiegender Ansicht im Schrifttum[506] nicht in Betracht, wenn die Bildung des Gesamtbetriebsrats gesetzwidrig unterlassen worden ist[507].

524 Sind die Voraussetzungen für die Errichtung einer Gesamt-Jugend- und Auszubildendenvertretung gegeben, so muß diese **zwingend** ge-

---
503 Vgl. *Fitting/Kaiser/Heither/Engels*, § 72 Rz. 1.
504 *Fitting/Kaiser/Heither/Engels*, § 72 Rz. 3.
505 *Joost*, in: Münchener Handbuch zum Arbeitsrecht, Band 3, § 310 Rz. 13; *Fitting/Kaiser/Heither/Engels*, § 72 Rz. 7.
506 *Dietz/Richardi*, § 72 Rz. 4; *GK-Kraft/Oetker*, § 72 Rz. 11; *Fitting/Kaiser/Heither/Engels*, § 72 Rz. 9 m. w. Nachw.
507 Ebenso *Joost*, in: Münchener Handbuch zum Arbeitsrecht, Band 3, § 310 Rz. 4.

VI. Gesamt-Jugend- und Auszubildendenvertretung Rz. 528 Teil B

bildet werden. Eines besonderen Errichtungsbeschlusses der Jugend- und Auszubildendenvertretungen bedarf es hierfür nicht[508].

3. Zusammensetzung

In die Gesamt-Jugend- und Auszubildendenvertretung entsendet grundsätzlich jede Jugend- und Auszubildendenvertretung ein Mitglied, § 72 Abs. 2 BetrVG. Für dieses hat die Jugend- und Auszubildendenvertretung nach § 72 Abs. 3 BetrVG mindestens ein Ersatzmitglied zu bestellen und die Reihenfolge des Nachrückens festzulegen. Durch Tarifvertrag oder Betriebsvereinbarung kann die Mitgliederzahl nach Maßgabe von § 72 Abs. 4 und 5 BetrVG abweichend geregelt werden[509]. 525

4. Amtszeit

Die Gesamt-Jugend- und Auszubildendenvertretung ist ebenso wie der Gesamtbetriebsrat eine **Dauereinrichtung** und hat deshalb **keine feste Amtszeit**[510]. Hinsichtlich der Beendigung der Mitgliedschaft in der Gesamt-Jugend- und Auszubildendenvertretung gelten nach § 73 Abs. 2 BetrVG i. V. mit § 49 BetrVG die Grundsätze für die Beendigung der Mitgliedschaft im Gesamtbetriebsrat entsprechend (s. o. Rz. 146 ff.). 526

5. Zuständigkeit

Die Gesamt-Jugend- und Auszubildendenvertretung ist nach § 73 Abs. 2 BetrVG i. V. mit § 50 Abs. 1 Satz 1 BetrVG zuständig für alle Angelegenheiten, die das Unternehmen oder mehrere Betriebe betreffen und nicht durch die einzelnen Jugend- und Auszubildendenvertretungen innerhalb ihrer Betriebe geregelt werden können. Maßgebend für die Abgrenzung sind die gleichen Grundsätze, die für den Gesamtbetriebsrat gelten (s. o. Rz. 195 ff.). 527

Die Zuständigkeit der Gesamt-Jugend- und Auszubildendenvertretung ist ferner gegeben, wenn eine Jugend- und Auszubildendenvertretung mit der Mehrheit der Stimmen ihrer Mitglieder die Gesamt-Jugend- und Auszubildendenvertretung beauftragt, eine Angelegen- 528

---

508 *Dietz/Richardi*, § 72 Rz. 5; *Joost*, in: Münchener Handbuch zum Arbeitsrecht, Band 3, § 310 Rz. 5; *Fitting/Kaiser/Heither/Engels*, § 72 Rz. 10 m. w. Nachw.
509 Einzelheiten und Beispiele hierzu siehe bei *Fitting/Kaiser/Heither/Engels*, § 72 Rz. 24 ff.
510 *Joost*, in: Münchener Handbuch zum Arbeitsrecht, Band 3, § 310 Rz. 37; *Fitting/Kaiser/Heither/Engels*, § 72 Rz. 11.

heit für sie zu behandeln (§§ 73 Abs. 2, 50 Abs. 2 BetrVG). Hierfür ist nicht erforderlich, daß der Gesamtbetriebsrat vom Betriebsrat ebenfalls beauftragt worden ist[511].

6. Geschäftsführung

529 Für die Geschäftsführung der Gesamt-Jugend- und Auszubildendenvertretung gelten aufgrund der gesetzlichen Verweisung des § 73 Abs. 2 BetrVG die Grundsätze zur Geschäftsführung der Jugend- und Auszubildendenvertretung weitgehend entsprechend (s. o. Rz. 480 ff.). Die Möglichkeit der Einrichtung von Sprechstunden besteht allerdings nicht.

530 Gemäß § 73 Abs. 1 Satz 1 BetrVG kann die Gesamt-Jugend- und Auszubildendenvertretung nach Verständigung des Gesamtbetriebsrats **Sitzungen** abhalten. Eine Zustimmung des Gesamtbetriebsrats ist nicht erforderlich. Die bloße Mitteilung reicht aus. Der Arbeitgeber ist vorher ebenfalls zu verständigen, §§ 73 Abs. 2, 20 Satz 3 BetrVG. **Teilnahmeberechtigt** sind alle Mitglieder der Gesamt-Jugend- und Auszubildendenvertretung. Der Vorsitzende des Gesamtbetriebsrats oder ein anderes von diesem beauftragtes Mitglied kann nach § 73 Abs. 1 Satz 2 BetrVG an den Sitzungen teilnehmen. Das Teilnahmerecht des Arbeitgebers und der Gewerkschaftsbeauftragten besteht wie bei Betriebsratssitzungen (§§ 73 Abs. 2, 51 Abs. 3 Satz 3, 29 Abs. 4, 31 BetrVG), wobei die Gewerkschaft in der Gesamt-Jugend- und Auszubildendenvertretung vertreten sein muß[512]. Ein selbständiges Teilnahmerecht der Gesamtschwerbehindertenvertretung (§ 27 SchwbG) besteht nicht.

531 Die **Beschlußfassung** richtet sich gemäß §§ 73 Abs. 2, 51 Abs. 4 BetrVG nach den für den Gesamtbetriebsrat geltenden Grundsätzen (s. o. Rz. 183 ff.). Beschlüsse der Gesamt-Jugend- und Auszubildendenvertretung werden daher, soweit nichts anderes bestimmt ist, mit Mehrheit der Stimmen der anwesenden Mitglieder gefaßt. Bei Stimmengleichheit gilt der Antrag als abgelehnt. Die **Beschlußfähigkeit** ist nur gegeben, wenn mindestens die Hälfte der Mitglieder an der Beschlußfassung teilnimmt und die Teilnehmenden mindestens die

---

511 *Joost*, in: Münchener Handbuch zum Arbeitsrecht, Band 3, § 310 Rz. 14; a. A. *Dietz/Richardi*, § 73 Rz. 19.
512 *Fitting/Kaiser/Heither/Engels*, § 73 Rz. 11; *Trittin*, in: Däubler/Kittner/Klebe, § 73 Rz. 10; *Hess/Schlochauer/Glaubitz*, § 73 Rz. 11; **a. A.** *Dietz/Richardi*, § 73 Rz. 6; *Joost*, in: Münchener Handbuch zum Arbeitsrecht, Band 3, § 310 Rz. 30, wonach es ausreiche, wenn die Gewerkschaft in einem Betriebsrat des Unternehmens vertreten sei.

VI. Gesamt-Jugend- und Auszubildendenvertretung

Hälfte aller Stimmen unter Berücksichtigung der Stimmengewichtung (s. u. Rz. 532) vertreten.

7. Stimmengewichtung

Für die Abstimmung in der Gesamt-Jugend- und Auszubildendenvertretung gilt nach § 72 Abs. 7 Satz 1 BetrVG das sog. Prinzip der Stimmengewichtung, d. h. jedes Mitglied der Gesamt-Jugend- und Auszubildendenvertretung hat so viele Stimmen, wie in dem Betrieb, in dem es gewählt wurde, jugendliche Arbeitnehmer und Auszubildende unter 25 Jahren in die Wählerliste eingetragen sind. Ist ein Mitglied der Gesamt-Jugend- und Auszubildendenvertretung für mehrere Betriebe entsandt worden, so hat es so viele Stimmen, wie in den Betrieben, für die es entsandt ist, jugendliche Arbeitnehmer und Auszubildende unter 25 Jahren in den Wählerlisten eingetragen sind (§ 72 Abs. 7 Satz 2 BetrVG). Sind mehrere Mitglieder der Jugend- und Auszubildendenvertretung entsandt worden, so stehen diesen die Stimmen gemäß § 72 Abs. 7 Satz 3 BetrVG anteilig zu.

532

8. Rechtsstellung der Mitglieder

Die Rechtsstellung der Gesamt-Jugend- und Auszubildendenvertreter hinsichtlich ehrenamtlicher Tätigkeit und Arbeitsbefreiung, Schutzbestimmungen und Geheimhaltungspflicht entspricht der der Mitglieder in den Jugend- und Auszubildendenvertretungen (s. o. Rz. 500 ff.).

533

Anders als die Mitglieder der Jugend- und Auszubildendenvertretung haben die Mitglieder der Gesamt-Jugend- und Auszubildendenvertretung keinen eigenständigen Anspruch auf Teilnahme an Schulungs- und Bildungsveranstaltungen. Vielmehr müssen sie diese Veranstaltungen in ihrer Eigenschaft als Jugend- und Auszubildendenvertreter besuchen[513]. Zuständig für die Beschlußfassung über die Entsendung eines Jugend- und Auszubildendenvertreters auf eine Schulungs- und Bildungsveranstaltung ist weder der Gesamtbetriebsrat noch die Gesamt-Jugend- und Auszubildendenvertretung, sondern der Betriebsrat[514]. Bei der Beurteilung der Erforderlichkeit der zu vermittelnden Kenntnisse für die Amtstätigkeit ist aber die Stellung als Mitglied der Gesamt-Jugend- und Auszubildendenvertretung zu berücksichtigen[515].

534

---

513 BAG vom 10. 6. 1975, AP Nr. 1 zu § 73 BetrVG 1972.
514 BAG vom 10. 6. 1975, AP Nr. 1 zu § 73 BetrVG 1972.
515 BAG vom 10. 6. 1975, AP Nr. 1 zu § 73 BetrVG 1972.

VII. Schwerbehindertenvertretung

535 In Betrieben, in denen **wenigstens 5 Schwerbehinderte** nicht nur vorübergehend beschäftigt sind, werden nach § 24 Abs. 1 Satz 1 SchwbG **zur Vertretung ihrer Interessen** ein Vertrauensmann oder eine Vertrauensfrau und wenigstens ein Stellvertreter gewählt, der den Vertrauensmann und die Vertrauensfrau im Falle der Verhinderung vertritt.

536 **Wahlberechtigt** sind nach § 24 Abs. 2 SchwbG alle Schwerbehinderten. **Wählbar** sind gemäß § 24 Abs. 3 Satz 1 SchwbG alle nicht nur vorübergehend Beschäftigten, die am Wahltag das 18. Lebensjahr vollendet haben und dem Betrieb seit sechs Monaten angehören. Besteht der Betrieb weniger als ein Jahr, so bedarf es für die Wählbarkeit nicht der sechsmonatigen Betriebszugehörigkeit. Nicht wählbar ist, wer kraft Gesetzes dem Betriebsrat nicht angehören kann (§ 24 Abs. 3 Satz 2 SchwbG). Ist in einem Betrieb eine Schwerbehindertenvertretung nicht gewählt, so kann die für den Betrieb zuständige Hauptfürsorgestelle nach § 24 Abs. 6 Satz 4 SchwbG zu einer Versammlung der Schwerbehinderten zum Zwecke der Wahl des Vorstandes einladen.

537 Die Wahl des Vertrauensmannes und der Vertrauensfrau sowie der Stellvertreter erfolgt nach den Grundsätzen der **Mehrheitswahl**, § 24 Abs. 6 Satz 1 SchwbG. Im übrigen finden nach § 24 Abs. 6 Satz 2 SchwbG die Vorschriften über die Wahlanfechtung, den Wahlschutz und die Wahlkosten bei der Wahl des Betriebsrats sinngemäß Anwendung (s. o. Rz. 81 ff., 91 ff.). Zu beachten sind ferner die Vorschriften der SchwbGWO[516].

538 Die **regelmäßigen Wahlen** finden **alle vier Jahre** in der Zeit vom 1. Oktober bis 30. November statt, § 24 Abs. 5 Satz 1 SchwbG. Die ersten regelmäßigen Wahlen erfolgten im Jahre 1986 (§ 24 Abs. 5 Satz 5 SchwbG). Die nächsten regelmäßigen Wahlen finden sonach in den Jahren 1998, 2002, 2006 usw. statt. Außerhalb dieser Zeit finden gemäß § 24 Abs. 5 Satz 2 SchwbG Wahlen statt, wenn
- ▶ das Amt der Schwerbehindertenvertretung vorzeitig erlischt und kein Stellvertreter nachrückt,
- ▶ die Wahl mit Erfolg angefochten worden ist oder
- ▶ eine Schwerbehindertenvertretung noch nicht gewählt ist.

---

[516] Erste Verordnung zur Durchführung des Schwerbehindertengesetzes (Wahlordnung Schwerbehinderter – SchwbWO) i. d. Fassung der Bekanntmachung vom 23. 4. 1990 (BGBl. I S. 811).

Hat außerhalb des für die regelmäßigen Wahlen festgelegten Zeitraums eine Wahl der Schwerbehindertenvertretung stattgefunden, so ist die Schwerbehindertenvertretung in dem auf die Wahl folgenden nächsten Zeitraum der regelmäßigen Wahlen neu zu wählen, § 24 Abs. 5 Satz 3 SchwbG. Hat die Amtszeit der Schwerbehindertenvertretung zum Beginn des für die regelmäßigen Wahlen festgelegten Zeitraums noch nicht ein Jahr betragen, so ist die Schwerbehindertenvertretung nach § 24 Abs. 5 Satz 4 SchwbG in dem übernächsten Zeitraum der regelmäßigen Wahlen neu zu wählen.

539

Die regelmäßige **Amtszeit** der Schwerbehindertenvertretung beträgt nach § 24 Abs. 8 Satz 1 SchwbG **vier Jahre.** Sie beginnt mit der Bekanntgabe des Wahlergebnisses oder, wenn die Amtszeit der bisherigen Schwerbehindertenvertretung noch nicht beendet ist, mit deren Ablauf, § 24 Abs. 8 Satz 2 SchwbG. Das Amt endet gemäß § 24 Abs. 8 Satz 3 SchwbG vorzeitig, wenn der Vertrauensmann oder die Vertrauensfrau es niederlegt, aus dem Arbeitsverhältnis ausscheidet oder die Wählbarkeit verliert. Scheidet der Vertrauensmann oder die Vertrauensfrau vorzeitig aus dem Amt aus, rückt der mit der höchsten Stimmenzahl gewählte Stellvertreter für den Rest der Amtszeit nach; entsprechend gilt dies für Stellvertreter (§ 24 Abs. 8 Satz 3 SchwbG). Auf Antrag eines Viertels der wahlberechtigten Schwerbehinderten kann der Widerspruchsausschuß bei der Hauptfürsorgestelle gemäß § 24 Abs. 8 Satz 4 SchwbG das Erlöschen des Amtes eines Vertrauensmannes oder einer Vertrauensfrau wegen gröblicher Verletzung ihrer Pflichten beschließen.

540

Die **Aufgaben** der Schwerbehindertenvertretung sind insbesondere in § 25 SchwbG aufgeführt. Gemäß § 25 Abs. 1 Satz 1 SchwbG hat die Schwerbehindertenvertretung die Eingliederung Schwerbehinderter in den Betrieb zu fördern, die Interessen der Schwerbehinderten in dem Betrieb zu vertreten und ihnen beratend und helfend zur Seite zu stehen. Nach § 25 Abs. 1 Satz 2 SchwbG hat sie vor allem
▶ darüber zu wachen, daß die zugunsten der Schwerbehinderten geltenden Gesetze, Verordnungen, Tarifverträge und Betriebsvereinbarungen durchgeführt, insbesondere auch die dem Arbeitgeber nach den §§ 5, 6 und 14 SchwbG obliegenden Verpflichtungen erfüllt werden,
▶ Maßnahmen, die den Schwerbehinderten dienen, bei den zuständigen Stellen zu beantragen,
▶ Anregungen und Beschwerden von Schwerbehinderten entgegenzunehmen und, falls sie berechtigt erscheinen, durch Verhandlungen mit dem Arbeitgeber auf eine Erledigung hinzuwirken; sie hat die Schwerbehinderten über den Stand und das Ergebnis der Verhandlungen zu unterrichten.

541

542 In Betrieben mit in der Regel wenigstens 300 Schwerbehinderten kann die Schwerbehindertenvertretung gemäß § 25 Abs. 1 Satz 3 SchwbG nach Unterrichtung des Arbeitgebers den mit der höchsten Stimmenzahl gewählten Vertreter zu bestimmten Aufgaben heranziehen.

543 Die Schwerbehindertenvertretung ist gemäß § 25 Abs. 2 Satz 1 SchwbG vom Arbeitgeber in allen Angelegenheiten, die einen einzelnen Schwerbehinderten oder die Schwerbehinderten als Gruppe berühren, **rechtzeitig** und **umfassend** zu **unterrichten** und **vor einer Entscheidung zu hören**. Die getroffene Entscheidung ist ihr mitzuteilen. Die Durchführung oder Vollziehung einer ohne diese Beteiligung getroffenen Entscheidung ist nach § 25 Abs. 2 Satz 2 Halbsatz 1 SchwbG auszusetzen. Die Beteiligung der Schwerbehindertenvertretung ist innerhalb von sieben Tagen nachzuholen (§ 25 Abs. 2 Satz 2 Halbsatz 2 SchwbG). Sodann ist endgültig zu entscheiden, § 25 Abs. 2 Halbsatz 3 SchwbG.

544 Die Schwerbehindertenvertretung hat nach § 25 Abs. 4 Satz 1 SchwbG das Recht, an **allen Sitzungen** des **Betriebsrats** und dessen Ausschüssen beratend teilzunehmen. Zu den Ausschüssen i. S. dieser Vorschrift gehören der Betriebsausschuß gemäß § 27 BetrVG, die weiteren Ausschüsse, die der Betriebsrat aus seinen Mitgliedern gemäß § 28 Abs. 1 und 2 BetrVG bilden kann, die aufgrund von § 28 Abs. 3 BetrVG errichteten gemeinsamen Ausschüsse, deren Mitglieder vom Betriebsrat und Arbeitgeber benannt werden[517], sowie der Wirtschaftsausschuß[518].

545 Sie kann nach § 25 Abs. 4 Satz 2 SchwbG beantragen, Angelegenheiten, die einzelne Schwerbehinderte oder die Schwerbehinderten als Gruppe betreffen, auf die Tagesordnung der nächsten Sitzung zu setzen. Erachtet sie einen Beschluß des Betriebsrats als eine erhebliche Beeinträchtigung wichtiger Interessen der Schwerbehinderten oder ist sie entgegen § 25 Abs. 2 Satz 1 SchwbG nicht beteiligt worden, so ist auf ihren Antrag der Beschluß auf die Dauer von einer Woche vom Zeitpunkt der Beschlußfassung an auszusetzen, § 25 Abs. 4 Satz 2 Halbsatz 1 SchwbG, § 35 Abs. 1 und 3 BetrVG. Nach Ablauf der Frist ist über die Angelegenheit neu zu beschließen. Wird der erste Beschluß bestätigt, so kann der Antrag auf Aussetzung nicht wiederholt werden. Gleiches gilt, wenn der erste Beschluß nur unerheblich geändert wird, § 35 Abs. 2 und 3 BetrVG i. V. mit § 25 Abs. 4

---

517 BAG vom 21. 4. 1993, AP Nr. 4 zu § 25 SchwbG 1986.
518 BAG vom 4. 6. 1987, AP Nr. 2 zu § 22 SchwbG.

Satz 2 Halbsatz 2 SchwbG. Die Aussetzung hat nach § 25 Abs. 4 Satz 3 SchwbG keine Verlängerung einer Frist zur Folge.

Zu den monatlichen Besprechungen zwischen Arbeitgeber und Betriebsrat nach § 74 Abs. 1 BetrVG ist die Schwerbehindertenvertretung hinzuzuziehen (§ 25 Abs. 5 SchwbG). 546

Nach § 25 Abs. 6 Satz 1 SchwbG hat die Schwerbehindertenvertretung das Recht, mindestens einmal im Kalenderjahr eine Versammlung der Schwerbehinderten im Betrieb durchzuführen. Die für die Betriebsversammlung geltenden Vorschriften der §§ 42 ff. BetrVG finden gemäß § 25 Abs. 6 Satz 2 SchwbG entsprechende Anwendung (s. u. Rz. 590 ff.). 547

Die Vertrauensmänner und Vertrauensfrauen führen nach § 26 Abs. 1 SchwbG ihr Amt unentgeltlich als Ehrenamt aus. Gemäß § 26 Abs. 2 SchwbG dürfen sie in der Ausübung ihres Amtes nicht benachteiligt oder begünstigt werden. Dies gilt auch für ihre berufliche Entwicklung. Gegenüber dem Arbeitgeber haben sie nach § 26 Abs. 3 Satz 1 SchwbG die gleiche persönliche **Rechtsstellung,** insbesondere den gleichen Kündigungsschutz wie ein Mitglied des Betriebsrats (s. Teil D Rz. 173 ff.). Ebenso wie die Betriebsratsmitglieder sind sie von ihrer beruflichen Tätigkeit ohne Minderung des Arbeitsentgelts zu befreien, wenn und soweit es zur Durchführung ihrer Aufgaben erforderlich ist, § 26 Abs. 4 Satz 1 SchwbG. Freigestellte Vertrauensmänner und Vertrauensfrauen haben nach § 26 Abs. 5 SchwbG auch den gleichen Entwicklungsschutz wie freigestellte Betriebsratsmitglieder (s. Teil C VII.). 548

Den Vertrauensmännern und Vertrauensfrauen haben gemäß § 26 Abs. 4 Satz 2 SchwbG Anspruch auf Teilnahme an **Schulungs- und Bildungsveranstaltungen,** soweit diese Kenntnisse vermitteln, die für die Arbeit der Schwerbehindertenvertretung erforderlich ist. Gleiches gilt nach § 26 Abs. 4 Satz 3 SchwbG für den mit der höchsten Stimmenzahl gewählten Stellvertreter, wenn wegen seiner ständigen Heranziehung nach § 25 SchwbG die Teilnahme an Schulungs- und Bildungsveranstaltungen erforderlich ist. 549

Die durch die Tätigkeit der Schwerbehindertenvertretung entstehenden **Kosten** hat der Arbeitgeber zu tragen (§ 26 Abs. 8 Satz 1 SchwbG). Dies gilt nach § 26 Abs. 8 Satz 2 SchwbG auch für die durch die Teilnahme des mit der höchsten Stimmenzahl gewählten Stellvertreters an Schulungs- und Bildungsveranstaltungen gemäß § 26 Abs. 4 Satz 2 SchwbG entstehenden Kosten. Die Schwerbehindertenvertretung kann ferner die Räume und sächlichen Mittel, die 550 der Arbeitgeber dem Betriebsrat zur Verfügung stellt, mitbenutzen, soweit ihr nicht eigene überlassen werden (§ 26 Abs. 9 SchwbG).

VIII. Gesamtschwerbehindertenvertretung

551 Ist für mehrere Betriebe eines Arbeitgebers ein Gesamtbetriebsrat errichtet, so wählen die Schwerbehindertenvertretungen der einzelnen Betriebe nach § 27 Abs. 1 Satz 1 SchwbG eine Gesamtschwerbehindertenvertretung. Ist eine Schwerbehindertenvertretung nur in einem der Betriebe gewählt, nimmt diese die Rechte und Pflichten der Gesamtschwerbehindertenvertretung wahr, § 27 Abs. 1 Satz 2 SchwbG.

552 Die Gesamtschwerbehindertenvertretung vertritt gemäß § 27 Abs. 5 Satz 1 SchwbG die Interessen der Schwerbehinderten in Angelegenheiten, die das Gesamtunternehmen oder mehrere Betriebe des Arbeitgebers betreffen und von den Schwerbehindertenvertretungen der einzelnen Betriebe nicht geregelt werden können, sowie die Interessen der Schwerbehinderten, die in einem Betrieb tätig sind, für die eine Schwerbehindertenvertretung nicht gewählt werden kann oder worden ist.

553 Nach § 27 Abs. 6 SchwbG gelten die Vorschriften der §§ 24 Abs. 3 bis 8; 25 Abs. 2, 4, 5 und 7 SchwbG und § 26 SchwbG mit Ausnahme von Abs. 4 Satz 3 entsprechend, § 24 Abs. 5 SchwbG gilt mit der Maßgabe, daß die Wahl der Gesamtschwerbehindertenvertretungen in der Zeit vom 1. Dezember bis 31. Januar stattfindet.

554 Möglich ist ferner die Durchführung von Versammlungen der Vertrauensmänner und Vertrauensfrauen ducrh die Gesamtschwerbehindertenvertretung. Insoweit findet die Regelung des § 25 Abs. 6 SchwbG nach § 27 Abs. 7 SchwbG entsprechend Anwendung. Weiterhin hat die Gesamtschwerbehindertenvertretung an einer Versammlung der Schwerbehinderten auch dann ein Teilnahmerecht, wenn es nicht um Angelegenheiten geht, die mit ihren überbetrieblichen Aufgaben gemäß § 27 Abs. 5 Satz 1 SchwbG im Zusammenhang stehen[519].

---

519 Vgl. BAG vom 28. 4. 1988, AP Nr. 3 zu § 22 SchwbG.

IX. Betriebsausschuß

1. Voraussetzungen der Errichtung

Nach § 27 Abs. 1 Satz 1 BetrVG ist ein Betriebsausschuß zu bilden, wenn der Betriebsrat neun oder mehr Mitglieder hat, d. h. wenn im Betrieb regelmäßig mehr als 300 Arbeitnehmer beschäftigt sind (vgl. § 9 Satz 1 BetrVG). Die Errichtung eines Betriebsausschusses durch kleinere Betriebsräte ist nicht möglich. Diese können jedoch gemäß § 27 Abs. 4 BetrVG die Führung der laufenden Geschäfte auf den Vorsitzenden des Betriebsrats oder andere Betriebsratsmitglieder übertragen.   555

Sind die gesetzlichen Voraussetzungen für die Errichtung eines Betriebsausschusses gegeben, so hat dessen Bildung durch den Betriebsrat **zwingend** zu erfolgen. Die Bestellung hat in der konstituierenden Sitzung des Betriebsrats oder unmittelbar danach zu erfolgen. Unterläßt der Betriebsrat die Bildung des Betriebsausschusses, so kann dies einen groben Verstoß i. S. von § 23 Abs. 1 BetrVG darstellen und die Auflösung des Betriebsrats rechtfertigen[520].   556

2. Zusammensetzung

Der Betriebsausschuß besteht nach § 27 Abs. 1 Satz 2 BetrVG aus dem Vorsitzenden des Betriebsrats, dessen Stellvertreter und bei Betriebsräten mit   557

9 bis 15	Mitgliedern aus 3 weiteren Ausschußmitgliedern,
19 bis 23	Mitgliedern aus 5 weiteren Ausschußmitgliedern,
27 bis 35	Mitgliedern aus 7 weiteren Ausschußmitgliedern,
37 oder mehr	Mitgliedern aus 9 weiteren Ausschußmitgliedern.

Zu den weiteren Ausschußmitgliedern können nur Mitglieder des Betriebsrats gewählt werden. Zudem muß der Betriebsausschuß aus Angehörigen der im Betriebsrat vertretenen Gruppen der Arbeiter und Angestellten entsprechend dem Verhältnis ihrer Vertretung im Betriebsrat bestehen muß, § 27 Abs. 2 Satz 1 BetrVG. Die Zahl der auf jede Gruppe entfallenden Sitze ist nach dem Höchstzahlensystem zu errechnen. Die **Gruppen** müssen mindestens durch **ein Mitglied** vertreten sein (§ 27 Abs. 2 Satz 2 BetrVG).   558

---

[520] Vgl. *Dietz/Richardi*, § 27 Rz. 3; GK-*Wiese*, § 27 Rz. 9; *Fitting/Kaiser/Heither/Engels*, § 27 Rz. 9 m. w. Nachw.

Beispiel:

Der Betriebsrat hat 15 Mitglieder, davon 11 Vertreter der Arbeiter und 4 Vertreter der Angestellten. Der Betriebsausschuß besteht nach § 27 Abs. 1 Satz 2 BetrVG aus dem Vorsitzenden des Betriebsrats, dessen Stellvertreter und 3 weiteren Ausschußmitgliedern, insgesamt also aus fünf Mitgliedern. Der Vorsitzende des Betriebsrats ist Vertreter der Arbeiter, der Stellvertreter ist Vertreter der Angestellten. Die Verteilung der Gruppen im Betriebsausschuß berechnet sich nach dem Höchstzahlenverfahren wie folgt:

11 Arbeitervertreter	4 Angestelltenvertreter
: 1 = 11	: 1 = 4
: 2 = 5,5	: 2 = 2
: 3 = 3,6	: 3 = 1,3
: 4 = 2,75	: 4 = 1

Die 5 höchsten Teilzahlen sind: 11; 5,5; 4; 3,6 und 2,75. Die Arbeitervertreter erhalten sonach im Betriebsausschuß vier Sitze und die Angestelltenvertreter einen Sitz. Auf diesen Sitz wird der Stellvertreter des Betriebsratsvorsitzenden als Vertreter der Angestellten angerechnet. Die Sitze der drei weiteren Ausschußmitglieder stehen daher den Arbeitervertretern zu.

559 Die weiteren Ausschußmitglieder werden vom Betriebsrat aus seiner Mitte in **geheimer Wahl** und nach den Grundsätzen der Verhältniswahl gewählt (§ 27 Abs. 1 Satz 3 BetrVG). Die Wahl erfolgt entweder als Gruppenwahl oder als gemeinsame Wahl durch den Betriebsrat. Eine Wahl ist entbehrlich, soweit eine Gruppe nur einen Vertreter im Betriebsrat hat, da dieses Betriebsratsmitglied nach § 27 Abs. 2 Satz 2 BetrVG zwingend im Betriebsausschuß sein muß.

560 Eine **Gruppenwahl** findet gemäß § 27 Abs. 2 Satz 3 BetrVG statt, wenn der Betriebsrat in Gruppenwahl gewählt worden ist und jeder Gruppe mehr als ein Zehntel der Mitglieder des Betriebsrats, jedoch mindestens drei Mitglieder angehören, oder wenn der Betriebsrat in einer gemeinsamen Wahl gewählt worden ist und jeder Gruppe im Betriebsrat mindestens ein Drittel der Mitglieder angehört. Diese Regelung ist nach ihrem Sinn und Zweck – Verstärkung des Gruppenschutzes – zwingend, so daß sich der Betriebsrat nicht darüber hinwegsetzen kann[521]. Die Wahl erfolgt nach den Grundsätzen der **Verhältniswahl**, § 27 Abs. 1 Satz 3 BetrVG. Ausnahmsweise findet die **Mehrheitswahl** statt, wenn

---

521 BAG vom 13. 11. 1991, AP Nr. 3 zu § 27 BetrVG 1972.

IX. Betriebsausschuß   Rz. 564 **Teil B**

▸ von der Gruppe nur ein Vertreter für den Betriebsausschuß zu wählen ist (§ 27 Abs. 2 Satz 4 Halbsatz 2 BetrVG)
oder
▸ sich alle Angehörigen einer Gruppe auf einen Wahlvorschlag einigen (§ 27 Abs. 2 Satz 4 Halbsatz 1 i. V. mit Abs. 1 Satz 4 BetrVG).

Bei der Wahl der weiteren Mitglieder des Betriebsausschusses durch die Gruppen ist für die Wirksamkeit der Wahl entsprechend § 33 Abs. 2 BetrVG erforderlich, daß mindestens die **Hälfte** der jeweiligen Gruppenvertreter an der Wahl teilnehmen[522]. 561

Sind die Voraussetzungen für eine Gruppenwahl nicht gegeben, so werden die weiteren Ausschußmitglieder nach § 27 Abs. 2 durch den gesamten Betriebsrat in einer **gemeinsamen Wahl** gewählt. Die Wahl erfolgt nach den Grundsätzen der Verhältniswahl, ausnahmsweise nach den Grundsätzen der Mehrheitswahl, wenn nur ein Wahlvorschlag gemacht wird (§ 27 Abs. 1 Satz 3 und 4 BetrVG). Auch hier setzt die Wirksamkeit der Wahl entsprechend § 33 Abs. 2 BetrVG voraus, daß sich mindestens die Hälfte der Betriebsratsmitglieder an ihr beteiligen. 562

Die Wahl von **Ersatzmitgliedern** ist zwar gesetzlich nicht vorgesehen, aber gleichwohl zulässig und vielfach zweckmäßig, um eine volle Besetzung des Betriebsausschusses insbesondere in den Fällen zu gewährleisten, in denen ihm Aufgaben zur selbständigen Erledigung übertragen sind[523]. Sie hat nach den gleichen Grundsätzen zu erfolgen wie die Wahl der ordentlichen Mitglieder des Betriebsausschusses. Hat eine Gruppe nur einen Vertreter im Betriebsrat, so ist dessen Ersatzmitglied auch ohne Wahl automatisch Ersatzmitglied des Betriebsausschusses (§ 27 Abs. 2 Satz 2 BetrVG). 563

Mögliche Verstöße gegen wesentliche Wahlvorschriften können entsprechend § 19 Abs. 2 Satz 2 BetrVG innerhalb von zwei Wochen im Anfechtungsverfahren gerichtlich geltend gemacht werden. Anfechtungsberechtigt ist jedes Mitglied des Betriebsrats[524]. Darüber hinaus kann die Wahl der weiteren Ausschußmitglieder nichtig sein, wenn ein offensichtlicher, besonders grober Verstoß gegen die allgemeinen Grundsätze jeder ordnungsgemäßen Wahl in so hohem Maße gegeben 564

---

522 *Joost,* in: Münchener Handbuch zum Arbeitsrecht, Band 3, § 298 Rz. 36; *Dietz/Richardi,* § 27 Rz. 17; GK-*Wiese,* § 27 Rz. 21; *Fitting/Kaiser/Heither/Engels,* § 27 Rz. 38 m. w. Nachw.
523 *Dietz/Richardi,* § 27 Rz. 18; *Joost,* in: Münchener Handbuch zum Arbeitsrecht, Band 3, § 298 Rz. 38; *Fitting/Kaiser/Heither/Engels,* § 27 Rz. 42 m. w. Nachw.
524 BAG vom 13. 11. 1991, AP Nr. 3 zu § 27 BetrVG 1972.

ist, daß nicht einmal der Anschein einer dem Gesetz entsprechenden Wahl vorliegt[525]. Eine Nichtigkeit der Wahl wird jedoch vom BAG[526] sowohl bei der Durchführung einer gemeinsamen Wahl statt einer Gruppenwahl als auch bei der Wahl in der konstituierenden Sitzung des Betriebsrats ohne Ausweis in der Tagesordnung und ohne Anwesenheit aller Betriebsratsmitglieder verneint.

3. Beendigung der Amtszeit

565 Da die zu weiteren Mitgliedern des Betriebsausschusses gewählten Betriebsratsmitglieder zur Übernahme des Amtes nicht verpflichtet sind, können sie ihr Amt auch jederzeit **niederlegen**[527]. Dagegen können der Betriebsratsvorsitzende und sein Stellvertreter nur unter gleichzeitiger Niederlegung dieser Ämter aus dem Betriebsausschuß ausscheiden, da sie in dieser Eigenschaft dem Betriebsausschuß kraft Gesetzes angehören.

566 Während der Amtszeit kann eine **Abberufung** der weiteren Mitglieder des Betriebsausschusses durch den Betriebsrat erfolgen. Hierbei müssen jedoch die Besonderheiten der Wahl berücksichtigt werden:
- ▶ Die Abberufung der von einer Gruppe gewählten Vertreter kann durch einen Beschluß dieser Gruppe erfolgen. Er bedarf der Mehrheit von drei Vierteln der Stimmen der Gruppenmitglieder und muß in geheimer Wahl gefaßt werden (§ 27 Abs. 2 Satz 5 i. V. mit Abs. 1 Satz 5 BetrVG).
- ▶ Ein durch **Mehrheitswahl** gewähltes weiteres Ausschußmitglied kann dagegen durch Beschluß mit einfacher Stimmenmehrheit abberufen werden (§ 27 Abs. 2 Satz 5 i. V. mit Abs. 1 Satz 5 BetrVG).
- ▶ Hatte eine **gemeinsame Wahl** stattgefunden, so gelten die gleichen Grundsätze mit der Maßgabe, daß es im Falle der Verhältniswahl einer Mehrheit von drei Vierteln der Stimmen der Mitglieder des Betriebsrats bedarf (§ 27 Abs. 1 Satz 5 BetrVG).

567 Bei **groben Pflichtverletzungen** eines Mitglieds des Betriebsausschusses kann dieses gemäß § 23 Abs. 1 BetrVG durch eine Entscheidung des Arbeitsgerichts aus dem Betriebsrat ausgeschlossen werden, womit gleichzeitig die Mitgliedschaft im Betriebsausschuß endet. Ein isolierter Ausschluß eines Mitglieds aus dem Betriebsausschuß durch das Arbeitsgericht ist dagegen nicht möglich[528].

---

525 BAG vom 13. 11. 1991, AP Nr. 3 zu § 27 BetrVG 1972.
526 BAG vom 13. 11. 1991, AP Nr. 3 zu § 27 BetrVG 1972.
527 *Dietz/Richardi*, § 27 Rz. 21; *Fitting/Kaiser/Heither/Engels*, § 27 Rz. 60.
528 *Dietz/Richardi*, § 27 Rz. 27; *GK-Wiese*, § 27 Rz. 47; *Fitting/Kaiser/Heither/Engels*, § 27 Rz. 68 m. w. Nachw.

4. Stellung und Aufgaben

Da es sich bei dem Betriebsausschuß um ein unselbständiges Organ des Betriebsrats handelt, gelten die Vorschriften der §§ 30 ff. BetrVG über die Geschäftsführung des Betriebsrats sinngemäß für den Betriebsausschuß (s. Teil C). 568

Aufgabe des Betriebsausschusses ist es nach § 27 Abs. 3 Satz 1 BetrVG zunächst, die **laufenden Geschäfte des Betriebsrats** zu führen. Hierunter sind sich regelmäßig wiederholende, gleichartige Vorgänge im internen verwaltungsmäßigen und organisatorischen Bereich zu verstehen, wie etwa Vorbereitung der Betriebsratssitzungen, Abhaltung von Sprechstunden, laufende Schriftwechsel oder die Beschaffung von Unterlagen und Informationen[529]. Die Ausübung von materiellen Mitwirkungs- und Mitbestimmungsrechten wertet die h. M.[530] dagegen zu Recht nicht als laufende Geschäfte i. S. von § 27 Abs. 3 Satz 1 BetrVG, weil die Vorschrift des § 27 Abs. 3 Satz 2 BetrVG insoweit ausdrücklich die Möglichkeit vorsieht, dem Betriebsausschuß mit qualifizierter Mehrheit Angelegenheiten – zu denen auch Mitwirkungs- und Mitbestimmungsrechte des Betriebsrats gehören (s. u. Rz. 570) – zur selbständigen Erledigung zu übertragen. 569

Dem Betriebsausschuß können darüber hinaus gemäß § 27 Abs. 3 Satz 2 BetrVG **Aufgaben** des Betriebsrats **zur selbständigen Erledigung** übertragen werden, z. B. die Wahrnehmung von Mitbestimmungsrechten im personellen Bereich oder bei der Verwaltung von Sozialeinrichtungen. Dem Betriebsrat muß allerdings ein Kernbereich seiner gesetzlichen Befugnisse zur eigenen Willensbildung und Entscheidung verbleiben[531]. 570

Der Übertragungsbeschluß des Betriebsrats bedarf der **Mehrheit** der Stimmen **seiner Mitglieder** sowie der Schriftform (§ 27 Abs. 3 Satz 2 und 3 BetrVG). 571

Der **Abschluß von Betriebsvereinbarungen** kann dem Ausschuß **nicht übertragen** werden (§ 27 Abs. 3 Satz 2 Halbsatz 2 BetrVG). 572

Der **Widerruf** der Übertragung ist jederzeit möglich. Der Widerrufsbeschluß des Betriebsrats bedarf ebenso wie der Übertragungsbeschluß 573

---

[529] Fitting/Kaiser/Heither/Engels, § 27 Rz. 83; Joost, in: Münchener Handbuch zum Arbeitsrecht, Band 3, § 298 Rz. 42.
[530] LAG Düsseldorf vom 23. 10. 1973, DB 1974, 926; GK-*Wiese*, § 27 Rz. 72 f.; Hess/Schlochauer/Glaubitz, § 27 Rz. 49; Fitting/Kaiser/Heither/Engels, § 27 Rz. 82 m. w. Nachw.; a. A. *Dietz/Richardi*, § 27 Rz. 45 ff.; *Joost*, in: Münchener Handbuch zum Arbeitsrecht, Band 3, § 298 Rz. 44.
[531] Vgl. BAG vom 1. 6. 1976, AP Nr. 1 zu § 28 BetrVG 1972.

der Mehrheit der Stimmen der Mitglieder des Betriebsrats und der Schriftform, § 27 Abs. 3 Satz 4 BetrVG.

574 Schließlich ist der Betriebsausschuß nach § 80 Abs. 2 Satz 2 Halbsatz 2 BetrVG berechtigt, in die **Lohn- und Gehaltslisten** Einblick zu nehmen.

X. Weitere Ausschüsse

575 Ist ein Betriebsausschuß vorhanden, so können gemäß § 28 Abs. 1 Satz 1 BetrVG **weitere Ausschüsse** gebildet und diesen bestimmte Aufgaben übertragen werden. Die Ermächtigung des Betriebsrats zur Errichtung weiterer Ausschüsse dient dem Zweck, die Betriebsratsarbeit zu straffen und zu beschleunigen[532]. In Betracht kommen etwa Personalausschüsse[533], Ausschüsse für Akkordfragen, Ausschüsse für Sozialeinrichtungen, Arbeitsschutzausschüsse und Beschwerdeausschüsse.

576 Die Einsetzung von weiteren Ausschüssen erfolgt durch **Beschluß** des Betriebsrats, der mit einfacher Mehrheit der abgegebenen Stimmen gefaßt werden kann. Für die Übertragung bestimmter Aufgaben zur selbständigen Erledigung bedarf es allerdings nach §§ 28 Abs. 1 Satz 3, 27 Abs. 3 Satz 2 BetrVG der Mehrheit der Stimmen der Mitglieder des Betriebsrats.

577 Die Mitglieder der weiteren Ausschüsse werden vom Betriebsrat gewählt und abberufen. Die für den Betriebsausschuß geltenden Grundsätze finden gemäß § 28 Abs. 1 Satz 2 BetrVG entsprechende Anwendung (s. o. Rz. 558 ff., 566 f.).

578 Anders als beim Betriebsausschuß ist die **Zahl der Mitglieder** der weiteren Ausschüsse gesetzlich nicht geregelt. Über die genaue Größe und Zusammensetzung der weiteren Ausschüsse hat der Betriebsrat nach pflichtgemäßem Ermessen zu entscheiden[534]. Die Zweckmäßigkeit dieser Entscheidung unterliegt keiner gerichtlichen Überprüfung[535]. Da gemäß § 28 Abs. 2 Satz 1 BetrVG die gleichen Grundsätze wie für den Betriebsausschuß gelten, müssen aber die Gruppen mindestens durch ein Mitglied bzw. verhältnismäßig vertreten sein. Ent-

---

[532] *Fitting/Kaiser/Heither/Engels*, § 28 Rz. 6; *Joost*, in: Münchener Handbuch zum Arbeitsrecht, Band 3, § 298 Rz. 52.
[533] Vgl. BAG vom 1. 6. 1976, AP Nr. 1 zu § 28 BetrVG 1972.
[534] *Dietz/Richardi*, § 28 Rz. 9; *Fitting/Kaiser/Heither/Engels*, § 28 Rz. 19; GK-*Wiese*, § 28 Rz. 14 m. w. Nachw.
[535] Vgl. BAG vom 20. 10. 1993, AP Nr. 5 zu § 28 BetrVG 1972.

X. Weitere Ausschüsse

behrlich ist dies, wenn dem Ausschuß Aufgaben übertragen werden, die nur eine Gruppe betreffen (§ 27 Abs. 2 Satz 3 BetrVG). Die nur eine Gruppe betreffenden Aufgaben können statt einem Ausschuß dem einzigen Gruppenvertreter übertragen werden (§ 28 Abs. 2 Satz 3 BetrVG).

Hinsichtlich der Geschäftsführung und der Sitzungen der weiteren Ausschüsse gelten die gleichen Grundsätze wie für den Betriebsrat (s. Teil C). 579

Den weiteren Ausschüssen können nach § 28 Abs. 1 Satz 3 BetrVG **bestimmte Aufgaben zur selbständigen Erledigung übertragen** werden, so z. B. die Beteiligungsbefugnisse nach §§ 99 bis 105 BetrVG. In dem Fall kann der weitere Ausschuß die Mitbestimmungsrechte anstelle des Betriebsrats ausüben[536]. Den weiteren Ausschüssen dürfen aber nur *bestimmte* Aufgaben zur selbständigen Erledigung übertragen werden. Dem Betriebsrat muß ein Kernbereich seiner gesetzlichen Befugnisse zur eigenen Willensbildung und Entscheidung verbleiben, so daß die Übertragung aller wesentlichen Kompetenzen nicht möglich ist[537]. Der Betriebsrat kann aber den weiteren Ausschüssen bestimmte Aufgaben auch nur zur **Vorbereitung** übertragen und sich die endgültige Entscheidung vorbehalten[538]. 580

Der **Abschluß von Betriebsvereinbarungen** kann einem weiteren Ausschuß **nicht übertragen** werden (§§ 28 Abs. 1 Satz 3, 27 Abs. 3 Satz 2 BetrVG). Ebensowenig kann einem weiteren Ausschuß die Führung der laufenden Geschäfte des Betriebsrats übertragen werden, weil hierfür nach § 27 Abs. 3 Satz 1 BetrVG zwingend der Betriebsausschuß zuständig ist[539]. Möglich ist jedoch die Wahrnehmung der laufenden Geschäfte durch den weiteren Ausschuß, die mit den ihm zur selbständigen Wahrnehmung übertragenen Aufgaben zusammenhängen. 581

Werden die **Aufgaben des Wirtschaftsausschusses** einem Ausschuß des Betriebsrats übertragen, so enthält § 107 Abs. 3 BetrVG hinsichtlich seiner Bestellung und Zusammensetzung eine Sonderregelung, neben der § 28 Abs. 2 BetrVG ergänzend Anwendung findet[540]. 582

---

536 BAG vom 1. 6. 1976, AP Nr. 1 zu § 28 BetrVG 1972.
537 BAG vom 1. 6. 1976, AP Nr. 1 zu § 28 BetrVG 1972; *Dietz/Richardi*, § 28 Rz. 6; GK-*Wiese*, § 28 Rz. 8 m. w. Nachw.
538 Vgl. *Dietz/Richardi*, § 28 Rz. 25; GK-*Wiese*, § 28 Rz. 8; *Fitting/Kaiser/Heither/Engels*, § 28 Rz. 7; *Joost*, in: Münchener Handbuch zum Arbeitsrecht, Band 1, § 298 Rz. 58.
539 *Dietz/Richardi*, § 28 Rz. 26; GK-*Wiese*, § 28 Rz. 8; *Fitting/Kaiser/Heither/Engels*, § 28 Rz. 10 m. w. Nachw.
540 *Dietz/Richardi*, § 28 Rz. 21.

XI. Gemeinsame Ausschüsse

583 Betriebsrat und Arbeitgeber können – wie sich aus § 28 Abs. 3 BetrVG mittelbar ergibt – sog. **gemeinsame Ausschüsse** bilden, bei denen es sich nicht um ein Organ des Betriebsrats, sondern um eigenständige Einrichtungen der Betriebsverfassung handelt[541]. In Betracht kommen insbesondere Ausschüsse in sozialen Angelegenheiten, etwa für die Verwaltung von Sozialeinrichtungen oder über Akkordfragen.

584 Die Vorschrift des § 28 Abs. 3 BetrVG betrifft gemeinsame Ausschüsse, deren Mitgliedern des Betriebsrats Aufgaben zur selbständigen Entscheidung übertragen werden. Zulässig ist weiterhin die Errichtung von gemeinsamen Ausschüssen mit nur beratender Funktion ohne Entscheidungskompetenzen[542].

585 Die Bildung gemeinsamer Ausschüsse liegt im Ermessen der Betriebspartner. Die Entscheidung des Betriebsrats, welche Aufgaben er an gemeinsame Ausschüsse überträgt, unterliegt nur einer Rechtmäßigkeitskontrolle, keiner Zweckmäßigkeitskontrolle. Allerdings darf sich der Betriebsrat nicht seiner wesentlichen Befugnisse dadurch entäußern, daß er seine Aufgaben weitgehend auf Ausschüsse überträgt. Vielmehr muß er als Gesamtorgan in einem Kernbereich der gesetzlichen Bestimmungen zuständig bleiben. Abzustellen ist insoweit nicht auf den einzelnen Mitbestimmungstatbestand, sondern auf den gesamten Aufgabenbereich des Betriebsrats[543]. Die Errichtung eines gemeinsamen Ausschusses i. S. von § 28 Abs. 3 BetrVG ist weiterhin nicht davon abhängig, daß der Betriebsrat weitere Ausschüsse i. S. von § 28 Abs. 1 BetrVG gebildet hat[544].

586 Für die **Übertragung** von Aufgaben zur selbständigen Erledigung auf Mitglieder des Betriebsrats in gemeinsamen Ausschüssen gelten nach § 28 Abs. 3 BetrVG i. V. mit § 27 Abs. 1 und 2 BetrVG die gleichen Grundsätze, die bei den weiteren Ausschüssen des Betriebsrats maßgebend sind (s. o. Rz. 576 ff.): Voraussetzungen für die Übertragung von Entscheidungskompetenzen sind demnach das Bestehen eines Betriebsausschusses, die Einhaltung des Schriftformerfordernisses sowie ein Übertragungsbeschluß des Betriebsrats, der mit der Mehr-

---

541 Vgl. BAG vom 20. 10. 1993, AP Nr. 5 zu § 28 BetrVG 1972; *Dietz/Richardi*, § 28 Rz. 29; GK-*Wiese*, § 28 Rz. 35; *Fitting/Kaiser/Heither/Engels*, § 28 Rz. 33 m. w. Nachw.
542 *Dietz/Richardi*, § 28 Rz. 30; *Fitting/Kaiser/Heither/Engels*, § 28 Rz. 32; GK-*Wiese*, § 28 Rz. 37 m. w. Nachw.
543 BAG vom 20. 10. 1993, AP Nr. 5 zu § 28 BetrVG 1972.
544 BAG vom 20. 10. 1993, AP Nr. 5 zu § 28 BetrVG 1972.

XI. Gemeinsame Ausschüsse Rz. 589 **Teil B**

heit der Stimmen seiner Mitglieder zu fassen ist. Überdies muß die verhältnismäßige Berücksichtigung der Gruppen eingehalten werden. Der Abschluß von Betriebsvereinbarungen kann gemeinsamen Ausschüssen nicht übertragen werden (§§ 27 Abs. 3 Satz 2, 28 Abs. 1 Satz 3, Abs. 3 BetrVG).

Die Wahl der Betriebsratsmitglieder erfolgt nach den gleichen Grundsätzen wie bei den Mitgliedern der Betriebsausschüsse und der einzelnen Ausschüsse (s. o. Rz. 558 ff.)[545]. 587

Über die **Zahl** der von jeder Seite zu benennenden **Mitglieder** eines gemeinsamen Ausschusses müssen sich Arbeitgeber und Betriebsrat einigen. Nach Ansicht des BAG[546] ergibt sich aus § 28 Abs. 3 BetrVG i. V. mit § 28 Abs. 2 Satz 1 BetrVG und § 27 Abs. 2 BetrVG, daß einem gemeinsamen Ausschuß in der Regel mindestens zwei Betriebsratsmitglieder angehören müssen. Die Festlegung der Mitgliederzahl eines gemeinsamen Ausschusses sei aber nicht schon deshalb rechtsmißbräuchlich, weil sich Betriebsrat und Arbeitgeber mit der Mindestzahl von Ausschußmitgliedern begnügten und auf eine im Betriebsrat vertretene Liste kein Ausschußmitglied entfalle. Ebenso sei unschädlich, wenn die kleinste Gruppierung (Liste), nicht aber eine größere Gruppierung ein Ausschußmitglied stelle. 588

Keine ausdrückliche Regelung enthält § 28 Abs. 3 BetrVG über die **Beschlußfassung** der gemeinsamen Ausschüsse. Im Hinblick auf den Wortlaut der Vorschrift, wonach die Übertragung von Aufgaben zur selbständigen Entscheidung nur auf die Mitglieder des Betriebsrats des gemeinsamen Ausschusses erfolgt, und auf den Grundsatz, daß die Ausübung betriebsverfassungsrechtlicher Mitbestimmungsrechte nur durch ein Vertretungsorgan der Arbeitnehmer möglich ist, kann vom gemeinsamen Ausschuß in mitbestimmungspflichtigen Angelegenheiten ein Beschluß **nicht** mit **einfacher Mehrheit der Ausschußmitglieder,** sondern **nur** mit Zustimmung der **Mehrheit** der **vom Betriebsrat entsandten Mitglieder** gefaßt werden[547]. 589

---

545 *Dietz/Richardi,* § 28 Rz. 34; GK-*Wiese,* § 28 Rz. 41.
546 BAG vom 20. 10. 1993, AP Nr. 5 zu § 28 BetrVG 1972.
547 Ebenso *Dietz/Richardi,* § 28 Rz. 35; *Joost,* in: Münchener Handbuch zum Arbeitsrecht, Band 3, § 298 Rz. 61 f.; **a. A.** GK-*Wiese,* § 28 Rz. 42 ff.; *Fitting/Kaiser/Heither/Engels,* § 28 Rz. 37; offengelassen von BAG vom 12. 7. 1984, AP Nr. 32 zu § 102 BetrVG 1972.

XII. Betriebs- und Abteilungsversammlungen

590 Der Betriebsrat hat die Arbeitnehmer des Betriebs nach §§ 42 ff. BetrVG zu regelmäßigen und außerordentlichen Betriebsversammlungen zusammenzurufen. Die Betriebsversammlung soll der Zusammenarbeit zwischen Betriebsrat und Belegschaft dienen. Sie ist das Forum, vor dem der Betriebsrat Rechenschaft über seine Tätigkeit ablegt und in dem die Angelegenheiten, die zur Zuständigkeit des Betriebsrats fallen, mit der Belegschaft beraten werden. Die Betriebsversammlung kann dem Betriebsrat auch Anträge unterbreiten und zu seinen Beschlüssen Stellung nehmen (§ 45 Satz 2 BetrVG). Allerdings ist der Betriebsrat an Entscheidungen der Betriebsversammlung nicht gebunden. Der Arbeitgeber hat mindestens einmal im Kalenderjahr in einer Betriebsversammlung einen Bericht über das Personal- und Sozialwesen und die wirtschaftliche Lage und Entwicklung des Betriebs zu geben (§ 43 Abs. 2 Satz 3 BetrVG).

1. Formen von Betriebs- und Abteilungsversammlungen

a) Regelmäßige Betriebs- und Abteilungsversammlungen

591 Der Betriebsrat hat gemäß § 43 Abs. 1 Satz 1 BetrVG **einmal in jedem Kalendervierteljahr** eine Betriebsversammlung einzuberufen. Das Gesetz geht davon aus, daß die Betriebsversammlung **grundsätzlich als Vollversammlung** aller zur Teilnahme berechtigten Arbeitnehmer des Betriebes stattfindet (vgl. § 42 Abs. 1 Satz 1 BetrVG). Eine rechtliche Verpflichtung der Mitarbeiter zur Teilnahme an den Betriebsversammlungen besteht nicht. Jedoch sind die Arbeitnehmer, die nicht an einer Betriebsversammlung teilnehmen, im Rahmen ihrer persönlichen Arbeitszeit zur Arbeitsleistung verpflichtet und unterliegen dem Direktionsrecht des Arbeitgebers[548].

592 Eine Betriebsversammlung kann auch während eines **Arbeitskampfes** stattfinden. Das Kampfverbot des § 74 Abs. 2 BetrVG steht dem nicht entgegen, da die Betriebsversammlung kein Instrument des Arbeitskampfes ist, sondern der innerbetrieblichen Aussprache dient[549].

593 Kann wegen der **Eigenart des Betriebs** eine Versammlung aller Arbeitnehmer zum gleichen Zeitpunkt nicht stattfinden, so sind nach § 42 Abs. 1 Satz 3 BetrVG **Teilversammlungen** durchzuführen.

---

548 *Joost*, in: Münchener Handbuch zum Arbeitsrecht, Band 3, § 304 Rz. 304 Rz. 33.
549 Vgl. BAG vom 5. 5. 1987, AP Nr. 4, 5 und 6 zu § 44 BetrVG 1972; *Joost*, in: Münchener Handbuch zum Arbeitsrecht, Band 3, § 303 Rz. 7; *Fitting/Kaiser/Heither/Engels*, § 42 Rz. 7b.

XII. Betriebs- und Abteilungsversammlungen

Die Eigenart eines Betriebs sind die **organisatorisch-technischen Besonderheiten**, die einen Betrieb von anderen unterscheiden[550]. **Wirtschaftliche Interessen** des Arbeitgebers **reichen nicht** aus[551]. Die bloße Notwendigkeit der Einschränkung der Betriebsleistung z. B. bei einem Verkaufsgeschäft, weil das Geschäft für einen Teil des Tages wegen der Abhaltung einer Versammlung geschlossen werden muß, ist sonach kein hinreichender Grund für die Durchführung von Teilversammlungen[552]. Die zu Teilversammlungen zwingende Eigenart des Betriebs kann durch dessen Größe bedingt sein, weil eine übergroße Zahl von Arbeitnehmern erfahrungsgemäß eine sinnvolle Durchführung der Betriebsversammlung, insbesondere eine sachliche Aussprache nicht zuläßt. Teilversammlungen sind auch dann zulässig, wenn der **technische Funktionsablauf** im Betrieb die **Anwesenheit** eines **Teils der Arbeitnehmer** in bestimmten Bereichen **erfordert**, z. B. in Pflege-, Versorgungs- und Verkehrsbetrieben oder auch in Stahlwerken. Die im **Außendienst** tätigen Arbeitnehmer können wegen der Art ihrer Tätigkeit vielfach nicht an den Betriebsvollversammlungen teilnehmen; deshalb kommt für sie eine Teilversammlung in Betracht, ebenso für Arbeitnehmer, die **vorübergehend im Ausland** (z. B. auf einer Baustelle) **tätig** sind[553]. Schließlich kann auch die Tatsache, daß in **mehreren Schichten** gearbeitet wird, zu Teilversammlungen zwingen[554].

594

Die Entscheidung darüber, ob die gesetzlichen Voraussetzungen für die Durchführung von Teilversammlungen vorliegen, trifft der Betriebsrat durch Beschluß[555].

595

Das Gesetz sieht in § 42 Abs. 2 BetrVG weiterhin die Möglichkeit vor, anstelle der Betriebsversammlung **Abteilungsversammlungen** durchzuführen. Die Abteilungsversammlungen dienen dem Zweck, in den einzelnen Betriebsabteilungen die Erörterung spezieller gemeinsamer

596

---

550 BAG vom 9. 3. 1976, AP Nr. 3 zu § 44 BetrVG 1972.
551 BAG vom 9. 3. 1976, AP Nr. 3 zu § 44 BetrVG 1972; *Fitting/Kaiser/Heither/Engels,* § 42 Rz. 54; a. A. *Dietz/Richardi,* § 44 Rz. 6 f.; *Joost,* in: Münchener Handbuch zum Arbeitsrecht, Band 3, § 304 Rz. 4 ff.
552 BAG vom 9. 3. 1976, AP Nr. 3 zu § 44 BetrVG 1972; *Joost,* in: Münchener Handbuch zum Arbeitsrecht, Band 3, § 304 Rz. 3; GK-*Fabricius,* § 42 Rz. 78; *Fitting/Kaiser/Heither/Engels,* § 42 Rz. 54 m. w. Nachw.; a. A. *Dietz/Richardi,* § 44 Rz. 7.
553 Zu beachten ist hierbei, daß Betriebsversammlungen, Teil- und Abteilungsversammlungen für vorübergehend ins Ausland entsandte Arbeitnehmer **nicht im Ausland** abgehalten werden können, vgl. BAG vom 27. 5. 1982, AP Nr. 3 zu § 42 BetrVG 1972.
554 LAG Saarbrücken vom 21. 12. 1960, AP Nr. 2 zu § 43 BetrVG; *Dietz/Richardi,* § 42 Rz. 41; *Fitting/Kaiser/Heither/Engels,* § 42 Rz. 54 m. w. Nachw.
555 *Joost,* in: Münchener Handbuch zum Arbeitsrecht, Band 3, § 304 Rz. 3.

Belange zu ermöglichen, die in der Vollversammlung aller Arbeitnehmer vielfach nicht angesprochen werden können. Abteilungsversammlungen sind nur zulässig in **organisatorisch oder räumlich abgegrenzten Betriebsteilen,** deren spezielle Belange eine gesonderte Erörterung außerhalb der Vollversammlung der Arbeitnehmer erforderlich machen (§ 42 Abs. 2 Satz 1 BetrVG).

597 Zwei der regelmäßigen Betriebsversammlungen kann der Betriebsrat als Abteilungversammlungen durchführen, wenn dies für die Erörterung der besonderen Belange der Arbeitnehmer, die in organisatorisch oder räumlich abgegrenzten Betriebsteilen beschäftigt werden, erforderlich ist (§§ 42 Abs. 2 Satz 1, 43 Abs. 1 Satz 2 BetrVG). Die Abteilungsversammlungen sollen möglichst gleichzeitig stattfinden (§ 43 Abs. 1 Satz 3 BetrVG). Die Festlegung der Reihenfolge von Betriebs- und Abteilungsversammlungen ist dem Betriebsrat überlassen.

598 Zur Einberufung der kalendervierteljährlichen Betriebs- bzw. Abteilungsversammlungen ist der Betriebsrat **zwingend** verpflichtet. Unterläßt es der Betriebsrat, die regelmäßigen Betriebs- bzw. Abteilungsversammlungen nach § 43 Abs. 1 Satz 1 und 2 BetrVG einzuberufen, so handelt er pflichtwidrig. Insbesondere im Wiederholungsfalle kann dies eine grobe Verletzung der gesetzlichen Pflichten des Betriebsrats i. S. von § 23 Abs. 1 BetrVG darstellen[556].

599 Durch die §§ 42 ff. BetrVG wird das Recht des Arbeitgebers, jederzeit die Arbeitnehmer seines Betriebes oder eines Betriebsteils zusammenzurufen, nicht berührt. Eine derartige Zusammenkunft, die ihre Grundlage im Direktionsrecht des Arbeitgebers hat, ist keine Betriebsversammlung i. S. des BetrVG, so daß für sie auch nicht die Formalvorschriften des BetrVG gelten. Zu solchen Mitarbeiterversammlungen kann der Arbeitgeber auch einladen, um mit den Arbeitnehmern über sozialpolitische Fragen zu sprechen. Sie dürfen aber nicht zu „Gegenveranstaltungen" gegenüber Betriebsversammlungen mißbraucht werden[557].

b) Weitere Betriebsversammlungen

600 Neben den regelmäßigen Betriebsversammlungen **kann** der Betriebsrat **in jedem Kalenderhalbjahr** eine **weitere Betriebs- bzw. Abtei-**

---

556 *Dietz/Richardi*, § 43 Rz. 22; GK-*Fabricius*, § 43 Rz. 31; *Fitting/Kaiser/Heither/Engels*, § 43 Rz. 10 m. w. Nachw.
557 BAG vom 27. 6. 1989, AP Nr. 5 zu § 42 BetrVG 1972. Zur Möglichkeit von Versammlungen durch die Arbeitnehmer siehe *Joost*, in: Münchener Handbuch zum Arbeitsrecht, Band 3, § 303 Rz. 19.

XII. Betriebs- und Abteilungsversammlungen

lungsversammlung durchführen, wenn dies aus **besonderen Gründen zweckmäßig** erscheint (§ 43 Abs. 1 Satz 4 BetrVG). Die Angelegenheit, die mit der Belegschaft erörtert werden soll, muß so bedeutend und dringend sein, daß ein sorgfältig amtierender Betriebsrat unter Berücksichtigung der konkreten Situation im Betrieb die Einberufung einer weiteren Betriebsversammlung für sinnvoll und angemessen halten darf. Dabei ist auch zu berücksichtigen, welche Informationen der Belegschaft schon gegeben werden können, wie sinnvoll ein Meinungsaustausch zum Zeitpunkt der vorgesehenen Betriebsversammlung ist und welche Folgen die Nichteinberufung der vorgesehenen Betriebsversammlung haben kann. Die Beurteilung der Zweckmäßigkeit erfolgt durch den Betriebsrat, der hierbei einen gewissen Beurteilungsspielraum hat[558].

Ein besonderer Grund für eine zusätzliche Betriebsversammlung liegt vor, wenn die Arbeitnehmer des Betriebs über einen einschneidenden betrieblichen Vorgang informiert werden sollen. Ein solcher liegt vor, wenn eine Betriebsänderung i. S. von § 111 BetrVG geplant ist, Kurzarbeit droht, ein Betriebsinhaberwechsel vorliegt; ferner wenn der Betriebsrat die Auffassung der Arbeitnehmer zu bestimmten aktuellen und bedeutsamen Fragen, etwa dem bevorstehenden Abschluß einer wichtigen Betriebsvereinbarung, in Erfahrung bringen oder diese mit der Belegschaft besprechen will und die Sache keinen Aufschub bis zur nächsten regelmäßigen Betriebsversammlung duldet[559]. 601

Die Einberufung einer weiteren Betriebsversammlung kommt allerdings regelmäßig dann nicht in Betracht, wenn der Betriebsrat bereits zu einer regelmäßigen Betriebsversammlung knapp einen Monat später eingeladen hat[560]. Ebenso wurde vom BAG[561] ein Grund für eine zusätzliche Betriebsversammlung verneint, wenn für aktuelle Betriebsänderungen bisher nur planerische Zielvorstellungen des Arbeitgebers ohne konkrete Konzeptionen bestehen. 602

Der Betriebsrat ist berechtigt, über die in § 43 Abs. 1 Satz 1 und 4 BetrVG genannten regelmäßigen und weiteren Betriebs- bzw. Abteilungsversammlungen hinaus zusätzliche Betriebsversammlungen durchzuführen. Diese Betriebsversammlungen werden in § 44 Abs. 2 BetrVG als **sonstige Betriebsversammlungen** bezeichnet. Im Gegensatz zu den weiteren Betriebsversammlungen werden in § 44 Abs. 2 BetrVG für diese außerordentlichen Betriebsversammlungen keine 603

---
558 BAG vom 23. 10. 1991, AP Nr. 5 zu § 43 BetrVG 1972.
559 Vgl. *Fitting/Kaiser/Heither/Engels*, § 43 Rz. 35.
560 BAG vom 23. 10. 1991, AP Nr. 5 zu § 43 BetrVG 1972.
561 BAG vom 23. 10. 1991, AP Nr. 5 zu § 43 BetrVG 1972.

Voraussetzungen genannt. Aus dem Regelungszusammenhang von § 43 Abs. 1 BetrVG und § 43 Abs. 3 BetrVG ergibt sich aber, daß der Betriebsrat zu diesen außerordentlichen Betriebsversammlungen nur einladen darf, wenn diese **notwendig** sind[562]. Ihm steht hierbei zwar ein pflichtgemäßes Ermessen zu, das aber von den Arbeitsgerichten überprüft werden kann.

604 **Auf Wunsch des Arbeitgebers** oder von mindestens **einem Viertel der wahlberechtigten Arbeitnehmer** ist der Betriebsrat nach § 43 Abs. 3 Satz 1 BetrVG verpflichtet, eine Betriebsversammlung einzuberufen und den beantragten Beratungsgegenstand auf die Tagesordnung zu setzen. Der Wunsch des Arbeitgebers bzw. der Antrag des Viertels der wahlberechtigten Arbeitnehmer bedürfen keiner Begründung, sondern nur der Angabe des Beratungsgegenstandes. Dieser muß erkennen lassen, daß die thematischen Grenzen des § 45 BetrVG eingehalten sind[563].

605 Der Antrag ist für den Betriebsrat bindend. Läd der Betriebsrat nicht innerhalb angemessener Frist zu der beantragten Betriebsversammlung ein, so begeht er eine grobe Pflichtverletzung nach § 23 Abs. 1 BetrVG[564].

606 Die außerordentlichen Betriebsversammlungen können auch als Teil- bzw. Abteilungsversammlungen durchgeführt werden. Ihre Nichterwähnung in § 43 Abs. 3 BetrVG beruht auf einem Redaktionsversehen. Dies ergibt sich aus § 44 Abs. 2 BetrVG, in dem „Betriebs- und Abteilungsversammlungen" i. S. des Abs. 3 erwähnt werden. Für die Durchführung von Teil- und Abteilungsversammlungen berechnet sich das Viertel der wahlberechtigten Arbeitnehmer nicht nach denen des gesamten Betriebs, sondern nach den Arbeitnehmern des betroffenen Betriebsteils bzw. der Betriebsabteilung[565].

607 Schließlich muß der Betriebsrat gemäß § 43 Abs. 4 BetrVG auf Antrag einer im Betrieb vertretenen Gewerkschaft vor Ablauf von zwei Wochen nach Eingang des Antrags eine Betriebsversammlung nach § 43 Abs. 1 Satz 1 BetrVG einberufen, wenn im vorhergegangenen Kalenderjahr keine Betriebsversammlung und keine Abteilungsversammlungen durchgeführt worden sind. Die Frist von zwei Wochen gilt nur für die Vornahme der Einberufung, also die Einladung der Teil-

---

[562] *Dietz/Richardi*, § 43 Rz. 26; *Fitting/Kaiser/Heither/Engels*, § 43 Rz. 38 m. w. Nachw.; **a. A.** *Joost*, in: Münchener Handbuch zum Arbeitsrecht, Band 3, § 303 Rz. 11.
[563] GK-*Fabricius*, § 43 Rz. 41.
[564] Vgl. *Joost*, in: Münchener Handbuch zum Arbeitsrecht, Band 3, § 303 Rz. 14.
[565] *Dietz/Richardi*, § 43 Rz. 32; GK-*Fabricius*, § 43 Rz. 43.

nehmer. Die Betriebsversammlung kann auch nach Ablauf von zwei Wochen erfolgen[566]. Verstößt der Betriebsrat gegen die Pflicht zur Einberufung, so stellt dies regelmäßig einen groben Verstoß gegen die dem Betriebsrat obliegenden Pflichten dar, der zu dessen Auflösung nach § 23 Abs. 1 BetrVG berechtigt[567].

2. Einberufung, zeitliche Lage, Ort und Dauer

Die **Einberufung** der Betriebsversammlung bzw. der Abteilungsversammlung erfolgt **durch den Betriebsrat,** der hierüber durch Beschluß zu entscheiden hat. Mit dem Beschluß hat der Betriebsrat eine Tagesordnung im Rahmen der zulässigen Verhandlungsthemen festzusetzen. In die Tagesordnung sind insbesondere die Erstattung des Tätigkeitsberichts (§ 43 Abs. 1 Satz 1 BetrVG) und die vom Arbeitgeber oder den Arbeitnehmern beantragten Beratungsgegenstände (§ 43 Abs. 3 BetrVG) aufzunehmen. Dabei hat der Betriebsrat zu prüfen, ob der gewünschte Beratungsgegenstand nach § 45 BetrVG Thema einer Betriebsversammlung sein kann. Den Zeitpunkt des vom Arbeitgeber kalenderjährlich zu erstattenden Berichts über das Personal- und Sozialwesen des Betriebs und über dessen wirtschaftlichen Lage und Entwicklung (§ 43 Abs. 2 Satz 3 BetrVG) kann der Betriebsrat nicht von sich aus einseitig bestimmen. Hierfür bedarf es einer Abstimmung zwischen Arbeitgeber und Betriebsrat[568]. 608

Der Beschluß des Betriebsrats ist vom Vorsitzenden auszuführen. Die Teilnahmeberechtigten (s. u. Rz. 618 ff.) sind in betriebsüblicher Weise einzuladen. 609

Die regelmäßigen vierteljährlichen und die halbjährigen zulässigen zusätzlichen Betriebsversammlungen nach § 43 Abs. 1 BetrVG und die Betriebsversammlungen auf Wunsch des Arbeitgebers finden grundsätzlich **während der Arbeitszeit** statt (§ 44 Abs. 1 Satz 1 BetrVG). Maßgebend ist die betriebliche Arbeitszeit, nicht die persönliche Arbeitszeit des einzelnen Arbeitnehmers[569]. Bei unterschiedlichen persönlichen Arbeitszeiten hat der Betriebsrat den Zeitpunkt für 610

---

566 GK-*Fabricius*, § 43 Rz. 28; *Joost*, in: Münchener Handbuch zum Arbeitsrecht, Band 3, § 303 Rz. 15; *Fitting/Kaiser/Heither/Engels*, § 43 Rz. 56 m. w. Nachw.; **a. A.** *Dietz/Richardi*, § 43 Rz. 57.
567 *Dietz/Richardi*, § 43 Rz. 61; *Fitting/Kaiser/Heither/Engels*, § 43 Rz. 59 m. w. Nachw.
568 *Joost*, in: Münchener Handbuch zum Arbeitsrecht, Band 3, § 304 Rz. 14.
569 BAG vom 27. 11. 1987, AP Nr. 7 zu § 44 BetrVG 1972; *Dietz/Richardi*, § 44 Rz. 4; *Joost*, in: Münchener Handbuch zum Arbeitsrecht, Band 3, § 304 Rz. 18; *Fitting/Kaiser/Heither/Engels*, § 44 Rz. 8 m. w. Nachw.; **a. A.** GK-*Fabricius*, § 44 Rz. 3.

die Betriebsversammlung so festzulegen, daß möglichst viele Arbeitnehmer während ihrer persönlichen Arbeitszeit daran teilnehmen können[570]. Bei gleitender Arbeitszeit kann die Betriebsversammlung vom Betriebsrat in die Kernarbeitszeit gelegt werden[571]. In Mehrschichtbetrieben ist der Betriebsrat berechtigt, die Versammlung auf die Schnittstelle der Schichten zu legen, so daß ein Großteil der Arbeitnehmer während der Arbeitszeit teilnehmen kann[572].

611 Den Zeitpunkt der Betriebsversammlung legt der Betriebsrat durch Beschluß nach seinem Ermessen fest. Einer Zustimmung des Arbeitgebers bedarf es nicht. Der Betriebsrat hat aber bei der Festlegung des Zeitpunkts der Betriebsversammlung die betrieblichen Notwendigkeiten zu berücksichtigen (entsprechend §§ 30 Satz 2, 37 Abs. 6 Satz 2 BetrVG)[573].

612 Eine Ausnahme von dem Grundsatz, daß Betriebsversammlungen während der Arbeitszeit stattfinden besteht gemäß § 44 Abs. 1 Satz 1 BetrVG nur für den Fall, daß „die Eigenart des Betriebes eine andere Regelung zwingend erfordert". Hierbei handelt es sich um eine enge Ausnahme, die an **strenge Voraussetzungen** geknüpft ist. Die Abhaltung einer Betriebsversammlung während der Arbeitszeit muß eine **technisch untragbare Störung eines eingespielten Betriebsablaufs** bedeuten[574]. Rein wirtschaftliche Erwägungen reichen nicht aus, es sei denn, es handelt sich um eine nach allgemeinen Rechtsgrundsätzen beachtliche Unzumutbarkeit[575].

613 In Betrieben des Einzelhandels, in denen die betriebliche Arbeitszeit mit den Ladenöffnungszeiten im wesentlichen identisch ist, kann die Betriebsversammlung in umsatzschwache Zeiten der betrieblichen Öffnungszeiten gelegt werden, selbst wenn dies insoweit zur Schließung des Geschäftsbetriebs führt. Dagegen ist die Abhaltung der Betriebsversammlung in Hauptgeschäftszeiten oder während der „Sai-

---

570 Vgl. BAG vom 27. 11. 1987, AP Nr. 7 zu § 44 BetrVG 1972.
571 *Dietz/Richardi*, § 44 Rz. 4; *Fitting/Kaiser/Heither/Engels*, § 44 Rz. 8 m. w. Nachw.
572 LAG Schleswig-Hostein vom 30. 5. 1991, LAGE § 44 BetrVG 1972 Nr. 8.
573 *Joost*, in: Münchener Handbuch zum Arbeitsrecht, Band 3, § 304 Rz. 16.
574 BAG vom 26. 10. 1956, AP Nr. 1 zu § 43 BetrVG; ähnlich LAG Saarbrücken vom 21. 2. 1960, AP Nr. 2 zu § 43 BetrVG. Zu den Bedenken an dieser Rechtsprechung siehe *Kappes/Rath*, DB 1987, 2645 ff.
575 BAG vom 9. 3. 1976, AP Nr. 3 zu § 44 BetrVG 1972; GK-*Fabricius*, § 44 Rz. 24; *Fitting/Kaiser/Heither/Engels*, § 44 Rz. 17 m. w. Nachw.; abweichend *Dietz/Richardi*, § 44 Rz. 6; *Joost*, in: Münchener Handbuch zum Arbeitsrecht, Band 3, § 304 Rz. 22, wonach wirtschaftliche Umstände ganz generell zur Eigenart des Betriebes gehören können.

XII. Betriebs- und Abteilungsversammlungen   Rz. 616 Teil B

son" (z. B. freitags, samstags, während der Schlußverkäufe oder des Weihnachtsgeschäfts) regelmäßig nicht möglich[576].

Keine ausdrückliche Regelung enthalten die §§ 42 ff. BetrVG über die Frage, ob eine Vollversammlung außerhalb der Arbeitszeit nur durchgeführt werden kann, wenn auch die Durchführung von Teilversammlungen während der Arbeitszeit wegen der Eigenart des Betriebes unmöglich ist, oder ob umgekehrt die Durchführung von Teilversammlungen nur zulässig ist, wenn eine Vollversammlung aller Arbeitnehmer des Betriebs außerhalb der Arbeitszeit nicht durchgeführt werden kann[577]. Da die Vorschriften des § 42 Abs. 1 Satz 3 BetrVG und § 44 Abs. 1 Satz 1 BetrVG grundsätzlich gleichwertig nebeneinander stehen, ist dem Betriebsrat insoweit ein Ermessen einzuräumen, das ihm gestattet, unter Berücksichtigung der jeweiligen konkreten Umstände des Einzelfalles von der einen oder anderen Regelung Gebrauch zu machen[578].   614

Alle sonstigen Betriebs- oder Abteilungsversammlungen sind nach § 44 Abs. 2 Satz 1 BetrVG außerhalb der Arbeitszeit einzuberufen. Eine Abweichung von dieser gesetzlichen Regelung kann gemäß § 44 Abs. 2 Satz 2 Halbsatz 1 BetrVG nur im Einvernehmen mit dem Arbeitgeber erfolgen. Ein fehlendes Einverständnis des Arbeitgebers kann nicht durch gerichtliche Entscheidung ersetzt werden. Auch ein bindender Spruch der Einigungsstelle nach § 76 BetrVG ist nicht vorgesehen[579]. Gibt der Arbeitgeber die Zustimmung zur Einberufung der sonstigen Betriebsversammlung i. S. von § 43 Abs. 3 BetrVG während der Arbeitszeit, darf die durch die Betriebsversammlung ausgefallene Arbeitszeit nicht zu einer Entgeltkürzung führen, § 44 Abs. 2 Satz 2 Halbsatz 2 BetrVG.   615

Die Betriebsversammlung hat als innerbetrieblicher Vorgang im **Betriebsgebäude** stattzufinden. Den erforderlichen Raum hat der Arbeitgeber zur Verfügung zu stellen (entsprechend § 40 Abs. 2 BetrVG). Ist auf dem Betriebsgelände kein geeigneter Raum vorhanden, so hat der Arbeitgeber außerhalb des Betriebes für einen Versammlungsraum zu sorgen und ihn ggf. anzumieten. Sind die angebotenen Räume unge-   616

---

576 Vgl. BAG vom 9. 3. 1976, AP Nr. 3 zu § 44 BetrVG 1972; LAG Baden-Württemberg vom 12. 7. 1979, BB 1980, 1267; ArbG Wuppertal vom 23. 1. 1975, DB 1975, 1084; GK-*Fabricius*, § 44 Rz. 24; *Fitting/Kaiser/Heither/Engels*, § 44 Rz. 18 m. w. Nachw.
577 Siehe dazu die Darstellung der unterschiedlichen Ansichten bei *Fitting/Kaiser/Heither/Engels*, § 44 Rz. 19.
578 So zu Recht *Dietz/Richardi*, § 44 Rz. 8; *Joost*, in: Münchener Handbuch zum Arbeitsrecht, Band 3, § 304 Rz. 20; *Fitting/Kaiser/Heither/Engels*, § 44 Rz. 19 m. w. Nachw.; **a. A.** *Hess/Schlochauer/Glaubitz*, § 44 Rz. 16b.
579 Vgl. *Joost*, in: Münchener Handbuch zum Arbeitsrecht, Band 3, § 304 Rz. 24.

eignet und kann auch mit Teilversammlungen nicht geholfen werden, ist der **Betriebsrat** nach wohl überwiegender Ansicht im Schrifttum[580] **berechtigt, Räume außerhalb des Betriebs** anzumieten.

617 Über die zulässige **Dauer** einer Betriebsversammlung enthalten die §§ 42 ff. BetrVG keine Regelung. Maßgeblich ist der Zeitraum, der nach Umfang und Art des einzelnen Betriebs zur ordnungsgemäßen Durchführung der Aufgaben einer Betriebsversammlung erforderlich ist (§ 37 Abs. 2 BetrVG analog). Kriterien sind u.a. die Zahl der Arbeitnehmer, Schwierigkeit und Umfang der zu behandelnden Themen sowie die Zahl der Wortmeldungen. Im allgemeinen wird bei ordentlichen Betriebsversammlungen eine Dauer von zwei bis vier Stunden für ausreichend erachtet[581].

3. Teilnahmeberechtigte

618 Da die Betriebsversammlungen gemäß § 42 Abs. 1 Satz 2 BetrVG nicht öffentlich sind, dürfen sie nur von teilnahmeberechtigten Personen aufgesucht werden.

619 Teilnahmeberechtigt sind zunächst **alle im Betrieb beschäftigten Arbeitnehmer,** also Arbeiter, Angestellte, befristet eingestellte Arbeitnehmer, Teilzeitbeschäftigte, Arbeitnehmer auf Abruf, Auszubildende, Heimarbeiter, die in der Hauptsache für den Betrieb arbeiten (§ 6 BetrVG), Leiharbeitnehmer (Art. 1 § 14 Abs. 2 Satz 2 AÜG) sowie Arbeitnehmer, deren Arbeitsverhältnisse ruhen (z. B. wegen Erholungs- oder Erziehungsurlaubs). Keine Teilnahmeberechtigung haben leitende Angestellte i. S. von § 5 Abs. 3 BetrVG, sofern es sich nicht um Vertreter des Arbeitgebers nach § 43 BetrVG handelt.

620 Der **Arbeitgeber** kann an den Betriebsversammlungen teilnehmen und ist berechtigt, auf ihnen zu sprechen (§ 43 Abs. 2 BetrVG). Der Arbeitgeber ist daher zu den ordentlichen Betriebs- und Abteilungsversammlungen stets unter Mitteilung der Tagesordnung einzuladen (§ 43 Abs. 2 Satz 1 BetrVG), was mündlich oder schriftlich geschehen kann. Vom Zeitpunkt außerordentlicher Betriebsversammlungen, die auf seinen Wunsch anberaumt werden, ist der Arbeitgeber rechtzeitig zu verständigen (§ 43 Abs. 3 Satz 2 BetrVG). Eine Pflicht zur Unterrichtung des Arbeitgebers bei weiteren, vom Betriebsrat oder auf Antrag der Arbeitnehmer nach § 43 Abs. 3 BetrVG einberufenen Betriebsversammlungen, ist gesetzlich nicht eigens vorgesehen, ergibt

---
580 *Dietz/Richardi,* § 42 Rz. 13; *Fitting/Kaiser/Heither/Engels,* § 42 Rz. 31; **a. A.** *Joost,* in: Münchener Handbuch zum Arbeitsrecht, Band 3, § 304 Rz. 26.
581 Vgl. *Joost,* in: Münchener Handbuch zum Arbeitsrecht, Band 3, § 304 Rz. 27.

sich aber aus dem Gebot der vertrauensvollen Zusammenarbeit (§ 2 Abs. 1 BetrVG).

Der Arbeitgeber kann sich auf der Betriebsversammlung durch eine andere – auch betriebsfremde[582] – Person vertreten lassen (vgl. § 43 Abs. 2 Satz 3 BetrVG). 621

Nimmt der Arbeitgeber an Betriebs- oder Abteilungsversammlungen teil, so kann er gemäß § 46 Abs. 1 Satz 2 BetrVG einen Beauftragten der Vereinigung der Arbeitgeber, der er angehört, hinzuziehen. 622

An den Betriebs- oder Abteilungsversammlungen können nach § 46 Abs. 1 Satz 1 BetrVG Beauftragte der im Betrieb vertretenen Gewerkschaften beratend teilnehmen. Der Zeitpunkt und die Tagesordnung der Betriebs- und Abteilungsversammlungen sind daher den im Betrieb vertretenen Gewerkschaften vom Betriebsrat rechtzeitig mitzuteilen (§ 46 Abs. 2 BetrVG), damit diese Beauftragte zu den Betriebs- oder Abteilungsversammlungen entsenden können. 623

Aus dem Grundsatz der Nichtöffentlichkeit (§ 42 Abs. 1 Satz 2 BetrVG) ergibt sich, daß betriebsfremde Personen mit Ausnahme der Gewerkschaftsbeauftragten kein eigenes Teilnahmerecht haben. Dies gilt insbesondere für **Pressevertreter**[583]. 624

Weitere Personen können aber an der Betriebsversammlung teilnehmen, wenn hierfür im Rahmen der Zuständigkeit der Betriebsversammlung ein sachlicher Grund besteht, z. B. wenn die Teilnahme bestimmter Personen für eine ordnungsgemäße Erfüllung der Aufgaben der Betriebsversammlung sachdienlich ist. Dies gilt insbesondere für die Teilnahme der betriebsfremden Mitglieder des Gesamtbetriebsrats, des Konzernbetriebsrats, des Wirtschaftsausschusses und von Vertretern der Arbeitnehmer im Aufsichtsrat an der Betriebsversammlung. Die Arbeitnehmer des Betriebs haben ein berechtigtes Interesse daran, von ihren Vertretern auf der Unternehmens- und Konzernebene Informationen über Angelegenheiten zu erhalten, die ihren Betrieb betreffen[584]. 625

Der Betriebsrat kann auch, soweit dies sachdienlich ist, Personen als **Referenten** zu einem im Rahmen der Zuständigkeit der Betriebsversammlung liegenden Thema einladen[585]. 626

---

582 *Joost,* in: Münchener Handbuch zum Arbeitsrecht, Band 3, § 304 Rz. 35; **a. A.** *Fitting/Kaiser/Heither/Engels,* § 43 Rz. 28.
583 *Joost,* in: Münchener Handbuch zum Arbeitsrecht, Band 3, § 304 Rz. 39.
584 BAG vom 28. 11. 1978, AP Nr. 2 zu § 42 BetrVG 1972.
585 BAG vom 13. 9. 1977, AP Nr. 1 zu § 42 BetrVG 1972.

627 Im Einverständnis mit dem Arbeitgeber kann der Betriebsrat auch für einen oder mehrere Tagesordnungspunkte der Betriebsversammlung gemäß § 80 Abs. 3 BetrVG einen **Sachverständigen** hinzuziehen. Nach dieser Bestimmung kann der Betriebsrat bei der Durchführung seiner Aufgaben Sachverständige hinzuziehen, soweit dies zur ordnungsgemäßen Erfüllung seiner Aufgaben erforderlich ist. Als Sachverständige im Sinne dieser Vorschrift kommt nur eine Person in Betracht, die dem Betriebsrat ihm fehlende Sachkenntnisse zur Beantwortung konkreter, aktueller Fragen vermitteln soll, damit der Betriebsrat die ihm konkret obliegende betriebsverfassungsrechtliche Aufgabe sachgerecht erfüllen kann. In der Vereinbarung mit dem Arbeitgeber sind das Thema, zu dessen Klärung der Sachverständige herangezogen werden soll und die Person des Sachverständigen festzusetzen. Einigen sich Betriebsrat und Arbeitgeber nicht über die Hinzuziehung des Sachverständigen, kann der Betriebsrat die Kosten für ein Honorar des Sachverständigen vom Arbeitgeber nur verlangen, wenn das Arbeitsgericht die Zustimmung des Arbeitgebers ersetzt hat[586].

4. Durchführung

628 Die Betriebs- bzw. Abteilungsversammlungen sind nicht öffentlich (§ 42 Abs. 1 Satz 2 BetrVG). Für den Ablauf der Betriebsversammlung ist die Tagesordnung maßgebend. Die Tagesordnung der regelmäßigen Betriebs- bzw. Abteilungsversammlung muß auf jeden Fall den vierteljährlichen Tätigkeitsbericht des Betriebsrats enthalten. Darüber hinaus können auch andere die Arbeitnehmer oder den Betrieb unmittelbar betreffenden Angelegenheiten auf die Tagesordnung gesetzt werden.

629 Die Aufzeichnung der Betriebsversammlung, von Teilen der Betriebsversammlung oder einzelner Wortbeiträge auf **Tonband** ist wegen der Nichtöffentlichkeit der Betriebsversammlung und der Strafbarkeit der unbefugten Aufnahme des nichtöffentlich gesprochenen Wortes auf Tonträger (§ 201 StGB) grundsätzlich **unzulässig**[587].

630 Die **Leitung** der Betriebsversammlung obliegt dem **Betriebsratsvorsitzenden,** bei seiner Verhinderung seinem Stellvertreter (§ 42 Abs. 1 Satz 1 BetrVG). Die Abteilungsversammlung wird von einem Mitglied des Betriebsrats geleitet, das möglichst einem beteiligten Betriebsteil als Arbeitnehmer angehört (§ 42 Abs. 2 Satz 2 BetrVG). Die Betriebsversammlung oder die Abteilungsversammlung kann nur von

---

586 Vgl. BAG vom 19. 4. 1989, AP Nr. 35 zu § 80 BetrVG 1972.
587 Vgl. *Joost,* in: Münchener Handbuch zum Arbeitsrecht, Band 3, § 304 Rz. 46.

dem Versammlungsleiter eröffnet, ggf. unterbrochen und geschlossen werden. Der Leiter übt für die Dauer der Betriebsversammlung in den Räumen, in denen diese stattfindet, und für die Zugangswege zum Ort der Betriebsversammlung das Hausrecht aus[588].

Der Arbeitgeber ist berechtigt, in der Versammlung zu sprechen (§ 43 Abs. 2 Satz 2 BetrVG). Er kann sich durch leitende Angestellte vertreten lassen und diese zu seiner Unterstützung hinzuziehen[589]. Er kann verlangen, daß diesen zu bestimmten Einzelthemen an seiner Stelle das Wort erteilt wird. 631

Die vierteljährliche regelmäßige Betriebsversammlung wird durch den **Tätigkeitsbericht des Betriebsrats** eingeleitet (§ 43 Abs. 1 Satz 1 BetrVG). Dabei ist über alle in der Berichtszeit eingetretenen Ereignisse und Tatsachen, die für das betriebliche Leben, insbesondere für die Arbeitnehmer, bedeutsam sind, Auskunft zu geben. Zum Bericht des Betriebsrats gehört auch die Tätigkeit seiner Ausschüsse sowie des Gesamtbetriebsrats und des Wirtschaftsausschusses, soweit sie den Betrieb betrifft[590]. Dagegen ist die Tätigkeit der Arbeitnehmervertreter im Aufsichtsrat nach Ansicht des BAG[591] nicht Gegenstand des Berichts des Betriebsrats. 632

Zum Tätigkeitsbericht gehört auch, daß der Betriebsrat die Überlegungen mitteilt, von denen er sich bei seinen Beschlüssen, Betriebsvereinbarungen und Stellungnahmen hat leiten lassen. Dabei muß er jedoch seine Verschwiegenheitspflicht nach § 79 BetrVG beachten. 633

Eine besondere **Form** für die Berichterstattung ist gesetzlich nicht vorgesehen. In der Regel wird sie mündlich erfolgen, ggf. gestützt auf ein schriftliches Konzept. Die Aushändigung eines schriftlichen Konzepts können die Arbeitnehmer nicht verlangen[592]. 634

Der Arbeitgeber ist verpflichtet, einmal in jedem Kalenderjahr auf einer Betriebsversammlung – und zwar auf einer Vollversammlung der Arbeitnehmer – über das Personal- und Sozialwesen des Betriebs 635

---

588 Einzelheiten hierzu siehe bei *Joost*, in: Münchener Handbuch zum Arbeitsrecht, Band 3, § 304 Rz. 47 f. m. w. Nachw.
589 *Joost*, in: Münchener Handbuch zum Arbeitsrecht, Band 3, § 304 Rz. 41.
590 *Fitting/Kaiser/Heither/Engels*, § 43 Rz. 13; *Joost*, in: Münchener Handbuch zum Arbeitsrecht, Band 3, § 304 Rz. 52; **a. A.** (hinsichtlich des Wirtschaftsausschusses) *Dietz/Richardi*, § 43 Rz. 10; GK-*Fabricius*, § 43 Rz. 5.
591 BAG vom 1. 3. 1966, AP Nr. 1 zu § 69 BetrVG; abweichend *Fitting/Kaiser/Heither/Engels*, § 43 Rz. 14, wonach dies nicht für Informationen gelte, die für die Belegschaft von Interesse seien, soweit nicht die Schweigepflicht nach § 93 Abs. 1 Satz 2 AktG entgegenstehe.
592 *Joost*, in: Münchener Handbuch zum Arbeitsrecht, Band 3, § 304 Rz. 55.

sowie über dessen wirtschaftliche Lage und Entwicklung zu berichten (§ 43 Abs. 2 Satz 3 BetrVG)[593]. Auf welcher der vier regelmäßigen Betriebsversammlungen er seinen Bericht erstattet, bleibt seiner Entscheidung vorbehalten. Betreiben mehrere Unternehmen gemeinsam einen Betrieb, muß jeder Unternehmer als Arbeitgeber den Bericht erstatten[594].

636 Nach einer Entscheidung des BAG vom 19. 7. 1995[595] darf der Arbeitgeber bei der Abgabe des Geschäftsberichts auf einer Betriebsversammlung auch die **Kosten der Betriebsratstätigkeit** bekannt geben. Allerdings habe er hierbei die berechtigten Belange des Betriebsrats zu beachten. Insoweit dürfe er weder gegen das Verbot der vertrauensvollen Zusammenarbeit verstoßen noch durch die Art und Weise der Informationsgestaltung und -vermittlung den Betriebsrat in seiner Amtsführung beeinträchtigen. Ob die Bekanntgabe von Betriebsratskosten durch den Arbeitgeber auf einer Betriebsversammlung das Gebot der vertrauensvollen Zusammenarbeit verletze oder den Betriebsrat in seiner Arbeit behindere, sei einzelfallabhängig. Denkbar seien Fälle, in denen ein berechtigtes Informationsbedürfnis oder ein berechtigtes Informationsinteresse der Arbeitnehmer eine aussagekräftige Offenlegung von Betriebsratskosten sachgerecht erscheinen ließen. Unter welchen Voraussetzungen dies im einzelnen der Fall sein kann, wurde jedoch vom BAG offengelassen[596].

637 Der Bericht durch den Arbeitgeber hat **mündlich** zu erfolgen, wobei er zusätzlich schriftlich vorgelegt werden kann[597].

638 An den Bericht des Betriebsrats bzw. des Betriebsrats und des Arbeitgebers schließt sich die Aussprache an. Den Teilnehmern der Be-

---

593 Einzelheiten dazu siehe bei *Joost,* in: Münchener Handbuch zum Arbeitsrecht, Band 3, § 304 Rz. 57 ff.
594 Vgl. LAG Hamburg vom 15. 12. 1988, NZA 1989, 733.
595 BAG vom 19. 7. 1995, NZA 1996, 332.
596 Im zugrundeliegenden Sachverhalt hat der Arbeitgebers auf einer Betriebsversammlung mittels eines Overhead-Projektors auf zehn Folien das Betriebsergebnis dargestellt. Auf einer Folie war in grafischer und tabellarischer Form die wirtschaftliche Ertragssituation zusammengefaßt. Den betrieblichen Aufwand für die Verwaltung und die Kosten der Betriebsratstätigkeit hatte der Arbeitgeber ohne nähere Aufgliederung und Erläuterung mit einem Minuszeichen versehen ausgewiesen. Das BAG erachtete die Bekanntgabe der Betriebsratskosten in dieser Weise für betriebsverfassungswidrig und sah in ihr eine Behinderung des Betriebsrats in der Ausübung seines Amtes, vgl. BAG vom 19. 7. 1995, NZA 1996, 332.
597 *Dietz/Richardi,* § 43 Rz. 20; GK-*Fabricius,* § 43 Rz. 5 und 8; *Fitting/Kaiser/Heither/Engels,* § 43 Rz. 20; **a. A.** *Joost,* in: Münchener Handbuch zum Arbeitsrecht, Band 3, § 304 Rz. 63, wonach Verteilung eines schriftlichen Textes an die Arbeitnehmer ausreiche.

triebsversammlung ist ausreichend Gelegenheit zu geben, zum Bericht des Betriebsrats Stellung zu nehmen und dem Betriebsrat Anregungen und Hinweise zu geben. Der Bericht des Arbeitgebers kann in der Betriebsversammlung erörtert werden. Der Arbeitgeber ist verpflichtet, sich einer Diskussion zu stellen und ggf. ergänzende und erläuternde Angaben zu machen, es sei denn, hierdurch würden Betriebs- oder Geschäftsgeheimnisse gefährdet[598].

Von den Teilnehmern an der Betriebsversammlung darf nicht nur an Mißständen im Betrieb, sondern auch an Personen Kritik geübt werden, die für diese Mißstände verantwortlich sind. Diese Kritik darf sich sowohl auf die Mitglieder des Betriebsrats als auch des Arbeitgebers beziehen und die von ihm mit der Leitung des Betriebes oder Teilen des Betriebes beauftragten Personen. Die Kritik muß aber so vorgetragen werden, daß Ehrverletzungen und Störungen des Betriebsfriedens vermieden werden. Eine ehrverletzende, beleidigende Kritik kann bei Wiederholung nach vergeblicher Abmahnung ein Kündigungsgrund sein[599]. 639

Gegenstand der Erörterung auf einer Betriebsversammlung können alle Angelegenheiten sein, die den Betrieb oder seine Arbeitnehmer unmittelbar betreffen. Das können auch Angelegenheiten tarifpolitischer, sozialpolitischer und wirtschaftlicher Art sowie Fragen der Frauenförderung und der Vereinbarkeit von Familie und Beruf sein (§ 45 BetrVG)[600]. Parteipolitische Äußerungen sind hingegen unzulässig[601]. 640

Nach § 45 Satz 2 BetrVG kann die Betriebsversammlung dem Betriebsrat Anträge unterbreiten und zu seinen Beschlüssen Stellung nehmen. Hieran ist der Betriebsrat jedoch nicht gebunden. 641

5. Kosten und Vergütungsfortzahlung

Die Kosten einer vom Betriebsrat einberufenen zulässigen Betriebsversammlung trägt der Arbeitgeber als Kosten der Tätigkeit des Betriebsrats (entsprechend § 40 BetrVG). Muß etwa ein betriebsexterner Raum für die Durchführung der Versammlung benutzt werden, so hat der Arbeitgeber die dadurch bedingten Aufwendungen zu tragen[602]. 642

---

598 Vgl. *Dietz/Richardi,* § 43 Rz. 17; *Fitting/Kaiser/Heither/Engels,* § 43 Rz. 26.
599 BAG vom 22. 10. 1964, AP Nr. 4 zu § 1 KSchG Verhaltensbedingte Kündigung.
600 Einzelheiten hierzu siehe bei *Joost,* in: Münchener Handbuch zum Arbeitsrecht, Band 3, § 304 Rz. 65 ff.
601 BAG vom 13. 9. 1977, AP Nr. 1 zu § 42 BetrVG 1972.
602 LAG Hamm vom 2. 11. 1956, AP Nr. 5 zu § 618 BGB.

643 Die Zeit der Teilnahme an den Betriebsversammlungen, die kraft Gesetzes während der Arbeitszeit stattfinden, ist den Arbeitnehmern wie Arbeitszeit zu vergüten (§ 44 Abs. 1 Satz 2 BetrVG). Dies gilt auch dann, wenn die Versammlungen wegen der Eigenart des Betriebes außerhalb der Arbeitszeit stattfinden (§ 44 Abs. 2 Satz 3 BetrVG).

644 Auch zusätzliche Wegezeiten, die durch die Teilnahme an diesen Betriebsversammlungen entstehen, hat der Arbeitgeber zu vergüten (vgl. § 44 Abs. 1 Satz 2 BetrVG). Fahrtkosten, die durch die Teilnahme zusätzlich entstanden sind, hat der Arbeitgeber zu erstatten (§ 44 Abs. 1 Satz 3 letzter Halbsatz BetrVG).

645 Die Vergütung der Zeit der Teilnahme „wie Arbeitszeit" besagt nicht, daß die Teilnahme selbst Arbeitszeit ist. Sie ist daher ggf. auch nicht Mehrarbeit oder Sonntagsarbeit, so daß dafür entsprechende Zuschläge nicht zu zahlen sind[603].

646 Die Zeit der Teilnahme an einer der genannten Betriebsversammlungen ist auch dann wie Arbeitszeit zu vergüten, wenn sie außerhalb der Arbeitszeit des Arbeitnehmers liegt, oder wenn er für diesen Tag von der Arbeit wegen Urlaubs, Erziehungsurlaubs, Krankheit oder Kurzarbeit befreit ist und dafür schon entsprechende Lohnersatzleistungen erhalten hat. Das gleiche gilt, wenn zur Zeit der Betriebsversammlung die Arbeitspflicht der Arbeitnehmer infolge einer Arbeitskampfmaßnahme supendiert ist[604].

647 Die Zeit der Teilnahme an **sonstigen Betriebsversammlungen** (§ 44 Abs. 2 BetrVG) hat der Arbeitgeber nur zu bezahlen, wenn diese mit seinem Einverständnis während der Arbeitszeit stattgefunden haben. Ein Anspruch der Arbeitnehmer auf Bezahlung zusätzlicher Wegezeiten und auf Erstattung von Fahrtkosten besteht nicht.

648 Findet eine außerordentliche Betriebsversammlung ohne Einverständnis des Arbeitgebers während der Arbeitszeit statt, so muß der Arbeitgeber darauf hinweisen, daß die Zeit der Teilnahme nicht bezahlt wird. Unterläßt er dies, so können sich die Arbeitnehmer regelmäßig darauf verlassen, daß die Betriebsversammlung im Einklang mit den Vorschriften des BetrVG einberufen worden ist[605]. Gleiches gilt, wenn eine ordentliche regelmäßige oder weitere Betriebsver-

---

603 BAG vom 18. 9. 1973, AP Nr. 1 zu § 44 BetrVG 1972; BAG vom 1. 10. 1974, AP Nr. 2 zu § 44 BetrVG 1972.
604 BAG vom 5. 5. 1987, AP Nr. 4, 5 und 6 zu § 44 BetrVG 1972; BAG vom 31. 5. 1989, AP Nr. 9 zu § 44 BetrVG 1972.
605 BAG vom 14. 10. 1960, AP Nr. 24 zu § 123 GewO.

sammlung i. S. von § 43 Abs. 1 BetrVG außerhalb der Arbeitszeit stattfindet, ohne daß die Voraussetzungen dafür vorliegen[606].

XIII. Europäischer Betriebsrat

In größeren gemeinschaftsweit tätigen Unternehmen und Unternehmensgruppen sind nach Maßgabe der Vorschriften des am 1. 11. 1996 in Kraft getretenen EBRG[607] Europäische Betriebsräte zu errichten oder Verfahren zur Unterrichtung und Anhörung der Arbeitnehmer zu vereinbaren. Dadurch soll das Recht der dort tätigen Arbeitnehmer auf grenzüberschreitende Unterrichtung und Anhörung gestärkt werden (§ 1 Abs. 1 Satz 1 EBRG). 649

1. Geltungsbereich des EBRG

Das EBRG gilt nach § 2 Abs. 1 für gemeinschaftsweit tätige Unternehmen mit Sitz im Inland und für gemeinschaftsweit tätige Unternehmensgruppen mit Sitz des herrschenden Unternehmens im Inland. Die Voraussetzung einer gemeinschaftsweiten Tätigkeit ist gemäß § 3 EBRG gegeben, wenn ein Unternehmen bzw. eine Unternehmensgruppe in den Mitgliedstaaten zum einen **mindestens 1000 Arbeitnehmer beschäftigt** und 650

▶ ein Unternehmen in zwei Mitgliedstaaten jeweils mindestens 150 Arbeitnehmer beschäftigt (§ 3 Abs. 1 EBRG),
▶ einer Unternehmensgruppe in mindestens zwei Mitgliedstaaten zwei Unternehmen angehören, in denen jeweils mindestens 150 Arbeitnehmer tätig sind (§ 3 Abs. 2 EBRG).

Zu den Mitgliedstaaten gehören gemäß § 2 Abs. 3 EBRG nicht nur die Mitgliedstaaten der Europäischen Union, auf die das Abkommen über die Sozialpolitik Anwendung findet (also nicht Großbritannien, das sich an dem Abkommen über Sozialpolitik nicht beteiligt hat), sondern auch die Vertragsstaaten des Abkommens über den Europäischen Wirtschaftsraum („EWR"), mithin zusätzlich Island, Liechtenstein und Norwegen[608]. 651

---
606 BAG vom 27. 11. 1987, AP Nr. 7 zu § 44 BetrVG 1972; BAG vom 23. 10. 1991, AP Nr. 5 zu § 43 BetrVG 1972.
607 Gesetz über Europäische Betriebsräte (Europäisches Betriebsräte-Gesetz – EBRG) vom 28. 10. 1996 (BGBl. I S. 1548). Dieses Gesetz dient der Umsetzung der Richtlinie 94/45/EG „über die Einsetzung eines Europäischen Betriebsrats oder die Schaffung eines Verfahrens zur Unterrichtung und Anhörung der Arbeitnehmer in gemeinschaftsweit operierenden Unternehmen oder Unternehmensgruppen" (Amtsblatt EG Nr. L 254/64 vom 30. 9. 1994).
608 Vgl. *Engels/Müller*, DB 1996, 981; *Schmidt*, NZA 1997, 180

652 Die im Rahmen des § 3 EBRG zu berücksichtigenden **Arbeitnehmerzahlen** in Betrieben und Unternehmen des Inlands errechnen sich gemäß § 4 Satz 1 EBRG nach der Anzahl der im Durchschnitt während der letzten zwei Jahre beschäftigten Arbeitnehmer i. S. von § 5 Abs. 1 BetrVG (s. o. Teil A Rz. 43 ff.). Einbezogen sind damit Arbeiter und Angestellte, auch wenn sie teilzeitbeschäftigt sind, sowie die zu ihrer Berufsausbildung Beschäftigten, nicht aber leitende Angestellte i. S. von § 5 Abs. 3 BetrVG[609]. Diese können jedoch nach §§ 11 Abs. 4, 23 Abs. 6 EBRG Mitglied im besonderen Verhandlungsgremium und im Europäischen Betriebsrat werden.

653 Die **Leitung** des Unternehmens oder der Unternehmensgruppe muß ihren **Sitz im Inland** haben (§ 2 Abs. 1 EBRG). Hat die zentrale Leitung ihren Sitz in einem anderen Mitgliedstaat der Gemeinschaft, so bestimmt sich die Ausgestaltung der grenzüberschreitenden Unterrichtung und Anhörung für die in deutschen Betrieben oder Tochtergesellschaften tätigen Arbeitnehmer nach dem Umsetzungsrecht des Sitzstaates. Gleichwohl findet das EBRG nach § 2 Abs. 4 auf deutsche Arbeitnehmer sowie auf in Deutschland liegende Betriebe und Unternehmen von Euro-Unternehmen oder Euro-Unternehmensgruppen mit Sitz in einem anderen Mitgliedstaat partiell Anwendung, so z. B. hinsichtlich der Berechnung der Anzahl der im Inland beschäftigten Arbeitnehmer (§ 5 Abs. 2 EBRG), der Bestellung der auf das Inland entfallenden Arbeitnehmervertreter (§§ 11, 23 Abs. 1 bis 5, 18 Abs. 2 i. V. mit § 23 EBRG) und der für sie geltenden Schutzbestimmungen (§ 40 EBRG).

654 Liegt die zentrale Leitung multinationaler Unternehmen oder Unternehmensgruppen nicht in einem Mitgliedstaat der EU bzw. EWR (sog. „Drittstaatenunternehmen"), findet das EBRG nach § 2 Abs. 2 Satz 1 Anwendung, wenn eine nachgeordnete Leitung im Inland liegt, mit dessen Hilfe die ausländische Obergesellschaft ihre Leitungsmacht für die in der EG liegenden Tochtergesellschaften und Betriebe koordiniert. Gibt es keine nachgeordnete Leitung, findet das EBRG gemäß § 2 Abs. 2 Satz 2 Anwendung, wenn die ausländische Obergesellschaft einen Betrieb oder ein Unternehmen im Inland als ihren Vertreter benennt. Wird kein Vertreter benannt, findet das Gesetz Anwendung, wenn der Betrieb oder das Unternehmen im Inland liegt, in dem verglichen mit anderen in den Mitgliedstaaten liegenden Betrieben des Unternehmens oder Unternehmen der Unternehmensgruppe die meisten Arbeitnehmer beschäftigt sind. Eines der Unternehmen oder Betriebe gilt als zentrale Leitung und nimmt deren Aufgaben wahr, § 2 Abs. 2 Satz 3 und 4 EBRG.

---

609 *Engels/Müller*, DB 1996, 981; *Schmidt*, NZA 1997, 180 (181).

Bei gemeinschaftsweit operierenden Unternehmensgruppen gilt das 655
EBRG dann, wenn das **herrschende Unternehmen** seinen **Sitz in
Deutschland** hat. Nach § 6 Abs. 1 EBRG handelt es sich bei einem
Unternehmen, das zu einer gemeinschaftsweit tätigen Unternehmensgruppe gehört, um ein herrschendes Unternehmen, wenn es unmittelbar oder mittelbar einen beherrschenden Einfluß auf ein anderes
Unternehmen derselben Gruppe (abhängiges Unternehmen) ausüben
kann. Die **Möglichkeit der Beherrschung** reicht somit aus. Ein **beherrschender Einfluß** wird gemäß § 6 Abs. 2 Satz 1 – widerleglich[610] – **vermutet**, wenn ein Unternehmen in Bezug auf ein anderes
Unternehmen unmittelbar oder mittelbar
▶ mehr als die Hälfte der Mitglieder des Verwaltungs-, Leitungs- oder
  Aufsichtsorgans des anderen Unternehmensorgans bestellen kann
  oder
▶ über die Mehrheit der mit den Anteilen am anderen Unternehmen
  verbundenen Stimmrechte verfügt oder
▶ die Mehrheit des gezeichneten Kapitals dieses Unternehmens besitzt.

Erfüllen mehrere Unternehmen eines der vorgenannten Kriterien, 656
bestimmt sich das herrschende Unternehmen nach der numerischen
Rangfolge (1. vor 2. und 3. sowie 2. vor 3.), § 6 Abs. 2 Satz 2 EBRG.
Diese Regelungen gelten unabhängig davon, ob das zu bestimmende
herrschende Unternehmen einer Unternehmensgruppe letztlich im
Inland oder in einem anderen Staat liegt (vgl. § 2 Abs. 4 EBRG).
Dadurch sollen Kollisionsfälle und eine daraus folgende Blockade bei
der Anwendung der jeweiligen Umsetzungsbestimmungen weitgehend vermieden werden[611].

In der Vorschrift des § 7 EBRG wird klargestellt, daß auch in einer 657
gemeinschaftsweit tätigen Unternehmensgruppe nur ein Europäischer Betriebsrat als zentrales Unterrichtungs- und Anhörungsgremium zu errichten ist. Dies gilt vorbehaltlich anderer Vereinbarungen selbst dann, wenn der Unternehmensgruppe ein oder mehrere
Unternehmen oder Unternehmensgruppen („Konzern im Konzern")
angehören, die ihrerseits eine grenzübergreifende Struktur aufweisen[612].

---

610 Vgl. *Engels/Müller*, DB 1996, 981 (982).
611 *Engels/Müller*, DB 1996, 981 (982); *Schmidt*, NZA 1997, 180 (181).
612 *Engels/Müller*, DB 1996, 981 (983).

2. Möglichkeiten zur Verwirklichung des grenzüberschreitenden Unterrichtungs- und Anhörungsverfahrens

658 Das EBRG eröffnet den betreffenden Unternehmensleitungen und Arbeitnehmervertretern grundsätzlich **drei Möglichkeiten** zur Realisierung eines grenzüberschreitenden Unterrichtungs- und Anhörungsverfahrens:
- eine freiwillige, außerhalb des EBRG liegende Vereinbarung, die vor dem 22. 9. 1996 abgeschlossen worden ist (§ 41 EBRG),
- eine Vereinbarung eines Europäischen Betriebsrats (§ 18 EBRG) oder eines anderen Unterrichtungs- und Anhörungsverfahrens (§ 19 EBRG),
- ein Europäischer Betriebsrat kraft Gesetzes (§ 21 EBRG), der zu errichten ist, falls es nicht zu einer Vereinbarung über eine grenzübergreifende Unterrichtung und Anhörung der Arbeitnehmer nach dem Inkrafttreten des EBRG kommt bzw. nicht vor dem 22. 9. 1996 eine freiwillige Vereinbarung getroffen worden ist.

3. Besonderes Verhandlungsgremium der Arbeitnehmer

a) Bildung

659 Zur Schaffung eines Europäischen Betriebsrats bzw. eines sonstigen Verfahrens zur grenzübergreifenden Unterrichtung und Anhörung der Arbeitnehmer schreibt das EBRG in den §§ 8 ff. ein bestimmtes Verfahren vor. Verhandlungspartner auf Seiten der Arbeitnehmer ist das sog. **besondere Verhandlungsgremium**, das auf schriftlichen Antrag der Arbeitnehmer an die zentrale Leitung oder auf deren Initiative gebildet wird (§ 9 Abs. 1 EBRG). Der Antrag ist nach § 9 Abs. 2 Satz 1 EBRG wirksam gestellt, wenn er von mindestens 100 Arbeitnehmern oder ihren Vertretern aus mindestens zwei Betrieben oder Unternehmen, die in verschiedenen Mitgliedstaaten liegen, unterzeichnet ist und der zentralen Leitung zugeht. Werden mehrere Anträge gestellt, sind die Unterschriften zusammenzuzählen, § 9 Abs. 2 Satz 2 EBRG. Der Antrag kann auch bei der im Inland liegenden Betriebs- und Unternehmensleitung eingereicht werden. Diese hat den Antrag unverzüglich an die zentrale Leitung weiterzuleiten und die Antragsteller hierüber zu unterrichten (§ 9 Abs. 2 Satz 3 EBRG).

b) Zusammensetzung

660 Das besondere Verhandlungsgremium wird nach den Grundsätzen der **Repräsentativität** und der **Proportionalität** gebildet, d. h. jeder Mitgliedstaat, in dem das Unternehmen oder die Unternehmensgrup-

pe einen Betrieb hat, muß durch ein Mitglied vertreten sein (§ 10 Abs. 1 EBRG), wobei ein Mitgliedstaat mit mindestens 25% der Arbeitnehmer einen zusätzlichen Vertreter, ein Mitgliedstaat mit mindestens 50% der Arbeitnehmer zwei und ein Mitgliedstaat mit mindestens 75% der Arbeitnehmer drei zusätzliche Vertreter erhält (§ 10 Abs. 2 EBRG). Die Bestellung von Ersatzmitgliedern ist nach § 10 Abs. 3 EBRG zulässig.

Die nach dem EBRG oder dem Gesetz eines anderen Mitgliedstaates auf die im Inland beschäftigten Arbeitnehmer entfallenden Mitglieder des besonderen Verhandlungsgremiums werden nach § 11 Abs. 1 Satz 1 EBRG vom **Gesamtbetriebsrat** bestellt. Besteht nur ein Betriebsrat, so bestellt dieser die Mitglieder des besonderen Verhandlungsgremiums, § 11 Abs. 1 Satz 2 EBRG. In gemeinschaftsweit tätigen Unternehmensgruppen werden die Mitglieder des besonderen Verhandlungsgremiums vom **Konzernbetriebsrat** bestellt (§ 11 Abs. 2 Satz 1 EBRG). Da die Bildung eines Konzernbetriebsrats nicht zwingend vorgeschrieben ist (s. o. Rz. 254), enthält das EBRG in § 11 Abs. 3 Regelungen für den Fall, daß ein Konzernbetriebsrat nicht besteht. Sofern neben dem Konzernbetriebsrat noch ein in ihm nicht vertretener Gesamtbetriebsrat oder Betriebsrat besteht – etwa wenn ein belgisches Tochterunternehmen einer deutschen Konzernmutter einen Betrieb in Deutschland unterhält – ist der Konzernbetriebsrat nach § 11 Abs. 2 Satz 2 EBRG um deren Vorsitzende und ihre Stellvertreter zu erweitern. Zu Mitgliedern des besonderen Verhandlungsgremiums können gemäß § 11 Abs. 4 EBRG auch leitende Angestellte i. S. von § 5 Abs. 3 BetrVG bestellt werden. Frauen und Männer sollen entsprechend ihrem zahlenmäßigen Verhältnis bestellt werden, § 11 Abs. 4 EBRG.

661

c) **Geschäftsführung und Kosten**

Nach der Benennung der Mitglieder hat die zentrale Leitung unverzüglich zur **konstituierenden Sitzung** des besonderen Verhandlungsgremiums einzuladen und die örtlichen Betriebs- und Unternehmensleitungen davon zu unterrichten (§ 13 Abs. 1 Satz 1 EBRG). Das besondere Verhandlungsgremium wählt aus seiner Mitte einen Vorsitzenden und kann sich eine Geschäftsordnung geben, § 13 Abs. 1 Satz 2 EBRG. Das besondere Verhandlungsgremium kann sich nach § 13 Abs. 4 EBRG durch Sachverständige seiner Wahl, bei denen es sich auch um Beauftragte der Gewerkschaften handeln kann, unterstützen lassen, soweit dies zur ordnungsgemäßen Erfüllung seiner Aufgaben erforderlich ist. Die durch die Bildung und Tätigkeit des besonderen Verhandlungsgremiums entstehenden **Kosten** trägt die

662

zentrale Leitung, wobei sich die Kostentragungspflicht bei der Hinzuziehung von Sachverständigen auf einen Sachverständigen beschränkt, § 16 Abs. 1 EBRG. Neben der zentralen Leitung haftet der Arbeitgeber eines aus dem Inland entsandten Mitglieds des besonderen Verhandlungsgremiums für dessen Anspruch auf Kostenerstattung gemäß § 16 Abs. 2 EBRG als Gesamtschuldner.

d) Aufgabe

663 Die **Aufgabe** des besonderen Verhandlungsgremiums besteht darin, mit der zentralen Leitung in vertrauensvoller Zusammenarbeit eine Vereinbarung über eine grenzüberschreitende Unterrichtung und Anhörung der Arbeitnehmer (§ 19 EBRG) oder über die Einsetzung eines Europäischen Betriebsrats (§ 18 EBRG) abzuschließen, § 8 Abs. 1 und 3 EBRG. Die Aufgabe des besonderen Verhandlungsgremiums **endet,** wenn
- ▶ es mit mindestens zwei Dritteln der Stimmen seiner Mitglieder beschließt, keine Verhandlungen mit der zentralen Leitung aufzunehmen oder diese Verhandlungen zu beenden (§ 15 Abs. 1 EBRG),
- ▶ es mit der zentralen Leitung die Einsetzung eines Europäischen Betriebsrats (§ 18 EBRG) oder eines anderen Verfahrens zur Unterrichtung und Anhörung der Arbeitnehmer (§ 19 EBRG) vereinbart,
- ▶ nach Ablauf von drei Jahren keine Vereinbarung nach § 18 EBRG oder § 19 EBRG zustande gekommen ist (vgl. § 21 Abs. 1 Satz 2 EBRG).

664 Beschließt das besondere Verhandlungsgremium nach § 15 Abs. 1 Satz 1 EBRG, keine Verhandlungen mit der zentralen Leitung aufzunehmen oder diese Verhandlungen zu beenden, sind dieser Beschluß und das Abstimmungsergebnis in eine Niederschrift aufzunehmen, die vom Vorsitzenden und einem weiteren Mitglied zu unterzeichnen ist (§ 15 Abs. 1 Satz 2 EBRG). Eine Abschrift der Niederschrift ist der zentralen Leitung zuzuleiten, § 15 Abs. 1 Satz 3 EBRG. Ein neuer Antrag auf Bildung eines besonderen Verhandlungsgremiums nach § 9 EBRG kann frühestens zwei Jahre nach dem Beschluß gemäß § 15 Abs. 1 Satz 1 EBRG gestellt werden, sofern das besondere Verhandlungsgremium und die zentrale Leitung nicht schriftlich eine kürzere Frist festlegen (§ 15 Abs. 2 EBRG).

4. Vereinbarung zwischen besonderem Verhandlungsgremium und zentraler Leitung

665 Die Ausgestaltung der grenzüberschreitenden Unterrichtung und Anhörung können die zentrale Leitung und das besondere Verhand-

lungsgremium nach § 17 Satz 1 EBRG **frei vereinbaren**, insbesondere sind sie nicht an die Bestimmungen über den Europäischen Betriebsrat kraft Gesetzes gebunden. Die Vereinbarung muß sich jedoch gemäß § 17 Satz 2 EBRG auf alle in den Mitgliedstaaten beschäftigten Arbeitnehmer erstrecken, in denen das Unternehmen oder die Unternehmensgruppe einen Betrieb hat.

a) Europäischer Betriebsrat kraft Vereinbarung

Wollen die Verhandlungspartner einen Europäischen Betriebsrat vereinbaren, so muß diese Vereinbarung gemäß § 18 Abs. 1 Satz 1 EBRG **schriftlich** erfolgen. Außerdem sind alle in den Mitgliedstaaten beschäftigten Arbeitnehmer einzubeziehen, in denen das Unternehmen einen Betrieb unterhält (§ 17 Satz 2 EBRG). In der Vereinbarung soll nach § 18 Abs. 1 Satz 2 EBRG insbesondere folgendes festgelegt werden: 666

- die Bezeichnung der erfaßten Betriebe und Unternehmen, einschließlich der außerhalb des Hoheitsgebiets der Mitgliedstaaten liegenden Niederlassungen, sofern diese in den Geltungsbereich einbezogen werden,
- die Zusammensetzung des Europäischen Betriebsrats, die Anzahl der Mitglieder, die Ersatzmitglieder, die Sitzverteilung und die Mandatsdauer,
- die Zuständigkeit und Aufgaben des Europäischen Betriebsrats sowie das Verfahren zu seiner Unterrichtung und Anhörung,
- der Ort, die Häufigkeit und die Dauer der Sitzungen,
- die für den Europäischen Betriebsrat zur Verfügung zu stellenden finanziellen und sachlichen Mittel,
- eine Klausel zur Anpassung der Vereinbarung an Strukturveränderungen, die Geltungsdauer der Vereinbarung und das bei ihrer Neuverhandlung anzuwendende Verfahren, einschließlich einer Übergangsregelung.

Bei der Bestellung und Abberufung der inländischen Arbeitnehmervertreter des Europäischen Betriebsrats ist nach § 18 Abs. 2 EBRG das in § 23 EBRG vorgeschriebene Verfahren zu beachten (s. u. Rz. 679). 667

b) Anderes Verfahren zur Unterrichtung und Anhörung der Arbeitnehmer

Sofern das besondere Verhandlungsgremium und die zentrale Leitung die Errichtung eines Europäischen Betriebsrats nicht wollen, können sie nach § 19 EBRG auch ein anderes Verfahren zur Unterrichtung und Anhörung der Arbeitnehmer einführen. Die Vereinba- 668 rung über ein solches Verfahren muß gemäß § 19 Satz 1 EBRG ebenfalls schriftlich erfolgen. Weiterhin müssen die Voraussetzungen geregelt werden, unter denen die Arbeitnehmervertreter das Recht haben, die ihnen übermittelten Informationen zu beraten und wie sie ihre Vorschläge oder Bedenken mit der zentralen Leitung oder einer anderen geeigneten Leitungsebene erörtern können. Die Unterrichtung muß sich insbesondere auf grenzübergreifende Angelegenheiten erstrecken, die erhebliche Auswirkungen auf die Arbeitnehmer haben (§ 19 Satz 2 EBRG).

669 Das dezentrale Verfahren kann inhaltlich z. B. in der Weise ausgestaltet werden, daß die zentrale Leitung zunächst das örtliche Management über die vereinbarten Angelegenheiten unterrichtet, das sodann die örtlichen Arbeitnehmervertreter entsprechend zu informieren hat (sog. by-pass-Lösung)[613]. Keinen Bedenken begegnet auch eine Kombination zwischen einem Europäischen Betriebsrat und einem dezentralen Verfahren sowie die Errichtung eines gemeinsamen zentralen Gremiums, das sowohl aus Arbeitnehmer- als auch aus Arbeitgebervertretern besteht.

c) Übergangsbestimmung

670 Zur Gewährleistung der Kontinuität einer Vereinbarung über grenzübergreifende Unterrichtung und Anhörung nach §§ 18 oder 19 EBRG, die durch Zeitablauf oder Kündigung endet und selbst keine Übergangsregelung enthält, sieht § 20 Satz 1 EBRG vor, daß eine solche Vereinbarung fortgilt, wenn vor ihrer Beendigung das Antrags- oder Initiativrecht nach § 9 Abs. 1 EBRG (s. o. Rz. 659) ausgeübt worden ist. Das Antragsrecht auf Errichtung des besonderen Verhandlungsgremiums hat hier neben den in § 9 Abs. 2 Satz 1 EBRG genannten Arbeitnehmern oder ihren Vertretern auch ein auf Grund einer Vereinbarung bestehendes Arbeitnehmervertretungsgremium, § 20 Satz 2 EBRG. Die Fortgeltung einer bestehenden Vereinbarung endet gemäß § 20 Satz 3 EBRG, wenn sie durch eine neue Vereinbarung ersetzt oder ein Europäischer Betriebsrat kraft Gesetzes errichtet worden ist.

671 Keine Anwendung findet die Übergangsbestimmung des § 20 EBRG, wenn in der bestehenden Vereinbarung eine Übergangsregelung enthalten ist (§ 20 Satz 4 EBRG).

---

613 Vgl. *Engels/Müller,* DB 1996, 981 (985).

XIII. Europäischer Betriebsrat　　　　　　　　　　　　　Rz. 676 **Teil B**

5. Europäischer Betriebsrat kraft Gesetzes

a) Voraussetzungen

Ein Europäischer Betriebsrat ist kraft Gesetzes zu errichten, wenn   672
- die zentrale Leitung innerhalb von sechs Monaten nach Antragstellung auf Einrichtung eines besonderen Verhandlungsgremiums (s. o. Rz. 659) die Aufnahme von Verhandlungen mit diesem Gremium verweigert (§ 21 Abs. 1 Satz 1 EBRG),
- innerhalb von drei Jahren nach der Antragstellung keine Vereinbarung nach § 18 EBRG oder § 19 EBRG zustande kommt (§ 21 Abs. 1 Satz 2 Halbsatz 1 EBRG),
- die zentrale Leitung und das besondere Verhandlungsgremium das vorzeitige Scheitern der Verhandlungen erklären (§ 21 Abs. 1 Satz 2 Halbsatz 2 EBRG).

Dies gilt entsprechend, wenn die Bildung des besonderen Verhand-   673
lungsgremiums auf Initiative der zentralen Leitung erfolgt (§ 21 Abs. 1 Satz 3 EBRG).

Die Errichtung eines Europäischen Betriebsrats kraft Gesetzes entfällt   674
gemäß § 21 Abs. 2 EBRG, wenn das besondere Verhandlungsgremium vor Ablauf dieser Fristen nach § 15 Abs. 1 EBRG beschlossen hat, keine Verhandlungen mit der zentralen Leitung aufzunehmen oder diese zu beenden (s. o. Rz. 664).

b) Zusammensetzung

Der Europäische Betriebsrat setzt sich nach § 22 Abs. 1 Satz 1 EBRG   675
aus Arbeitnehmern des gemeinschaftsweit tätigen Unternehmens oder der gemeinschaftsweit tätigen Unternehmensgruppe zusammen. Er besteht **höchstens aus 30 Mitgliedern** (§ 22 Abs. 1 Satz 2 EBRG). Die Bestellung von Ersatzmitgliedern ist zulässig, § 22 Abs. 1 Satz 3 EBRG.

Ebenso wie bei dem besonderen Verhandlungsgremium gelten die   676
Grundsätze der **Repräsentativität** und der **Proportionalität:** Aus jedem Mitgliedstaat, in dem das Unternehmen oder die Unternehmensgruppe einen Betrieb hat, wird ein Arbeitnehmervertreter in den Europäischen Betriebsrat entsandt, § 22 Abs. 2 EBRG. **Zusätzliche Vertreter** aus einem Mitgliedstaat werden entsandt, wenn das Unternehmen eine bestimmte Beschäftigtenzahl erreicht und der Anteil der Arbeitnehmer aus einem Mitgliedstaat im Verhältnis zur Gesamtzahl der in allen Mitgliedstaaten beschäftigten Arbeitnehmer des Unternehmens die in § 22 Abs. 3 und 4 EBRG festgelegten Quoten überschreitet.

677 Beschäftigt ein Unternehmen oder eine Unternehmensgruppe **insgesamt bis zu 10 000 Arbeitnehmer** innerhalb der Mitgliedstaaten, so entfallen gemäß § 22 Abs. 3 EBRG auf den Mitgliedstaat, in dem

> mindestens 20% der Arbeitnehmer tätig sind, 1 zusätzlicher Vertreter,
> mindestens 30% der Arbeitnehmer tätig sind, 2 zusätzliche Vertreter,
> mindestens 40% der Arbeitnehmer tätig sind, 3 zusätzliche Vertreter,
> mindestens 50% der Arbeitnehmer tätig sind, 4 zusätzliche Vertreter,
> mindestens 60% der Arbeitnehmer tätig sind, 5 zusätzliche Vertreter,
> mindestens 70% der Arbeitnehmer tätig sind, 6 zusätzliche Vertreter,
> mindestens 80% der Arbeitnehmer tätig sind, 7 zusätzliche Vertreter.

678 Hat das Unternehmen oder die Unternehmensgruppe **insgesamt mehr als 10 000 Arbeitnehmer**, so entfallen nach § 22 Abs. 4 EBRG auf den Mitgliedstaat, in dem

> mindestens 20% der Arbeitnehmer tätig sind, 1 zusätzlicher Vertreter,
> mindestens 30% der Arbeitnehmer tätig sind, 3 zusätzliche Vertreter,
> mindestens 40% der Arbeitnehmer tätig sind, 5 zusätzliche Vertreter,
> mindestens 50% der Arbeitnehmer tätig sind, 7 zusätzliche Vertreter,
> mindestens 60% der Arbeitnehmer tätig sind, 9 zusätzliche Vertreter,
> mindestens 70% der Arbeitnehmer tätig sind, 11 zusätzliche Vertreter,
> mindestens 80% der Arbeitnehmer tätig sind, 13 zusätzliche Vertreter.

c) Bestellung und Abberufung der inländischen Arbeitnehmervertreter

679 Die Bestellung der deutschen Mitglieder des Europäischen Betriebsrats erfolgt gemäß § 23 Abs. 1 bis 3 und 5 EBRG in gleicher Weise wie die der Mitglieder des besonderen Verhandlungsgremiums (s. o. Rz. 661). Auch die Bestellung von leitenden Angestellten ist zulässig. Für den Fall, daß die Bestellung eines leitenden Angestellten unterbleibt, kann das zuständige Sprecherausschußgremium eines gemeinschaftsweit tätigen Unternehmens oder einer gemeinschaftsweit tätigen Unternehmensgruppe mit Sitz der zentralen Leitung in Deutschland einen leitenden Angestellten i. S. von § 5 Abs. 3 BetrVG bestimmen, der mit Rederecht an den Sitzungen zur Unterrichtung und Anhörung des Europäischen Betriebsrats teilnimmt, sofern nach § 22 Abs. 2 bis 4 EBRG mindestens fünf inländische Vertreter entsandt werden, § 23 Abs. 6 Satz 1 EBRG.

680 Sobald die Mitglieder des Europäischen Betriebsrats feststehen, sind deren Namen, Anschriften und Betriebszugehörigkeit der zentralen

Leitung von den nationalen Bestellungsgremien mitzuteilen (§ 24 Satz 1 EBRG). Nach § 24 Satz 2 EBRG hat die zentrale Leitung die örtlichen Betriebs- oder Unternehmensleitungen, die dort bestehenden Arbeitnehmervertretungen sowie die in inländischen Betrieben vertretenen Gewerkschaften über diese Angaben zu unterrichten.

Für die **Abberufung** der Mitglieder des Europäischen Betriebsrats gelten nach § 23 Abs. 4 EBRG dessen Abs. 1 bis 3 entsprechend. 681

d) Amtszeit

Der Europäische Betriebsrat ist – ähnlich wie der Gesamt- und Konzernbetriebsrat – eine Dauereinrichtung ohne feste Amtszeit[614]. Er entfällt sofort und ersatzlos, sofern eine der in § 3 EBRG genannten Voraussetzungen entfällt. Zudem endet das Amt des Europäischen Betriebsrats gemäß § 37 Satz 3 EBRG, wenn nach Maßgabe von § 37 Satz 1 und 2 EBRG eine Vereinbarung i. S. von § 17 EBRG geschlossen worden ist. Insoweit hat der Europäische Betriebsrat nach § 37 Abs. 1 EBRG vier Jahre nach der konstituierenden Sitzung mit der Mehrheit seiner Stimmen darüber zu beschließen, ob mit der zentralen Leitung eine Vereinbarung i. S. von § 17 EBRG ausgehandelt werden soll. Beschließt er dies, so erhält er gemäß § 37 Satz 2 EBRG zusätzlich die Rechtsstellung des besonderen Verhandlungsgremiums mit allen damit zusammenhängenden Rechten und Pflichten, um nach den für das besondere Verhandlungsgremium geltenden Regeln eine Vereinbarung mit der zentralen Leitung aushandeln zu können. Kommt eine Vereinbarung i. S. von § 17 EBRG nicht zustande, bleibt der Europäische Betriebsrat bestehen[615]. 682

Die Dauer der Amtszeit der einzelnen Mitglieder des Europäischen Betriebsrats ist gemäß § 36 Abs. 1 Satz 1 EBRG auf vier Jahre begrenzt, falls sie nicht durch Abberufung oder aus anderen Gründen, wie z. B. durch Amtsniederlegung oder Beendigung des Arbeitsverhältnisses, vorzeitig beendet wird. Die Mitgliedschaft beginnt mit der Bestellung, § 36 Abs. 1 Satz 2 EBRG. Eine erneute Bestellung ist zulässig[616]. 683

Darüber hinaus hat die zentrale Leitung nach § 36 Abs. 2 Satz 1 EBRG alle zwei Jahre, vom Tage der konstituierenden Sitzung des Europäischen Betriebsrats an gerechnet, zu prüfen, ob sich die Arbeitnehmerzahlen in den einzelnen Mitgliedstaaten (etwa infolge ei- 684

---

614 *Engels/Müller*, DB 1996, 981 (986); *Schmidt*, NZA 1997, 180 (182).
615 *Engels/Müller*, DB 1996, 981 (986).
616 *Engels/Müller*, DB 1996, 981 (986); *Schmidt*, NZA 1997, 180 (182).

ner Erweiterung, Verkleinerung oder Strukturänderung des gemeinschaftsweit tätigen Unternehmens oder der Unternehmensgruppe) derart geändert haben, daß sich eine andere Zusammensetzung des Europäischen Betriebsrats nach § 22 Abs. 2 bis 4 EBRG errechnet. Das Ergebnis der Prüfung hat sie dem Europäischen Betriebsrat mitzuteilen, § 36 Abs. 2 Satz 2 EBRG. Ist danach eine andere Zusammensetzung des Europäischen Betriebsrats erforderlich, hat dieser gemäß § 37 Abs. 2 Satz 3 EBRG bei den zuständigen Stellen zu veranlassen, daß die Mitglieder des Europäischen Betriebsrats in den Mitgliedstaaten neu bestellt werden, in denen sich eine gegenüber dem vorhergehenden Zeitraum abweichende Anzahl der Arbeitnehmervertreter ergibt. Mit der Neubestellung endet die Mitgliedschaft der bisher aus diesen Mitgliedstaaten stammenden Arbeitnehmervertreter im Europäischen Betriebsrat.

e) Geschäftsführung, Bildung eines Ausschusses

685 Sobald der zentralen Leitung die Mitglieder des Europäischen Betriebsrats mitgeteilt worden sind, hat sie diese nach § 25 Abs. 1 Satz 1 EBRG zur konstituierenden Sitzung des Europäischen Betriebsrats einzuladen. Dieser wählt aus seiner Mitte einen Vorsitzenden und dessen Stellvertreter, § 25 Abs. 1 Satz 1 EBRG. Der Vorsitzende des Europäischen Betriebsrats und im Falle seiner Verhinderung der stellvertretende Vorsitzende sind die Vertretungsorgane des Europäischen Betriebsrats, die ihn im Rahmen seiner Beschlüsse vertreten und Erklärungen für ihn entgegennehmen können (§ 26 Abs. 2 EBRG).

686 Hat ein Europäischer Betriebsrat weniger als neun Mitglieder, so kann er gemäß § 26 Abs. 2 EBRG die Führung der laufenden Geschäftsführung auf den Vorsitzenden oder ein anderes Mitglied des Europäischen Betriebsrats übertragen. Besteht der Europäische Betriebsrat aus neun oder mehr Mitgliedern, bildet er aus seiner Mitte einen Ausschuß von drei Mitgliedern, dem neben dem Vorsitzenden zwei weitere zu wählende Mitglieder angehören (§ 26 Abs. 1 Satz 1 EBRG). Die Mitglieder des Ausschusses sollen nach § 26 Abs. 1 Satz 2 EBRG in verschiedenen Mitgliedstaaten beschäftigt sein. Der Ausschuß führt die laufenden Geschäfte des Europäischen Betriebsrats, § 26 Abs. 2 Satz 3 EBRG.

687 Der Europäische Betriebsrat ist nach § 27 Abs. 1 Satz 1 EBRG berechtigt, im Zusammenhang mit der Unterrichtung durch die zentrale Leitung nach § 32 EBRG eine Sitzung durchzuführen und zu dieser einzuladen. Gleiches gilt gemäß § 27 Abs. 1 Satz 2 EBRG bei einer

Unterrichtung über außergewöhnliche Umstände nach § 33 EBRG. Der Zeitpunkt und der Ort der Sitzungen sind mit der zentralen Leitung abzustimmen (§ 27 Abs. 1 Satz 3 EBRG). Die Durchführung weiterer Sitzungen bedarf des Einverständnisses der zentralen Leitung, § 27 Abs. 1 Satz 4 EBRG. Die Sitzungen des Europäischen Betriebsrats sind gemäß § 27 Abs. 1 Satz 4 EBRG nicht öffentlich, so daß an ihr neben den Mitgliedern grundsätzlich nur Sachverständige und Dolmetscher teilnehmen dürfen[617]. Entsprechendes gilt nach § 27 Abs. 2 EBRG, wenn der Europäische Betriebsrat seine Mitwirkungsrechte dem Ausschuß übertragen hat.

Der Europäische Betriebsrat faßt seine Beschlüsse im allgemeinen mit einfacher Mehrheit, also mit der Mehrheit der anwesenden Mitglieder (§ 28 Satz 1 EBRG). Eine qualifizierte Mehrheit, nämlich die Mehrheit der Stimmen der Mitglieder, ist erforderlich für den Beschluß über die schriftlich zu fassende Geschäftsordnung, die sich der Europäische Betriebsrat geben muß (§ 28 Satz 2 EBRG), sowie für den Beschluß über die Aufnahme von Verhandlungen mit der zentralen Leitung nach § 37 EBRG. 688

Die Vorschriften über die Hinzuziehung von Sachverständigen (§ 29 EBRG) und die Kosten (§ 30 EBRG) entsprechen weitgehend denen für das besondere Verhandlungsgremium (s. o. Rz. 662). 689

f) Aufgaben

Das EBRG räumt dem Europäischen Betriebsrat in den §§ 31 insbesondere in wirtschaftlichen Angelegenheiten Unterrichtungs- und Beratungsrechte ein. Erzwingbare Mitbestimmungsrechte des Wirtschaftsausschusses bestehen dagegen nicht[618]. 690

Der Europäische Betriebsrat ist nach § 31 Abs. 1 EBRG zuständig in Angelegenheiten der §§ 32 und 33 EBRG, die mindestens zwei Betriebe oder zwei Unternehmen in verschiedenen Mitgliedstaaten betreffen. Ein solcher, die Zuständigkeit des Europäischen Betriebsrats begründender grenzübergreifender Bezug ist auch dann gegeben, wenn etwa die in Deutschland ansässige zentrale Leitung eines gemeinschaftsweit tätigen Unternehmens plant, einen zum Unternehmen gehörenden Betrieb in Frankreich zu stillzulegen[619]. Liegt die zentrale Leitung eines gemeinschaftsweit tätigen Unternehmens oder einer Unternehmensgruppe nicht in einem Mitgliedstaat (z. B. in 691

---
617 Vgl. *Engels/Müller*, DB 1996, 981 (986).
618 Vgl. *Engels/Müller*, DB 1996, 981; *Schmidt*, NZA 1997, 180.
619 Vgl. *Engels/Müller*, DB 1996, 981 (986 f.).

Großbritannien), so ist der bei dem im Inland ansässigen Vertreter errichtete Europäische Betriebsrat nach § 31 Abs. 2 EBRG nur in solchen Angelegenheiten zuständig, die sich auf das Hoheitsgebiet der Mitgliedstaaten erstrecken und mindestens zwei Betriebe oder zwei Unternehmen in verschiedenen Mitgliedstaaten betreffen.

692 Die zentrale Leitung hat den Europäischen Betriebsrat nach § 32 Abs. 1 EBRG einmal im Kalenderjahr über die Entwicklung der Geschäftslage und die Perspektiven des gemeinschaftsweit tätigen Unternehmens oder der gemeinschaftsweit tätigen Unternehmensgruppe unter rechtzeitiger Vorlage der erforderlichen Unterlagen zu unterrichten und ihn anzuhören. Diese Vorschrift entspricht strukturell der des § 106 Abs. 2 Satz 1 BetrVG hinsichtlich der Beratungs- und Anhörungspflicht des Unternehmers gegenüber dem Wirtschaftsausschuß, so daß die dortigen Ausführungen weitgehend sinngemäß gelten (s. o. Rz. 390 ff.). Zu der Entwicklung der Geschäftsgrundlage und den Perspektiven gehören gemäß § 32 Abs. 2 EBRG insbesondere:
- ▶ die Struktur des Unternehmens oder der Unternehmensgruppe sowie die wirtschaftliche und finanzielle Lage,
- ▶ die voraussichtliche Entwicklung der Geschäfts-, Produktions- und Absatzlage,
- ▶ die Beschäftigungslage und ihre voraussichtliche Entwicklung,
- ▶ Investitionen (Investitionsprogramme),
- ▶ grundlegende Änderungen der Organisation,
- ▶ die Einführung neuer Arbeits- und Fertigungsverfahren,
- ▶ die Verlegung von Unternehmen, Betrieben oder wesentlichen Betriebsteilen sowie Verlagerungen der Produktion,
- ▶ Zusammenschlüsse oder Spaltungen von Unternehmen oder Betrieben,
- ▶ die Einschränkung oder Stillegung von Unternehmen, Betrieben oder wesentlichen Betriebsteilen,
- ▶ Massenentlassungen.

693 Die – nicht abschließende – Konkretisierung der „Entwicklung der Geschäftslage und der Perspektiven" des gemeinschaftsweit tätigen Unternehmens oder der gemeinschaftsweit tätigen Unternehmensgruppe entspricht im wesentlichen der Konkretisierung der „wirtschaftlichen Angelegenheiten" in § 106 Abs. 3 BetrVG, die der Unternehmer mit dem Wirtschaftsausschuß zu beraten und über die er diesen zu unterrichten hat (s. o. Rz. 375 ff.). Die in den Nrn. 5 bis 10 genannten Angelegenheiten sind allerdings enger gefaßt und sind weitgehend identisch mit den sich aus § 112 Satz 2 BetrVG ergebenden Betriebsänderungen (s. Teil J Rz. 15 ff.).

XIII. Europäischer Betriebsrat Rz. 698 Teil B

Außerdem muß die zentrale Leitung den Europäischen Betriebsrat nach § 33 Abs. 1 Satz 1 EBRG über **außergewöhnliche Umstände,** die erhebliche Auswirkungen auf die Interessen der Arbeitnehmer haben, rechtzeitig unter Vorlage der erforderlichen Unterlagen anhören. Als außergewöhnliche Umstände gelten insbesondere die Verlegung von Unternehmen, Betrieben oder wesentlichen Betriebsteilen, die Stillegung von Unternehmen, Betrieben oder wesentlichen Betriebsteilen und Massenentlassungen (§ 33 Abs. 1 Satz 2 EBRG). Anstelle des Europäischen Betriebsrats ist der Ausschuß i. S. von § 26 Abs. 1 EBRG zu beteiligen, sofern dieser besteht. Zu den Sitzungen des Ausschusses sind auch diejenigen Mitglieder des Europäischen Betriebsrats zu laden, die für die Betriebe oder Unternehmen bestellt worden sind, die unmittelbar von den geplanten Maßnahmen betroffen sind. Insoweit gelten sie als Ausschußmitglieder (§ 33 Abs. 2 EBRG). 694

Die Pflicht der zentralen Leitung, über die sich aus den §§ 32 und 33 Abs. 1 EBRG ergebenden Angelegenheiten zu unterrichten, besteht nach § 39 Abs. 1 EBRG nur insoweit, als dadurch nicht Betriebs- oder Geschäftsgeheimnisse gefährdet werden (s. dazu o. Rz. 402 ff.). 695

Auf **Tendenzunternehmen** i. S. von § 118 Abs. 1 Satz 1 Nr. 1 und 2 BetrVG (s. Teil K) finden nur § 32 Abs. 2 Nr. 5 und 10 EBRG und § 33 EBRG Anwendung mit der Maßgabe, daß eine Unterrichtung und Anhörung nur über den Ausgleich oder die Milderung der wirtschaftlichen Nachteile erfolgen muß, die den Arbeitnehmern infolge der Unternehmens- oder Betriebsänderungen entstehen (§ 34 EBRG). Auf diese Weise wird der Regelung des § 118 Abs. 1 Satz 1 Rechnung getragen, derzufolge in Tendenzunternehmen kein Wirtschaftsausschuß zu bilden ist und die Beteiligungsrechte des Betriebsrats bei Betriebsänderungen nur insoweit anzuwenden sind, als sie den Ausgleich oder die Milderung wirtschaftlicher Nachteile für die Arbeitnehmer infolge von Betriebsänderungen betreffen. 696

Die unterbliebene, unrichtige, unvollständige, nicht in der vorgeschriebenen Weise erfolgte oder nicht rechtzeitige Unterrichtung des Europäischen Betriebsrats oder des Ausschusses entgegen §§ 32, 33 Abs. 1 Satz 1 oder Abs. 2 Satz 1 EBRG stellt nach § 45 EBRG eine Ordnungswidrigkeit dar, die mit einer Geldbuße bis zu 30 000,– DM geahndet werden kann. 697

Der Europäische Betriebsrat bzw. der Ausschuß hat weiterhin die Aufgabe, die **örtlichen Arbeitnehmervertreter** oder, wenn es diese nicht gibt, den **Arbeitnehmern der Betriebe oder Unternehmen** über die Unterrichtung und Anhörung zu **berichten,** § 35 Abs. 1 EBRG. 698

Über Betriebs- oder Geschäftsgeheimnisse darf nicht berichtet werden (vgl. § 39 Abs. 2 bis 4 EBRG). Bestehen in Betrieben und Unternehmen Sprecherausschüsse der leitenden Angestellten, so hat das Mitglied des Europäischen Betriebsrats oder des Ausschusses, das den örtlichen Arbeitnehmervertretungen im Inland berichtet, den Bericht auf einer gemeinsamen Sitzung i. S. von § 2 Abs. 2 SprAuG zu erstatten, sofern nicht ein nach § 26 Abs. 6 EBRG bestimmter Angestellter an der Sitzung zur Unterrichtung und Anhörung des Europäischen Betriebsrats teilgenommen hat. Bei nur schriftlicher Erstattung des Berichts ist dieser auch dem zuständigen Sprecherausschuß zuzuleiten, § 35 Abs. 2 EBRG.

6. Grundsätze der Zusammenarbeit

a) Vertrauensvolle Zusammenarbeit

699 Nach § 38 EBRG haben die zentrale Leitung und der (vereinbarte oder kraft Gesetzes errichtete) Europäische Betriebsrat bzw. die Arbeitnehmervertreter im Rahmen eines Verfahrens zur Unterrichtung und Anhörung vertrauensvoll zum Wohl der Arbeitnehmer und des Unternehmens oder der Unternehmensgruppe zusammenzuarbeiten. Diese Vorschrift ist der des § 2 Abs. 1 BetrVG nachgebildet.

b) Geheimhaltungspflicht

700 Die Mitglieder und Ersatzmitglieder des Europäischen Betriebsrats sind gemäß § 39 Abs. 2 Satz 1 EBRG verpflichtet, Betriebs- oder Geschäftsgeheimnisse, die ihnen wegen ihrer Zugehörigkeit zum Europäischen Betriebsrat bekannt geworden sind und von der zentralen Leitung ausdrücklich als geheimhaltungsbedürftig bezeichnet worden sind, nicht zu offenbaren und zu verwerten. Dies gilt auch nach dem Ausscheiden aus dem Europäischen Betriebsrat (§ 39 Abs. 2 Satz 2 EBRG). Die Verpflichtung gilt nicht gegenüber Mitgliedern des Europäischen Betriebsrats und den örtlichen Arbeitnehmervertretern der Betriebe und Unternehmen, wenn diese auf Grund einer Vereinbarung nach § 18 EBRG oder nach § 35 EBRG über den Inhalt der Unterrichtungen und die Ergebnisse der Anhörungen zu unterrichten sind. Ferner gilt die Geheimhaltungspflicht nicht gegenüber den Arbeitnehmervertretern im Aufsichtsrat sowie gegenüber Dolmetschern und Sachverständigen, die zur Unterstützung herangezogen werden.

701 Die Geheimhaltungspflicht nach § 39 Abs. 1 Satz 1 und 2 EBRG gilt gemäß § 39 Abs. 2 EBRG entsprechend für die Mitglieder und Ersatzmitglieder des besonderen Verhandlungsgremiums, die Arbeitneh-

XIII. Europäischer Betriebsrat   Rz. 704 **Teil B**

mervertreter im Rahmen eines Verfahrens zur Unterrichtung und Anhörung (§ 19 EBRG), die Sachverständigen und Dolmetscher sowie die örtlichen Arbeitnehmervertreter. Die Ausnahmen von der Verschwiegenheitspflicht nach § 39 Abs. 2 Satz 3 und 4 EBRG gelten gemäß § 39 Abs. 4 EBRG entsprechend zum einen für das besondere Verhandlungsgremium gegenüber Sachverständigen und Dolmetschern, zum anderen für die Arbeitnehmervertreter im Rahmen eines Verfahrens zur Unterrichtung und Anhörung gegenüber Dolmetschern und Sachverständigen, die vereinbarungsgemäß zur Unterstützung herangezogen werden und gegenüber örtlichen Arbeitnehmervertretern, sofern diese nach der Vereinbarung (§ 19 EBRG) über die Inhalte der Unterrichtungen und die Ergebnisse der Anhörungen zu unterrichten sind.

Die unbefugte Verwertung oder Offenbarung eines Betriebs- oder Geschäftsgeheimnisses sind nach §§ 43, 44 Abs. 1 Nr. 1 und 2 EBRG strafbar und können mit Freiheitsstrafe bis zu zwei Jahren oder mit Geldstrafe geahndet werden. 702

7. Schutzbestimmungen

Für die Mitglieder des Europäischen Betriebsrats, die Mitglieder des besonderen Verhandlungsgremiums und die Arbeitnehmervertreter im Rahmen eines Verfahrens zur Unterrichtung und Anhörung finden gemäß § 40 EBRG die zugunsten der Betriebsratsmitglieder geltenden Schutzvorschriften der Arbeitsbefreiung ohne Entgeltminderung (§ 37 Abs. 2 BetrVG), des Freizeitausgleichs (§ 37 Abs. 3 BetrVG), der Entgeltsicherung (§ 37 Abs. 4 BetrVG), der beruflichen Absicherung (§ 37 Abs. 5 BetrVG), des Verbots der Störung, Benachteiligung und der Begünstigung (§ 78 BetrVG) sowie der besondere Kündigungsschutz (§ 103 BetrVG, § 15 Abs. 1 und 3 bis 5 KSchG) entsprechende Anwendung. Allerdings besteht allein wegen der Mitgliedschaft im Europäischen Betriebsrat oder im besonderen Verhandlungsgremium oder wegen der Tätigkeit als Arbeitnehmervertreter im Rahmen eines Verfahrens zur Unterrichtung und Anhörung kein Anspruch auf Teilnahme an Schulungs- und Bildungsveranstaltungen, da § 40 EBRG die Regelungen des § 37 Abs. 6 und 7 BetrVG nicht für entsprechend anwendbar erklärt. 703

Die Behinderung oder Störung der Tätigkeit des Europäischen Betriebsrats, des besonderen Verhandlungsgremiums oder der Arbeitnehmervertreter im Rahmen eines Verfahrens zur Unterrichtung und Anhörung sowie die Benachteiligung oder Begünstigung eines Mitglieds oder Ersatzmitglieds des Europäischen Betriebsrats, des beson- 704 deren Verhandlungsgremiums oder eines Arbeitnehmervertreters im Rahmen eines Verfahrens zur Unterrichtung und Anhörung sind gemäß § 44 Abs. 1 Nr. 2 EBRG i. V. mit § 42 EBRG strafbar und können mit Freiheitsstrafe bis zu einem Jahr oder mit Geldstrafe geahndet werden.

8. Gesetzesverdrängende Vereinbarungen

705 Nach § 41 Abs. 1 EBRG finden die Vorschriften dieses Gesetzes keine Anwendung auf die in den §§ 2 und 3 EBRG genannten Unternehmen und Unternehmensgruppen, in denen freiwillige Vereinbarungen bestehen, wenn diese
- vor dem 22. 9. 1996 abgeschlossen worden sind,
- eine grenzüberschreitende Unterrichtung und Anhörung vorsehen,
- sich auf alle in den Mitgliedstaaten beschäftigten Arbeitnehmer erstrecken und den Arbeitnehmern aus denjenigen Mitgliedstaaten eine angemessene Beteiligung an der Unterrichtung und Anhörung ermöglichen, in denen das Unternehmen oder die Unternehmensgruppen einen Betrieb hat.

706 Für die Wirksamkeit einer gesetzesverdrängenden Vereinbarung reicht es aus, daß diese auf Arbeitnehmerseite nur von einer im BetrVG vorgesehenen Arbeitnehmervertretung (Betriebsrat, Gesamtbetriebsrat, Konzernbetriebsrat) geschlossen worden ist, § 41 Abs. 2 Satz 1 EBRG. Gleiches gilt nach § 41 Abs. 2 Satz 2 EBRG, wenn für ein Unternehmen oder eine Unternehmensgruppe anstelle einer Vereinbarung mehrere Vereinbarungen geschlossen worden sind. Ferner enthält § 41 Abs. 3 bis 5 EBRG zum Zwecke der Bestandssicherung freiwilliger Vereinbarungen über den 22. 9. 1996 hinaus eine Nachbesserungs-, Strukturanpassungs- und Verlängerungsregelung.

707 Endet eine freiwillige Vereinbarung (etwa durch Kündigung oder Zeitablauf), so gilt sie gemäß § 41 Abs. 6 Satz 1 EBRG fort, wenn vor ihrer Beendigung ein Antrags- oder Initiativrecht nach § 9 Abs. 1 EBRG ausgeübt worden ist. Die Fortgeltung dauert so lange, bis die Vereinbarung durch eine grenzübergreifende Unterrichtung und Anhörung nach § 18 EBRG oder § 20 EBRG ersetzt oder ein Europäischer Betriebsrat kraft Gesetzes errichtet worden ist, § 41 Abs. 6 Satz 3 EBRG. Die Fortgeltung endet nach § 41 Abs. 6 Satz 4 EBRG auch dann, wenn das besondere Verhandlungsgremium einen Beschluß i. S. von § 15 Abs. 1 EBRG faßt.

XIV. Sprecherausschuß für leitende Angestellte

1. Allgemeine Grundsätze

Das BetrVG findet gemäß § 5 Abs. 3 – von wenigen Ausnahmen abgesehen – auf leitende Angestellte keine Anwendung. Diese Regelung beruht auf dem Umstand, daß die leitenden Angestellten wegen ihrer unternehmerischen Funktionen der Unternehmensleitung zuzuordnen sind und ihre Interessen damit nicht gleichzeitig von dem Betriebsrat wahrgenommen werden können. Obwohl bis zum Inkrafttreten des Sprecherausschußgesetzes am 1. 1. 1989 eine kollektive Interessenvertretung der leitenden Angestellten gesetzlich nicht vorgesehen war, bildeten sich bereits zuvor aufgrund privatrechtlicher Vereinbarungen mit den Arbeitgebern freiwillige Sprecherausschüsse der leitenden Angestellten. Durch das Sprecherausschußgesetz (SprAuG)[620] wurden die Sprecherausschüsse der leitenden Angestellten nunmehr gesetzlich verankert. Danach können die leitenden Angestellten i. S. von § 5 Abs. 3 BetrVG zur Vertretung ihrer Belange ein selbständiges, vom Betriebsrat abgesondertes Repräsentationsorgan (**Sprecherausschuß**) wählen[621].

708

Nach der gesetzgeberischen Begründung soll die Schaffung der Sprecherausschüsse angemessene Arbeitsbedingungen für die leitenden Angestellten bei Regelungen, die sie gemeinsam betreffen, gewährleisten. Weiterhin soll die Mitwirkung ermöglichen, die besonderen Kenntnisse und Einsichten der leitenden Angestellten hinsichtlich der organisatorischen und wirtschaftlichen Zusammenhänge des Unternehmens in Entscheidungsprozesse einzubringen[622]. Allerdings sind im SprAuG keine echten Mitbestimmungsrechte des Sprecherausschusses vorgesehen. Vielmehr beschränken sich die Beteiligungsrechte des Sprecherausschusses auf Unterrichtungs-, Anhörungs- und Beratungsrechte.

709

Der **Aufbau des Sprecherausschusses orientiert sich** im wesentlichen **am** Modell des **BetrVG.** Insbesondere die Vorschriften über die Wahl, Zusammensetzung, Amtszeit (§§ 3 ff. SprAuG) und Geschäftsführung (§§ 11 ff. SprAuG) des Sprecherausschusses, über die Versammlung der leitenden Angestellten (§ 15 SprAuG), über den Gesamtsprecher-

710

---

620 Gesetz über Sprecherausschüsse der leitenden Angestellten (Sprecherausschußgesetz – SprAuG) vom 20. 12. 1988 (Artikel 2 des Gesetzes zur Änderung des Betriebsverfassungsgesetzes, über Sprecherausschüsse der leitenden Angestellten und zur Sicherung der Montan-Mitbestimmung vom 20. 12. 1988 – BGBl. I S. 2312, 2323).
621 Zur Entstehungsgeschichte des SprAuG siehe *Natter,* AR-Blattei SD 1490.1 „Sprecherausschuß" Rz. 1 ff.
622 BT-Drucks. 11/2503, S. 26.

ausschuß (§§ 16 ff. SprAuG) und Konzernsprecherausschuß (§§ 21 ff. SprAuG) entsprechen den vergleichbaren Regelungen des BetrVG. Die vom Gesetzgeber angestrebte Parallelität wird bei den angeführten verfahrensmäßigen und technischen Regelungsbereichen häufig durch wortlautidentische Übertragung des Gesetzestextes des BetrVG in das SprAuG erreicht. Bei möglichen Streitfragen können insoweit die für die entsprechenden betriebsverfassungsrechtlichen Bestimmungen geltenden Grundsätze ergänzend herangezogen werden.

2. Voraussetzungen der Errichtung

711 In Betrieben, in denen regelmäßig **mindestens zehn leitende Angestellte** i. S. von § 5 Abs. 3 BetrVG beschäftigt sind, können nach § 1 Abs. 1 SprAuG Sprecherausschüsse gewählt werden (zum Begriff des leitenden Angestellten s. Teil A Rz. 75). Hat der Betrieb weniger als zehn leitende Angestellte, so gelten diese nach § 1 Abs. 2 SprAuG als leitende Angestellte des räumlich nächstgelegenen Betriebs desselben Unternehmens, der die Voraussetzungen des § 1 Abs. 1 SprAuG erfüllt. Als räumlich nächstgelegen ist der Betrieb zu verstehen, der am leichtesten verkehrstechnisch zu erreichen ist. Auf die geographische Entfernung kommt es nicht entscheidend an[623].

712 Ein Sprecherausschuß wird nur gewählt, wenn dies die **Mehrheit** der leitenden Angestellten des Betriebs in einer Versammlung oder durch schriftliche Stimmabgabe **verlangt**, sog. **Grundsatzbeschluß** (§ 7 Abs. 2 Satz 4 SprAuG). Trotz der kathegorischen Formulierung in § 1 Abs. 1 SprAuG („In Betrieben ... **werden** Sprecherausschüsse der leitenden Angestellten gewählt") besteht sonach kein Errichtungszwang[624].

713 Bestehen in einem Unternehmen mehrere Sprecherausschüsse, so ist gemäß § 16 Abs. 1 SprAuG ein **Gesamtsprecherausschuß** zu errichten. In den Gesamtsprecherausschuß entsendet jeder Sprecherausschuß eines seiner Mitglieder. Die Zusammensetzung des Gesamtsprecherausschusses kann durch Vereinbarung mit dem Arbeitgeber verändert werden, § 16 Abs. 2 SprAuG. Jedes Mitglied des Gesamtsprecherausschusses hat so viele Stimmen, wie in dem Betrieb, in dem es gewählt wurde, leitende Angestellte in der Wählerliste der

---

623 *Ehrich,* HwB-AR „Sprecherausschuß" Rz. 6; *Joost,* in: Münchener Handbuch zum Arbeitsrecht, Band 3, § 314 Rz. 17; *Löwisch,* § 1 Rz. 39; *Hromadka,* § 1 Rz. 39; **a. A.** *Kramer,* BB 1993, 2153 (2154).
624 *Ehrich,* HwB-AR „Sprecherausschuß" Rz. 7; *Joost,* in: Münchener Handbuch zum Arbeitsrecht, Band 3, § 315 Rz. 2; *Natter,* AR-Blattei SD 1490.1 „Sprecherausschuß" Rz. 12.

XIV. Sprecherausschuß für leitende Angestellte Rz. 717 **Teil B**

leitenden Angestellten eingetragen sind. Ist ein Mitglied des Gesamtsprecherausschusses für mehrere Betriebe entsandt worden, hat es so viele Stimmen, wie in den Betrieben, für die es entsandt ist, leitende Angestellte in den Wählerlisten eingetragen sind. Sind für einen Betrieb mehrere Mitglieder entsandt worden, stehen diesen die Stimmen anteilig zu (§ 16 Abs. 4 SprAuG). Die Zuständigkeitsregelung des § 18 SprAuG entspricht der beim Gesamtbetriebsrat nach § 50 BetrVG (s. o. Rz. 195 ff.).

Sind in einem Unternehmen mit mehreren Betrieben in der Regel insgesamt mindestens zehn leitende Angestellte beschäftigt, so kann abweichend von § 1 Abs. 1 und 2 SprAuG ein **Unternehmenssprecherausschuß** gewählt werden, wenn dies die Mehrheit der leitenden Angestellten verlangt. Siehe zum Unternehmenssprecherausschuß und zu dessen Errichtung im einzelnen § 20 SprAuG, §§ 34 ff. WahlOSprAuG. Wird ein Unternehmenssprecherausschuß gewählt, ist die Errichtung eines Gesamtsprecherausschusses nicht möglich[625]. 714

Für einen Konzern (§ 18 Abs. 1 AktG) kann durch Beschluß der einzelnen Gesamtsprecherausschüsse ein **Konzernsprecherausschuß** errichtet werden. Die Errichtung erfordert die Zustimmung der Gesamtsprecherausschüsse der Konzernunternehmen, in denen insgesamt mindestens 75% der leitenden Angestellten der Konzernunternehmen beschäftigt sind. Besteht in einem Konzernunternehmen nur ein Sprecherausschuß oder ein Unternehmenssprecherausschuß, tritt er an die Stelle des Gesamtsprecherausschusses und nimmt dessen Funktion wahr, § 21 Abs. 1 SprAuG. Auch für den Konzernsprecherausschuß gilt das Prinzip der Stimmengewichtung (§ 21 Abs. 4 SprAuG). Hinsichtlich der Zuständigkeit, der Geschäftsführung, des Ausschlusses von Mitgliedern und des Erlöschens der Mitgliedschaft gelten gemäß §§ 22 ff. SprAuG ähnliche Vorschriften wie für den Gesamtsprecherausschuß. 715

Sprecherausschüsse können nur in **privatrechtlich organisierten** Betrieben und Unternehmen gebildet werden. Keine Anwendung findet das SprAuG nach § 1 Abs. 3 Nr. 1 auf Verwaltungen und Betriebe des Bundes, der Länder, der Gemeinden und sonstiger Körperschaften, Anstalten und Stiftungen des öffentlichen Rechts. Diese Bestimmung entspricht § 130 BetrVG (s. o. Teil A Rz. 145 ff.). 716

Ein allgemeiner Tendenzschutz für **Tendenzunternehmen** und **Tendenzbetriebe** ist im SprAuG – anders als im BetrVG (vgl. § 118 Abs. 1 717

---

625 Vgl. *Ehrich,* HwB-AR „Sprecherausschuß" Rz. 9; *Joost,* in: Münchener Handbuch zum Arbeitsrecht, Band 3, § 315 Rz. 131.

BetrVG) – nicht vorgesehen. Lediglich § 32 Abs. 1 Satz 2 SprAuG besagt, daß die Pflicht des Unternehmers, den Sprecherausschuß über wirtschaftliche Angelegenheiten i. S. von § 106 Abs. 3 BetrVG mindestens einmal im Kalenderjahr zu unterrichten, für Unternehmen und Betriebe i. S. von § 118 Abs. 1 BetrVG nicht gilt. Ein darüber hinausgehender allgemeiner Tendenzschutz ist aufgrund der nur schwach ausgeprägten Beteiligungsrechte des Sprecherausschusses entbehrlich[626].

718 Keine Anwendung findet das SprAuG gemäß § 1 Abs. 3 Nr. 2 auf **Religionsgemeinschaften** und ihre karitativen und erzieherischen Einrichtungen unbeschadet deren Rechtsform. Diese Regelung entspricht § 118 Abs. 2 BetrVG (s. o. Rz. 141 ff.).

3. Zahl der Mitglieder

719 Der Sprecherausschuß besteht nach § 4 Abs. 1 SprAuG in Betrieben mit in der Regel

> 10 bis 20 leitenden Angestellten aus einer Person,
> 21 bis 100 leitenden Angestellten aus drei Mitgliedern,
> 101 bis 300 leitenden Angestellten aus fünf Mitgliedern,
> über 300 leitenden Angestellten aus sieben Mitgliedern.

720 Maßgebend ist die Zahl der bei Erlaß des Wahlausschreibens regelmäßig beschäftigten leitenden Angestellten. Veränderungen in der Gesamtstärke der leitenden Angestellten zwischen Erlaß des Wahlverfahrens und der Wahl sowie während der Amtszeit des Sprecherausschusses haben auf dessen Größe keinen Einfluß. Anders als nach § 13 Abs. 2 Nr. 1 BetrVG erfolgt keine Neuwahl, wenn mit Ablauf von 24 Monaten seit dem Tag der Wahl die Zahl der regelmäßig beschäftigten leitenden Angestellten um die Hälfte gesunken oder gestiegen ist[627].

721 Männer und Frauen sollen gemäß § 4 Abs. 2 SprAuG entsprechend ihrem zahlenmäßigen Verhältnis im Sprecherausschuß vertreten sein. Verstöße gegen dieses Gebot bleiben jedoch ohne besondere gesetzliche Sanktion[628]. Ein dem § 15 Abs. 1 BetrVG vergleichbarer Minderheitsschutz ist im SprAuG nicht vorgesehen.

---

626 *Ehrich*, HwB-AR „Sprecherausschuß" Rz. 13.
627 *Ehrich*, HwB-AR „Sprecherausschuß" Rz. 17.
628 *Ehrich*, HwB-AR „Sprecherausschuß" Rz. 18.

4. Wahl

Die regelmäßigen Wahlen des Sprecherausschusses finden gemäß § 5 Abs. 1 Satz 1 SprAuG **alle vier Jahre** in der Zeit **vom 1. März bis 31. Mai** statt. Es handelt sich um den gleichen Zeitraum, der nach § 13 Abs. 1 Satz 1 BetrVG für die Betriebsratswahlen festgesetzt ist. Erstmals konnten Sprecherausschüsse im Jahr 1990 gewählt werden, § 37 Abs. 1 Satz 1 SprAuG. Die nächsten regelmäßigen Wahlen finden sonach in den Jahren 1998, 2002, 2006 usw. statt.

722

Die Sprecherausschuß- und Betriebsratswahlen sind **zeitgleich** einzuleiten (§§ 5 Abs. 1 Satz 1 SprAuG, 13 Abs. 1 Satz 2 BetrVG). Die Einleitung der Wahl erfolgt durch **Erlaß des Wahlausschreibens,** §§ 3 Abs. 1 Satz 2 WahlOSprAuG, 3 Abs. 1 Satz 2 WahlO 1972. Die Wahlvorstände haben sich somit bereits über den Zeitpunkt für die Einleitung der Wahlen zu verständigen. Kommt eine Einigung nicht zustande, so ist der spätestmögliche Zeitpunkt für die Einleitung der Wahl festzusetzen[629]. Ein Verstoß gegen die Pflicht zur gleichzeitigen Einleitung der Wahl berechtigt nicht zur Wahlanfechtung. Denn allein wegen dieses Verstoßes sind noch keine wesentlichen Auswirkungen auf die Wahl zu befürchten[630].

723

Die Vorschriften über außerordentliche Wahlen (§ 5 Abs. 2 SprAuG), das Wahlrecht (§ 3 SprAuG), die Wahlgrundsätze (§ 6 SprAuG), das Wahlverfahren (§ 7 SprAuG), den Wahlschutz (§ 8 Abs. 2 SprAuG), die Wahlkosten (§ 8 Abs. 3 SprAuG) und die Wahlanfechtung (§ 8 Abs. 1 SprAuG) entsprechen weitgehend den für die Betriebsratswahl geltenden Regelungen (s. o. Rz. 2 ff.)[631].

724

5. Amtszeit

Die regelmäßige Amtszeit des Sprecherausschusses beträgt nach § 5 Abs. 4 Satz 1 SprAuG – ebenso wie die des Betriebsrats (§ 21 Satz 1 BetrVG) – **vier Jahre.**

725

Die Amtszeit **beginnt** gemäß § 5 Abs. 4 Satz 2 SprAuG mit der Bekanntgabe des Wahlergebnisses (vgl. § 16 WOSprAuG) oder, wenn zu diesem Zeitpunkt noch ein Sprecherausschuß besteht, mit Ablauf von dessen Amtszeit, d. h. am letzten Tag um 24 Uhr.

726

---

629 *Ehrich,* HwB-AR „Sprecherausschuß" Rz. 21; *Natter,* AR-Blattei SD 1490.1 „Sprecherausschuß" Rz. 52.
630 *Joost,* in: Münchener Handbuch zum Arbeitsrecht, Band 3, § 315 Rz. 6; *Hromadka,* § 5 Rz. 3; *Ehrich,* HwB-AR „Sprecherausschuß" Rz. 22 m. w. Nachw.
631 Einzelheiten hierzu siehe bei *Ehrich,* HwB-AR „Sprecherausschuß" Rz. 20 ff.

727 Die Amtszeit **endet** grundsätzlich vier Jahre nach ihrem Beginn, spätestens aber am 31. 5. des Jahres, in dem die regelmäßigen Sprecherausschußwahlen stattfinden (§ 5 Abs. 4 Satz 3 SprAuG). Dies gilt auch dann, wenn bis zu diesem Zeitpunkt kein neuer Sprecherausschuß gewählt worden ist[632].

728 Hat eine außerordentliche Sprecherausschußwahl stattgefunden, so **verkürzt** sich die Amtszeit des Sprecherausschusses, wenn sie zu Beginn des nächsten Wahlzeitraums bereits ein Jahr betragen hat. Sie endet gemäß § 5 Abs. 4 Satz 3 i. V. mit Abs. 3 Satz 1 SprAuG spätestens am 31. 5. des Jahres der regelmäßigen Neuwahlen. Hat dagegen die Amtszeit des Sprecherausschusses am 1. 3. des Jahres der regelmäßigen Neuwahlen weniger als ein Jahr betragen, so verlängert sie sich bis spätestens zum 31. 5. des übernächsten Wahlzeitraums (§ 5 Abs. 4 Satz 4 i. V. mit Abs. 3 Satz 2 SprAuG).

729 Die Amtszeit endet weiterhin bei Vorliegen der Voraussetzungen des § 5 Abs. 2 Nr. 2 bis 4 SprAuG. Außerdem endet die Amtszeit des Sprecherausschusses vorzeitig, wenn die rechtlichen Voraussetzungen für dessen Errichtung dauerhaft entfallen sind, insbesondere die Zahl der in der Regel ständig beschäftigten leitenden Angestellten unter die erforderliche Mindestzahl von zehn sinkt. In diesem Fall gelten die leitenden Angestellten des Betriebs nach § 1 Abs. 2 SprAuG als leitende Angestellte des räumlich nächstgelegenen Betriebs desselben Unternehmens, der regelmäßig mindestens zehn leitende Angestellte umfaßt[633].

730 Zum Ausschluß von Mitgliedern aus dem Sprecherausschuß, der Auflösung des Sprecherausschusses und dem Erlöschen der Mitgliedschaft siehe § 9 SprAuG. Der Ausschluß von Mitgliedern des Sprecherausschusses sowie dessen Auflösung kann nur im Wege des arbeitsgerichtlichen Beschlußverfahrens (§§ 2 a Abs. 1 Nr. 2, Abs. 2, 80 ff. ArbGG) erreicht werden. Eine Abwahl des Sprecherausschusses oder einzelner seiner Mitglieder ist nicht möglich[634].

731 Scheidet ein Mitglied des Sprecherausschusses **endgültig** aus, so rückt ein **Ersatzmitglied** automatisch für den Rest der Amtszeit nach (§ 10 Abs. 1 Satz 1 SprAuG). Ist ein Mitglied **zeitweilig verhindert**, so

---

632 *Ehrich*, HwB-AR „Sprecherausschuß" Rz. 49; *Natter*, AR-Blattei SD 1490.1 „Sprecherausschuß" Rz. 1.
633 *Ehrich*, HwB-AR „Sprecherausschuß" Rz. 51; *Joost*, in: Münchener Handbuch zum Arbeitsrecht, Band 3, § 315 Rz. 57; *Hromadka*, § 1 Rz. 38; *Natter*, AR-Blattei SD 1490.1 „Sprecherausschuß" Rz. 11; *Kramer*, BB 1993, 2153 (2156); **a. A.** *Löwisch*, § 1 Rz. 40.
634 *Ehrich*, HwB-AR „Sprecherausschuß" Rz. 54; *Natter*, AR-Blattei SD 1490.2 „Sprecherausschuß II" Rz. 8.

XIV. Sprecherausschuß für leitende Angestellte   Rz. 736 **Teil B**

rückt ein Ersatzmitglied ebenfalls automatisch für die Dauer der Verhinderung nach, § 10 Abs. 1 Satz 2 SprAuG. Sowohl bei endgültiger als auch bei zeitweiliger Verhinderung ist das Ersatzmitglied vollwertiges Mitglied des Sprecherausschusses mit allen Rechten und Pflichten. Allerdings übernimmt es nicht die internen Funktionen des verhinderten Mitglieds[635].

Eine zeitweilige Verhinderung liegt vor, wenn das Mitglied des Sprecherausschusses aus **tatsächlichen oder rechtlichen Gründen** nicht zur Ausübung seines Amtes imstande ist. Unerheblich ist die Dauer der Verhinderung. Eine Verhinderung aus tatsächlichen Gründen ist etwa bei Dienstreisen, Urlaub oder Krankheit gegeben. Eine Verhinderung aus rechtlichen Gründen liegt vor, wenn das Mitglied **unmittelbar** von einem Beschluß des Sprecherausschusses betroffen ist, z. B. im Rahmen der Beteiligung nach § 31 Abs. 1 und 2 SprAuG. In dem Fall ist das Mitglied sowohl von der Beratung als auch von der Beschlußfassung ausgeschlossen[636]. 732

Zur Reihenfolge des Nachrückens der Ersatzmitglieder siehe § 10 Abs. 2 und 3 SprAuG. 733

Sind keine Ersatzmitglieder mehr vorhanden und sinkt die Zahl der Mitglieder unter die gesetzlich vorgeschriebene Mindestzahl, findet keine Neuwahl statt, da das SprAuG keine § 13 Abs. 2 Nr. 2 BetrVG vergleichbare Bestimmung enthält. Der Sitz im Sprecherausschuß bleibt somit unbesetzt. Eine vorzeitige Neuwahl ist nur dann einzuleiten, wenn kein Mitglied oder Ersatzmitglied mehr vorhanden ist[637]. 734

6. Geschäftsführung

Die Vorschriften über den Vorsitzenden des Sprecherausschusses und dessen Stellvertreter (§ 11 SprAuG), die Sitzungen des Sprecherausschusses (§ 12 SprAuG), die Beschlüsse und Geschäftsordnung des Sprecherausschusses (§ 13 SprAuG) sowie die Kosten des Sprecherausschusses (§ 14 Abs. 2 SprAuG) entsprechen weitgehend den für den Betriebsrat geltenden Bestimmungen (siehe Teil C und E)[638]. 735

Die Bildung von Betriebsausschüssen und weiterer Ausschüsse ist jedoch im SprAuG – anders als beim Betriebsrat nach §§ 27, 28 736

---

[635] *Ehrich*, HwB-AR „Sprecherausschuß" Rz. 55; *Natter*, AR-Blattei SD 1490.2 „Sprecherausschuß II" Rz. 21.
[636] *Natter*, AR-Blattei SD 1490.2 „Sprecherausschuß II" Rz. 19 m. w. Nachw.
[637] *Ehrich*, HwB-AR „Sprecherausschuß" Rz. 58; *Löwisch*, § 5 Rz. 4; *Hromadka*, § 10 Rz. 13; *Natter*, AR-Blattei SD 1490.2 „Sprecherausschuß II" Rz. 24.
[638] Im einzelnen hierzu *Ehrich*, HwB-AR „Sprecherausschuß" Rz. 59 ff.

BetrVG – wegen der geringen Mitglieder des Sprecherausschusses nicht vorgesehen. Zwar können die Mitglieder des Sprecherausschusses informationelle Arbeitsgemeinschaften bilden. Diese haben jedoch keine Kompetenzen oder Entscheidungsbefugnisse[639]. Ebensowenig kann der Sprecherausschuß gegen den Willen des Arbeitgebers während der Arbeitszeit regelmäßige Sprechstunden einrichten, da die für den Betriebsrat geltende Bestimmung des § 39 BetrVG nicht in das SprAuG übernommen und somit ein Bedürfnis für feste Sprechstunden abgelehnt wurde. Möglich ist jedoch die Einrichtung von Sprechstunden im Einvernehmen zwischen dem Sprecherausschuß und dem Arbeitgeber[640].

737 Ferner hat der Sprecherausschuß – anders als der Betriebsrat nach § 80 Abs. 3 BetrVG – kein Recht auf Hinzuziehung von **Sachverständigen**, da sein Aufgabenbereich gegenüber dem Betriebsrat relativ eingeschränkt ist und die Mitglieder des Sprecherausschusses in aller Regel den erforderlichen Sachverstand besitzen oder sich verschaffen können[641].

7. Rechtsstellung der Mitglieder

738 Die Mitglieder des Sprecherausschusses üben ihr Amt – ebenso wie die Betriebsratsmitglieder – unentgeltlich als **Ehrenamt** aus. Obwohl eine § 37 Abs. 1 BetrVG entsprechende Bestimmung nicht ausdrücklich in das SprAuG aufgenommen wurde, kommt dies mittelbar durch §§ 14 Abs. 1, 2 Abs. 3 Satz 2 SprAuG zum Ausdruck, wonach die Sprecherausschußmitglieder von ihrer beruflichen Tätigkeit ohne Minderung des Arbeitsentgelts zu befreien sind und wegen ihrer Tätigkeit nicht benachteiligt oder begünstigt werden dürfen[642].

739 Gemäß § 14 Abs. 1 SprAuG sind die Mitglieder des Sprecherausschusses von ihrer beruflichen Tätigkeit ohne Minderung des Arbeitsentgelts zu befreien, wenn und soweit es nach Umfang und Art des Betriebs zur ordnungsgemäßen Durchführung ihrer Aufgaben erforderlich ist. Diese Vorschrift ist inhaltlich identisch mit § 37 Abs. 2 BetrVG (s. Teil D Rz. 7 ff.). Zur Wahrnehmung der Sprecheraus-

---

639 Ehrich, HwB-AR „Sprecherausschuß" Rz. 62; Joost, in: Münchener Handbuch zum Arbeitsrecht, Band 3, § 315 Rz. 66.
640 Ehrich, HwB-AR „Sprecherausschuß" Rz. 76; Joost, in: Münchener Handbuch zum Arbeitsrecht, Band 3, § 315 Rz. 82; Hromadka, § 14 Rz. 12.
641 Ehrich, HwB-AR „Sprecherausschuß" Rz. 81; Joost, in: Münchener Handbuch zum Arbeitsrecht, Band 3, § 315 Rz. 104; Löwisch, § 25 Rz. 23; Hromadka, § 25 Rz. 36; Dänzer-Vanotti, DB 1990, 41 (42); a. A. GK-Kraft, § 5 Rz. 157; Oetker, ZfA 1990, 43 (62 f.).
642 Ehrich, HwB-AR „Sprecherausschuß" Rz. 82.

XIV. Sprecherausschuß für leitende Angestellte

schußtätigkeit sind die Sprecherausschußmitglieder **aus konkretem Anlaß** grundsätzlich **während der Arbeitszeit** freizustellen[643].

Nach h. M. haben die Mitglieder des Sprecherausschusses keinen Ausgleichsanspruch für die Amtstätigkeit **außerhalb der Arbeitszeit,** da das SprAuG – anders als § 37 Abs. 3 BetrVG – Arbeitsbefreiung unter Fortzahlung des Arbeitsentgelts oder auf Abgeltung wie Mehrarbeit nicht vorsieht und die dienstliche Tätigkeit der leitenden Angestellten nicht an einen festen Rahmen gebunden und die Leistung von Überstunden regelmäßig mit dem Gehalt abgegolten ist[644]. Allerdings kann bei einer Amtstätigkeit außerhalb der Arbeitszeit die Arbeitstätigkeit in dem darauf folgenden Arbeitszeitraum mit Rücksicht auf den zeitlichen Umfang der ausgeübten Amtstätigkeit unzumutbar sein. In dem Fall hat das Sprecherausschußmitglied gegen den Arbeitgeber für den darauf folgenden Arbeitszeitraum einen Befreiungsanspruch gemäß § 14 Abs. 1 SprAuG[645]. 740

Eine **generelle Freistellung** der Sprecherausschußmitglieder von der beruflichen Tätigkeit entsprechend § 38 BetrVG ist im SprAuG **nicht vorgesehen,** da der Aufgabenbereich des Sprecherausschusses gegenüber dem des Betriebsrats weitaus geringer ist. Ausnahmsweise kommt die vollständige Befreiung von der beruflichen Tätigkeit dann in Betracht, wenn dies im Einzelfall zur ordnungsgemäßen Amtsausübung nach Art und Umfang des Betriebs erforderlich ist. In dem Fall gelten die Grundsätze zur vollständigen Freistellung von Betriebsratsmitgliedern sinngemäß[646]. 741

Die Arbeitsbefreiung muß zur Durchführung der Aufgabe **erforderlich** sein. Die Erforderlichkeit richtet sich nach den jeweiligen Umständen des Einzelfalls, insbesondere der Größe und Art des Betriebs sowie dem Umfang der dem jeweiligen Sprecherausschußmitglied übertragenen Aufgaben[647]. 742

Die Arbeitsbefreiung hat **ohne Minderung des Arbeitsentgelts** zu erfolgen. Dem Mitglied des Sprecherausschusses ist die Vergütung zu 743

---

643 *Joost,* in: Münchener Handbuch zum Arbeitsrecht, Band 3, § 315 Rz. 86; *Natter,* AR-Blattei SD 1490.2 „Sprecherausschuß II" Rz. 71.
644 *Löwisch,* § 12 Rz. 10; *Hromadka,* § 14 Rz. 9; *Natter,* AR-Blattei SD 1490.2 „Sprecherausschuß II" Rz. 73; *Oetker,* ZfA 1990, 43 (51); **a. A.** *Joost,* in: Münchener Handbuch zum Arbeitsrecht, Band 3, § 315 Rz. 87.
645 *Ehrich,* HwB-AR „Sprecherausschuß" Rz. 86.
646 Vgl. *Ehrich,* HwB-AR „Sprecherausschuß" Rz. 87; *Joost,* in: Münchener Handbuch zum Arbeitsrecht, Band 3, § 315 Rz. 89; *Natter,* AR-Blattei SD 1490.2 „Sprecherausschuß II" Rz. 72, wonach eine völlige Freistellung „eher theoretischer Natur" sei.
647 *Ehrich,* HwB-AR „Sprecherausschuß" Rz. 88.

entrichten, die ihm ohne die Arbeitsbefreiung gewährt worden wäre. Zu zahlen sind sonach das Grundgehalt, die allgemeinen Zuwendungen und Gratifikationen, nicht aber die Vergütung für Aufwand, der nur bei Arbeitsleistung anfällt.

744 Die Mitglieder des Sprecherausschusses haben – anders als die Betriebsratsmitglieder nach § 37 Abs. 6 und 7 BetrVG – **grundsätzlich keinen Anspruch** auf Teilnahme an **Schulungs- und Bildungsveranstaltungen** unter Befreiung von der Arbeitspflicht, da der Sprecherausschuß gegenüber dem Betriebsrat einen weitaus geringeren Aufgabenbereich hat und von den Mitgliedern des Sprecherausschusses hinsichtlich ihrer Vorbildung und betrieblichen Erfahrung zu erwarten ist, daß sie sich die notwendigen Kenntnisse im Selbststudium verschaffen können[648]. Zur sachgerechten Wahrnehmung der gesetzlichen Aufgaben des Sprecherausschusses kann jedoch ausnahmsweise die Teilnahme an einer Schulungs- und Bildungsveranstaltung erforderlich sein, wobei an das Kriterium der „Erforderlichkeit" ein strenger Beurteilungsmaßstab anzulegen ist (zur Erforderlichkeit einer Schulungs- und Bildungsveranstaltung siehe Teil E Rz. 38 ff.). Zu denken ist in erster Linie an Schulungen über das SprAuG, das BetrVG und das Arbeitsrecht[649].

745 Wenn und soweit die Mitglieder des Sprecherausschusses im Einzelfall eine Schulungs- und Bildungsveranstaltung besuchen müssen, haben sie gegen den Arbeitgeber einen Anspruch auf bezahlte Freistellung für die Teilnahme an dieser Veranstaltung. Die Kosten der Veranstaltung hat der Arbeitgeber unter Berücksichtigung der Grundsätze der Erforderlichkeit und Verhältnismäßigkeit zu tragen[650].

746 Die Mitglieder und Ersatzmitglieder des Sprecherausschusses sind nach § 29 Abs. 1 Satz 1 SprAuG verpflichtet, **Betriebs- oder Geschäftsgeheimnisse,** die ihnen wegen ihrer Zugehörigkeit zum Sprecherausschuß bekanntgeworden und vom Arbeitgeber ausdrücklich als geheimhaltungsbedürftig bezeichnet worden sind, nicht zu offenbaren und nicht zu verwerten. Dies gilt auch nach dem Ausscheiden aus dem Sprecherausschuß (§ 29 Abs. 1 Satz 2 SprAuG). Die Verpflichtung zur Geheimhaltung gilt nach § 29 Abs. 1 Satz 3 SprAuG

---

648 *Joost,* in: Münchener Handbuch zum Arbeitsrecht, Band 3, § 315 Rz. 90 f. *Natter,* AR-Blattei SD 1490.2 „Sprecherausschuß II" Rz. 81 m. w. Nachw.
649 *Ehrich,* HwB-AR „Sprecherausschuß" Rz. 91.
650 *Ehrich,* HwB-AR „Sprecherausschuß" Rz. 92; *Joost,* in: Münchener Handbuch zum Arbeitsrecht, Band 3, § 315 Rz. 103; *Oetker,* ZfA 1990, 43 (51); für eine Kostentragungspflicht des Arbeitgebers unter Beschränkung außerhalb der Arbeitszeit *Löwisch,* § 14 Rz. 17 f.; *Hromadka,* § 14 Rz. 22; *Natter,* AR-Blattei SD 1490.2 „Sprecherausschuß II" Rz. 84.

XIV. Sprecherausschuß für leitende Angestellte   Rz. 750 Teil B

nicht gegenüber Mitgliedern des Sprecherausschusses, des Gesamtsprecherausschusses, des Unternehmenssprecherausschusses, des Konzernsprecherausschusses und den Arbeitnehmervertretern im Aufsichtsrat, da andernfalls eine wirkungsvolle Zusammenarbeit zwischen den Vertretungsorganen erschwert würde. Hierdurch wird jedoch die Geheimhaltungspflicht nicht beseitigt, sondern nur verlagert, weil die Mitglieder dieser Gremien ihrerseits der gleichen besonderen Geheimhaltungspflicht unterliegen (vgl. §§ 29 Abs. 2 SprAuG, 116, 93 Abs. 1 Satz 2 AktG).

Keine Befreiung von der Verschwiegenheitspflicht besteht gegenüber den **Mitgliedern des Betriebsrats,** obwohl diese selbst nach § 79 BetrVG zur Geheimhaltung verpflichtet sind. Da die Zusammenarbeit zwischen Sprecherausschuß und Betriebsrat in § 2 Abs. 2 SprAuG nur schwach ausgeprägt ist, fehlt es hier an einer planwidrigen Lücke, die eine analoge Anwendung des § 29 Abs. 1 Satz 3 SprAuG auf Betriebsratsmitglieder rechtfertigen würde[651]. 747

Ein grober Verstoß gegen die Geheimhaltungspflicht kann einen Antrag auf Ausschluß aus dem Sprecherausschuß bzw. auf Auflösung des Sprecherausschusses nach § 9 Abs. 1 SprAuG rechtfertigen. Darüber hinaus wird die Verletzung der Geheimhaltungspflicht auf Antrag des Verletzten strafrechtlich verfolgt (Einzelheiten s. § 35 SprAuG). 748

Die Mitglieder des Sprecherausschusses dürfen nach § 2 Abs. 3 Satz 1 SprAuG in der Ausübung ihrer Tätigkeit nicht gestört oder behindert werden. Diese Regelung entspricht dem Behinderungsverbot des § 78 Satz 1 BetrVG. Vorsätzliche Verstöße gegen das Behinderungsverbot werden auf Antrag strafrechtlich verfolgt (§ 34 Abs. 1 Nr. 2, Abs. 2 SprAuG). Außerdem hat der Sprecherausschuß im Falle der objektiven Behinderung einen **Unterlassungsanspruch**[652]. 749

§ 2 Abs. 3 Satz 2 SprAuG sieht weiterhin vor, daß die Mitglieder des Sprecherausschusses wegen ihrer Tätigkeit nicht behindert oder begünstigt werden dürfen; dies gilt auch für ihre berufliche Entwicklung. Sie unterliegen sonach ebenfalls dem allgemeinen Gleichbehandlungsgebot wie die Betriebsratsmitglieder (vgl. § 78 Satz 2 750

---

651 *Ehrich,* HwB-AR „Sprecherausschuß" Rz. 94; *Joost,* in: Münchener Handbuch zum Arbeitsrecht, Band 3, § 315 Rz. 99; *Löwisch,* § 29 Rz. 6; *Hromadka,* § 29 Rz. 14; a. A. *Oetker,* ZfA 1990, 43 (54). Siehe auch *Natter,* AR-Blattei SD 1490.2 „Sprecherausschuß II" Rz. 89, wonach die fehlende Erwähnung der Betriebsratsmitglieder in § 29 Abs. 1 Satz 3 SprAuG „nicht recht einleuchtend" sei.
652 *Ehrich,* HwB-AR „Sprecherausschuß" Rz. 97; *Natter,* AR-Blattei SD 1490.2 „Sprecherausschuß II" Rz. 95.

BetrVG). Vorsätzliche Verstöße gegen das Benachteiligungs- und Begünstigungsverbot werden auf Antrag strafrechtlich verfolgt (§ 34 Abs. 1 Nr. 3, Abs. 2 SprAuG).

751 Obwohl das SprAuG einen mit § 37 Abs. 4 und 5 BetrVG vergleichbaren **Entgelt- und Tätigkeitsschutz** nicht ausdrücklich enthält, werden die Mitglieder des Sprecherausschusses auch insoweit durch das allgemeine Benachteiligungsverbot des § 2 Abs. 3 Satz 2 SprAuG geschützt[653].

752 Die Tätigkeit in einem Sprecherausschuß darf in einem bei Beendigung des Arbeitsverhältnisses nach § 630 BGB zu erteilenden Zeugnis grundsätzlich nicht erwähnt werden, da anderenfalls eine unzulässige Benachteiligung des Sprecherausschußmitglieds eintreten würde[654].

753 Die Mitglieder des Sprecherausschusses genießen – im Gegensatz zu den Betriebsratsmitgliedern – **keinen besonderen Kündigungsschutz** nach § 15 KSchG, § 103 BetrVG. Den Mitgliedern des Sprecherausschusses kann daher nach allgemeinen Grundsätzen ordentlich oder außerordentlich gekündigt werden[655]. Erfolgt die Kündigung allerdings wegen einer rechtmäßigen Amtsausübung, so verstößt sie gegen das allgemeine Benachteiligungsverbot des § 2 Abs. 3 Satz 2 SprAuG und ist gemäß § 134 BGB nichtig[656].

754 Obwohl das SprAuG keine § 23 Abs. 3 BetrVG entsprechende Bestimmung enthält, kann der Sprecherausschuß bei Gesetzesverstößen des Arbeitgebers gegen diesen die Einhaltung der gesetzlichen Pflichten im arbeitsgerichtlichen Beschlußverfahren (§§ 2a, 80 ff. ArbGG) geltend machen und aus rechtskräftigen Beschlüssen des Arbeitsgerichts nach § 85 ArbGG die Zwangsvollstreckung betreiben[657].

---

653 *Ehrich*, HwB-AR „Sprecherausschuß" Rz. 99; *Joost*, in: Münchener Handbuch zum Arbeitsrecht, Band 3, § 315 Rz. 95 f.; *Natter*, AR-Blattei SD 1490.2 „Sprecherausschuß II" Rz. 98.
654 Vgl. BAG vom 19. 8. 1992, AP Nr. 5 zu § 8 BPersVG (dort auch zu möglichen Ausnahmen).
655 *Ehrich*, HwB-AR „Sprecherausschuß" Rz. 102; *Joost*, in: Münchener Handbuch zum Arbeitsrecht, Band 3, § 315 Rz. 97; *Löwisch*, § 2 Rz. 21; *Natter*, AR-Blattei SD 1490.2 „Sprecherausschuß II" Rz. 96.
656 *Löwisch*, § 2 Rz. 23, 25; *Hromadka*, § 2 Rz. 29; *Ehrich*, HwB-AR „Sprecherausschuß" Rz. 103 m. w. Nachw.
657 *Ehrich*, HwB-AR „Sprecherausschuß" Rz. 104; *Joost*, in: Münchener Handbuch zum Arbeitsrecht, Band 3, § 315 Rz. 1066.

8. Zusammenarbeit mit Arbeitgeber und Betriebsrat

Der Sprecherausschuß hat gemäß § 2 Abs. 1 Satz 1 SprAuG mit dem Arbeitgeber vertrauensvoll unter Beachtung der geltenden Tarifverträge zum Wohl der leitenden Angestellten und des Betriebs zusammenzuarbeiten. Diese Regelung entspricht dem Gebot der vertrauensvollen Zusammenarbeit zwischen Betriebsrat und Arbeitgeber nach § 2 Abs. 1 BetrVG. In § 2 Abs. 4 Satz 1 SprAuG wird der Grundsatz der vertrauensvollen Zusammenarbeit dahin konkretisiert, daß Arbeitgeber und Sprecherausschuß Betätigungen zu unterlassen haben, durch die der Arbeitsablauf oder der Frieden des Betriebs beeinträchtigt werden. Diese Regelung entspricht inhaltlich der Vorschrift des § 74 Abs. 2 Satz 2 BetrVG. Anders als § 74 Abs. 2 Satz 1 BetrVG erklärt das SprAuG Maßnahmen des Arbeitskampfes zwischen Arbeitgeber und Sprecherausschuß zwar nicht ausdrücklich für unzulässig. Dieses Verbot folgt aber bereits ohne weiteres aus der in § 2 Abs. 4 Satz 1 SprAuG festgelegten allgemeinen Friedenspflicht[658].

755

Gemäß § 2 Abs. 4 Satz 2 SprAuG haben Arbeitgeber und Sprecherausschuß jede parteipolitische Betätigung im Betrieb zu unterlassen; die Behandlung von Angelegenheiten tarifpolitischer, sozialpolitischer und wirtschaftlicher Art, die den Betrieb oder die leitenden Angestellten unmittelbar betreffen, werden dadurch nicht berührt. Hierbei handelt es sich um eine Konkretisierung der allgemeinen Friedenspflicht. Diese Bestimmung ist inhaltlich identisch mit der des § 74 Abs. 2 Satz 3 BetrVG.

756

Nach § 2 Abs. 2 Satz 3 SprAuG soll einmal im Kalenderjahr eine gemeinsame Sitzung des Sprecherausschusses und des Betriebsrats stattfinden. Damit haben beide Organe eine gemeinsame Sitzung abzuhalten, sofern dies nicht im Einzelfall aus besonderen vernünftigen Gründen unzweckmäßig erscheint[659]. Besondere Sanktionen bei Verstößen gegen das Gebot gemeinsamer Sitzungen sieht das Gesetz – abgesehen von den allgemeinen Sanktionen nach § 23 Abs. 1 BetrVG, § 9 Abs. 1 SprAuG – aber nicht vor.

757

Weiterhin kann der Sprecherausschuß nach § 2 Abs. 2 Satz 1 SprAuG dem Betriebsrat oder Mitgliedern des Betriebsrats das Recht einräumen, an Sitzungen des Sprecherausschusses teilzunehmen. Umgekehrt kann der Betriebsrat dem Sprecherausschuß oder Mitgliedern des Sprecherausschusses das Recht einräumen, an Sitzungen des Betriebsrats teilzunehmen, § 2 Abs. 2 Satz 2 SprAuG. Die Mitglieder des Sprecherausschusses bzw. Betriebsrats sind nicht verpflichtet,

758

---
658 *Ehrich*, HwB-AR „Sprecherausschuß" Rz. 107.
659 *Ehrich*, HwB-AR „Sprecherausschuß" Rz. 109; *Hromadka*, § 2 Rz. 17.

759 der Einladung des anderen Organs zu folgen und haben im Falle der Teilnahme an der Sitzung des anderen Organs kein Stimmrecht[660].

759 Eine über § 2 Abs. 2 SprAuG hinausgehende allgemeine gesetzliche Verpflichtung zur Zusammenarbeit mit dem Betriebsrat besteht für den Sprecherausschuß nicht. Soweit der Sprecherausschuß und der Betriebsrat (wie z. B. im Rahmen von § 2 Abs. 2 SprAuG) zusammenwirken, sind sie aber stets zur vertrauensvollen Zusammenarbeit verpflichtet[661].

760 Obwohl das SprAuG keine Regelung über eine Zusammenarbeit zwischen Sprecherausschuß, Betriebsrat und Arbeitgeber enthält, ist eine solche Zusammenarbeit dieser Organe nicht unzulässig. Sinnvoll ist eine solche Zusammenarbeit, etwa in Form von gemeinsamen Besprechungen, insbesondere in Angelegenheiten, die sämtliche Arbeitnehmer des Betriebs betreffen. Soweit Sprecherausschuß, Arbeitgeber und Betriebsrat zusammenwirken, sind sie zur vertrauensvollen Zusammenarbeit verpflichtet[662].

9. Versammlung der leitenden Angestellten

761 Der Sprecherausschuß soll **einmal im Kalenderjahr** eine Versammlung der leitenden Angestellten einberufen und in ihr einen Tätigkeitsbericht erstatten, § 15 Abs. 1 Satz 1 SprAuG. Darüber hinaus hat der Sprecherausschuß nach § 15 Abs. 1 Satz 2 SprAuG auf Antrag des Arbeitgebers oder eines Viertels der leitenden Angestellten eine außerordentliche Versammlung einzuberufen und den beantragten Beratungsgegenstand auf die Tagesordnung zu setzen[663].

10. Mitwirkung der leitenden Angestellten

762 Die Aufgaben und Beteiligungsrechte des Sprecherausschusses bleiben deutlich hinter den Rechten des Betriebsrats zurück. Die Beteiligungsrechte des Sprecherausschusses beschränken sich auf Anhörungs-, Unterrichtungs- und Beratungsrechte. Erzwingbare Mitbestimmungsrechte, die das Letztentscheidungsrecht des Unternehmers verdrängen, stehen dem Sprecherausschuß – anders als dem Betriebsrat nach dem BetrVG – nicht zu. Die Kompetenzen des Sprecheraus-

---

660 *Ehrich,* HwB-AR „Sprecherausschuß" Rz. 111; *Joost,* in: Münchener Handbuch zum Arbeitsrecht, Band 3, § 314 Rz. 32.
661 Vgl. *Joost,* in: Münchener Handbuch zum Arbeitsrecht, Band 3, § 314 Rz. 33.
662 *Ehrich,* HwB-AR „Sprecherausschuß" Rz. 114; *Joost,* in: Münchener Handbuch zum Arbeitsrecht, Band 3, § 314 Rz. 34.
663 Einzelheiten zur Versammlung der leitenden Angestellten siehe bei *Ehrich,* HwB-AR „Sprecherausschuß" Rz. 115 ff.

schusses sind somit darauf angelegt, auf freiwilliger Grundlage zu **einvernehmlichen Lösungen** zu gelangen[664].

a) Allgemeine Aufgaben

Der Sprecherausschuß vertritt nach § 25 Abs. 1 Satz 1 SprAuG die Belange der leitenden Angestellten des Betriebs. Diese Bestimmung räumt dem Sprecherausschuß eine **umfassende Vertretungskompetenz** in allen kollektiven Angelegenheiten der leitenden Angestellten ein, wie z. B. in den Bereichen der Personalplanung oder betrieblichen Sozialleistungen, ohne daß damit aber gleichzeitig dem Sprecherausschuß besondere Mitwirkungsrechte zukommen[665]. 763

Die allgemeine Vertretungskompetenz nach § 25 Abs. 1 Satz 1 SprAuG umfaßt auch ein **Initiativrecht** des Sprecherausschusses insoweit, als dieser dem Arbeitgeber Vorschläge unterbreiten kann. Der Arbeitgeber ist aufgrund des Gebotes zur vertrauensvollen Zusammenarbeit (§ 2 Abs. 1 Satz 1 SprAuG) verpflichtet, die Vorschläge des Sprecherausschusses zur Kenntnis zu nehmen, sich mit ihnen ernsthaft und mit Verständigungswillen zu befassen sowie ggf. auf Verlangen des Sprecherausschusses mit diesem die Angelegenheit zu erörtern[666]. 764

Die Wahrnehmung eigener Belange durch den einzelnen leitenden Angestellten, insbesondere im Hinblick auf seine Rechte und Pflichten aus dem Arbeitsvertrag, bleibt von der kollektiven Vertretungskompetenz des § 25 Abs. 1 Satz 1 SprAuG unberührt, § 25 Abs. 1 Satz 2 SprAuG. Der einzelne leitende Angestellte kann den Sprecherausschuß jedoch nach § 26 Abs. 1 SprAuG unterstützend heranziehen (s. u. Rz. 771 ff.). 765

Der Sprecherausschuß ist gemäß § 25 Abs. 2 SprAuG zur Durchführung seiner Aufgaben nach diesem Gesetz rechtzeitig und umfassend vom Arbeitgeber zu unterrichten; auf sein Verlangen sind ihm die erforderlichen Unterlagen jederzeit zur Verfügung zu stellen. Diese Regelung ist inhaltlich identisch mit § 80 Abs. 2 Satz 1 und 2 Halb- 766

---
664 Vgl. *Ehrich*, HwB-AR „Sprecherausschuß" Rz. 130.
665 *Ehrich*, HwB-AR „Sprecherausschuß" Rz. 131; *Joost*, in: Münchener Handbuch zum Arbeitsrecht, Band 3, § 316 Rz. 49; *Löwisch*, § 25 Rz. 6; *Hromadka*, § 25 Rz. 8 ff.; **a. A.** *Engels/Natter*, BB 1989 Beil. 8, 30 f.; *Kramer*, NZA 1993, 1024 f. m. w. Nachw., denenzufolge sich die „sachliche Reichweite" der Mitwirkung im einzelnen erst aus den §§ 30 bis 32 SprAuG ergebe und der Vorschrift des § 25 Abs. 1 Satz 1 SprAuG lediglich eine deklaratorische Funktion zukomme.
666 *Ehrich*, HwB-AR „Sprecherausschuß" Rz. 132; *Löwisch*, § 25 Rz. 11.

satz 1 BetrVG. Dieser Unterrichtungsanspruch umfaßt auch unter den – entsprechend geltenden – Voraussetzungen des § 80 Abs. 2 Halbs. 2 BetrVG ein Recht auf Einsichtnahme in die Bruttogehaltslisten der leitenden Angestellten[667].

767 Nach § 27 SprAuG haben Arbeitgeber und Sprecherausschuß darüber zu wachen, daß alle leitenden Angestellten des Betriebs nach den Grundsätzen von Recht und Billigkeit behandelt werden, insbesondere, daß jede unterschiedliche Behandlung von Personen wegen ihrer Abstammung, Religion, Nationalität, Herkunft, politischen oder gewerkschaftlichen Betätigung oder Einstellung oder wegen ihres Geschlechts unterbleibt. Sie haben weiterhin darauf zu achten, daß leitende Angestellte nicht wegen Überschreitung bestimmter Altersstufen benachteiligt werden. Außerdem haben sie die freie Entfaltung der Persönlichkeit der leitenden Angestellten des Betriebs zu schützen und zu fördern. Diese Vorschrift entspricht inhaltlich der Regelung des § 75 BetrVG über die Grundsätze für die Behandlung der sonstigen Arbeitnehmer.

768 Der Arbeitgeber hat gemäß § 2 Abs. 1 Satz 2 SprAuG vor Abschluß einer Betriebsvereinbarung oder sonstigen Vereinbarung mit dem Betriebsrat, die rechtliche Interessen der leitenden Angestellten berührt, den Sprecherausschuß rechtzeitig anzuhören. Die rechtlichen Interessen werden berührt, wenn die abzuschließende Vereinbarung einen Gegenstand betrifft, für den eine betriebseinheitliche Regelung notwendig ist oder der Arbeitgeber freiwillige Leistungen für alle Arbeitnehmer einheitlich vorsieht, wie etwa bei Vereinbarungen über die Ordnung des Betriebs, die betriebliche Arbeitszeit, Urlaubspläne oder betriebliche Sozialleistungen und -einrichtungen[668].

769 Wird die Einigung zwischen Arbeitgeber und Betriebsrat durch den Spruch der Einigungsstelle ersetzt, so ist der Sprecherausschuß in entsprechender Anwendung von § 2 Abs. 1 Satz 2 SprAuG auch anzuhören. Die Anhörung erfolgt durch den Arbeitgeber, der das Ergebnis im Einigungsstellenverfahren zum Ausdruck bringen muß[669].

---

667 *Ehrich*, HwB-AR „Sprecherausschuß" Rz. 135; *Joost*, in: Münchener Handbuch zum Arbeitsrecht, Band 3, § 316 Rz. 52; *Löwisch*, § 25 Rz. 18; *Oetker*, ZfA 1990, 43 (69 f.); **a. A.** *Engels/Natter*, BB 1989 Beil. 8, 31 f.; *Wlotzke*, DB 1989, 173 (177); *Kramer*, NZA 1993, 1024 (1025).
668 Vgl. *Ehrich*, HwB-AR „Sprecherausschuß" Rz. 138; *Joost*, in: Münchener Handbuch zum Arbeitsrecht, Band 3, § 316 Rz. 56; *Löwisch*, § 2 Rz. 7; *Hromadka*, § 2 Rz. 13.
669 *Ehrich*, HwB-AR „Sprecherausschuß" Rz. 139; *Joost*, in: Münchener Handbuch zum Arbeitsrecht, Band 3, § 316 Rz. 55; *Hromadka*, § 2 Rz. 12; **a. A.** *Oetker*, ZfA 1990, 43 (65), wonach die Anhörung vom Vorsitzenden der Einigungsstelle durchzuführen sei.

Ein Verstoß des Arbeitgebers gegen § 2 Abs. 1 Satz 2 SprAuG hat 770
keinen Einfluß auf die Wirksamkeit der Betriebsvereinbarung oder
sonstigen Vereinbarung zwischen dem Arbeitgeber und dem Betriebsrat[670]. Allerdings kann es sich bei wiederholter und beharrlicher
Verletzung des Anhörungsrechts aus § 2 Abs. 1 Satz 2 SprAuG um
eine nach § 34 Abs. 1 Nr. 2 SprAuG strafbare Behinderung der Tätigkeit des Sprecherausschusses handeln[671].

b) Unterstützung einzelner leitender Angestellter

Der einzelne leitende Angestellte kann nach § 26 Abs. 1 SprAuG bei 771
der Wahrnehmung seiner Belange gegenüber dem Arbeitgeber ein
Mitglied des Sprecherausschusses zur Unterstützung und Vermittlung hinzuziehen. Die Unterstützung durch ein Mitglied des Sprecherausschusses ist von dem Willen des einzelnen leitenden Angestellten abhängig. Von sich aus oder gar gegen den Willen des leitenden Angestellten darf der Sprecherausschuß nicht in die Verhandlungen mit dem Arbeitgeber einschreiten. Dem Wunsch des leitenden
Angestellten auf Unterstützung muß der Sprecherausschuß allerdings
nachkommen[672].

Die Aufgabe des nach § 26 Abs. 1 SprAuG hinzugezogenen Sprecher- 772
ausschußmitglieds beschränkt sich darauf, den leitenden Angestellten bei den Verhandlungen mit dem Arbeitgeber zu unterstützen und
zwischen ihnen zu vermitteln. Weitere Mitwirkungsrechte, insbesondere bei der gerichtlichen Durchsetzung der individuellen Rechte
gegen den Arbeitgeber, stehen dem Sprecherausschuß nicht zu[673].

Nach § 26 Abs. 2 SprAuG hat der leitende Angestellte das Recht, in 773
die über ihn geführten Personalakten Einsicht zu nehmen und Erklärungen zu deren Inhalt abzugeben, die auf sein Verlangen den Personalakten beizufügen sind. Bei der Einsichtnahme kann der leitende
Angestellte ein Mitglied des Sprecherausschusses hinzuziehen, das
über den Inhalt der Personalakten Stillschweigen zu bewahren hat,
soweit es nicht von dem leitenden Angestellten im Einzelfall von
dieser Verpflichtung entbunden wird. Ein Verstoß gegen die Schweigepflicht kann gemäß § 35 Abs. 2 SprAuG strafbar sein.

---

670 *Ehrich*, HwB-AR „Sprecherausschuß" Rz. 140; *Joost*, in: Münchener Handbuch zum Arbeitsrecht, Band 3, § 316 Rz. 57; *Löwisch*, § 2 Rz. 7; *Hromadka*,
§ 2 Rz. 14; *Engels/Natter*, BB 1989 Beil. 8, 29; *Wlotzke*, DB 1989, 173 (174).
671 *Löwisch*, § 2 Rz. 7; *Hromadka*, § 2 Rz. 14; *Ehrich*, HwB-AR „Sprecherausschuß" Rz. 141 m. w. Nachw.
672 *Ehrich*, HwB-AR „Sprecherausschuß" Rz. 143; *Joost*, in: Münchener Handbuch zum Arbeitsrecht, Band 3, § 316 Rz. 59 f.; *Löwisch*, § 26 Rz. 3.
673 *Ehrich*, HwB-AR „Sprecherausschuß" Rz. 144.

c) Arbeitsbedingungen und Beurteilungsgrundsätze

774 § 30 SprAuG sieht ein Unterrichtungs- und Beratungsrecht des Sprecherausschusses bei Änderungen der Gehaltsgestaltung und sonstiger allgemeiner Arbeitsbedingungen sowie bei der Einführung und Änderung allgemeiner Beurteilungsgrundsätze vor. Diese Bestimmung bezweckt, daß der Sprecherausschuß von Anfang an in die sozialen und personellen Entscheidungsprozesse des Arbeitgebers eingebunden wird[674].

775 Das Unterrichtungs- und Beratungsrecht des § 30 SprAuG bezieht sich allein auf **kollektive Tatbestände,** also auf Maßnahmen mit generellem Charakter, nicht aber auf die Arbeitsbedingungen des einzelnen leitenden Angestellten (§ 25 Abs. 1 Satz 2 SprAuG), sofern dieser nicht ein Mitglied des Sprecherausschusses zur Unterstützung und Vermittlung hinzuzieht (§ 26 Abs. 1 SprAuG)[675].

d) Bestimmung eines leitenden Angestellten im Europäischen Betriebsrat

776 Der zuständige Sprecherausschuß eines gemeinschaftsweit tätigen Unternehmens oder einer gemeinschaftsweit tätigen Unternehmensgruppe mit Sitz der zentralen Leitung in Deutschland kann für den Fall, daß sich bei der Bestellung der deutschen Mitglieder des (aufgrund Vereinbarung oder kraft Gesetzes errichteten) Europäischen Betriebsrats kein leitender Angestellter unter ihnen befindet, einen leitenden Angestellten i. S. von § 5 Abs. 3 BetrVG bestimmen, der mit Rederecht an den Sitzungen zur Unterrichtung und Anhörung des Europäischen Betriebsrats teilnimmt, sofern nach § 22 Abs. 2 bis 4 EBRG mindestens fünf inländische Vertreter entsandt werden, § 23 Abs. 6 Satz 1; 18 Abs. 2 EBRG.

e) Personelle Einzelmaßnahmen

777 Der Arbeitgeber hat dem Sprecherausschuß eine beabsichtigte Einstellung oder personelle Veränderung eines leitenden Angestellten rechtzeitig mitzuteilen und ihn vor jeder Kündigung eines leitenden Angestellten zu hören (§ 31 Abs. 1 und 2 SprAuG). Diese Regelung dient zum einen dem individuellen Schutz des leitenden Angestellten, zum anderen der Vertretung der kollektiven Interessen der lei-

---

674 Hierzu im einzelnen *Joost,* in: Münchener Handbuch zum Arbeitsrecht, Band 3, § 316 Rz. 64 ff.
675 *Ehrich,* HwB-AR „Sprecherausschuß" Rz. 148 m. w. Nachw. Siehe auch BT-Drucks. XI/2503, S. 43.

tenden Angestellten, die durch die personelle Einzelmaßnahme regelmäßig zugleich berührt werden[676].

aa) Einstellung und personelle Veränderung

Unter dem Begriff der **Einstellung** i. S. von § 31 Abs. 1 SprAuG ist – ebenso wie im Rahmen von § 99 BetrVG – sowohl die Begründung des Arbeitsverhältnisses durch den Abschluß eines Arbeitsvertrages als auch die tatsächliche Beschäftigung eines leitenden Angestellten zu verstehen (zum Einstellungsbegriff i. S. des § 99 BetrVG siehe Teil I Rz. 127 ff.)[677]. Eine mitwirkungspflichtige Einstellung liegt zudem auch dann vor, wenn einem bereits im Betrieb beschäftigten Arbeitnehmer die Funktionen und Aufgaben eines leitenden Angestellten erstmalig übertragen werden[678]. 778

Personelle Veränderung bedeutet jede Änderung der Position eines leitenden Angestellten, die dessen Belange erheblich berührt. Hierunter fallen nicht nur Versetzungen und Umgruppierungen von leitenden Angestellten, sondern auch alle Funktionsänderungen, wie z. B. die Erteilung und der Widerruf einer Prokura, Handlungs- oder Generalvollmacht[679]. Ebenso ist das Ausscheiden eines leitenden Angestellten aus dem Betrieb durch Eigenkündigung, Aufhebungsvertrag oder Eintritt in den Ruhestand als personelle Veränderung anzusehen[680]. 779

Die beabsichtigte Einstellung oder personelle Veränderung eines leitenden Angestellten ist dem Sprecherausschuß **rechtzeitig** mitzuteilen. Der Umfang der Mitteilungspflicht richtet sich nach § 25 Abs. 2 SprAuG. Insoweit gelten die Grundsätze zur Unterrichtung des Betriebsrats im Rahmen von § 99 Abs. 1 Satz 1 BetrVG sinngemäß (siehe Teil I Rz. 165 ff.). 780

Eine Verletzung der Mitteilungspflicht nach § 31 Abs. 1 SprAuG durch den Arbeitgeber führt nicht zur individualrechtlichen Unwirksamkeit der Einstellung oder personellen Veränderung[681]. 781

---

676 *Ehrich*, HwB-AR „Sprecherausschuß" Rz. 149; *Joost*, in: Münchener Handbuch zum Arbeitsrecht, Band 3, § 316 Rz. 72; *Löwisch,* § 31 Rz. 1.
677 *Ehrich*, HwB-AR „Sprecherausschuß" Rz. 150; *Joost*, in: Münchener Handbuch zum Arbeitsrecht, Band 3, § 316 Rz. 74; *Löwisch,* § 31 Rz. 2.
678 *Löwisch,* § 31 Rz. 3; *Oetker*, ZfA 1990, 43 (73) m. w. Nachw.
679 *Ehrich*, HwB-AR „Sprecherausschuß" Rz. 152; *Engels/Natter*, BB 1989 Beil. 8, 32.
680 *Ehrich*, HwB-AR „Sprecherausschuß" Rz. 153; *Joost*, in: Münchener Handbuch zum Arbeitsrecht, Band 3, § 316 Rz. 75; *Löwisch,* § 31 Rz. 7 m. w. Nachw.; **a. A.** *Hromadka*, § 31 Rz. 9 (hinsichtlich des Aufhebungsvertrages).
681 *Ehrich*, HwB-AR „Sprecherausschuß" Rz. 155; *Joost*, in: Münchener Handbuch zum Arbeitsrecht, Band 3, § 316 Rz. 76; *Oetker*, ZfA 1990, 43 (74).

782 Das Beteiligungsrecht des § 31 Abs. 1 SprAuG wird ergänzt durch § 105 BetrVG, wonach dem Betriebsrat eine beabsichtigte Einstellung oder personelle Veränderung eines leitenden Angestellten rechtzeitig mitzuteilen ist.

bb) Kündigung

783 Der Sprecherausschuß ist **vor jeder Kündigung** eines leitenden Angestellten zu hören. Unter Kündigung ist **jede Art der Kündigung** durch den Arbeitgeber zu verstehen. § 31 Abs. 2 SprAuG bezieht sich sonach auf ordentliche und außerordentliche Beendigungs- und Änderungskündigungen gleichermaßen. Auf andere Beendigungsgründe, wie z. B. Aufhebungsvertrag, Zeitablauf eines befristeten Arbeitsverhältnisses, Anfechtung des Arbeitsvertrages oder Berufung auf dessen Nichtigkeit findet § 31 Abs. 2 SprAuG keine Anwendung[682].

784 Da in § 31 Abs. 2 Satz 1 und 2 SprAuG die Regelung des § 102 Abs. 1 Satz 1 und 2 BetrVG inhaltlich übernommen wurde, gelten hier die Grundsätze zur ordnungsgemäßen Unterrichtung des Betriebsrats vor der Kündigung sonstiger Arbeitnehmer entsprechend: Der Arbeitgeber hat dem Sprecherausschuß die Person des zu kündigenden leitenden Angestellten, die Art der Kündigung und die Kündigungsgründe mitzuteilen. Einzelheiten siehe Teil I Rz. 295 ff.

785 Ist der Status eines Angestellten zweifelhaft, besteht für den Arbeitgeber die Gefahr, daß die irrtümliche Anhörung des falschen Repräsentationsorgans zur Unwirksamkeit der Kündigung führt. Auch wenn der Angestellte in dem Verfahren nach § 18a BetrVG den leitenden Angestellten zugeordnet wurde, kann sich der Arbeitgeber hierauf nicht verlassen, weil die Zuordnung keine materiell-rechtliche Bildungswirkung entfaltet. Bei Zweifeln über den Status eines Mitarbeiters als leitender Angestellter sollte der Arbeitgeber stets vorsorglich sowohl den Sprecherausschuß als auch den Betriebsrat anhören, weil damit – unabhängig vom rechtlichen Status des betroffenen Angestellten – der Unwirksamkeitsgrund der fehlenden Anhörung vermieden wird[683].

786 Ist der Sprecherausschuß vom Arbeitgeber von einer geplanten Kündigung ordnungsgemäß unterrichtet worden, kann er innerhalb einer Woche **schriftlich** und **unter Angabe von Gründen** Bedenken gegen die Kündigung mitteilen, § 31 Abs. 2 Satz 4 SprAuG. Bei einer außerordentlichen Kündigung muß sich der Sprecherausschuß unverzüg-

---

682 Vgl. *Ehrich,* HwB-AR „Sprecherausschuß" Rz. 157; *Löwisch,* § 31 Rz. 16 f.
683 *Ehrich,* HwB-AR „Sprecherausschuß" Rz. 159 m. w. Nachw.

XIV. Sprecherausschuß für leitende Angestellte Rz. 790 **Teil B**

lich, spätestens jedoch innerhalb von drei Tagen schriftlich unter Angabe der Gründe äußern. Äußert sich der Sprecherausschuß innerhalb der Anhörungsfrist nicht, so gilt dies nach § 31 Abs. 2 Satz 5 SprAuG als Einverständnis des Sprecherausschusses mit der Kündigung.

Die Mitglieder des Sprecherausschusses sind nach § 31 Abs. 3 SprAuG verpflichtet, über die ihnen im Rahmen personeller Maßnahmen bekannt gewordenen persönlichen Verhältnisse und Angelegenheiten der leitenden Angestellten, die ihrer Bedeutung oder ihrem Inhalt nach einer vertraulichen Behandlung bedürfen, Stillschweigen zu bewahren. Diese Verschwiegenheitspflicht gilt auch nach dem Ausscheiden aus dem Sprecherausschuß, § 31 Abs. 3 Halbsatz 2 i. V. mit § 29 Abs. 1 Satz 2 SprAuG. Die Verletzung der Verschwiegenheitspflicht ist nach § 35 SprAuG strafbar. 787

Im Gegensatz zu § 102 Abs. 3 BetrVG sieht § 31 Abs. 2 SprAuG kein Widerspruchsrecht des Sprecherausschusses gegen ordentliche Kündigungen vor, aus dem sich ein besonderer Anspruch auf vorläufige Weiterbeschäftigung (vgl. § 102 Abs. 5 BetrVG) ergeben kann. Ebensowenig kommt ein allgemeiner Weiterbeschäftigungsanspruch des leitenden Angestellten in Betracht, weil stets das Interesse des Arbeitgebers überwiegen wird, in leitender Funktion nur Personen seines Vertrauens zu beschäftigen[684]. 788

Kündigt der Arbeitgeber einem leitenden Angestellten **ohne vorherige Anhörung des Sprecherausschusses,** ist die **Kündigung** gemäß § 31 Abs. 2 Satz 3 SprAuG **unwirksam.** Die Sanktion der Unwirksamkeit einer ohne Anhörung des Sprecherausschusses ausgesprochenen Kündigung (§ 31 Abs. 2 Satz 3 SprAuG) gilt aufgrund einer ausdehnenden, entsprechenden Anwendung dieser Vorschrift auch bei **nicht ordnungsgemäßer Anhörung** des Sprecherausschusses[685]. Die nachträgliche Zustimmung des Sprecherausschusses zu einer vom Arbeitgeber ausgesprochenen Kündigung kann den Mangel der ordnungsgemäßen Anhörung nicht heilen[686]. 789

Bei der Unwirksamkeit der Kündigung wegen unterbliebener Anhörung des Sprecherausschusses handelt es sich um eine Rechtsunwirk- 790

---

[684] *Ehrich,* HwB-AR „Sprecherausschuß" Rz. 162; *Löwisch,* § 31 Rz. 37; *Hromadka,* § 31 Rz. 33.
[685] Ständige Rechtsprechung des BAG zu § 102 Abs. 1 Satz 3 BetrVG, siehe etwa BAG vom 16. 9. 1993, AP Nr. 62 zu § 102 BetrVG 1972; BAG vom 22. 9. 1994, AP Nr. 68 zu § 102 BetrVG 1972; BAG vom 15. 11. 1995, NZA 1996, 419.
[686] *Ehrich,* HwB-AR „Sprecherausschuß" Rz. 165; *Löwisch,* § 31 Rz. 41.

samkeit aus anderen Gründen i. S. von § 13 Abs. 3 KSchG, so daß die Klagefrist der §§ 4, 13 Abs. 1 KSchG nicht gilt.

f) Wirtschaftliche Angelegenheiten

791 In wirtschaftlichen Angelegenheiten sieht § 32 SprAuG ein Mitwirkungsrecht des Sprecherausschusses vor. Mit dieser Vorschrift werden Regelungen aufgegriffen und modifiziert, die für die Mitbestimmung des Betriebsrats in wirtschaftlichen Angelegenheiten (§§ 106 ff., 111 ff. BetrVG) gelten. Tatbestandlich knüpft § 32 SprAuG im wesentlichen an die in § 106 Abs. 3 und § 111 BetrVG enthaltenen Tatbestände an.

aa) Wirtschafliche Angelegenheiten i. S. von § 106 BetrVG

792 Nach § 32 Abs. 1 Satz 1 SprAuG hat der Unternehmer den Sprecherausschuß mindestens einmal im Kalenderhalbjahr über die wirtschaftlichen Angelegenheiten des Betriebs und des Unternehmens i. S. von § 106 Abs. 3 BetrVG zu unterrichten, soweit dadurch nicht die Betriebs- oder Geschäftsgeheimnisse des Unternehmens gefährdet werden (s. hierzu bereits o. Rz. 375 ff., 402 ff.). Die notwendigen Informationen sind dem Sprecherausschuß als Kollektivorgan zur Verfügung zu stellen, unabhängig davon, inwieweit einzelne leitende Angestellte als Entscheidungsträger in wirtschaftlichen Angelegenheiten bereits hierüber verfügen[687].

793 Die nach § 32 Abs. 1 Satz 1 SprAuG bestehende Unterrichtungspflicht gilt gemäß § 32 Abs. 1 Satz 2 SprAuG **nicht** für **Tendenzunternehmen** und **Tendenzbetriebe** i. S. von § 118 Abs. 1 BetrVG (zu diesen Begriffen siehe Teil K).

bb) Betriebsänderungen

794 Der Unternehmer hat den Sprecherausschuß gemäß § 32 Abs. 2 Satz 1 SprAuG über geplante Betriebsänderungen i. S. des § 111 BetrVG, die auch wesentliche Nachteile für leitende Angestellte zur Folge haben können, rechtzeitig und umfassend zu unterrichten. Entstehen leitenden Angestellten infolge der geplanten Betriebsänderung wirtschaftliche Nachteile, so hat der Unternehmer mit dem Sprecherausschuß auch über Maßnahmen zum Ausgleich oder zur Milderung dieser Nachteile zu beraten, § 32 Abs. 2 Satz 2 SprAuG[688].

---

687 Eingehend dazu *Ehrich*, HwB-AR „Sprecherausschuß" Rz. 168 ff.
688 Einzelheiten zum Beteiligungsrecht des Sprecherausschusses nach § 32 Abs. 2 SprAuG siehe bei *Ehrich*, HwB-AR „Sprecherausschuß" Rz. 178 ff.

XIV. Sprecherausschuß für leitende Angestellte   Rz. 798 **Teil B**

Der Begriff der Betriebsänderung ergibt sich aufgrund der Verweisung in § 32 Abs. 2 Satz 1 SprAuG aus § 111 Satz 2 BetrVG. Danach gilt als Betriebsänderung jede Einschränkung, Stillegung oder Verlegung des ganzen Betriebs oder von wesentlichen Betriebsteilen, der Zusammenschluß mit anderen Betrieben, grundlegende Änderungen der Betriebsorganisation, des Betriebszwecks oder der Betriebsanlagen sowie die Einführung grundlegend neuer Arbeitsmethoden oder Fertigungsverfahren (s. Teil J Rz. 15 ff.).   795

Den **Abschluß eines Sozialplans** kann der Sprecherausschuß – anders als der Betriebsrat – im Rahmen von § 32 Abs. 2 BetrVG **nicht erzwingen**. Möglich ist aber der Abschluß einer **freiwilligen** Sprecherausschußvereinbarung i. S. von § 28 SprAuG (s. u. Rz. 803 ff.) über den Ausgleich oder die Milderung der wirtschaftlichen Nachteile, wodurch die leitenden Angestellten unmittelbare und zwingende Ansprüche gegen den Unternehmer erhalten können, sofern dies zwischen Arbeitgeber und Sprecherausschuß vereinbart ist (§ 28 Abs. 2 Satz 1 SprAuG).   796

g) Folgen der Verletzung von Mitwirkungsrechten

Die Verletzung von Beteiligungsrechten des Sprecherausschusses durch den Arbeitgeber führt grundsätzlich nicht zur Unwirksamkeit der Maßnahme auf individualrechtlicher Ebene. Allein in § 31 Abs. 2 Satz 3 SprAuG ist vorgesehen, daß Kündigungen ohne vorherige Anhörung des Sprecherausschusses unwirksam sind.   797

Mißachtet der Arbeitgeber die Mitwirkungsrechte des Sprecherausschusses, so kann der Sprecherausschuß seinen Anspruch auf Unterrichtung, Anhörung und Beratung im arbeitsgerichtlichen Beschlußverfahren (§§ 2 a Abs. 1 Nr. 2, 80 ff. ArbGG) geltend machen. Einen eigenständigen **Anspruch** gegen den Arbeitgeber auf **Unterlassung** der geplanten Maßnahme bis zur Erfüllung der Beteiligungsrechte **hat der Sprecherausschuß** dagegen **nicht**[689]. Ebensowenig enthält das SprAuG eine § 23 Abs. 3 BetrVG vergleichbare Vorschrift, wonach bei groben Verstößen des Arbeitgebers gegen seine gesetzlichen Pflichten beim Arbeitsgericht beantragt werden kann, dem Arbeitgeber aufzugeben, eine Handlung zu unterlassen, die Vornahme einer Handlung zu dulden oder eine Handlung vorzunehmen. Eine analoge   798

---

689 *Ehrich,* HwB-AR „Sprecherausschuß" Rz. 193; *Joost,* in: Münchener Handbuch zum Arbeitsrecht, Band 3, § 316 Rz. 46; *Oetker,* ZfA 1990, 43 (77) m. w. Nachw.

Anwendung dieser Bestimmung im SprAuG kommt mangels planwidriger Regelungslücke nicht in Betracht[690].

799 Möglich ist der Erlaß einer einstweiligen Verfügung, wobei diese aber nicht weiter gehen darf, als das zu sichernde Beteiligungsrecht. Da sich die Beteiligungsrechte des Sprecherausschusses lediglich auf Unterrichtung, Anhörung und Beratung beschränken, kann eine einstweilige Verfügung den Arbeitgeber nur zur Unterrichtung, Anhörung und Beratung verpflichten, jedoch nicht die Durchführung der geplanten Maßnahme untersagen[691].

800 Erfüllt der Arbeitgeber die in §§ 30 Satz 1, 31 Abs. 1, 32 Abs. 1 Satz 1 oder Abs. 2 Satz 1 SprAuG genannten Unterrichtungs- und Mitteilungspflichten nicht, wahrheitswidrig, unvollständig oder verspätet, kann dies eine Ordnungswidrigkeit i. S. von § 36 SprAuG darstellen. Außerdem kann es sich bei der bewußten und beharrlichen Mißachtung von Mitwirkungsrechten des Sprecherausschusses um eine strafbare Behinderung der Amtsausübung (§ 36 Abs. 1 Nr. 2 SprAuG) handeln.

h) Vertragliche Änderungen der Beteiligungsrechte

801 **Einschränkungen** der Mitwirkungsrechte des Sprecherausschusses durch Tarifvertrag oder Vereinbarung zwischen Arbeitgeber und Sprecherausschuß sind generell **unzulässig**. Gleiches gilt grundsätzlich auch für **Erweiterungen** der Mitwirkungsrechte. Die Einführung von Mitbestimmungsrechten durch Tarifvertrag wäre mit dem Leitbild des SprAuG unvereinbar, nämlich der einvernehmlichen Regelung von Angelegenheiten zwischen Arbeitgeber und Sprecherausschuß und – im Konfliktfall – dem Letztentscheidungsrecht des Arbeitgebers. **Tarifliche Regelungen,** die den Sprecherausschüssen **erzwingbare Mitbestimmungsrechte** einräumen, sind daher **unzulässig**[692]. Ebensowenig können Arbeitgeber und Sprecherausschuß die Erweiterung des SprAuG um echte Mitbestimmungsrechte vertraglich vereinbaren, da ihnen hierzu die Regelungsbefugnis fehlt[693].

---

690 *Ehrich,* HwB-AR „Sprecherausschuß" Rz. 194; *Joost,* in: Münchener Handbuch zum Arbeitsrecht, Band 3, § 316 Rz. 44.
691 *Joost,* in: Münchener Handbuch zum Arbeitsrecht, Band 3, § 316 Rz. 45; *Hromadka,* § 30 Rz. 31; *Ehrich,* HwB-AR „Sprecherausschuß" Rz. 195 m. w. Nachw.; **a. A.** *Löwisch,* § 30 Rz. 16.
692 So zu Recht *Löwisch,* Vorbem. Rz. 2; im Ergebnis auch *Joost,* in: Münchener Handbuch zum Arbeitsrecht, Band 3, § 314 Rz. 44 f.; **a. A.** *Oetker,* ZfA 1990, 43 (79).
693 *Löwisch,* § 28 Rz. 1, 11; *Oetker,* ZfA 1990, 43 (79).

Möglich ist aber eine **Konkretisierung** und **Erweiterung** der **Informa-** 802
tions- und Beratungsrechte des Sprecherausschusses. Dies kann
nicht nur durch Tarifvertrag, sondern auch durch Vereinbarung zwischen Arbeitgeber und Sprecherausschuß erfolgen. Die Regelungsbefugnis ist hierbei aus dem Prinzip der vertrauensvollen Zusammenarbeit (§ 2 Abs. 1 Satz 1 SprAuG) abzuleiten[694]. Keinesfalls dürfen aber
die **organisatorischen Bestimmungen** des SprAuG verändert werden,
da diese – abgesehen von den Öffnungsklauseln der §§ 16 Abs. 2
Satz 3, 21 Abs. 2 Satz 3 SprAuG – **zwingend** sind[695].

11. Richtlinien und Vereinbarungen

Während das BetrVG in § 77 BetrVG dem Betriebsrat und dem Arbeit- 803
geber die Betriebsvereinbarung als Regelungsinstrument zur Verfügung stellt, können Arbeitgeber und Sprecherausschuß nach § 28
Abs. 1 SprAuG Richtlinien über den Inhalt, den Abschluß oder die
Beendigung von Arbeitsverhältnissen der leitenden Angestellten
schriftlich vereinbaren. Die in § 28 SprAuG enthaltene Überschrift
„Richtlinien und Vereinbarungen" bedeutet nicht, daß die Richtlinie
und die Vereinbarung zwei unterschiedliche Regelungsinstrumente
sind. Vielmehr ist die Richtlinie – wie sich aus § 28 Abs. 1 SprAuG
ergibt – Inhalt und Gegenstand der Vereinbarung zwischen Arbeitgeber und Sprecherausschuß[696].

Im Gegensatz zum Tarifvertrag und zur Betriebsvereinbarung, die 804
bereits kraft Gesetzes unmittelbare und zwingende Wirkung für die
Arbeitsverhältnisse haben (s. § 4 Abs. 1 TVG, § 77 Abs. 4 Satz 1
BetrVG), **gilt** der Inhalt der **Richtlinie** für die Arbeitsverhältnisse
nach § 28 Abs. 2 Satz 1 SprAuG **nur unmittelbar und zwingend,
soweit dies zwischen Arbeitgeber und Sprecherausschuß vereinbart
ist.** Bei den Sprecherausschußvereinbarungen i. S. von § 28 SprAuG
kann es sich demzufolge um Richtlinien mit und ohne normative
Wirkung handeln[697].

Gesetze und Tarifverträge sind gegenüber den vom Arbeitgeber und 805
Sprecherausschuß vereinbarten Richtlinien **höherrangiges Recht** und
gehen diesen vor. Richtlinien müssen sich daher im Rahmen von
zwingenden gesetzlichen Vorschriften (wie z. B. den Grundsätzen für

---

[694] *Ehrich,* HwB-AR „Sprecherausschuß" Rz. 199; *Löwisch,* Vorbem. Rz. 3.
[695] *Joost,* in: Münchener Handbuch für Arbeitsrecht, Band 3, § 314 Rz. 43;
Löwisch, Vorbem. Rz. 3; *Oetker,* ZfA 1990, 43 (79).
[696] Vgl. *Joost,* in: Münchener Handbuch zum Arbeitsrecht, Band 3, § 316 Rz. 1,
wonach die Fassung des § 28 SprAuG nicht geglückt sei.
[697] Einzelheiten zur Wirksamkeit und zum Abschluß von Richtlinien siehe bei
Ehrich, HwB-AR „Sprecherausschuß" Rz. 214 ff., 222 ff.

die Behandlung von leitenden Angestellten nach § 27 SprAuG) und Tarifverträgen halten. Verstoßen Richtlinien gegen zwingende Gesetze oder Tarifverträge, die ihrem persönlichen Geltungsbereich nach auch leitende Angestellte erfassen, so sind sie unwirksam[698]. Zulässig sind aber Sprecherausschußvereinbarungen, soweit sie eine Änderung der tarifvertraglichen Regelungen zugunsten der leitenden Angestellten enthalten, § 4 Abs. 3 TVG.

806 Ein § 77 Abs. 3 BetrVG vergleichbarer Tarifvorbehalt, der die Vereinbarung von Richtlinien bereits bei Üblichkeit tariflicher Regelung ausschließt, besteht nicht[699].

807 Für die **Auslegung** der Richtlinien gelten dieselben Grundsätze wie bei den Betriebsvereinbarungen (s. Teil F Rz. 33 ff.).

808 Richtlinien unterliegen einer allgemeinen **Billigkeitskontrolle** durch die Arbeitsgerichte. Die Billigkeitskontrolle betrifft in erster Linie die Wahrung des Gleichbehandlungsgrundsatzes und die Beachtung des Vertrauensschutzes. Die Überprüfung kann entweder im arbeitsgerichtlichen Beschlußverfahren oder inzidenter im Urteilsverfahren erfolgen[700].

809 Eine betriebliche Einigung zwischen Arbeitgeber und Sprecherausschuß ist nicht nur im Wege von Richtlinien nach § 28 SprAuG, sondern auch durch formlose **Regelungsabrede** möglich[701]. Hierbei gelten die Grundsätze zur Regelungsabrede zwischen Arbeitgeber und Betriebsrat sinngemäß (s. Teil F Rz. 147 ff.).

810 Zulässig ist schließlich auch eine **Gesamtvereinbarung** zwischen Arbeitgeber, Betriebsrat und Sprecherausschuß, sofern die Vertragsschließenden ihre jeweiligen gesetzlichen Kompetenzen nicht überschreiten. Eine Gesamtvereinbarung wird insbesondere bei einheitlichen Sozialplänen, betrieblichen Altersversorgungen und Arbeitszeitregelungen für alle Arbeitnehmer in Betracht kommen[702].

811 Soweit Richtlinien normativ i. S. von § 28 Abs. 2 Satz 1 SprAuG wirken und den leitenden Angestellten Rechte einräumen, ist ein

---

698 *Ehrich*, HwB-AR „Sprecherausschuß" Rz. 204; *Joost*, in: Münchener Handbuch zum Arbeitsrecht, Band 3, § 316 Rz. 9, 24; *Löwisch*, § 28 Rz. 3.
699 *Ehrich*, HwB-AR „Sprecherausschuß" Rz. 206; *Löwisch*, § 28 Rz. 3; *Oetker*, ZfA 1990, 43 (84 f.); **a. A.** *Joost*, in: Münchener Handbuch zum Arbeitsrecht, Band 3, § 316 Rz. 10.
700 Vgl. BAG vom 8. 12. 1981, AP Nr. 1 zu § 1 BetrAVG Unterstützungskassen; *Löwisch*, § 28 Rz. 4 m. w. Nachw.
701 *Ehrich*, HwB-AR „Sprecherausschuß" Rz. 209.
702 *Joost*, in: Münchener Handbuch zum Arbeitsrecht, Band 3, § 316 Rz. 16; *Löwisch*, § 2 Rz. 18; *Oetker*, ZfA 1990, 43 (83 f.).

Verzicht auf diese Rechte nach § 28 Abs. 2 Satz 3 SprAuG nur mit Zustimmung des Sprecherausschusses zulässig. Diese Vorschrift ist inhaltlich identisch mit § 77 Abs. 4 Satz 2 BetrVG (s. o. Teil F Rz. 106 ff.). Im Gegensatz zu § 77 Abs. 4 Satz 3 und 4 BetrVG schließt § 28 Abs. 2 SprAuG allerdings weder die Vereinbarung vertraglicher Ausschlußfristen für die Geltendmachung von Rechten aus den Richtlinien noch die Verwirkung solcher Rechte aus[703].

Die unmittelbar und zwingend geltenden Sprecherausschußvereinbarungen können, soweit nichts anderes vereinbart ist, mit einer **Frist von drei Monaten gekündigt** werden, § 28 Abs. 2 Satz 4 SprAuG. Die Kündigungsfrist kann verlängert oder verkürzt werden. Möglich ist auch, die Vereinbarung von vornherein zu befristen. Bei Vorliegen eines wichtigen Grundes kann die Vereinbarung jederzeit ohne Einhaltung einer Frist gekündigt werden[704]. Die Kündigung bedarf **keiner Schriftform**[705].

Mit Ablauf der Kündigungsfrist verliert die Richtlinie i. S. von § 28 Abs. 2 Satz 1 SprAuG ihre Wirkung für die Arbeitsverhältnisse der leitenden Angestellten. Anders als gekündigte Betriebsvereinbarungen (s. § 77 Abs. 6 BetrVG) haben gekündigte Sprecherausschußvereinbarungen **keine Nachwirkungen.** Allerdings kann eine Nachwirkung zwischen Arbeitgeber und Sprecherausschuß vertraglich vereinbart werden[706].

Vereinbarungen, die keine unmittelbare und zwingende Wirkung entfalten, können jederzeit mit sofortiger Wirkung gekündigt werden, falls eine Kündigungsfrist nicht bestimmt oder den Umständen zu entnehmen ist[707].

Die Geltung einer Sprecherausschußvereinbarung können Arbeitgeber und Sprecherausschuß jederzeit auch durch **Aufhebungsvertrag** beenden. Dieser bedarf – als actus contrarius zur Richtlinie – der Schriftform[708].

---

703 *Ehrich*, HwB-AR „Sprecherausschuß" Rz. 221; *Löwisch*, § 28 Rz. 19.
704 *Ehrich*, HwB-AR „Sprecherausschuß" Rz. 227; *Joost*, in: Münchener Handbuch zum Arbeitsrecht, Band 3, § 316 Rz. 39; *Löwisch*, § 28 Rz. 26.
705 *Ehrich*, HwB-AR „Sprecherausschuß" Rz. 228.
706 *Joost*, in: Münchener Handbuch zum Arbeitsrecht, Band 3, § 316 Rz. 41; *Hromadka*, § 28 Rz. 37; *Ehrich*, HwB-AR „Sprecherausschuß" Rz. 229 m. w. Nachw.
707 *Löwisch*, § 28 Rz. 29.
708 *Löwisch*, § 28 Rz. 30. Zu weiteren möglichen Beendigungsgründen siehe *Ehrich*, HwB-AR „Sprecherausschuß" Rz. 232 ff.

12. Freiwillige Sprecherausschüsse

816 Bis zum Inkrafttreten des SprAuG haben sich in vielen Betrieben und Unternehmen sog. freiwillige Sprecherausschüsse aufgrund privatrechtlicher Vereinbarungen mit dem Arbeitgeber gebildet. Auf diese findet das SprAuG nach § 37 Abs. 2 Satz 1 zwar keine Anwendung. Jedoch sieht § 37 Abs. 2 Satz 2 SprAuG vor, daß freiwillige Sprecherausschüsse, die bei Inkrafttreten des SprAuG bereits bestanden haben, nur bis spätestens zum 31. 5. 1990 im Amt blieben. Damit wurden freiwillige Sprecherausschüsse **kraft Gesetzes aufgelöst**[709].

817 Eine **Neubildung** von Vertretungen der leitenden Angestellten auf freiwilliger Grundlage anstelle der Errichtung gesetzlicher Sprecherausschüsse ist **unzulässig**. Denn das SprAuG ist – ebenso wie das BetrVG – ein Organisationsgesetz, das die Interessenvertretung der leitenden Angestellten durch ein gewähltes Organ zwingend und abschließend regelt. Zwar sind die leitenden Angestellten nicht zur Wahl eines Sprecherausschusses verpflichtet, da die Errichtung von Sprecherausschüssen auf dem Freiwilligkeitsprinzip beruht. Sofern sie aber eine Vertretung der leitenden Angestellten errichten wollen, ist dies nur im Rahmen der gesetzlich vorgegebenen Formen möglich. Die Errichtung anderer Vertretungen verstieße gegen das Wahlbehinderungsverbot des § 8 Abs. 2 Nr. 1 SprAuG und wäre gemäß § 34 Abs. 1 Nr. 1 SprAuG strafbar[710].

818 Fehlen jedoch die gesetzlichen Voraussetzungen für die Bildung eines Sprecherausschusses, z. B. weil die nach § 1 Abs. 1 und 2 SprAuG erforderliche Mindestzahl von zehn leitenden Angestellten nicht erreicht wird, so ist die Bildung von freiwilligen Sprecherausschüssen auf vertraglicher Grundlage zulässig[711].

---

709 *Ehrich*, HwB-AR „Sprecherausschuß" Rz. 235; *Joost*, in: Münchener Handbuch zum Arbeitsrecht, Band 3, § 314 Rz. 46.
710 *Joost*, in: Münchener Handbuch zum Arbeitsrecht, Band 3, § 314 Rz. 47; *Löwisch*, § 37 Rz. 3; *Hromadka*, Vorbem. zu § 1 Rz. 33 ff.; GK-*Kraft*, § 5 Rz. 164; *Ehrich*, HwB-AR „Sprecherausschuß" Rz. 236 m. w. Nachw.; **a. A.** *Fitting/Kaiser/Heither/Engels*, § 5 Rz. 202; *Martens*, NZA 1989, 409.
711 *Joost*, in: Münchener Handbuch zum Arbeitsrecht, Band 3, § 314 Rz. 48; *Kramer*, BB 1989, 2153 (2155) jeweils m. w. Nachw.

Teil C
Geschäftsführung des Betriebsrats

I. Wahl und Aufgaben des Betriebsratsvorsitzenden

1. Wahl in der konstituierenden Sitzung

Der Vorsitzende des Betriebsrates sowie dessen Stellvertreter werden in der **konstituierenden** Sitzung des Betriebsrates gewählt. Vor Ablauf einer Woche nach dem Wahltag hat der Wahlvorstand die Mitglieder des Betriebsrats zu der konstituierenden Sitzung zusammenzurufen (§ 29 Abs. 1 BetrVG). Erstreckt sich die Wahl über mehrere Tage, muß die konstituierende Sitzung spätestens eine Woche nach dem letzten Tag der Stimmabgabe einberufen sein.

1

Der Wahltag selbst ist bei der Berechnung der **Wochenfrist** nicht mitzurechnen. Hat eine Betriebsratswahl an einem Dienstag stattgefunden, hat die Einberufung der konstituierenden Sitzung bis spätestens Dienstag der folgenden Woche zu erfolgen. Endet die Frist auf einem Samstag, Sonntag oder gesetzlichen Feiertag, so läuft die Frist in Anwendung von § 193 BGB mit dem nächsten Werktag ab. Die Vorschrift ist jedoch lediglich eine Ordnungsvorschrift, so daß geringfügige Fristüberschreitungen ohne Rechtsfolgen bleiben[1].

2

Mit der Einberufung des Betriebsrates ist allein die Ladung zur Sitzung gemeint, nicht aber, daß die Sitzung selbst bereits binnen Wochenfrist stattzufinden hat[2]. Selbst wenn die **Amtsperiode** des noch im Amt befindlichen Betriebsrates **noch nicht abgelaufen** ist, kann die erste Sitzung des Betriebsrates bereits stattfinden und hier die Wahl des Betriebsratsvorsitzenden, seines Stellvertreters, der Mitglieder des Betriebsausschusses und ggf. anderer Ausschüsse stattfinden. Dem Gesetz kann nicht entnommen werden, daß der neue Betriebsrat gehindert wäre, sich bereits zu Zeiten zu konstituieren, in denen eine Amtswahrnehmung noch nicht erfolgen kann[3]. Selbst im Falle der Anfechtung der Wahl ist die konstituierende Sitzung binnen der gesetzlichen Frist einzuberufen[4].

3

---

1 *Fitting/Kaiser/Heither/Engels,* § 29 Rz. 7.
2 *Blanke* in: Däubler/Kittner/Klebe, § 29 Rz. 5; *Fitting/Kaiser/Heither/Engels,* § 29 Rz. 10; **a. A.** GK-*Wiese,* § 29 Rz. 8.
3 *Dietz/Richardi,* § 29 Rz. 6; *Blanke* in: Däubler/Kittner/Klebe, § 29 Rz. 4; *Fitting/Kaiser/Heither/Engels,* § 29 Rz. 9.
4 GK-*Wiese,* § 29 Rz. 7; *Fitting/Kaiser/Heither/Engels,* § 29 Rz. 11.

4 Fassen die Mitglieder des Betriebsrates **Beschlüsse, bevor** die **konstituierende Sitzung stattgefunden hat,** sind darin lediglich unverbindliche Meinungsäußerungen zu sehen[5]. Vor der Konstituierung des Betriebsrates hat der Arbeitgeber auch nicht die Pflicht, die gewählten Mitglieder vor Ausspruch einer Kündigung anzuhören. Das BAG hat auch die Verpflichtung des Arbeitgebers abgelehnt, eine Maßnahme, die die Beteiligung des Betriebsrates erfordert, bis zur Konstituierung des Betriebsrates zu unterlassen[6].

5 Die **Leitung** der konstituierenden Sitzung hat zunächst der Vorsitzende des Wahlvorstandes. Seine Befugnis hinsichtlich der Leitung und weiteren Teilnahme an der Sitzung endet mit der Wahl eines Wahlleiters. Dieser übernimmt sodann die weitere Leitung der konstituierenden Sitzung des Betriebsrates[7].

6 **Aufgabe des Wahlleiters** ist es, den Betriebsratsvorsitzenden wählen zu lassen. Mangels gesetzlich aufgestellter Formerfordernisse kann die Wahl des Betriebsratsvorsitzenden offen, auch mündlich erfolgen. Es ist aber zulässig, daß die Mitglieder des Betriebsrates beschließen, die Wahl ihres Vorsitzenden in einer bestimmten Form abzuhalten[8].

7 Die **Wahl des Vorsitzenden** ist erfolgt, wenn dieser die Mehrheit der Stimmen der anwesenden Mitglieder auf sich vereinigt. Auf Beschlußfähigkeit, d. h. auf die Teilnahme von mindestens der Hälfte der Mitglieder des Betriebsrates an der Beschlußfassung, ist zu achten. Die Wahl des Vorsitzenden hat grundsätzlich Gültigkeit für die gesamte Wahlperiode des Betriebsrates, es sei denn, der Betriebsrat beschließt mehrheitlich, den Vorsitzenden abzuberufen. Eines Grundes für die Abberufung bedarf es nicht[9]. Ebenso wie die Abberufung kann der Betriebsratsvorsitzende sein Amt jederzeit durch eine eindeutige Erklärung gegenüber dem Betriebsrat niederlegen[10].

8 Für die Wahl des **stellvertretenden Betriebsratsvorsitzenden** gelten die Ausführungen zur Wahl des Betriebsratsvorsitzenden. Im übrigen ist hier zu beachten, daß gem. § 26 Abs. 1 Satz 2 BetrVG der Vorsit-

---

5 *Dietz/Richardi,* § 29 Rz. 10; *Fitting/Kaiser/Heither/Engels,* § 29 Rz. 12; LAG Düsseldorf DB 1968, 628.
6 BAG vom 23. 8. 1984, AP Nr. 36 zu § 102 BetrVG 1972.
7 BAG vom 28. 2. 1958, AP Nr. 1 zu § 29 BetrVG; *Blanke* in Däubler/Kittner/Klebe, § 29 Rz. 11.
8 *Fitting/Kaiser/Heither/Engels,* § 26 Rz. 9.
9 BAG vom 26. 1. 1962, AP Nr. 8 zu § 626 BGB Druckkündigung; GK-*Wiese,* § 26 Rz. 47.
10 *Blanke* in: Däubler/Kittner/Klebe § 26 Rz. 13; *Fitting/Kaiser/Heither/Engels,* § 26 Rz. 12.

I. Wahl und Aufgaben des Betriebsratsvorsitzenden

zende und sein Stellvertreter, sofern der Betriebsrat aus Vertretern der Arbeiter und der Angestellten besteht, nicht derselben Gruppe angehören sollen. Eine Abweichung von dieser Sollvorschrift ist allein dann zulässig, wenn hierfür vernünftige Gründe angeführt werden können[11]. Eine gegen diese Grundsätze verstoßende Wahl kann binnen zwei Wochen von einer im Betrieb vertretenen Gewerkschaft angefochten werden[12]. Vom BAG anerkannte Begründung ist z. B., daß der einzige Angestelltenvertreter nicht zur Wahl vorgeschlagen worden ist und sich auch nicht selbst vorgeschlagen hat[13]. Weiteres Beispiel ist der Fall, daß das einzige zur Kandidatur zur Verfügung stehende Mitglied einer Gruppe in der Vergangenheit durch erhebliche Fehlzeiten aufgefallen ist. An die psychische Konstitution des Betriebsratsvorsitzenden und dessen Stellvertreters können wegen der besonderen Verantwortung für die Wahrnehmung der Betriebsratsaufgaben strenge Anforderungen gestellt werden[14].

Gehört jeder Gruppe im Betriebsrat mindestens ein Drittel der Mitglieder des Betriebsrates an, so verpflichtet § 26 Abs. 2 BetrVG den Betriebsrat, durch jede Gruppe ein Mitglied für den Vorsitz vorschlagen zu lassen. Erforderlich hierfür ist ein Beschluß der jeweiligen Gruppe. Der Betriebsrat wählt dann aus den beiden Vorgeschlagenen seinen Vorsitzenden und dessen Stellvertreter.

Lehnt der gewählte Vorsitzende oder dessen Stellvertreter die **Annahme** der **Wahl ab,** hat nach evtl. erneuter Vorabstimmung in Gruppen der Betriebsrat neu zu entscheiden, wer das Amt des Vorsitzenden und das des Stellvertreters wahrnehmen soll. Es besteht keine Verpflichtung der Betriebsratsmitglieder, das Amt des Vorsitzenden oder des Stellvertreters anzunehmen[15].

Die Wahl sowohl des Betriebsratsvorsitzenden als auch dessen Stellvertreters ist **gerichtlich überprüfbar.** Die herrschende Meinung in Literatur und Rechtsprechung befürwortet eine entsprechende Anwendung von § 19 BetrVG[16]. Dies vor dem Hintergrund, daß nicht jeder Rechtsverstoß die Nichtigkeit der betriebsratsinternen Wahl nach sich ziehen kann. Interessengerecht ist auch eine zeitliche Be-

---

11 BAG vom 13. 11. 1991, AP Nr. 9 zu § 26 BetrVG 1972; *Fitting/Kaiser/Heither/Engels,* § 26 Rz. 16 m. w. Nachw.
12 BAG vom 12. 10. 1976, AR-Blattei ES 530.10 Nr. 36.
13 BAG vom 26. 3. 1987, AP Nr. 7 zu § 26 BetrVG 1972.
14 BAG vom 8. 4. 1992, AP Nr. 11 zu § 26 BetrVG 1972.
15 BAG vom 29. 1. 1965, AP Nr. 8 zu § 27 BetrVG; *Blanke* in: Däubler/Kittner/Klebe, § 26 Rz. 12; GK-*Wiese,* § 26 Rz. 45.
16 Vgl. z. B. BAG vom 13. 11. 1991, AP Nr. 9 zu § 26 BetrVG 1972; BAG vom 8. 4. 1992, AP Nr. 11 zu § 26 BetrVG 1972; *Dietz/Richardi,* § 26 Rz. 23 f.; GK-*Wiese,* § 26 Rz. 94.

schränkung der Anfechtbarkeit der Wahl, wie sie durch die Anwendung von § 19 BetrVG erfolgt. Vorliegen muß ein Verstoß gegen wesentliche Wahlvorschriften, wie z. B. die Verletzung des Vorschlagsrechts nach § 26 Abs. 2 BetrVG, oder die Verletzung von wesentlichen Verfahrensvorschriften, wie der der ordnungsgemäßen Ladung der Betriebsratsmitglieder. Darüber hinaus ist die Anfechtung der Wahl nur innerhalb von zwei Wochen nach Kenntnis des Wahlergebnisses zulässig. Anfechtungsberechtigt ist jedes Mitglied des Betriebsrates[17].

12 Ausnahmsweise ist über die Möglichkeit der Wahlanfechtung binnen zwei Wochen die Feststellung der **Nichtigkeit** der Wahl möglich; dies jedoch nur unter der Voraussetzung, daß für jeden Außenstehenden bei Kenntnis der Vorgänge ersichtlich ist, daß noch nicht einmal der Anschein einer gesetzgemäßen Wahl vorhanden ist[18]. Als Beispiele hierfür werden genannt, der Fall, daß das Stattfinden einer Wahl nicht erkennbar ist, oder aber daß ein Arbeitnehmer zum Betriebsratsvorsitzenden gewählt wurde, der dem Betriebsrat nicht angehört[19].

13 Beide Antragsverfahren können im arbeitsgerichtlichen Beschlußverfahren durchgeführt werden (§§ 2a, 80 ff. ArbGG).

2. Aufgaben des Betriebsratsvorsitzenden

14 Der Betriebsratsvorsitzende ist normales Mitglied des Betriebsrates und nimmt insoweit sämtliche Aufgaben und Befugnisse entsprechend den anderen Betriebsratsmitgliedern wahr. Darüber hinaus weist das BetrVG dem Vorsitzenden zusätzliche Zuständigkeiten, Aufgaben und Befugnisse zu.

15 Im einzelnen regelt das Gesetz die folgenden Aufgaben und Zuständigkeiten des Vorsitzenden:
▶ Entgegennahme von an den Betriebsrat gerichteten Erklärungen, § 26 Abs. 3 Satz 2 BetrVG
▶ Vertretung des Betriebsrates in Vollzug der durch den Betriebsrat gefaßten Beschlüsse
▶ Wahrnehmung der Mitgliedschaft im Betriebsausschuß, § 27 Abs. 1 BetrVG

---

[17] BAG vom 8. 4. 1992, AP Nr. 11 zu § 26 BetrVG 1972.
[18] BAG vom 13. 11. 1991, AP Nr. 9 zu § 26 BetrVG 1972; BAG vom 15. 1. 1992, AP Nr. 10 zu § 26 BetrVG 1972; *Hess/Schlochauer/Glaubitz*, § 27 Rz. 26.
[19] *Fitting/Kaiser/Heither/Engels*, § 27 Rz. 60.

I. Wahl und Aufgaben des Betriebsratsvorsitzenden Rz. 18 Teil C

▶ Einberufung der Betriebsratssitzungen, Aufstellung der Tagesordnung, Ladung der Mitglieder der Jugend- und Auszubildendenvertreter, der Schwerbehindertenvertreter sowie ggf. des Vertrauensmannes der Zivildienstleistenden zu den Betriebsratssitzungen, § 29 Abs. 2 BetrVG
▶ Leitung der Betriebsratssitzungen, § 29 Abs. 2 Satz 2 BetrVG
▶ Unterzeichnung der Sitzungsniederschrift, § 34 Abs. 1 BetrVG
▶ Führung der laufenden Geschäfte des Betriebsrates in Betriebsräten mit weniger als neun Mitgliedern, sofern durch Beschluß der Betriebsrat die Führung der laufenden Geschäfte auf den Vorsitzenden übertragen hat, § 27 Abs. 4 BetrVG
▶ Leitung der Betriebsversammlung, § 42 Abs. 1 BetrVG
▶ Teilnahme an Sitzungen der Jugend- und Auszubildendenvertretung, sofern hiermit kein anderes Betriebsratsmitglied beauftragt ist
▶ Wahrnehmung von durch die Geschäftsordnung oder durch Einzelbeschluß des Betriebsrates übertragenen Aufgaben.

Die **Vertretungsbefugnis** des Betriebsratsvorsitzenden besteht nur im Rahmen der durch den Betriebsrat gefaßten Beschlüsse. Mit verbindlicher Wirkung kann der Vorsitzende daher nur handeln, sofern der Betriebsratsbeschluß sein Handeln abdeckt. Seine Vertretungsbefugnis kann auch nicht durch ständige betriebliche Übung erweitert werden[20].

16

Ausnahmsweise kann dem Vorsitzenden in bestimmten Angelegenheiten eine **weitergehende Handlungs-** und **Entscheidungsbefugnis** eingeräumt werden. Dies kann entweder durch die Geschäftsordnung oder aber durch weit gefaßte Betriebsratsbeschlüsse geschehen[21]. Rechtshandlungen, die der Vorsitzende vornimmt, ohne hierbei einen entsprechenden Betriebsratsbeschluß auszuführen, sind unwirksam, können aber durch Genehmigung des Betriebsrates geheilt werden[22].

17

Weiß die Mehrheit der Mitglieder des Betriebsrates, daß der Vorsitzende eine Rechtshandlung vorgenommen hat, die nicht von einem Betriebsratsbeschluß abgedeckt ist und bleibt der Betriebsrat dennoch untätig, so kommt eine Bindung des Betriebsrates an die Rechtshandlung ihres Vorsitzenden aufgrund **Vertrauenshaftung** in Betracht[23]. Voraussetzung ist hierfür, daß der Betriebsrat in zurechenbarer Weise

18

---

20 *Fitting/Kaiser/Heither/Engels,* § 26 Rz. 34 m. w. N.
21 *Dietz/Richardi,* § 26 Rz. 19.
22 BAG vom 15. 12. 1961, AP Nr. 1 zu § 615 BGB; LAG Köln, LAGE § 26 BetrVG 1972 Nr. 1; GK-*Wiese,* § 26 Rz. 62; *Hess/Schlochauer/Glaubitz,* § 26 Rz. 45.
23 *Dietz/Richardi,* § 26 Rz. 55; *Fitting/Kaiser/Heither/Engels,* § 26 Rz. 40; a. A. *Hess/Schlochauer/Glaubitz,* § 26 Rz. 46 f.

den Anschein erweckt hat, die Erklärung des Vorsitzenden sei durch einen Beschluß abgedeckt.

19 Teilweise wird sogar als ausreichend angesehen, daß die Mehrheit der Mitglieder des Betriebsrates das von einem Betriebsratsbeschluß nicht gedeckte Verhalten ihres Vorsitzenden hätten kennen müssen[24]. Die Annahme einer solchen **Anscheinshaftung** ist aber abzulehnen, da sie zu Abgrenzungsproblemen und damit zu Rechtsunsicherheit führt.

20 Gemäß § 26 Abs. 3 Satz 2 BetrVG ist der Betriebsratsvorsitzende **Empfangsvertreter** des Betriebsrates für alle Erklärungen und Mitteilungen, die der Arbeitgeber, ein Arbeitnehmer oder andere betriebsverfassungsrechtliche Gremien gegenüber dem Betriebsrat abgeben wollen. Der Betriebsratsvorsitzende ist auch zuständig für die Entgegennahme von Zustellungen in einem arbeitsgerichtlichen Verfahren. Hat der Betriebsrat für bestimmte Angelegenheiten andere Betriebsratsmitglieder als Empfangsvertreter bestimmt und ist dies dem Arbeitgeber mitgeteilt worden, muß der Arbeitgeber sich hieran halten, um eine wirksame Zuleitung an den Betriebsrat sicherzustellen[25]. Sind einem Ausschuß des Betriebsrates die Behandlung bestimmter Angelegenheiten übertragen, fungiert der Vorsitzende des Ausschusses im Rahmen dieser Angelegenheiten als Empfangsvertreter[26].

21 Der **Lauf** einer betriebsverfassungsrechtlichen **Frist** beginnt in dem Moment, in dem der Betriebsratsvorsitzende oder das als zuständig bestimmte Betriebsratsmitglied die Erklärung zur Kenntnis erhält. Sind aber sowohl Betriebsratsvorsitzender als auch dessen Stellvertreter verhindert, kann jede an den Betriebsrat gerichtete Erklärung jedem Betriebsratsmitglied gegenüber abgegeben werden; zu diesem Zeitpunkt beginnt der evtl. Lauf gesetzlicher Fristen[27].

22 Übergibt der Arbeitgeber eine an den Betriebsrat gerichtete Erklärung an ein Betriebsratsmitglied, obwohl der Vorsitzende nicht wegen Verhinderung als Empfänger der Erklärung ausscheidet und ohne daß das Betriebsratsmitglied nach den vorstehend beschriebenen Grundsätzen zuständig wäre, wird das Betriebsratsmitglied lediglich als **Bote** tätig. Erst in dem Moment, in dem dem Vorsitzenden die Erklärung überbracht wird, gilt sie als dem Betriebsrat zugegangen. Über-

---

24 GK-*Wiese*, § 26 Rz. 69.
25 *Fitting/Kaiser/Heither/Engels*, § 26 Rz. 46; GK-*Wiese*, § 26 Rz. 79.
26 BAG vom 4. 8. 1975, AP Nr. 4 zu § 102 BetrVG 1972; *Dietz/Richardi*, § 26 Rz. 46; *Fitting/Kaiser/Heither/Engels*, § 26 Rz. 46.
27 BAG vom 27. 6. 1985, AP Nr. 37 zu § 102 BetrVG 1972; *Stege/Weinspach*, § 26 Rz. 13.

gibt ein Arbeitgeber sein Anhörungsschreiben für eine auszusprechende Kündigung an einem Montag an ein normales Betriebsratsmitglied, so ist Fristablauf für die Stellungnahme des Betriebsrates nicht der kommende Montag, sondern erst der Dienstag, wenn das Betriebsratsmitglied die Anhörung erst einen Tag später dem Vorsitzenden aushändigt. Für den Lauf der Frist ist der Zeitpunkt maßgebend, in dem der Vorsitzende oder das anderweitig zuständige Betriebsratsmitglied von der Erklärung Kenntnis genommen hat[28].

Im Falle der **Verhinderung** des **Vorsitzenden** ist sein Stellvertreter zur Entgegennahme von Erklärungen, die an den Betriebsrat gerichtet sind, befugt. Der Stellvertreter vertritt den Vorsitzenden ferner im Falle der Verhinderung bei der Ausführung von Betriebsratsbeschlüssen (vgl. § 26 Abs. 3 BetrVG). Als Verhinderungsgründe sind anerkannt Krankheit, Urlaub sowie die nur kurzfristige Abwesenheit des Vorsitzenden zur Wahrnehmung unaufschiebbarer Angelegenheiten[29].

II. Betriebsratssitzung

1. Vorbereitung

Die **Sitzungen** des Betriebsrates werden durch den Vorsitzenden und bei dessen Verhinderung durch seinen Stellvertreter **einberufen.** Der Vorsitzende oder sein Stellvertreter setzt die Tagesordnungspunkte fest.

Die Geschäftsordnung des Betriebsrates kann vorsehen, in welchen Zeitabständen regelmäßige **Sitzungen** des Betriebsrates **stattfinden.** Grundsätzlich hat der Betriebsratsvorsitzende die Sitzungen nach seinem freien Ermessen einzuberufen, soweit die Geschäftsordnung nichts anderes bestimmt[30].

Der Vorsitzende hat eine Sitzung einzuberufen und den Gegenstand, dessen Beratung beantragt ist, auf die Tagesordnung zu setzen, sofern dies ein Viertel der Mitglieder des Betriebsrates oder aber der Arbeitgeber **beantragt,** § 29 Abs. 3 Satz 1 BetrVG. Eine Verpflichtung zur Einberufung besteht auch dann, wenn der Antrag von der Mehrheit der Vertreter einer Gruppe gestellt wird, sofern diese Gruppe im

---
28 BAG vom 27. 6. 1985, AP Nr. 37 zu § 102 BetrVG 1972; LAG München, DB 1988, 2651; *Blanke* in Däubler/Kittner/Klebe, § 26 Rz. 41; *Fitting/Kaiser/Heither/Engels,* § 26 Rz. 44.
29 *Fitting/Kaiser/Heither/Engels,* § 26 Rz. 48.
30 *Fitting/Kaiser/Heither/Engels,* § 29 Rz. 20.

Betriebsrat durch mindestens zwei Mitglieder vertreten ist, § 29 Abs. 3 Satz 2 BetrVG. Der Antrag kann formlos gestellt werden. Entspricht der Vorsitzende dem nicht, handelt er pflichtwidrig und kann bei Vorliegen einer groben Pflichtverletzung nach § 23 BetrVG aus dem Betriebsrat ausgeschlossen werden. Der Antragsteller kann in einem solchen Fall den Betriebsrat nicht anstelle des Vorsitzenden von sich aus einberufen[31].

27 Der Sitzung zeitlich vorauszugehen hat die **Ladung** der Betriebsratsmitglieder unter **Mitteilung** der Tagesordnung. Eine Ladung kann allein dann unterbleiben, wenn die Geschäftsordnung des Betriebsrates das Stattfinden von Sitzungen zu bestimmten festgelegten Zeiten bestimmt. Erforderlich bleibt jedoch die Mitteilung der Tagesordnung an die Betriebsratsmitglieder.

28 Das Gesetz verlangt weder die Einhaltung einer bestimmten **Ladungsfrist** noch eine bestimmte Form für die Ladung. Die Geschäftsordnung kann Abweichendes vorsehen. Grundsätzlich ist mit angemessener Frist einzuladen, so daß die Betriebsratsmitglieder sich auf die Sitzung einrichten können und für evtl. Ersatz am Arbeitsplatz Vorsorge tragen können. Die Ladung kann auch mündlich erfolgen[32].

29 Findet eine Betriebsratssitzung **ohne** vorherige **Ladung** statt, können hier nur dann wirksame Beschlüsse gefaßt werden, sofern alle Betriebsratsmitglieder mit Zeit und Ort der Sitzung einverstanden sind[33].

2. Teilnahmerecht

30 **Einzuladen** zu den Betriebsratssitzungen sind zunächst sämtliche Betriebsratsmitglieder. Steht fest, daß ein Betriebsratsmitglied verhindert ist, so ist das Ersatzmitglied zu laden. Zusätzlich ist zu allen Betriebsratssitzungen auch die Schwerbehindertenvertretung unter Mitteilung der Tagesordnung zu laden. Diese hat gem. § 32 BetrVG das Recht der Teilnahme an Betriebsratssitzungen. Um dieses Recht ausschöpfen zu können, ist es erforderlich, daß eine vorherige Information sichergestellt ist, welche Themen Inhalt der Betriebsratssitzung sein werden. Werden auf einer Betriebsratssitzung Angelegenheiten behandelt, die Zivildienstleistende betreffen, die im Betrieb beschäftigt sind, ist der Vertrauensmann der Zivildienstleistenden

---

31 *Blanke* in: Däubler/Kittner/Klebe, § 29 Rz. 32; *Hess/Schlochauer/Glaubitz*, § 29 Rz. 23.
32 *Fitting/Kaiser/Heither/Engels*, § 29 Rz. 41.
33 LAG Düsseldorf, DB 1975, 743; LAG Saarbrücken, AP Nr. 2 zu § 29 BetrVG; GK-*Wiese*, § 29 Rz. 25; *Hess/Schlochauer/Glaubitz*, § 29 Rz. 17.

II. Betriebsratssitzung

zur Sitzung zu laden. Die Jugend- und Auszubildendenvertretung hat ferner das Recht, zu allen Betriebsratssitzungen einen Vertreter zu entsenden, § 67 BetrVG. Folglich ist auch hier eine Ladung unter Mitteilung der Tagesordnung erforderlich.

Ist ein Betriebsratsmitglied oder ein Mitglied der Jugend- und Auszubildendenvertretung **verhindert** an der Sitzung teilzunehmen, so muß der Vorsitzende das entsprechende Ersatzmitglied laden. Der Vorsitzende hat im Einzelfall aber immer zu prüfen, ob die Voraussetzungen einer Verhinderung vorliegen. Verhinderungsfälle sind Urlaub, Krankheit sowie Abwesenheit für andere unaufschiebbare Angelegenheiten. Ein Fall von Verhinderung liegt auch dann vor, wenn das Betriebsratsmitglied selbst durch eine Angelegenheit, die Inhalt der Sitzung ist, unmittelbar betroffen wird. Für die Beratung und Beschlußfassung über diese Angelegenheit ist das Ersatzmitglied zu laden[34]. Insbesondere gilt dies in Fällen einer ein Betriebsratsmitglied betreffenden personellen Maßnahme[35]. Liegt tatsächlich kein Verhinderungsfall vor, z. B. im Falle, daß die Teilnahme an einer Betriebsratssitzung allein deshalb unterbleiben soll, weil das betreffende Betriebsratsmitglied Probleme mit dem Vorsitzenden hat, ist eine Ladung des Ersatzmitgliedes unzulässig. An Beschlüssen, die der Betriebsrat an der folgenden Sitzung faßt, darf das Ersatzmitglied nicht mitwirken[36].

Der **Arbeitgeber** nimmt an Sitzungen, die entweder auf sein Verlangen anberaumt sind oder aber, zu denen er ausdrücklich eingeladen ist, teil, § 29 Abs. 4 BetrVG. Er kann sich hierbei durch eine an der Leitung des Betriebes verantwortlich beteiligte Person vertreten lassen. Es steht ihm das Recht zu, sich an der Diskussion der anstehenden Fragen zu beteiligen. Hingegen kommt ihm weder ein Stimmrecht noch die Befugnis zu, die Leitung der Verhandlung zu übernehmen[37].

Auf Antrag eines Viertels der Mitglieder des Betriebsrates oder der Mehrheit einer Gruppe kann ein **Beauftragter** einer im Betrieb vertretenen **Gewerkschaft** an den Sitzungen beratend teilnehmen, § 31 BetrVG. Es genügt hierbei nicht, daß die Gewerkschaft im Betrieb Mitglieder hat, vielmehr muß eines ihrer Mitglieder dem Betriebsrat angehören[38]. Der Arbeitgeber kann dem Gewerkschaftsbeauftragten

---
34 BAG vom 23. 8. 1984, AP Nr. 17 zu § 103 BetrVG 1972; GK-*Wiese*, § 25 Rz. 25 ff.; *Fitting/Kaiser/Heither/Engels*, § 25 Rz. 17.
35 Vgl. zur Beschlußfassung in einem solchen Fall unten Rz. 51.
36 *Hess/Schlochauer/Glaubitz*, § 29 Rz. 32; *Dietz/Richardi*, § 29 Rz. 24.
37 *Dietz/Richardi*, § 29 Rz. 38; *Fitting/Kaiser/Heither/Engels*, § 29 Rz. 55 f.
38 BAG vom 28. 2. 1990, AP Nr. 1 zu § 31 BetrVG 1972.

das Betreten seines Betriebes grundsätzlich nicht verweigern[39]. Der Betriebsrat kann in seine Geschäftsordnung eine Regelung aufnehmen, die es der im Betriebsrat vertretenen Gewerkschaft ermöglicht, generell an allen Sitzungen des Betriebsrates teilzunehmen[40].

34 Die **vorherige Mitteilung** der **Tagesordnung** dient dem Zweck, allen Betriebsratsmitgliedern eine umfassende Vorbereitung der Sitzung zu ermöglichen. Nur ausnahmsweise ist es daher zulässig, die festgesetzte Tagesordnung zu ergänzen. Erforderlich ist dann, daß der Betriebsrat einstimmig die Ergänzung entweder beschließt oder der vollzählig versammelte Betriebsrat der Behandlung des neuen Tagesordnungspunktes nicht widerspricht[41].

3. Durchführung

35 In der Regel finden die Sitzungen des Betriebsrates während der **regulären Arbeitszeit** statt. Das vorherige Einverständnis des Arbeitgebers hierfür muß nicht eingeholt werden. Die Terminierung der Betriebsratssitzung ist grundsätzlich Sache des Vorsitzenden. Der Arbeitgeber kann nicht verlangen, daß der Betriebsrat an vorher festgelegten bestimmten Terminen tagt. Dies ergibt sich daraus, daß es notwendig sein kann, daß der Betriebsrat schnell handelt. Die Terminierung der Betriebsratssitzungen liegt daher allein im Ermessen des Vorsitzenden[42]. Auf der anderen Seite hat der Vorsitzende bei der Ansetzung seiner Sitzungen auf die betrieblichen Notwendigkeiten Rücksicht zu nehmen, § 30 BetrVG. Beispielsweise dürfen Betriebsratssitzungen nicht auf Zeiten verlegt werden, in denen ein Großteil der Mitarbeiter für den Betrieb schwer entbehrlich ist. Der Arbeitgeber ist vom Zeitpunkt der Sitzungen vorher zu verständigen. Die Sitzungen sind nicht öffentlich, § 30 Satz 3 und 4 BetrVG.

36 Aus der Tatsache, daß der **Arbeitgeber** von dem Zeitpunkt des Stattfindens der Sitzungen vorher zu verständigen ist, folgt nicht, daß der Arbeitgeber ein Recht auf **Kenntnis** der Tagesordnung hätte. Die Informationspflicht über den Zeitpunkt der Sitzungen folgt allein aus der Tatsache, daß die Betriebsratssitzungen in der Regel während der Arbeitszeit stattfinden und insofern ein Bedürfnis des Arbeitgebers

---

39 *Fitting/Kaiser/Heither/Engels*, § 31 Rz. 22.
40 BAG vom 28. 2. 1990, BB 1990, 1347.
41 BAG vom 29. 4. 1992, AP Nr. 15 zu § 38 BetrVG 1972; vgl. auch BAG vom 28. 4. 1988, AP Nr. 2 zu § 29 BetrVG 1972; BAG vom 28. 10. 1992, AP Nr. 4 zu § 29 BetrVG 1972; *Joost* in: Münchener Handbuch zum Arbeitsrecht, Band 3, § 299 Rz. 16, **a. A.** die einen einfachen Mehrheitsbeschluß als ausreichend ansieht: GK-*Wiese*, § 29 Rz. 52; *Blanke* in: Däubler/Kittner/Klebe, § 29 Rz. 20.
42 ArbG Wesel vom 12. 4. 1988, AuR 1989, 60.

III. Betriebsratsbeschluß   Rz. 39 **Teil C**

anzuerkennen ist, dies in seine betrieblichen Planungen einzubeziehen[43].

Die Leitung der Betriebsratssitzungen obliegt dem Vorsitzenden, bei Verhinderung seinem Stellvertreter. Unter die **Leitung** der **Sitzung** fällt die gesamte Gestaltung von der Eröffnung bis zur Schließung, dem Führen der Rednerliste, der Vergabe und dem Entzug des Wortes, der Erteilung von Ordnungsrufen sowie der Leitung von Abstimmungen und der Feststellung ihrer Ergebnisse[44]. 37

Im Sitzungszimmer hat der Vorsitzende das **Hausrecht.** Umstritten ist, ob er ein Betriebsratsmitglied von der Sitzung ausschließen kann[45]. Hiergegen spricht m. E., daß das Betriebsverfassungsgesetz hierfür keinerlei Regelung aufstellt. Eine solche wäre aber erforderlich, wollte man dem Vorsitzenden eine derart weite Befugnis zubilligen. Der Vorsitzende ist daher auf das Recht beschränkt, bei ungebührlichem Verhalten eines Betriebsratsmitglieds diesem das Wort zu entziehen. Diese Befugnis ist dem Sitzungsleitungsrecht immanent. Bei groben Verstößen ist die Einleitung eines Ausschlußverfahrens gem. § 23 BetrVG zudem Sanktionsmittel. 37a

Beschlüsse, die der Betriebsrat ohne ordnungsgemäße Ladung seiner Mitglieder oder aber über nicht auf der Tagesordnung befindliche Angelegenheiten faßt, sind nichtig. Die Nichtigkeitsfolge greift allein dann nicht ein, wenn der Betriebsrat trotz nicht ordnungsgemäßer Ladung vollständig versammelt ist oder bei unvollständiger Tagesordnung alle Betriebsratsmitglieder mit der Behandlung des Tagesordnungspunktes einverstanden sind[46]. 38

III. Betriebsratsbeschluß

1. Beschlußfähigkeit

Der Betriebsrat ist nur **beschlußfähig,** wenn mindestens die Hälfte der Betriebsratsmitglieder an der Beschlußfassung teilnimmt. Eine Stellvertretung durch Ersatzmitglieder ist zulässig, § 33 Abs. 2 BetrVG. Der Beschlußfassung vorausgehen muß eine mündliche Beratung der anwesenden Betriebsratsmitglieder. Eine Beschlußfassung 39

---
43 *Dietz/Richardi,* § 30 Rz. 4 f.
44 *Fitting/Kaiser/Heither/Engels,* § 29 Rz. 45.
45 **Dafür:** *Joost* in: Münchener Handbuch zum Arbeitsrecht, Band 3, § 299 Rz. 40; *Dietz/Richardi,* § 29 Rz. 36; **dagegen:** GK-*Wiese,* § 29 Rz. 61; *Fitting/Kaiser/Heither/Engels,* § 29 Rz. 46.
46 *Fitting/Kaiser/Heither/Engels,* § 29 Rz. 64.

des Betriebsrates im Umlaufverfahren ist unzulässig[47]. Die Vorschriften über die Beschlußfähigkeit und die Beschlußfassung des Betriebsrates sind zwingendes Recht; eine abweichende Regelung durch die Geschäftsordnung ist unwirksam[48].

40 Ist die **Gesamtzahl** der **Betriebsratsmitglieder** unter Einbeziehung sämtlicher Ersatzmitglieder unter die gesetzlich vorgeschriebene Zahl gesunken, so ist bis zur Neuwahl des Betriebsrates die Hälfte der Mitglieder, ausgehend von der Hälfte der noch vorhandenen Betriebsratsmitglieder, zu bestimmen[49]. Ist der Betriebsrat infolge einer vorübergehenden Verhinderung von Betriebsratsmitgliedern unter Einbeziehung von Ersatzmitgliedern nicht mit der gesetzlich vorgeschriebenen Zahl besetzt, bemißt sich die Hälfte der Betriebsratsmitglieder ebenfalls aus der Zahl der noch vorhandenen Betriebsratsmitglieder[50].

41 Erklärt ein Betriebsratsmitglied, an der **Abstimmung nicht teilnehmen** zu wollen, ist zu prüfen, ob die Teilnahme der Hälfte der Betriebsratsmitglieder dennoch sichergestellt ist. Beschlüsse, die durch einen beschlußunfähigen Betriebsrat gefaßt werden, entfalten keine Rechtswirkung[51].

42 Unterschiedlich wird die Frage beantwortet, ob ein Betriebsratsmitglied die Beschlußunfähigkeit des Betriebsrates dadurch herbeiführen kann, daß es erklärt, an der Beschlußfassung nicht teilzunehmen[52]. M. E. folgt aus der Möglichkeit, daß ein Betriebsratsmitglied erklärt, an der Abstimmung nicht teilnehmen zu wollen, auch die Zulässigkeit eines solchen Handelns im Falle, daß hierdurch die Beschlußunfähigkeit des Betriebsrates durch Nichterreichen der erforderlichen Teilnehmerzahl bewirkt wird. Wird allerdings hierdurch ohne vernünftigen Grund die Betriebsratsarbeit behindert, muß das handelnde Betriebsratsmitglied damit rechnen, wegen grober Verletzung seiner gesetzlichen Pflichten gem. § 23 Abs. 1 BetrVG aus dem Betriebsrat ausgeschlossen zu werden[53].

---

47 *Fitting/Kaiser/Heither/Engels*, § 33 Rz. 21; *Dietz/Richardi*, § 33 Rz. 2; GK-*Wiese*, § 33 Rz. 10; *Joost* in: Münchener Handbuch zum Arbeitsrecht, Band 3, § 299 Rz. 42; **a. A.** LAG München, DB 1975, 1228 für einfach gelagerte Sachverhalte; LAG Hamm, DB 1974, 1343 im Falle der Anhörung des Betriebsrates gem. § 102.
48 GK-*Wiese*, § 33 Rz. 5; *Hess/Schlochauer/Glaubitz*, § 33 Rz. 3.
49 *Blanke* in: Däubler/Kittner/Klebe, § 33 Rz. 5; GK-*Wiese*, § 33 Rz. 12.
50 BAG vom 18. 8. 1982, AP Nr. 24 zu § 102 BetrVG 1972.
51 *Fitting/Kaiser/Heither/Engels*, § 33 Rz. 12.
52 **Für** eine solche Möglichkeit: GK-*Wiese*, § 33 Rz. 19; *Hess/Schlochauer/Glaubitz*, § 33 Rz. 10; **dagegen:** *Dietz/Richardi*, § 33 Rz. 6.
53 So auch *Blanke* in: Däubler/Kittner/Klebe, § 33 Rz. 8; *Hess/Schlochauer/Glaubitz*, § 33 Rz. 10; *Fitting/Kaiser/Heither/Engels*, § 33 Rz. 14.

III. Betriebsratsbeschluß   Rz. 47 **Teil C**

Ausnahmsweise kann der beschlußunfähige Betriebsrat wirksame Beschlüsse fassen. Dies gilt für den Fall, daß Äußerungsfristen laufen. Ein wirksames Handeln des Betriebsrates muß dann sichergestellt sein. Das BAG hat dies entschieden für die Äußerungsfrist des § 102 Abs. 2 BetrVG. Ist zu diesem Zeitpunkt der Betriebsrat beschlußunfähig, weil in dieser Zeit mehr als die Hälfte der Betriebsratsmitglieder und der Ersatzmitglieder an der Amtsausübung verhindert sind, hat der Restbetriebsrat in entsprechender Anwendung des § 22 BetrVG die Mitbestimmungsrechte des § 102 Abs. 2 BetrVG wahrzunehmen[54]. Eine Anwendung dieser Grundsätze ist für alle gesetzlichen Äußerungsfristen zu bejahen. 43

2. Beschlußfassung

§ 33 Abs. 1 BetrVG bestimmt, daß die **Beschlüsse** des Betriebsrates, soweit in diesem Gesetz nichts anderes bestimmt ist, mit der **Mehrheit der Stimmen** der anwesenden Mitglieder gefaßt werden. Bei Stimmengleichheit ist ein Antrag abgelehnt. Für Fälle, in denen die Jugend- und Auszubildendenvertretung an der Beschlußfassung qua Gesetzes teilnimmt, werden die Stimmen dieser Vertreter bei der Feststellung der Stimmenmehrheit mitgezählt, § 33 Abs. 3 BetrVG. 44

Einfache Stimmenmehrheit der anwesenden Mitglieder reicht in folgenden Fällen **nicht** aus: 45
▶ Bei der Übertragung von Aufgaben zur selbständigen Erledigung auf Ausschüsse oder einzelne Betriebsratsmitglieder, § 27 Abs. 3, § 28 BetrVG,
▶ bei der Aufstellung einer schriftlichen Geschäftsordnung, § 36 BetrVG,
▶ im Falle der Beauftragung des Gesamtbetriebsrates, eine Angelegenheit für den Betriebsrat mit der Unternehmensleitung zu behandeln, § 50 Abs. 2 BetrVG,
▶ im Falle der Übertragung von Aufgaben des Wirtschaftsausschusses auf einen Ausschuß des Betriebsrates, § 107 Abs. 3 BetrVG.

In all diesen Fällen ist erforderlich, daß die Mehrheit **aller** Betriebsratsmitglieder für den Beschlußvorschlag stimmt. Bei einem Betriebsrat, der aus elf Mitgliedern besteht, müssen mindestens sechs Mitglieder für den Vorschlag stimmen. 46

Das **Verfahren** der **Abstimmung** bei Beschlüssen ist gesetzlich nicht geregelt. Es ist zulässig, Einzelheiten über Stimmabgabe, offene oder geheime Abstimmung usw. in der Geschäftsordnung festzulegen. Un- 47

---
54 BAG vom 18. 8. 1982, BB 1983, 251.

zulässig wäre allein, in der Geschäftsordnung das Erfordernis einer qualifizierten Mehrheit aufzustellen, obwohl dies gesetzlich nicht vorgeschrieben ist[55]. Dasselbe gilt für das umgekehrte Verfahren. Eine solche Regelung in der Geschäftsordnung wäre mit § 33 Abs. 1 BetrVG nicht zu vereinbaren.

48 Bei der Beschlußfassung des Betriebsrates handelt jedes Betriebsratsmitglied in eigener Verantwortung. Eine **Bindung** an **Weisungen** oder **Aufträge** kommt nicht in Betracht[56].

49 Bei **Stimmengleichheit** in der Abstimmung ist ein Antrag abgelehnt. Keinesfalls gibt in diesem Falle die Stimme des Vorsitzenden den Ausschlag[57]. Die Beschlußfassung kann auch in der Weise erfolgen, daß der Vorsitzende die Frage stellt, ob gegen die Beschlußfassung Widerspruch erhoben werde. Unzulässig ist allein die stillschweigende Beschlußfassung, die voraussetzt, daß der Vorsitzende keinerlei Frage an die Betriebsratsmitglieder richtet[58].

50 Eine **Stimmenthaltung** ist jederzeit zulässig. Da § 33 Abs. 1 BetrVG aber regelt, daß für einen Beschluß die Mehrheit der Stimmen der anwesenden Mitglieder erforderlich ist, wirkt sich die Stimmenthaltung eines Betriebsratsmitglieds als Ablehnung aus[59]. Bei einem elfköpfigen Betriebsrat und der Teilnahme aller Mitglieder an der Beschlußfassung wäre, wenn fünf Mitglieder für den Antrag, vier dagegen stimmen und zwei sich enthalten, der Antrag abgelehnt, da nicht die Mehrheit aller anwesenden Mitglieder für den Beschluß gestimmt hat. Anders aber dann, wenn ein Betriebsratsmitglied zwar bei der Beschlußfassung anwesend ist, jedoch ausdrücklich erklärt, hieran nicht teilnehmen zu wollen[60]. Regelmäßig ist im Falle, daß ein Betriebsratsmitglied einem Beschluß weder zustimmt, noch diesen ablehnt, von einer Stimmenthaltung auszugehen[61].

---

55 *Blanke* in: Däubler/Kittner/Klebe, § 33 Rz. 14; GK-*Wiese*, § 33 Rz. 5; *Hess/Schlochauer/Glaubitz*, § 33 Rz. 20.
56 *Fitting/Kaiser/Heither/Engels*, § 33 Rz. 31.
57 *Dietz/Richardi*, § 33 Rz. 15; GK-*Wiese*, § 33 Rz. 30.
58 *Dietz/Richardi*, § 33 Rz. 21 f.; *Blanke* in: Däubler/Kittner/Klebe, § 33 Rz. 3; *Fitting/Kaiser/Heither/Engels*, § 33 Rz. 32.
59 *Blanke* in: Däubler/Kittner/Klebe, § 33 Rz. 16; *Hess/Schlochauer/Glaubitz*, § 33 Rz. 16; *Dietz/Richardi*, § 33 Rz. 12; *Fitting/Kaiser/Heither/Engels*, § 33 Rz. 33.
60 *Fitting/Kaiser/Heither/Engels*, § 33 Rz. 34; *Hess/Schlochauer/Glaubitz*, § 33 Rz. 16; **a. A.** *Dietz/Richardi*, § 33 Rz. 12; GK-*Wiese*, § 33 Rz. 29.
61 *Fitting/Kaiser/Heither/Engels*, § 33 Rz. 12; *Blanke* in: Däubler/Kittner/Klebe, § 33 Rz. 6; **a. A.** GK-*Wiese*, § 33 Rz. 15; *Hess/Schlochauer/Glaubitz*, § 33 Rz. 7.

III. Betriebsratsbeschluß   Rz. 53 **Teil C**

Kein Stimmrecht hat ein Betriebsratsmitglied, das in einer Angelegenheit persönlich betroffen ist. Dies gilt für Maßnahmen wie die Versetzung, Kündigung oder Beförderung sowie für den Antrag auf Ausschließung aus dem Betriebsrat[62]. Keine persönliche Betroffenheit ist anzunehmen bei organisatorischen Akten des Betriebsrats, bei dessen Beschlußfassung auch das vom Organisationsakt betroffene Mitglied mitwirkt[63]. Hierunter fallen etwa die Wahl oder Abberufung des Betriebsratsvorsitzenden, der Mitglieder des Betriebsausschusses sowie der Beschluß über die Teilnahme eines Betriebsratsmitglieds an einer Schulungs- und Bildungsveranstaltung.

51

Nach Auffassung des BAG ist das persönlich betroffene Betriebsratsmitglied nicht nur vom Stimmrecht ausgeschlossen, sondern auch gehindert, an der vorausgehenden **Beratung** im Betriebsrat **teilzunehmen**[64]. Ab Beratung und Abstimmung nimmt anstelle des persönlich betroffenen Betriebsratsmitglieds das Ersatzmitglied dessen Aufgaben wahr. Nimmt ein Betriebsratsmitglied trotz persönlicher Betroffenheit an der Abstimmung teil, so ist der Beschluß unwirksam, wenn durch die Mitwirkung das Ergebnis der Beschlußfassung beeinträchtigt wurde. Dies ist nicht der Fall, wenn die Stimme des nicht berechtigten Mitglieds keinen Einfluß auf das Ergebnis hatte[65].

52

Die Auswirkung eines **unwirksamen Betriebsratsbeschlusses**[66] auf die ausgeführte arbeitgeberseitige Maßnahme hängt ab von der Ausgestaltung des Mitwirkungsrechts des Betriebsrates. Bei der Kündigung eines Betriebsratsmitglieds wie auch bei Maßnahmen der Beförderung oder Versetzung hat der Betriebsrat ein echtes Mitbestimmungsrecht. Der Beschluß des Betriebsrates ist Handlungsvoraussetzung für den Arbeitgeber. Insofern ist der Arbeitgeber daran gehindert, die beabsichtigte Maßnahme auf Grundlage des unwirksamen Beschlusses auszuführen. Unter Umständen kann der Arbeitgeber hiergegen geschützt sein, wenn er auf die Ordnungsgemäßheit der Beschlußfassung im Betriebsrat vertrauen konnte[67].

53

---

62 Vgl. BAG vom 23. 8. 1984, AP Nr. 17 zu § 103 BetrVG 1972; *Hess/Schlochauer/Glaubitz*, § 33 Rz. 18; *Dietz/Richardi*, § 33 Rz. 18; *Blanke* in: Däubler/Kittner/Klebe, § 33 Rz. 20.
63 GK-*Wiese*, § 33 Rz. 26; *Hess/Schlochauer/Glaubitz*, § 33 Rz. 19.
64 Vgl. BAG vom 23. 8. 1984, AP Nr. 17 zu § 103 BetrVG 1972; BAG vom 26. 8. 1981, AP Nr. 13 zu § 103 BetrVG 1972; **a. A.** *Dietz/Richardi*, § 33 Rz. 18.
65 *Fitting/Kaiser/Heither/Engels*, § 33 Rz. 54; *Hess/Schlochauer/Glaubitz*, § 33 Rz. 25; GK-*Wiese*, § 33 Rz. 54.
66 Zur Unwirksamkeit von Betriebsratsbeschlüssen allgemein vgl. unten Rz. 56.
67 Vgl. BAG vom 23. 8. 1984, AP Nr. 17 zu § 103 BetrVG 1972; *Fitting/Kaiser/Heither/Engels*, § 33 Rz. 57.

Beispiel:

54 Hat ein nichtvertretungsberechtigtes Ersatzmitglied an einer Beschlußfassung des Betriebsrates in Fragen mitgewirkt, die lediglich der Mitwirkung des Betriebsrates, nicht aber dessen Mitbestimmung unterliegen, wie z. B. im Fall der Anhörung gem. § 102 BetrVG, so hat der unwirksame Betriebsratsbeschluß keine Auswirkungen auf die wirksame Durchführung der Maßnahme durch den Arbeitgeber. Der Arbeitgeber hat in diesem Fall seine gesetzlichen Verpflichtungen bereits damit erfüllt, daß er aus seiner Sicht ordnungsgemäße Schritte zur Beteiligung des Betriebsrates eingeleitet hat[68]. Allein unter der Voraussetzung, daß der Arbeitgeber sicher weiß, daß der Beschluß des Betriebsrates unwirksam ist, kann er in einem solchen Fall gehindert sein, die Maßnahme ohne erneuten Betriebsratsbeschluß durchzuführen.

55 Der einmal gefaßte Beschluß durch den Betriebsrat ist jederzeit **abänderbar.** Voraussetzung hierfür ist lediglich, daß der Betriebsrat in einem entgegenstehenden Beschluß den alten Beschluß abändert bzw. aufhebt[69]. Anderes gilt allein dann, wenn der Beschluß bereits Rechtswirkungen entfaltet hat, wie z. B. durch den Abschluß einer Betriebsvereinbarung. Der Betriebsrat ist dann an die gesetzlich vorgegebene Möglichkeit der Kündigung der Betriebsvereinbarung gebunden. Gleiches gilt für den Fall, daß der Betriebsrat die Zustimmung zu einer vom Arbeitgeber beabsichtigten Versetzung erteilt hat und er dem Arbeitgeber dies bereits mitgeteilt hat. Der Betriebsrat ist an diese Entscheidung gebunden[70]. Die Geschäftsordnung kann Bestimmungen über die Abstimmung, insbesondere über die Reihenfolge der Stimmabgabe und die Feststellung des Abstimmungsergebnisses enthalten.

3. Rechtswirksamkeit der Beschlüsse

56 Streitigkeiten über die **Rechtswirksamkeit** von **Beschlüssen** des Betriebsrates entscheidet das Arbeitsgericht im Beschlußverfahren oder als Vorfrage im Urteilsverfahren. Betriebsratsbeschlüsse sind nicht auf ihre sachliche Zweckmäßigkeit, sondern nur auf ihre Rechtmäßigkeit hin der gerichtlichen Überprüfung zugänglich[71].

57 Man unterscheidet die **Rechtswidrigkeit** und die **Nichtigkeit** von Betriebsratsbeschlüssen. Die Arbeitsgerichte können allein die Nich-

---

68 *Fitting/Kaiser/Heither/Engels*, § 33 Rz. 56.
69 LAG Hamm, LAGE § 611 BGB Direktionsrecht Nr. 11; GK-*Wiese*, § 33 Rz. 40.
70 *Blanke* in: Däubler/Kittner/Klebe, § 33 Rz. 22.
71 Vgl. BAG vom 3. 4. 1979, AP Nr. 1 zu § 13 BetrVG 1972; LAG Düsseldorf, DB 1975, 1898.

III. Betriebsratsbeschluß

tigkeit von Betriebsratsbeschlüssen feststellen. Nichtig sind Beschlüsse des Betriebsrates nur dann, wenn sie entweder nicht ordnungsgemäß zustande gekommen sind, nicht in die Zuständigkeit des Betriebsrates fallen oder einen gesetzeswidrigen Inhalt haben[72].

Gesetzeswidrig ist der Inhalt eines Betriebsratsbeschlusses, sofern dieser gegen ein Gesetz, eine Verordnung oder einen Tarifvertrag verstößt oder aber der Betriebsrat außerhalb seiner Zuständigkeit gehandelt hat[73]. Die Fallgruppe nicht ordnungsgemäßer Beschlußfassung hat nicht gleichsam die Nichtigkeit des Betriebsratsbeschlusses zur Folge. Erforderlich ist vielmehr ein grober Verstoß gegen gesetzliche Vorschriften, deren Beachtung unerläßliche Voraussetzung einer Beschlußfassung sind[74].   58

Beispiele:

Das Bundesarbeitsgericht hat hier den Fall anerkannt, daß eine Beschlußfassung über eine nicht auf der Tagesordnung stehende Angelegenheit erfolgt ist, ohne daß der vollständig versammelte Betriebsrat mit ihrer Behandlung einverstanden gewesen wäre[75]. Als grober Verstoß gegen gesetzliche Vorschriften ist weiter der Fall anzusehen, daß bei der Beschlußfassung weniger als die Hälfte der Betriebsratsmitglieder teilgenommen hat, sowie der Fall der nicht erfolgten Hinzuziehung der Jugend- und Auszubildendenvertretung trotz Einräumung eines Stimmrechts, vgl. § 67 Abs. 2 BetrVG[76]. Ferner die Beteiligung von Nichtstimmberechtigten an der Beschlußfassung oder die nicht ordnungsgemäße Beschlußfassung, wie z. B. bei fehlender Mehrheit bzw. Fehlens der absoluten Mehrheit, sofern vom Gesetz vorgeschrieben[77]. Kein grober Verstoß gegen Vorschriften des BetrVG liegt vor im Falle der Nichtbeachtung der Nichtöffentlichkeit der Betriebsratssitzung oder der Nichtaufnahme des Beschlusses in die Sitzungsniederschrift[78].   59

4. Aussetzung von Beschlüssen

Erachtet die Mehrheit der Vertreter eine Gruppe im Betriebsrat oder der Jugend- und Auszubildendenvertretung einen Beschluß des Betriebsrates als eine erhebliche Beeinträchtigung wichtiger Interessen der durch sie vertretenen Arbeitnehmer, so ist auf ihren Antrag der   60

---
72 BAG vom 23. 8. 1984, AP Nr. 17 zu § 103 BetrVG 1972.
73 *Dietz/Richardi*, § 33 Rz. 36 ff.
74 BAG vom 23. 8. 1984, AP Nr. 17 zu § 103 BetrVG 1972.
75 BAG vom 13. 11. 1991, AP Nr. 3 zu § 27 BetrVG 1972.
76 *Fitting/Kaiser/Heither/Engels*, § 33 Rz. 52.
77 *Blanke* in: Däubler/Kittner/Klebe, § 33 Rz. 25.
78 GK-*Wiese*, § 33 Rz. 56; *Dietz/Richardi*, § 33 Rz. 39.

Beschluß auf die Dauer von einer Woche vom Zeitpunkt der Beschlußfassung an auszusetzen, § 35 Abs. 1 BetrVG. Binnen dieser Frist soll eine Verständigung, ggf. mit Hilfe der im Betrieb vertretenen Gewerkschaft versucht werden.

61 Die gesetzliche Regelung verlangt den **Antrag der Mehrheit der Gruppe der Arbeiter** oder **Angestellten,** nicht ausreichend ist die Mehrheit von Angehörigen verschiedener Gruppen. Besteht eine Gruppe im Betriebsrat aus lediglich zwei Vertretern, ist für den Aussetzungsantrag die übereinstimmende Erklärung beider Gruppenvertreter erforderlich. Wird im Betriebsrat eine Gruppe lediglich durch ein Mitglied vertreten, fragt sich, ob diesem Mitglied ein Einspruchsrecht nach § 35 BetrVG überhaupt zukommt. Der Wortlaut der Vorschrift verlangt die Antragstellung einer Mehrheit der Vertreter einer Gruppe. Eine solche Mehrheit ist bei einer Person nicht gegeben[79]. Dem Wortlautargument folgt die überwiegende Auffassung in der Literatur nicht[80]. Dies unter Hinweis auf Sinn und Zweck der Vorschrift. Die Vorschrift soll sicherstellen, daß im Falle des Betroffenseins wichtiger Arbeitnehmerinteressen eine nochmalige Verständigung hierüber mit allen Betriebsratsmitgliedern erfolgen kann. Ein Bedürfnis für eine solche Möglichkeit ist aber im Falle, daß eine Gruppe im Betriebsrat von lediglich einem Mitglied vertreten wird, ebenso gegeben. Die Aussetzung des Beschlusses bewirkt lediglich die Hinausschiebung der Durchführung des Betriebsratsbeschlusses. Der Bestand des Beschlusses wird hierdurch nicht berührt.

62 Der Beschluß ist für die Dauer von einer Woche vom Zeitpunkt der Beschlußfassung auszusetzen. Nicht geregelt ist in § 35 BetrVG die Frage, binnen welcher Frist die **Aussetzung beantragt** werden muß. Aus der Begrenzung der Aussetzung auf eine Woche von dem Tag der Beschlußfassung an, ergibt sich aber, daß nach Ablauf einer Woche nach Beschlußfassung auch der Antrag nicht mehr gestellt werden kann[81]. Hat der Beschluß des Betriebrates bereits Außenwirkung entfaltet oder ist er bereits durchgeführt, kann eine Aussetzung im übrigen nicht mehr beantragt werden[82].

---

[79] Unter Hinweis auf das Wortlautargument wird die Anwendbarkeit der Vorschrift von *Fitting/Kaiser/Heither/Engels,* § 35, Rz. 8 verneint.
[80] GK-*Wiese,* § 35 Rz. 10; *Dietz/Richardi,* § 35 Rz. 9; *Hess/Schlochauer/Glaubitz,* § 35 Rz. 7; *Joost* in: Münchener Handbuch zum Arbeitsrecht, Band 3, § 299 Rz. 62.
[81] *Blanke* in: Däubler/Kittner/Klebe, § 35 Rz. 11; GK-*Wiese,* § 35 Rz. 16; *Dietz/Richardi,* § 35 Rz. 15; *Fitting/Kaiser/Heither/Engels,* § 35 Rz. 19.
[82] GK-*Wiese,* § 35 Rz. 17; *Dietz/Richardi,* § 35 Rz. 15; **a. A.** *Hess/Schlochauer/Glaubitz,* § 35 Rz. 23.

III. Betriebsratsbeschluß   Rz. 66 **Teil C**

Der Antrag muß mit der **Begründung** gestellt werden, der Beschluß 63
des Betriebsrates beeinträchtige in erheblicher Weise wichtige Interessen der von den Antragstellern vertretenen Arbeitnehmer. Der Antrag ist zu begründen; nicht erforderlich ist, daß die Antragsteller das Vorliegen einer Beeinträchtigung beweisen[83]. Der Betriebsratsvorsitzende hat sodann zu prüfen, ob der Antrag hinreichend begründet ist. Ist dies der Fall, so ist er verpflichtet, den Beschluß auszusetzen. Eine Prüfung der Berechtigung des Antrags liegt nicht in seiner Zuständigkeit. Allein in Fällen offensichtlicher Unbegründetheit, d. h. in Fällen, in denen eine Beeinträchtigung wichtiger Interessen von Arbeitnehmern nicht ersichtlich ist, kommt eine Ablehnung des Antrages durch den Vorsitzenden in Betracht[84].

Die **Wochenfrist** des § 35 BetrVG berechnet sich gem. § 187 Abs. 1 64
BGB. Die Frist endet mit Ablauf des Wochentages der nächsten Woche, der in seiner Bezeichnung dem Tag der Beschlußfassung entspricht. Wurde der Beschluß an einem Dienstag gefaßt, so endet die Frist mit Ablauf des nächsten Dienstags.

Nach Ablauf der Wochenfrist hat der Betriebsrat über die Angelegen- 65
heit sodann **erneut** zu **beschließen**. Gegenstand der Beschlußfassung ist die Frage, ob der alte Beschuß aufrechterhalten bleibt, aufgehoben oder abgeändert wird, vgl. § 35 Abs. 2 BetrVG. Wird der alte Beschluß durch den Betriebsrat bestätigt, kann das Verfahren nach § 35 BetrVG nicht erneut eingeleitet werden. Wird der Beschluß lediglich unerheblich verändert, bleibt aber der Tenor des Beschlusses aufrecht erhalten, ist ein erneuter Aussetzungsantrag ebenfalls nicht möglich. Im Falle der gänzlichen Aufhebung oder der wesentlichen Abänderung des alten Beschlusses ist es möglich, einen erneuten Aussetzungsantrag zu stellen[85].

Die Durchführung des Aussetzungsverfahrens gem. § 35 BetrVG ist 66
ebenfalls möglich in Fällen, in denen die Schwerbehindertenvertretung einen Beschluß des Betriebsrates als erhebliche Beeinträchtigung wichtiger Interessen der Schwerbehinderten erachtet, § 35 Abs. 3 BetrVG.

---

83 GK-*Wiese*, § 35 Rz. 19; *Hess/Schlochauer/Glaubitz*, § 35 Rz. 12; *Fitting/Kaiser/Heither/Engels*, § 35 Rz. 20.
84 *Fitting/Kaiser/Heither/Engels*, § 35 Rz. 23; GK-*Wiese*, § 35 Rz. 20; a. A. *Hess/Schlochauer/Glaubitz*, § 35 Rz. 17; *Dietz/Richardi*, § 35 Rz. 19; *Blanke* in: Däubler/Kittner/Klebe, § 35 Rz. 19, die ein Prüfungsrecht des Vorsitzenden grundsätzlich ablehnen.
85 *Fitting/Kaiser/Heither/Engels*, § 35 Rz. 28 ff.

67 Nach herrschender Meinung ist die Vorschrift des § 35 BetrVG eine **interne Ordnungsvorschrift** für die Willensbildung des Betriebsrates, die die Wirksamkeit des Betriebsratsbeschlusses unberührt läßt[86]. Von Bedeutung wird die Frage in Fällen, in denen sich die Frist von einer Woche für die Aussetzung mit den Fristen von einer Woche bzw. drei Tagen gem. **§§ 99 Abs. 3** und **§ 102 Abs. 2 Satz 1 und 3 BetrVG** überschneiden. Insbesondere fragt sich, ob in diesen Fällen die Äußerungsfrist des Betriebsrates durch die Stellung des Aussetzungsantrages unterbrochen wird. Der Arbeitgeber würde mit einer verlängerten Frist konfrontiert. Der Betriebsrat könnte mit dem Mittel des Aussetzungsantrages die gesetzlich vorgegebenen Fristen hinausschieben und eine Verschleppung der arbeitgeberseitigen Maßnahme herbeiführen. Aus diesen Gründen können die Fristen der §§ 99 und 102 BetrVG mit Stellung des Aussetzungsantrages nicht verlängert werden[87].

68 Der Betriebsrat sollte in solchen Fällen dem Arbeitgeber unmittelbar Mitteilung von dem Aussetzungsantrag machen. Der Arbeitgeber kann dann entscheiden, ob er die beabsichtigte Maßnahme bis zur erneuten Beschlußfassung des Betriebsrates zurückstellt.

IV. Sitzungsniederschrift

69 Über jede Verhandlung des Betriebsrates ist eine **Niederschrift** aufzunehmen, die mindestens den Wortlaut der Beschlüsse und die Stimmenmehrheit, mit der sie gefaßt ist, enthält. Der Vorsitzende und ein weiteres Betriebsratsmitglied haben die Niederschrift zu unterschreiben. Der Niederschrift ist eine Anwesenheitsliste beizufügen, in die sich jeder Teilnehmer eigenhändig einzutragen hat, § 34 Abs. 1 BetrVG.

70 Die Sitzungsniederschrift dient dem Nachweis der **Ordnungsgemäßheit** und der **Rechtsgültigkeit** von **Betriebsratsbeschlüssen**. Die Vorschrift gilt entsprechend für Sitzungen des Betriebsausschusses und anderer Ausschüsse des Betriebsrates[88].

---

86 *GK-Wiese*, § 35 Rz. 22 f.; *Fitting/Kaiser/Heither/Engels*, § 35 Rz. 35, **a. A.** *Hess/Schlochauer/Glaubitz*, § 35 Rz. 23.
87 *Dietz/Richardi*, § 35 Rz. 26 f.; *GK-Wiese*, § 35 Rz. 22 f.; *Blanke* in Däubler/Kittner/Klebe, § 35 Rz. 14; *Joost* in: Münchener Handbuch zum Arbeitsrecht, § 299 Rz. 66; *Fitting/Kaiser/Heither/Engels*, § 35 Rz. 35 m. w. N.; **a. A.** *Brecht*, Rz. 8 f.
88 *Fitting/Kaiser/Heither/Engels*, § 34 Rz. 6.

IV. Sitzungsniederschrift   Rz. 75 **Teil C**

In der Regel wird die Niederschrift durch ein Betriebsratsmitglied 71
aufgenommen, das zum verantwortlichen Schriftführer bestellt ist.
Zulässig ist die Hinzuziehung einer Schreibkraft zur Unterstützung
des Schriftführers[89].

Inhaltlich muß die Niederschrift den Wortlaut der Beschlüsse und 72
die Stimmenmehrheit wiedergeben, mit der die Beschlüsse gefaßt
wurden. Nicht erforderlich ist eine wörtliche Wiedergabe der Betriebsratssitzung. Über den unmittelbaren Wortlaut des § 34 BetrVG
hinaus hat die Sitzungsniederschrift aber auch den Wortlaut abgelehnter Beschlüsse wiederzugeben[90]. Bei der Angabe der Stimmenverhältnisse kann angegeben werden, wie jedes Betriebsratsmitglied
gestimmt hat. Die Geschäftsordnung kann weitere Einzelheiten vorsehen, die in die Niederschrift aufzunehmen sind.

Der Betriebsratsvorsitzende sowie ein weiteres Mitglied des Betriebs- 73
rates haben die Niederschrift sodann zu **unterzeichnen.** Nicht erforderlich ist, daß die Niederschrift unmittelbar in der Sitzung angefertigt wird. Ausreichend ist es, daß sie aufgrund von Mitschriften in
der Sitzung zeitlich danach ausgearbeitet wird[91]. Grundsätzlich ist
neben dem Vorsitzenden jedes weitere Betriebsratsmitglied unterschriftsberechtigt, sofern die Geschäftsordnung nichts anderes bestimmt.

Die **Anwesenheitsliste** ist ferner Bestandteil der Sitzungsniederschrift 74
und dient dem Nachweis der Teilnahme jedes einzelnen Mitglieds an
der Betriebsratssitzung. Die Unterschrift der Mitglieder hat daher
eigenhändig zu erfolgen. Eine Stellvertretung durch den Betriebsratsvorsitzenden oder den Schriftführer ist unzulässig[92].

Haben der Arbeitgeber oder ein Beauftragter einer Gewerkschaft an 75
der Sitzung teilgenommen, so erhalten sie den entsprechenden Teil
der Niederschrift abschriftlich. Es besteht sodann die Möglichkeit,
Einwendungen gegen die **Richtigkeit** der **Niederschrift** zu erheben.
Über den Wortlaut des § 34 Abs. 2 Satz 2 BetrVG hinaus ist die
Berechtigung zur Erhebung von Einwendungen nicht auf den Arbeitgeber und den Gewerkschaftsbeauftragten beschränkt, sondern steht
jedermann zu, der an der Sitzung teilgenommen hat[93]. Die Einwen-

---
89 *Joost* in: Münchener Handbuch zum Arbeitsrecht, Band 3, § 299 Rz. 71; *Fitting/Kaiser/Heither/Engels,* § 34 Rz. 9; **a. A.** GK-*Wiese,* § 34 Rz. 8; *Hess/Schlochauer/Glaubitz,* § 30 Rz. 23.
90 *Fitting/Kaiser/Heither/Engels,* § 34 Rz. 11.
91 *Fitting/Kaiser/Heither/Engels,* § 34 Rz. 10.
92 *Fitting/Kaiser/Heither/Engels,* § 34 Rz. 17.
93 *Dietz/Richardi,* § 34 Rz. 15; GK-*Wiese,* § 34 Rz. 25; *Fitting/Kaiser/Heither/Engels,* § 34 Rz. 23.

dungen haben sich auf die Geltendmachung der Unvollständigkeit der Anwesenheitsliste, die unrichtige Protokollierung von Anträgen sowie von Beschlüssen oder von Stimmenmehrheiten zu beschränken. Der Betriebsrat hat die Einwendung zu behandeln und zu beschließen, ob er die Einwendung für berechtigt hält, sodann ggf. die Niederschrift zu berichtigen[94].

76 Wird die Anfertigung der Sitzungsniederschrift **unterlassen,** so ändert dies nichts an der Rechtswirksamkeit der Betriebsratsbeschlüsse. Erst recht ist dies anzunehmen, sofern lediglich die Anwesenheitsliste oder die erforderlichen Unterschriften fehlen. Anderes gilt allein dann, sofern für einen Betriebsratsbeschluß die Schriftform gesetzlich vorgeschrieben ist, wie z. B. für den Erlaß einer Geschäftsordnung, § 36 BetrVG oder für die Beauftragung des Gesamtbetriebsrates nach § 50 Abs. 2 BetrVG. In einem solchen Fall ist der Betriebsratsbeschluß unwirksam[95].

77 § 34 Abs. 3 BetrVG berechtigt die Mitglieder des Betriebsrates, sämtliche **Unterlagen** des Betriebsrates und seiner Ausschüsse jederzeit **einzusehen.** Dies um jedem Betriebsratsmitglied einen Überblick über die Gesamttätigkeit des Betriebsrates zu ermöglichen. Ein solches Recht haben nicht der Arbeitgeber, die Schwerbehindertenvertretung und sonstige Personen, die im Einzelfall an einer Betriebsratssitzung teilgenommen haben.

78 Das Recht der Einsichtnahme erstreckt sich nicht auf das Recht, die einzusehenden Unterlagen zur Verfügung gestellt zu erhalten. Das Betriebsratsmitglied hat jedoch das Recht, sich **Fotokopien** oder aber **Notizen** zu machen[96].

79 Wird einem Betriebsratsmitglied die Einsichtnahme verweigert, kann ein Vorgehen nach **§ 23 Abs. 1 BetrVG** in Betracht kommen (vgl. hierzu unten, Teil D, Rz. 225 ff.).

V. Geschäftsordnung des Betriebsrats und der Ausschüsse

80 Der Betriebsrat kann mit der Mehrheit der Stimmen seiner Mitglieder Bestimmungen über die Geschäftsführung in einer schriftlichen **Geschäftsordnung** treffen, § 36 BetrVG. Diese Vorschrift gilt entspre-

---

94 *Fitting/Kaiser/Heither/Engels,* § 34 Rz. 23 ff.
95 GK-*Wiese,* § 34 Rz. 10; *Dietz/Richardi,* § 34 Rz. 21.
96 GK-*Wiese,* § 34 Rz. 31; *Dietz/Richardi,* § 34 Rz. 28; *Fitting/Kaiser/Heither/Engels,* § 34 Rz. 28; **a. A.** bezüglich der Anfertigung der Kopien BAG vom 27. 5. 1982, AP Nr. 1 zu § 34 BetrVG 1972.

V. Geschäftsordnung des Betriebsrats und der Ausschüsse

chend für die Jugend- und Auszubildendenvertretung, die Gesamt-Jugend- und Auszubildendenvertretung, den Gesamtbetriebsrat, den Konzernbetriebsrat, die Bordvertretung und den Seebetriebsrat. Obwohl eine ausdrückliche gesetzliche Regelung fehlt, nimmt die herrschende Meinung an, daß sich auch der Betriebsausschuß sowie weitere Ausschüsse des Betriebsrates mit der Mehrheit der Stimmen seiner Mitglieder eine Geschäftsordnung geben kann[97].

Die Geschäftsordnung kann lediglich Regelungen über die **interne Geschäftsführung** des Betriebsrates enthalten. Unzulässig ist es, daß in der Geschäftsordnung Regelungen getroffen werden, die von zwingenden Vorschriften des BetrVG abweichen, wie z. B. über die Beschlußfassung des Betriebsrates gem. § 33 BetrVG. Die Geschäftsordnung kann dem Betriebsrat auch keine Aufgaben und Verantwortlichkeiten zuweisen, die ihm das BetrVG nicht bereits zuerkennt. Die Geschäftsordnung dient insofern allein der Ausfüllung und Handlungsanweisung hinsichtlich der Vorgehensweise im Betriebsrat[98].

81

Einer Regelung der Geschäftsordnung zugänglich sind **insbesondere** Einzelheiten der Betriebsratssitzungen, wie z. B.
▶ die Festlegung der zeitlichen Lage regelmäßiger Sitzungen,
▶ der Einladungsfristen,
▶ der Redeordnung,
▶ der Aufstellung einer Rednerliste,
▶ ferner Regelungen über die Leitung der Sitzung im Falle der Verhinderung des Vorsitzenden und dessen Stellvertreters,
▶ Vorschriften über die Leitung und die Durchführung von Abstimmungen (insbesondere über geheime Abstimmungen),
▶ Regelungen über die Ausfüllung des Hausrechts durch den Vorsitzenden,
▶ die Festlegung von Angelegenheiten, über die Verschwiegenheit zu wahren ist,
▶ die Regelung von Fragen der Teilnahme der im Betrieb vertretenen Gewerkschaften an den Sitzungen,
▶ Regelungen über Wahl und Abberufung des Vorsitzenden, dessen Stellvertreters, des Schriftführers, der freizustellenden Betriebsratsmitglieder, von Mitgliedern des Betriebsausschusses und anderer Ausschüsse.

82

Viele Geschäftsordnungen enthalten überdies Regelungen über die Übertragung der laufenden Geschäfte auf den Vorsitzenden oder des-

---
97 *Fitting/Kaiser/Heither/Engels,* § 36 Rz. 3; *Joost* in: Münchener Handbuch zum Arbeitsrecht, Band 3, § 299 Rz. 92; **a. A.** *Hess/Schlochauer/Glaubitz,* § 36 Rz. 15.
98 GK-*Wiese,* § 36 Rz. 12; *Dietz/Richardi,* § 36 Rz. 3.

sen Stellvertreter, sowie über die Übertragung von Aufgaben auf den Betriebsausschuß oder andere Ausschüsse[99].

83 Regelungsinhalte, die der **Vereinbarung** mit dem **Arbeitgeber** bedürfen, sind einer Regelung in der Geschäftsordnung naturgemäß nicht zugänglich. Hierunter fallen beispielsweise die Regelung von zusätzlichen Freistellungen von Betriebsratsmitgliedern gem. § 38 BetrVG oder die Festlegung von Zeit und Ort von Sprechstunden des Betriebsrates gem. § 39 BetrVG. Für diese Fälle ist eine Betriebsvereinbarung oder eine sonstige Vereinbarung zwischen Arbeitgeber und Betriebsrat erforderlich[100].

84 Die Geschäftsordnung wirkt lediglich für die **Dauer der Amtszeit** des Betriebsrates[101]. Nicht ausgeschlossen ist es, daß sich aus der Regelung der Geschäftsordnung eine allgemeine Übung entwickelt, die auch spätere Betriebsräte beachten. Der neue Betriebsrat ist nicht verpflichtet, eine eigene Geschäftsordnung zu beschließen. Selbstverständlich kann er die alte Geschäftsordnung auch durch Beschluß übernehmen.

85 Aus der einmal beschlossenen Geschäftsordnung ergibt sich eine **Bindung der Mitglieder des Betriebsrates** an die beschlossenen Vorschriften. Jederzeit zulässig ist hingegen die Änderung der Geschäftsordnung durch Beschluß des Betriebsrates mit der Mehrheit der Stimmen seiner Mitglieder. Soll für einen Einzelfall von der Geschäftsordnung abgewichen werden, kann dies ebenfalls mit der Mehrheit der Stimmen der Mitglieder des Betriebsrates beschlossen werden[102].

86 Das einzelne Betriebsratsmitglied hat gegenüber dem Betriebsrat einen Anspruch auf Aushändigung einer **Kopie** der **Geschäftsordnung**. Die Geschäftsordnung gehört als Ordnungsstatut nicht zu den Unterlagen im Sinne des § 34 Abs. 3 BetrVG bezüglich derer die Mitglieder des Betriebsrates nur ein Einsichtsrecht haben[103].

87 Der **Betriebsrat** kann **für** den Betriebsausschuß sowie für andere Ausschüsse eine Geschäftsordnung beschließen. Diese hat dann Vor-

---

99 Vgl. *Fitting/Kaiser/Heither/Engels*, § 36 Rz. 6 m. w. Beisp.
100 BAG vom 16. 1. 1979, AP Nr. 5 zu § 38 BetrVG 1972; GK-*Wiese*, § 36 Rz. 12; *Hess/Schlochauer/Glaubitz*, § 36 Rz. 7.
101 *Joost* in: Münchener Handbuch zum Arbeitsrecht, Band 3, § 299 Rz. 91; GK-*Wiese*, § 36 Rz. 17; *Blanke* in: Däubler/Kittner/Klebe, § 36 Rz. 11; **a. A.** *Dietz/Richardi*, § 36 Rz. 15, der eine Nachwirkung der Geschäftsordnung für den nachfolgenden Betriebsrat annimmt.
102 GK-*Wiese*, § 37 Rz. 10, 16; *Hess/Schlochauer/Glaubitz*, § 37 Rz. 13; *Fitting/Kaiser/Heither/Engels*, § 37 Rz. 12; **a. A.** *Dietz/Richardi*, § 37 Rz. 13, der eine Abweichung von der Geschäftsordnung im Einzelfall nur unter der Voraussetzung des Einverständnisses aller Betriebsratsmitglieder zuläßt.
103 ArbG München vom 12. 4. 1989, AiB 1989, 351.

rang vor einer durch die Ausschüsse selbst beschlossenen Geschäftsordnung[104].

VI. Sprechstunden des Betriebsrats

§ 39 BetrVG bestimmt, daß der Betriebsrat während der Arbeitszeit Sprechstunden einrichten kann. Hierbei hat er Zeit und Ort mit dem Arbeitgeber zu vereinbaren.

88

Sinn der **Vorschrift** ist es, Arbeitnehmern des Betriebes die Möglichkeiten zu eröffnen, während ihrer Arbeitszeit dem Betriebsrat Beschwerden oder Anregungen vorzutragen, bzw. mit ihm Probleme zu besprechen und hierfür den Rat des Betriebsrates einzuholen.

89

Der Betriebsrat entscheidet **eigenverantwortlich** über die **Durchführung** von Sprechstunden. Lediglich hinsichtlich der Festlegung von Ort und Zeit der Sprechstunden ist eine Vereinbarung mit dem Arbeitgeber erforderlich. Der Arbeitgeber kann das Stattfinden von Sprechstunden auch nicht mit dem Hinweis verhindern, der Betriebsrat habe die Möglichkeit, die Arbeitnehmer am Arbeitsplatz aufzusuchen. Die Initiative für ein Gespräch liegt dann beim Betriebsrat; der einzelne Arbeitnehmer muß aber die Möglichkeit haben, auf eigene Initiative das Gespräch mit dem Betriebsrat zu suchen[105].

90

Der Betriebsrat entscheidet auch **eigenverantwortlich** über die **Form** der Sprechstunden sowie darüber, welches Mitglied mit der Durchführung der Sprechstunden beauftragt wird[106]. Die Mitglieder des Betriebsrates, die mit der Durchführung der Sprechstunden betraut sind, haben Anspruch auf Freistellung von ihrer beruflichen Tätigkeit unter Vergütungsfortzahlung für die Dauer der Durchführung der Sprechstunden. Sofern dies für eine ordnungsgemäße Beratung der Arbeitnehmer erforderlich ist, kann der Betriebsrat nach Vereinbarung mit dem Arbeitgeber auch Sachverständige zu der Sprechstunde hinzuziehen[107]. Das Teilnehmen von Gewerkschaftsbeauftragten zur Unterstützung und sachkundigen Beratung der Arbeitnehmer z. B. in Tariffragen bedarf hingegen keiner Vereinbarung mit dem Arbeitgeber[108].

91

---

104 GK-*Wiese*, § 27 Rz. 67; *Blanke* in: Däubler/Kittner/Klebe, § 27 Rz. 34; *Fitting/Kaiser/Heither/Engels*, § 27 Rz. 79; **a. A.** *Dietz/Richardi*, § 27 Rz. 42.
105 *Fitting/Kaiser/Heither/Engels*, § 39 Rz. 6.
106 *Dietz/Richardi*, § 39 Rz. 11; *Fitting/Kaiser/Heither/Engels*, § 39 Rz. 8.
107 GK-*Wiese*, § 39 Rz. 16; *Hess/Schlochauer/Glaubitz*, § 39 Rz. 18; *Fitting/Kaiser/Heither/Engels*, § 39 Rz. 9.
108 LAG Baden-Württemberg BB 1974, 1206; GK-*Wiese*, § 39 Rz. 16.

92 Die Vereinbarung von Zeit und Ort der Sprechstunden mit dem Arbeitgeber kann in Form einer **Betriebsvereinbarung,** jedoch auch durch eine Regelungsabrede erfolgen[109]. Der Arbeitgeber hat mitzuentscheiden über die zeitliche Lage der Sprechstunden, die Dauer und die Frage der Häufigkeit[110].

93 Kommt es nicht zu einer Einigung zwischen Arbeitgeber und Betriebsrat, so entscheidet hierüber die **Einigungsstelle,** § 39 Abs. 1 Satz 3 und 4 BetrVG. Die Einigungsstelle hat ihre Entscheidung unter angemessener Berücksichtigung der Belange des Betriebes und der betroffenen Arbeitnehmer nach billigem Ermessen zu treffen. Der Spruch der Einigungsstelle ersetzt sodann die Einigung zwischen Arbeitgeber und Betriebsrat. Er wirkt verbindlich für beide Parteien.

94 Gem. § 40 Abs. 2 BetrVG hat der Arbeitgeber dafür zu sorgen, daß dem Betriebsrat die erforderlichen **Mittel** für die **Abhaltung** der **Sprechstunden** zur Verfügung stehen. Hierzu zählen die erforderlichen Räumlichkeiten, Schreibmaterialien, Heizung usw.[111].

95 Eine wichtige Vorschrift für Arbeitnehmer, die während ihrer Arbeitszeit die Sprechstunden des Betriebsrates besuchen, ist § 39 Abs. 3 BetrVG. Der Arbeitgeber ist nicht berechtigt, deswegen oder infolge einer sonstigen Inanspruchnahme des Betriebsrates das **Arbeitsentgelt** von Arbeitnehmern zu **mindern.** Während der Zeit des Besuchs der Sprechstunde sind auch etwaige Zuschläge weiterzuzahlen[112]. Der Arbeitnehmer ist allein verpflichtet, sich vor dem Besuch der Sprechstunde bei seinem Vorgesetzten abzumelden und nach seiner Rückkehr wieder zurückzumelden[113]. Der Arbeitgeber hat indessen keinen Anspruch darauf, den Anlaß des Besuchs der Sprechstunde zu erfahren[114].

96 Auch im Falle der **Weigerung** des **Arbeitgebers,** Arbeitsbefreiung für den Besuch der Sprechstunde zu gewähren, nimmt die herrschende Meinung ein Recht des Arbeitnehmers an, die Sprechstunde dennoch zu besuchen[115].

---

109 GK-*Wiese,* § 39 Rz. 12; *Hess/Schlochauer/Glaubitz,* § 39 Rz. 7; *Fitting/Kaiser/Heither/Engels,* § 39 Rz. 11; **a. A.** *Dietz/Richardi,* § 39 Rz. 7.
110 GK-*Wiese,* § 39 Rz. 12; *Fitting/Kaiser/Heither/Engels,* § 39 Rz. 11.
111 *Fitting/Kaiser/Heither/Engels,* § 39 Rz. 15.
112 GK-*Wiese,* § 39 Rz. 29; *Dietz/Richardi,* § 39 Rz. 25.
113 BAG vom 23. 6. 1983, AP Nr. 45 zu § 37 BetrVG 1972; LAG Düsseldorf, DB 1985, 2463.
114 GK-*Wiese,* § 39 Rz. 27; *Fitting/Kaiser/Heither/Engels,* § 39 Rz. 23.
115 GK-*Wiese,* § 39 Rz. 28; *Joost* in: Münchener Handbuch zum Arbeitsrecht, Band 3, § 299 Rz. 100; *Fitting/Kaiser/Heither/Engels,* § 39 Rz. 24; *Blanke* in Däubler/Kittner/Klebe, § 39 Rz. 24; **a. A.** *Hess/Schlochauer/Glaubitz,* § 39 Rz. 20, der den Arbeitnehmer verpflichtet, gerichtliche Hilfe in Anspruch zu nehmen.

VI. Sprechstunden des Betriebsrats   Rz. 99 **Teil C**

Die Verpflichtung zur **Entgeltfortzahlung** besteht auch für die sonstige Inanspruchnahme des Betriebsrates durch Arbeitnehmer. Beispielsweise ist hier zu nennen die Erhebung einer Beschwerde gemäß § 85 BetrVG; hierfür kann der Arbeitgeber einen Arbeitnehmer nicht auf die Sprechstunde verweisen[116].   97

Ansprüche auf vom Arbeitgeber vorenthaltenes Arbeitsentgelt sind im arbeitsgerichtlichen Urteilsverfahren geltend zu machen[117].   98

Die **Jugend-** und **Auszubildendenvertretung** hat die Möglichkeit, eigene Sprechstunden durchzuführen, wenn   99
▶ in dem Betrieb mehr als 50 jugendliche Arbeitnehmer oder Arbeitnehmer beschäftigt sind,
▶ die sich in der Berufsausbildung befinden und
▶ das 25. Lebensjahr nicht vollendet haben, § 69 BetrVG.
Führt die Jugend- und Auszubildendenvertretung trotz rechtlicher Möglichkeit keine eigenen Sprechstunden durch oder aber ist eine genügende Anzahl von Jugendlichen oder zur Berufsausbildung beschäftigten im Betrieb nicht vorhanden, räumt § 39 Abs. 2 BetrVG das Recht ein, an den Sprechstunden des Betriebsrates durch ein Mitglied teilzunehmen[118]. Die Vorschrift dient dem Zweck, eine etwaige Befangenheit von Jugendlichen und Auszubildenden beim Vortragen ihrer Probleme abzumildern. Darüber hinaus ist die Teilnahme eines Vertreters sinnvoll, da die Jugend- und Auszubildendenvertretung mit den Problemen des ihr zugeordneten Personenkreises naturgemäß besonders vertraut ist. Aus diesem Grund besteht ein Anwesenheitsrecht eines Mitgliedes der Jugend- und Auszubildendenvertretung auch nur dann, wenn ein Jugendlicher oder Auszubildender die Sprechstunde des Betriebsrates aufsucht, nicht dagegen beim Besuch sonstiger erwachsener Arbeitnehmer[119]. Dem Betriebsrat bleibt es unbenommen, getrennte Sprechstunden für Jugendliche und Auszubildende sowie für die übrigen Arbeitnehmer einzurichten[120].

---

116 BAG vom 23. 6. 1983, AP Nr. 45 zu § 37 BetrVG 1972.
117 GK-*Wiese*, § 40 Rz. 35.
118 GK-*Wiese*, § 39 Rz. 17; *Fitting/Kaiser/Heither/Engels*, § 39 Rz. 17; *Dietz/Richardi*, § 39 Rz. 15.
119 *Joost* in: Münchener Handbuch zum Arbeitsrecht, Band 3, § 299 Rz. 98; *Fitting/Kaiser/Heither/Engels*, § 39 Rz. 19; *Dietz/Richardi*, § 39 Rz. 18; a. A. *Blanke* in: Däubler/Kittner/Klebe, § 39 Rz. 23; *Hess/Schlochauer/Glaubitz*, § 39 Rz. 12; GK-*Wiese*, § 39 Rz. 21, die ein Teilnahmerecht auch bei der Behandlung von Angelegenheiten sonstiger erwachsener Arbeitnehmer zulassen, sofern der erwachsene Arbeitnehmer nicht die Abwesenheit des Jugend- und Auszubildendenvertreters verlangt.
120 *Hess/Schlochauer/Glaubitz*, § 39 Rz. 13; *Blanke* in: Däubler/Kittner/Klebe, § 39 Rz. 19.

Teil D
Rechtsstellung der Betriebsratsmitglieder

I. Eigenverantwortliche Tätigkeit

Der Betriebsrat übt sein Amt in **innerer** und **äußerer Unabhängigkeit** 1
aus. Seine äußere Unabhängigkeit wird gewährleistet durch die kündigungsschutzrechtliche Sonderstellung, die innere Unabhängigkeit wird gewährleistet durch die strenge Durchführung des Grundsatzes der unentgeltlichen Amtsausübung[1].

§ 37 Abs. 1 BetrVG bestimmt ausdrücklich, daß die Mitglieder des 2
Betriebsrates ihr Amt **unentgeltlich** als Ehrenamt ausüben. An den Begriff der Unentgeltlichkeit ist nach Auffassung des BAG ein strenger Maßstab anzulegen[2]. Aus der Führung des Betriebsratsamtes darf dem Betriebsratsmitglied im Interesse der unabhängigen und unparteiischen Wahrnehmung seines Amtes kein Vorteil erwachsen. Er darf aber auch keine Einbußen erleiden. Aus diesem Grund sind ihm notwendige Auslagen zu ersetzen, § 40 Abs. 1 BetrVG.

Vergütung darf dem Betriebsratsmitglied für seine Tätigkeit weder 3
unmittelbar noch mittelbar zufließen[3]. Unzulässig ist es daher auch, einem Betriebsratsmitglied geldwerte Vergünstigungen, wie z. B. die Einräumung günstiger Konditionen bei Vergabe eines Firmendarlehens zu gewähren. Verboten ist jede Art von denkbarer Vergünstigung, auch die Freistellung von der Arbeit ohne das Erfordernis von zu erledigender Betriebsratsarbeit[4]. Als zulässig wird hingegen angesehen, dem Betriebsrat für Auslagen Ersatz in Form einer **Pauschale** zu gewähren. In diesem Fällen ist aber besonders zu prüfen, ob die pauschale Abgeltung im wesentlichen dem Durchschnitt der wirklichen Auslagen und Aufwendungen entspricht[5]. Selbstverständlich kann der Betriebsrat, dem über die gezahlte Pauschale ein Mehr an Aufwendungen entsteht, den Mehraufwand erstattet verlangen. Ebenso wie durch den Arbeitgeber darf das Betriebsratsmitglied keinerlei

---

1 BAG vom 20. 10. 1993, AP Nr. 90 zu § 37 BetrVG 1972; *Blanke* in: Däubler/Kittner/Klebe, § 37 Rz. 1; *Hess/Schlochauer/Glaubitz*, § 37 Rz. 6.
2 BAG vom 20. 10. 1993, AP Nr. 90 zu § 37 BetrVG 1972.
3 GK-*Wiese*, § 37 Rz. 9; *Hess/Schlochauer/Glaubitz*, § 37 Rz. 9; *Fitting/Kaiser/Heither/Engels*, § 37 Rz. 7.
4 BAG vom 1. 3. 1963, AP Nr. 8 zu § 37 BetrVG.
5 BAG vom 9. 11. 1955, AP Nr. 1 zu Art. IX KRG Nr. 22; *Blanke* in: Däubler/Kittner/Klebe, § 37 Rz. 3; *Fitting/Kaiser/Heither/Engels*, § 37 Rz. 8.

Vergünstigungen durch einen Arbeitnehmer oder aber durch die Gewerkschaft erhalten[6].

4 Abgesichert wird die **Unabhängigkeit** der Betriebsratsmitglieder weiter durch die Schutzvorschrift des § 78 BetrVG. Hiernach dürfen die Mitglieder des Betriebsrates in der Ausübung ihrer Tätigkeit nicht gestört oder behindert werden. Ferner dürfen sie wegen ihrer Tätigkeit nicht benachteiligt oder begünstigt werden; dies gilt auch für ihre berufliche Entwicklung. Die Vorschrift findet ferner Anwendung auf
- den Gesamtbetriebsrat,
- den Konzernbetriebsrat,
- die Jugend- und Auszubildendenvertretung,
- die Gesamt-Jugend- und Auszubildendenvertretung,
- den Wirtschaftsausschuß,
- die Bordvertretung,
- den Seebetriebsrat,
- die in § 3 Abs. 1 Nr. 1 und 2 BetrVG genannten Vertretungen der Arbeitnehmer,
- auf die Einigungsstelle,
- die tarifliche Schlichtungsstelle und
- die betriebliche Beschwerdestelle.

5 Das BetrVG stellt die ehrenamtliche Betriebsratstätigkeit mit der zu leistenden Arbeit, die das Betriebsratsmitglied als Arbeitnehmer zu erbringen hätte, gleich. Aus diesem Grund ist die Tätigkeit als Betriebsratsmitglied in **sozialversicherungsrechtlicher Hinsicht** als Arbeitsleistung anzusehen, so daß Unfälle, die ein Betriebsratsmitglied in Ausübung seiner Amtsgeschäfte erleidet, nach den Grundsätzen über Betriebsunfälle zu entschädigen sind[7].

6 Grundsätzlich ist die Betriebsratstätigkeit im **Arbeitszeugnis** nicht zu erwähnen[8]. Das BAG nimmt eine Ausnahme nur dann an, wenn bei einem längere Zeit freigestellten Betriebsratsmitglied anderenfalls eine Beurteilung überhaupt nicht möglich wäre[9].

---

6 *Fitting/Kaiser/Heither/Engels*, § 37 Rz. 10.
7 BSG, BB 1976, 980; GK-*Wiese*, § 37 Rz. 14; *Fitting/Kaiser/Heither/Engels*, § 37 Rz. 12.
8 BAG vom 19. 8. 1992, AP Nr. 5 zu § 8 BPersVG; LAG Frankfurt, DB 1978, 167; LAG Hamm, DB 1991, 1527; GK-*Wiese*, § 37 Rz. 14; *Hess/Schlochauer/Glaubitz*, § 37 Rz. 8.
9 BAG vom 19. 8. 1992, AP Nr. 5 zu § 8 BPersVG; vgl. auch die vom Arbeitsgericht Kassel, DB 1976, 1487 und vom LAG Frankfurt, DB 1978, 167 entschiedenen Fallgestaltungen.

II. Arbeitsbefreiung nicht freigestellter Betriebsratsmitglieder

Gemäß § 37 Abs. 2 BetrVG sind Mitglieder des Betriebsrates von ihrer beruflichen Tätigkeit ohne Minderung des Arbeitsentgelts zu befreien, wenn und soweit es nach Umfang und Art des Betriebes zur ordnungsgemäßen Durchführung ihrer Aufgaben erforderlich ist.   7

Hiernach muß die Arbeitsbefreiung der **Durchführung** von **Betriebsratsaufgaben** dienen; außerdem muß die Arbeitsbefreiung zur ordnungsgemäßen Durchführung dieser Aufgaben aber auch **erforderlich** sein. Rechtsfolge kann entweder ein Anspruch auf Arbeitsbefreiung für eine bestimmte Zeit aus einem konkreten Anlaß sein. Sofern dies erforderlich ist, kommt auch eine generelle Arbeitsbefreiung für einen bestimmten Teil der Arbeitszeit, z. B. für bestimmte Tage oder Stunden in Betracht[10]. Das Betriebsratsmitglied kann auch einen Anspruch auf Befreiung von einer bestimmten Art von Arbeit haben, wie z. B. auf einen Übergang aus der Wechselschicht in die Normalschicht, sofern dies für eine sachgerechte Erfüllung der Betriebsratsaufgaben erforderlich ist[11].   8

Aus der Tatsache, daß die Betriebsratstätigkeit Arbeitszeit in Anspruch nimmt, folgt nicht allein ein Anspruch auf Befreiung von der normalen Arbeit, sondern darüber hinaus ein Anspruch gegen den Arbeitgeber, bei der Zuteilung des **Arbeitspensums** verhältnismäßig **weniger** zu erhalten[12].   9

1. Wahrnehmung von Betriebsratsaufgaben

Zu den Betriebsratsaufgaben gehören in erster Linie die ihm durch das BetrVG zugewiesenen Aufgaben. Die wesentlichen Tätigkeiten, die zur Betriebsratsarbeit gehören und in der Regel auch eine Arbeitsbefreiung erforderlich machen, sind: 10
▶ Teilnahme an Sitzungen des Betriebsrates, des Betriebsausschusses oder anderer Ausschüsse des Betriebsrates sowie an Sitzungen des Sprecherausschusses für leitende Angestellte, einschließlich der erforderlichen Vorbereitung
▶ Durchführung von Sprechstunden des Betriebsrates
▶ Verhandlungen und Besprechungen mit dem Arbeitgeber

---
10 GK-*Wiese*, § 37 Rz. 18; *Fitting/Kaiser/Heither/Engels*, § 37 Rz. 17; a. A. *Hess/Schlochauer/Glaubitz*, § 37 Rz. 18.
11 BAG vom 13. 11. 1964, AP Nr. 9 zu § 37 BetrVG; LAG Düsseldorf DB 1975, 311; GK-*Wiese*, § 37 Rz. 19; a. A. *Hess/Schlochauer/Glaubitz*, § 37 Rz. 19.
12 BAG vom 27. 6. 1990, AP Nr. 78 zu § 37 BetrVG 1972; GK-*Wiese*, § 37 Rz. 19; einschränkend *Joost* in: Münchener Handbuch zum Arbeitsrecht, Band 3, § 300 Rz. 17.

- Besuch von auswärtigen Betriebsstätten
- Besprechungen mit Vertretern der Gewerkschaft im Rahmen des Zusammenarbeitsgebotes nach § 2 Abs. 1 BetrVG
- Teilnahme an Sitzungen des Gesamtbetriebsrates, Konzernbetriebsrates, des Wirtschaftsausschusses, der Jugend- und Auszubildendenvertretung und der Gesamt-Jugend- und Auszubildendenvertretung
- Teilnahme an Betriebs- und Abteilungsversammlungen, der Betriebsräteversammlung und der Jugend- und Auszubildendenversammlung einschließlich der erforderlichen Vorbereitung
- Beteiligung an Betriebsbesichtigungen im Hinblick auf Maßnahmen des Arbeitsschutzes
- Besprechungen mit Behörden bei Betroffensein von Belangen der Arbeitnehmer
- Erfüllung von allgemeinen Aufgaben des Betriebsrates gemäß § 80 BetrVG[13]
- Teilnahme an Verfahren der Einigungsstelle
- Teilnahme als Beteiligte am arbeitsgerichtlichen Beschlußverfahren
- Unterstützung einzelner Arbeitnehmer im Rahmen der §§ 81 ff. BetrVG[14].

11   Als erforderliche Tätigkeiten kommen des weiteren Aufgaben in Betracht, die dem Betriebsrat aufgrund **anderer Gesetze,** aufgrund von **Tarifverträgen** oder **Betriebsvereinbarungen** zukommen[15].

Auch **Vereinbarungen** mit dem **Arbeitgeber,** die nicht als Betriebsvereinbarung abgeschlossen sind, können Amtstätigkeit des Betriebsrates begründen, die eine Arbeitsbefreiung erforderlich machen. Hier sind beispielsweise anzuführen die Fälle einer grenzüberschreitenden Zusammenarbeit der jeweiligen nationalen Arbeitnehmervertretungen[16].

12   Nicht zu den Aufgaben des Betriebsrates gehört die Teilnahme an **Gerichtsverhandlungen** in Angelegenheiten einzelner Arbeitnehmer[17]. Ein solcher Fall liegt nicht vor, wenn der Betriebsrat selbst

---

13 Wozu auch das Aufsuchen von Arbeitnehmern an ihrem Arbeitsplatz aus konkreten Anlaß gehören kann, vgl. BAG vom 13. 6. 1989, AP Nr. 36 zu § 80 BetrVG 1972; BAG vom 17. 11. 1989, AP Nr. 1 zu § 2 LPVG NW.
14 Vgl. zum ganzen *Fitting/Kaiser/Heither/Engels,* § 37 Rz. 21.
15 *Blanke* in: Däubler/Kittner/Klebe, § 37 Rz. 22; **a. A.** *Hess/Schlochauer/Glaubitz,* § 37 Rz. 22, hinsichtlich Tarifverträgen und Betriebsvereinbarungen.
16 *Fitting/Kaiser/Heither/Engels,* § 37 Rz. 23; wozu auch die Tätigkeit der **europäischen Betriebsräte** gehört.
17 *Fitting/Kaiser/Heither/Engels,* § 37 Rz. 26.

II. Arbeitsbefreiung nicht freigestellter Betriebsratsmitglieder　　Rz. 13 **Teil D**

Beteiligter in einem Beschlußverfahren ist[18]. Gleiches hat auch für arbeitsgerichtliche Streitverfahren zwischen Betriebsrat oder einem Betriebsratsmitglied und dem Arbeitgeber zu gelten, sofern wesentliche Ursache des Rechtsstreits die Amtstätigkeit ist[19]. Die Teilnahme eines oder mehrerer Betriebsratsmitglieder an einem Gerichtsverfahren als Zuhörer kann des weiteren dann ein notwendiges Arbeitsversäumnis darstellen, wenn es sich um einen Rechtsstreit von grundsätzlicher Bedeutung für eine für die Arbeit des betreffenden Betriebsrates wesentliche Frage handelt, z. B. der Streit über eine neue Tarifregelung oder der Kündigungsrechtsstreit eines Arbeitnehmers in Angelegenheiten des gesamten Betriebes[20].

Ausgeschlossen von der Arbeitsbefreiung sind mangels Vorliegens einer gesetzlichen Aufgabe des Betriebsrates die Vertretung einzelner Arbeitnehmer des Betriebes 13
▶ in arbeitsgerichtlichen Streitigkeiten[21],
▶ die individuelle Rechtsberatung von Arbeitnehmern des Betriebes[22],
▶ die Teilnahme an Veranstaltungen rein gewerkschaftlichen Charakters,
▶ sowie die Werbung für eine Gewerkschaft[23].
Auch die Teilnahme an Besprechungen mit Betriebsräten fremder Betriebe stellt keine gesetzliche Aufgabe des Betriebsrates dar[24]. Anderes gilt, sofern dies im Hinblick auf einen konkreten betrieblichen Anlaß erfolgt, wie z. B. die beabsichtigte Zusammenlegung mehrerer Betriebe zu einem gemeinsamen Betrieb[25]. Das BAG bejaht ferner die Voraussetzungen einer Freistellung im Falle des Zusammentreffens

---

18 BAG vom 19. 5. 1983, AP Nr. 44 zu § 37 BetrVG 1972; LAG Düsseldorf vom 3. 1. 1975, BB 1975, 373; ArbG Hamburg vom 27. 11. 1991, AiB 1992, 90.
19 LAG Schleswig-Holstein vom 27. 2. 1992 – 6 Sa 577/91; ArbG Stuttgart vom 2. 7. 1986 – 21 Ca 29/86.
20 Vgl. LAG Bremen vom 28. 6. 1989, DB 1990, 742; LAG München vom 14. 1. 1987, BB 1987, 685; LAG Hamburg vom 10. 2. 1981, DB 1981, 2236; LAG Frankfurt vom 13. 5. 1980, BB 1982, 186, das die Teilnahme auf ein Betriebsratsmitglied beschränkt; ArbG Frankfurt vom 3. 10. 1979, DB 1980, 886; vgl. auch BAG vom 31. 5. 1989, AP Nr. 9 zu § 38 BetrVG 1972, das allein in Ausnahmefällen die Einordnung als Betriebsratstätigkeit bejaht; LAG Köln vom 14. 9. 1992 – 11/2 Sa 246/92, sofern erwartet werden konnte, die erworbene Information zur Lösung eines konkret bestehenden Konfliktes einsetzen zu können.
21 BAG vom 9. 10. 1970, AP Nr. 4 zu § 63 BetrVG; BAG vom 19. 5. 1983, AP Nr. 44 zu § 37 BetrVG 1972.
22 LAG Rheinland-Pfalz vom 10. 9. 1984, NZA 1985, 430.
23 *Fitting/Kaiser/Heither/Engels,* § 37 Rz. 27.
24 *Fitting/Kaiser/Heither/Engels,* § 37 Rz. 29.
25 *Fitting/Kaiser/Heither/Engels,* § 37 Rz. 29.

mehrerer Betriebsräte eines Unternehmens, sofern zwischen diesen Meinungsverschiedenheiten über ihre Zuständigkeit besteht[26].

14 Unterschiedlich wird die Frage beantwortet, ob ein Betriebsratsmitglied Entgeltfortzahlung für Tätigkeiten verlangen kann, die nicht in Ausübung erforderlicher Amtswahrnehmung getätigt wurde. Die Instanzgerichte bejahen einen Anspruch in Fällen von entschuldbarem **Irrtum über** das **Vorliegen** von **Betriebsratstätigkeit.** Anerkannt ist insbesondere der Fall, daß der Arbeitgeber in der Vergangenheit die Ausübung der Tätigkeit durch Betriebsratsmitglieder unwidersprochen hingenommen hat[27]. Andere verneinen einen Vergütungsanspruch für Fälle des Irrtums über das Vorliegen von Betriebsratstätigkeit[28].

15 In Ergänzung zu dem Anspruch auf Arbeitsbefreiung gemäß § 37 Abs. 2 BetrVG für die Durchführung von Betriebsratsarbeit enthält § 37 Abs. 6 BetrVG eine Regelung hinsichtlich der Teilnahme an **Schulungs- und Bildungsveranstaltungen** für Betriebsratsmitglieder. Hiernach gilt § 37 Abs. 2 BetrVG entsprechend, soweit in diesen Schulungs- und Bildungsveranstaltungen Kenntnisse vermittelt werden, die für die Arbeit des Betriebsrates **erforderlich** sind[29]. Darüber hinaus bestimmt § 37 Abs. 6 BetrVG, daß der Betriebsrat bei der Festlegung der zeitlichen Lage der Teilnahme an Schulungs- und Bildungsveranstaltungen die betrieblichen Notwendigkeiten zu berücksichtigen hat. Er hat dem Arbeitgeber die Teilnahme und die zeitliche Lage der Veranstaltung rechtzeitig bekanntzugeben. Unter der Voraussetzung, daß der Arbeitgeber die betrieblichen Notwendigkeiten nicht für ausreichend berücksichtigt hält, kann er die Einigungsstelle anrufen. Der Spruch der Einigungsstelle ersetzt dann die Einigung zwischen Arbeitgeber und Betriebsrat, d. h. wirkt zwischen den Parteien bindend. Unbeschadet dessen hat jedes Mitglied des Betriebsrates während seiner regelmäßigen Amtszeit Anspruch auf bezahlte Freistellung für insgesamt 3 Wochen zur Teilnahme an Schulungs- und Bildungsveranstaltungen, die von der zuständigen obersten Arbeitsbehörde des Landes nach Beratung mit den Spitzenorganisationen der Gewerkschaften und der Arbeitgeberverbände als geeignet anerkannt sind, § 37 Abs. 7 BetrVG. Der Anspruch nach Satz 1 erhöht sich für Arbeitnehmer, die erstmals das Amt eines

---

26 BAG vom 10. 8. 1994, BB 1995, 1034.
27 LAG Berlin, BB 1994, 291; vgl. auch LAG Bremen, DB 1990, 742; *Blanke* in: Däubler/Kittner/Klebe, § 37 Rz. 25.
28 GK-*Wiese*, § 37 Rz. 21; *Hess/Schlochauer/Glaubitz*, § 37 Rz. 25; BAG vom 31. 8. 1994, AP Nr. 98 zu § 37 BetrVG 1972, das dem Betriebsratsmitglied jedoch einen Beurteilungsspielraum einräumt.
29 Zur Frage, unter welchen Umständen Schulungen „erforderliche Kenntnisse" vermitteln, vgl. oben Teil E Rz. 39 ff.

II. Arbeitsbefreiung nicht freigestellter Betriebsratsmitglieder   Rz. 17 **Teil D**

Betriebsratsmitgliedes übernehmen und nicht zuvor Jugend- und Auszubildendenvertreter waren, auf 4 Wochen. Hinsichtlich der Festlegung der zeitlichen Lage und der Teilnahme von Betriebsratsmitgliedern gilt das zu § 37 Abs. 6 BetrVG ausgeführte. Ein Teilnahmerecht besteht gemäß § 37 Abs. 7 BetrVG dann, wenn die betreffende Veranstaltung von der zuständigen obersten Arbeitsbehörde des Landes als geeignet anerkannt ist. Eine Prüfung der Frage, ob die Veranstaltung Kenntnisse vermittelt, die für die konkrete Arbeit des Betriebsrates erforderlich sind, entfällt[30]. Beabsichtigt ein Betriebsratsmitglied an einer solchen anerkannten Schulung teilzunehmen, hat der Betriebsrat hierüber einen Beschluß zu fassen[31]. Der Arbeitgeber ist sodann von der beabsichtigten Teilnahme und der zeitlichen Lage der Veranstaltung rechtzeitig zu unterrichten. Dies gilt auch bei der Teilnahme freigestellter Betriebsratsmitglieder[32]. Widerspricht der Arbeitgeber der Teilnahme, so ist die Teilnahme so lange zurückzustellen, bis ein Spruch der Einigungsstelle vorliegt[33]. Die Ansprüche auf Freistellung zur Teilnahme an Schulungs- und Bildungsveranstaltungen nach § 37 Abs. 6 und Abs. 7 BetrVG stehen nebeneinander. Eine Anrechnung einer Freistellung nach Abs. 6 auf Schulungsveranstaltungen nach Abs. 7 und eine damit verbundene Kürzung des Anspruchs auf jährliche Teilnahme für 3 Wochen ist unzulässig[34].

2. Erforderlichkeit der Arbeitsbefreiung

Neben dem Vorliegen von Betriebsratstätigkeit muß die **Arbeitsbefreiung** zur ordnungsgemäßen Durchführung dieser Aufgaben **erforderlich** sein. Die Erforderlichkeit beurteilt sich zunächst im Hinblick auf die Art der Tätigkeit, weiter im Hinblick auf die Dauer der Arbeitsbefreiung und im übrigen im Hinblick auf die Frage, welches Betriebsratsmitglied bzw. welche Anzahl von Betriebsratsmitgliedern Anspruch auf Arbeitsbefreiung haben. 16

Die Beurteilung ist anhand der konkreten Umstände vorzunehmen[35]. Das BAG verlangt, daß sich das Betriebsratsmitglied in die Position eines „vernünftigen Dritten" versetzt, der bei Abwägung der Interes- 17

---

30 *Blanke* in: Däubler/Kittner/Klebe, § 37 Rz. 140; *Dietz/Richardi,* § 37 Rz. 117; *Fitting/Kaiser/Heither/Engels,* § 37 Rz. 152.
31 BAG vom 10. 5. 1974, AP Nr. 3 zu § 65 BetrVG 1972.
32 BAG vom 21. 7. 1978, AP Nr. 4 zu § 38 BetrVG 1972.
33 BAG vom 18. 3. 1977, AP Nr. 27 zu § 37 BetrVG 1972; LAG Düsseldorf, BB 1975, 1388; GK-*Wiese,* § 37 Rz. 239; *Joost* in: Münchener Handbuch zum Arbeitsrecht, Band 3, § 300 Rz. 131; *Blanke* in: Däubler/Kittner/Klebe, § 37 Rz. 132.
34 BAG vom 5. 4. 1984, AP Nr. 56 zu § 37 BetrVG 1972.
35 GK-*Wiese,* § 37 Rz. 36.

sen des Betriebes, des Betriebsrates und der Belegschaft die Arbeitsversäumnis für sachlich geboten halten würde[36]. Die herrschende Meinung in der Literatur formuliert, daß das betreffende Betriebsratsmitglied bei gewissenhafter Überlegung und bei ruhiger, vernünftiger Würdigung aller Umstände die Arbeitsversäumnis für erforderlich halten durfte, um den gestellten Aufgaben gerecht zu werden[37]. Beide Definitionen dürften in den meisten Fällen zu dem selben Ergebnis kommen. Immer sind zu berücksichtigen die Größe und die Art des Betriebes, sowie die Vielfalt der hieraus sich ergebenden Aufgaben[38].

18 Eine **Prüfung** der **Erforderlichkeit** der Betriebsratstätigkeit erfolgt nicht in dem Fall des Stattfindens von Betriebsratssitzungen. Hier ist im Einzelfall nicht zu prüfen, ob die Betriebsratssitzung selbst erforderlich war, da das einzelne Betriebsratsmitglied auf die Anberaumung der Betriebsratssitzung keinen Einfluß hat[39]. Auch dringende im Betrieb zu erledigende Aufgaben berechtigen den Arbeitgeber nicht, einem Betriebsratsmitglied die Teilnahme an einer Betriebsratssitzung zu untersagen[40].

19 Eine **Prüfung** der **Erforderlichkeit** von Betriebsratstätigkeiten **unterbleibt** ferner im Hinblick auf die Teilnahme an Sitzungen des Betriebsausschusses, eines anderen Ausschusses, des Wirtschaftsausschusses, des Gesamtbetriebsrates oder des Konzernbetriebsrates, sofern das Betriebsratsmitglied diesem Gremium angehört[41].

20 Dem gegenüber stellt die **Teilnahme an Betriebs- und Abteilungsversammlungen** nicht ohne weiteres einen Fall erforderlicher Arbeitsversäumnis dar. Hier ist anhand der Tagesordnung zu prüfen, ob die Teilnahme des Betriebsratsvorsitzenden oder eines Betriebsratsmitglieds, das der betreffenden Abteilung als Arbeitnehmer angehört, ausreicht[42].

21 **Beschließt** der **Betriebsrat,** ein Mitglied zur Erledigung einer bestimmten Aufgabe „freizustellen", so enthebt ihn dies nicht von einer Überprüfung der Erforderlichkeit der Arbeitsbefreiung[43].

---
36 BAG vom 6. 8. 1981, AP Nr. 40 zu § 37 BetrVG 1972.
37 *Dietz/Richardi,* § 37 Rz. 23; *Fitting/Kaiser/Heither/Engels,* § 37 Rz. 34.
38 *Fitting/Kaiser/Heither/Engels,* § 37 Rz. 34.
39 LAG Hamm, EZA § 37 BetrVG 1972 Nr. 58; *Blanke* in: Däubler/Kittner/Klebe, § 37 Rz. 33.
40 *Fitting/Kaiser/Heither/Engels,* § 37 Rz. 32.
41 *Fitting/Kaiser/Heither/Engels,* § 37 Rz. 32.
42 *Fitting/Kaiser/Heither/Engels,* § 37 Rz. 33; **a. A.** *Blanke* in: Däubler/Kittner/Klebe, § 37 Rz. 35, der stets ein Teilnahmerecht aller Betriebsratsmitglieder annimmt.
43 BAG vom 6. 8. 1981, AP Nr. 39 zu § 37 BetrVG 1972; LAG Hamm, DB 1987, 282.

II. Arbeitsbefreiung nicht freigestellter Betriebsratsmitglieder   Rz. 25 **Teil D**

Das Betriebsratsmitglied hat **gewissenhaft** zu prüfen, ob die Arbeitsbefreiung erforderlich ist. Ist dies erfolgt und stellt sich im nachhinein heraus, daß die Arbeitsbefreiung objektiv nicht notwendig war, hat dies auf den Lohnfortzahlungsanspruch des Betriebsratsmitglieds keinen Einfluß[44]. Das Bundesarbeitsgericht hält in diesen Fällen auch eine Abmahnung des Betriebsratsmitglieds wegen nicht berechtigter Arbeitsversäumnis für unzulässig[45].   22

Arbeitsbefreiung kann nicht nur für den Zeitraum verlangt werden, der für die Erbringung der Betriebsratstätigkeit unmittelbar erforderlich ist, sondern die Erbringung von Betriebsratstätigkeit kann auch zu einer **Befreiung** von der **normalen Arbeitspflicht** führen, die über die Zeiten dessen hinausgeht, die für die Betriebsratsarbeit benötigt werden. Beispielsweise hat ein Arbeitnehmer, der in Nachschicht arbeitet und an einer ganztägigen Betriebsratssitzung teilnimmt, Anspruch auf Arbeitsbefreiung für die der Betriebsratssitzung vorausgehende und nachfolgende Nacht, wobei eine dieser Nachschichten als bezahlter Freizeitausgleich gemäß § 37 Abs. 3 BetrVG zu behandeln ist[46].   23

Sofern die Betriebsratstätigkeit **außerhalb** des **Betriebes** stattfindet, fallen auch die erforderlichen Wege- und Reisezeiten unter Arbeitsversäumnis im Sinne des § 37 Abs. 2 BetrVG[47].   24

Bei der Prüfung, **welches Betriebsratsmitglied** von der Arbeit zu **befreien** ist, ist auf besondere Vertrauensverhältnisse zwischen einem einzelnen Arbeitnehmer und einem Betriebsratsmitglied Rücksicht zu nehmen. Selbst wenn ein freigestelltes Mitglied vorhanden ist, ist die Arbeitsversäumnis eines anderen Betriebsratsmitgliedes im Falle der Hinzuziehung durch einen Arbeitnehmer für die Unterstützung in Angelegenheiten der §§ 82 ff. BetrVG erforderlich[48].   25

---

44 *Hess/Schlochauer/Glaubitz*, § 37 Rz. 26; GK-*Wiese*, § 37 Rz. 35; *Fitting/Kaiser/Heither/Engels*, § 37 Rz. 35.
45 BAG vom 31. 8. 1994, AP Nr. 98 zu § 37 BetrVG 1972; vgl. auch BAG vom 10. 11. 1993, AP Nr. 4 zu § 78 BetrVG 1972.
46 BAG vom 7. 6. 1989, AP Nr. 72 zu § 37 BetrVG 1972; vgl. auch LAG Hamm, BB 1992, 278.
47 BAG vom 11. 7. 1978, AP Nr. 57 zu § 37 BetrVG 1972; LAG Hamm, EZA § 37 BetrVG 1972 Nr. 61; LAG Düsseldorf, EZA § 37 BetrVG 1972 Nr. 56; GK-*Wiese*, § 37 Rz. 45.
48 LAG Hamm, DB 1980, 694, das aber betont, daß die laufenden Aufgaben des Betriebsrates, wie z. B. die Entgegennahme von Beschwerden von den freigestellten Betriebsratsmitgliedern wahrzunehmen sind; *Hess/Schlochauer/Glaubitz*, § 37 Rz. 32.

26 Unterschiedlich wird die Frage beantwortet, ob ein Betriebsratsmitglied, das während seiner Arbeitszeit von einem Arbeitnehmer des Betriebes mit Problemen betraut wird, auf die **Sprechstunden** des Betriebsrates verweisen muß. Das BAG geht davon aus, daß es sich in einem solchen Fall grundsätzlich um einen Fall erforderlicher Arbeitsversäumnis handelt[49].

27 Die Erforderlichkeit von Betriebsratstätigkeit enthebt das Betriebsratsmitglied nicht von seiner Pflicht, sich beim Verlassen des Arbeitsplatzes beim **Arbeitgeber** bzw. Vorgesetzten unter Angabe des Grundes für die begehrte Arbeitsbefreiung in allgemeiner Form **abzumelden** und sich nach Rückkehr auf den Arbeitsplatz **zurückzumelden**[50]. Eine genaue Schilderung der beabsichtigten Aufgabenwahrnehmung kann der Arbeitgeber nicht verlangen[51]. In vielen Fällen wird der Hinweis genügen, daß die Arbeitsbefreiung für die Wahrnehmung betriebsverfassungsrechtlicher Aufgaben benötigt wird[52]. Keinesfalls kann der Arbeitgeber verlangen, daß ihm der Name des Arbeitnehmers genannt wird, mit dessen Problemen das Betriebsratmitglied betraut ist[53]. Selbstverständlich hat ein Betriebsratsmitglied vor Aufnahme von Betriebsratstätigkeit **nicht** die Zustimmung des Arbeitgebers einzuholen[54].

3. Keine Entgeltminderung

28 Die Tätigkeit in Ausübung des Betriebsratsamtes darf nicht zu einer Minderung des Arbeitsentgeltes führen. Das Betriebsratsmitglied hat bei Vorliegen der Voraussetzungen des § 37 Abs. 2 BetrVG, d. h. bei erforderlicher Vornahme von Betriebsratstätigkeiten während der Arbeitszeit, Anspruch auf das Arbeitsentgelt, das es erzielt hätte, wenn es gearbeitet hätte, sog. **Lohnausfallprinzip.** Es bleibt bei dem individuellen Lohnanspruch, der der Lohnsteuer unterliegt und **sozialabgabenpflichtig** ist[55]. Zum fortzuzahlenden Arbeitsentgelt gehören sämtliche im Falle der Arbeitsleistung anfallenden **Nebenbezüge,** wie z. B.

---

49 BAG vom 23. 6. 1983, AP Nr. 45 zu § 37 BetrVG 1972; **a. A.** LAG Berlin, DB 1981, 1416.
50 BAG vom 13. 5. 1997, 1 ABR 2/97; BAG vom 23. 6. 1983, AP Nr. 45 zu § 37 BetrVG 1972; BAG vom 6. 8. 1981, AP Nr. 39 zu § 37 BetrVG 1972; GK-*Wiese*, § 37 Rz. 50; *Hess/Schlochauer/Glaubitz*, § 37 Rz. 38.
51 BAG vom 19. 6. 1979, AP Nr. 36 zu § 37 BetrVG 1972.
52 BAG vom 15. 3. 1995, BB 1995, 677.
53 BAG vom 23. 6. 1983, AP Nr. 45 zu § 37 BetrVG 1972.
54 BAG vom 6. 8. 1981, AP Nr. 39 zu § 37 BetrVG 1972; BAG vom 19. 6. 1979, AP Nr. 36 zu § 37 BetrVG 1972.
55 Vgl. BAG vom 27. 6. 1990, AP Nr. 76 zu § 37 BetrVG 1972; BAG vom 31. 7. 1986, AP Nr. 57 zu § 37 BetrVG 1972.

II. Arbeitsbefreiung nicht freigestellter Betriebsratsmitglieder   Rz. 30 **Teil D**

Zuschläge für Mehr-, Nacht- oder Sonntagsarbeit, Erschwernis- und Schmutzzulagen, das Wintergeld nach § 81 Abs. 1 AFG, Leistungen aus einem evtl. bestehenden besonderen Entgeltpool[56]. Auch allgemeine Zuwendungen, wie z. B. Weihnachtsgratifikationen, Anwesenheitsprämien, Urlaubsgeld und vermögenswirksame Leistungen sind an die von der Arbeit befreiten Betriebsratsmitglieder fortzuzahlen[57]. Des gleichen freiwillige, jederzeit widerrufliche Zulagen[58].

Nicht fortzuzahlen ist der Teil des Entgelts, der als **Aufwendungsersatz** vom Arbeitgeber bezahlt wird[59]. Hierunter fallen etwa Wegegelder, Beköstigungszulagen und Auslösungen. Sofern das Betriebsratsmitglied diese Aufwendungen nicht hat, würde es auf eine unzulässige Bezahlung von Betriebsratstätigkeit hinauslaufen, wenn hierfür Vergütung bezahlt würde.   29

Im Einzelfall ist zu überprüfen, ob es sich tatsächlich um Aufwendungsersatz oder aber um einen Teil des Arbeitsentgelts handelt, der nicht dem Ausgleich für besondere Erschwernisse dient und lediglich in der Bezeichnung einem Aufwendungsersatz entspricht[60]. Pauschalierte Auslösungen können über einen reinen Aufwendungsersatz hinausgehen und in Teilen Entgelt für Leistung einer bestimmten Art von Arbeit sein. In diesem Fall sind sie in Teilen als fortzuzahlendes Arbeitsentgelt anzusehen[61].   30

Im Falle von Akkordarbeit ist der Akkordlohn nach Maßgabe der durchschnittlichen seitherigen Arbeitsleistung des Betriebsratsmitglieds zu vergüten. Ist eine solche nicht feststellbar, so ist der Durchschnitt der nunmehr an vergleichbare Arbeitnehmer zu zahlenden Akkordlöhne zugrundezulegen[62]. Im Falle betrieblicher Kurzarbeit hat das Betriebsratsmitglied nur einen Anspruch auf das verkürzte

---

56 Vgl. BAG vom 21. 6. 1957, AP Nr. 5 zu § 37 BetrVG zu Sonntagsarbeit; LAG Niedersachsen, EZA § 37 BetrVG 1972 Nr. 68 zu Nachtarbeitszuschlägen; GK-*Wiese,* § 37 Rz. 60.
57 LAG Düsseldorf, DB 1974, 1966; *Hess/Schlochauer/Glaubitz,* § 37 Rz. 45.
58 LAG vom 21. 4. 1983, AP Nr. 43 zu § 37 BetrVG 1972.
59 BAG, AP Nr. 1 zu Art. IX KRG Nr. 22; GK-*Wiese,* § 37 Rz. 62; *Hess/Schlochauer/Glaubitz,* § 37 Rz. 47.
60 Vgl. BAG vom 18. 9. 1991, AP Nr. 82 zu § 37 BetrVG 1972.
61 LAG Frankfurt, NZA 1988, 817; BAG vom 10. 2. 1988, AP Nr. 64 zu § 37 BetrVG 1972; Lehrerentschädigung, die nach den Lehrerentschädigungsrichtlinien der deutschen Bundespost gewählt wird, gehört zum fortzuzahlenden Arbeitsentgelt, BAG vom 15. 7. 1992, AP Nr. 19 zu § 46b PersVG; die Fernauslösung nach § 6 des BundesmontageTV der Eisen-, Metall- und Elektroindustrie vom 30. 4. 1988 ist eine pauschalierte, nicht fortzuzahlende Aufwandsentschädigung, BAG vom 18. 9. 1991, AP Nr. 82 zu § 37 BetrVG 1972.
62 GK-*Wiese,* § 37 Rz. 59; *Hess/Schlochauer/Glaubitz,* § 37 Rz. 44; *Blanke* in: Däubler/Kittner/Klebe, § 37 Nr. 53; *Fitting/Kaiser/Heither/Engels,* § 37 Rz. 53.

Arbeitsentgelt und im übrigen Anspruch auf Kurzarbeitergeld gegen die Bundesanstalt für Arbeit[63].

31 Sofern dem Betriebsratsmitglied Zuschläge für Sonntags-, Feiertags- oder Nachtarbeit infolge des Entgeltminderungsverbots gezahlt werden müssen, sind diese nicht im Sinne des § 3b EStG steuerfrei, da hierunter nur Zuschläge für tatsächlich geleistete Arbeiten fallen[64]. Nach Auffassung des BAG ergibt sich aus dieser Rechtsfolge keine Verpflichtung des Arbeitgebers, dem Betriebsratsmitglied die von diesen Zuschlägen zu zahlenden Steuern und Sozialabgaben zu erstatten[65]. Allerdings ist ein Arbeitgeber nicht gehindert, dem Betriebsratsmitglied die Steuern und Sozialabgaben für die genannten Leistungen freiwillig zu erstatten[66].

III. Lohnausgleich für Betriebsratsarbeit außerhalb der Arbeitszeit

32 § 37 Abs. 3 BetrVG bestimmt, daß zum Ausgleich von Betriebsratstätigkeit, die aus betriebsbedingten Gründen außerhalb der Arbeitszeit durchzuführen ist, Anspruch auf entsprechende **Arbeitsbefreiung unter Fortzahlung** des **Arbeitsentgelts** besteht. Die Vorschrift will verhindern, daß Betriebsratsmitglieder, die Betriebsratstätigkeit nicht während der Arbeitszeit durchführen können, durch einen Verlust persönlicher Freizeit benachteiligt werden.

33 Die Arbeitsbefreiung ist **vor Ablauf eines Monats** zu gewähren. Kann sie nicht innerhalb eines Monats gewährt werden, besteht hilfsweise ein Anspruch auf Bezahlung der aufgewendeten Zeit. Die aufgewendete Zeit ist dann wie Mehrarbeit zu vergüten. Die Vorschrift ist in Zusammenschau mit dem Grundsatz zu sehen, daß Betriebsratsarbeit grundsätzlich während der Arbeitszeit durchzuführen ist[67]. Sofern dies nicht möglich ist, z. B. weil ein Betriebsratsmitglied Schichtarbeit erbringt, gewährt Abs. 3 den Freizeitausgleich.

34 Wie bei Abs. 2 ist Voraussetzung des Anspruchs, daß es sich um erforderliche Betriebsratsarbeit handelt[68]. Ferner müssen betriebsbe-

---

63 ArbG Aachen, BB 1975, 136.
64 BFH, BB 1974, 1991; a. A. *Joost* in: Münchener Handbuch zum Arbeitsrechts, Band 3, § 300 Rz. 34 ff., 91 ff.
65 BAG vom 29. 7. 1980, AP Nr. 37 zu § 37 BetrVG 1972 unter Aufgabe seiner früheren Ansicht; *Hess/Schlochauer/Glaubitz*, § 37 Rz. 53; **a. A.** *Blanke* in: Däubler/Kittner/Klebe, § 37 Rz. 52.
66 *Fitting/Kaiser/Heither/Engels*, § 37 Rz. 56.
67 BAG vom 3. 12. 1987, AP Nr. 62 zu § 37 BetrVG 1972.
68 Zu den Voraussetzungen vgl. oben Rz. 16 ff.

III. Lohnausgleich für Betriebsratsarbeit außerhalb der Arbeitszeit

dingte Gründe die Vornahme der Betriebsratstätigkeit außerhalb der Arbeitszeit bedingen.

Betriebsbedingte Gründe liegen dann vor, wenn ein im Betrieb selbst vorhandener Sachzwang dazu führt, daß die Betriebsratstätigkeit nicht während der Arbeitszeit durchgeführt werden kann[69]. Sofern der Arbeitgeber darauf Einfluß nimmt, daß die Betriebsratstätigkeit außerhalb der Arbeitszeit anfällt, wie z. B. das Stattfinden einer Betriebsratssitzung, liegen stets betriebsbedingte Gründe vor[70]. 35

Keine betriebsbedingten Gründe liegen aber vor, wenn das Betriebsratsmitglied aus persönlichen Gründen Betriebsratstätigkeiten außerhalb seiner Arbeitszeit durchführt. Gleiches gilt, sofern Betriebsratsarbeit aus anderen Gründen außerhalb der Arbeitszeit stattfindet, wie z. B. in dem Fall des Stattfindens einer Betriebsratssitzung außerhalb der Arbeitszeit wegen der Möglichkeit der Teilnahme eines gewerkschaftlichen Vertreters zu diesem Zeitpunkt[71]. Der Betriebsrat hat seine Arbeit so zu organisieren, daß diese grundsätzlich während der normalen Arbeitszeit durchgeführt werden kann. 36

Bei **teilzeitbeschäftigten Arbeitnehmern** gilt folgendes: Nimmt ein teilzeitbeschäftigtes Betriebsratsmitglied außerhalb seiner persönlichen Arbeitszeit, jedoch innerhalb der Normalarbeitszeit Betriebsratsaufgaben wahr, so besteht ein Anspruch auf Freizeitausgleich, sofern für die Wahrnehmung von Betriebsratsaufgaben ein Zusammenwirken mit weiteren nicht teilzeitbeschäftigten Betriebsratsmitgliedern erforderlich ist, wie z. B. bei der Teilnahme an Betriebsratssitzungen. Aus der Tatsache, daß teilzeitbeschäftigte Arbeitnehmer zum Betriebsrat gehören, folgt nicht die Verpflichtung des gesamten Betriebsrates, Betriebsratstätigkeit grundsätzlich während Zeiten wahrzunehmen, die auch für die teilzeitbeschäftigten Betriebsratsmitglieder Arbeitszeiten sind[72]. 37

Andere Aufgaben, die das teilzeitbeschäftigte Betriebsratsmitglied während seiner persönlichen Arbeitszeit erbringen kann, begründen bei Aufgabenwahrnehmung außerhalb dieser Arbeitszeit keinen An- 38

---

69 BAG vom 26. 1. 1994, AP Nr. 93 zu § 37 BetrVG 1972; GK-*Wiese,* § 37 Rz. 58.
70 Vgl. BAG vom 26. 1. 1994, AP Nr. 93 zu § 37 BetrVG 1972.
71 *Fitting/Kaiser/Heither/Engels,* § 37 Rz. 68; BAG vom 21. 5. 1974, AP Nr. 14 zu § 37 BetrVG 1972. Unter Hinweis darauf, daß **betriebsratsbedingte** Gründe nicht gleichzusetzen sind mit **betriebsbedingten** Gründen.
72 *Fitting/Kaiser/Heither/Engels,* § 37 Rz. 66; LAG Köln, NZA 1989, 943; LAG Frankfurt, DB 1988, 1706; LAG Niedersachen, AiB 1986, 94; **a. A.** ArbG Giessen, NZA 1986, 614; GK-*Wiese,* § 37 Rz. 74; *Hess/Schlochauer/Glaubitz,* § 37 Rz. 60.

spruch auf Freizeitausgleich⁷³. Entsprechendes gilt auch für Arbeiten in Wechselschicht und außerhalb der Schicht erforderlicher Betriebsratsarbeit, wie z. B. Teilnahme an Sitzungen des Betriebsrates⁷⁴.

39 Es handelt sich ebenfalls **nicht** um **betriebsbedingte Gründe** für Betriebsratstätigkeiten außerhalb der Arbeitszeit im Falle der die normale Arbeitszeit überschreitenden Teilnahme eines Betriebsratsmitgliedes an einer Schulungs- oder Bildungsveranstaltung nach § 37 Abs. 6 oder 7 BetrVG. Schulungszeiten werden ausschließlich vom Schulungsträger festgelegt; die Überschreitung der normalen Arbeitszeit erfolgt dann nicht aus betriebsbedingten Gründen⁷⁵. Das BAG verneint einen Ausgleichsanspruch auch in dem Fall, daß ein Betriebsratsmitglied eine Schulung an einem arbeitsfreien Tag besucht, die ausgefallene Arbeitszeit dieses Tages aber vor oder nachgearbeitet werden muß⁷⁶.

40 Nichts anderes gilt auch für **teilzeitbeschäftigte Betriebsratsmitglieder,** die an **Schulungen teilnehmen,** deren zeitliche Lage über ihre persönliche Arbeitszeit hinausgeht. Das BAG hat diese Auffassung immer vertreten⁷⁷. Die Frage war jedoch streitig im Hinblick darauf geworden, daß in der Bundesrepublik der Anteil der teilzeitbeschäftigten Frauen und weiblichen Betriebsratsmitglieder erheblich höher ist als der der Männer und eine **unzulässige Diskriminierung** weiblicher Betriebsratsmitglieder in Frage stand. Das LAG Berlin sowie Teile der Literatur sahen in der Anwendung des Lohnausfallprinzips einen Verstoß gegen Art. 119 EWG-Vertrag sowie gegen die „Richtlinie des Rates der EG vom 10. 2. 1975 zur Angleichung der Rechtsvorschriften der Mitgliedsstaaten über die Anwendung des Grundsatzes des gleichen Entgelts für Männer und Frauen." Vor diesem Hintergrund wurde eine Anwendung von § 37 Abs. 3 BetrVG bejaht⁷⁸. Der EUGH war in der Folgezeit mit der Frage befaßt, ob eine unzulässige Diskriminierung vorliege und bejahte grundsätzlich einen Verstoß gegen EWG-Vertrag und EG-Richtlinie. Etwas anderes soll aber dann gelten, wenn nachgewiesen wird, daß die getroffene gesetzliche Regelung durch objektive Faktoren gerechtfertigt ist, die nichts mit einer

---

73 *Fitting/Kaiser/Heither/Engels,* § 37 Rz. 66.
74 *Fitting/Kaiser/Heither/Engels,* § 37 Rz. 67.
75 BAG vom 20. 10. 1993, AP Nr. 90 zu § 37 BetrVG 1972; BAG vom 27. 6. 1990, AP Nr. 76 zu § 37 BetrVG 1972; GK-*Wiese,* § 37 Rz. 80; *Hess/Schlochauer/Glaubitz,* § 37 Rz. 63; **a. A.** LAG Berlin, ArbuR 1991, 252; *Blanke* in: Däubler/Kittner/Klebe, § 37 Rz. 135.
76 BAG vom 27. 6. 1990, AP Nr. 76 zu § 37 BetrVG 1972.
77 Vgl. BAG vom 20. 10. 1993, AP Nr. 90 zu § 37 BetrVG 1972 mit weiteren Hinweisen.
78 LAG Berlin DB 1991, 51; *Blanke* in: Däubler/Kittner/Klebe, § 37 Rz. 61.

III. Lohnausgleich für Betriebsratsarbeit außerhalb der Arbeitszeit   Rz. 42 **Teil D**

Diskriminierung aufgrund des Geschlechts zu tun haben[79]. Sowohl im Schrifttum[80] als auch seitens des BAG[81] ist diese Entscheidung erheblich kritisiert worden. Das BAG hat die Frage in einer anderen Angelegenheit dem EUGH erneut vorgelegt. Der EUGH hat am 6. 2. 1996 entschieden, daß die Unentgeltlichkeit des Betriebsratsamtes ein hinreichender objektiver Grund ist, einen Lohnanspruch zu verneinen. Nunmehr ist klargestellt, daß teilzeitbeschäftigte Betriebsratsmitglieder, auch wenn es sich hierbei in der Mehrzahl um Frauen handelt, bei Teilnahme an ganztägigen Schulungen, keinen Vergütungsanspruch für die ausgefallene Freizeit haben[82].

§ 37 Abs. 3 BetrVG gewährt in erster Linie einen Anspruch auf Arbeitsbefreiung unter Fortzahlung des Arbeitsentgelts. Nur wenn die Gewährung von Arbeitsbefreiung innerhalb eines Monats aus betriebsbedingten Gründen nicht möglich ist, kann verlangt werden, die aufgewendete Zeit wie Mehrarbeit zu vergüten. Das Betriebsratsmitglied hat dem Arbeitgeber **mitzuteilen, wann** und **wie lange** es Betriebsratsaufgaben außerhalb der Arbeitszeit durchgeführt hat. Diese Mitteilung hat grundsätzlich unverzüglich nach Anfall der Betriebsratstätigkeit zu erfolgen. Nach richtiger Auffassung führt eine verspätete Geltendmachung jedoch nicht zum Erlöschen des Anspruchs, auch wenn die Geltendmachung erst nach Ablauf eines Monats erfolgt[83]. Ein Fristerfordernis für die Geltendmachung des Anspruchs ist der Vorschrift des § 37 Abs. 3 BetrVG nicht zu entnehmen.   41

Unterschiedlich wird die Frage beurteilt, ob das Betriebsratsmitglied den **Freizeitausgleich ohne** ausdrückliche **Gewährung** durch den Arbeitgeber in Anspruch nehmen kann, sofern der Ausgleich nicht binnen eines Monats durch den Arbeitgeber gewährt wurde und offensichtlich keinerlei erkennbare Gründe vorhanden sind, die der Gewährung entgegenstehen. Dem Wortlaut des § 37 Abs. 3 BetrVG ist eine Verpflichtung des Arbeitgebers zu entnehmen, die Arbeitsbefreiung vor Ablauf eines Monats zu gewähren. Darüber hinaus ist zu berücksichtigen, daß das Betriebsratsmitglied für die Wahrnehmung von Betriebsratstätigkeit während der Arbeitszeit nicht der Zustimmung des Arbeitgebers bedarf, es ist lediglich eine Mitteilung über die Vornahme von Betriebsratstätigkeit erforderlich. Auch der An-   42

---

[79] EuGH vom 4. 6. 1992, AP Nr. 39 zu Art. 119 EWG-Vertrag.
[80] *Blomeyer*, EWR 1993, 45; *Buchner*, ZfA 1993, 326; *Sowka*, DB 1992, 2030.
[81] Vgl. BAG vom 20. 10. 1993, AP Nr. 90 zu § 37 BetrVG 1972.
[82] BAG vom 5. 3. 1997 – 7 AZR 581/92 –.
[83] GK-*Wiese*, § 37 Rz. 87, 92; *Blanke* in: Däubler/Kittner/Klebe, § 37 Rz. 65; Dietz/Richardi, § 37 Rz. 45; Fitting/Kaiser/Heither/Engels, § 37 Rz. 77; a. A. Hess/Schlochauer/Glaubitz, § 37 Rz. 69; der annimmt, daß der Anspruch erlischt, sofern er nicht innerhalb eines Monats geltend gemacht wird.

spruch auf Freizeitausgleich ist durch die Vornahme von Betriebsratstätigkeiten bedingt. Auch diesem Grunde erfordert die Inanspruchnahme von Freizeitausgleich nicht die vorherige Zustimmung des Arbeitgebers[84].

43 Die Arbeitsbefreiung kann **zusammenhängend** genommen oder in Form einer **stundenweisen Arbeitsbefreiung** über mehrere Tage hinweg genommen werden. Sofern hier keine betriebsbedingten Gründe entgegenstehen, ist den Wünschen des Betriebsratsmitgliedes Rechnung zu tragen[85].

44 Nicht jede Vornahme von Betriebsratstätigkeit außerhalb der normalen Arbeitszeit begründet jedoch den Ausgleichsanspruch. Zu prüfen ist immer, ob **stundenmäßig** tatsächlich die normale **Arbeitszeit überschritten** wird. Nimmt ein Betriebsratsmitglied auswärtige Aufgaben wahr, die insgesamt mit An- und Abfahrtszeiten 8 Stunden nicht überschreiten, liegen diese 8 Stunden jedoch zeitlich verschoben gegenüber der üblichen Lage seiner Arbeitszeit, so besteht kein Ausgleichsanspruch, da insgesamt anstelle von 8 Stunden Arbeit 8 Stunden Betriebsratstätigkeit vorgenommen wurden. Die Betriebsratstätigkeit lag dann zwar teilweise außerhalb der Arbeitszeit, dafür wurde aber während der normalen Arbeitszeit teilweise weder die normale Arbeitsleistung noch Betriebsratstätigkeit erbracht[86].

45 Wird Freizeitausgleich vom Arbeitgeber ordnungsgemäß gewährt, nimmt das Betriebsratsmitglied diesen jedoch nicht in Anspruch, so **erlischt** der **Anspruch** auf **Freizeitausgleich**[87].

46 In Fällen, in denen die Arbeitsbefreiung durch das Betriebsratsmitglied beantragt wurde, der **Anspruch** aber, ohne daß dem betriebsbedingte Gründe entgegenstehen würden, binnen eines Monats **nicht erfüllt** wird, wandelt sich der Freistellungsanspruch nicht in einen Abgeltungsanspruch um. Die Abgeltung setzt immer voraus, daß eine Freistellung aus betriebsbedingten Gründen nicht möglich war. Betriebsbedingte Gründe sind nur solche, die aus Gründen eines ordnungsgemäßen Betriebsablaufs eine vorübergehende Abwesenheit des Betriebsratsmitgliedes nicht als vertretbar erscheinen lassen[88].

---

84 *Fitting/Kaiser/Heither/Engels*, § 37 Rz. 79; *Blanke* in: Däubler/Kittner/Klebe, § 37 Rz. 79; **a. A.** GK-*Wiese*, § 37 Rz. 89; *Hess/Schlochauer/Glaubitz*, § 37 Rz. 67; *Dietz/Richardi*, § 37 Rz. 47.
85 GK-*Wiese*, § 37 Rz. 88; *Hess/Schlochauer/Glaubitz*, § 37 Rz. 66; *Fitting/Kaiser/Heither/Engels*, § 37 Rz. 82.
86 Vgl. *Fitting/Kaiser/Heither/Engels*, § 37 Rz. 81.
87 GK-*Wiese*, § 37 Rz. 92; *Fitting/Kaiser/Heither/Engels*, § 37 Rz. 85.
88 GK-*Wiese*, § 37 Rz. 95; *Fitting/Kaiser/Heither/Engels*, § 37 Rz. 87; **a. A.** zum Begriff der betriebsbedingten Gründe: *Hess/Schlochauer/Glaubitz*, § 37 Rz. 73; *Dietz/Richardi*, § 37 Rz. 48.

IV. Die Rechtsstellung freigestellter Betriebsratsmitglieder   Rz. 49 **Teil D**

Der Abgeltungsanspruch ist gegenüber dem Freistellungsanspruch nachrangig. Die Monatsfrist in § 37 Abs. 3 BetrVG soll nur sicherstellen, daß die Betriebsratsmitglieder ihre Freizeitausgleichsansprüche möglichst umgehend geltend machen und gewährt erhalten[89]. Die Monatsfrist ist jedoch keine Ausschlußfrist. Anderenfalls müßte ein Betriebsratsmitglied leer ausgehen, sofern eine Arbeitsbefreiung aus betriebsbedingten Gründen möglich war und von ihm beantragt war, der Arbeitgeber aber die Monatsfrist hat verstreichen lassen und der Betriebsrat die Arbeitsbefreiung auch nicht eigenmächtig genommen hat.

Hierdurch wird auch ausgeschlossen, daß ein Betriebsratsmitglied den Abgeltungsanspruch dadurch herbeiführt, daß es den Anspruch auf Freistellung von der Arbeit nicht geltend macht[90]. 47

Ist eine Arbeitsbefreiung aus betriebsbedingten Gründen nicht möglich, so ist die aufgewendete Zeit wie Mehrarbeit zu vergüten. Mehrarbeitszuschläge sind daher unabhängig davon zu zahlen, ob die Grenze, von der ab Mehrarbeitszuschläge nach der Regelung im Betrieb zu zahlen sind, überschritten wird[91]. 48

IV. Die Rechtsstellung freigestellter Betriebsratsmitglieder

1. Anzahl der Freistellungen

§ 38 BetrVG enthält eine Regelung über die erforderliche Betriebsgröße für die **volle Freistellung** von Betriebsratsmitgliedern für Betriebsratstätigkeiten. Von ihrer beruflichen Tätigkeit sind mindestens freizustellen in Betrieben mit in der Regel 49

300 bis	600 Arbeitnehmern	1 Betriebsratsmitglied,
601 bis	1 000 Arbeitnehmern	2 Betriebsratsmitglieder,
1001 bis	2 000 Arbeitnehmern	3 Betriebsratsmitglieder,
2001 bis	3 000 Arbeitnehmern	4 Betriebsratsmitglieder,
3001 bis	4 000 Arbeitnehmern	5 Betriebsratsmitglieder,
4001 bis	5 000 Arbeitnehmern	6 Betriebsratsmitglieder,

---

89 GK-*Wiese*, § 37 Rz. 87, 92; *Blanke* in: Däubler/Kittner/Klebe, § 37 Rz. 70; *Dietz/Richardi*, § 37 Rz. 45, 47; *Fitting/Kaiser/Heither/Engels*, § 37 Rz. 85; a. A. *Hess/Schlochauer/Glaubitz*, § 37 Rz. 69; *Joost* in: Münchener Handbuch zum Arbeitsrecht, Band 3, § 300 Rz. 46; offengelassen von BAG vom 18. 9. 1973, AP Nr. 3 zu § 37 BetrVG 1972.
90 *Blanke* in: Däubler/Kittner/Klebe, § 37 Rz. 70; *Fitting/Kaiser/Heither/Engels*, § 37 Rz. 88.
91 *Fitting/Kaiser/Heither/Engels*, § 37 Rz. 89.

> 5001 bis 6 000 Arbeitnehmern 7 Betriebsratsmitglieder,
> 6001 bis 7 000 Arbeitnehmern 8 Betriebsratsmitglieder,
> 7001 bis 8 000 Arbeitnehmern 9 Betriebsratsmitglieder,
> 8001 bis 9 000 Arbeitnehmern 10 Betriebsratsmitglieder,
> 9001 bis 10 000 Arbeitnehmern 11 Betriebsratsmitglieder.

In Betrieben mit über 10 000 Arbeitnehmern ist für je angefangene weitere 2000 Arbeitnehmer ein weiteres Betriebsratsmitglied freizustellen.

50 Durch Tarifvertrag oder Betriebsvereinbarung können anderweitige Regelungen über die Freistellung vereinbart werden.

51 Für die Beurteilung der **Betriebsgröße** maßgebend ist der Zeitpunkt der Wahl der freizustellenden Betriebsratsmitglieder[92]. Es muß sich um **im Betrieb** beschäftigte Arbeitnehmer handeln, wozu auch Arbeitnehmer gehören, die in Betriebsteilen oder Nebenbetrieben arbeiten. Teilzeitbeschäftigte Arbeitnehmer werden ohne Rücksicht auf ihre Arbeitszeit nach Köpfen mitgezählt[93]. Als Arbeitnehmer sind alle Personen im Sinne des § 5 Abs. 1 BetrVG, d. h. alle Arbeiter und Angestellten anzusehen, einschließlich der zu ihrer Berufsausbildung beschäftigten. Zu beachten ist die Negativdefinition des § 5 Abs. 2, 3 und 4 BetrVG.

52 Ein **Nachweis,** daß die Freistellung in Anbetracht der Größe des Betriebes und der anfallenden Betriebsratsaufgaben erforderlich ist, ist nach dem Gesetz nicht erforderlich. Mit Erreichen der in der Tabelle aufgeführten Größe des Betriebes wird die Erforderlichkeit der Freistellung der angegebenen Zahl von Betriebsratsmitgliedern unwiderleglich vermutet.

53 § 38 Abs. 1 BetrVG verlangt Arbeitnehmer, die im Betrieb **in der Regel** beschäftigt sind. Hiermit ist die Zahl der Arbeitnehmer gemeint, die für den Betrieb im allgemeinen kennzeichnend ist. Eine vorübergehende Erhöhung der Personalstärke infolge außergewöhnlichen Arbeitsanfalls hat bei der Berechnung außer Betracht zu bleiben. Dasselbe gilt für eine vorübergehende Verringerung der Belegschaft wegen eines zeitweiligen Arbeitsrückgangs[94]. Es ist hiernach festzustellen, wie viele Arbeitnehmer im allgemeinen, d. h. im größ-

---

[92] BAG vom 26. 7. 1989, AP Nr. 10 zu § 38 BetrVG 1972; GK-*Wiese,* § 38 Rz. 11.
[93] *Joost* in: Münchener Handbuch zum Arbeitsrecht, Band 3, § 300 Rz. 60; *Blanke* in: Däubler/Kittner/Klebe, § 38 Rz. 9; *Fitting/Kaiser/Heither/Engels,* § 38 Rz. 9.
[94] BAG vom 31. 1. 1991, AP Nr. 11 zu § 23 KSchG 1969; BAG vom 22. 2. 1983, AP Nr. 7 zu § 113 BetrVG 1972; BAG vom 12. 10. 1976 AP Nr. 1 zu § 8 BetrVG 1972.

IV. Die Rechtsstellung freigestellter Betriebsratsmitglieder   Rz. 55 **Teil D**

ten Teil des Jahres, im Betrieb beschäftigt werden. Aushilfskräfte sind **mitzuzählen,** sofern und so weit eine bestimmte Anzahl regelmäßig beschäftigt wird[95]. Ferner zählen hinzu Teilzeitbeschäftigte, Beurlaubte und kranke Arbeitnehmer, Arbeitnehmer, die ihren Wehr- oder Zivildienst leisten, Arbeitnehmerinnen im Mutterschutz sowie Arbeitnehmer im Erziehungsurlaub[96]. **Nicht mitzuzählen** sind nach Auffassung des BAG Leiharbeitnehmer[97]. Für Saisonbetriebe, die für einige Monate im Jahr einen zusätzlichen Bedarf an Arbeitskräften haben, zählen diese zusätzlichen Arbeitskräfte nur dann zur Ermittlung der regelmäßigen Beschäftigtenzahl, sofern die Saison über den größeren Teil des Jahres andauert, wie z. B. in Kurorten[98].

Erhöht sich die Zahl der regelmäßig beschäftigten Arbeitnehmer nach erfolgter Wahl des Betriebsrates und Freistellung von Betriebsratsmitgliedern nicht nur vorübergehend, ist der Betriebsrat berechtigt, die Zahl der freizustellenden Betriebsratsmitglieder entsprechend zu erhöhen. Gleiches gilt für den Fall, daß die Arbeitnehmerstärke nicht nur vorübergehend verringert wird, sofern sich hiermit gleichzeitig die Aufgaben des Betriebsrates verringern[99].   54

Statt der vom Gesetz vorgesehenen **Vollfreistellung** der vorgesehenen Zahl von Betriebsratsmitgliedern ist es zulässig, mit dem Arbeitgeber durch Tarifvertrag, Betriebsvereinbarung oder durch eine sonstige Absprache zu vereinbaren, daß statt der Vollfreistellung die **teilweise Freistellung** mehrerer Betriebsratsmitglieder erfolgt. Will der Betriebsrat entgegen der Auffassung des Arbeitgebers die Stelle eines freizustellenden Betriebsratsmitgliedes auf mehrere Betriebsratsmitglieder aufteilen, so sind die Nachteile, die der Arbeitgeber aus einer höheren Freistellungszahl hat, mit den Vorteilen abzuwägen, die der Betriebsrat für die teilweise Freistellung mehrerer Betriebsratsmitglieder geltend macht. Entstehen dem Arbeitgeber durch die erhöhte Zahl von Freistellungen keine unzumutbaren Nachteile, ist es als zulässig anzusehen, daß sich der Betriebsrat aus objektiven Gründen gegen eine völlige Freistellung eines Betriebsratsmitgliedes und für die Teilfreistellung entscheidet[100]. Anderenfalls wären teilzeitbe-   55

---
95 LAG Düsseldorf vom 26. 9. 1990, DB 1990, 238.
96 Vgl. BAG vom 19. 7. 1983, AP Nr. 23 zu § 113 BetrVG 1972.
97 BAG vom 18. 1. 1989, AP Nr. 1 zu § 9 BetrVG 1972.
98 BAG vom 12. 10. 1976, AP Nr. 1 zu § 8 BetrVG 1972, wonach mindestens 6 Monate im Jahr erforderlich sind.
99 GK-*Wiese,* § 38 Rz. 11; *Blanke* in: Däubler/Kittner/Klebe, § 38 Rz. 10; *Fitting/Kaiser/Heither/Engels,* § 38 Rz. 12; *Dietz/Richardi,* § 38 Rz. 8.
100 BAG vom 26. 6. 1996, – 7 ABR 48/95 –; LAG Düsseldorf, DB 1990, 743; LAG Schleswig-Holstein, DB 1973, 87; *Blanke* in: Däubler/Kittner/Klebe, § 38 Rz. 16; *Fitting/Kaiser/Heither/Engels,* § 38 Rz. 11; **a. A.** GK-*Wiese,* § 38 Rz. 30; *Joost* in: Münchener Handbuch zum Arbeitsrecht, Band 3, § 300 Rz. 67.

schäftigte Betriebsratsmitglieder von der Freistellung ausgeschlossen. Darüber hinaus ist das Interesse eines Betriebsratsmitgliedes anerkennenswert, nicht völlig aus der beruflichen Tätigkeit auszuscheiden.

56 § 38 Abs. 1 BetrVG verlangt die Freistellung der angegebenen Zahl von Betriebsratsmitgliedern als **Mindestzahl**. Eine Erhöhung der Zahl der freigestellten Betriebsratsmitglieder kann der Betriebsrat durch eine Vereinbarung mit dem Arbeitgeber erreichen. Ist der Arbeitgeber hier anderer Auffassung, muß der Betriebsrat die Frage der Erforderlichkeit weitergehender Freistellungen in einem arbeitsgerichtlichen Beschlußverfahren klären lassen[101]. Regelt der Betriebsrat in seiner Geschäftsordnung, daß die Zahl der Freistellungen über die gesetzliche Zahl hinaus festgelegt werden kann, so bindet dies den Arbeitgeber nicht, da es sich insofern um eine reine betriebsratsinterne Regelung handelt[102].

57 Ein Anspruch auf **über** die **gesetzliche Anzahl hinausgehende Freistellungen** besteht dann, wenn dies zur ordnungsgemäßen Durchführung der Aufgaben des Betriebsrates erforderlich ist[103]. Diese Voraussetzungen sind dann erfüllt, wenn es den Betriebsratsmitgliedern unmöglich ist, ihre Aufgaben ordnungsgemäß innerhalb der betriebsüblichen Arbeitszeit zu erfüllen[104]. Der Betriebsrat hat die Notwendigkeit einer erhöhten Freistellung durch konkrete Tatsachen darzulegen[105]. Anhalt für eine solche Notwendigkeit bietet beispielsweise die Tatsache zahlreicher und verstreut liegender Außenstellen, die einen besonderen Zeitaufwand der Betriebsratsmitglieder für Fahrten zwischen den einzelnen Betriebsstätten hervorrufen.

58 § 38 Abs. 1 BetrVG fordert als **Mindestgröße** für die Freistellung eines Betriebsratsmitgliedes 300 im Betrieb beschäftigte Arbeitnehmer. Auch unter dieser Zahl kann sich die Notwendigkeit einer Freistellung jedoch ergeben, wobei der Betriebsrat diesen Anspruch im Falle der Weigerung des Arbeitgebers im arbeitsgerichtlichen Beschlußverfahren durchsetzen müßte. Für den Anspruch auf Freistellung ist erforderlich, daß eine zeitweise Arbeitsbefreiung nach § 37 Abs. 2 BetrVG einzelner Betriebsratsmitglieder nicht ausreichend ist,

---

101 BAG vom 16. 1. 1979, AP Nr. 5 zu § 38 BetrVG 1972; BAG vom 9. 10. 1973, AP Nr. 3 zu § 38 BetrVG 1972; BAG vom 22. 5. 1973, AP Nr. 2 zu § 38 BetrVG 1972; GK-*Wiese*, § 38 Rz. 14 ff.; *Dietz/Richardi*, § 38 Rz. 12; **a. A.** *Blanke* in: Däubler/Kittner/Klebe, § 38 Rz. 12.
102 BAG vom 16. 1. 1979, AP Nr. 5 zu § 38 BetrVG 1972.
103 BAG vom 22. 5. 1972, AP Nr. 1 und 2 zu § 38 BetrVG 1972; GK-*Wiese*, § 38 Rz. 18.
104 BAG vom 21. 5. 1974, AP Nr. 14 zu § 37 BetrVG 1972.
105 BAG vom 22. 5. 1973, AP Nr. 2 zu § 37 BetrVG 1972.

IV. Die Rechtsstellung freigestellter Betriebsratsmitglieder   Rz. 61 **Teil D**

um die anfallenden Betriebsratsarbeiten ordnungsgemäß zu erfüllen[106].

Die zeitweilige Verhinderung eines freigestellten Betriebsratsmitgliedes rechtfertigt nicht ohne weiteres die **Ersatzfreistellung** eines anderen Betriebsratsmitgliedes. In diesem Fall ist das Erfordernis völliger Freistellung besonders zu begründen. In der Regel ist davon auszugehen, daß im Falle kurzfristiger Verhinderung eines freigestellten Betriebsratsmitgliedes die anfallenden Aufgaben von Betriebsratsmitgliedern erledigt werden können, die zu diesem Zweck zeitweise von der Arbeit befreit werden, § 37 Abs. 2 BetrVG[107].   59

§ 38 Abs. 1 Satz 3 BetrVG eröffnet den Tarifvertragsparteien sowie den Betriebspartnern die Möglichkeit, eigenständige Regelungen über die Freistellung zu vereinbaren. Hierbei ist ihnen die Möglichkeit eröffnet, sowohl eine geringere als auch eine höhere Zahl von Freistellungen festzulegen[108]. Die Regelung bezieht sich allerdings nur auf die Zahl der freizustellenden Betriebsratsmitglieder, nicht auf das einzuhaltende Verfahren, das im folgenden Absatz 2 geregelt ist. Im Falle der Regelung der Anzahl der Freistellungen durch Tarifvertrag kann eine günstigere Regelung durch Betriebsvereinbarung vereinbart werden. Die Vorschrift des **§ 77 Abs. 3 BetrVG** findet hier **keine Anwendung,** da es sich bei der Freistellung nicht um die Regelung von Arbeitsbedingungen sondern um eine betriebsverfassungsrechtliche Regelung handelt[109].   60

Ist in einer Betriebsvereinbarung eine höhere Zahl von freizustellenden Betriebsratsmitgliedern geregelt, so bedarf es grundsätzlich der Anführung schwerwiegender Gründe, um die Freistellung eines weiteren Betriebsratsmitgliedes durchsetzen zu können. Grundsätzlich ist in diesen Fällen davon auszugehen, daß eine zeitweise Arbeitsbefreiung gemäß § 37 Abs. 2 BetrVG ausreichend ist[110].   61

---

106 BAG vom 13. 11. 1991, AP Nr. 80 zu § 37 BetrVG 1972; BAG vom 1. 4. 1974, AP Nr. 10 zu § 37 BetrVG 1972; GK-*Wiese*, § 38 Rz. 21; *Blanke* in: Däubler/Kittner/Klebe, § 38 Rz. 15; *Fitting/Kaiser/Heither/Engels*, § 38 Rz. 19; a. A. *Hess/Schlochauer/Glaubitz*, § 38 Rz. 17 f.
107 BAG vom 12. 2. 1997, – 7 ABR 40/96; BAG vom 22. 5. 1973, AP Nr. 2 zu § 37 BetrVG 1972; GK-*Wiese*, § 38 Rz. 31.
108 GK-*Wiese*, § 38 Rz. 25; *Fitting/Kaiser/Heither/Engels*, § 38 Rz. 25.
109 GK-*Wiese*, § 38 Rz. 27; *Hess/Schlochauer/Glaubitz*, § 38 Rz. 22; *Fitting/Kaiser/Heither/Engels*, § 38 Rz. 27.
110 GK-*Wiese*, § 38 Rz. 28; *Blanke* in: Däubler/Kittner/Klebe, § 38 Rz. 23.

2. Wahl der freizustellenden Betriebsratsmitglieder

62 § 38 Abs. 2 BetrVG regelt die **Wahl** der **freizustellenden Betriebsratsmitglieder** des § 38 Abs. 1 BetrVG. Die freizustellenden Betriebsratsmitglieder werden nach Beratung mit dem Arbeitgeber vom Betriebsrat aus seiner Mitte in geheimer Wahl und nach den Grundsätzen der Verhältniswahl gewählt. Wird nur ein Wahlvorschlag gemacht, so erfolgt die Wahl nach den Grundsätzen der Mehrheitswahl; ist nur ein Betriebsratsmitglied freizustellen, so wird dieses mit einfacher Stimmenmehrheit gewählt, § 38 Abs. 2 Satz 1 und 2 BetrVG.

63 § 38 Abs. 2 BetrVG verlangt eine **Beratung** mit dem Arbeitgeber, bevor die Wahl der freizustellenden Betriebsratsmitglieder vorgenommen wird. Dies soll dem Arbeitgeber Gelegenheit geben, aus seiner Sicht gegen die Wahl eines bestimmten Betriebsratsmitgliedes sprechende Gründe geltend zu machen. Grundsätzlich ist hier erforderlich, daß der gesamte Betriebsrat mit dem Arbeitgeber zusammentrifft[111].

64 Umstritten ist, ob bei **unterbliebener Beratung** mit dem Arbeitgeber die Freistellungswahl unwirksam ist[112]. Hiergegen spricht, daß nur ausnahmsweise vom Arbeitgeber vorgetragene Gründe eine Außerachtlassung eines Betriebsratsmitgliedes für die Freistellungswahl zur Folge haben dürfte. § 38 Abs. 2 Satz 6 BetrVG eröffnet dem Arbeitgeber im übrigen die Möglichkeit, binnen einer Frist von 2 Wochen nach der Bekanntgabe der Freistellungswahl, die Einigungsstelle anzurufen, sofern er eine Freistellung für sachlich nicht vertretbar hält. Der Spruch der Einigungsstelle ersetzt dann die Einigung zwischen Arbeitgeber und Betriebsrat.

65 In dem Fall der Verhältniswahl sowie im Fall der Mehrheitswahl des Satzes 2 sind die Grundsätze **geheimer Wahl** einzuhalten. Erforderlich ist hierfür die Verwendung von Stimmzetteln, die sicherstellen, daß eine Identifizierung des Wählers unmöglich ist[113]. Bei einem Verstoß gegen den Grundsatz der geheimen Wahl ist in entsprechender Anwendung des § 19 BetrVG eine Wahlanfechtung binnen 2 Wochen, vom Tage der Bekanntmachung des Wahlergebnisses an

---

111 BAG vom 29. 4. 1992, AP Nr. 15 zu § 38 BetrVG 1972; GK-*Wiese*, § 38 Rz. 37; *Blanke* in: Däubler/Kittner/Klebe, § 38 Rz. 28; *Hess/Schlochauer/Glaubitz*, § 38 Rz. 24.
112 Gegen eine Unwirksamkeit sprechen sich aus: *Joost* in: Münchener Handbuch zum Arbeitsrecht, Band 3, § 300, Rz. 69; *Blanke* in: Däubler/Kittner/Klebe, § 38 Rz. 31; GK-*Wiese*, § 38 Rz. 39; **a. A.** *Dietz/Richardi*, § 38 Rz. 23; *Hess/Schlochauer/Glaubitz*, § 38 Rz. 27; offengelassen von BAG vom 29. 4. 1992, AP Nr. 15 zu § 38 BetrVG 1972.
113 *Fitting/Kaiser/Heither/Engels*, § 38 Rz. 35.

berechnet, zulässig[114]. Vor der Wahl ist zu klären, ob das vorgeschlagene Betriebsratsmitglied mit einer Freistellung einverstanden wäre[115]. Hiermit soll sichergestellt werden, daß das aufgestellte Betriebsratsmitglied für diese Tätigkeit tatsächlich zur Verfügung steht[116].

Im Falle des Vorliegens mehrerer Wahlvorschläge erfolgt die Wahl nach den Grundsätzen der **Verhältniswahl**. Bei ihr kann der Wähler nur eine der zur Wahl stehenden Listen wählen. Die Gewählten bestimmen sich nach den Höchstzahlen, die auf die einzelnen Listen entfallen. Die Höchstzahlen werden nach dem sogenannten d'Hondtschen-System berechnet[117]. 66

Wird nur ein Wahlvorschlag gemacht, erfolgt die Wahl nach den Grundsätzen der **Mehrheitswahl**. Gleiches gilt, wenn nur ein Betriebsratsmitglied freizustellen ist. Wie der Betriebsrat die Mehrheitswahl durchführt, steht ihm grundsätzlich frei. Immer ist bei der Wahl jedoch eine **Berücksichtigung** der **Gruppen** gemäß der gesetzlichen Regelung des § 38 Abs. 2 Satz 3 ff. BetrVG erforderlich. Dieser sieht vor, daß die Gruppen entsprechend dem Verhältnis ihrer Vertretung im Betriebsrat bei der Wahl zu berücksichtigen sind. Gehört jeder Gruppe im Betriebsrat mindestens 1/3 der Mitglieder an, so wählt jede Gruppe die auf sie entfallenden freizustellenden Betriebsratsmitglieder; die Sätze 1 und 2 gelten hier entsprechend. 67

Die Vorschrift stellt sicher, daß die Gruppen der Arbeiter und der Angestellten die auf sie entfallenden freizustellenden Mitglieder in jeweils getrennten Wahlen wählen. Dies jedoch unter der Voraussetzung, daß jeder Gruppe im Betriebsrat mindestens 1/3 der Betriebsratsmitglieder angehört. 68

Für die Wirksamkeit der Wahl ist in entsprechender Anwendung des § 33 Abs. 2 BetrVG erforderlich, daß mindestens die Hälfte der der jeweiligen Gruppe zuzurechnenden Betriebsratsmitglieder an der Wahl teilnimmt[118]. Sind in den Gruppen jeweils mehrere Wahlvorschläge eingereicht worden, so erfolgt die Wahl nach den Grundsät- 69

---

114 Vgl. BAG vom 11. 3. 1992, AP Nr. 11 zu § 38 BetrVG 1972; GK-*Wiese*, § 38 Rz. 62; *Blanke* in: Däubler/Kittner/Klebe, § 38 Rz. 80; *Fitting/Kaiser/Heither/Engels*, § 38 Rz. 105.
115 BAG vom 11. 3. 1992, AP Nr. 11 zu § 38 BetrVG 1972; *Blanke* in: Däubler/Kittner/Klebe, § 38 Rz. 4; *Fitting/Kaiser/Heither/Engels*, § 38 Rz. 37; **a. A.** GK-*Wiese*, § 38 Rz. 36.
116 *Fitting/Kaiser/Heither/Engels*, § 38 Rz. 37.
117 BAG vom 11. 3. 1992, AP Nr. 11 zu § 38 BetrVG 1972; vgl. zum d'Hondtschen-System § 15 WO, sowie *Fitting/Kaiser/Heither/Engels*, § 14 Rz. 27 ff.
118 GK-*Wiese*, § 38 Rz. 43; *Hess/Schlochauer/Glaubitz*, § 38 Rz. 34; *Fitting/Kaiser/Heither/Engels*, § 38 Rz. 45.

zen der Verhältniswahl. Die Reihenfolge der Gewählten bestimmt sich nach den auf die einzelnen Listen in der jeweiligen Gruppe entfallenden Höchstzahlen. Entsprechend diesen Höchstzahlen sind die Betriebsratsmitglieder in der Reihenfolge gewählt, in der sie auf der Liste aufgeführt sind[119]. Wird in einer oder in beiden Gruppen jeweils nur ein Wahlvorschlag eingereicht, werden die freizustellenden Betriebsratsmitglieder durch die jeweiligen Gruppenangehörigen in Mehrheitswahl gewählt. Dies gilt auch, sofern einer oder beiden Gruppen jeweils nur eine Freistellung zusteht. Entfallen auf das letzte noch freizustellende Betriebsratsmitglied (bei mehreren Freistellungen) oder auf das einzige freizustellende Betriebsratsmitglied der betreffenden Gruppe gleichviel Stimmen, entscheidet insoweit das Los über die Freistellung. Die Gruppe kann jedoch auch beschließen, anstatt der Losentscheidung eine Stichwahl zwischen den Bewerbern mit der selben Stimmenzahl durchzuführen[120].

70 Gemäß § 38 Abs. 2 Satz 5 BetrVG hat der Betriebsrat dem Arbeitsgericht nach der Wahl die **Namen** der **freizustellenden** Betriebsratsmitglieder bekanntzugeben. Hieraus ist zu entnehmen, daß die Freistellung selbst nicht durch den Betriebsrat, sondern durch den Arbeitgeber zu erfolgen hat. Vor Vorliegen des Einverständnisses des Arbeitgebers mit den beschlossenen Freistellungen dürfen die gewählten Betriebsratsmitglieder ihrer beruflichen Tätigkeit nicht generell fernbleiben. Ein Einverständnis des Arbeitgebers gilt als konkludent erteilt, sofern er nicht binnen 2 Wochen nach Bekanntgabe des Freistellungsbeschlusses die Einigungsstelle angerufen hat[121].

71 Der Arbeitgeber ist bei Vorliegen der gesetzlichen Voraussetzungen im übrigen **verpflichtet,** die gewählten Betriebsratsmitglieder **freizustellen.** Der Freistellungsanspruch kann vorläufig durch einstweilige Verfügung des Arbeitsgerichts gesichert werden, wenn ein Abwarten auf die Entscheidung der Einigungsstelle für den Betriebsrat unzumutbar wäre[122].

72 Nach Ablauf der Frist für die Anrufung der Einigungsstelle durch den Arbeitgeber, sind die Betriebsratsmitglieder **berechtigt,** der **Arbeit fernzubleiben** und ausschließlich Betriebsratstätigkeit auszuüben[123]. Die Überprüfung der Freistellungswahl durch die Einigungsstelle

---

119 *Fitting/Kaiser/Heither/Engels,* § 38 Rz. 47.
120 *Fitting/Kaiser/Heither/Engels,* § 38 Rz. 48.
121 Vgl. oben Rz. 64.
122 *Fitting/Kaiser/Heither/Engels,* § 38 Rz. 60.
123 *Joost* in: Münchener Handbuch zum Arbeitsrecht, Band 3, § 300 Rz. 76; *Hess/Schlochauer/Glaubitz,* § 38 Rz. 38; *Dietz/Richardi,* § 38 Rz. 39; *Blanke* in: Däubler/Kittner/Klebe, § 38 Rz. 43; **a. A.** GK-*Wiese,* § 38 Rz. 49.

kann im übrigen nur darauf erfolgen, ob die Auswahl des freizustellenden Betriebsratsmitgliedes aus betrieblichen Gründen unvertretbar war[124]. Ein solcher Fall liegt vor, wenn zwingende betriebliche Notwendigkeiten der Freistellung dieses Betriebsratsmitgliedes entgegenstanden. Nicht durchgreifen würden betriebliche Notwendigkeiten in dem Falle, daß ein alternativ zur Verfügung stehendes geeignetes Betriebsratsmitglied für die Freistellung nicht vorhanden ist[125]. Die Entscheidungskompetenz der Einigungsstelle bezieht sich nicht auf die Anzahl der freizustellenden Betriebsratsmitglieder. Diese kann allein gerichtlich überprüft werden.

Die **2-Wochen-Frist** für die Anrufung der Einigungsstelle berechnet sich nach den §§ 187 ff. BGB. Die Frist endet danach mit Ablauf des Tages der 2. Woche, der demjenigen entspricht, an dem die freizustellenden Betriebsratsmitglieder dem Arbeitgeber bekanntgegeben worden sind. Fällt der letzte Tag der Frist auf einen Samstag, Sonntag oder gesetzlichen Feiertag, so endet die Frist mit dem nächstfolgenden Werktag. Wurde dem Arbeitgeber beispielsweise die Freistellungswahl an einem Dienstag bekanntgegeben, so endet die Frist mit Ablauf des Dienstages der übernächsten Woche. Nach Ablauf der Frist gilt das Einverständnis des Arbeitgebers als erteilt. 73

Anrufung der Einigungsstelle bedeutet lediglich, daß der Arbeitgeber beim Betriebsrat den Antrag stellt, eine Einigungsstelle zum Zwecke der Überprüfung der Freistellung zu bilden[126]. Müßte der Arbeitgeber binnen der 2 Wochen veranlassen, daß eine Einigungsstelle gebildet wird, so wäre es ihm praktisch unmöglich, die Frist einzuhalten. Besteht im Betrieb jedoch eine ständige Einigungsstelle (§ 76 Abs. 1 Satz 2 BetrVG), so muß vor Fristablauf der Antrag des Arbeitgebers auf Überprüfung der Freistellungswahl beim Vorsitzenden der Einigungsstelle eingegangen sein[127]. 74

Die **Entscheidung** der Einigungsstelle lautet im Falle der Unvertretbarkeit der Freistellung nicht nur auf Aufhebung der getroffenen Wahlentscheidung. Die Einigungsstelle hat selbst ein oder mehrere neue freizustellende Betriebsratsmitglieder zu bestimmen[128]. Bei ih- 75

---

124 BAG vom 9. 10. 1973, AP Nr. 3 zu § 38 BetrVG 1972; GK-*Wiese*, § 38 Rz. 53; *Hess/Schlochauer/Glaubitz*, § 38 Rz. 40; *Dietz/Richardi*, § 38 Rz. 36.
125 *Fitting/Kaiser/Heither/Engels*, § 38 Rz. 63.
126 GK-*Wiese*, § 38 Rz. 56; *Hess/Schlochauer/Glaubitz*, § 38 Rz. 38; *Blanke* in: Däubler/Kittner/Klebe, § 38 Rz. 65; *Dietz/Richardi*, § 38 Rz. 33.
127 *Fitting/Kaiser/Heither/Engels*, § 38 Rz. 65.
128 GK-*Wiese*, § 38 Rz. 58; *Blanke* in: Däubler/Kittner/Klebe, § 38 Rz. 49 ff.; *Dietz/Richardi*, § 38 Rz. 37; *Fitting/Kaiser/Heither/Engels*, § 38 Rz. 68; **a. A.** *Hess/Schlochauer/Glaubitz*, § 38 Rz. 42, die annehmen, daß eine Nachwahl durch den Betriebsrat bzw. die Gruppen stattzufinden hat.

rer Entscheidung ist die Einigungstelle nicht auf die bisher für eine Freistellung vorgeschlagenen Betriebsratsmitglieder beschränkt. Sie hat jedoch vor ihrer Entscheidung festzustellen, ob das von ihr favorisierte Betriebsratsmitglied für eine Freistellung zur Verfügung steht[129]. Bei ihrer Entscheidung hat die Einigungsstelle dem Gruppen- und Minderheitenschutz nach § 38 Abs. 2 Satz 1 bis 3 BetrVG Rechnung zu tragen[130].

76 Der Spruch der Einigungsstelle kann gemäß § 76 Abs. 7 BetrVG durch den Arbeitgeber vor dem Arbeitsgericht angefochten werden. Es erfolgt dann eine Überprüfung daraufhin, ob der Spruch **sachlich unvertretbar** ist[131].

77 Ist ein Betriebsratsmitglied einmal freigestellt, so kann es dennoch jederzeit aus dieser Funktion abberufen werden. Die **Abberufung** hat durch das Gremium zu erfolgen, das die Wahl des Freigestellten durchgeführt hat[132]. Für die Abberufung verweist § 38 Abs. 2 Satz 7 BetrVG insofern auf die Vorschrift des § 27 Abs. 1 Satz 5 und Abs. 2 Satz 5 BetrVG. Danach richtet sich die Abberufung nach der Form der erfolgten Wahl. Hat eine Mehrheitswahl stattgefunden, reicht für die Abberufung die einfache Mehrheit des beschlußfähigen Betriebsrates bzw. bei Gruppenwahl der beschlußfähigen betreffenden Gruppe aus. Ist die Freistellung über eine Verhältniswahl erfolgt, bedarf die Abberufung eines freigestellten Betriebsratsmitgliedes einer qualifizierten Mehrheit von $^3/_4$ der Stimmen des Betriebsrates bzw. im Falle der Gruppenwahl der betreffenden Gruppe. In diesem Falle hat die Abstimmung geheim zu erfolgen (vgl. § 27 Abs. 1 Satz 5 BetrVG).

78 Möchte ein freigestelltes Betriebsratsmitglied seine berufliche Tätigkeit wieder aufnehmen, so erfordert dies seine Erklärung, das Einverständnis zur Freistellung zu **widerrufen**[133]. Gegebenenfalls kann das freigestellte Betriebsratsmitglied verpflichtet sein, im vollen Umfang für den Betriebsrat zur Verfügung zu stehen, bis ein geeigneter Nachfolger gefunden ist[134].

---

129 *Fitting/Kaiser/Heither/Engels*, § 38 Rz. 68.
130 GK-*Wiese*, § 38 Rz. 59 ff.; *Blanke* in: Däubler/Kittner/Klebe, § 38 Rz. 49ff.; *Fitting/Kaiser/Heither/Engels*, § 38 Rz. 70.
131 GK-*Wiese*, § 38 Rz. 54, 61; *Hess/Schlochauer/Glaubitz*, § 38 Rz. 69; *Fitting/Kaiser/Heither/Engels*, § 38 Rz. 107.
132 GK-*Wiese*, § 38 Rz. 66; *Fitting/Kaiser/Heither/Engels*, § 38 Rz. 74.
133 GK-*Wiese*, § 38 Rz. 65; *Fitting/Kaiser/Heither/Engels*, § 38 Rz. 72.
134 *Fitting/Kaiser/Heither/Engels*, § 38 Rz. 72.

IV. Die Rechtsstellung freigestellter Betriebsratsmitglieder   Rz. 82 **Teil D**

3. Die Aufgaben des freigestellten Betriebsratsmitgliedes

Das freigestellte Betriebsratsmitglied nimmt nur noch Betriebsratstätigkeiten wahr und ist von der Erbringung seiner **arbeitsvertraglichen Verpflichtungen** gänzlich **entbunden.** Alle Pflichten, die nicht unmittelbar mit der Arbeitsleistung zusammenhängen, gelten jedoch fort. Insbesondere hat das freigestellte Betriebsratsmitglied seine vertraglich vereinbarten oder die betriebsüblichen Arbeitszeiten einzuhalten. Dazu gehört auch, daß evtl. Arbeitszeitkontrollgeräte benutzt werden[135]. Arbeitet ein Betrieb im Schichtdienst, so hat das freigestellte Betriebsratsmitglied diese Arbeitszeit nicht aufrechtzuerhalten, sondern kann bei einer anderweitigen Organisation der Betriebsratsarbeit zu normalen Arbeitszeiten tätig werden. Das Einverständnis des Arbeitgebers ist hierfür nicht erforderlich[136]. Arbeitsort des Betriebsrates ist das Betriebsratsbüro, sofern nicht seine Abwesenheit zur Erledigung von Betriebsratsaufgaben erforderlich ist[137].   79

Das freigestellte Betriebsratsmitglied hat sich **allein Betriebsratstätigkeiten** zu widmen. Infolge dessen kommt für Schulungs- und Bildungsveranstaltungen nur dann eine Fortzahlung des Arbeitsentgelts in Betracht, sofern hierbei für die Betriebsratstätigkeit erforderliche Kenntnisse vermittelt werden[138]. § 37 Abs. 6 und 7 BetrVG gelten für das freigestellte Betriebsratsmitglied entsprechend.   80

Nach bestrittener, aber richtiger Ansicht ist das Betriebsratsmitglied von seiner arbeitsvertraglichen Hauptpflicht **suspendiert,** so daß für Zeiten, in denen andere Tätigkeiten als Betriebsratsaufgaben erledigt werden, kein Anspruch auf Zahlung des Arbeitsentgeltes besteht[139].   81

Das freigestellte Betriebsratsmitglied kann sich seine Arbeit grundsätzlich völlig **selbständig einteilen,** ist jedoch verpflichtet, dem Arbeitgeber gegenüber nachzuweisen, daß es sich um Betriebsratstätigkeiten gehandelt hat, sofern diese Aufgaben außerhalb der betriebsüblichen Arbeitszeit oder außerhalb des Betriebes durchgeführt wur-   82

---

135 GK-*Wiese,* § 38 Rz. 72; *Hess/Schlochauer/Glaubitz,* § 38 Rz. 44; *Blanke* in: Däubler/Kittner/Klebe, § 38 Rz. 62; *Dietz/Richardi,* § 38 Rz. 47.
136 *Fitting/Kaiser/Heither/Engels,* § 38 Rz. 80; *Blanke* in: Däubler/Kittner/Klebe, § 38 Rz. 62; **a. A.** GK-*Wiese,* § 38 Rz. 72 ff.; *Joost* in: Münchener Handbuch zum Arbeitsrecht, Band 3, § 300 Rz. 88; *Hess/Schlochauer/Glaubitz,* § 38 Rz. 44.
137 BAG vom 28. 8. 1991, AP Nr. 39 zu § 40 BetrVG 1972.
138 BAG vom 21. 7. 1978, AP Nr. 4 zu § 38 BetrVG 1972; GK-*Wiese,* § 37 Rz. 141.
139 BAG vom 19. 5. 1983, AP Nr. 44 zu § 37 BetrVG 1972; GK-*Wiese,* § 38 Rz. 74; *Fitting/Kaiser/Heither/Engels,* § 38 Rz. 81; **a. A.** *Hess/Schlochauer/Glaubitz,* § 38 Rz. 47 ff.; *Blanke* in: Däubler/Kittner/Klebe, § 38 Rz. 64, die annehmen, das Betriebsratsmitglied müsse keine Arbeitsleistung erbringen, könne dies aber freiwillig jederzeit tun.

den[140]. Soweit Betriebsratstätigkeiten aus betriebsbedingten Gründen außerhalb der Arbeitszeit durchgeführt werden, besteht ein Anspruch auf entsprechenden **Freizeitausgleich**[141]. Betriebsbedingte Gründe für die Tätigkeit außerhalb der Arbeitszeit sind beispielsweise dann anzunehmen, wenn in einem Mehrschichtenbetrieb eine Betriebsratssitzung außerhalb der Dienstzeit des freigestellten Betriebsratsmitgliedes abgehalten werden muß[142]. Die abweichende Ansicht[143], die einem freigestellten Betriebsratsmitglied auch bei der Überschreitung seiner Arbeitszeit aus Gründen, die nicht mit dem Betrieb zusammenhängen, einen Anspruch auf Freizeitausgleich gewährt, ist abzulehnen, da sie dazu führen würde, daß das freigestellte Betriebsratsmitglied insofern gegenüber dem nicht freigestellten Betriebsratsmitglied ungerechtfertigt begünstigt würde (vgl. die Vorschrift des § 37 Abs. 3 BetrVG für das nicht freigestellte Betriebsratsmitglied). Das Betriebsratsmitglied kann in diesem Fall **selbst bestimmen,** wann es den Freizeitausgleich nimmt[144]. Diesbezüglich ist das Betriebsratsmitglied lediglich verpflichtet, dem Arbeitgeber mitzuteilen, daß es Freizeitausgleich in Anspruch nimmt[145]. Grundsätzlich ist das Betriebsratsmitglied aber verpflichtet, den Freizeitausgleich in entsprechender Anwendung von § 37 Abs. 3 Satz 2 BetrVG binnen eines Monats zu nehmen[146].

83 Da ein freigestelltes Betriebsratsmitglied an die betriebliche Ordnung gebunden ist, besteht eine Verpflichtung, bei **Verlassen** des **Betriebes** dem Arbeitgeber dieses vorab mitzuteilen[147]. Der Arbeitgeber kann von dem freigestellten Betriebsratsmitglied jedoch nicht verlangen, einen laufenden Tätigkeitsbericht zu führen[148].

---

140 *Fitting/Kaiser/Heither/Engels*, § 38 Rz. 83; *Blanke* in: Däubler/Kittner/Klebe, § 38 Rz. 65; **a. A.** *Hess/Schlochauer/Glaubitz*, § 38 Rz. 47 ff.
141 BAG vom 21. 5. 1974, AP Nr. 14 zu § 37 BetrVG 1972.
142 Vgl. auch BAG, AP Nr. 1 zu § 103 BetrVG 1972; zu den Voraussetzungen betriebsbedinger Gründe vgl. oben Rz. 34 ff.
143 *Dietz/Richardi*, § 38 Rz. 48.
144 *Fitting/Kaiser/Heither/Engels*, § 38 Rz. 82; *Hess/Schlochauer/Glaubitz*, § 38 Rz. 43; GK-*Wiese*, § 38 Rz. 80.
145 GK-*Wiese*, § 38 Rz. 80.
146 GK-*Wiese*, § 38 Rz. 81.
147 GK-*Wiese*, § 38 Rz. 76; *Blanke* in: Däubler/Kittner/Klebe, § 38 Rz. 49; *Dietz/Richardi*, § 38 Rz. 47; *Hess/Schlochauer/Glaubitz*, § 38 Rz. 38; *Stege-Weinspach*, § 38 Rz. 11; **a. A.** *Fitting/Kaiser/Heither/Engels*, § 38 Rz. 83, die eine Mitteilung an den Arbeitgeber nur bei Vorliegen besonderer Umstände verlangen.
148 LAG Hamm, DB 1975, 698; GK-*Wiese*, § 38 Rz. 78; *Blanke* in: Däubler/Kittner/Klebe, § 38 Rz. 78; *Fitting/Kaiser/Heither/Engels*, § 38 Rz. 83.

IV. Die Rechtsstellung freigestellter Betriebsratsmitglieder

Das freigestellte Betriebsratsmitglied hat Anspruch auf die **Bezahlung**, die es erhalten hätte, wenn es die bisherige Arbeitsleistung erbringen würde. Einzubeziehen sind hier sämtliche Entgeltbestandteile, die das freigestellte Betriebsratsmitglied erhalten hätte, wenn es nicht freigestellt wäre. Hierzu zählen Überstundenvergütungen, Nachtarbeitszuschläge, Mehrarbeitszulagen und Sozialzulagen. Das freigestellte Betriebsratsmitglied hat auch dann einen Anspruch auf Mehrarbeitszuschläge, wenn im Rahmen der Betriebsratstätigkeit Mehrarbeit nicht anfällt, mit dem Betriebsratsmitglied vergleichbare Arbeitnehmer jedoch Mehrarbeit leisten[149]. Schwierig ist die Feststellung des dem freigestellten Betriebsratsmitglied zu zahlenden Entgeltes, sofern dieses im Leistungslohn gestanden hat und nunmehr der Bezugspunkt für die Bemessung des Entgelts entfällt. Nach überwiegender Auffassung ist in einem solchen Fall das Arbeitsentgelt des Betriebsratsmitgliedes nach dem vergleichbarer Arbeitnehmer im Leistungslohn zu bemessen[150]. Zum Entgelt- und Entwicklungsschutz von freigestellten Betriebsratsmitgliedern gibt es besondere Vorschriften, die weiter unten behandelt werden.

84

Um eine ständige Erledigung der Betriebsratsaufgaben sicherzustellen, kann der Betriebsrat vorsorglich Mitglieder wählen, die im Falle der Verhinderung oder des Ausscheidens eines freigestellten Betriebsratsmitgliedes in die Funktion eines freigestellten Betriebsratsmitgliedes eintreten[151]. Die Kompliziertheit des Wahlverfahrens für die Freistellung von Betriebsratsmitgliedern läßt es angezeigt erscheinen, bei der Wahl der freizustellenden Betriebsratsmitglieder vorsorglich **Ersatzmitglieder** zu wählen, um den Betriebsrat im Falle der Verhinderung oder des Ausscheidens freigestellter Betriebsratsmitglieder handlungsfähig zu erhalten. Selbstverständlich ist hierbei immer zu beachten, daß eine Ersatzfreistellung eines anderen Betriebsratsmitgliedes im Falle der Verhinderung des freigestellten Betriebsratsmitgliedes nur in Betracht kommt, wenn die konkreten Gegebenheiten dies erfordern und eine zeitweise Befreiung eines Betriebsratsmitgliedes von seiner Arbeitspflicht nicht ausreichend ist[152]. Die Ersatzmitglieder werden nach den selben Grundsätzen gewählt, wie die freizustellenden Betriebsratsmitglieder[153].

85

---

149 GK-*Wiese*, § 38 Rz. 83; *Dietz/Richardi*, § 38 Rz. 50; *Blanke* in: Däubler/Kittner/Klebe, § 38 Rz. 69; *Fitting/Kaiser/Heither/Engels*, § 38 Rz. 88.
150 GK-*Wiese*, § 38 Rz. 82; *Dietz/Richardi*, § 38 Rz. 49; *Fitting/Kaiser/Heither/Engels*, § 38 Rz. 86.
151 *Fitting/Kaiser/Heither/Engels*, § 38 Rz. 51; *Blanke* in: Däubler/Kittner/Klebe, § 38 Rz. 58; **a. A.** GK-*Wiese*, § 38 Rz. 68; *Joost* in: Münchener Handbuch zum Arbeitsrecht, Band 3, § 300, Rz. 83.
152 *Fitting/Kaiser/Heither/Engels*, § 38 Rz. 52.
153 Vgl. oben Rz. 62 ff.

V. Ersatzmitglieder

86 **Ersatzmitglieder** sind **Wahlbewerber,** die anläßlich der Betriebsratswahl nicht gewählt wurden, auf einem Wahlvorschlag aber aufgeführt sind. Bis zur Übernahme von Betriebsratstätigkeit sind die Ersatzmitglieder keine Betriebsratsmitglieder. Es besteht lediglich eine Anwartschaft auf die Mitgliedschaft[154]. Mit der Berücksichtigung von Ersatzmitgliedern verfolgt das Gesetz den Zweck, die Kontinuität von Betriebsratstätigkeit und die Beschlußfähigkeit des Betriebsrates zu sichern. Die Vorschriften über die Rechte und Pflichten des Betriebsrates und seiner Mitglieder finden auf Ersatzmitglieder keine Anwendung.

87 Ersatzmitglieder genießen auch **nicht** den **besonderen Kündigungsschutz** des § 15 Abs. 1 KSchG und § 103 BetrVG[155]. Zu berücksichtigen ist jedoch, daß das Ersatzmitglied für 6 Monate nach Bekanntgabe des Wahlergebnisses als Wahlbewerber gemäß § 15 Abs. 3 Satz 2 KSchG einen nachwirkenden Kündigungsschutz genießt. Ferner genießt das Ersatzmitglied für die Dauer der Stellvertretung eines Betriebsratsmitgliedes den besonderen Kündigungsschutz nach § 1 Abs. 1 Satz 1, Abs. 4 und 5 KSchG und § 103 BetrVG[156]. Das BAG weitet in diesen Fällen den Kündigungsschutz zeitlich auch auf den Zeitraum zwischen Ladung zur Sitzung und Stattfinden der Sitzung aus, sofern die Ladung nicht früher als 3 Tage vor der Sitzung erfolgt und sich das Ersatzmitglied auf die Betriebsratssitzung bereits vorbereitet hat[157]. Nach Ausscheiden des Ersatzmitgliedes aus dem Betriebsrat genießt das Ersatzmitglied den nachwirkenden Kündigungsschutz eines jeden Betriebsratsmitgliedes gemäß § 15 Abs. 1 Satz 2 KSchG[158]. Der nachwirkende Kündigungsschutz beträgt ein Jahr und beginnt mit der Beendigung der Vertretung, bei weiteren Vertretungen beginnt die Frist jeweils erneut zu laufen[159]. Im übrigen ist der nachwirkende Kündigungsschutz unabhängig davon, ob der Arbeit-

---

[154] GK-*Wiese*, § 35 Rz. 48 ff.; *Fitting/Kaiser/Heither/Engels*, § 25 Rz. 5.
[155] BAG vom 17. 1. 1979, AP Nr. 5 zu § 15 KSchG 1969; BAG vom 9. 11. 1977, AP Nr. 3 zu § 15 KSchG 1969.
[156] BAG vom 9. 11. 1977, AP Nr. 3 zu § 15 KSchG 1969; LAG Bremen, BB 1985, 1125; LAG Hamburg, DB 1978, 113; GK-*Wiese*, § 25 Rz. 53; *Dietz/Richardi*, § 25 Rz. 39; *Blanke* in: Däubler/Kittner/Klebe, § 25 Rz. 27.
[157] BAG vom 17. 1. 1979, AP Nr. 5 zu § 15 KSchG 1969; *Fitting/Kaiser/Heither/Engels*, § 25 Rz. 8; *Blanke* in: Däubler/Kittner/Klebe, § 25 Rz. 34.
[158] BAG vom 6. 9. 1979, AP Nr. 5 zu § 15 KSchG 1969; GK-*Wiese*, § 25 Rz. 56; *Fitting/Kaiser/Heither/Engels*, § 25 Rz. 10; *Blanke* in: Däubler/Kittner/Klebe, § 25 Rz. 35; **a. A.** *Hess/Schlochauer/Glaubitz*, § 25 Rz. 19.
[159] BAG vom 6. 9. 1979, AP Nr. 7 zu § 15 KSchG 1969; GK-*Wiese*, § 25 Rz. 58.

V. Ersatzmitglieder

geber den Einsatz des Ersatzmitgliedes als Betriebsratsmitglied kannte[160].

Für Zeiten der Wahrnehmung von Betriebsratsaufgaben genießt das Ersatzmitglied auch den **Schutz vor Benachteiligungen** gemäß § 78 BetrVG. Hierunter fällt auch die Kündigung des Arbeitgebers, die mit dem Ziel ausgesprochen wird, das Eintreten des Ersatzmitgliedes in den Betriebsrat zu verhindern. Eine solche Kündigung wäre wegen Verstoßes gegen ein gesetzliches Verbot (§ 134 BGB) unwirksam[161]. Das durch ein Ersatzmitglied vertretene ordentliche Betriebsratsmitglied behält während der Zeit seiner Vertretung die persönliche Rechtsstellung als Betriebsratsmitglied. Aus diesem Grund bleibt auch der besondere Kündigungsschutz gemäß § 15 Abs. 1 Satz 1 KSchG und § 103 BetrVG in vollem Umfange erhalten[162].

88

1. Die Reihenfolge des Nachrückens von Ersatzmitgliedern

§ 25 Abs. 2 und 3 BetrVG regelt die Reihenfolge, in der die Ersatzmitglieder nachrücken. Hier ist danach zu unterscheiden, ob das zu vertretende oder ausgeschiedene Betriebsratsmitglied in Verhältnis- oder in Mehrheitswahl gewählt worden ist. Weiter bestehen Unterschiede, sofern es sich um einen einköpfigen Betriebsrat handelt oder aber ob es um den einzigen in Gruppenwahl gewählten Gruppenvertreter geht.

89

Nicht nachrückungsfähig sind Wahlbewerber, die zwischenzeitlich ihre Wählbarkeit zum Betriebsrat verloren haben. Beispielhaft ist hier zu nennen der Aufstieg zum leitenden Angestellten gemäß § 5 Abs. 3 BetrVG sowie Fälle, in denen das Arbeitsverhältnis zwischenzeitlich beendet wurde.

90

Ist die Wahl des Betriebsrates im Wege der **Verhältniswahl** erfolgt, rücken bei Gruppenwahl die Ersatzmitglieder in der Reihenfolge nach, in der sie auf der Liste aufgeführt sind, der das ausgeschiedene oder verhinderte Mitglied angehört. Im Falle der Gemeinschaftswahl rückt dasjenige Ersatzmitglied im Betriebsrat nach, das an nächsthöchster Stelle auf der Liste steht, auf der das zu ersetzende Betriebsratsmitglied stand und das derselben Gruppe wie das zu ersetzende Betriebsratsmitglied angehört. Ist die Vorschlagsliste, aus der an sich das Ersatzmitglied zu entnehmen wäre, erschöpft, ist diejenige Liste

91

---

160 GK-*Wiese*, § 25 Rz. 58; offengelassen in BAG vom 6. 9. 1979, AP Nr. 7 zu § 15 KSchG 1969.
161 GK-*Wiese*, § 25 Rz. 54; *Fitting/Kaiser/Heither/Engels*, § 25 Rz. 8; *Dietz/Richardi*, § 25 Rz. 39.
162 GK-*Wiese*, § 25 Rz. 55; *Hess/Schlochauer/Glaubitz*, § 25 Rz. 7.

zu ermitteln, auf die der nächste Betriebsratssitz entfallen wäre, wenn der Betriebsrat aus einem Mitglied mehr, als die gesetzliche Regelung vorsieht, bestehen würde. Aus dieser Liste rückt dann bei Gruppenwahl der nächste nicht gewählte Bewerber nach, bei Gemeinschaftswahl der nächste nicht gewählte Bewerber, der derselben Gruppe wie das ausscheidende oder verhinderte Mitglied angehört. Im Falle der Gemeinschaftswahl ist bereits dann eine andere Liste heranzuziehen, sofern auf der Liste, der das zu ersetzende Betriebsratsmitglied angehört, kein Ersatzmitglied derselben Gruppe mehr zur Verfügung steht. Für die Heranziehung anderer Vorschlagslisten kommen uneingeschränkt sämtliche Listen in Betracht, egal ob aus diesen Listen tatsächlich Betriebsratsmitglieder gewählt worden sind[163].

92 Ist der Betriebsrat in **Mehrheitswahl** gewählt worden, rückt im Falle der Gruppenwahl für das zu ersetzende Betriebsratsmitglied derjenige Wahlbewerber mit der nächsthöchsten Stimmenzahl nach. Ist eine Gemeinschaftswahl erfolgt, so rückt das Ersatzmitglied mit der nächsthöchsten Stimmenzahl nach, das derselben Gruppe angehört, wie das zu ersetzende Betriebsratsmitglied[164].

93 Besteht der Betriebsrat lediglich aus **einer Person,** so hatte eine Mehrheitswahl stattzufinden. Bei Ausscheiden oder Verhinderung des Betriebsratsmitgliedes rückt dasjenige Ersatzmitglied nach, das gemäß § 14 Abs. 4 Satz 2 BetrVG gewählt wurde. Zu beachten ist bei der Wahl eines Betriebsrates, der allein aus einer Person besteht, daß zunächst die Wahl des Betriebsrates, sodann die Wahl eines Ersatzmitgliedes zu erfolgen hat (vgl. § 14 Abs. 4 BetrVG).

94 Steht einer Gruppe nur ein Vertreter im Betriebsrat zu und wurde der Betriebsrat in Gruppenwahl gewählt, so rückt hier ebenfalls das in einem gesonderten Wahlgang gewählte Ersatzmitglied in den Betriebsrat nach. Anderes gilt allein dann, wenn einer Gruppe nur ein Vertreter im Betriebsrat zusteht, dieser jedoch in gemeinsamer Wahl zusammen mit den übrigen Betriebsratsmitgliedern gewählt wurde. In einem solchen Fall wird das Ersatzmitglied des einzigen Gruppenvertreters nicht in einem gesonderten Wahlgang gewählt, sondern sein Nachrücken bestimmt sich nach den allgemeinen Grundsätzen[165].

---

163 *Fitting/Kaiser/Heither/Engels,* § 25 Rz. 24 ff.; zur Reihenfolge des Nachrückens in Betriebsräten von Postunternehmen vgl. *Fitting/Kaiser/Heither/Engels,* § 25 Rz. 39 ff.
164 *Fitting/Kaiser/Heither/Engels,* § 25 Rz. 30 ff.
165 GK-*Wiese,* § 25 Rz. 45; *Blanke* in: Däubler/Kittner/Klebe, § 25 Rz. 31; *Fitting/Kaiser/Heither/Engels,* § 25 Rz. 34.

V. Ersatzmitglieder

Tritt die Situation ein, daß **sämtliche Listen** einer Arbeitnehmergruppe, der das zu ersetzende Betriebsratsmitglied angehört, **erschöpft** sind, so rückt ein Ersatzmitglied der anderen Gruppe in den Betriebsrat nach[166]. Bei der Reihenfolge des Nachrückens ist zu unterscheiden zwischen Gemeinschaftswahl und Gruppenwahl. Ist der Betriebsrat in Gemeinschaftswahl und auf Grundlage mehrerer Vorschlagslisten in Verhältniswahl gewählt worden, rückt das Ersatzmitglied der anderen Gruppe aus der Liste nach, aus der das Ersatzmitglied hätte entnommen werden müssen, wenn genügend Ersatzmitglieder aus der anderen Gruppe vorhanden gewesen wären. Ist der Betriebsrat jedoch in Gemeinschaftswahl aufgrund nur einer Vorschlagsliste und damit in Mehrheitswahl gewählt worden, rückt bei Fehlen eines Ersatzmitgliedes einer Gruppe das Ersatzmitglied der anderen Gruppe mit der nächsthöchsten Stimmenzahl nach[167]. **Fehlt es gänzlich an Ersatzmitgliedern,** so daß der Betriebsrat nicht mehr vollzählig ist, ist ein neuer Betriebsrat gemäß § 13 Abs. 2 Nr. 2 BetrVG zu wählen. Die Amtszeit des vorherigen Betriebsrates endet dann mit der Bekanntgabe des Wahlergebnisses für den neuen Betriebsrat, § 21 Satz 5 BetrVG. 95

Im Falle der **Verhinderung** des **Ersatzmitgliedes,** wird das Ersatzmitglied für die Dauer seiner Verhinderung seinerseits von dem am nächstbereiter Stelle stehenden Ersatzmitglied vertreten[168]. Das verhinderte Ersatzmitglied erhält für den Zeitraum seiner Verhinderung den besonderen Kündigungsschutz nach § 15 KSchG und § 103 BetrVG, sofern die Zeit der Verhinderung im Vergleich zur Dauer des Vertretungsfalles unerheblich ist[169]. 96

Bei **Streitigkeiten** über Probleme des Nachrückens, insbesondere über die Reihenfolge des Nachrückens, ist das Arbeitsgericht im Beschlußverfahren anzurufen[170]. 97

2. Die Fälle des Nachrückens von Ersatzmitgliedern

§ 25 BetrVG bestimmt, daß ein Ersatzmitglied in dem Fall nachrückt, daß ein Betriebsratsmitglied **gänzlich** aus dem Betriebsrat **ausscheidet.** Gleiches gilt für den Fall, daß ein Betriebsratsmitglied **zeitweilig verhindert** ist. Das Ersatzmitglied nimmt dann die Stellvertretung wahr. 98

---

166 GK-*Wiese*, § 25 Rz. 37; *Hess/Schlochauer/Glaubitz*, § 25 Rz. 24; *Dietz/Richardi*, § 25 Rz. 21.
167 GK-*Wiese*, § 25 Rz. 43.
168 BAG vom 6. 9. 1979, AP Nr. 7 zu § 15 KSchG 1969; GK-*Wiese*, § 26 Rz. 32; *Dietz/Richardi*, § 26 Rz. 27; *Hess/Schlochauer/Glaubitz*, § 26 Rz. 15.
169 BAG vom 9. 11. 1977, AP Nr. 3 zu § 15 KSchG 1969.
170 *Fitting/Kaiser/Heither/Engels*, § 26 Rz. 52.

99 Ein **Ausscheiden** eines Betriebsratsmitgliedes aus dem Betriebsrat vollzieht sich in den Fällen des **§ 24 Abs. 1 Nr. 2–6 BetrVG.** Die Mitgliedschaft im Betriebsrat erlischt nämlich
- durch Niederlegung des Betriebsratsamtes (§ 24 Abs. 2 Nr. 2 BetrVG),
- durch Beendigung des Arbeitsverhältnisses (§ 24 Abs. 1 Nr. 3 BetrVG),
- durch den Verlust der Wählbarkeit (§ 24 Abs. 1 Nr. 4 BetrVG in Verbindung mit § 8 BetrVG),
- durch den Ausschluß aus dem Betriebsrat oder die Auflösung des Betriebsrates aufgrund einer gerichtlichen Entscheidung (§ 24 Abs. 1 Nr. 5 BetrVG) und
- durch nachträgliche gerichtliche Feststellung, daß zum Zeitpunkt der Wahl bei dem gewählten Betriebsratsmitglied die Voraussetzungen der Wählbarkeit (§ 8 BetrVG) nicht vorlagen (§ 24 Abs. 1 Nr. 6 BetrVG).

100 Ein Fall der **Niederlegung** des Betriebsratsamtes liegt im Falle der freiwilligen Aufgabe des Amtes des Betriebsratsmitgliedes vor. Hierfür genügt die mündliche Erklärung gegenüber dem Betriebsrat oder dessen Vorsitzenden. Die Erklärung muß aber eindeutig sein. Keine Amtsniederlegung hätte die bloße Erklärung zur Folge, das Amt niederlegen zu „wollen"[171]. Die einmal ausgesprochene Niederlegung des Amtes kann weder **zurückgenommen** noch **widerrufen** werden. Das Betriebsratsmitglied kann lediglich einwenden, jedermann habe erkennen können, daß seine Erklärung erkennbar nicht ernst gemeint war (§ 116 BGB). Eine Anfechtung der Erklärung der Amtsniederlegung wird weitgehend abgelehnt, da im Hinblick auf die Mitgliedschaft im Betriebsrat keine unklaren Verhältnisse herrschen dürfen[172]. Von der Amtsniederlegung zu unterscheiden ist der Fall, daß ein Betriebsratsmitglied erklärt, eine bestimmte **Funktion** im Rahmen des Betriebsrates nicht mehr ausüben zu wollen, z. B. die Niederlegung des Vorsitzes. Die Mitgliedschaft im Betriebsrat bleibt hiervon unberührt[173].

---

171 *Fitting/Kaiser/Heither/Engels,* § 24 Rz. 10; GK-*Wiese,* § 24 Rz. 11.
172 *Blanke* in: Däubler/Kittner/Klebe, § 24 Rz. 9; *Dietz/Richardi,* § 24 Rz. 9; *Fitting/Kaiser/Heither/Engels,* § 24 Rz. 9; a. A. GK-*Wiese,* § 24 Rz. 12, der eine Anfechtung der Rücktrittserklärung bis zur erneuten Tätigkeit des Betriebsrates zuläßt; ebenso LAG Frankfurt, LAGE, § 24 BetrVG 1972 Nr. 1; einschränkend *Joost* in: Münchener Handbuch zum Arbeitsrecht, Band 3, § 297 Rz. 20, die eine Anfechtung wegen Drohung oder arglistiger Täuschung zulassen wollen.
173 *Dietz/Richardi,* § 24 Rz. 8; GK-*Wiese,* § 24 Rz. 17; *Blanke* in: Däubler/Kittner/Klebe, § 24 Rz. 10; *Fitting/Kaiser/Heither/Engels,* § 24 Rz. 11.

V. Ersatzmitglieder　　　　　　　　　　　　　　　　　Rz. 104 **Teil D**

Für die Fallgruppe der **Beendigung** des **Arbeitsverhältnisses** kommt es allein auf dessen rechtliche Beendigung an. Ein solcher Fall liegt nicht vor, wenn das Arbeitsverhältnis lediglich ruht, wie z. B. während eines Schwangerschafts- oder Erziehungsurlaubes oder eines Sonderurlaubes, der Ableistung des Wehr- oder Zivildienstes sowie einer Wehrübung[174]. In diesen Fällen liegt lediglich ein Fall der zeitweiligen Verhinderung eines Betriebsratsmitgliedes vor[175]. 101

Zur Beendigung des Arbeitsverhältnisses führt sowohl **arbeitgeberseitige** als auch **arbeitnehmerseitige Kündigung.** Zu beachten ist hier, daß die rechtliche Beendigung des Arbeitsverhältnisses im Falle der Kündigung des Betriebsratsmitgliedes erst mit Ablauf der Kündigungsfrist eintritt. Die Mitgliedschaft im Betriebsrat erlischt dann zu diesem Zeitpunkt. Im Falle der Kündigung von Seiten des Arbeitgebers, gelten die besonderen Vorschriften für Betriebsratsmitglieder der §§ 15 KSchG und 103 BetrVG. Eine rechtliche Beendigung des Arbeitsverhältnisses tritt hier, sofern das Betriebsratsmitglied Kündigungsschutzklage erhoben hat, erst mit rechtskräftiger Beendigung des gerichtlichen Verfahrens ein. Für die Dauer des Schwebezustandes seit Ausspruch der Kündigung bis zur rechtskräftigen gerichtlichen Entscheidung liegt ein Fall zeitweiliger Verhinderung des Betriebsratsmitgliedes vor[176]. 102

Rechtlich beendet wird das Arbeitsverhältnis desweiteren durch den **Abschluß** eines **Aufhebungsvertrages.** Im Falle der befristeten Einstellung endet das Arbeitsverhältnis mit Ablauf der Befristung. Wird hier Klage auf Feststellung erhoben, daß das Arbeitsverhältnis wegen unwirksamer Befristung fortbesteht, so verbleibt es zunächst bei der rechtlichen Beendigung des Arbeitsverhältnisses und damit bei einer Beendigung der Mitgliedschaft im Betriebsrat. 103

Ein Fall der rechtlichen Beendigung des Arbeitsverhältnisses liegt nicht vor, wenn eine **Betriebsveräußerung** stattfindet. § 613a BGB ordnet hier an, daß die im Zeitpunkt des Betriebsüberganges bestehenden Arbeitsverhältnisse kraft Gesetzes auf den neuen Betriebsinhaber übergehen. Der Betriebsrat bleibt in diesen Fällen unverändert im Amt[177]. Bei der Veräußerung lediglich eines Betriebsteiles, gehen die Arbeitnehmer gemäß § 613a BGB auf den Erwerber über, die dem veräußerten Betriebsteil angehören. Befinden sich hierunter Betriebs- 104

---
174 GK-*Wiese*, § 24 Rz. 32; *Hess/Schlochauer/Glaubitz*, § 24 Rz. 18; *Fitting/Kaiser/Heither/Engels*, § 24 Rz. 12.
175 Vgl. hierzu unten Rz. 115 ff.
176 LAG Düsseldorf, DB 1974, 2164; *Fitting/Kaiser/Heither/Engels*, § 24 Rz. 15; vgl. im übrigen Rz. 125.
177 *Fitting/Kaiser/Heither/Engels*, § 24 Rz. 22.

ratsmitglieder, so scheiden diese aus dem nicht veräußerten Teil des Betriebes aus, da ihr Arbeitsverhältnis zum bisherigen Betriebsinhaber nicht mehr besteht. Es rücken Ersatzmitglieder nach. Anderes gilt allein für den Widerspruch gegen den Betriebsübergang. In diesem Falle bleiben die Arbeitnehmer des veräußerten Betriebsteiles beim bisherigen Betriebsinhaber; das Betriebsratsamt besteht folglich unverändert fort[178].

105 Die rechtliche Beendigung des Arbeitsverhältnisses ist ausnahmsweise dann ohne Folge für das Betriebsratsamt, sofern dem Betriebsrat ein **Restmandat** zukommt. Ein solches ist im Falle einer Betriebsstilllegung gegeben. Der Betriebsrat soll in diesen Fällen gerade die Interessen der inzwischen entlassenen Arbeitnehmer, die ihn gewählt haben, vertreten[179]. Im Falle des **Übergangsmandates** des Betriebsrates gemäß § 321 Umwandlungsgesetz, kommt es ebenfalls nicht auf die rechtliche Beendigung des Arbeitsverhältnisses zum Betriebsinhaber an[180].

106 Die Fallgruppe des Ausscheidens aus dem Betriebsratsamt durch **Verlust** der **Wählbarkeit** erfaßt allein die Fälle, in denen das Betriebsratsmitglied nachträglich seine Wählbarkeit verliert. Lag schon im Zeitpunkt der Wahl keine Wählbarkeit vor, so hatte hier entweder eine Wahlanfechtung gemäß § 19 BetrVG, oder aber ein Beschlußverfahren zur Feststellung der Nichtwählbarkeit zu erfolgen. Die fehlende Wählbarkeit muß danach im Zeitpunkt der Wahl festgestellt werden.

107 Allein der **nachträgliche** Verlust der Wählbarkeit führt von Gesetzes wegen zu einem Amtsverlust. § 8 BetrVG bestimmt, daß Voraussetzung der Wählbarkeit die mindestens 6 monatige Zugehörigkeit zum Betrieb ist. Hieraus kann gefolgert werden, daß infolge eines Ausscheidens aus dem Betrieb auch ein Verlust der Wählbarkeit eintritt. Diese Voraussetzungen liegen auch im Falle einer Versetzung des Betriebsratsmitgliedes in einen anderen Betrieb des Unternehmens vor[181]. Die Versetzung eines Betriebsratsmitgliedes ist hingegen an höhere Voraussetzungen geknüpft, als die Versetzung eines normalen Arbeitnehmers. Sie kann erfolgen, sofern das Betriebsratsmitglied hiermit einverstanden ist oder aber sofern der Arbeitsvertrag eine

---

178 Vgl. BAG vom 6. 2. 1980, AP Nr. 21 zu § 613a BGB; BAG vom 2. 10. 1974, AP Nr. 1 zu § 613a BGB; LAG Schleswig-Holstein, DB 1985, 47.
179 BAG vom 14. 10. 1982, AP Nr. 1 zu § 1 KSchG 1969 Konzern; *Fitting/Kaiser/Heither/Engels*, § 24 Rz. 23.
180 *Fitting/Kaiser/Heither/Engels*, § 24 Rz. 24.
181 GK-*Wiese*, § 24 Rz. 38; *Hess/Schlochauer/Glaubitz*, § 24 Rz. 24; *Fitting/Kaiser/Heither/Engels*, § 24 Rz. 29.

V. Ersatzmitglieder

Versetzung zuläßt und gleichzeitig dringende betriebliche Gründe vorliegen, die die Versetzung gerade des Betriebsratsmitgliedes erfordern[182]. Läßt der Arbeitsvertrag eine Versetzung nicht zu, so kann diese nur im Wege der Änderungskündigung durchgesetzt werden. Die Zulässigkeit der Änderungskündigung orientiert sich an § 15 KSchG und kann nur durchgesetzt werden, sofern eine Stillegung oder Teilstillegung des Betriebes erfolgt[183].

Das Ausscheiden eines Betriebsratsmitgliedes aus dem Betriebsrat durch **Ausschluß** oder **Auflösung** des **gesamten Betriebsrates** aufgrund einer gerichtlichen Entscheidung (§ 24 Abs. 1 Nr. 5 BetrVG), setzt einen rechtskräftigen Beschluß des Arbeitsgerichts voraus. Die Rechtskraft eines Beschlusses eines Landesarbeitsgerichts, das keine Rechtsbeschwerde zugelassen hat, tritt frühestens mit Ablauf der Frist für die Einlegung der Nichtzulassungsbeschwerde ein, es sei denn, es wird vorher auf die Einlegung dieses Rechtsmittel verzichtet[184]. 108

Von dem Verlust der Wählbarkeit gemäß § 24 Abs. 1 Nr. 4 BetrVG zu unterscheiden ist der Fall der **nachträglichen gerichtlichen Feststellung,** daß zum Zeitpunkt der Wahl bei dem gewählten Betriebsratsmitglied die Voraussetzungen der Wählbarkeit nicht vorlagen, § 24 Abs. 1 Nr. 6 BetrVG. Ist die Möglichkeit der Wahlanfechtung gemäß § 19 BetrVG binnen 14 Tagen nach Bekanntgabe des Wahlergebnisses hier nicht genutzt worden, kann der Mangel der Wählbarkeit jederzeit durch richterliche Entscheidung festgestellt werden. Das Arbeitsgericht hat hier allerdings zu prüfen, ob der anfangs vorliegende Mangel der Wählbarkeit mittlerweile geheilt wurde. War zum Beispiel das gewählte Betriebsratsmitglied zum Zeitpunkt der Wahl noch nicht 6 Monate im Betrieb beschäftigt, so fehlte zu diesem Zeitpunkt die Wählbarkeit, jedoch ist dieser Mangel nachträglich entfallen. Die Mitgliedschaft im Betriebsrat bleibt hier bestehen, sofern die Wahl nicht wirksam angefochten wurde oder die Nichtwählbarkeit rechtskräftig festgestellt wurde[185]. 109

Im Falle des Ausscheidens eines Betriebsratsmitgliedes tritt das nachrückende Ersatzmitglied an Stelle des ausgeschiedenen Betriebsratsmitgliedes in vollem Umfang in dessen Rechtsstellung ein. Das **Nachrücken** bedarf keiner Erklärung seitens des Ersatzmitgliedes, die Rechtsfolge des Nachrückens tritt kraft Gesetzes ein, unabhängig von 110

---
182 *Fitting/Kaiser/Heither/Engels,* § 24 Rz. 29.
183 *Fitting/Kaiser/Heither/Engels,* § 24 Rz. 29.
184 LAG Hamm, BB 1978, 715.
185 BAG vom 7. 7. 1954, AP Nr. 1 zu § 24 BetrVG; *Dietz/Richardi,* § 24 Rz. 33; *Fitting/Kaiser/Heither/Engels,* § 24 Rz. 37.

der Kenntnis des nachrückenden Ersatzmitgliedes[186]. Nicht verpflichtet ist der Betriebsrat, den Arbeitgeber über das Nachrücken des Betriebsratsmitgliedes zu informieren. Spätestens im Falle notwendiger Arbeitsbefreiung muß die Betriebsratsstellung jedoch offengelegt werden, so daß es sich anbietet, den Arbeitgeber hiervon – auch in Anbetracht des besonderen Kündigungsschutzes des Betriebsratsmitgliedes – von Anfang an in Kenntnis zu setzen.

111 Zu beachten ist, daß das Ersatzmitglied lediglich in vollem Umfang die Rechtsstellung eines Betriebsratsmitgliedes erlangt, jedoch nicht diejenigen **Aufgaben** und **Funktionen** des Betriebsratsmitgliedes übernimmt, für das es nachrückt. Gegebenenfalls muß in diesem Falle eine Neuverteilung der Aufgaben und Funktionen erfolgen[187].

112 Eine Freistellung des bisherigen Betriebsratsmitgliedes wirkt nicht auch für das nachrückende Ersatzmitglied[188]. Für die Freistellung des nachgerückten Betriebsratsmitgliedes gelten die oben bei der Rechtsstellung freigestellter Betriebsratsmitglieder ausgeführten Anforderungen[189].

113 Ein Nachrücken von Ersatzmitgliedern findet dann nicht statt, wenn der gesamte **Betriebsrat nicht fortbesteht.** Dies ist der Fall, wenn die Amtszeit des Betriebsrates gemäß §§ 21, 24 Abs. 1 Nr. 1 BetrVG abläuft oder aber die Betriebsratswahl angefochten wurde (§ 19 BetrVG) und das Arbeitsgericht die Wahl insgesamt für ungültig erklärt hat. Anderes gilt allerdings dann, wenn das Arbeitsgericht nur die Wahl eines einzelnen Betriebsratsmitgliedes für ungültig erklärt. In diesem Falle liegt ein Ausscheiden im Sinne des § 25 BetrVG vor, so daß hier ein Ersatzmitglied nachrückt[190].

114 Ist der **Betriebsrat** durch Beschluß des Arbeitsgerichts **aufgelöst** worden, so ist ein Nachrücken von Ersatzmitgliedern ebenfalls ausgeschlossen. Beschließt dagegen der Betriebsrat selbst seinen **Rücktritt,** so führt dies dazu, daß er zunächst die Geschäfte weiterführt, bis ein neuer Betriebsrat gewählt und das Wahlergebnis bekanntgegeben ist. Scheiden während dieses Zeitraumes Betriebsratsmitglieder aus, so

---

186 BAG vom 17. 1. 1979, AP Nr. 5 zu § 15 KSchG 1969; GK-*Wiese,* § 25 Rz. 30; *Dietz/Richardi,* § 25 Rz. 33; *Blanke* in: Däubler/Kittner/Klebe, § 25 Rz. 6; *Fitting/Kaiser/Heither/Engels,* § 25 Rz. 13; **a. A.** *Joost* in: Münchener Handbuch zum Arbeitsrecht, Band 3, § 297 Rz. 53, der eine Erklärung des Ersatzmitgliedes fordert, daß dieser das Betriebsratsamt annimmt.
187 GK-*Wiese,* § 25 Rz. 51; *Hess/Schlochauer/Glaubitz,* § 25 Rz. 16; *Dietz/Richardi,* § 25 Rz. 35; *Fitting/Kaiser/Heither/Engels,* § 25 Rz. 13.
188 *Fitting/Kaiser/Heither/Engels,* § 25 Rz. 13.
189 Vgl. oben Rz. 85.
190 GK-*Wiese,* § 25 Rz. 10.

V. Ersatzmitglieder

können Ersatzmitglieder nachrücken; dies jedoch nur für einen begrenzten Zeitraum[191].

Im Falle **zeitweiliger Verhinderung** eines Betriebsratsmitgliedes rückt das Ersatzmitglied nicht endgültig, sondern lediglich für die Dauer der Verhinderung des ordentlichen Mitgliedes in den Betriebsrat nach. Nach der Beendigung der Verhinderung tritt das Ersatzmitglied in die Reihe der Ersatzmitglieder zurück. Für den Zeitraum der Wahrnehmung von Betriebsratsaufgaben ist das Ersatzmitglied jedoch mit allen Rechten und Pflichten ausgestattet, die einem ordentlichen Betriebsratsmitglied zukommen[192]. Wie auch im Falle des endgültigen Eintritts in den Betriebsrat ist die Abgabe einer Annahmeerklärung durch das Ersatzmitglied nicht Wirksamkeitsvoraussetzung des Nachrückens in den Betriebsrat[193].

115

Ein Betriebsratsmitglied ist **zeitweilig verhindert**, wenn es aus tatsächlichen oder rechtlichen Gründen seine amtlichen Funktionen nicht ausüben kann[194]. Hauptbeispiele für die Verhinderung eines Betriebsratsmitgliedes sind Abwesenheit wegen Urlaub, Sonderurlaub, Erziehungsurlaub, Krankheit, Kuren, Dienstreisen oder der Teilnahme an einer Schulungs- und Bildungsveranstaltung[195]. Die Beteiligung eines Betriebsratsmitgliedes an einem Arbeitskampf stellt keine vorübergehende Verhinderung dar[196].

116

Grundsätzlich kommt es für eine zeitweilige Verhinderung nicht auf deren **Dauer** an. Eine zeitweilige Verhinderung kann danach auch nur eine oder Teile einer Betriebsratssitzung betreffen. Auch in diesem Fall muß gewährleistet sein, daß wichtige Beschlüsse von einem voll besetzten Betriebsrat gefaßt werden[197]. Maßgebend ist allein, daß das Betriebsratsmitglied seine amtlichen Funktionen nicht wahrnehmen kann.

117

---

191 *Hess/Schlochauer/Glaubitz*, § 25 Rz. 5; GK-*Wiese*, § 25 Rz. 13.
192 *Fitting/Kaiser/Heither/Engels*, § 25 Rz. 14.
193 Vgl. oben Rz. 110.
194 BAG vom 23. 8. 1984, AP Nr. 17 zu § 103 BetrVG 1972; BAG vom 15. 11. 1984, AP Nr. 2 zu § 25 BetrVG 1972.
195 GK-*Wiese*, § 25 Rz. 17; *Fitting/Kaiser/Heither/Engels*, § 25 Rz. 16; a. A. *Stege-Weinspach*, § 26 Rz. 15, der einen Fall der Verhinderung des Betriebsratsvorsitzenden zur Entgegennahme einer Erklärung verneint, sofern dieser bereit ist, die Erklärung entgegenzunehmen.
196 GK-*Wiese*, § 25 Rz. 17.
197 BAG vom 17. 1. 1979, AP Nr. 5 zu § 15 KSchG 1969; GK-*Wiese*, § 25 Rz. 24; *Blanke* in: Däubler/Kittner/Klebe, § 25 Rz. 20; a. A. *Hess/Schlochauer/Glaubitz*, § 25 Rz. 9; *Dietz/Richardi*, § 25 Rz. 8, die eine Verhinderung für einen „gewissen Zeitraum" verlangen.

118 Ein Fall der Verhinderung kann sehr plötzlich eintreten. In diesem Fall kann das Ersatzmitglied möglicherweise **nicht** mehr **rechtzeitig** geladen werden. Es ist jedoch berechtigt, an einer anstehenden Betriebsratssitzung teilzunehmen[198].

119 Ein Fall einer zeitweisen Verhinderung eines Betriebsratsmitgliedes liegt auch dann vor, wenn in einer Betriebsratssitzung über dessen **eigene Angelegenheiten** beraten und entschieden wird[199]. Beispielhaft sind die Fälle zu nennen, daß der Betriebsrat über einen Antrag auf Ausschluß eines Betriebsratsmitgliedes gemäß § 23 BetrVG zu befinden hat oder der Arbeitgeber eine das Betriebsratsmitglied betreffende personelle Maßnahme, wie z. B. die Umgruppierung, Versetzung oder Kündigung durchführen will. In diesen Fällen ist das betroffene Betriebsratsmitglied zeitlich verhindert[200].

120 Soll **mehreren Betriebsratsmitgliedern** aus gleichem Anlaß außerordentlich **gekündigt** werden, ist bei der Beratung und Entscheidung des Betriebsrates nur dasjenige Betriebsratsmitglied zeitweilig verhindert, daß durch die ihm gegenüber beabsichtigte Kündigung unmittelbar betroffen wird. An der Entscheidung über die Zustimmung zur Kündigung der anderen Betriebsratsmitglieder darf es sich beteiligen[201].

121 Ist ein Betriebsratsmitglied von einer Beratung und Abstimmung **unmittelbar betroffen,** etwa weil der Arbeitgeber den Betriebsrat um Zustimmung zur fristlosen Kündigung dieses Betriebsratsmitgliedes ersucht hat, hat der Betriebsratsvorsitzende rechtzeitig ein Ersatzmitglied zu laden. Unterläßt er dieses, so ist ein Zustimmungsbeschluß, beispielsweise gemäß § 103 BetrVG, nichtig[202].

122 Bei reinen **Organisationsakten** des Betriebsrates kann das Betriebsratsmitglied mitberaten und mitabstimmen, auch wenn es sich um Funktionen handelt, für die es sich bewirbt oder die es innehat. Beispielhaft sind hier zu nennen
▶ die Wahl des Vorsitzenden,
▶ des stellvertretenden Vorsitzenden,
▶ von Mitgliedern des Betriebsausschusses oder eines anderen Ausschusses des Betriebsrates,

---

198 *Blanke* in: Däubler/Kittner/Klebe, § 25 Rz. 7; GK-*Wiese*, § 25 Rz. 20.
199 BAG vom 23. 8. 1984, AP Nr. 17 zu § 103 BetrVG 1972; BAG vom 25. 3. 1976, AP Nr. 6 zu § 103 BetrVG 1972; GK-*Wiese*, § 25 Rz. 25 ff.; *Blanke* in: Däubler/Kittner/Klebe, § 25 Rz. 24; *Fitting/Kaiser/Heither/Engels,* § 25 Rz. 17; **a. A.** *Dietz/Richardi,* § 25 Rz. 14.
200 BAG vom 26. 8. 1981, AP Nr. 13 zu § 103 BetrVG 1972.
201 BAG vom 25. 3. 1976, AP Nr. 6 zu § 103 BetrVG 1972.
202 BAG vom 23. 8. 1984, AP Nr. 17 zu § 103 BetrVG 1972; LAG Hamm, DB 1984, 250.

V. Ersatzmitglieder

- die Entscheidung über die Freistellung gemäß § 38 BetrVG,
- die Bestellung der Mitglieder des gesamten Betriebsrates, des Konzernbetriebsrates, des Wirtschaftsausschusses oder
- der Vorschlag zur Wahl als Arbeitnehmervertreter im Aufsichtsrat sowie
- der Beschluß über die Teilnahme an einer Schulungs- und Bildungsveranstaltung nach § 37 Abs. 6 und 7 BetrVG[203].

Gleiches hat auch für die Entscheidung über die Abberufung des Betriebsratsmitgliedes aus den genannten Funktionen zu gelten.

Kein Fall der Verhinderung liegt vor, sofern das Betriebsratsmitglied lediglich **mutwillig** oder aus **Desinteresse** seine Aufgaben nicht wahrnimmt. Das Betriebsratsamt steht nicht zur freien Disposition[204]. 123

Einem Fall der Verhinderung steht es gleich, wenn es für das Betriebsratsmitglied **unzumutbar** ist, eine Amtsaufgabe wahrzunehmen. Selbst ein Betriebsratsmitglied, das seinen Urlaub am Betriebsort verbringt, und aus diesem Grunde ohne weiteres an Betriebsratssitzungen teilnehmen könnte, gilt als verhindert. Hat ein Betriebsratsmitglied weit entfernt vom Betriebsort Arbeit zu leisten und würde die Teilnahme an einer Betriebsratssitzung unverhältnismäßig hohe Kosten verursachen, so ist das Betriebsratsmitglied als vorübergehend verhindert anzusehen. Dies gilt selbst dann, wenn das Betriebsratsmitglied bereit sein sollte, auf Kosten des Arbeitgebers zu den Betriebsratssitzungen anzureisen[205]. 124

Ist einem Betriebsratsmitglied mit Zustimmung des Betriebsrates, an dem es nicht beteiligt war, fristlos **gekündigt** worden, und hat das Betriebsratsmitglied die Kündigung mit der Kündigungsschutzklage vor dem Arbeitsgericht angegriffen, so ist die Frage der tatsächlichen Entlassung bis zur rechtskräftigen Entscheidung des Arbeitsgerichts im Unklaren. Aus diesem Grund nimmt die weitaus herrschende Meinung an, daß das gekündigte Betriebsratsmitglied bis zur rechtskräftigen Entscheidung über die Wirksamkeit der Kündigung an seiner Amtsausübung verhindert ist. Bei einer weiteren Amtsausübung wäre eine ordnungsgemäße unparteiische Ausübung des Betriebsrats- 125

---

203 GK-*Wiese*, § 25 Rz. 26; *Hess/Schlochauer/Glaubitz*, § 25 Rz. 12; *Fitting/Kaiser/Heither/Engels*, § 25 Rz. 18; *Dietz/Richardi*, § 25 Rz. 15; *Blanke* in: Däubler/Kittner/Klebe, § 25 Rz. 25.
204 LAG Hamm, DB 1989, 1422; *Fitting/Kaiser/Heither/Engels*, § 25 Rz. 20; *Dietz/Richardi*, § 25 Rz. 16; *Hess/Schlochauer/Glaubitz*, § 25 Rz. 10; GK-*Wiese*, § 25 Rz. 21.
205 BAG vom 24. 6. 1969, AP Nr. 8 zu § 39 BetrVG; GK-*Wiese*, § 25 Rz. 23; *Blanke* in: Däubler/Kittner/Klebe, § 25 Rz. 18; *Dietz/Richardi*, § 25 Rz. 16; *Fitting/Kaiser/Heither/Engels*, § 25 Rz. 20.

amtes nicht gewährleistet. Das gekündigte Betriebsratsmitglied wird bis zur rechtskräftigen Entscheidung über die Wirksamkeit der Kündigung von einem Ersatzmitglied vertreten. Im Falle der rechtskräftigen Abweisung der Kündigungsschutzklage tritt das Ersatzmitglied dann endgültig an die Stelle des ausgeschiedenen Betriebsratsmitgliedes. Wird der Kündigungsschutzklage stattgegeben, übernimmt das Betriebsratsmitglied sein Amt wieder[206].

126 **Kein** Fall von Verhinderung liegt allerdings dann vor, wenn der Arbeitgeber einem Betriebsratsmitglied fristlos gekündigt hat, obwohl der Betriebsrat nicht zugestimmt hat und auch die Zustimmung des Betriebsrates durch das Arbeitsgericht nicht ersetzt wurde. In diesem Fall liegt mangels zwingend erforderlicher Zustimmung des Betriebsrates oder Zustimmungsersetzung durch das Arbeitsgericht keine wirksame Kündigungserklärung vor[207].

127 Eine **einstweilige Verfügung** auf Fortführung des Betriebsratsamtes während des Laufs des Kündigungsschutzverfahrens ist grundsätzlich unzulässig[208]. Anderes gilt jedoch dann, wenn die Kündigung offensichtlich unbegründet ist oder das Betriebsratsamt aus anderen Gründen offensichtlich fortbesteht[209]. Ein solcher Fall ist, wie vorstehend angeführt, anzunehmen, wenn eine außerordentliche Kündigung eines Betriebsratsmitgliedes oder Wahlbewerbers ohne Zustimmung des Betriebsrates erfolgt ist oder die Zustimmung abgelehnt und durch das Arbeitsgericht gemäß § 103 Abs. 2 BetrVG bislang nicht ersetzt wurde. Kein Fall der begründeten Amtsfortführung liegt allerdings vor, wenn die I. und II. Instanz im Kündigungsschutzprozeß durch das Betriebsratsmitglied gewonnen wurde, der Betriebsrat aber der außerordentlichen Kündigung zugestimmt hatte[210].

127a Das Ersatzmitglied kann, sofern es zur Übernahme des Betriebsratsamtes nicht bereit ist, dieses sofort **niederlegen** (§ 24 Abs. 1 Nr. 2 BetrVG). Dies ist auch bereits vor Eintritt des Vertretungsfalles mög-

---

206 LAG Düsseldorf, DB 1974, 2164; LAG Düsseldorf/Köln, BB 1958, 412; LAG Schleswig Holstein, DB 1976, 1974; *Fitting/Kaiser/Heither/Engels*, § 25 Rz. 21; *Hess/Schlochauer/Glaubitz*, § 24 Rz. 11; GK-*Wiese*, § 25 Rz. 27.
207 *Fitting/Kaiser/Heither/Engels*, § 25 Rz. 21.
208 LAG Nürnberg, LAGE § 25 BetrVG 1972 Nr. 2; LAG Köln, DB 1975, 700; LAG Schleswig-Holstein, DB 1976, 1975; *Fitting/Kaiser/Heither/Engels*, § 24 Rz. 16; GK-*Wiese*, § 25 Rz. 27; *Dietz/Richardi*, § 25 Rz. 13; a. A. *Blanke* in: Däubler/Kittner/Klebe, § 24 Rz. 15.
209 LAG Düsseldorf, DB 1975, 700; DB 1977, 1053; LAG Schleswig-Holstein, DB 1976, 1974; *Joost* in: Münchener Handbuch zum Arbeitsrecht, Band 3, § 297 Rz. 22; GK-*Wiese*, § 25 Rz. 29; *Fitting/Kaiser/Heither/Engels*, § 24 Rz. 16.
210 LAG Schleswig-Holstein, DB 1976, 1974.

VI. Geheimhaltungspflicht

lich²¹¹. Im Falle des Ausscheidens des Betriebsratsmitgliedes rückt das Ersatzmitglied auch dann in den Betriebsrat nach, wenn es zum Zeitpunkt des Eintritts der Voraussetzungen für das Nachrücken selbst zeitweilig verhindert ist. Für diese Zeit wird es dann von dem nächsten Ersatzmitglied vertreten²¹². Ist im Falle der zeitweiligen Verhinderung eines Betriebsratsmitgliedes auch das Ersatzmitglied zeitweilig verhindert, so tritt an dessen Stelle unmittelbar das nächstfolgende Ersatzmitglied²¹³.

VI. Geheimhaltungspflicht

Die Mitglieder und die Ersatzmitglieder des Betriebsrates sind verpflichtet, Betriebs- und Geschäftsgeheimnisse weder zu offenbaren noch zu verwerten. § 79 Abs. 1 BetrVG. Es besteht ferner die Verpflichtung, Stillschweigen über „persönliche Geheimnisse" von Arbeitnehmern zu wahren, § 99 Abs. 1 Satz 3, § 103 Abs. 2 Satz 5 BetrVG. 128

1. Geheimhaltung von Betriebs- und Geschäftsgeheimnissen

§ 79 Abs. 1 BetrVG verpflichtet die Mitglieder und Ersatzmitglieder des Betriebsrates, Betriebs- oder Geschäftsgeheimnisse nicht zu offenbaren und nicht zu verwerten. Hierbei muß es sich um solche Geheimnisse handeln, die dem jeweiligen Betriebsrat bzw. Ersatzmitglied wegen seiner Zugehörigkeit zum Betriebsrat bekanntgeworden sind und die vom Arbeitgeber ausdrücklich als geheimhaltungsbedürftig bezeichnet worden sind. 129

Zweck der **Regelung** ist, sicherzustellen, daß Betriebsratsmitglieder, die zwangsläufig durch ihre Amtsausübung in Kontakt mit Betriebs- oder Geschäftsgeheimnissen kommen können, diese nicht an Unbefugte weitergeben. Hiermit wird ein Ineinandergreifen von Informationspflichten des Arbeitgebers einerseits und der notwendigen Geheimhaltung im Betriebsrat andererseits sichergestellt. 130

§ 79 BetrVG stellt für die Geheimhaltungspflicht 3 Voraussetzungen auf. Es muß sich zunächst um Betriebs- oder Geschäftsgeheimnisse handeln, diese müssen dem Mitglied wegen seiner Zugehörigkeit 131

---

211 GK-*Wiese,* § 25 Rz. 30.
212 ArbG Lörrach, BB 1973, 1214; *Hess/Schlochauer/Glaubitz,* § 25 Rz. 6; *Dietz/Richardi,* § 25 Rz. 28; GK-*Wiese,* § 25 Rz. 32.
213 GK-*Wiese,* § 25 Rz. 32; *Hess/Schlochauer/Glaubitz,* § 25 Rz. 15.

zum Betriebsrat bekannt geworden sein und der Arbeitgeber muß diese ausdrücklich als geheimhaltungsbedürftig bezeichnet haben.

132 Als **Betriebs- und Geschäftsgeheimnisse** werden alle Tatsachen, Erkenntnisse oder Unterlagen angesehen, die im Zusammenhang mit dem technischen Betrieb oder der wirtschaftlichen Betätigung des Unternehmens stehen, nur einem engbegrenzten Personenkreis bekannt sind und deren Geheimhaltung für den Betrieb oder das Unternehmen wichtig ist (sog. materielles Geheimnis)[214].

133 Die **Geheimhaltung** ist für den Betrieb oder das Unternehmen allein dann **wichtig,** sofern ein berechtigtes Interesse an der Geheimhaltung besteht. Dieses ist objektiv feststellbar, d. h. der Arbeitgeber kann eine Angelegenheit nicht dadurch zum Geschäftsgeheimnis machen, daß er sie zu einem solchen erklärt[215].

Beispiele:

134 Diensterfindungen, Rezepturen, Konstruktionszeichnungen, Absatzplanung, Kalkulation, Unterlagen über neue technische Verfahren, Kundenlisten, Vorzugspreise, unveröffentlichte Jahresabschlüsse, Auftragslage, Umsatzhöhe, Liquidität des Unternehmens, besondere Verträge oder Vertragsverhandlungen des Unternehmens[216]. Auch Lohn- und Gehaltslisten können als Teil der betriebswirtschaftlichen Kalkulation über Umsätze und Gewinnmöglichkeiten und damit Geschäftsgeheimnisse sein[217].

135 Ist festgestellt, daß nach den vorgenannten Grundsätzen ein Betriebs- oder Geschäftsgeheimnis vorliegt, ist weiter erforderlich, daß das Betriebs- oder Geschäftsgeheimnis vom Arbeitgeber **ausdrücklich** als **geheimhaltungsbedürftig** bezeichnet worden ist. Eine Geheimhaltungsbedürftigkeit kann sich keinesfalls aus den Umständen ergeben. Die Erklärung des Arbeitgebers bedarf zwar keiner Form, kann danach auch mündlich erfolgen. Erforderlich ist aber, daß der Gegenstand der Geheimhaltung in der Erklärung hinreichend umschrieben

---

214 BAG vom 16. 3. 1982, AP Nr. 1 zu § 611 BGB Betriebsgeheimnis; BAG vom 26. 2. 1987, AP Nr. 2 zu § 79 BetrVG 1972; BGH AP Nr. 1 zu § 17 UWG, GK-*Wiese*, § 79 Rz. 7; *Fitting/Kaiser/Heither/Engels*, § 79 Rz. 3.
215 *Fitting/Kaiser/Heither/Engels*, § 79 Rz. 3; *Hess/Schlochauer/Glaubitz*, § 79 Rz. 3.
216 Vgl. BAG vom 16. 3. 1982, AP Nr. 1 zu § 611 BGB Betriebsgeheimnisse; BAG vom 26. 2. 1987, AP Nr. 2 zu § 79 BetrVG 1972; LAG Köln, LAGE § 611 BGB Betriebsgeheimnis Nr. 1; GK-*Wiese*, § 79 Rz. 8.
217 BAG vom 26. 2. 1987, AP Nr. 2 zu § 79 BetrVG 1972; LAG Berlin, LAGE § 99 BetrVG 1972 Nr. 19; *Buschmann* in: Däubler/Kittner/Klebe, § 79 Rz. 10; GK-*Wiese*, § 79 Rz. 8.

VI. Geheimhaltungspflicht

und eindeutig als geheimhaltungsbedürftig bezeichnet wird[218]. Erforderlich, aber ausreichend ist, daß der Arbeitgeber um „vertrauliche Behandlung" von Unterlagen bittet[219]. Erforderlich ist nicht, daß die Mitteilung des Geheimnisses sowie die ausdrückliche Bezeichnung als geheimhaltungsbedürftig durch den Arbeitgeber selbst bzw. dessen Vertreter erfolgt. § 79 BetrVG greift auch dann ein, sofern der Betriebsrat von dem Geheimnis aus anderen Quellen erfährt und hierbei auch erfährt, daß dieses durch den Arbeitgeber ausdrücklich als geheimhaltungsbedürftig bezeichnet wurde[220]. Die Geheimhaltungsbedürftigkeit bedarf keiner Begründung. Allein das Vorliegen eines Betriebs- oder Geschäftsgeheimnisses begründet ein berechtigtes Interesse des Arbeitgebers, vom Betriebsrat die Geheimhaltung verlangen zu können[221]. Die Verletzung der Geheimhaltungspflicht setzt jedoch voraus, daß dem Betriebsratsmitglied bzw. Ersatzmitglied bekannt ist, daß der Arbeitgeber das Betriebs- oder Geschäftsgeheimnis ausdrücklich als geheimhaltungsbedürftig bezeichnet hat.

Letztes Erfordernis der Geheimhaltungspflicht ist, daß das Betriebsratsmitglied bzw. Ersatzmitglied **wegen** der **Zugehörigkeit zum Betriebsrat** von dem Geheimnis erfahren hat. Voraussetzung ist damit, daß die Kenntniserlangung im Rahmen einer betriebsverfassungsrechtlichen Aufgabenerfüllung erfolgt. Erfährt ein Betriebsratsmitglied während seiner Tätigkeit als Arbeitnehmer ohne Zusammenhang mit seiner Amtstätigkeit ein Betriebs- oder Geschäftsgeheimnis, besteht keine Schweigepflicht nach § 79 BetrVG. In einem solchen Fall folgt eine Schweigepflicht jedoch aus der allgemeinen Treuepflicht des Arbeitnehmers gegenüber dem Arbeitgeber[222]. 136

§ 79 BetrVG ordnet eine Geheimhaltungspflicht auch für die Zeit nach dem **Ausscheiden** aus dem Betriebsrat an. Die Verpflichtung gilt jedoch nicht **gegenüber** Mitgliedern des Betriebsrates sowie gegenüber dem Gesamtbetriebsrat, dem Konzernbetriebsrat, der Bordvertretung, dem Seebetriebsrat und den Arbeitnehmervertretern im Aufsichtsrat. Ferner gilt eine Geheimhaltungspflicht nicht im Verfahren 137

---

218 *Fitting/Kaiser/Heither/Engels,* § 79 Rz. 5; *Hess/Schlochauer/Glaubitz,* § 79 Rz. 4; *Dietz/Richardi,* § 79 Rz. 6; GK-*Wiese,* § 79 Rz. 11; *Stege-Weinspach,* § 79 Rz. 2.
219 *Joost* in: Münchener Handbuch zum Arbeitsrecht, Band 3, § 300 Rz. 202; GK-*Wiese,* § 79 Rz. 12.
220 GK-*Wiese,* § 79 Rz. 13; *Hess/Schlochauer/Glaubitz,* § 79 Rz. 5; *Dietz/Richardi,* § 79 Rz. 6; *Stege-Weinspach,* § 79 Rz. 3; **a. A.** *Buschmann* in: Däubler/Kittner/Klebe, § 79 Rz. 11.
221 GK-*Wiese,* § 79 Rz. 14.
222 *Fitting/Kaiser/Heither/Engels,* § 79 Rz. 7; GK-*Wiese,* § 79 Rz. 10; *Hess/Schlochauer/Glaubitz,* § 79 Rz. 5; *Buschmann* in: Däubler/Kittner/Klebe, § 79 Rz. 12.

vor der Einigungsstelle, der tariflichen Schlichtungsstelle (§ 76 Abs. 8 BetrVG) oder einer betrieblichen Beschwerdestelle (§ 86 BetrVG).

138 **§ 79 Abs. 2 BetrVG erweitert** den **Kreis** der **geheimhaltungsverpflichteten Personen.** Die Geheimhaltungspflicht gilt sinngemäß auch für die Mitglieder und Ersatzmitglieder des Gesamtbetriebsrates, des Konzernbetriebsrates, der Jugend- und Auszubildendenvertretung, der Gesamt-, Jugend- und Auszubildendenvertretung, des Wirtschaftsausschusses, der Bordvertretung, des Seebetriebsrates, der gemäß § 3 Abs. 1 Nr. 1 und 2 BetrVG gebildeten Vertretungen der Arbeitnehmer, der Einigungsstelle, der betrieblichen Schlichtungsstelle (§ 76 Abs. 8 BetrVG) und der betrieblichen Beschwerdestelle (§ 86 BetrVG) sowie für die Vertreter von Gewerkschaften oder von Arbeitgebervereinigungen. Diese haben unter bestimmten Voraussetzungen das Recht, an den Sitzungen des Betriebsrates teilzunehmen. Sofern auf diese Weise Kenntnis von Betriebs- oder Geschäftsgeheimnissen erlangt wird, besteht hier ebenfalls eine Geheimhaltungspflicht.

139 Über die im Gesetz genannten, zur Geheimhaltung verpflichteten Personen hinaus enthält das **Betriebsverfassungsgesetz** an **anderen Stellen** Bestimmungen über die Geheimhaltunsgpflicht von Sachverständigen und Arbeitnehmern, die zur Durchführung betriebsverfassungsrechtlicher Aufgaben hinzugezogen werden, vgl. § 80 Abs. 3 Satz 2, § 107 Abs. 3 Satz 4, § 108 Abs. 2 Satz 3, § 109 Satz 3 BetrVG.

140 Neben den einzelnen Mitgliedern und Ersatzmitgliedern des Betriebsrates ist auch der **Betriebsrat** selbst als **Organ** zur Verschwiegenheit verpflichtet[223].

141 Aufgrund der Schweigepflicht ist es dem von § 79 BetrVG erfaßten Personenkreis verboten, Betriebs- und Geschäftsgeheimnisse zu offenbaren oder zu verwerten. Unter **offenbaren** wird allgemein die Weitergabe eines Geheimnisses an (unberechtigte) Personen verstanden. **Verwerten** ist das wirtschaftliche Ausnutzen eines Geheimnisses zum Zwecke der Gewinnerzielung[224]. Unter Verwerten ist daher ein Ausnutzen ohne Offenbaren zu verstehen. Das Verbot der Offenbarung und Verwertung kann auch durch ein Unterlassen verletzt werden, wie z. B. durch Liegenlassen geheimer Unterlagen an offen zugänglichen Stellen[225].

---

223 BAG vom 26. 2. 1987, AP Nr. 2 zu § 79 BetrVG 1972; GK-*Wiese*, § 79 Rz. 20.
224 *Fitting/Kaiser/Heither/Engels*, § 79 Rz. 15; GK-*Wiese*, § 79 Rz. 23.
225 GK-*Wiese*, § 79 Rz. 38.

VI. Geheimhaltungspflicht Rz. 146 Teil D

Ausnahmsweise kann die Schweigepflicht gegenüber **vorrangigen** **Pflichten** zurücktreten, wie z. B. der Zeugenpflicht vor Gericht, der Verpflichtung zur Anzeige drohender Verbrechen nach § 138 StGB[226]. 142

Ein Verstoß gegen die Geheimhaltungspflicht des § 79 BetrVG kann mehrere **Sanktionen** auslösen. Zunächst kann hierin eine grobe Verletzung der gesetzlichen Amtspflichten eines Betriebsratsmitgliedes oder aber des gesamten Betriebsrates gesehen werden, so daß gemäß § 23 Abs. 1 BetrVG ein Antrag auf Ausschluß aus dem Betriebsrat bzw. auf Auflösung des Betriebsrates gerechtfertigt ist[227]. Eine Auflösung des gesamten Betriebsrates ist etwa dann denkbar, wenn der Betriebsrat in einem Beschluß, der Dritten zur Kenntnis gebracht wird, ein Geheimnis offenbart. 143

Vor drohender Verletzung der Geheimhaltungspflicht aus § 79 BetrVG kann der Arbeitgeber die Unterlassung der Offenbarung oder Verwertung von Betriebs- und Geschäftsgeheimnissen verlangen. Ein solcher Anspruch wird im **arbeitsgerichtlichen Beschlußverfahren** geltend gemacht, in Eilfällen ist eine einstweilige Verfügung möglich[228]. 144

Bei schuldhafter Verletzung der Geheimhaltungspflicht können sich auch **Schadensersatzansprüche** des Arbeitgebers ergeben. § 79 BetrVG ist ein Schutzgesetz im Sinne des § 823 Abs. 2 BGB zugunsten des Arbeitgebers[229]. 145

In Fällen **groben Verschuldens** bei der Offenbarung eines Betriebs- oder Geschäftsgeheimnisses oder aber im Falle der Verwertung eines solchen durch den von § 79 BetrVG erfaßten Personenkreis kommt auch eine außerordentliche Kündigung des Arbeitsverhältnisses in Betracht[230]. Verstöße gegen § 79 BetrVG werden im Falle vorsätzlichen Handelns zudem strafrechtlich verfolgt. § 120 BetrVG ordnet die Strafbarkeit an; die Tat wird allerdings nur auf Antrag des Arbeitgebers verfolgt, § 120 Abs. 5 BetrVG. 146

---

226 *Fitting/Kaiser/Heither/Engels*, § 79 Rz. 27.
227 GK-*Wiese*, § 79 Rz. 36; *Fitting/Kaiser/Heither/Engels*, § 79 Rz. 38; **a. A.** *Buschmann* in: Däubler/Kittner/Klebe, § 79 Rz. 34 hinsichtlich der Auflösung des Betriebsrates.
228 BAG vom 26. 2. 1987, AP Nr. 2 zu § 79 BetrVG 1972; GK-*Wiese*, § 79 Rz. 39; *Fitting/Kaiser/Heither/Engels*, § 79 Rz. 39.
229 *Dietz/Richardi*, § 79 Rz. 23; *Stege-Weinspach*, § 79 Rz. 10; *Buschmann* in: Däubler/Kittner/Klebe, § 79 Rz. 36; GK-*Wiese*, § 79 Rz. 37.
230 GK-*Wiese*, § 79 Rz. 40; *Fitting/Kaiser/Heither/Engels*, § 79 Rz. 38.

2. Geheimhaltung von „persönlichen Geheimnissen" von Arbeitnehmern

147 In § 99 Abs. 1 Satz 3 und § 102 Abs. 2 Satz 5 BetrVG werden die Betriebsratsmitglieder hinsichtlich der ihnen im Rahmen **personeller Einzelmaßnahmen** bekanntgewordenen persönlichen Verhältnisse und Angelegenheiten der Arbeitnehmer zum Stillschweigen verpflichtet. Erfaßt werden von dieser Verpflichtung nur solche Informationen, die ihrer Bedeutung oder ihrem Inhalt nach einer vertraulichen Behandlung bedürfen. Für die Begründung dieser Verpflichtung bedarf es keiner Erklärung des Arbeitnehmers über die Geheimhaltungsbedürftigkeit.

148 Durch Verweisung auf § 79 Abs. 1 Satz 2–4 BetrVG ist klargestellt, daß die Schweigepflicht auch **nach Ausscheiden** aus dem Betriebsrat gilt und keine Anwendung findet bei Informationen innerhalb des Betriebsrates sowie im Verhältnis zu den in § 79 Abs. 1 Satz 4 BetrVG genannten Stellen. Auch der Verstoß gegen diese Verpflichtungen stellt eine strafbare Handlung dar, § 120 Abs. 2 BetrVG.

149 Verschwiegenheitspflichten ergeben sich ferner aus den §§ 82 Abs. 2 Satz 3 und 83 Abs. 1 Satz 3 BetrVG. Hier geht es um **persönliche Verhältnisse** eines **Arbeitnehmers,** der ein Betriebsratsmitglied entweder für die Erläuterung der Berechnung und Zusammensetzung seines Arbeitsentgeltes hinzuzieht, oder aber sich in Anwesenheit eines Betriebsratsmitgliedes eine Leistungsbeurteilung des Arbeitgebers erstellen läßt oder mit diesem seine berufliche Entwicklung im Betrieb erörtert. Stillschweigen hat ein Betriebsratsmitglied ferner zu wahren, sofern es von einem Arbeitnehmer zur Einsichtnahme in die Personalakte hinzugezogen wird. In diesen Fällen ist die Weitergabe der geschützten Geheimnisse nur auf Antrag des betroffenen Arbeitnehmers strafbar, § 120 Abs. 2 BetrVG.

3. Geheimhaltung von Betriebsratsinterna

150 Zum Zwecke der sachgerechten Erfüllung von Betriebsratsaufgaben kann der Betriebsrat ein berechtigtes Interesse daran haben, daß bestimmte Angelegenheiten oder Vorgaben des Betriebsrates nicht nach außen, insbesondere nicht zum Arbeitgeber dringen[231]. Dies ist insbesondere dann zu beachten, wenn der Betriebsrat die vertrauliche Behandlung der Angelegenheit beschlossen hat. Hingegen besteht keine generelle Verpflichtung, über den Inhalt von Betriebsratssit-

---

231 ArbG Darmstadt, AiB 1987, 140; ArbG Stuttgart, BetrR 1988, 17.

VII. Entgelt- und Entwicklungsschutz

1. Entgeltschutz

§ 37 Abs. 4 BetrVG ordnet an, daß das Arbeitsentgelt von Betriebsratsmitgliedern nicht geringer bemessen werden darf als das Arbeitsentgelt vergleichbarer Arbeitnehmer mit betriebsüblicher beruflicher Entwicklung. Dies gilt auch für allgemeine Zuwendungen des Arbeitgebers. Der Entgeltschutz erstreckt sich ferner auf einen Zeitraum von einem Jahr nach Beendigung der Amtszeit als Betriebsrat.

151

Zweck dieser Regelung ist, daß Betriebsratsmitglieder grundsätzlich dasselbe Arbeitsentgelt erhalten sollen, das sie erhalten würden, wenn sie das Betriebsratsamt nicht übernommen hätten und deshalb vielleicht eine bessere berufliche Entwicklung genommen hätten. Da diese hypothetische Betrachtungsweise zu Schwierigkeiten führen kann, stellt das Gesetz auf das Arbeitsentgelt vergleichbarer Arbeitnehmer mit betriebsüblicher Entwicklung ab. Zu überprüfen ist also nicht die hypothetische Weiterentwicklung des Betriebsratsmitgliedes **selbst,** sondern die Weiterentwicklung **vergleichbarer Arbeitnehmer.** Aus diesem Grunde genießen auch (freigestellte) Betriebsratsmitglieder, deren Arbeitsplatz weggefallen ist, den Entgeltschutz[234].

152

Die Regelung ist vor allem für gemäß § 38 BetrVG freigestellte Betriebsratsmitglieder von Bedeutung, da diese ihre berufliche Tätigkeit nicht weiter ausüben. **§ 38 Abs. 3 BetrVG** sieht insofern einen erweiterten Entgeltschutz für Mitglieder des Betriebsrates vor, die drei volle aufeinanderfolgende Amtszeiten freigestellt waren. Deren Entgelt orientiert sich für **2 Jahre** nach Ablauf Ihrer Amtszeit an dem vergleichbarer Arbeitnehmer mit betriebsüblicher beruflicher Entwicklung. Das Bundesarbeitsgericht betont jedoch die Bedeutung von § 37 Abs. 4 BetrVG **auch** für **nicht freigestellte Betriebsratsmitglieder,** weil sie durch die Inanspruchnahme von der Betriebsratstätigkeit in aller Regel daran gehindert werden, sich ihrer beruflichen

153

---

[232] BAG vom 5. 9. 1967, AP Nr. 8 zu § 23 BetrVG; LAG München, DB 1979, 895; *Fitting/Kaiser/Heither/Engels,* § 30 Rz. 18; GK-*Wiese,* § 79 Rz. 46.
[233] BAG vom 5. 9. 1967, AP Nr. 8 zu § 23 BetrVG.
[234] BAG vom 17. 5. 1977, AP Nr. 28 zu § 37 BetrVG 1972; GK-*Wiese,* § 37 Rz. 108.

Tätigkeit mit der gleichen Intensität wie die übrigen Arbeitnehmer zu widmen[235].

154 Für den Anspruch des Betriebsratsmitgliedes ist zu prüfen, welche individuelle berufliche Entwicklung mit dem Betriebsratsmitglied vergleichbare Arbeitnehmer genommen haben. Eine möglicherweise ungünstigere wie auch eine mutmaßliche günstigere berufliche Entwicklung des Betriebsratsmitgliedes gegenüber vergleichbaren Arbeitnehmern ist nicht in Betracht zu ziehen[236]. **Vergleichbar** im Sinne der Vorschrift sind Arbeitnehmer desselben Betriebes, die im Zeitpunkt der Übernahme des Amtes eine im wesentlichen objektiv vergleichbare Tätigkeit wie das Betriebsratsmitglied ausgeübt haben und auch hinsichtlich der Persönlichkeit, Qualifikation und Leistung vergleichbar sind[237]. Hat der Betrieb nur einen vergleichbaren Arbeitnehmer, ist der Vergleich mit diesem maßgebend. Möglich ist ferner der Vergleich mit einer Gruppe von Arbeitnehmern[238].

155 Hat der Betrieb **keinen vergleichbaren Arbeitnehmer,** so ist auf einen Arbeitnehmer abzustellen, der mit dem Betriebsratsmitglied am ehesten vergleichbar ist[239]. Maßgebender Ausgangspunkt für den Vergleich ist der Zeitpunkt der Wahl des Betriebsratsmitgliedes, d. h. der Zeitpunkt, zu dem sich das Betriebsratsmitglied noch ausschließlich seiner beruflichen Tätigkeit gewidmet hat[240]. Bei Ersatzmitgliedern ist der Zeitpunkt des Nachrückens in den Betriebsrat entscheidend[241].

156 Da der Begriff der Vergleichbarkeit subjektive Elemente enthält, ist ein Arbeitnehmer, der besonders qualifiziert und in seiner beruflichen Tätigkeit überdurchschnittlich gewesen ist, nur mit Arbeitnehmern vergleichbar, die eine ähnliche Qualifikation und überdurch-

---

235 BAG vom 13. 11. 1987, AP Nr. 61 zu § 37 BetrVG 1972; *Fitting/Kaiser/Heither/Engels,* § 37 Rz. 93; GK-*Wiese,* § 37 Rz. 103.
236 GK-*Wiese,* § 37 Rz. 104.
237 BAG vom 21. 4. 1983, AP Nr. 43 zu § 37 BetrVG 1972; BAG vom 15. 1. 1992, AP Nr. 84 zu § 37 BetrVG 1972; *Dietz/Richardi,* § 37 Rz. 54; GK-*Wiese,* § 37 Rz. 105; *Blanke* in: Däubler/Kittner/Klebe, § 37 Rz. 75.
238 BAG vom 21. 4. 1983, AP Nr. 43 zu § 37 BetrVG 1972; GK-*Wiese,* § 37 Rz. 105; *Fitting/Kaiser/Heither/Engels,* § 37 Rz. 94.
239 *Fitting/Kaiser/Heither/Engels,* § 37 Rz. 94; *Blanke* in: Däubler/Kittner/Klebe, § 37 Rz. 74; **a. A.** *Hess/Schlochauer/Glaubitz,* § 37 Rz. 81, die den vergleichbaren Arbeitnehmer abstrakt bestimmen.
240 BAG vom 13. 11. 1987, AP Nr. 61 zu § 37 BetrVG 1972; BAG vom 17. 5. 1977, AP Nr. 28 zu § 37 BetrVG 1972; GK-*Wiese,* § 37 Rz. 111; *Hess/Schlochauer/Glaubitz,* § 37 Rz. 82; *Blanke* in: Däubler/Kittner/Klebe, § 37 Rz. 74; *Fitting/Kaiser/Heither/Engels,* § 37 Rz. 95.
241 BAG vom 15. 1. 1992, AP Nr. 84 zu § 37 BetrVG 1972.

VII. Entgelt- und Entwicklungsschutz   Rz. 159 **Teil D**

schnittliche Leistung aufweisen²⁴². Gleiches gilt im umgekehrten Falle²⁴³.

Hätte ein Betriebsratsmitglied aus einem in seiner Person liegenden Grund nicht am beruflichen Aufstieg teilnehmen können, z. B. wegen krankheitsbedingter Behinderung, fällt er aus der Gruppe der Arbeitnehmer heraus, mit der er bislang vergleichbar war. Anderenfalls läge eine Begünstigung wegen des Amtes vor, die gemäß § 37 Abs. 1 BetrVG unzulässig ist²⁴⁴. 157

Fällt der **Arbeitsplatz** eines freigestellten Betriebsratsmitgliedes **fort**, so bemißt sich sein Arbeitsentgelt nach der Tätigkeit, die ihm nach dem Arbeitsvertrag übertragen werden müßte, wenn es nicht freigestellt wäre²⁴⁵. Es ist dann ein Vergleich mit Arbeitnehmern herzustellen, die mit dieser Tätigkeit betraut sind²⁴⁶. 158

§ 37 Abs. 4 BetrVG verlangt den Vergleich mit Arbeitnehmern mit **betriebsüblicher beruflicher Entwicklung.** Betriebsüblich ist diejenige Entwicklung, die bei objektiv vergleichbarer Tätigkeit ein vergleichbarer Arbeitnehmer im Regelfall, d. h. bei gleichförmigem Verhalten des Arbeitnehmers aufgrund der betrieblichen und personellen Entwicklung in beruflicher Hinsicht genommen hat²⁴⁷. Zugunsten des Betriebsratsmitgliedes sind danach auch betriebliche Maßnahmen der Fortbildung zu berücksichtigen, an denen vergleichbare Arbeitnehmer teilgenommen haben²⁴⁸. Unbeachtlich ist es, ob das Betriebsratsmitglied wegen seiner Amtstätigkeit an der beruflichen Fortbildungsmaßnahme nicht teilgenommen hat oder aber hieran teilgenommen hat, jedoch die entsprechende Tätigkeit wegen seines Betriebsratsamtes nicht ausübt²⁴⁹. Nicht zu berücksichtigen ist die individuelle private Fortbildung anderer Arbeitnehmer²⁵⁰. 159

---

242 BAG vom 13. 11. 1987, AP Nr. 61 zu § 37 BetrVG 1972; BAG vom 21. 4. 1983, AP Nr. 43 zu § 37 BetrVG 1972.
243 *Fitting/Kaiser/Heither/Engels,* § 37 Rz. 96.
244 GK-*Wiese,* § 37 Rz. 107; **a. A.** *Blanke* in: Däubler/Kittner/Klebe, § 37 Rz. 60.
245 BAG vom 17. 5. 1977, AP Nr. 28 zu § 37 BetrVG 1972.
246 GK-*Wiese,* § 37 Rz. 108.
247 BAG vom 13. 11. 1987, AP Nr. 61 zu § 37 BetrVG 1972.
248 *Fitting/Kaiser/Heither/Engels,* § 37 Rz. 97; *Blanke* in: Däubler/Kittner/Klebe, § 37 Rz. 78; GK-*Wiese,* § 37 Rz. 110; *Dietz/Richardi,* § 37 Rz. 55.
249 *Fitting/Kaiser/Heither/Engels,* § 37 Rz. 98; *Blanke* in: Däubler/Kittner/Klebe, § 37 Rz. 76; *Hess/Schlochauer/Glaubitz,* § 37 Rz. 98; **a. A.** GK-*Wiese,* § 37 Rz. 110, der im Falle der erfolglosen Teilnahme eines Betriebsratsmitgliedes an der Fortbildung eine Angleichung mit vergleichbaren Arbeitnehmern nur dann bejaht, sofern der Mißerfolg durch die Amtstätigkeit bedingt ist.
250 *Fitting/Kaiser/Heither/Engels,* § 37 Rz. 97; GK-*Wiese,* § 37 Rz. 110.

160 Bedeutsam ist die Teilnahme an der betrieblichen Entwicklung im Falle der **Beförderung**. In diesem Fall ist zu prüfen, ob die Beförderung betriebsüblich ist, d. h. ob das Betriebsratsmitglied nach den betrieblichen Gepflogenheiten befördert worden wäre oder wenigstens die überwiegende Mehrheit der vergleichbaren Arbeitnehmer des Betriebes entsprechend aufgestiegen wären[251]. Bewerben sich um einen höherdotierten Arbeitsplatz neben einem nicht freigestellten Betriebsratsmitglied andere Arbeitnehmer des Betriebes, hat das nicht berücksichtigte Betriebsratsmitglied nur dann Anspruch auf das höhere Arbeitsentgelt, wenn es nach den betriebsüblichen Ausfallkriterien hätte befördert werden müssen[252].

161 Der Arbeitgeber ist verpflichtet, das Arbeitsentgelt des Betriebsratsmitgliedes von sich aus laufend an das vergleichbarer Arbeitnehmer mit betriebsüblicher beruflicher Entwicklung **anzupassen**[253].

162 Die Entgeltsicherung umfaßt auch einen Anspruch auf Ausgleich etwaiger Minderungen durch den Wechsel von **Akkord-** auf **Zeitarbeit** oder von **Wechselschicht** auf die einfache **Tagesschicht,** sofern diese durch die Übernahme des Betriebsratsamtes erforderlich wird[254]. Das Betriebsratsmitglied darf danach keinen geringeren Stundenlohn, Prämiensatz oder Akkordlohn erhalten, als vergleichbare Arbeitnehmer mit betriebsüblicher Entwicklung. Ausgangspunkt ist hier das regelmäßige Arbeitsentgelt vergleichbarer Arbeitnehmer, nicht das effektive Arbeitsentgelt. Aus diesem Grunde bleiben Überstunden, die vorübergehend von vergleichbaren Arbeitnehmern geleistet werden, für die Berechnung außer Betracht. Das Betriebsratsmitglied nimmt jedoch auch nicht an einer vorübergehenden Verkürzung der Arbeitszeit vergleichbarer Arbeitnehmer teil[255].

163 Zu dem Arbeitsentgelt zählen auch **allgemeine Zuwendungen** des Arbeitgebers. Hierunter sind Zuwendungen zu verstehen, die der Arbeitgeber entweder allen Arbeitnehmern oder jedenfalls den vergleichbaren Arbeitnehmern gewährt. Als solche kommen Sozialzulagen (Kinder, Wohnungs-, Familienzulage), besondere Leistungszulagen und Leistungsprämien, Gewinnbeteiligungen, Gratifikationen,

---
251 BAG vom 15. 1. 1992, AP Nr. 84 zu § 37 BetrVG 1972; BAG vom 11. 12. 1991, NZA 1993, 909; BAG vom 13. 11. 1987, AP Nr. 61 zu § 37 BetrVG 1972.
252 BAG vom 13. 11. 1987, AP Nr. 61 zu § 37 BetrVG 1972.
253 BAG vom 21. 4. 1983, AP Nr. 43 zu § 37 BetrVG 1972; *Fitting/Kaiser/Heither/Engels*, § 37 Rz. 100; GK-*Wiese*, § 37 Rz. 112.
254 GK-*Wiese*, § 37 Rz. 112; *Hess/Schlochauer/Glaubitz*, § 37 Rz. 72; *Dietz/Richardi*, § 37 Rz. 57; *Fitting/Kaiser/Heither/Engels*, § 37 Rz. 100.
255 BAG vom 17. 5. 1977, AP Nr. 28 zu § 37 BetrVG 1972; BAG vom 7. 2. 1985, AP Nr. 3 zu § 46b PersVG; *Blanke* in: Däubler/Kittner/Klebe, § 37 Rz. 81; GK-*Wiese*, § 37 Rz. 113.

vermögenswirksame Leistungen und Abschlußvergütungen in Betracht. Ausschlaggebendes Merkmal der Zuwendungen ist, daß sie an bestimmte generelle Voraussetzungen gebunden sind und nicht auf Besonderheiten in den persönlichen Verhältnissen des betreffenden Arbeitnehmers beruhen[256]. Das Betriebsratsmitglied hat gegen den Arbeitgeber einen Auskunftsanspruch über das Arbeitsentgelt (einschließlich der Zuwendungen) vergleichbarer Arbeitnehmer[257].

Der Entgeltschutz greift entsprechend der Vorschrift des § 37 Abs. 4 BetrVG für einen Zeitraum von **einem Jahr nach Beendigung** der **Amtszeit** des Betriebsrates ebenfalls ein. Gleiches gilt, wenn nicht die Amtszeit des Betriebsrates als Kollektivorgan endet, sondern lediglich die Mitgliedschaft eines einzelnen Betriebsratsmitgliedes bei Fortbestand des Betriebsrates als solchem[258]. Ebenso wie im Falle des nachwirkenden Kündigungsschutzes gemäß § 15 Abs. 1 Satz 2 KSchG entfällt auch der nachwirkende Entgeltschutz, wenn die Beendigung der Mitgliedschaft auf einer gerichtlichen Entscheidung beruht[259]. 164

2. Tätigkeitsschutz

Mit dem Entgeltschutz des § 37 Abs. 4 BetrVG korrespondiert der **Tätigkeitsschutz** gemäß **§ 37 Abs. 5 BetrVG**. Hiernach dürfen Betriebsratsmitglieder, soweit nicht zwingende betriebliche Notwendigkeiten entgegenstehen, nur mit Tätigkeiten beschäftigt werden, die den Tätigkeiten der in Abs. 4 genannten Arbeitnehmern gleichwertig sind. Diese Verpflichtung gilt einschließlich eines Zeitraumes von einem Jahr nach Beendigung der Amtszeit des Betriebsrates bzw. des Betriebsratsmitgliedes. 165

Hierbei geht es um das Interesse von Betriebsratsmitgliedern bei gleichem Arbeitsentgelt wie vergleichbare Arbeitnehmer nicht mit geringerwertigen Tätigkeiten als diese beschäftigt zu werden[260]. Be- 166

---

256 BAG vom 21. 4. 1983, AP Nr. 43 zu § 37 BetrVG 1972; LAG Rheinland-Pfalz, EZA § 37 BetrVG 1972 Nr. 69; *Hess/Schlochauer/Glaubitz*, § 37 Rz. 73; *Dietz/Richardi*, § 37 Rz. 58; GK-*Wiese*, § 37 Rz. 115.
257 *Fitting/Kaiser/Heither/Engels*, § 37 Rz. 101; *Blanke* in: Däubler/Kittner/Klebe, § 37 Rz. 83.
258 *Fitting/Kaiser/Heither/Engels*, § 37 Rz. 102; GK-*Wiese*, § 37 Rz. 117.
259 GK-*Wiese*, § 37 Rz. 118; *Dietz/Richardi*, § 37 Rz. 59; *Hess/Schlochauer/Glaubitz*, § 37 Rz. 94; **a. A.** *Blanke* in: Däubler/Kittner/Klebe, § 37 Rz. 84; *Fitting/Kaiser/Heither/Engels*, § 37 Rz. 102.
260 LAG Frankfurt a. M., LAGE § 37 BetrVG 1972 Nr. 21; GK-*Wiese*, § 37 Rz. 119; *Hess/Schlochauer/Glaubitz*, § 37 Rz. 91; *Fitting/Kaiser/Heither/Engels*, § 37 Rz. 103.

triebsratsmitglieder dürfen hiernach nur mit Tätigkeiten beschäftigt werden, die den Arbeiten, die vergleichbare Arbeitnehmer mit betriebsüblicher Entwicklung verrichten, **gleichwertig** sind. Das Betriebsratsmitglied hat keinen Anspruch auf Beschäftigung mit einer **gleichen,** sondern mit einer gleichwertigen Tätigkeit. Ob dies der Fall ist, ist unter Berücksichtigung aller Umstände des Einzelfalles, insbesondere unter Berücksichtigung der Auffassung von Arbeitnehmern, die in der betreffenden **Berufssparte** tätig sind, zu beurteilen[261].

167 Aus der Vorschrift ergibt sich ein Anspruch auf **Zuweisung** einer **höherwertigen Tätigkeit,** sofern vergleichbare Arbeitnehmer unter Berücksichtigung der betriebsüblichen Entwicklung eine entsprechende höherwertige Tätigkeit ausüben. Dies setzt allerdings voraus, daß das Betriebsratsmitglied die für die Ausübung erforderliche berufliche Qualifikation besitzt. Hat das Betriebsratsmitglied durch die Nichtteilnahme an einer beruflichen Fortbildungsmaßnahme diese Qualifikation nicht erworben, so hat es keinen Anspruch auf die Zuweisung einer entsprechenden beruflichen Tätigkeit[262]. In diesem Fall korrespondiert der Entgeltschutz nicht mit dem Tätigkeitsschutz. Gemäß § 37 Abs. 4 BetrVG besteht in diesen Fällen nämlich ein Anspruch auf das Arbeitsentgelt der vergleichbaren Arbeitnehmer, die mit der höherwertigen Tätigkeit betraut werden[263]. Einem Arbeitgeber kann in diesen Fällen nicht die Verpflichtung auferlegt werden, einen Arbeitnehmer, der die erforderliche berufliche Qualifikation nicht aufweist, mit einer Tätigkeit zu beschäftigen, die diese Qualifikation erfordert.

168 § 37 Abs. 5 BetrVG findet auf freigestellte Betriebsratsmitglieder während der Zeit ihrer Freistellung keine Anwendung. Der Tätigkeitsschutz beginnt für sie mit Beendigung ihrer Freistellung. Entsprechend dem Entgeltschutz besteht auch ein verlängerter Tätigkeitsschutz gemäß § 38 Abs. 3 BetrVG für Betriebsratsmitglieder, die drei volle aufeinanderfolgende Amtszeiten freigestellt waren, für zwei Jahre nach Ablauf ihrer Amtszeit (vgl. im übrigen § 38 Abs. 4 BetrVG).

169 Ein Anspruch auf Tätigkeitsschutz besteht gemäß § 37 Abs. 5 BetrVG dann nicht, soweit dem **zwingende betriebliche Notwendigkeiten**

---

261 LAG Frankfurt a. M., LAGE § 37 BetrVG 1972 Nr. 21; *Blanke* in: Däubler/Kittner/Klebe, § 37 Rz. 86; *Fitting/Kaiser/Heither/Engels,* § 37 Rz. 105; **a. A.** GK-*Wiese,* § 37 Rz. 121; *Hess/Schlochauer/Glaubitz,* § 37 Rz. 93, die auf die Auffassung der im Betrieb Tätigen abstellen wollen.
262 GK-*Wiese,* § 37 Rz. 121; *Blanke* in: Däubler/Kittner/Klebe, § 37 Rz. 85; *Fitting/Kaiser/Heither/Engels,* § 37 Rz. 106.
263 Vgl. Rz. 159.

VII. Entgelt- und Entwicklungsschutz

entgegenstehen. Nach allgemeiner Auffassung ist diese Vorschrift eng auszulegen[264]. Zwingende betriebliche Notwendigkeiten sind allein solche, die im Interesse eines ordnungsgemäßen Betriebsablaufs die Zuweisung einer gleichwertigen Tätigkeit an das Betriebsratsmitglied ausschließen[265]. Betriebliche Notwendigkeiten können daher nicht mit betrieblichen Interessen oder Bedürfnissen gleichgesetzt werden.

Beispiele:
Es gibt im Betrieb keinen Arbeitsplatz mit gleichwertiger Beschäftigungsmöglichkeit; der Arbeitgeber kann dann nicht verpflichtet werden, einen solchen Arbeitsplatz zusätzlich zu schaffen[266]. Ein solcher Fall liegt ferner vor, wenn das Betriebsratsmitglied nicht an beruflichen Fortbildungsmaßnahmen teilgenommen hat, die für die Ausübung der Tätigkeit unbedingt erforderlich sind[267].
Zwingende betriebliche Notwendigkeiten stehen einer gleichwertigen Beschäftigung auch dann entgegen, wenn die Tätigkeit keine Unterbrechungen verträgt, wie sie mit der Amtsausübung als Betriebsrat zwangsläufig verbunden ist[268]. Hieraus folgt, daß die Zuweisung einer Beschäftigung mit gleichwertiger Tätigkeit um so schwieriger wird, je höherwertiger die berufliche Tätigkeit des Betriebsratsmitgliedes ist. Im Einzelfall kann dem Betriebsratsmitglied lediglich der Entgeltschutz gemäß § 37 Abs. 4 BetrVG verbleiben. War im Falle zwingender betrieblicher Notwendigkeiten die Versetzung auf einen minderwertigen Arbeitsplatz jedoch zulässig oder mußte aus diesen Gründen die Übertragung von höherwertigen Tätigkeiten unterbleiben, so entsteht ein Anspruch des Betriebsratsmitgliedes auf Zurückversetzung bzw. Übertragung der höherwertigen Tätigkeiten in dem Moment, in dem ein solcher Arbeitsplatz frei wird[269].

Für **freigestellte Betriebsratsmitglieder** gilt darüber hinaus, daß sie von inner- und außerbetrieblichen Maßnahmen der Berufsbildung nicht ausgeschlossen werden dürfen. Innerhalb eines Jahres nach Beendigung der Freistellung ist ihnen im Rahmen der Möglichkeiten des Betriebes darüber hinaus Gelegenheit zu geben, eine wegen der Freistellung unterbliebene betriebsübliche berufliche Entwicklung nachzuholen. Für Mitglieder des Betriebsrates, die drei volle aufein-

---
264 *Joost* in: Münchener Handbuch zum Arbeitsrecht, Band 3, § 300 Rz. 183; GK-*Wiese*, § 37 Rz. 123; *Dietz/Richardi*, § 37 Rz. 63; *Blanke* in: Däubler/Kittner/Klebe, § 37 Rz. 88; *Fitting/Kaiser/Heither/Engels*, § 37 Rz. 107.
265 *Fitting/Kaiser/Heither/Engels*, § 37 Rz. 107.
266 *Fitting/Kaiser/Heither/Engels*, § 37 Rz. 107; GK-*Wiese*, § 37 Rz. 23.
267 GK-*Wiese*, § 37 Rz. 124; *Fitting/Kaiser/Heither/Engels*, § 37 Rz. 107.
268 GK-*Wiese*, § 37 Rz. 124.
269 LAG Frankfurt a. M., LAGE § 37 BetrVG 1972 Nr. 21.

anderfolgende Amtszeiten freigestellt waren, erhöht sich dieser Zeitraum auf 2 Jahre, § 38 Abs. 4 BetrVG. Die Vorschrift begründet keinen Anspruch gegen den Arbeitgeber auf Durchführung von Maßnahmen der Berufsbildung. Sie enthält lediglich ein Benachteiligungsverbot zugunsten freigestellter Betriebsratsmitglieder, soweit Maßnahmen der Berufsbildung inner- oder außerbetrieblich durchgeführt werden[270]. Allein in dem Fall, daß Betriebsratsmitglieder wegen ihrer Freistellung nicht an der betriebsüblichen beruflichen Entwicklung haben teilnehmen können, muß ihnen binnen eines Jahres nach Beendigung der Freistellung Gelegenheit gegeben werden, dies nachzuholen. Voraussetzung ist aber, daß die unterbliebene berufliche Entwicklung durch die Amtstätigkeit des Betriebsratsmitgliedes verursacht wurde[271]. Hat die unterbliebene berufliche Entwicklung andere Ursachen, besteht der Anspruch nicht. Er dient allein der Nachholung einer betriebsüblichen beruflichen Entwicklung. Abzustellen ist daher auf die betriebsübliche berufliche Entwicklung vergleichbarer Arbeitnehmer[272].

172 § 38 Abs. 4 Satz 2 BetrVG gewährt einen Anspruch auf Nachholung von Maßnahmen der Berufsbildung für freigestellte Betriebsratsmitglieder lediglich im Rahmen der **Möglichkeiten** des **Betriebes.** Sie müssen für den Betrieb hinsichtlich Art, Dauer und finanziellem Aufwand vertretbar sein. Allerdings kann eine Schulung nicht mit dem Hinweis abgelehnt werden, daß eine innerbetriebliche Schulungsmöglichkeit fehlt. Das Betriebsratsmitglied kann unter Hinweis auf außerbetriebliche Fortbildungsmöglichkeiten eine Teilnahme an diesen Veranstaltungen auf Kosten des Arbeitgebers erzwingen[273]. Nach erfolgreicher Teilnahme an einer entsprechenden Schulung hat das Betriebsratsmitglied im Rahmen der betrieblichen Möglichkeiten einen Anspruch auf Zuweisung einer der Schulung entsprechenden Tätigkeit[274].

---

270 LAG Berlin, ARSt 1986, 21; *Fitting/Kaiser/Heither/Engels,* § 38 Rz. 98; GK-*Wiese,* § 38 Rz. 92.
271 *Hess/Schlochauer/Glaubitz,* § 38 Rz. 53; GK-*Wiese,* § 38, 1003; *Fitting/Kaiser/Heither/Engels,* § 38 Rz. 99.
272 Vgl. hierzu Rz. 154 ff.
273 *Fitting/Kaiser/Heither/Engels,* § 38 Rz. 102; GK-*Wiese,* § 38 Rz. 95; *Dietz/Richardi,* § 38 Rz. 60; *Blanke* in: Däubler/Kittner/Klebe, § 38 Rz. 78.
274 GK-*Wiese,* § 38 Rz. 97; *Fitting/Kaiser/Heither/Engels,* § 38 Rz. 103.

VIII. Kündigungsschutz

1. Kündigungsschutz während der Ausübung des Betriebsratsamtes

Betriebsratsmitglieder genießen einen besonderen Kündigungsschutz, der sich einerseits aus dem **Betriebsverfassungsrecht,** andererseits aus dem **Kündigungsschutzrecht** ergibt.

173

Vor Ausspruch einer Kündigung gegenüber einem Betriebsratsmitglied ist nicht lediglich die Anhörung des Betriebsrates gemäß § 102 BetrVG erforderlich, sondern der Betriebsrat muß der **Kündigung zustimmen.** § 103 BetrVG bestimmt, daß die außerordentliche Kündigung von Betriebsratsmitgliedern der Zustimmung des Betriebsrates bedarf. Im Falle, daß der Betriebsrat seine Zustimmung verweigert, kann das Arbeitsgericht die Zustimmung auf Antrag des Arbeitgebers ersetzen, wenn die außerordentliche Kündigung unter Berücksichtigung aller Umstände gerechtfertigt ist.

174

Gemäß § 15 Kündigungsschutzgesetz ist die Kündigung eines Betriebsratsmitgliedes unzulässig, es sei denn, daß Tatsachen vorliegen, die den Arbeitgeber zur Kündigung aus **wichtigem Grund** ohne Einhaltung einer Kündigungsfrist berechtigen und daß die nach § 103 BetrVG des Betriebsverfassungsgesetzes erforderliche Zustimmung vorliegt oder durch gerichtliche Entscheidung ersetzt wird.

175

Die Vorschriften des § 15 KSchG und des § 103 BetrVG **greifen** unmittelbar **ineinander,** indem § 103 BetrVG voraussetzt, daß gegenüber Betriebsratsmitgliedern nur die außerordentliche Kündigung möglich ist und die betriebsverfassungsrechtliche Hürde aufzeigt, die der Arbeitgeber zu nehmen hat, wenn er einem Betriebsratsmitglied kündigen will. § 15 KSchG stellt fest, daß neben der Zustimmung des Betriebsrates auch das Vorliegen eines wichtigen Grundes für den Ausspruch der Kündigung erforderlich ist, mit anderen Worten, allein die außerordentliche Kündigung des Betriebsratsmitgliedes ist möglich.

176

Beide Vorschriften bezwecken den **Schutz** der **Betriebsverfassungsorgane.** Der Arbeitgeber soll daran gehindert werden, ein ihm unliebsames Mitglied des Betriebsrates wegen eines Grundes, der allein eine ordentliche Kündigung rechtfertigen kann, aus dem Betrieb zu entfernen. Diesem Zweck dient auch § 103 BetrVG, der sicherstellt, daß vor Ausspruch einer jeden außerordentlichen Kündigung gegenüber einem Betriebsratsmitglied der Betriebsrat selbst mit der Sache befaßt war und entweder den Kündigungsgrund als derart schwerwiegend ansah, daß er die Zustimmung zur Kündigung erteilte, oder aber das

177

Arbeitsgericht überprüft hat, ob ein derart schwerwiegender Vertragsverstoß vorliegt, der es rechtfertigt, das Betriebsverfassungsorgan aus dem Betrieb und dem Betriebsrat zu entfernen.

178 In Konsequenz dieser Normen ist die ohne Zustimmung des Betriebsrates oder die ohne Zustimmungsersetzung durch das Arbeitsgericht ausgesprochene Kündigung seitens des Arbeitgebers von Anfang an nichtig, d. h. ohne jegliche Rechtswirkung[275]. Auch die nachträglich durch den Betriebsrat erteilte Zustimmung zur außerordentlichen Kündigung heilt die Unwirksamkeit der bereits ausgesprochenen Kündigung nicht[276]. Wegen der Nichtigkeitswirkung der ohne die Zustimmung des Betriebsrates ausgesprochenen Kündigung kommt auch eine Auflösung des Arbeitsverhältnisses auf Antrag des Arbeitgebers gegen Zahlung einer Abfindung gemäß §§ 9, 10 KSchG nicht in Betracht[277].

179 § 15 KSchG verlangt das Vorliegen eines **wichtigen Grundes,** der den Arbeitgeber zur Kündigung ohne Einhaltung einer Kündigungsfrist berechtigt. Die Formulierung korrespondiert mit § 626 Abs. 1 BGB, der als wichtigen Grund Tatsachen verlangt, aufgrund derer dem Kündigenden unter Berücksichtigung aller Umstände des Einzelfalles und unter Abwägung der Interessen beider Vertragsteile die Fortsetzung des Dienstverhältnisses bis zum Ablauf der Kündigungsfrist oder bis zu der vereinbarten Beendigung des Dienstverhältnisses nicht zugemutet werden kann.

180 Es besteht Einigkeit darüber, daß ein wichtiger Grund nur ein Verstoß gegen **arbeitsvertragliche Pflichten** sein kann. Verstößt ein Betriebsratsmitglied lediglich gegen seine **Amtspflichten,** kommt ausschließlich § 23 BetrVG mit der Möglichkeit des Ausschlusses aus dem Betriebsrat zur Anwendung[278]. Häufig ist schwer zu beurteilen, ob in erster Linie eine Verletzung betriebsverfassungsrechtlicher oder arbeitsvertraglicher Pflichten vorliegt. Nur wenn durch die Amtspflicht-

---

275 BAG vom 25. 3. 1976, AP Nr. 6 zu § 103 BetrVG 1972; BAG vom 22. 8. 1974, AP Nr. 1 zu § 103 BetrVG 1972.
276 BAG vom 28. 2. 1974, AP Nr. 2 zu § 102 BetrVG 1972; BAG vom 1. 12. 1977, AP Nr. 11 zu § 103 BetrVG 1972; GK-*Kraft*, § 103 Rz. 33; *Hueck/v. Hoyningen-Huene*, KSchG, § 15 Rz. 94; *Kittner* in: Däubler/Kittner/Klebe, § 103 Rz. 28; *Fitting/Kaiser/Heither/Engels*, § 103 Rz. 17; a. A. *Dietz/Richardi*, § 103 Rz. 39 ff.
277 BAG vom 9. 10. 1979, AP Nr. 4 zu § 9 KSchG 1969; *Kittner* in: Däubler/Kittner/Klebe, § 103 Rz. 28; *Fitting/Kaiser/Heither/Engels*, § 103 Rz. 17.
278 BAG vom 22. 8. 1974, AP Nr. 1 zu § 103 BetrVG 1972; BAG vom 16. 10. 1986, AP Nr. 95 zu § 626 BGB; *Hess/Schlochauer/Glaubitz*, § 103 Rz. 27; *Dietz/Richardi*, § 103 Rz. 12; GK-*Kraft*, § 103 Rz. 25; *Fitting/Kaiser/Heither/Engels*, § 103 Rz. 18a.

VIII. Kündigungsschutz   Rz. 183 **Teil D**

verletzung zugleich das konkrete Arbeitsverhältnis unmittelbar und erheblich beeinträchtigt wird, ist eine außerordentliche Kündigung zulässig[279]. Bei einem Zusammenhang zwischen Amtstätigkeit und arbeitsvertragswidrigem Verhalten des Arbeitnehmers, ist eine Kündigung nur unter Anlegung eines besonders strengen Maßstabes gerechtfertigt. Der Arbeitgeber muß in einem solchen Fall beweisen, daß die Amtspflichtverletzung auch bei Arbeitnehmern, die kein Betriebsratsamt bekleiden, Grund zur außerordentlichen Kündigung wäre[280].

Sind an einem Vorfall mehrere Arbeitnehmer beteiligt, kündigt der Arbeitnehmer aber nur den beteiligten Betriebsratsmitgliedern, so ist diese Kündigung nach §§ 75, 78 BetrVG in Verbindung mit § 134 BGB nichtig. Das **Benachteiligungsverbot** von Betriebsratsmitgliedern stellt ein gesetzliches Verbot dar, so daß sich die Nichtigkeit der unter Verstoß gegen dieses Verbot ausgesprochenen Kündigung ergibt[281]. 181

Als Pflichtverletzung, die eine außerordentliche Kündigung rechtfertigen kann, kommt auch eine **Nebenpflichtverletzung** aus dem Arbeitsverhältnis in Betracht. Insbesondere bei freigestellten Betriebsratsmitgliedern spielt die Nebenpflichtverletzung, da die Hauptarbeitspflicht suspendiert ist, eine besondere Rolle[282]. 182

Als **wichtige Gründe** im **Verhaltensbereich** des Betriebsratsmitglieder sind anerkannt 183
▶ die parteipolitische Betätigung im Betrieb trotz mehrfacher Verwarnung durch den Arbeitgeber,
▶ die Ausnutzung des Betriebsratsamtes für nachhaltige gewerkschaftliche Werbung,
▶ das Verteilen von Flugblättern mit bewußt wahrheitswidrigen Angaben über den Arbeitgeber,
▶ die Aufforderung an Kollegen zu vertragswidrigem Verhalten oder zur Teilnahme an einem wilden Streik.
Ferner rechtfertigen strafbare Handlungen zu Lasten des Arbeitgebers ebenfalls die fristlose Kündigung[283]. Krankheitsbedingte Fehlzeiten von Betriebsratsmitgliedern rechtfertigen in der Regel keine außerordentliche Kündigung des Arbeitsverhältnisses[284].

---

279 BAG vom 16. 10. 1986, AP Nr. 95 zu § 626 BGB; BAG vom 22. 8. 1974, AP Nr. 1 zu § 103 BetrVG 1972; *Kittner* in: Däubler/Kittner/Klebe, § 103 Rz. 27.
280 BAG vom 16. 10. 1986, AP Nr. 95 zu § 626 BGB; *Kittner* in: Däubler/Kittner/Klebe, § 103 Rz. 27; *Fitting/Kaiser/Heither/Engels*, § 103 Rz. 18a; GK-*Kraft*, § 103 Rz. 25.
281 BAG vom 22. 2. 1979, DB 1979, 1659.
282 BAG vom 22. 8. 1974, AP Nr. 1 zu § 103 BetrVG 1972.
283 *Hueck/v. Hoyningen-Huene*, § 15 KSchG, Rz. 86a.
284 BAG vom 18. 2. 1993, AP Nr. 35 zu § 15 KSchG 1969.

184 Neben dem Vorliegen eines wichtigen Grundes ist die Vorschrift des **§ 626 Abs. 2 BGB** zu beachten. Die Kündigung kann nur **innerhalb von 2 Wochen** erfolgen, wobei die Frist mit dem Zeitpunkt zu laufen beginnt, in dem der Arbeitgeber von den die Kündigung maßgebenden Tatsachen Kenntnis erlangt. Der Arbeitgeber hat während dieses Zeitraumes sowohl den Betriebsrat zu informieren und zur Zustimmung nach § 103 BetrVG aufzufordern, als auch die Kündigung auszusprechen, sofern die Zustimmung erteilt wird. Verweigert der Betriebsrat die Zustimmung, muß der Arbeitgeber noch innerhalb der laufenden 2-Wochen-Frist des § 626 Abs. 2 BGB beim Arbeitsgericht den Antrag auf Ersetzung der Zustimmung stellen. Mit dem Antrag an das Arbeitsgericht wird der Lauf der Frist des § 626 Abs. 2 BGB gehemmt. Wird die Zustimmung des Betriebsrates durch das Arbeitsgericht rechtskräftig ersetzt, so hat der Arbeitgeber unverzüglich nach Rechtskraft des Beschlusses die Kündigung auszusprechen, da die Frist des § 626 Abs. 2 BGB mit der Rechtskraft des Beschlusses weiterläuft[285].

185 Die **ordentliche Kündigung** des Betriebsratsmitgliedes ist wegen seiner betriebsverfassungsrechtlichen Funktion während der Amtszeit **ausgeschlossen**. Eine Ausnahme hiervon gilt nur für den Fall der Stillegung des ganzen Betriebes (§ 15 Abs. 4 KSchG)[286].

186 Die herrschende Meinung bejaht auch einen Ausschluß der ordentlichen Kündigung gemäß § 15 BetrVG im Fall von **Änderungskündigungen.** § 15 BetrVG dient der Unbefangenheit der Amtsführung, die durch die Furcht des Betriebsrates vor Repressalien des Arbeitgebers gefährdet werden könnte. Unabhängigkeit und Unbefangenheit sind aber auch dann beeinträchtigt, wenn das Betriebsratsmitglied eine ordentliche Änderungskündigung fürchten muß, die ihm nur die Wahl läßt, entweder das Änderungsangebot anzunehmen und zumindest für eine Übergangszeit eine Veränderung seiner Arbeitsbedingungen in Kauf zu nehmen oder bei Ablehnung des Änderungsangebotes das Risiko zu tragen, seinen Arbeitsplatz gänzlich zu verlieren[287]. Selbstverständlich kann eine Änderungskündigung als außerordentliche Kündigung ausgesprochen werden[288].

---

285 BAG vom 25. 1. 1979, AP Nr. 12 zu § 103 BetrVG 1972; BAG vom 18. 8. 1977, AP Nr. 10 zu § 103 BetrVG 1972; BAG vom 24. 4. 1975, AP Nr. 3 zu § 103 BetrVG 1972; KR-*Etzel,* § 103 Rz. 136; **a. A.** *Fitting/Kaiser/Heither/Engels,* § 103 Rz. 29.
286 Vgl. hierzu unten Rz. 208 ff.
287 GK-*Kraft,* § 103 Rz. 23.
288 BAG vom 29. 1. 1981, AP Nr. 10 zu § 15 KSchG 1969; KR-*Etzel,* § 15 KSchG Rz. 9.

VIII. Kündigungsschutz   Rz. 190 **Teil D**

Eine Ausnahme gilt nach herrschender Auffassung in der Literatur bei 187
der sog. **Massenänderungskündigung**. Das Betriebsratsmitglied soll
sich hier nicht auf den Sonderkündigungsschutz berufen können, da
anderenfalls eine verbotene Begünstigung und Verletzung des Gleichbehandlungsgrundsatzes des § 75 BetrVG vorläge[289]. Nach Ansicht des
Bundesarbeitsgerichts genießt das Betriebsratsmitglied auch im Fall
der Massenänderungskündigung den besonderen Kündigungsschutz
des § 15 KSchG, da dieser bezweckt, dem Betriebsratsmitglied eine
ungestörte Amtsausübung zu ermöglichen. § 75 BetrVG könne gegenüber § 15 KSchG nicht herangezogen werden, da § 15 KSchG lex
specialis gegenüber dem allgemeinen Begünstigungsverbot sei[290].

Kein Sonderkündigungsschutz besteht in Fällen, in denen der Arbeit- 188
geber einzelne Arbeitsbedingungen kraft seines **Direktionsrechts** einseitig ändern kann. Hier fehlt es an einer arbeitgeberseitigen Kündigung, ebenso wie im Fall, daß das Betriebsratsmitglied das Arbeitsverhältnis selbst kündigt oder das Arbeitsverhältnis in anderer Weise,
z. B. durch Aufhebungsvertrag beendet wird.

Die außerordentliche Kündigung von Betriebsratsmitgliedern bedarf 189
nicht allein der Zustimmung des Betriebsrates gemäß § 103 BetrVG.
Aus der systematischen Stellung der Vorschrift ist darüber hinaus zu
folgern, daß das in **§ 102 BetrVG** postulierte Erfordernis, der ordnungsgemäßen und umfassenden Information des Betriebsrates über
die Person des zu Kündigenden und den Kündigungsgrund auch für
die Kündigung eines Betriebsratsmitgliedes gilt. Der Arbeitgeber hat
den Betriebsrat bei einer geplanten außerordentlichen Kündigung
eines Betriebsratsmitgliedes so zu informieren, wie bei einer geplanten außerordentlichen Kündigung gegenüber anderen Arbeitnehmern[291]. Der Sachverhalt, der zur Begründung der Kündigung angeführt wird, ist umfassend unter Einbeziehung aller belastenden und
evtl. entlastenden Umstände zu schildern. Gleichzeitig ist die Zustimmung des Betriebsrates zu der Kündigung zu beantragen.

Der Betriebsrat entscheidet über die Erteilung der Zustimmung per 190
Beschluß. An der Beratung und Beschlußfassung nimmt das betroffene Mitglied nicht teil. An seine Stelle tritt ein Ersatzmitglied[292]. Bei

---

289 *Fitting/Kaiser/Heither/Engels,* § 103 Rz. 10; *Dietz/Richardi,* § 78 Rz. 26 ff.;
    Hess/Schlochauer/Glaubitz, § 103 Rz. 20; GK-*Kraft,* § 103 Rz. 23.
290 BAG vom 29. 1. 1981, AP Nr. 10 zu § 15 KSchG 1969; BAG vom 24. 4. 1969,
    AP Nr. 18 zu § 13 KSchG; BAG vom 9. 4. 1987, AP Nr. 28 zu § 15 KSchG
    1969.
291 Vgl. hierzu Teil I, Rz. 309 ff.
292 BAG vom 23. 8. 1984, AP Nr. 17 zu § 103 BetrVG 1972; BAG vom 26. 8. 1981,
    AP Nr. 13 zu § 103 BetrVG 1972.

einem einköpfigen Betriebsrat tritt das Ersatzmitglied an die Stelle des zu kündigenden Betriebsrates[293]. Im Falle, daß ein Ersatzmitglied fehlt, hat der Arbeitgeber das Verfahren nach § 103 Abs. 2 unmittelbar einzuleiten[294]. Sollen mehrere Betriebsratsmitglieder gekündigt werden, nimmt jedes lediglich an der Beschlußfassung über die eigene Kündigung nicht teil, wohl aber an der Beschlußfassung über die Kündigung eines anderen Mitgliedes[295]. Kann der Betriebsrat mit Ersatzmitgliedern nicht mehr voll besetzt werden, hat der Arbeitgeber nicht unmittelbar das Verfahren nach § 103 Abs. 2 BetrVG einzuleiten, sondern den Restbetriebsrat zu beteiligen[296].

191 Der vom Betriebsrat zu fassende **Beschluß** muß **wirksam** sein[297]. Die gemäß § 103 BetrVG zu erteilende Zustimmung ist eine Willenserklärung. Ein nichtiger Betriebsratsbeschluß und die daraus resultierende rechtsunwirksame Zustimmungserklärung begründen für den Arbeitgeber eine Schranke für den Ausspruch der Kündigung. Insofern trägt der Arbeitgeber das Risiko einer nichtigen Kündigung infolge unwirksamer Zustimmung des Betriebsrates[298]. Eine Ausnahme von diesem Grundsatz gilt jedoch in dem Fall, daß der Arbeitgeber die Information des Betriebsrates erhält, die Zustimmung sei erteilt und keinerlei Anhaltspunkte ersichtlich sind, die darauf schließen lassen, der Beschluß sei nicht wirksam zustande gekommen. Eine schuldhafte Unkenntnis des Arbeitgebers von der Unwirksamkeit liegt aber bereits dann vor, wenn der Arbeitgeber die für die Unwirksamkeit maßgeblichen Tatsachen kennt, hieraus lediglich rechtlich falsche Schlüsse zieht und aus diesem Grunde die Zustimmung für wirksam hält[299].

192 Der Betriebsrat kann nach herrschender Meinung die Entscheidung über die Zustimmung zur außerordentlichen Kündigung auf den **Betriebsausschuß** oder aber einen besonderen **Ausschuß** gemäß §§ 27,

---

293 GK-*Kraft*, § 103 Rz. 38; *Hess/Schlochauer/Glaubitz*, § 103 Rz. 39; *Kittner* in: Däubler/Kittner/Klebe, § 103 Rz. 43; *Dietz/Richardi*, § 103 Rz. 28; *Fitting/Kaiser/Heither/Engels*, § 103 Rz. 19; a. A. ArbG Siegen, NZA 1986, 267, das verlangt, daß der Arbeitgeber das Verfahren nach § 103 Abs. 2 BetrVG unmittelbar einleitet.
294 BAG vom 16. 12. 1982, AP Nr. 13 zu § 15 KSchG 1969.
295 BAG vom 25. 3. 1976, AP Nr. 6 zu § 103 BetrVG 1972.
296 BAG vom 16. 10. 1986, AP Nr. 95 zu § 626 BGB.
297 Zur Wirksamkeit von Betriebsratsbeschlüssen vgl. Teil C Rz. 56 ff.
298 BAG vom 23. 8. 1984, AP Nr. 17 zu § 103 BetrVG 1972; KR-*Etzel*, § 103 BetrVG, Rz. 107; *Kittner* in: Däubler/Kittner/Klebe, § 103 Rz. 34; *Fitting/Kaiser/Heither/Engels*, § 103 Rz. 25; a. A. *Dietz/Richardi*, § 103 Rz. 51; *Hess/Schlochauer/Glaubitz*, § 103 Rz. 39.
299 BAG vom 23. 8. 1984, AP Nr. 17 zu § 103 BetrVG 1972.

VIII. Kündigungsschutz   Rz. 195 **Teil D**

28 BetrVG übertragen[300]. Voraussetzung ist allerdings, daß die Beauftragung ausdrücklich, in der vorgeschriebenen Form und mit der vorgesehenen qualifizierten Mehrheit erfolgt[301].

Reagiert der Betriebsrat auf den Antrag des Arbeitgebers auf Erteilung der Zustimmung nicht, so gilt die Nichtäußerung des Betriebsrates als Zustimmungsverweigerung. Der Arbeitgeber wird folglich daran gehindert, die Kündigung auszusprechen. Aus diesem Grunde ist es zweckmäßig, dem Betriebsrat eine angemessene Frist zu setzen, binnen derer er sich über die Zustimmung zu erklären hat. In entsprechender Anwendung der **3-Tages-Frist,** die für außerordentliche Kündigungen von Arbeitnehmern gilt (§ 102 Abs. 2 Satz 3 BetrVG), sollte diese Frist 3 Tage betragen. Gibt der Betriebsrat binnen dieser Frist keine Erklärung ab, gilt die Zustimmung als verweigert[302]. 193

Der Betriebsrat kann seine Zustimmung auch noch nach Einleitung des Zustimmungsersetzungsverfahrens durch den Arbeitgeber erteilen. In diesem Fall wird das bereits eingeleitete **Beschlußverfahren** gegenstandslos[303]. Die Kündigung kann jetzt unverzüglich erfolgen[304]. Das Beschlußverfahren ist gemäß § 83a Abs. 2 ArbGG durch Beschluß einzustellen[305]. Hat das Arbeitsgericht die Ersetzung der Zustimmung rechtskräftig abgelehnt und erteilt der Betriebsrat nunmehr seine Zustimmung, ist diese Zustimmungserklärung unwirksam. Mit der rechtskräftigen Entscheidung steht verbindlich fest, daß ein wichtiger Grund zur außerordentlichen Kündigung nicht vorliegt[306]. 194

Liegt ein wichtiger Grund für die Kündigung vor, so besteht die Verpflichtung des Betriebsrates, seine Zustimmung zu erteilen. Insoweit steht ihm kein Ermessensspielraum zu[307]. Allerdings ist es eine **Wertungsfrage,** ob die vom Arbeitgeber vorgetragenen Tatsachen ei- 195

---
300 *Fitting/Kaiser/Heither/Engels,* § 103 Rz. 20; *Hess/Schlochauer/Glaubitz,* § 103 Rz. 35; GK-*Kraft,* § 103 Rz. 35; KR-*Etzel,* § 103 BetrVG, Rz. 76; a. A. *Kittner* in: Däubler/Kittner/Klebe, § 103 Rz. 33; *Matthes* in: Münchener Handbuch zum Arbeitsrecht, Band 3, § 349 Rz. 16.
301 Vgl. Teil B Rz. 568 ff.
302 BAG vom 18. 8. 1977, AP Nr. 10 zu § 103 BetrVG 1972; KR-*Etzel,* § 103 BetrVG Rz. 78; *Hess/Schlochauer/Glaubitz,* § 103 Rz. 38; *Kittner* in: Däubler/Kittner/Klebe, § 103 Rz. 31; *Dietz/Richardi,* § 103 Rz. 31; *Fitting/Kaiser/Heither/Engels,* § 103 Rz. 21.
303 BAG vom 10. 12. 1992, AP Nr. 4 zu § 87 Arbeitsgerichtsgesetz 1979; BAG vom 23. 6. 1993, AP Nr. 2 zu § 83a Arbeitsgerichtsgesetz 1979.
304 BAG vom 17. 9. 1981, AP Nr. 14 zu § 103 BetrVG 1972.
305 GK-*Kraft,* § 103 Rz. 34.
306 KR-*Etzel,* § 103 BetrVG Rz. 99; GK-*Kraft,* § 103 Rz. 34.
307 BAG vom 25. 3. 1976, AP Nr. 6 zu § 103 BetrVG 1972; *Hess/Schlochauer/Glaubitz,* § 103 Rz. 40; *Hueck/v. Hoyningen-Huene,* KSchG, § 15 Rz. 114; GK-*Kraft,* § 103 Rz. 41.

196 Eine einmal erteilte Zustimmung des Betriebsrates kann von diesem nicht widerrufen werden. Die Erklärung des Betriebsrates, der außerordentlichen Kündigung **„an sich"** zustimmen zu wollen, aber noch weitere Angaben zu benötigen, stellt keine abschließende Entscheidung dar, so daß der Arbeitgeber auf dieser Grundlage nicht kündigen kann[309].

nen wichtigen Grund für die außerordentliche Kündigung darstellen. Dem Betriebrat steht insoweit ein Beurteilungsspielraum zu[308].

197 Die Erteilung der Zustimmung ist an keine Form gebunden. Sie kann daher **mündlich** erfolgen[310]. Verweigert der Betriebsrat seine Zustimmung, so kann er, muß aber nicht, diese Verweigerung begründen. Er ist hier an keinen Katalog von Gründen wie im Fall des § 102 Abs. 3 gebunden[311].

198 Hat der Betriebsrat die Zustimmung erteilt, kann das Betriebsratsmitglied nach Zugang der Kündigung vor dem Arbeitsgericht **Kündigungsschutzklage** erheben. Die Kündigung ist nach Zustimmung des Betriebsrates lediglich zulässig. Über das Vorliegen eines wichtigen Grundes gemäß § 626 Abs. 1 BGB und auch über die Einhaltung der 2-Wochen-Frist des § 626 Abs. 2 Satz 1 BGB entscheidet das Arbeitsgericht. Wie bei jeder Kündigungsschutzklage ist hier lediglich erforderlich, daß das Arbeitsgericht binnen 3 Wochen nach Zugang der Kündigung angerufen wird. Anderenfalls gilt die außerordentliche Kündigung als wirksam, § 7 KSchG[312].

199 Bei einem **schwerbehinderten Betriebsratsmitglied** empfiehlt sich für den Arbeitgeber, zunächst die Zustimmung der Hauptfürsorgestelle einzuholen. Dies hat binnen der 2-Wochen-Frist des § 626 Abs. 2 BGB zu erfolgen. Nach erteilter oder ersetzter Zustimmung gemäß § 21 Schwerbehindertengesetz, ist das Verfahren nach § 103 Abs. 2 BetrVG unverzüglich einzuleiten[313].

200 Verweigert der Betriebsrat die Zustimmung zur Kündigung oder äußert er sich nicht binnen der ihm vom Arbeitgeber gesetzten Frist, hat dieser nunmehr unverzüglich den **Antrag** beim **Arbeitsgericht** zu stellen, die Zustimmung ersetzen zu lassen. Bei dem Antrag handelt es sich um einen Antrag im Beschlußverfahren gemäß § 2a Abs. 1

---

308 KR-*Etzel*, § 103 BetrVG Rz. 85.
309 BAG vom 1. 12. 1977, AP Nr. 11 zu § 103 BetrVG 1972.
310 GK-*Kraft*, § 103 Rz. 41.
311 *Fitting/Kaiser/Heither/Engels*, § 103 Rz. 22.
312 *Fitting/Kaiser/Heither/Engels*, § 103 Rz. 26.
313 BAG vom 22. 1. 1987, AP Nr. 24 zu § 103 BetrVG 1972.

VIII. Kündigungsschutz   Rz. 203 **Teil D**

Nr. 13, §§ 80 ff. ArbGG. Der betroffene Arbeitnehmer ist Beteiligter, § 103 Abs. 2 Satz 2 BetrVG, und hat im Falle der Ersetzung der Zustimmung ein selbständiges Beschwerderecht[314]. Er kann unter den Voraussetzungen der §§ 92, 92a ArbGG Rechtsbeschwerde einlegen, selbst dann, wenn der Betriebsrat die gerichtliche Entscheidung hinnimmt[315].

Zu berücksichtigen ist, daß im Beschlußverfahren der **Amtsermittlungsgrundsatz** gilt, so daß das Arbeitsgericht verpflichtet ist, alle Umstände von Amts wegen aufzuklären, auf die sich der Arbeitgeber zur Begründung der außerordentlichen Kündigung beruft[316]. Bei der Prüfung, ob ein wichtiger Grund für den Ausspruch der Kündigung vorliegt, hat das Arbeitsgericht den Beschluß des Betriebsrates nicht etwa nur auf Ermessensfehler nachzuprüfen, sondern es trifft eine Rechtsentscheidung[317]. Im Rahmen der umfassenden Interessenabwägung bei Beurteilung des wichtigen Grundes hat das Arbeitsgericht neben den individuellen Belangen des Arbeitgebers und des zu kündigenden Arbeitnehmers auch die möglichen kollektiven Interessen des Betriebsrates und der Belegschaft an der Erhaltung des Betriebsratsmitgliedes in seiner betriebsverfassungsrechtlichen Funktion mit einzubeziehen[318]. Im Falle der bereits ausgesprochenen Kündigung ist der Antrag auf Ersetzung der Zustimmung unbegründet[319]. 201

Das Beschlußverfahren kann mit einem **Ausschließungsantrag** nach **§ 23 Abs. 1 BetrVG** verbunden werden. Erforderlich ist dann, daß der Ausschließungsantrag hilfsweise für den Fall gestellt wird, daß die Zustimmung zur Kündigung nicht erteilt wird[320]. 202

Während des Verfahrens nach § 103 BetrVG befindet sich das Betriebsratsmitglied im ungekündigten Zustand, hat daher im normalen Umfang seiner Arbeitspflicht nachzukommen und ist auch nicht gehindert, sein Amt auszuüben. Eine einstweilige Verfügung auf **vorläufige** Ersetzung der Zustimmung ist unzulässig, da hier die Ent- 203

---

314 BAG vom 10. 12. 1992, AP Nr. 4 zu § 87 Arbeitsgerichtsgesetz 1979; BAG vom 23. 6. 1993, AP Nr. 2 zu § 83a Arbeitsgerichtsgesetz 1979; LAG Köln, AP Nr. 22 zu § 103 BetrVG 1972.
315 BAG vom 10. 12. 1992, AP Nr. 4 zu § 87 Arbeitsgerichtsgesetz 1979.
316 BAG vom 27. 1. 1977, AP Nr. 7 zu § 103 BetrVG 1972; *Fitting/Kaiser/Heither/Engels,* § 103 Rz. 27b.
317 BAG vom 22. 8. 1974, AP Nr. 1 zu § 103 BetrVG 1972; *Fitting/Kaiser/Heither/Engels,* § 103 Rz. 27; GK-*Kraft,* § 103 Rz. 44.
318 BAG vom 22. 8. 1974, AP Nr. 1 zu § 103 BetrVG 1972; GK-*Kraft,* § 103 Rz. 44.
319 BAG vom 22. 8. 1974, AP Nr. 1 zu § 103 BetrVG 1972.
320 BAG vom 21. 2. 1978, AP Nr. 1 zu § 74 BetrVG 1972; GK-*Wiese,* § 23 Rz. 63; *Kittner* in: Däubler/Kittner/Klebe, § 103 Rz. 45.

scheidung in der Hauptsache vorweggenommen würde[321]. Liegt dagegen die Zustimmung des Betriebsrates vor oder hat das Arbeitsgericht sie rechtskräftig ersetzt, ist das Betriebsratsmitglied nunmehr gemäß § 25 Abs. 1 Satz 2 BetrVG während des Kündigungsrechtsstreits an der Ausübung seiner Tätigkeit zeitweise verhindert[322].

204 Hat es das Gericht rechtskräftig **abgelehnt, die Zustimmung** zu **ersetzen,** ist der Arbeitgeber gehindert, wirksam zu kündigen. Unter diesen Umständen kann noch ein Verfahren nach § 23 Abs. 1 BetrVG beantragt werden. Eine trotz fehlender Zustimmung ausgesprochene Kündigung des Arbeitgebers ist ohne weiteres unwirksam. Für die Geltendmachung der Unwirksamkeit gilt nicht die 3-Wochen-Frist zur Kündigungsschutzklage, § 13 Abs. 3 KSchG. Das Betriebsratsmitglied kann sich auf die Unwirksamkeit der Kündigung jederzeit berufen[323].

205 Hat das Gericht die **Zustimmung** rechtskräftig **ersetzt,** hat der Arbeitgeber nunmehr unverzüglich zu kündigen[324]. Er hat sich nach Ablauf der Rechtsmittelfrist alsbald beim Arbeitsgericht zu erkundigen, ob gegen die Entscheidung Rechtsmittel eingelegt wurde, d. h. die Entscheidung rechtskräftig ist[325]. Das betroffene Betriebsratsmitglied kann gegen die ausgesprochene Kündigung nunmehr binnen 3 Wochen Kündigungsschutzklage erheben. Da aber regelmäßig derselbe Tatbestand vorliegt, der im Beschlußverfahren vom Arbeitsgericht bereits geprüft wurde und im Urteilsverfahren dieselben Prüfungsmaßstäbe anzulegen sind, hat die Entscheidung des Arbeitsgerichts über die Erteilung der Zustimmung präjudizielle Wirkung für das Urteilsverfahren, so daß eine abweichende Entscheidung regelmäßig nicht in Betracht kommt[326]. Eine andere Entscheidung ist aber dann möglich, sofern neue Tatsachen die früheren Kündigungsgründe in einem anderen Licht erscheinen lassen[327] oder die Formalien der

---

321 KR-*Etzel*, § 103 BetrVG, Rz. 130; GK-*Kraft*, § 103 Rz. 43; *Hess/Schlochauer/Glaubitz*, § 103 Rz. 51; *Dietz/Richardi*, § 103 Rz. 72; *Fitting/Kaiser/Heither/Engels*, § 103 Rz. 28.
322 LAG Düsseldorf, DB 1975, 700; LAG Schleswig-Holstein, BB 1976, 1319; *Kittner* in: Däubler/Kittner/Klebe, § 103 Rz. 48; *Fitting/Kaiser/Heither/Engels*, § 103 Rz. 28a.
323 *Fitting/Kaiser/Heither/Engels*, § 103 Rz. 31; *Kittner* in: Däubler/Kittner/Klebe, § 103 Rz. 54.
324 BAG vom 25. 1. 1979, AP Nr. 12 zu § 103 BetrVG 1972; BAG vom 18. 8. 1977, AP Nr. 10 zu § 103 BetrVG 1972; BAG vom 24. 4. 1975, AP Nr. 3 zu § 103 BetrVG 1972.
325 ArbG Wiesbaden vom 11. 1. 1978, DB 1978, 796.
326 BAG vom 23. 6. 1993, AP Nr. 2 zu § 83a Arbeitsgerichtsgesetz 1979; BAG vom 10. 12. 1992, AP Nr. 4 zu § 87 Arbeitsgerichtsgesetz 1979.
327 BAG vom 9. 1. 1986, AP Nr. 20 zu § 626 BGB Ausschlußfrist; BAG vom 24. 4. 1975, AP Nr. 3 zu § 103 BetrVG 1972; *Hueck/v. Hoyningen-Huene*, KSchG, § 15 Rz. 144; *Fitting/Kaiser/Heither/Engels*, § 103 Rz. 30.

VIII. Kündigungsschutz　　　　　　　　　　　　　　Rz. 207 Teil D

Kündigung oder die Einhaltung der Frist des § 626 Abs. 2 Satz 1 BGB streitig sind[328]. Die Klage ist im Regelfall jedoch als unbegründet abzuweisen.

Läuft während des Zustimmungsverfahrens gegenüber dem Betriebsrat oder dem Arbeitsgericht die **Amtszeit** des **Betriebsrates** ab, so gilt die bisherige Erklärung bzw. Entscheidung weiter, sofern das Betriebsratsmitglied wiedergewählt wird. Für den Fall der Zustimmungsverweigerung kann der neue Betriebsrat jedoch einer außerordentlichen Kündigung noch zustimmen. Erfolgt keine Wiederwahl, so gelten jetzt die Vorschriften über den nachwirkenden Kündigungsschutz nach § 15 Abs. 1 Satz 2, Abs. 3 Satz 2 KSchG[329]. Das Verfahren gemäß § 103 BetrVG ist einzustellen[330]. Der Ausspruch der Kündigung muß nunmehr unverzüglich erfolgen[331].

206

Ein Nachschieben von Kündigungsgründen während des Laufs des Zustimmungsersetzungsverfahrens ist uneingeschränkt zulässig, da die Kündigung hier nicht bereits ausgesprochen ist. Formal befindet sich das Verfahren im Stadium der Vorbereitung der Kündigung, so daß die Schutzfunktion des Zustimmungsverfahrens, Betriebsratsmitglieder vor unberechtigten Kündigungen zu schützen, durch das nachträgliche Vorbringen weiterer Kündigungsgründe in keiner Weise beeinträchtigt wird. Der Arbeitgeber muß in diesen Fällen dem Betriebsrat vor Einführung der neuen Tatsachen in das Zustimmungsersetzungsverfahren jedoch Gelegenheit geben, seine Verweigerung der Zustimmung zu überdenken. Lehnt der Betriebsrat auch jetzt die Zustimmung ab, kann der Arbeitgeber die neuen Gründe in das Zustimmungsersetzungsverfahren einführen[332]. Da es um Gründe geht, die die noch auszusprechende Kündigung rechtfertigen sollen, kann der Arbeitgeber nicht nur solche Tatsachen nachschieben, die bei Einleitung des Zustimmungsersetzungsverfahrens bereits vorlagen, dem Arbeitgeber aber erst später bekannt geworden sind, sondern auch solche Umstände, die erst im Laufe des Verfahrens bis zu dessen rechtskräftigem Abschluß eintreten[333]. Im Kündigungsschutzprozeß kann der Arbeitgeber allerdings keine neuen Gründe vorbrin-

207

---

328 KR-*Etzel*, § 103 Rz. 139; *Fitting/Kaiser/Heither/Engels*, § 103 Rz. 30.
329 Vgl. hierzu unten Rz. 218 ff.
330 BAG vom 30. 5. 1978, AP Nr. 4 zu § 15 KSchG 1979; KR-*Etzel*, § 103 Rz. 131 ff.; *Fitting/Kaiser/Heither/Engels*, § 103 Rz. 32; *a. A. Kittner* in: Däubler/Kittner/Klebe, § 103 Rz. 55, der annimmt, daß die rechtskräftige Zustimmungsersetzung auch nach Ablauf der Amtszeit weiter erforderlich ist.
331 BAG vom 30. 5. 1978, AP Nr. 4 zu § 15 KSchG 1969.
332 *Hueck/v. Hoyningen-Huene*, KSchG, § 15 Rz. 52b; KR-*Etzel*, § 103 BetrVG Rz. 119; GK-*Kraft*, § 103 Rz. 49.
333 GK-*Kraft*, § 103 Rz. 49.

gen, die ihm bereits vor Abschluß des Zustimmungs- oder Zustimmungsersetzungsverfahrens bekannt geworden sind, da er sie in diesen Verfahren hätte vorbringen können und eine Beteiligung des Betriebsrates diesbezüglich fehlt[334].

2. Kündigungsschutz im Falle der Betriebsstillegung

208 § 15 Abs. 4 KSchG enthält eine spezielle Vorschrift für den Fall der **Betriebsstillegung.** Hiernach ist die Kündigung eines Betriebsratsmitgliedes frühestens zum Zeitpunkt der Stillegung zulässig, es sei denn, die Kündigung ist zu einem früheren Zeitpunkt durch zwingende betriebliche Erfordernisse bedingt. § 15 Abs. 5 KSchG ordnet für Fälle der Stillegung lediglich einer Betriebsabteilung an, daß Betriebsratsmitglieder in eine andere Betriebsabteilung zu übernehmen sind. Allein wenn dies aus betrieblichen Gründen nicht möglich ist, ist eine Kündigung entsprechend den Voraussetzungen der Betriebsstillegung möglich. § 15 Abs. 5 KSchG enthält eine Verweisung auf den vorhergehenden Absatz 4.

209 Wie im vorstehenden Kapitel ausgeführt, ist die ordentliche Kündigung eines Betriebsratsmitgliedes wegen seiner betriebsverfassungsrechtlichen Funktion grundsätzlich ausgeschlossen. § 15 Abs. 4 KSchG enthält insoweit eine **Ausnahmeregelung** für den Fall der Stillegung des Betriebes[335]. Die Kündigung bedarf in diesem Fall nicht der Zustimmung des Betriebsrates gemäß § 103 BetrVG, sondern lediglich dessen Anhörung nach § 102 Abs. 1 BetrVG[336].

210 Das Bundesarbeitsgericht sieht die Voraussetzung einer **Betriebsstillegung** als erfüllt an, wenn der Betriebszweck aufgegeben wird und damit die Auflösung der zu diesem Zeitpunkt bestehenden Betriebsgemeinschaft zwischen Arbeitgeber und Arbeitnehmern für eine nicht nur vorübergehende, zeitlich noch unbestimmte Dauer aufgrund eines ernstlichen und endgültigen Willensentschlusses des Unternehmers vorliegt[337]. Wird der Betrieb nach einer Ruhepause wieder eröffnet, spricht das gegen eine ernste Stillegungsabsicht[338].

---

334 GK-*Kraft*, § 103 Rz. 50.
335 BAG vom 20. 1. 1984, AP Nr. 16 zu § 15 KSchG 1969; BAG vom 23. 4. 1980, AP Nr. 8 zu § 15 KSchG 1969; BAG vom 29. 3. 1977, AP Nr. 11 zu § 102 BetrVG 1972.
336 BAG vom 29. 3. 1977, AP Nr. 11 zu § 102 BetrVG 1972; *Fitting/Kaiser/Heither/Engels*, § 103 Rz. 12; GK-*Kraft*, § 103 Rz. 19; *Hess/Schlochauer/Glaubitz*, § 103 Rz. 21; KR-*Etzel*, § 15 KSchG Rz. 95.
337 Vgl. zuletzt BAG vom 19. 6. 1991, AP Nr. 53 zu § 1 KSchG 1969 betriebsbedingte Kündigung.
338 BAG vom 27. 9. 1984, AP Nr. 39 zu § 613a BGB.

VIII. Kündigungsschutz   Rz. 214 **Teil D**

Die Voraussetzungen einer Betriebsstillegung können bereits dann 211
vorliegen, wenn auf dem Betriebsgrundstück noch einzelne **Abwicklungsarbeiten** oder **Wartungsarbeiten** ausgeführt werden[339].

Unter einer **Betriebsabteilung** im Sinne des § 15 Abs. 5 KSchG ist 212
demgegenüber eine unselbständige Betriebsabteilung ohne eigenen
Betriebsrat zu verstehen, bei der eine eigene personelle Einheit, organisatorische Abgrenzbarkeit, eigene technische Betriebsmittel und
ein eigener Betriebszweck oder Hilfszweck vorliegen[340].

Ist die Übernahme des Betriebsratsmitgliedes in eine andere Abtei- 213
lung aus betrieblichen Gründen nicht möglich, kommt die ordentliche Kündigung gemäß § 15 Abs. 4 KSchG in Betracht. Im Rahmen des
Anhörungsverfahrens gemäß § 102 BetrVG hat der Betriebsrat die
Möglichkeit, der Kündigung gemäß § 102 Abs. 3 Nr. 3 BetrVG zu
widersprechen, wenn die **Weiterbeschäftigung** des Betriebsratsmitgliedes in einem **anderen Betrieb** des **Unternehmens** in Betracht
kommt. Zwar läßt sich dies aus § 15 Abs. 4 KSchG nicht unmittelbar
entnehmen, anderenfalls wären Betriebsratsmitglieder im Falle der
betriebsbedingten Kündigung wegen Betriebsstillegung aber schlechter gestellt als andere Arbeitnehmer, bei denen eine bestehende Weiterbeschäftigungsmöglichkeit im Unternehmen die Kündigung ausschließt[341].

Veräußert der bisherige Arbeitgeber den Betrieb, so scheidet eine 214
Betriebsstillegung aus, da der Betrieb übernommen wird. Stillegung
und Veräußerung des Betriebes schließen einander aus[342]. Im Falle
der **Betriebsübernahme** besteht die Amtszeit des Betriebsrates fort.
Allein in dem Fall, daß ein Betriebsteil mit einem dort beschäftigten
Betriebsratsmitglied veräußert wird, endet dessen Betriebsratsmandat, sofern er nicht dem Übergang des Arbeitsverhältnisses widerspricht. Problematisch ist ein solcher Widerspruch für einen Arbeitnehmer, der nicht Betriebsratsmitglied ist, immer vor dem Hintergrund, daß der widersprechende Arbeitnehmer zwangsläufig das Risiko einer betriebsbedingten Kündigung eingeht. Dem Betriebsratsmitglied bleibt im Falle des Widerspruchs aber der volle Kündigungsschutz, insbesondere der des § 15 KSchG, erhalten, da eine beabsich-

---
339 BAG vom 23. 4. 1980, AP Nr. 8 zu § 15 KSchG 1969.
340 BAG vom 10. 1. 1984, AP Nr. 16 zu § 15 KSchG 1969.
341 BAG vom 13. 8. 1992, AP Nr. 32 zu § 15 KSchG 1969; KR-*Etzel*, § 15 KSchG
    Rz. 93 ff.; *Hueck/v. Hoyningen-Huene,* KSchG, § 15 Rz. 156; *Fitting/Kaiser/Heither/Engels,* § 103 Rz. 12a; **a. A.** *Hess/Schlochauer/Glaubitz,* § 103
    Rz. 22.
342 BAG vom 23. 4. 1980, AP Nr. 8 zu § 15 KSchG 1969.

tigte Beibehaltung des Betriebsratsmandates als sachlicher Grund für einen Widerspruch angesehen wird[343].

215 Eine bloße **Änderung** des **Betriebszwecks** unter Beibehaltung der Betriebsorganisation ist keine Stillegung. Unzulässig ist eine Kündigung, die lediglich auf eine Stillegung für kurze Zeit abzielt, um die Kündigungsschutzbestimmungen des § 15 KSchG zu umgehen[344].

216 Grundsätzlich darf die Kündigung erst zum **Zeitpunkt** der Stillegung des Betriebes erfolgen, d. h. die Kündigungsfrist darf erst mit der Stillegung ablaufen. Der Arbeitgeber ist nicht gehindert, die Kündigung schon früher auszusprechen, er trägt dann aber das Risiko, daß die Stillegung des Betriebes bei Ablauf der Kündigungsfrist noch nicht vorliegt und die Kündigung sodann erst zum nächstzulässigen Kündigungstermin wirkt[345].

217 § 15 Abs. 4 KSchG läßt ausnahmsweise die Kündigung zu einem früheren Zeitpunkt als dem der Stillegung zu, sofern dies durch **zwingende betriebliche Erfordernisse** gerechtfertigt ist. Zu prüfen ist in einem solchen Fall, ob das Betriebsratsmitglied auch nicht an einem anderen Arbeitsplatz bis zur Stillegung hätte beschäftigt werden können. Grundsätzlich ist das Betriebsratsmitglied auch bei stufenweiser Stillegung erst mit der letzten Arbeitnehmergruppe zu entlassen[346]. Sind freigestellte Betriebsratsmitglieder vorhanden, so kommt deren Entlassung vorzeitig vor der Stillegung des Betriebes nicht in Betracht, da die Erhaltung der Arbeitnehmervertretung schon wegen der Aufstellung eines Sozialplanes angezeigt ist. Zumindest muß **ein** Betriebsratsmitglied bis zum Schluß im Betrieb verbleiben, um die Interessen der restlichen Arbeitnehmer zu vertreten[347].

3. Kündigungsschutz nach Beendigung des Betriebsratsamtes

218 § 15 Abs. 1 Satz 2 KSchG enthält einen **nachwirkenden Kündigungsschutz** für Betriebsratsmitglieder. Nach Beendigung ihrer Amtszeit ist die Kündigung innerhalb eines Jahres vom Zeitpunkt der Beendigung der Amtszeit an gerechnet unzulässig, es sei denn, daß Tatsachen vorliegen, die den Arbeitgeber zur Kündigung aus wichtigem Grund

---

343 BAG vom 7. 4. 1993, AP Nr. 23 zu § 1 KSchG 1969 soziale Auswahl; *Fitting/Kaiser/Heither/Engels*, § 103 Rz. 13; **a. A.** *Hueck/v. Hoyningen-Huene*, KSchG, § 15 Rz. 71.
344 *Fitting/Kaiser/Heither/Engels*, § 103 Rz. 14.
345 BAG vom 23. 4. 1980, AP Nr. 8 zu § 15 KSchG 1969.
346 BAG vom 26. 10. 1967, AP Nr. 17 zu § 13 KSchG.
347 *Hess/Schlochauer/Glaubitz*, § 103 Rz. 21; *Fitting/Kaiser/Heither/Engels*, § 103 Rz. 15.

VIII. Kündigungsschutz   Rz. 220 **Teil D**

ohne Einhaltung einer Kündigungsfrist berechtigen. Eine Zustimmung des Betriebsrates vor Ausspruch der Kündigung gemäß § 103 BetrVG ist hier nicht erforderlich. Der Betriebsrat ist lediglich gemäß § 102 BetrVG zu beteiligen[348]. Eine ordentliche Kündigung ist nach der genannten Vorschrift während des Schutzzeitraumes von einem Jahr ohne weiteres unwirksam. Das vormalige Betriebsratsmitglied kann sich auf diesen Schutz jederzeit, auch noch nach Ablauf der 3-Wochen-Frist des § 4 KSchG berufen, § 13 Abs. 3 KSchG. Die Vorschrift bezweckt, dem Arbeitnehmervertreter für eine Übergangszeit den Anschluß an das Berufsleben zu sichern. Selbstverständlich ist im Falle der Betriebsstillegung gemäß § 15 Abs. 4 KSchG aber eine ordentliche Kündigung zulässig.

Das Bundesarbeitsgericht vertritt in ständiger Rechtsprechung, daß 219
der nachwirkende Kündigungsschutz von einem Jahr auch für **Ersatzmitglieder** des Betriebsrates gilt, unabhängig davon, ob sie endgültig in den Betriebsrat nachgerückt oder nur vorübergehend als Stellvertreter für ein zeitweilig verhindertes Betriebsratsmitglied tätig geworden sind. Für den Beginn des Laufs der Jahresfrist kommt es auf den Zeitpunkt der Beendigung des Nachrückens des Ersatzmitgliedes an. Die Dauer der Vertretung spielt für den nachwirkenden Kündigungsschutz keine Rolle[349].

Endet die regelmäßige Amtszeit des Betriebsrates, so beginnt der 220
1-Jahres-Zeitraum von der Bekanntgabe des Wahlergebnisses des neugewählten Betriebsrates an zu laufen. Gleiches gilt bei kollektivem Rücktritt des Betriebsrates. Endet die Mitgliedschaft eines Betriebsratsmitgliedes vorzeitig, so besteht nachwirkender Kündigungsschutz ab dem Zeitpunkt des Erlöschens der Mitgliedschaft[350]. § 15 Abs. 1 letzter Halbsatz KSchG bestimmt, daß der nachwirkende Kündigungsschutz trotz Beendigung der Tätigkeit des Betriebsrates entfällt, sofern die Beendigung der Mitgliedschaft auf einer gerichtlichen Entscheidung beruht. Es kommt hier in Betracht
▶ die Auflösung des Betriebsrates gemäß § 23 BetrVG,
▶ die erfolgreiche Anfechtung der Betriebsratswahl,
▶ die Feststellung der Nichtigkeit,
▶ der Ausschluß eines Betriebsratsmitgliedes aus dem Betriebsrat
▶ die Feststellung der Nichtwählbarkeit eines Betriebsratsmitgliedes[351].

---
348 *Fitting/Kaiser/Heither/Engels,* § 103 Rz. 33.
349 BAG vom 6. 9. 1979, AP Nr. 7 zu § 15 KSchG 1969; GK-*Kraft,* § 103 Rz. 26; *Fitting/Kaiser/Heither/Engels,* § 103 Rz. 35.
350 BAG vom 29. 9. 1983, AP Nr. 15 zu § 15 KSchG 1969.
351 Vgl. BAG vom 29. 9. 1983, AP Nr. 15 zu § 15 KSchG 1969.

221 Einzig zulässig ist im Nachwirkungszeitraum der Ausspruch der **außerordentlichen Kündigung**. Es gelten hierzu die Grundsätze für die Kündigung von Betriebsratsmitgliedern, die oben unter 1. dargestellt wurden[352]. Die Kündigung ist an den Grundsätzen von § 626 I und II BGB zu messen.

4. Kündigungsschutz weiterer betriebsverfassungsrechtlicher Funktionsträger

222 Für die Kündigung eines Mitgliedes einer Jugend- und Auszubildendenvertretung, einer Bordvertretung oder eines Seebetriebsrates gelten die Grundsätze zur Kündigung eines Betriebsratsmitgliedes in gleichem Umfang, vgl. § 15 Abs. 1 Satz 1 KSchG. Auch die Mitglieder der Jugend- und Auszubildendenvertretung und des Seebetriebsrates genießen einen nachwirkenden Kündigungsschutz von einem Jahr, die Mitglieder einer Bordvertretung einen solchen von 6 Monaten, vgl. § 15 Abs. 1 Satz 2 KSchG.

223 § 15 Abs. 3 KSchG schützt die Mitglieder des **Wahlvorstandes** vom Zeitpunkt ihrer Bestellung an, die **Wahlbewerber** vom Zeitpunkt der Aufstellung des Wahlvorschlages an, jeweils bis zur Bekanntgabe des Wahlergebnisses vor ordentlichen Kündigungen. Zulässig sind allein außerordentliche Kündigungen, wobei zusätzlich die Zustimmung des Betriebsrates oder die gerichtliche Ersetzung der Zustimmung gemäß § 103 Abs. 1, 2 BetrVG vorliegen muß. § 103 Abs. 1 BetrVG bezieht den Wahlvorstand sowie die Wahlbewerber ausdrücklich in den Schutzbereich ein. Besteht im Betrieb noch kein Betriebsrat, greift der Kündigungsschutz des § 15 Abs. 3 Satz 1 KSchG gleichwohl. Der Arbeitgeber muß die Erteilung der Zustimmung zur Kündigung in diesem Falle unmittelbar beim Arbeitsgericht beantragen[353]. Gleiches gilt für die Kündigung des letzten vorhandenen Betriebsratsmitgliedes, sofern auch kein Ersatzmitglied mehr vorhanden ist[354].

224 Innerhalb von **6 Monaten** nach **Bekanntgabe** des **Wahlergebnisses** ist die Kündigung des Wahlvorstandes sowie von Wahlbewerbern ferner unzulässig, es sei denn, daß Tatsachen vorliegen, die den Arbeitgeber zur Kündigung aus wichtigem Grund ohne Einhaltung einer Kündigungsfrist berechtigen, § 15 Abs. 3 Satz 2 KSchG. Die ordentliche

---

352 Vgl. Rz. 173 ff.
353 BAG vom 30. 5. 1978, AP Nr. 4 zu § 15 KSchG 1969; BAG vom 12. 8. 1976, AP Nr. 2 zu § 15 KSchG 1969; GK-*Kraft,* § 103 Rz. 30; *Kittner* in: Däubler/Kittner/Klebe, § 103 Rz. 18; *Dietz/Richardi,* § 103 Rz. 27; *Fitting/Kaiser/Heither/Engels,* § 103 Rz. 9.
354 BAG vom 16. 12. 1982, AP Nr. 13 zu § 15 KSchG 1969.

Kündigung ist hiernach für einen Zeitraum von 6 Monaten nach Beendigung der amtlichen Tätigkeit ausgeschlossen. Möglich bleibt die außerordentliche Kündigung. Der Betriebsrat ist vor Ausspruch der außerordentlichen Kündigung lediglich gemäß § 102 BetrVG zu beteiligen. Ausgeschlossen ist der nachwirkende Kündigungsschutz für Mitglieder des Wahlvorstandes, sofern dieser durch gerichtliche Entscheidung durch einen anderen Wahlvorstand ersetzt wurde, § 15 Abs. 3 Satz 2, 2. Halbsatz KSchG. Das Bundesarbeitsgericht bejaht einen nachwirkenden Kündigungsschutz jedoch im Falle der Amtsniederlegung eines Mitgliedes des Wahlvorstandes vor Durchführung der Wahl vom Zeitpunkt der Niederlegung an[355].

IX. Abberufung von Betriebsratsmitgliedern

Eine Abberufung der gewählten Arbeitnehmervertreter ist grundsätzlich nicht möglich. Lediglich im Falle der **groben Verletzung** von **gesetzlichen Pflichten** durch ein Betriebsratsmitglied oder durch den Betriebsrat insgesamt ist die Auflösung des Betriebsrates oder der Ausschluß eines Mitgliedes aus dem Betriebsrat möglich. Dies setzt gemäß § 23 Abs. 1 BetrVG jedoch immer eine gerichtliche Entscheidung voraus. Eine Abwahl des Betriebsrates oder eine Absetzung einzelner Betriebsratsmitglieder durch die Arbeitnehmer des Betriebes ist unzulässig. Der Betriebsrat hat kein imperatives, sondern ein repräsentatives Mandat[356]. Das Betriebsverfassungsgesetz sieht daher nur die Möglichkeit der Anrufung des Arbeitsgerichts mit dem Ziel der Auflösung des Betriebsrates als Kollektivorgan oder des Ausschlusses eines Betriebsratsmitgliedes aus dem Betriebsrat vor.

225

Für den Ausschluß aus dem Gesamtbetriebsrat und dem Konzernbetriebsrat enthalten die §§ 48 und 56 BetrVG Sonderregelungen.

226

1. Antragsberechtigung

Voraussetzung ist ein Antrag, der allein von den in § 23 Abs. 1 BetrVG aufgezählten antragsberechtigten Personen gestellt werden kann. Dies sind mindestens ¼ der wahlberechtigten Arbeitnehmer des Betriebes, der Arbeitgeber, eine im Betrieb vertretene Gewerkschaft oder aber, im Falle des Ausschlusses eines Betriebsratsmitgliedes, der Betriebsrat selbst.

227

---

355 BAG vom 9. 10. 1986, AP Nr. 23 zu § 15 KSchG 1969.
356 BVerfG, NJW 1979, 1875.

228 Die Mindestzahl von ¼ der **wahlberechtigten Arbeitnehmer** ist nach dem regelmäßigen Stand der Belegschaft zu berechnen. Auszugehen ist von dem Stand der Belegschaft zum Zeitpunkt der Antragstellung[357].

229 Die Antragsberechtigung des Arbeitgebers bezieht sich nur auf solche Pflichtverletzungen, die sich auf ein Verhalten ihm gegenüber beziehen. Das Verfahren des § 23 Abs. 1 BetrVG steht dem Arbeitnehmer nicht für Pflichtverletzungen im Verhältnis der Betriebsratsmitglieder untereinander oder im Verhältnis zur Belegschaft zu; der Arbeitgeber ist weder Anwalt der Belegschaft noch des Betriebsrates[358].

230 Das Antragsrecht der im Betrieb vertretenen **Gewerkschaft** bezieht sich auch auf den Ausschluß einzelner Betriebsratsmitglieder, und zwar auch auf solche, die der antragstellenden Gewerkschaft nicht angehören[359]. Die antragstellende Gewerkschaft muß im Betrieb während des gesamten Verfahrens vertreten sein[360].

231 Für den Fall der Amtsenthebung einzelner Betriebsratsmitglieder ist auch der **Betriebsrat** antragsberechtigt. Erforderlich ist ein mit einfacher Mehrheit gefaßter Beschluß des Betriebsrates gemäß § 33 BetrVG. Hieran wirkt das auszuschließende Betriebsratsmitglied nicht mit[361]. Das auszuschließende Betriebsratsmitglied ist gemäß § 25 Abs. 1 Satz 2 BetrVG zeitweilig verhindert, so daß das nach § 25 BetrVG in Frage kommende Ersatzmitglied mitwirkt[362]. Nicht antragsberechtigt ist eine Gruppe im Betriebsrat[363].

2. Ausschluß von Betriebsratsmitgliedern

232 Der Ausschluß eines Betriebsratsmitgliedes kann nur wegen **grober Amtspflichtverletzungen,** nicht wegen Verletzungen seiner Pflichten aus dem Arbeitsverhältnis betrieben werden. Zu den gesetzlichen Pflichten des Betriebsratsmitgliedes gehören alle Pflichten, die sich

---

357 Vgl. zum Begriff der wahlberechtigten Arbeitnehmer die Vorschrift des § 7.
358 GK-*Wiese*, § 23 Rz. 60; *Hess/Schlochauer/Glaubitz*, § 23 Rz. 12; *Dietz/Richardi*, § 23 Rz. 22; *Trittin* in: Däubler/Kittner/Klebe, § 23 Rz. 30.
359 BAG vom 22. 6. 1993, AP Nr. 22 zu § 23 BetrVG 1992; GK-*Wiese*, § 23 Rz. 61; *Hess/Schlochauer/Glaubitz*, § 23 Rz. 10.
360 GK-*Wiese*, § 23 Rz. 61; *Dietz/Richardi*, § 21 Rz. 29; *Hess/Schlochauer/Glaubitz*, § 21 Rz. 10; *Fitting/Kaiser/Heither/Engels*, § 23 Rz. 11; a. A. *Trittin* in: Däubler/Kittner/Klebe, § 23 Rz. 33.
361 GK-*Wiese*, § 23 Rz. 62; *Hess/Schlochauer/Glaubitz*, § 23 Rz. 11; *Trittin* in: Däubler/Kittner/Klebe, § 23 Rz. 33; *Fitting/Kaiser/Heither/Engels*, § 23 Rz. 13.
362 BAG vom 1. 8. 1958, AP Nr. 1 zu § 83 Arbeitsgerichtsgesetz.
363 LAG Düsseldorf, DB 1990, 283.

aus dem Betriebsverfassungsgesetz ergeben, sowie alle anderen gesetzlichen oder durch Tarifvertrag oder Betriebsvereinbarung konkretisierten Pflichten bei der Amtsausübung[364]. Zu gesetzlichen Amtspflichten zählen auch diejenigen Pflichten, die sich aus einer bestimmten Funktion innerhalb des Betriebsrates ergeben, wie z. B. der Mitgliedschaft in einem bestimmten Ausschuß oder der Stellung als Vorsitzender oder stellvertretender Vorsitzender des Betriebsrates[365]. Es muß sich aber immer um Pflichten handeln, die sich aus der Amtsstellung des Betriebsratsmitglieds ergeben. Dazu gehören nicht diejenigen Pflichten, die einem Betriebsratsmitglied bei der Wahrnehmung von Aufgaben obliegen, die er zusätzlich neben seinem Betriebsratsamt wahrnimmt, wie z. B. die Funktion als Beisitzer einer Einigungsstelle[366].

Hält ein Betriebsratsmitglied sein Verhalten **irrtümlich** für **rechtmäßig**, so liegt eine grobe Amtspflichtverletzung nur in objektiv schweren Fällen und regelmäßig nur bei grober Fahrlässigkeit vor[367]. 233

Eine **grobe Pflichtverletzung** ist gegeben, wenn sie objektiv erheblich, also besonders schwerwiegend gegen Sinn und Zweck des Gesetzes verstößt[368]. Nicht gleichzusetzen ist die schwerwiegende Pflichtverletzung mit einer offensichtlichen Pflichtverletzung. Auch eine leichte Pflichtverletzung kann offensichtlich sein. Zu prüfen ist, ob die Pflichtverletzung unter Einbeziehung aller Umstände, insbesondere der betrieblichen Gegebenheiten, des Anlasses und der Persönlichkeit des Betriebsratsmitgliedes so erheblich ist, daß es für die weitere Amtsausübung untragbar erscheint[369]. Immer ist eine Zukunftsprognose erforderlich, die es nahelegt, daß der Betriebsfrieden ohne Amtsenthebung nachhaltig gestört oder ernstlich gefährdet ist[370]. 234

Auch bei einem **einmaligen schwerwiegenden Verstoß** kann eine grobe Pflichtverletzung zu bejahen sein[371]. In der Regel setzt die grobe 235

---

364 GK-*Wiese*, § 23 Rz. 14; *Dietz/Richardi*, § 23 Rz. 12; *Trittin* in: Däubler/Kittner/Klebe, § 23 Rz. 15.
365 *Trittin* in: Däubler/Kittner/Klebe, § 23 Rz. 7; *Hess/Schlochauer/Glaubitz*, § 23 Rz. 15; *Fitting/Kaiser/Heither/Engels*, § 23 Rz. 15.
366 GK-*Wiese*, § 24 Rz. 15.
367 GK-*Wiese*, § 23 Rz. 28.
368 BAG vom 2. 11. 1955, AP Nr. 1 zu § 23 BetrVG; BAG vom 21. 2. 1978, AP Nr. 1 zu § 24 BetrVG 1972; GK-*Wiese*, § 23 Rz. 31; *Fitting/Kaiser/Heither/Engels*, § 23 Rz. 14.
369 LAG Berlin, ARSt. XVI, Seite 10 (Nr. 26).
370 GK-*Wiese*, § 21 Rz. 31.
371 BAG vom 4. 5. 1955, AP Nr. 1 zu § 44 BetrVG; GK-*Wiese*, § 23 Rz. 32; *Trittin* in: Däubler/Kittner/Klebe, § 23 Rz. 11; *Dietz/Richardi*, § 23 Rz. 19; *Fitting/Kaiser/Heither/Engels*, § 23 Rz. 17.

Pflichtverletzung auch ein schuldhaftes Verhalten des Betriebsratsmitgliedes voraus, d. h. es muß vorsätzlich oder zumindest grob fahrlässig handeln[372]. Nicht entscheidend ist, ob den anderen Betriebsratsmitgliedern die Zusammenarbeit mit dem betreffenden Betriebsratsmitglied zumutbar ist. Der Betriebsrat hätte es anderenfalls in der Hand, mit der Mehrheit seiner Mitglieder zu erklären, daß die Zusammenarbeit mit einem mißliebigen Mitglied für unzumutbar gehalten wird und hierdurch das gesetzliche Erfordernis einer groben Amtspflichtverletzung zu umgehen[373]. Es ist vielmehr erforderlich, daß das auszuschließende Betriebsratsmitglied durch ein ihm zurechenbares Verhalten die Funktionsfähigkeit des Betriebsrates ernstlich bedroht oder lahmgelegt hat[374].

236 Zeitlich sind in einem Ausschlußverfahren nur **Amtspflichtverletzungen** der **laufenden Amtsperiode** des Betriebsrates zu berücksichtigen. Amtspflichtverletzungen eines Betriebsratsmitgliedes aus der vorherigen Amtszeit sind regelmäßig als erledigt anzusehen[375]. Die herrschende Literaturmeinung spricht sich jedoch zu Recht dafür aus, daß bei Amtspflichtsverletzungen, die sich auch in der neuen Amtszeit des Betriebsrates **belastend** auswirken, der neue Betriebsrat in der Lage sein muß, den Ausschluß des Betriebsratsmitgliedes zu betreiben[376]. Zu überprüfen ist in diesen Fällen aber, ob das Antragsrecht nicht gemäß § 2 Abs. 1 BetrVG in Verbindung mit § 242 BGB verwirkt ist. Eine Verwirkung kommt in Betracht, wenn der Betriebsrat den Antrag gemäß § 23 BetrVG willkürlich verzögert oder trotz Kenntnis der groben Pflichtverletzung bei Personenidentität des neuen Betriebsrates der Antrag erst in der neuen Amtsperiode gestellt wird[377]. Unbedenklich ist die Einleitung des Ausschlußverfahrens erst während der neuen Amtszeit, sofern die Pflichtverletzung erst

---

[372] BAG vom 5. 9. 1967, AP Nr. 8 zu § 23 BetrVG; BVerwG, AP Nr. 8 zu § 26 PersVG; GK-*Wiese*, § 23 Rz. 36; *Trittin* in: Däubler/Kittner/Klebe, § 23 Rz. 13; a. A. *Joost* in: Münchener Handbuch zum Arbeitsrechts, Band 3, § 302 Rz. 12; *Hess/Schlochauer/Glaubitz*, § 23 Rz. 17; GK-*Wiese*, § 23 Rz. 33, die es ausreichen lassen, daß dem Betriebsratsmitglied die Pflichtverletzung zurechenbar ist.

[373] GK-*Wiese*, § 23 Rz. 37; *Dietz/Richardi*, § 23 Rz. 6; *Fitting/Kaiser/Heither/Engels*, § 23 Rz. 18.

[374] BAG vom 5. 9. 1967, AP Nr. 8 zu § 23 BetrVG; BAG vom 21. 2. 1978, AP Nr. 1 zu § 74 BetrVG 1972; GK-*Wiese*, § 23 Rz. 37; *Hess/Schlochauer/Glaubitz*, § 23 Rz. 18; *Fitting/Kaiser/Heither/Engels*, § 23 Rz. 18.

[375] BAG vom 29. 4. 1969, AP Nr. 9 zu § 23 BetrVG.

[376] GK-*Wiese*, § 23 Rz. 39; *Dietz/Richardi*, § 23 Rz. 14 ff.; *Hess/Schlochauer/Glaubitz*, § 23 Rz. 19; *Stege-Weinspach*, § 23 Rz. 6; vgl. auch BVerwG, AP Nr. 2 zu § 26 PersVG bei fortgesetzter Amtspflichtverletzung.

[377] LAG Düsseldorf, BB 1965, 371; OVG Lüneburg, AP Nr. 1 zu § 26 PersVG; GK-*Wiese*, § 23 Rz. 41.

IX. Abberufung von Betriebsratsmitgliedern

hier bekannt wird oder aber, sofern es um die Antragstellung durch den Arbeitgeber geht und dieser das Ausschlußverfahren in der begründeten aber fehlgeschlagenen Erwartung nicht eingeleitet hat, das Betriebsratmitglied werde nicht wiedergewählt werden[378].

Zu unterscheiden ist die Verletzung **betriebsverfassungsrechtlicher Pflichten** von der Verletzung von **Pflichten** aus dem **Arbeitsvertrag**. Letzteres kann nur arbeitsvertragliche Sanktionen zur Folge haben, nicht dagegen den Ausschluß aus dem Betriebsrat. Umgekehrt kann die ausschließliche Amtspflichtverletzung keine arbeitsvertraglichen Sanktionen herbeiführen[379]. Sofern eine grobe Amtspflichtsverletzung zugleich eine Verletzung der Pflichten aus dem Arbeitsverhältnis darstellt, wie z. B. bei der Entfernung eines Betriebsratsmitgliedes von der Arbeit unter dem Vorwand, Betriebsratsgeschäfte wahrzunehmen, hat der Arbeitgeber die Wahl, sich auf einen Antrag gemäß § 23 BetrVG zu beschränken oder aber das Verfahren einer außerordentlichen Kündigung gemäß § 103 BetrVG, § 15 KSchG zu betreiben. Das Bundesarbeitsgericht betont jedoch, daß in diesen Fällen ein besonders strenger Maßstab anzulegen ist, ob das pflichtwidrige Verhalten sich als schwerer Verstoß gegen die Pflichten aus dem Arbeitsverhältnis darstellt und insofern eine außerordentliche Kündigung rechtfertigt[380]. Das Bundesarbeitsgericht erkennt insoweit an, daß die Betriebsratsmitglieder in Folge ihrer exponierten Stellung leichter als andere Arbeitnehmer in Kollision mit arbeitsvertraglichen Pflichten kommen können[381]. Will der Arbeitgeber den Antrag gemäß § 23 Abs. 1 BetrVG mit einem Antrag auf Ersetzung der Zustimmung des Betriebsrates zur außerordentlichen Kündigung des Betriebsratsmitgliedes verbinden, so kann er das nur in der Weise tun, daß er den Ausschlußantrag gemäß § 23 Abs. 1 BetrVG hilfsweise stellt[382]. 237

Der Ausschluß aus dem Betriebsrat, d. h. das Erlöschen der Mitgliedschaft im Betriebsrat tritt mit **Rechtskraft** des den Ausschluß des Betriebsratsmitgliedes aussprechenden arbeitsgerichtlichen Beschlusses ein. Für das ausgeschiedenen Betriebsratsmitglied rückt ein 238

---

378 GK-*Wiese*, § 23 Rz. 41.
379 GK-*Wiese*, § 23 Rz. 19; *Hess/Schlochauer/Glaubitz*, § 23 Rz. 22; *Trittin* in: Däubler/Kittner/Klebe, § 23 Rz. 21; *Dietz/Richardi*, § 23 Rz. 14 ff.; *Fitting/Kaiser/Heither/Engels*, § 23 Rz. 21.
380 BAG vom 8. 8. 1968, AP Nr. 57 zu § 626 BGB.
381 BAG vom 15. 7. 1992, AP Nr. 9 zu § 611 BGB Abmahnung; BAG vom 16. 10. 1986, AP Nr. 95 zu § 626 BGB; BAG vom 11. 12. 1975, AP Nr. 1 zu § 15 KSchG 1969; BAG vom 22. 8. 1974, AP Nr. 1 zu § 103 BetrVG 1972; BAG vom 20. 12. 1961, AP Nr. 16 zu § 13 KSchG.
382 BAG vom 21. 2. 1978, AP Nr. 1 zu § 74 BetrVG 1972; GK-*Wiese*, § 23 Rz. 67; *Trittin* in: Däubler/Kittner/Klebe, § 23 Rz. 43; *Fitting/Kaiser/Heither/Engels*, § 23 Rz. 22.

Ersatzmitglied gemäß § 25 BetrVG nach. Mit dem Ausschluß aus dem Betriebsrat tritt zugleich der Verlust der Mitgliedschaft im Gesamtbetriebsrat und Konzernbetriebsrat ein, vgl. §§ 49 und 57 BetrVG. Gleiches gilt hinsichtlich der Mitgliedschaft im Wirtschaftsausschuß, sofern das ausgeschlossene Betriebsratsmitglied gemäß § 107 Abs. 1 Satz 1 BetrVG als Betriebsratsmitglied dorthin entsandt worden war.

239 **Legt** das Betriebsratsmitglied während der Durchführung des Ausschlußverfahrens sein **Betriebsratsamt nieder,** so wird das Verfahren nicht fortgeführt. Der Antrag auf Ausschluß des Betriebsratsmitgliedes wird mangels Rechtsschutzinteresses als unzulässig abgewiesen[383]. Tritt der gesamte Betriebsrat zurück, wird das Ausschlußverfahren fortgeführt, da der Betriebsrat hier bis zu seiner Neuwahl die Geschäfte weiterführt und das auszuschließende Betriebsratsmitglied bis zu diesem Zeitpunkt noch im Amt verbleiben würde[384].

240 Das Arbeitsgericht entscheidet über den Ausschluß eines Betriebsratsmitgliedes im Beschlußverfahren, §§ 2a, 80 ff. ArbGG. In dringenden Fällen kann es im Wege **einstweiliger Verfügung** dem Betriebsratsmitglied die weitere Amtsausübung bis zur rechtskräftigen Entscheidung untersagen. Hierfür muß aber ein schwerwiegender Fall von Pflichtverletzungen vorliegen, der es nicht einmal vorübergehend mehr zumutbar erscheinen läßt, daß das Mitglied im Amt verbleibt[385].

241 Der Ausschluß aus dem Betriebsrat hat für das Betriebsratsmitglied zur Folge, daß es den Sonderkündigungsschutz des § 15 KSchG, § 103 BetrVG verliert. Auch ein nachwirkender **Kündigungsschutz** kommt infolge der ausdrücklichen Regelung des § 15 Abs. 1 Satz 2, 2. Halbsatz KSchG nicht in Betracht. Selbstverständlich tritt der Verlust des Kündigungsschutzes nicht bereits durch den Erlaß einer einstweiligen Verfügung ein, da diese lediglich vorläufigen Charakter hat und unter der Bedingung der Bestätigung im Hauptsacheverfahren steht[386].

242 Eine **abschließende Aufzählung** der Gründe, die als grobe Pflichtverletzung einen Ausschluß aus dem Betriebsrat rechtfertigen können, ist nicht möglich, da im Einzelfall eine Wertung erforderlich ist, die

---

383 Vgl. BAG vom 29. 4. 1969, AP Nr. 9 zu § 23 BetrVG; BAG vom 8. 12. 1961, AP Nr. 7 zu § 23 BetrVG; GK-*Wiese*, § 23 Rz. 71, 73; *Fitting/Kaiser/Heither/Engels*, § 23 Rz. 29; **a. A.** *Dietz/Richardi*, § 23 Rz. 34, der annimmt, daß der Antrag als unbegründet zurückgewiesen werden müsse.
384 GK-*Wiese*, § 23 Rz. 73; *Trittin* in: Däubler/Kittner/Klebe, § 23 Rz. 16; *Fitting/Kaiser/Heither/Engels*, § 23 Rz. 29.
385 BAG vom 29. 4. 1969, AP Nr. 9 zu § 23 BetrVG; LAG Hamm, BB 1975, 1302; *Trittin* in: Däubler/Kittner/Klebe, § 23 Rz. 36; GK-*Wiese*, § 23 Rz. 77; *Dietz/Richardi*, § 23 Rz. 42; *Fitting/Kaiser/Heither/Engels*, § 23 Rz. 32.
386 GK-*Wiese*, § 23 Rz. 84.

sämtliche Umstände des Falles einbezieht. Durch die Vielzahl der von der Rechtsprechung entschiedenen Fallgestaltungen lassen sich aber einige Fallgruppen bilden, bei denen die Anerkennung oder Nichtanerkennung als grobe Pflichtverletzung in Betracht kommt.

a) Verletzung der Schweigepflicht

Eine Geheimhaltungspflicht kann sich zugunsten des Arbeitgebers, zugunsten anderer Arbeitnehmer und auch zugunsten des Betriebsrates ergeben[387]. Soweit eine Schweigepflicht besteht, hängt es von den Umständen des Einzelfalles ab, ob ein grober Verstoß zu bejahen ist. Grundsätzlich ist zu fordern, daß die Verletzung der Schweigepflicht wiederholt erfolgt und schwerwiegende Folgen hat. Beispiele wären die Ausnutzung des aufgrund der Betriebsratseigenschaft erlangten Wissens gegenüber dem Arbeitgeber oder die rücksichtslose Preisgabe vertraulicher Informationen gegenüber diesem[388]. 243

b) Vernachlässigung betriebsverfassungsrechtlicher Befugnisse

▶ beharrliche Weigerung, an Betriebsratsabstimmungen oder Betriebsratssitzungen teilzunehmen[389], 244
▶ Unterlassung der Einberufung von Betriebsversammlungen und der Erstattung von Tätigkeitsberichten während eines längeren Zeitraumes[390],
▶ ablehnende Haltung gegenüber dem Betriebsverfassungsgesetz insgesamt[391],
▶ Ablehnung eines mit Gründen versehenen Antrags eines Viertels der Betriebsratsmitglieder auf Einberufung einer Betriebsratssitzung[392].

c) Verstöße gegen die Pflicht zur vertrauensvollen Zusammenarbeit gemäß § 2 Abs. 1 BetrVG

▶ Weitergabe einer vom Arbeitgeber für vertraulich und betriebsintern erklärten Liste über die Zugehörigkeit von Arbeitnehmern zu einzelnen Lohngruppen an die Gewerkschaft[393],

---

387 Vgl. hierzu im einzelnen Rz. 128 ff.
388 LAG München, DB 1978, 894.
389 LAG Hamm, LAGE § 37 BetrVG 1972, Nr. 38 Seite 1; LAG Mainz, BB 1954, 128 ff.
390 LAG Hamm, DB 1959, 1227; ArbG Bamberg, ARSt. 1977, Seite 94.
391 LAG Mainz, DB 1954, 128 ff.
392 ArbG Esslingen, AuR 1964, 1249.
393 BAG vom 22. 5. 1959, AP Nr. 3 zu § 23 BetrVG.

- öffentliche Anprangerungen des Arbeitgebers wegen angeblich unsozialer Einstellung, Verteilung eines entsprechenden Flugblattes oder Duldung der Herausgabe eines solchen Flugblattes durch die Gewerkschaft[394],
- Erstattung einer Strafanzeige nach § 119 Abs. 2 BetrVG gegen den Arbeitgeber, wenn die Strafanzeige selbst einen Straftatbestand der §§ 164, 185 ff. StGB erfüllt[395],
- falsche Angaben eines freigestellten Betriebsratsmitgliedes über den Zweck seiner Tätigkeit während der Arbeitszeit außerhalb des Betriebs[396],
- grobe Beschimpfung oder Verunglimpfung des Arbeitgebers[397],
- Aufforderung an die Betriebsversammlung zur Billigung eines Briefes an den Wirtschaftsminister, in dem dessen Einstellung zur Lohnstreitigkeit der Sozialpartner angegriffen wird[398].

d) Verstoß gegen das Verbot von Kampfmaßnahmen zwischen Arbeitgeber und Betriebsrat gemäß § 74 Abs. 2 Satz 1 BetrVG

245
- Androhung vom Kampfmaßnahmen[399],
- Aufforderung an die Arbeitnehmer mit der Arbeitsleistung zurückzuhalten, um eine Änderung der Arbeitsbedingungen zu erreichen[400],
- Aufwiegeln der Arbeitnehmer[401],
- Aufruf zum Streik durch Verteilen von Flugblättern und ähnlichem[402],
- Beteiligung an einem rechtmäßigen Arbeitskampf unter mißbräuchlicher Ausnutzung der Amtsstellung und sachlicher Mittel des Betriebsrates[403],
- Beteiligung an einem wilden Streik, wenn das Kampfziel eine betriebliche Regelung oder Maßnahme ist[404],
- Streikhetze[405].

---

394 LAG Bremen, DB 1962, 1442.
395 LAG Baden-Württemberg, AP Nr. 2 zu § 78 BetrVG.
396 BAG vom 21. 2. 1978, AP Nr. 1 zu § 74 BetrVG 1972.
397 BVerwG, EZA § 23 BetrVG 1972, 30.
398 LAG München, BB 1955, 193.
399 ArbG Berlin, ARS 16, LAG Seite 57.
400 LAG Bremen, BB 1962, 1442; LAG Bayern, ArbGeb 1960, 124.
401 LAG Kiel, AuR 1961, 156; LAG Bayern, DB 1958, 900.
402 LAG Bayern, ArbGeb 1955, 214; LAG Hamm, BB 1956, 41.
403 *Fitting/Kaiser/Heither/Engels*, § 23 Rz. 19; GK-*Wiese*, § 23 Rz. 44.
404 ArbG Hamm, BB 1975, 1065; LAG Baden-Württemberg vom 24. 6. 1974 – 1 Ta BV 3/74.
405 LAG Düsseldorf, DB 1953, 256.

IX. Abberufung von Betriebsratsmitgliedern   Rz. 247 **Teil D**

e) **Verstoß gegen die allgemeine Friedenspflicht nach § 74 Abs. 2 Satz 2 BetrVG**[406]

§ 74 Abs. 2 Satz 2 BetrVG verbietet Betätigungen, durch die der Arbeitsablauf oder der Frieden des Betriebes beeinträchtigt werden, z. B. die Aufforderung an die Arbeitnehmer, bestimmte Weisungen des Arbeitgebers nicht zu befolgen.

246

f) **Verstöße gegen das Verbot parteipolitischer Betätigung nach § 74 Abs. 2 Satz 3 BetrVG**

▶ Verteilen von Flugblättern politischen Inhalts außerhalb des Betriebes, sofern dies der Betriebssphäre noch zuzurechnen ist und im Zusammenhang mit der Stellung des Betriebsratsmitgliedes steht[407],
▶ Verteilen von Flugblättern politischen Inhalts innerhalb des Betriebes[408],
▶ Verteilen von Flugblättern politischen Inhalts in einer Betriebsversammlung[409],
▶ Dulden und Billigen des Verteilens von Flugblättern vor den Werktoren sowie einer Lautsprecheraktion durch ein Betriebsratsmitglied, wenn hierdurch seine Kandidatur für eine politische Partei unterstützt wird[410],
▶ Behandlung allgemein politischer und parteipolitischer Themen auf Betriebsversammlungen[411],
▶ Verteilen von Einladungszetteln zu einer gewerkschaftlichen Protestaktion[412],
▶ Aufforderung an Arbeitnehmer, ihren Arbeitsplatz zu verlassen, um an einer Demonstration teilzunehmen[413],
▶ Tragen von Plaketten, die Zugehörigkeit oder Sympathie zu einer politischen Partei dokumentieren, sofern dies Anlaß zu Streit gibt oder eine Störung des Betriebsfriedens konkret zu erwarten ist[414].

247

---

406 LAG Berlin, BB 1988, 1045; LAG Baden-Württemberg, DB 1978, 799; LAG Düsseldorf, DB 1967, 866; LAG Hamm, BB 1956, 41.
407 BAG vom 21. 2. 1978, AP Nr. 1 zu § 74 BetrVG 1972; BAG vom 13. 1. 1956, AP Nr. 4 zu § 13 KSchG; LAG Mainz, BB 1954, 128; LAG Niedersachsen, BB 1970, 1480; LAG Tübingen, BB 1952, 58.
408 BAG vom 21. 2. 1978, AP Nr. 1 zu § 87 BetrVG 1972; LAG Hannover, BB 1956, 109; LAG Düsseldof, BB 1952, 116.
409 LAG München, BB 1955, 193.
410 LAG Hamburg, BB 1970, 1479.
411 BAG vom 4. 5. 1955, AP Nr. 1 zu § 44 BetrVG; LAG Düsseldorf, DB 1977, 2191; LAG München, BB 1951, 701.
412 LAG Bremen, DB 1962, 1442.
413 LAG Bremen, BB 1969, 404.
414 LAG Düsseldorf, DB 1981, 1986; LAG Hamm, DB 1981, 106.

g) Verstöße gegen die Grundsätze des § 75 Abs. 1 BetrVG für die Behandlung der Betriebsangehörigen

248
- ▶ Beleidigung eines Arbeitnehmers wegen seines Entschlusses, aus der Gewerkschaft auszutreten[415],
- ▶ Ausüben von Druck auf Arbeitnehmer, einer Gewerkschaft beizutreten, unter Ausnutzung der Amtsstellung[416],
- ▶ Benachteiligung nicht gewerkschaftlich organisierter Arbeitnehmer durch beharrliche Weigerung, sich auch für ihre Interessen einzusetzen[417],
- ▶ Bewußte Diffamierung anderer Betriebsratsmitglieder[418],
- ▶ Gewerkschaftliche Betätigung, die zu einer für das Betriebsklima unerträglichen Belästigung Andersdenkender führt[419].

h) Sonstige grobe Pflichtverletzungen

249
- ▶ Unrichtige Abrechnung von Reisekosten, Verlangen nicht gerechtfertigter Überstundenbezahlung[420],
- ▶ Unsittliche Belästigung einer Arbeitnehmerin unter Ausnutzung des Betriebsratsamtes[421],
- ▶ Bewußtes Handeln gegen Geschäftsführungsvorschriften, gegen den Betriebsrat, gegen den Betriebsratsvorsitzenden oder gegen den Betriebsfrieden[422],
- ▶ Überschreiten der Vertretungsmacht durch den Betriebsratsvorsitzenden[423],
- ▶ Nichtberücksichtigung betrieblicher Notwendigkeiten nach § 30 Satz 2 nach Anberaumung von Betriebsratssitzungen[424],
- ▶ Werbung für eine Gewerkschaft in einer Betriebsversammlung[425],
- ▶ Nichteinschreiten des Betriebsratsvorsitzenden gegen die Behandlung unzulässiger Themen in einer Betriebsversammlung[426],
- ▶ Annahme vom Arbeitgeber gewährter unzulässiger Vorteile[427],

---

415 LAG Kiel, DB 1960, 1338.
416 LAG Bayern, ARSt. XXII, Seite 168 (Nr. 468); LAG Schleswig Holstein, DB 1967, 1992; LAG Hamm, DB 1952, 595; ArbG München, EZA, § 23 BetrVG 1972 Nr. 8.
417 LAG Hannover, SozBA 1956, Rechtsprechung, Seite 145.
418 LAG Düsseldorf, DB 1967, 866; 1977, 2191; LAG Hamm, BB 1959, 376.
419 RAG ARS 6, 320.
420 BAG vom 22. 8. 1974, AP Nr. 1 zu § 103 BetrVG 1972.
421 RAG ARS 10, 489.
422 LAG Düsseldorf, DB 1967, 866.
423 GK-*Wiese*, § 23 Rz. 50.
424 LAG Hamm, EZA § 37 BetrVG 1972 Nr. 58 Seite 242.
425 LAG Kiel, DB 1960, 1338.
426 LAG München, BB 1955, 193.
427 LAG München, DB 1978, 894.

IX. Abberufung von Betriebsratsmitgliedern

- Forderung nach tariflicher Absicherung betrieblicher Sozialleistungen in einer Betriebsversammlung[428],
- Handgreiflichkeiten zwischen Betriebsratsmitgliedern während einer Betriebsratssitzung[429],
- Entgegennahme besonderer, nur dem betreffenden Betriebsratsmitglied zugewandter Vorteile zum Zwecke der Beeinflussung der Amtsführung oder zur Belohnung einer vorausgegangenen pflichtwidrigen Amtsführung[430],
- Veranstaltung von „Volksbefragungen"[431].

i) Nicht zum Ausschluß aus dem Betriebsrat führen

- bestimmtes Abstimmungsverhalten bei Beschlüssen des Betriebsrates, es sei denn, das Betriebsratsmitglied läßt sich von sachfremden oder rachsüchtigen Beweggründen leiten[432],
- Weigerung eines Betriebsratsmitgliedes, sich freistellen zu lassen[433],
- Verteilung eines gewerkschaftlichen Aufrufs zur Kommunalwahl im Betrieb bei nur geringer Bedeutung des Verstoßes gegen das Verbot der parteipolitischen Betätigung[434],
- irrtümliche Verletzung betriebsverfassungsrechtlicher Pflichten[435],
- Streitigkeiten innerhalb des Betriebsrates, sofern diese auf sachlichen Meinungsverschiedenheiten beruhen[436],
- Mißverständnisse und Meinungsverschiedenheiten beider Betriebspartner, die eine schwere Beeinträchtigung des Vertrauensverhältnisses herbeiführen[437],
- Aushang des Betriebsrats zur Belehrung der organisierten und nicht organisierten Arbeitnehmer über tarifliche Rechte[438],
- öffentlicher Vorwurf einzelner Betriebsratsmitglieder gegenüber der Betriebsratsmehrheit, gegen die Arbeitnehmerinteressen mit der Geschäftsführung zusammen zu arbeiten[439].

---

428 LAG Kiel, AuR 1961, 157.
429 ArbG Berlin, AuR 1982, 260.
430 LAG München, DB 1978, 895.
431 BAG vom 13. 1. 1956, AP Nr. 4 zu § 13 KSchG.
432 BAG vom 19. 4. 1989, AP Nr. 29 zu § 40 BetrVG 1972.
433 LAG Hamm vom 12. 11. 1973 – 8 Ta BV 63/73; **a. A.** ArbG Gelsenkirchen vom 9. 8. 1973 – 1 BV 1/73.
434 BVerfG vom 28. 4. 1976, AP Nr. 2 zu § 74 BetrVG 1972.
435 ArbG Paderborn vom 8. 2. 1973, BB 1973, 335.
436 BAG vom 5. 9. 1967, AP Nr. 8 zu § 23 BetrVG.
437 LAG Bremen, DB 1962, 1442.
438 ArbG Rosenheim, ARSt. XIX, Seite 89 (Nr. 243).
439 ArbG Hamburg, AuR 1986, 316.

251 Das Ausschlußverfahren kann auch für **Ersatzmitglieder** durchgeführt werden, die vorübergehend oder endgültig in den Betriebsrat nachgerückt sind. Zu diesem Zeitpunkt werden sie ordentliche Betriebsratsmitglieder. Im Falle der vorübergehenden Vertretung kann ein bereits eingeleitetes Ausschlußverfahren selbst dann fortgeführt werden, wenn die Vertretung beendet ist. Damit wird sichergestellt, daß ein für den Betriebsrat untragbares Ersatzmitglied von einem erneuten Nachrücken ausgeschlossen wird[440]. Auch ein Ersatzmitglied, das erst nach Beendigung der Vertretung gegen Amtspflichten im Sinne des § 23 Abs. 1 BetrVG verstößt, kann in entsprechender Anwendung des § 23 Abs. 1 BetrVG als Ersatzmitglied ausgeschlossen werden. Unmöglich ist die Durchführung eines Ausschlußverfahrens allein für solche Ersatzmitglieder, die bislang nicht in den Betriebsrat nachgerückt waren und bei denen auch nicht absehbar ist, ob es zu einem Nachrücken einmal kommen wird[441].

3. Auflösung des Betriebsrats

252 § 23 Abs. 1 BetrVG sieht bei Vorliegen eines Antrages von mindestens $1/4$ der wahlberechtigten Arbeitnehmer, des Arbeitgebers oder einer im Betrieb vertretenen Gewerkschaft die Möglichkeit vor, den **Betriebsrat** wegen grober Verletzung seiner gesetzlichen Pflichten insgesamt aufzulösen. § 23 Abs. 2 BetrVG sieht als Rechtsfolge der Auflösung des Betriebsrates vor, daß das Arbeitsgericht unverzüglich einen Wahlvorstand für die Neuwahl einberuft.

253 Auch für die Auflösung des Betriebsrates ist das Vorliegen einer **groben Pflichtverletzung** erforderlich. Nicht ausreichend ist es, daß sämtliche Betriebsratsmitglieder als einzelne, sei es auch gleichzeitig und gemeinsam eine Amtspflichtverletzung, begehen. Der Betriebsrat als **Gremium** muß gegen eine Amtspflicht verstoßen, die ihm insgesamt als Betriebsverfassungsorgan obliegt[442]. Voraussetzung für das Vorliegen einer Amtspflichtverletzung des Betriebsrates ist nicht, daß sämtliche Betriebsratsmitglieder hieran mitgewirkt haben und die Amtspflichtverletzung gekannt haben[443]. Dies deshalb, weil der Be-

---

440 GK-*Wiese*, § 23 Rz. 54; *Blanke* in: Däubler/Kittner/Klebe, § 23 Rz. 23; Dietz/Richardi, § 23 Rz. 23; Hess/Schlochauer/Glaubitz, § 23 Rz. 26; Fitting/Kaiser/Heither/Engels, § 23 Rz. 30.
441 GK-*Wiese*, § 23 Rz. 52; Hess/Schlochauer/Glaubitz, § 23 Rz. 27; Fitting/Kaiser/Heither/Engels, § 23 Rz. 30.
442 GK-*Wiese*, § 23 Rz. 90; Fitting/Kaiser/Heither/Engels, § 23 Rz. 39; Hess/Schlochauer/Glaubitz, § 23 Rz. 42.
443 GK-*Wiese*, § 23 Rz. 91; *Blanke* in: Däubler/Kittner/Klebe, § 23 Rz. 33; Dietz/Richardi, § 23 Rz. 46; Fitting/Kaiser/Heither/Engels, § 23 Rz. 40.

IX. Abberufung von Betriebsratsmitgliedern

triebsrat verbindliche Betriebsratsbeschlüsse bereits mit mindestens der Hälfte seiner Mitglieder fassen kann. Erforderlich ist auch nicht, daß der Betriebsrat **schuldhaft** seine Pflichten verletzt hat. Es kommt allein auf das Vorliegen eines objektiven groben Gesetzesverstoßes an[444].

Die Rechtsprechung erkennt eine **grobe Pflichtverletzung** des Betriebsrates an, wenn unter Berücksichtigung aller Umstände des Einzelfalles die weitere Amtsausübung des Betriebsrates untragbar erscheint[445]. Grobe Pflichtverletzung kann die dauerhafte oder wiederholte Nichtwahrnehmung von Rechten und Befugnissen sein, sofern diese dem Betriebsrat im Interesse und zum Schutz Dritter gewährt werden. Als grobe Pflichtverletzung kommt weiter die erhebliche Überschreitung der gesetzlichen Befugnisse in Betracht, so daß Ordnung und Frieden im Betrieb gestört sind[446].

254

Als die Auflösung des Betriebsrates rechtfertigende grobe Pflichtverletzungen kommen insbesondere in Betracht[447]:
▶ Verletzung der Verschwiegenheitspflicht nach § 79 BetrVG
▶ Verletzung des Gebotes zur vertrauensvollen Zusammenarbeit nach § 2 Abs. 1 BetrVG
▶ Nichtbestellung der Mitglieder des Gesamtbetriebsrates
▶ Unterlassen der Bestellung eines Wahlvorstandes und dessen Vorsitzenden entgegen § 16 Abs. 1 Satz 1 BetrVG
▶ Unterlassen der Wahl des Betriebsratsvorsitzenden und seines Stellvertreters entgegen § 26 Abs. 1 Satz 1 BetrVG
▶ Verstöße gegen § 30 BetrVG
▶ Unterlassen erforderlicher Betriebsratssitzungen[448]
▶ Unterlassen der Unterrichtung des Arbeitgebers über die Teilnahme und zeitliche Lage der Schulungs- und Bildungsveranstaltungen entgegen § 37 Abs. 6 Satz 3, Abs. 7 Satz 3 BetrVG
▶ Nichtausschöpfen von Freistellungen nach § 38 BetrVG[449]

255

---

444 BAG vom 26. 6. 1993, AP Nr. 22 zu § 23 BetrVG 1972; BAG vom 27. 11. 1990, AP Nr. 41 zu § 87 BetrVG 1972 Arbeitszeit; BAG vom 8. 8. 1989, AP Nr. 18 zu § 95 BetrVG 1972 und Nr. 15 zu § 87 BetrVG 1972 Ordnung des Betriebes.
445 BAG vom 22. 6. 1993, AP Nr. 22 zu § 23 BetrVG 1972.
446 *Fitting/Kaiser/Heither/Engels,* § 23 Rz. 36; GK-*Wiese,* § 23 Rz. 17; *Dietz/Richardi,* § 23 Rz. 2, 44.
447 Vgl. *Fitting/Kaiser/Heither/Engels,* § 23 Rz. 37; GK-*Wiese,* § 23 Rz. 95; *Blanke* in: Däubler/Kittner/Klebe, § 23 Rz. 23; *Hess/Schlochauer/Glaubitz,* § 23 Rz. 49 ff.
448 ArbG Wetzlar, BB 1992, 2216.
449 ArbG Wetzlar, BB 1992, 2216.

- Unterlassen der Einberufung notwendiger Betriebsversammlungen und der Erstattung von Tätigkeitsberichten entgegen § 43 Abs. 1, 4 BetrVG[450]
- Nichtberücksichtigung betrieblicher Belange und der Interessen wesentlicher Teile der Belegschaft bei Festlegung der zeitlichen Lage von Betriebsversammlungen[451]
- Unterlassen der Entsendung von Betriebsratsmitgliedern in den Gesamtbetriebsrat entgegen § 47 Abs. 2 BetrVG
- Behandlung unzulässiger Themen auf Betriebs- und Abteilungsversammlungen entgegen § 45 BetrVG
- Verstoß gegen das Verbot von Arbeitskämpfen nach § 74 Abs. 2 Satz 1 BetrVG
- Verstoß gegen die allgemeine Friedenspflicht gemäß § 74 Abs. 2 Satz 2 BetrVG
- Abschluß von Betriebsvereinbarungen entgegen § 77 Abs. 3 BetrVG[452]
- Fassen von Betriebsratsbeschlüssen, die gegen arbeitsrechtliche Schutzgesetze und Tarifverträge verstoßen
- Nichtwahrnehmung der Beteiligungsrechte gemäß §§ 80, 87 ff., 90 f., 92 ff., 96 ff., 99 ff., 111 ff. BetrVG
- Mißbräuchliche Ausübung von Beteiligungsrechten zum Nachteil einzelner Arbeitnehmer, der Belegschaft oder des Arbeitgebers entgegen § 2 Abs. 1 BetrVG
- Verstöße gegen das Diskriminierungsverbot des § 75 BetrVG.

256 Der Betriebsrat kann auch nach Einleitung des Auflösungsverfahrens noch gemäß § 13 Abs. 2 Nr. 3 BetrVG **zurücktreten.** Hierdurch wird das Verfahren gemäß § 23 Abs. 1 BetrVG jedoch nicht gegenstandslos. Anderenfalls könnte der Betriebsrat dadurch, daß er seiner Verpflichtung zur Bestellung des Wahlvorstandes nicht nachkommt, die Neuwahl verzögern, um noch möglichst lange im Amt zu bleiben[453]. Anderes gilt, sofern sämtliche Betriebsratsmitglieder ihr Amt niederlegen. Ihr Amt wird dann von Ersatzmitgliedern wahrgenommen. Das

---

450 ArbG Wetzlar, BB 1992, 2216; LAG Hamm, DB 1959, 1227; LAG Mainz, BB 1960, 982; ArbG Bamberg, ARSt. 1977, 94 (Nr. 1100); ArbG Ulm, Gewerkschafter 1963, 313.
451 LAG Niedersachsen, DB 1983, 1312.
452 BAG vom 20. 8. 1991, AP Nr. 2 zu § 77 BetrVG 1972 Tarifvorbehalt; anderes gilt allerdings, sofern der Gesetzesverstoß infolge Unübersichtlichkeit des Tarifvertrages für juristisch nicht geschulte Personen nur schwer erkennbar ist: BAG vom 22. 6. 1993, AP Nr. 22 zu § 23 BetrVG 1972.
453 GK-*Wiese*, § 23 Rz. 98; *Blanke* in: Däubler/Kittner/Klebe, § 23 Rz. 36; *Dietz/Richard*, § 23 Rz. 51; *Hess/Schlochauer/Glaubitz*, § 23 Rz. 55; *Fitting/Kaiser/Heither/Engels*, § 23 Rz. 41.

IX. Abberufung von Betriebsratsmitgliedern

Rechtsschutzinteresse für eine Auflösung des Betriebsrates entfällt[454]. Im Einzelfall muß jedoch sorgfältig überprüft werden, ob die kollektiv erklärte Niederlegung des Betriebsratsamtes nicht als Rücktritt des gesamten Betriebsrates zu verstehen ist.

Das **Rechtsschutzinteresse** für die Fortsetzung des Verfahrens gemäß § 23 Abs. 1 BetrVG entfällt auch dann, wenn die Amtszeit des Betriebsrates während des Beschlußverfahrens endet. Eine Fortführung des Verfahrens gegen den neuen Betriebsrat, selbst wenn dieser personengleich mit dem alten Betriebsrat sein sollte, kommt nicht in Betracht[455].

Durch den **rechtskräftigen Beschluß** des **Arbeitsgerichts** ist der Betriebsrat aufgelöst, er besteht danach kraft Gesetzes nicht mehr. Dieser Beschluß erfaßt auch die Ersatzmitglieder[456]. Gemäß § 13 Abs. 2 Nr. 5 BetrVG ist nunmehr ein neuer Betriebsrat zu wählen, wobei die Wiederwahl bisheriger Betriebsratsmitglieder möglich ist. Mit der Rechtskraft des Beschlusses des Arbeitsgerichts entfällt der Sonderkündigungsschutz der Betriebsratsmitglieder gemäß § 15 KSchG und § 103 BetrVG[457].

Eine **einstweilige Verfügung,** durch die dem Betriebsrat vor Rechtskraft des Auflösungsbeschlusses die Ausübung seines Amtes untersagt wird oder ihn einstweilen auflöst, ist nicht möglich, da anderenfalls die Arbeitnehmerinteressen zeitweise überhaupt nicht wahrgenommen werden können[458]. Durch den rechtskräftigen Auflösungsbeschluß des Arbeitsgerichts verlieren die in den Konzernbetriebsrat und den Gesamtbetriebsrat entsandten Betriebsratsmitglieder ihre Ämter, §§ 49, 57 BetrVG. Auch die Mitgliedschaft in einer betrieblichen Einigungsstelle endet, das Einigungsstellenverfahren wird durch Auflösungsbeschluß wegen Wegfalls eines Beteiligten gegenstandslos[459]. Mit dem Wegfall des Betriebsrates entfällt des weiteren der Wirtschaftsausschuß[460].

---

454 GK-*Wiese,* § 23 Rz. 98; *Dietz/Richardi,* § 23 Rz. 50; **a. A.** *Fitting/Kaiser/Heither/Engels,* § 23 Rz. 41; *Blanke* in: Däubler/Kittner/Klebe, § 23 Rz. 36.
455 GK-*Wiese,* § 23 Rz. 101; **a. A.** *Hess/Schlochauer/Glaubitz,* § 23 Rz. 56.
456 *Fitting/Kaiser/Heither/Engels,* § 23 Rz. 42; GK-*Wiese,* § 23 Rz. 51; *Blanke* in: Däubler/Kittner/Klebe, § 23 Rz. 61.
457 LAG Hamm, BB 1978, 715; vgl. auch BAG vom 25. 1. 1979, AP Nr. 12 zu § 103 BetrVG 1972.
458 *Fitting/Kaiser/Heither/Engels,* § 23 Rz. 43; *Hess/Schlochauer/Glaubitz,* § 23 Rz. 54; *Dietz/Richardi,* § 23 Rz. 56; *Blanke* in: Däubler/Kittner/Klebe, § 23 Rz. 37; GK-*Wiese,* § 23 Rz. 103.
459 GK-*Wiese,* § 23 Rz. 105; *Blanke* in: Däubler/Kittner/Klebe, § 23 Rz. 62; *Fitting/Kaiser/Heither/Engels,* § 23 Rz. 44.
460 *Fitting/Kaiser/Heither/Engels,* § 23 Rz. 44.

260 Die Einsetzung eines Wahlvorstandes für die Neuwahl erfolgt durch das Arbeitsgericht von Amts wegen, sobald der Auflösungsbeschluß rechtskräftig geworden ist. Ein besonderer Antrag für die Bestellung des Wahlvorstandes ist nicht erforderlich. Die im Betrieb vertretene Gewerkschaft oder Arbeitnehmer können jedoch Vorschläge für die Größe und Zusammensetzung des Wahlvorstandes machen. Dem Arbeitgeber kommt hierfür kein Vorschlagsrecht zu[461].

X. Handlungsmöglichkeiten des Betriebsrats zur Erzwingung betriebsverfassungsgemäßen Verhaltens des Arbeitgebers

261 § 23 Abs. 3 BetrVG eröffnet dem Betriebsrat oder einer im Betrieb vertretenen Gewerkschaft im Falle **grober Verstöße** des **Arbeitgebers** gegen seine Verpflichtungen aus dem Betriebsverfassungsgesetz die Möglichkeit, dem Arbeitgeber gerichtlich aufgeben zu lassen, eine Handlung zu unterlassen, die Vornahme einer Handlung zu dulden oder eine Handlung vorzunehmen. Bei Zuwiderhandlung kann der Arbeitgeber zu einem Ordnungsgeld, bei Nichtdurchführung der ihm auferlegten Handlung zu einem Zwangsgeld verurteilt werden. Das Höchstmaß von Ordnungs- und Zwangsgeld beträgt 20 000,00 DM.

262 **Neben § 23 Abs. 3 BetrVG** eröffnet das Betriebsverfassungsgesetz weitere Möglichkeiten, ein gesetzmäßiges Verhalten des Arbeitgebers zu erzwingen. Solche gesetzlichen Regelungen sind in
▶ § 98 Abs. 5, 6 BetrVG für die Durchführung betrieblicher Bildungsmaßnahmen,
▶ in § 101 BetrVG für die Durchführung personeller Maßnahmen ohne Zustimmung des Betriebsrates sowie
▶ in § 104 BetrVG für die Entlassung und Versetzung betriebsstörender Arbeitnehmer vorgesehen.
In § 102 Abs. 1 Satz 3 und § 113 BetrVG finden sich Regelungen, die an ein bestimmtes gesetzwidriges Verhalten des Arbeitgebers genau bezeichnete Sanktionen knüpfen. In §§ 119 und 121 BetrVG finden sich ferner Straf- und Bußgeldvorschriften, die sich an jedermann, d. h. ebenso an den Arbeitgeber richten.

263 § 23 Abs. 3 BetrVG beschränkt sich auf die **Erzwingung** eines bestimmten **arbeitgeberseitigen Verhaltens** für den Fall grober Verletzung der sich aus dem Betriebsverfassungsgesetz ergebenden Ver-

---

461 *Joost* in: Münchener Handbuch zum Arbeitsrecht, Band 3, § 302 Rz. 24; *Blanke* in: Däubler/Kittner/Klebe, § 23 Rz. 64; *Fitting/Kaiser/Heither/Engels*, § 23 Rz. 47; **a. A.** GK-*Wiese*, § 23 Rz. 111; *Dietz/Richardi*, § 23 Rz. 61; *Hess/Schlochauer/Glaubitz*, § 23 Rz. 58.

X. Erzwingung betriebsverfassungsgem. Verhaltens   Rz. 266 **Teil D**

pflichtungen für den Arbeitgeber. Zweck des § 23 Abs. 3 BetrVG ist es, gesetzmäßiges Verhalten des Arbeitgebers im Rahmen der betriebsverfassungsrechtlichen Ordnung sicherzustellen[462]. Umstritten ist das Verhältnis des § 23 Abs. 3 BetrVG insbesondere zu dem vorbeugenden Unterlassungsanspruch des Betriebsrates zur Sicherung des Mitbestimmungsverfahrens zur Verhinderung mitbestimmungswidriger Maßnahmen des Arbeitgebers[463].

Nicht anwendbar ist § 23 Abs. 3 BetrVG auf Verpflichtungen des Arbeitgebers auf Herausgabe bestimmter beweglicher Sachen. Hier erfolgt die Zwangsvollstreckung nach § 85 Abs. 1 ArbGG in Verbindung mit § 883 ZPO. Auch für Verpflichtungen des Arbeitgebers zur Abgabe einer Willenserklärung ist § 23 Abs. 3 BetrVG unanwendbar. In diesem Fall erfolgt die Zwangsvollstreckung nach § 85 Abs. 1 ArbGG in Verbindung mit § 894 ZPO. 264

Hinsichtlich des Begriffes eines **groben Verstoßes** kann weitgehend auf die Ausführungen zu § 23 Abs. 1 BetrVG verwiesen werden[464]. Erforderlich ist ein Verstoß des Arbeitgebers gegen Verpflichtungen aus der Betriebsverfassung. Hierzu zählen nicht allein Pflichten aus dem Betriebsverfassungsgesetz, sondern allgemein betriebsverfassungsrechtliche Pflichten des Arbeitgebers, die in anderen Gesetzen oder in Tarifverträgen enthalten sein können. Beispielsweise sind hier zu nennen § 17 Abs. 2 KSchG, § 9 ASiG, §§ 25–29 Schwerbehindertengesetz, § 88 Abs. 2 Satz 1 AFG[465]. Von § 23 Abs. 3 BetrVG nicht erfaßt werden Verpflichtungen des Arbeitgebers aufgrund sonstiger arbeitsrechtlicher Gesetze und des Arbeitsvertrages[466]. Unter § 23 Abs. 3 BetrVG fallen hingegen auch grobe Verletzungen von Pflichten aus Betriebsvereinbarungen, sofern die Betriebsvereinbarungen auf Grundlage des Betriebsverfassungsgesetzes zustande gekommen sind[467]. 265

Eine grobe Pflichtverletzung fordert das Vorliegen eines **besonders schwerwiegenden, Sinn** und **Zweck** des **Betriebsverfassungsgesetzes zuwiderlaufenden Verstoßes**[468]. Die grobe Pflichtverletzung setzt aber 266

---

462 BAG vom 20. 8. 1991, AP Nr. 2 zu § 77 BetrVG 1972 Tarifvorbehalt.
463 Vgl. hierzu BAG vom 18. 4. 1985, AP Nr. 5 zu § 23 BetrVG 1972 und BAG vom 22. 2. 1983, AP Nr. 2 zu § 23 BetrVG 1972.
464 Siehe Rz. 234 ff.
465 *Fitting/Kaiser/Heither/Engels*, § 23 Rz. 60; *Dietz/Richardi*, § 23 Rz. 69; GK-*Wiese*, § 23 Rz. 157.
466 GK-*Wiese*, § 25 Rz. 158.
467 BAG vom 23. 6. 1992, AP Nr. 20 zu § 23 BetrVG 1972.
468 GK-*Wiese*, § 23 Rz. 159; *Dietz/Richardi*, § 23 Rz. 71; *Fitting/Kaiser/Heither/Engels*, § 23 Rz. 62.

kein schuldhaftes Verhalten des Arbeitgebers voraus, es kommt allein auf die objektive Erheblichkeit des Verstoßes an, so daß unter Berücksichtigung des Gebotes zur vertrauensvollen Zusammenarbeit die Anrufung des Arbeitsgerichts durch den Betriebsrat gerechtfertigt erscheint[469]. Ferner setzt der Anspruch aus § 23 Abs. 3 BetrVG keine Wiederholungsgefahr voraus[470]. Ein grober Verstoß des Arbeitgebers wird abgelehnt, sofern dieser in einer schwierigen und ungeklärten Rechtsfrage nach einer vertretbaren Rechtsansicht handelt[471].

267 Der Antrag gemäß § 23 Abs. 3 BetrVG ist erst dann zulässig, wenn der grobe Pflichtenverstoß durch den Arbeitgeber **begangen** wurde[472]. Die bloße Befürchtung eines groben Verstoßes reicht für das Verfahren nach § 23 Abs. 3 BetrVG nicht aus. Nach umstrittener, aber richtiger Ansicht können die in Absatz 3 vorgesehenen Ansprüche im Verfahren auf Erlaß einer **einstweiligen Verfügung** geltend gemacht werden[473]. Für die Zulässigkeit einer einstweiligen Verfügung spricht, daß auch ein Betriebsratsmitglied durch die einstweilige Verfügung gemäß § 23 Abs. 1 BetrVG von der weiteren Amtsausübung enthoben werden kann. Allein durch Anerkennung einer einstweiligen Verfügung ist ein Gleichlauf der betriebsverfassungsrechtlichen Zwangsmittel gesichert. Es ist auch ein unabweisbares Bedürfnis für die Möglichkeit der einstweiligen Verfügung zu bejahen, da in den Fällen einer groben Pflichtverletzung seitens des Arbeitgebers häufig allein ein zeitnahes Handeln Schaden verhindern kann.

268 Als grobe Verstöße des Arbeitgebers gegen seine Pflichten kommen insbesondere in Betracht:
▶ Öffnen der Post des Betriebsrates durch den Arbeitgeber[474]
▶ Nichtweiterleitung der Post des Betriebsrates[475]

---

469 BAG in ständiger Rechtsprechung, zuletzt BAG vom 16. 7. 1991, AP Nr. 44 zu § 87 BetrVG 1972 Arbeitszeit; GK-*Wiese*, § 23 Rz. 163; *Fitting/Kaiser/Heither/Engels*, § 23 Rz. 64; *Trittin* in: Däubler/Kittner/Klebe, § 23 Rz. 70; **a. A.** *Hess/Schlochauer/Glaubitz*, § 23 Rz. 62.
470 BAG vom 18. 4. 1985, AP Nr. 5 zu § 23 BetrVG 1972; *Trittin* in: Däubler/Kittner/Klebe, § 23 Rz. 69; *Fitting/Kaiser/Heither/Engels*, § 23 Rz. 65.
471 Vgl. BAG vom 14. 11. 1989, AP Nr. 76 zu § 99 BetrVG 1972; BAG vom 8. 8. 1989, AP Nr. 18 zu § 95 BetrVG 1972.
472 LAG Hamm, EZA, § 23 BetrVG 1972, Nr. 5 Seite 16; *Dietz/Richardi*, § 23 Rz. 74; *Fitting/Kaiser/Heither/Engels*, § 23 Rz. 73.
473 LAG Köln, NZA 1985, 634; LAG Düsseldorf, NZA 1991, 29; ArbG Bamberg, NZA 1985, 159; ArbG Braunschweig, DB 1985, 1487; ArbG Hamm, DB 1972, 342; ArbG Münster, AiB 1986, 236; ArbG Oberhausen, AiB 1985, 47; *Blanke* in: Däubler/Kittner/Klebe, § 23 Rz. 59; **a. A.** LAG Hamm, DB 1977, 1514; *Fitting/Kaiser/Heither/Engels*, § 23 Rz. 74; *Dietz/Richardi*, § 23 Rz. 79; *Hess/Schlochauer/Glaubitz*, § 23 Rz. 70.
474 ArbG Köln, CR 1990, 208.
475 ArbG Elmshorn, AiB 1991, 269.

- Verhinderung einer Betriebsversammlung[476]
- Beharrliche Mißachtung der Unterrichtungsrechte der Belegschaft, § 43 Abs. 2 Satz 3, § 110 BetrVG[477]
- Willkürliche Ungleichbehandlung von Arbeitnehmern entgegen § 75 BetrVG[478]
- Verletzung von Persönlichkeitsrechten von Arbeitnehmern[479]
- Beharrliche und generelle Mißachtung der Mitwirkungs-, Mitbestimmungs- und Informationsrechte des Betriebsrates[480]
- Beharrliche Weigerung der Zusammenarbeit des Arbeitgebers mit dem Betriebsrat[481]
- Weigerung, eine Betriebsvereinbarung durchzuführen[482]
- Aktivitäten gegen die Bildung eines Betriebsrates oder Unterlassen der dem Arbeitgeber im Zusammenhang mit der Bildung eines Betriebsrates obliegenden Duldungs- und Unterstützungspflichten[483]
- Abschluß von Betriebsvereinbarungen entgegen § 77 Abs. 3 BetrVG[484]
- Schwerwiegende Verstöße gegen das Benachteiligungsverbot gemäß § 78 BetrVG[485]
- Behinderung einer Freistellung eines Betriebsratsmitgliedes durch die Drohung, es würden freiwillige soziale Leistungen gestrichen[486]
- Mehrfaches Übergehen der Mitbestimmungsrechte des Betriebsrates bei der Anordnung von Überstunden[487]
- Anordnung von Überstunden ohne Zustimmung des Betriebsrates[488]
- Entgegennahme von Überstunden und Bezahlung ohne Zustimmung des Betriebsrates[489]
- Änderung von Dienstplänen ohne Zustimmung des Betriebsrates[490]

---

476 LAG Baden-Württemberg, BetrR 1987, 420 ff.
477 GK-*Wiese*, § 23 Rz. 168.
478 ArbG München, AuR 1977, 123; ArbG Verden, Der Betrieb 1989, 1580.
479 LAG Köln, LAGE § 23 BetrVG 1972, Nr. 21 Seite 2 ff.; LAG Niedersachsen, AuR 1985, 99.
480 *Fitting/Kaiser/Heither/Engels*, § 23 Rz. 66.
481 *Fitting/Kaiser/Heither/Engels*, § 23 Rz. 66.
482 ArbG Lingen, AiB 1988, 43; *Fitting/Kaiser/Heither/Engels*, § 23 Rz. 66.
483 *Fitting/Kaiser/Heither/Engels*, § 23 Rz. 66.
484 BAG vom 20. 8. 1991, AP Nr. 2 zu § 77 BetrVG 1972 Tarifvorbehalt.
485 *Fitting/Kaiser/Heither/Engels*, § 23 Rz. 66.
486 ArbG Rosenheim vom 22. 6. 1988 – 3 BV 4/88.
487 BAG vom 18. 4. 1985, AP Nr. 5 zu § 23 BetrVG 1972.
488 BAG vom 27. 11. 1990, AP Nr. 41 zu § 87 BetrVG 1972 Arbeitszeit.
489 BAG vom 27. 11. 1990, AP Nr. 41 zu § 87 BetrVG 1972 Arbeitszeit.
490 *Fitting/Kaiser/Heither/Engels*, § 23 Rz. 66.

▶ Weigerung der Hinzuziehung eines Betriebsratsmitgliedes nach § 81 Abs. 3 Satz 3, 82 Abs. 2 Satz 2, 83 Abs. 1 Satz 2, 84 Abs. 1 Satz 2 BetrVG[491]
▶ Mangelnde Unterrichtung des Arbeitgebers über künftigen Personalbedarf bei geplanter Betriebsstillegung[492]
▶ Aufstellung von Beurteilungsgrundsätzen ohne Beteiligung des Betriebsrates[493]
▶ Einstellung von Fremdpersonal ohne Beteiligung des Betriebsrates[494]
▶ Beschäftigung von Leiharbeitnehmern ohne Beteiligung des Betriebsrates[495]
▶ Versetzung von Belegschaftsmitgliedern ohne Beteiligung des Betriebsrates[496]
▶ Verstöße gegen Beteiligungsrechte des Betriebsrates in wirtschaftlichen Angelegenheiten, wie z. B. Einführung eines EDV-Systems[497], oder die mangelnde Unterrichtung über die Betriebsstillegung[498]
▶ Beschäftigung von Leiharbeitnehmern zwecks Umgehung der Mitbestimmung bei Überstunden[499]
▶ Anordnung von Sonntagsarbeit[500]

269 **Antragsberechtigt** im Verfahren gemäß § 23 Abs. 3 BetrVG sind der Betriebsrat oder jede im Betrieb vertretene Gewerkschaft. Zu berücksichtigen ist, daß das Recht, ein Verfahren gemäß § 23 Abs. 3 BetrVG einzuleiten, den Antragsberechtigten auch zusteht, sofern keine Verletzung ihrer eigenen Rechte, sondern der Rechte der ebenfalls antragsberechtigten Partei im Raume steht. Bei Verletzung der Mitwirkungsrechte des Betriebsrates hat die im Betrieb vertretene Gewerkschaft etwa das Recht, das Verfahren gemäß § 23 Abs. 3 BetrVG einzuleiten, obwohl nicht sie selbst Träger des Mitbestimmungsrechtes ist. Entsprechendes gilt auch im umgekehrten Fall[501]. Zulässig ist es ferner, daß das Beschlußverfahren gemäß § 23 Abs. 3 Satz 1 BetrVG von einer anderen Partei eingeleitet wird, als das spätere

---

[491] ArbG Hamm, BB 1989, 42.
[492] ArbG Bamberg, NZA 1985, 259.
[493] LAG Berlin, LAGE § 23 BetrVG 1972, 8 Seite 28 ff.
[494] LAG Frankfurt, a. M., DB 1990, 2126.
[495] LAG Frankfurt a. M., LAGE § 23 BetrVG 1972 Nr. 14 Seite 4 f.
[496] LAG Köln, LAGE § 95 BetrVG 1972 Nr. 13 Seite 3 ff.
[497] LAG Hamburg, LAGE § 23 BetrVG 1972 Nr. 5 Seite 6.
[498] ArbG Bamberg, NZA 1985, 259.
[499] ArbG Mannheim, AiB 1987, 141.
[500] ArbG Solingen, AiB 1988, 312.
[501] *Trittin* in: Däubler/Kittner/Klebe, § 23 Rz. 88; *Hess/Schlochauer/Glaubitz*, § 23 Rz. 60; GK-*Wiese*, § 23 Rz. 175; *Fitting/Kaiser/Heither/Engels*, § 23 Rz. 69; *Dietz/Richardi*, § 23 Rz. 76.

Vollstreckungsverfahren gemäß § 23 Abs. 1 Satz 2 und 3 BetrVG. Der Betriebsrat kann Antragsteller im Erkenntnisverfahren, die Gewerkschaft im Vollstreckungsverfahren sein oder umgekehrt[502].

§ 23 Abs. 3 Satz 2 bis 4 BetrVG regelt das **Vollstreckungsverfahren.** 270
Zu unterscheiden ist hier zwischen der Verpflichtung des Arbeitgebers, eine Handlung zu unterlassen oder die Vornahme einer Handlung zu dulden und der Verpflichtung, eine Handlung vorzunehmen.

Im ersteren Fall ist die Verurteilung des Arbeitgebers zu einem Ord- 271
nungsgeld möglich. Dies setzt voraus, daß in einem arbeitsgerichtlichen Beschluß die Verhängung des Ordnungsgeldes rechtskräftig **angedroht** wurde. Die Androhung kann in dem Beschluß gemäß § 23 Abs. 3 Satz 1 BetrVG mit enthalten sein. Ist dies nicht der Fall, muß die gerichtliche Androhung auf Antrag nachgeholt werden. Nicht erforderlich ist, daß ein bestimmtes Ordnungsgeld angedroht wird. Die Androhung des Ordnungsgeldes darf jedoch nicht über 20 000,00 DM hinausgehen (vgl. § 23 Abs. 3 Satz 5 BetrVG). Des weiteren ist erforderlich, daß der Arbeitgeber die im rechtskräftigen arbeitsgerichtlichen Beschluß ausgesprochene Verpflichtung nicht befolgt hat. Sodann ist ein Antrag eines Antragsberechtigten erforderlich, das Vollstreckungsverfahren durchzuführen. Das Arbeitsgericht setzt sodann durch Beschluß ein bestimmtes Ordnungsgeld fest. Zuvor ist dem Arbeitgeber rechtliches Gehör zu gewähren. Das bei jeder Zuwiderhandlung im Einzelfall zu verhängende Ordnungsgeld darf den Betrag von 20 000,00 DM nicht übersteigen. Das Ordnungsgeld verfällt der Staatskasse[503].

Bei dem zu verhängenden Ordnungsgeld ist zu beachten, daß es sich 272
nicht um eine Beugemaßnahme, sondern um eine **repressive Rechtsfolge** für einen vorausgegangenen Ordnungsverstoß handelt. Die Verhängung des Ordnungsgeldes ist demnach auch dann noch zulässig, wenn der Arbeitgeber nach einer Zuwiderhandlung, jedoch vor Vollstreckung des Ordnungsgeldes die Handlung unterläßt oder die Vornahme der angedrohten Handlung duldet. Das angedrohte Ordnungsgeld kann wegen einer jeden Zuwiderhandlung gegen die gerichtlich angeordnete Verpflichtung erneut verhängt werden[504]. Die Verhängung des Ordnungsgeldes setzt als Rechtsfolge eines vorausgegange-

---

502 LAG Baden Württemberg vom 26. 4. 1993 – 15 Ta BV 1/93; GK-*Wiese*, § 23 Rz. 57; *Hess/Schlochauer/Glaubitz*, § 23 Rz. 71; *Dietz/Richardi*, § 23 Rz. 81; *Trittin* in: Däubler/Kittner/Klebe, § 23 Rz. 91.
503 *Fitting/Kaiser/Heither/Engels*, § 23 Rz. 78 ff.
504 GK-*Wiese*, § 23 Rz. 195; *Trittin* in: Däubler/Kittner/Klebe, § 23 Rz. 106; *Dietz/Richardi*, § 23 Rz. 93; *Fitting/Kaiser/Heither/Engels*, § 23 Rz. 83.

nen Ordnungsverstoßes ein Verschulden des Arbeitgebers voraus. Hierfür genügt jede Fahrlässigkeit[505].

273 Im Falle der Verpflichtung des Arbeitgebers, **eine Handlung vorzunehmen** ist im Falle der Zuwiderhandlung der Arbeitgeber durch Zwangsgeld zur Vornahme der Handlung anzuhalten. Der Antrag setzt voraus, daß der Beschluß des Arbeitsgerichts gemäß § 23 Abs. 3 Satz 1 BetrVG rechtskräftig ist. Eine vorherige Androhung des Zwangsgeldes ist anders als im Fall des § 23 Abs. 3 Satz 2 BetrVG nicht erforderlich[506]. Das Gericht hat die Wahl, ob es das Zwangsgeld zunächst androht oder sofort festsetzt. Bei der Festsetzung des Zwangsgeldes handelt es sich lediglich um eine Beugemaßnahme. Die Verhängung ist daher unzulässig, wenn der Arbeitgeber inzwischen die Handlung vorgenommen hat. Ebenfalls aus diesem Grunde setzt die Verhängung des Zwangsgeldes kein Verschulden des Arbeitgebers voraus[507]. Sofern der Arbeitgeber die Handlung trotz Beitreibung des Zwangsgeldes nicht vornimmt, ist die wiederholte Festsetzung möglich[508].

274 Die Festsetzung des Zwangsgeldes erfolgt durch einen Beschluß des Arbeitsgerichts. Der Arbeitgeber muß zuvor nicht gehört werden. Wie im Fall der Verpflichtung zur Unterlassung einer Handlung oder der Duldung zur Vornahme einer Handlung darf das Zwangsgeld einen Betrag von 20 000,00 DM nicht überschreiten.

275 Gegen die Beschlüsse gemäß § 23 Abs. 3 Satz 2 und 3 BetrVG ist die **sofortige Beschwerde** gemäß § 793 ZPO zulässig, § 85 Abs. 1 ArbGG. Eine weitere Beschwerde findet nicht statt, § 78 Abs. 2 ArbGG.

---

505 *Fitting/Kaiser/Heither/Engels*, § 23 Rz. 84; *Dietz/Richardi*, § 23 Rz. 84; GK-*Wiese*, § 23 Rz. 193; *Trittin* in: Däubler/Kittner/Klebe, § 23 Rz. 106.
506 GK-*Wiese*, § 23 Rz. 199; *Hess/Schlochauer/Glaubitz*, § 23 Rz. 76; *Trittin* in: Däubler/Kittner/Klebe, § 23 Rz. 107; *Fitting/Kaiser/Heither/Engels*, § 23 Rz. 92.
507 *Fitting/Kaiser/Heither/Engels*, § 23 Rz. 93; GK-*Wiese*, § 23 Rz. 201; *Hess/Schlochauer/Glaubitz*, § 23 Rz. 76; *Trittin* in: Däubler/Kittner/Klebe, § 23 Rz. 108.
508 GK-*Wiese*, § 23 Rz. 203; *Fitting/Kaiser/Heither/Engels*, § 23 Rz. 93.

Teil E
Kosten des Betriebsrats

I. Allgemeine Grundsätze

Die grundsätzliche Kostentragungspflicht des Arbeitgebers für die Betriebsratstätigkeit ist in **§ 40 BetrVG** normiert. Gemäß § 40 Abs. 1 BetrVG trägt der Arbeitgeber die durch die Tätigkeit des Betriebsrats entstehenden Kosten. Für die Sitzungen, die Sprechstunden und die laufende Geschäftsführung hat der Arbeitgeber in erforderlichem Umfang Räume, sächliche Mittel und Büropersonal zur Verfügung zu stellen, § 40 Abs. 2 BetrVG[1].

Die Kostentragungspflicht des Arbeitgebers besteht aber nur insoweit, als die entstehenden Kosten für die ordnungsgemäße und sachgerechte Durchführung der Aufgaben des Betriebsrats **erforderlich** sind. Nach ständiger Rechtsprechung des BAG hat der Betriebsrat die Frage der Erforderlichkeit nicht nach seinem subjektiven Ermessen zu beantworten. Vielmehr muß er sich auf den Standpunkt eines vernünftigen Dritten stellen, der die Interessen des Betriebes einerseits und des Betriebsrats und der Arbeitnehmerschaft andererseits gegeneinander abzuwägen hat. Entscheidend ist dabei der Zeitpunkt der Beschlußfassung des Betriebsrats. Unerheblich ist, ob rückblickend aus späterer Sicht die aufgewendeten Kosten im streng objektiven Sinne erforderlich waren. Die gerichtliche Kontrolle beschränkt sich darauf, ob ein vernünftiger Dritter unter den zum Zeitpunkt der Beschlußfassung geltenden Umständen ebenfalls eine derartige Entscheidung getroffen hätte[2].

1

2

---

[1] Die Vorschrift des § 40 BetrVG gilt entsprechend für den Gesamtbetriebsrat (§ 51 Abs. 1 Satz 1 BetrVG), den Konzernbetriebsrat (§ 59 Abs. 1 BetrVG), die Jugend- und Auszubildendenvertretung (§ 65 Abs. 1 BetrVG), die Gesamt-Jugend- und Auszubildendenvertretung (§ 73 Abs. 2 BetrVG), die Bordvertretung (§ 115 Abs. 4 BetrVG) und den Seebetriebsrat (§ 116 Abs. 3 BetrVG). Ebenso gilt § 40 BetrVG – obwohl dies im Gesetz nicht ausdrücklich bestimmt ist – für den Wirtschaftsausschuß entsprechend (vgl. BAG vom 17. 10. 1990, AP Nr. 8 zu § 108 BetrVG 1972). Für Ausschüsse des Betriebsrats gilt § 40 BetrVG unmittelbar, weil die Tätigkeit der Ausschüsse eine Tätigkeit des Betriebsrats darstellt. Hinsichtlich der Kosten, die durch die Bildung und Tätigkeit des besonderen Verhandlungsgremiums i. S. der §§ 8 ff. EBRG sowie des Europäischen Betriebsrats und des Ausschusses i. S. von § 26 Abs. 1 EBRG entstehen, enthalten die §§ 16 und 30 EBRG Sonderregelungen, die inhaltlich der Vorschrift des § 40 BetrVG weitgehend entsprechen.

[2] S. etwa BAG vom 16. 3. 1988, AP Nr. 63 zu § 37 BetrVG 1972; BAG vom 10. 8. 1994, NZA 1995, 796 (798); BAG vom 15. 2. 1995, NZA 1995, 1036 (1037).

3 Soweit der Betriebsrat danach Aufwendungen für erforderlich halten darf, muß er hierfür grundsätzlich nicht die Zustimmung des Arbeitgebers einholen[3]. Um Fehlbeurteilungen möglichst auszuschließen, sollte der Betriebsrat aber gleichwohl über die Notwendigkeit der Kosten einen entsprechenden Beschluß fassen. Lediglich bei außergewöhnlichen Aufwendungen kann es nach Maßgabe des Grundsatzes der vertrauensvollen Zusammenarbeit (§ 2 Abs. 1 BetrVG) geboten sein, sich zuvor mit dem Arbeitgeber ins Benehmen zu setzen[4].

4 Weiterhin hat das BAG neben dem Merkmal der Erforderlichkeit als weitere Voraussetzung der Kostentragungspflicht des Arbeitgebers die Beachtung des Grundsatzes der Verhältnismäßigkeit aufgestellt, wodurch eine unverhältnismäßige Kostenbelastung des Arbeitgebers ausgeschlossen werden soll[5].

II. Kosten der Betriebsratstätigkeit

1. Allgemeine Geschäftsführung

5 Zu den Kosten der Betriebsratstätigkeit gehören in erster Linie die sog. **Geschäftsführungskosten.** Dies sind z. B. Porto- und Telefonkosten sowie Kosten für die nach § 34 BetrVG vorgeschriebene Anfertigung der Sitzungsniederschriften und die dem Arbeitgeber oder Gewerkschaftsbeauftragten auszuhändigenden Abschriften. Gleiches gilt für die Ausfertigungen der Sitzungsniederschriften, die den Betriebsratsmitgliedern, ggf. der Jugend- und Auszubildendenvertretung und der Schwerbehindertenvertretung aufgrund eines Betriebsratsbeschlusses zur Verfügung gestellt werden. Des weiteren fallen hierunter die Kosten für die Durchführung von Betriebsratssitzungen (z. B. Tagungskosten für Sitzungen und Versammlungen des Betriebsrats, des Gesamtbetriebsrats, Konzernbetriebsrats und der Betriebsausschüsse, wenn im Betrieb kein geeigneter Sitzungs- bzw. Veranstaltungsraum vorhanden ist und die Sitzung daher in einer Gaststätte oder in einem Hotel stattfindet), Betriebs- und Abteilungsversammlungen sowie die Kosten für die Abhaltung von Sprechstunden (§ 39 BetrVG).

6 Als Geschäftsführungskosten des Betriebsrats sind weiterhin anzusehen die Kosten eines Dolmetschers, wenn er diesen zur Verständi-

---
3 BAG vom 10. 8. 1994, NZA 1995, 796 (798).
4 *Fitting/Kaiser/Heither/Engels,* § 40 Rz. 7 m. w. Nachw.
5 BAG vom 31. 10. 1972, AP Nr. 2 zu § 40 BetrVG 1972; BAG vom 8. 10. 1974, AP Nr. 7 zu § 40 BetrVG 1972; BAG vom 24. 1. 1996, DB 1996, 2034 = BB 1996, 2355; ebenso LAG Köln vom 12. 4. 1996, BB 1996, 1939.

II. Kosten der Betriebsratstätigkeit

gung z. B. in Sitzungen, in Sprechstunden oder in Betriebsversammlungen benötigt[6]. Gleiches gilt für die Übersetzung von Schriftstücken für ausländische Arbeitnehmer bzw. für die schriftliche Übersetzung des Tätigkeitsberichts des Betriebsrats nach § 43 BetrVG, insbesondere in Betrieben mit zahlreichen ausländischen Arbeitnehmern[7]. Überdies hat der Arbeitgeber die Kosten zu tragen, die durch die erforderliche Zusammenarbeit mit ausländischen Interessenvertretungen entstehen. In Betracht kommen Telefon-, Reise- und Übernachtungskosten[8] sowie Veranstaltungskosten, ggf. für die Übersetzung von Schriftstücken, Dolmetscher, Simultan-Anlagen und Mietkosten[9]. Soweit es sich hierbei um Kosten handelt, die durch die Tätigkeit des Europäischen Betriebsrats und des Ausschusses i. S. von § 26 Abs. 1 EBRG entstehen, folgt die Kostentragungspflicht der zentralen Leitung aus der Spezialregelung des § 30 EBRG.

Zu den vom Arbeitgeber zu tragenden Kosten gehören auch die Kosten, die durch **Herausgabe eines Rundschreibens** des Betriebsrats entstehen, sofern hierfür ein konkreter Anlaß gegeben ist[10]. Ein solcher konkreter Anlaß dürfte z. B. regelmäßig in Betrieben mit zahlreichen Außendienstmitarbeitern und bei besonderer Dringlichkeit der Unterrichtung gegeben sein, wenn also eine Mitteilung über das sog. „Schwarze Brett" nicht ausreichen würde. Allerdings soll nach Ansicht des BAG der Gesamtbetriebsrat nicht berechtigt sein, auf Kosten des Arbeitgebers ein Informationsblatt herauszugeben[11]. Schließlich muß der Arbeitgeber auch die Kosten für die Durchführung einer Fragebogenaktion durch den Betriebsrat oder die Jugend- und Auszu-   7

---

6 Im Rahmen der Tätigkeit des besonderen Verhandlungsgremiums i. S. der §§ 8 ff. EBRG sowie des Europäischen Betriebsrats und des Ausschusses i. S. von § 26 Abs. 1 EBRG regeln die §§ 16 Abs. 1 Satz 3 und 30 Satz 3 EBRG ausdrücklich, daß die zentrale Leitung für die Sitzungen Dolmetscher zur Verfügung zu stellen hat.
7 Vgl. LAG Düsseldorf vom 30. 1. 1981, EzA § 40 BetrVG 1972 Nr. 49; ArbG München vom 14. 3. 1974, DB 1974, 1118; *Ehrich/Hoß,* NZA 1996, 1075 (1076); *Fitting/Kaiser/Heither/Engels,* § 40 Rz. 12; *Stege/Weinspach,* § 40 Rz. 9; *Blanke,* in: Däubler/Kittner/Klebe, § 40 Rz. 14 m. w. Nachw.
8 Vgl. LAG Niedersachsen vom 10. 6. 1992, BB 1993, 291; ArbG München vom 29. 8. 1991, BB 1991, 2357. S. dazu auch § 30 Satz 4 EBRG, wonach die zentrale Stelle die erforderlichen Reise- und Aufenthaltskosten der Mitglieder des Europäischen Betriebsrats und des Ausschusses i. S. von § 26 Abs. 1 EBRG zu tragen hat.
9 *Blanke,* in: Däubler/Kittner/Klebe, § 40 Rz. 19; ebenso *Fitting/Kaiser/Heither/Engels,* § 40 Rz. 40.
10 Vgl. BAG vom 21. 11. 1978, AP Nr. 15 zu § 40 BetrVG 1972.
11 BAG vom 21. 1. 1978, AP Nr. 15 zu § 40 BetrVG 1972; **a. A.** *Blanke,* in: Däubler/Kittner/Klebe, § 40 Rz. 15.

bildendenvertretung tragen, soweit sich die Fragen im Rahmen der gesetzlichen Aufgaben halten[12].

8   Als **nicht erforderlich** hat das BAG dagegen den Mitgliedsbeitrag von Betriebsratsmitgliedern im Mieterbund angesehen, da die auf Dauer angelegte Mitgliedschaft im Hinblick auf die allgemeine sozialpolitische Zielsetzung des Mieterbundes nicht das adäquate Mittel für den Betriebsrat zur sachgerechten Durchsetzung seiner gesetzlichen Beteiligungsrechte sei[13].

9   Entstehen dem Betriebsrat Aufwendungen oder Auslagen, so kann er vom Arbeitgeber die Zahlung eines angemessenen **Vorschusses** verlangen[14]. Der Anspruch auf Vorschuß kann ggf. im Wege der einstweiligen Verfügung durchgesetzt werden. In größeren Betrieben wird es sich im übrigen häufig als zweckmäßig erweisen, dem Betriebsrat für die laufende Geschäftsführung sog. Fonds zur Verfügung zu stellen, aus denen der Betriebsrat bzw. seine Mitglieder die entstehenden Kosten bezahlen können und über die in regelmäßigen Abständen abzurechnen ist.

2. Hinzuziehung von Sachverständigen

10 Zu den vom Arbeitgeber zu tragenden Kosten der Betriebsratstätigkeit gehören grundsätzlich auch diejenigen Kosten, die durch eine Hinzuziehung von Sachverständigen gemäß § 80 Abs. 3 BetrVG entstehen. Voraussetzung ist jedoch, daß zuvor Arbeitgeber und Betriebsrat über die Hinzuziehung des Sachverständigen eine **Vereinbarung** getroffen haben. Insoweit enthält § 80 Abs. 3 BetrVG eine Sonderregelung gegenüber § 40 BetrVG[15]. Die Erforderlichkeit der Hinzuziehung von Sachverständigen kann sich insbesondere aus der Schwierigkeit der zu regelnden Materie ergeben (z. B. Analyse des Geschäftsberichts, versicherungsmathematische Fragen bei betrieblicher Altersversorgung, System- und sonstige Fragen bei der elektronischen Datenverarbeitung, Fragen der Arbeitswissenschaften zur menschengerechten Gestaltung der Arbeit)[16].

11 Die Hinzuziehung eines **externen** Sachverständigen nach § 80 Abs. 3 Satz 1 BetrVG zur Beratung des Betriebsrats setzt nach der Rechtsprechung des BAG voraus, daß dem Betriebsrat die erforderliche Sach-

---

12 Vgl. BAG vom 8. 2. 1977, AP Nr. 10 zu § 80 BetrVG 1972.
13 BAG vom 27. 9. 1974, AP Nr. 8 zu § 40 BetrVG 1972.
14 *Ehrich/Hoß*, NZA 1996, 1075 (1076); *Fitting/Kaiser/Heither/Engels*, § 40 Rz. 69; *Blanke*, in: Däubler/Kittner/Klebe, § 40 Rz. 12 m. w. Nachw.
15 Vgl. BAG vom 25. 4. 1987, AP Nr. 11 zu § 80 BetrVG 1972.
16 *Fitting/Kaiser/Heither/Engels*, § 80 Rz. 60a.

II. Kosten der Betriebsratstätigkeit

kunde fehlt und er sie sich auch nicht kostengünstiger etwa durch den Besuch einschlägiger Schulungen oder durch Inanspruchnahme sachkundiger Betriebs- oder Unternehmensangehöriger verschaffen kann[17].

Die **Modalitäten** der Hinzuziehung eines Sachverständigen (z. B. Thema, Person des Sachverständigen, Zeitpunkt) bedürfen einer „näheren Vereinbarung mit dem Arbeitgeber". In dringenden Fällen kann der Betriebsrat einen Sachverständigen auch ohne vorherige Einigung mit dem Arbeitgeber hinzuziehen. Allerdings trägt er dann das Kostenrisiko, falls in einem anschließenden Beschlußverfahren die Erforderlichkeit der Heranziehung nach § 80 Abs. 3 BetrVG verneint werden sollte[18].

12

Die Hinzuziehung von Sachverständigen durch den **Wirtschaftsausschuß** ist gemäß § 108 Abs. 2 Satz 3 BetrVG i. V. mit § 80 Abs. 3 BetrVG nach entsprechender Vereinbarung mit dem Arbeitgeber möglich, soweit sie zur ordnungsgemäßen Erfüllung der Aufgaben des Wirtschaftsausschusses erforderlich ist. Die Vereinbarung mit dem Unternehmer kann von dem Wirtschaftsausschuß oder dem Betriebsrat (bzw. dem Gesamtbetriebsrat) geschlossen werden[19]. Hierbei muß aber nach Ansicht des BAG davon ausgegangen werden, daß nach dem „gesetzlichen Leitbild" des § 107 Abs. 1 Satz 3 BetrVG die Mitglieder des Wirtschaftsausschusses bereits über diejenigen Kenntnisse verfügen, die regelmäßig zur ordnungsgemäßen Wahrnehmung ihrer Aufgaben erforderlich sind. Die Hinzuziehung von Sachverständigen kommt deshalb nur dann in Betracht, wenn besondere Gründe dargelegt werden, die im Einzelfall die Notwendigkeit sachverständiger Beratung ergeben (wenn z. B. die zu behandelnden wirtschaftlichen Angelegenheiten ganz besondere Schwierigkeiten aufweisen)[20].

13

§ 80 Abs. 3 BetrVG gilt – wie das BAG vor kurzem erneut bestätigt hat – entsprechend für die Hinzuziehung eines Rechtsanwalts zur Beratung des Betriebsrats oder zur Anfertigung eines Gutachtens[21]. In

14

---

17 BAG vom 26. 2. 1992, AP Nr. 48 zu § 80 BetrVG 1972 (zur Hinzuziehung eines externen Sachverständigen zum Zwecke der Beratung des Betriebsrats anläßlich der Einführung oder Änderung EDV-gestützter technischer Einrichtungen i. S. von § 87 Abs. 1 Nr. 6 BetrVG).
18 LAG Frankfurt vom 11. 11. 1986, DB 1987, 1440; *Fitting/Kaiser/Heither/Engels,* § 80 Rz. 63; *Ehrich/Hoß,* NZA 1996, 1075 (1077).
19 *Joost,* in: Münchener Handbuch zum Arbeitsrecht, Band 3, § 311 Rz. 96.
20 BAG vom 18. 7. 1978, AP Nr. 1 zu § 108 BetrVG 1972 (kein Anspruch auf Hinzuziehung von Sachverständigen zum Verständnis des vom Unternehmer zu erläuternden Jahresabschlusses).
21 BAG vom 14. 2. 1996, NZA 1996, 892 unter Hinweis auf BAG vom 25. 4. 1978, AP Nr. 11 zu § 80 BetrVG 1972; ebenso ArbG Köln vom 24. 5. 1974 – 12 BV 989/74; *Ehrich/Hoß,* NZA 1996, 1075 (1077); *Stege/Weinspach,* § 40 Rz. 8, § 80 Rz. 27.

beiden Fällen hat der Betriebsrat somit zuvor mit dem Arbeitgeber hierüber eine Vereinbarung zu treffen. Kommt diese nicht zustande, so muß er die Zustimmung des Arbeitgebers im arbeitsgerichtlichen Beschlußverfahren ersetzen lassen. Anderenfalls kann er vom Arbeitgeber die Erstattung der Rechtsanwaltskosten nach § 80 Abs. 3 BetrVG nicht verlangen[22].

15 An der Erforderlichkeit der Einholung eines Gutachtens fehlt es, wenn dadurch ein Rechtsstreit zwischen Betriebsrat und Arbeitgeber nicht vermieden werden kann, insbesondere der Betriebsrat nicht damit rechnen kann, daß sich der Arbeitgeber dem Gutachten beugen wird[23]. Unabhängig davon dürfte die Einholung eines **schriftlichen** Rechtsanwaltsgutachtens in aller Regel nicht erforderlich sein.

16 Das besondere Verhandlungsgremium i. S. der §§ 8 ff. EBRG sowie der Europäische Betriebsrat und der Ausschuß i. S. von § 26 Abs. 1 EBRG können sich nach §§ 13 Abs. 4 Satz 1, 29 Satz 1 EBRG durch Sachverständige unterstützen lassen, soweit dies zur ordnungsgemäßen Erfüllung ihrer Aufgaben erforderlich ist. Sachverständige können auch Beauftragte von Gewerkschaften sein, §§ 13 Abs. 4 Satz 2, 29 Satz 2 EBRG. Eine vorherige Vereinbarung zwischen dem besonderen Verhandlungsgremium bzw. dem Europäischen Betriebsrat oder dem Ausschuß und der zentralen Leitung über die Hinzuziehung von Sachverständigen sehen die §§ 13 Abs. 4 und 29 EBRG – anders als § 80 Abs. 3 BetrVG – nicht vor. Allerdings beschränkt sich die Kostentragungspflicht der zentralen Leitung im Falle der Hinzuziehung von Sachverständigen gemäß §§ 16 Abs. 1 Satz 2, 30 Satz 2 EBRG auf einen Sachverständigen.

3. Kosten der Rechtsverfolgung (insbesondere Rechtsanwaltskosten)

17 Zu den vom Arbeitgeber zu tragenden Kosten der Betriebsratstätigkeit gehören weiterhin die Kosten, die der gerichtlichen Verfolgung oder Verteidigung von Rechten des Betriebsrats oder seiner Mitglieder dienen. Da im arbeitsgerichtlichen Beschlußverfahren keine Kosten und Auslagen erhoben werden (vgl. § 12 Abs. 5 ArbGG), beschränkt sich die **Kostentragungspflicht** des Arbeitgebers regelmäßig auf die außergerichtlichen Kosten.

---

22 BAG vom 14. 2. 1996, NZA 1996, 892.
23 LAG Düsseldorf vom 19. 8. 1964, AP Nr. 2 zu § 39 BetrVG 1952; s. auch ArbG Karlsruhe vom 21. 12. 1973 – 3 BV 5/73 (keine Kostentragungspflicht des Arbeitgebers für ein Gutachten eines Rechtsanwalts im Falle möglicher gewerkschaftlicher Beratung).

II. Kosten der Betriebsratstätigkeit　　　　　　　　　　Rz. 19 **Teil E**

Der Betriebsrat kann daher betriebsverfassungsrechtliche Streitigkei- 18
ten auf Kosten des Arbeitgebers gerichtlich klären lassen, wenn eine
gütliche Einigung nicht möglich ist. Unerheblich ist, zwischen wem
das Verfahren geführt wird, ob zwischen Betriebsrat und Arbeitgeber,
zwischen Betriebsrat und anderen betriebsverfassungsrechtlichen Organen
(z. B. Gesamtbetriebsrat, Konzernbetriebsrat), zwischen Betriebsrat
und der im Betrieb vertretenen Gewerkschaft (z. B. Wahlanfechtung,
Antrag auf Auflösung des Betriebsrats) oder zwischen Betriebsrat
und einem Betriebsratsmitglied. Es reicht auch aus, daß der
Betriebsrat lediglich Beteiligter i. S. von § 83 ArbGG ist. Der Arbeitgeber
hat in all diesen Fällen die Kosten auch dann zu tragen, wenn
der Betriebsrat in dem Gerichtsverfahren „verliert"[24]. Nur wenn die
Rechtsverfolgung bzw. -verteidigung mutwillig oder von vornherein
offensichtlich aussichtslos ist, trifft den Arbeitgeber entsprechend
dem allgemeinen Grundsatz, daß er nur die notwendigen Kosten des
Betriebsrats zu tragen hat, keine Kostentragungspflicht.

Beispiel:
Am 2. 1. 1997 unterrichtet der Arbeitgeber den Betriebsrat entsprechend
den Erfordernissen des § 99 Abs. 1 BetrVG über die beabsichtigte
Einstellung eines Mitarbeiters. Nachdem der Betriebsrat hierauf
zunächst keine Stellungnahme abgegeben hat, stellt der Arbeitgeber
den Mitarbeiter zum 15. 1. 1997 ein. Am 28. 1. 1997 widerspricht der
Betriebsratsvorsitzende mündlich mit der Begründung, der Mitarbeiter
sei kein Gewerkschaftsmitglied. Im Februar 1997 beantragt der
Betriebsrat – vertreten durch einen Rechtsanwalt – beim Arbeitsgericht
nach § 101 BetrVG die Aufhebung der Einstellung des Mitarbeiters.
In dem Fall ist die Rechtsverfolgung des Betriebsrats
im Hinblick auf § 99 Abs. 3 BetrVG offensichtlich aussichtslos, so
daß der Betriebsrat vom Arbeitgeber nicht die Erstattung der Kosten
seiner Prozeßvertretung durch einen Rechtsanwalt verlangen
kann.

Ebensowenig ist der Arbeitgeber zur Erstattung der Kosten der 19
Rechtsverfolgung des Betriebsrats verpflichtet, wenn
▶ die Rechtsverfolgung überflüssig ist, weil der Arbeitgeber den Anspruch
  für den Prozeß anerkannt hat oder
▶ eine anderweitige Klärung möglich ist, z. B. Abwarten eines Parallelverfahrens
  oder Durchführung eines Musterprozesses, sofern
  dies dem Betriebsrat oder einzelnen Betriebsratsmitgliedern, z. B.

---
24 *Ehrich/Hoß*, NZA 1996, 1075 (1077); *Fitting/Kaiser/Heither/Engels*, § 40
Rz. 14; *Stege/Weinspach*, § 40 Rz. 10; *Blanke*, in: Däubler/Kittner/Klebe, § 40
Rz. 20 m. w. Nachw.

bei gleichgelagerten Ansprüchen, zumutbar ist und der Arbeitgeber erklärt, die Entscheidung anzuerkennen[25].

20 Die Kostentragungspflicht des Arbeitgebers entfällt außerdem, wenn der Betriebsrat vor der Durchführung des Rechtsstreits nicht zunächst den ernsthaften Versuch zur Klärung der streitigen Frage oder einer innerbetrieblichen Einigung unternommen hat[26].

21 Die Kosten einer Prozeßvertretung des Betriebsrats durch einen **Rechtsanwalt** gehören nach ständiger Rechtsprechung des BAG zu den vom Arbeitgeber im Rahmen von Rechtsstreitigkeiten zu tragenden Auslagen des Betriebsrats, wenn dieser bei pflichtgemäßer und verständiger Abwägung der zu berücksichtigenden Umstände die Hinzuziehung eines Rechtsanwalts für notwendig erachten konnte[27]. Notwendig ist die Hinzuziehung eines Rechtsanwalts stets in der Rechtsbeschwerdeinstanz, da im Rechtsbeschwerdeverfahren die Vertretung durch einen Anwalt nach § 11 Abs. 2 Satz 1 ArbGG zwingend vorgeschrieben ist. Darüber hinaus ist die Hinzuziehung eines Rechtsanwalts notwendig, wenn der Betriebsrat sie aus seiner Sicht aus tatsächlichen, in der Natur des Rechtsstreits liegenden Gründen für erforderlich halten darf, so z. B. wegen der möglicherweise bestehenden Schwierigkeit der Sach- und Rechtslage oder falls zur Beurteilung der Sach- und Rechtslage bestimmte, dem Anwalt in besonderem Maße bekannte Verhältnisse von Bedeutung sind. Ausreichend ist dabei jedoch bereits eine bestehende Unsicherheit des Betriebsrats über die Beurteilung der Sach- und Rechtslage, da dies auch ansonsten ein wesentliches Kriterium für die Beauftragung eines Rechtsanwalts ist[28].

22 Sind diese Voraussetzungen gegeben, so ist der Betriebsrat berechtigt, bereits in der ersten und zweiten Instanz einen Rechtsanwalt auf Kosten des Arbeitgebers hinzuzuziehen, selbst wenn die Gewerk-

---

25 Vgl. LAG Berlin vom 7. 3. 1983, AP Nr. 21 zu § 40 BetrVG 1972; *Ehrich/Hoß*, NZA 1996, 1075 (1077 f.); *Fitting/Kaiser/Heither/Engels*, § 40 Rz. 15; *Stege/Weinspach*, § 40 Rz. 12; *Blanke*, in: Däubler/Kittner/Klebe, § 40 Rz. 21 m. w. Nachw.
26 Vgl. BAG vom 28. 8. 1991, AP Nr. 2 zu § 85 ArbGG 1979; LAG Schleswig-Holstein vom 15. 9. 1988, DB 1989, 52; *Stege/Weinspach*, § 40 Rz. 12 m. w. Nachw.
27 BAG vom 3. 10. 1978, AP Nr. 14 zu § 40 BetrVG 1972; BAG vom 4. 12. 1979, AP Nr. 18 zu § 40 BetrVG 1972; BAG vom 5. 11. 1981, AP Nr. 9 zu § 76 BetrVG 1972; BAG vom 16. 10. 1986, AP Nr. 26 zu § 40 BetrVG 1972. S. auch BAG vom 21. 6. 1989, AP Nr. 34 zu § 76 BetrVG 1972; BAG vom 14. 2. 1996, NZA 1996, 892 (zur Hinzuziehung eines Rechtsanwalts als Verfahrensbevollmächtigten vor der Einigungsstelle).
28 Zutreffend *Fitting/Kaiser/Heither/Engels*, § 40 Rz. 18.

schaft zur Übernahme der Prozeßvertretung bereit ist. Denn dem Betriebsrat ist vom Gesetz eine Wahlmöglichkeit eingeräumt, ob er das Verfahren zunächst selbst führen oder sich der Vertretung durch einen Vertreter der Gewerkschaft oder eines Rechtsanwalts bedienen will[29]. In formeller Hinsicht erfordert die Hinzuziehung eines Rechtsanwalts stets einen ordnungsgemäßen Beschluß des Betriebsrats, und zwar grundsätzlich gesondert für jede Instanz[30].

Weigert sich der **Arbeitgeber,** die Gebühren des Rechtsanwalts zu begleichen, so kann der Betriebsrat seinen betriebsverfassungsrechtlichen **Freistellungsanspruch** auf Kostenerstattung nach § 40 Abs. 1 BetrVG an den Rechtsanwalt abtreten. Der Freistellungsanspruch des Betriebsrats wandelt sich dann um in einen Zahlungsanspruch des Rechtsanwalts gegen den Arbeitgeber[31]. Ist der Arbeitgeber wirtschaftlich nicht in der Lage, die entstehenden Kosten aufzubringen, so kann der Betriebsrat bei hinreichender Erfolgsaussicht seines Antrages nach Maßgabe der §§ 114 ff., 116 Abs. 1 Nr. 2 ZPO Prozeßkostenhilfe verlangen[32].

23

4. Aufwendungen einzelner Betriebsratsmitglieder

Entstehen den einzelnen Betriebsratsmitgliedern in Ausübung ihrer Betriebsratstätigkeit Kosten, so hat diese der **Arbeitgeber** ebenfalls zu **tragen**[33]. Voraussetzung ist, daß die betreffende Tätigkeit objektiv zum Aufgabenbereich des Betriebsrats gehört und die Kosten als erforderlich angesehen werden konnten (s. o. Rz. 2 ff.). Hierbei ist auch zu berücksichtigen, welche Funktionen das einzelne Betriebsratsmitglied ausübt (z. B. Mitgliedschaft in Betriebsausschüssen, im Wirtschaftsausschuß, im Gesamt- und/oder Konzernbetriebsrat). Zu den erstattungsfähigen Aufwendungen gehören in erster Linie Reise-

24

---

29 BAG vom 3. 10. 1978, AP Nr. 14 zu § 40 BetrVG 1972. S. auch BAG vom 4. 12. 1979, AP Nr. 18 zu § 40 BetrVG 1972: „Einem Betriebsrat, der in einem arbeitsgerichtlichen Beschlußverfahren mit dem Arbeitgeber in erster Instanz von einem Gewerkschaftssekretär vertreten war, ist gegenüber dem Arbeitgeber nicht verpflichtet, darauf hinzuwirken, daß die Gewerkschaft ihm auch im Beschwerdeverfahren Rechtsschutz gewährt."
30 LAG Schleswig-Holstein vom 19. 3. 1983, BB 1984, 533; LAG Berlin vom 26. 1. 1987, AP Nr. 25 zu § 40 BetrVG 1972; *Ehrich/Hoß*, NZA 1996, 1075 (1078); *Fitting/Kaiser/Heither/Engels*, § 40 Rz. 24; *Stege/Weinspach*, § 40 Rz. 8; *Blanke*, in: Däubler/Kittner/Klebe, § 40 Rz. 26 (dort auch zu möglichen Ausnahmen).
31 LAG Hamm vom 20. 8. 1986, DB 1987, 184; LAG Berlin vom 26. 1. 1987, AP Nr. 25 zu § 40 BetrVG 1972.
32 LAG Rheinland-Pfalz vom 4. 5. 1990, NZA 1991, 32.
33 BAG vom 6. 11. 1973, AP Nr. 6 zu § 37 BetrVG 1972; BAG vom 3. 4. 1979, AP Nr. 1 zu § 13 BetrVG 1972; BAG vom 10. 8. 1974, NZA 1995, 796 (797).

kosten, die dem Betriebsratsmitglied im Rahmen seiner Betriebsratstätigkeit entstehen, etwa wegen Teilnahme an Sitzungen des Gesamtbetriebsrats oder des Konzernbetriebsrats oder wegen des Besuches eines abgelegenen, jedoch zum Betrieb gehörenden Betriebsteils oder Nebenbetriebes[34]. Vorbesprechungen von Betriebsratsmitgliedern mit Mitgliedern anderer örtlicher Betriebsräte vor Betriebsräteversammlungen können auch bei alleiniger Zuständigkeit des Gesamtbetriebsrats erforderlich sein, da dem örtlichen Betriebsrat das Recht verbleibt, seine abweichenden Vorstellungen durch Einflußnahme auf die Willensbildung im Gesamtbetriebsrat durchzusetzen und seine eigene Zuständigkeit zu wahren. Hierdurch entstehende Kosten hat der Arbeitgeber als Kosten der Betriebsratstätigkeit zu tragen[35].

25 Dagegen sind Kosten eines freigestellten Betriebsratsmitglieds für **Fahrten** zwischen seiner Wohnung und dem Betrieb **keine** nach § 40 Abs. 1 BetrVG vom Arbeitgeber zu erstattenden **Aufwendungen.** Dies gilt selbst dann, wenn das Betriebsratsmitglied ohne seine Freistellung auf auswärtigen Baustellen zu arbeiten gehabt hätte und ihm hierfür der Fahrtkostenaufwand erstattet worden wäre[36]. Ebensowenig sind diejenigen Reisekosten als notwendige Aufwendungen anzusehen, die dadurch entstehen, daß ein Mitglied des Betriebsrats vom Urlaubsort zum Betriebsort reist, um an einer Betriebsratssitzung teilzunehmen, sofern hierdurch eine längere Reise erforderlich wird[37].

26 Umstritten ist, ob im Falle einer erforderlichen **Dienstreise** mehrerer Betriebsratsmitglieder diese verpflichtet sind, in dem **eigenen Pkw** mitzufahren, den ein Mitglied von ihnen benutzt. Teilweise wird angenommen, aufgrund der vielfältigen Risiken und Probleme (z. B. Haftungsrisiko und Fahrstil, persönliche Beziehung) sei es keinem Betriebsratsmitglied zumutbar, gegen seinen Willen Beifahrer mitzunehmen oder zu sein[38]. Die Annahme einer generellen Unzumutbarkeit der Mitfahrt von Betriebsratsmitgliedern in dem Pkw eines anderen Betriebsratsmitglieds vermag nicht zu überzeugen. Maßgebend ist vielmehr, ob im jeweiligen Einzelfall Umstände vorliegen, die eine Mitfahrt unzumutbar erscheinen lassen. War einem Betriebsratsmitglied die Mitfahrt im Wagen eines anderen Betriebsratsmitglieds dagegen möglich und zumutbar, so besteht kein Anspruch gegen den

---

34 S. dazu die Einzelbeispiele bei *Blanke,* in: Däubler/Kittner/Klebe, § 40 Rz. 36 jeweils m. w. Nachw. der Rechtsprechung.
35 BAG vom 10. 8. 1994, NZA 1995, 769.
36 S. BAG vom 28. 9. 1991, NZA 1992, 72.
37 Vgl. BAG vom 24. 6. 1969, AP Nr. 8 zu § 39 BetrVG.
38 So ArbG Marburg vom 24. 1. 1992, ArbuR 1993, 61; *Fitting/Kaiser/Heither/Engels,* § 40 Rz. 47.

Arbeitgeber gemäß § 40 Abs. 1 BetrVG auf Erstattung der Fahrtkosten, wenn das Betriebsratsmitglied allein mit seinem Privatauto gefahren ist[39]. Gleiches gilt, wenn der Arbeitgeber ein Dienstfahrzeug zur Verfügung stellt[40].

Besteht im Betrieb eine für alle Arbeitnehmer verbindliche **Reisekostenordnung,** so ist diese grundsätzlich auch dann zu beachten, wenn dort geregelte Kosten Betriebsratsmitgliedern bei der Betriebsratstätigkeit entstehen. Ohne Bedeutung ist, ob die Betriebsratsmitglieder die Reisekostenregelung gekannt haben oder kennen mußten, wenn ausnahmslos nach ihr abgerechnet wird[41]. **Verzehrkosten** sind in angemessener Höhe bei der Betriebsratstätigkeit am Ort auch dann erstattungsfähig, wenn sie in der betrieblichen Reisekostenordnung nicht vorgesehen sind. Dabei können aber Haushaltsersparniskosten abgezogen werden[42]. Zusätzliche Aufwendungen für Getränke und Tabakwaren gehören dagegen zu den Kosten für die persönliche Lebensführung und sind nicht als Kosten i. S. von § 40 BetrVG erstattungsfähig[43]. 27

Durch die Betriebsratstätigkeit bedingt sind auch die Kosten, die einem Betriebsratsmitglied durch die **Führung von Rechtsstreitigkeiten** in betriebsverfassungsrechtlichen Angelegenheiten entstehen. Dies gilt auch dann, wenn die Rechtsstreitigkeit ausschließlich das Verhältnis des einzelnen Betriebsratsmitglieds zum Betriebsrat betrifft und die gesetzliche Rechtsstellung des einzelnen Betriebsratsmitglieds Streitgegenstand ist oder durch den Rechtsstreit berührt wird[44]. Insoweit gelten die obigen Ausführungen zu den Kosten der Rechtsverfolgung (s. o. Rz. 17 ff.) entsprechend. In Betracht kommen z. B. Rechtsstreitigkeiten über die Anfechtung der Wahl eines Betriebsratsmitglieds nach § 19 BetrVG, den Ausschluß eines Betriebsratsmitglieds aus dem Betriebsrat nach § 23 Abs. 1 BetrVG, die Feststellung des nachträglichen Verlustes der Wählbarkeit, die Wirksam- 28

---

39 *Ehrich/Hoß,* NZA 1996, 1075 (1078 f.). Ebenso LAG Hamm vom 13. 11. 1991, BB 1992, 781. S. auch BAG vom 28. 10. 1992, ArbuR 1993, 120 (keine Pflicht zur Mitfahrt, wenn diese nicht zumutbar erscheint, z. B. wenn die begründete Besorgnis besteht, daß sich der Mitfahrer in besondere Gefahr begibt).
40 Vgl. *Fitting/Kaiser/Heither/Engels,* § 40 Rz. 47; *Ehrich/Hoß,* NZA 1996, 1075 (1079).
41 Vgl. BAG vom 17. 9. 1974, AP Nr. 6 zu § 40 BetrVG 1972; BAG vom 23. 6. 1975, AP Nr. 10 zu § 40 BetrVG 1972.
42 BAG vom 29. 1. 1974, AP Nr. 8 zu § 37 BetrVG 1972.
43 BAG vom 15. 6. 1976, AP Nr. 12 zu § 40 BetrVG 1972.
44 *Ehrich/Hoß,* NZA 1996, 1075 (1079); *Fitting/Kaiser/Heither/Engels,* § 40 Rz. 49; *Stege/Weinspach,* § 40 Rz. 20; *Blanke,* in: Däubler/Kittner/Klebe, § 40 Rz. 48.

keit des Rücktrittsbeschlusses des Betriebsrats oder das Einsichtsrecht eines Betriebsratsmitglieds in die Betriebsratsunterlagen[45].

29 Dagegen sind **Rechtsanwaltskosten,** die dem Betriebsratsmitglied in einem Verfahren nach **§ 103 Abs. 2 BetrVG** entstehen, nicht nach § 40 Abs. 1 BetrVG erstattungspflichtig. Denn diese Beteiligung erfolgt nicht in Erfüllung betriebsverfassungsrechtlicher Aufgaben eines Betriebsratsmitglieds, sondern wegen des besonders ausgestalteten Kündigungsschutzes von Betriebsratsmitgliedern[46]. Wird der Antrag auf Ersetzung der Zustimmung des Betriebsrats zur außerordentlichen Kündigung eines Betriebsratsmitglieds rechtskräftig zurückgewiesen, so hat der Arbeitgeber jedoch die dem am Beschlußverfahren beteiligten Betriebsratsmitglied entstandenen Anwaltskosten in gleicher Weise zu erstatten, wie wenn das Betriebsratsmitglied in einem entsprechenden Kündigungsschutzprozeß gesiegt hätte. Dies folgt aus dem Benachteiligungsverbot des § 78 Satz 2 BetrVG[47].

30 Ferner ist wegen § 12 a Abs. 1 Satz 1 ArbGG ein Anspruch eines Betriebsratsmitglieds gegen den Arbeitgeber auf Erstattung erstinstanzlicher Rechtsanwaltskosten auch dann ausgeschlossen, wenn sie dem Betriebsratsmitglied bei der auf § 37 Abs. 2 BetrVG gestützten Verfolgung seines Lohnanspruchs im Urteilsverfahren entstanden sind[48].

31 Zu den erstattungsfähigen Aufwendungen gehört schließlich auch jede Aufopferung von Vermögenswerten. Benutzt z. B. ein Betriebsratsmitglied zur Erledigung von Betriebsratsaufgaben seinen eigenen Pkw und erleidet es hierbei einen Verkehrsunfall, so kann es die Reparaturkosten unter denselben Voraussetzungen vom Arbeitgeber erstattet verlangen, unter denen einem Arbeitnehmer bei einem Unfall mit einem eigenen Pkw auf einer Dienstfahrt ein derartiger Erstattungsanspruch zusteht[49].

5. Abmeldepflicht und Vergütungsfortzahlung bei Betriebsratstätigkeit

32 Nach § 37 Abs. 2 BetrVG sind Mitglieder des Betriebsrats von ihrer beruflichen Tätigkeit **ohne Minderung des Arbeitsentgelts** zu befrei-

---

45 Weitere Beispiele s. bei *Blanke,* in: Däubler/Kittner/Klebe, § 40 Rz. 49.
46 BAG vom 3. 4. 1979, AP Nr. 16 zu § 40 BetrVG 1972.
47 BAG vom 31. 1. 1990, AP Nr. 28 zu § 103 BetrVG 1972.
48 BAG vom 30. 6. 1993, AP Nr. 8 zu § 12 a ArbGG 1979; **a. A.** *Fitting/Kaiser/Heither/Engels,* § 40 Rz. 54.
49 Vgl. BAG vom 3. 3. 1983, DB 1983, 1366; *Ehrich/Hoß,* NZA 1996, 1075 (1079); *Fitting/Kaiser/Heither/Engels,* § 40 Rz. 36.

II. Kosten der Betriebsratstätigkeit

Rz. 34 **Teil E**

en, soweit dies nach Umfang und Art des Betriebs zur ordnungsgemäßen Durchführung ihrer Aufgaben erforderlich ist.

Vor der Wahrnehmung von Betriebsratsaufgaben hat sich das Betriebsratsmitglied beim Arbeitgeber **abzumelden**[50]. Nach früherer Rechtsprechung des BAG gehörte zur Abmeldung eine stichwortartige Beschreibung des Gegenstandes nach Art, Ort und Zeit, um dem Arbeitgeber die Arbeitseinteilung zu ermöglichen[51]. Diese Rechtsprechung – soweit sie die Angaben auch zur Art der Betriebsratstätigkeit betraf – hat das BAG in einer Entscheidung vom 15. 3. 1995 ausdrücklich aufgegeben[52]. Bei der Abmeldung für die Erledigung von Betriebsratsaufgaben hat das Betriebsratsmitglied nunmehr lediglich den Ort und die voraussichtliche Dauer der beabsichtigten Betriebsratstätigkeit mitzuteilen. Denn für den Zweck der Abmeldung – dem Arbeitgeber die Arbeitseinteilung zu erleichtern und den Arbeitsausfall des Arbeitnehmers zu überbrücken – genügt es nach zutreffender Auffassung des BAG, wenn das Betriebsratsmitglied bei der Abmeldung den Ort und die voraussichtliche Dauer der Betriebsratstätigkeit angibt[53]. 33

Von der Abmeldepflicht zu unterscheiden ist der Anspruch des Betriebsratsmitglieds auf **Fortzahlung der Arbeitsvergütung** nach § 37 Abs. 2 BetrVG i. V. mit § 611 BGB. Zu dessen Voraussetzungen gehört **nicht** die ordnungsgemäße Abmeldung, so daß auch ein Betriebsratsmitglied, das sich vor der Wahrnehmung von Betriebsratsaufgaben nicht beim Arbeitgeber abgemeldet hat, einen Anspruch auf Fortzahlung der Arbeitsvergütung haben kann. Für den Anspruch auf Fortzahlung der Arbeitsvergütung ist allein entscheidend, ob die Arbeitsbefreiung tatsächlich für die Erledigung der Betriebsratsaufgaben erforderlich i. S. des § 37 Abs. 2 BetrVG ist. Insoweit besteht nach der Entscheidung des BAG vom 15.03.1995 eine sog. **abgestufte Darlegungslast:** 34

Zweifelt der Arbeitgeber unter Beachtung des Grundsatzes der vertrauensvollen Zusammenarbeit aufgrund der konkreten betrieblichen Situation und des vom Betriebsratsmitglied genannten Zeitaufwandes an der Erforderlichkeit der Betriebsratstätigkeit, hat das Betriebs-

---

50 Die Verletzung der Abmeldepflicht eines nicht freigestellten Betriebsratsmitglieds kann den Arbeitgeber zum Ausspruch einer Abmahnung berechtigen (BAG vom 15. 7. 1992, AP Nr. 9 zu § 611 BGB Abmahnung).
51 BAG vom 19. 6. 1979, DB 1980, 546; BAG vom 14. 2. 1990, DB 1990, 2228; BAG vom 10. 8. 1994, NZA 1995, 796 (798).
52 BAG vom 15. 3. 1995, NZA 1995, 961 = DB 1995, 1514 = BB 1995, 1744.
53 BAG vom 15. 3. 1995, NZA 1995, 961 (962). Siehe dazu auch BAG vom 13. 5. 1997, NZA 1997, 1062 = DB 1997, 2131 = BB 1997, 1691, wonach der Arbeitgeber eine persönliche Abmeldung bzw. Rückmeldung nicht verlangen könne.

ratsmitglied dem Arbeitgeber stichwortartige Angaben zu übermitteln, die diesem zumindest eine Plausibilitätskontrolle ermöglichen. Solange das Betriebsratsmitglied dieser Darlegungspflicht nicht nachkommt, kann der Arbeitgeber den Lohn zurückhalten. Erhält der Arbeitgeber die stichwortartigen Angaben, geht die Darlegungslast zunächst auf ihn über. Legt er dar, weshalb – auch unter Berücksichtigung oder gerade wegen der stichwortartigen Angaben des Betriebsratsmitglieds – ganz erhebliche Zweifel an der Erforderlichkeit von Art und Umfang der Betriebsratstätigkeit bestehen, hat das Betriebsratsmitglied substantiiert darzulegen, welche Betriebsratsaufgaben es wahrgenommen hat und woraus sich die Erforderlichkeit ergibt[54].

35 Diese Darlegungen können im Rechtsstreit vom Betriebsratsmitglied auch noch bis zur letzten mündlichen Verhandlung in der Tatsacheninstanz nachgeholt werden. In dem Fall besteht jedoch bei einem obsiegenden Urteil die Gefahr der Kostenfolge des § 97 Abs. 2 ZPO[55].

36 Zu dem nach § 37 Abs. 2 BetrVG fortzuzahlenden Arbeitsentgelt gehören neben der Grundvergütung alle **Zuschläge** und **Zulagen,** die das Betriebsratsmitglied ohne Arbeitsbefreiung verdient hätte, insbesondere Zuschläge für Mehr-, Über-, Nacht-, Sonntags- und Feiertagsarbeit sowie Erschwernis- und Sozialzulagen. Dagegen gehören zum Arbeitsentgelt keine Beträge, die nicht für die Arbeit selbst, sondern als Aufwendungsersatz gezahlt werden, wie z. B. Wegegeld, Auslösungen, Beköstigungszulagen usw., es sei denn, daß der Aufwendungsersatz tatsächlich der Verbesserung des Lebensstandards des Arbeitnehmers dient und ihm insoweit keine tatsächlich entstandenen Aufwendungen gegenüberstehen[56].

37 Eine dritte Kategorie von Zahlungen, nämlich solche, die weder Aufwendungsersatz noch Arbeitsentgelt darstellt, erkennt das BAG nicht an, da diese der gesetzlichen Regelung des § 37 Abs. 2 BetrVG fremd sei[57]. Nach Maßgabe dieser Grundsätze hat das BAG zwar die Antrittsgebühr gemäß § 9 Nr. 4 des Manteltarifvertrages für Angestellte der Druckindustrie in Hamburg und Schleswig-Holstein in der Fas-

---

54 BAG vom 15. 3. 1995, 961 (963). S. dazu auch *Leege,* DB 1995, 1510 ff., der zur Vermeidung eines Streits über den Umfang der erforderlichen Betriebsratsarbeit den Abschluß freiwilliger Betriebsvereinbarungen über ein bestimmtes zeitliches Kontingent für die Freistellung einzelner Betriebsratsmitglieder für die zu verrichtende Betriebsratstätigkeit vorschlägt, wodurch eine „betriebsmäßige Grundversorgung" sichergestellt werde.
55 BAG vom 15. 3. 1995, NZA 1995, 961 (963); *Ehrich/Hoß,* NZA 1996, 1075 (1080); *Leege,* DB 1995, 1510 (1513).
56 BAG vom 13. 7. 1994, NZA 1995, 588 (589).
57 BAG vom 13. 7. 1994, NZA 1995, 588 (589).

II. Kosten der Betriebsratstätigkeit

sung vom 30. 6. 1989[58], nicht aber Trinkgelder[59] als fortzuzahlendes Arbeitsentgelt i. S. von § 37 Abs. 2 BetrVG angesehen.

6. Schulungskosten

Einen häufigen Streitpunkt zwischen Arbeitgeber und Betriebsrat bildet in der betrieblichen Praxis die Übernahme der Kosten von Schulungs- und Bildungsveranstaltungen. 38

a) Erforderlichkeit der Schulung

Grundsätzlich ist der Arbeitgeber gemäß § 40 Abs. 1 BetrVG i. V. mit § 37 Abs. 6 BetrVG verpflichtet, auch diese Kosten zu tragen, soweit auf dem Seminar für die Betriebsratsarbeit **erforderliche Kenntnisse** vermittelt werden[60]. Als erforderliche Kenntnisse sieht die Rechtsprechung des BAG nur solche Themen an, die unter Berücksichtigung der konkreten Situation **im Betrieb** benötigt werden, damit die Betriebsratsmitglieder ihre derzeitigen oder demnächst anfallenden gesetzlichen Aufgaben ordnungsgemäß wahrnehmen können[61]. Neben der **sachlichen Erforderlichkeit** der vermittelten Kenntnisse muß auch die **persönliche Erforderlichkeit** gegeben sein; d. h. die Schulung muß gerade für das vom Betriebsrat benannte Mitglied erforderlich sein[62]. Das Vorliegen eines aktuellen oder absehbaren betrieblichen oder betriebsratsbezogenen Anlasses, aus dem sich der Schulungsbedarf ergibt, muß vom Betriebsrat grundsätzlich **dargelegt** werden[63]. 39

---

58 BAG vom 13. 7. 1994, NZA 1995, 588.
59 BAG vom 28. 6. 1995, NZA 1996, 252: Trinkgelder, die dem Bedienungspersonal in Gaststätten von den Gästen freiwillig gegeben werden, gehören jedenfalls bei Fehlen einer arbeitsvertraglichen Vereinbarung für Zeiten des Urlaubs, der Arbeitsunfähigkeit und der Betriebsratstätigkeit nicht zum vom Arbeitgeber fortzuzahlenden Arbeitsentgelt.
60 BAG vom 7. 6. 1984, AP Nr. 24 zu § 40 BetrVG 1972; BAG vom 29. 4. 1992, NZA 1993, 375; BAG vom 15. 2. 1995, NZA 1995, 1036; BAG vom 24. 5. 1995, NZA 1996, 783 (784); BAG vom 19. 7. 1995, NZA 1996, 442 (443); BAG vom 20. 12. 1995, NZA 1996, 895.
61 BAG vom 15. 2. 1995, NZA 1995, 1036; BAG vom 24. 5. 1995, NZA 1996, 783 (784); BAG vom 19. 7. 1995, NZA 1996, 442 (443); BAG vom 20. 12. 1995, NZA 1996, 895 (896). S. dazu auch BAG vom 10. 11. 1993, AP Nr. 11 zu § 611 BGB Abmahnung, wonach ein Betriebsratsmitglied wegen Arbeitsverweigerung aufgrund der Teilnahme an einer nicht nach § 37 Abs. 6 BetrVG erforderlichen Schulungsveranstaltung jedenfalls dann abgemahnt werden kann, wenn bei sorgfältiger objektiver Prüfung für jeden Dritten ohne weiteres erkennbar war, daß die Teilnahme an der Schulungsmaßnahme für dieses Betriebsratsmitglied nicht erforderlich war.
62 BAG vom 15. 2. 1995, NZA 1995, 1036.
63 BAG vom 19. 7. 1995, NZA 1996, 442 (443); BAG vom 20. 12. 1995, NZA 1996, 895 (896).

40 Die Vermittlung von Grundkenntnissen im Betriebsverfassungsrecht und im allgemeinen Arbeitsrecht ist bei allen erstmals gewählten Betriebsratsmitgliedern von vornherein erforderlich, ohne daß es bei dem Besuch einer derartigen Veranstaltung einer näheren Begründung bedarf[64]. Gleiches gilt auch für die Bereiche des Arbeitsschutzes und der Unfallverhütung[65]. Denn bei aller Verschiedenheit der Betriebe und der betrieblichen Interessenvertretungen ist im allgemeinen davon auszugehen, daß der Betriebsrat grundlegende betriebsverfassungs- und arbeitsrechtliche Kenntnisse alsbald oder doch jedenfalls aufgrund typischer Fallgestaltungen demnächst zur Wahrnehmung gesetzlich zugewiesener Aufgaben benötigt[66].

41 Auch die Erläuterung der aktuellen Rechtsprechung des Bundesarbeitsgerichts zu betriebsverfassungsrechtlichen Fragen und deren Umsetzung in die betriebliche Praxis kann ein i. S. von § 37 Abs. 6 BetrVG erforderlicher Schulungsinhalt sein. Hierfür muß sich der Betriebsrat nicht auf ein Selbststudium anhand der ihm zur Verfügung stehenden Fachzeitschriften verweisen lassen[67]. Ebenso können unter Berücksichtigung der konkreten Verhältnisse des Betriebes Schulungsveranstaltungen über neue für die Betriebsratsarbeit wichtige arbeitsrechtliche Gesetze (z. B. über das Arbeitsrechtliche Beschäftigungsförderungsgesetz vom 25. 9. 1996, BGBl. I S. 1476) sowie anläßlich eines wichtigen Wandels in der Rechtsprechung zu einem für die Betriebsratsarbeit wichtigen Gesetz oder Tarifvertrag i. S. von § 37 Abs. 6 BetrVG erforderlich sein[68]. Plant der Arbeitgeber die Einführung eines **Qualitätssicherungssystems,** kann dieses zu mitbestimmungspflichtigen Maßnahmen führen, so daß eine Betriebsräteschulung über dieses System i. d. Regel als erfoderlich i. S. des § 37 Abs. 6 BetrVG anzusehen ist[69].

42 **Verneint** wurde dagegen die Erforderlichkeit i. S. von § 37 Abs. 6 BetrVG bei Schulungsveranstaltungen über Gesetzesentwürfe, sofern nach dem Stand des Gesetzgebungsverfahrens nicht zu erwarten ist, daß diese ohne wesentliche Änderungen verabschiedet werden[70], Zie-

---

64 BAG vom 16. 10. 1986, AP Nr. 58 zu § 37 BetrVG 1972; BAG vom 19. 7. 1995, NZA 1996, 442 (443); BAG vom 20. 12. 1995, NZA 1996, 895 (896); LAG Düsseldorf vom 15. 4. 1997, BB 1997, 1588 (rechtskräftig).
65 BAG vom 15. 5. 1986, AP Nr. 54 zu § 37 BetrVG 1972; BAG vom 19. 7. 1995, NZA 1996, 442 (443); BAG vom 20. 12. 1995, NZA 1996, 895 (896).
66 So zu Recht BAG vom 19. 7. 1995, NZA 1996, 442 (443).
67 BAG vom 20. 12. 1995, NZA 1996, 895 = DB 1996, 1139 = BB 1996, 1169.
68 Vgl. BAG vom 22. 1. 1965, AP Nr. 10 zu § 37 BetrVG; *Fitting/Kaiser/Heither/Engels,* § 37 Rz. 122 (dort auch mit weiteren Beispielen zur Erforderlichkeit von Schulungsveranstaltungen).
69 LAG Rheinland-Pfalz vom 29. 11. 1996, BB 1997, 996 – rechtskräftig (hinsichtlich des Qualitätssicherungssystems ISO 9000).
70 BAG vom 16. 3. 1988, AP Nr. 63 zu § 37 BetrVG 1972.

II. Kosten der Betriebsratstätigkeit

le gewerkschaftlicher Bildung[71], Rechte des Konzernbetriebsrats, wenn seine Errichtung streitig ist[72] sowie Lohnsteuerrichtlinien, da es weder zu den dem Betriebsrat in § 80 Abs. 1 Nr. 1 BetrVG genannten Aufgaben gehört, darüber zu wachen, daß der Arbeitgeber bei der Berechnung des Lohnes die Vorschriften des Lohnsteuerrechts beachtet, noch ihm die Aufgabe obliegt, einzelne Arbeitnehmer in steuerrechtlichen Fragen zu beraten[73]. Eine Betriebsräteschulung über „Mobbing" wird von der Rechtsprechung nur dann für erforderlich erachtet, wenn ein konkreter Anlaß in Form von „Mobbing" vorhanden oder sicher zu erwarten ist[74]. Auch bei einer Schulungsveranstaltung über den Einsatz eines PC für die Erledigung von Betriebsratsarbeiten hält das BAG eine Kostentragungspflicht des Arbeitgebers nach § 37 Abs. 6 BetrVG i. V. mit § 40 Abs. 1 BetrVG nur unter der Voraussetzung für gegeben, daß aktuelle oder absehbare betriebliche bzw. betriebsratsbezogene Anlässe die Schulung des entsandten Betriebsratsmitglieds erfordern[75].

Äußerst umstritten war, ob es sich bei sog. **Rhetorikseminaren** um erforderliche Schulungsveranstaltungen i. S. von § 37 Abs. 6 BetrVG handelt. Hier hat sich die Rechtsprechung des BAG in den letzten Jahren entscheidend zugunsten der Betriebsräte geändert. Noch am 20. 10. 1993 vertrat das BAG bezüglich des Seminars „Sprechwirksamkeit – ich als Interessenvertreter in Rede und Gespräch" die Auffassung, daß eine derartige Veranstaltung nicht i. S. von § 37 Abs. 6 BetrVG erforderlich ist[76]. Abgeschwächter urteilte das BAG dann ein Jahr später, als es die Erforderlichkeit des Seminars „Managementtechniken für Betriebs- und Personalräte" verneinte und dies allein mit der fehlenden Darlegung des betrieblichen Bezugs in dem konkret zu entscheidenden Fall begründete[77]. Endgültig klargestellt hat der 7. Senat des BAG seine Ansicht über die grundsätzliche Erforderlichkeit von Rhetorikseminaren schließlich in der Entscheidung vom 15. 2. 1995:

43

---

71 BAG vom 28. 1. 1975, AP Nr. 20 zu § 37 BetrVG 1972.
72 BAG vom 24. 7. 1991, DB 1992, 482.
73 BAG vom 11. 12. 1973, AP Nr. 5 zu § 80 BetrVG 1972.
74 BAG vom 15. 1. 1997, NZA 1997, 781 = DB 1997, 1475 = BB 1997, 1480; ebenso LAG Rheinland-Pfalz vom 17. 1. 1996, BB 1996, 1501. Weitergehend ArbG Kiel vom 27. 2. 1997, DB 1997, 883 (rechtskräftig), wonach eine Schulung von Betriebsratsmitgliedern zum Thema Mobbing bereits dann als erforderlich anzusehen sei, wenn erste Anzeichen für eine systematische Schikane gegenüber Mitarbeitern durch andere Mitarbeiter oder Vorgesetzte erkennbar seien. Der Betriebsrat müsse nicht erst warten, bis sich Mobbing in vollem Umfang im Betrieb auswirke.
75 BAG vom 19. 7. 1995, NZA 1996, 442.
76 BAG vom 20. 10. 1993, BB 1994, 139.
77 BAG vom 14. 9. 1994, NZA 1995, 381.

„Soweit jene Senatsentscheidung *(gemeint ist der Beschluß vom 20. 10. 1993)* dennoch dahin verstanden werden kann, der Senat halte die Erforderlichkeit einer Vermittlung von rhetorischen Fähigkeiten grundsätzlich für ausgeschlossen, hält der Senat hieran nicht fest. Sind vielmehr, was im Einzelfall darzulegen ist, die Verhältnisse im Betrieb und Betriebsrat so gelagert, daß der Betriebsrat seine gesetzlichen Aufgaben nur dann sachgerecht erfüllen kann, wenn die rhetorischen Fähigkeiten bestimmter Betriebsratsmitglieder durch Teilnahme an einer hierfür geeigneten Schulungsveranstaltung verbessert werden, so kann auch die Entsendung dieser Betriebsratsmitglieder zu einer Rhetorikschulung im Sinne von § 37 Abs. 6 BetrVG erforderlich sein. Zu denken ist etwa an Schulungsveranstaltungen über die Diskussionsleitung für Betriebsratsvorsitzende und ihre Stellvertreter."[78]

44 Der Unterscheidung von sachlicher und persönlicher Erforderlichkeit (s. o. Rz. 39) kommt regelmäßig bei Spezialschulungen, die vertiefte Kenntnisse auf einem Spezialgebiet vermitteln sollen, besondere Bedeutung zu. Insoweit hält es das BAG nicht für erforderlich, daß jedes einzelne Mitglied des Betriebsrats über diese Kenntnisse verfügen kann. Vielmehr reicht es aus, daß einzelnen Betriebsratsmitgliedern diese Spezialkenntnisse vermittelt werden[79].

45 Für Streitigkeiten über die Frage der Erforderlichkeit einer bestimmten Schulungsveranstaltung ist nicht die Einigungsstelle, sondern das Arbeitsgericht zuständig[80].

b) Grundsatz der Verhältnismäßigkeit

46 Neben dem Merkmal der **Erforderlichkeit** hat das BAG als zusätzliches Kriterium für die Kostentragungspflicht des Arbeitgebers den

---

[78] BAG vom 15. 2. 1995, NZA 1995, 1036. S. dazu auch BAG vom 24. 5. 1995, NZA 1996, 783 Ls 2: „Die Teilnahme eines Betriebsratsmitglieds an einer Schulungsveranstaltung ‚Diskussionsführung und Verhandlungstechnik' ist nur dann als erforderlich i. S. von §§ 37 Abs. 6, 40 Abs. 1 BetrVG anzusehen, wenn das entsandte Betriebsratsmitglied im Betriebsrat eine derart herausgehobene Stellung einnimmt, daß gerade seine Schulung für die Betriebsratsarbeit notwendig ist."
[79] BAG vom 29. 4. 1992, NZA 1993, 375 (keine persönliche Erforderlichkeit der Teilnahme von vier Betriebsratsmitgliedern eines siebenköpfigen Betriebsrats an einem Arbeitssicherheitsgrundlehrgang für Sicherheitsbeauftragte der Süddeutschen Eisen- und Stahlberufsgenossenschaft, wenn bereits zuvor die drei anderen Betriebsratsmitglieder die identische Schulungsveranstaltung besucht hatten). Ähnlich LAG Köln vom 12. 4. 1996, BB 1996, 1939.
[80] *Ehrich/Hoß,* NZA 1996, 1075 (1080).

Grundsatz der Verhältnismäßigkeit eingeführt[81]. Danach muß der Betriebsrat bei seinem Entsendungsbeschluß prüfen, ob die Schulungskosten unter Berücksichtigung des vermittelten Fachwissens mit der Größe und Leistungsfähigkeit des Betriebs zu vereinbaren sind. Dies führt dazu, daß sich bei mehreren qualitativ gleichwertigen Veranstaltungen für den Betriebsrat die Pflicht ergibt, die Betriebsratsmitglieder zu der für den Arbeitgeber kostengünstigsten Veranstaltung zu entsenden. Problematisch ist insofern allerdings die Frage, wenn zwei Seminare miteinander vergleichbar sind. Hier muß dem Betriebsrat bezüglich der Auswahl der Referenten sowie des Zeitpunktes der Veranstaltung ein eigener Beurteilungsspielraum eingeräumt werden[82].

Weiterhin darf die Schulungsveranstaltung auch hinsichtlich ihres zeitlichen Umfangs nicht gegen den Grundsatz der Verhältnismäßigkeit verstoßen. Ein solcher Verstoß wird von den Instanzgerichten regelmäßig bei Veranstaltungen angenommen, welche die Dauer von einer Woche nicht unerheblich übersteigen[83]. Dagegen erachtet die Rechtsprechung Schulungen bis zur Dauer von einer Woche grundsätzlich nicht für zu lang[84].

Überschreitet der Kostenaufwand einer Schulung den Rahmen des nach den Verhältnissen Zumutbaren, so ist der Arbeitgeber nur in diesem Rahmen zur Erstattung entstandener Kosten verpflichtet[85].

c) Umfang der Kostentragungspflicht

Zu den Kosten, die der Arbeitgeber im Rahmen der erforderlichen Schulungsmaßnahme zu tragen hat, gehören neben der Fortzahlung

---

[81] BAG vom 31. 10. 1972, AP Nr. 2 zu § 40 BetrVG 1972; BAG vom 28. 5. 1976, AP Nr. 24 zu § 37 BetrVG 1972; BAG vom 20. 12. 1995, NZA 1996, 895 (896).
[82] *Ehrich/Hoß*, NZA 1996, 1075 (1080).
[83] S. etwa LAG Köln vom 12. 4. 1996, BB 1996, 1939 (Grundschulung von vier Wochen); ArbG Kassel vom 20. 8. 1974, DB 1974, 1965 = BB 1974, 1299 (dreiwöchige Veranstaltung); ArbG Würzburg vom 23. 7. 1974, DB 1974, 1774 (Veranstaltung von zwei Wochen). Weitere Beispiele aus der Rechtsprechung s. bei *Stege/Weinspach*, § 37 Rz. 51.
[84] Vgl. BAG vom 6. 11. 1973, AP Nr. 5 zu § 37 BetrVG 1972; BAG vom 27. 11. 1973, AP Nr. 9 zu § 89 ArbGG 1953; BAG vom 27. 8. 1974, DB 1974, 1725; weitergehend LAG Hamm vom 5. 12. 1974, DB 1975, 109 (Erforderlichkeit der Entsendung eines Betriebsratsmitglieds zu einem zweiwöchigen „Seminar für freigestellte Betriebsratsmitglieder", sofern in dem Betrieb erst seit zwei Jahren ein Betriebsrat besteht und sich dieser in einer Konfrontation mit dem Arbeitgeber gestellt sieht).
[85] BAG vom 23. 4. 1974, AP Nr. 11 zu § 37 BetrVG 1972; BAG vom 27. 9. 1974, AP Nr. 18 zu § 37 BetrVG 1972; *Ehrich/Hoß*, NZA 1996, 1075 (1081); *Fitting/Kaiser/Heither/Engels*, § 40 Rz. 31; *Blanke*, in: Däubler/Kittner/Klebe, § 40 Rz. 58.

der Vergütung insbesondere die Seminar-, Fahrt- sowie Verpflegungs- und Übernachtungskosten[86]. Bei einer pauschalierten Abrechnung durch den Veranstalter sind die Übernachtungskosten selbst dann erstattungsfähig, wenn das betreffende Betriebsratsmitglied nur 5 km von dem Seminarort entfernt wohnt[87].

50 Einem **teilzeitbeschäftigten** weiblichen Betriebsratsmitglied, das an einer Schulungsveranstaltung teilnimmt, welche über die persönliche Arbeitszeit hinausgeht, steht – wie das BAG nunmehr am 5. 3. 1997[88] entschieden hat – hinsichtlich der außerhalb der persönlichen Arbeitszeit erfolgten Schulung **kein Anspruch** auf Freizeitausgleich oder Vergütung zu. Denn mit der Ausgestaltung des Betriebsratsamts als unentgeltliches Ehrenamt und der damit bezweckten Unabhängigkeit der Amtsführung werde eine legitime sozialpolitische Zielsetzung verfolgt, die in keinem Zusammenhang mit einer Geschlechtsdiskriminierung stehe. Die aus dem Ehrenamtprinzip folgende Benachteiligung teilzeitbeschäftigter Frauen sei zur Sicherung der inneren und äußeren Unabhängigkeit der Betriebsräte hinzunehmen. Die Bestimmungen des Betriebsverfassungsgesetzes zum Grundsatz der Ehrenamtlichkeit der Betriebsratstätigkeit genügten den Anforderungen des gemeinschaftsrechtlichen Verhältnismäßigkeitsgrundsatzes[89]. Der Entscheidung des BAG vom 5. 3. 1997 lag die Klage einer Arbeitnehmerin zugrunde, deren wöchentliche Arbeitszeit 30,8 Stunden – verteilt auf vier Wochentage – beträgt, und die in ihrer Eigenschaft als Betriebsratsmitglied an einer einwöchigen Schulungsveranstaltung nach § 37 Abs. 6 BetrVG teilnahm. An einem der Schulungstage hätte sie wegen ihrer Teilzeitbeschäftigung nicht arbeiten müssen. Der Arbeitgeber zahlte ihr für die Dauer des Schulungsbesuchs die vereinbarte Arbeitsvergütung. Für die Schulungsteilnahme an ihrem arbeitsfreien Tag verlangte die Klägerin bezahlten Freizeitausgleich für 7,5 Wochenstunden. Ihre Klage hatte in den Vorinstanzen Erfolg. Auf die Vorlage des BAG entschied der Europäische Gerichtshof am 6. 2. 1996[90] unter Bestätigung seiner früheren Rechtsprechung[91], daß

---
86 Bedenklich LAG Schleswig-Holstein vom 14. 3. 1996, BB 1996, 1062 (Rechtsbeschwerde nicht zugelassen), demzufolge ein Betriebsratsmitglied wegen der Pflicht zur sparsamen Wirtschaftsführung, aufgrund derer der Betriebsrat nicht erforderliche Übernachtungskosten zu vermeiden habe, bei einer um 11.00 Uhr beginnenden Schulungsveranstaltung die mit der Bundesbahn durchzuführende vierstündige Anreise am Schulungstag durchzuführen habe.
87 BAG vom 5. 6. 1984, AP Nr. 24 zu § 40 BetrVG 1972.
88 BAG vom 5. 3. 1997, BB 1997, 2218.
89 BAG vom 5. 3. 1997, BB 1997, 2218.
90 EuGH vom 6. 2. 1996, NZA 1996, 319 – Lewark.
91 Vgl. EuGH vom 4. 6. 1992, AP Nr. 39 zu Art. 199 EWG-Vertrag – Bötel.

Art. 119 EWG-Vertrag und die EG-Richtlinie 75/117 EWG vom 10. 2. 1975 einer nationalen Regelung entgegenstünden, welche die Vergütung der an ganztägigen Schulungsveranstaltungen teilnehmenden teilzeitbeschäftigten Betriebsratsmitglieder auf die Dauer ihrer individuellen Arbeitszeit beschränke, während vollzeitbeschäftigte Betriebsratsmitglieder bei Teilnahme an denselben Schulungsveranstaltungen eine Vergütung in Höhe ihrer Vollzeittätigkeit erhielten, sofern der Gruppe der Teilzeitbeschäftigten erheblich mehr Frauen als Männer angehörten. Allerdings könne die Ungleichbehandlung im Hinblick auf Art. 119 EWG-Vertrag und die Richtlinie gerechtfertigt sein, wenn der betreffende Mitgliedstaat dartun könne, daß die gewählten Mittel einem legitimen Ziel seiner Sozialpolitik dienten und zur Erreichung des mit ihr verfolgten Ziels geeignet und erforderlich seien. Die Prüfung, ob dies der Fall sei, sei Sache des vorlegenden Gerichts, mithin des BAG[92].

Problematisch ist die Kostentragungspflicht des Arbeitgebers bei **Seminargebühren,** wenn der Veranstalter eine **Gewerkschaft**[93] oder eine der Gewerkschaft nahestehende Vereinigung[94] ist. Die grundsätzliche Kostentragungspflicht des Arbeitgebers wird insoweit durch den koalitionsrechtlichen Grundsatz eingeschränkt, daß die Gewerkschaften aus den Schulungsveranstaltungen keinen Gewinn erzielen dürfen („keine Gegnerfinanzierung")[95]. Das BAG zieht hieraus den Schluß, daß die gewerkschaftlichen Seminarveranstalter verpflichtet sind, ihre Kostenrechnungen so aufzuschlüsseln, daß der Arbeitgeber zwischen erstattungsfähigen und u. U. nicht erstattungsfähigen Kosten differenzieren kann. Eine Verpflichtung zur Aufschlüsselung der Kosten besteht nach Ansicht des BAG auch bei Schulungen i. S. des § 37 Abs. 6 BetrVG durch eine GmbH, deren Anteile die Gewerkschaft zu 100% hält und sich einen bestimmenden Einfluß auf die Ausgestaltung der Schulung vorbehält[96], oder durch einen gemeinnützigen Verein, wenn die Gewerkschaft kraft satzungsmäßiger Rechte und personeller Verflechtungen maßgeblichen Einfluß auf den Inhalt, die Organisation und die Finanzierung der Bildungsarbeit

51

---

92 EuGH vom 6. 2. 1996, NZA 1996, 319 – Lewark. Siehe dazu auch LAG Hamm vom 3. 1. 1996, BB 1996, 645: Kein Anspruch eines teilzeitbeschäftigten *männlichen* Betriebsratsmitglieds gegen den Arbeitgeber auf Vergütung einer Vollzeitkraft für die Ganztagsschulungszeiten i. S. von § 37 Abs. 6 BetrVG. Zu alledem *Deinert,* NZA 1997, 183.
93 Vgl. BAG vom 30. 3. 1994, NZA 1995, 382.
94 Vgl. BAG vom 28. 6. 1995 – 7 ABR 47/94, NZA 1995, 1220; BAG vom 28. 6. 1995 – 7 ABR 55/94, NZA 1995, 1216.
95 BAG vom 30. 3. 1994, NZA 1995, 382.
96 BAG vom 30. 3. 1994, NZA 1995, 382.

hat[97]. Für die betriebliche Praxis ist weiterhin zu beachten, daß das BAG in der Entscheidung vom 28. 6. 1995 – 7 ABR 55/94 – ohne daß es hierauf im Streitfall ankam – „nach eingehender Prüfung der Rechtslage" seine „Neigung" zum Ausdruck brachte, zusätzliche schulungsbedingte Kosten (wie etwa Strom, Wasser, Reinigung und zusätzliche personelle Aufwendungen) bei der Durchführung betriebsverfassungsrechtlicher Seminare in gewerkschaftseigenen Bildungseinrichtungen im Rahmen des § 40 Abs. 1 BetrVG für erstattungsfähig zu halten[98].

d) Formelle Voraussetzungen der Kostentragungspflicht

52 Der Arbeitgeber ist nur dann zur Übernahme der durch die Schulungsmaßnahme entstandenen Kosten verpflichtet, wenn der Betriebsrat zuvor einen ordnungsgemäßen Beschluß über die Entsendung bestimmter Betriebsratsmitglieder zu einem konkreten Seminar gefaßt hat. Dieser Beschluß muß darüber hinaus dem Arbeitgeber so rechtzeitig mitgeteilt werden, daß dieser noch vor Beginn der Schulungsmaßnahme die Einigungsstelle anrufen kann, wenn er das Betriebsratsmitglied aus betrieblichen Gründen zu dieser Zeit nicht entbehren kann. Fehlt es an einer rechtzeitigen Information des Arbeitgebers, so hat das Betriebsratsmitglied weder einen Anspruch auf Fortzahlung der Arbeitsvergütung noch auf Erstattung der Seminarkosten[99].

53 Zu berücksichtigen ist weiterhin, daß der Arbeitgeber zur Kostentragung der Schulungsveranstaltung nur verpflichtet ist, wenn die Teilnahme des Betriebsratsmitglieds i. S. von § 37 Abs. 6 BetrVG erforderlich ist oder der Arbeitgeber die Übernahme der Kosten zugesagt hat. Dagegen ist der Arbeitgeber nicht bereits deshalb verpflichtet, die Schulungskosten nach §§ 37 Abs. 6, 40 Abs. 1 BetrVG zu tragen, weil er auf eine Mitteilung des Betriebsrats, ein bestimmtes Mitglied zu einer Schulungsveranstaltung entsenden zu wollen, geschwiegen hat[100].

---

97 BAG vom 28. 6. 1995 – 7 ABR 55/94, NZA 1995, 1216. Ähnlich BAG vom 28. 6. 1995 – 7 ABR 47/94, NZA 1995, 1220: Führt ein gemeinnütziger Verein betriebsverfassungsrechtliche Schulungen i. S. des § 37 Abs. 6 BetrVG durch, unterliegt er auch dann koalitionsrechtlichen Beschränkungen, wenn die Mitgliedschaft nicht auf Gewerkschaften oder deren Mitglieder beschränkt ist. Es genügt, daß die Gewerkschaft den Vereinsvorstand stellt und über ihn Inhalt, Durchführung und Finanzierung solcher Schulungen maßgebend beeinflußt.
98 Vgl. BAG vom 28. 6. 1995 – 7 ABR 55/94, NZA 1995, 1216.
99 BAG vom 18. 3. 1977, AP Nr. 27 zu § 37 BetrVG 1972; Hessisches LAG vom 21. 12. 1995 – 12 TaBV 148/95, wonach dies auch für freigestellte Betriebsratsmitglieder gelte.
100 BAG vom 24. 5. 1995, NZA 1996, 783.

e) Schulungsbesuch durch Ersatzmitglieder

Problematisch ist, inwieweit auch Ersatzmitglieder einen Anspruch auf Besuch von Schulungsveranstaltungen nach § 37 Abs. 6 oder 7 BetrVG haben. Das BAG differenziert hier zwischen den beiden in § 37 BetrVG enthaltenen Anspruchsgrundlagen. Vor dem Hintergrund, daß die nächstberufenen Ersatzmitglieder wiederholt an die Stelle eines verhinderten Betriebsratsmitglieds rücken müssen, werden bestimmte arbeits- und betriebsverfassungsrechtliche Grundkenntnisse als erforderlich i. S. von § 37 Abs. 6 BetrVG angesehen[101]. Anders sieht das BAG die Rechtslage bei Schulungsveranstaltungen nach § 37 Abs. 7 BetrVG. Solange ein Ersatzmitglied nicht gemäß § 25 Abs. 1 Satz 1 BetrVG für ein ausgeschiedenes Betriebsratsmitglied nachgerückt ist, hat es keinen Anspruch auf bezahlte Freistellung für eine Schulungsveranstaltung nach § 37 Abs. 7 BetrVG[102].

54

7. Tarifliche Ausschlußfrist, Verjährung, Verwirkung

Der Erstattungsanspruch aus § 40 BetrVG unterliegt weder einer tariflichen Ausschlußfrist noch der kurzen Verjährung nach § 196 BGB. Vielmehr verjährt er erst nach 30 Jahren[103].

55

Allerdings können Freistellungs- oder Erstattungsansprüche des Betriebsrats oder seiner Mitglieder **verwirken,** so z. B. wenn sie erst drei Jahre nach dem Entstehen und 1,5 Jahre nach Ablauf der Amtszeit geltend gemacht werden[104].

56

III. Sachaufwand und Büropersonal

Nach der Sonderregelung des § 40 Abs. 2 BetrVG hat der Arbeitgeber – über die allgemeine Kostentragungspflicht des § 40 Abs. 1 BetrVG hinaus – dem Betriebsrat für Sitzungen, die Sprechstunden und die laufende Geschäftsführung in erforderlichem Umfang (also den Bedürfnissen des Betriebsrats entsprechend) Räume, sachliche Mittel und Büropersonal zur Verfügung zu stellen. Das Ausmaß die-

57

---

101 BAG vom 15. 5. 1986, AP Nr. 53 zu § 37 BetrVG 1972.
102 BAG vom 14. 12. 1994, NZA 1995, 593.
103 BAG vom 20. 1. 1973, AP Nr. 3 zu § 40 BetrVG 1972; *Ehrich/Hoß*, NZA 1996, 1075 (1081); *Fitting/Kaiser/Heither/Engels*, § 40 Rz. 75; *Stege/Weinspach*, § 40 Rz. 26; *Blanke*, in: Däubler/Kittner/Klebe, § 40 Rz. 66.
104 Vgl. BAG vom 14. 11. 1978, AP Nr. 39 zu § 242 BGB Verwirkung; LAG Schleswig-Holstein vom 31. 5. 1976, BB 1976, 1418; *Ehrich/Hoß*, NZA 1996, 1075 (1081); *Fitting/Kaiser/Heither/Engels*, § 40 Rz. 75; *Stege/Weinspach*, § 40 Rz. 26; *Blanke*, in: Däubler/Kittner/Klebe, § 40 Rz. 66.

ser Verpflichtung richtet sich nach den Aufgaben und der Größe des Betriebsrats, nach der Größe und Beschaffenheit des Betriebs sowie nach den besonderen Erfordernissen im Einzelfall[105].

58 Der Betriebsrat ist jedoch nicht berechtigt, sich selbst Sachmittel zu beschaffen, Büroräume anzumieten oder Büropersonal einzustellen[106]. Kommt der Arbeitgeber seinen Pflichten aus § 40 Abs. 2 BetrVG nicht nach, muß der Betriebsrat seine Ansprüche im arbeitsgerichtlichen Beschlußverfahren – ggf. im Wege der einstweiligen Verfügung – durchsetzen.

1. Büroräume und -ausstattung

59 Regelmäßig hat der Betriebsrat Anspruch auf **eigene Büroräume**. In größeren Betrieben hat der Arbeitgeber dem Betriebsrat grundsätzlich mehrere Räume (ggf. unter Berücksichtigung des Bedarfs der Jugend- und Auszubildendenvertretung und der Schwerbehindertenvertretung) zur Verfügung zu stellen, in denen Sitzungen und Sprechstunden abgehalten sowie sonstige büromäßige Abwicklung der Tätigkeit vorgenommen werden können. In kleineren Betrieben kann es aufgrund der betrieblichen Gegebenheiten ausreichen, dem Betriebsrat einen Raum für bestimmte Zeiten (etwa tage- oder stundenweise) zur Verfügung zu stellen, sofern dadurch nicht die Betriebsratsarbeit beeinträchtigt wird und die ungestörte Abhaltung von Betriebsratssitzungen gewährleistet ist[107].

60 Die Räume müssen grundsätzlich **im Betrieb** bereitgestellt werden und für die Arbeitnehmer gut zugänglich sein. Sie müssen ferner funktionsgerecht und benutzbar, d. h. entsprechend eingerichtet, beheizbar, beleuchtet, mit entsprechendem Mobiliar einschließlich Sachmitteln und Telefon ausgestattet sein. Im Falle einer ständigen Benutzung hat der Betriebsrat Anspruch auf ein abschließbares Betriebsratszimmer[108].

---

105 *Ehrich/Hoß*, NZA 1996, 1075 (1081); *Fitting/Kaiser/Heither/Engels*, § 40 Rz. 80; *Stege/Weinspach*, § 40 Rz. 28; *Blanke*, in: Däubler/Kittner/Klebe, § 40 Rz. 69 m. w. Nachw.
106 BAG vom 21. 4. 1983, AP Nr. 20 zu § 40 BetrVG 1972; *Ehrich/Hoß*, NZA 1996, 1075 (1081). Einschränkend *Fitting/Kaiser/Heither/Engels*, § 40 Rz. 81, wonach der Betriebsrat in besonderen Ausnahmefällen berechtigt sei, sich die erforderlichen Sachmittel auf Kosten des Arbeitgebers selbst zu beschaffen, etwa wenn sich der Arbeitgeber entgegen einer gerichtlichen Entscheidung weigere, die erforderlichen Sachmittel zu überlassen, oder die Erfüllung der Pflicht so verzögert, daß hierdurch eine ordnungsgemäße Betriebsratsarbeit unmöglich oder erheblich beeinträchtigt werde.
107 Vgl. *Fitting/Kaiser/Heither/Engels*, § 40 Rz. 82; *Stege/Weinspach*, § 40 Rz. 29; *Blanke*, in: Däubler/Kittner/Klebe, § 40 Rz. 70.
108 *Blanke*, in: Däubler/Kittner/Klebe, § 40 Rz. 72 m. w. Nachw.

III. Sachaufwand und Büropersonal   Rz. 65 **Teil E**

Benötigt der Arbeitgeber dringend die Räume, so ist er berechtigt, 61
dem Betriebsrat andere Räume als die bisher genutzten zur Verfügung
zu stellen, wenn diese ebenfalls den konkreten Erfordernissen des
Betriebsrats entsprechen[109].

Dem Betriebsrat steht an den ihm zur Verfügung gestellten Räumlich- 62
keiten das Hausrecht zu. Daraus folgt, daß der Betriebsrat berechtigt
ist, die ihm auf Dauer bereitgestellten Räume abzuschließen und ihm
der Arbeitgeber zu diesem Zweck die Schlüssel zur Verfügung stellen
muß[110].

Zur Büroausstattung gehören das erforderliche Mobiliar, wie z. B. 63
verschließbare Schränke, Schreibtische, Tische und Stühle, außerdem Schreibmaterialien, Büro-(Klein-)Material, Aktenordner, Stem-
pel, Briefmarken, Schreibmaschinen, Diktiergeräte sowie die (Mit-)
Benutzung eines Fotokopiergerätes zum Zwecke der Vervielfältigung
von Sitzungsunterlagen, Protokollen u. ä.[111]. Dagegen soll der Betriebsrat nach Ansicht mehrerer Instanzgerichte keinen Anspruch auf
ein „eigenes" Telefaxgerät haben, wenn ihm die Mitbenutzung eines
betrieblichen Telefaxgerätes gestattet ist[112].

Zur büromäßigen Grundausstattung gehört auch ein Fernsprecher, 64
wobei in kleineren Betrieben die – ungestörte – Mitbenutzung des
betrieblichen Fernsprechers ausreichen und zumutbar sein kann. In
größeren Betrieben ergibt sich für den Betriebsrat ein Anspruch auf
einen eigenen Nebenanschluß (ggf. mit Durchwahl), von dem aus
ohne Zwischenschaltung der Telefonzentrale Orts- und Ferngesprä-
che im Rahmen der Betriebsratstätigkeit geführt werden können[113].

Das Abhören der Telefongespräche von Betriebsratsmitgliedern oder 65
das Aufzeichnen der Zielnummer ist wegen Verstoßes gegen das
Verbot der Störung und Behinderung der Betriebsratsarbeit unzuläs-

---
109 *Fitting/Kaiser/Heither/Engels,* § 40 Rz. 85 m. w. Nachw.
110 ArbG Heilbronn vom 17. 2. 1984, BB 1984, 982; *Ehrich/Hoß,* NZA 1996, 1075
    (1082); *Blanke,* in: Däubler/Kittner/Klebe, § 40 Rz. 73 m. w. Nachw.
111 LAG Niedersachsen vom 13. 12. 1988, NZA 1989, 422; *Ehrich/Hoß,* NZA
    1996, 1075 (1082); *Fitting/Kaiser/Heither/Engels,* § 40 Rz. 88; *Stege/Wein-
    spach,* § 40 Rz. 28; *Blanke,* in: Däubler/Kittner/Klebe, § 40 Rz. 75.
112 S. etwa LAG Düsseldorf vom 24. 6. 1993, NZA 1993 = BB 1993, 1873; LAG
    Rheinland-Pfalz vom 2. 2. 1996, BB 1996, 2465 (rechtskräftig). Anders LAG
    Hamm vom 14. 5. 1997, BB 1997, 2052 (rechtskräftig), wonach ein aus meh-
    reren Mitgliedern bestehender Betriebsrat in der heutigen Zeit ohne Darle-
    gung der Erforderlichkeit verlangen könne, daß ihm der Arbeitgeber ein
    Telefaxgerät zur Verfügung stelle, wenn dem Betriebsrat die Mitbenutzung
    der Geräte des Arbeitgebers nicht zumutbar sei.
113 Vgl. BAG vom 1. 8. 1990, NZA 1991, 316; LAG Rheinland-Pfalz vom 9. 12.
    1992, NZA 1993, 426.

sig. Dagegen ist die Aufzeichnung des Zeitpunktes, der Dauer und der Anzahl der Gebühreneinheiten von Telefongesprächen der Betriebsratsmitglieder jedenfalls dann nicht unzulässig, wenn eine derartige Aufzeichnung im Betrieb allgemein üblich ist und hierin keine Störung oder Behinderung der Betriebsratsarbeit liegt[114].

2. Fachliteratur

66 Zu den erforderlichen sachlichen Mitteln gehört nach allgemeiner Ansicht Fachliteratur, die geeignet ist, dem Betriebsrat die für seine Tätigkeit notwendigen Informationen zu vermitteln[115].

67 Die dem Betriebsrat zur Verfügung zu stellende Fachliteratur umfaßt zunächst die wichtigsten arbeits- und sozialrechtlichen Gesetzestexte. Außerdem sind dem Betriebsrat die Unfallverhütungsvorschriften und die im Betrieb anzuwendenden Tarifverträge sowie erforderliche Spezialliteratur zu bestimmten Sachgebieten (z. B. Personalplanung, Akkord- und Prämienwesen, Unfallverhütung, Gesundheitsgefährdung, Gestaltung von Arbeitsplatz und Arbeitsmitteln, menschengerechte Gestaltung der Arbeit, gefahrgeneigte Arbeit oder Einigungsstellenverfahren) zur Verfügung zu stellen. Bei einem mehrköpfigen Betriebsrat ist **jedem Betriebsratsmitglied** eine Sammlung der gemäß § 80 Abs. 1 Nr. 1 BetrVG zu überwachenden grundlegenden Gesetze und Verordnungen zur Verfügung zu stellen[116]. Insoweit braucht sich der Betriebsrat bei der Ausübung seines Auswahlrechts hinsichtlich der ihm vom Arbeitgeber zur Verfügung zu stellenden Gesetzestexte nicht ausschließlich vom Interesse des Arbeitgebers an einer möglichst geringen Kostenbelastung leiten zu lassen.

---

114 BAG vom 27. 5. 1986, AP Nr. 15 zu § 87 BetrVG 1972; *Ehrich/Hoß,* NZA 1996, 1075 (1082); *Fitting/Kaiser/Heither/Engels,* § 40 Rz. 89 m. w. Nachw. Einschränkend BAG vom 1. 8. 1990, NZA 1991, 316 (keine Berechtigung des Arbeitgebers zur Registrierung der Zielnummern des Betriebsrats bei Haus-, Orts- oder Nahbereichsgesprächen).
115 S. etwa BAG vom 21. 4. 1983, AP Nr. 20 zu § 40 BetrVG 1972; BAG vom 26. 10. 1994, NZA 1995, 386 = DB 1995, 581 = BB 1995, 464; BAG vom 25. 1. 1995, NZA 1995, 591 = DB 1995, 1339 = BB 1995, 1087; BAG vom 24. 1. 1996, DB 1996, 2034 = BB 1996, 2355; *Ehrich/Hoß,* NZA 1996, 1075 (1082).
116 BAG vom 24. 1. 1996, NZA 1997, 60 = DB 1996, 2034 = BB 1996, 2355, wonach allen Mitgliedern eines neunköpfigen Betriebsrats ein Exemplar der Gesetzessammlung „*Kittner*" (Hrsg.), Arbeits- und Sozialordnung in der 1995 erschienenen 20. Auflage zur Verfügung gestellt werden müsse. Ebenso LAG Schleswig-Holstein vom 11. 4. 1995, ArbuR 1995, 333 (Vorinstanz); LAG Düsseldorf vom 12. 4. 1988, DB 1988, 1072; LAG Bremen vom 3. 5. 1996, NZA 1996, 1288 = BB 1996, 2303. A. A. LAG Berlin vom 5. 10. 1992, BB 1993, 725.

III. Sachaufwand und Büropersonal

Grundsätzlich ist **jedem** Betriebsrat – unabhängig von seiner Größe – auch **ein Kommentar zum BetrVG** als Grundausstattung **ohne konkrete Darlegung** zur Erforderlichkeit zu überlassen. Verlangt der Betriebsrat, ihm einen **zweiten** Kommentar (seiner Wahl) zur Verfügung zu stellen, muß er darlegen, daß dieser zusätzliche Kommentar für seine Tätigkeit erforderlich ist[117].

68

Das auf der gesetzlichen Aufgabenstellung beruhende Informationsbedürfnis des Betriebsrats verlangt, daß sich die ihm vom Arbeitgeber zur Verfügung zu stellenden Kommentare jeweils auf dem **neuesten Stand** befinden und bei einem **Wechsel der Auflage** auch **neu beschafft** werden. Daher steht dem Betriebsrat ein Wahlrecht darüber zu, ob er an dem bisherigen Kommentar festhält oder ihm ein anderer Kommentar für seine Bedürfnisse geeigneter erscheint[118].

69

Neben Gesetzestexten und Kommentaren ist dem Betriebsrat auch eine arbeits- und sozialrechtliche Fachzeitschrift und – jedenfalls in größeren Betrieben – eine arbeitsrechtliche Entscheidungssammlung zur Verfügung zu stellen[119]. Bei der Auswahl, welche Zeitschrift für seine Tätigkeit erforderlich ist, hat der Betriebsrat einen Ermessensspielraum, der nicht dadurch überschritten wird, daß die Zeitschrift in einem gewerkschaftseigenen Verlag erscheint[120]. Steht dem Betriebsrat bereits eine arbeitsrechtliche Fachzeitschrift zur Verfügung, die sich regelmäßig mit arbeits- und gesundheitswissenschaftlichen Themenstellungen befaßt, hat der Betriebsrat darzulegen, welche betrieblichen oder betriebsratsbezogenen Gründe die Anschaffung einer weiteren Fachzeitschrift erfordern. Dagegen muß sich der Betriebsrat nicht vorrangig auf den Besuch von Schulungsmaßnahmen oder die Inanspruchnahme von Sachverständigen verweisen lassen[121].

70

Einem größeren Betriebsrat ist ferner ein Exemplar der neuesten Auflage eines Handbuchs zum Arbeitsrecht zur Verfügung zu stellen. Hierbei kann der Arbeitgeber nicht einwenden, er selbst habe dieses Handbuch nicht und aus Gründen der Waffengleichheit dürfe dem Betriebsrat deshalb das Werk ebenfalls nicht zur Verfügung gestellt werden. Dem Betriebsrat ist jedoch zuzumuten, eine bereits angekün-

71

---

117 BAG vom 26. 10. 1994, NZA 1995, 386 = DB 1995, 581 = BB 1995, 464.
118 BAG vom 26. 10. 1994, NZA 1995, 386 = DB 1995, 581 = BB 1995, 464.
119 *Fitting/Kaiser/Heither/Engels*, § 40 Rz. 96; *Blanke*, in: Däubler/Kittner/Klebe, § 40 Rz. 85 m. w. Nachw.; **a. A.** *Stege/Weinspach*, § 40 Rz. 36 (hinsichtlich arbeitsrechtlicher Entscheidungssammlungen).
120 BAG vom 21. 4. 1983, AP Nr. 20 zu § 40 BetrVG 1972. Die hiergegen eingelegte Verfassungsbeschwerde wurde vom BVerfG nicht zur Entscheidung angenommen, vgl. BVerfG vom 10. 12. 1985, DB 1986, 647.
121 BAG vom 25. 1. 1995, NZA 1995, 591 = DB 1995, 1339 = BB 1995, 1087.

digte Neuauflage der Literatur abzuwarten, wenn zu vermuten ist, daß die Neuauflage erhebliche, aktualisierte Änderungen enthält und das Abwarten bis zum Erscheinen die Arbeit des Betriebsrat nicht über Gebühr erschwert[122].

72 Der ständige Bezug einer **allgemeinen Zeitschrift** ist dagegen zur Erfüllung von Betriebsratsaufgaben regelmäßig **nicht erforderlich**. Der Betriebsrat kann deshalb nicht verlangen, daß ihm der Arbeitgeber beispielsweise die Zeitschrift „Handelsblatt" zur Verfügung stellt[123].

3. „Schwarzes Brett"

73 Für die Bekanntmachungen des Betriebsrats hat der Arbeitgeber ein „Schwarzes Brett" zur Verfügung zu stellen, das an einer geeigneten, allen Arbeitnehmern des Betriebs zugänglichen Stelle anzubringen ist. Bei größeren Betrieben kommen mehrere Schwarze Bretter in Betracht[124]. Der Betriebsrat entscheidet selbständig darüber, was er am Schwarzen Brett aufhängen will. Die Aushänge müssen sich jedoch im Rahmen seiner Aufgaben und seiner Zuständigkeit bewegen[125]. Hierzu gehört auch die Unterrichtung der Belegschaft über eine Rechtsansicht der Gewerkschaft zu einer bestimmten aktuellen betriebsverfassungsrechtlichen Frage. Dies folgt aus der Unterstützungsfunktion der Gewerkschaft nach § 2 Abs. 1 BetrVG[126].

74 Bei unzulässigen Aushängen kann der Arbeitgeber deren Entfernung verlangen. Weigert sich der Betriebsrat, die – unzulässigen – Aushänge zu entfernen, muß der Arbeitgeber gegen ihn im arbeitsgerichtlichen Beschlußverfahren (ggf. im Wege einer einstweiligen Verfügung) vorgehen[127].

---

122 So zu Recht LAG Bremen vom 3. 5. 1996, NZA 1996, 1288 = BB 1996, 2303 f.
123 BAG vom 29. 11. 1989, AP Nr. 32 zu § 40 BetrVG 1972; *Ehrich/Hoß*, NZA 1996, 1075 (1082 f.); **a. A.** *Blanke,* in: Däubler/Kittner/Klebe, § 40 Rz. 87.
124 *Fitting/Kaiser/Heither/Engels,* § 40 Rz. 100; *Stege/Weinspach,* § 40 Rz. 35; *Blanke,* in: Däubler/Kittner/Klebe, § 40 Rz. 88 m. w. Nachw.
125 Vgl. LAG Hamburg vom 6. 6. 1977, DB 1978, 118; LAG Baden-Württemberg vom 10. 11. 1977, DB 1978, 799; *Ehrich/Hoß*, NZA 1996, 1075 (1083); *Blanke,* in: Däubler/Kittner/Klebe, § 40 Rz. 88 m. w. Nachw.
126 *Fitting/Kaiser/Heither/Engels,* § 40 Rz. 101 m. w. Nachw.; **a. A.** LAG Baden-Württemberg vom 10. 11. 1977, DB 1978, 799.
127 *Ehrich/Hoß*, NZA 1996, 1075 (1083).

III. Sachaufwand und Büropersonal   Rz. 76 **Teil E**

4. Sonstige Sachmittel (insbesondere Überlassung eines Personalcomputers)

Ob der Betriebsrat zur sachgerechten Erfüllung seiner Aufgaben vom Arbeitgeber gemäß § 40 Abs. 2 BetrVG verlangen kann, daß ihm ein **Personalcomputer** zur Verfügung gestellt wird, richtet sich neben der Größe des Unternehmens und dem Umfang der laufenden Geschäftsführung in erster Linie nach den konkreten Aufgaben und Aktivitäten des Betriebsrats und nach der technischen Infrastruktur des Unternehmens[128]. Von den Instanzgerichten wurde das Begehren des Betriebsrats auf Überlassung eines Personalcomputers teilweise mit der Begründung zurückgewiesen, für einen Anspruch aus § 40 Abs. 2 BetrVG reiche es nicht aus, wenn ein Sachmittel die Arbeit des Betriebsrats zwar erleichtere, diese jedoch auch ohne das betreffende Sachmittel in zumutbarer Weise erledigt werden könne[129].

75

In einem Beschluß vom 6. 1. 1995 führte das LAG Düsseldorf jedoch aus[130]:

76

„Die Kammer neigt zu der Auffassung, daß in einem Betrieb mit 460 Arbeitnehmern, auf deren Arbeitsverhältnisse die Tarifverträge der metallverarbeitenden Industrie NW anzuwenden sind, für die Arbeit eines dort gewählten Betriebsrats, der fünf Ausschüsse gebildet hat und in dessen Unternehmen auf Unternehmensebene ein Wirtschaftsausschuß besteht, wegen der zahlreichen zu erledigenden Aufgaben im Regelfall ein Personalcomputer mit entsprechender Ausrüstung erforderlich i. S. des § 40 Abs. 2 BetrVG ist. Auch dem Betriebsrat kann es letztlich nicht verwehrt werden, seine büromäßige Ausstattung der inzwischen in den Unternehmen und Verwaltungen üblichen technischen Entwicklung anzupassen.
Jedenfalls ist der Einsatz eines Personalcomputers dann für die Erledigung der Aufgaben des Betriebsrates erforderlich i. S. des § 40 Abs. 2 BetrVG, wenn in einem solchen Betrieb im erheblichen Umfang kurzgearbeitet und zur gleichen Zeit auch Mehrarbeit geleistet wurde, 70 bis 80 Arbeitnehmer entlassen und 50 Arbeitnehmer später zunächst befristet und dann zum Teil unbefristet wieder eingestellt wurden und monatlich 4500 bis 5000 Überstunden geleistet werden, und der Betriebsrat diesen Personalcomputer auch zur Auswertung dieser Überstunden einzusetzen beabsichtigt."

---

128 *Ehrich/Hoß*, NZA 1996, 1075 (1083); *Fitting/Kaiser/Heither/Engels*, § 40 Rz. 91 m. w. Nachw.
129 LAG Niedersachsen vom 13. 12. 1988, NZA 1989, 442; ArbG Göttingen vom 16. 5. 1988, DB 1988, 2065.
130 LAG Düsseldorf vom 6. 1. 1995, BB 1995, 879 (rechtskräftig).

77 Nach einer Entscheidung des LAG Hamm vom 12. 2. 1997[131] kann ein aus mehreren Mitgliedern bestehender Betriebsrat in der heutigen Zeit ohne Darlegung der Erforderlichkeit verlangen, daß ihm der Arbeitgeber einen Personalcomputer mit Drucker für seine Betriebsratstätigkeit zur Verfügung stellt.

78 Über den Anspruch des Betriebsrats auf ein **technisches Kommunikationsmittel** hatte das BAG am 17. 2. 1993[132] zu befinden. Der Entscheidung lag folgender – vereinfachter Sachverhalt zugrunde:

Der Arbeitgeber hat in seinem Betrieb ein Bürokommunikationssystem eingerichtet. Alle Mitarbeiter des Betriebes verfügen über Bildschirmarbeitsplätze und tauschen untereinander Mitteilungen über dieses System aus. Das Programm hat einen Verteilerschlüssel „an alle", der vom Arbeitgeber auch genutzt wird, um allgemeine Nachrichten an alle Mitarbeiter weiterzugeben. Der Verteilerschlüssel „an alle" ist für die Mitarbeiter nicht zugänglich. Der Betriebsrat kann dieses System eingeschränkt nutzen, um Nachrichten an die Personalabteilung oder an bestimmte Mitarbeitergruppen zu übermitteln. Der Verteilerschlüssel „an alle" steht ihm hingegen nicht offen. Der Betriebsrat verlangt vom Arbeitgeber, ihm den uneingeschränkten Zugang zu der Verteilerfunktion „an alle" zu gewähren.

79 Während die Vorinstanzen (ArbG und LAG Köln) dem Antrag des Betriebsrats stattgegeben haben, hat das BAG in der sog. **Mailbox-Entscheidung** vom 17. 2. 1993 einen solchen Anspruch u. a. mit folgender Begründung verneint:

Der erforderliche Umfang sei jeweils unter Berücksichtigung aller Umstände des Einzelfalls anhand der konkreten Verhältnisse des Betriebs zu bestimmen, wobei es grundsätzlich Sache des Arbeitgebers sei, die Auswahl unter mehreren sachgerechten Mitteln oder Informationsmöglichkeiten zu treffen. Dem Arbeitgeber sei insofern ein gewisser Spielraum eröffnet. Maßstab für die Erforderlichkeit eines Kommunikationsmittels sei nur die Dringlichkeit der Unterrichtung der Belegschaft und die etwaige Unzulänglichkeit anderer Kommunikationsmittel.

Die Erforderlichkeit sei nicht schon dann zu bejahen, wenn durch den Einsatz dieses technischen Mittels die Arbeit des Betriebsrats erleichtert werde oder wenn dieses Mittel einen geringeren Kostenaufwand verursache.

---

131 LAG Hamm vom 12. 2. 1997, BB 1997, 1361; ebenso ArbG Lörrach vom 21. 9. 1994, AiB 1994, 758.
132 BAG vom 17. 2. 1993, AP Nr. 37 zu § 40 BetrVG 1972.

III. Sachaufwand und Büropersonal   Rz. 81 **Teil E**

Auch der Grundsatz der vertrauensvollen Zusammenarbeit (§ 2 Abs. 1 BetrVG) rechtfertige kein anderes Ergebnis. Denn der Grundsatz der vertrauensvollen Zusammenarbeit gebiete nicht, dem Betriebsrat die gleiche technische Ausstattung zur Verfügung zu stellen, wie sie der Arbeitgeber zur Verfügung habe.
Wenn – wie hier – auch andere geeignete Informationsmöglichkeiten gegeben seien, bleibe es dem Arbeitgeber überlassen, welche Kommunikationsmöglichkeit er dem Betriebsrat zur Verfügung stelle.
Allein daraus, daß der Arbeitgeber seine Arbeitnehmer durch ein elektronisches Kommunikationssystem mit Mailbox unter Benutzung eines sonst gesperrten Schlüssels „an alle" informiere, folge nicht, daß es i. S. des § 40 Abs. 2 BetrVG erforderlich sei, dem Betriebsrat dasselbe Informationssystem mit demselben Schlüssel uneingeschränkt zur Verfügung zu stellen[133].

5. Büropersonal

Die Pflicht des Arbeitgebers, dem Betriebsrat Büropersonal zur Verfügung zu stellen, bezieht sich vor allem auf **Schreibkräfte,** kann aber u. U. auch für andere **unterstützende Tätigkeiten** bestehen. Der personelle und zeitliche Umfang der Überlassung hängt von den jeweiligen Verhältnissen des Betriebes ab, insbesondere von dem Umfang der Bürotätigkeit des Betriebsrats. Je nach Größe des Betriebes kann es ausreichen, wenn der Arbeitgeber eine Schreibkraft teilweise – sei es auf Anforderung, sei es stundenweise oder für bestimmte Tage – für die Betriebsratsarbeit zur Verfügung stellt. In größeren Betrieben ist es dagegen im allgemeinen erforderlich, eine oder auch mehrere Schreibkräfte ausschließlich für die Betriebsratsarbeit zur Verfügung zu stellen[134]. Der Anspruch auf eine Schreibkraft besteht auch dann, wenn ein freigestelltes Betriebsratsmitglied selbst über schreibtechnische Kenntnisse verfügt[135]. 80

Das zu überlassende Personal wird vom Arbeitgeber bestimmt. Der Betriebsrat kann bereits wegen mangelnder eigener Rechtspersönlichkeit das Büropersonal nicht selbst einstellen[136]. Allerdings muß das Büropersonal für die Unterstützung des Betriebsrats **geeignet** sein. 81

---

133 BAG vom 17. 2. 1993, AP Nr. 37 zu § 40 BetrVG 1972.
134 S. dazu LAG Baden-Württemberg vom 25. 11. 1987, AiB 1988, 185, wonach der Arbeitgeber einem fünfzehnköpfigen Betriebsrat (mit freigestellten Betriebsratsmitgliedern) eine vollzeitbeschäftigte Schreibkraft zur Verfügung zu stellen habe.
135 ArbG Solingen vom 8. 3. 1974, DB 1974, 782; *Fitting/Kaiser/Heither/Engels,* § 40 Rz. 106.
136 BAG vom 17. 10. 1990, AP Nr. 8 zu § 108 BetrVG 1972.

Daran fehlt es, wenn der Betriebsrat zu einer bestimmten Person kein Vertrauen hat. Insoweit kann der Betriebsrat einzelne Bürokräfte ablehnen[137].

82 Die Rechtsstellung des Büropersonals ist gesetzlich nicht näher geregelt. Selbst wenn das Büropersonal ausschließlich für den Betriebsrat tätig wird, tritt es zu diesem nicht in ein Arbeitsverhältnis. Partner des Arbeitsvertrages ist stets der Arbeitgeber. Der Betriebsrat ist jedoch berechtigt, der Bürokraft Arbeitsanweisungen zu erteilen[138]. Er darf das Büropersonal aber nicht für persönliche Schreibarbeiten seiner Mitglieder oder die Erledigung reiner gewerkschaftlicher Korrespondenz einsetzen. Ist die Bürokraft gleichzeitig Betriebsratsmitglied, so kann sie nicht auf die nach § 38 Abs. 1 BetrVG vorgeschriebene Zahl der freizustellenden Betriebsratsmitglieder angerechnet werden[139].

IV. Bekanntgabe der Betriebsratskosten in der Betriebsversammlung

83 Der erste Senat des BAG hatte am 19. 7. 1995[140] erstmals die Frage zu entscheiden, ob und inwieweit dem Betriebsrat ein Unterlassungsanspruch zusteht, wenn der Arbeitgeber auf einer Betriebsversammlung die Kosten der Betriebsratstätigkeit bekanntgibt.

84 Der Arbeitgeber hat auf einer Betriebsversammlung im März 1993 einen Geschäftsbericht gegeben. Dabei hat er mittels eines Overhead-Projektors auf zehn Folien das Betriebsergebnis dargestellt. Auf einer Folie war in grafischer und tabellarischer Form die wirtschaftliche Ertragssituation zusammengefaßt. Den betrieblichen Aufwand für die Verwaltung und die Kosten der Betriebsratstätigkeit hatte der Arbeitgeber ohne nähere Aufgliederung und Erläuterung mit einem Minuszeichen versehen ausgewiesen. Der Betriebsrat hat beantragt, dem Arbeitgeber aufzugeben, es zu unterlassen, die Kosten der Betriebsratstätigkeit innerhalb oder außerhalb einer Betriebsversammlung der Belegschaft oder einzelnen Arbeitnehmern bekannt zu geben. Vor

---

137 BAG vom 5. 3. 1997, NZA 1997, 844 = DB 1997, 2083 = BB 1997, 1538. *Ehrich/Hoß*, NZA 1996, 1075 (1084); *Stege/Weinspach*, § 40 Rz. 33; weitergehend *Fitting/Kaiser/Heither/Engels*, § 40 Rz. 107, wonach der Betriebsrat bei der Auswahl des zur Verfügung zu stellenden Büropersonals ein Mitspracherecht habe; offengelassen von BAG vom 17. 10. 1990, AP Nr. 8 zu § 108 BetrVG 1972.
138 *Fitting/Kaiser/Heither/Engels*, § 40 Rz. 108; *Stege/Weinspach*, § 40 Rz. 33.
139 *Fitting/Kaiser/Heither/Engels*, § 40 Rz. 106; *Stege/Weinspach*, § 40 Rz. 33.
140 BAG vom 19. 7. 1995, NZA 1996, 332.

V. Streitigkeiten   Rz. 88 Teil E

dem Arbeitsgericht war der Betriebsrat erfolgreich. Das LAG (Baden-Württemberg – 2 Ta BV 4/93) hat seinen Antrag abgewiesen.

Das BAG hat die Rechtsbeschwerde des Betriebsrats zurückgewiesen. Zwar sei die Bekanntgabe der Betriebsratskosten in der von dem Arbeitgeber gewählten Art betriebsverfassungswidrig und habe den Betriebsrat in der Ausübung seines Amtes behindert. Dennoch blieb der Unterlassungsantrag ohne Erfolg, weil er so weit gefaßt gewesen sei, daß er jede denkbare Mitteilung von Betriebsratskosten in der Betriebsversammlung erfaßt habe. Für ein so weitreichendes Verbot bietet das BetrVG nach Ansicht des BAG keine Rechtsgrundlage[141]. 85

V. Streitigkeiten

Streitigkeiten über die Geschäftsführungskosten des Betriebsrats – sei es über die Erforderlichkeit von Kosten oder deren Erstattung, sei es über die Zurverfügungstellung der erforderlichen sachlichen Mittel, Räume oder Bürokräfte – sind gemäß § 2a Abs. 1 Nr. 1, Abs. 2 i. V. mit §§ 80 ff. ArbGG im arbeitsgerichtlichen Beschlußverfahren zu entscheiden. 86

Da der Betriebsrat selbst nicht vermögensfähig ist, geht bei Streitigkeiten über Geschäftsführungskosten sein Anspruch gegen den Arbeitgeber auf Übernahme der Kosten oder – falls eine Verbindlichkeit bereits begründet worden ist – auf Freistellung von dieser Verbindlichkeit[142]. 87

Führen Streitigkeiten über die Tragung der Kosten zu einer wesentlichen Erschwerung der Betriebsratsarbeit, kann der Betriebsrat im **Beschlußverfahren** nach § 85 Abs. 2 ArbGG i. V. mit § 940 ZPO den Erlaß einer einstweiligen Verfügung beantragen. Bei einer wesentlichen Erschwerung der Betriebsratsarbeit kann überdies ein Verfahren nach § 23 Abs. 3 BetrVG in Betracht kommen. Führt die Weigerung des Arbeitgebers, die ihm nach § 40 BetrVG obliegenden Pflichten zu erfüllen, zudem zu einer Behinderung der Betriebsratsarbeit, kann dies den Straftatbestand des § 119 Abs. 1 Nr. 2 BetrVG erfüllen[143]. 88

---

141 BAG vom 19. 7. 1995, NZA 1996, 332 (333 f.). Dieser Beschluß verdeutlicht einmal mehr die Notwendigkeit, die Anträge im Beschlußverfahren stets *präzise* zu formulieren und ggf. diverse „engere" Hilfsanträge zu stellen.
142 *Fitting/Kaiser/Heither/Engels,* § 40 Rz. 109.
143 *Fitting/Kaiser/Heither/Engels,* § 40 Rz. 120; *Blanke,* in: Däubler/Kittner/Klebe, § 40 Rz. 102.

89 Der Betriebsrat, der in einem arbeitsgerichtlichen Beschlußverfahren gemäß §§ 80 ff. ArbGG von einem Rechtsanwalt vertreten worden ist, kann mangels Rechtsfähigkeit nicht als Kollegialorgan auf Zahlung der Anwaltskosten in Anspruch genommen werden[144].

90 Hat ein einzelnes Betriebsratsmitglied die notwendigen Geschäftsführungskosten ausgelegt, so hat es gegen den Arbeitgeber einen – unmittelbar auf Zahlung gerichteten – Erstattungsanspruch, der ebenfalls im arbeitsgerichtlichen Beschlußverfahren geltend zu machen ist. In dem Fall können auch Zinsansprüche des Betriebsratsmitglieds wegen Verzuges (§§ 284 ff. BGB) oder Rechtshängigkeit (§ 291 BGB) gegeben sein[145].

91 Dagegen sind Ansprüche des einzelnen Betriebsratsmitglieds gegen den Arbeitgeber auf Fortzahlung des Arbeitsentgelts nach § 37 Abs. 2 BetrVG i. V. mit § 611 BGB im Urteilsverfahren (§ 2 Abs. 1 Nr. 3a, Abs. 5 i. V. mit § 46 ArbGG) geltend zu machen.

92 Auch der Betriebsrat ist befugt, in eigenem Namen Freistellungs- oder Erstattungsansprüche von Betriebsratsmitgliedern im Beschlußverfahren geltend zu machen, und zwar mit dem Ziel der Freistellung seiner Mitglieder von der betreffenden Verbindlichkeit bzw. der Zahlung der betreffenden Geldschuld an diese Mitglieder, nicht an sich selbst[146].

93 Hat der Betriebsrat oder das einzelne Mitglied einen Erstattungsanspruch zulässigerweise an einen Dritten – z. B. eine Gewerkschaft oder den Rechtsanwalt, der den Betriebsrat oder ein Betriebsratsmitglied im Beschlußverfahren vertreten hat – abgetreten, so ist er auch von diesem – nunmehr als Zahlungsanspruch – im Beschlußverfahren zu verfolgen[147].

---

144 LAG Hamm vom 19. 10. 1989, DB 1990, 1427.
145 BAG vom 18. 1. 1989, AP Nr. 28 zu § 40 BetrVG 1972 (unter ausdrücklicher Aufgabe seiner früheren Rechtsprechung).
146 BAG vom 10. 6. 1975, AP Nr. 1 zu § 73 BetrVG 1972; BAG vom 27. 3. 1979, AP Nr. 7 zu § 80 ArbGG 1953.
147 BAG vom 30. 1. 1973, AP Nr. 3 zu § 40 BetrVG 1972; BAG vom 29. 1. 1974, AP Nr. 5 zu § 40 BetrVG 1972; BAG vom 25. 8. 1978, AP Nr. 33 zu § 37 BetrVG 1972; *Ehrich/Hoß*, NZA 1996, 1075 (1084); *Fitting/Kaiser/Heither/Engels*, § 40 Rz. 117; *Stege/Weinspach*, § 40 Rz. 40.

VI. Haftung des Betriebsrats

Soweit der Arbeitgeber nicht nach § 40 Abs. 1 oder 2 BetrVG zur Übernahme von Verbindlichkeiten verpflichtet ist, die seitens der Betriebsratsmitglieder begründet worden sind, gelten haftungsrechtlich die allgemeinen Grundsätze: Eine Haftung des Betriebsrats selbst kommt nicht in Betracht, da der Betriebsrat im allgemeinen Rechtsverkehr nicht rechtsfähig und damit nicht vermögensfähig ist[148]. Vielmehr haften die an dem Beschluß über die Eingehung rechtsgeschäftlicher Verbindlichkeiten beteiligten Betriebsratsmitglieder nach §§ 421 ff. BGB als Gesamtschuldner[149]. 94

Allerdings ist insbesondere im Rahmen der Rechtsanwaltskosten (s. o. Rz. 17 ff.) stets zu prüfen, ob den einzelnen Betriebsratsmitgliedern ihrerseits ein Schadensersatzanspruch gegen den Rechtsanwalt wegen nicht ordnungsgemäßer Beratung zusteht, der dem Anspruch des Rechtsanwalts auf Zahlung des Anwaltshonorars einredeweise entgegengehalten werden kann. 95

Im obigen Beispielsfall (s. o. Rz. 18) wäre daher im Ergebnis ein Anspruch des Rechtsanwalts gegen die einzelnen Betriebsratsmitglieder auf Zahlung des Anwaltshonorars ausgeschlossen, wenn der Rechtsanwalt den Betriebsrat in Kenntnis der dortigen tatsächlichen Umstände zur Durchführung eines arbeitsgerichtlichen Beschlußverfahrens gegen den Arbeitgeber veranlaßt hätte.

---

148 Vgl. BAG vom 24. 4. 1986, AP Nr. 7 zu § 87 BetrVG 1972 Sozialeinrichtung; *Fitting/Kaiser/Heither/Engels,* § 1 Rz. 192 m. w. Nachw.
149 BAG vom 24. 4. 1986, AP Nr. 7 zu § 87 BetrVG 1972 Sozialeinrichtung; LAG Düsseldorf vom 29. 10. 1985, BB 1986, 1016; *Stege/Weinspach,* § 40 Rz. 41.

Teil F
Betriebsvereinbarungen

I. Allgemeine Grundsätze

Das Betriebsverfassungsgesetz hat den Betriebspartnern die Betriebsvereinbarung als eigenes Regelungsinstrument zur Verfügung gestellt. Sie wird in § 77 Abs. 2 bis 6 BetrVG näher, wenn auch nicht abschließend, geregelt. Bei der Betriebsvereinbarung handelt es sich um einen privatrechtlichen, **kollektiven Normenvertrag**[1] zwischen Arbeitgeber und Betriebsrat, den diese im Rahmen ihrer gesetzlichen Aufgaben abschließen, insbesondere in Angelegenheiten, die der erzwingbaren Mitbestimmung des Betriebsrats unterliegen.

1

Die Betriebsvereinbarung stellt in der Praxis die wichtigste Form der Einigung zwischen Arbeitgeber und Betriebsrat dar. Sie dient der generellen Regelung der betrieblichen und betriebsverfassungsrechtlichen Ordnung sowie der Gestaltung der individuellen Rechtsbeziehungen zwischen Arbeitgeber und Arbeitnehmer. Zum einen ersetzt sie betriebliche Maßnahmen, die der Arbeitgeber ansonsten aufgrund seines Direktionsrechts allein treffen könnte. Zum anderen regelt sie materielle Arbeitsbedingungen, die bei Fehlen einer kollektiven Regelung einzelvertraglich vereinbart werden müßten[2].

2

Neben der Betriebsvereinbarung können die Betriebspartner – wie sich aus dem in § 77 Abs. 1 Satz 1 BetrVG genannten Begriff „Vereinbarungen" ergibt – auch weitere **formlose** Vereinbarungen treffen, die als **Regelungsabreden** bezeichnet werden, denen jedoch – anders als der Betriebsvereinbarung – keine normative Wirkung zukommt (zur Regelungsabrede siehe unten Rz. 147 ff.).

3

Bei **Sozialplänen** handelt es sich, obwohl ihnen nach dem Wortlaut des § 112 Abs. 1 Satz 3 BetrVG nur „die Wirkung einer Betriebsvereinbarung" zukommt, um echte Betriebsvereinbarungen[3].

4

---

1 Zur Rechtsnatur der Betriebsvereinbarung siehe *Matthes*, in: Münchener Handbuch zum Arbeitsrecht, Band 3, § 319 Rz. 1 m. w. Nachw.
2 *Fitting/Kaiser/Heither/Engels*, § 77 Rz. 12.
3 Vgl. BAG vom 24. 3. 1981, AP Nr. 12 zu § 112 BetrVG 1972 m. w. Nachw.

II. Gegenstand von Betriebsvereinbarungen

5 Gegenstand einer Betriebsvereinbarung können alle Angelegenheiten sein, auf die sich die Regelungskompetenz der Betriebspartner erstreckt[4].

6 Durch Betriebsvereinbarungen können grundsätzlich **alle Arbeitsbedingungen** geregelt werden, gleichgültig, ob es sich um materielle oder formelle Arbeitsbedingungen handelt[5]. Ebenso wie Tarifverträge (vgl. § 1 Abs. 1 TVG) können Betriebsvereinbarungen damit Regelungen enthalten, die den Inhalt, den Abschluß und die Beendigung von Arbeitsverhältnissen sowie betriebliche und betriebsverfassungsrechtliche Fragen betreffen. Insoweit kommt den Betriebsvereinbarungen **normative Wirkung** zu (s.u. Rz. 77 ff.).

7 Betriebsvereinbarungen können aber auch allein das Verhältnis zwischen Arbeitgeber und Betriebsrat regeln, so. z. B. den Umfang und die Lage der Sprechstunden des Betriebsrats nach § 39 Abs. 1 BetrVG. Insoweit haben die Betriebsvereinbarungen lediglich **schuldrechtliche Wirkung,** indem sie die Betriebspartner gegenseitig berechtigen und verpflichten[6].

8 Nach § 325 Abs. 2 Satz 1 UmwG kann ferner in Fällen, in denen die Spaltung oder Teilübertragung eines Unternehmens die Spaltung eines Betriebs zur Folge hat und dadurch für die aus der Spaltung hervorgegangenen Rechte oder Beteiligungsrechte des Betriebsrats entfallen, durch Betriebsvereinbarung oder Tarifvertrag die Fortgeltung dieser Rechte oder Beteiligungsrechte vereinbart werden. Dies gilt nicht hinsichtlich der Größe des Betriebsrats (§ 9 BetrVG) und die Bildung und Größe des Betriebsausschusses (§ 27 BetrVG), § 325 Abs. 2 Satz 2 UmwG. Der Möglichkeit der Aufrechterhaltung von bisherigen Rechten des Betriebsrats kommt insbesondere in den Fällen Bedeutung zu, in denen die Rechte des Betriebsrats von der Beschäftigung einer Mindestzahl wahlberechtigter Arbeitnehmer abhängen (etwa im Rahmen der §§ 38, 95, 99, 106 und 111 BetrVG), und diese Mitgliederzahl aufgrund der Betriebsspaltung nicht mehr erreicht wird. Durch Betriebsvereinbarung oder Tarifvertrag können nach § 325 Abs. 2 Satz 1 UmwG auch solche Rechte aufrechterhalten werden, die dem Betriebsrat über die gesetzlichen Bestimmungen

---
4 *Matthes,* in: Münchener Handbuch zum Arbeitsrecht, Band 3, § 319 Rz. 2.
5 BAG vom 9. 4. 1991, AP Nr. 1 zu § 77 BetrVG 1972 Tarifvorbehalt; BAG vom 6. 8. 1991, AP Nr. 52 zu § 77 BetrVG 1972; *Fitting/Kaiser/Heither/Engels,* § 77 Rz. 43 m. w. Nachw.
6 Vgl. BAG vom 24. 2. 1987, AP Nr. 21 zu § 77 BetrVG 1972; BAG vom 10. 11. 1987, AP Nr. 24 zu § 77 BetrVG 1972.

II. Gegenstand von Betriebsvereinbarungen Rz. 12 **Teil F**

hinaus durch Betriebsvereinbarung oder Tarifvertrag eingeräumt worden sind[7].

Bei Betriebsvereinbarungen kann es sich entweder um **erzwingbare** oder um **freiwillige Betriebsvereinbarungen** handeln. Betriebsvereinbarungen, deren Abschluß von einer Seite – u. U. durch Anrufung der Einigungsstelle – auch gegen den Willen der anderen Seite erreicht werden kann, werden als erzwingbare Betriebsvereinbarungen bezeichnet. Sofern Betriebsvereinbarungen dagegen nur bei übereinstimmendem Willen beider Betriebspartner zustande kommen können, sind dies freiwillige Betriebsvereinbarungen.

9

Erzwingbare Betriebsvereinbarungen können grundsätzlich in den Angelegenheiten abgeschlossen werden, in denen der Betriebsrat ein echtes Mitbestimmungsrecht hat, so z. B. in sozialen Angelegenheiten i. S. von § 87 Abs. 1 BetrVG (Ausnahme: Nr. 5 und 9, soweit es sich um Einzelmaßnahmen handelt), bei der Aufstellung eines Sozialplans (§ 112 Abs. 1, 4 und 5 BetrVG), soweit dessen Erzwingbarkeit nicht nach § 112a BetrVG entfällt, bei der Einführung von Personalfragebogen (§ 94 BetrVG), bei personellen Auswahlrichtlinien i. S. von § 95 BetrVG (in Betrieben mit bis zu 1000 Arbeitnehmern allerdings nur, wenn der Arbeitgeber sie einführen will) sowie bei der Vereinbarung über Sprechstunden des Betriebsrats hinsichtlich Zeit und Ort (§ 39 Abs. 1 BetrVG).

10

Der Abschluß von freiwilligen Betriebsvereinbarungen ist insbesondere in folgenden Angelegenheiten möglich: Bei weiteren sozialen Angelegenheiten i. S. von § 88 BetrVG, bei der Aufstellung eines Sozialplans in den Fällen des § 112a BetrVG, bei der Vereinbarung der Zustimmungspflicht des Betriebsrats hinsichtlich Kündigungen (§ 102 Abs. 6 BetrVG), bei der Einrichtung einer ständigen Einigungsstelle und der Regelung der Einzelheiten ihres Verfahrens (§ 76 Abs. 1 Satz 2, Abs. 4 BetrVG), bei der anderweitigen Regelung der Freistellung von Betriebsratsmitgliedern (§ 38 Abs. 1 Satz 3 BetrVG) sowie bei Vereinbarungen über die dem Betriebsrat zur Verfügung zu stellenden Geschäftsräume, sachlichen Mittel oder Bürokräfte (§ 40 Abs. 2 BetrVG).

11

Dagegen dürfte der Abschluß von Betriebsvereinbarungen regelmäßig in folgenden Angelegenheiten nicht in Betracht kommen: Bei der Festsetzung des Urlaubs für einzelne Arbeitnehmer sowie der Zuweisung und Kündigung von Wohnräumen (§ 87 Abs. 1 Nr. 5 und 9 BetrVG), bei Vereinbarungen über die Hinzuziehung von Sachver-

12

---

[7] *Fitting/Kaiser/Heither/Engels,* § 77 Rz. 45a m. w. Nachw.

ständigen durch den Betriebsrat (§ 80 Abs. 3 BetrVG), bei der Ausschreibung eines Arbeitsplatzes im konkreten Einzelfall (§ 93 BetrVG), bei der Entscheidung der Einigungsstelle über den Antrag des Arbeitgebers hinsichtlich der ausreichenden Berücksichtigung betrieblicher Notwendigkeiten bei der Freistellung einzelner Betriebsratsmitglieder für Schulungs- und Bildungsveranstaltungen (§ 37 Abs. 6 und 7 BetrVG) sowie bei der Entscheidung der Einigungsstelle auf Antrag des Arbeitgebers über die sachliche Begründetheit völliger Freistellungen von Betriebsratsmitgliedern (§ 38 Abs. 2 BetrVG).

13 Gegenstand einer Betriebsvereinbarung muß nicht stets eine Regelung zugunsten der Arbeitnehmer sein. Vielmehr können in einer Betriebsvereinbarung auch **Pflichten der Arbeitnehmer** geregelt werden. Dies gilt insbesondere für Fragen der Ordnung im Betrieb, wie z. B. Torkontrollen oder Rauch- und Alkoholverbote[8]. Möglich sind somit grundsätzlich auch Vereinbarungen über die Verhängung von Betriebsbußen bei rechtswidrigen und schuldhaften Zuwiderhandlungen der Arbeitnehmer gegen die kollektive Ordnung[9].

14 Betriebliche Regelungen über die **Kleidung** der Arbeitnehmer sind zulässig, soweit hierfür ein anerkennenswerter Grund besteht[10]. Unzulässig sind dagegen Betriebsvereinbarungen, welche die Kostentragungspflicht des Arbeitgebers für von ihm zu stellende Arbeits- und Schutzkleidung auf die Arbeitnehmer ganz oder teilweise abwälzen[11]. Etwas anderes kann jedoch dann gelten, wenn dem Arbeitnehmer die Verwendung dieser Kleidung im privaten Bereich gestattet ist und vom Arbeitnehmer gewünscht wird[12].

15 Unzulässig sind weiterhin Betriebsvereinbarungen, die lediglich **einzelne konkrete Arbeitsverhältnisse** betreffen. Durch Betriebsvereinbarungen kann auch grundsätzlich nicht in den durch § 75 Abs. 2 BetrVG geschützten Persönlichkeitsbereich des einzelnen Arbeitnehmers eingegriffen werden. Daher können Regelungen über die Gestaltung der Freizeit der Arbeitnehmer (wie z. B. das Verbot der Ausübung besonders gefährlicher Sportarten) nicht Gegenstand einer Be-

---

8 *Fitting/Kaiser/Heither/Engels,* § 77 Rz. 59.
9 Vgl. BAG vom 5. 12. 1975, AP Nr. 1 zu § 87 BetrVG 1972 Betriebsbuße; BAG vom 30. 1. 1979, AP Nr. 2 zu § 87 BetrVG 1972 Betriebsbuße; BAG vom 17. 10. 1989, AP Nr. 12 zu § 87 BetrVG 1972 Betriebsbuße.
10 *Fitting/Kaiser/Heither/Engels,* § 77 Rz. 59.
11 BAG vom 1. 12. 1992, AP Nr. 20 zu § 87 BetrVG 1972 Ordnung des Betriebes.
12 Vgl. BAG vom 1. 12. 1992, AP Nr. 20 zu § 87 BetrVG 1972 Ordnung des Betriebes.

triebsvereinbarung sein[13]. Gleiches gilt für das Verbot einer Nebenbeschäftigung[14].

Ebensowenig kann durch eine Betriebsvereinbarung eine Verpflichtung zur Teilnahme an **Betriebsfeiern** oder -ausflügen begründet werden, selbst wenn sie während der Arbeitszeit stattfinden[15]. 16

Durch Betriebsvereinbarungen kann auch nicht in bereits fällige Ansprüche der Arbeitnehmer eingegriffen werden, unabhängig davon, ob diese auf einzelvertraglicher oder kollektiver Regelung beruhen[16]. Nicht möglich ist deshalb die Stundung oder der Erlaß von bereits erdienten Vergütungsansprüchen durch Betriebsvereinbarung. 17

Betriebsvereinbarungen dürfen ferner nicht gegen zwingende kündigungsrechtliche Vorschriften verstoßen[17]. Aus diesem Grund können die Betriebspartner in einer Betriebsvereinbarung nicht wirksam vereinbaren, daß bei bestimmten Pflichtverletzungen von Arbeitnehmern deren Arbeitsverhältnisse automatisch enden. 18

Dagegen kann in einer Betriebsvereinbarung eine **Altersgrenze** wirksam vereinbart werden, sofern diese vorsieht, daß die Arbeitnehmer mit Vollendung des 65. Lebensjahres aus dem Arbeitsverhältnis ausscheiden[18]. Die hiervon abweichenden beiden Entscheidungen des BAG aus dem Jahre 1993[19], derzufolge eine kollektive Altersgrenze von 65 Lebensjahren, mit deren Erreichung das Arbeitsverhältnis automatisch enden solle, gegen § 41 Abs. 4 Satz 3 SGB VI i. d. vom 1. 1. 1992 bis zum 31. 7. 1994 geltenden Fassung verstoße, sind zwischenzeitlich überholt[20]. Denn durch Art. 1 des Gesetzes zur Änderung des Sechsten Buches Sozialgesetzbuch (SGB VI ÄndG) vom 26. 7. 1994 (BGBl. I S. 1797) hat der Gesetzgeber – offenbar als Reaktion auf die Entscheidungen des BAG aus dem Jahre 1993 – die Vorschrift des § 41 Abs. 4 Satz 3 SGB VI mit Wirkung vom 1. 8. 1994 wie folgt neu gefaßt: 19

---

13 *Fitting/Kaiser/Heither/Engels,* § 77 Rz. 51.
14 BAG vom 25. 5. 1970, AP Nr. 4 zu § 60 HGB; BAG vom 13. 11. 1979, AP Nr. 5 zu § 1 KSchG 1969 Krankheit.
15 BAG vom 4. 12. 1970, AP Nr. 5 zu § 7 BUrlG.
16 BAG vom 10. 8. 1994, AP Nr. 86 zu § 112 BetrVG 1972.
17 Vgl. BAG vom 16. 2. 1962, AP Nr. 11 zu § 4 TVG Günstigkeitsprinzip; BAG (GS) vom 7. 11. 1989, AP Nr. 46 zu § 77 BetrVG 1972.
18 BAG vom 20. 12. 1984, AP Nr. 9 zu § 620 BGB; BAG vom 6. 3. 1986, AP Nr. 1 zu § 620 BGB Altersgrenze; BAG vom 20. 11. 1987, AP Nr. 2 zu § 620 BGB Altersgrenze (m. abl. Anm. von *Joost*); BAG (GS) vom 7. 11. 1989, AP Nr. 46 zu § 77 BetrVG 1972.
19 BAG vom 20. 10. 1993, AP Nr. 3 zu § 41 SGB VI; BAG vom 1. 12. 1993, AP Nr. 4 zu § 41 SGB VI.
20 *Ehrich,* BB 1994, 1633 (1635).

„Eine Vereinbarung, die die Beendigung des Arbeitsverhältnisses eines Arbeitnehmers ohne Kündigung zu einem Zeitpunkt vorsieht, in dem der Arbeitnehmer vor Vollendung des 65. Lebensjahres eine Rente wegen Alters beantragen kann, gilt dem Arbeitnehmer gegenüber als auf die Vollendung des 65. Lebensjahres abgeschlossen, es sei denn, daß die Vereinbarung innerhalb der letzten drei Jahre vor diesem Zeitpunkt abgeschlossen oder von dem Arbeitnehmer bestätigt worden ist."[21]

20 Mit der Neuregelung des § 41 Abs. 4 Satz 3 SGB VI, dessen Wortlaut weitgehend mit Art. 6 § 5 Abs. 2 RRG 1972 übereinstimmt, wurde die bis zum 1. 1. 1992 geltende Rechtslage gewissermaßen wiederhergestellt[22]. Damit sind Altersgrenzen in Betriebsvereinbarungen – jedenfalls soweit sie sich (wie in der Praxis weitgehend üblich) auf das 65. Lebensjahr beziehen – als wirksam anzusehen. Dies gilt – wie aus dem eindeutigen Wortlaut von Art. 2 SGB VI ÄndG folgt – auch für solche Betriebsvereinbarungen, die vor Inkrafttreten des RentenreformG 1992 geschlossen worden sind[23].

21 Durch Betriebsvereinbarung können schließlich auch Angelegenheiten geregelt werden, auf die durch einen Tarifvertrag oder eine Betriebsvereinbarung das Mitbestimmungsrecht des Betriebsrats erweitert worden ist[24].

22 Betriebsvereinbarungen zur Regelung **organisatorischer betriebsverfassungsrechtlicher Fragen** sind nur möglich, wenn dies im BetrVG ausdrücklich vorgesehen ist, so z. B. bei anderweitiger Regelung der

---

21 Darüber hinaus sieht Art. 2 SGB VI ÄndG als Überleitungsregelung vor, daß ein Arbeitsverhältnis eines Arbeitnehmers, welches wegen § 41 Abs. 4 Satz 3 SGB VI a. F. über das 65. Lebensjahr fortgesetzt worden ist, zum 30. 11. 1994 endet, sofern nicht Arbeitgeber und Arbeitnehmer etwas anderes vereinbaren. Mit Beschluß vom 8. 11. 1994 hat der Erste Senat des BVerfG allerdings im Wege der einstweiligen Anordnung die Anwendung von Art. 2 SGB VI ÄndG bis zum Ablauf des 31. 3. 1995 ausgesetzt (vgl. BVerfG vom 8. 11. 1994, DB 1994, 2501).
22 Einzelheiten zur Neufassung des § 41 Abs. 4 Satz 3 SGB VI s. bei *Ehrich*, BB 1994, 1633 (1635).
23 Zutreffend BAG vom 11. 6. 1997, DB 1997, 2280; BAG vom 14. 10. 1997, DB 1997, 2182. Ebenso *Weber/Ehrich/Hoß*, Handbuch der arbeitsrechtlichen Aufhebungsverträge, 1996, Teil A, Rz. 50; *Fitting/Kaiser/Heither/Engels*, § 77 Rz. 56a jeweils m. w. Nachw.; a. A. *Boecken*, NZA 1995, 145; LAG Berlin vom 11. 4. 1996, NZA 1997, 318. Eine gegen Art. 1 SGB VI ÄndG gerichtete Verfassungsbeschwerde wurde vom BVerfG wegen Nichterschöpfung des Rechtsweges nicht zur Entscheidung angenommen, vgl. BVerfG vom 14. 3. 1995, BB 1995, 1295 m. Anm. von *Bauer*.
24 BAG vom 18. 8. 1987, AP Nr. 23 zu § 77 BetrVG 1972; BAG vom 10. 2. 1988, AP Nr. 53 zu § 99 BetrVG 1972; BAG vom 9. 5. 1995, AP Nr. 2 zu § 76 BetrVG 1972 Einigungsstelle.

Freistellung nach § 38 Abs. 1 Satz 3 BetrVG sowie bei anderweitiger Mitgliederzahl des Gesamtbetriebsrats, Konzernbetriebsrats und der Gesamt-Jugend- und Auszubildendenvertretung (§ 47 Abs. 4 und 5, § 55 Abs. 4, § 77 Abs. 4 und 5 BetrVG). Im Bereich zwingender gesetzlicher Vorschriften (etwa über die Wahl des Betriebsrats) können dagegen keine Betriebsvereinbarungen geschlossen werden[25].

III. Abschluß von Betriebsvereinbarungen

Nach § 77 Abs. 2 Satz 1 BetrVG sind Betriebsvereinbarungen von Betriebsrat und Arbeitgeber gemeinsam zu beschließen und schriftlich niederzulegen. Da es sich bei der Betriebsvereinbarung um einen privatrechtlichen Normenvertrag handelt (s. o. Rz. 1), sind **übereinstimmende Willenserklärungen der Betriebspartner** hinsichtlich des Inhalts der abzuschließenden Betriebsvereinbarung erforderlich[26]. 23

Die Willensbildung des Betriebsrats erfolgt durch einen ordnungsgemäßen Beschluß des Betriebsrats, der in einer Betriebsratssitzung zu fassen ist. Der Betriebsausschuß und die weiteren Ausschüsse des Betriebsrats sind zum Abschluß von Betriebsvereinbarungen selbst dann nicht berechtigt, wenn ihnen bestimmte Angelegenheiten zur selbständigen Erledigung übertragen worden sind, §§ 27 Abs. 3 Satz 2, 28 Abs. 1 Satz 2 BetrVG. Ebensowenig sind die Jugend- und Auszubildendenvertretung, die Gesamt-Jugend- und Auszubildendenvertretung, der Wirtschaftsausschuß und die Betriebsversammlung zum Abschluß von Betriebsvereinbarungen befugt[27]. Auch eine **Bevollmächtigung des Betriebsratsvorsitzenden** zum Abschluß von Betriebsvereinbarungen ist nicht möglich. Allerdings kann der Betriebsrat durch Beschluß eine vom Betriebsratsvorsitzenden bereits abgeschlossene Betriebsvereinbarung nachträglich genehmigen[28]. 24

Der Abschluß einer Betriebsvereinbarung obliegt dem **Gesamtbetriebsrat,** soweit er zur Regelung der Angelegenheit nach § 50 Abs. 1 BetrVG zuständig ist (s. Teil B Rz. 195 ff.) oder ihn der Betriebsrat nach § 50 Abs. 2 BetrVG zur Regelung einer Angelegenheit beauftragt hat (s. Teil B Rz. 217 ff.). Vertragspartner der Betriebsvereinbarung bleibt aber im letzteren Fall der Betriebsrat, da der Gesamtbetriebsrat 25

---

25 Vgl. *Fitting/Kaiser/Heither/Engels,* § 77 Rz. 45.
26 *Matthes,* in: Münchener Handbuch zum Arbeitsrecht, Band 3, § 319 Rz. 9; *Fitting/Kaiser/Heither/Engels,* § 77 Rz. 18 m. w. Nachw.
27 *Fitting/Kaiser/Heither/Engels,* § 77 Rz. 18.
28 BAG vom 15. 12. 1961, AP Nr. 1 zu § 615 BGB Kurzarbeit.

nur zum Abschluß bevollmächtigt wurde[29]. Entsprechendes gilt bei Abschluß von Betriebsvereinbarungen durch den Konzernbetriebsrat.

26 Betriebsvereinbarungen können auch auf dem Spruch einer Einigungsstelle beruhen. In Angelegenheiten, die nur der freiwilligen Mitbestimmung unterliegen, bedarf der Spruch der vorherigen Unterwerfung der Betriebspartner oder der nachträglichen Annahme, § 76 Abs. 6 BetrVG. Auch hier ist auf seiten des Betriebsrats ein ordnungsgemäß gefaßter Beschluß erforderlich. Allein die Hinnahme des Spruchs durch die Betriebspartner stellt noch keine Annahme von diesem dar[30].

27 Die Betriebsvereinbarung bedarf zwingend der **Schriftform**. Eine nur mündlich geschlossene Betriebsvereinbarung ist nichtig (§ 125 Satz 1 BGB i. V. mit § 77 Abs. 2 BetrVG). Die Betriebsvereinbarung muß somit stets die Unterschriften sowohl des Arbeitgebers oder eines bevollmächtigten Vertreters als auch des Betriebsratsvorsitzenden oder bei dessen Verhinderung seines Stellvertreters **auf derselben Urkunde** aufweisen, § 77 Abs. 2 Satz 2 Halbsatz 1 BetrVG, § 126 Abs. 2 Satz 1 BGB[31]. Der Austausch einseitig unterzeichneter Urkunden reicht nicht aus. Unzureichend ist auch die Unterschrift auf einer Fotokopie der von dem anderen Betriebspartner unterzeichneten Vereinbarung[32]. Besteht die Betriebsvereinbarung aus mehreren Seiten, die inhaltlich aufeinander Bezug nehmen und miteinander verbunden sind, etwa durch Heftklammer, so braucht nicht jede Seite einzeln unterschrieben zu werden[33]. **Anlagen** zur Betriebsvereinbarung, auf die Bezug genommen wird und die mit der Betriebsvereinbarung zu einer einheitlichen Urkunde verbunden sind, müssen ebenfalls nicht gesondert unterzeichnet werden[34].

28 Soweit Betriebsvereinbarungen auf dem Spruch der Einigungsstelle beruhen, ist eine Unterzeichnung durch den Arbeitgeber und den Betriebsrat nicht erforderlich. In dem Fall muß die Betriebsvereinbarung lediglich vom Vorsitzenden der Einigungsstelle unterzeichnet werden, §§ 76 Abs. 3 Satz 3, 77 Abs. 2 Satz 2 Halbsatz 2 BetrVG.

29 Das Schriftformerfordernis wird auch durch **Bezugnahme** auf einen bestimmten Tarifvertrag oder eine andere Betriebsvereinbarung ge-

---

29 *Fitting/Kaiser/Heither/Engels,* § 77 Rz. 18.
30 *Matthes,* in: Münchener Handbuch zum Arbeitsrecht, Band 3, § 319 Rz. 11.
31 BAG vom 14. 2. 1978, AP Nr. 60 zu Art. 9 GG Arbeitskampf; BAG vom 21. 8. 1990, AP Nr. 19 zu § 6 BetrAVG; *Fitting/Kaiser/Heither/Engels,* § 77 Rz. 21.
32 Vgl. LAG Berlin vom 6. 9. 1991, DB 1991, 2593.
33 BAG vom 11. 11. 1986, AP Nr. 4 zu § 1 BetrAVG Gleichberechtigung.
34 BAG vom 11. 11. 1986, AP Nr. 18 zu § 77 BetrVG 1972.

III. Abschluß von Betriebsvereinbarungen

wahrt, selbst wenn diese nicht wörtlich wiedergegeben oder als Anlage beigefügt werden[35]. Nicht möglich ist dagegen die sog. Blankettverweisung auf einen künftigen Tarifvertrag in der jeweils geltenden Fassung[36]. Jedoch kann in einer Betriebsvereinbarung rechtswirksam auf einen zum Zeitpunkt des Abschlusses der Betriebsvereinbarung geltenden Tarifvertrag verwiesen werden[37], soweit dem nicht der Tarifvorbehalt des § 77 Abs. 3 Satz 1 BetrVG entgegensteht (s. u. Rz. 50 ff.).

Der Arbeitgeber hat die Betriebsvereinbarungen nach § 77 Abs. 2 Satz 3 BetrVG an geeigneter Stelle im Betrieb auszulegen. Diese Pflicht zur **Bekanntgabe** soll den Arbeitnehmern ermöglichen, sich ohne besondere Umstände mit dem Inhalt der Betriebsvereinbarung vertraut zu machen. Die Bekanntgabe kann i. d. R. durch Aushang der Betriebsvereinbarung am Schwarzen Brett erfolgen. Die Aushändigung der Betriebsvereinbarung an jeden Arbeitnehmer ist nicht erforderlich. Bei umfangreichen Betriebsvereinbarungen reicht es aus, wenn am Schwarzen Brett auf die Betriebsvereinbarung und den Ort, wo sie jederzeit eingesehen werden kann (etwa in der Personalabteilung), hingewiesen wird[38]. 30

Die Auslegung oder Bekanntgabe durch den Arbeitgeber ist **keine Wirksamkeitsvoraussetzung der Betriebsvereinbarung,** da es sich bei § 77 Abs. 2 Satz 3 BetrVG lediglich um eine Ordnungsvorschrift handelt[39]. Unterläßt der Arbeitgeber die Bekanntmachung einer Betriebsvereinbarung, so kann er sich jedoch schadensersatzpflichtig machen. Dies gilt insbesondere in den Fällen, in denen der Arbeitnehmer eine ihm unbekannt gebliebene Ausschlußfrist versäumt, die für die Geltendmachung eines in der Betriebsvereinbarung geregelten Anspruchs besteht[40]. Ebenso kann sich ein Arbeitnehmer, der gegen 31

---

35 BAG vom 8. 10. 1958, AP Nr. 14 zu § 56 BetrVG; BAG vom 27. 3. 1963, AP Nr. 9 zu § 59 BetrVG; *Dietz/Richardi,* § 77 Rz. 30; *Fitting/Kaiser/Heither/Engels,* § 77 Rz. 23 m. w. Nachw.
36 BAG vom 23. 6. 1992, AP Nr. 55 zu § 77 BetrVG 1972; *Fitting/Kaiser/Heither/Engels,* § 77 Rz. 23; unklar *Matthes,* in: Münchener Handbuch zum Arbeitsrecht, Band 3, § 319 Rz. 15.
37 BAG vom 23. 6. 1992, AP Nr. 55 zu § 77 BetrVG 1972.
38 Vgl. BAG vom 5. 11. 1963 AP Nr. 1 zu § 1 TVG Bezugnahme auf Tarifvertrag (zur Auslegung eines Tarifvertrages); *Matthes,* in: Münchener Handbuch zum Arbeitsrecht, Band 3, § 319 Rz. 17; **a. A.** *Fitting/Kaiser/Heither/Engels,* § 77 Rz. 24.
39 Vgl. BAG vom 8. 1. 1970, AP Nr. 43 zu § 4 TVG Ausschlußfristen (zur Bekanntgabe von Tarifverträgen); *Matthes,* in: Münchener Handbuch zum Arbeitsrecht, Band 3, § 319 Rz. 18; *Dietz/Richardi,* § 77 Rz. 34; *Fitting/Kaiser/Heither/Engels,* § 77 Rz. 24 m. w. Nachw.
40 *Fitting/Kaiser/Heither/Engels,* § 77 Rz. 25.

Bestimmungen einer nicht bekannten Betriebsvereinbarung verstößt, auf seine Unkenntnis berufen[41].

32 Besteht im Betrieb ein Sprecherausschuß, so ist der Arbeitgeber weiterhin nach § 2 Abs. 1 Satz 2 SprAuG verpflichtet, den Sprecherausschuß vor Abschluß einer Betriebsvereinbarung rechtzeitig anzuhören, sofern die Betriebsvereinbarung rechtliche Interessen der leitenden Angestellten berührt. In Betracht kommt diese Anhörungspflicht insbesondere bei Regelungen über die Einführung einer betrieblichen Altersversorgung, die Nutzungsbedingungen für Sozialeinrichtungen oder bei Arbeitszeitregelungen. Eine Mißachtung der Anhörungspflicht nach § 2 Abs. 1 Satz 2 SprAuG hat allerdings keine Auswirkungen auf die Wirksamkeit der Betriebsvereinbarung[42].

IV. Auslegung von Betriebsvereinbarungen

33 Soweit einer Betriebsvereinbarung **normative Wirkung** zukommt (s. o. Rz. 6), ist sie nach den gleichen Grundsätzen wie ein Tarifvertrag oder ein Gesetz auszulegen[43]. Maßgebend ist der objektive Erklärungswert der Norm, wie er sich aus dem Wortlaut, dem Zweck der Regelung und aus dem Gesamtzusammenhang der einzelnen Bestimmungen sowie ihrer Entstehungsgeschichte ergibt. Zu berücksichtigen sind hierbei insbesondere Sitzungsniederschriften, Protokollnotizen, gemeinsame Erklärungen der Betriebspartner und eine bisherige betriebliche Handhabung, wobei diese jedoch unbeachtlich ist, wenn sie dem eindeutigen Inhalt der Betriebsvereinbarung widerspricht[44].

34 Der **Wille der Betriebspartner** kann bei der Auslegung nur insoweit berücksichtigt werden, als er in der Betriebsvereinbarung wenigstens andeutungsweise Ausdruck gefunden hat[45]. Eine vom Wortlaut der Betriebsvereinbarung abweichende Auslegung kommt allein bei Vor-

---

41 *Matthes*, in: Münchener Handbuch zum Arbeitsrecht, Band 3, § 319 Rz. 18.
42 *Fitting/Kaiser/Heither/Engels*, § 77 Rz. 27 m. w. Nachw.
43 S. etwa BAG vom 11. 6. 1975, AP Nr. 1 zu § 77 BetrVG 1972 Auslegung; BAG vom 27. 8. 1975, AP Nr. 2 zu § 112 BetrVG 1972; BAG vom 4. 3. 1982, AP Nr. 3 zu § 77 BetrVG 1972; BAG vom 8. 11. 1988, AP Nr. 48 zu § 112 BetrVG 1972; *Dietz/Richardi*, § 77 Rz. 151; *Fitting/Kaiser/Heither/Engels*, § 77 Rz. 15 m. w. Nachw.
44 Vgl. BAG vom 11. 12. 1974, AP Nr. 124 zu § 1 TVG Auslegung (zur Auslegung von Tarifverträgen).
45 BAG vom 4. 3. 1982, AP Nr. 3 zu § 77 BetrVG 1972; *Matthes*, in: Münchener Handbuch zum Arbeitsrecht, Band 3, § 319 Rz. 5; *Dietz/Richardi*, § 77 Rz. 151; *Fitting/Kaiser/Heither/Engels*, § 77 Rz. 15.

liegen besonderer Umstände in Betracht, welche die eigentliche Regelungsabsicht der Betriebspartner zweifelsfrei erkennen lassen[46].

Betriebsvereinbarungen sind möglichst so auszulegen, daß sie geltenden Gesetzen und Tarifverträgen nicht widersprechen, da im Zweifel von dem Willen der Betriebspartner auszugehen ist, eine wirksame Regelung zu treffen[47]. Im Falle der Übernahme von tariflichen oder gesetzlichen Regelungen sind diese so auszulegen, wie sie auch außerhalb der Betriebsvereinbarung zu verstehen wären[48]. 35

Soweit die normative Regelung einer Betriebsvereinbarung eine planwidrige **Lücke** enthält, ist diese im Wege der ergänzenden Auslegung nach dem hypothetischen Willen der Betriebspartner zu schließen[49]. 36

Hinsichtlich des **schuldrechtlichen Teils** einer Betriebsvereinbarung (s. o. Rz. 7) gelten die allgemeinen Vorschriften der §§ 133, 157 BGB über die Auslegung von Verträgen. 37

V. Geltungsbereich

Betriebsvereinbarungen gelten **räumlich** für den Betrieb, dessen Betriebsrat sie abgeschlossen hat. Führen mehrere Arbeitgeber einen gemeinsamen Betrieb (s. Teil A Rz. 27 ff.), so gelten die Betriebsvereinbarungen für alle Arbeitnehmer des gemeinsamen Betriebes. 38

Die vom Gesamtbetriebsrat im Rahmen seiner originären Zuständigkeit (§ 50 Abs. 1 Satz 1 BetrVG) geschlossenen Betriebsvereinbarungen gelten für alle Betriebe des Unternehmens, in denen ein Betriebsrat besteht, sofern die Betriebsvereinbarung nicht einzelne Betriebe aus ihrem Geltungsbereich ausnimmt. Keine Anwendung finden vom Gesamtbetriebsrat geschlossene Betriebsvereinbarungen in Betrieben, in denen kein Betriebsrat gewählt worden ist, unabhängig davon, ob es sich um betriebsratsfähige oder nicht betriebsratsfähige Betriebe handelt (s. Teil B Rz. 199 f.). 39

Der **persönliche Geltungsbereich** der Betriebsvereinbarung erstreckt sich auf alle Arbeitnehmer des Betriebes i. S. von § 5 Abs. 1 BetrVG, sofern sie sich nicht nur auf bestimmte Gruppen von Arbeitnehmern 40

---

46 Vgl. BAG vom 31. 10. 1990, AP Nr. 11 zu § 1 TVG Tarifverträge: Presse (zur Auslegung von Tarifverträgen).
47 BAG vom 27. 10. 1988, AP Nr. 16 zu § 620 BGB Bedingung; *Fitting/Kaiser/Heither/Engels*, § 77 Rz. 15 m. w. Nachw.
48 Vgl. BAG vom 27. 8. 1982, AP Nr. 133 zu § 1 TVG Auslegung.
49 *Matthes*, in: Münchener Handbuch zum Arbeitsrecht, Band 3, § 319 Rz. 8; *Fitting/Kaiser/Heither/Engels*, § 77 Rz. 16.

beschränkt, wie z. B. auf die Arbeiter, die Angestellten, die Mitarbeiter einer Betriebsabteilung oder Arbeitnehmer im Außen- oder Schichtdienst[50].

41 Zur Belegschaft gehören auch Arbeitnehmer, die vorübergehend im Ausland beschäftigt werden. Für diese können daher ebenfalls Betriebsvereinbarungen abgeschlossen werden, etwa im Rahmen des Mitbestimmungsrechts des § 87 Abs. 1 Nr. 10 BetrVG über die betriebliche Lohngestaltung oder die Verteilungsgrundsätze für Auslandszulagen[51].

42 Unerheblich ist die Gewerkschaftszugehörigkeit der Mitarbeiter, wobei dies auch dann gilt, wenn die Betriebsvereinbarung in Ausführung eines Tarifvertrages abgeschlossen wird[52].

43 Keine Anwendung finden Betriebsvereinbarungen auf die in § 5 Abs. 2 BetrVG genannten Personen und – mangels einer ausdrücklichen anderweitigen Regelung – auf leitende Angestellte i. S. von § 5 Abs. 3 BetrVG[53].

44 Dagegen erfaßt die Betriebsvereinbarung auch solche Arbeitnehmer, die erst nach ihrem Abschluß in den Betrieb eintreten[54].

45 Arbeitnehmer, die bei Inkrafttreten der Betriebsvereinbarung bereits aus dem Betrieb ausgeschieden sind, werden vom Geltungsbereich einer solchen Betriebsvereinbarung grundsätzlich nicht mehr erfaßt. Etwas anderes gilt ausnahmsweise dann, wenn sich die Betriebsvereinbarung gerade nur oder auch auf bereits ausgeschiedene Arbeitnehmer bezieht, so z. B. bei Sozialplanregelungen oder Regelungen über Werkswohnungen[55].

46 Uneinigkeit besteht darüber, ob auch **Ruhestandsverhältnisse** durch eine Betriebsvereinbarung geregelt werden können. Von der h.M. wird dies in erster Linie aus Gründen der fehlenden Legitimation des Betriebsrats verneint, zu dem die Ruheständler weder aktiv noch passiv wahlberechtigt seien[56]. Diese Ansicht wird von einem Teil des

---

50 BAG vom 31. 1. 1979, AP Nr. 8 zu § 112 BetrVG 1972; *Fitting/Kaiser/Heither/Engels*, § 77 Rz. 33.
51 BAG vom 30. 1. 1990, AP Nr. 41 zu § 87 BetrVG 1972 Lohngestaltung.
52 BAG vom 18. 8. 1987, AP Nr. 23 zu § 77 BetrVG 1972.
53 BAG vom 16. 7. 1985, AP Nr. 32 zu § 112 BetrVG 1972; *Matthes*, in: Münchener Handbuch zum Arbeitsrecht, Band 3, § 319 Rz. 21; *Fitting/Kaiser/Heither/Engels*, § 77 Rz. 34.
54 BAG vom 5. 9. 1960, AP Nr. 4 zu § 399 BGB.
55 *Fitting/Kaiser/Heither/Engels*, § 77 Rz. 25 m. w. Nachw.
56 S. etwa BAG vom 30. 1. 1970, AP Nr. 142 zu § 242 BGB Ruhegehalt; BAG vom 18. 5. 1977, AP Nr. 175 zu § 242 BGB Ruhegehalt; BAG vom 17. 1. 1980, AP

V. Geltungsbereich Rz. 48 **Teil F**

Schrifttums[57] zu Recht abgelehnt. So handelt es sich bei betrieblichen Ruhegeldleistungen und bei der Überlassung von Werkmietwohnungen über das Ausscheiden aus dem Betrieb hinaus um Leistungen des Arbeitgebers, die mit Rücksicht auf ein bestehendes bzw. früheres Arbeitsverhältnis gewährt werden. Zudem sind diese Leistungen regelmäßig Teil einer die aktiven und bereits ausgeschiedenen Arbeitnehmer umfassenden kollektiven Ordnung. Weshalb sich die Regelungskompetenz der Betriebspartner nicht auch auf Ruheständler beziehen soll, obwohl diese von der kollektiven Ordnung miterfaßt werden, ist nicht nachvollziehbar. Dies gilt in gleicher Weise sowohl für günstigere Regelungen (z. B. Herabsetzung des Mietzinses) als auch für verschlechternde Regelungen (etwa die Herabsetzung einer unangemessenen Überversorgung auf einen angemessenen Rahmen aufgrund einer wirtschaftlichen Notlage des Betriebes)[58].

Der **zeitliche Geltungsbereich** einer Betriebsvereinbarung ergibt sich aus der in ihr von den Betriebspartnern getroffenen Regelung. Enthält die Betriebsvereinbarung keine Regelung über den Zeitpunkt ihres Inkrafttretens, so gilt sie nach der Unterzeichnung durch den Arbeitgeber und den Betriebsrat mit sofortiger Wirkung, ohne daß es hierfür der Auslegung im Betrieb bedarf[59]. Zur Beendigung einer Betriebsvereinbarung s. u. Rz. 120 ff.   47

Möglich ist grundsätzlich auch eine Vereinbarung über ein **rückwirkendes** Inkrafttreten der Betriebsvereinbarung, wobei hier jedoch der Grundsatz des Vertrauensschutzes zu beachten ist[60]. Stets zulässig sind Regelungen, welche die Arbeitnehmer begünstigen[61]. Der Arbeitgeber als Vertragspartner der Betriebsvereinbarung bedarf insoweit keines Vertrauensschutzes[62]. Dagegen ist die rückwirkende Ablösung   48

Nr. 185 zu § 242 BGB Ruhegehalt; BAG vom 25. 10. 1988 AP Nr. 1 zu § 1 BetrAVG Betriebsvereinbarung; *Dietz/Richardi*, § 77 Rz. 62; *Hess/Schlochauer/Glaubitz*, § 77 Rz. 10.
57 *Fitting/Kaiser/Heither/Engels*, § 77 Rz. 36; *Berg*, in: Däubler/Kittner/Klebe, § 77 Rz. 36; *Rüthers/Bakker* in der Anm. zu BAG vom 25. 10. 1988, EzA § 77 BetrVG 1972 Nr. 26.
58 So zu Recht *Fitting/Kaiser/Heither/Engels*, § 77 Rz. 36 m. w. Nachw.
59 *Fitting/Kaiser/Heither/Engels*, § 77 Rz. 37.
60 Vgl. BAG vom 8. 3. 1977, AP Nr. 1 zu § 87 BetrVG 1972 Auszahlung; *Dietz/Richardi*, § 77 Rz. 64 ff.; *Hess/Schlochauer/Glaubitz*, § 77 Rz. 56; *Fitting/Kaiser/Heither/Engels*, § 77 Rz. 38 m. w. Nachw.
61 BAG vom 6. 3. 1984, AP Nr. 10 zu § 1 BetrAVG
62 *Fitting/Kaiser/Heither/Engels*, § 77 Rz. 40 wonach dies auch dann gelte, wenn die Betriebsvereinbarung auf einem Spruch der Einigungsstelle beruhe, da der Vertrauensschutz des Arbeitgebers durch die Möglichkeit, den Spruch nach § 76 Abs. 5 Satz 4 BetrVG gerichtlich überprüfen zu lassen, hinreichend gewahrt sei.

einer bestehenden Betriebsvereinbarung durch eine für die Arbeitnehmer ungünstigere Betriebsvereinbarung nicht zulässig, wenn die Arbeitnehmer mit einer Verschlechterung der bisherigen Regelung nicht zu rechnen brauchten[63]. Letzteres ist zu verneinen, wenn die bisher bestehende Regelung vom Arbeitgeber gekündigt worden ist oder auf andere Weise endete und eine neue Betriebsvereinbarung erst nach langwierigen Verhandlungen abgeschlossen und der Zeitpunkt ihres Inkrafttretens auf das Ende der bisherigen Betriebsvereinbarung festgelegt worden ist[64].

49 Ein rückwirkendes Inkrafttreten kann in einer Betriebsvereinbarung nicht festgelegt werden, wenn eine rückwirkende Erfüllung ihrer Rechte und Pflichten nicht mehr möglich ist. Dies gilt etwa für Regelungen über die betriebliche Ordnung oder das Verhalten der Arbeitnehmer im Betrieb. Ebensowenig können Vorschriften über die Begründung des Arbeitsverhältnisses bereits entstandene Arbeitsverhältnisse erfassen[65].

VI. Tarifvorbehalt

50 Nach **§ 77 Abs. 3 Satz 1 BetrVG** können Arbeitsentgelte und sonstige Arbeitsbedingungen, die durch Tarifvertrag geregelt sind oder üblicherweise geregelt werden, nicht Gegenstand einer Betriebsvereinbarung sein. Diese Vorschrift dient der Sicherung der ausgeübten und aktualisierten Tarifautonomie sowie der Erhaltung und Stärkung der Funktionsfähigkeit der Koalitionen[66].

51 Eine Betriebsvereinbarung, die gegen den Tarifvorbehalt des § 77 Abs. 3 Satz 1 BetrVG verstößt, ist **unwirksam**[67]. Dies gilt selbst dann, wenn die Arbeitsbedingungen in der Betriebsvereinbarung günstiger

---

63 *Dietz/Dichardi*, § 77 Rz. 67; *Hess/Schlochauer/Glaubitz*, § 77 Rz. 57; *Fitting/Kaiser/Heither/Engels*, § 77 Rz. 41 m. w. Nachw.
64 BAG vom 8. 3. 1977, AP Nr. 1 zu § 87 BetrVG 1972 Auszahlung.
65 *Fitting/Kaiser/Heither/Engels*, § 77 Rz. 36.
66 BAG vom 22. 1. 1980, AP Nr. 3 zu § 87 BetrVG 1972 Lohngestaltung; BAG vom 27. 1. 1987, AP Nr. 42 zu § 99 BetrVG 1972; BAG vom 24. 2. 1987, AP Nr. 21 zu § 77 BetrVG 1972; BAG (GS) vom 3. 12. 1991, AP Nr. 51 zu § 87 BetrVG 1972 Lohngestaltung; BAG vom 24. 1. 1996, NZA 1996, 948 = DB 1996, 1882 = BB 1996, 1717; BAG vom 5. 3. 1997, NZA 1997, 951; *Dietz/Richardi*, § 77 Rz. 176; *Matthes*, in: Münchener Handbuch zum Arbeitsrecht, Band 3, § 318 Rz. 59; *Fitting/Kaiser/Heither/Engels*, § 77 Rz. 61 m. zahlr. Nachw.
67 BAG vom 13. 8. 1980, AP Nr. 2 zu § 77 BetrVG 1972; BAG vom 24. 1. 1996, NZA 1996, 948 = DB 1996, 1882 = BB 1996, 1717; *Dietz/Richardi*, § 77 Rz. 235; *Fitting/Kaiser/Heither/Engels*, § 77 Rz. 86 m. zahlr. Nachw.

VI. Tarifvorbehalt

sind als die tariflichen Bestimmungen[68]. Andere Vereinbarungen der Betriebspartner, wie insbesondere die Regelungsabrede, werden von der Sperrwirkung des § 77 Abs. 3 BetrVG dagegen nicht erfaßt[69]. Keine Anwendung findet der Tarifvorbehalt des § 77 Abs. 3 Satz 1 BetrVG weiterhin nach § 112 Abs. 1 Satz 4 BetrVG auf Sozialpläne.

1. Arbeitsentgelte und sonstige Arbeitsbedingungen

Der Tarifvorbehalt des § 77 Abs. 3 Satz 1 BetrVG bezieht sich auf Arbeitsentgelte und sonstige Arbeitsbedingungen. 52

Arbeitsentgelte sind alle geldwerten Leistungen des Arbeitgebers, die dieser – unabhängig von ihrer Bezeichnung – mit Rücksicht auf das Arbeitsverhältnis erbringt[70]. Hierunter fallen sowohl die unmittelbar leistungsbezogenen Entgelte (wie z. B. Zeit- und Akkordlöhne sowie Gehälter) als auch die nur mittelbaren leistungsbezogenen Gehälter sowie alle freiwilligen Leistungen des Arbeitgebers. 53

Unter **sonstigen Arbeitsbedingungen** sind alle formellen und materiellen Arbeitsbedingungen zu verstehen, die Gegenstand der Inhaltsnorm eines Tarifvertrages sein können (wie z. B. die Dauer und Lage der täglichen Arbeitszeit sowie Fragen des Urlaubs und der Urlaubsgewährung)[71]. 54

Die sog. Abschlußnormen eines Tarifvertrages sowie die betrieblichen und betriebsverfassungsrechtlichen Normen werden vom Tarifvorbehalt des § 77 Abs. 3 Satz 1 BetrVG nicht erfaßt[72]. 55

2. Tarifliche oder tarifübliche Regelung

Der Tarifvorbehalt des § 77 Abs. 3 Satz 1 BetrVG greift nur ein, wenn und soweit die Arbeitsentgelte oder Arbeitsbedingungen durch Tarifvertrag geregelt sind oder üblicherweise durch Tarifvertrag geregelt werden. 56

---

68 *Dietz/Richardi*, § 77 Rz. 211; *Matthes*, in: Münchener Handbuch zum Arbeitsrecht, Band 3, § 318 Rz. 63.
69 *Fitting/Kaiser/Heither/Engels*, § 77 Rz. 90; **a. A.** *Dietz/Richardi*, § 77 Rz. 182, 224; *Berg*, in: Däubler/Kittner/Klebe, § 77 Rz. 78.
70 BAG vom 30. 3. 1982, AP Nr. 10 zu § 87 BetrVG 1972 Lohngestaltung; BAG vom 10. 6. 1986, AP Nr. 22 zu § 87 BetrVG 1972 Lohngestaltung; BAG vom 14. 6. 1994, AP Nr. 69 zu § 87 BetrVG 1972 Lohngestaltung.
71 BAG vom 9. 4. 1991, AP Nr. 1 zu § 77 BetrVG 1972 Tarifvorbehalt; *Berg*, in: Däubler/Kittner/Klebe, § 77 Rz. 63; *von Hoyningen-Huene/Meyer-Krenz*, NZA 1987, 793 (794); *Haug*, BB 1986, 1921 (1928); *Fitting/Kaiser/Heither/Engels*, § 77 Rz. 63; **a. A.** BAG vom 24. 2. 1987, AP Nr. 21 zu § 77 BetrVG 1972; *Dietz/Richardi*, § 77 Rz. 188 (nur materielle Arbeitsbedingungen).
72 *Dietz/Richardi*, § 77 Rz. 189; *Fitting/Kaiser/Heither/Engels*, § 77 Rz. 65.

57 Eine **tarifliche Regelung** liegt vor, wenn über die Arbeitsentgelte oder Arbeitsbedingungen ein Tarifvertrag abgeschlossen worden ist und der Betrieb in den räumlichen, betrieblichen, fachlichen und persönlichen Geltungsbereich dieses Tarifvertrages fällt[73]. Auch ein **Firmentarifvertrag** löst im Rahmen seines Geltungsbereichs die Sperrwirkung des § 77 Abs. 3 Satz 1 BetrVG aus[74].

58 Die Sperrwirkung des § 77 Abs. 3 Satz 1 BetrVG **hängt nicht davon ab, daß der Arbeitgeber tarifgebunden** ist[75]. Ebensowenig ist für die Sperrwirkung von Bedeutung, ob der Tarifvertrag für die Branche oder den Wirtschaftszweig des Betriebes repräsentativ ist[76]. Dagegen greift die Sperrwirkung nicht ein, wenn mit den Arbeitnehmern eines Betriebes die Anwendung eines Tarifvertrages lediglich **einzelvertraglich** vereinbart wird und der Betrieb nicht unter den Geltungsbereich dieses Tarifvertrages fällt[77].

59 Der Tarifvorbehalt steht auch der inhaltlichen Übernahme eines für den Betrieb geltenden Tarifvertrages durch eine Betriebsvereinbarung entgegen, wodurch der Tarifvertrag indirekt auf Außenseiter oder anders organisierte Arbeitnehmer erstreckt würde. Denn eine Erstreckung tariflicher Regelungen mit normativer Wirkung auf nicht tarifgebundene Arbeitnehmer kann nur durch die gesetzlich vorgesehene Allgemeinverbindlicherklärung erfolgen[78].

60 Der Tarifvertrag muß hinsichtlich der Arbeitsentgelte und sonstigen Arbeitsbedingungen eine **inhaltliche Sachregelung** enthalten. Dies hängt davon ab, ob die betreffende Angelegenheit nach dem

---

[73] BAG vom 27. 1. 1987, AP Nr. 42 zu § 99 BetrVG 1972; *Dietz/Richardi*, § 77 Rz. 192; *Fitting/Kaiser/Heither/Engels*, § 77 Rz. 67. Eingehend dazu *Buchner*, DB 1997, 573 (574 ff.).

[74] *Dietz/Richardi*, § 77 Rz. 191; *Matthes*, in: Münchener Handbuch zum Arbeitsrecht, Band 3, § 318 Rz. 67; *Fitting/Kaiser/Heither/Engels*, § 77 Rz. 70 m. w. Nachw.

[75] BAG vom 24. 1. 1996, NZA 1996, 948 = DB 1996, 1882 = BB 1996, 1717; BAG vom 5. 3. 1997, NZA 1997, 951; LAG Hamm vom 17. 7. 1996, DB 1997, 631; *Dietz/Richardi*, § 77 Rz. 198; *Matthes*, in: Münchener Handbuch zum Arbeitsrecht, Band 3, § 318 Rz. 66; *Fitting/Kaiser/Heither/Engels*, § 77 Rz. 68; *von Hoyningen-Huene/Meyer-Krenz*, NZA 1987, 793 (796); *Buchner*, DB 1997, 573; **a. A.** *Ehmann/Schmidt*, NZA 1995, 193 (196); *Feudner*, DB 1993, 2231.

[76] *Matthes*, in: Münchener Handbuch zum Arbeitsrecht, Band 3, § 318 Rz. 66; *Fitting/Kaiser/Heither/Engels*, § 77 Rz. 69; *Berg*, in: Däubler/Kittner/Klebe, § 77 Rz. 71; *Buchner*, DB 1997, 573 (574); **a. A.** BAG vom 6. 12. 1963, AP Nr. 23 zu § 59 BetrVG; *Dietz/Richardi*, § 77 Rz. 206.

[77] BAG vom 27. 1. 1987, AP Nr. 42 zu § 99 BetrVG 1972.

[78] *Dietz/Richardi*, § 77 Rz. 221; *Matthes*, in: Münchener Handbuch zum Arbeitsrecht, Band 3, § 318 Rz. 63; *Fitting/Kaiser/Heither/Engels*, § 77 Rz. 87; **a. A.** *Hess/Schlochauer/Glaubitz*, § 77 Rz. 162; *Stege/Weinspach*, § 77 Rz. 21.

VI. Tarifvorbehalt   Rz. 63 **Teil F**

Willen der Tarifvertragsparteien abschließend geregelt werden sollte[79]. Hieran fehlt es bei einer sog. **reinen Negativregelung,** d. h. bei der ausdrücklichen oder konkludenten Feststellung der Tarifvertragsparteien, für bestimmte Angelegenheiten eine tarifliche Regelung nicht zu treffen oder auszuschließen[80], sowie bei **schlichter Nichtregelung,** selbst wenn eine entsprechende Forderung während der Tarifverhandlungen erhoben worden ist[81]. Etwas anderes gilt jedoch, wenn ein Tarifvertrag nur lückenhafte oder ergänzungsbedürftige Rahmenregelungen enthält. Hierdurch wird die Sperrwirkung des § 77 Abs. 3 Satz 1 BetrVG nicht ausgeschlossen[82].

Gilt ein Tarifvertrag nur noch **kraft Nachwirkung** gemäß § 4 Abs. 5 TVG, so liegt eine „tarifliche Regelung" i. S. von § 77 Abs. 3 Satz 1 BetrVG nicht mehr vor, da der Tarifvertrag insoweit seine zwingende Wirkung verloren hat. Mithin kann er jederzeit durch eine andere Abmachung, also auch durch eine Betriebsvereinbarung ersetzt werden[83]. Die Sperrwirkung wird sich hier aber regelmäßig aus der „Tarifüblichkeit" der Regelung ergeben (s. u. Rz. 65 ff.).   61

Bei **außertariflichen Angestellten** greift die Sperrwirkung des § 77 Abs. 3 Satz 1 BetrVG nicht ein, da sich der fachliche oder persönliche Geltungsbereich nicht auf sie bezieht. Ihre Arbeitsentgelte und -bedingungen können daher durch Betriebsvereinbarungen geregelt werden, sofern es sich nicht um leitende Angestellte i. S. von § 5 Abs. 3 BetrVG handelt[84].   62

Von der Rechtsprechung des BAG wurden Betriebsvereinbarungen wegen Verstoßes gegen § 77 Abs. 3 Satz 1 BetrVG für **unwirksam** angesehen, durch welche die tarifliche Vergütung oder eine tarifliche Weihnachtsgratifikation lediglich erhöht wird, ohne daß die Erhöhung an weitere Voraussetzungen gebunden ist[85], die sonstige Zula-   63

---

79 BAG vom 3. 4. 1979, AP Nr. 2 zu § 87 BetrVG 1972.
80 BAG vom 22. 1. 1980, AP Nr. 3 zu § 87 BetrVG 1972 Lohngestaltung; BAG vom 1. 12. 1992, AP Nr. 3 zu § 77 BetrVG 1972 Tarifvorbehalt; *Dietz/Richardi,* § 77 Rz. 197; *Fitting/Kaiser/Heither/Engels,* § 77 Rz. 75 m. w. Nachw.
81 BAG vom 23. 10. 1985, AP Nr. 33 zu § 1 TVG Tarifverträge: Metallindustrie.
82 *Fitting/Kaiser/Heither/Engels,* § 77 Rz. 74; *Berg,* in: Däubler/Kittner/Klebe, § 77 Rz. 64.
83 BAG vom 31. 1. 1969, AP Nr. 5 zu § 56 BetrVG Entlohnung; LAG Berlin vom 5. 11. 1980, DB 1981, 1730; *Fitting/Kaiser/Heither/Engels,* § 77 Rz. 73; *Berg,* in: Däubler/Kittner/Klebe, § 77 Rz. 70.
84 Vgl. BAG vom 22. 1. 1980, AP Nr. 3 zu § 87 BetrVG 1972 Lohngestaltung; *Fitting/Kaiser/Heither/Engels,* § 77 Rz. 79.
85 BAG vom 31. 1. 1984, AP Nr. 3 zu § 87 BetrVG 1972 Tarifvorrang; BAG vom 24. 1. 1996, NZA 1996, 948 = DB 1996, 1882 = BB 1996, 1717.

gen vorsehen, deren Gewährung nicht an besondere Voraussetzungen gebunden ist, sondern vielmehr für die bloße Erfüllung arbeitsvertraglicher Pflichten gezahlt werden[86] und mit denen eine anstehende Tariflohnerhöhung für den Betrieb vorweggenommen werden soll[87].

64 Ein Verstoß gegen § 77 Abs. 3 Satz 1 BetrVG wurde dagegen verneint, wenn Betriebsvereinbarungen Zulagen oder sonstige Leistungen vorsehen, die an andere tatbestandliche Voraussetzungen als die tarifliche Regelung anknüpfen, wie z. B. Schmutz- oder Erschwerniszulagen, Funktionszulagen, Gratifikationen aus besonderem Anlaß, Zusatzurlaub bei längerer Betriebszugehörigkeit oder die Gewährung vermögenswirksamer Leistungen[88]. Möglich ist auch eine Betriebsvereinbarung über Wechselschichtprämien, sofern der Tarifvertrag lediglich Nachtarbeitszuschläge regelt[89]. Ebensowenig steht ein Tarifvertrag, der nur den Zeitlohn regelt, einer Betriebsvereinbarung über die Regelung von Akkord- und Prämienlohn entgegen[90].

65 Arbeitsentgelte und sonstige Arbeitsbedingungen werden **üblicherweise durch Tarifvertrag** geregelt, wenn zwar z. Zt. eine tarifliche Regelung nicht besteht, etwa weil der Tarifvertrag gekündigt worden ist und nur nachwirkt, die bisherige Tarifpraxis und das Verhalten der Tarifvertragsparteien aber erkennen lassen, daß die Angelegenheit demnächst durch Tarifvertrag wieder geregelt werden soll. Solange sich die Tarifvertragsparteien erkennbar und ernsthaft um eine Neuregelung bemühen, ist regelmäßig vom Fortbestand der Tarifüblichkeit auszugehen. Die Tarifüblichkeit kann daher auch über einen längeren Zeitraum fortbestehen, wenn der Regelungsgegenstand langwierige Verhandlungen erfordert, so z. B. bei Manteltarifverträgen und Rationalisierungsschutzabkommen[91]. Erst wenn mit Sicherheit feststeht, daß eine Angelegenheit in Zukunft nicht mehr geregelt wird, kann von einem Wegfall der Tarifüblichkeit ausgegangen werden[92].

---

86 BAG vom 13. 8. 1980, AP Nr. 2 zu § 77 BetrVG 1972.
87 BAG vom 7. 12. 1962, AP Nr. 28 zu Art. 12 GG.
88 BAG vom 14. 11. 1974, AP Nr. 1 zu § 87 BetrVG 1972; BAG vom 17. 12. 1985, AP Nr. 5 zu § 87 BetrVG 1972 Tarifvorrang.
89 BAG vom 23. 10. 1985, AP Nr. 33 zu § 1 TVG Tarifverträge: Metallindustrie.
90 BAG vom 18. 3. 1964, AP Nr. 4 zu § 56 BetrVG Entlohnung.
91 Vgl. BAG vom 26. 4. 1990, EzA § 4 TVG Druckindustrie Nr. 20.
92 Vgl. *Matthes*, in: Münchener Handbuch zum Arbeitsrecht, Band 3, § 318 Rz. 65; s. auch *Fitting/Kaiser/Heither/Engels*, § 77 Rz. 83, wonach die Tarifüblichkeit entfällt, wenn die Tarifvertragsparteien keinen Tarifvertrag mehr anstreben oder nach Jahren vergeblicher Verhandlungen von der Weiterführung einer bestimmten tariflichen Regelung Abstand nehmen.

VI. Tarifvorbehalt

Ebenso entfällt die Tarifüblichkeit regelmäßig auch dann, wenn eine der Tarifvertragsparteien wegfällt, etwa im Falle der Auflösung eines Arbeitgeberverbandes. Eine Fortdauer der tariflichen Regelung ist hier allerdings – wenn auch in anderer Form – gegeben, wenn die Gewerkschaft mit den bisherigen verbandsangehörigen Arbeitgebern Firmentarifverträge abschließt oder ernsthaft anstrebt[93]. 66

Die Sperrwirkung kann frühestens mit der erstmaligen Regelung einer Angelegenheit durch einen Tarifvertrag eintreten. Eine Tarifüblichkeit liegt daher nicht vor, wenn von den Tarifvertragsparteien lediglich beabsichtigt wird, eine bestimmte Angelegenheit künftig zu regeln, selbst wenn Tarifverhandlungen bereits geführt worden sind[94]. 67

3. Verhältnis zum Tarifvorrang des § 87 Abs. 1 BetrVG

Äußerst umstritten ist, ob der Tarifvorbehalt des § 77 Abs. 3 BetrVG auch einem Mitbestimmungsrecht des Betriebsrats aus § 87 Abs. 1 BetrVG entgegensteht. Nach § 87 Abs. 1 (Einleitungssatz) BetrVG hat der Betriebsrat in den dort genannten sozialen Angelegenheiten mitzubestimmen, soweit eine gesetzliche oder tarifliche Regelung nicht besteht. Insoweit stellt sich die Frage, ob das Mitbestimmungsrecht des § 87 Abs. 1 BetrVG nur entfällt, wenn eine tarifliche Regelung im Betrieb besteht, oder ob zusätzlich der Tarifvorbehalt des § 77 Abs. 3 BetrVG ein Mitbestimmungsrecht aus § 87 Abs. 1 BetrVG schon dann ausschließt, wenn eine mitbestimmungspflichtige Angelegenheit durch Tarifvertrag geregelt ist. 68

Nach der sog. **Zwei-Schranken-Theorie**[95] stehen die Tarifvorbehalte in § 77 Abs. 3 BetrVG und § 87 Abs. 1 BetrVG selbständig nebeneinander. Aus dem Normzweck und dem systematischen Zusammenhang des § 77 Abs. 3 BetrVG ergebe sich, daß unabhängig von der Schranke des Einleitungssatzes des § 87 Abs. 1 BetrVG die Ausübung der Mitbestimmungsrechte durch Abschluß einer Betriebsvereinbarung immer schon dann entfalle, wenn „üblicherweise" Arbeitsbedingungen durch einen Tarifvertrag geregelt werden, was insbesondere bei Fragen der Arbeitszeit und der Lohngestaltung nach § 87 Abs. 1 Nr. 2, 10 und 11 BetrVG der Fall sein kann. 69

---
93 BAG vom 16. 9. 1960, AP Nr. 1 zu § 2 ArbGG 1953 Betriebsvereinbarung; *Dietz/Richardi*, § 77 Rz. 209; *Fitting/Kaiser/Heither/Engels*, § 77 Rz. 84.
94 BAG vom 22. 5. 1979, AP Nr. 13 zu § 118 BetrVG 1972; BAG vom 23. 10. 1985, AP Nr. 33 zu § 1 TVG Tarifverträge: Metallindustrie.
95 *Dietz/Richardi*, § 77 Rz. 182; *Hess/Schochauer/Glaubitz*, § 77 Rz. 127 ff.; *Stege/Weinspach*, § 87 Rz. 35; *Fitting/Kaiser/Heither/Engels*, § 87 Rz. 97 ff. m. zahlr. Nachw.

70 Demgegenüber steht die von der Rechtsprechung des BAG[96] und Teilen der Literatur[97] vertretene **Vorrangtheorie** auf dem Standpunkt, daß der im Einleitungssatz des § 87 Abs. 1 BetrVG enthaltene Tarifvorbehalt eine Ausnahmevorschrift zu der Regelungssperre des § 77 Abs. 3 Satz 1 BetrVG darstellt. Dies bedeutet, daß die Mitbestimmung im Rahmen der sozialen Angelegenheiten des § 87 Abs. 1 BetrVG nur unter dem dort aufgeführten Tarifvorbehalt steht und somit auch in Form der Betriebsvereinbarung ausgeübt werden kann, wenn dies mit dem im Einleitungssatz erwähnten Tarifvorbehalt vereinbar ist. Zur Begründung verweist die Vorrangtheorie auf den Schutzzweck des in § 87 BetrVG begründeten Mitbestimmungsrechts, vor dessen Hintergrund die Reichweite des Tarifvorbehalts gesehen werden müsse. Sinn des Mitbestimmungsrechts des § 87 Abs. 1 BetrVG sei es, Direktionsrechte des Arbeitgebers zu beschränken, einzelvertragliche Vereinbarungen wegen der dabei gestörten Vertragsparität zurückzudrängen und allgemeine Grundsätze über das innerbetriebliche Lohngefüge aufzustellen[98]. Notwendig sei dieser Schutz immer dort, wo er nicht bereits durch für den Betrieb geltende Tarifverträge gewährleistet werde. Der in § 77 Abs. 3 BetrVG enthaltene Tarifvorbehalt würde diesen Schutzzweck des § 87 BetrVG damit unterlaufen, da er den Abschluß einer Betriebsvereinbarung bereits bei bloßer Tarifüblichkeit verbiete. Tarifüblichkeit führe aber zu keinem Schutz der Mitarbeiter, für deren Betrieb ein solch üblicher Tarifvertrag gerade nicht gelte.

71 Der Vorrangtheorie ist zuzustimmen. Von der Zwei-Schranken-Theorie wird nicht hinreichend berücksichtigt, daß § 77 Abs. 3 BetrVG nicht die Mitbestimmung selbst, sondern lediglich die Ausübung der Mitbestimmung in den Fällen ausschließt, in denen eine bestimmte Angelegenheit üblicherweise durch Tarifvertrag geregelt wird. Dies bedeutet, daß die Mitbestimmungsrechte in den Angelegenheiten, die

---

[96] Grundlegend BAG vom 24. 2. 1987, AP Nr. 21 zu § 77 BetrVG 1972; BAG vom 24. 11. 1987, AP Nr. 6 zu § 87 BetrVG 1972 Auszahlung; BAG vom 6. 12. 1988, AP Nr. 37 zu § 87 BetrVG 1972 Lohngestaltung; BAG (GS) vom 3. 12. 1991, AP Nr. 51 zu § 87 BetrVG 1972 Lohngestaltung; BAG vom 22. 6. 1993, AP Nr. 22 zu § 23 BetrVG 1972; BAG vom 24. 1. 1996, NZA 1996, 948 = DB 1996, 1882 = BB 1996, 1717; einschränkend nunmehr BAG vom 5. 3. 1997, NZA 1997, 951, wonach tarifübliche Regelungen über die Entgelthöhe und Anpassung von Entgelten gegenüber Betriebsvereinbarungen nach § 77 Abs. 3 BetrVG auch dann Sperrwirkung entfalten sollen, wenn die Betriebsvereinbarung zugleich Fragen der erzwingbaren Mitbestimmung regelt.

[97] *Hoß/Liebscher,* DB 1995, 2525 (2529); *Matthes,* in: Münchener Handbuch zum Arbeitsrecht, Band 3, § 318 Rz. 68 f.; *Berg,* in: Däubler/Kittner/Klebe, § 77 Rz. 66; *von Hoyningen-Huene/Meier-Krenz,* NZA 1987, 793 (799); *Ehmann/Schmidt,* NZA 1995, 193 (197); *Gerhards,* BB 1997, 362 (363).

[98] Vgl. BAG (GS) vom 3. 12. 1991, AP Nr. 51 zu § 87 BetrVG 1972 Lohngestaltung.

VI. Tarifvorbehalt Rz. 73 Teil F

nur üblicherweise durch Tarifvertrag geregelt sind, durch andere Instrumente – insbesondere durch die Regelungsabrede – ausgeübt werden müßten. Damit würde aber weder den Zwecken des § 77 Abs. 3 Satz 1 BetrVG noch denen des § 87 Abs. 1 (Einleitungssatz) BetrVG Rechnung getragen: Zum einen könnte § 77 Abs. 3 BetrVG die Funktionsfähigkeit der Tarifautonomie im Bereich des § 87 Abs. 1 BetrVG ohnehin nicht gewährleisten, da auch durch Regelungsabreden Vereinbarungen getroffen werden könnten, die von tarifüblichen Regelungen abwichen. Zum anderen würde die Effizienz der Mitbestimmung erheblich gemindert, da die sonstigen Regelungsinstrumente des Betriebsverfassungsrechts nicht die Qualität der Betriebsvereinbarung hätten, ohne daß hierfür ein Sinn erkennbar wäre. Sofern den Betriebspartnern vom Gesetz die Regelung eines bestimmten Gegenstandes erlaubt wird, weil es an einer abschließenden tariflichen Regelung fehlt, muß ihnen hierzu auch das am besten geeignete Regelungsinstrument des Betriebsverfassungsrechts – nämlich die in § 77 BetrVG hierzu vorgesehene Betriebsvereinbarung – zur Verfügung gestellt werden[99]. Da die Betriebsvereinbarung gemäß § 77 Abs. 4 BetrVG im Gegensatz zur Regelungsabrede unmittelbar und zwingend auf die Arbeitsverhältnisse der im Betrieb beschäftigten Arbeitnehmer einwirkt, bedarf es keiner Umsetzung der vereinbarten Regelung mehr in das Einzelarbeitsverhältnis[100].

Aus dieser sich aus Sinn und Zweck der Mitbestimmungsrechte ergebenden Untrennbarkeit von Mitbestimmungsrecht und Befugnis zum Abschluß von Betriebsvereinbarungen folgt, daß dem Tarifvorbehalt im Einleitungssatz zu § 87 BetrVG als der spezielleren Vorschrift der Vorrang gegenüber dem allgemeinen Tarifvorbehalt des § 77 Abs. 3 Satz 1 BetrVG einzuräumen ist[101]. 72

Zu berücksichtigen ist jedoch, daß die Regelungssperre des § 77 Abs. 3 Satz 1 BetrVG alle Angelegenheiten auf dem Gebiet der freiwilligen Mitbestimmung (z. B. vermögenswirksame Leistungen) erfaßt[102]. Solange es hier tarifliche oder tarifübliche Regelungen gibt 73

---
99 So zu Recht *Hoß/Liebscher*, DB 1995, 2525 (2529).
100 Vgl. BAG vom 24. 2. 1987, AP Nr. 21 zu § 77 BetrVG 1972; BAG vom 24. 11. 1987, AP Nr. 6 zu § 87 BetrVG 1972 Auszahlung; BAG vom 6. 12. 1988, AP Nr. 37 zu § 87 BetrVG 1972 Lohngestaltung; BAG (GS) vom 3. 12. 1991, AP Nr. 51 zu § 87 BetrVG 1972 Lohngestaltung.
101 Zur praktisch bedeutsamen Problematik, ob und unter welchen Voraussetzungen die Betriebsparteien nach einem Austritt des Arbeitgebers aus dem Arbeitgeberverband eigenständige Regelungen treffen können siehe *Hoß/Liebscher*, DB 1995, 2525 (einerseits) und *Krauss*, DB 1996, 528 (andererseits).
102 *Hoß/Liebscher*, DB 1996, 529 (530), *Matthes*, in: Münchener Handbuch zum Arbeitsrecht, Band 3, § 318 Rz. 70.

und diese den Abschluß ergänzender Betriebsvereinbarungen nicht zulassen, können die Betriebspartner auf diesen Gebieten keine Betriebsvereinbarungen abschließen.

4. Tarifliche Öffnungsklausel (§ 77 Abs. 3 Satz 2 BetrVG)

74 Nach § 77 Abs. 3 Satz 2 BetrVG gilt die Sperrwirkung des § 77 Abs. 3 Satz 1 BetrVG nicht, wenn der Tarifvertrag den Abschluß ergänzender Betriebsvereinbarungen ausdrücklich zuläßt. Im Tarifvertrag muß deutlich zum Ausdruck kommen, daß die Betriebsparteien eine Regelung treffen können. Zwar braucht dabei der Begriff „Betriebsvereinbarung" nicht verwendet zu werden[103]. Aus dem Tarifvertrag muß sich aber eine entsprechende Zulassung eindeutig ergeben[104].

75 Zulässig sind nach dem Wortlaut des § 77 Abs. 3 Satz 2 BetrVG nur „ergänzende" Betriebsvereinbarungen. Hierunter sind insbesondere Regelungen zu verstehen, welche die Ausführung und Anwendung der tariflichen Vorschrift näher gestalten, wie etwa die Festlegung der Vorgabezeit bei Akkordarbeit[105]. Über den Wortlaut des § 77 Abs. 3 Satz 2 BetrVG hinaus können die Tarifvertragsparteien aber auch vom Tarifvertrag **abweichende Betriebsvereinbarungen** ausdrücklich zulassen, sofern den Betriebspartnern ein ausreichender tariflicher Regelungsrahmen vorgegeben wird[106]. Dies gilt etwa für die Festlegung und Dauer der individuellen wöchentlichen Arbeitszeit[107], eine andere Methode für die Bestimmung des Durchschnittsverdienstes für die Bezahlung sog. Wartestunden[108], die Gestattung einer anderen Methode zur Ermittlung der Leistungszulage[109] oder die Einführung der analytischen Arbeitsbewertung statt des tariflichen summarischen Verfahrens[110].

76 Auch während des Zeitraumes eines nachwirkenden Tarifvertrages, der eine Öffnungsklausel enthält, können abweichende Betriebsvereinbarungen geschlossen werden. Enthält der neue Tarifvertrag keine Öffnungsklausel mehr, greift die Sperrwirkung des § 77 Abs. 3 Satz 1 BetrVG jedoch wieder ein[111].

---

103 Vgl. BAG vom 20. 12. 1961, AP Nr. 7 zu § 59 BetrVG.
104 *Dietz/Richardi*, § 77 Rz. 229; *Fitting/Kaiser/Heither/Engels*, § 77 Rz. 104.
105 BAG vom 9. 2. 1984, AP Nr. 9 zu § 77 BetrVG 1972.
106 Zur Unbedenklichkeit solcher Öffnungsklauseln s. *Fitting/Kaiser/Heither/Engels*, § 77 Rz. 106.
107 BAG vom 18. 8. 1987, AP Nr. 23 zu § 77 BetrVG 1972.
108 BAG vom 14. 2. 1989, AP Nr. 8 zu § 87 BetrVG 1972 Akkord.
109 BAG vom 28. 2. 1984, AP Nr. 4 zu § 87 BetrVG 1972 Tarifvorrang.
110 BAG vom 12. 8. 1982, AP Nr. 5 zu § 77 BetrVG 1972.
111 BAG vom 25. 8. 1983, AP Nr. 7 zu § 77 BetrVG 1972.

VII. Rechtswirkungen einer Betriebsvereinbarung

Die normativen Regelungen einer Betriebsvereinbarung gelten – ebenso wie Tarifverträge nach § 4 Abs. 1 TVG – **unmittelbar und zwingend,** § 77 Abs. 4 Satz 1 BetrVG.

77

1. Unmittelbare Wirkung

Durch die unmittelbare Geltung der Betriebsvereinbarung wirken ihre Regelungen als objektives Recht von außen automatisch auf die Arbeitsverhältnisse ein, ohne daß es einer Umsetzung bedarf oder auf eine Billigung oder Kenntnis der Vertragsparteien ankommt[112]. Anders als bei der Regelungsabrede ist ihre Wirksamkeit nicht von der Anerkennung, Unterwerfung oder Übernahme durch die Parteien des Arbeitsvertrages abhängig[113].

78

2. Zwingende Wirkung

a) Bedeutung

Die zwingende Wirkung von Betriebsvereinbarungen bedeutet, daß deren Regelungen unabdingbar sind, d. h. sie können nicht zuungunsten der Arbeitnehmer durch einzelvertragliche Vereinbarung geändert werden, es sei denn, es handelt sich um Vorschriften, die nach dem Willen der Betriebspartner dispositiven Charakter haben[114].

79

Durch sog. **Öffnungsklausel** kann eine Betriebsvereinbarung die Parteien des Arbeitsvertrages von der zwingenden Wirkung bestimmter Regelungen entbinden, wobei diese wegen ihrer die gesetzliche Regelung verdrängenden Wirkung einer ausdrücklichen Vereinbarung bedarf[115].

80

b) Günstigkeitsprinzip

Im Gegensatz zu § 4 Abs. 3 TVG hinsichtlich des Verhältnisses von Tarifvertrag und Einzelarbeitsvertrag enthält § 77 BetrVG keine Regelung, derzufolge von den Bestimmungen einer Betriebsvereinbarung einzelvertraglich in zulässiger Weise zugunsten der Arbeitnehmer

81

---

112 BAG vom 21. 9. 1989, AP Nr. 43 zu § 77 BetrVG 1972; *Dietz/Richardi,* § 77 Rz. 92; *Hess/Schlochauer/Glaubitz,* § 77 Rz. 181.
113 *Dietz/Richardi,* § 77 Rz. 95; *Fitting/Kaiser/Heither/Engels,* § 77 Rz. 110.
114 *Matthes,* in: Münchener Handbuch zum Arbeitsrecht, Band 3, § 319 Rz. 26; *Fitting/Kaiser/Heither/Engels,* § 77 Rz. 111; *Berg,* in: Däubler/Kittner/Klebe, § 77 Rz. 42.
115 *Dietz/Richardi,* § 77 Rz. 96 f.; *Fitting/Kaiser/Heither/Engels,* § 77 Rz. 115.

abgewichen werden kann. Gleichwohl findet das Günstigkeitsprinzip nach überwiegender Ansicht[116] auch im Verhältnis von Betriebsvereinbarung und Einzelarbeitsvertrag Anwendung, da es sich bei ihm um einen allgemeinen arbeitsrechtlichen Grundsatz handelt. Die Geltung des Günstigkeitsprinzips im Verhältnis von Betriebsvereinbarung und Einzelarbeitsvertrag kann inzwischen – mittelbar – auch § 28 Abs. 2 Satz 2 SprAuG entnommen werden. Danach kann von Richtlinien für leitende Angestellte, die unmittelbare und zwingende Wirkung haben, zugunsten der leitenden Angestellten abgewichen werden. Was für die schwächeren Richtlinien nach dem Sprecherausschuß gilt, muß aber erst recht für Betriebsvereinbarungen gelten.

82 Unerheblich ist, ob die günstigere einzelvertragliche Absprache vor oder nach dem Inkrafttreten der Betriebsvereinbarung getroffen worden ist. Der Günstigkeitsvergleich bezieht sich auf alle Arbeitsbedingungen, unabhängig davon, ob es sich um materielle oder formelle Arbeitsbedingungen handelt[117].

83 Einzelvertragliche ungünstigere Vereinbarungen sind nicht nichtig, sondern werden durch die Betriebsvereinbarung für die Dauer ihrer normativen Wirkung lediglich verdrängt. Nach Beendigung der Betriebsvereinbarung leben die Arbeitsbedingungen aus dem Arbeitsvertrag wieder auf[118], sofern es sich hierbei nicht um soziale Leistungen mit kollektivem Bezug handelt (s. u. Rz. 86 ff.).

84 Ob eine einzelvertragliche Regelung für den Arbeitnehmer günstiger ist, muß im Wege des sog. Sachgruppenvergleichs ermittelt werden. Ein Vergleich nur einzelner Bestimmungen kommt insoweit nicht in Betracht (keine Rosinentheorie). Ebensowenig können völlig unterschiedliche Komplexe miteinander verglichen werden[119].

85 Die Parteien des Arbeitsvertrages können anderen (günstigeren oder ungünstigeren) Regelungen einer Betriebsvereinbarung den Vorrang

---

116 BAG (GS) vom 16. 9. 1986, AP Nr. 17 zu § 77 BetrVG 1972; BAG (GS) vom 7. 11. 1989, AP Nr. 46 zu § 77 BetrVG 1972; *Dietz/Richardi*, § 77 Rz. 98; *Matthes*, in: Münchener Handbuch zum Arbeitsrecht, Band 3, § 318 Rz. 74 ff.; *Fitting/Kaiser/Heither/Engels*, § 77 Rz. 166 m. w. Nachw.
117 *Matthes*, in: Münchener Handbuch zum Arbeitsrecht, Band 3, § 318 Rz. 77 f.; *Fitting/Kaiser/Heither/Engels*, § 77 Rz. 170 m. w. Nachw.; a. A. *Dietz/Richardi*, § 77 Rz. 104 (Günstigkeitsvergleich nur bei materiellen Arbeitsbedingungen).
118 Vgl. BAG vom 21. 9. 1989, AP Nr. 43 zu § 77 BetrVG 1972; *Fitting/Kaiser/Heither/Engels*, § 77 Rz. 167.
119 BAG vom 19. 12. 1958, AP Nr. 1 zu § 4 TVG Sozialzulagen (zum Günstigkeitsvergleich im Verhältnis von Tarifvertrag und Arbeitsvertrag); *Fitting/Kaiser/Heither/Engels*, § 77 Rz. 169.

VII. Rechtswirkungen einer Betriebsvereinbarung   Rz. 88 **Teil F**

einräumen (sog. „betriebsvereinbarungsoffene" Absprachen). In dem Fall wird die vertragliche Absprache durch die Betriebsvereinbarung abgelöst[120]. Gleiches gilt, wenn im Arbeitsvertrag ausdrücklich auf die jeweils geltende Betriebsvereinbarung Bezug genommen wird[121].

c) Ablösende Betriebsvereinbarung

Eine Einschränkung des Günstigkeitsprinzips im Verhältnis von Betriebsvereinbarung und Arbeitsvertrag nimmt die Rechtsprechung in den Fällen vor, in denen arbeitsvertragliche Ansprüche **durch einheitliche Handhabung** im Betrieb begründet werden, nämlich durch arbeitsvertragliche Einheitsregelung, Gesamtzusage und betriebliche Übung. 86

Bei einer **arbeitsvertraglichen Einheitsregelung** unterbreitet der Arbeitgeber allen oder jedenfalls einem Teil der Arbeitnehmer des Betriebes ein Angebot über einheitliche Arbeitsbedingungen, das von den Arbeitnehmern ausdrücklich angenommen wird. Vertragliche Einheitsregelungen sind dadurch gekennzeichnet, daß sie einer generellen Regelung durch eine Vielzahl aufeinander abgestimmter Vertragsabreden Geltung verschaffen. Bei der **Gesamtzusage** handelt es sich um eine einseitige kollektive Verpflichtungserklärung des Arbeitgebers an alle Arbeitnehmer des Betriebes oder an abgrenzbare Gruppen, die in allgemeiner Form (etwa durch Aushang am Schwarzen Brett) bekannt gemacht wird. Die ausdrückliche Annahme des Angebots wird nach der Verkehrssitte nicht erwartet (§ 151 BGB). Eine **betriebliche Übung** ist das Entstehen einer rechtlichen Bindung durch regelmäßiges Wiederholen bestimmter Verhaltensweisen der Arbeitgebers, aus denen die Arbeitnehmer schließen können, daß ihnen eine Leistung oder eine Vergünstigung auf Dauer gewährt werden soll[122]. Auch bei diesen Ansprüchen handelt es sich zwar um solche aus dem Arbeitsvertrag. Allerdings haben sie hinsichtlich ihres Zustandekommens und häufig auch hinsichtlich ihres Inhalts ein **kollektiven Bezug**[123]. 87

Für die Ablösung einer vertraglichen Einheitsregelung, einer Gesamtzusage oder einer betrieblichen Übung durch Betriebsvereinbarung gilt zwar im Grundsatz ebenfalls das Günstigkeitsprinzip. Soweit die 88

---
120 BAG vom 12. 8. 1982, AP Nr. 4 zu § 77 BetrVG 1972; BAG vom 3. 11. 1987, AP Nr. 25 zu § 77 BetrVG 1972.
121 BAG vom 20. 11. 1987, AP Nr. 2 zu § 620 BGB Altersgrenze.
122 S. etwa BAG vom 5. 2. 1971, AP Nr. 10 zu § 242 BGB Betriebliche Übung; BAG vom 4. 9. 1985, AP Nr. 22 zu § 242 BGB Betriebliche Übung; BAG vom 13. 11. 1986, AP Nr. 27 zu § 242 BGB Betriebliche Übung; BAG vom 10. 11. 1995, NZA 1996, 718 (719) m. w. Nachw.
123 Vgl. *Fitting/Kaiser/Heither/Engels*, § 77 Rz. 172.

Einheitsregelung, Gesamtzusage oder betriebliche Übung Ansprüche auf **Sozialleistungen** (wie z. B. Gratifikationen, Jubiläumszuwendungen und Leistungen der betrieblichen Altersversorgung) begründen, findet das Günstigkeitsprinzip nach der Entscheidung des Großen Senats des BAG vom 16. 9. 1986[124] jedoch mit anderen Vergleichsmaßstäben Anwendung: Ablösende Betriebsvereinbarungen sind hier zulässig, wenn die Neuregelung bei **kollektiver Betrachtung** für die Arbeitnehmer insgesamt nicht ungünstiger ist, wenn also der finanzielle Gesamtaufwand des Arbeitgebers gleichbleibt. In diesem Rahmen können Verschiebungen vorgenommen werden, die für einzelne Arbeitnehmer Verschlechterungen bringen, wenn dabei der Grundsatz von Recht und Billigkeit beachtet wird (s. u. Rz. 95 ff.)[125].

89 Die **Verringerung** des finanziellen Gesamtaufwands für die auf vertraglicher Einheitsregelung, Gesamtzusage oder betrieblicher Übung beruhenden Leistungen durch ablösende Betriebsvereinbarung ist ausnahmsweise zulässig, soweit der Arbeitgeber sich den Widerruf der Zusage vorbehalten hat oder wegen Wegfalls der Geschäftsgrundlage die Kürzung oder Streichung verlangen kann[126]. Der Widerrufsvorbehalt kann ausdrücklich oder – bei entsprechenden Begleitumständen – auch stillschweigend erfolgen. Ob dies der Fall ist, muß durch Auslegung der vom Arbeitgeber erteilten Zusage ermittelt werden[127]. Ein stillschweigender Widerrufsvorbehalt für den Wegfall oder die Verringerung einer Sozialleistung wird i. d. Regel angenommen werden können, wenn die betriebliche Sozialleistung erstmals zum Zeitpunkt einer besonders günstigen wirtschaftlichen Lage des Betriebes zugesagt worden ist, an der die Belegschaft erkennbar beteiligt werden sollte oder wenn die betriebliche Sozialleistung im Hinblick auf sonstige besondere betriebliche Verhältnisse gewährt worden ist, von denen nicht angenommen werden konnte, daß sie auch in Zukunft fortdauern würden.

90 Im Rahmen der vorangegangenen Ausführungen kommt es nicht darauf an, ob die in der ablösenden Betriebsvereinbarung geregelten Angelegenheiten der erzwingbaren Mitbestimmung unterliegen (§ 87 Abs. 1 BetrVG) oder nur als freiwillige Betriebsvereinbarungen (§ 88 BetrVG) zustandekommen[128].

---

124 BAG (GS) vom 16. 9. 1986, AP Nr. 17 zu § 77 BetrVG 1972; ebenso LAG Hamm vom 17. 12. 1996, BB 1997, 528. Zur früheren Rechtsprechung s. *Fitting/Kaiser/Heither/Engels*, § 77 Rz. 172.
125 BAG (GS) vom 16. 9. 1986, AP Nr. 17 zu § 77 BetrVG 1972 LS 1.
126 BAG (GS) vom 16. 9. 1986, AP Nr. 17 zu § 77 BetrVG 1972 LS 2.
127 BAG (GS) vom 16. 9. 1986, AP Nr. 17 zu § 77 BetrVG 1972, zu C. II. 1c der Gründe.
128 BAG (GS) vom 16. 9. 1986, AP Nr. 17 zu § 77 BetrVG 1972 LS 3.

VIII. Innenschranken von Betriebsvereinbarungen Rz. 94 **Teil F**

Soweit es sich nicht um arbeitsvertragliche Ansprüche auf Sozialleistungen handelt, die auf einer arbeitsvertraglichen Einheitsregelung, einer Gesamtzusage oder einer betrieblichen Übung beruhen, kommt einer Betriebsvereinbarung gegenüber arbeitsvertraglichen Vereinbarungen keine ablösende Wirkung in dem Sinne zu, daß die Normen der Betriebsvereinbarung an die Stelle der vertraglichen Vereinbarung treten. Bildet eine Einheitsregelung, Gesamtzusage oder betriebliche Übung die Rechtsgrundlage für **Arbeitgeberleistungen,** welche die **Gegenleistung für erbrachte Arbeitsleistung** betreffen, gilt sonach nicht der kollektive, sondern der **individuelle Günstigkeitsvergleich.** Die Leistung kann folglich nicht durch eine für einen Arbeitnehmer ungünstigere Betriebsvereinbarung abgelöst werden[129]. 91

VIII. Innenschranken von Betriebsvereinbarungen

1. Bindung an zwingendes Recht

Betriebsvereinbarungen dürfen nicht gegen **zwingendes staatliches Recht** (Gesetze, Verordnungen, Unfallverhütungsvorschriften) verstoßen. Hierzu gehören insbesondere die Grundsätze des § 75 BetrVG (s. bereits oben Rz. 15 ff.). Sofern staatliches Recht abweichende Regelungen nur durch Tarifvertrag gestattet (sog. tarifdispositives Gesetzesrecht, vgl. etwa § 622 Abs. 4 BGB, § 4 Abs. 4 EFZG, § 13 BUrlG, § 6 BeschFG, § 7 ArbZG, §§ 21a, 21b JArbSchG), kann hiervon nicht durch Betriebsvereinbarung zuungunsten der Arbeitnehmer abgewichen werden[130]. Gleiches gilt für sog. tarifdispositives Richterrecht[131]. 92

Weiterhin dürfen Betriebsvereinbarungen nicht gegen zwingende **tarifliche Bestimmungen** verstoßen, die als stärkere Vorschriften grundsätzlich vorgehen. Eine zunächst wirksame Betriebsvereinbarung kann nachträglich nichtig werden, wenn sie gegen einen erst später abgeschlossenen Tarifvertrag verstößt. 93

Eine Betriebsvereinbarung kann dem Arbeitgeber die Befugnis zur einseitigen Gestaltung mitbestimmungspflichtiger Angelegenheiten nur einräumen, solange sie die Substanz der Mitbestimmungsrechte unberührt läßt[132]. 94

---

129 BAG vom 21. 9. 1989, AP Nr. 43 zu § 77 BetrVG 1972.
130 *Dietz/Richardi,* § 77 Rz. 57; *Fitting/Kaiser/Heither/Engels,* § 77 Rz. 48.
131 *Dietz/Richardi,* § 77 Rz. 58; *Matthes,* in: Münchener Handbuch zum Arbeitsrecht, Band 3, § 318 Rz. 72; *Fitting/Kaiser/Heither/Engels,* § 77 Rz. 48.
132 Vgl. BAG vom 2. 3. 1982, AP Nr. 6 zu § 87 BetrVG 1972 Arbeitszeit; BAG vom 28. 10. 1986, AP Nr. 20 zu § 87 BetrVG 1972 Arbeitszeit; BAG vom 26. 7. 1988, AP Nr. 6 zu § 87 BetrVG 1972 Provision; BAG vom 28. 4. 1992, AP Nr. 11 zu § 50 BetrVG 1972.

2. Billigkeitskontrolle

95 Nach ständiger Rechtsprechung des BAG unterliegen Betriebsvereinbarungen zwar keiner Zweckmäßigkeitskontrolle, dafür aber einer allgemeinen **gerichtlichen Billigkeitskontrolle**[133]. Führen ihre Regelungen zu unbilligen, nicht mehr gerechtfertigten Ergebnissen, sind sie insoweit unwirksam. Maßstab ist die Verpflichtung der Betriebspartner, dem Wohle des Betriebes und seiner Arbeitnehmer zu dienen. Innerhalb dieser Verpflichtung haben sie den billigen Ausgleich zwischen den Interessen der Belegschaft und dem Betrieb sowie den Ausgleich zwischen den verschiedenen Teilen der Belegschaft zu suchen. Da auch die Sprüche der Einigungsstelle nach § 76 Abs. 5 Satz 3 BetrVG billigem Ermessen entsprechen müssen, kann nichts anderes für Betriebsvereinbarungen gelten, die ohne Einschaltung der Einigungsstelle zustande kommen[134].

96 Unzulässig sind danach Betriebsvereinbarungen, die ausschließlich eine Belastung des Arbeitnehmers bewirken, wie etwa einen generellen Haftungsausschluß des Arbeitgebers[135]. Gleiches gilt für eine Betriebsvereinbarung, die Arbeitnehmer zur anteiligen Übernahme der Kosten für die Arbeitskleidung verpflichtet, sofern die Arbeitnehmer individualrechtlich nicht zur Kostentragung verpflichtet sind[136].

97 Grundsätzlich zulässig ist dagegen eine Betriebsvereinbarung, die eine anteilige Kürzung einer freiwilligen Sonderzahlung im Falle von krankheitsbedingten Fehlzeiten vorsieht. Hierzu hat das BAG in einer Entscheidung vom 26. 10. 1994[137] ausgeführt:

„1. Der Senat folgt der Entscheidung des 6. Senats (BAGE 64, 179 = NZA 1990, 601 = AP Nr. 15 zu § 611 BGB Anwesenheitsprämie), wonach eine Regelung zulässig ist, nach der auch krankheitsbe-

---

133 Siehe etwa BAG vom 11. 6. 1975, AP Nr. 1 zu § 77 BetrVG 1972 Auslegung; BAG vom 17. 2. 1981, AP Nr. 11 zu § 112 BetrVG 1972; BAG vom 26. 7. 1988, AP Nr. 45 zu § 112 BetrVG 1972; BAG vom 26. 10. 1994, AP Nr. 18 zu § 611 BGB Anwesenheitsprämie. Zur dogmatischen Begründung und den rechtlichen Bedenken an der gerichtlichen Billigkeitskontrolle siehe *Fitting/Kaiser/Heither/Engels*, § 77 Rz. 198.
134 Vgl. BAG vom 11. 6. 1975, AP Nr. 1 zu § 77 BetrVG 1972 Auslegung; BAG vom 17. 2. 1981, AP Nr. 11 zu § 112 BetrVG 1972; BAG vom 26. 7. 1988, AP Nr. 45 zu § 112 BetrVG 1972.
135 Vgl. BAG vom 5. 3. 1959, AP Nr. 26 zu § 611 BGB Fürsorgepflicht. Siehe aber auch *Fitting/Kaiser/Heither/Engels*, § 77 Rz. 60, wonach eine ausschließliche Belastung des Arbeitnehmers nicht vorliege, wenn der Arbeitgeber eine zusätzliche Leistung erbringe, etwa den Arbeitnehmern einen eigenen Parkplatz zur Verfügung stelle, und in diesem Zusammenhang seine Haftung beschränke.
136 BAG vom 1. 12. 1992, AP Nr. 20 zu § 87 BetrVG 1972 Ordnung des Betriebes.
137 BAG vom 26. 10. 1994, AP Nr. 18 zu § 611 BGB Anwesenheitsprämie.

dingte Fehlzeiten mit einem Anspruch auf Lohnfortzahlung zu einer Kürzung einer freiwilligen Sonderzahlung führen. Eine solche Regelung stellt auch keinen Verstoß gegen das Maßregelungsverbot in § 612a BGB dar.
2. *Eine solche Regelung kann auch Inhalt einer Betriebsvereinbarung sein. Sieht die Betriebsvereinbarung vor, daß sich die Sonderleistung für jeden Fehltag um 1/30 mindert, verstößt diese Regelung nicht gegen § 75 BetrVG. Sie ist vielmehr vom Beurteilungsermessen der Betriebspartner gedeckt.*
3. *Eine Anwesenheitsprämie, deren Zweck es ist, die Arbeitnehmer zu motivieren, die Zahl der Fehltage möglichst gering zu halten, kann ihren Zweck nur erreichen, wenn sie auf künftige Fehltage abstellt. Eine Regelung, die auf Fehltage abstellt, die vor dem Bekanntwerden der Betriebsvereinbarung liegen, kann ihren Zweck nicht erreichen. Die auf die Zahl der in der Vergangenheit angefallenen Fehltage abstellende Differenzierung ist daher unwirksam, wenn sie nicht durch andere Sachgründe gerechtfertigt ist."*

Zu beachten ist allerdings, daß nach der seit dem 1. 10. 1996 geltenden Bestimmung des § 4b Satz 2 EFZG die Kürzung von Sondervergütungen für jeden Tag der Arbeitsunfähigkeit infolge Krankheit ein Viertel des Arbeitsentgelts, das im Jahresdurchschnitt auf einen Arbeitstag entfällt, nicht überschreiten darf. 98

IX. Durchführung von Betriebsvereinbarungen

Die Vereinbarungen zwischen Arbeitgeber und Betriebsrat führt grundsätzlich der Arbeitgeber durch. Dies gilt auch, soweit sie auf dem Spruch der Einigungsstelle beruhen, § 77 Abs. 1 Satz 1 Halbsatz 1 BetrVG. 99

Die Betriebspartner können jedoch vereinbaren, daß dem Betriebsrat die Durchführung bestimmter Betriebsvereinbarungen obliegen soll (§ 77 Abs. 1 Satz 1 Halbsatz 2), etwa die Veranstaltung eines Betriebsausflugs oder die Verwaltung einer Betriebskantine[138]. Eine solche Vereinbarung kann jedoch nur freiwillig erfolgen. Ein Anspruch gegen den Betriebsrat auf Durchführung von Betriebsvereinbarungen steht dem Arbeitgeber nicht zu[139]. Ebensowenig können dem Be- 100

---
138 BAG vom 24. 4. 1986, AP Nr. 7 zu § 87 BetrVG 1972 Sozialeinrichtung.
139 *Matthes*, in: Münchener Handbuch zum Arbeitsrecht, Band 3, § 319 Rz. 64; *Fitting/Kaiser/Heither/Engels*, § 77 Rz. 5; *Berg*, in: Däubler/Kittner/Klebe, § 77 Rz. 5.

triebsrat durch den Spruch der Einigungsstelle Durchführungs- und Überwachungsrechte eingeräumt werden, die über seine gesetzlichen Überwachungsrechte hinausgehen[140].

101 Dem Arbeitgeber steht nach § 77 Abs. 1 Satz 1 Halbsatz 1 BetrVG nicht nur das alleinige Recht zur Durchführung der Vereinbarung vor. Vielmehr begründet diese Vorschrift auch eine entsprechende **Durchführungspflicht** des **Arbeitgebers**. Insoweit hat der Betriebsrat seinerseits einen Anspruch gegen den Arbeitgeber auf Durchführung der getroffenen Vereinbarung als auch auf Unterlassung betriebsverfassungswidriger Maßnahmen[141]. Diesen Anspruch verliert der Betriebsrat nicht dadurch, daß er längere Zeit ein vereinbarungswidriges Verhalten des Arbeitgebers nicht beanstandet hat[142].

X. Möglichkeiten des Betriebsrats bei Mißachtung von Betriebsvereinbarungen durch den Arbeitgeber

102 Mißachtet der Arbeitgeber eine Betriebsvereinbarung, etwa indem er sie nicht durchführt oder von den Regelungen einer Betriebsvereinbarung einseitig abweicht, so kann der Betriebsrat seinen Durchführungs- und Unterlassungsanspruch (s. o. Rz. 101) im arbeitsgerichtlichen Beschlußverfahren, u. U. auch im Wege einer einstweiligen Verfügung, geltend machen[143]. Wiederholte oder grobe Verstöße des Arbeitgebers gegen Betriebsvereinbarungen können den Betriebsrat auch zu Anträgen nach § 23 Abs. 3 BetrVG berechtigen, um durch entsprechenden gerichtlichen Beschluß sicherzustellen, daß der Arbeitgeber die mit dem Betriebsrat geschlossenen Betriebsvereinbarungen künftig einhält und durchführt[144].

---

140 BAG vom 6. 12. 1983, AP Nr. 7 zu § 87 BetrVG 1972 Überwachung. Siehe dazu auch BAG vom 30. 8. 1995, NZA 1996, 218 = DB 1996, 333 = BB 1996, 643, wonach dem Betriebsrat von der Einigungsstelle ohne seine Zustimmung kein gesetzlich nicht vorgesehenes Mitbestimmungsrecht (hier: Mitbestimmungspflichtigkeit einer Abmahnung in entsprechender Anwendung des § 99 BetrVG) eingeräumt werden dürfe.
141 BAG vom 24. 2. 1987, AP Nr. 21 zu § 77 BetrVG 1972; BAG vom 10. 11. 1987, AP Nr. 24 zu § 77 BetrVG 1972; BAG vom 28. 9. 1988, AP Nr. 29 zu § 87 BetrVG 1972 Arbeitszeit; *Dietz/Richardi*, § 77 Rz. 136; *Matthes*, in: Münchener Handbuch zum Arbeitsrecht, Band 3, § 319 Rz. 65; *Fitting/Kaiser/Heither/Engels*, § 77 Rz. 7; *Berg*, in: Däubler/Kittner/Klebe, § 77 Rz. 5.
142 *Fitting/Kaiser/Heither/Engels*, § 77 Rz. 7; *Berg*, in: Däubler/Kittner/Klebe, § 77 Rz. 5.
143 *Fitting/Kaiser/Heither/Engels*, § 77 Rz. 7.
144 Vgl. *Matthes*, in: Münchener Handbuch zum Arbeitsrecht, Band 3, § 319 Rz. 65.

Der Anspruch des Betriebsrats auf Durchführung einer Betriebsvereinbarung umfaßt jedoch nicht die Befugnis des Betriebsrats, vom Arbeitgeber aus eigenem Recht die Erfüllung von Ansprüchen der Arbeitnehmer aus dieser Betriebsvereinbarung zu verlangen. Solche Ansprüche, etwa aus einem Sozialplan, haben die betroffenen Arbeitnehmer vielmehr selbst geltend zu machen[145]. 103

Zu berücksichtigen ist weiterhin, daß der Betriebsrat nach § 77 Abs. 1 Satz 2 BetrVG durch einseitige Handlungen nicht in die Leitung des Betriebes eingreifen darf, etwa dadurch, daß er Anordnungen des Arbeitgebers widerruft oder an dessen Stelle Weisungen erteilt. Dies gilt auch dann, wenn der Arbeitgeber mit seinem Verhalten bestehende Betriebsvereinbarungen mißachtet. Auch in dem Fall muß der Betriebsrat seine Rechte im arbeitsgerichtlichen Beschlußverfahren, ggf. im Wege der einstweiligen Verfügung, durchsetzen[146]. 104

XI. Verzicht, Verwirkung, Ausschlußfristen und Abkürzung von Verjährungsfristen

Über die normative Wirkung des § 77 Abs. 4 Satz 1 BetrVG hinaus werden die Rechte der Arbeitnehmer durch § 77 Abs. 4 Satz 2 bis 4 BetrVG insoweit zusätzlich gesichert, als die Dispositionsbefugnis der Arbeitnehmer über diese Rechte durch Verzicht, Vereinbarung von Ausschlußfristen und Abkürzung von Verjährungsfristen eingeschränkt und eine Verwirkung ausgeschlossen wird. 105

Ein **Verzicht** auf Rechte aus einer Betriebsvereinbarung durch den Arbeitnehmer – sei es durch einen Erlaßvertrag nach § 397 Abs. 1 BGB oder ein negatives Schuldanerkenntnis nach § 397 Abs. 2 BGB – ist nach § 77 Abs. 4 Satz 2 BetrVG **nur mit Zustimmung des Betriebsrats zulässig.** Dies gilt auch für einen gerichtlichen oder außergerichtlichen Vergleich, sofern es sich nicht um einen reinen Tatsachenvergleich, also die Ausräumung von Meinungsverschiedenheiten über die tatsächlichen Voraussetzungen von Ansprüchen aus einer Betriebsvereinbarung, handelt[147]. 106

Die Zustimmung des Betriebsrats ist Wirksamkeitsvoraussetzung für den Verzicht durch den Arbeitnehmer. Für die Zustimmung des 107

---

145 BAG vom 17. 10. 1989, AP Nr. 53 zu § 112 BetrVG 1972; BAG vom 17. 10. 1989, AP Nr. 39 zu § 76 BetrVG 1972.
146 Zutreffend *Fitting/Kaiser/Heither/Engels,* § 77 Rz. 8.
147 Vgl. BAG vom 31. 7. 1996, DB 1997, 882; *Dietz/Richardi,* § 77 Rz. 132; *Fitting/Kaiser/Heither/Engels,* § 77 Rz. 120 m. w. Nachw.

Betriebsrats gelten die Vorschriften der §§ 182 ff. BGB. Die Zustimmung des Betriebsrats setzt einen entsprechenden Beschluß des Betriebsrats voraus[148]. Sie kann entweder sowohl dem Arbeitnehmer als auch dem Arbeitgeber gegenüber erklärt werden.

108 Eine **Ausgleichsquittung,** in welcher der Arbeitnehmer nach Beendigung des Arbeitsverhältnisses bestätigt, keine Ansprüche mehr gegen den Arbeitgeber aus dem Arbeitsverhältnis zu haben, erfaßt nicht Ansprüche des Arbeitnehmers aus einer Betriebsvereinbarung, sofern nicht der Betriebsrat seine Zustimmung zu der Ausgleichsquittung erteilt hat[149].

109 Die **Verwirkung** der sich aus der Betriebsvereinbarung ergebenden Rechte ist nach § 77 Abs. 4 Satz 3 BetrVG **ausgeschlossen.** Dies gilt allerdings nur für Ansprüche des Arbeitnehmers gegen den Arbeitgeber, nicht aber umgekehrt auch für Ansprüche des Arbeitgebers gegen den Arbeitnehmer[150]. Der Arbeitnehmer kann Ansprüche aus einer Betriebsvereinbarung daher auch nach Ablauf längerer Zeit geltend machen, selbst wenn der Arbeitgeber nach den Umständen des Falles nicht mehr damit zu rechnen brauchte. Die Vorschrift des § 77 Abs. 4 Satz 3 BetrVG schließt indes nicht den Einwand des Arbeitgebers aus, daß die Geltendmachung eines Anspruchs aus einer Betriebsvereinbarung aus anderen Gründen eine unzulässige Rechtsausübung darstellt[151].

110 Der Zeitraum der Geltendmachung von Rechten aus einer Betriebsvereinbarung kann dadurch eingeschränkt werden, daß die Tarifvertragsparteien oder die Betriebspartner eine **Ausschlußfrist**[152] vereinbaren, § 77 Abs. 4 Satz 4 Halbsatz 1 BetrVG. Eine tarifliche Ausschlußfrist gilt auch für nichtorganisierte Arbeitnehmer, wenn die Geltung des Tarifvertrages einzelvertraglich vereinbart ist[153].

---

148 *Matthes,* in: Münchener Handbuch zum Arbeitsrecht, Band 3, § 319 Rz. 32; *Fitting/Kaiser/Heither/Engels,* § 77 Rz. 117.
149 *Fitting/Kaiser/Heither/Engels,* § 77 Rz. 118; *Berg,* in: Däubler/Kittner/Klebe, § 77 Rz. 43.
150 *Matthes,* in: Münchener Handbuch zum Arbeitsrecht, Band 3, § 319 Rz. 31; *Dietz/Richardi,* § 77 Rz. 137; *Fitting/Kaiser/Heither/Engels,* § 77 Rz. 122; *Hess/Schlochauer/Glaubitz,* § 77 Rz. 188; *Berg,* in: Däubler/Kittner/Klebe, § 77 Rz. 44.
151 *Matthes,* in: Münchener Handbuch zum Arbeitsrecht, Band 3, § 319 Rz. 31; *Dietz/Richardi,* § 77 Rz. 133; *Fitting/Kaiser/Heither/Engels,* § 77 Rz. 122.
152 Siehe dazu auch BAG vom 30. 11. 1994, AP Nr. 88 zu § 77 BetrVG 1972; BAG vom 27. 3. 1996, NZA 1996, 986, wonach eine tarifliche Verfallfrist auch für Ansprüche auf Zahlung einer einmaligen Abfindung aus einem Sozialplan anläßlich der Beendigung des Arbeitverhältnisses gilt.
153 *Fitting/Kaiser/Heither/Engels,* § 77 Rz. 124.

XII. Betriebsinhaberwechsel und Betriebsumstrukturierungen   Rz. 116 **Teil F**

Sind Ausschlußfristen bereits in einem Tarifvertrag geregelt oder 111
werden sie üblicherweise in einem Tarifvertrag geregelt, so können
sie nicht wirksam in einer Betriebsvereinbarung aufgenommen werden, da § 77 Abs. 3 BetrVG auch Betriebsvereinbarungen über formelle Arbeitsbedingungen entgegensteht (s. o. Rz. 54)[154].

Die Ausschlußfristen müssen in der Betriebsvereinbarung **eindeutig** 112
vereinbart worden sein. Extrem kurze Ausschlußfristen können nach
§ 138 BGB wegen Sittenwidrigkeit nichtig sein[155].

Die vorangegangenen Ausführungen zu den Ausschlußfristen gelten 113
in gleicher Weise für die Abkürzung gesetzlicher **Verjährungsfristen**,
§ 77 Abs. 4 Satz 4 Halbsatz 2 BetrVG.

XII. Auswirkungen eines Betriebsinhaberwechsels und von Betriebsumstrukturierungen auf Betriebsvereinbarungen

Der alleinige rechtsgeschäftliche Betriebsinhaberwechsel i. S. von 114
§ 613a BGB hat – trotz der Regelungen des § 613a Abs. 1 Satz 2 und
3 BGB – grundsätzlich keinen Einfluß auf bestehende Betriebsvereinbarungen, sofern die **Identität des Betriebes gewahrt** bleibt[156]. Etwas
anderes gilt jedoch, sofern der Betrieb von einem Unternehmen übernommen wird, in dem eine Gesamtbetriebsvereinbarung besteht, die
für die Betriebsvereinbarung des übernommenen Betriebs keinen
Raum mehr läßt[157].

Bei der Aufspaltung, Abspaltung, Ausgliederung und Verschmelzung 115
von Betrieben ist hinsichtlich der Weitergeltung von Betriebsvereinbarungen wie folgt zu unterscheiden:

Bleibt bei einer Fusion oder Aufspaltung von Betrieben die Identität 116
des Betriebes gewahrt (etwa bei der Verschmelzung zur Aufnahme
oder bei der bloßen Abspaltung eines Betriebsteils), so gelten die
Betriebsvereinbarungen des aufnehmenden Betriebs bzw. die des –

---

154 Vgl. BAG vom 9. 4. 1991, AP Nr. 1 zu § 77 BetrVG 1972 Tarifvorbehalt;
    Matthes, in: Münchener Handbuch zum Arbeitsrecht, Band 3, § 319 Rz. 33.
155 Vgl. BAG vom 16. 11. 1965, AP Nr. 30 zu § 4 TVG Ausschlußfristen.
156 BAG vom 27. 6. 1985, AP Nr. 14 zu § 77 BetrVG 1972; BAG vom 5. 2. 1991,
    AP Nr. 89 zu § 613a BGB; *Matthes,* in: Münchener Handbuch zum Arbeitsrecht, Band 3, § 319 Rz. 42; *Fitting/Kaiser/Heither/Engels,* § 77 Rz. 143;
    Hess/Schlochauer/Glaubitz, § 77 Rz. 226; *Berg,* in: Däubler/Kittner/Klebe,
    § 77 Rz. 50; **a. A.** *Wank,* NZA 1987, 505 (508).
157 Vgl. BAG vom 27. 6. 1985, AP Nr. 14 zu § 77 BetrVG 1972.

nach der Abspaltung verbleibenden – („Rest-")Betriebs grundsätzlich weiter.

117 Erfolgt dagegen eine **Neubildung** des Betriebs und verlieren damit die bisherigen Betriebe ihre Identität (Beispiel: Die Betriebe X und Y werden zu einem Betrieb Z verschmolzen; der Betrieb A wird aufgespalten in einen Betrieb A und einen Betrieb B), gelten die unterschiedlichen Betriebsvereinbarungen der vereinigten bzw. aufgespaltenen Betriebe gemäß analoger Anwendung des § 613a Abs. 1 Satz 2 bis 4 **individualrechtlich** mit der Möglichkeit der Ablösung durch eine neue Betriebsvereinbarung weiter[158].

118 Bei der Verschmelzung durch Aufnahme von Betrieben werden die Betriebsvereinbarungen des übernommenen Betriebs – ungeachtet der Frage, welche Regelung für die Arbeitnehmer günstiger ist – gemäß § 613a Abs. 1 Satz 3 BGB durch die Betriebsvereinbarungen des aufnehmenden Betriebs verdrängt. Allerdings bleiben auch in dem Fall die Betriebsvereinbarungen des eingegliederten Betriebs, die gerade aus Anlaß dieser Eingliederung abgeschlossen worden sind (insbesondere Sozialpläne) bestehen[159].

119 Die vorangegangenen Ausführungen gelten entsprechend für die Weitergeltung von Gesamtbetriebsvereinbarungen bei der Aufspaltung, Abspaltung, Ausgliederung und Verschmelzung von Unternehmen. Diese Unternehmensumstrukturierungen haben grundsätzlich keinen Einfluß auf die Betriebsvereinbarungen, die in den Betrieben dieser Unternehmen bestehen, solange sich ihre Betriebsorganisation nicht ändert.

XIII. Beendigung der Betriebsvereinbarung

1. Zeitablauf und Zweckerreichung

120 Eine befristete Betriebsvereinbarung endet mit Ablauf der Zeit, für die sie abgeschlossen ist. Dient die Betriebsvereinbarung nur einem vorübergehenden bestimmten Zweck (etwa der Verlegung der betrieblichen Arbeitszeit im Zusammenhang mit Feiertagen oder dem Aus-

---

[158] Hierbei können Ansprüche der Arbeitnehmer aus einer Betriebsvereinbarung, die bei einem Betriebsübergang Inhalt des Arbeitsverhältnisses geworden sind, während der einjährigen Veränderungssperre des § 613a Abs. 1 Satz 2 BGB durch eine – auch *verschlechternde* – Betriebsvereinbarung eingeschränkt werden, vgl. BAG vom 16. 5. 1995, AP Nr. 15 zu § 4 TVG Ordnungsprinzip.
[159] *Fitting/Kaiser/Heither/Engels,* § 77 Rz. 141. S. dazu auch die Lösungsvorschläge von *Bachner,* NZA 1997, 79 (80 ff.).

XIII. Beendigung der Betriebsvereinbarung   Rz. 124 Teil F

gleich wirtschaftlicher Nachteile bei einer bestimmten Betriebsänderung durch Sozialplan), so endet sie mit der Zweckerreichung[160].

Ferner enden Betriebsvereinbarungen, die in Ergänzung eines Tarifvertrages geschlossen worden sind, mit Ablauf des Tarifvertrages, es sei denn, daß auch der neue Tarifvertrag eine Regelung durch Betriebsvereinbarung zuläßt und die Betriebsvereinbarung hiergegen nicht verstößt[161]. 121

2. Kündigung

Betriebsvereinbarungen können, soweit nichts anderes vereinbart ist, mit einer **Frist von drei Monaten** vom Arbeitgeber oder Betriebsrat **gekündigt** werden, § 77 Abs. 5 BetrVG. Unerheblich ist, ob es sich um erzwingbare oder freiwillige Betriebsvereinbarungen handelt oder diese auf einem Spruch der Einigungsstelle beruhen. Ein bestimmter Endtermin der Kündigung, etwa zum Monats- oder Quartalsende, ist nicht vorgeschrieben. 122

Die Kündigung bedarf **nicht der Schriftform**[162]. Sie muß jedoch **eindeutig** sein, ohne daß die Verwendung des Wortes „Kündigung" erforderlich wäre[163]. Die Kündigung durch den Betriebsrat setzt einen ordnungsgemäßen Beschluß des Betriebsrats voraus und muß dem Arbeitgeber zugehen. Die Kündigung durch den Arbeitgeber muß gegenüber dem Betriebsratsvorsitzenden bzw. im Falle seiner Verhinderung gegenüber dem stellvertretenden Betriebsratsvorsitzenden ausgesprochen werden, vgl. § 26 Abs. 3 Satz 2 BetrVG. Besteht im Betrieb kein Betriebsrat mehr, kann die Kündigung durch den Arbeitgeber durch Bekanntmachung an die Arbeitnehmer, etwa durch Aushang am Schwarzen Brett, erfolgen[164]. 123

Die Kündigung einer Betriebsvereinbarung bedarf nach ständiger Rechtsprechung **keines sachlichen Grundes** und unterliegt damit keiner inhaltlichen Kontrolle[165]. 124

---

160 *Dietz/Richardi*, § 77 Rz. 137; *Matthes*, in: Münchener Handbuch zum Arbeitsrecht, Band 3, § 319 Rz. 34; *Fitting/Kaiser/Heither/Engels*, § 77 Rz. 127.
161 Vgl. BAG vom 19. 2. 1991, AP Nr. 42 zu § 87 BetrVG 1972 Arbeitszeit.
162 *Matthes*, in: Münchener Handbuch zum Arbeitsrecht, Band 3, § 319 Rz. 39; *Fitting/Kaiser/Heither/Engels*, § 77 Rz. 137.
163 Vgl. BAG vom 15. 2. 1957, AP Nr. 3 zu § 56 BetrVG.
164 *Matthes*, in: Münchener Handbuch zum Arbeitsrecht, Band 3, § 319 Rz. 39.
165 Siehe etwa BAG vom 10. 3. 1992, AP Nr. 5 zu § 1 BetrAVG Betriebsvereinbarung; BAG vom 26. 10. 1993, AP Nr. 6 zu § 77 BetrVG 1972 Nachwirkung; BAG vom 17. 1. 1995, AP Nr. 7 zu § 77 BetrVG 1972 Nachwirkung. Zu den hiervon teilweise abweichenden Ansichten im Schrifttum s. *Fitting/Kaiser/Heither/Engels*, § 77 Rz. 132.

125 Die Modalitäten der Kündigung können in der Betriebsvereinbarung vom Gesetz abweichend geregelt werden. Möglich ist daher die Vereinbarung eines Schriftformerfordernisses für die Kündigung oder deren Bindung an das Vorliegen bestimmter Voraussetzungen. Ebenso können kürzere oder längere Kündigungsfristen vereinbart werden, bestimmte Kündigungstermine festgelegt werden oder die ordentliche Kündigung generell oder für eine bestimmte Zeit ausgeschlossen werden, wobei insoweit eine ausdrückliche Vereinbarung vorliegen muß[166].

126 Eine **Teilkündigung** von Betriebsvereinbarungen ist nur möglich, wenn dies besonders vereinbart ist oder sie eine selbständige Teilregelung erfaßt und der verbleibende Teil noch eine in sich abgeschlossene Regelung enthält[167].

127 Ausnahmsweise kann eine Betriebsvereinbarung auch **fristlos** aus wichtigem Grund gekündigt werden, wenn im Einzelfall Umstände vorliegen, die dem Kündigenden das Festhalten an der getroffenen Regelung unzumutbar machen[168]. An das Vorliegen eines wichtigen Grundes sind jedoch stets strenge Anforderungen zu stellen[169].

3. Aufhebungsvertrag

128 Eine Betriebsvereinbarung endet weiterhin durch Aufhebungsvertrag, den die Betriebspartner jederzeit in zulässiger Weise abschließen können. Ob ein solcher Aufhebungsvertrag der Schriftform bedarf, wurde vom BAG bislang offengelassen[170]. Diese Frage ist zu bejahen. Das Schriftformerfordernis folgt aus dem Normencharakter der Betriebsvereinbarung. Durch eine rein schuldrechtlich wirkende Ab-

---

166 Vgl. BAG vom 17. 1. 1995, AP Nr. 7 zu § 77 BetrVG 1972 Nachwirkung LS 1: „Wird in einer Betriebsvereinbarung über eine Weihnachtsgratifikation bestimmt, daß ältere Besitzstände erhalten bleiben, bedeutet das allein noch nicht, daß die ordentliche Kündbarkeit dieser Betriebsvereinbarung stillschweigend ausgeschlossen sein soll."
167 BAG vom 29. 5. 1964, AP Nr. 24 zu § 59 BetrVG; *Dietz/Richardi*, § 77 Rz. 143; *Matthes*, in: Münchener Handbuch zum Arbeitsrecht, Band 3, § 319 Rz. 41; *Fitting/Kaiser/Heither/Engels*, § 77 Rz. 136 m. w. Nachw.
168 Vgl. BAG vom 28. 4. 1992, AP Nr. 11 zu § 50 BetrVG 1972. Siehe auch BAG vom 10. 4. 1994, AP Nr. 86 zu § 112 BetrVG 1972; BAG vom 28. 8. 1996, NZA 1997, 109 = DB 1997, 100 = BB 1996, 2624, wo jeweils offengelassen worden ist, ob auch die Möglichkeit der außerordentlichen Kündigung eines Sozialplans besteht.
169 *Matthes*, in: Münchener Handbuch zum Arbeitsrecht, Band 3, § 319 Rz. 40; *Fitting/Kaiser/Heither/Engels*, § 77 Rz. 135.
170 Vgl. BAG vom 20. 11. 1990, EzA § 77 BetrVG 1972 Nr. 37.

XIII. Beendigung der Betriebsvereinbarung   Rz. 129 **Teil F**

sprache der Betriebspartner kann die höhere Rechtsqualität der Betriebsvereinbarung nicht beseitigt werden[171].

4. Abschluß einer neuen Betriebsvereinbarung

Eine Betriebsvereinbarung endet zudem mit dem Inkrafttreten einer 129
neuen Betriebsvereinbarung, welche die gleiche Angelegenheit regelt[172]. Die neue Betriebsvereinbarung tritt nach dem sog. Ablösungsprinzip an die Stelle der bisherigen Betriebsvereinbarung, wobei die Regelungen der neuen Betriebsvereinbarung gegenüber denen der bisherigen Betriebsvereinbarung für die Arbeitnehmer nicht nur günstiger, sondern – unter Beachtung der Grundsätze der Verhältnismäßigkeit und des Vertrauensschutzes (s. o. Rz. 43) sowie Grenzen von Recht und Billigkeit (s. o. Rz. 95) – auch ungünstiger sein können. Das Günstigkeitsprinzip findet hier keine Anwendung, weil es sich um gleichrangige Rechtsquellen handelt[173]. Insoweit gilt die **Zeitkollisionsregel**. Ersetzt die neue Betriebsvereinbarung nur teilweise die Regelungen der älteren, tritt diese insoweit außer Kraft[174].

---

171 Zutreffend *Fitting/Kaiser/Heither/Engels,* § 77 Rz. 128; ebenso *Hess/Schlochauer/Glaubitz,* § 77 Rz. 217; *Berg,* in: Däubler/Kittner/Klebe, § 77 Rz. 46; **a. A.** *Matthes,* in: Münchener Handbuch zum Arbeitsrecht, Band 3, § 319 Rz. 36; *Dietz/Richardi,* § 77 Rz. 138.
172 BAG vom 17. 3. 1987, AP Nr. 9 zu § 1 BetrAVG Ablösung; BAG vom 22. 5. 1990, AP Nr. 3 zu § 1 BetrAVG Betriebsvereinbarung; BAG vom 10. 8. 1994, AP Nr. 86 zu § 112 BetrVG 1972; BAG vom 16. 7. 1996, NZA 1997, 533 = DB 1997, 631 = BB 1997, 632; LAG Hamm vom 17. 12. 1996, BB 1997, 528.
173 *Fitting/Kaiser/Heither/Engels,* § 77 Rz. 128.
174 Vgl. BAG vom 24. 3. 1981, AP Nr. 12 zu § 112 BetrVG 1972; BAG (GS) vom 16. 9. 1986, AP Nr. 17 zu § 77 BetrVG 1972. Hinsichtlich der Zulässigkeit von Betriebsvereinbarungen, die Versorgungsansprüche aus früheren Betriebsvereinbarungen einschränken, ist nach der Rechtsprechung des BAG wie folgt zu differenzieren: Will die Neuregelung die sog. erdiente Dynamik, also einen dienstzeitunabhängigen variablen Berechnungsfaktor wie das ruhegehaltsfähige Entgelt für die Arbeitnehmer nachteilig verändern, bedarf es eines triftigen Grundes; der Eingriff muß erforderlich sein, um eine langfristige Substanzgefährdung des Unternehmens zu verhindern. Geht es dagegen nur um eine Neuregelung der dienstzeitabhängigen Zuwächse, genügt zu deren Rechtfertigung bereits ein sachlicher, also willkürfreier, nachvollziehbarer und anerkennenswerter Grund; er kann auf eine wirtschaftlich ungünstige Entwicklung des Unternehmens oder auch auf eine Fehlentwicklung im betrieblichen Versorgungswerk zurückgehen. Letzteres gilt auch für Betriebsvereinbarungen, in denen eine Rentenanpassung entsprechend der Entwicklung der tariflichen Entgelte der aktiven Arbeitnehmer ersetzt wird durch eine Regelung, nach der die Betriebsrente nur noch entsprechend der Entwicklung der Lebenshaltungskosten steigt, BAG vom 16. 7. 1996, NZA 1997, 533 = DB 1997, 631 = BB 1997, 632 m. zahlr. Nachw.

5. Wegfall der Geschäftsgrundlage

130 Besondere praktische Bedeutung hat insbesondere bei Sozialplänen die Frage, ob eine Betriebsvereinbarung wegen grundlegender Änderung der Verhältnisse wegen **Wegfalls der Geschäftsgrundlage** den veränderten Umständen anzupassen ist. Im Schrifttum wird dies teilweise unter Hinweis auf die Möglichkeit der außerordentlichen Kündigung einer Betriebsvereinbarung durch die Betriebspartner verneint, soweit ihnen aufgrund einer Veränderung der Umstände ein Festhalten an der Betriebsvereinbarung nicht mehr zuzumuten sei[175]. Dagegen hat das BAG in zwei neueren Entscheidungen[176] zu Recht angenommen, daß bei Wegfall der Geschäftsgrundlage eines Sozialplans dieser an die veränderten tatsächlichen Umstände anzupassen ist.

131 In dem Sachverhalt, welcher der Entscheidung vom 28. 6. 1996[177] zugrundelag, hatte der Arbeitgeber beabsichtigt, seinen Betrieb stillzulegen, und aus diesem Grund mit dem Betriebsrat einen Sozialplan vereinbart, der für die entlassenen Arbeitnehmer Abfindungen vorsah. Nach Kündigung aller Arbeitnehmer fand sich vor dem Auslaufen der Kündigungsfristen ein Betriebserwerber, der bereit war, alle Arbeitnehmer zu den bisherigen Arbeitsbedingungen weiterzubeschäftigen. Einige Arbeitnehmer lehnten dieses Angebot ab und verlangten vom Arbeitgeber die Zahlung der im Sozialplan vorgesehenen Abfindungen. Der Arbeitgeber kündigte den Sozialplan nach Abschluß des Übernahmevertrages fristlos „wegen Wegfalls der Geschäftsgrundlage" und weigerte sich, die Abfindungen zu zahlen.

132 Nach Auffassung des BAG mußten die Abfindungen durch die Betriebspartner – notfalls durch die Einigungsstelle – wegen Wegfalls der Geschäftsgrundlage neu festgelegt werden. Zu Begründung führte das BAG u. a. aus, ein Sozialplan sei von den Betriebspartnern den veränderten tatsächlichen Umständen anzupassen, wenn dessen Geschäftsgrundlage in Wegfall gerate und einem der Betriebspartner das Festhalten am Sozialplan mit dem bisherigen Inhalt nach Treu und Glauben nicht mehr zugemutet werden könne. Die Anpassung könne derjenige Betriebspartner verlangen, der sich auf den Wegfall der Geschäftsgrundlage berufe. Verweigere der andere Betriebspartner die Anpassung, so habe darüber die Einigungsstelle verbindlich zu entscheiden. Die nach einem Wegfall der Geschäftsgrundlage erfol-

---

175 *Matthes,* in: Münchener Handbuch zum Arbeitsrecht, Band 3, § 319 Rz. 44.
176 BAG vom 10. 8. 1994, AP Nr. 86 zu § 112 BetrVG 1972; BAG vom 28. 8. 1996, NZA 1997, 109 = DB 1997, 100 = BB 1996, 2624.
177 BAG vom 28. 8. 1996, NZA 1997, 109 = DB 1997, 100 = BB 1996, 2624.

XIII. Beendigung der Betriebsvereinbarung   Rz. 135 **Teil F**

gende anpassende Regelung könne auch schon entstandene Ansprüche der Arbeitnehmer zu deren Ungunsten abändern[178].

Die Möglichkeit der Anpassung von Betriebsvereinbarungen bei Wegfall der Geschäftsgrundlage ist insbesondere auch deshalb zu bejahen, weil sich die Änderung einer Betriebsvereinbarung, die infolge des Wegfalls der Geschäftsgrundlage zulässig und notwendig wird, wesentlich von einer Neuregelung unterscheidet, die nach einer zulässigen ordentlichen oder außerordentlichen Kündigung einer Betriebsvereinbarung getroffen wird. Der Kündigung und dem Wegfall der Geschäftsgrundlage ist lediglich gemeinsam, daß durch sie die bisherige Betriebsvereinbarung nicht von Anfang an beseitigt wird und als Anspruchsgrundlage ausscheidet, sondern an ihre Stelle eine Neuregelung treten muß. Sie unterscheiden sich dahin, daß bei einer Kündigung die Neuregelung nur für die Zukunft Wirksamkeit entfalten kann, im Falle des Wegfalls der Geschäftsgrundlage jedoch auch rückwirkend bereits entstandene Ansprüche der Arbeitnehmer aufgehoben oder in ihrem Inhalt geändert werden können[179].   133

6. Sonstige Beendigungstatbestände

Eine **Anfechtung** der Betriebsvereinbarung wegen Irrtums, arglistiger Täuschung oder widerrechtlicher Drohung (§§ 119, 123 BGB) führt ebenfalls zur Beendigung einer Betriebsvereinbarung, jedoch nur mit Wirkung für die Zukunft[180].   134

Keinen Einfluß auf den Bestand einer Betriebsvereinbarung hat dagegen das **Ende der Amtszeit des Betriebsrats,** wobei dies auch dann gilt, wenn kein neuer Betriebsrat gewählt wird oder – wegen Wegfalls der Betriebsratsfähigkeit eines Betriebes – dieser nicht mehr gewählt werden kann[181]. In dem Fall hat der Arbeitgeber eine Kündigung der Betriebsvereinbarung allen betroffenen Arbeitnehmern gegenüber zu erklären (s. o. Rz. 123). Erst mit dem endgültigen Wegfall des Betriebes enden auch die für den Betrieb abgeschlossenen Betriebsvereinbarungen, sofern sie nicht gerade hierfür abgeschlossen worden sind (insbesondere der Sozialplan bei einer Betriebsstillegung)[182].   135

---

178 BAG vom 28. 8. 1996, NZA 1997, 109 = DB 1997, 100 = BB 1996, 2624; ebenso bereits BAG vom 10. 8. 1994, AP Nr. 86 zu § 112 BetrVG 1972.
179 Vgl. BAG vom 28. 8. 1996, NZA 1997, 109 = DB 1997, 100 = BB 1996, 2624 (speziell zum Sozialplan).
180 BAG vom 15. 12. 1961, AP Nr. 1 zu § 615 BGB Kurzarbeit; *Matthes,* in: Münchener Handbuch zum Arbeitsrecht, Band 3, § 319 Rz. 43.
181 *Matthes,* in: Münchener Handbuch zum Arbeitsrecht, Band 3, § 319 Rz. 42; *Fitting/Kaiser/Heither/Engels,* § 77 Rz. 149; *Berg,* in: Däubler/Kittner/Klebe, § 77 Rz. 52; **a. A.** *Gaul,* NZA 1986, 628 (631).
182 Vgl. BAG vom 24. 3. 1981, AP Nr. 12 zu § 112 BetrVG 1972.

136 Zu den Auswirkungen eines Betriebsinhaberwechsels und von Betriebsumstrukturierungen auf den Fortbestand der Betriebsvereinbarungen s. o. Rz. 114 ff.

XIV. Nachwirkung von Betriebsvereinbarungen

137 Endet eine Betriebsvereinbarung über Angelegenheiten, bei denen der Betriebsrat ein **erzwingbares Mitbestimmungsrecht** (s. o. Rz. 9 ff.) hat, so gelten ihre Bestimmungen gemäß § 77 Abs. 6 BetrVG solange fort, bis sie durch eine neue Regelung ersetzt werden.

138 Diese in § 77 Abs. 6 BetrVG vorgeschriebene „Nachwirkung" bedeutet, daß die Regelungen einer erzwingbaren Betriebsvereinbarung ihre unmittelbare Wirkung i. S. von § 77 Abs. 4 Satz 1 BetrVG auf die Arbeitsverhältnisse im Geltungsbereich der Betriebsvereinbarung behalten, aber nicht mehr zwingend gelten. Sie können daher jederzeit durch eine andere Regelung abgelöst werden[183].

139 Die Vorschrift des § 77 Abs. 6 BetrVG ist **nicht zwingend.** Die Nachwirkung kann von den Betriebspartnern somit in der Betriebsvereinbarung ausgeschlossen werden[184].

140 Ob eine Betriebsvereinbarung nachwirkt, die im Falle der Befristung durch Zeitablauf endet oder durch Aufhebungsvertrag beendet wird, ist durch Auslegung zu ermitteln. Wird eine Betriebsvereinbarung nur für einen bestimmten Zweck abgeschlossen, so schließt der Inhalt der Betriebsvereinbarung regelmäßig eine Nachwirkung nach Erreichung dieses Zweckes aus (z. B. Überstunden für einen bestimmten Auftrag oder Regelung der Arbeitszeit zwischen Weihnachten und Neujahr für ein bestimmtes Jahr). Eine Nachwirkung kommt ebensowenig in Betracht, wenn der Arbeitgeber eine frühere Betriebsvereinbarung in einem nunmehr betriebsratslosen Betrieb gegenüber den Arbeitnehmern kündigt (s. o. Rz. 123 und 135), da keine Möglichkeit mehr besteht, eine Neuregelung durch den Spruch der Einigungsstelle zu ersetzen. Dagegen wirken auch im Falle der **außerordentlichen**

---

[183] *Matthes,* in: Münchener Handbuch zum Arbeitsrecht, Band 3, § 319 Rz. 47; *Fitting/Kaiser/Heither/Engels,* § 77 Rz. 151. Zur Nachwirkung von Sozialplänen s. *Meyer,* NZA 1997, 289.
[184] BAG vom 9. 2. 1984, AP Nr. 9 zu § 77 BetrVG 1972; BAG vom 17. 1. 1995, AP Nr. 7 zu § 77 BetrVG 1972 Nachwirkung; *Dietz/Richardi,* § 77 Rz. 113; *Matthes,* in: Münchener Handbuch zum Arbeitsrecht, Band 3, § 319 Rz. 53; *Fitting/Kaiser/Heither/Engels,* § 77 Rz. 154 m. w. Nachw.

XIV. Nachwirkung von Betriebsvereinbarungen   Rz. 142 **Teil F**

Kündigung einer Betriebsvereinbarung deren Regelungen bis zur Ersetzung durch eine neue Abmachung nach[185].

Betriebsvereinbarungen in Angelegenheiten, die lediglich der **freiwilligen Mitbestimmung** unterliegen (s. o. Rz. 9 ff.), **wirken** grundsätzlich **nicht nach**[186]. Allerdings können die Betriebspartner in einer freiwilligen Betriebsvereinbarung auch eine Nachwirkung ihrer Normen vereinbaren[187]. Wird in einer jedes Jahr neu geschlossenen Betriebsvereinbarung über eine Sonderzahlung ausdrücklich geregelt, daß es sich um eine freiwillige Leistung handelt, aus deren Zahlungen keine Ansprüche für künftige Jahre hergeleitet werden können, so schließt dies aber eine Nachwirkung der Betriebsvereinbarung für das folgende Kalenderjahr selbst dann aus, wenn Verhandlungen über eine neue Regelung scheitern und der Arbeitgeber im folgenden Jahr gekürzte Sonderzahlungen freiwillig leistet[188].

141

Bei einer sog. **teilmitbestimmten Betriebsvereinbarung**, etwa bei einer Betriebsvereinbarung über freiwillige Leistungen, bei denen das Ob und der Dotierungsrahmen mitbestimmungsfrei, die Verteilungsgrundsätze dagegen mitbestimmungspflichtig sind, ist wie folgt zu unterscheiden: Beabsichtigt der Arbeitgeber mit der Kündigung, die freiwillige Leistung vollständig entfallen zu lassen, so entfällt die Nachwirkung[189]. Gleiches gilt, wenn der Dotierungsrahmen herabgesetzt und dabei jede Leistung im gleichen Verhältnis gekürzt werden soll[190]. Beabsichtigt der Arbeitgeber jedoch, mit der Kündigung den Verteilungsschlüssel zu ändern, wirkt eine teilmitbestimmte Be-

142

---

185 BAG vom 10. 8. 1994, AP Nr. 86 zu § 112 BetrVG 1972; *Matthes,* in: Münchener Handbuch zum Arbeitsrecht, Band 3, § 319 Rz. 52; **a. A.** *Fitting/Kaiser/Heither/Engels,* § 77 Rz. 153.
186 BAG vom 9. 2. 1989, AP Nr. 40 zu § 77 BetrVG 1972; BAG vom 26. 4. 1990, AP Nr. 4 zu § 77 BetrVG 1972 Nachwirkung; BAG vom 21. 8. 1990, AP Nr. 5 zu § 77 BetrVG 1972 Nachwirkung; BAG vom 26. 10. 1993, AP Nr. 6 zu § 77 BetrVG 1972 Nachwirkung; *Matthes,* in: Münchener Handbuch zum Arbeitsrecht, Band 3, § 319 Rz. 54; *Fitting/Kaiser/Heither/Engels,* § 77 Rz. 160 m. w. Nachw.; **a. A.** *Dietz/Richardi,* § 77 Rz. 117. Siehe dazu auch *Loritz,* DB 1997, 2074.
187 LAG Düsseldorf vom 23. 2. 1988, NZA 1988, 813; *Fitting/Kaiser/Heither/Engels,* § 77 Rz. 160; *Berg,* in: Däubler/Kittner/Klebe, § 77 Rz. 59.
188 BAG vom 17. 1. 1995, AP Nr. 7 zu § 77 BetrVG 1972 Nachwirkung.
189 BAG vom 26. 4. 1990, AP Nr. 4 zu § 77 BetrVG 1972 Nachwirkung; BAG vom 21. 8. 1990, AP Nr. 5 zu § 77 BetrVG 1972 Nachwirkung; BAG vom 26. 10. 1993, AP Nr. 6 zu § 77 BetrVG 1972 Nachwirkung; BAG vom 17. 1. 1995, AP Nr. 7 zu § 77 BetrVG 1972 Nachwirkung.
190 *Matthes,* in: Münchener Handbuch zum Arbeitsrecht, Band 3, § 319 Rz. 56; *Fitting/Kaiser/Heither/Engels,* § 77 Rz. 162 jeweils unter Hinweis auf BAG (GS) vom 3. 12. 1991, AP Nr. 51 zu § 87 BetrVG 1972 Lohngestaltung (zur Kürzung von übertariflichen Zulagen).

triebsvereinbarung über freiwillige Leistungen gemäß § 77 Abs. 6 BetrVG selbst dann nach, wenn gleichzeitig der Dotierungsrahmen herabgesetzt werden soll[191].

XV. Folgen der Unwirksamkeit von Betriebsvereinbarungen

143 Ist eine Betriebsvereinbarung unwirksam, etwa weil sie gegen den Tarifvorbehalt des § 77 Abs. 3 Satz 1 BetrVG (s. o. Rz. 50 ff.) oder gegen zwingendes höherrangiges Recht (s. o. Rz. 92 ff.) verstößt, kommt ihr keine rechtliche Wirkung zu. Durch sie können somit keine Rechte und Pflichten der Arbeitnehmer begründet werden[192].

144 Sind nur einzelne **Teile** einer Betriebsvereinbarung unwirksam, bleibt die Betriebsvereinbarung im übrigen wirksam, soweit der wirksame Teil noch eine geschlossene und handhabbare Regelung enthält[193].

145 Eine **Umdeutung** der unwirksamen Regelungen einer Betriebsvereinbarung entsprechend § 140 BGB in eine vertragliche Einheitsregelung (Gesamtzusage oder gebündelte Vertragsangebote) ist nach Ansicht des BAG[194] ausnahmsweise möglich, wenn besondere Umstände darauf schließen lassen, daß der Arbeitgeber sich unabhängig von der betriebsverfassungsrechtlichen Regelungsform binden wollte. Dies ist etwa anzunehmen, wenn der Arbeitgeber auch nach Kenntnis der Unwirksamkeit der Betriebsvereinbarung die in ihr vorgesehenen Leistungen weitergewährt[195]. Umgekehrt dürfte – insbesondere wegen der unterschiedlichen Beendigungsmöglichkeiten einer Betriebsvereinbarung und einer vertraglichen Zusage – ein solcher Bindungswil-

---

191 BAG vom 26. 10. 1993, AP Nr. 6 zu § 77 BetrVG 1972 Nachwirkung; *Fitting/Kaiser/Heither/Engels*, § 77 Rz. 162; *Berg*, in: Däubler/Kittner/Klebe, § 77 Rz. 59; **a. A.** *Loritz*, RdA 1991, 65 (76 f.).
192 *Matthes*, in: Münchener Handbuch zum Arbeitsrecht, Band 3, § 319 Rz. 82.
193 BAG vom 28. 4. 1981, AP Nr. 1 zu § 87 BetrVG 1972 Vorschlagwesen; *Dietz/Richardi*, § 77 Rz. 37; *Matthes*, in: Münchener Handbuch zum Arbeitsrecht, Band 3, § 319 Rz. 72 m. w. Nachw.
194 BAG vom 23. 8. 1989, AP Nr. 42 zu § 77 BetrVG 1972; BAG vom 5. 3. 1997, NZA 1997, 951; BAG vom 24. 1. 1996, NZA 1996, 948 = DB 1996, 1882 = BB 1996, 1717; ebenso *Fitting/Kaiser/Heither/Engels*, § 77 Rz. 92; *Berg*, in: Däubler/Kittner/Klebe, § 77 Rz. 65; einschränkend *Matthes*, in: Münchener Handbuch zum Arbeitsrecht, Band 3, § 319 Rz. 83 f.; *Hess/Schlochauer/Glaubitz*, § 77 Rz. 172; *von Hoyningen-Huene*, DB 1984, Beil. 1, S. 8 und 12; *Veit/Waas*, BB 1991, 1329.
195 BAG vom 13. 8. 1980, AP Nr. 2 zu § 77 BetrVG 1972; BAG vom 23. 8. 1989, AP Nr. 42 zu § 77 BetrVG 1972; LAG Hamm vom 27. 4. 1988, DB 1988, 1706; *Matthes*, in: Münchener Handbuch zum Arbeitsrecht, Band 3, § 319 Rz. 84; *Fitting/Kaiser/Heither/Engels*, § 77 Rz. 92 m. w. Nachw.

le des Arbeitgebers regelmäßig fehlen, wenn ihm die Unwirksamkeit der Betriebsvereinbarung nicht bekannt ist[196]. Etwas anderes gilt nach einer Entscheidung des BAG vom 24. 1. 1996[197] jedoch im Falle der Unwirksamkeit einer Betriebsvereinbarung, die allein die Erhöhung der bisherigen tariflichen Vergütung und Weihnachtsgratifikation regelt, wenn es dem Arbeitgeber ersichtlich nicht wichtig gewesen ist, den Arbeitnehmern nur einen normativen und keinen vertraglichen Anspruch einzuräumen, sondern es ihm vielmehr darum gegangen ist, die Lohnerhöhung für die Betriebsebene zu regeln. Kann die Erklärung des Arbeitgebers, die zu einer nichtigen Betriebsvereinbarung geführt hat, ausnahmsweise in ein entsprechendes Vertragsangebot an die Arbeitnehmer umgedeutet werden, so können diese das Angebot annehmen, ohne daß es einer ausdrücklichen Annahmeerklärung bedarf (§ 151 BGB)[198].

Die **Unwirksamkeit** einer Betriebsvereinbarung **wirkt** entsprechend den Grundsätzen über das sog. faktische Arbeitsverhältnis **nur für die Zukunft**. Soweit der Arbeitgeber in Unkenntnis der Unwirksamkeit der Betriebsvereinbarung rechtsgrundlos Leistungen erbracht hat, müssen diese daher von den Arbeitnehmern nicht zurückgezahlt werden[199]. 146

XVI. Regelungsabrede

Ein Einverständnis zwischen Arbeitgeber und Betriebsrat kann nicht nur in der Form einer Betriebsvereinbarung, sondern auch durch sog. Regelungsabrede hergestellt werden. Bei der Regelungsabrede handelt es sich um einen **formlosen Vertrag** zwischen Arbeitgeber und Betriebsrat, der diese schuldrechtlich berechtigt und verpflichtet, im Gegensatz zur Betriebsvereinbarung jedoch **keine normative Wirkung** hat[200]. Daher bedarf die Regelungsabrede stets der **Umsetzung** in die einzelnen Arbeitsverhältnisse. Enthält die Regelungsabrede ungünstigere Arbeitsbedingungen als der Arbeitsvertrag, ist für ihre Umsetzung die einvernehmliche Vertragsänderung oder der Ausspruch einer Änderungskündigung erforderlich. 147

---

196 So zu Recht *Fitting/Kaiser/Heither/Engels,* § 77 Rz. 92.
197 BAG vom 24. 1. 1996, NZA 1996, 948 = DB 1996, 1882 = BB 1996, 1717.
198 Vgl. BAG vom 24. 1. 1996, NZA 1996, 948 = DB 1996, 1882 = BB 1996, 1717.
199 *Fitting/Kaiser/Heither/Engels,* § 77 Rz. 94; *Hess/Schlochauer/Glaubitz,* § 77 Rz. 93; wohl auch *Matthes,* in: Münchener Handbuch zum Arbeitsrecht, Band 3, § 319 Rz. 89; a. A. *von Hoyningen-Huene,* DB 1984, Beil. 1, S. 11, der Rückzahlungsansprüche des Arbeitgebers aus § 812 BGB bejaht.
200 *Dietz/Richardi,* § 77 Rz. 160; *Matthes,* in: Münchener Handbuch zum Arbeitsrecht, Band 3, § 319 Rz. 90; *Fitting/Kaiser/Heither/Engels,* § 77 Rz. 83.

148 Auf Seiten des Betriebsrats bedarf die Regelungsabrede einer ordnungsgemäßen Beschlußfassung. Nicht möglich ist die Zustimmung zu Maßnahmen des Arbeitgebers durch „schlüssiges Verhalten"[201].

149 Gegenstand einer Regelungsabrede kann grundsätzlich **jede Angelegenheit** sein, die durch Betriebsvereinbarung geregelt werden könnte[202]. In der Praxis bietet sich die Regelungsabrede insbesondere in Eilfällen, Einzelfällen und Angelegenheiten an, die keine Dauerwirkung haben, wie z. B. bei der Anordnung konkreter Überstunden für einzelne Arbeitnehmer für einen kurzen Zeitraum, bei der Festsetzung der Lage des Urlaubs einzelner Arbeitnehmer oder bei Ausübung der Beteiligungsrechte des Betriebsrats bei personellen Einzelmaßnahmen i. S. der §§ 99 ff. BetrVG.

150 Ob eine Angelegenheit durch Abschluß einer Betriebsvereinbarung oder formlos durch Regelungsabrede geregelt werden soll, liegt im Ermessen der Betriebspartner. Allerdings hat in Angelegenheiten der erzwingbaren Mitbestimmung jede Seite einen Anspruch auf Abschluß einer Betriebsvereinbarung, der durch Anrufung der Einigungsstelle durchgesetzt werden kann[203].

151 Eine Betriebsvereinbarung, durch die für einen längeren Zeitraum eine mitbestimmungspflichtige Regelung getroffen wird, kann in entsprechender Anwendung des § 77 Abs. 5 BetrVG mit einer Frist von drei Monaten gekündigt werden, sofern keine andere Kündigungsfrist vereinbart ist[204]. Ansonsten enden die Bestimmungen einer Regelungsabrede – nicht anders als die einer Betriebsvereinbarung (s. o. Rz. 120 ff.) – durch Zweckerreichung, Zeitablauf (bei Befristung), Aufhebungsvereinbarung oder Ablösung durch eine andere Regelungsabrede, fristlose Kündigung oder Wegfall der Geschäftsgrundlage. Auch durch eine Betriebsvereinbarung kann eine Regelungsabrede jederzeit abgelöst werden. Umgekehrt ist aber die Ablösung einer Betriebsvereinbarung durch eine Regelungsabrede nicht möglich[205].

---

[201] KR-*Kreutz*, § 77 Rz. 18; *Fitting/Kaiser/Heither/Engels*, § 77 Rz. 184; **a. A.** BAG vom 8. 2. 1963, AP Nr. 4 zu § 56 BetrVG Akkord; *Heinze*, NZA 1994, 580 (583); unklar *Matthes*, in: Münchener Handbuch zum Arbeitsrecht, Band 3, § 319 Rz. 95.
[202] Einzelheiten hierzu siehe bei *Fitting/Kaiser/Heither/Engels*, § 77 Rz. 186 ff.
[203] BAG vom 8. 8. 1989, AP Nr. 3 zu § 87 BetrVG 1972 Initiativrecht; *Dietz/Richardi*, § 77 Rz. 162; *Matthes*, in: Münchener Handbuch zum Arbeitsrecht, Band 3, § 319 Rz. 94.
[204] BAG vom 10. 3. 1992, AP Nr. 1 zu § 77 BetrVG 1972 Regelungsabrede.
[205] BAG vom 27. 6. 1985, AP Nr. 14 zu § 77 BetrVG 1972; BAG vom 20. 11. 1990, EzA § 77 BetrVG 1972 Nr. 37.

Betrifft die Regelungsabrede eine mitbestimmungspflichtige Angelegenheit, so wirkt eine gekündigte Regelungsabrede entsprechend § 77 Abs. 6 BetrVG bis zum Abschluß einer neuen Vereinbarung weiter[206].

152

XVII. Streitigkeiten

Streitigkeiten zwischen Arbeitgeber und Betriebsrat über das Zustandekommen, den Inhalt, die Auslegung, den Fortbestand oder die (richtige) Durchführung einer Betriebsvereinbarung bzw. die Unterlassung entgegenstehender Maßnahmen (s. o. Rz. 101 ff.) sind im arbeitsgerichtlichen **Beschlußverfahren** (§§ 2 a Abs. 1 Satz 1 Nr. 1, Abs. 2, 80 ff. ArbGG) auszutragen.

153

Der Betriebsrat kann von dem Arbeitgeber jedoch nicht aus eigenem Recht die Erfüllung von Ansprüchen der Arbeitnehmer aus der Betriebsvereinbarung verlangen (s. o. Rz. 103).

154

Die Vorschriften der Betriebsvereinbarung unterliegen als Rechtsnormen ohne Einschränkungen der gerichtlichen Auslegung, wobei die gerichtliche Kontrolle neben der Rechtskontrolle auch eine Billigkeitskontrolle (s. o. Rz. 95 ff.) umfaßt. Eine Entscheidung des Gerichts über die völlige oder teilweise Unwirksamkeit einer Betriebsvereinbarung ergeht im Beschlußverfahren auf Antrag des Arbeitgebers oder Betriebsrats. Die Betriebspartner sind nicht bereits deshalb daran gehindert, die Unwirksamkeit der Betriebsvereinbarung geltend zu machen, weil sie diese selbst abgeschlossen haben[207].

155

Eine im Beschlußverfahren zwischen Arbeitgeber und Betriebsrat ergangene Entscheidung über den Inhalt und die Auslegung einer Betriebsvereinbarung wirkt auch gegenüber den Arbeitnehmern, die Rechte aus der Betriebsvereinbarung geltend machen[208].

156

Die Tarifvertragsparteien sind grundsätzlich nicht berechtigt, die Rechtswirksamkeit von Betriebsvereinbarungen gerichtlich überprüfen zu lassen, da ihnen das BetrVG insoweit keine allgemeine Auf-

157

---

206 BAG vom 23. 6. 1992, AP Nr. 51 zu § 87 BetrVG 1972 Arbeitszeit; *Dietz/Richardi*, § 77 Rz. 164; *Fitting/Kaiser/Heither/Engels*, § 77 Rz. 192; **a. A.** *Matthes*, in: Münchener Handbuch zum Arbeitsrecht, Band 3, § 319 Rz. 94; *Heinze*, NZA 1994, 580 (584).
207 Vgl. BAG vom 8. 12. 1970, AP Nr. 28 zu § 59 BetrVG 1952; *Matthes*, in: Münchener Handbuch zum Arbeitsrecht, Band 3, § 319 Rz. 73 m. w. Nachw.
208 BAG vom 17. 2. 1992, AP Nr. 1 zu § 84 ArbGG 1979.

sichtsfunktion zugewiesen hat, ihnen mithin die Antragsbefugnis fehlt[209]. Allerdings können sie gerichtlich überprüfen lassen, ob im Hinblick auf § 77 Abs. 3 BetrVG überhaupt eine Betriebsvereinbarung abgeschlossen werden durfte[210].

---

[209] BAG vom 18. 8. 1987, AP Nr. 6 zu § 81 ArbGG 1979; BAG vom 23. 2. 1988, AP Nr. 9 zu § 81 ArbGG 1979; **a. A.** *Fitting/Kaiser/Heither/Engels,* § 77 Rz. 200 m. w. Nachw.

[210] BAG vom 20. 8. 1991, AP Nr. 2 zu § 77 BetrVG 1972 Tarifvorbehalt. Die hiergegen erhobene Verfassungsbeschwerde der Gewerkschaft wurde nicht zur Entscheidung angenommen, vgl. BVerfG vom 29. 6. 1993, AP Nr. 2a zu § 77 BetrVG 1972 Tarifvorbehalt.

Teil G
Verfahren vor der Einigungsstelle

I. Zuständigkeit der Einigungsstelle

Die **Einigungsstelle** ist ein vom Betriebsrat und Arbeitgeber gemeinsam gebildetes **Organ** der **Betriebsverfassung,** dem kraft Gesetzes Befugnisse zur Beilegung von Meinungsverschiedenheiten übertragen sind. § 76 Abs. 1 sieht vor, daß bei Bedarf eine Einigungsstelle zur Beilegung von Meinungsverschiedenheiten zwischen Arbeitgeber und Betriebsrat, Gesamtbetriebsrat oder Konzernbetriebsrat zu bilden ist. Ferner kann durch Betriebsvereinbarung eine ständige Einigungsstelle errichtet werden.

1

Zu unterscheiden ist das **erzwingbare** Einigungsstellenverfahren und das **freiwillige** Einigungsstellenverfahren.

2

1. Erzwingbares Einigungsstellenverfahren

In Fällen, in denen das Gesetz die Regelung einer Angelegenheit **zwingend** dem Mitbestimmungsrecht des Betriebsrates unterwirft, kann das Einigungsstellenverfahren auf Antrag jeder Seite eingeleitet werden. Die Entscheidung der Einigungsstelle ist dann verbindlich, d. h. es handelt sich um einen Fall von betrieblicher Zwangsschlichtung[1]. Der Spruch, d. h. die Entscheidung der Einigungsstelle, ersetzt dann die Einigung zwischen Arbeitgeber und Betriebsrat. Die Regelung des § 76 BetrVG enthält keinen Zuständigkeitskatalog für die Fälle, in denen der Spruch der Einigungsstelle die Einigung zwischen Arbeitgeber und Betriebsrat ersetzt. Vielmehr finden sich auf das gesamte Betriebsverfassungsgesetz verteilt Vorschriften über erzwingbare Einigungsstellenverfahren:

3

§ 37 Abs. 6 und 7	Schulungs- und Bildungsveranstaltungen für Betriebsratsmitglieder
§ 38 Abs. 2	Freistellung von Betriebsratsmitgliedern
§ 39 Abs. 1	Sprechstunden des Betriebsrates
§ 47 Abs. 6	Herabsetzung der Zahl der Mitglieder des gesamten Betriebsrates
§ 55 Abs. 4	Herabsetzung der Zahl der Mitglieder des Konzernbetriebsrates

---
1 BVerfG vom 18. 10. 1986, EZA, § 76 BetrVG 1972 Nr. 38.

§ 65 Abs. 1	Schulungs- und Bildungsveranstaltungen für Jugend- und Auszubildendenvertreter
§ 69	Sprechstunden der Jugend- und Auszubildendenvertretung
§ 72 Abs. 6	Herabsetzung der Zahl der Gesamt-, Jugend- und Auszubildendenvertretung
§ 85 Abs. 2	Entscheidung über Arbeitnehmerbeschwerden, die der Betriebsrat für berechtigt hält
§ 87 Abs. 2	Mitbestimmung in sozialen Angelegenheiten
§ 91 Satz 2	Ausgleichsmaßnahmen bei Änderung von Arbeitsablauf oder Arbeitsumgebung
§ 94 Abs. 1 und 2	Mitbestimmung über Personalfragebögen, persönliche Angaben in Arbeitsverträgen und Aufstellung allgemeiner Beurteilungsgrundsätze
§ 95 Abs. 1 und 2	Mitbestimmung über Richtlinien für Einstellung, Versetzung, Umgruppierung und Kündigung von Arbeitnehmern
§ 98 Abs. 3 und 4	Mitbestimmung bei der Durchführung betrieblicher Bildungsmaßnahmen und bei der Auswahl von Teilnehmern
§ 102 Abs. 6	Meinungsverschiedenheiten über den Ausspruch von Kündigungen, falls vereinbart ist, daß diese der Zustimmung des Betriebsrates bedürfen und bei Meinungsverschiedenheiten die Einigungsstelle entscheidet
§ 109	Auskunft über wirtschaftliche Angelegenheiten
§ 112 Abs. 4	Aufstellung eines Sozialplanes bei Betriebsänderungen
§ 116 Abs. 3	Arbeitsplatz und Unterkunft von Mitgliedern des Seebetriebsrates, Sprechstunden und Bordversammlung in Liegehöfen außerhalb Europas
§ 9 Abs. 3 ASiG	Bestellung und Abberufung der Betriebsärzte und Fachkräfte für Arbeitssicherheit sowie Erweiterung und Beschränkung ihrer Aufgaben

4 Das Verfahren gemäß § 112 Abs. 2 Satz 2 zur Erzielung einer Einigung über einen Interessenausgleich ist zwar ein erzwingbares Einigungsstellenverfahren. Eine Verbindlichkeit der Entscheidung der Einigungsstelle tritt hier jedoch nur ein, wenn die Betriebspartner sich der Entscheidung im voraus unterworfen oder sie nachträglich als verbindlich angenommen haben, § 76 Abs. 6 Satz 2[2].

---

2 *Fitting/Kaiser/Heither/Engels*, § 76 Rz. 48; *Berg* in: Däubler/Kittner/Klebe, § 76 Rz. 11.

Im Falle eines erzwingbaren Einigungsstellenverfahrens genügt für 5
die Errichtung der Einigungsstelle und für die Aufnahme deren Tätigkeit der **Antrag** eines der Betriebspartner. Von diesem Antrag muß die Gegenseite in Kenntnis gesetzt werden. Ihm sollte der Vorschlag für die Anzahl der Beisitzer und die Person des Vorsitzenden beigefügt sein. Wird die Anzahl der Beisitzer und der Vorschlag hinsichtlich des Vorsitzenden akzeptiert, muß jeder Betriebspartner lediglich noch seine Beisitzer benennen. Ist die Gegenseite hinsichtlich der Anzahl der Beisitzer oder/und der Person des Vorsitzenden anderer Auffassung, erfolgt auf Antrag eines Betriebspartners die Bestimmung durch den Vorsitzenden der zuständigen Kammer des Arbeitsgerichts, § 76 Abs. 2 Satz 2.

Eine **Verhinderung** der Einigungsstelle durch einen Betriebspartner 6
ist ausgeschlossen. Das erzwingbare Einigungsstellenverfahren findet selbst dann statt, wenn der andere Betriebspartner keine Beisitzer benennt oder er oder seine Beisitzer den Sitzungen der Einigungsstelle fernbleiben. Ist eine rechtzeitige Einladung zur Sitzung erfolgt, entscheiden der Vorsitzende und die erschienenen Mitglieder nach mündlicher Beratung mit Stimmenmehrheit allein, § 76 Abs. 5 Satz 2, Abs. 3 Satz 1.

Im allgemeinen ist im erzwingbaren Einigungsstellenverfahren **jede** 7
Seite antragsberechtigt. Allein in den Fällen des § 85 Abs. 2 ist nur der Betriebsrat, in den Fällen der §§ 37 Abs. 6 Satz 4, 38 Abs. 2 Satz 6 und 95 Abs. 1 ist nur der Arbeitgeber antragsberechtigt. Anders als im freiwilligen Einigungsstellenverfahren ist eine Überprüfung des Spruchs der Einigungsstelle wegen Ermessensüberschreitung nur binnen einer Frist von 2 Wochen, vom Tage der Zuleitung des Beschlusses an gerechnet, möglich, § 76 Abs. 5 Satz 4.

2. Freiwilliges Einigungsstellenverfahren

Zu einem **freiwilligen Einigungsstellenverfahren**, d. h. zum Tätig- 8
werden der Einigungsstelle in Fällen, in denen das Einigungsstellenverfahren nicht erzwingbar ist, kommt es nur dann, wenn beide Seiten ein solches beantragen oder mit dem Tätigwerden der Einigungsstelle einverstanden sind, § 76 Abs. 6 Satz 1. Besteht zwar Einvernehmen über das Stattfinden der Einigungsstelle, können die Betriebspartner sich aber über die Person des Vorsitzenden nicht einigen, oder ist die Zahl der Beisizter streitig, so kann das Arbeitsgericht auf Antrag beider Parteien die Anzahl der Beisitzer oder die Person des Vorsitzenden bestimmen. Da es sich um ein freiwilliges

Einigungsverfahren handelt, reicht ein Antrag nur einer Partei nicht aus[3].

9 Das **Einverständnis** der Betriebspartner mit dem Stattfinden des Einigungsstellenverfahrens ist jederzeit widerruflich. Ein Widerruf ist auch noch nach Errichtung der Einigungsstelle möglich[4]. Allerdings kann ein Einverständnis mit der Errichtung der Einigungsstelle, das in einer Betriebsvereinbarung niedergelegt ist, nicht widerrufen werden. Es ist dann allein die Kündigung der Betriebsvereinbarung gemäß § 77 Abs. 5 möglich.

10 Das Verfahren der Errichtung und des Verlaufs der Einigungsstelle unterscheidet sich im übrigen im Hinblick auf das freiwillige und das erzwingbare Einigungsstellenverfahren nicht. Insofern wird eine gemeinsame Abhandlung erfolgen.

II. Errichtung der Einigungsstelle

11 Vor Errichtung der Einigungsstelle haben Arbeitgeber und Betriebsrat gemäß § 74 Abs. 1 Satz 1 über strittige Fragen mit dem ernsten Willen zur Einigung zu verhandeln und Vorschläge für die Beilegung von Meinungsverschiedenheiten zu machen, § 74 Abs. 1[5].

12 Gemäß § 76 Abs. 2 besteht die Einigungsstelle aus einer gleichen Anzahl von **Beisitzern,** die vom Arbeitgeber und Betriebsrat bestellt werden und einem unparteiischen **Vorsitzenden,** auf dessen Person sich beide Seiten einigen müssen. Für die Funktion als Beisitzer ist eine besondere persönliche Voraussetzung nicht erforderlich. Die Beisitzer müssen nicht dem Betrieb angehören, es können auch Verbandsvertreter bestellt werden[6]. Die Auswahl der Beisitzer bleibt allein dem jeweiligen Betriebspartner überlassen. Beisitzer können der Arbeitgeber selbst sowie Betriebsratsmitglieder sein[7]. Eine Ablehnung der Personen der Beisitzer durch die andere Seite ist auch dann

---

3 GK-*Kreutz*, § 76 Rz. 31; *Dietz/Richardi*, § 76 Rz. 43; **a. A.** *Fitting/Kaiser/Heither/Engels*, § 76 Rz. 56, nach dem für die arbeitsgerichtliche Bestellung des Vorsitzenden der Antrag einer der Betriebspartner ausreicht.
4 GK-*Kreutz*, § 76 Rz. 31; *Fitting/Kaiser/Heither/Engels*, § 76 Rz. 56; *Dietz/Richardi*, § 76 Rz. 31.
5 LAG Düsseldorf, DB 1985, 764; LAG Baden-Württemberg, NZA 1985, 163.
6 BAG vom 14. 12. 1988, AP Nr. 30 zu § 76 BetrVG 1972; BAG vom 14. 1. 1983, AP Nr. 12 zu § 76 BetrVG 1972; GK-*Kreutz*, § 76 Rz. 40; *Hess/Schlochauer/Glaubitz*, § 76 Rz. 36; *Fitting/Kaiser/Heither/Engels*, § 76 Rz. 10.
7 BAG vom 6. 5. 1986, AP Nr. 8 zu § 128 HGB.

II. Errichtung der Einigungsstelle

nicht möglich, wenn Hinweise dafür vorhanden sind, daß eine Befangenheit besteht[8].

Das Gesetz enthält keine Regelung über die **Zahl** der **Beisitzer**. § 76 Abs. 2 Satz 3 bestimmt allein, daß das Arbeitsgericht entscheidet, sofern die Betriebspartner sich über die Zahl der Beisitzer nicht einigen können. Bei der Entscheidung über die Zahl der Beisitzer hat das Arbeitsgericht die Besonderheiten des anstehenden Streitfalles einzubeziehen. Bei besonders schwierigen Streitfällen oder Streitfällen mit möglicherweise weitreichenden Konsequenzen kann eine höhere Beisitzerzahl geboten sein. Bei der Bestimmung der Anzahl der Beisitzer sollte auch die Größe des Betriebes berücksichtigt werden. Die Gerichte gehen überwiegend davon aus, daß für den Regelfall eine Besetzung mit 2 Beisitzern für jede Seite ausreichend ist[9]. In der Literatur findet sich die Brandbeite von einem bis zu drei Beisitzern[10]. Selbst nach Festlegung der Zahl der Beisitzer durch das Arbeitsgericht können sich die Betriebspartner noch nachträglich auf eine andere Anzahl an Beisitzern einigen[11]. Zulässig ist es, für notwendige Vertretungsfälle stellvertretende Beisitzer zu bestimmen[12]. 13

Der **Vorsitzende** hat gemäß § 76 Abs. 2 Satz 1 unparteiisch zu sein. Kein Problem bereitet die Feststellung der Unparteilichkeit, sofern sich die Betriebspartner auf die Person des Vorsitzenden verständigen können. Grundsätzlich ist keine darüber hinausgehende Qualifikation erforderlich, so daß der Vorsitzende auch dem Betrieb angehören kann. Die Entscheidung über die Person des Vorsitzenden kann auf die von den Betriebspartnern benannten Beisitzer deligiert werden[13]. 14

---

8 BAG vom 6. 4. 1973, AP Nr. 1 zu § 76 BetrVG 1972; LAG Düsseldorf, BB 1981, 733; GK-*Kreutz*, § 76 Rz. 41; *Dietz/Richardi*, § 76 Rz. 38; *Berg* in: Däubler/Kittner/Klebe, § 76 Rz. 25.
9 LAG München, DB 1991, 2678; LAG Hamm, DB 1987, 1441; LAG Düsseldorf, DB 1981, 379; LAG Bremen, ArbUR 1983, 28; LAG München, DB 1975, 2452; **a. A.** für nur je einen Beisitzer: LAG Schleswig-Holstein, DB 1991, 287; LAG Schleswig-Holstein, DB 1984, 1530.
10 *Fitting/Kaiser/Heither/Engels*, § 76 Rz. 11; GK-*Kreutz*, § 76 Rz. 35; *Stege-Weinspach*, § 76 Rz. 2 (für 2 Beisitzer); *Joost* in: Münchener Handbuch zum Arbeitsrechts, Band 3, § 312 Rz. 12, für einen Beisitzer; *Berg* in: Däubler/Kittner/Klebe, § 76 Rz. 23, für 3 Beisitzer.
11 GK-*Kreutz*, § 76 Rz. 38; *Fitting/Kaiser/Heither/Engels*, § 76 Rz. 11; *Berg* in: Däubler/Kittner/Klebe, § 76 Rz. 57.
12 GK-*Kreutz*, § 76 Rz. 42; *Berg* in: Däubler/Kittner/Klebe, § 76 Rz. 30; *Fitting/Kaiser/Heither/Engels*, § 76 Rz. 12.
13 GK-*Kreutz*, § 76 Rz. 44; *Dietz/Richardi*, § 76 Rz. 39; *Fitting/Kaiser/Heither/Engels*, § 76 Rz. 13.

15 Da der Vorsitzende schlichtende und – im Falle des erzwingbaren Verfahrens – auch streitentscheidende Funktion hat, sind neben seiner Unparteilichkeit auch **besondere Fach- und Rechtskenntnisse, Unabhängigkeit, Verhandlungsgeschick und Einsichtsfähigkeit** unerläßlich. Häufig werden daher Richter zu Vorsitzenden von Einigungsstellen bestellt, da bei ihnen von dem Vorhandensein dieser Qualifikationen eher ausgegangen werden kann, als bei sonstigen Personengruppen. Eine Verpflichtung zur Übernahme des Amtes des Einigungsstellenvorsitzendem besteht nicht. Darüber hinaus darf ein Richter, der mit dem anstehenden Problemfall bereits befaßt ist oder gemäß Geschäftsverteilung seines Gerichts befaßt werden kann, nicht den Einigungsstellenvorsitz übernehmen. Kein Grund für eine erforderliche Ablehnung des Amtes des Vorsitzenden ist dagegen die örtliche Lage des Betriebes im Bezirk des Gerichts, dem der Richter angehört[14].

16 Kommt eine **Einigung** über die Person des Vorsitzenden **nicht** zustande, wird dieser auf Antrag durch den jeweiligen, nach der Geschäftsverteilung berufenen Kammervorsitzenden des zuständigen Arbeitsgerichts bestellt, § 76 Abs. 2 Satz 2, § 98 Abs. 1 Arbeitsgerichtsgesetz. Zuständig ist das Arbeitsgericht am Sitz des Betriebes, § 82 Arbeitsgerichtsgesetz. Sowohl im freiwilligen, als auch im erzwingbaren Einigungsstellenverfahren wird das Arbeitsgericht auf schriftlichen oder zu Protokoll der Geschäftsstelle erklärten Antrag einer Seite tätig[15]. In dem gerichtlichen Verfahren haben die Betriebspartner Anspruch auf rechtliches Gehör. Mit Einverständnis der Beteiligten kann das Gericht ohne mündliche Verhandlung entscheiden, § 83 Abs. 4 Satz 3 Arbeitsgerichtsgesetz. Die Entscheidung ergeht durch den Vorsitzenden in Form eines Beschlusses.

17 Nicht der Überprüfung durch das Arbeitsgericht unterliegt die Frage, ob die **Einigungsstelle zuständig** ist über die anstehende Streitfrage zu entscheiden. Das Bestellungsverfahren hat lediglich den Zweck, eine schnelle Bildung der Einigungsstelle zu ermöglichen[16]. Anderes gilt allein dann, sofern eine Zuständigkeit der Einigungstelle offensichtlich und unter keinem denkbaren rechtlichen Gesichtspunkt als möglich erscheint[17]. Das Bestellungsverfahren ist aus diesem Grunde

---

14 BVerwG DRiZ 1984, 20; LAG Frankfurt, BB 1988, 2173; LAG Rheinland-Pfalz, DB 1984, 56.
15 *Fitting/Kaiser/Heither/Engels,* § 76 Rz. 15.
16 BAG vom 24. 11. 1981, AP Nr. 11 zu § 76 BetrVG 1972.
17 LAG Düsseldorf, NZA 1989, 146; LAG Baden-Württemberg, NZA 1992, 184; LAG Berlin AP Nr. 1 zu § 98 Arbeitsgerichtsgesetz 1979; GK-*Kreutz,* § 76 Rz. 51 f.

II. Errichtung der Einigungsstelle

auch dann durchzuführen, sofern im allgemeinen Beschlußverfahren die Frage anhängig ist, ob in der strittigen Angelegenheit eine Zuständigkeit der Einigungsstelle gegeben ist[18].

Bei der **Auswahl** des zu bestellenden **Vorsitzenden** ist das Arbeitsgericht nicht auf die von den Beteiligten vorgeschlagenen Personen beschränkt[19]. Als zu bestellenden Vorsitzende kommen nicht in Betracht, ein Vertreter des Arbeitgebers oder der Arbeitnehmer, Gewerkschaftsbeauftragte oder Vertreter von Arbeitgeberverbänden[20]. Generell sollte das Arbeitsgericht keinen Vorsitzenden bestellen, der von einer Seite abgelehnt wird, wenn ohne Schwierigkeiten ein anderer Vorsitzender bestellt werden kann, gegen den die Parteien keine Einwendungen erheben[21]. Das Bestellungsverfahren ist nicht bereits mit Beschlußfassung, sondern erst mit der Annahme des Amtes durch den vorgesehenen Vorsitzenden abgeschlossen. Lehnt dieser die Übernahme des Amtes ab, muß das Arbeitsgericht einen anderen Vorsitzenden bestellen. Den Betriebspartnern bleibt es unbenommen, sich im laufenden Bestellungsverfahren oder nach dessen Abschluß auf einen anderen Vorsitzenden zu einigen[22].

18

Gegen die Entscheidung des Arbeitsgerichts findet die Beschwerde an das Landesarbeitsgericht statt. Der Vorsitzende der zuständigen Kammer des Landesarbeitsgerichts entscheidet gemäß § 98 Abs. 2 Arbeitsgerichtsgesetz endgültig.

19

Ergeben sich im Laufe des Einigungsstellenverfahrens Zweifel an der **Unbefangenheit** des Vorsitzenden, so kann dieser auf Antrag einer Partei in entsprechender Anwendung der §§ 42, 1032 ZPO durch das Arbeitsgericht abberufen werden, sofern seine Verhandlungsführung

20

---

18 BAG vom 16. 8. 1983, AP Nr. 2 zu § 81 Arbeitsgerichtsgesetz 1979; BAG vom 24. 11. 1981, AP Nr. 11 zu § 76 BetrVG 1972; LAG Düsseldorf, DB 1981, 1783; LAG Baden-Württemberg, DB 1980, 1076; LAG Hamm, DB 1979, 994; GK-*Kreutz*, § 76 Rz. 53, *Joost* in: Münchener Handbuch zum Arbeitsrecht, Band 3, § 312 Rz. 18; *Fitting/Kaiser/Heither/Engels*, § 76 Rz. 17; a. A. LAG Düsseldorf, DB 1979, 994; *Stege-Weinspach*, § 76 Rz. 6; *Dietz/Richardi*, § 76 Rz. 54.
19 LAG Frankfurt, ArbuR 1977, 62; LAG Hamm, DB 1976, 2069; GK-*Kreutz*, § 76 Rz. 47; das LAG Bremen vertritt, daß im Regelfall die Überprüfung auf den vom Antragsteller vorgeschlagenen Vorsitzenden beschränkt ist, AiB 1988, 315.
20 *Hess/Schlochauer/Glaubitz*, § 76 Rz. 41; *Berg* in: Däubler/Kittner/Klebe, § 76 Rz. 48; *Dietz/Richardi*, § 76 Rz. 40; *Fitting/Kaiser/Heither/Engels*, § 76 Rz. 18.
21 LAG Frankfurt, DB 1986, 756; GK-*Kreutz*, § 76 Rz. 47; *Berg* in: Däubler/Kittner/Klebe, § 76 Rz. 47.
22 GK-*Kreutz*, § 76 Rz. 55; *Dietz/Richardi*, § 76 Rz. 59; *Fitting/Kaiser/Heither/Engels*, § 76 Rz. 19.

oder später bekanntgewordene Umstände dies rechtfertigen[23]. Das Arbeitsgericht entscheidet gemäß § 98 Arbeitsgerichtsgesetz im Beschlußverfahren. Erfolgt keine Ablösung des Vorsitzenden, so kann der Spruch der Einigungsstelle auch nicht wegen etwaiger Parteilichkeit des Vorsitzenden angefochten werden[24].

21 Die Bestellung des Vorsitzenden im Wege eines **einstweiligen Verfügungsverfahrens** ist ebenso wie die Beschlußfassung über die Zahl der Beisitzer ausgeschlossen[25]. Die Beschlußverfahren über die Besetzung der Einigungsstelle sind bereits als Eilverfahren ausgestaltet, vgl. § 98 ArbGG.

III. Rechtstellung der Einigungsstellenmitglieder

22 Die Mitglieder der Einigungsstelle haben, sofern es sich nicht um Betriebsangehörige handelt, einen Anspruch gegen den Arbeitgeber auf **Vergütung** ihrer Tätigkeit. Betriebsangehörige Beisitzer haben demgegenüber lediglich einen Anspruch auf Fortzahlung des Arbeitsentgelts. Das Amt eines betriebsangehörigen Beisitzers ist das eines – ähnlich dem Betriebsratsamt – unentgeltlichen Ehrenamtes. Eine dennoch getroffene Honorarvereinbarung ist nichtig[26]. Findet die Tätigkeit für die Einigungsstelle außerhalb der persönlichen Arbeitszeit des betriebsangehörigen Beisitzers statt, steht ihm ein Anspruch auf entsprechenden Freizeitausgleich, hilfsweise auf Mehrarbeitsvergütung entsprechend der Grundsätze zu, die für Betriebsratsmitglieder gelten[27]. Für betriebsfremde Beisitzer sowie für den Vorsitzenden muß eine Vergütung nicht vereinbart werden. Der Anspruch entsteht kraft Gesetzes[28].

23 Der Anspruch setzt lediglich voraus, daß eine **wirksame Bestellung** erfolgt ist[29]. Nicht abhängig ist der Anspruch auf Vergütung für be-

---

23 GK-*Kreutz*, § 76 Rz. 45; *Hess/Schlochauer/Glaubitz*, § 76 Rz. 19; *Joost* in: Münchener Handbuch zum Arbeitsrecht, Band 3, § 312 Rz. 22; *Dietz/Richardi*, § 76 Rz. 41; *Berg* in: Däubler/Kittner/Klebe, § 76 Rz. 66; *Fitting/Kaiser/Heither/Engels*, § 76 Rz. 21.
24 GK-*Kreutz*, § 76 Rz. 45.
25 Arbeitsgericht Düsseldorf, NZA 1992, 907; LAG Niedersachsen, AuR 1989, 290; *Joost* in: Münchener Handbuch zum Arbeitsrecht, Band 3, § 312 Rz. 19; a. A. LAG Düsseldorf, LAGE § 98 Arbeitsgerichtsgesetz 1979, Nr. 19.
26 GK-*Kreutz*, § 76a Rz. 17; *Fitting/Kaiser/Heither/Engels*, § 76a Rz. 11.
27 *Fitting/Kaiser/Heither/Engels*, § 76a Rz. 12.
28 BAG vom 12. 2. 1992, AP Nr. 2 zu § 76a BetrVG 1972.
29 BAG vom 3. 5. 1984, AP Nr. 15 zu § 76 BetrVG 1972; *Joost* in: Münchener Handbuch zum Arbeitsrecht, § 312 Rz. 111; *Fitting/Kaiser/Heither/Engels*, § 76a Rz. 15; a. A. GK-*Kreutz*, § 76a Rz. 23 ff., der auf die frühere Rechtslage

III. Rechtstellung der Einigungsstellenmitglieder Rz. 26 **Teil G**

triebsfremde Besitzer von der Frage, ob der Betriebsrat betriebseigene Beisitzer hätte bestellen können. Es erfolgt insoweit keine Überprüfung der Erforderlichkeit des Kostenaufwandes. Anderenfalls wäre der Betriebsrat in der Situation, daß er unter Umständen Beisitzer bestellen müßte, die sein Vertrauen nicht genießen und auch nach seiner Auffassung nicht über die entsprechende Qualifikation verfügen, um der Einigungsstelle beisitzen zu können. Der Arbeitgeber hätte es anderenfalls in der Hand, das Einigungsstellenverfahren zu behindern.

Kann der Betriebsrat jedoch ohne weiteres auf **sachkundige betriebsangehörige Beisitzer** zurückgreifen, ist zu prüfen, ob die Bestellung eines betriebsfremden nicht rechtsmißbräuchlich ist und den Betriebsratsmitgliedern nicht die Kostenerstattung aufzuerlegen ist[30]. 24

Einen Anspruch auf Vergütung haben auch hauptamtliche **Gewerkschaftsfunktionäre;** dies selbst dann, wenn sie intern verpflichtet sind, ihre Vergütung ganz oder teilweise an eine Gewerkschaftstiftung abzuführen[31]. Sofern ein **Rechtsanwalt** in die Einigungsstelle berufen ist, richtet sich seine Vergütung nicht nach der Gebührenordnung für Rechtsanwälte, sondern einheitlich wie bei allen Beisitzern nach den Kriterien des Absatzes 3 Satz 2. Der Rechtsanwalt wird als Vorsitzender oder Beisitzer der Einigungsstelle nicht in seiner Eigenschaft als Anwalt tätig[32]. 25

Die **Höhe** des Vergütungsanspruchs richtet sich nach den Grundsätzen des § 76a Abs. 4 Satz 3 bis 5. Da von der Verordnungsermächtigung des § 76a Abs. 4 Satz 1 bislang kein Gebrauch gemacht wurde, ist die Vergütung für jeden Einzelfall neu festzulegen. Die Vorschrift schreibt insoweit vor, daß insbesondere der erforderliche Zeitaufwand, die Schwierigkeit der Streitigkeit sowie ein Verdienstausfall des Einigungsstellenmitgliedes zu berücksichtigen sind. Die Vergütung der Beisitzer ist niedriger zu bemessen als die des Vorsitzenden. Zudem ist bei der Festsetzung der Höchstsätze den berechtigten Interessen der Mitglieder der Einigungsstelle und des Arbeitgebers Rechnung zu tragen. 26

---

    verweist, nach der dem Vergütungsanspruch eine Vereinbarung vorauszugehen hatte.
30 *Fitting/Kaiser/Heither/Engels,* § 76a Rz. 15.
31 *Joost* in: Münchener Handbuch zum Arbeitsrecht, Band 3, § 312 Rz. 112; *Berg* in: Däubler/Kittner/Klebe, § 76a Rz. 18; GK-*Kreutz,* § 76a Rz. 26.
32 BAG vom 20. 2. 1991, AP Nr. 44 zu § 76 BetrVG 1972; BAG vom 31. 7. 1986, AP Nr. 19 zu § 76 BetrVG 1972.

27 Als wichtigstes Kriterium für die Bemessung der Vergütung wird im allgemeinen das des **erforderlichen Zeitaufwands** angenommen. Zu berücksichtigen ist hierfür nicht nur der zeitliche Umfang der Einigungsstellensitzungen, sondern auch die Zeit für das vorangehende Studium der Unterlagen, der Sitzungsvorbereitung, der nach Schluß der Einigungsstelle erforderlichen Abfassung des Protokolls und des Spruchs einschließlich der Begründung[33]. Möglich ist die Bemessung der Vergütung nach Tages- oder aber Stundensätzen. Verbreitet ist eine Vergütung der Einigungsstellensitzung nach Tagessätzen, sowie eine Vergütung der Vor- und Nacharbeiten nach Stundensätzen.

28 Neben dem Kriterium des Zeitaufwandes ist die **Schwierigkeit** der **Streitigkeit** zu berücksichtigen. Eine besondere Schwierigkeit des Streitgegenstandes rechtfertigt regelmäßig einen erhöhten Tages- oder Stundensatz. Die besondere Schwierigkeit des Streites kann sich indessen auch aus anderen Umständen, wie z. B. starkem Zeitdruck, ergeben[34].

29 Schwierigkeiten bereitet in aller Regel die Festlegung der Tages- oder Stundensätze. Die meisten Autoren befürworten einen Stundensatz für den Vorsitzenden zwischen 100,00–200,00 DM[35]. Dem gegenüber liegt die Praxis regelmäßig erheblich höher. Bei einer Einigungsstelle von durchschnittlichem Schwierigkeitsgrad und Umfang wird der durchschnittliche Stundensatz eher bei dem von *Berg*[36] vorgeschlagenen Satz von 325,00 DM stündlich liegen.

30 Die Vergütung der Beisitzer ist entsprechend niedriger zu bemessen. Allerdings läßt das Gesetz offen, um welchen Prozentsatz die Vergütung der Beisitzer geringer anzusetzen ist. Vor Schaffung des § 76a sah die Rechtsprechung ein Beisitzerhonorar von ca. 70% der Vergütung des Vorsitzenden als angemessen an. Diese Bemessung wird im Grundsatz auch weiterhin vertreten[37]. § 76a schreibt jedoch lediglich

---

[33] GK-*Kreutz*, § 76a Rz. 32; *Fitting/Kaiser/Heither/Engels*, § 76a Rz. 19.
[34] *Fitting/Kaiser/Heither/Engels*, § 76a Rz. 20.
[35] *Fitting/Kaiser/Heither/Engels*, § 76a Rz. 23; GK-*Kreutz*, § 76a Rz. 33; *Joost* in: Münchener Handbuch zum Arbeitsrecht, Band 3, § 312 Rz. 119.
[36] In: Däubler/Kittner/Klebe, § 76a Rz. 22.
[37] BAG vom 27. 7. 1994, AP Nr. 4 zu § 76a BetrVG 1972; LAG Frankfurt, NZA 1992, 469; LAG Rheinland-Pfalz, DB 1991, 1992; LAG München, BB 1991, 551; *Berg* in: Däubler/Kittner/Klebe, § 76a Rz. 25; *Fitting/Kaiser/Heither/Engels*, § 76a Rz. 24; **a. A.** GK-*Kreutz*, Rz. 35; *Joost* in: Münchener Handbuch zum Arbeitsrecht, Band 3 § 312 Rz. 120; LAG Schleswig-Holstein, DB 1995, 1282, die bei Festlegung des Stundensatzes von Beisitzern ca. die Leitungsfunktion des Vorsitzenden und die aus seiner Unparteilichkeit resultierende Verantwortung berücksichtigen wollen und demgemäß einen Vergütungsvorsprung des Vorsitzenden von ca. 2/3 befürworten.

III. Rechtstellung der Einigungsstellenmitglieder

vor, daß die Vergütung der Beisitzer niedriger zu bemessen ist als des Vorsitzenden. Nicht notwendig ist, daß sich die Beisitzervergütung an der des Vorsitzenden orientiert und einen entsprechenden Abschlag erfährt. Demgemäß sollte auch die Vergütung der Beisitzer individuell entsprechend ihres Zeitaufwandes und etwaigen Verdienstausfalles festgelegt werden.

Grundsätzlich kann über die Vergütung vor Durchführung des Verfahrens Einigung erzielt werden. Ist eine Absprache nicht erfolgt, hat das Einigungsstellenmitglied nach Beendigung des Verfahrens die Höhe seiner Vergütung einseitig gemäß §§ 315, 316 BGB nach billigem Ermessen zu bestimmen[38]. Ist der Arbeitgeber mit der festgelegten Vergütungshöhe nicht einverstanden, so hat das Arbeitsgericht eine Festsetzung im Wege eines Beschlußverfahrens auf Zahlung der Vergütung zu treffen[39]. 31

Da alle Beisitzer die gleiche Funktion oder Aufgabe haben, muß sich ihre Vergütung an den gleichen Maßstäben ausrichten, jedoch immer unter Berücksichtigung individueller Besonderheiten wie derjenigen des Vergütungsausfalles. Unzulässig ist jedoch die Vergütung von Beisitzern der einen Seite, z. B. der Arbeitgeberseite, allgemein höher anzusetzen als die der Seite des Betriebsrates[40]. 32

§ 76a Abs. 5 ermöglicht eine abweichende Festlegung der Vergütung durch **Tarifvertrag** oder in einer **Betriebsvereinbarung**. Regelbar ist sowohl eine günstigere als auch eine ungünstigere Vergütung für die Mitglieder der Einigungsstelle. Über die Regelung durch Tarifvertrag oder Betriebsvereinbarung hinaus wird auch eine einzelvertragliche Absprache über eine anderweitige Vergütungsregelung, insbesondere eine für die Einigungsstellenmitglieder günstigere Vergütungsregelung, für zulässig gehalten[41]. 33

Für Streitigkeiten von Einigungsstellenmitgliedern gilt ein **gespaltener Rechtsweg**. Betriebsfremde Einigungsstellenmitglieder haben ihren Vergütungsanspruch im **Beschlußverfahren** vor dem Arbeitsge- 34

---

38 BAG vom 12. 2. 1992, AP Nr. 2 zu § 76a BetrVG 1972; GK-*Kreutz*, § 76a Rz. 40; *Fitting/Kaiser/Heither/Engels*, § 76a Rz. 18, 27; *Berg* in: Däubler/Kittner/Klebe, § 76a Rz. 27.
39 BAG vom 12. 2. 1992, AP Nr. 2 zu § 76a BetrVG 1972.
40 BAG vom 20. 2. 1991, AP Nr. 44 zu § 76 BetrVG 1972; LAG Rheinland-Pfalz, DB 1991, 1992; BAG vom 15. 12. 1978, AP Nr. 6 zu § 76 BetrVG 1972; *Berg* in: Däubler/Kittner/Klebe, § 76a Rz. 26; *Fitting/Kaiser/Heither/Engels*, § 76a Rz. 25.
41 *Joost* in: Münchener Handbuch zum Arbeitsrecht, Band 3, § 312 Rz. 124; *Berg* in: Däubler/Kittner/Klebe, § 76a Rz. 30; GK-*Kreutz*, § 76a Rz. 44; LAG Rheinland-Pfalz, DB 1991, 1922; **a. A.** *Stege-Weinspach*, § 76a Rz. 34.

richt ausgetragen⁴². Ist keine Vergütung vereinbart, ist die Höhe vom Arbeitsgericht unter Berücksichtigung der Grundsätze des Absatzes 4 Satz 3 bis 5 festzusetzen. Über Kosten, die aufgrund gerichtlicher Durchsetzung des Honoraranspruchs durch die Rechtsverfolgung entstehen, ist ebenfalls im Beschlußverfahren zu entscheiden⁴³. Zwar sind dies keine Kosten der Einigungsstelle. Als Anspruchsgrundlage kommt aber die des Schuldnerverzuges, § 286 Abs. 1 BGB, in Betracht. Insoweit können auch Anwaltskosten als Verzugsschaden anzusehen sein, selbst wenn das Mitglied der Einigungsstelle selbst Rechtsanwalt ist und das Beschlußverfahren durch Durchsetzung seines Honoraranspruchs in eigener Person geführt hat⁴⁴.

35 Betriebsangehörige Beisitzer der Einigungsstelle haben ihre Ansprüche auf Fortzahlung des Arbeitsentgelts, Freizeitausgleich oder Mehrarbeitsvergütung im arbeitsgerichtlichen **Urteilsverfahren** geltend zu machen⁴⁵.

36 Im übrigen trägt der Arbeitgeber neben den Vergütungen sämtliche Kosten der Einigungsstelle selbst, den sogenannten **Geschäftsaufwand.** Hierunter fallen insbesondere Kosten für die Beschaffung von Räumlichkeiten, Schreibmaterial und Büropersonal⁴⁶.

37 Ist es notwendig, im Einigungsstellenverfahren einen **Sachverständigen** hinzuzuziehen, so hat der Arbeitgeber auch die hierdurch entstehenden Kosten zu tragen, sofern diese verhältnismäßig sind⁴⁷. Erforderlich ist die Hinzuziehung eines Sachverständigen, sofern dies zur sachgerechten und vernünftigen Erledigung des Einigungsstellenverfahrens geboten ist, insbesondere wenn die Mitglieder das für einen sachgerechten Spruch der Einigungsstelle erforderlich spezielle Fachwissen nicht besitzen⁴⁸. § 80 Abs. 3 ist insoweit nicht anwendbar, so daß die Hinzuziehung eines Sachverständigen keine vorherige Vereinbarung mit dem Arbeitgeber voraussetzt⁴⁹.

---

42 BAG vom 27. 7. 1994, AP Nr. 4 zu § 76a BetrVG 1972; BAG vom 26. 7. 1989, AP Nr. 4 zu § 2a Arbeitsgerichtsgesetz 1979.
43 BAG vom 27. 7. 1994, AP Nr. 4 zu § 76a BetrVG 1972.
44 BAG vom 27. 7. 1994, AP Nr. 4 zu § 76a BetrVG 1972.
45 GK-*Kreutz*, § 76a Rz. 50; *Fitting/Kaiser/Heither/Engels*, § 76a Rz. 33; *Berg* in: Däubler/Kittner/Klebe, § 76a Rz. 31.
46 BAG vom 27. 3. 1979, AP Nr. 7 zu § 76 BetrVG 1972; BAG vom 11. 5. 1976, AP Nr. 3 zu § 76 BetrVG 1972; BAG vom 6. 4. 1973, AP Nr. 1 zu § 76 BetrVG 1972.
47 BAG vom 13. 11. 1991, AP Nr. 1 zu § 76a BetrVG 1972.
48 BAG vom 13. 11. 1991, AP Nr. 1 zu § 76a BetrVG 1972.
49 LAG Niedersachsen, AiB 1988, 311; GK-*Kreutz*, § 76a Rz. 12; *Fitting/Kaiser/Heither/Engels*, § 76a Rz. 7.

III. Rechtstellung der Einigungsstellenmitglieder

Reisekosten, Übernachtungs- und Verpflegungskosten, Telefon-, Porto- oder Fotokopierkosten der Mitglieder der Einigungsstelle zählen zu den vom Arbeitgeber zu ersetzenden Auslagen der Einigungsstelle. Diese Kosten sind grundsätzlich im einzelnen nachzuweisen. Zulässig ist es selbstverständlich, eine Pauschalierung dieser Kosten zu vereinbaren[50]. 38

Hält der Betriebsrat die Beauftragung eines **Rechtsanwalts** vor Stattfinden der Einigungsstelle für erforderlich, so besteht eine Kostentragungspflicht des Arbeitgebers nur insoweit, als die Beauftragung im Sinne von § 40 erforderlich war. Insoweit handelt es sich nicht um Kosten der Einigungsstelle, sondern um Kosten des Betriebsrates im Sinne von § 40[51]. 39

Über § 76a hinaus enthält das Gesetz keinerlei Regelung bezüglich der Rechtsstellung der Mitglieder der Einigungsstelle. Grundsätzlich kann niemand zur Übernahme des Amtes eines Beisitzers oder Vorsitzenden gezwungen werden. Auch eine jederzeitige Niederlegung des Amtes ist zulässig[52]. Einigkeit besteht darüber, daß die Mitglieder der Einigungsstelle nach **bestem Wissen** und **Gewissen** zu entscheiden haben. An Weisungen oder Aufträge sind sie nicht gebunden. Selbstverständlich sind die Beisitzer aber nicht gehindert, ihre Interessen oder die der Gruppe der sie nahe stehen, zu vertreten[53]. 40

Mit der Annahme der Bestellung zum Mitglied der Einigungsstelle kommt zwischen dem Mitglied und dem Arbeitgeber kraft Gesetzes ein **betriebsverfassungsrechtliches** Schuldverhältnis zustande[54]. Aus diesem Grund ist eine Haftung von Mitgliedern der Einigungsstelle nicht ausgeschlossen. Wegen der Besonderheit des Einigungsstellenverfahrens haften deren Mitglieder aber nicht für jedes Verschulden, sondern lediglich für Vorsatz und grobe Fahrlässigkeit. Eine Haftung kommt beispielsweise in Betracht bei einem fehlerhaften Spruch der Einigungsstelle oder aber einer Verletzung der Geheimhaltungspflicht. Zu prüfen ist jedoch, ob aus der Pflichtverletzung ein konkreter Schaden entstanden ist, was regelmäßig schwer festzustellen sein dürfte. Allein unter dieser Voraussetzung ist ein Schadensersatzanspruch gegeben[55]. 41

---

50 *Fitting/Kaiser/Heither/Engels*, § 76a Rz. 9.
51 BAG vom 21. 6. 1989, AP Nr. 34 zu § 76 BetrVG 1972; BAG vom 5. 11. 1981, AP Nr. 9 zu § 76 BetrVG 1972; GK-*Kreutz*, § 76 Rz. 14.
52 GK-*Kreutz*, § 76 Rz. 72; *Dietz/Richardi*, § 76 Rz. 133; *Berg* in: Däubler/Kittner/Klebe, § 76 Rz. 32; *Fitting/Kaiser/Heither/Engels*, § 76 Rz. 22.
53 LAG Düsseldorf, BB 1981, 733; *Berg* in: Däubler/Kittner/Klebe, § 76 Rz. 33; *Fitting/Kaiser/Heither/Engels*, § 76 Rz. 24.
54 BAG vom 27. 7. 1994, AP Nr. 4 zu § 76a BetrVG 1972.
55 *Fitting/Kaiser/Heither/Engels*, § 76 Rz. 25.

42 Gemäß § 78 dürfen Mitglieder der Einigungsstelle in ihrer Tätigkeit nicht **gestört** oder **behindert** oder wegen ihrer Tätigkeit **benachteiligt** oder **begünstigt** werden. Eine Kündigung betriebsangehöriger Beisitzer wegen ihrer Tätigkeit in der Einigungsstelle wäre gemäß § 134 BGB in Verbindung mit § 78 Abs. 2 nichtig. Einen darüber hinausgehenden Kündigungsschutz genießen betriebsangehörige Mitglieder der Einigungsstelle jedoch nicht[56].

IV. Ablauf des Einigungsstellenverfahrens

43 Das Gesetz enthält lediglich wenige **Verfahrensregelungen**. § 76 Abs. 3 enthält Bestimmungen über die Beschlußfassung in der Einigungsstelle. § 76 Abs. 4 eröffnet die Möglichkeit, durch Betriebsvereinbarung weitere Einzelheiten des Verfahrens zu regeln.

44 Tätig wird die Einigungsstelle nur auf **Antrag**. Antragsberechtigt sind lediglich der Betriebsrat sowie der Arbeitgeber, nicht der einzelne Arbeitnehmer oder aber eine bestimmte Gruppe von Arbeitnehmern, selbst dann, wenn sie von der Entscheidung unmittelbar betroffen sein sollten[57]. Der Betriebsrat kann das Recht zur Anrufung der Einigungsstelle auf einen seiner Ausschüsse übertragen. Der Antrag ist lediglich in den Fällen der §§ 38 Abs. 2 Satz 6 sowie § 37 Abs. 6 Satz 4 an eine Frist gebunden.

45 Der Antrag ist dem Vorsitzenden der Einigungsstelle zuzuleiten. Es muß sich aus ihm entnehmen lassen, in welcher Meinungsverschiedenheit und in welchem Umfang ein Spruch der Einigungsstelle ergehen soll. Ferner muß der Antrag alle zur Streitentscheidung erforderlichen **Unterlagen** enthalten[58]. Die Einigungsstelle klärt den für die Entscheidung erheblichen Sachverhalt von Amts wegen auf. Sie ist befugt, sämtliche **Ermittlungen** vorzunehmen und zu diesem Zweck z. B. Sachverständige hinzuzuziehen oder selbst Augenschein zu nehmen sowie Zeugen zu hören[59]. Zur Aufklärung des Sachverhaltes hat die Einigungsstelle nicht die Möglichkeit, Zwangsmittel anzuwenden. Ebenso wenig besteht eine Verpflichtung, vor der Einigungsstelle als Zeuge auszusagen. Beides würde voraussetzen, daß die Einigungsstelle mit Hoheitsgewalt ausgestattet ist, was nach der Kon-

---

[56] GK-*Kreutz*, § 76 Rz. 70.
[57] *Fitting/Kaiser/Heither/Engels*, § 76 Rz. 29; *Berg* in: Däubler/Kittner/Klebe, § 76 Rz. 29.
[58] *Fitting/Kaiser/Heither/Engels*, § 76 Rz. 30.
[59] GK-*Kreutz*, § 76 Rz. 80; *Dietz/Richardi*, § 76 Rz. 76; *Fitting/Kaiser/Heither/Engels*, § 76 Rz. 28.

IV. Ablauf des Einigungsstellenverfahrens Rz. 50 **Teil G**

zeption als betriebsverfassungsrechtliche Schlichtungsstelle nicht der Fall ist.

Nach allgemeiner Meinung hat die Einigungsstelle den Parteien **rechtliches Gehör** zu gewähren[60]. Eine mündliche Verhandlung ist nicht zwingend vorgeschrieben, jedoch in der Regel geboten und auch allgemein praktiziert. Zulässig ist es, daß die Betriebspartner sich im Verfahren vor der Einigungsstelle durch Bevollmächtigte vertreten lassen. 46

Die Sitzungen der Einigungsstelle sind **nicht öffentlich.** Dies schließt allerdings die Teilnahme weiterer Personen als der Einigungsstellenmitglieder selbst nicht aus. Die abschließende Beratung und Beschlußfassung darf allerdings nur in Anwesenheit der Einigungsstellenmitglieder erfolgen. Anderenfalls ist der Spruch der Einigungsstelle unwirksam[61]. Dies gilt nicht, sofern lediglich ein Protokollführer anwesend ist[62]. 47

Die Einigungsstelle trifft ihre Entscheidungen durch **Beschluß.** Erforderlich ist Stimmenmehrheit, wobei sich der Vorsitzende zunächst der Stimme enthält. Kommt eine Stimmenmehrheit nicht zustande, nimmt der Vorsitzende nach weiterer Beratung an der erneuten Beschlußfassung teil. 48

Die **Beschlußfassung** setzt die rechtzeitige Anwesenheit der Einigungsstellenmitglieder voraus. Eine Beschlußfassung im schriftlichen Umlaufverfahren oder durch schriftliches Votum ist unzulässig. Sind bei der Beschlußfassung nicht sämtliche Mitglieder der Einigungsstelle anwesend, fehlt es an der Beschlußfähigkeit. Anderes gilt nur dann, sofern im Fall des zwingenden Einigungsstellenverfahrens eine Seite die Mitarbeit verweigert[63]. 49

Mit der gesetzlichen Regelung, daß sich der **Vorsitzende** bei der **ersten Abstimmung** der Stimme zu **enthalten** hat, wird bezweckt, daß die streitenden Parteien eine einvernehmliche Lösung des Streitfalles ohne die – im Endergebnis ausschlaggebende Stimme des Vorsitzenden – finden. Ergibt sich bei der Abstimmung dennoch keine Stimmenmehrheit oder bietet der Vorsitzende erfolglos ein Vermittlungsangebot an, so hat der Vorsitzende an der nun folgenden Abstimmung 50

---

60 *Joost* in: Münchener Handbuch zum Arbeitsrecht, Band 3, § 312 Rz. 36; GK-*Kreutz*, § 76 Rz. 77; *Berg* in: Däubler/Kittner/Klebe, § 76 Rz. 32.
61 BAG vom 18. 1. 1994, AP Nr. 51 zu § 76 BetrVG 1972; LAG Hamm, LAGE, § 76 BetrVG 1972 Nr. 41; **a. A.** *Berg* in: Däubler/Kittner/Klebe, § 76 Rz. 64.
62 GK-*Kreutz*, § 76 Rz. 81.
63 *Hess/Schlochauer/Glaubitz*, § 76 Rz. 47; GK-*Kreutz*, § 76 Rz. 83; *Fitting/Kaiser/Heither/Engels*, § 76 Rz. 37.

teilzunehmen. Eine Stimmenthaltung durch den Vorsitzenden ist unzulässig. Anderenfalls würde die gesetzliche Regelung auf den Kopf gestellt, daß, sofern eine Einigung anders nicht möglich ist, die Stimme des Vorsitzenden ausschlaggebend ist[64]. Demgegenüber wird eine Stimmenthaltung der Beisitzer zu Recht als zulässig angesehen. Eine Stimmenthaltung wird nicht als Abgabe eines „nein" angesehen, sondern bei Feststellung der Stimmenmehrheit nicht mit berücksichtigt[65].

51 Für einen Beschluß der Einigungsstelle ist lediglich die **einfache Stimmenmehrheit,** d. h. die Mehrheit der abgegebenen Stimmen, nicht die der Mitglieder, erforderlich[66]. Die Stimme des Vorsitzenden hat das gleiche Gewicht, wie die Stimmen der übrigen Einigungsstellenmitglieder, so daß selbst im Falle eines Patts die Stimme des Vorsitzenden nicht den Ausschlag gibt[67]. In diesem Fall ist das Verfahren mangels Sachentscheidung nicht beendet. Die Einigungsstelle hat ihre Beratung fortzusetzen und nach einer anderweitigen Lösung zu suchen[68].

52 Zu berücksichtigen bleibt immer die **unterschiedliche Bedeutung** des **Spruchs** der Einigungsstelle. Im **zwingenden** Einigungsstellenverfahren ersetzt der Spruch der Einigungsstelle die Einigung zwischen Arbeitgeber und Betriebsrat. Gleiches gilt im freiwilligen Einigungsstellenverfahren, sofern sich die Parteien dem Spruch im voraus unterworfen haben. Ist dies nicht der Fall, so kann der Spruch der Einigungsstelle lediglich die Qualität eines Einigungsvorschlages haben, der aber durch die nachträgliche Annahme verbindlich werden kann[69].

---

64 *Fitting/Kaiser/Heither/Engels,* § 76 Rz. 40; GK-*Kreutz,* § 76 Rz. 86; *Hess/Schlochauer/Glaubitz,* § 76 Rz. 50; *Berg* in: Däubler/Kittner/Klebe, § 76 Rz. 77.
65 BAG vom 17. 9. 1991, AP Nr. 59 zu § 112 BetrVG 1972; LAG Frankfurt, DB 1991, 1288; LAG Baden-Württemberg, DB 1990, 946; *Joost* in: Münchener Handbuch zum Arbeitsrecht, Band 3, § 312 Rz. 50, *Hess/Schlochauer/Glaubitz,* § 76 Rz. 49; **a. A.** *Dietz/Richardi,* § 76 Rz. 84; GK-*Kreutz,* § 76 Rz. 85; *Dietz/Richardi,* § 76 Rz. 84.
66 BAG vom 17. 9. 1991, AP Nr. 59 zu § 112 BetrVG 1972; *Fitting/Kaiser/Heither/Engels,* § 76 Rz. 41; **a. A.** GK-*Kreutz,* § 76 Rz. 81.
67 *Fitting/Kaiser/Heither/Engels,* § 76 Rz. 41; GK-*Kreutz,* § 76 Rz. 86; **a. A.** *Joost* in: Münchener Handbuch zum Arbeitsrecht, Band 3, § 312 Rz. 52 der annimmt, die Stimme des Vorsitzenden solle in einer Pattsituation unberücksichtigt bleiben, so daß eine Mehrheitsentscheidung danach vorliegt. Auch diese Auffassung ist m. E. nach abzulehnen, da sie im Gesetz keine Stütze findet.
68 GK-*Kreutz,* § 76 Rz. 86.
69 GK-*Kreutz,* § 76 Rz. 97.

Die Einigungsstelle ist bei ihrer Entscheidung nicht an die Anträge der Parteien gebunden. Sie hat den ihr unterbreiteten Streitgegenstand im Rahmen ihrer Kompetenz vollständig zu lösen und darf keine wesentlichen Fragen offenlassen[70]. Zulässig ist es, einen komplexen Sachverhalt in einzelne Abschnitte zu unterteilen und diese **getrennt** zur **Abstimmung** zu stellen. Im Regelfall erfordert ein solches Handeln jedoch eine Schlußabstimmung, die sicherstellt, daß die Entscheidung in ihrer Gesamtheit von der Mehrheit der Mitglieder der Einigungsstelle getragen wird[71].

53

§ 76 Abs. 3 Satz 3 ordnet an, daß die **Beschlüsse** der Einigungsstelle **schriftlich** niederzulegen, vom Vorsitzenden zu unterschreiben und sowohl Arbeitgeber als auch Betriebsrat zuzuleiten sind. Da in zwingenden Einigungsstellenverfahren eine 2-Wochen-Frist vom Tage der Zuleitung des Beschlusses an gerechnet für die Überprüfung des Spruchs auf Einhaltung der Grenzen des Ermessens läuft, ist es ratsam, den Zeitpunkt der Zuleitung schriftlich festzuhalten. Eine schriftliche Begründung des Spruchs ist nicht zwingend erforderlich[72], jedoch im Interesse einer Erleichterung der gerichtlichen Überprüfung des Spruchs sinnvoll[73].

54

Durch **Betriebsvereinbarung** kann das Verfahren der Einigungsstelle näher ausgestaltet werden, § 76 Abs. 4. Einer Regelung zugänglich sind insbesondere die Protokollführung, die Festlegung der Zahl der Beisitzer, Ladungs- und Einlassungsfristen, Regelungen über die Vernehmung von Zeugen oder Sachverständigen usw.. Gleichermaßen sind Regelungen dieser Art durch **Tarifvertrag** möglich[74].

55

V. Inhalt und Rechtswirkungen des Spruchs der Einigungsstelle

Eine **Entscheidungskompetenz** kommt der Einigungsstelle grundsätzlich in allen Angelegenheiten zu, die unter den Betriebspartnern problematisch sind. Die Einigungsstelle hat die Aufgabe, eine Meinungsverschiedenheiten zwischen Arbeitgeber und Betriebsrat darüber, wie eine Angelegenheit geordnet werden soll, zu schlichten,

56

---

[70] BAG vom 30. 1. 1990, AP Nr. 41 zu § 87 BetrVG Lohngestaltung.
[71] BAG vom 18. 4. 1989, AP Nr. 34 zu § 87 BetrVG 1972 Arbeitszeit.
[72] Bundesverfassungsgericht vom 18. 10. 1987, AP Nr. 7 zu § 87 BetrVG 1972 Auszahlung.
[73] BAG vom 31. 8. 1982, AP Nr. 8 zu § 87 BetrVG 1972 Arbeitszeit.
[74] GK-*Kreutz*, § 76 Rz. 91; *Hess/Schlochauer/Glaubitz*, § 76 Rz. 53; *Fitting/Kaiser/Heither/Engels*, § 76 Rz. 45.

d. h. den Betriebspartnern einen Regelungsvorschlag zu unterbreiten oder an dessen Stelle die Regelung selbst zu treffen[75]. Streitigkeiten des Arbeitgebers mit Arbeitnehmern oder Dritten gehören ebenso wenig vor die Einigungsstelle wie Streitigkeiten unter den Mitgliedern des Betriebsrates und zwischen Arbeitnehmern[76].

57 Zu unterscheiden ist die **Zuständigkeit** der Einigungsstelle von der Bindungswirkung eines Spruchs der Einigungsstelle. **Bindungswirkung** hat ein Spruch der Einigungsstelle lediglich dann, wenn die Betriebspartner über den Gegenstand der Einigungsstelle verfügen können. Hierzu bedarf es der genaueren Prüfung.

58 Die Einigungsstelle hat über die Frage ihrer **Zuständigkeit** selbst zu befinden. Dies bevor sie eine Sachentscheidung trifft[77]. In der Regel wird die Frage der Zuständigkeit vom jeweiligen Vorsitzenden der Einigungsstelle unmittelbar nach Eröffnung des Einigungsstellenverfahrens geprüft. Kommt die Einigungsstelle zu der Überzeugung, daß eine Zuständigkeit nicht gegeben ist, hat sie das Verfahren durch Beschluß einzustellen. Diese Entscheidung kann von den Arbeitsgerichten im Wege des Beschlußverfahrens überprüft werden. Ergeht eine solche Entscheidung des Arbeitsgerichts, wird das Verfahren vor der Einigungsstelle fortgesetzt, ohne daß es der Neuerrichtung der Einigungsstelle bedarf[78].

59 Bejaht die Einigungsstelle ihre Zuständigkeit, wird das Verfahren fortgeführt, selbst dann, wenn über die Frage der Zuständigkeit ein arbeitsgerichtliches Beschlußverfahren bereits eingeleitet ist. Das **Einigungsstellenverfahren** wird nicht, bis zur rechtskräftigen Entscheidung des Arbeitsgerichts, **ausgesetzt**[79]. Anderes gilt allein dann, sofern die Betriebspartner mit einer Aussetzung des Verfahrens einverstanden sind[80].

---

75 GK-*Kreutz*, § 76 Rz. 8.
76 GK-*Kreutz*, § 76 Rz. 14.
77 BAG vom 8. 3. 1983, AP Nr. 14 zu § 87 BetrVG 1972 Lohngestaltung; BAG vom 22. 10. 1981, AP Nr. 10 zu § 76 BetrVG 1972; BAG vom 24. 1. 1981, AP Nr. 11 zu § 76 BetrVG 1972; BAG vom 28. 7. 1981, AP Nr. 3 zu § 87 BetrVG 1972 Arbeitssicherheit; BAG vom 22. 1. 1980, AP Nr. 3 zu § 87 BetrVG 1972 Lohngestaltung; BAG vom 3. 4. 1979, AP Nr. 2 zu § 87 BetrVG 1972.
78 LAG Düsseldorf, EZA § 87 BetrVG 1972 Vorschlagswesen Nr. 1; GK-*Kreutz*, § 76 Rz. 139.
79 BAG vom 16. 8. 1983, AP Nr. 2 zu § 81 Arbeitsgerichtsgesetz 1979; BAG vom 22. 2. 1983, AP Nr. 2 zu § 23 BetrVG 1972.
80 *Fitting/Kaiser/Heither/Engels*, § 76 Rz. 61; *Berg* in: Däubler/Kittner/Klebe, § 76 Rz. 73.

V. Inhalt und Rechtswirkungen des Spruchs der Einigungsstelle   Rz. 63 **Teil G**

Inhaltlich ist die Einigungsstelle bei ihrer Entscheidung zunächst an **zwingendes Recht** gebunden. Inhalt eines Einigungsstellenspruchs kann niemals etwas sein, was durch die Betriebspartner außerhalb dieses Verfahrens nicht regelbar wäre. Beispielhaft sind hier zu nennen, die Beachtung der zwingenden Vorschriften des Bundesurlaubsgesetzes, des Arbeitszeitgesetzes[81]. Vorrangiges Recht stellen auch geltende Tarifverträge dar.

60

Rechtsstreitigkeiten gehören grundsätzlich nicht zur Kompetenz der Einigungsstelle. Hierfür sind die Arbeitsgerichte zuständig. Die Einigungsstelle ist von der Entscheidung über Rechtsfragen jedoch nicht ausgeschlossen, sofern es sich um Vorfragen handelt, die Gegenstand des Streitverfahrens sind.

61

Im **freiwilligen Einigungsstellenverfahren** muß die Möglichkeit der Überprüfung des Spruchs der Einigungsstelle durch die Arbeitsgerichte in vollem Umfang erhalten bleiben, da anderenfalls die Errichtung der freiwilligen Einigungsstelle eine unzulässige Vereinbarung eines Schiedsgericht nach § 4 Arbeitsgerichtsgesetz darstellen würde[82].

62

Demgegenüber ist die Zuständigkeit der Einigungsstelle in **Regelungsstreitigkeiten** unbeschränkt. Hierunter fällt die Regelung aller Meinungsverschiedenheiten zwischen Arbeitgeber und Betriebsrat, die sich nicht als Entscheidung einer Rechtsfrage darstellen[83]. Für das erzwingbare Einigungsstellenverfahren ordnet § 76 Abs. 5 Satz 3 an, daß die Einigungsstelle ihren Spruch unter angemessener Berücksichtigung der Belange des Betriebes und der betroffenen Arbeitnehmer nach billigem Ermessen zu treffen hat. Der Einigungsstelle kommt bei der inhaltlichen Ausgestaltung ihres Spruchs folglich ein Ermessensspielraum zu, der durch den Begriff der Billigkeit lediglich konkretisiert und eingeschränkt wird, jedoch weiterhin eine Ermessensentscheidung bleibt[84]. Für das **freiwillige** Einigungsstellenverfahren sieht das Gesetz eine solche Regelung nicht vor. Dennoch ist es allgemeine Auffassung, daß die vorstehend genannten Grundsätze auch im freiwilligen Einigungsstellenverfahren zu beachten sind, sofern sich die Parteien im voraus dem Spruch der Einigungsstelle unterworfen haben[85].

63

---

81 BAG vom 11. 3. 1976, AP Nr. 1 zu § 95 BetrVG 1972.
82 BAG, DB 1991, 1025.
83 GK-*Kreutz*, § 76 Rz. 8.
84 BAG vom 28. 9. 1988, AP Nr. 47 zu § 112 BetrVG 1972; BAG vom 28. 10. 1986, AP Nr. 20 zu § 87 BetrVG 1972 Arbeitszeit; BAG vom 11. 3. 1986, AP Nr. 14 zu § 87 BetrVG 1972 Überwachung; BAG vom 31. 8. 1982, AP Nr. 8 zu § 87 BetrVG 1972 Arbeitszeit.
85 *Fitting/Kaiser/Heither/Engels*, § 76 Rz. 65; GK-*Kreutz*, § 76 Rz. 99.

64 Die Einigungsstelle hat eine Lösung zu suchen, auf die sich die Betriebspartner vernünftigerweise auch freiwillig hätten einigen können. Hierbei sind zum einen die **Belange** des **Betriebes,** zum anderen die der **betroffenen Arbeitnehmer** zu berücksichtigen. Die Einigungsstelle hat eine „mittlere" Lösung zu finden, bei der innerhalb eines Spielraumes die Interessen beider Seiten angemessen berücksichtigt werden und nicht lediglich nicht verletzt werden. Sie hat eine Abwägung nach den konkreten Umständen vorzunehmen, wobei häufig der Fall vorliegen wird, daß die Interessen der einen Seite hinter der anderen mehr oder weniger zurücktreten müssen[86]. Die Ermessensausübung ist des weiteren gebunden durch die Anforderungen der Billigkeit.

65 Dem Spruch der Einigungsstelle kommt im **freiwilligen Einigungsstellenverfahren** nur Bindungswirkung zu, sofern sich Betriebsrat und Arbeitgeber dem Spruch im voraus unterworfen haben oder ihn nachträglich annehmen[87]. Die Erklärung der Unterwerfung bzw. der Annahme des Spruchs der Einigungsstelle ist mündlich möglich und an keine Form gebunden. Durch Betriebsvereinbarung kann die Unterwerfung für bestimmte oder alle Fälle im voraus erfolgen[88]. Ist eine Unterwerfung oder nachträgliche Annahme erfolgt, ersetzt der Spruch der Einigungsstelle die Einigung zwischen Arbeitgeber und Betriebsrat und hat, je nach seinem Inhalt, die Wirkungen einer Betriebsvereinbarung oder einer bloßen betrieblichen Einigung. Ohne vorherige Unterwerfung hat der Spruch der Einigungsstelle lediglich die Wirkung eines unverbindlichen Einigungsvorschlages. Die Parteien können hier frei entscheiden, ob sie den Spruch annehmen wollen oder nicht. Hat eine Partei Bedenken hinsichtlich der Rechtmäßigkeit des Spruchs, kann sie, sofern sie den Spruch inhaltlich zu akzeptieren bereit ist, die Annahme erklären und die Rechtmäßigkeit durch das Arbeitsgericht klären lassen[89].

66 In der Regel hat der Spruch der Einigungsstelle den Charakter einer **Betriebsvereinbarung,** insbesondere dann, wenn durch den Spruch Rechte und Pflichten der Arbeitnehmer begründet oder geändert werden[90]. Betrifft der Spruch der Einigungsstelle lediglich einen Einzelfall oder regelt er eine allgemeine Maßnahme im Rahmen des arbeit-

---

[86] GK-*Kreutz*, § 76 Rz. 101.
[87] BAG vom 6. 12. 1988, AP Nr. 26 zu § 111 BetrVG 1972; BAG vom 28. 2. 1984, AP Nr. 4 zu § 87 BetrVG 1972 Tarifvorrang; *Berg* in: Däubler/Kittner/Klebe, § 76 Rz. 13; *Dietz/Richardi*, § 76 Rz. 32; GK-*Kreutz*, § 76 Rz. 102; *Fitting/Kaiser/Heither/Engels*, § 76 Rz. 66.
[88] BAG vom 28. 2. 1984, AP Nr. 4 zu § 87 BetrVG 1972.
[89] GK-*Kreutz*, § 76 Rz. 103.
[90] GK-*Kreutz*, § 76 Rz. 106; *Fitting/Kaiser/Heither/Engels*, § 76 Rz. 68.

VI. Gerichtliche Überprüfung des Einigungsstellenspruchs

geberseitigen Direktionsrechts, kommt dem Spruch der Charakter einer **Regelungsabrede** zu[91].

Im **zwingenden** Einigungsstellenverfahren ersetzt der Spruch der Einigungsstelle unmittelbar die Einigung zwischen Arbeitgeber und Betriebsrat. Die rechtliche Bedeutung des Spruchs richtet sich zunächst danach, ob er Regelungsstreitigkeiten oder Rechtsfragen entscheidet. In der Regel hat eine Entscheidung in Regelungsstreitigkeiten die Rechtsnatur einer Betriebsvereinbarung[92]. Abzustellen ist darauf, welche rechtliche Wirkung die ersetzte Einigung zwischen Arbeitgeber und Betriebsrat hätte. In Rechtsfragen hat der Spruch streitentscheidende, rechtsfeststellende Bedeutung[93]. 67

VI. Gerichtliche Überprüfung des Einigungsstellenspruchs

Der Spruch der Einigungsstelle unterliegt der arbeitsgerichtlichen Rechtskontrolle, wobei der Umfang dieser Rechtskontrolle zum Teil eingeschränkt ist. Die gerichtliche Überprüfung des Einigungsstellenspruchs erfolgt im arbeitsgerichtlichen **Beschlußverfahren** gemäß §§ 2a Abs. 2, 80 ff. Arbeitsgerichtsgesetz. 68

Betrifft der Spruch der Einigungsstelle **Rechtsfragen,** so unterliegt er einer unbeschränkten gerichtlichen Kontrolle. Die Frist des § 76 Abs. 5 Satz 4 greift in diesem Fall nicht ein. Es findet eine voll umfängliche gerichtliche Rechtskontrolle statt, die sich auch auf die Nachprüfung erstreckt, ob bei der Anwendung unbestimmter Rechtsbegriffe die Grenzen des Beurteilungsspielraumes eingehalten sind[94]. 69

Das Arbeitsgericht ist nicht an die tatsächlichen Feststellungen der Einigungsstelle gebunden. Kommt das Arbeitsgericht zu dem Ergebnis, daß die Entscheidung einer Rechtsfrage durch die Einigungsstelle unrichtig vorgenommen wurde, kann es jederzeit eine ersetzende Entscheidung treffen[95]. 70

Soweit der Spruch der Einigungsstelle **Regelungsfragen** zum Gegenstand hat, überprüft das Arbeitsgericht die Ermessensentscheidung 71

---

91 *Fitting/Kaiser/Heither/Engels,* § 76 Rz. 68.
92 *Fitting/Kaiser/Heither/Engels,* § 76 Rz. 67; *Berg* in: Däubler/Kittner/Klebe, § 76 Rz. 89; *Dietz/Richardi,* § 76 Rz. 94; *Hess/Schlochauer/Glaubitz,* § 76 Rz. 54.
93 GK-*Kreutz,* § 76 Rz. 108.
94 GK-*Kreutz,* § 76 Rz. 119; *Hess/Schlochauer/Glaubitz,* § 76 Rz. 60.
95 *Fitting/Kaiser/Heither/Engels,* § 76 Rz. 74; *Dietz/Richardi,* § 76 Rz. 100; GK-*Kreutz,* § 76 Rz. 119.

der Einigungsstelle daraufhin, ob die Grenzen des der Einigungsstelle zustehenden Ermessens überschritten wurde. Hält sich der Spruch der Einigungsstelle innerhalb des gesetzlichen Ermessensrahmen, hat das Gericht ihn hinzunehmen. Dem Arbeitsgericht steht keine allgemeine Zweckmäßigkeitskontrolle zu. Insbesondere darf das Arbeitsgericht sein eigenes Ermessen nicht an die Stelle des Ermessens der Einigungsstelle setzen[96].

72 Ob der Spruch der Einigungsstelle die **Grenzen** des eingeräumten **Ermessens** beachtet hat, beurteilt sich allein danach, ob die durch den Spruch getroffene Regelung als solche innerhalb der Grenzen billigen Ermessens liegt und die Belange des Betriebes und der betroffenen Arbeitnehmer angemessen berücksichtigt. Zur Beurteilung steht mit dem Spruch der Einigungsstelle nur das **Ergebnis** ihrer Tätigkeit, nicht die von der Einigungsstelle angestellten Überlegungen und Erwägungen bei ihrer Tätigkeit[97].

73 Eine **unzulässige Ermessensüberschreitung** liegt nach der Rechtsprechung des Bundesarbeitsgerichts z. B. vor, wenn nach dem Spruch der Einigungsstelle alle Arbeitnehmer monatlich eine Stunde von der Arbeit freigestellt werden zum Ausgleich für die mit der bargeldlosen Lohnzahlung verbundene zeitliche Belastung, sofern der Arbeitgeber die Teilnahme an der bargeldlosen Lohnzahlung freistellt und sich bereiterklärt, jederzeit Schecks im Betrieb einzulösen[98]. Des weiteren würde die Einigungsstelle die Grenzen ihres durch § 112 Abs. 5 vorgegebenen Ermessensrahmens überschreiten, sofern sie in einem Sozialplan allen Arbeitnehmern unterschiedslos eine in gleicher Weise berechnete Abfindung gewährt, ohne Rücksicht darauf, welche wirtschaftlichen Nachteile die betroffenen Arbeitnehmer voraussichtlich erleiden. § 112 Abs. 5 erfordert, daß beim Ausgleich oder der Milderung der durch die Betriebsänderung bedingten Nachteile den Gegebenheiten des Einzelfalles Rechnung getragen wird[99]. Eine unzulässige Ermessensüberschreitung wird ferner darin gesehen, daß die Einigungsstelle einen Antrag nur zurückweist, ohne selbst eine Regelung

---

96 BAG vom 27. 5. 1986, AP Nr. 15 zu § 87 BetrVG 1972 Überwachung; BAG vom 22. 1. 1980, AP Nr. 7 zu § 111 BetrVG 1972; BAG vom 30. 10. 1979, AP Nr. 9 zu § 112 BetrVG 1972.
97 BAG vom 14. 9. 1994, AP Nr. 87 zu § 112 BetrVG 1972; BAG vom 11. 3. 1986, AP Nr. 14 zu § 87 BetrVG 1972 Überwachung; BAG vom 31. 8. 1982, AP Nr. 8 zu § 87 BetrVG 1972 Arbeitszeit; GK-*Kreutz*, § 76 Rz. 130; *Joost* in: Münchener Handbuch zum Arbeitsrecht, Band 3, § 312 Rz. 88; *Berg* in: Däubler/Kittner/Klebe, § 76 Rz. 92; **a. A.** *Dietz/Richardi*, § 76 Rz. 104.
98 BAG vom 10. 8. 1993, AP Nr. 12 zu § 87 BetrVG 1972 Auszahlung.
99 BAG vom 14. 9. 1994, AP Nr. 87 zu § 112 BetrVG 1972.

VI. Gerichtliche Überprüfung des Einigungsstellenspruchs Rz. 75 Teil G

zu treffen[100]. Ferner, sofern sie die Belange des Betriebs oder der Arbeitnehmer bei ihrem Spruch überhaupt nicht berücksichtigt oder dem Arbeitgeber eine Gestaltungsfreiheit einräumt, die einem „mitbestimmungsfreien Zustand" nahekommt[101].

Die Rechtswidrigkeit des Spruchs der Einigungsstelle wegen Ermessensüberschreitung kann seitens des Arbeitgebers oder des Betriebsrates nur binnen der **Ausschlußfrist** von **2 Wochen** nach Zugang des Spruchs beim Arbeitsgericht geltend gemacht werden, § 76 Abs. 5 Satz 4. Der Antrag erfordert eine Begründung, die ebenfalls binnen der 2-Wochen-Frist eingehen muß, da das Arbeitsgericht nicht wissen kann, unter welchen Gesichtspunkten eine Ermessensüberschreitung geltend gemacht wird[102]. Bei Fristüberschreitung besteht nicht die Möglichkeit, eine Wiedereinsetzung in den vorigen Stand zu erhalten[103].

74

Bejaht das Arbeitsgericht eine Ermessensüberschreitung oder einen Rechtsverstoß des Einigungsstellenspruchs, hat es dessen **Unwirksamkeit** festzustellen[104]. Besteht ein partieller Rechtsverstoß, hat das Arbeitsgericht die teilweise Unwirksamkeit des Spruchs festzustellen, sofern die restliche Regelung sinnvollerweise aufrechterhalten werden kann[105]. In Regelungsstreitigkeiten darf das Arbeitsgericht **keine eigene Entscheidung** treffen. Hiermit würde es sein Ermessen an die Stelle des Ermessens der Einigungsstelle setzen. Die Einigungsstelle hat mangels rechtswirksamen Spruchs das Verfahren wieder aufzugreifen und fortzusetzen[106]. Einigen sich Arbeitgeber und

75

---

100 BAG vom 30. 1. 1990, AP Nr. 41 zu § 87 BetrVG 1972 Lohngestaltung.
101 BAG vom 11. 2. 1992, AP Nr. 50 zu § 76 BetrVG 1972; BAG vom 17. 10. 1989, AP Nr. 39 zu § 76 BetrVG 1972; BAG vom 28. 10. 1986, AP Nr. 20 zu § 87 BetrVG 1972 Arbeitszeit.
102 BAG vom 26. 5. 1988, AP Nr. 26 zu § 76 BetrVG 1972; GK-*Kreutz*, § 76 Rz. 127; *Joost* in: Münchener Handbuch zum Arbeitsrecht, Band 3, § 312 Rz. 86; *Berg* in: Däubler/Kittner/Klebe, § 76 Rz. 91; *Fitting/Kaiser/Heither/Engels*, § 76 Rz. 78.
103 GK-*Kreutz*, § 76 Rz. 126; *Fitting/Kaiser/Heither/Engels*, § 76 Rz. 78.
104 BAG vom 27. 5. 1986, AP Nr. 15 zu § 87 BetrVG 1972 Überwachung; BAG vom 30. 10. 1979, AP Nr. 9 zu § 112 BetrVG 1972; GK-*Kreutz*, § 76 Rz. 136; *Fitting/Kaiser/Heither/Engels*, § 76 Rz. 79; *Berg* in: Däubler/Kittner/Klebe, § 76 Rz. 95.
105 BAG vom 28. 7. 1981, AP Nr. 2 zu § 87 BetrVG 1972 Urlaub; BAG vom 28. 4. 1981, AP Nr. 1 zu § 87 BetrVG 1972 Vorschlagswesen; *Joost* in: Münchener Handbuch zum Arbeitsrecht, Band 3, § 312 Rz. 91.
106 BAG vom 30. 1. 1990, AP Nr. 41 zu § 87 BetrVG 1972 Lohngestaltung; LAG Düsseldorf, EZA, § 87 BetrVG Vorschlagswesen Nr. 1; *Stege-Weinspach*, § 76 Rz. 28; GK-*Kreutz*, § 76 Rz. 139; *Fitting/Kaiser/Heither/Engels*, § 76 Rz. 79; **a. A.** *Berg* in: Däubler/Kittner/Klebe, § 76 Rz. 95; *Dietz/Richardi*, § 76 Rz. 114, die eine Neuanrufung der Einigungsstelle für notwendig halten.

Betriebsrat nach Aufhebung der Entscheidung der Einigungsstelle einvernehmlich, wird die Einigungsstelle gegenstandslos[107].

76 Durch die Anrufung des Arbeitsgerichts wird der Spruch der Einigungsstelle in seinen Wirkungen nicht **suspendiert**. Die Betriebspartner sind bis zur rechtskräftigen Entscheidung des Arbeitsgerichts verpflichtet, den Spruch als verbindlich auszuführen[108]. Nach überwiegender Auffassung kann das Arbeitsgericht jedoch im Wege der **einstweiligen Verfügung** den Vollzug des Spruches der Einigungsstelle einstweilen aussetzen, z. B. wenn er offensichtlich rechtswidrig ist[109]. Weigert sich der Arbeitgeber, den Beschluß der Einigungsstelle durchzuführen, so ist der Erlaß einer einstweiligen Verfügung möglich[110].

77 § 76 Abs. 7 stellt klar, daß für **individuelle Rechtsansprüche** der Arbeitnehmer ungeachtet des Spruchs der Einigungsstelle oder der Möglichkeit eines Spruchs der Einigungsstelle stets der Rechtsweg vor den Arbeitsgerichten offensteht. Die Entscheidung der Einigungsstelle ersetzt lediglich die Willensbildung von Arbeitgeber und Betriebsrat. Bei Rechtsansprüchen des einzelnen Arbeitnehmers kann keine bindende „Drittwirkung" des Spruchs entstehen[111].

78 § 76 Abs. 8 sieht die Möglichkeit vor, daß an die Stelle der in Absatz 1 bezeichneten Einigungsstelle eine tarifliche Schlichtungsstelle tritt. In einem Tarifvertrag kann die Bildung einer betrieblichen oder einer überbetrieblichen Schlichtungsstelle geregelt werden. Erforderlich hierfür ist lediglich die Tarifgebundenheit des Arbeitgebers[112]. Ist eine solche tarifvertragliche Regelung erfolgt, besteht keine Zuständigkeit der Einigungsstelle mehr. Ein laufendes Einigungsstellenverfahren ist einzustellen[113]. Die Zuständigkeit der tariflichen Schlich-

---

107 BAG vom 30. 10. 1979, AP Nr. 9 zu § 112 BetrVG 1972.
108 LAG Berlin, BB 1985, 1199; LAG Berlin, DB 1991, 1288; *Berg* in: Däubler/Kittner/Klebe, § 76 Rz. 94; **a. A.** GK-*Kreutz*, § 76 Rz. 142, der die aufschiebende Wirkung verneint, jedoch gleichwohl eine verbindliche Verpflichtung zur Durchführung des Beschlusses ablehnt.
109 LAG Frankfurt, BB 1988, 347; LAG Baden-Württemberg, NZA 1990, 286; *Berg* in: Däubler/Kittner/Klebe, § 76 Rz. 107; *Fitting/Kaiser/Heither/Engels*, § 76 Rz. 80; **a. A.** LAG Berlin, BB 1991, 206; *Stege-Weinspach*, § 76 Rz. 27a.
110 LAG Berlin, BB 1985, 1199; LAG Berlin, AiB 1991, 110; *Fitting/Kaiser/Heither/Engels*, § 76 Rz. 80; **a. A.** *Stege-Weinspach*, § 76 Rz. 27a.
111 *Fitting/Kaiser/Heither/Engels*, § 76 Rz. 82; *Berg* in: Däubler/Kittner/Klebe, § 76 Rz. 96.
112 GK-*Kreutz*, § 76 Rz. 149; *Fitting/Kaiser/Heither/Engels*, § 76 Rz. 83; *Hess/Schlochauer/Glaubitz*, § 76 Rz. 27; *Berg* in: Däubler/Kittner/Klebe, § 76 Rz. 27; *Berg* in: Däubler/Kittner/Klebe, § 76 Rz. 101; *Dietz/Richardi*, § 76 Rz. 134.
113 *Fitting/Kaiser/Heither/Engels*, § 76 Rz. 84.

tungsstelle entspricht der der Einigungsstelle. Auch die Schlichtungsstelle wird nur auf Antrag tätig. Die Beschlüsse der tariflichen Schlichtungsstelle sind in dem selben Umfang gerichtlich überprüfbar wie die der Einigungsstelle[114].

---

114 BAG vom 18. 8. 1987, AP Nr. 23 zu § 77 BetrVG 1972; BAG vom 22. 10. 1981, AP Nr. 10 zu § 76 BetrVG 1972; GK-*Kreutz,* § 76 Rz. 150; *Berg* in: Däubler/Kittner/Klebe, § 76 Rz. 100; *Dietz/Richardi,* § 76 Rz. 145; *Hess/Schlochauer/Glaubitz,* § 76 Rz. 29.

Teil H
Mitbestimmung in sozialen Angelegenheiten

I. Allgemeine Grundsätze

1. Bedeutung und Reichweite des § 87 Abs. 1 BetrVG

Nach § 87 Abs. 1 BetrVG hat der Betriebsrat, soweit eine gesetzliche oder tarifliche Regelung nicht besteht, in den dort genannten sozialen Angelegenheiten mitzubestimmen. Bei dieser Vorschrift handelt es sich um das praktisch bedeutsamste Beteiligungsrecht des Betriebsrats. Die Regelung des § 87 Abs. 1 BetrVG bezweckt den Schutz der Arbeitnehmer, die an der Gestaltung der wichtigsten Arbeitsbedingungen über ihre Interessenvertreter beteiligt werden sollen[1]. 1

Das Mitbestimmungsrecht des § 87 Abs. 1 BetrVG hängt nicht von einer bestimmten Mindestgröße des betriebsratsfähigen Betriebes ab, so daß es auch im Kleinbetrieb dem einzigen Betriebsratsmitglied zusteht. 2

Die in § 87 Abs. 1 BetrVG geregelten Mitbestimmungstatbestände beziehen sich grundsätzlich auf **alle Arbeitnehmer des Betriebs** (zum Arbeitnehmerbegriff s. o. Teil A Rz. 43 ff.), nicht aber auf leitende Angestellte i. S. von § 5 Abs. 3 BetrVG (s. o. Teil A Rz. 75 ff.). Bei **Leiharbeitnehmern** ist wie folgt zu unterscheiden: Ein Mitbestimmungsrecht des Betriebsrats des Entleiherbetriebs ist hier insoweit gegeben, als eine betriebsverfassungsrechtliche Zuordnung der Leiharbeitnehmer zum Entleiherbetrieb erforderlich ist, weil anderenfalls diese Arbeitnehmer ohne kollektiven Schutz durch eine Interessenvertretung der Arbeitnehmer bleiben, etwa bei der Festsetzung der Lage der täglichen Arbeitszeit (Nr. 2)[2]. Hingegen ist die ausschließliche Zuständigkeit des Betriebsrats des Verleiherbetriebs bei Fragen der Lohngestaltung (Nr. 10) gegeben. 3

Durch das Direktionsrecht des Arbeitgebers oder einzelvertragliche Gestaltungsmöglichkeiten wird das Mitbestimmungsrecht des Betriebsrats nach § 87 Abs. 1 BetrVG nicht eingeschränkt[3]. Bei einer nach § 87 Abs. 1 BetrVG mitbestimmungspflichtigen Maßnahme sind vielmehr vom Arbeitgeber sowohl die individualrechtlichen Voraus- 4

---

1 *Fitting/Kaiser/Heither/Engels,* § 87 Rz. 3.
2 Vgl. BAG vom 15. 12. 1992, AP Nr. 7 zu § 14 AÜG.
3 *Fitting/Kaiser/Heither/Engels,* § 87 Rz. 2.

setzungen[4] als auch – auf der hiervon zu unterscheidenden kollektivrechtlichen Ebene – das Mitbestimmungsrecht des Betriebsrats gemäß § 87 Abs. 1 BetrVG zu beachten.

5   Das Mitbestimmungsrecht des § 87 Abs. 1 BetrVG bezieht sich in gleicher Weise sowohl auf **formelle** als auch auf **materielle Arbeitsbedingungen**[5].

6   Das Mitbestimmungsrecht des Betriebsrats aus § 87 Abs. 1 BetrVG kann **nicht** durch Tarifvertrag oder Betriebsvereinbarung wirksam **eingeschränkt** werden[6]. Umgekehrt können aber nach der Rechtsprechung des BAG[7] die Mitbestimmungsrechte des Betriebsrats durch Tarifvertrag oder Betriebsvereinbarung **erweitert** werden (etwa durch Tarifverträge zur Einführung der 37 Stundenwoche).

2. Erfordernis der „Mitbestimmung"

7   Die im Katalog des § 87 Abs. 1 BetrVG aufgeführten sozialen Angelegenheiten unterliegen der **notwendigen** bzw. **erzwingbaren** Mitbestimmung des Betriebsrats. Dies bedeutet, daß der Arbeitgeber eine Maßnahme, die vom Katalog des § 87 Abs. 1 BetrVG erfaßt wird, nur durchführen kann, wenn der Betriebsrat zuvor – durch Zustimmung zu der Maßnahme oder sonstiger Einigung mit dem Arbeitgeber (etwa im Wege der Regelung durch Betriebsvereinbarung oder Regelungsabrede) – sein Mitbestimmungsrecht ausgeübt oder die Einigungsstelle eine bindende Entscheidung (§ 87 Abs. 2 BetrVG) getroffen hat[8].

8   Der Betriebsrat hat über seine Stellungnahme zu der mitbestimmungspflichtigen Angelegenheit durch **ordnungsgemäß** gefaßten **Beschluß** zu befinden. Erklärt der Betriebsratsvorsitzende gegenüber dem Arbeitgeber, der Betriebsrat stimme der Maßnahme zu, kann sich der Arbeitgeber hierauf nicht berufen, wenn der Betriebsrat hierüber zuvor keinen Beschluß gefaßt hat und dies dem Arbeitgeber bekannt war[9].

---

4 Siehe dazu *Weber/Ehrich*, BB 1996, 2246 ff.
5 BAG vom 13. 3. 1973, AP Nr. 1 zu § 87 BetrVG 1972 Werkmietwohnungen; BAG vom 29. 3. 1977, AP Nr. 1 zu § 87 BetrVG 1972 Provision; *Fitting/Kaiser/Heither/Engels*, § 87 Rz. 18.
6 *Dietz/Richardi*, Vor § 87 Rz. 8; *Fitting/Kaiser/Heither/Engels*, § 87 Rz. 5; GK-*Wiese*, § 87 Rz. 5 m. w. Nachw.
7 BAG vom 18. 8. 1987, AP Nr. 23 zu § 77 BetrVG 1972; BAG vom 9. 5. 1995, AP Nr. 2 zu § 76 BetrVG 1972 Einigungsstelle. Zu abweichenden Ansichten im Schrifttum s. GK-*Wiese*, § 87 Rz. 7.
8 Vgl. BAG vom 31. 1. 1984, AP Nr. 15 zu § 87 BetrVG 1972 Lohngestaltung; BAG vom 26. 4. 1988, AP Nr. 16 zu § 87 BetrVG 1972 Altersversorgung; BAG vom 20. 8. 1991, AP Nr. 50 zu § 87 BetrVG 1972 Lohngestaltung.
9 Vgl. BAG vom 10. 11. 1992, AP Nr. 58 zu § 87 BetrVG 1972 Lohngestaltung.

I. Allgemeine Grundsätze   Rz. 11 **Teil H**

Die Ausübung des Mitbestimmungsrechts des Betriebsrats ist an **keine** bestimmte **Frist gebunden**. Ebensowenig muß die Verweigerung der Zustimmung vom Betriebsrat gegenüber dem Arbeitgeber begründet werden. Ausnahmsweise ist die Zustimmungsverweigerung des Betriebsrats unbeachtlich, wenn sie nach allgemeinen Grundsätzen **rechtsmißbräuchlich** ist. Hiervon ist auszugehen, wenn der Betriebsrat die Zustimmung aus Gründen verweigert, die mit der mitbestimmungspflichtigen Angelegenheit in keinem Sachzusammenhang stehen (so z. B. wenn der Betriebsrat die Zustimmung zur Anordnung von Überstunden allein wegen Meinungsverschiedenheiten über die Erforderlichkeit von Sachmitteln i. S. von § 40 Abs. 2 BetrVG verweigert).

9

Allein das **Schweigen des Betriebsrats** kann grundsätzlich **nicht** als **Zustimmung** gewertet werden, selbst wenn der Arbeitgeber dem Betriebsrat eine bestimmte Frist zur Stellungnahme mit dem Hinweis gesetzt hat, daß er nach Ablauf dieser Frist von der Zustimmung des Betriebsrats ausgehe[10]. Zu begründen ist dies mit einem Umkehrschluß aus den Regelungen der §§ 99 Abs. 3 Satz 2, 102 Abs. 2 Satz 2 BetrVG, in denen der Gesetzgeber das Schweigen des Betriebsrats unter den dort genannten Voraussetzungen als Zustimmung fingiert. Da die Vorschrift des § 87 BetrVG keine vergleichbare Regelung enthält, kommt dem Schweigen des Betriebsrats nach dem Gesetz nicht dieselbe Bedeutung zu wie im Rahmen der personellen Einzelmaßnahmen bei §§ 99 Abs. 3 Satz 2, 102 Abs. 2 Satz 2 BetrVG[11].

10

Etwas anderes gilt jedoch, wenn Arbeitgeber und Betriebsrat durch Betriebsvereinbarung oder Regelungsabrede vereinbart haben, daß sich der Betriebsrat zu einer mitbestimmungspflichtigen Angelegenheit innerhalb einer bestimmten Frist nach umfassender Unterrichtung durch den Arbeitgeber zu äußern hat, anderenfalls die Zustimmung des Betriebsrats zu der Maßnahme als erteilt gilt.

11

---

10 BAG vom 10. 11. 1992, AP Nr. 58 zu § 87 BetrVG 1972 Lohngestaltung. Abweichend LAG Düsseldorf vom 13. 10. 1994, NZA 1995, 966, wonach das Konsensprinzip des § 87 Abs. 1 BetrVG nicht erfordere, daß der Betriebsrat einer mitbestimmungspflichtigen Maßnahme, der er nicht widersprechen wolle, ausdrücklich zustimmen müsse. Vielmehr könne er sie auch stillschweigend hinnehmen. In diesem Fall sei dem Mitbestimmungsrecht genüge getan, wenn der Betriebsrat rechtzeitig und umfassend über die beabsichtigte Maßnahme unterrichtet und ihm Gelegenheit zur Stellungnahme gegeben worden sei.
11 Vgl. BAG vom 10. 11. 1992, AP Nr. 58 zu § 87 BetrVG 1972 Lohngestaltung.

3. Vorrang von Gesetz und Tarifvertrag

12 Das Mitbestimmungsrecht des Betriebsrats ist nach § 87 Abs. 1 Einleitungssatz BetrVG ausgeschlossen, wenn eine **gesetzliche** oder **tarifliche** Regelung besteht. Die an sich mitbestimmungspflichtige Angelegenheit muß jedoch selbst **inhaltlich** und **abschließend** durch Gesetz oder Tarifvertrag geregelt sein[12].

13 Zu den gesetzlichen Regelungen gehören alle **zwingenden Rechtsnormen** im materiellen Sinne[13], also auch Rechtsverordnungen und autonomes Satzungsrecht öffentlich-rechtlicher Körperschaften[14], nicht aber gesetzesvertretendes Richterrecht[15].

14 Dem Betriebsrat steht auch kein Mitbestimmungsrecht im Hinblick auf Maßnahmen zu, bei denen der Arbeitgeber in Erfüllung einer Pflicht handelt, die ihm durch eine **behördliche Maßnahme** (z. B. Verwaltungsakt) auferlegt worden ist[16]. Bleiben dem Arbeitgeber hier mehrere Möglichkeiten für die **Durchführung** der Maßnahme, greift allerdings das Mitbestimmungsrecht des Betriebsrats insoweit ein[17]. Gleiches gilt, wenn der Arbeitgeber aufgrund einer behördlichen Anordnung nur mittelbar gehalten ist, eine bestimmte Maßnahme zu ergreifen oder zu unterlassen[18].

15 Eine tarifliche Regelung schließt das Mitbestimmungsrecht des Betriebsrats nur aus, wenn sie für den Betrieb gilt. Ausreichend ist die **Tarifbindung des Arbeitgebers** nach § 3 Abs. 2 TVG, ohne daß es auf die Tarifbindung der Arbeitnehmer ankommt[19].

16 In zeitlicher Hinsicht muß der Tarifvertrag tatsächlich gelten. Die Nachwirkung eines abgelaufenen Tarifvertrages gemäß § 4 Abs. 5 TVG steht dem Mitbestimmungsrecht des Betriebsrats nicht entgegen[20].

---

12 Siehe etwa BAG vom 18. 4. 1989, AP Nr. 18 zu § 87 BetrVG 1972 Tarifvorrang; BAG vom 21. 9. 1993, AP Nr. 62 zu § 87 BetrVG 1972 Arbeitszeit.
13 BAG vom 24. 2. 1987, AP Nr. 21 zu § 77 BetrVG 1972.
14 Vgl. BAG vom 25. 2. 1982, AP Nr. 53 zu § 611 BGB Dienstordnungs-Angestellte.
15 *Fitting/Kaiser/Heither/Engels*, § 87 Rz. 25; **a. A.** *Dietz/Richardi*, § 87 Rz. 116.
16 BVerfG vom 22. 8. 1994, AP Nr. 2 zu § 87 BetrVG 1972 Gesetzesvorbehalt; BAG vom 9. 7. 1991, AP Nr. 19 zu § 87 BetrVG 1972 Ordnung des Betriebes.
17 Vgl. BAG vom 23. 4. 1985, AP Nr. 12 zu § 87 BetrVG 1972 Überwachung; BAG vom 9. 7. 1991, AP Nr. 19 zu § 87 BetrVG 1972 Ordnung des Betriebes.
18 BAG vom 26. 5. 1988, AP Nr. 14 zu § 87 BetrVG 1972 Ordnung des Betriebes; BAG vom 9. 7. 1991, AP Nr. 19 zu § 87 BetrVG 1972 Ordnung des Betriebes.
19 BAG vom 24. 2. 1987, AP Nr. 21 zu § 77 BetrVG 1972; BAG vom 10. 8. 1993, AP Nr. 12 zu § 87 BetrVG 1972 Auszahlung; *Dietz/Richardi*, § 87 Rz. 125 f.; *Fitting/Kaiser/Heither/Engels*, § 87 Rz. 34 m. w. Nachw.
20 BAG vom 13. 7. 1977, AP Nr. 2 zu § 87 BetrVG 1972 Kurzarbeit; BAG vom 24. 2. 1987, AP Nr. 21 zu § 77 BetrVG 1972; BAG vom 14. 2. 1989, AP Nr. 8 zu

I. Allgemeine Grundsätze

Die Sperrwirkung des § 87 Abs. 1 Einleitungssatz BetrVG greift nur ein, soweit der Tarifvertrag die mitbestimmungspflichtige Angelegenheit selbst **abschließend** und **zwingend** regelt. Das Mitbestimmungsrecht des Betriebsrats bleibt demnach bestehen, wenn der Tarifvertrag auslegungsbedürftig und -fähig ist, den Arbeitgeber zu einseitigen Regelungen ermächtigt oder die notwendige Mitbestimmung des Betriebsrats lediglich ersatzlos ausschließt[21]. Ebenso bleibt das Mitbestimmungsrecht bestehen, wenn der Tarifvertrag in einer **Öffnungsklausel** ergänzende betriebliche Absprachen ausdrücklich zuläßt[22]. Etwas anderes gilt jedoch, wenn der Tarifvertrag abweichende Regelungen nur durch **freiwillige Betriebsvereinbarungen** zuläßt. Kommt hier eine Einigung zwischen Arbeitgeber und Betriebsrat nicht zustande, bleibt es bei der tariflichen Regelung[23]. 17

Die Vorschrift des § 77 Abs. 3 BetrVG schließt nach der von der Rechtsprechung des BAG[24] vertretenen sog. Vorrangtheorie die Mitbestimmungsrechte des Betriebsrats nicht aus, da es sich bei § 87 BetrVG um die speziellere Vorschrift handelt (siehe Teil F Rz. 68 ff.). 18

4. Kollektiver Bezug

Das Mitbestimmungsrecht des § 87 BetrVG bezieht sich grundsätzlich nur auf **generelle Angelegenheiten**, also auf Maßnahmen mit **kollektivem Bezug**. Es greift nicht ein bei individuellen Regelungen, die den Besonderheiten einzelner Arbeitsverhältnisse Rechnung tragen und sich in ihren Auswirkungen auf die Arbeitsverhältnisse des Mitarbeiters beschränken[25]. 19

---

§ 87 BetrVG 1972 Akkord; *Dietz/Richardi*, § 87 Rz. 122; *Fitting/Kaiser/Heither/Engels*, § 87 Rz. 33 m. w. Nachw.
21 BAG vom 21. 9. 1993, AP Nr. 62 zu § 87 BetrVG 1972 Arbeitszeit; BAG vom 23. 7. 1996, AP Nr. 68 zu § 87 BetrVG 1972 Arbeitszeit; GK-*Wiese*, § 87 Rz. 63 ff. m. w. Nachw.
22 BAG vom 28. 2. 1984, AP Nr. 4 zu § 87 BetrVG 1972 Tarifvorrang; BAG vom 18. 8. 1987, AP Nr. 23 zu § 77 BetrVG 1972; BAG vom 24. 11. 1987, AP Nr. 6 zu § 87 BetrVG 1972 Akkord.
23 BAG vom 28. 2. 1984, AP Nr. 4 zu § 87 BetrVG 1972 Tarifvorrang; BAG vom 25. 4. 1989, AP Nr. 3 zu § 98 ArbGG 1979.
24 Grundlegend BAG vom 24. 2. 1987, AP Nr. 21 zu § 77 BetrVG 1972; BAG vom 24. 11. 1987, AP Nr. 6 zu § 87 BetrVG 1972 Auszahlung; BAG vom 6. 12. 1988, AP Nr. 37 zu § 87 BetrVG 1972 Lohngestaltung; BAG (GS) vom 3. 12. 1991, AP Nr. 51 zu § 87 BetrVG 1972 Lohngestaltung; BAG vom 22. 6. 1993, AP Nr. 22 zu § 23 BetrVG 1972; BAG vom 24. 1. 1996, NZA 1996, 948 = DB 1996, 1882 = BB 1996, 1717.
25 BAG vom 21. 12. 1982, AP Nr. 9 zu § 87 BetrVG 1972 Arbeitszeit; BAG vom 10. 6. 1986, AP Nr. 18 zu § 87 BetrVG 1972 Arbeitszeit; BAG vom 27. 11. 1990, AP Nr. 41 zu § 87 BetrVG 1972 Arbeitszeit; BAG (GS) vom 3. 12. 1991, AP Nr. 51 zu § 87 BetrVG 1972 Lohngestaltung; *Dietz/Richardi*, § 87 Rz. 20;

20 Lediglich im Rahmen der Mitbestimmungsrechte der Nr. 5 (Festlegung der zeitlichen Lage des Urlaubs für einzelne Arbeitnehmer) und Nr. 9 (Zuweisung und Kündigung von Wohnräumen) von § 87 Abs. 1 BetrVG besteht ein Mitbestimmungsrecht ausnahmsweise auch zur Regelung von Einzelfällen.

21 Auch bei einer **Umgehung** der Mitbestimmungsrechte durch Abschluß gleichlautender Einzelverträge oder Ausspruch entsprechender Änderungskündigungen hinsichtlich aller, mehrerer oder einer Gruppe von Arbeitnehmern entfällt nicht das – umgangene – Mitbestimmungsrecht des Betriebsrats aus § 87 Abs. 1 BetrVG[26].

22 Ob ein kollektiver Bezug vorliegt, ist nicht allein quantitativ zu bestimmen. Es sind generelle Regelungen vorstellbar, die vorübergehend nur einen Arbeitnehmer betreffen. Andererseits können individuelle Sonderregelungen auf Wunsch der betroffenen Arbeitnehmer gehäuft auftreten[27]. Ein kollektiver Tatbestand liegt immer dann vor, wenn sich eine Regelungsfrage stellt, die **kollektive Interessen des Betriebs** betrifft. So ist etwa bei einem zusätzlichen Arbeitsbedarf immer die Frage zu regeln, ob und in welchem Umfang dieses Arbeitsbedarfs Überstunden geleistet werden sollen oder ob die Neueinstellung eines Arbeitnehmers zweckmäßiger wäre. Weiterhin ist zu entscheiden, wann und von wem die Überstunden geleistet werden sollen. Diese Regelungsfragen bestehen unabhängig von der Person und den individuellen Wünschen eines einzelnen Arbeitnehmers. Auf die Zahl der Arbeitnehmer, für die Mehrarbeit oder Überstunden angeordnet werden, kommt es deshalb nicht an. Die Zahl der betroffenen Arbeitnehmer ist allenfalls ein Indiz dafür, daß ein kollektiver Tatbestand vorliegt[28].

5. Eil- und Notfälle

23 Das Mitbestimmungsrecht des Betriebsrats aus § 87 BetrVG ist vom Arbeitgeber auch in sog. Eilfällen zu beachten[29]. Dies ergibt sich aus

---

Fitting/Kaiser/Heither/Engels, § 87 Rz. 13; GK-*Wiese*, § 87 Rz. 20 m. w. Nachw.
26 BAG vom 22. 10. 1991, AP Nr. 48 zu § 87 BetrVG 1972 Arbeitszeit; BAG vom 10. 11. 1992, AP Nr. 58 zu § 87 BetrVG 1972 Lohngestaltung; *Fitting/Kaiser/Heither/Engels*, § 87 Rz. 17, 406.
27 BAG vom 27. 10. 1992, AP Nr. 61 zu § 87 BetrVG 1972 Lohngestaltung.
28 BAG vom 10. 6. 1986, AP Nr. 18 zu § 87 BetrVG 1972 Arbeitszeit.
29 BAG vom 5. 3. 1974, AP Nr. 1 zu § 87 BetrVG 1972 Kurzarbeit; BAG vom 13. 7. 1977, AP Nr. 2 zu § 87 BetrVG 1972 Kurzarbeit; BAG vom 2. 3. 1982, AP Nr. 6 zu § 87 BetrVG 1972 Arbeitszeit; BAG vom 19. 2. 1991, AP Nr. 42 zu § 87 BetrVG 1972 Arbeitszeit; *Dietz/Richardi*, § 87 Rz. 40 f.; GK-*Wiese*, § 87 Rz. 141 ff.; *Fitting/Kaiser/Heither/Engels*, § 87 Rz. 20 m. w. Nachw.

I. Allgemeine Grundsätze

einem Umkehrschluß aus §§ 100, 115 Abs. 7 Nr. 4 BetrVG, in denen der Gesetzgeber – anders als bei § 87 BetrVG – für Eilfälle ausdrücklich Sonderregelungen getroffen hat. Um Eilfälle handelt es sich bei Situationen, in denen eine Regelung möglichst umgehend erfolgen muß, der Betriebsrat jedoch noch nicht zugestimmt hat[30].

Bei Vorliegen eines Eilfalles kann der Arbeitgeber mithin nicht einseitig „vorläufige" Maßnahmen durchführen. Vielmehr ist es den Betriebspartnern nach Auffassung des BAG[31] zuzumuten, für Eilfälle eine entsprechende Vorsorge zu treffen. Dies kann etwa durch Abschluß einer Rahmenbetriebsvereinbarung erfolgen, die den Arbeitgeber unter bestimmten Voraussetzungen zur Durchführung von Maßnahmen im Einzelfall berechtigt[32].

Die vorläufige Regelung einer mitbestimmungspflichtigen Angelegenheit bei Vorliegen eines Eilfalles durch das Arbeitsgericht im Wege der einstweiligen Verfügung auf Antrag des Arbeitgebers ist nicht möglich, weil insoweit nach § 87 Abs. 2 BetrVG die Zuständigkeit der Einigungsstelle gegeben ist[33].

Demgegenüber ist der Arbeitgeber in extremen **Notsituationen** berechtigt, vorläufig zur Abwendung akuter Gefahren oder Schäden eine – an sich mitbestimmungspflichtige – Maßnahme einseitig durchzuführen, wenn er **unverzüglich** die Beteiligung des Betriebsrats **nachholt**[34]. Unter einem Notfall ist eine plötzliche, nicht vorhersehbar gewesene und schwerwiegende Situation zu verstehen, die zur Verhinderung nicht wiedergutzumachender Schäden zu unaufschiebbaren Maßnahmen zwingt. In Betracht kommen der Ausbruch eines Brandes, das Auftreten einer Überschwemmung, die Gefahr einer Explosion sowie die Auslieferung verderblicher Ware kurz vor Arbeitsschluß (vgl. auch § 14 ArbZG)[35].

---

30 *Fitting/Kaiser/Heither/Engels*, § 87 Rz. 20.
31 BAG vom 13. 7. 1977, AP Nr. 2 zu § 87 BetrVG 1972 Kurzarbeit.
32 Vgl. BAG vom 12. 1. 1988, AP Nr. 8 zu § 81 ArbGG 1979; BAG vom 8. 8. 1989, AP Nr. 11 zu 23 BetrVG 1972; *Fitting/Kaiser/Heither/Engels*, § 87 Rz. 21.
33 GK-*Wiese*, § 87 Rz. 116; *Fitting/Kaiser/Heither/Engels*, § 87 Rz. 22; a. A. *Dietz/Richardi*, § 87 Rz. 42.
34 Vgl. BAG vom 13. 7. 1977, AP Nr. 2 zu § 87 BetrVG 1972 Kurzarbeit; BAG vom 19. 2. 1991, AP Nr. 42 zu § 87 BetrVG 1972 Arbeitszeit; LAG Hamm vom 23. 4. 1975, DB 1975, 1515; *Dietz/Richardi*, § 87 Rz. 43 f.; GK-*Wiese*, § 87 Rz. 145 f.; *Fitting/Kaiser/Heither/Engels*, § 87 Rz. 23 m. w. Nachw.
35 BAG vom 13. 7. 1977, AP Nr. 2 zu § 87 BetrVG 1972 Kurzarbeit.

6. Initiativrecht

27 Das Mitbestimmungsrecht des Betriebsrats nach § 87 BetrVG umfaßt grundsätzlich auch ein Initiativrecht, d. h. der Betriebsrat kann von sich aus eine Regelung vorschlagen und diese bei fehlendem Einvernehmen mit dem Arbeitgeber durch Anrufung der Einigungsstelle, die über die Angelegenheit sodann verbindlich entscheidet, gegen den Willen des Arbeitgebers durchsetzen[36].

28 Das Initiativrecht des Betriebsrats steht nicht unter dem Vorbehalt, daß durch dessen Ausübung nicht in die unternehmerische Entscheidungsfreiheit des Arbeitgebers eingegriffen werden darf. Denn die Mitbestimmungsrechte sollen die Gestaltungsfreiheit des Arbeitgebers gerade einschränken[37]. Unerheblich ist auch, ob formelle oder materielle Arbeitsbedingungen betroffen sind[38].

29 So berechtigt das Initiativrecht den Betriebsrat im Rahmen von § 87 Abs. 1 Nr. 2 und 3 BetrVG auch, die Einführung der gleitenden Arbeitszeit oder von Kurzarbeit zu verlangen und bei Nichtzustandekommen einer Einigung mit dem Arbeitgeber die Einigungsstelle anzurufen[39]. Weiterhin kann der Betriebsrat zur Herstellung der Lohngerechtigkeit in der betrieblichen Lohngestaltung nach § 87 Abs. 1 Nr. 10 BetrVG z. B. die Einführung von Leistungslohn anstelle des bisher praktizierten Zeitlohns verlangen[40]. Die Initiative des Betriebsrats kann sich ferner auf die Modalitäten einer vom Arbeitgeber beabsichtigten Regelung beziehen, etwa auf Befreiung älterer Arbeitnehmer von der Schichtarbeit oder die Durchführung eines betrieblichen Vorschlagswesens[41].

---

36 BAG vom 14. 11. 1974, AP Nr. 1 zu § 87 BetrVG 1972; BAG vom 28. 4. 1981, AP Nr. 1 zu § 87 BetrVG 1972 Vorschlagswesen; BAG vom 31. 8. 1982, AP Nr. 8 zu § 87 BetrVG 1972 Arbeitszeit; BAG vom 4. 3. 1986, AP Nr. 3 zu § 87 BetrVG 1972 Kurzarbeit; BAG vom 8. 8. 1989, AP Nr. 3 zu § 87 BetrVG 1972 Initiativrecht; BAG vom 30. 1. 1990, AP Nr. 41 zu § 87 BetrVG 1972 Lohngestaltung.
37 Vgl. BVerfG vom 18. 12. 1985, AP Nr. 15 zu § 87 BetrVG 1972 Arbeitszeit; BAG vom 31. 8. 1982, AP Nr. 8 zu § 87 BetrVG 1972 Arbeitszeit; BAG vom 16. 7. 1991, AP Nr. 49 zu § 87 BetrVG 1972 Lohngestaltung; einschränkend *Rüthers*, ZfA 1973, 399 (411 ff.); GK-*Wiese*, § 87 Rz. 123 ff.
38 *Fitting/Kaiser/Heither/Engels*, § 87 Rz. 395 m. w. Nachw.
39 BAG vom 4. 3. 1986, AP Nr. 3 zu § 87 BetrVG 1972 Kurzarbeit.
40 BAG vom 20. 9. 1990, AiB 1992, 579; LAG Niedersachsen vom 30. 11. 1995 – 1 TaBV 56/95.
41 Vgl. BAG vom 28. 4. 1981, AP Nr. 1 zu § 87 BetrVG 1972 Vorschlagswesen; *Fitting/Kaiser/Heither/Engels*, § 87 Rz. 395.

I. Allgemeine Grundsätze

Allerdings wird das Initiativrecht des Betriebsrats durch den Inhalt des jeweiligen Mitbestimmungsrechts sowie dessen Sinn und Zweck begrenzt[42]. 30

Eine Begrenzung des Initiativrechts ergibt sich etwa aus dem Schutzzweck des § 87 Abs. 1 Nr. 6 BetrVG, der dem Betriebsrat die Möglichkeit geben soll, die Arbeitnehmer vor den Gefahren zu schützen, die von technischen Überwachungseinrichtungen für die freie Entfaltung der Persönlichkeit ausgehen können. Daher hat das Initiativrecht nicht zum Inhalt, daß der Betriebsrat auch die Einführung einer technischen Überwachungseinrichtung i. S. von § 87 Abs. 1 Nr. 6 BetrVG verlangen kann[43]. Ebensowenig bedarf die Beseitigung einer technischen Kontrolleinrichtung der Zustimmung des Betriebsrats. 31

Aufgrund des Mitbestimmungsrechts nach § 87 Abs. 1 Nr. 7 BetrVG bei Regelungen über die Verhütung von Arbeitsunfällen und Berufskrankheiten sowie über den Gesundheitsschutz im Rahmen der gesetzlichen Vorschriften und Unfallverhütungsvorschriften kann der Betriebsrat mit dem Arbeitgeber nur ausfüllungsbedürftige Normen konkretisieren, nicht aber einen darüber hinausgehenden Gesundheitsstandard erzwingen[44]. 32

7. Folgen der Mißachtung des Mitbestimmungsrechts durch den Arbeitgeber

Eine Verletzung der Mitbestimmungsrechte des Betriebsrats nach § 87 Abs. 1 BetrVG durch den Arbeitgeber kann sowohl **individualrechtliche Folgen** (s. u. Rz. 34 ff.) als auch **kollektivrechtliche Konzequenzen** (s. u. Rz. 37 ff.) haben. 33

a) Unwirksamkeit der Maßnahme

Verstößt der Arbeitgeber durch einseitige – mitbestimmungswidrige – Maßnahmen gegen die Mitbestimmungsrechte des Betriebsrats, so sind diese Maßnahmen nach der Theorie der Wirksamkeitsvoraussetzung grundsätzlich **unwirksam**[45]. Die nachträgliche Zustimmung des Betriebsrats kann die Unwirksamkeitsfolge nicht beseitigen[46]. 34

---

[42] BAG vom 4. 3. 1986, AP Nr. 3 zu § 87 BetrVG 1972 Kurzarbeit; BAG vom 28. 11. 1989, AP Nr. 4 zu § 87 BetrVG 1972 Initiativrecht.
[43] BAG vom 28. 11. 1989, AP Nr. 4 zu § 87 BetrVG 1972 Initiativrecht; a. A. Fitting/Kaiser/Heither/Engels, § 87 Rz. 200, 397.
[44] BAG vom 6. 12. 1983, AP Nr. 7 zu § 87 BetrVG 1972 Überwachung.
[45] Siehe etwa BAG (GS) vom 3. 12. 1991, AP Nr. 51 zu § 87 BetrVG 1972 Lohngestaltung; BAG vom 3. 5. 1994, AP Nr. 23 zu § 23 BetrVG 1972; BAG vom 7. 2. 1996, AP Nr. 85 zu § 87 BetrVG 1972 Lohngestaltung; BAG vom 9. 7.

35 So sind die Arbeitnehmer nicht verpflichtet, Überstunden zu leisten, wenn diese vom Arbeitgeber einseitig ohne Beachtung des Mitbestimmungsrechts nach § 87 Abs. 1 Nr. 3 BetrVG angeordnet worden sind, auch wenn der Arbeitgeber aufgrund arbeitsvertraglicher Vereinbarungen zur Anordnung von Überstunden berechtigt ist. Wegen der Unwirksamkeit der Anordnung kann die Verweigerung der Leistung von Überstunden durch die Arbeitnehmer vom Arbeitgeber nicht durch arbeitsrechtliche Sanktionen (Abmahnung oder Kündigung) geahndet werden. Ebensowenig müssen die Arbeitnehmer eine bestimmte Arbeitskleidung tragen, wenn dies vom Arbeitgeber ohne Zustimmung des Betriebsrats gemäß § 87 Abs. 1 Nr. 1 BetrVG angeordnet worden ist. Bei einer mitbestimmungswidrigen Anrechnung von Tariflohnerhöhungen auf übertarifliche Zulagen können die Arbeitnehmer grundsätzlich die ungekürzte Weiterzahlung der Zulagen verlangen, solange der Betriebsrat nicht zugestimmt hat und kein entsprechender Spruch der Einigungsstelle vorliegt[47].

36 Soweit einzelne Arbeitnehmer durch mitbestimmungswidrige Maßnahmen **begünstigt** werden, bleiben sie ihnen gegenüber aber wirksam. Der Arbeitgeber kann sich hier nicht auf seine betriebsverfassungsrechtliche Pflichtwidrigkeit berufen. Vielmehr ist er für die Vergangenheit an die Maßnahmen und Zusagen gegenüber den einzelnen Mitarbeitern gebunden[48]. Aus der Verletzung von Mitbestimmungsrechten des Betriebsrats können sich allerdings keine individualrechtlichen Ansprüche ergeben, die vor der mitbestimmungspflichtigen Maßnahme nicht bestanden und selbst bei Beachtung des Mitbestimmungsrechts nicht entstanden wären[49].

1996, AP Nr. 86 zu § 87 BetrVG 1972 Lohngestaltung; BAG vom 23. 7. 1996, AP Nr. 68 zu § 87 BetrVG 1972 Arbeitszeit; *Fitting/Kaiser/Heither/Engels*, § 87 Rz. 403; GK-*Wiese* § 87 Rz. 111 m. zahlr. Nachw.; **a. A.** *Dietz/Richardi*, § 87 Rz. 80 ff.

46 LAG Frankfurt vom 27. 11. 1986, LAGE § 87 BetrVG 1972 Nr. 5, S. 8; *Fitting/Kaiser/Heither/Engels*, § 87 Rz. 408; *Ehrich*, Amt und Anstellung, S. 105 m. w. Nachw. Offengelassen von BAG vom 19. 9. 1995, NZA 1996, 386 (hinsichtlich der Frage, ob die Unwirksamkeitsfolge einer mitbestimmungswidrigen Maßnahme nachträglich durch eine rückwirkende Betriebsvereinbarung geheilt werden kann).

47 BAG (GS) vom 3. 12. 1991, AP Nr. 51 zu § 87 BetrVG 1972 Lohngestaltung.

48 Vgl. BAG vom 14. 6. 1972, AP Nr. 54 zu §§ 22, 23 BAT; BAG (GS) vom 16. 9. 1986, AP Nr. 17 zu § 77 BetrVG 1972; *Fitting/Kaiser/Heither/Engels*, § 87 Rz. 405 m. w. Nachw.

49 BAG vom 20. 8. 1991, AP Nr. 50 zu § 87 BetrVG 1972 Lohngestaltung; BAG vom 28. 9. 1994, NZA 1995, 277; GK-*Wiese*, § 87 Rz. 118.

I. Allgemeine Grundsätze

b) Antrag des Betriebsrats nach § 23 Abs. 3 BetrVG

Gemäß § 23 Abs. 3 Satz 1 BetrVG kann der Betriebsrat bei **groben Verstößen** des Arbeitgebers gegen seine Verpflichtungen aus dem BetrVG beim Arbeitsgericht im Rahmen eines Beschlußverfahrens beantragen, dem Arbeitgeber aufzugeben, eine Handlung zu unterlassen, die Vornahme einer Handlung zu dulden oder eine Handlung vorzunehmen. Handelt der Arbeitgeber der ihm durch rechtskräftige gerichtliche Entscheidung auferlegten Verpflichtung zuwider, eine Handlung zu unterlassen, so ist er auf Antrag vom Arbeitsgericht wegen einer jeden Zuwiderhandlung nach vorheriger Androhung zu einem Ordnungsgeld zu verurteilen, § 23 Abs. 3 Satz 2 BetrVG. Der Antrag auf Androhung der Verhängung des Ordnungsgeldes bei Nichterfüllung der im arbeitsgerichtlichen Beschluß ausgesprochenen Verpflichtung kann bereits mit dem Antrag nach § 23 Abs. 3 Satz 1 BetrVG verbunden werden[50]. Das Höchstmaß des Ordnungsgeldes beträgt gemäß § 23 Abs. 3 Satz 5 BetrVG 20 000,– DM. Die Festsetzung von Ordnungshaft (§ 890 ZPO) kommt nach § 85 Abs. 1 Satz 3 ArbGG nicht in Betracht.

37

Da der Antrag des Betriebsrats nach § 23 Abs. 3 Satz 1 BetrVG stets einen groben Verstoß des Arbeitgebers gegen seine Verpflichtungen aus dem BetrVG voraussetzt, der Arbeitgeber also besonders schwer gegen Sinn und Zweck des Gesetzes verstoßen haben muß[51], ist ein Unterlassungsanspruch des Betriebsrats nach § 23 Abs. 3 BetrVG nicht gegeben, wenn der Arbeitgeber nur leicht gegen das Mitbestimmungsrecht des Betriebsrats aus § 87 Abs. 1 BetrVG verstoßen hat, eine grobe Pflichtverletzung des Arbeitgebers nicht nachgewiesen werden kann oder ein Verstoß des Arbeitgebers gegen Mitbestimmungsrechte des Betriebsrats unmittelbar bevorsteht, aber noch nicht bereits erfolgt ist.

38

Neben dem Unterlassungsbegehren nach § 23 Abs. 3 BetrVG kann der Betriebsrat vom Arbeitgeber auch die Rückgängigmachung einer Maßnahme verlangen, sofern diese fortwirkt (z. B. die Aufstellung von technischen Überwachungseinrichtungen)[52]. Außerdem kann der Betriebsrat im Wege des arbeitsgerichtlichen Beschlußverfahrens ge-

39

---

50 *Fitting/Kaiser/Heither/Engels*, § 23 Rz. 72; *GK-Wiese*, § 23 Rz. 174 m. w. Nachw.
51 Vgl. BAG vom 27. 11. 1990, AP Nr. 41 zu § 87 BetrVG 1972 Arbeitszeit; BAG vom 16. 7. 1991, AP Nr. 44 zu § 87 BetrVG 1972 Arbeitszeit; *Dietz/Richardi*, § 87 Rz. 71 f.; *GK-Wiese*, § 23 Rz. 159, 163; siehe dazu die Beispiele bei *Fitting/Kaiser/Heither/Engels*, § 23 Rz. 66.
52 *Fitting/Kaiser/Heither/Engels*, § 87 Rz. 402.

genüber dem Arbeitgeber die Einhaltung der Regelungen einer Betriebsvereinbarung durchsetzen[53].

c) Allgemeiner Unterlassungsanspruch des Betriebsrats

40 Ob der Betriebsrat zur Sicherung der Mitbestimmungsrechte des § 87 BetrVG weiterhin einen sog. **allgemeinen Anspruch** gegen den Arbeitgeber **auf Unterlassung** mitbestimmungswidriger Maßnahmen – unabhängig von den Erfordernissen des § 23 Abs. 3 BetrVG – hat, war lange Zeit heftig umstritten.

41 Im Jahre 1983 hat der **1. Senat des BAG**[54] die Existenz eines solchen allgemeinen Unterlassungsanspruchs des Betriebsrats gegen den Arbeitgeber verneint. Dagegen haben der **6. Senat** des BAG im Jahre 1985[55], zahlreiche Instanzgerichte[56] und die überwiegende Ansicht im Schrifttum[57] einen allgemeinen Unterlassungsanspruch des Betriebsrats gegen den Arbeitgeber bejaht.

42 In einer Entscheidung vom 03.05.1994 hat der **1. Senat** des BAG[58] nunmehr seine frühere Rechtsprechung ausdrücklich aufgegeben und im Falle der Verletzung des Mitbestimmungsrechts aus § 87 BetrVG einen Anspruch des Betriebsrats auf Unterlassung mitbestimmungswidriger Maßnahmen, der **keine grobe Pflichtverletzung** des Arbeitgebers i. S. von § 23 Abs. 3 BetrVG voraussetzt, bejaht. Der **1. Senat** des BAG entnimmt diesen Anspruch der besonderen Rechtsbeziehung, die zwischen Arbeitgeber und Betriebsrat bestünden und bestimmt würden durch die Rechte und Pflichten, die in den einzelnen Mitbestimmungsrechten geregelt seien sowie durch wechselseitige Rücksichtnahmepflichten, die sich aus § 2 Abs. 1 BetrVG ergäben. Aus dem Gebot der vertrauensvollen Zusammenarbeit sei als Nebenpflicht auch das Gebot abzuleiten, alles zu unterlassen, was die Wahrnehmung des konkreten Mitbestimmungsrechts behindern

---

53 BAG vom 13. 10. 1987, AP Nr. 2 zu § 77 BetrVG 1972 Auslegung; BAG vom 10. 11. 1987, AP Nr. 24 zu § 77 BetrVG 1972.
54 BAG vom 22. 2. 1983, AP Nr. 2 zu § 23 BetrVG 1972.
55 BAG vom 18. 4. 1985, AP Nr. 5 zu § 23 BetrVG 1972.
56 LAG Köln vom 22. 4. 1985, LAGE § 23 BetrVG 1972 Nr. 4; LAG Bremen vom 18. 7. 1986, AP Nr. 6 zu § 23 BetrVG 1972; LAG Frankfurt vom 11. 8. 1987, LAGE § 23 BetrVG 1972 Nr. 12; LAG Hamburg vom 9. 5. 1989, BB 1990, 633.
57 *Fitting/Auffarth/Kaiser/Heither*, BetrVG, 17. Aufl. 1992, § 23 Rz. 87 ff.; *Trittin/Blanke*, in: Däubler/Kittner/Klebe/Schneider, BetrVG, 4. Aufl. 1994, § 23 Rz. 116 ff.; *Schaub*, Arbeitsrechts-Handbuch, 7. Aufl. 1992, § 219 VII 6; *Derleder*, ArbuR 1983, 289; *Neumann*, BB 1984, 676; *Kümpel*, ArbuR 1985, 78.
58 BAG vom 3. 5. 1994, AP Nr. 23 zu § 23 BetrVG 1972; ablehnend *Konzen*, NZA 1995, 865; *Walker*, DB 1995, 1961; siehe dazu auch *Derleder*, ArbuR 1995, 13; *Richardi*, NZA 1995, 8.

I. Allgemeine Grundsätze
Rz. 44 **Teil H**

könnte. Außerdem ergibt sich nach Ansicht des **1. Senats** aus § 23 Abs. 3 BetrVG und aus dem in § 87 Abs. 2 BetrVG vorgesehenen Einigungsstellenverfahren sowie der Sanktion der individualrechtlichen Unwirksamkeit mitbestimmungswidriger Maßnahmen des Arbeitgebers kein hinreichender Schutz der Mitbestimmungsrechte aus § 87 BetrVG[59].

Da der **1. Senat** des BAG in einem späteren Beschluß[60] seine geänderte Rechtsprechung zum allgemeinen Unterlassungsanspruch des Betriebsrats bei Verletzungen des Mitbestimmungsrechts nach § 87 Abs. 1 BetrVG ausdrücklich bestätigt hat, dürfte damit für die betriebliche Praxis endgültig entschieden sein, daß der Betriebsrat bereits bei jedem erfolgten und unmittelbar bevorstehenden Verstoß des Arbeitgebers gegen einen Mitbestimmungstatbestand aus § 87 Abs. 1 BetrVG die Unterlassung der Maßnahme verlangen kann, ohne daß ein grober Verstoß i. S. von § 23 Abs. 3 BetrVG vorliegen muß.

43

Problematisch ist die **Zwangsvollstreckung** des allgemeinen Unterlassungsanspruchs. Teilweise wird angenommen, die Regelung des § 23 Abs. 3 BetrVG stelle keine die allgemeine Zwangsvollstreckung nach § 85 ArbGG ausschließende Sonderregelung dar, so daß aus Beschlüssen des Arbeitsgerichts, durch die dem Arbeitgeber aufgegeben worden ist, eine Handlung zu unterlassen, gemäß § 85 ArbGG nach den Zwangsvollstreckungsvorschriften des Achten Buches der ZPO vollstreckt werden könne[61]. Dem kann in dieser Allgemeinheit – jedenfalls hinsichtlich der Zwangsvollstreckung des allgemeinen Unterlassungsanspruchs – nicht gefolgt werden. Würde sich die Zwangsvollstreckung des allgemeinen Unterlassungsanspruchs, der bereits bei einem leichten oder nur zu befürchtendem Verstoß des Arbeitgebers gegen einen Mitbestimmungstatbestand aus § 87 Abs. 1 BetrVG begründet ist, uneingeschränkt nach den Vorschriften des Achten Buches der ZPO richten, so wäre gemäß § 890 ZPO die Verhängung eines Ordnungsgeldes von bis zu 500 000,– DM für jeden Fall der Zuwiderhandlung gegen einen entsprechenden arbeitsgerichtlichen Beschluß möglich. Dagegen kommt bei Nichtbefolgung eines arbeitsgerichtlichen Beschlusses nach § 23 Abs. 3 Satz 1 BetrVG, der einen **groben Pflichtverstoß** des Arbeitgebers gegen das

44

---

59 BAG vom 3. 5. 1994, AP Nr. 23 zu § 23 BetrVG 1972. Gleichwohl hielt der *1. Senat* des BAG in dieser Entscheidung trotz mitbestimmungswidrigen Verhaltens des Arbeitgebers den Unterlassungsantrag des Betriebsrats insgesamt für unbegründet, weil er als sog. Globalantrag so weit gefaßt worden sei, daß er auch Fallgestaltungen betroffen habe, in denen kein Mitbestimmungsrecht bestehe.
60 BAG vom 23. 7. 1996, AP Nr. 68 zu § 87 BetrVG 1972 Arbeitszeit.
61 *Fitting/Kaiser/Heither/Engels*, § 23 Rz. 108 ff.

Mitbestimmungsrecht des Betriebsrats aus § 87 Abs. 1 BetrVG voraussetzt, lediglich die Verhängung eines Ordnungsgeldes von bis zu 20 000,– DM in Betracht (§ 23 Abs. 3 Satz 5 BetrVG). Hierin liegt ein nicht hinnehmbarer Wertungswiderspruch. Daher ist die Vorschrift des § 890 Abs. 1 Satz 2 ZPO bei der Zwangsvollstreckung des allgemeinen Unterlassungsanspruchs im Wege der teleologischen Reduktion einschränkend dahin auszulegen, daß das Höchstmaß des Ordnungsgeldes – ebenso wie im Rahmen von § 23 Abs. 3 BetrVG – 20 000,– DM nicht überschreiten darf.

d) Vorläufiger Rechtsschutz

45 Im Rahmen des **§ 23 Abs. 3 BetrVG** ist der Erlaß einer einstweiligen Verfügung nach überwiegender Ansicht[62] **nicht möglich**, da die Verhängung eines Ordnungs- oder Zwangsgeldes gemäß § 23 Abs. 3 Satz 2 BetrVG die Rechtskraft der gerichtlichen Entscheidung voraussetzt.

46 Dagegen kann der **allgemeine Unterlassungsanspruch** vom Betriebsrat im Wege der **einstweiligen Verfügung durchgesetzt werden**[63]. Besondere praktische Bedeutung kommt dieser Möglichkeit in erster Linie bei den Mitbestimmungsrechten der Lage der Arbeitszeit (Nr. 2), der vorübergehenden Verlängerung der betriebsüblichen Arbeitszeit (Nr. 3) sowie der Einführung und Anwendung von technischen Überwachungseinrichtungen (Nr. 6) zu.

47 Der Erlaß einer einstweiligen Verfügung – gerichtet auf vorläufige Unterlassung einer mitbestimmungspflichtigen Maßnahme durch den Arbeitgeber bis zur Einigung mit dem Betriebsrat oder eines entsprechenden Spruches der Einigungsstelle nach § 87 Abs. 2 BetrVG i.V. mit § 76 BetrVG – ist von folgenden vier Voraussetzungen abhängig: Zunächst muß ein zu sichernder Anspruch des Betriebsrats gegen den Arbeitgeber auf Unterlassung der einseitigen Durchführung einer mitbestimmungspflichtigen Maßnahme gegeben sein **(Verfügungsanspruch)**. Zweitens muß die Besorgnis bestehen, daß die Verwirklichung des Mitbestimmungsrechts des Betriebsrats aus § 87 Abs. 1 BetrVG ohne eine alsbaldige Regelung vereitelt oder wesentlich erschwert wird **(Verfügungsgrund)**. Der Verfügungsan-

---

62 LAG Hamm vom 4. 2. 1977, DB 1977, 1514; LAG Niedersachsen vom 5. 6. 1987, LAGE § 23 BetrVG 1972 Nr. 11; LAG Köln vom 21. 2. 1989, NZA 1989, 863; *Dietz/Richardi*, § 23 Rz. 79; *Fitting/Kaiser/Heither/Engels*, § 23 Rz. 74; **a. A.** GK-*Wiese*, § 23 Rz. 178 f.; *Heinze*, DB 1983 Beil. 9 S. 23.
63 LAG Köln vom 22. 4. 1985, NZA 1985, 634; LAG Frankfurt vom 8. 2. 1990, BB 1990, 1626; GK-*Wiese*, § 23 Rz. 134; *Fitting/Kaiser/Heither/Engels*, § 87 Rz. 74, 107.

spruch und -grund müssen drittens vom Betriebsrat **glaubhaft** gemacht werden (§§ 920 Abs. 2, 936 ZPO i.V. mit § 85 Abs. 2 ArbGG). Ausreichend ist insoweit eine entsprechende eidesstattliche Erklärung des Betriebsratsvorsitzenden. Schließlich muß ein **ordnungsgemäßer Betriebsratsbeschluß** hinsichtlich der Einleitung des Verfahrens, ggf. auch hinsichtlich der Beauftragung eines Prozeßbevollmächtigten zur gerichtlichen Vertretung des Betriebsrats gefaßt worden sein. Zu beachten ist darüber hinaus, daß der **Antrag** stets **präzise** gefaßt werden muß, da ein sog. Globalantrag vom BAG für unbegründet angesehen wird[64].

Da der Erlaß einer einstweiligen Verfügung nach §§ 921 Abs. 1, 936 ZPO i. V. mit § 85 Abs. 2 ArbGG auch ohne mündliche Verhandlung ergehen kann, besteht für den Arbeitgeber die Gefahr, daß die einstweilige Verfügung allein unter Zugrundelegung des Sachvortrags des Betriebsrats ergeht und der Arbeitgeber an der Durchführung einer Maßnahme selbst dann zunächst zeitweise gehindert wäre, wenn objektiv überhaupt keine Mitbestimmungsrechte des Betriebsrats beeinträchtigt werden. Zur Vermeidung dieses Risikos hat der Arbeitgeber die Möglichkeit, vor Stellung eines Antrags auf Erlaß einer einstweiligen Verfügung durch den Betriebsrat beim Arbeitsgericht eine sog. **Schutzschrift** einzureichen, in der er die Einwendungen gegen das Begehren des Betriebsrats vortragen und vorab die Zurückweisung eines zu erwartenden Antrags, hilfsweise eine Entscheidung nicht ohne mündliche Verhandlung, beantragen kann. 48

II. Die Mitbestimmungstatbestände im einzelnen

1. Betriebliche Ordnung und Verhalten der Arbeitnehmer (Nr. 1)

Nach § 87 Abs. 1 Nr. 1 BetrVG hat der Betriebsrat mitzubestimmen bei Fragen der Ordnung des Betriebes und des Verhaltens der Arbeitnehmer im Betrieb. Gegenstand des Mitbestimmungsrechts ist das Zusammenleben und Zusammenwirken der Arbeitnehmer im Betrieb. Dieses fordert ein aufeinander abgestimmtes Verhalten. Dazu dienen verbindliche Verhaltensregeln sowie Maßnahmen, die geeignet sind, das Verhalten der Arbeitnehmer zu beeinflussen und zu koordinieren. Zweck des Mitbestimmungsrechts ist es, den Arbeitnehmern eine gleichberechtigte Teilhabe an der Gestaltung des betrieblichen Zusammenlebens zu gewährleisten[65]. 49

---

64 Vgl. BAG vom 3. 5. 1994, AP Nr. 23 zu § 23 BetrVG 1972.
65 BAG vom 23. 7. 1996, AP Nr. 26 zu § 87 BetrVG 1972 Ordnung des Betriebes.

50 Mitbestimmungspflichtig sind danach u. a.
- der Erlaß von Rauch- und Alkoholverboten (soweit diese nicht bereits gesetzlich oder tarifvertraglich geregelt sind)[66],
- die Einführung und Ausgestaltung von Kleiderordnungen[67],
- die Einführung, Ausgestaltung und Nutzung von Werksausweisen[68],
- Vorschriften über die Benutzung von Telefonen oder firmeneigener Fahrzeuge für private Zwecke sowie über die Benutzung von Parkplätzen[69],
- Vorschriften über das Radiohören im Betrieb[70],
- Vorschriften über das Verlassen des Betriebes während der Pausen[71],
- Vorschriften über die Einführung von Torkontrollen und Stechuhren[72],
- die Führung formalisierter Krankengespräche zur Aufklärung eines überdurchschnittlichen Krankenstandes mit einer nach abstrakten Kriterien zu ermittelnden Anzahl von Arbeitnehmern[73],
- die Einführung und Verwendung von Formularen für Arztbesuche während der Arbeitszeit[74].

51 Mitbestimmungspflichtig ist weiterhin die Aufstellung einer **Betriebsbußenordnung** und die Verhängung der Betriebsbuße im Einzelfall, sofern eine betriebliche Bußordnung – wie von der Rechtsprechung des BAG[75] und der überwiegenden Ansicht im Schrifttum[76] –

---

66 BAG vom 15. 12. 1961, AP Nr. 3 zu § 56 BetrVG Ordnung des Betriebes; BAG vom 23. 9. 1986, AP Nr. 20 zu § 75 BPersVG; LAG München vom 30. 10. 1985, NZA 1986, 577; LAG München vom 27. 11. 1990, NZA 1991, 521.
67 BAG vom 8. 8. 1989, AP Nr. 15 zu § 87 BetrVG 1972 Ordnung des Betriebes; BAG vom 1. 12. 1992, AP Nr. 20 zu § 87 BetrVG 1972 Ordnung des Betriebes, wonach das Mitbestimmungsrecht keine Kompetenz begründe, den Arbeitnehmern einen Teil der Kosten für die Gestellung der Arbeitskleidung aufzuerlegen. Auch als Gegenstand einer freiwilligen Betriebsvereinbarung sei eine solche Regelung wegen Verletzung des Günstigkeitsprinzips nicht zulässig.
68 BAG vom 16. 12. 1986, AP Nr. 13 zu § 87 BetrVG 1972 Ordnung des Betriebes.
69 Vgl. BAG vom 16. 3. 1966, AP Nr. 1 zu § 611 BGB Parkplatz; LAG Nürnberg vom 29. 1. 1987, NZA 1987, 572.
70 BAG vom 14. 1. 1986, AP Nr. 10 zu § 87 BetrVG 1972 Ordnung des Betriebes.
71 BAG vom 21. 8. 1990, AP Nr. 17 zu § 87 BetrVG 1972 Ordnung des Betriebes.
72 BAG vom 26. 5. 1988, AP Nr. 14 zu § 87 BetrVG 1972 Ordnung des Betriebes; *Fitting/Kaiser/Heither/Engels*, § 87 Rz. 61.
73 BAG vom 8. 11. 1994, AP Nr. 24 zu § 87 BetrVG 1972 Ordnung des Betriebes.
74 BAG vom 21. 1. 1997, NZA 1997, 785.
75 BAG vom 5. 12. 1975, AP Nr. 1 zu § 87 BetrVG 1972 Betriebsbuße; BAG vom 30. 1. 1979, AP Nr. 2 zu § 87 BetrVG 1972 Betriebsbuße; BAG vom 17. 10. 1989, AP Nr. 12 zu § 87 BetrVG 1972 Betriebsbuße.
76 Siehe die zahlr. Nachw. bei GK-*Wiese*, § 87 Rz. 166 ff.

II. Die Mitbestimmungstatbestände im einzelnen   Rz. 53 Teil H

für zulässig erachtet wird[77]. Die Betriebsbußenordnung muß rechtsstaatlichen Grundsätzen entsprechen. Weiterhin muß sie eindeutig die Tatbestände beschreiben, die zur Verhängung der Buße berechtigen. Außerdem muß die Betriebsbußenordnung die zulässigen Bußen für die einzelnen Tatbestände selbst bestimmen (Verweis, Geldstrafe in bestimmter Höhe, Strafversetzung)[78].

Mitbestimmungsfrei sind hingegen solche Maßnahmen des Arbeitgebers, die ein Verhalten des Arbeitnehmers betreffen, das keinen Bezug zur Arbeit hat, sei es, daß es sich nur unmittelbar oder mittelbar auf die Arbeitsleistung des Arbeitnehmers bezieht oder in sonstiger Weise lediglich das Verhalten des einzelnen Arbeitnehmers zum Arbeitgeber betrifft[79].   52

Mitbestimmungsfrei sind sonach   53
▶ die Einführung von Erfassungsbögen für aufgewandte Arbeitszeit und von Formularen, die der Anwesenheitskontrolle dienen[80],
▶ die Einführung von Führungsrichtlinien[81],
▶ der Erlaß einer Dienstreiseordnung[82],
▶ die Anordnung von Dienstreisen[83],
▶ der Einsatz von Privatdetektiven zur Überwachung von Arbeitnehmern bei der Erfüllung ihrer Arbeitspflicht[84],
▶ individuelle Gestaltungsmittel, wie z. B. Vertragsstrafenregelungen und Abmahnungen, wenn diese keine über den Warnzweck vor einer drohenden Kündigung hinausgehenden Sanktionscharakter haben[85].

---

77 Zu den Bedenken an betrieblichen Bußordnungen siehe *Fitting/Kaiser/Heither/Engels,* § 87 Rz. 70.
78 Einzelheiten hierzu siehe bei *Fitting/Kaiser/Heither/Engels,* § 87 Rz. 78 ff.
79 BAG vom 23. 10. 1984, AP Nr. 8 zu § 87 BetrVG 1972 Ordnung des Betriebes; BAG vom 14. 1. 1986, AP Nr. 10 zu § 87 BetrVG 1972 Ordnung des Betriebes; BAG vom 1. 12. 1992, AP Nr. 20 zu § 87 BetrVG 1972 Ordnung des Betriebes; BAG vom 8. 11. 1994, AP Nr. 24 zu § 87 BetrVG 1972 Ordnung des Betriebes; BAG vom 23. 7. 1996, AP Nr. 26 zu § 87 BetrVG 1972 Ordnung des Betriebes; BAG vom 21. 1. 1997, NZA 1997, 785.
80 BAG vom 24. 11. 1981, AP Nr. 3 zu § 87 BetrVG 1972 Ordnung des Betriebes; **a. A.** *Fitting/Kaiser/Heither/Engels,* § 87 Rz. 62.
81 BAG vom 23. 10. 1984, AP Nr. 8 zu § 87 BetrVG 1972 Ordnung des Betriebes.
82 BAG vom 8. 12. 1981, AP Nr. 6 zu § 87 BetrVG 1972 Lohngestaltung.
83 BAG vom 23. 7. 1996, AP Nr. 26 zu § 87 BetrVG 1972 Ordnung des Betriebes.
84 BAG vom 26. 3. 1991, AP Nr. 21 zu § 87 BetrVG 1972 Überwachung.
85 Vgl. BAG vom 5. 12. 1975, AP Nr. 1 zu § 87 BetrVG 1972 Betriebsbuße; BAG vom 30. 1. 1979, AP Nr. 2 zu § 87 BetrVG 1972 Betriebsbuße; BAG vom 17. 10. 1989, AP Nr. 12 zu § 87 BetrVG 1972 Betriebsbuße, wonach eine Abmahnung wegen eines Verstoßes gegen ein betriebliches Rauch- oder Alkoholverbot nicht deswegen mitbestimmungspflichtig wird, weil darin ein Verstoß gegen die kollektive betriebliche Ordnung liegt.

2. Lage der Arbeitszeit (Nr. 2)

54 Der Mitbestimmung nach § 87 Abs. 1 Nr. 2 BetrVG unterliegen die Festlegung von Beginn und Ende der **täglichen Arbeitszeit** einschließlich der Pausen (gemeint sind unbezahlte Ruhepausen[86]) sowie die Verteilung der Arbeitszeit auf die einzelnen Wochentage. Zweck des Mitbestimmungsrechts ist es, die Interessen der Arbeitnehmer an der Lage ihrer Arbeitszeit und damit zugleich der Gestaltung der Freizeit für die Gestaltung ihres Privatlebens zur Geltung zu bringen[87].

55 Soweit gesetzliche oder tarifliche Regelungen allein die **Höchstdauer** der wöchentlichen Arbeitszeit regeln, schließen sie das Mitbestimmungsrecht des Betriebsrats gemäß § 87 Abs. 1 Einleitungssatz BetrVG nicht aus, da sie nur Höchstgrenzen der Arbeitszeit festlegen, für die Verteilung der Arbeitszeit mithin ein Regelungsspielraum verbleibt[88].

56 Das Mitbestimmungsrecht des § 87 Abs. 1 Nr. 2 BetrVG bezieht sich nach überwiegender Ansicht immer nur auf die zeitliche Lage der Arbeitszeit, **nicht** aber auf deren **Dauer**[89]. Etwas anderes gilt jedoch, wenn das Mitbestimmungsrecht durch Tarifvertrag erweitert wird (s. o. Rz. 6)[90].

57 Dagegen bezieht sich das Mitbestimmungsrecht in gleicher Weise auf **vollzeit-** und **teilzeitbeschäftigte** Arbeitnehmer[91]. Hierbei erstreckt sich das Mitbestimmungsrecht auch auf die Frage, ob Teilzeitbeschäftigte zu festen Zeiten oder nach Bedarf (KAPOVAZ, vgl. Art. 1 § 4

---

86 BAG vom 28. 7. 1981, AP Nr. 4 zu § 87 BetrVG 1972 Arbeitszeit; BAG vom 28. 9. 1988, AP Nr. 29 zu § 87 BetrVG 1972 Arbeitszeit; BAG vom 25. 7. 1989, AP Nr. 38 zu § 87 BetrVG 1972 Arbeitszeit.
87 BAG vom 21. 12. 1982, AP Nr. 9 zu § 87 BetrVG 1972 Arbeitszeit; BAG vom 15. 12. 1992, AP Nr. 7 zu § 14 AÜG; BAG vom 23. 7. 1996, AP Nr. 26 zu § 87 BetrVG 1972 Ordnung des Betriebes.
88 Vgl. *Fitting/Kaiser/Heither/Engels*, § 87 Rz. 86.
89 BAG vom 13. 10. 1987, AP Nr. 24 zu § 87 BetrVG 1972; BAG vom 28. 9. 1988, AP Nr. 29 zu § 87 BetrVG 1972 Arbeitszeit; BAG vom 22. 6. 1993, AP Nr. 22 zu § 23 BetrVG 1972; BAG vom 30. 1. 1996, AP Nr. 5 zu § 1 TVG Tarifverträge: DRK; *Dietz/Richardi*, § 87 Rz. 205 ff.; GK-*Wiese*, § 87 Rz. 240; *Hess/Schlochauer/Glaubitz*, § 87 Rz. 202; *Fitting/Kaiser/Heither/Engels*, § 87 Rz. 89 ff. m. w. Nachw.
90 Vgl. BAG vom 18. 8. 1987, AP Nr. 23 zu § 77 BetrVG 1972 (Umsetzung der tariflichen Arbeitszeit durch Betriebsvereinbarung aufgrund Ermächtigung im Tarifvertrag).
91 BAG vom 13. 10. 1987, AP Nr. 24 zu § 87 BetrVG 1972 Arbeitszeit; BAG vom 28. 9. 1988, AP Nr. 29 zu § 87 BetrVG 1972 Arbeitszeit; BAG vom 16. 7. 1991, AP Nr. 44 zu § 87 BetrVG 1972 Arbeitszeit.

II. Die Mitbestimmungstatbestände im einzelnen Rz. 63 Teil H

BeschFG) beschäftigt werden[92]. Für Arbeitnehmer, die nach Bedarf beschäftigt werden, ist eine Festlegung des frühesten Beginns und des Endes der täglichen Arbeitszeit möglich, sofern hierüber keine einzelvertraglichen Vereinbarungen getroffen worden sind[93].

Mitbestimmungspflichtig sind z. B. die Einführung und Ausgestaltung der sog. **gleitenden Arbeitszeit**[94] sowie die Wahl und Änderung des Ausgleichszeitraums nach § 3 Satz 2 ArbZG[95]. 58

Mitzubestimmen hat der Betriebsrat auch bei der Einführung von **Schichtarbeit**. Mitbestimmungspflichtig ist insoweit nicht nur die Frage, ob überhaupt Schichtarbeit eingeführt werden soll, sondern alle Fragen, die sich auf die Arbeitszeit der von der Einführung betroffenen Arbeitnehmer auswirken[96]. 59

Auch bei einem **Schichtwechsel** hat der Betriebsrat mitzubestimmen, sofern es sich um einen kollektiven Tatbestand handelt[97]. 60

Dem Mitbestimmungsrecht unterliegt weiterhin die Ausgestaltung eines sog. **rollierenden Systems.** Dazu gehört die Aufstellung von Rolliergruppen, die Zuordnung der Arbeitnehmer zu einer dieser Gruppen, die Entscheidung, ob ein Rollierkalender zu führen ist, sowie die Frage, ob bestimmte Tage aus dem Rolliersystem herauszunehmen sind (z. B. festzusetzende Wochentage)[98]. 61

Arbeitszeit i. S. von § 87 Abs. 1 Nr. 2 BetrVG sind auch Zeiten einer **Rufbereitschaft**, so daß bei der Aufstellung eines Rufbereitschaftsplanes ein Mitbestimmungsrecht besteht[99]. 62

Ebenso unterliegt die Lage der Arbeitszeit der Verkaufsangestellten im Einzelhandel der Mitbestimmung des Betriebsrats, selbst wenn 63

---

92 BAG vom 13. 10. 1987, AP Nr. 24 zu § 87 BetrVG 1972 Arbeitszeit.
93 Vgl. BAG vom 28. 9. 1988, AP Nr. 29 zu § 87 BetrVG 1972 Arbeitszeit.
94 BAG vom 18. 4. 1989, AP Nr. 33 zu § 87 BetrVG 1972 Arbeitszeit; BAG vom 23. 6. 1992, AP Nr. 20 zu § 23 BetrVG 1972; *Dietz/Richardi,* § 87 Rz. 216; GK-*Wiese,* § 87 Rz. 287 m. w. Nachw.
95 Vgl. *Fitting/Kaiser/Heither/Engels,* § 87 Rz. 104.
96 BAG vom 26. 10. 1986, AP Nr. 20 zu § 87 BetrVG 1972 Arbeitszeit; BAG vom 18. 4. 1989, AP Nr. 34 zu § 87 BetrVG 1972 Arbeitszeit; BAG vom 27. 6. 1989, AP Nr. 35 zu § 87 BetrVG 1972 Arbeitszeit; BAG vom 8. 8. 1989, AP Nr. 11 zu § 23 BetrVG 1972.
97 BAG vom 27. 6. 1989, AP Nr. 35 zu § 87 BetrVG 1972 Arbeitszeit; BAG vom 8. 8. 1989, AP Nr. 11 zu § 23 BetrVG 1972; a. A. *Fitting/Kaiser/Heither/Engels,* § 87 Rz. 101.
98 BAG vom 31. 1. 1989, AP Nr. 15 zu § 87 BetrVG 1972 Tarifvorrang; BAG vom 31. 1. 1989, AP Nr. 31 zu § 87 BetrVG 1972 Arbeitszeit; BAG vom 25. 7. 1989, AP Nr. 38 zu § 87 BetrVG 1972 Arbeitszeit.
99 BAG vom 21. 12. 1982, AP Nr. 9 zu § 87 BetrVG 1972 Arbeitszeit; BAG vom 23. 7. 1996, AP Nr. 26 zu § 87 BetrVG 1972 Ordnung des Betriebes.

infolge der mitbestimmten Arbeitszeitregelung die gesetzlichen **Ladenöffnungszeiten** nicht ausgeschöpft werden können[100].

64 Mitbestimmungspflichtig ist schließlich die Einführung und Regelung von **Sonntagsarbeit**, soweit diese gesetzlich zulässig ist. Dies gilt auch dann, wenn Arbeitnehmer aus anderen Betrieben des Arbeitgebers eingesetzt werden sollen, sofern es sich nicht um leitende Angestellte i. S. von § 5 Abs. 3 BetrVG handelt[101].

3. Vorübergehende Verkürzung und Verlängerung der Arbeitszeit (Nr. 3)

65 Der Mitbestimmung nach § 87 Abs. 1 Nr. 3 BetrVG unterliegen die **vorübergehende Verkürzung** oder **Verlängerung** der **betriebsüblichen Arbeitszeit**[102].

66 **Vorübergehende Verkürzung** der Arbeitszeit bedeutet insbesondere die Einführung von **Kurzarbeit**. Das Mitbestimmungsrecht des Betriebsrats bezieht sich hier darauf, ob und in welchem Umfang Kurzarbeit eingeführt werden soll sowie auf die Frage, wie die geänderte Arbeitszeit auf die einzelnen Arbeitstage verteilt werden soll[103].

67 Für die Durchführung von Kurzarbeit ist der Abschluß einer **Betriebsvereinbarung** erforderlich, weil anderenfalls der Inhalt des Arbeitsverhältnisses nicht normativ gestaltet wird[104].

68 Das Mitbestimmungsrecht des Betriebsrats nach § 87 Abs. 1 Nr. 3 BetrVG bei der Einführung von Kurzarbeit hat auch zum Inhalt, daß der Betriebsrat im Wege des **Initiativrechts** (s. o. Rz. 27 ff.) die Einführung von Kurzarbeit verlangen und ggf. über einen Spruch der Einigungsstelle **erzwingen** kann[105].

---

100 BAG vom 31. 8. 1982, AP Nr. 8 zu § 87 BetrVG 1972 Arbeitszeit. Die hiergegen erhobene Verfassungsbeschwerde wurde vom BVerfG nicht zur Entscheidung angenommen, vgl. BVerfG vom 18. 12. 1985, AP Nr. 15 zu § 87 BetrVG 1972 Arbeitszeit. Ebenso BAG vom 13. 10. 1987, AP Nr. 24 zu § 87 BetrVG 1972 Arbeitszeit; GK-*Wiese*, § 87 Rz. 263; *Fitting/Kaiser/Heither/Engels*, § 87 Rz. 105; **a. A.** *Dietz/Richardi*, § 87 Rz. 226; *Hess/Schlochauer/Glaubitz*, § 87 Rz. 175.
101 Vgl. BAG vom 25. 2. 1997, NZA 1997, 955 = DB 1997, 1980 = BB 1997, 2003; *Fitting/Kaiser/Heither/Engels*, § 87 Rz. 95.
102 Zur Geltung und Reichweite des Mitbestimmungsrechts von § 87 Abs. 1 Nr. 3 BetrVG bei Arbeitskämpfen siehe im einzelnen *Fitting/Kaiser/Heither/Engels*, § 87 Rz. 131 ff.
103 *Fitting/Kaiser/Heither/Engels*, § 87 Rz. 121. m. w. Nachw.
104 Vgl. BAG vom 14. 2. 1991, AP Nr. 4 zu § 615 BGB Kurzarbeit.
105 BAG vom 4. 3. 1986, AP Nr. 3 zu § 87 BetrVG 1972 Kurzarbeit; *Fitting/Kaiser/Heither/Engels*, § 87 Rz. 127 m. w. Nachw.; **a. A.** GK-*Wiese*, § 87 Rz. 317 ff.

II. Die Mitbestimmungstatbestände im einzelnen　　Rz. 73 **Teil H**

Eine tarifliche Regelung, welche die Einführung von Kurzarbeit für zulässig erklärt, ohne Voraussetzungen, Umfang und Dauer der Kurzarbeit zu regeln, ist unwirksam. Sie berechtigt den Arbeitgeber nicht, einseitig „Kurzarbeit 0" anzuordnen[106]. 　69

Sieht ein Tarifvertrag hinsichtlich der Einführung von Kurzarbeit durch Abschluß einer Betriebsvereinbarung eine **Ansagefrist** vor, so ist eine Betriebsvereinbarung insoweit unwirksam, als sie diese tariflich festgelegte Ansagefrist mißachtet[107]. 　70

Vorübergehende Verlängerung der Arbeitszeit bedeutet insbesondere die Anordnung von **Überstunden,** etwa zur Deckung von Auftragsspitzen, zur Beseitigung von Störungen, zur Bestandsaufnahme oder anläßlich von Schlußverkäufen[108]. 　71

Zweck des Mitbestimmungsrechts bei der Verlängerung der betriebsüblichen Arbeitszeit nach § 87 Abs. 1 Nr. 3 BetrVG ist es, die Interessen der Arbeitnehmer bei der Anordnung zusätzlicher Arbeitsleistung zur Geltung zu bringen. Dazu gehört neben der Frage, ob die Arbeitszeit überhaupt verlängert werden soll, vor allem auch eine gerechte Verteilung der mit der Leistung von Überstunden verbundenen Belastungen und Vorteile[109]. 　72

Das Mitbestimmungsrecht kann sich auf alle Arbeitnehmer des Betriebes, auf Arbeitnehmergruppen, Betriebsteile, Abteilungen oder einzelne Arbeitnehmer beziehen[110]. Auch bei der vorübergehenden Verlängerung der Arbeitszeit von **Teilzeitbeschäftigten,** für die unterschiedliche Wochenarbeitszeiten gelten, hat der Betriebsrat nach Sinn und Zweck des § 87 Abs. 1 Nr. 3 BetrVG (s. o. Rz. 72) mitzubestimmen[111]. Durch eine tarifliche Regelung, wonach Mehrarbeit der Teilzeitbeschäftigten nur diejenige Arbeit sein soll, die über die regelmäßige Arbeitszeit vergleichbarer Vollzeitbeschäftigter hinausgeht, wird das Mitbestimmungsrecht nicht ausgeschlossen[112]. 　73

---

106 Vgl. BAG vom 27. 1. 1994, AP Nr. 1 zu § 15 BAT-O.
107 BAG vom 12. 10. 1994, AP Nr. 66 zu § 87 BetrVG 1972 Arbeitszeit (zu § 5 MTV für die gewerblichen Arbeitnehmer in der Papier, Pappe und Kunststoffe verarbeitenden Industrie vom 27. 5. 1991).
108 Vgl. BAG vom 8. 6. 1982, AP Nr. 7 zu § 87 BetrVG 1972 Arbeitszeit; BAG vom 10. 6. 1986, AP Nr. 18 zu § 87 BetrVG 1972 Arbeitszeit.
109 BAG vom 23. 7. 1996, AP Nr. 68 zu § 87 BetrVG 1972 Arbeitszeit; BAG vom 23. 7. 1996, AP Nr. 26 zu § 87 BetrVG 1972 Ordnung des Betriebes; BAG vom 25. 2. 1997, NZA 1997, 955 = DB 1997, 1980 = BB 1997, 2003.
110 BAG vom 13. 6. 1989, AP Nr. 36 zu § 87 BetrVG 1972 Arbeitszeit.
111 BAG vom 16. 7. 1991, AP Nr. 44 zu § 87 BetrVG 1972 Arbeitszeit; BAG vom 23. 7. 1996, AP Nr. 68 zu § 87 BetrVG 1972 Arbeitszeit.
112 BAG vom 23. 7. 1996, AP Nr. 68 zu § 87 BetrVG 1972 Arbeitszeit.

74 Das Mitbestimmungsrecht des Betriebsrats greift nur bei einem **kollektiven Tatbestand** (s. o. Rz. 19 ff.) ein. Dieser liegt vor, wenn die Arbeitszeit aus **betrieblichen Gründen** verlängert werden soll und Regelungsfragen auftreten, welche die kollektiven Interessen der Arbeitnehmer betreffen. Die **Anzahl** der betroffenen Arbeitnehmer hat insoweit nur eine **Indizwirkung** für das Bestehen eines kollektiven Tatbestands[113]. An einem kollektiven Tatbestand fehlt es nur dann, wenn es um die Berücksichtigung individueller Wünsche der einzelnen Arbeitnehmer geht[114].

75 Das Mitbestimmungsrecht nach § 87 Abs. 1 Nr. 3 BetrVG wird nicht nur durch die Anordnung, sondern auch durch die **Duldung** von Überstunden (= Entgegennahme und Bezahlung) ausgelöst. Es entfällt auch nicht deshalb, weil ein Arbeitnehmer auf Wunsch des Arbeitgebers **freiwillig** Überstunden leistet[115].

76 Das Mitbestimmungsrecht bei der Anordnung von Überstunden besteht ebenso, wenn der Arbeitgeber, der die Zustimmung des Betriebsrats zur Anordnung von Überstunden nicht erhalten hat, die Arbeiten auf eine geschäftlich nicht tätige Firma „überträgt", die von denselben Geschäftsführern wie der Arbeitgeber geführt wird und welche die Arbeiten im Betrieb des Arbeitgebers auf seinen Betriebsanlagen sowie gerade mit den Arbeitnehmern ausführt, die vom Arbeitgeber zu den Überstunden herangezogen werden sollen[116].

77 Demgegenüber ist der **Abbau** bislang geleisteter **Überstunden nicht mitbestimmungspflichtig**[117].

78 Ebensowenig liegt eine gemäß § 87 Abs. 1 Nr. 3 BetrVG mitbestimmungspflichtige Verlängerung der betriebsüblichen Arbeitszeit vor bei Reisezeiten außerhalb der normalen Arbeitszeit der Arbeitnehmer im Rahmen einer angeordneten Dienstreise, sofern während der Reisezeiten keine Arbeitsleistungen zu erbringen sind[118].

79 Die Ausübung des Mitbestimmungsrechts kann für jeden Einzelfall erfolgen, in dem die Arbeitszeit vorübergehend verlängert werden

---

113 BAG vom 10. 6. 1986, AP Nr. 18 zu § 87 BetrVG 1972 Arbeitszeit; BAG vom 12. 1. 1988, AP Nr. 8 zu § 81 ArbGG 1979; BAG vom 16. 7. 1991, AP Nr. 44 zu § 87 BetrVG 1972 Arbeitszeit.
114 *Fitting/Kaiser/Heither/Engels*, § 87 Rz. 110.
115 BAG vom 10. 6. 1986, AP Nr. 18 zu § 87 BetrVG 1972 Arbeitszeit; BAG vom 27. 11. 1990, AP Nr. 41 zu § 87 BetrVG 1972 Arbeitszeit; BAG vom 16. 7. 1991, AP Nr. 44 zu § 87 BetrVG 1972 Arbeitszeit.
116 BAG vom 22. 10. 1991, AP Nr. 48 zu § 87 BetrVG 1972 Arbeitszeit.
117 BAG vom 25. 10. 1977, AP Nr. 1 zu § 87 BetrVG 1972 Arbeitszeit.
118 BAG vom 23. 7. 1996, AP Nr. 26 zu § 87 BetrVG 1972 Ordnung des Betriebes.

II. Die Mitbestimmungstatbestände im einzelnen Rz. 81 **Teil H**

soll. Möglich ist aber auch der Abschluß einer Betriebsvereinbarung oder einer Regelungsabrede darüber, daß der Arbeitgeber berechtigt ist, in einem bestimmten Rahmen und unter bestimmten Voraussetzungen Überstunden einseitig anzuordnen und diese dem Betriebsrat lediglich mitzuteilen. Der Betriebsrat erhält dadurch die Gelegenheit, zu kontrollieren, ob sich der Arbeitgeber an die zuvor vereinbarten Rahmenbedingungen für die Anordnung von Überstunden hält[119].

4. Auszahlung der Arbeitsentgelte (Nr. 4)

Ein Mitbestimmungsrecht des Betriebsrats besteht weiterhin nach § 87 Abs. 1 Nr. 4 BetrVG hinsichtlich der Zeit, des Ortes und der Art der Auszahlung der Arbeitsentgelte. „Arbeitsentgelt" i. S. dieser Vorschrift ist die in Geld auszuzahlende Arbeitsvergütung des Arbeitnehmers für geleistete Arbeit ohne Rücksicht auf ihre Bezeichnung (insbesondere Lohn, Gehalt, Provisionen, Kindergeld, Familienzulage, Urlaubsgeld)[120]. Die Höhe der zu zahlenden Arbeitsvergütung wird von Mitbestimmungsrecht der Nr. 4 nicht erfaßt[121]. 80

Die **Art** der Entgeltzahlung betrifft die Frage, ob die Auszahlung in bar oder bargeldlos durch Überweisung auf ein Bankinstitut zu erfolgen hat. Nach Ansicht des BAG[122] haben die Betriebspartner nach § 87 Abs. 1 Nr. 4 BetrVG auch die sog. „Annex-Kompetenz" zur Regelung der Kosten, die durch bargeldlose Zahlungen entstehen (insbesondere die Kontoführungsgebühren). Zulässig ist hierbei auch eine **Pauschalierung** der Aufwendungen durch Betriebsvereinbarung, etwa die Festsetzung einer pauschalen Kontoführungsgebühr (ohne Wegezeitenvergütung und sonstige Auslagen) von monatlich 3,50 DM[123]. 81

---

119 Vgl. BAG vom 12. 1. 1988, AP Nr. 8 zu § 81 ArbGG 1979; BAG vom 10. 3. 1992, AP Nr. 1 zu § 77 BetrVG 1972 Regelungsabrede.
120 Vgl. BAG vom 25. 4. 1989, AP Nr. 3 zu § 98 ArbGG 1979.
121 *Fitting/Kaiser/Heither/Engels,* § 87 Rz. 141.
122 BAG vom 8. 3. 1977, AP Nr. 1 zu § 87 BetrVG 1972 Auszahlung; BAG vom 5. 3. 1991, AP Nr. 11 zu § 87 BetrVG 1972 Auszahlung; BAG vom 10. 8. 1993, AP Nr. 12 zu § 87 BetrVG 1972 Auszahlung; a. A. GK-*Wiese,* § 87 Rz. 376 f. Diese Auslegung wird vom Bundesverfassungsgericht für verfassungsrechtlich unbedenklich gehalten, BVerfG vom 18. 10. 1987, DB 1987, 2361.
123 BAG vom 5. 3. 1991, AP Nr. 11 zu § 87 BetrVG 1972 Auszahlung; siehe aber auch BAG vom 10. 8. 1993, AP Nr. 12 zu § 87 BetrVG 1972 Auszahlung, wonach der Spruch einer Einigungsstelle, der den Arbeitgeber verpflichtet, alle Arbeitnehmer monatlich eine Stunde von der Arbeit freizustellen zum Ausgleich des Aufwands, der mit der bargeldlosen Auszahlung des Arbeitsentgelts verbunden ist, die Grenzen billigen Ermessens überschreitet, wenn die bargeldlose Auszahlung des Arbeitsentgelts nicht notwendigerweise zur Inanspruchnahme von Freizeit führt.

5. Urlaubsgrundsätze (Nr. 5)

82 Der Mitbestimmung des Betriebsrats unterliegt gemäß § 87 Abs. 1 Nr. 5 BetrVG die Aufstellung allgemeiner Urlaubsgrundsätze und des Urlaubsplans sowie die Festsetzung der zeitlichen Lage des Urlaubs für einzelne Arbeitnehmer, wenn zwischen dem Arbeitgeber und den beteiligten Arbeitnehmern kein Einverständnis erzielt wird. Dadurch sollen sowohl die unterschiedlichen Interessen einzelner Arbeitnehmer als auch die jeweiligen Urlaubswünsche der Arbeitnehmer und das betriebliche Interesse am Betriebsablauf sinnvoll ausgeglichen werden[124]. **Keine Anwendung** findet das Mitbestimmungsrecht der Nr. 5 auf die **Dauer des Urlaubs,** da sich dies aus dem BUrlG oder den tariflichen bzw. arbeitsvertraglichen Regelungen ergibt[125].

83 Das Mitbestimmungsrecht bezieht sich nicht nur auf den Erholungsurlaub i. S. von § 1 BUrlG und den Zusatzurlaub für Schwerbehinderte nach § 47 SchwbG, sondern auf **jede Art** von Urlaub, also auch auf Bildungsurlaub (soweit nicht die Sonderregelung des § 37 BetrVG eingreift) und – bezahlten oder unbezahlten – Sonderurlaub[126].

84 Mitbestimmungspflichtig sind u. a. die Festlegung der Urlaubsperiode überhaupt, die Einzelheiten des Urlaubsplanes (z. B. mit welchen Fristen Eintragungen in Urlaubslisten erfolgen müssen und nach welchen Kriterien bei der Auswahl verfahren werden soll, etwa Vorrang für die Mitarbeiter mit Kindern für die Dauer der Schulferien) sowie die generelle Regelung der Urlaubsvertretung der einzelnen Arbeitnehmer.

85 Der Mitbestimmung des Betriebsrats nach § 87 Abs. 1 Nr. 5 BetrVG unterliegt ebenfalls die Frage, ob und wann allgemeine **Betriebsferien** stattfinden sollen[127].

6. Technische Überwachungseinrichtungen (Nr. 6)

86 Nach § 87 Abs. 1 Nr. 6 BetrVG hat der Betriebsrat mitzubestimmen bei der **Einführung** und **Anwendung** von **technischen Einrichtungen**, die dazu bestimmt sind, das **Verhalten** oder die **Leistung** der **Arbeitnehmer zu überwachen.** Das Mitbestimmungsrecht dient dem **Per-**

---

124 Vgl. BAG vom 18. 6. 1974, AP Nr. 1 zu § 87 BetrVG 1972 Urlaub; GK-*Wiese,* § 87 Rz. 386; *Fitting/Kaiser/Heither/Engels,* § 87 Rz. 148.
125 *Fitting/Kaiser/Heither/Engels,* § 87 Rz. 162.
126 BAG vom 18. 6. 1974, AP Nr. 1 zu § 87 BetrVG 1972 Urlaub; BAG vom 17. 11. 1977, AP Nr. 8 zu § 9 BUrlG.
127 BAG vom 28. 7. 1981, AP Nr. 2 zu § 87 BetrVG 1972 Urlaub; BAG vom 9. 5. 1984, AP Nr. 58 zu § 1 LohnFG; BAG vom 31. 5. 1988, AP Nr. 57 zu § 1 FeiertagslohnzahlungsG.

II. Die Mitbestimmungstatbestände im einzelnen   Rz. 88 **Teil H**

sönlichkeitsschutz der einzelnen Arbeitnehmer gegen anonyme Kontrolleinrichtungen. Durch das Mitbestimmungsrecht sollen unzulässige Eingriffe in den Persönlichkeitsbereich der Arbeitnehmer verhindert und die zulässigen Eingriffe auf das unbedingt erforderliche Maß beschränkt werden[128].

Unter „Überwachung" ist nach ständiger Rechtsprechung des BAG[129] ein Vorgang zu verstehen, bei dem leistungs- oder verhaltensrelevante Daten der Arbeitnehmer gesammelt und anschließend in irgendeiner Form ausgewertet werden. Mitbestimmungspflichtig ist daher auch die bloße Erhebung von leistungs- oder verhaltensbezogener Daten der Arbeitnehmer durch eine technische Einrichtung[130]. Unerheblich ist, ob die Daten sofort oder erst später ausgewertet werden[131]. Gleiches gilt, wenn andererseits leistungs- oder verhaltensbezogene Daten der Arbeitnehmer zunächst manuell erhoben (etwa durch schriftliche Aufzeichnungen der Arbeitnehmer selbst) und später zum Zwecke der Speicherung und Auswertung in ein elektronisches Datenverarbeitungs- oder Informationssystem eingegeben werden[132]. 87

Eine technische Einrichtung ist nach überwiegender Ansicht[133] bereits dann zur Überwachung **bestimmt,** wenn sie **objektiv geeignet** ist, das Verhalten oder die Leistung der Arbeitnehmer zu überwachen. Ausreichend ist mithin die **Möglichkeit der Überwachung** des Verhaltens oder der Leistung der Arbeitnehmer durch die technische Einrichtung, ohne daß es auf eine Überwachungsabsicht des Arbeitgebers ankommt. 88

---

128 BAG vom 6. 12. 1983, AP Nr. 7 zu § 87 BetrVG 1972 Überwachung; BAG vom 14. 9. 1984, AP Nr. 9 zu § 87 BetrVG 1972 Überwachung; BAG vom 11. 3. 1986, AP Nr. 14 zu § 87 BetrVG 1972 Überwachung.
129 Siehe etwa BAG vom 14. 9. 1984, AP Nr. 9 zu § 87 BetrVG 1972 Überwachung.
130 Vgl. BAG vom 14. 5. 1974, AP Nr. 1 zu § 87 BetrVG 1972 Überwachung; BAG vom 9. 5. 1975, AP Nr. 2 zu § 87 BetrVG 1972 Überwachung; BAG vom 10. 7. 1979, AP Nr. 3 zu § 87 BetrVG 1972 Überwachung; BAG vom 6. 12. 1983, AP Nr. 7 zu § 87 BetrVG 1972 Überwachung.
131 BAG vom 10. 7. 1979, AP Nr. 3 zu § 87 BetrVG 1972 Überwachung.
132 BAG vom 14. 9. 1984, AP Nr. 9 zu § 87 BetrVG 1972 Überwachung (Techniker-Berichtsystem); BAG vom 23. 4. 1985, AP Nr. 11 zu § 87 BetrVG 1972 Überwachung (TÜV-Berichtsystem); BAG vom 11. 3. 1986, AP Nr. 14 zu § 87 BetrVG 1972 Überwachung (Paisy); siehe dazu auch *Fitting/Kaiser/Heither/Engels,* § 87 Rz. 188 ff. m. w. Nachw. und Darlegung der abweichenden Ansichten.
133 BAG vom 6. 12. 1983, AP Nr. 7 zu § 87 BetrVG 1972 Überwachung; BAG vom 23. 4. 1985, AP Nr. 11 zu § 87 BetrVG 1972 Überwachung; BVerwG vom 16. 12. 1987, NZA 1988, 513; *Dietz/Richardi,* § 87 Rz. 327; *Hess/Schlochauer/Glaubitz,* § 87 Rz. 293; *Fitting/Kaiser/Heither/Engels,* § 87 Rz. 176; a. A. *Stege/Weinspach,* § 87 Rz. 107 f.; GK-*Wiese,* § 87 Rz. 438 m. w. Nachw.

89 Die Überwachung muß sich grundsätzlich auf das Verhalten oder die Leistung des **einzelnen Arbeitnehmers** beziehen. Ist die Identifizierung eines bestimmten Arbeitnehmers nicht möglich (etwa bei Filmaufnahmen von Arbeitsplätzen, auf denen die Arbeitnehmer nicht erkennbar sind), besteht grundsätzlich kein Mitbestimmungsrecht[134]. **Ausnahmsweise** ist aber auch die **Überwachung einer Gruppe von Arbeitnehmern** in ihrer Gesamtheit **mitbestimmungspflichtig,** wenn es sich um eine kleine und überschaubare Akkordgruppe handelt, die für ihr gemeinsames Arbeitsergebnis verantwortlich gemacht wird[135]. Der gleiche Überwachungserfolg, bezogen auf die einzelnen Arbeitnehmer, kann auch durch **Mobilisierung von Anpassungszwängen** in der Gruppe erzielt werden. Dies setzt voraus, daß die Gruppe von ihrer Struktur und Größe her dafür geeignet ist[136].

90 Um „technische Überwachungseinrichtungen" i. S. der Nr. 6 handelt es sich etwa bei Stechuhren und sonstigen automatischen Zeiterfassungsgeräten (z. B. Zeitstemplern)[137], Produktographen[138], Fernsehmonitoren[139] und Fernsehkameras, selbst wenn der Arbeitnehmer die Möglichkeit hat, die Kamera auszuschalten[140], Multimomentkameras[141], Geräten zum Mithören von telefonischen Verkaufsgesprächen, auch wenn dies zur sachgerechten Schulung der Mitarbeiter erfolgt[142], automatischer Erfassung von Telefondaten oder -gebühren[143], Fahrtenschreibern, soweit diese nicht gesetzlich vorgeschrieben sind[144] sowie beim Einbau von Spiegeln oder Einwegscheiben[145]. Mitbestimmungspflichtig ist zudem der Einsatz von **EDV-Anlagen,** wenn Leistungs- und Verhaltensdaten der Benutzer aufgrund der bestehenden Programmierung erfaßt werden können[146], oder wenn sie Daten erfassen oder verarbeiten, die zwar für sich allein keine Aussage über das Verhalten oder die Leistung der Arbeitnehmer zulassen, jedoch in Verknüpfung mit anderen Daten eine Verhaltens- oder Leistungs-

---

134 BAG vom 6. 12. 1983, AP Nr. 7 zu § 87 BetrVG 1972 Überwachung.
135 BAG vom 18. 2. 1986, AP Nr. 13 zu § 87 BetrVG 1972 Überwachung (Kienzle-Schreiber).
136 BAG vom 26. 7. 1994, AP Nr. 26 zu § 87 BetrVG 1972 Überwachung.
137 LAG Düsseldorf vom 21. 11. 1978, DB 1979, 459.
138 BAG vom 9. 9. 1975, AP Nr. 2 zu § 87 BetrVG 1972 Überwachung.
139 Vgl. BAG vom 7. 10. 1987, AP Nr. 15 zu § 611 BGB Persönlichkeitsrecht.
140 BAG vom 14. 5. 1974, AP Nr. 1 zu § 87 BetrVG 1972 Überwachung.
141 BAG vom 14. 5. 1974, AP Nr. 1 zu § 87 BetrVG 1972 Überwachung.
142 LAG Köln vom 19. 1. 1983, DB 1983, 1101.
143 BAG vom 27. 5. 1987, AP Nr. 15 zu § 87 BetrVG 1972 Überwachung; *Fitting/Kaiser/Heither/Engels,* § 87 Rz. 194 m. w. Nachw.
144 BAG vom 10. 7. 1979, AP Nr. 3 zu § 87 BetrVG 1972 Überwachung.
145 *Fitting/Kaiser/Heither/Engels,* § 87 Rz. 194.
146 BAG vom 6. 12. 1983, AP Nr. 7 zu § 87 BetrVG 1972 Überwachung.

II. Die Mitbestimmungstatbestände im einzelnen Rz. 93 **Teil H**

kontrolle ermöglichen[147]. Ebenso mitbestimmungspflichtig sind **ISDN-Nebenstellenanlagen** und an das öffentliche Netz gekoppelte **Telekommunikationssysteme**[148].

Ein Mitbestimmungsrecht des Betriebsrats nach § 87 Abs. 1 Nr. 6 BetrVG besteht dagegen nicht bei der Überwachung durch Personen (z. B. Vorgesetzte, Werkschutz oder Privatdetektive)[149], bei technischen Einrichtungen, die ausschließlich für eine Kontrolle von Maschinen in Betracht kommen (Warnlampen, Druckmesser, Stückzähler, Drehzahlmesser usw.), ohne daß daraus Rückschlüsse auf das Verhalten oder die Leistung der Arbeitnehmer gezogen werden können[150], bei gesetzlich oder tariflich zwingend vorgeschriebenen Kontrolleinrichtungen (z. B. bei der Verwendung von Fahrtenschreibern in Lkw und Omnibussen zur Aufzeichnung der unmittelbaren Fahrwerte sowie der Lenk- und Ruhezeiten nach § 57a StVZO), bei Zugangssicherungssystemen, die bei der Präsentation von codierten Ausweiskarten lediglich den Ein- und Ausgang freigeben, ohne die Benutzer selbst zu registrieren[151], bei technischen Einrichtungen, die keine eigenständige Kontrollwirkung haben (z. B. Stoppuhr oder Lupe)[152], sowie bei herkömmlichen Schreibgeräten[153].

91

Das Mitbestimmungsrecht der Nr. 6 bezieht sich sowohl auf die **Einführung** als auch auf die **Anwendung** von technischen Überwachungseinrichtungen. Unter „Einführung" sind alle Maßnahmen zur Vorbereitung der geplanten Maßnahme zu verstehen, so z. B. auch die Festlegung von Art und Gegenstand, ferner von Zeitraum, Ort, Zweckbestimmung und Wirkung der Überwachung[154]. „Anwendung" bedeutet die allgemeine Handhabung der eingeführten Kontrolleinrichtung, insbesondere die Festlegung der Art und Weise, wie die Kontrolleinrichtung verwendet werden soll. Mitbestimmungspflichtig sind insoweit auch **Änderungen** der Anwendung sowie die Festlegung des **Verwendungszwecks** gespeicherter Leistungs- und Verhaltensdaten[155].

92

Das Mitbestimmungsrecht des Betriebsrats nach § 87 Abs. 1 Nr. 6 BetrVG wird nicht dadurch ausgeschlossen, daß der Arbeitgeber die Speicherung oder Auswertung leistungs- oder verhaltensbezogener

93

---

147 BAG vom 11. 3. 1986, AP Nr. 14 zu § 87 BetrVG 1972 Überwachung.
148 *Fitting/Kaiser/Heither/Engels,* § 87 Rz. 195 m. w. Nachw.
149 BAG vom 23. 10. 1984, AP Nr. 8 zu § 87 BetrVG 1972 Ordnung des Betriebes; BAG vom 26. 3. 1991, AP Nr. 21 zu § 87 BetrVG 1972 Überwachung.
150 Vgl. BAG vom 9. 9. 1975, AP Nr. 2 zu § 87 BetrVG 1972 Überwachung.
151 BAG vom 10. 4. 1984, AP Nr. 7 zu § 87 BetrVG 1972 Ordnung des Betriebes.
152 BAG vom 8. 11. 1994, AP Nr. 27 zu § 87 BetrVG 1972 Überwachung.
153 BAG vom 24. 11. 1981, AP Nr. 6 zu § 87 BetrVG 1972 Überwachung.
154 Vgl. *Fitting/Kaiser/Heither/Engels,* § 87 Rz. 197.
155 *Fitting/Kaiser/Heither/Engels,* § 87 Rz. 198 m. w. Nachw.

Arbeitnehmerdaten einem **Dritten** (etwa einem Rechenzentrum oder einem anderen Konzernunternehmen) überläßt[156]. In dem Fall muß der Arbeitgeber durch entsprechende vertragliche Vereinbarung mit dem Dritten sicherstellen, daß der Betriebsrat sein Mitbestimmungsrecht ausüben kann.

7. Arbeits- und Gesundheitsschutz (Nr. 7)

94 Nach § 87 Abs. 1 Nr. 7 BetrVG besteht ein Mitbestimmungsrecht des Betriebsrats bei Regelungen über die Verhütung von Arbeitsunfällen und Berufskrankheiten sowie über den Gesundheitsschutz im Rahmen der gesetzlichen Vorschriften oder der Unfallverhütungsvorschriften. Voraussetzung für das Mitbestimmungsrecht ist das Bestehen von ausfüllungsbedürftigen Rahmenvorschriften[157].

95 Bei **Bildschirmarbeiten** kann der Betriebsrat aufgrund seines Mitbestimmungsrechts nach § 87 Abs. 1 Nr. 7 BetrVG i. V. mit § 5 BildscharbV[158] betriebliche Regelungen über die Unterbrechung von Bildschirmarbeit durch andere Tätigkeiten oder Pausen verlangen, die jeweils die Belastung durch die Arbeit am Bildschirm verringern[159]. Ebenso kann der Betriebsrat nach § 87 Abs. 1 Nr. 7 BetrVG i. V. mit § 6 BildscharbV betriebliche Regelungen über angemessene Untersuchungen der Augen und des Sehvermögens durch eine fachkundige Person verlangen[160]. Dagegen besteht kein Mitbestimmungsrecht des

---

156 BAG vom 17. 3. 1987, AP Nr. 29 zu § 80 BetrVG 1972; LAG Frankfurt vom 9. 10. 1984, NZA 1985, 34.
157 BAG vom 28. 7. 1981, AP Nr. 3 zu § 87 BetrVG 1972 Arbeitssicherheit; BAG vom 6. 12. 1983, AP Nr. 7 zu § 87 BetrVG 1972 Überwachung; BAG vom 2. 4. 1996, AP Nr. 5 zu § 87 BetrVG 1972 Gesundheitsschutz; *Fitting/Kaiser/Heither/Engels*, § 87 Rz. 206; GK-*Wiese*, § 87 Rz. 508 m. w. Nachw.
158 Verordnung über Sicherheit und Gesundheitsschutz bei der Arbeit an Bildschirmgeräten (Bildschirmarbeitsverordnung – BildscharbV), Art. 3 der Verordnung zur Umsetzung von EG-Einzelrichtlinien zur EG-Rahmenrichtlinie Arbeitsschutz vom 4. 12. 1996 (BGBl. I S. 1841).
159 Ebenso bereits BAG vom 2. 4. 1996, AP Nr. 5 zu § 87 BetrVG 1972 Gesundheitsschutz, das dieses Recht des Betriebsrats vor Inkrafttreten von § 5 BildscharbV aus § 87 Abs. 1 Nr. 7 BetrVG i. V. mit § 120a GewO und Art. 7 der EG-Bildschirmrichtlinie sowie der Verpflichtung zur richtlinienkonformen Auslegung innerstaatlichen Rechts abgeleitet hat.
160 Die hiervon abweichende Entscheidung des BAG vom 2. 4. 1996 (AP Nr. 5 zu § 87 BetrVG 1972 Gesundheitsschutz), wonach der Betriebsrat wegen Fehlens einer Rahmenregelung i. S. von § 87 Abs. 1 Nr. 7 BetrVG keine betriebliche Regelungen über Augenuntersuchungen der an Bildschirmen beschäftigten Arbeitnehmern verlangen könne, ist durch das Inkrafttreten von § 6 BildscharbV am 20. 12. 1996 insoweit überholt. Ebenso *Börgmann* in der Anm. zu BAG vom 2. 4. 1996, AP Nr. 5 zu § 87 BetrVG 1972 Gesundheitsschutz.

II. Die Mitbestimmungstatbestände im einzelnen   Rz. 97 **Teil H**

Betriebsrats aus § 87 Abs. 1 Nr. 7 BetrVG hinsichtlich der Kosten von Augenuntersuchungen und Bildschirmbrillen, da die Vorschriften der §§ 6 Abs. 2 BildschirmarbV, 3 Abs. 3 ArbSchG keinen Spielraum für betriebliche Regelungen enthalten[161]. Aus § 87 Abs. 1 Nr. 7 BetrVG ergibt sich auch kein Mitbestimmungsrecht des Betriebsrats, das die Erstellung und Führung eines EDV-Bestandsverzeichnisses durch den Arbeitgeber zum Gegenstand hat. Insoweit hat der Betriebsrat bereits nach § 80 Abs. 2 BetrVG gegen den Arbeitgeber entsprechende Unterrichtungsansprüche[162].

Ergänzt wird die Vorschrift des § 87 Abs. 1 Nr. 7 BetrVG durch das Mitbestimmungsrecht des Betriebsrats bei der **Bestellung, Abberufung** und der **Erweiterung** oder **Einschränkung** der **Aufgaben** von **Betriebsärzten** oder **Fachkräften für Arbeitssicherheit** nach § 9 Abs. 3 ASiG[163]. Die Bestellung, Abberufung und die Erweiterung oder Einschränkung der Aufgaben von angestellten Betriebsärzten oder angestellten Fachkräften für Arbeitssicherheit bedürfen nach § 9 Abs. 3 Satz 1 und 2 Halbsatz 1 ASiG der **vorherigen Zustimmung** des Betriebsrats. Verweigert der Betriebsrat seine Zustimmung, so muß der Arbeitgeber, der die Maßnahme gleichwohl durchführen will, gemäß § 9 Abs. 3 Satz 2 Halbsatz 2 ASiG i. V. mit §§ 87 Abs. 2, 76 BetrVG die Einigungsstelle anrufen und dort die Ersetzung der Zustimmung beantragen. Die Bestellung, Abberufung oder die Aufgabenveränderung eines Betriebsarztes oder einer Fachkraft für Arbeitssicherheit ohne (ersetzte) Zustimmung des Betriebsrats sind **unwirksam**[164]. 96

Umstritten ist, ob und inwieweit der Betriebsrat im Rahmen von § 9 Abs. 3 Satz 1 und 2 ASiG ein **Initiativrecht** hat[165]. Bei der Bestellung von Betriebsärzten und Fachkräften ist ein Initiativrecht des Betriebsrats abzulehnen, da es weder vom Gesetzgeber gewollt noch aus teleologischen Gesichtspunkten geboten ist[166]. Dagegen erfordern Sinn und Zweck des Mitbestimmungsrechts von § 9 Abs. 3 Satz 1 und 2 ASiG – die Stärkung der vertrauensvollen Zusammenarbeit 97

---

161 Zutreffend *Börgmann* in der Anm. zu BAG vom 2. 4. 1996, AP Nr. 5 zu § 87 BetrVG 1972 Gesundheitsschutz.
162 So zu Recht BAG vom 2. 4. 1996, AP Nr. 5 zu § 87 BetrVG 1972 Gesundheitsschutz.
163 Einzelheiten zu den Voraussetzungen für die Bestellung von Betriebsärzten und Fachkräften für Arbeitssicherheit siehe bei *Ehrich*, Handbuch des Betriebsbeauftragten, Rz. 11 ff., 86 ff.
164 BAG vom 24. 3. 1988, AP Nr. 1 zu § 9 ASiG; *Ehrich*, Amt und Anstellung, S. 103 ff. m. w. Nachw.
165 Siehe dazu die Zusammenstellung der unterschiedlichen Ansichten bei *Ehrich*, Amt und Anstellung, S. 90 ff.
166 **A. A.** *Fitting/Kaiser/Heither/Engels*, § 87 Rz. 218.

zwischen Betriebsärzten und Sicherheitsfachkräften auf der einen sowie Belegschaft und Interessenvertretung auf der anderen Seite – ein Initiativrecht bei der Abberufung und bei der Erweiterung oder Einschränkung des Aufgabenbereichs von Betriebsärzten oder Fachkräften für Arbeitssicherheit[167].

98 Von dem Mitbestimmungsrecht des Betriebsrats bei der Bestellung, Abberufung und Aufgabenveränderung von Betriebsärzten und Fachkräften für Arbeitssicherheit nach § 9 Abs. 3 Satz 1 und 2 ASiG zu unterscheiden sind die Beteiligungsrechte des Betriebsrats bei personellen Einzelmaßnahmen i. S. der §§ 99 ff. BetrVG. Wegen der rechtlichen Trennung von Amt und Anstellung müssen diese Beteiligungsrechte des Betriebsrats bei der Einstellung, Eingruppierung, Umgruppierung, Versetzung und Kündigung von Betriebsärzten und Fachkräften für Arbeitssicherheit vom Arbeitgeber **neben** dem Mitbestimmungsrecht des § 9 Abs. 3 ASiG beachtet werden[168]. Die Mitwirkungsrechte der §§ 99 ff. BetrVG entfallen jedoch, wenn es sich bei dem Betriebsarzt oder der Fachkraft für Arbeitssicherheit um einen leitenden Angestellten i. S. von § 5 Abs. 3 BetrVG handelt. In dem Fall hat der Arbeitgeber die Einstellung, Versetzung oder Kündigung des Betriebsarztes oder der Sicherheitsfachkraft nur gemäß § 105 BetrVG dem Betriebsrat rechtzeitig mitzuteilen und den Sprecherausschuß (sofern ein solcher besteht) nach Maßgabe von § 31 Abs. 1 und 2 SprAuG zu unterrichten bzw. anzuhören. Ob ein Betriebsarzt oder eine Fachkraft für Arbeitssicherheit leitender Angestellter ist, kann nicht allgemeingültig gesagt werden, sondern muß im konkreten Einzelfall anhand der Kriterien des § 5 Abs. 3 Satz 2, Abs. 4 BetrVG ermittelt werden (s. dazu Teil A Rz. 78 ff.). In der Regel wird es sich bei den Betriebsärzten und Fachkräften für Arbeitssicherheit nicht um leitende Angestellte handeln[169].

99 Wegen der rechtlichen Trennung von Amt und Anstellung führt die bloße Abberufung des Betriebsarztes oder der Fachkraft für Arbeitssicherheit nicht bereits zur Beendigung des Arbeitsverhältnisses. Umgekehrt würde zwar die Kündigung durch den Arbeitgeber gleichzeitig zur Beendigung des Amtes führen, da eine gleichsam isolierte Amtsausübung nicht möglich ist[170]. In dem Fall könnte der Arbeitgeber allerdings mit der Kündigung, die lediglich dem Anhörungsrecht

---

167 *Ehrich*, Amt und Anstellung, S. 98 ff.; offengelassen von BAG vom 6. 12. 1983, AP Nr. 7 zu § 87 BetrVG 1972 Überwachung.
168 Eingehend zu den rechtlichen und praktischen Problemen der Dualität der Beteiligungsrechte des Betriebsrats nach § 9 Abs. 3 ASiG einerseits und §§ 99 ff. BetrVG andererseits *Ehrich*, Amt und Anstellung, S. 120 ff.
169 *Ehrich*, Handbuch des Betriebsbeauftragten, Rz. 42, 109.
170 *Ehrich*, Amt und Anstellung, S. 171 ff.

II. Die Mitbestimmungstatbestände im einzelnen   Rz. 101 Teil H

des Betriebsrats nach § 102 BetrVG unterliegt, das Mitbestimmungsrecht des Betriebsrats hinsichtlich der Abberufung umgehen. Aus diesem Grund führt die **fehlende** und auch nicht ersetzte **Zustimmung des Betriebsrats** zu der **Abberufung** eines Betriebsarztes oder einer Fachkraft für Arbeitssicherheit nach § 9 Abs. 3 ASiG zumindest dann zur **Unwirksamkeit** einer **Kündigung** des Arbeitsverhältnisses, wenn diese auf Gründe gestützt wird, die mit der Amtsausübung in untrennbarem Sachzusammenhang stehen[171]. Soweit der Arbeitgeber die Kündigung jedoch ausschließlich auf Gründe stützt, die keinen unmittelbaren Sachzusammenhang zu der Amtstätigkeit haben, steht die fehlende Zustimmung des Betriebsrats zu der Abberufung nach § 9 ASiG der Wirksamkeit der Kündigung nicht entgegen[172].

Die Verpflichtung zur Bestellung von Betriebsärzten und Fachkräften für Arbeitssicherheit kann der Arbeitgeber auch durch Inanspruchnahme eines **freiberuflich** tätigen Arztes oder einer freiberuflich tätigen Fachkraft für Arbeitssicherheit auf der Grundlage eines Dienst- oder Geschäftsbesorgungsvertrages oder durch Inanspruchnahme eines **überbetrieblichen Dienstes** (z. B. Werksarztzentrum, Technischer Überwachungsverein) erfüllen. Vor der Verpflichtung oder Entpflichtung eines freiberuflich tätigen Arztes bzw. einer freiberuflich tätigen Fachkraft für Arbeitssicherheit oder eines überbetrieblichen Dienstes ist der Betriebsrat nach § 9 Abs. 3 Satz 3 ASiG lediglich anzuhören. Ein Verstoß des Arbeitgebers gegen dieses Anhörungsrecht führt nicht zur Unwirksamkeit der Verpflichtung oder Entpflichtung[173]. Ein Mitwirkungsrecht des Betriebsrats nach §§ 99 ff. BetrVG kommt bei der Inanspruchnahme von freiberuflich tätigen Ärzten bzw. Sicherheitsfachkräften oder überbetrieblichen Diensten grundsätzlich nicht in Betracht. Etwas anderes gilt ausnahmsweise dann, wenn die freiberuflichen Ärzte bzw. Sicherheitsfachkräfte oder die Mitarbeiter des überbetrieblichen Dienstes in den Betrieb des Arbeitgebers eingegliedert werden[174]. 100

Bei der **Auswahlentscheidung** des Arbeitgebers, ob er einen Betriebsarzt bzw. eine Fachkraft für Arbeitssicherheit als Arbeitnehmer einstellt, einen freiberuflichen Arzt bzw. eine freiberufliche Sicherheitsfachkraft oder einen überbetrieblichen Dienst verpflichtet, hat der 101

---
171 BAG vom 24. 3. 1988, AP Nr. 1 zu § 9 ASiG; *Ehrich,* Amt und Anstellung, S. 175 ff.; *Ehrich,* Handbuch des Betriebsbeauftragten, Rz. 45, 109; *Fitting/Kaiser/Heither/Engels,* § 87 Rz. 219 m. w. Nachw.
172 *Ehrich,* Amt und Anstellung, S. 187 ff.; *Ehrich,* Handbuch des Betriebsbeauftragten, Rz. 46, 109; offengelassen von BAG vom 24. 3. 1988, AP Nr. 1 zu § 9 ASiG.
173 *Ehrich,* Amt und Anstellung, S. 106 f. m. w. Nachw.
174 *Ehrich,* Handbuch des Betriebsbeauftragten, Rz. 48.

Betriebsrat nach § 87 Abs. 1 Nr. 7 BetrVG grundsätzlich ein erzwingbares **Mitbestimmungsrecht**, das auch ein sog. Initiativrecht umfaßt[175]. Dies gilt nur dann nicht, wenn der Arbeitgeber einem **Anschlußzwang** an einen überbetrieblichen Dienst unterliegt und hiervon keine Ausnahmebefreiung erteilt worden ist[176].

8. Sozialeinrichtungen (Nr. 8)

102 Gemäß § 87 Abs. 1 Nr. 8 BetrVG hat der Betriebsrat mitzubestimmen bei der Form, Ausgestaltung und Verwaltung von Sozialeinrichtungen, deren Wirkungsbereich auf den Betrieb, das Unternehmen oder den Konzern beschränkt ist.

103 Unter „Sozialeinrichtungen" sind institutionalisierte, auf Dauer angelegte Einrichtungen zu verstehen, durch die den Arbeitnehmern vom Arbeitgeber zusätzliche Leistungen gewährt werden („zweckgebundenes Sondervermögen"), die mit der Arbeitsleistung mittelbar im Zusammenhang stehen[177]. Unerheblich ist, welche Zwecke der Arbeitgeber mit den Sozialleistungen verfolgt und ob die finanziellen Mittel nur vom Arbeitgeber oder auch von den Arbeitnehmern aufgebracht werden (etwa für Kantinenessen, das vom Arbeitgeber bezuschußt wird)[178].

104 Sozialeinrichtungen sind z. B. Pensions- und Unterstützungskassen[179], Kantinen[180], Getränkeautomaten, Bibliotheken, Kindergärten[181], Sportanlagen, Erholungsräume, Badeanlagen, firmeneigene Krankenhäuser sowie der Werkverkehr mit eigenen Bussen, sofern eine eigenständige Organisation mit abgesonderten Betriebsmitteln vorliegt[182].

105 Keine Sozialeinrichtungen i. S. von § 87 Abs. 1 Nr. 8 BetrVG sind mangels „Einrichtungen" die Direktversicherungen des Arbeitgebers für seine Arbeitnehmer i. S. von § 1 Abs. 2 BetrAVG. Insoweit kommt

---

175 BAG vom 10. 4. 1979, AP Nr. 1 zu § 87 BetrVG 1972 Arbeitssicherheit; ausführlich dazu *Ehrich*, Amt und Anstellung, S. 68 ff. m. w. Nachw.
176 *Ehrich*, Amt und Anstellung, S. 80 f. m. w. Nachw.
177 Vgl. BAG vom 12. 6. 1975, AP Nr. 1 zu § 87 BetrVG 1972 Altersversorgung; BAG vom 9. 7. 1985, AP Nr. 16 zu § 75 BPersVG; GK-*Wiese*, § 87 Rz. 573 m. w. Nachw.
178 *Dietz/Richardi*, § 87 Rz. 386; *Fitting/Kaiser/Heither/Engels*, § 87 Rz. 228 f. m. w. Nachw.
179 BAG vom 12. 6. 1975, AP Nr. 1 zu § 87 BetrVG 1972 Altersversorgung.
180 BAG vom 15. 9. 1987, AP Nr. 9 zu § 87 BetrVG 1972 Sozialeinrichtung.
181 BAG vom 22. 10. 1981, AP Nr. 10 zu § 76 BetrVG 1972.
182 BAG vom 9. 7. 1985, AP Nr. 16 zu § 75 BPersVG.

II. Die Mitbestimmungstatbestände im einzelnen

aber das Mitbestimmungsrecht des Betriebsrats nach § 87 Abs. 1 Nr. 10 BetrVG in Betracht[183]. An einer „Einrichtung" fehlt es auch bei der Einräumung eines Rabattes auf Warenbezug durch den Arbeitgeber[184] und bei der Ausgabe von Essensmarken unmittelbar an die Arbeitnehmer[185]. Ebenfalls nicht unter § 87 Abs. 1 Nr. 8 BetrVG fällt die Veranstaltung von Betriebsfeiern und Betriebsausflügen, da diese nicht „auf Dauer" angelegt sind[186]. Betriebskrankenkassen sind ebensowenig Sozialeinrichtungen, da sie die gesetzlichen Träger der Sozialversicherung i. S. der §§ 29 ff. SGB IV sind.

Die Sozialeinrichtung muß vom Arbeitgeber für die Arbeitnehmer eines Betriebes, eines Unternehmens oder eines Konzerns errichtet sein. Werden Unterstützungskassen für mehrere nicht einem Konzern angehörende Unternehmen errichtet (Gruppenunterstützungskassen), so handelt es sich hierbei nicht um Sozialeinrichtungen i. S. der Nr. 8[187]. Unerheblich ist jedoch die Einbeziehung von Familienangehörigen der Arbeitnehmer, von leitenden Angestellten oder von Personen, die dem Unternehmen oder Konzern nicht mehr angehören (z. B. Pensionäre)[188]. Keine Sozialeinrichtung i. S. der Nr. 8 liegt vor, wenn der Arbeitgeber an die Mitarbeiter vermögenswerte Leistungen zu Preisen und Modalitäten abgibt wie an jeden Dritten auch, weil hier jeder besondere Vorteil für die Arbeitnehmer entfällt[189]. Bei Werkmietwohnungen besteht ein Mitbestimmungsrecht nach Nr. 9 hinsichtlich der Wohnungen, die für die Arbeitnehmer vorgesehen sind und vergeben werden[190]. 106

Das Mitbestimmungsrecht des Betriebsrats nach Nr. 8 umfaßt die **Form**, **Ausgestaltung** und die **Verwaltung** von Sozialeinrichtungen. Der Betriebsrat kann jedoch **weder** die **Errichtung** von solchen Einrichtungen **erzwingen noch** deren **Schließung verhindern**[191]. Für die Errichtung von Sozialeinrichtungen ist lediglich in § 88 Nr. 2 BetrVG der Abschluß freiwilliger Betriebsvereinbarungen vorgesehen. **Mitbestimmungsfrei** ist ebenfalls die Festlegung des **Zwecks** der Sozialein- 107

---

183 *Fitting/Kaiser/Heither/Engels*, § 87 Rz. 235 f.
184 Vgl. BAG vom 18. 5. 1965, AP Nr. 26 zu § 56 BetrVG.
185 Vgl. BAG vom 15. 1. 1987, AP Nr. 21 zu § 75 BPersVG.
186 *Fitting/Kaiser/Heither/Engels*, § 87 Rz. 235.
187 BAG vom 22. 4. 1986, AP Nr. 13 zu § 87 BetrVG 1972 Altersversorgung.
188 BAG vom 21. 6. 1979, AP Nr. 1 zu § 87 BetrVG 1972 Sozialeinrichtung.
189 *Fitting/Kaiser/Heither/Engels*, § 87 Rz. 232 m. w. Nachw.
190 Vgl. BAG vom 18. 7. 1978, AP Nr. 4 zu § 87 BetrVG 1972 Werkmietwohnungen.
191 BAG vom 13. 3. 1973, AP Nr. 1 zu § 87 BetrVG 1972 Werkmietwohnungen; *Fitting/Kaiser/Heither/Engels*, § 87 Rz. 238, 242; GK-*Wiese*, § 87 Rz. 600, 607 m. w. Nachw.

richtung[192], die Bestimmung des **begünstigten Personenkreises** (nicht aber die Auswahl unter den Bewerbern bei einer das Angebot übersteigenden Nachfrage)[193] sowie die **finanzielle Ausstattung** der Einrichtung[194]. Demgemäß ist zwar die Erhöhung der Kantinenpreise mitbestimmungspflichtig, der Arbeitgeber kann jedoch nicht zur Erhöhung seiner finanziellen Zuschüsse gezwungen werden[195].

108 Der Mitbestimmung unterliegt zunächst die Entscheidung, in welcher **Form** die Sozialeinrichtung geschaffen wird. Gemeint ist die **Rechtsform**, in der die Sozialeinrichtung tätig werden soll[196]. Die Sozialeinrichtung kann Teil des Betriebes sein oder mit eigener Rechtspersönlichkeit (z. B. GmbH, eingetragener Verein oder rechtsfähige Stiftung) geschaffen werden[197]. Unter **Ausgestaltung** der Sozialeinrichtung ist die Bestimmung der Organisation, der Verwaltung (Geschäftsordnung), die Verteilung der finanziellen Mittel sowie die Festlegung allgemeiner Grundsätze über die Benutzung (z. B. Öffnungszeiten) und deren Änderung zu verstehen[198]. Die **Verwaltung** betrifft **alle sonstigen Entscheidungen und Maßnahmen** nach der Errichtung, wie z. B. Abschluß und Kündigung von Pachtverträgen über Sozialeinrichtungen[199]. Üblicherweise werden hier in der Praxis paritätisch besetzte Gremien i. S. von § 28 Abs. 3 BetrVG errichtet, welche die Verwaltung der betrieblichen Sozialeinrichtung entsprechend den Bedürfnissen im Einzelfall wahrnehmen. Dem Betriebsrat kann die Verwaltung auch vollständig übertragen werden, ohne daß darauf ein Rechtsanspruch besteht[200]. Mangels Rechts- und Vermögensfähigkeit

---

192 Vgl. BAG vom 26. 10. 1965, AP Nr. 8 zu § 56 BetrVG 1952 Wohlfahrtseinrichtungen.
193 Vgl. BAG vom 14. 2. 1967, AP Nr. 9 zu § 56 BetrVG 1952 Wohlfahrtseinrichtungen.
194 Siehe etwa BAG vom 13. 3. 1973, AP Nr. 1 zu § 87 BetrVG 1972 Werkmietwohnungen; BAG vom 3. 6. 1975, AP Nr. 3 zu § 87 BetrVG 1972 Werkmietwohnungen; *Dietz/Richardi*, § 87 Rz. 408; *Fitting/Kaiser/Heither/Engels*, § 87 Rz. 239 m. w. Nachw.
195 BAG vom 6. 12. 1963, AP Nr. 6 zu § 56 BetrVG Wohlfahrtseinrichtungen.
196 *Dietz/Richardi*, § 87 Rz. 411; GK-*Wiese*, § 87 Rz. 611; *Fitting/Kaiser/Heither/Engels*, § 87 Rz. 243 m. w. Nachw.
197 Zur Verwirklichung des Mitbestimmungsrechts bei Sozialeinrichtungen mit eigener Rechtspersönlichkeit siehe *Fitting/Kaiser/Heither/Engels*, § 87 Rz. 254 ff.
198 Vgl. BAG vom 13. 3. 1973, AP Nr. 1 zu § 87 BetrVG 1972 Werkmietwohnungen; BAG vom 15. 9. 1987, AP Nr. 9 zu § 87 BetrVG 1972 Sozialeinrichtung; *Dietz/Richardi*, § 87 Rz. 414; *Fitting/Kaiser/Heither/Engels*, § 87 Rz. 245; GK-*Wiese*, § 87 Rz. 621 ff. m. w. Nachw.
199 *Fitting/Kaiser/Heither/Engels*, § 87 Rz. 249 f.
200 BAG vom 24. 4. 1986, AP Nr. 7 zu § 87 BetrVG 1972 Sozialeinrichtung (zur Werkskantine, die allein dem Betriebsrat unterstand).

kann der Betriebsrat als solcher aber nicht Träger einer Sozialeinrichtung sein[201].

Bei Sozialeinrichtungen mit eigener Rechtspersönlichkeit kann die Verwaltung auf zwei Wegen verwirklicht werden: Die Betriebspartner können zum einen vereinbaren, daß der Betriebsrat gleichberechtigte Vertreter in die entscheidenden Organe entsendet und dort mitbestimmungspflichtige Fragen nicht gegen den Widerspruch der Vertreter des Betriebsrats entschieden werden dürfen („organschaftliche Lösung")[202]. Wird eine solche Vereinbarung nicht getroffen, so müssen zunächst alle mitbestimmungspflichtigen Fragen zwischen den Betriebspartnern ausgehandelt werden. Der Arbeitgeber hat dann dafür zu sorgen, daß die Sozialeinrichtung die getroffenen Regelungen befolgt. Insoweit muß sich der Arbeitgeber maßgebenden Einfluß auf die Verwaltung sichern, damit die zwischen den Betriebspartnern vereinbarten Regelungen in der Sozialeinrichtung durchgeführt werden („zweistufige Lösung")[203]. 109

9. Werkmietwohnungen (Nr. 9)

Mitbestimmungspflichtig ist nach § 87 Abs. 1 Nr. 9 BetrVG die Zuweisung und Kündigung von Wohnräumen, die den Arbeitnehmern mit Rücksicht auf das Bestehen eines Arbeitsverhältnisses vermietet werden, sowie die allgemeine Festlegung der Nutzungsbedingungen. Hierbei handelt es sich um einen Sonderfall des Mitbestimmungsrechts des Betriebsrats nach Nr. 8, da auch die Verwaltung von Wohnräumen bei Bestehen eines sozialen Zwecks von diesem Tatbestand erfaßt wird. Dem Mitbestimmungsrecht der Nr. 9 steht jedoch nicht entgegen, daß eine kostendeckende Miete erhoben wird und daher keine Sozialeinrichtung i. S. der Nr. 8 vorliegt[204]. 110

Die Vorschrift der Nr. 9 bezieht sich nur auf Werkmietwohnungen (§§ 565b ff. BGB), d. h. auf Wohnungen, die an Arbeitnehmer mit Rücksicht auf das Bestehen eines Arbeitsverhältnisses vermietet werden. Kein Mitbestimmungsrecht besteht dagegen bei Werkdienstwohnungen (§ 565e BGB), also bei Wohnräumen, die dem Arbeitnehmer 111

---

201 Vgl. BAG vom 24. 4. 1986, AP Nr. 7 zu § 87 BetrVG 1972 Sozialeinrichtung.
202 BAG vom 13. 7. 1978, AP Nr. 5 zu § 87 BetrVG 1972 Altersversorgung.
203 BAG vom 13. 7. 1978, AP Nr. 5 zu § 87 BetrVG 1972 Altersversorgung; BAG vom 10. 3. 1992, AP Nr. 34 zu § 1 BetrAVG Unterstützungskassen; *Dietz/Richardi*, § 87 Rz. 422; GK-*Wiese*, § 87 Rz. 642 ff.; *Fitting/Kaiser/Heither/Engels*, § 87 Rz. 254 m. w. Nachw.
204 *Dietz/Richardi*, § 87 Rz. 460, 464; *Fitting/Kaiser/Heither/Engels*, § 87 Rz. 259; GK-*Wiese*, § 87 Rz. 657 f.

im Rahmen seines Arbeitsverhältnisses aus dienstlichen Gründen überlassen werden (z. B. Hausmeister, Pförtner, Kraftfahrer)[205].

112 Der Arbeitgeber muß nicht Eigentümer der Wohnräume sein. Es genügt, wenn er für die Nutzung der Räume ein Belegungs- oder Vorschlagsrecht hat[206].

113 Das Mitbestimmungsrecht der Nr. 9 bezieht sich nicht auf die Frage, **ob** der Arbeitgeber Wohnräume zur Verfügung stellt oder auf die Überlassung von Wohnräumen wieder verzichtet[207]. Ebenso kann der Arbeitgeber **mitbestimmungsfrei** den **finanziellen Umfang** für die Beschaffung von Wohnräumen und den begünstigten **Personenkreis** bestimmen[208]. Auch die Entscheidung, Wohnräume künftig nur noch solchen Personen zur Verfügung zu stellen, die vom Betriebsrat nicht vertreten werden (z. B. leitenden Angestellten), unterliegt nicht der Mitbestimmung des Betriebsrats nach § 87 Abs. 1 Nr. 9 BetrVG[209].

114 Mitbestimmungspflichtig sind zunächst die **Zuweisung von Wohnräumen**. Unter „Zuweisung" ist die Benennung derjenigen Person zu verstehen, welche die Wohnung nutzen darf. Das Mitbestimmungsrecht besteht in jedem Einzelfall. Insoweit bezweckt es eine gerechte Verteilung der zur Verfügung stehenden Räume. Werden Werkmietwohnungen aus einem einheitlichen Bestand ohne feste Zuordnung sowohl an Arbeitnehmer des Betriebes als auch an Personen vergeben, die nicht vom Betriebsrat repräsentiert werden, erstreckt sich das Mitbestimmungsrecht des Betriebsrats nach § 87 Abs. 1 Nr. 9 BetrVG auch auf die Zuordnung und Kündigung von Wohnungen an Dritte[210]. Kein Mitbestimmungsrecht nach Nr. 9 besteht hingegen, wenn nur leitende Angestellte zu dem begünstigten Personenkreis gehören[211].

115 Die Vergabe von Werkmietwohnungen durch den Arbeitgeber ohne vorherige Zustimmung des Betriebsrats stellt zwar eine Verletzung

---

205 BAG vom 7. 6. 1975, AP Nr. 3 zu § 87 BetrVG 1972 Werkmietwohnungen; BAG vom 28. 7. 1992, AP Nr. 7 zu § 87 BetrVG 1972 Werkmietwohnungen.
206 BAG vom 18. 7. 1978, AP Nr. 4 zu § 87 BetrVG 1972 Werkmietwohnungen; *Dietz/Richardi*, § 87 Rz. 466; *Fitting/Kaiser/Heither/Engels*, § 87 Rz. 261.
207 BAG vom 23. 3. 1993, AP Nr. 8 zu § 87 BetrVG 1972 Werkmietwohnungen; *Dietz/Richardi*, § 87 Rz. 468; *Fitting/Kaiser/Heither/Engels*, § 87 Rz. 264; GK-*Wiese*, § 87 Rz. 673 m. w. Nachw.
208 *Dietz/Richardi*, § 87 Rz. 470; GK-*Wiese*, § 87 Rz. 671; *Fitting/Kaiser/Heither/Engels*, § 87 Rz. 264 m. w. Nachw. Offengelassen von BAG vom 23. 3. 1993, AP Nr. 8 zu § 87 BetrVG 1972 Werkmietwohnungen.
209 BAG vom 23. 3. 1993, AP Nr. 8 zu § 87 BetrVG 1972 Werkmietwohnungen.
210 BAG vom 28. 7. 1992, AP Nr. 7 zu § 87 BetrVG 1972 Werkmietwohnungen.
211 Vgl. BAG vom 23. 3. 1993, AP Nr. 8 zu § 87 BetrVG 1972 Werkmietwohnungen.

II. Die Mitbestimmungstatbestände im einzelnen   Rz. 118 **Teil H**

betriebsverfassungsrechtlicher Pflichten dar, gegen die der Betriebsrat nach § 23 Abs. 3 BetrVG oder aufgrund seines sog. allgemeinen Unterlassungsanspruchs (s. o. Rz. 40 ff.) vorgehen kann. Allerdings ist die Zustimmung des Betriebsrats **keine Wirksamkeitsvoraussetzung** für den Abschluß des Mietvertrages[212], da sich die Unwirksamkeitsfolge für die betroffenen Arbeitnehmer nachteilig auswirken würde. Die Gefahr der Aushöhlung des Mitbestimmungsrechts ist hier nicht gegeben[213], da der Betriebsrat im Wege seines Initiativrechts (s. o. Rz. 27 ff.) die Kündigung des Mietvertrages erzwingen kann.

Das Mitbestimmungsrecht des Betriebsrats bezieht sich auch auf die – ordentliche oder außerordentliche – **Kündigung von Wohnräumen**. Die Zustimmung des Betriebsrats ist **Wirksamkeitsvoraussetzung** für die Kündigung[214]. Stimmt der Betriebsrat der Kündigung zu oder wird die Zutimmung von der Einigungsstelle ersetzt, kann der Arbeitgeber das Mietverhältnis wirksam kündigen. Die (ersetzte) Zustimmung des Betriebsrats zur Kündigung hindert den Arbeitnehmer zwar nicht daran, die Kündigung gerichtlich anzugreifen. Eine entsprechende Klage wird aber regelmäßig keinen Erfolg haben, wenn der Betriebsrat oder die Einigungsstelle die Grundsätze des Mieterschutzes beachtet haben[215].

116

Nach der Rechtsprechung des BAG[216] besteht das Mitbestimmungsrecht des Betriebsrats für die Kündigung der Wohnräume auch **nach wirksamer Beendigung des Arbeitsverhältnisses** weiter[217].

117

Der Mitbestimmung des Betriebsrats unterliegt nach § 87 Abs. 1 Nr. 9 BetrVG schließlich die **allgemeine Festlegung der Nutzungsbedingungen**. Hierzu gehören die generelle Regelung aller mit dem Mietverhältnis zusammenhängenden Fragen, wie z. B. der Entwurf eines Mustermietvertrages, der Hausordnung, die Erhebung und Abrechnung von Nebenkosten sowie die Festlegung der Grundsätze über die

118

---

212 Vgl. *Dietz/Richardi*, § 87 Rz. 488; GK-*Wiese*, § 87 Rz. 676 m. w. Nachw.; a. A. *Fitting/Kaiser/Heither/Engels*, § 87 Rz. 265, 267.
213 So aber *Fitting/Kaiser/Heither/Engels*, § 87 Rz. 265.
214 *Dietz/Richardi*, § 87 Rz. 489; GK-*Wiese*, § 87 Rz. 680; *Fitting/Kaiser/Heither/Engels*, § 87 Rz. 273.
215 So zu Recht *Fitting/Kaiser/Heither/Engels*, § 87 Rz. 273.
216 BAG vom 28. 7. 1992, AP Nr. 7 zu § 87 BetrVG 1972 Werkmietwohnungen. Ebenso GK-*Wiese*, § 87 Rz. 678 m. w. Nachw. A. A. *Dietz/Richardi*, § 87 Rz. 473.
217 Abweichend OLG Frankfurt/M. vom 14. 8. 1992, DB 1992, 2146 = BB 1992, 2000, wonach die Zustimmung des Betriebsrats nach § 87 Abs. 1 Nr. 9 BetrVG nur bis zur rechtskräftigen Auflösung des Arbeitsverhältnisses Wirksamkeitsvoraussetzung für die Kündigung sei.

Mietzinsbildung im Rahmen der vom Arbeitgeber zur Verfügung gestellten Mittel[218]. Vom Gesetzeswortlaut „allgemeine Festlegung der Nutzungsbedingungen" wird dagegen die Ausgestaltung der Mietverträge im Einzelfall, insbesondere der Mietzins, nicht erfaßt[219].

10. Betriebliche Lohngestaltung (Nr. 10)

119 Nach § 87 Abs. 1 Nr. 10 BetrVG hat der Betriebsrat ein Mitbestimmungsrecht in Fragen der betrieblichen Lohngestaltung, insbesondere der Aufstellung von Entlohnungsgrundsätzen und der Einführung und Anwendung von neuen Entlohnungsmethoden und deren Änderung. Zweck des Mitbestimmungsrechts ist es, die Arbeitnehmer vor einer einseitig an den Interessen des Arbeitgebers orientierten oder willkürlichen Lohngestaltung zu schützen. Es soll die Angemessenheit und Durchsichtigkeit des betrieblichen Lohngefüges und die Wahrung der innerbetrieblichen **Lohngerechtigkeit** sichern[220].

120 Der Begriff des „Lohnes" i. S. von § 87 Abs. 1 Nr. 10 BetrVG ist **weit zu verstehen.** Er umfaßt **jede geldwerte Leistung** (Geld- und Sachleistungen) ohne Rücksicht auf ihre Bezeichnung, die der Arbeitgeber im Hinblick auf das Arbeitsverhältnis erbringt, sofern es sich nicht lediglich um die Erstattung der mit der Arbeitsleistung verbundenen Kosten (Fahrt-, Übernachtungskosten, Auslösung) handelt[221].

121 Zum Lohn gehören neben den **unmittelbar leistungsbezogenen Entgelten** (wie z. B. den Zeit- und Akkordlöhnen, Gehältern) auch die nur **mittelbar leistungsbezogenen Entgelte** wie Gratifikationen aller Art (Weihnachtsgelder, Anwesenheits- und Treueprämien, Jubiläumsgelder, Jahresabschlußvergütungen)[222]. Im einzelnen wurde von der Rechtsprechung des BAG als „Lohn" angesehen: freiwillige Lei-

---

218 BAG vom 13. 3. 1973, AP Nr. 1 zu § 87 BetrVG 1972 Werkmietwohnungen; BAG vom 28. 7. 1992, AP Nr. 7 zu § 87 BetrVG 1972 Werkmietwohnungen; *Dietz/Richardi,* § 87 Rz. 476; *Fitting/Kaiser/Heither/Engels,* § 87 Rz. 275; *GK-Wiese,* § 87 Rz. 685 m. w. Nachw.
219 BAG vom 13. 3. 1973, AP Nr. 1 zu § 87 BetrVG 1972 Werkmietwohnungen; BAG vom 3. 6. 1975, AP Nr. 3 zu § 87 BetrVG 1972 Werkmietwohnungen.
220 BAG vom 10. 2. 1988, AP Nr. 33 zu § 87 BetrVG 1972 Lohngestaltung; BAG (GS) vom 3. 12. 1991, AP Nr. 51 zu § 87 BetrVG 1972 Lohngestaltung; BAG vom 19. 9. 1995, AP Nr. 81 zu § 87 BetrVG 1972 Lohngestaltung; BAG vom 7. 2. 1996, AP Nr. 85 zu § 87 BetrVG 1972 Lohngestaltung; BAG vom 9. 7. 1996, AP Nr. 86 zu § 87 BetrVG 1972 Lohngestaltung; *Dietz/Richardi,* § 87 Rz. 493; *Fitting/Kaiser/Heither/Engels,* § 87 Rz. 282; *GK-Wiese,* § 87 Rz. 697 m. w. Nachw. Zum Initiativrecht des Betriebsrats im Rahmen des § 87 Abs. 1 Nr. 10 BetrVG s. o. Rz. 29.
221 BAG vom 10. 6. 1986, AP Nr. 22 zu § 87 BetrVG 1972 Lohngestaltung; BAG vom 30. 1. 1990, AP Nr. 41 zu § 87 BetrVG 1972 Lohngestaltung.
222 Vgl. BAG vom 30. 3. 1982, AP Nr. 10 zu § 87 BetrVG 1972 Lohngestaltung.

II. Die Mitbestimmungstatbestände im einzelnen Rz. 122 Teil H

stungen des Arbeitgebers (insbesondere übertarifliche Zulagen)[223], Provisionen[224], Leistungsprämien[225], Erschwerniszuschläge[226], Leistungen der betrieblichen Altersversorgung, soweit sie nicht über eine Sozialeinrichtung (Pensions- oder Unterstützungskasse) erbracht werden[227], Richtlinien zur Gewährung zinsgünstiger Darlehen an Mitarbeiter[228], Auslobung von Geldprämien für Außendienstmitarbeiter im Rahmen eines zeitlich begrenzten Wettbewerbs[229], Veranstaltung eines Wettbewerbs mit geldwerten Leistungen (Reisen) zur Motivation der Mitarbeiter[230], allgemeine Regelungen über den Erwerb verbilligter Flugscheine[231], Kosten für Familienheimflüge[232], Auslandszulagen für vorübergehend dorthin entsandte Arbeitnehmer[233], verbilligte oder kostenlose Personalfahrten von der Wohnung zur Arbeitsstätte[234], Lieferung von verbilligtem Heizgas aus eigener Produktion[235], Ausgabe von Essenszusatzmarken für die Kantine[236] und die Ermäßigung des Elternbeitrages im Kindergarten[237].

Das Mitbestimmungsrecht des Betriebsrats nach § 87 Abs. 1 Nr. 10 BetrVG besteht nur bei sog. **kollektiven Tatbeständen** (siehe bereits oben Rz. 19 ff.). Ein kollektiver Tatbestand liegt vor, wenn Grund und Höhe der Zahlungen von **allgemeinen Merkmalen** abhängig gemacht werden, die von einer Mehrzahl der Arbeitnehmer erfüllt werden können (z. B. Leistungskriterien, soziale Gesichtspunkte, Dauer der Betriebszugehörigkeit oder Fehlzeiten)[238]. Ausgenommen vom Mitbestimmungsrecht sind dagegen **individuelle Lohnvereinbarungen.** Hierbei handelt es sich um Regelungen mit Rücksicht auf den Einzelfall, bei denen besondere Umstände des einzelnen Arbeitnehmers eine Rolle spielen und bei denen kein innerer Zusammenhang zu anderen Arbeitnehmern besteht[239]. 122

---

223 Vgl. BAG vom 17. 12. 1985, AP Nr. 5 zu § 87 BetrVG 1972 Tarifvorrang; BAG (GS) vom 3. 12. 1991, AP Nr. 51 zu § 87 BetrVG 1972 Lohngestaltung.
224 BAG vom 26. 7. 1988 AP Nr. 6 zu § 87 BetrVG 1972 Provision.
225 BAG vom 8. 12. 1981, AP Nr. 1 zu § 87 BetrVG 1972 Prämie.
226 BAG vom 22. 12. 1981, AP Nr. 7 zu § 87 BetrVG 1972 Lohngestaltung.
227 BAG vom 16. 2. 1993, AP Nr. 19 zu § 87 BetrVG 1972 Altersversorgung.
228 BAG vom 9. 12. 1980, AP Nr. 5 zu § 87 BetrVG 1972 Lohngestaltung.
229 BAG vom 10. 7. 1979, AP Nr. 2 zu § 87 BetrVG 1972 Lohngestaltung.
230 BAG vom 30. 3. 1982, AP Nr. 10 zu § 87 BetrVG 1972 Lohngestaltung.
231 BAG vom 22. 10. 1985, AP Nr. 18 zu § 87 BetrVG 1972 Lohngestaltung.
232 BAG vom 10. 6. 1986, AP Nr. 22 zu § 87 BetrVG 1972 Lohngestaltung.
233 BAG vom 30. 1. 1990, AP Nr. 41 zu § 87 BetrVG 1972 Lohngestaltung.
234 BAG vom 9. 7. 1985, AP Nr. 16 zu § 75 BPersVG.
235 BAG vom 22. 10. 1985, AP Nr. 5 zu § 87 BetrVG 1972 Werkmietwohnungen.
236 BAG vom 15. 1. 1987, AP Nr. 21 zu § 75 BPersVG.
237 BAG vom 22. 10. 1981, AP Nr. 10 zu § 76 BetrVG 1972.
238 Siehe dazu im einzelnen *Fitting/Kaiser/Heither/Engels*, § 87 Rz. 289 ff.
239 Vgl. BAG (GS) vom 3. 12. 1991, AP Nr. 51 zu § 87 BetrVG 1972 Lohngestaltung.

123 **Lohngestaltung** i. S. von § 87 Abs. 1 Nr. 10 BetrVG ist gegenüber dem Entlohnungsgrundsatz und der Entlohnungsmethode der weitergehende Begriff. Er umfaßt alle generellen Regelungen, nach denen sich die Entlohnung im Betrieb richten soll[240]. Demgegenüber ist unter **Entlohnungsgrundsatz** das System zu verstehen, nach dem das Arbeitsentgelt gezahlt werden soll (Zeitlohn, Akkordlohn, Prämienlohn) und seine Ausformung[241]. **Entlohnungsmethode** ist die Art und Weise der Ausführung und Durchführung des gewählten Entlohnungssystems (z. B. Punktsystem, Leistungsgruppensystem, Refa-, Bédaux-, MTM-System)[242].

124 Eine mitbestimmungspflichtige Aufstellung eines Entlohnungsgrundsatzes liegt auch bei der Einführung sog. **Halbgruppen** (zusätzliche Vergütung in Höhe der halben Differenz zwischen der maßgebenden und der nächsthöheren Tarifgruppe) vor. Dies gilt auch dann, wenn jeweils unterschiedliche Gründe für die Gewährung der Zulagen maßgebend sind[243].

125 Bei **Provisionen** gehören zur betrieblichen Lohngestaltung die Fragen, ob ein Gehaltsfixum und/oder Provisionen gezahlt werden, die Arten der Provisionen, das Verhältnis der Provision zum Fixum, das Verhältnis der Provisionen untereinander und die Festlegung der Bezugsgrößen, ihre progressive und degressive Steigerung[244].

126 Mitbestimmungspflichtig ist nicht nur die Einführung und Anwendung eines betrieblichen Entlohnungssystems, sondern auch seine **Änderung.** Demnach fällt auch die **Neuverteilung gekürzter Mittel** unter den Mitbestimmungstatbestand des § 87 Abs. 1 Nr. 10 BetrVG[245].

127 Nach ständiger Rechtsprechung des BAG bezieht sich das Mitbestimmungsrecht des § 87 Abs. 1 Nr. 10 BetrVG – anders als § 87 Abs. 1 Nr. 11 BetrVG – jedoch **nicht** auf die **Höhe des Arbeitsentgelts**[246].

---

240 BAG vom 6. 12. 1988, AP Nr. 37 zu § 87 BetrVG 1972 Lohngestaltung.
241 BAG vom 29. 3. 1977, AP Nr. 1 zu § 87 BetrVG 1972 Provision; BAG vom 6. 12. 1988, AP Nr. 37 zu § 87 BetrVG 1972 Lohngestaltung.
242 BAG vom 6. 12. 1988, AP Nr. 37 zu § 87 BetrVG 1972 Lohngestaltung.
243 BAG vom 18. 10. 1994, AP Nr. 70 zu § 87 BetrVG 1972 Lohngestaltung.
244 BAG vom 29. 3. 1977, AP Nr. 1 zu § 87 BetrVG 1972 Provision; BAG vom 6. 12. 1988, AP Nr. 37 zu § 87 BetrVG 1972 Lohngestaltung.
245 BAG (GS) vom 3. 12. 1991, AP Nr. 51 zu § 87 BetrVG 1972 Lohngestaltung; *Fitting/Kaiser/Heither/Engels*, § 87 Rz. 300 m. w. Nachw.
246 Siehe etwa BAG vom 22. 10. 1985, AP Nr. 3 zu § 87 BetrVG 1972 Leistungslohn; BAG vom 10. 2. 1988, AP Nr. 33 zu § 87 BetrVG 1972 Lohngestaltung; BAG vom 6. 12. 1988, AP Nr. 37 zu § 87 BetrVG 1972 Lohngestaltung; BAG vom 30. 1. 1990, AP Nr. 41 zu § 87 BetrVG 1972 Lohngestaltung; BAG (GS) vom 3. 12. 1991, AP Nr. 51 zu § 87 BetrVG 1972 Lohngestaltung.

II. Die Mitbestimmungstatbestände im einzelnen Rz. 132 **Teil H**

Bestehen für Teile der Belegschaft verschiedenartige Entgeltsysteme, die durch Unterschiede der Tätigkeiten bedingt sind, so erstreckt sich das Mitbestimmungsrecht des § 87 Abs. 1 Nr. 10 BetrVG nach Ansicht des BAG[247] nicht auf das Verhältnis der Entgeltsysteme zueinander. 128

Bei **freiwilligen Leistungen** (insbesondere übertariflichen Zulagen), zu denen der Arbeitgeber weder kraft Gesetzes noch kraft Tarifvertrages verpflichtet ist, ist das **Mitbestimmungsrecht** des Betriebsrats **eingeschränkt**. Insoweit kann der Arbeitgeber **mitbestimmungsfrei** entscheiden, ob und in welchem **Umfang** er finanzielle Mittel für zusätzliche Leistungen einsetzen will[248]. Ebenso kann der Arbeitgeber frei bestimmen, **welchen Zweck** er mit der Leistung verfolgen will und für **welchen Personenkreis** die geplanten Leistungen gedacht sind[249]. Im Rahmen dieser mitbestimmungsfreien Vorgaben hat der Betriebsrat ein **Mitbestimmungsrecht** bei der Aufstellung der Kriterien, nach denen die freiwilligen Leistungen gewährt werden sollen, also bei der **Aufstellung der Verteilungsgrundsätze**[250]. 129

Der **Spruch der Einigungsstelle** über die Ausgestaltung der freiwilligen Leistung **bindet** den Arbeitgeber **nicht** hinsichtlich der Frage, **ob** er **freiwillige Leistungen erbringt**. Er kann trotzdem davon absehen, die freiwillige Leistung zu erbringen. Nur solange er sie gewährt, ist er an den Einigungsstellenspruch gebunden. 130

Da der Arbeitgeber allein darüber entscheiden kann, ob er eine freiwillige Leistung gewährt, hat der Betriebsrat auch **kein Mitbestimmungsrecht bei** deren **Kürzung** oder **Streichung**[251]. 131

Der Arbeitgeber kann das Mitbestimmungsrecht der Nr. 10 hinsichtlich der Verteilung freiwilliger Zulagen aber nicht dadurch umgehen, daß er zunächst mitbestimmungsfrei alle freiwilligen Leistungen streicht oder und sodann im zeitlichen Zusammenhang wieder individuell freiwillige Leistungen gewährt oder erhöht[252]. 132

---

247 BAG vom 19. 9. 1995, AP Nr. 81 zu § 87 BetrVG 1972 Lohngestaltung.
248 BAG vom 27. 10. 1992, AP Nr. 61 zu § 87 BetrVG 1972 Lohngestaltung; BAG vom 14. 6. 1994, AP Nr. 69 zu § 87 BetrVG 1972 Lohngestaltung.
249 BAG vom 8. 12. 1981, AP Nr. 1 zu § 87 BetrVG 1972 Prämie.
250 Vgl. BAG (GS) vom 3. 12. 1991, AP Nr. 51 zu § 87 BetrVG 1972 Lohngestaltung.
251 BAG vom 10. 2. 1988, AP Nr. 33 zu § 87 BetrVG 1972 Lohngestaltung.
252 BAG vom 11. 8. 1992, AP Nr. 53 zu § 87 BetrVG 1972 Lohngestaltung; BAG vom 3. 5. 1994, AP Nr. 23 zu § 23 BetrVG 1972; BAG vom 17. 1. 1995, AP Nr. 71 zu § 87 BetrVG 1972 Lohngestaltung; BAG vom 14. 2. 1995, AP Nr. 73 zu § 87 BetrVG 1972 Lohngestaltung.

133 Gewährt der Arbeitgeber einzelnen Arbeitnehmern **individuelle Sonderboni** in unterschiedlicher Höhe, so steht dem Betriebsrat hierbei ein Mitbestimmungsrecht nach § 87 Abs. 1 Nr. 10 BetrVG zu, wenn die Zahlungen aus Leistungsgesichtspunkten oder sozialen Gründen erfolgen[253]. Zahlt der Arbeitgeber einzelnen Arbeitnehmern Sonderzulagen aus **arbeitsmarktpolitischen Gründen,** läßt sich dies nicht generell als kollektiver (mitbestimmungspflichtiger) oder individueller (mitbestimmungsfreier) Regelungsgegenstand einordnen. Solche arbeitsmarktpolitischen Gründe können individuell sein, wenn ein Arbeitnehmer nur gegen eine Vergütung, die über derjenigen vergleichbarer Arbeitskollegen liegt, zum Abschluß des Arbeitsvertrages oder zum Verbleib bewogen werden kann. Die Lage auf dem Arbeitsmarkt kann sich aber auch allgemein auf die Höhe der Vergütungen auswirken. So kann es notwendig sein, durch Sonderzahlungen eine Betriebsbindung aller Arbeitnehmer oder einer Gruppe von Arbeitnehmern herzustellen[254].

134 Das Mitbestimmungsrecht des Betriebsrats bei der Gewährung freiwilliger Leistungen wird nicht dadurch eingeschränkt, daß der Arbeitgeber bereits vor der Beteiligung des Betriebsrats Zahlungen leistet, die er nicht mehr zurückfordern kann. Kommt es später zu einer abweichenden Einigung oder zum Spruch der Einigungsstelle über eine andere Verteilung, und entstehen dadurch Mehrkosten, die den ursprünglich vorgesehenen Dotierungsrahmen übersteigen, so kann sich der Arbeitgeber nicht auf die Beschränkung des Dotierungsrahmens berufen. Eine solche zusätzliche Belastung des Arbeitgebers ist diesem als Folge seines rechtswidrigen Vorgehens zuzurechnen[255].

135 **Mitbestimmungspflichtig** ist auch die Aufstellung eines **Gehaltsgruppenkatalogs** für **außertarifliche Angestellte,** sofern es sich nicht um leitende Angestellte i. S. von § 5 Abs. 3 BetrVG handelt[256]. Insoweit erstreckt sich das Mitbestimmungsrecht des Betriebsrats auf die Bildung und Beschreibung der Gehaltsgruppen sowie auf die **Festlegung des Abstandes der AT-Gruppen zueinander**[257], nicht aber auf die

---

253 BAG vom 14. 6. 1994, AP Nr. 69 zu § 87 BetrVG 1972 Lohngestaltung.
254 BAG vom 14. 6. 1994, AP Nr. 69 zu § 87 BetrVG 1972 Lohngestaltung.
255 So ausdrücklich BAG vom 14. 6. 1994, AP Nr. 69 zu § 87 BetrVG 1972 Lohngestaltung.
256 BAG vom 22. 1. 1980, AP Nr. 3 zu § 87 BetrVG 1972 Lohngestaltung; BAG vom 22. 12. 1981, AP Nr. 7 zu§ 87 BetrVG 1972 Lohngestaltung; BAG vom 27. 10. 1992, AP Nr. 61 zu § 87 BetrVG 1972 Lohngestaltung; BAG vom 29. 9. 1994, AP Nr. 68 zu § 87 BetrVG 1972 Lohngestaltung.
257 BAG vom 22. 1. 1980, AP Nr. 3 zu § 87 BetrVG 1972 Lohngestaltung; BAG vom 22. 12. 1981, AP Nr. 7 zu§ 87 BetrVG 1972 Lohngestaltung; BAG vom 27. 10. 1992, AP Nr. 61 zu § 87 BetrVG 1972 Lohngestaltung; BAG vom 29. 9. 1994, AP Nr. 68 zu § 87 BetrVG 1972 Lohngestaltung.

II. Die Mitbestimmungstatbestände im einzelnen Rz. 137 **Teil H**

Festlegung des Wertunterschiedes zwischen der obersten Tarifgruppe und der untersten AT-Gruppe, weil es hier zugleich um die Festlegung der Gehaltshöhe geht, die allein dem Arbeitgeber vorbehalten bleibt[258].

Besondere Schwierigkeiten bereitet die Frage, ob und unter welchen Voraussetzungen ein Mitbestimmungsrecht des Betriebsrats nach § 87 Abs. 1 Nr. 10 BetrVG bei der **Anrechnung von Tariflohnerhöhungen auf übertarifliche Zulagen** besteht[259]. In einer grundlegenden Entscheidung vom 03.12.1996 hat der Große Senat des BAG[260] hierzu folgende Grundsätze aufgestellt: 136

„Die Anrechnung einer Tariflohnerhöhung auf über-/außertarifliche Zulagen und der Widerruf von über-/außertariflichen Zulagen aus Anlaß und bis zur Höhe einer Tariflohnerhöhung unterliegen dann nach § 87 Abs. 1 Nr. 10 BetrVG der Mitbestimmung des Betriebsrats, wenn
▶ *sich dadurch die Verteilungsgrundsätze ändern*
und darüber hinaus
▶ *für eine anderweitige Anrechnung bzw. Kürzung ein Regelungsspielraum verbleibt.*
Dies gilt unabhängig davon, ob die Anrechnung durch gestaltende Erklärung erfolgt oder sich automatisch vollzieht. Anrechnung bzw. Widerruf sind mitbestimmungsfrei, wenn dadurch das Zulagenvolumen völlig aufgezehrt wird oder die Tariflohnerhöhung vollständig und gleichmäßig auf die über-/außertariflichen Zulagen angerechnet wird."

Die Anrechnung übertariflicher Zulagen des Arbeitgebers aus Anlaß und bis zur Höhe einer Tariflohnerhöhung unterliegt danach der Mitbestimmung des Betriebsrats gemäß § 87 Abs. 1 Nr. 10 BetrVG, wenn folgende drei Voraussetzungen (kumulativ) gegeben sind: 137
(1) Einer Mitbestimmung des Betriebsrats dürfen keine **tatsächlichen** oder **rechtlichen Hindernisse** entgegenstehen, für den Arbeitgeber muß ein *Regelungsspielraum* für eine anderweitige Anrechnung oder Kürzung bestehen.
(2) Die Anrechnung führt zu einer **Änderung der Verteilungsgrundsätze** für die übertarifliche Zulage.
(3) Bei der vom Arbeitgeber vorgenommenen Verrechnung muß es sich um einen **generell-kollektiven Tatbestand** handeln.

---
258 BAG vom 22. 1. 1980, AP Nr. 3 zu § 87 BetrVG 1972 Lohngestaltung; BAG vom 27. 10. 1992, AP Nr. 61 zu § 87 BetrVG 1972 Lohngestaltung; a. A. *Fitting/Kaiser/Heither/Engels,* § 87 Rz. 330; nunmehr wohl auch BAG vom 29. 9. 1994, AP Nr. 68 zu § 87 BetrVG 1972 Lohngestaltung.
259 Siehe hierzu *Weber/Hoß,* NZA 1993, 632; *Hoß,* NZA 1997, 1129; *Schneider,* DB 1993, 2530.
260 BAG (GS) vom 3. 12. 1991, AP Nr. 51 zu § 87 BetrVG 1972 Lohngestaltung.

138 1. Das Mitbestimmungsrecht des Betriebsrats entfällt, soweit **tatsächliche** oder **rechtliche Hindernisse** entgegenstehen.

139 Ein **tatsächliches** Hindernis liegt vor, wenn die Anrechnung bzw. der Widerruf zum **vollständigen Wegfall aller Zulagen** führt (sog. „Reduzierung des Zulagenvolumens auf Null"). Denn in dem Fall ist kein Zulagenvolumen mehr vorhanden, das verteilt werden könnte.

140 Um ein **rechtliches** Hindernis handelt es sich, wenn die Tariflohnerhöhung auf die bisher gezahlten freiwilligen übertariflichen Zulagen **vollständig und gleichmäßig** angerechnet werden soll[261]. In dem Fall hat nämlich der Arbeitnehmer auf Grund der individualvertraglichen Vereinbarung einen Anspruch darauf, daß ihm nach der Tariflohnerhöhung zumindest die um die Tariflohnerhöhung gekürzte Zulage gezahlt wird.

141 Zu berücksichtigen ist hierbei stets, daß die Entscheidung des Arbeitgebers über die **Kürzung** oder die völlige **Streichung** der Zulagen **nicht** der **Mitbestimmung** des Betriebsrats unterliegt[262].

142 Beschließt der Arbeitgeber, eine Tariflohnerhöhung vollständig auf übertarifliche Zulagen anzurechnen, so ist die Anrechnung auch denn nicht mitbestimmungspflichtig, wenn der Beschluß bei einem Teil der Arbeitnehmer zunächst **versehentlich unterbleibt**. Im Regelfall ergibt sich der Inhalt einer Anrechnungsentscheidung aus ihrem tatsächlichen Vollzug. Beruft sich der Arbeitgeber darauf, daß seine Entscheidung nicht ordnungsgemäß umgesetzt worden sei, ist er hierfür darlegungs- und beweispflichtig[263].

143 Um eine vollständige Anrechnung der Tariflohnerhöhungen auf übertarifliche Zulagen handelt es sich aber nicht, wenn der Arbeitgeber zwar eine Tariflohnerhöhung auf die Zulagen aller Arbeitnehmer zunächst anrechnet, jedoch im unmittelbaren zeitlichen Zusammenhang mit der Anrechnung (auch 6 bis 8 Monate später) das dadurch eingesparte Zulagenvolumen künftig nach anderen Grundsätzen verteilt. In Wirklichkeit liegt hier nach Auffassung des BAG[264] eine Form der ungleichmäßigen Anrechnung vor, mit welcher der Arbeitgeber das Mitbestimmungsrecht des Betriebsrats umgehen will[265]. Ebenso

---

261 BAG (GS) vom 3. 12. 1991, AP Nr. 51 zu § 87 BetrVG 1972 Lohngestaltung.
262 BAG (GS) vom 3. 12. 1991, AP Nr. 51 zu § 87 BetrVG 1972 Lohngestaltung.
263 BAG vom 31. 10. 1995, AP Nr. 80 zu § 87 BetrVG 1972 Lohngestaltung.
264 BAG vom 11. 8. 1992, AP Nr. 53 zu § 87 BetrVG 1972 Lohngestaltung; BAG vom 3. 5. 1994, AP Nr. 23 zu § 23 BetrVG 1972.
265 Siehe dazu auch BAG vom 14. 2. 1995, AP Nr. 73 zu § 87 BetrVG 1972 Lohngestaltung: Will ein Arbeitgeber übertarifliche Zulagen, die er in unterschiedlicher Höhe gewährt, voll auf eine neugeschaffene tarifliche Zulage

II. Die Mitbestimmungstatbestände im einzelnen   Rz. 144 **Teil H**

handelt es sich um eine insgesamt mitbestimmungspflichtige Änderung der Entlohnungsgrundsätze, wenn die volle Anrechnung einer Tariflohnerhöhung auf übertarifliche Zulagen und eine wenig später erklärte Zusage einer neuen übertariflichen Leistung auf einer **einheitlichen Konzeption des Arbeitgebers** beruhen[266]. Der Annahme einer einheitlichen Konzeption steht nicht entgegen, daß der Arbeitgeber zum Zeitpunkt der Anrechnung noch nicht im einzelnen und abschließend entschieden hat, wem und in welcher Höhe neue übertarifliche Leistungen gewährt werden sollen[267].

2. Eine – für das Mitbestimmungsrecht nach § 87 Abs. 1 Nr. 10   144
BetrVG erforderliche – **Änderung der Verteilungsgrundsätze** liegt vor, wenn die Tariflohnerhöhung
▶ nur bei einem Teil der zulagenbegünstigten Arbeitnehmer oder in unterschiedlicher Weise auf die übertarifliche Zulage angerechnet wird[268]

oder

▶ nicht vollständig, sondern in einem bestimmten Prozentsatz gleichmäßig auf jede Zulage angerechnet wird, ohne daß die Zulagen in einem einheitlichen und gleichen Verhältnis zum jeweiligen Tariflohn stehen und die Tariflöhne um den gleichen Prozentsatz erhöht werden, so daß sich das **Verhältnis der Zulagen zueinander ändert**[269].

Beispiel:
Die Tarifentgelte der Arbeitnehmer A, B, und C betragen jeweils 3000,– DM, A erhält eine Zulage von 100,– DM, B von 200,– DM und C von 400,– DM. Das Verhältnis der Zulagen entspricht 1 : 2 : 4. Rechnet der Arbeitgeber im Falle einer Tariflohnerhöhung

---

anrechnen, so hat der Betriebsrat ein Mitbestimmungsrecht nach § 87 Abs. 1 Nr. 10 BetrVG, wenn trotz der vollen Anrechnung noch ein Regelungsspielraum verbleibt. Das ist ausnahmsweise dann anzunehmen, wenn gleichzeitig mit der Einführung der neuen Tarifzulage auch die Tarifgehälter linear erhöht werden und der Arbeitgeber nicht nur die Tarifgehälter entsprechend anhebt, sondern auch – ohne Rechtspflicht – seine übertariflichen Zulagen.

266 BAG vom 17. 1. 1995, AP Nr. 71 zu § 87 BetrVG 1972 Lohngestaltung. Ähnlich BAG vom 14. 2. 1995, AP Nr. 72 zu § 87 BetrVG 1972 Lohngestaltung: Sieht ein Tarifvertrag eine *Tariferhöhung* in *zwei Stufen* vor und verrechnet der Arbeitgeber nur die zweite, nicht aber die erste Tariferhöhung mit übertariflichen Zulagen, so hängt das Mitbestimmungsrecht des Betriebsrats davon ab, ob die beiden unterschiedlichen Reaktionen des Arbeitgebers Teile eines *einheitlichen Regelungskonzepts* bilden und eine Veränderung der Verteilungsgrundsätze bewirken. **Ablehnend** *Hoß*, NZA 1997, 1129 (1137 f.).
267 BAG vom 17. 1. 1995, AP Nr. 71 zu § 87 BetrVG 1972 Lohngestaltung.
268 Vgl. BAG vom 22. 9. 1992, AP Nr. 54–56 zu § 87 BetrVG 1972 Lohngestaltung.
269 BAG vom 23. 3. 1993, NZA 1993, 806.

von 10% (= 300,– DM) die Hälfte dieser Tariflohnerhöhung (150,– DM) auf die Zulagen an, erhält A keine Zulage mehr, B eine Zulage von 50,– DM und C eine Zulage von 250,– DM. Das Verhältnis der Zulagen zueinander (0 : 1 : 5) hat sich deutlich verschoben.

145 Da der Arbeitgeber bei einer solchen Form der Anrechnung nur eine von mehreren Möglichkeiten einer Verkürzung der übertariflich gewährten Zulagen auswählt, hat der Betriebsrat bei der Verteilung des Restvolumens nach § 87 Abs. 1 Nr. 10 BetrVG mitzubestimmen.

146 **Verteilungsgrundsätze** sind die Kriterien, die für die **Verteilung des Zulagenvolumens maßgebend** sind. Vorstellbar sind Sockelbeträge in bestimmter Höhe, die alle Arbeitnehmer erhalten sollen, zu denen weitere Zulagenbeträge für die Arbeitnehmer kommen, die weitere Voraussetzungen erfüllen. Dies können besondere Leistungen und Erfolge sein, möglicherweise mit dem Erreichen einer bestimmten Betriebszugehörigkeit. Hierfür können Punkteschemata aufgestellt werden[270]. Denkbar ist auch, daß die Betriebspartner von dem Aufstellen abstrakter Kriterien für die Verteilung Abstand nehmen und festlegen, daß die Höhe der Zulagen verschiedener Abteilungen in einem bestimmten Verhältnis stehen soll (z. B. bestimmte Funktionsträger in der Verwaltung, Produktion, Verkauf, Entwicklung im Verhältnis 1 : 2 : 4 : 8).

147 Dagegen **verändert sich** das **Verhältnis** der Zulagen zueinander **nicht** bei einer **gleichmäßigen Kürzung** der übertariflichen Zulagen (bzw. bei einer Kürzung der Zulagen um den gleichen Prozentsatz), wenn nicht andere Kriterien vereinbart sind, etwa ein Sockelbetrag unterschritten wird[271].

Beispiel:
Rechnet der Arbeitgeber im obigen Beispiel (Rz. 145) nicht einen bestimmten Prozentsatz der Tariflohnerhöhung auf die übertariflichen Zulagen an, sondern kürzt er diese jeweils 50%, so beträgt nach der Anrechnung die Zulage des A 50,– DM, die des B 100,– DM und die des C 200,– DM. Die Zulagen stehen weiterhin in einem Verhältnis von 1 : 2 : 4. Bei dieser Vorgehensweise hat der Betriebsrat kein Mitbestimmungsrecht.

148 Auch bei der Anrechnung des **gleichen Prozentsatzes** der Tariflohnerhöhung auf jede Zulage durch den Arbeitgeber **ändert sich das Verhältnis** ausnahmsweise **dann nicht, wenn** die **Zulagen in einem einheitlichen und gleichen Verhältnis** zum jeweiligen **Tariflohn stehen** und die **Tariflöhne um den gleichen Prozentsatz erhöht werden.**

---

270 BAG (GS) vom 3. 12. 1991, AP Nr. 51 zu § 87 BetrVG 1972 Lohngestaltung.
271 AG (GS) vom 3. 12. 1991, AP Nr. 51 zu § 87 BetrVG 1972 Lohngestaltung.

II. Die Mitbestimmungstatbestände im einzelnen   Rz. 151 **Teil H**

Beispiel:
Zahlt der Arbeitgeber den Arbeitern eine übertarifliche Zulage von 5% zum jeweiligen Tariflohn und entschließt er sich im Falle einer Erhöhung der Tariflöhne jeweils um 3% bei allen Arbeitern 1% der Tariflohnerhöhung auf die Zulagen anzurechnen, so bleibt das bisherige Verhältnis bestehen. Auch hier hat der Betriebsrat kein Mitbestimmungsrecht.

3. Das Mitbestimmungsrecht nach § 87 Abs. 1 Nr. 10 BetrVG bei der Änderung der Verteilungsgrundsätze im Rahmen der Anrechnung von Tariflohnerhöhungen auf übertarifliche Zulagen ist schließlich nur dann gegeben, wenn es sich hierbei um einen **kollektiven Tatbestand** handelt. Dies folgt daraus, daß § 87 Abs. 1 Nr. 10 BetrVG bereits dem Wortlaut nach von der **betrieblichen Lohngestaltung** spricht.   149

Für die Anrechnung müssen **abstrakt generelle Leitlinien** maßgebend sein, nach denen der Arbeitgeber sein Handeln bestimmt. Das Mitbestimmungsrecht ist nicht gegeben, wenn die Anrechnung in Bezug auf einen **konkreten Einzelfall** erfolgt. Die **Anzahl** der betroffenen Arbeitnehmer kann zwar ein Indiz dafür sein, ob ein kollektiver Bezug vorliegt. Entscheidend ist aber, ob ein **Bezug** zur **übrigen Belegschaft** besteht.   150

Ein **kollektiver Bezug** wurde vom BAG **bejaht**,   151
▶ wenn die Tariflohnerhöhung gegen einzelnen Arbeitnehmern aus **Leistungsgründen angerechnet**, an andere Arbeitnehmer aber voll weitergegeben wird[272];
▶ bei Anrechnung wegen zu hoher **krankheitsbedingter Fehlzeiten**[273];
▶ bei Anrechnung wegen der **Kürze der Betriebszugehörigkeit**, der **absehbaren Beendigung des Arbeitsverhältnisses**, einer kurz zuvor stattgefundenen **Gehaltsanhebung** oder weil sich die Mitarbeiter in **Mutterschutz** oder **Erziehungsurlaub** befinden[274];
▶ wenn die Tariflohnerhöhung bei voller Weitergabe an alle anderen Arbeitnehmer nur gegenüber Arbeitnehmern angerechnet wird, de-

---
272 BAG vom 22. 9. 1992, AP Nr. 56 zu § 87 BetrVG 1972 Lohngestaltung.
273 BAG vom 22. 9. 1992, AP Nr. 60 zu § 87 BetrVG 1972 Lohngestaltung.
274 BAG vom 27. 10. 1992, AP Nr. 61 zu § 87 BetrVG 1972 Lohngestaltung. Siehe dazu auch BAG vom 22. 4. 1997, NZA 1997, 1059: Zahlt der Arbeitgeber übertarifliche Zulagen, deren jederzeitigen Widerruf er sich gegenüber einem Teil der Belegschaft vorbehalten hat, so hat der Betriebsrat mitzubestimmen, wenn der Arbeitgeber Steigerungen des Tarifgehalts aufgrund von Alterssprüngen, Höhergruppierungen oder Erhöhungen der tariflichen Leistungszulage bei den jeweils betroffenen Arbeitnehmern auf die übertarifliche Zulage anrechnet.

ren jetzige Tätigkeit nicht mehr ihrer durch eine **tarifliche Alterssicherung** geschützten Eingruppierung entspricht[275].

152 Demgegenüber wurde ein **mitbestimmungsfreier Einzelfall** vom BAG angenommen, wenn
- die Anrechnung **auf Wunsch des Arbeitnehmers zur Vermeidung steuerlicher Nachteile** erfolgt[276];
- die Tariflohnerhöhung gegenüber einem einzelnen Arbeitnehmer mit Rücksicht darauf angerechnet wird, daß dieser trotz Umsetzung auf einen tariflich niedriger zu bewertenden Arbeitsplatz unverändert die bisherige Vergütung erhält[277].

153 Der Arbeitgeber kann eine Anrechnung von Tariflohnerhöhungen auf übertarifliche Zulagen **zeitlich befristen**. Auch in dem Fall hat der Betriebsrat unter den eben genannten Voraussetzungen (s. o. Rz. 136 ff.) ein Mitbestimmungsrecht nach § 87 Abs. 1 Nr. 10 BetrVG.

154 Rechnet der Arbeitgeber eine übertarifliche Zulage auf den Tariflohn an, obwohl ihm dies nach dem Arbeitsvertrag nicht gestattet ist, ergibt sich hieraus kein Mitbestimmungsrecht des Betriebsrats nach § 87 Abs. 1 Nr. 10 BetrVG[278]. Ist eine übertarifliche Zulage stillschweigend oder ausdrücklich mit einem Anrechnungsvorbehalt verbunden, der sich generell auf Tariflohnerhöhungen bezieht, so erfaßt dieser Vorbehalt nach einer Entscheidung des 1. Senats des BAG vom 7. 2. 1996[279] im Zweifel nicht den Lohnausgleich für eine tarifliche Arbeitszeitverkürzung[280].

155 Sofern die Anrechnung der Tariflohnerhöhung auf die übertariflichen Zulagen nach § 87 Abs. 1 Nr. 10 BetrVG mitbestimmungspflichtig ist, hat der Arbeitgeber den Betriebsrat **vor** der Durchführung der Maßnahme zu beteiligen. Der Betriebsrat muß ausdrücklich eine **zustimmende Stellungnahme** abgeben. Das **Schweigen des Betriebsrats** ist – jedenfalls im Rahmen des § 87 Abs. 1 BetrVG – rechtlich grundsätzlich **nicht als Zustimmung** zu werten (siehe bereits oben Rz. 10 f.)[281].

---

275 BAG vom 23. 3. 1993, AP Nr. 64 zu § 87 BetrVG 1972 Lohngestaltung.
276 BAG vom 27. 10. 1992, AP Nr. 61 zu § 87 BetrVG 1972 Lohngestaltung.
277 BAG vom 22. 9. 1992, AP Nr. 57 zu § 87 BetrVG 1972 Lohngestaltung.
278 BAG vom 7. 2. 1996, AP Nr. 85 zu § 87 BetrVG 1972 Lohngestaltung.
279 BAG vom 7. 2. 1996, AP Nr. 85 zu § 87 BetrVG 1972 Lohngestaltung (für den Fall eines tariflichen Monatslohns).
280 Im Unterschied hierzu hat der 4. Senat des BAG in einer Entscheidung vom 3. 6. 1987 angenommen, eine vom Anrechnungsvorbehalt umfaßte Lohnerhöhung liege auch insoweit vor, als ein tariflicher *Stundenlohn* zum Ausgleich einer gleichzeitig vorgenommenen Arbeitszeitverkürzung erhöht werde, BAG vom 3. 6. 1987, AP Nr. 58 zu § 1 TVG Tarifverträge: Metallindustrie. Zu den Bedenken an dieser Differenzierung siehe *Hoß*, NZA 1997, 1129 (1130 f.).
281 BAG vom 10. 11. 1992, AP Nr. 58 zu § 87 BetrVG 1972 BetrVG Lohngestaltung.

II. Die Mitbestimmungstatbestände im einzelnen   Rz. 160 **Teil H**

Beachtet der Arbeitgeber bei der Änderung der Verteilungsgrundsätze 156
das Mitbestimmungsrecht des Betriebsrats nicht, so ist die Anrechnung gegenüber den einzelnen Arbeitnehmern in ihrer vollen Höhe **unwirksam,** mit der Folge, daß der Arbeitgeber die Zulagen in der bisherigen Höhe weiterzuzahlen hat[282]. Ohne Bedeutung ist insoweit, daß der Arbeitgeber mitbestimmungsfrei entscheiden kann, ob und inwieweit er die für die Zulage insgesamt zur Verfügung gestellten Mittel verringern will[283].

Außerdem hat der Betriebsrat gegen den Arbeitgeber einen Anspruch 157
auf **Unterlassung** der mitbestimmungswidrigen Anrechnung, den er im arbeitsgerichtlichen Beschlußverfahren durchsetzen kann. Ein **grober Verstoß** des Arbeitgebers gegen das Mitbestimmungsrecht des § 87 Abs. 1 BetrVG ist nach neuester Rechtsprechung des BAG[284] **nicht mehr erforderlich** (s. o. Rz. 42 ff.).

Ob die Unwirksamkeitsfolge durch eine **spätere Zustimmung** des 158
Betriebsrats (bzw. des Einigungsstellenspruchs) **nachträglich geheilt** werden kann, wurde vom BAG bislang offengelassen[285]. Sagt der Spruch der Einigungsstelle zu einer möglichen Rückwirkung **nichts** aus, so kann er nach Ansicht des BAG[286] **nur für die Zukunft** wirken.

Bei mitbestimmungspflichtigen Anrechnungen von Tariflohnerhö- 159
hungen auf übertarifliche Zulagen kann der Arbeitgeber allerdings **bis zur Einigung mit dem Betriebsrat** das Zulagenvolumen und – unter Beibehaltung der bisherigen Verteilungsgrundsätze – auch entsprechend die einzelnen Zulagen kürzen[287]. Denn für die Dauer des Mitbestimmungsverfahrens muß zum einen gewährleistet sein, daß die mitbestimmungsfreien Vorgaben des Arbeitgebers beachtet werden (Reduzierung des Zulagenvolumens). Zum anderen muß aber auch das Mitbestimmungsrecht des Betriebsrats beachtet werden.

Zu berücksichtigen ist schließlich, daß die Verletzung des Mitbestim- 160
mungsrechts des Betriebsrats aus § 87 Abs. 1 Nr. 10 BetrVG durch den Arbeitgeber keine Ansprüche der Arbeitnehmer begründen kann, die vor der mitbestimmungspflichtigen Maßnahme nicht bestanden

---

282 BAG (GS) vom 3. 12. 1991, AP Nr. 51 zu § 87 BetrVG 1972 Lohngestaltung; BAG vom 11. 8. 1992, AP Nr. 53 zu § 87 BetrVG 1972; BAG vom 9. 7. 1996, AP Nr. 86 zu § 87 BetrVG 1972 Lohngestaltung.
283 BAG vom 9. 7. 1996, AP Nr. 86 zu § 87 BetrVG 1972 Lohngestaltung.
284 BAG vom 3. 5. 1994, AP Nr. 23 zu § 23 BetrVG 1972.
285 Vgl. BAG vom 19. 9. 1995, AP Nr. 61 zu § 77 BetrVG 1972, wonach dies „zweifelhaft" erscheine. Siehe dazu auch *Hoß,* NZA 1997, 1129 (1136 f.).
286 BAG vom 19. 9. 1995, AP Nr. 61 zu § 77 BetrVG 1972.
287 BAG (GS) vom 3. 12. 1991, AP Nr. 51 zu § 87 BetrVG 1972 Lohngestaltung; BAG vom 19. 9. 1995, AP Nr. 61 zu § 77 BetrVG 1972.

und bei Beachtung des Mitbestimmungsrechts nicht entstanden wären[288].

11. Leistungsbezogene Entgelte (Nr. 11)

161 Im Bereich der leistungsbezogenen Entgelte wird das Mitbestimmungsrecht des Betriebsrats bei der betrieblichen Lohngestaltung nach § 87 Abs. 1 Nr. 10 BetrVG erweitert durch die Nr. 11 von § 87 Abs. 1 BetrVG. Danach hat der Betriebsrat – vorbehaltlich einer gesetzlichen oder tariflichen Regelung (vgl. § 87 Abs. 1 Einleitungssatz BetrVG) – mitzubestimmen bei der Festsetzung der Akkord- und Prämiensätze und vergleichbarer leistungsbezogener Entgelte, einschließlich der Geldfaktoren. Der Grund für diese Regelung besteht darin, daß leistungsbezogene Entgelte entsprechend ihrem Sinn, hohe Leistungen des Arbeitnehmers zu erreichen, mit einer besonderen Belastung verbunden sind und daß ferner die Bewertung der Leistung jedenfalls in der Regel nicht mit mathematischer Genauigkeit vorgenommen werden kann, sondern einen Beurteilungsspielraum enthält und oftmals der Schätzung unterliegt. Im Interesse einer innerbetrieblichen Lohngerechtigkeit ist hier eine Mitbestimmung des Betriebsrats geboten[289].

162 Hinsichtlich des Akkordes ist zwischen **Zeitakkord** und **Geldakkord** zu unterscheiden. In beiden Fällen wird zunächst eine bestimmte Normalarbeitsleistung pro Zeiteinheit als sog. **Akkordrichtsatz** festgelegt. Maßgebend für diese ist die Arbeitsleistung, die ein geeigneter und geübter Arbeitnehmer auf Dauer ohne Gesundheitsschäden erbringen kann[290].

163 Beim **Geldakkord** wird meist unter roher Schätzung der zur Herstellung eines Stückes (bzw. einer Maß- oder Gewichtseinheit) erforderlichen Zeit unter Berücksichtigung des Akkordrichtsatzes unmittelbar das Entgelt für das einzelne Werkstück festgelegt. Der tatsächlich erzielte Lohn des Arbeitnehmers ergibt sich aus der Anzahl der erbrachten Leistungseinheiten und dem je Leistungseinheit vorgegebenen Geldbetrag. Das Mitbestimmungsrecht des Betriebsrats bezieht

---

288 BAG vom 28. 9. 1994, AP Nr. 68 zu § 87 BetrVG 1972 Lohngestaltung (für den Fall der ungleichen Anhebung von übertariflichen Gehaltsgruppen aus Anlaß und im zeitlichen Zusammenhang mit einer Tariflohnerhöhung, so daß sich ihr Verhältnis zueinander sowie zur höchsten Tarifgruppe ändert.
289 BAG vom 29. 3. 1977, AP Nr. 1 zu § 87 BetrVG 1972 Provision; BAG vom 10. 7. 1979, AP Nr. 2 zu § 87 BetrVG 1972 Lohngestaltung; *Fitting/Kaiser/Heither/Engels*, § 87 Rz. 339 m. w. Nachw.
290 Vgl. BAG vom 24. 11. 1987, AP Nr. 6 zu § 87 BetrVG 1972 Akkord.

II. Die Mitbestimmungstatbestände im einzelnen　　Rz. 168 **Teil H**

sich hier auf die **Entgeltfestsetzung für das einzelne Stück,** in dem die Zeitvorgabe enthalten ist[291].

Beim **Zeitakkord** wird anhand der Normalleistung eine bestimmte Zeit vorgegeben als Zeitfaktor. Der hierfür je Zeiteinheit zu zahlende Lohn ist der Geldfaktor. Der tatsächliche Verdienst ergibt sich aus einer Multiplikation von Vorgabezeit, Geldfaktor und Zahl der erbrachten Leistungseinheiten. Hierbei erstreckt sich das Mitbestimmungsrecht auf die **Festsetzung** der **Vorgabezeit** und des **Geldfaktors**[292]. 164

Da der Betriebsrat demnach bei der Ermittlung des Geldfaktors mitzubestimmen hat, sofern sich dieser nicht unmittelbar aus dem Tarifvertrag ergibt[293], besteht hier ein Mitbestimmungsrecht – anders als bei § 87 Abs. 1 Nr. 10 BetrVG – auch hinsichtlich der **Lohnhöhe**[294]. 165

Das Mitbestimmungsrecht der Nr. 11 umfaßt weiterhin die Regelungsbefugnis, Erholungszeiten zu Kurzpausen zusammenzufassen[295], sowie die Kompetenz hinsichtlich der Regelungen, ob anfallende Wartezeiten mit dem Akkordrichtsatz oder dem persönlichen Durchschnittsverdienst des Arbeitnehmers abzugelten sind[296]. 166

Beim **Prämienlohn** bezieht sich das Mitbestimmungsrecht des § 87 Abs. 1 Nr. 11 BetrVG auf die **Prämienart,** die **Prämienkurve** und den **Geldfaktor**[297], d. h. auf die Zuordnung von Geldbeträgen zu den einzelnen Leistungsgruppen, sofern keine tarifliche Regelung besteht. 167

Zu dem einem Akkord- und Prämienlohn **vergleichbaren Entgelt** i. S. von § 87 Abs. 1 Nr. 11 BetrVG gehören alle Vergütungsformen, bei denen eine Leistung des Arbeitnehmers gemessen und mit einer Bezugsleistung verglichen wird und bei der sich die Höhe der Vergütung in irgendeiner Weise nach dem Verhältnis der Leistung des Arbeitnehmers zur Bezugsleistung bemißt[298]. Hierzu gehören etwa 168

---

291 *Fitting/Kaiser/Heither/Engels,* § 87 Rz. 341.
292 Vgl. BAG vom 25. 5. 1982, AP Nr. 2 zu § 87 BetrVG 1972 Prämie.
293 Vgl. BAG vom 25. 5. 1982, AP Nr. 2 zu § 87 BetrVG 1972 Prämie.
294 Siehe etwa BAG vom 29. 3. 1977, AP Nr. 1 zu § 87 BetrVG 1972 Provision; BAG vom 22. 1. 1980, AP Nr. 3 zu § 87 BetrVG 1972 Lohngestaltung; BAG vom 19. 3. 1983, AP Nr. 3 zu § 87 BetrVG 1972 Prämie; BAG vom 16. 12. 1986, AP Nr. 8 zu § 87 BetrVG 1972 Prämie; *Fitting/Kaiser/Heither/Engels,* § 87 Rz. 352 m. w. Nachw. a. A. *Dietz/Richardi,* § 87 Rz. 591 ff.
295 BAG vom 24. 11. 1987, AP Nr. 6 zu § 87 BetrVG 1972 Akkord.
296 BAG vom 14. 2. 1989, AP Nr. 8 zu § 87 BetrVG 1972 Akkord.
297 BAG vom 25. 5. 1982, AP Nr. 2 zu § 87 BetrVG 1972 Prämie; BAG vom 13. 9. 1983, AP Nr. 3 zu § 87 BetrVG 1972 Prämie; BAG vom 16. 12. 1986, AP Nr. 8 zu § 87 BetrVG 1972 Prämie.
298 BAG vom 13. 3. 1984, AP Nr. 4 zu § 87 BetrVG 1972 Provision; BAG vom 22. 10. 1985, AP Nr. 3 zu § 87 BetrVG 1972 Leistungslohn.

Leistungszulagen für Arbeitsergebnis, Arbeitsausführung oder Termineinhaltung, nicht aber Leistungszulagen, die aufgrund des Ergebnisses eines geregelten Beurteilungsverfahrens künftig zum tariflichen Stundenlohn bis zur nächsten Beurteilung gewährt werden[299]. Der Betriebsrat hat daher hinsichtlich des Geldwertes je Beurteilungspunkt kein Mitbestimmungsrecht.

169 Ebenfalls keine leistungsbezogenen Entgelte sind Zulagen, die für die Erfüllung ohnehin bestehender vertraglicher Pflichten gewährt werden (z. B. Nachtarbeits- und Erschwerniszulagen)[300], sowie Zulagen, die lediglich den besonderen Gegebenheiten des Arbeitsplatzes Rechnung tragen (sog. Arbeitsplatzzulagen).

170 Uneinigkeit besteht darüber, ob **Provisionen** als leistungsbezogene Entgelte i. S. der Nr. 11 anzusehen sind[301]. Das BAG hat zunächst ein Mitbestimmungsrecht bei Abschlußprovisionen im Hinblick auf die Bezugsgrößen und ihre Staffelung angenommen[302]. In einer späteren Entscheidung hat das BAG diese Ansicht ausdrücklich aufgegeben[303]. Bei der Abschlußprovision fehle es an einer Bezugsleistung, zu der die Leistung des Mitarbeiters in ein Verhältnis gesetzt werde, das dann über die Höhe des Entgelts Auskunft gebe. Auch die Abschlußprovision bemesse sich ausschließlich am Erfolg, der allein am Umsatz gemessen werde, gleichgültig, ob dieser wert- oder stückmäßig bestimmt werde. Eine solche Abschlußprovision sei daher kein vergleichbares leistungsbezogenes Entgelt i. S. von § 87 Abs. 1 Nr. 11 BetrVG[304].

171 Ist allerdings ein Provisionssystem derart ausgestaltet, daß für jedes Geschäft eine bestimmte Zahl von Provisionspunkten vergütet wird, die einen einheitlichen Wert haben, so unterliegt die Festlegung der Punktezahl für jedes Geschäft der Mitbestimmung des Betriebsrats nach § 87 Abs. 1 Nr. 10 BetrVG. Die Bestimmung des DM-Betrages je Provisionspunkt ist hingegen mitbestimmungsfrei[305].

---

299 BAG vom 22. 10. 1985, AP Nr. 3 zu § 87 BetrVG 1972 Leistungslohn.
300 Vgl. *Fitting/Kaiser/Heither/Engels*, § 87 Rz. 364 m. w. Nachw.
301 Eingehend zum Meinungsstreit GK-*Wiese*, § 87 Rz. 840 ff.
302 BAG vom 29. 3. 1977, AP Nr. 1 zu § 87 BetrVG 1972 Provision.
303 BAG vom 13. 3. 1984, AP Nr. 4 zu § 87 BetrVG 1972 Provision; ebenso BAG vom 26. 7. 1988, AP Nr. 6 zu § 87 BetrVG 1972 Provision.
304 BAG vom 13. 3. 1984, AP Nr. 4 zu § 87 BetrVG 1972 Provision; BAG vom 26. 7. 1988, AP Nr. 6 zu § 87 BetrVG 1972 Provision.
305 BAG vom 13. 3. 1984, AP Nr. 4 zu § 87 BetrVG 1972 Provision. Siehe dazu auch BAG vom 26. 7. 1988, AP Nr. 6 zu § 87 BetrVG 1972 Provision: Bei der Einführung eines Provisionssystems, nach dem die Abschlußprovision nach Pfennigsätzen pro Artikel gezahlt werden soll und zu diesem Zweck sechs Provisionsgruppen mit unterschiedlichen Pfennigsätzen gebildet werden, unterliegt auch die Zuordnung der einzelnen Artikel zu den Provisionsgruppen dem Mitbestimmungsrecht des Betriebsrats nach § 87 Abs. 1 Nr. 10 BetrVG.

12. Betriebliches Vorschlagswesen (Nr. 12)

Nach § 87 Abs. 1 Nr. 12 BetrVG hat der Betriebsrat ein Mitbestimmungsrecht bei der Aufstellung von Grundsätzen über das betriebliche Vorschlagswesen. Zweck des Mitbestimmungsrechts ist eine gerechte Bewertung der Vorschläge sowie die Förderung der Persönlichkeit der Arbeitnehmer[306]. Durch die erzwingbare Mitbestimmung soll ferner der Abschluß von Betriebsvereinbarungen (§ 20 Abs. 2 ArbNErfG) erleichtert werden.

Das Mitbestimmungsrecht umfaßt die Organisation des Vorschlagswesens und das Verfahren, das bei der Bemessung und Ausschüttung von entsprechenden Vergütungen angewendet werden soll. Insoweit hat der Betriebsrat auch ein Initiativrecht, sobald für eine allgemeine Regelung ein Bedürfnis besteht[307]. Das Mitbestimmungsrecht der Nr. 12 bezieht sich dagegen nicht auf die Annahme einzelner Verbesserungsvorschläge, die Höhe der Prämie im Einzelfall, auch wenn diese im Rahmen der vereinbarten Bewertungsgrundsätze getroffen werden soll, sowie auf die Bestellung des jeweiligen Beauftragten für das betriebliche Vorschlagswesen[308].

Für Erfindungen, die patent- oder gebrauchsmusterfähig sind, enthält das ArbNErfG abschließende Regelungen. Für das Mitbestimmungsrecht des § 87 Abs. 1 Nr. 12 BetrVG bleibt insoweit kein Raum.

13. Vermögensbildung

Schließlich ist nach § 11 Abs. 3 Satz 2 5. VermBG bei der Festlegung des Termins, zu dem die Arbeitnehmer des Betriebes oder der Betriebsteile die einmalige Anlage von vermögenswirksamen Leistungen verlangen können, das für die Mitbestimmung in sozialen Angelegenheiten vorgeschriebene Verfahren einzuhalten. Demnach hat hier der Betriebsrat ebenfalls ein erzwingbares Mitbestimmungsrecht.

III. Freiwillige Mitbestimmung

Das erzwingbare Mitbestimmungsrecht des Betriebsrats in sozialen Angelegenheiten nach § 87 BetrVG wird ergänzt durch die Vorschrift des § 88 BetrVG, welche die Möglichkeit eröffnet, Betriebsvereinba-

---

306 GK-*Wiese,* § 87 Rz. 881 m. w. Nachw.
307 BAG vom 28. 4. 1981, AP Nr. 1 zu § 87 BetrVG 1972 Vorschlagswesen; BAG vom 16. 3. 1982, AP Nr. 2 zu § 87 BetrVG 1972 Vorschlagswesen.
308 BAG vom 16. 3. 1982, AP Nr. 2 zu § 87 BetrVG 1972 Vorschlagswesen.

rungen auch in Angelegenheiten zu schließen, die **nicht mitbestimmungspflichtig** sind. Danach können durch Betriebsvereinbarung insbesondere geregelt werden:
- zusätzliche Maßnahmen zur Verhütung von Arbeitsunfällen und Gesundheitsschädigungen;
- die Errichtung von Sozialeinrichtungen, deren Wirkungsbereich auf den Betrieb, das Unternehmen oder den Konzern beschränkt ist;
- Maßnahmen zur Förderung der Vermögensbildung[309].

177 Die in § 88 Nr. 1 bis 3 BetrVG enthaltenen Tatbestände sind – wie sich aus der Formulierung „insbesondere" im Einleitungssatz ergibt – nicht abschließend, sondern nur beispielhaft aufgeführt. Es besteht deshalb eine **umfassende funktionelle Zuständigkeit** des Betriebsrats zur Regelung **sämtlicher sozialer Angelegenheiten**[310]. Darüber hinaus eröffnet die Vorschrift des § 88 BetrVG den Betriebspartnern eine – nicht auf soziale Angelegenheiten beschränkte – **umfassende Regelungskompetenz**[311]. Möglich sind sonach z. B. Regelungen über die Beendigung des Arbeitsverhältnisses, die Urlaubsdauer, bezahlte Pausen, freiwillige Sozialleistungen, die Dauer der Arbeitszeit sowie die Art und Höhe der Arbeitsvergütung[312].

178 Die jeweilige Angelegenheit kann von Arbeitgeber und Betriebsrat jedoch nur dann geregelt werden, wenn sie sich freiwillig einigen. Ein bindender Spruch der Einigungsstelle kommt in diesem Bereich grundsätzlich nicht in Betracht.

179 Die Normsetzungsbefugnis der Betriebspartner findet ihre Grenzen in den **allgemeinen Schranken** jeder Regelungsmacht der **Betriebspartner,** insbesondere in den zwingenden gesetzlichen und tariflichen Bestimmungen[313]. Zu beachten ist beim Abschluß freiwilliger Betriebsvereinbarungen weiterhin der **Tarifvorrang des § 77 Abs. 3 BetrVG,** wonach Arbeitsentgelte und sonstige Arbeitsbedingungen nicht Gegenstand einer Betriebsvereinbarung sein können, soweit sie durch Tarifvertrag geregelt sind oder üblicherweise geregelt werden,

---

309 Zu diesen Merkmalen im einzelnen GK-*Wiese,* § 88 Rz. 14 ff.
310 Vgl. BAG vom 18. 8. 1987, AP Nr. 23 zu § 77 BetrVG 1972; BAG (GS) vom 7. 11. 1989, AP Nr. 46 zu § 77 BetrVG 1972; *Dietz/Richardi,* § 88 Rz. 5; GK-*Wiese,* § 88 Rz. 7; *Fitting/Kaiser/Heither/Engels,* § 88 Rz. 2 m. w. Nachw.
311 Vgl. BAG (GS) vom 7. 11. 1989, AP Nr. 46 zu § 77 BetrVG 1972; *Fitting/Kaiser/Heither/Engels,* § 88 Rz. 3; einschränkend GK-*Wiese,* § 88 Rz. 10, wonach die Vorschrift des § 88 BetrVG nur für den Bereich der sozialen Angelegenheiten gelte.
312 Zahlreiche weitere Beispiele bei GK-*Wiese,* § 88 Rz. 13.
313 *Fitting/Kaiser/Heither/Engels,* § 88 Rz. 4; GK-*Wiese,* § 88 Rz. 7.

es sei denn, der Tarifvertrag läßt den Abschluß ergänzender Betriebsvereinbarungen ausdrücklich zu (s. dazu Teil F Rz. 50 ff.).

Für freiwillige Betriebsvereinbarungen gelten die allgemeinen Vorschriften des § 77 BetrVG über das Zustandekommen, die Wirkungen, die Kündbarkeit und die Nachwirkung (s. Teil F Rz. 23 ff., 77 ff., 120 ff., 137 ff.). 180

Teil I
Mitbestimmung in personellen Angelegenheiten

I. Personalplanung

§ 92 BetrVG bestimmt, daß der Arbeitgeber den Betriebsrat über die **Personalplanung,** insbesondere über den gegenwärtigen und künftigen Personalbedarf sowie über die sich daraus ergebenden personellen Maßnahmen und Maßnahmen der Berufsbildung anhand von Unterlagen rechtzeitig und umfassend zu **unterrichten** hat. Der Arbeitgeber hat mit dem Betriebsrat über Art und Umfang der erforderlichen Maßnahmen und über die Vermeidung von Härten zu **beraten.** Der Betriebsrat kann dem Arbeitgeber ferner Vorschläge für die Einführung einer Personalplanung einschließlich Maßnahmen zur Durchsetzung der Gleichberechtigung und ihre Durchführung machen.

Die Vorschrift bringt zum Ausdruck, daß die Personalplanung **eigenverantwortlich** dem Unternehmer obliegt. Der Betriebsrat hat hier kein Mitbestimmungsrecht, sondern lediglich das Recht, über die Planungen informiert zu werden, sowie diese Maßnahmen mit dem Unternehmer zu beraten. In die Entscheidung, wie die Personalplanung letztendlich durchgeführt wird, kann der Betriebsrat nicht eingreifen. Lediglich in Teilbereichen der Gestaltung der Personalplanung, wie z. B. der Ausschreibung, § 93 BetrVG, den Beurteilungsgrundsätzen, § 94 BetrVG usw. gibt es weitergehende Mitbestimmungsrechte, auf die in eigenen Abschnitten weiter unten eingegangen werden wird.

Nicht ausgeschlossen ist es, daß sich der Unternehmer **freiwillig** der Mitbestimmung des Betriebsrates in Angelegenheiten der Personalplanung unterwirft. Dies wird regelmäßig durch den Abschluß einer Betriebsvereinbarung erfolgen. So ist es denkbar, daß hierin geregelt wird, daß zur Beratung über die Personalplanung ein Ausschuß bestehend aus Arbeitgeber, Vertretern des Betriebsrates sowie weiteren sachverständigen Betriebsangehörigen gebildet wird, die Entscheidungen im Bereich der Personalplanung beraten und vorbereiten[1].

Die Unterrichtungspflicht gegenüber dem Betriebsrat betrifft die **Personalplanung,** definiert als jede abstrakte Planung, die sich auf den gegenwärtigen und künftigen Personalbedarf in quantitativer und

---
[1] *Fitting/Kaiser/Heither/Engels,* § 92 Rz. 23.

qualitativer Hinsicht, auf dessen Deckung im weitesten Sinne und auf den abstrakten Einsatz der personellen Kapazität bezieht[2].

5 Der Betriebsrat ist in der Phase der **Entscheidungsfindung,** d. h. vor der Entscheidung über einen Plan, zu beteiligen[3]. Die Überlegungen des Arbeitgebers müssen jedoch das Stadium der Planung erreicht haben. Die Phase bloßen Erkundens von Möglichkeiten betrifft noch nicht das Stadium der Planung. Hieraus folgt, daß der Arbeitgeber im Falle des Verzichts auf einen zunächst ins Auge gefaßten Personalabbau oder eine Personalerweiterung, diesen Verzicht dem Betriebsrat weder erläutern noch ihn begründen muß[4].

6 **Nicht** in den Bereich des § 92 BetrVG fällt eine Planung, die sich lediglich auf einzelne Arbeitnehmer bezieht, sei es, daß es um eine konkrete Maßnahme geht, sei es, daß sich die Planung auf die gesamtberufliche Entwicklung eines Arbeitnehmers bezieht. Insofern handelt es sich um personelle Einzelmaßnahmen, die lediglich der Mitbestimmung des § 99 BetrVG unterliegen können[5]. Gleichfalls nicht unter § 92 BetrVG fällt die Planung von Beschäftigungsbedingungen wie z. B. Arbeitsentgelt, Arbeitszeit oder Gestaltung der Arbeitsplätze. Diese Bereiche gehören entweder in den Bereich der sozialen Mitbestimmung gemäß §§ 87, 88 BetrVG oder aber in den Bereich der §§ 90, 91 BetrVG[6].

7 Die Unterrichtungspflicht des Arbeitgebers betrifft **alle Bereiche** der Personalplanung. § 92 BetrVG zählt insoweit beispielhaft die Planung des gegenwärtigen und künftigen Personalbedarfs auf. Der Betriebsrat ist jedoch in sämtlichen Bereichen der vorgenommenen Personalplanung zu unterrichten. Hierunter fallen insbesondere die Personalbedarfsplanung, die Personaldeckungsplanung, die Personalentwicklungsplanung, die Personaleinsatzplanung und die Personalkostenplanung[7]. Führt der Arbeitgeber nur in Teilbereichen eine Personalplanung durch, so kommt er auch nur insoweit in die Informationspflicht[8]. Unter die Personalplanung fallen auch die Methoden

---

2 *Dietz/Richardi,* § 92 Rz. 9; *Schneider* in: Däubler/Kittner/Klebe, § 92 Rz. 14; *Fitting/Kaiser/Heither/Engels,* § 92 Rz. 27; GK-*Kraft,* § 92 Rz. 12.
3 *Fitting/Kaiser/Heither/Engels,* § 92 Rz. 27; *Schneider* in: Däubler/Kittner/Klebe, § 92 Rz. 36.
4 BAG vom 6. 11. 1990, AP Nr. 4 zu § 92 BetrVG 1972; BAG vom 31. 1. 1989, AP Nr. 33 zu § 80 BetrVG 1972; BAG vom 19. 6. 1984, AP Nr. 2 zu § 92 BetrVG 1972.
5 *Fitting/Kaiser/Heither/Engels,* § 92 Rz. 17; GK-*Kraft,* § 92 Rz. 10; *Hess/Schlochauer/Glaubitz,* § 92 Rz. 19.
6 *Hess/Schlochauer/Glaubitz,* § 92 Rz. 21; GK-*Kraft,* § 92 Rz. 11.
7 GK-*Kraft,* § 92 Rz. 13 ff.
8 *Schneider* in: Däubler/Kittner/Klebe, § 92 Rz. 33; *Fitting/Kaiser/Heither/Engels,* § 92 Rz. 24.

I. Personalplanung

und/oder organisatorischen und technischen Hilfsmitteln, deren sich der Arbeitgeber bedient, wie z. B. ein Assessment-Center als Personalauswahlverfahren.

Auch **automatisierte Personalinformationssysteme** fallen nach überwiegender Auffassung unter die informationspflichtigen Mittel der Personalplanung[9]. Der Betriebsrat hat einen Informationsanspruch über die bestehenden Personalinformationssysteme, über deren Aussagen und Resultate, die Programminhalte, sowie die gesamte Programmierung und Software. Dies deshalb, da Systeme dieser Art Informationen über Betriebszugehörigkeitsdauer, Altersaufbau, Einkommensstruktur, Fehlzeiten und andere wesentlichen Daten, die für die Personalplanung von Bedeutung sind, liefern[10]. 8

Der Betriebsrat hat einen Unterrichtungsanspruch in Bezug auf **sämtliche Unterlagen,** anhand derer der Arbeitgeber die Planung vornimmt. Hierzu zählen Stellenbeschreibungen, Stellenbesetzungspläne, Stellenpläne, Personalstatistiken, Personalkostenpläne. Ausgenommen sind lediglich Unterlagen, die der Betriebsrat zur Wahrnehmung seiner Mitwirkungsrechte bei der Personalplanung nicht benötigt. Hierzu zählen im Planungsvorstadium erstellte Berichte über Rationalisierungs- und Personalreduzierungsmöglichkeiten sowie Prüfungsberichte, hinsichtlich derer zur Zeit keine Planung bezüglich einer Umsetzung besteht[11]. 9

Der Arbeitgeber kann die geschuldeten Informationen weder unter Hinweis auf den Tendenzcharakter des Unternehmens oder Betriebes noch mit der Begründung **verweigern,** die Personalplanung beinhalte Geschäftsgeheimnisse[12]. 10

§ 92 BetrVG verpflichtet den Arbeitgeber nicht nur, den Betriebsrat über die anstehende Personalplanung zu unterrichten. Darüber hinaus hat der Arbeitgeber mit dem Betriebsrat über Art und Umfang der erforderlichen Maßnahmen und über die Vermeidung von Härten zu **beraten.** Der Arbeitgeber hat sowohl die Information des Betriebsrates als auch die Beratung von sich aus zu veranlassen. Das Beratungsrecht des Betriebsrates erstreckt sich auf alle Aspekte, für die dem Betriebsrat ein Unterrichtungsrecht zusteht[13]. 11

---

9 *Schneider* in: Däubler/Kittner/Klebe, § 92 Rz. 34; *Dietz/Richardi,* § 92 Rz. 17; *Fitting/Kaiser/Heither/Engels,* § 92 Rz. 25; **a. A.** GK-*Kraft,* § 92 Rz. 20.
10 *Fitting/Kaiser/Heither/Engels,* § 92 Rz. 26.
11 BAG vom 27. 6. 1989, AP Nr. 37 zu § 80 BetrVG 1972; BAG vom 19. 6. 1984, AP Nr. 2 zu § 92 BetrVG 1972.
12 BAG vom 6. 11. 1990, AP Nr. 4 zu § 92 BetrVG 1972.
13 BAG vom 6. 11. 1990, AP Nr. 4 zu § 92 BetrVG 1972.

12 Eine **Einigung** über die durchzuführenden Maßnahmen kann der Betriebsrat nicht erzwingen. Die echte Mitbestimmung des Betriebsrates beginnt erst bei Durchführung konkreter Berufsbildungsmaßnahmen gemäß § 96 Abs. 1 BetrVG oder konkreter personeller Maßnahmen gemäß der §§ 99 und 102 BetrVG. Dennoch ist die Einschaltung einer Einigungsstelle möglich, sofern sie von beiden Parteien angerufen wird oder beide Parteien mit ihrem Tätigwerden einverstanden sind. Bindend ist der Vorschlag der Einigungsstelle nur, sofern beide Seiten sich dem Spruch vorher unterworfen oder ihn nachträglich angenommen haben, § 76 Abs. 6 BetrVG.

13 Ist im Betrieb **keine Personalplanung vorhanden,** kann der Betriebsrat Vorschläge für die Einführung und Durchführung einer Personalplanung machen, § 92 Abs. 2 BetrVG. Insbesondere kann er Vorschläge hinsichtlich der Durchführung von Maßnahmen zur Gleichberechtigung von Männern und Frauen gemäß § 80 Abs. 1 Nr. 2a BetrVG machen. Die Einführung einer solchen Planung kann vom Betriebsrat jedoch nicht erzwungen werden. Der Arbeitgeber ist allein verpflichtet, sich mit den Vorschlägen des Betriebsrates ernsthaft zu befassen[14]. Der Betriebsrat kann auch nicht die Einführung oder Nichteinführung einer bestimmten Methode der Personalplanung oder den Abschluß einer Betriebsvereinbarung hierüber erzwingen[15].

14 Im Falle der **Verletzung** der Informations- und Beratungsrechte des Betriebsrates hat dies keine Auswirkungen auf die Wirksamkeit späterer personeller Einzelmaßnahmen. Der Arbeitgeber handelt jedoch ordnungswidrig gemäß § 121 Abs. 1 BetrVG, sofern er seinen Unterrichtungspflichten nicht, wahrheitswidrig, unvollständig oder verspätet nachkommt. Die Ordnungswidrigkeit kann mit einer Geldbuße von bis zu 20 000,00 DM geahndet werden. Darüber hinaus kommt bei groben Verstößen des Arbeitgebers gegen seine Verpflichtung aus § 92 BetrVG ein Verfahren gemäß § 23 Abs. 3 BetrVG in Betracht[16]. Daneben kann der Betriebsrat ein Beschlußverfahren gemäß §§ 2a, 80 ff. BetrVG Arbeitsgerichtsgesetz einleiten auf Feststellung seiner Rechte gemäß § 92 BetrVG[17].

---

[14] GK-*Kraft,* § 92 Rz. 31; *Hess/Schlochauer/Glaubitz,* § 92 Rz. 31; *Schneider* in: Däubler/Kittner/Klebe, § 92 Rz. 44; *Dietz/Richardi,* § 92 Rz. 31; *Fitting/Kaiser/Heither/Engels,* § 92 Rz. 33.
[15] *Fitting/Kaiser/Heither/Engels,* § 92 Rz. 34; GK-*Kraft,* § 92 Rz. 32.
[16] *Schneider* in: Däubler/Kittner/Klebe, § 93 Rz. 48; *Fitting/Kaiser/Heither/Engels,* § 93 Rz. 36.
[17] *Fitting/Kaiser/Heither/Engels,* § 93 Rz. 36; *Dietz/Richardi,* § 92 Rz. 41; GK-*Kraft,* § 93 Rz. 35.

II. Innerbetriebliche Stellenausschreibung

Der Betriebsrat kann vom Arbeitgeber verlangen, daß Arbeitsplätze, die frei werden oder neu geschaffen werden, vor ihrer Besetzung innerhalb des Betriebes ausgeschrieben werden, § 93 Satz 1 BetrVG. Der Betriebsrat hat hier ein **echtes Mitbestimmungsrecht**. Schreibt der Arbeitgeber entgegen dem Verlangen des Betriebsrates frei werdende Arbeitsplätze nicht innerhalb des Betriebes aus, so kann der Betriebsrat seine Zustimmung zu einer personellen Maßnahme gemäß § 99 Abs. 2 Nr. 5 BetrVG verweigern, die sich auf die Besetzung des nicht ausgeschriebenen Arbeitsplatzes richtet. Hiermit wird ein indirekter Zwang auf den Arbeitgeber ausgeübt, die innerbetriebliche Stellenausschreibung vorzunehmen. Parallel kann der Betriebsrat gegen den Arbeitgeber ein Beschlußverfahren einleiten, mit dem Ziel, die Verpflichtung des Arbeitgebers zur Ausschreibung feststellen zu lassen, sofern diese von ihm verweigert wird. Daneben kommt auch ein Verfahren nach § 23 Abs. 3 BetrVG im Falle von mehrmaligen Verstößen in Betracht[18]. 15

Die Vorschrift dient dem Zweck, innerbetrieblichen Bewerbern auf diese Weise Kenntnis von einer freien Stelle zu vermitteln, um ihnen die Möglichkeit zu geben, ihr Interesse an solchen Stellen kundzutun und sich darum zu bewerben. Die Vorschrift dient damit der Aktivierung eines innerbetrieblichen Arbeitsmarktes. Außerdem soll Unruhe innerhalb der Belegschaft über die Hereinnahme Außenstehender trotz eines möglicherweise im Betrieb vorhandenen qualifizierten Bewerberpotentiales vermieden werden[19]. 16

Unter **Ausschreibung** ist die allgemeine Aufforderung an alle oder eine bestimmte Gruppe von Arbeitnehmern des Betriebes zu verstehen, sich um bestimmte Arbeitsplätze im Betrieb zu bewerben[20]. 17

Der Betriebsrat kann verlangen, daß die vorhandenen Stellen **allgemein** oder für **bestimmte Arten** von **Tätigkeiten** ausgeschrieben werden. Allgemein bedeutet das Verlangen, daß alle freien Stellen, auch solche, die keine Aufstiegschancen bieten, auszuschreiben sind. Für bestimmte Arten von Tätigkeiten heißt, daß die Verpflichtung zur Ausschreibung auf Gruppen von Arbeitnehmern beschränkt wird, die sich durch bestimmte Tätigkeitsmerkmale auszeichnen. Die Forderung nach innerbetrieblicher Stellenausschreibung kann nur für alle freien Arbeitsplätze oder aber gruppenbezogen gestellt werden, nicht 18

---
18 GK-*Kraft*, § 93 Rz. 14; *Dietz/Richardi*, § 93 Rz. 22; *Fitting/Kaiser/Heither/Engels*, § 93 Rz. 13.
19 BAG vom 27. 7. 1993, AP Nr. 3 zu § 93 BetrVG 1972.
20 BAG vom 23. 2. 1988, AP Nr. 2 zu § 93 BetrVG 1972.

jedoch von Fall zu Fall für konkrete einzelne Arbeitsplätze[21]. Der Betriebsrat muß sich insofern entscheiden, ob er in allen Fällen Ausschreibungen vom Arbeitgeber verlangt oder aber von seinem Mitbestimmungsrecht keinen Gebrauch macht.

19 Der Arbeitgeber ist zur Ausschreibung verpflichtet, selbst wenn er den Arbeitsplatz mit einem **freien Mitarbeiter** oder **Leiharbeitnehmer** besetzen will[22]. Dies ergibt sich aus der Tatsache, daß auch die Beschäftigung von freien Mitarbeitern oder Leiharbeitnehmern eine gemäß § 99 BetrVG zustimmungspflichtige Einstellung sind, sofern eine Eingliederung in den Betrieb erfolgt. Anderenfalls könnte der Betriebsrat die Zustimmung gemäß § 99 BetrVG verweigern, mit der Begründung, daß die erforderliche Ausschreibung der Stelle nicht erfolgt ist.

20 Das Mitbestimmungsrecht bezieht sich nicht auf die **Art** und **Weise** der **Ausschreibung.** Der Wortlaut der Vorschrift des § 93 BetrVG eröffnet dem Betriebsrat insoweit allein die Möglichkeit, die Ausschreibung von Stellen zu erzwingen, nicht aber das „wie" der Ausschreibung[23]. Selbstverständlich kann die Art und Weise von Ausschreibungen in freiwilligen Betriebsvereinbarungen geregelt werden.

21 Der Arbeitgeber kann Ausschreibungen durch **Bekanntmachung,** durch Aushang am schwarzen Brett, durch Rundschreiben, durch die Aufnahme in eine Betriebszeitung usw. vornehmen. Die Ausschreibung muß die Art der zu besetzenden Stelle und die Qualifikation erkennen lassen, die von einem Bewerber erwartet wird. Die Ausschreibung muß auch eine angemessene Bewerbungsfrist benennen.

22 Der Arbeitgeber ist verpflichtet, in der innerbetrieblichen Ausschreibung an die Qualifikation von Bewerbern **dieselben Anforderungen** zu stellen, die er auch außerbetrieblich z. B. in einer Stellenanzeige in der Tagespresse stellt[24]. Die parallel erfolgte außerbetriebliche Stellenausschreibung verpflichtet den Arbeitgeber dennoch nicht, den Arbeitsplatz mit einem der sich meldenden Bewerber aus dem Be-

---

21 LAG Köln, LAGE § 93 BetrVG 1972 Nr. 2; *Dietz/Richardi,* § 93 Rz. 5; *Hess/Schlochauer/Glaubitz,* § 93 Rz. 13; *Stege-Weinspach,* § 93 Rz. 4; *Fitting/Kaiser/Heither/Engels,* § 93 Rz. 3.
22 BAG vom 27. 7. 1993, AP Nr. 3 zu § 93 BetrVG 1972.
23 BAG vom 27. 10. 1992, AP Nr. 29 zu § 95 BetrVG 1972; BAG vom 23. 2. 1988, AP Nr. 2 zu § 93 BetrVG 1972; *Matthes* in: Münchener Handbuch zum Arbeitsrecht, Band 3, § 342 Rz. 9; *Hess/Schlochauer/Glaubitz,* § 93 Rz. 4; *Dietz/Richardi,* § 93 Rz. 12; **a. A.** *Buschmann* in: Däubler/Kittner/Klebe, § 93 Rz. 4; *Fitting/Kaiser/Heither/Engels,* § 93 Rz. 4.
24 BAG vom 23. 2. 1988, AP Nr. 2 zu § 93 BetrVG 1972.

II. Innerbetriebliche Stellenausschreibung   Rz. 26 **Teil I**

trieb zu besetzen. Anderes gilt nur dann, sofern die Entscheidung gegen eine Auswahlrichtlinie gemäß § 95 verstößt oder aber die Einstellung des Bewerbers einen Grund zur Verweigerung der Zustimmung gemäß § 99 Abs. 2 BetrVG durch den Betriebsrat auslösen würde[25].

Für **leitende Angestellte** kann die innerbetriebliche Ausschreibung nicht gefordert werden[26]. Dieser Personenkreis fällt gemäß § 5 Abs. 3 BetrVG nicht unter das Gesetz, so daß auch die Ausschreibung nicht verlangt werden kann. 23

Der Betriebsrat kann anregen, daß zu besetzende Arbeitsplätze als Vollzeit-, aber auch als **Teilzeitarbeitsplätze** ausgeschrieben werden. Sofern der Arbeitgeber bereit ist, Arbeitsplätze auch mit Teilzeitbeschäftigten zu besetzen, muß hierauf in der Ausschreibung hingewiesen werden, § 93 Satz 3 BetrVG. Der Arbeitgeber ist verpflichtet, die Anregung des Betriebsrates zur Ausschreibung von Teilzeitstellen zu prüfen und sie mit ihm zu erörtern. Einen durchsetzbaren Anspruch auf Schaffung von Teilzeitarbeitsplätzen hat der Betriebsrat jedoch nicht[27]. 24

Gemäß § 611b BGB darf der Arbeitgeber einen Arbeitsplatz nicht lediglich für **Männer** oder lediglich für **Frauen** ausschreiben, es sei denn, ein bestimmtes Geschlecht wäre unverzichtbare Voraussetzung für die auszuübende Tätigkeit[28]. In Tendenzbetrieben kann der Betriebsrat die Ausschreibung von Arbeitsplätzen verlangen, die mit **Tendenzträgern** besetzt werden sollen[29]. 25

Nach dem klaren Wortlaut des § 93 BetrVG kann der Betriebsrat die Ausschreibung von Stellen lediglich innerbetrieblich verlangen, nicht aber im gesamten **Unternehmen** oder **Konzern**. Der Gesamtbetriebsrat bzw. Konzernbetriebsrat kann jedoch, sofern die Voraussetzungen seiner Zuständigkeit vorliegen, die Ausschreibung in allen, auch betriebsratslosen Betrieben oder Unternehmen verlangen[30]. Die 26

---

25 BAG vom 18. 11. 1980, AP Nr. 1 zu § 93 BetrVG 1972; BAG vom 30. 1. 1979, AP Nr. 11 zu § 118 BetrVG 1972.
26 BAG vom 29. 7. 1993, AP Nr. 3 zu § 93 BetrVG 1972.
27 *Fitting/Kaiser/Heither/Engels*, § 93 Rz. 6a; GK-*Kraft*, § 93 Rz. 8.
28 BVerfG vom 16. 11. 1993, NZA 1994, 745; *Buschmann* in: Däubler/Kittner/Klebe, § 93 Rz. 8; *Fitting/Kaiser/Heither/Engels*, § 93 Rz. 9.
29 BAG vom 30. 1. 1979, AP Nr. 11 zu § 118 BetrVG 1972; *Fitting/Kaiser/Heither/Engels*, § 93 Rz. 8; *Dietz/Richardi*, § 93 Rz. 11; *Buschmann* in: Däubler/Kittner/Klebe, § 93 Rz. 13; **a. A.** GK-*Kraft*, § 93 Rz. 3, der annimmt, § 118 Abs. 1 stehe der Anwendung des § 93 für Tendenzbetriebe entgegen.
30 *Fitting/Kaiser/Heither/Engels*, § 93 Rz. 7; *Matthes* in: Münchener Handbuch zum Arbeitsrecht, Band 3, § 342 Rz. 7; GK-*Kraft*, § 93 Rz. 5; *Dietz/Richardi*, § 93 Rz. 8.

Zuständigkeit des Gesamtbetriebsrates besteht allerdings nur, sofern und soweit eine unternehmenseinheitliche Personalplanung besteht und die auszuschreibenden Arbeitsplätze in mehreren Betrieben des Unternehmens vorhanden sind. Unter den gleichen Voraussetzungen, kann die Zuständigkeit des Konzernbetriebsrates gegeben sein[31].

III. Personalfragebögen und allgemeine Beurteilungsgrundsätze

27 In vielen Betrieben ist es üblich, Bewerbern vor der Einstellung **Personalfragebögen** vorzulegen. Der Inhalt der Antworten hat dann regelmäßig Einfluß auf die Entschließung des Arbeitgebers, den Bewerber einzustellen. Später kann der in der Personalakte befindliche Fragebogen wichtig sein bei der Frage, ob einem Arbeitnehmer andere Aufgaben übertragen werden.

28 § 94 BetrVG stellt klar, daß der Betriebsrat bei Aufstellung solcher Fragebögen ein **Mitbestimmungsrecht** hat, in dem Personalfragebögen der Zustimmung des Betriebsrates unterworfen werden. Hiermit wird sichergestellt, daß Personalfragebögen inhaltlich auf solche Angaben beschränkt bleiben, für die zugunsten des Arbeitgebers ein berechtigtes Auskunftsbedürfnis besteht. Gleichermaßen ein Mitbestimmungsrecht besteht gemäß § 94 Abs. 2 Satz 1 BetrVG für vom Arbeitnehmer verlangte Angaben in Formulararbeitsverträgen sowie für den Fall, daß der Arbeitgeber allgemeine Beurteilungsgrundsätze aufstellt, § 94 Abs. 2 Satz 2 BetrVG.

29 § 94 BetrVG enthält **keine Verpflichtung** des **Arbeitgebers** zur Einführung von Personalfragebögen, Formulararbeitsverträgen oder Beurteilungsgrundsätzen. Allein für den Fall, daß die Einführung beabsichtigt ist, hat der Arbeitgeber die Verpflichtung, den Inhalt mit dem Betriebsrat zu beraten und kann erst nach erfolgter Zustimmung des Betriebsrates handeln. Auch der Betriebsrat kann die Einführung von Personalfragebögen, von bestimmten Angaben in Formulararbeitsverträgen oder von Beurteilungsgrundsätzen nicht erzwingen. § 94 BetrVG gewährt ihm kein Initiativrecht[32].

---

31 *Fitting/Kaiser/Heither/Engels,* § 93 Rz. 7; GK-*Kraft,* § 93 Rz. 9.
32 LAG Frankfurt, DB 1992, 534; LAG Düsseldorf, DB 1985, 134; *Klebe* in: Däubler/Kittner/Klebe, § 94 Rz. 2; *Dietz/Richardi,* § 94 Rz. 18; *Fitting/Kaiser/Heither/Engels,* § 94 Rz. 12; *Hess/Schlochauer/Glaubitz,* § 94 Rz. 16; GK-*Kraft,* § 94 Rz. 3.

III. Personalfragebögen und allgemeine Beurteilungsgrundsätze   Rz. 34 **Teil I**

Die Zustimmung des Betriebsrates ist erforderlich sowohl bei der Neueinführung als auch bei der Änderung bestehender Fragebögen, Beurteilungsgrundsätze und Formulararbeitsverträge. Im Streitfall entscheidet die **Einigungsstelle** über den Inhalt. Der Spruch der Einigungsstelle ersetzt dann die Einigung zwischen Arbeitgeber und Betriebsrat, § 94 Abs. 1 Satz 2 BetrVG. Der Spruch der Einigungsstelle ist folglich für den Arbeitgeber bindend. 30

Die **Ausübung** des **Mitbestimmungsrechtes** steht grundsätzlich dem Betriebsrat zu. Sollen einheitliche Fragebögen oder Beurteilungsgrundsätze für mehrere Betriebe eines Unternehmens eingeführt werden, kann dem Gesamtbetriebsrat das Mitbestimmungsrecht zustehen, sofern seine Zuständigkeit nach § 50 BetrVG gegeben ist, d. h. sofern eine zwingende und sachliche Notwendigkeit für eine einheitliche Regelung besteht, § 50 Abs. 1 Satz 1 BetrVG[33]. Gleiches gilt für den Konzernbetriebsrat, sofern dessen Zuständigkeit gegeben ist, § 58 Abs. 1 Satz 1 BetrVG. 31

§ 94 BetrVG regelt nicht, **in welcher Form** der Betriebsrat das Mitbestimmungsrecht auszuüben hat. In der Regel wird sich der Abschluß einer Betriebsvereinbarung anbieten. Stimmt der Betriebsrat der Einführung bestimmter Personalfragebögen, bestimmter Angaben in Formulararbeitsverträgen oder bestimmter Beurteilungsgrundsätze durch Beschluß gemäß § 33 BetrVG zu, so liegt lediglich eine Regelungsabrede vor. Ein einseitiger Widerruf der Zustimmung ist ausgeschlossen. Die Abrede kann lediglich in analoger Anwendung des § 77 Abs. 5 BetrVG mit einer Frist von 3 Monaten gekündigt werden[34]. 32

Das Mitbestimmungsrecht des Betriebsrates ist nicht deshalb ausgeschlossen, weil die erhobenen Daten der Arbeitnehmer in einer Weise verarbeitet werden, die den Vorschriften des **Bundesdatenschutzgesetzes** unterliegen[35]. 33

Personalfragebögen sind alle formularmäßig gefaßten Zusammenstellungen von durch den Bewerber oder Arbeitnehmer auszufüllenden oder zu beantwortenden Fragen, die Aufschluß über die Person, Kenntnisse und Fertigkeiten des Befragten geben sollen[36]. Der Begriff ist weit auszulegen, erfaßt werden nicht nur Einstellungsfragebögen 34

---

[33] BAG vom 3. 5. 1984, AP Nr. 5 zu § 95 BetrVG 1972; GK-*Kraft,* § 94 Rz. 5; *Dietz/Richardi,* § 94 Rz. 32; *Hess/Schlochauer/Glaubitz,* § 94 Rz. 18.
[34] LAG Frankfurt a. M., LAGE, § 94 BetrVG 1972 Nr. 1; *Fitting/Kaiser/Heither/Engels,* § 77 Rz. 92; GK-*Kraft,* § 94 Rz. 6.
[35] *Fitting/Kaiser/Heither/Engels,* § 94 Rz. 6.
[36] BAG vom 21. 9. 1993, AP Nr. 4 zu § 94 BetrVG 1972; BAG vom 9. 7. 1991, AP Nr. 19 zu § 87 BetrVG 1972 Ordnung des Betriebes.

für Bewerber, sondern auch Fragebögen für schon im Betrieb tätige Arbeitnehmer. Nicht erfaßt werden rein sachbezogen, ohne Berücksichtigung des jeweiligen Arbeitsplatzinhabers ausgerichtete Arbeitsplatzerhebungsbögen[37].

35 Um einen zustimmungsbedüftigen Personalfragebogen handelt es sich erst dann, sofern hierin Fragen enthalten sind, die Rückschlüsse auf die **Leistung** oder **Eignung** der Befragten zulassen[38]. Auch Erhebungsbögen für Organisationsuntersuchungen betreffend die Bürokommunikation und Systemplanung, die von den betreffenden Arbeitsplatzinhabern ausgefüllt werden und die Beantwortung von personenbezogenen Fragen verlangen, werden hierdurch mitbestimmungspflichtig[39]. Entscheidend ist allein der Inhalt der Fragen, nicht der Zweck, der mit der Erhebung des Bogens verfolgt wird[40].

36 Kein Mitbestimmungsrecht des Betriebsrates besteht bei Erhebungsbögen, die von einer **Aufsichtsbehörde** erhoben werden und Angaben über persönliche Verhältnisse von Bewerbern oder Arbeitnehmern verlangen. Hierbei ist nicht das Verhältnis der Betriebspartner betroffen[41].

37 Das Mitbestimmungsrecht erstreckt sich nicht allein auf den Inhalt, sondern auch auf den beabsichtigten **Verwendungszweck**. Der Betriebsrat kann insoweit verlangen, daß der Arbeitgeber Informationen über seine Arbeitnehmer nur insoweit verwertet, als dies durch den Zweck des konkreten Arbeitsverhältnisses bedingt ist[42].

38 Zu beachten ist, daß bestimmte Fragen in Personalfragebögen **unzulässig** sind. Dies ist der Fall, soweit sie den Persönlichkeitsbereich des Arbeitnehmers in unzulässiger Weise betreffen. In einem solchen Fall kann der Betriebsrat einer Verwendung nicht zustimmen. Eine dennoch erteilte Zustimmung wäre unwirksam. Auch die Einigungsstelle hat sich im Fall der Entscheidung durch diese an die von der Rechtsprechung entwickelten Grundsätze über zulässige Fragen in Personalfragebögen zu halten[43].

---

37 *Fitting/Kaiser/Heither/Engels,* § 94 Rz. 6; *Dietz/Richardi,* § 94 Rz. 3; *Klebe* in: Däubler/Kittner/Klebe, § 94 Rz. 5; GK-*Kraft,* § 94 Rz. 8.
38 LAG Frankfurt, CR 1990, 274.
39 VGH Baden-Württemberg, RDV 1993, 234.
40 *Fitting/Kaiser/Heither/Engels,* § 94 Rz. 6a.
41 BAG vom 9. 7. 1991, AP Nr. 19 zu § 87 BetrVG 1972 Ordnung des Betriebes; BAG vom 17. 5. 1983, AP Nr. 11 zu § 75 BPersVG.
42 *Fitting/Kaiser/Heither/Engels,* § 94 Rz. 7; *Klebe* in: Däubler/Kittner/Klebe, § 94 Rz. 7.
43 *Fitting/Kaiser/Heither/Engels,* § 94 Rz. 13; GK-*Kraft,* § 94 Rz. 17; *Dietz/Richardi,* § 94 Rz. 25.

III. Personalfragebögen und allgemeine Beurteilungsgrundsätze   Rz. 42 **Teil I**

Fragen im Hinblick auf die **persönlichen Verhältnisse** des Bewerbers 39
bzw. Arbeitnehmers, im Hinblick auf Krankheit oder Körperbehinderungen sind nur insoweit zulässig, als im Hinblick auf die Tätigkeit und den Arbeitsplatz ein berechtigtes, billigenswertes und schutzwürdiges Interesse des Arbeitgebers an der Beantwortung der Frage im Rahmen des Verhältnismäßigkeitsgrundsatzes besteht[44]. Dem Bewerber bzw. Arbeitnehmer ist es bei unzulässigen Fragen unbenommen, diese wahrheitswidrig zu beantworten. Die Anfechtung des Arbeitsvertrages mit dem Vorwurf der arglistigen Täuschung kommt in diesen Fällen nicht in Betracht. Darüber hinaus kann die Beantwortung derartiger Fragen abgelehnt werden[45].

Unzulässig sind Fragen nach laufenden Ermittlungsverfahren, da der 40
Betreffende bis zur rechtskräftigen Verurteilung als unschuldig gilt[46]. Die allgemeine Frage nach Vorstrafen ist ebenfalls unzulässig, soweit sie nicht für das Arbeitsverhältnis von Bedeutung sein kann[47]. Bei einem Kraftfahrer ist es erlaubt, nach Verkehrsstrafen zu fragen, bei einem Jugendbetreuer nach Sittlichkeitstaten sowie bei einem Bankkassierer nach Vermögensdelikten. Längstens 5 Jahre nach der Verurteilung darf sich ein Bewerber bzw. Arbeitnehmer auch hinsichtlich arbeitsplatzbezogener Vorstrafen jedoch als unbestraft bezeichnen, da die Vorstrafen zu diesem Zeitpunkt im Register gelöscht werden, § 51 BZRG.

Die Frage nach einer Tätigkeit für das **Ministerium** für **Staatssicherheit** der ehemaligen DDR oder für die **SED** wird nur dann zulässig 41
sein, wenn die Position des Arbeitnehmers dies erfordert, weil er entweder in hervorgehobener Position für den Arbeitgeber tätig ist, als Tendenzträger in einem Tendenzbetrieb oder in einem sicherheitsrelevanten Bereich arbeitet[48].

Fragen nach den **Vermögensverhältnissen** des Bewerbers bzw. Ar- 42
beitnehmers sind nur insoweit zulässig, als dieser in einer besonderen Vertrauensstellung tätig ist bzw. tätig werden soll, in der er mit

---
44 BAG vom 20. 2. 1986, AP Nr. 31 zu § 123 BGB; BAG vom 22. 10. 1986, AP Nr. 2 zu § 23 BDSG a. F.; BAG vom 7. 6. 1984, AP Nr. 26 zu § 123 BGB.
45 BAG vom 7. 6. 1984, a. a. O.
46 ArbG Münster, BB 1993, 1592.
47 BAG vom 15. 1. 1970, AP Nr. 1 zu § 1 KSchG Verhaltensbedingte Kündigung; BAG vom 5. 12. 1957, AP Nr. 2 zu § 123 BGB; ArbG München, DB 1988, 2209; *Klebe* in: Däubler/Kittner/Klebe, § 94 Rz. 16; *Fitting/Kaiser/Heither/Engels*, § 94 Rz. 16.
48 BAG vom 21. 9. 1993, AP Nr. 4 zu § 94 BetrVG 1972; ArbG Leipzig AuA 1995, 173; ArbG Darmstadt, BB 1994, 2495; vgl. auch BAG vom 23. 9. 1993, AP Nr. 19 zu Einigungsvertrag Anlage 1 Kapitel XIX; ArbG Potsdam, CR 1992, 684; LAG Berlin, RBV 1993, 134; LAG Berlin, DB 1994, 1983.

Geld umzugehen hat oder die Gefahr der Bestechung oder des Geheimnisverrates besteht[49]. Die Frage nach bestehenden Lohn- oder Gehaltspfändungen ist erst nach Abschluß des Arbeitsvertrages zulässig, da sie mit der Erfüllung der arbeitsvertraglichen Pflichten und der Eignung des Arbeitnehmers für den Arbeitsplatz nichts zu tun hat[50].

43 Unzulässig sind auch Fragen nach **Rasse** und **Parteizugehörigkeit**[51]. Die Frage nach der Religionszugehörigkeit ist wegen der Abführung der Kirchensteuer erst nach Abschluß des Arbeitsvertrages zulässig[52]. Ebenso die Frage nach der Gewerkschaftszugehörigkeit, sofern diese Angabe für die Lohnbuchhaltung erforderlich ist, beispielsweise, wenn der Arbeitgeber sich verpflichtet hat, die Gewerkschaftsbeiträge abzuführen oder aber sofern unterschiedliche Regelungen im Betrieb für organisierte und nicht organisierte Arbeitnehmer gelten[53].

44 Die Frage nach dem Vorliegen einer **Schwangerschaft** vor Einstellung einer Bewerberin ist in der Regel wegen Verstoßes gegen das Diskriminierungsverbot des § 611a BGB unzulässig. Dies gilt unabhängig davon, ob sich neben Frauen auch Männer bewerben[54]. Das Bundesarbeitsgericht hat seine gegenteilige Rechtsprechung in Reaktion auf die Grundsatzentscheidung des Europäischen Gerichtshofes vom 08.11.1990[55] korrigiert. Der EUGH hatte hier ausgesprochen, daß die Weigerung, eine schwangere Frau einzustellen, eine unmittelbare Diskriminierung aufgrund des Geschlechtes ist. Zulässig ist die Frage jedoch dann, wenn eine schwangere Bewerberin die angestrebte Arbeit nicht erbringen kann, wie z. B. bei einer Tänzerin oder einem Mannequin oder sofern der gesundheitliche Schutz der Bewerberin und des ungeborenen Kindes verlangen, daß eine Beschäftigung unterbleibt, wie z. B. für die Tätigkeit einer Arzthelferin, die mit infektiösem Material in Kontakt kommt[56]. Die Frage ist ferner zulässig, sofern gesetzliche Vorschriften einer Beschäftigung einer schwangeren Arbeitnehmerin entgegenstehen, so z. B. wenn die Arbeit schwe-

---

49 *Fitting/Kaiser/Heither/Engels*, § 94 Rz. 17; *Dietz/Richardi*, § 94 Rz. 14; GK-*Kraft*, § 94 Rz. 24; *Hess/Schlochauer/Glaubitz*, § 94 Rz. 13.
50 GK-*Kraft*, § 94 Rz. 24; *Fitting/Kaiser/Heither/Engels*, §94 Rz. 17; *Klebe* in: Däubler/Kittner/Klebe, § 94 Rz. 19; **a. A.** *Hess/Schlochauer/Glaubitz*, § 94 Rz. 14.
51 GK-*Kraft*, § 94 Rz. 26; *Fitting/Kaiser/Heither/Engels*, § 94 Rz. 15; *Hess/Schlochauer/Glaubitz*, § 94 Rz. 13; *Klebe* in: Däubler/Kittner/Klebe, § 94 Rz. 20.
52 LAG Hamm, BB 1953, 501; LAG München, BB 1951, 923.
53 GK-*Kraft*, § 94 Rz. 26; *Fitting/Kaiser/Heither/Engels*, § 94 Rz. 15; *Hess/Schlochauer/Glaubitz*, § 94 Rz. 13.
54 BAG vom 15.10.1992, AP Nr. 8 zu § 611a BGB.
55 NZA 1991, 171.
56 BAG vom 1.7.1993, AP Nr. 36 zu § 123 BGB.

III. Personalfragebögen und allgemeine Beurteilungsgrundsätze   Rz. 47 **Teil I**

re körperliche Arbeiten verlangt oder Nacht- oder Sonntagsarbeit mit sich bringt. §§ 4 und 8 Mutterschutzgesetz sehen hierfür Beschäftigungsverbote vor.

Auch weitere **Fragen persönlicher Art,** die nicht unmittelbar mit der vorgesehenen oder ausgeübten Tätigkeit zusammenhängen, dürfen nicht in den Personalfragebogen aufgenommen werden[57]. Die Frage nach einem noch abzuleistenden Wehr- oder Zivildienst dürfte nach den Grundsätzen des Urteils des EUGH vom 8. 11. 1990 wegen der Gefahr einer unzulässigen Geschlechterdiskriminierung nur ausnahmsweise zulässig sein, z. B. für kurzzeitige Tätigkeiten.   45

Die Frage nach einer bestehenden **Schwerbehinderung** oder **Gleichstellung** nach dem Schwerbehindertengesetz darf wegen der sich ergebenden Verpflichtungen des Arbeitgebers aus dem Schwerbehindertengesetz gestellt werden[58]. Ferner darf nach Gebrechen oder Krankheiten gefragt werden, die zu einer Gefährdung oder eingeschränkten Leistungsfähigkeit des Arbeitnehmers auf dem vorgesehenen Arbeitsplatz führen könnten[59].   46

Hieran schließt sich die Frage an, ob nach einer bestehenden **Aidserkrankung** gefragt werden darf. Dabei ist zwischen Infizierung und akuter Erkrankung zu unterscheiden. Die Frage nach einer HIV-Infektion ist grundsätzlich unzulässig, da in diesem Stadium eine Leistungsminderung des Arbeitnehmers nicht besteht, und auch eine Ansteckungsgefahr bei betrieblichen Tätigkeiten nicht in Betracht kommt. Zum Teil wird die Frage aber dann für zulässig angesehen, sofern auf dem vorgesehenen Arbeitsplatz die Gefahr einer Ansteckung Dritter besteht wie z. B. in Heil- und Pflegeberufen oder auch bei Küchenpersonal oder Personal, das Lebensmittel herstellt[60]. Nach einer akuten Aidserkrankung darf der Arbeitgeber nach der überwiegenden Literaturauffassung ohne Einschränkung fragen, da nach dem derzeitigen Stand der Medizin mit einer alsbaldigen Arbeitsunfähigkeit zu rechnen ist[61]. Rechtsprechung liegt zu dieser Frage bislang nicht vor. Keinesfalls darf ein Aidstest ohne Zustimmung des Bewerbers oder Arbeitnehmers vorgenommen werden[62].   47

---

[57] *Fitting/Kaiser/Heither/Engels,* § 94 Rz. 17.
[58] BAG vom 11. 11. 1993, AP Nr. 38 zu § 123 BGB.
[59] BAG vom 11. 8. 1985, AP Nr. 30 zu § 123 BGB; BAG vom 7. 2. 1964, AP Nr. 6 zu § 276 BGB Verschulden bei Vertragsabschluß; *Klebe* in: Däubler/Kittner/Klebe, § 94 Rz. 15; GK-*Kraft,* § 94 Rz. 20; *Fitting/Kaiser/Heither/Engels,* § 94 Rz. 19.
[60] *Fitting/Kaiser/Heither/Engels,* § 94 Rz. 19a.
[61] *Fitting/Kaiser/Heither/Engels,* § 94 Rz. 19a.
[62] *Fitting/Kaiser/Heither/Engels,* § 94 Rz. 19a.

48 Die Durchführung von psychologischen **Testverfahren** bedarf in jedem Fall der Zustimmung des Bewerbers. Dies gilt für graphologische Gutachten, insbesondere bei der Auswertung handgeschriebener Lebensläufe[63]. Auch im Falle der Zustimmung des Bewerbers dürfen diese Tests nicht zu einer umfassenden Persönlichkeitsanalyse genutzt werden, hier würde das Persönlichkeitsrecht aus Art. 1 Abs. 1 Grundgesetz entgegenstehen. Unzulässig sind auch Intelligenztest oder genetische Analysen, da diese mit einer bestimmten aufzunehmenden Tätigkeit nichts zu tun haben[64]. Tests sind lediglich in dem Umfang erlaubt, wie sie für die Feststellung der Eignung des Bewerbers notwendig sind[65].

49 Eine bestehende **Alkoholabhängigkeit** muß der Bewerber oder Arbeitnehmer ungefragt offenbahren, wenn diese ihn für die zu übernehmende oder ausgeübte Tätigkeit als ungeeignet erscheinen läßt[66]. In Frage kommen hier die Tätigkeiten eines Berufskraftfahrers, eines Piloten oder als Arbeitnehmer in Atomkraftwerken. Hieraus folgt, daß auch die Frage nach einer bestehenden Alkoholabhängigkeit in Personalfragebögen zulässig ist, sofern die Eignung für die aufzunehmende Tätigkeit hierdurch entfällt. Unzulässig sind Alkohol- und Drogentests, da diese gegen das Persönlichkeitsrecht des Arbeitnehmers verstoßen.

50 Personalfragebögen von Bewerbern, die erfolglos geblieben sind, sind zu **vernichten,** sofern der Arbeitgeber nicht ein berechtigtes Interesse an der weiteren Aufbewahrung nachweisen kann[67].

51 Benutzt der Arbeitgeber ohne Zustimmung des Betriebsrates Personalfragebögen, können Ansprüche nach **§ 23 Abs. 3 BetrVG** in Betracht kommen. Die Wirksamkeit des abgeschlossenen Arbeitsvertrages wird durch die mitbestimmungswidrige Verwendung des Einstellungsfragebogen nicht berührt[68].

52 Das Mitbestimmungsrecht, das dem Betriebsrat bei Personalfragebögen zusteht kommt ihm ebenso bei **Formulararbeitsverträgen** im Hinblick auf **persönliche Angaben,** die hierin vom Bewerber verlangt

---

63 ArbG München, DB 1975, 1657; vgl. auch BAG vom 16. 9. 1982, AP Nr. 24 zu § 123 BGB; *Klebe* in: Däubler/Kittner/Klebe, § 94 Rz. 38; GK-*Kraft*, § 94 Rz. 30.
64 *Fitting/Kaiser/Heither/Engels*, § 94 Rz. 24, 25.
65 BAG vom 13. 2. 1964, AP Nr. 1 zu Art. 1 GG, für das Fahren eines Omnibusses.
66 ArbG Kiel, BB 1982, 804.
67 BAG vom 6. 6. 1984, AP Nr. 7 zu § 611 BGB Persönlichkeitsrecht.
68 GK-*Kraft*, § 25 Rz. 34; *Hess/Schlochauer/Glaubitz*, § 95 Rz. 32; *Fitting/Kaiser/Heither/Engels*, § 95 Rz. 34.

III. Personalfragebögen und allgemeine Beurteilungsgrundsätze   Rz. 54 **Teil I**

werden, zu. Hiermit sind allerdings nur solche persönlichen Angaben gemeint, die über die Feststellung der reinen Personalien wie Name, Vorname, Geburtstag und -ort, Anschrift hinausgehen. Die Vorschrift dient dem Zweck, eine Umgehung des Mitbestimmungsrechtes bei Personalfragebögen zu verhindern, indem der Arbeitgeber die entsprechenden Angaben in Arbeitsverträgen verlangt. Die Aufnahme allgemeiner Arbeitsbedingungen in den Arbeitsvertrag unterliegt demgegenüber nicht der Mitbestimmung des Betriebsrates. Das Mitbestimmungsrecht besteht jedoch auch im Hinblick auf schriftliche Ergänzungen bestehender Arbeitsverträge, die persönliche Angaben verlangen, sofern diese über die Feststellung der reinen Personalien hinausgehen. Der Arbeitgeber könnte das Mitbestimmungsrecht des Betriebsrates ansonsten dadurch umgehen, daß er nach Vertragsschluß ergänzende Angaben von neuen Arbeitnehmern verlangt[69].

Die Mitbestimmung bei der Aufstellung von **Beurteilungsgrundsätzen** soll der Objektivierung dieser Grundsätze im Interesse der Arbeitnehmer dienen. Bei Beurteilungsgrundsätzen handelt es sich um Richtlinien, nach denen Leistung und Verhalten der Arbeitnehmer beurteilt werden[70]. In mitbestimmungspflichtigen Beurteilungsformularen können geregelt werden, die Effektivität der Arbeit, die Sorgfalt der Arbeitsausführung, Gründlichkeit und Zuverlässigkeit des Arbeitnehmers, Selbständigkeit, Initiative, Belastbarkeit, Einsatzfähigkeit für andere Aufgaben, Denk- und Urteilsfähigkeit sowie Zusammenarbeit mit anderen Arbeitnehmern und Vorgesetzten, Anpassungsfähigkeit und Führungsqualitäten[71]. In der Aufstellung von Beurteilungsgrundsätzen ist auch anzugeben, welcher Beurteilungsmaßstab angelegt wird. Das Mitbestimmungsrecht besteht auch dann, sofern die Beurteilungsgrundsätze in Form eines Programmes für eine automatische Datenverarbeitungsanlage erstellt werden[72]. 53

Ziel der Grundsätze ist es, festzustellen, ob ein Arbeitnehmer im Rahmen seiner Aufgaben optimal gearbeitet hat, ob er für andere Aufgaben geeignet ist und ob eine Fort- oder Weiterbildung in Frage kommt[73]. Auch die Stellung von Fähigkeits- und Eignungsprofilen 54

---

69 *Klebe* in: Däubler/Kittner/Klebe, § 94 Rz. 27; *Fitting/Kaiser/Heither/Engels*, § 94 Rz. 27.
70 BAG vom 23. 10. 1984, AP Nr. 8 zu § 87 BetrVG 1972 Ordnung des Betriebes; LAG Frankfurt, BB 1990, 1975; GK-*Kraft*, § 94 Rz. 27; *Klebe* in: Däubler/Kittner/Klebe, § 94 Rz. 28; *Fitting/Kaiser/Heither/Engels*, § 94 Rz. 28.
71 GK-*Kraft*, § 94 Rz. 28.
72 *Fitting/Kaiser/Heither/Engels*, § 94 Rz. 29; *Dietz/Richardi*, § 94 Rz. 41; *Stege-Weinspach*, § 94 Rz. 29; GK-*Kraft*, § 94 Rz. 27.
73 *Hess/Schlochauer/Glaubitz*, § 94 Rz. 19; GK-*Kraft*, § 94 Rz. 27; *Klebe* in: Däubler/Kittner/Klebe, § 94 Rz. 28.

stellt eine Aufstellung von Beurteilungsgrundsätzen dar, die mitbestimmungspflichtig ist[74].

55 Nicht dem Mitbestimmungstatbestand des § 94 BetrVG unterfallen Erfassungsbögen, in die die Arbeitnehmer die Arbeitszeiten für die einzelnen Arbeitsvorhaben einzutragen haben[75]. **Führungsrichtlinien**, die regeln, wie und unter welchen Umständen Vorgesetzte nachgeordnete Mitarbeiter in Bezug auf die Erfüllung ihrer Arbeitsaufgaben zu kontrollieren haben, fallen nur dann unter die mitbestimmungspflichtigen Beurteilungsgrundsätze, sofern nicht nur die Tatsache als solche, daß Mitarbeiter zu beurteilen sind, geregelt wird, sondern darüber hinaus allgemeine Grundsätze aufgestellt werden, die diese Beurteilung näher regeln und gestalten[76].

56 Der **Arbeitgeber** ist in seiner Entscheidung **frei**, ob er Beurteilungsgrundsätze einführen will oder nicht. Will er eine Einführung vornehmen, ist er verpflichtet, dies mit dem Betriebsrat zu beraten und, sofern der Betriebsrat nicht einverstanden ist, die Einführung über die Einigungsstelle durchzusetzen. Die Ausgestaltung der Festlegung allgemeiner Beurteilungsgrundsätze wird zweckmäßigerweise in Form einer **Betriebsvereinbarung** vorgenommen. Selbstverständlich besteht jedoch keine Verpflichtung hierzu. Die Aufstellung von Beurteilungsgrundsätzen kann auch in einer Regelungsabrede festgelegt werden.

57 Stellt der Arbeitgeber in Personalfragebögen, Formularverträgen oder Beurteilungsbögen nach allgemeinen Grundsätzen unzulässige Fragen, insbesondere solche, die das Persönlichkeitsrecht des Bewerbers bzw. Arbeitnehmers verletzen, werden diese auch nicht dadurch zulässig, daß der Betriebsrat ihnen zugestimmt hat[77]. Zu beachten ist, daß § 94 BetrVG eine rein betriebsverfassungsrechtliche Norm ist, die allein das Verhältnis zwischen Betriebsrat und Arbeitgeber betrifft, jedoch keinen Einfluß auf die arbeitsvertraglichen Beziehungen zwischen Arbeitgeber und Arbeitnehmer hat. Verhält sich der Arbeitgeber mitbestimmungswidrig, hat dies auch keinen Einfluß auf die Wirksamkeit des abgeschlossenen Arbeitsvertrages[78].

58 Können sich Betriebsrat und Arbeitgeber über die inhaltliche Gestaltung von Personalfragebögen, Formularverträgen oder Beurteilungs-

---

74 GK-*Kraft*, § 94 Rz. 27; *Klebe* in: Däubler/Kittner/Klebe, § 94 Rz. 29; *Fitting/Kaiser/Heither/Engels*, § 94 Rz. 29; *Dietz/Richardi*, § 94 Rz. 41.
75 BAG vom 24. 11. 1981, AP Nr. 3 zu § 87 BetrVG 1972 Ordnung des Betriebes.
76 BAG vom 23. 10. 1984, AP Nr. 8 zu § 87 BetrVG 1972 Ordnung des Betriebes; GK-*Kraft*, § 94 Rz. 29; *Klebe* in: Däubler/Kittner/Klebe, § 94 Rz. 29.
77 GK-*Kraft*, § 94 Rz. 32; *Fitting/Kaiser/Heither/Engels*, § 94 Rz. 21.
78 GK-*Kraft*, § 94 Rz. 33; *Fitting/Kaiser/Heither/Engels*, § 94 Rz. 33, vgl. hierzu bereits oben Rz. 38 ff.

III. Personalfragebögen und allgemeine Beurteilungsgrundsätze   Rz. 62 **Teil I**

grundsätzen nicht einigen, entscheidet auf Antrag einer der Parteien die **Einigungsstelle**. Ein etwaiger Spruch der Einigungsstelle, der arbeitsvertraglich unzulässige Fragen beinhaltet, ist im Verhältnis zum Arbeitnehmer nicht bindend. Der Arbeitnehmer kann die Beantwortung derartiger Fragen verweigern oder aber ohne Konsequenzen unrichtig beantworten[79]. Nach umstrittener jedoch richtiger Ansicht, kann selbst dann, wenn die Zulässigkeit einer Frage zweifelhaft ist, aus der unterlassenen oder Falschbeantwortung einer solchen Frage dem Arbeitnehmer bzw. dem Bewerber kein Nachteil entstehen[80].

Der Arbeitgeber kann trotz eines Spruchs der Einigungsstelle auf die Verwendung von Personalfragebögen, Formularverträgen oder Beurteilungsgrundsätzen verzichten. § 94 BetrVG gewährt dem Betriebsrat lediglich ein Mitbestimmungsrecht bei der Ausgestaltung der angeführten Personalmaßnahmen. Über das „ob" der Maßnahme, entscheidet allein der Arbeitgeber. Hieran kann auch ein Spruch der Einigungsstelle nichts ändern. 59

Verwendet der Arbeitgeber Fragebögen oder Beurteilungsgrundsätze oder Formulararbeitsverträge, die persönliche Angaben verlangen, **ohne Zustimmung** des Betriebsrates, kann der Betriebsrat den Arbeitgeber auf Unterlassung gemäß § 23 Abs. 3 BetrVG in Anspruch nehmen[81]. 60

Für den Spruch der Einigungsstelle gilt § 76 Abs. 5 BetrVG. Der Spruch ist danach auf **Ermessensüberschreitung** gerichtlich überprüfbar. Sofern es um eine reine **Rechtsfrage** geht, wie z. B. diejenige, der rechtlichen Zulässigkeit einer Frage an einen Arbeitnehmer oder Bewerber, ist diese uneingeschränkt von den Arbeitsgerichten überprüfbar[82]. 61

Eine **Beurteilung** aufgrund von Beurteilungsgrundsätzen, die der Arbeitgeber ohne die Zustimmung des Betriebsrates vornimmt, ist dem Arbeitnehmer gegenüber unzulässig. Er kann verlangen, daß eine derartige Beurteilung nicht verwendet und aus der Personalakte entfernt wird[83]. 62

---

79 *Klebe* in: Däubler/Kittner/Klebe, § 94 Rz. 21; *Fitting/Kaiser/Heither/Engels*, § 94 Rz. 18.
80 *Fitting/Kaiser/Heither/Engels*, § 95 Rz. 34; **a. A.** *Hess/Schlochauer/Glaubitz*, § 94 Rz. 32; GK-*Kraft*, § 94 Rz. 32.
81 *Klebe* in: Däubler/Kittner/Klebe, § 94 Rz. 44; *Dietz/Richardi*, § 94 Rz. 52; *Fitting/Kaiser/Heither/Engels*, § 94 Rz. 34.
82 *Dietz/Richardi*, § 94 Rz. 56; GK-*Kraft*, § 94 Rz. 37.
83 *Matthes* in: Münchener Handbuch zum Arbeitsrecht, Band 3, § 340 Rz. 15; GK-*Kraft*, § 94 Rz. 38; *Dietz/Richardi*, § 94 Rz. 53; *Fitting/Kaiser/Heither/Engels*, § 94 Rz. 34.

IV. Auswahlrichtlinien

63 Der Betriebsrat hat ein **Mitbestimmungsrecht** bei der **Aufstellung** von **Richtlinien** über die personelle Auswahl bei Einstellung, Versetzung, Umgruppierung und Kündigung. Zu unterscheiden ist hier zunächst zwischen Betrieben, die mehr als 1000 Arbeitnehmer beschäftigen und solchen, deren Arbeitnehmerzahl darunter liegt. In Betrieben mit mehr als 1000 beschäftigten Arbeitnehmern kann der Betriebsrat die Aufstellung von Auswahlrichtlinien verlangen und notfalls über die Einigungsstelle erzwingen. In Betrieben mit bis zu 1000 Arbeitnehmern besteht ein Mitbestimmungsrecht des Betriebsrates nur, sofern der Arbeitgeber Auswahlrichlinien überhaupt aufstellen will. Der Betriebsrat hat dann das Recht, über den Inhalt der Auswahlrichtlinien mit zu entscheiden. Kann keine Einigung erzielt werden, entscheidet die Einigungsstelle verbindlich, vgl. § 95 Abs. 1 und 2 BetrVG.

64 Unter **Auswahlrichtlinien** sind Grundsätze zu verstehen, die festlegen, welche Voraussetzungen bei der Durchführung von personellen Einzelmaßnahmen vorliegen müssen oder nicht vorliegen dürfen und welche sonstigen Gesichtspunkte im Hinblick auf die Arbeitnehmer zu berücksichtigen sind oder außer Betracht zu bleiben haben[84]. Möglich ist es, daß die Beurteilung der einzelnen Kriterien durch ein Bewertungs- oder Punktesystem vorgenommen wird. Auswahlrichtlinien stellen damit Entscheidungshilfen dar, die dazu beitragen sollen, personelle Einzelmaßnahmen mehr oder weniger vorherzubestimmen und zu objektivieren.

65 Der Beteiligung des Betriebsrates unterliegen die Auswahlrichtlinien, um die Personalführung in Betrieben durchschaubarer zu machen und Streitigkeiten zwischen den Betriebspartnern sowie zwischen Arbeitgeber und Arbeitnehmern aus Anlaß personeller Einzelmaßnahmen zu verhindern[85]. Unter den Begriff der Auswahlrichtlinie fallen auch bloße „Negativkataloge", in denen festgelegt wird, welche Gesichtspunkte bei der Durchführung personeller Einzelmaßnahmen nicht berücksichtigt werden dürfen[86].

66 Für die Auswahlrichtlinien ist **keine** besondere **Form** vorgesehen, insbesondere bedürfen sie nicht der Schriftform. Eine Auswahlricht-

---

[84] *Fitting/Kaiser/Heither/Engels*, § 95 Rz. 4; *Klebe* in: Däubler/Kittner/Klebe, § 95 Rz. 4.
[85] *Fitting/Kaiser/Heither/Engels*, § 95 Rz. 1; GK-*Kraft*, § 95 Rz. 1.
[86] *Matthes* in: Münchener Handbuch zum Arbeitsrecht, Band 3, § 341, Rz. 12; *Klebe* in: Däubler/Kittner/Klebe, § 95 Rz. 4; *Fitting/Kaiser/Heither/Engels*, § 95 Rz. 5.

IV. Auswahlrichtlinien

linie liegt danach auch dann vor, sofern der Arbeitgeber seine Personalentscheidungen grundsätzlich nach einem bestimmten Auswahlsystem trifft, ohne dieses schriftlich niedergelegt zu haben. Als Beispiel wäre hier zu nennen die routinemäßige Frage nach einer HIV-Infektion gegenüber einem Bewerber. Hiermit praktiziert der Arbeitgeber Auswahlrichtlinien, die der Mitbestimmung des Betriebsrates unterliegen[87].

Erfaßt werden Richtlinien im Hinblick auf die Auswahl bei **Einstellungen**[88], **Versetzungen**[89], **Umgruppierungen**[90] und **Kündigungen.** Nicht regelbar in Auswahlrichtlinien sind Eingruppierungen, da diese sich regelmäßig aus tariflichen oder betrieblichen Lohn- oder Gehaltsgruppeneinteilungen ergeben[91]. 67

Ist eine personelle Auswahlrichtlinie zustande gekommen, ist der Arbeitgeber **verpflichtet,** sich hieran zu halten. Einer solchen Richtlinie zuwiderlaufende Einstellungen, Versetzungen oder Umgruppierungen eröffnen dem Betriebsrat die Möglichkeit, die Zustimmung zu der personellen Maßnahme zu verweigern, vgl. § 99 Abs. 2 Nr. 2 BetrVG. Eine entgegen den Grundsätzen der Auswahlrichtlinie ausgesprochene Kündigung eröffnet dem Betriebsrat die Möglichkeit, der Kündigung zu widersprechen, vgl. § 102 Abs. 3 Nr. 2 BetrVG. Die Nichteinhaltung von Auswahlrichtlinien kann ferner einen groben Verstoß des Arbeitgebers gegen seine betriebsverfassungsrechtlichen Verpflichtungen sein, so daß der Betriebsrat gemäß § 23 Abs. 3 BetrVG vorgehen kann. 68

Bei der Ermittlung der **Anzahl** der im Betrieb **beschäftigten Arbeitnehmer** (die für die Frage, ob die Einführung einer Auswahlrichtlinie erzwungen werden kann, wesentlich ist), kommt es auf den regelmäßigen Bestand von Arbeitnehmern an, nicht lediglich auf einen vorübergehenden Zustand. Maßgebend ist die Zahl der Arbeitnehmer, die für den Betrieb im allgemeinen kennzeichnend ist[92]. Eine vorübergehende Erhöhung der Personalstärke infolge außergewöhnlichen Arbeitsanfalls hat ebenso außer Betracht zu bleiben, wie eine vorübergehende Verringerung der Belegschaft wegen eines zeitweiligen Arbeitsrückganges[93]. Die Feststellung der Zahl der in der Regel 69

---

87 *Fitting/Kaiser/Heither/Engels,* § 95 Rz. 7 m. w. Nachw.
88 Zur Definition vgl. Rz. 127 ff.
89 Vgl. die Legaldefinition in § 95 Abs. 3.
90 Zur Definition vgl. Rz. 141 ff.
91 *Fitting/Kaiser/Heither/Engels,* § 95 Rz. 9.
92 *Klebe* in: Däubler/Kittner/Klebe, § 95 Rz. 15; GK-*Kraft,* § 95 Rz. 22; *Dietz/Richardi,* § 95 Rz. 51; *Fitting/Kaiser/Heither/Engels,* § 95 Rz. 11.
93 BAG vom 22. 2. 1983, AP Nr. 7 zu § 113 BetrVG 1972.

beschäftigten Arbeitnehmer erfordert einen Rückblick auf die Vergangenheit und eine Einschätzung der kommenden Entwicklung[94]. Es ist danach von dem im größten Teil des Jahres bestehenden Normalzustand auszugehen, wobei Aushilfskräfte, Teilzeitbeschäftigte und Arbeitnehmer, deren Arbeitsverhältnis vorübergehend ruht, mit zu zählen sind[95].

70 Inhaltlich können in Auswahlrichtlinien auch Gesichtspunkte der **Zusammensetzung** der **Belegschaft**, des Zahlenverhältnisses von männlichen und weiblichen Arbeitnehmern geregelt werden. Zulässig ist auch eine Regelung, die vorsieht, daß freie Arbeitsplätze zunächst im Betrieb ausgeschrieben werden[96].

71 Kommt eine Einigung über den **Inhalt** der Auswahlrichtlinien nicht zustande, so entscheidet **auf Antrag des Arbeitgebers** die Einigungsstelle. Ein Initiativrecht kommt dem Betriebsrat hier nicht zu. Dem Arbeitgeber bleibt es unbenommen, noch während des Einigungsstellenverfahrens seinen Antrag zurückzuziehen. In diesem Fall ist der Arbeitgeber aber auch gehindert, Auswahlrichtlinien zu praktizieren.

72 Bei Betrieben mit mehr als 1000 Arbeitnehmern kann der Betriebsrat **darüber hinaus** die Aufstellung von Auswahlrichtlinien verlangen. Im Nichteinigungsfalle hat er ebenso wie der Arbeitgeber das Recht, die Einigungsstelle anzurufen.

73 Werden Auswahlrichtlinien für alle Betriebe eines Unternehmens aufgestellt, kann der **Gesamtbetriebsrat** zuständig sein, sofern die Maßnahme nach allgemeinen Grundsätzen in seinen Zuständigkeitsbereich fällt, vgl. § 50 BetrVG. Gleiches gilt für den Konzernbetriebsrat[97].

74 Das Initiativ- und Mitbestimmungsrecht bei Auswahlrichtlinien in Großbetrieben gemäß § 95 Abs. 2 BetrVG erstreckt sich auf die bei Einstellung, Versetzung, Umgruppierung oder Kündigung zu beachtenden **fachlichen** und **persönlichen Voraussetzungen** sowie auf **soziale Gesichtspunkte**. Die Richtlinien dürfen aber nicht soweit gehen,

---

94 BAG vom 31. 1. 1991, AP Nr. 11 zu § 23 KSchG 1969; BAG vom 22. 2. 1983, AP Nr. 7 zu § 113 BetrVG 1972; BAG vom 12. 10. 1976, AP Nr. 1 zu § 8 BetrVG 1972.
95 BAG vom 19. 7. 1983, AP Nr. 23 zu § 113 BetrVG 1972; BAG vom 31. 1. 1991, AP Nr. 11 zu § 23 KSchG 1969.
96 *Matthes* in: Münchener Handbuch zum Arbeitsrecht, Band 3, § 341 Rz. 14; *Klebe* in: Däubler/Kittner/Klebe, § 95 Rz. 15; *Fitting/Kaiser/Heither/Engels*, § 95 Rz. 11.
97 BAG vom 3. 5. 1984, AP Nr. 5 zu § 95 BetrVG 1972; BAG vom 31. 5. 1983, AP Nr. 2 zu § 95 BetrVG 1972; *Dietz/Richardi*, § 95 Rz. 60; *Fitting/Kaiser/Heither/Engels*, § 95 Rz. 14.

IV. Auswahlrichtlinien   Rz. 77 **Teil I**

das Ermessen des Arbeitgebers generell auf Null zu reduzieren[98]. Lediglich im Einzelfall bei Punktesystemen z. B. für Versetzungen, kann das Ermessen einmal reduziert sein[99].

Auswahlrichtlinien können auch Gesichtspunkte im **fachlichen** Bereich über die Festlegung der Anforderungen des Arbeitsplatzes enthalten. Eine sinnvolle Fixierung ist nur dann möglich, sofern detaillierte Stellenbeschreibungen vorliegen, die sowohl die Tätigkeit und die Aufgabe als auch die Qualifikationserfordernisse enthalten. Diese Stellenbeschreibungen gehören nicht zu den Auswahlrichtlinien selbst und unterliegen damit nicht dem Mitbestimmungsrecht gemäß § 95 BetrVG[100]. 75

Werden mehrere **Stellenbeschreibungen** gruppenweise zusammengefaßt und hiermit vergleichbare Tätigkeiten und deren Aufgaben allgemein beschrieben, handelt es sich um Funktionsbeschreibungen, die ebenfalls nicht der Mitbestimmung des Betriebsrates gemäß § 95 BetrVG unterliegen[101]. Stellen- und Funktionsbeschreibungen gehören zum Bereich der Personalplanung, über die der Betriebsrat gemäß § 92 BetrVG zu unterrichten ist[102]. Auch auf der Grundlage von Stellenbeschreibungen angefertigte Anforderungsprofile, die festlegen, welche Anforderungen an den Inhaber des zu besetzenden Arbeitsplatzes generell gestellt werden, sind keine Gesichtspunkte über die konkrete Auswahl von Bewerbern oder Arbeitnehmern, daher keine Auswahlrichtlinien im Sinne des § 95 BetrVG[103]. Verlangt der Arbeitgeber bei der Besetzung einer Stelle beispielsweise eine bestimmte Vorbildung, stellt dies keine Richtlinie im Sinne des § 95 BetrVG dar, da dieses Kriterium nicht der Auswahl unter verschiedenen Bewerbern dient und es auch dann Geltung hat, sofern sich auf den zu besetzenden Arbeitsplatz lediglich ein Bewerber meldet[104]. Im fachlichen Bereich kann eine Auswahlrichtlinie ferner Gesichtspunkte der Schul- und Berufsbildung, über abgelegte Prüfungen, Nachweise von Fertigkeiten, Praxis und betrieblichem Werdegang enthalten. 76

Im **persönlichen** Bereich können Anforderungen aus arbeitsmedizinischer Sicht, evtl. Tauglichkeitsuntersuchungen, Tests, Alter, die Fest- 77

---

98 BAG vom 27. 10. 1992, AP Nr. 29 zu § 95 BetrVG 1972.
99 BAG vom 27. 10. 1992, AP Nr. 29 zu § 95 BetrVG 1972.
100 BAG vom 31. 1. 1984, AP Nr. 3 zu § 95 BetrVG 1972; BAG vom 31. 5. 1983, AP Nr. 2 zu § 95 BetrVG 1972.
101 BAG vom 31. 5. 1983, AP Nr. 2 zu § 95 BetrVG 1972; BAG vom 23. 2. 1988, AP Nr. 2 zu § 93 BetrVG 1972.
102 Vgl. oben Rz. 1 ff.
103 BAG vom 31. 5. 1983, AP Nr. 2 zu § 95 BetrVG 1972.
104 GK-*Kraft,* § 95 Rz. 30.

legung der Bevorzugung von Frauen[105], die Festlegung der Bevorzugung betriebsangehöriger Arbeitnehmer gegenüber Bewerbern von außen bei gleicher Eignung sowie Kriterien für die Beurteilung von Einsatzmöglichkeiten bei behinderten Personen festgelegt werden[106].

78 Im **sozialen** Bereich können Auswahlrichtlinien Regelungen enthalten über die Dauer der Betriebszugehörigkeit, die Berücksichtigung des Familienstandes, die Notwendigkeit der Umsetzung der Grundsätze der Gleichbehandlung, insbesondere von Frauen, des Schutzes älterer Arbeitnehmer, Schwerbehinderter oder sonstig schutzbedürftiger Personen sowie über die Berücksichtigung von längere Zeit Arbeitsloser bei Einstellungen[107].

79 Die Auswahlgesichtspunkte können nach Personengruppen differenziert niedergelegt werden. Zweckmäßig ist eine Unterscheidung nach Auszubildenden, Arbeitnehmern ohne und mit spezieller Berufsausbildung, sowie Arbeitnehmern mit Weisungsbefugnissen[108].

80 Richtlinien über die personelle Auswahl bei **Kündigungen** haben sich grundsätzlich an § 1 KSchG zu orientieren. Zu beachten sind die allgemeinen Voraussetzungen der Betriebsbedingtheit von Kündigungen, die fehlende Weiterbeschäftigungsmöglichkeit durch Umsetzung, Umschulung, Fortbildung oder einverständliche Änderung der Arbeitsbedingungen, sowie die Grundsätze der sozialen Auswahl.

81 Richtlinien über die **soziale Auswahl** bei Kündigungen haben sich an § 1 Abs. 3 und 4 KSchG zu orientieren. Nach der seit dem 01.10.1996 geltenden Fassung des Kündigungsschutzgesetzes ist eine Kündigung sozial ungerechtfertigt, sofern der Arbeitgeber bei der Auswahl des Arbeitnehmers die Dauer der **Betriebszugehörigkeit**, das **Lebensalter** und die **Unterhaltspflichten** des Arbeitnehmers nicht oder nicht ausreichend berücksichtigt hat. Die Aufzählung dieser drei sozialen Kriterien läßt eine Einbeziehung anderer sozialer Kriterien dennoch zu. Eine Richtlinie, die die Schwerbehinderteneigenschaft ermessensfehlerfrei einbezieht, wäre demnach nicht zu beanstanden.

82 Zu berücksichtigen ist weiter, daß nach der neuen Fassung des **§ 1 Abs. 3 KSchG** der Arbeitgeber solche Arbeitnehmer in die Sozialauswahl nicht einzubeziehen hat, deren Weiterbeschäftigung, insbeson-

---

105 BVerfG vom 16.11.1993, DB 1994, 1292; BVerfG vom 28.1.1992, DB 1992, 377.
106 *Fitting/Kaiser/Heither/Engels*, § 95 Rz. 16.
107 *Fitting/Kaiser/Heither/Engels*, § 95 Rz. 16.
108 *Klebe* in: Däubler/Kittner/Klebe, § 95 Rz. 29; *Fitting/Kaiser/Heither/Engels*, § 95 Rz. 17.

IV. Auswahlrichtlinien

dere wegen ihrer Kenntnisse, Fähigkeiten und Leistungen oder zur Sicherung einer ausgewogenen Personalstruktur des Betriebes im berechtigten betrieblichen Interesse liegt. Unter diesem Gesichtspunkt kann eine Richtlinie bestimmte Arbeitnehmer von der Sozialauswahl ausnehmen. Nach der herrschenden Literaturauffassung bedeutet die Sicherung einer ausgewogenen Personalstruktur jedoch nicht, daß der Arbeitgeber mit dem Argument, eine ausgewogene Personalstruktur im Betrieb **schaffen** zu wollen, bestimmte Arbeitnehmer von der Sozialauswahl ausnehmen kann. Das Gesetz verwendet hier ausdrücklich die Formulierung **Sicherung** und nicht Schaffung einer ausgewogenen Personalstruktur[109].

§ 1 Abs. 4 KSchG regelt nunmehr ausdrücklich, daß in einer Richtlinie gemäß § 95 BetrVG von den Betriebspartnern festgelegt werden kann, wie die sozialen Gesichtspunkte nach Abs. 3 Satz 1 KSchG im Verhältnis zueinander zu bewerten sind. Für den Fall einer solchen Regelung kann die Bewertung nur auf **grobe Fehlerhaftigkeit** überprüft werden. Den Arbeitsgerichten wird es damit untersagt, ihr „Sozialermessen" an die Stelle der Betriebsparteien zu setzen und die Gewichtung der einzelnen Auswahlkriterien zu verschieben oder den Kreis der in die Sozialauswahl einbezogenen Arbeitnehmer zu verengen oder zu erweitern. Eine grobe Fehlerhaftigkeit wird lediglich dann vorliegen, wenn die Auswahlrichtlinie gegen gesetzliche oder tarifvertragliche Bestimmungen verstößt, sie eine willkürliche Ungleichbehandlung der Arbeitnehmer enthält oder aber sämtliche oder eines der drei in Absatz 3 benannten Auswahlkriterien überhaupt nicht berücksichtigt wurden. Für den Normalfall werden die Arbeitsgerichte hiermit von einer Überprüfungsmöglichkeit enthoben. Für den gekündigten Arbeitnehmer hat dies konkret zur Folge, daß er die ausgesprochene Kündigung lediglich mit der Begründung grober Fehlerhaftigkeit vor den Arbeitsgerichten angreifen kann. Den Betriebspartnern wird hiermit ein starkes Instrument an die Hand gegeben, um die betriebliche Entwicklung zu steuern. 83

Die Betriebspartner können für die Berücksichtigung der einzelnen sozialen Kriterien ein **Punktesystem** festlegen, aus dem zu entnehmen ist, wie die einzelnen Gesichtspunkte im Verhältnis zueinander bewertet werden. Das Bundesarbeitsgericht fordert insoweit lediglich, daß das System noch Raum läßt für eine abschließende Berücksichtigung individueller Besonderheiten des Einzelfalles[110]. 84

---
109 Vgl. hierzu z. B. *Sowka*, Kündigungsschutzgesetz, § 1 Rz. 533.
110 BAG vom 18. 1. 1990, AP Nr. 19 zu § 1 KSchG 1969 soziale Auswahl; BAG vom 15. 6. 1989, AP Nr. 18 zu § 1 KSchG 1969 soziale Auswahl; *Klebe* in: Däubler/Kittner/Klebe, § 95 Rz. 21; *Hess/Schlochauer/Glaubitz*, § 95 Rz. 10; *Fitting/Kaiser/Heither/Engels*, § 95 Rz. 21.

85 In Auswahlrichtlinien über die **Versetzung** von Arbeitnehmern können die fachlichen und persönlichen Voraussetzungen für solche Versetzungen geregelt werden. Soweit eine Ortsveränderung oder eine Veränderung in der betrieblichen Position mit der Versetzung verbunden ist, können die Betriebspartner auch soziale Gesichtspunkte, wie z. B. das Alter, den Gesundheitszustand, den Familienstand und die Dauer der Betriebszugehörigkeit berücksichtigen. Die Betriebspartner können die Bewertung von Bewerbern auch nach einem Punktesystem vorsehen. Auch hierbei ist jedoch erforderlich, daß dem Arbeitgeber letztendlich ein Entscheidungsspielraum verbleibt, der eine Würdigung des Einzelfalles ermöglicht[111].

86 Rechtsstreitigkeiten über Auswahlrichtlinien, insbesondere über deren Inhalt und über die Auslegung der hierin enthaltenen Regelungen sowie Streitigkeiten über die Durchführung der Richtlinie entscheiden die Arbeitsgerichte im Beschlußverfahren gemäß §§ 2a, 80 ff. ArbeitsGG.

V. Maßnahmen der beruflichen Bildung

87 In einem eigenen Unterabschnitt regelt das Betriebsverfassungsgesetz die **betriebliche Berufsbildung.** Hier kommt dem Betriebsrat ein Mitbestimmungsrecht zu, da wichtige Arbeitnehmerinteressen berührt sind. Die Beteiligung des Betriebsrates an der betrieblichen Berufsbildung soll sicherstellen, daß wegen der Auswirkungen auf das soziale Schicksal der Arbeitnehmer und ihren beruflichen Werdegang für angemessene Inhalte, Durchsichtigkeit und korrekte Auswahlverfahren gesorgt ist. Häufig entscheidet die Teilnahme an Maßnahmen der betrieblichen Berufsbildung darüber, ob ein Arbeitnehmer seinen Arbeitsplatz behält oder an einem beruflichen Aufstieg teilnimmt[112].

88 Die §§ 96–98 BetrVG enthalten ein **abgestuftes System** von **Beteiligungsrechten** des Betriebsrates. § 96 Abs. 1 BetrVG verpflichtet Arbeitgeber und Betriebsrat, die Berufsbildung der Arbeitnehmer zu fördern. Auf Verlangen des Betriebsrates hat der Arbeitgeber mit diesem Fragen der Berufsbildung zu beraten. Hierzu kann der Betriebsrat Vorschläge machen. Beide Betriebspartner haben darauf zu achten, daß den Arbeitnehmern die Teilnahme an betrieblichen oder außerbetrieblichen Berufsbildungsmaßnahmen ermöglicht wird. Ins-

---
111 GK-*Kraft*, § 95 Rz. 33; *Dietz/Richardi*, § 95 Rz. 29; *Hess/Schlochauer/Glaubitz*, § 95 Rz. 27.
112 BAG vom 5. 11. 1985, AP Nr. 2 zu § 98 BetrVG 1972; BAG vom 31. 1. 1969, AP Nr. 1 zu § 56 BetrVG 1952 Berufsausbildung.

V. Maßnahmen der beruflichen Bildung

besondere sind hier die Belange älterer Arbeitnehmer, Teilzeitbeschäftigter und von Arbeitnehmern mit Familienpflichten zu berücksichtigen, § 96 Abs. 2 BetrVG.

§ 97 BetrVG **konkretisiert** die Beratungspflicht von Arbeitgeber und Betriebsrat, indem festgestellt wird, daß sich die Beratungspflicht auf die Errichtung und Ausstattung betrieblicher Einrichtungen zur Berufsbildung, die Einführung betrieblicher Berufsbildungsmaßnahmen und die Teilnahme an außerbetrieblichen Berufsbildungsmaßnahmen bezieht. 89

§ 98 BetrVG gewährt dem Betriebsrat ein **echtes Mitbestimmungsrecht** bei der Durchführung von Maßnahmen der betrieblichen Berufsbildung, bei der Bestellung des Ausbildenden und bei der Auswahl der bei der Berufsbildung teilnehmenden Arbeitnehmer. Kommt über die Durchführung von Maßnahmen der betrieblichen Berufsbildung oder über die Auswahl der teilnehmenden Arbeitnehmer zwischen Arbeitgeber und Betriebsrat keine Einigung zustande, entscheidet die Einigungsstelle verbindlich, § 98 Abs. 4 BetrVG. 90

Können die Betriebspartner sich nicht über die **Person** einigen, die die **Bildungsmaßnahme durchführt,** so kann der Betriebsrat beim Arbeitsgericht beantragen, dem Arbeitgeber aufzugeben, die Bestellung der von ihm favorisierten Person zu unterlassen oder die Abberufung durchzuführen, § 98 Abs. 5 BetrVG. Die Vorschrift regelt des weiteren Zwangsmaßnahmen für den Fall, daß der Arbeitgeber die Entscheidung des Arbeitsgerichts nicht befolgt. 91

Die Beteiligungsrechte des Betriebsrates beziehen sich auf Fragen, Einrichtungen und Maßnahmen der **Berufsbildung.** Das Gesetz definiert hingegen nicht, was unter Berufsbildung zu verstehen ist. Nach Auffassung des Bundesarbeitsgerichts ist der Begriff weit auszulegen[113]. Er geht weiter als der Begriff der Berufsbildung im Sinne des Berufsbildungsgesetzes. Nach § 1 Abs. 1 BBiG umfaßt die Berufsbildung sowohl die Berufsausbildung, die berufliche Fortbildung als auch die berufliche Umschulung. Die Berufsbildung im Sinne des Betriebsverfassungsrechtes umfaßt alle Maßnahmen, die einen Bezug zum Beruf des Arbeitnehmers und Bildungscharakter haben[114]. Bildungscharakter haben diejenigen Maßnahmen, die systematisch Kenntnisse und Fähigkeiten vermitteln[115]. 92

---

[113] BAG vom 23. 4. 1991, AP Nr. 7 zu § 98 BetrVG 1972.
[114] BAG vom 23. 4. 1991, AP Nr. 7 zu § 98 BetrVG 1972.
[115] BAG vom 28. 1. 1992, AP Nr. 1 zu § 96 BetrVG 1972; BAG vom 5. 11. 1985, AP Nr. 2 zu § 98 BetrVG 1972.

93 Hiernach gehören zur Berufsbildung **insbesondere** Maßnahmen zur Qualifikation für neue berufliche Anforderungen und Maßnahmen zur Erhaltung vorhandener Qualifikationen, zur Erhöhung der Arbeitsplatzsicherheit und zur Verhinderung von Arbeitslosigkeit[116]. Auch kurzfristige Bildungsmaßnahmen für Praktikanten, betriebliche Lehrgänge und Seminare, Anleitungen zur Bedienung neuer Maschinen, Veranstaltungen zum Zwecke des Erfahrungsaustauschs, Besuch von Ausstellung und Messen, die der Fortbildung dienen, fallen unter die Berufsbildung.

94 Eine Abgrenzung ist lediglich erforderlich, gegenüber der vom Arbeitgeber **mitbestimmungsfrei** vorzunehmenden Unterrichtung der Arbeitnehmer über ihre Aufgaben und Verantwortlichkeiten sowie über die Art ihrer Tätigkeit und Einordnung in den Arbeitsablauf des Betriebes gemäß § 81 Abs. 1 Satz 1 BetrVG[117]. § 81 BetrVG setzt das Vorhandensein von Kenntnissen und Fähigkeiten für die berufliche Tätigkeit voraus, die §§ 96 ff. BetrVG regeln, wie diese Fähigkeiten erworben und ausgebaut werden können. Anweisungen des Arbeitgebers gegenüber Arbeitnehmern, wie die Arbeit zu verrichten ist, sind danach mitbestimmungsfrei[118].

95 Für das Vorliegen einer Maßnahme der Berufsbildung kommt es nicht darauf an, an welchem **Ort** diese stattfindet. Unerheblich ist auch, ob ausschließlich Arbeitnehmer des Betriebes oder Unternehmens teilnehmen können. Es kommt allein darauf an, daß der Arbeitgeber maßgebenden Einfluß auf Inhalt, Lehrkräfte, Teilnehmerkreis und Ablauf hat[119].

96 Im einzelnen gehören zur **Berufsbildung** Lehrgänge über technische Fragen, über Werkstoffkunde, Arbeitsphysiologie und Psychologie, Wirtschaftskunde, Arbeits- und Sozialrecht, Arbeitssicherheit und Führung von Mitarbeitern, Lehrgänge für Flugbegleiter über Sicherheit und Notfallmaßnahmen[120]. Ferner Seminare, die den Arbeitnehmern die für die Ausfüllung ihres Arbeitsplatzes und ihrer beruflichen Tätigkeit notwendigen Kenntnisse und Fähigkeiten verschaffen sollen und Traineeprogramme[121]. Nach Auffassung des Bundesarbeitsgerichts gehören Seminare, die Arbeitnehmer befähigen sollen,

---

116 *Fitting/Kaiser/Heither/Engels,* § 96 Rz. 13.
117 BAG vom 10. 2. 1988, AP Nr. 5 zu § 98 BetrVG 1972; BAG vom 5. 11. 1985, AP Nr. 2 zu § 98 BetrVG 1972.
118 BAG vom 28. 1. 1992, AP Nr. 1 zu § 96 BetrVG 1972.
119 BAG vom 4. 12. 1990, AP Nr. 1 zu § 97 BetrVG 1972; *Fitting/Kaiser/Heither/Engels,* § 96 Rz. 14; *Hess/Schlochauer/Glaubitz,* § 98 Rz. 6.
120 BAG vom 10. 2. 1988, AP Nr. 5 zu § 98 BetrVG 1972.
121 BAG vom 21. 4. 1991, AP Nr. 7 zu § 98 BetrVG 1972.

V. Maßnahmen der beruflichen Bildung

gegenüber Kunden freundlicher und hilfsbereiter zu sein, nicht zu Maßnahmen der beruflichen Bildung und sind damit nicht mitbestimmungspflichtig. Es handelt sich hierbei lediglich um die gezielte Einweisung in die geschuldete Tätigkeit[122]. Hierbei wird außer acht gelassen, daß die Maßnahme auch die Folge hat, eine Verbesserung der beruflichen Kenntnisse und Fähigkeiten der Arbeitnehmer herbeizuführen, somit dem Bild einer Bildungsmaßnahme ohne weiteres entspricht.

Betriebsrat und Arbeitgeber haben die Berufsbildung der Arbeitnehmer gemeinsam zu fördern. Hieraus läßt sich **kein Anspruch** eines einzelnen Arbeitnehmers auf Berufsbildung herleiten[123]. Keine Ansprüche können Arbeitnehmer auch herleiten auf die bezahlte oder unbezahlte Freistellung von der Arbeit für Veranstaltungen der Berufsbildung[124]. Zur Förderungspflicht gehört allein die Verpflichtung, darauf zu achten, daß Arbeitnehmern die Teilnahme an betrieblichen oder außerbetrieblichen Maßnahmen der Berufsbildung ermöglicht wird. Ob der Arbeitgeber betriebliche Berufsbildungsmaßnahmen einführt, bleibt allein ihm überlassen. Er ist lediglich verpflichtet, über die Einführung solcher Maßnahmen mit dem Betriebsrat zu beraten. Der Betriebsrat kann die Einführung von Bildungsmaßnahmen jedoch nicht erzwingen. 97

Eine **betriebliche** Berufsbildungsmaßnahme liegt vor, wenn der Arbeitgeber Träger bzw. Veranstalter der Maßnahme ist und sie für seine Arbeitnehmer durchführt. Entscheidend ist hierbei, daß der Arbeitgeber auf Inhalt und Organisation rechtlich einen beherrschenden Einfluß hat[125]. Außerbetriebliche Maßnahmen der Berufsbildung werden von Verbänden, Kammern, der Bundesanstalt für Arbeit sowie privaten Veranstaltern durchgeführt. 98

Soweit die betrieblichen Notwendigkeiten dies zulassen, ist Arbeitnehmern, die willens und in der Lage sind, an einer solchen Maßnahme teilzunehmen, die Teilnahme zu ermöglichen[126]. Die Belange **älterer Arbeitnehmer** sind hierbei besonders zu berücksichtigen. Dies mit dem Ziel, ihre Fähigkeiten und Kenntnisse zu erhalten und die Anpassung an die fortschreitende technische Entwicklung zu ermöglichen. 99

---

122 BAG vom 28. 1. 1992, AP Nr. 1 zu § 96 BetrVG 1972.
123 GK-*Kraft*, § 96 Rz. 1; *Hess/Schlochauer/Glaubitz*, § 96 Rz. 9; *Fitting/Kaiser/Heither/Engels*, § 96 Rz. 31; *Dietz/Richardi*, § 96 Rz. 2.
124 GK-*Kraft*, § 96 Rz. 16; *Hess/Schlochauer/Glaubitz*, § 96 Rz. 16; *Fitting/Kaiser/Heither/Engels*, § 96 Rz. 33; *Dietz/Richardi*, § 96 Rz. 15.
125 BAG vom 12. 11. 1991, AP Nr. 8 zu § 98 BetrVG 1972; BAG vom 4. 12. 1990, AP Nr. 1 zu § 97 BetrVG 1972.
126 *Fitting/Kaiser/Heither/Engels*, § 96 Rz. 36.

§ 96 Abs. 2 BetrVG verpflichtet Arbeitgeber und Betriebsrat auch, auf die Belange **teilzeitbeschäftigter Arbeitnehmer** und **Arbeitnehmer** mit **Familienpflichten** Rücksicht zu nehmen. Wenn möglich sollen solche Veranstaltungen angeboten werden, die einen geringeren zeitlichen Umfang haben oder eine Kinderbetreuung sicherstellen[127].

100 Bei **Streitigkeiten** über Informations-, Beratungs- oder Vorschlagsrechte des Betriebsrates oder über deren Umfang entscheiden die Arbeitsgerichte im Beschlußverfahren gemäß § 2a ArbeitsGG. Die Weigerung des Arbeitgebers, Fragen der Berufsbildung mit dem Betriebsrat zu beraten, kann ferner einen groben Verstoß gegen seine Verpflichtungen nach dem BetrVG darstellen. Es kann hiernach ein Verfahren nach § 23 Abs. 3 BetrVG eingeleitet werden[128]. Denkbar ist es, daß der Betriebsrat seine Beratungspflicht gegenüber dem Arbeitgeber verletzt. Insofern kommt die Einleitung eines Verfahrens nach § 23 Abs. 1 BetrVG in Betracht, was wiederum die Verletzung grober betriebsverfassungsrechtlicher Pflichten voraussetzt[129].

101 In Ergänzung zum Vorschlags- und Beratungsrecht des Betriebesrates gemäß § 96 BetrVG sieht § 97 BetrVG ein **besonderes Beratungsrecht** bei Errichtung und Ausstattung betrieblicher Berufsbildungseinrichtungen, bei der Einführung betrieblicher Berufsbildungsmaßnahmen und der Teilnahme an außerbetrieblichen Berufsbildungsmaßnahmen vor.

102 Will der Arbeitgeber **betriebliche Einrichtungen** errichten oder ausstatten, wie z. B. Lehrwerkstätten, Umschulungswerkstätten oder betriebliche Bildungszentren, so hat er dies mit dem Betriebsrat rechtzeitig und eingehend zu beraten. Der Arbeitgeber hat die Initiative zu ergreifen, wenn er solche Maßnahmen plant. Auch für die Änderung bestehender Einrichtungen und für die sachliche Ausstattung, wie z. B. durch Maschinen, Werkzeuge und Lehrmaterial besteht die Beratungspflicht[130]. Ein erzwingbares Mitbestimmungsrecht zur Schaffung derartiger Einrichtungen und Bereitstellung finanzieller Mittel kommt dem Betriebsrat nicht zu.

103 Gleiches gilt für die Einführung **betrieblicher Berufsbildungsmaßnahmen.** Der Arbeitgeber entscheidet darüber, ob er solche Maßnahmen einführen will. Aus § 97 BetrVG ergibt sich lediglich die Ver-

---

127 *Fitting/Kaiser/Heither/Engels*, § 96 Rz. 37a.
128 *Hess/Schlochauer/Glaubitz*, § 97 Rz. 20; *Fitting/Kaiser/Heither/Engels*, § 97 Rz. 42.
129 *Fitting/Kaiser/Heither/Engels*, § 97 Rz. 42.
130 GK-*Kraft*, § 97 Rz. 4; *Dietz/Richardi*, § 97 Rz. 2; *Fitting/Kaiser/Heither/Engels*, § 97 Rz. 3.

V. Maßnahmen der beruflichen Bildung Rz. 106 Teil I

pflichtung zur Beratung mit dem Betriebsrat, sofern die Einführung dieser Berufsbildungsmaßnahmen geplant ist. Gleiches gilt auch für die Teilnahme an **außerbetrieblichen Berufsbildungsmaßnahmen.** Das Beratungsrecht des Betriebsrates erstreckt sich auf die Art der Maßnahme, den Zeitpunkt und die Dauer sowie auf die Auswahl der teilnehmenden Arbeitnehmer. Außerbetriebliche Berufsbildungsmaßnahmen können vom Betriebsrat aber nicht erzwungen werden. Bei einem Verstoß des Arbeitgebers gegen seine Beratungspflicht kommt ein Antrag nach § 23 Abs. 3 BetrVG in Betracht[131].

Die Systematik bei der geplanten Durchführung betrieblicher Bildungsmaßnahmen wurde oben bereits angedeutet[132]. **§ 98 BetrVG** räumt dem Betriebsrat mehrere über die Einigungsstelle oder aber das Arbeitsgericht durchsetzbare Mitbestimmungsrechte bei der Durchführung von Maßnahmen der betrieblichen Berufsbildung, der Bestellung der Ausbilder und der Auswahl der an der Berufsbildung teilnehmenden Arbeitnehmer ein. Demgegenüber kann der Betriebsrat die Durchführung solcher Maßnahmen nicht erzwingen. Die Entscheidung, ob der Arbeitgeber solche Maßnahmen vornimmt, obliegt allein ihm. Der Wortlaut des § 98 Abs. 1 BetrVG stellt insofern klar, daß der Betriebsrat lediglich bei der **Durchführung** von Maßnahmen der betrieblichen Berufsbildung mitzubestimmen hat. Dies setzt begrifflich voraus, daß die Entscheidung hinsichtlich des Stattfindens solcher Maßnahmen bereits gefallen ist. 104

Nicht unter das Mitbestimmungsrecht fallen **konkrete Einzelmaßnahmen** gegenüber Arbeitnehmern, die rein praktisch nicht von einem Mitbestimmungsrecht des Betriebsrates abhängen können[133]. Nicht unter die Durchführung betrieblicher Berufsbildungsmaßnahmen fällt ferner die Einstellung von Auszubildenden. Diese unterfällt lediglich dem Mitbestimmungsrecht des § 99 BetrVG, da es sich insoweit um eine Einstellung eines Arbeitnehmers handelt[134]. 105

Das Mitbestimmungsrecht umfaßt die **Mitentscheidung** des Betriebsrates über Inhalt und Umfang der zu vermittelnden Kenntnisse oder Fähigkeiten, über die Methoden der Wissensvermittlung, über die zeitliche Dauer und Lage der Maßnahme sowie über Stattfinden und Ausgestaltung von Prüfungen[135]. 106

---

131 GK-*Kraft*, § 98 Rz. 9; *Fitting/Kaiser/Heither/Engels*, § 98 Rz. 8.
132 Vgl. Rz. 90 ff.
133 GK-*Kraft*, § 98 Rz. 5; *Hess/Schlochauer/Glaubitz*, § 98 Rz. 8; *Dietz/Richardi*, § 98 Rz. 6; *Fitting/Kaiser/Heither/Engels*, § 98 Rz. 7.
134 Vgl. hierzu unten Rz. 127 ff.
135 BAG vom 5. 11. 1985, AP Nr. 2 zu § 98 BetrVG 1972; *Fitting/Kaiser/Heither/Engels*, § 98 Rz. 10.

107 Können sich Arbeitgeber und Betriebsrat nicht über die Durchführung der betrieblichen Berufsbildungsmaßnahmen einigen, so entscheidet auf Antrag einer oder beider Seiten die **Einigungsstelle**, § 98 Abs. 4 BetrVG. Der Spruch der Einigungsstelle ist bindend und ersetzt die fehlende Einigung.

108 Hinsichtlich der Bestellung und Abberufung der mit der Durchführung der betrieblichen Berufsbildungsmaßnahme beauftragten Person kommt dem Betriebsrat ein eingeschränktes Mitbestimmungsrecht zu. Die Entscheidung hinsichtlich der Wahl des **Ausbilders** fällt allein der Arbeitgeber. Sofern der Betriebsrat der Auffassung ist, diese Person verfüge nicht über die erforderliche Eignung oder vernachlässige ihre Aufgaben, kann er der Bestellung widersprechen oder ihre Abberufung vom Arbeitgeber verlangen.

109 Mit der Ausbildung beauftragt werden können sowohl Ausbilder im Sinne des Berufsbildungsgesetzes, als auch andere Personen, die über die nötige Qualifikation verfügen[136]. Ein Mitbestimmungsrecht besteht dann nicht, sofern der Arbeitgeber selbst die Ausbildung durchführt. In diesem Fall ist der Betriebsrat darauf beschränkt, die zuständigen Behörden anzurufen und zu einem Einschreiten zu veranlassen[137].

110 Teilweise ist durch **Rechtsverordnungen** geregelt, welche berufs- und arbeitspädagogischen Kenntnisse Ausbilder vorweisen müssen[138]. Nach dem Berufsbildungsgesetz ungeeignet sind Ausbilder, die Kinder und Jugendliche nicht beschäftigen dürfen, wiederholt oder schwer gegen das Berufsbildungsgesetz verstoßen haben oder die erforderlichen Fachfähigkeiten und Kenntnisse oder die erforderlichen berufs- und arbeitspädagogischen Kenntnisse nicht besitzen, § 20 Abs. 2, 3 BBiG. Ohne weiteres fachlich geeignet sind Handwerksmeister und Absolventen einer Ingenieurschule oder technischen Hochschule, §§ 21 Abs. 3, 22 Abs. 1 HandwO, sowie Ausbilder, die bei Inkrafttreten des Berufsbildungsgesetzes schon 10 Jahre mit Erfolg ausgebildet haben, § 111 Abs. 2 BBiG.

---

[136] GK-*Kraft*, § 98 Rz. 12; *Fitting/Kaiser/Heither/Engels*, § 98 Rz. 18.
[137] *Fitting/Kaiser/Heither/Engels*, § 98 Rz. 19; GK-*Kraft*, § 98 Rz. 12.
[138] Vgl. für den Bereich der gewerblichen Wirtschaft die Ausbilder-Eignungsverordnung Gewerbliche Wirtschaft vom 20. 4. 1972, BGBl I, Seite 707, zuletzt geändert durch Verordnung vom 12. 11. 1991, BGBl I, Seite 2110; entsprechend für den öffentlichen Dienst die Verordnung vom 16. 7. 1976, BGBl I, Seite 1825, zuletzt geändert durch Verordnung vom 3. 8. 1992, BGBl I, Seite 1503; ferner für die Landwirtschaft die Verordnung vom 5. 4. 1976, BGBl I, Seite 923 sowie für die städtische Hauswirtschaft die Verordnung vom 29. 6. 1978, BGBl I, Seite 976 in der Fassung der Verordnung vom 10. 12. 1984, BGBl I, Seite 151.

V. Maßnahmen der beruflichen Bildung   Rz. 113 Teil I

Eine **Vernachlässigung** der **Aufgaben** als Ausbilder ist anzunehmen, wenn diese nicht mit der erforderlichen Gründlichkeit und Gewissenhaftigkeit ausgeführt werden, so daß zu befürchten ist, daß die Auszubildenden das Ziel der Ausbildung nicht erreichen[139]. Die Abberufung darf nur aus schwerwiegenden Gründen erfolgen; ein geringfügiges oder einmaliges Fehlverhalten genügt hierfür nicht[140]. Der Betriebsrat hat sein Verlangen durch Tatsachen zu begründen.

111

Widerspricht der Betriebsrat aufgrund eines Beschlusses der Bestellung eines Ausbilders oder verlangt er aufgrund eines Beschlusses dessen Abberufung, haben Arbeitgeber und Betriebsrat die Bestellung bzw. Abberufung zu besprechen. Hält der Arbeitgeber an der Maßnahme dennoch fest, kann der Betriebsrat das **Arbeitsgericht** anrufen, mit dem Antrag, dem Arbeitgeber aufzugeben, die Bestellung zu unterlassen oder die Abberufung durchzuführen. Nimmt der Arbeitgeber trotz Widerspruchs des Betriebsrates die Bestellung eines Ausbilders vor, so ändert dies nichts an der wirksamen Bestellung. Erst wenn der Arbeitgeber rechtskräftig vom Arbeitsgericht verpflichtet ist, die Bestellung zu unterlassen, muß er dem Folge leisten[141]. Der Arbeitgeber hat insofern auch nicht das Recht, selbst das Arbeitsgericht anzurufen, mit der Begründung, der Betriebsrat widerspreche unberechtigt der Bestellung des ausgewählten Ausbilders[142]. Der Gesetzeswortlaut sieht insofern allein die Möglichkeit vor, daß der Betriebsrat das Arbeitsgericht anruft.

112

Liegt eine **rechtskräftige Entscheidung** vor, die die **Bestellung** einer bestimmten Person untersagt, und handelt der Arbeitgeber dieser Entscheidung dennoch zuwider, kann der Betriebsrat beim Arbeitsgericht beantragen, den Arbeitgeber nach vorheriger Androhung zu einem Ordnungsgeld bis zu 20 000,00 DM zu verurteilen, § 98 Abs. 5 Satz 2 BetrVG. Führt der Arbeitgeber trotz rechtskräftiger Verurteilung zur **Abberufung** eines Ausbilders diese nicht durch, kann der Betriebsrat beim Arbeitsgericht beantragen, den Arbeitgeber zur Abberufung durch ein Zwangsgeld, daß für jeden Tag der Zuwiderhandlung 500,00 DM betragen kann, anzuhalten, § 98 Abs. 5 Satz 3 BetrVG.

113

---

139 GK-*Kraft*, § 98 Rz. 15, *Hess/Schlochauer/Glaubitz*, § 98 Rz. 22; *Fitting/Kaiser/Heither/Engels*, § 98 Rz. 17.
140 *Hess/Schlochauer/Glaubitz*, § 98 Rz. 33; *Stege-Weinspach*, §§ 96 bis 98, Rz. 34; *Fitting/Kaiser/Heither/Engels*, § 98 Rz. 17; GK-*Kraft*, § 98 Rz. 15.
141 GK-*Kraft*, § 98 Rz. 43; *Hess/Schlochauer/Glaubitz*, § 98 Rz. 36; *Matthes* in: Münchener Handbuch zum Arbeitsrecht, Band 3, § 343, Rz. 42; **a. A.** *Fitting/Kaiser/Heither/Engels*, § 98 Rz. 21; *Dietz/Richardi*, § 98 Rz. 22.
142 GK-*Kraft*, § 98 Rz. 23; *Matthes* in: Münchener Handbuch zum Arbeitsrecht, § 343, Rz. 42.

114 Gemäß § 98 Abs. 3 BetrVG besteht ein Mitbestimmungsrecht des Betriebsrates bei der **Auswahl** der **Arbeitnehmer,** die an Maßnahmen der Berufsbildung teilnehmen. Der Betriebsrat kann hierbei eigene Vorschläge für die Teilnahme einzelner oder aber von Gruppen von Arbeitnehmern machen. Voraussetzung des Mitbestimmungsrechtes ist lediglich, daß es sich entweder um innerbetriebliche Maßnahmen der Berufsbildung handelt, oder um außerbetriebliche Maßnahmen, für die der Arbeitgeber Arbeitnehmer von der Arbeit freistellt, oder aber um inner- oder außerbetriebliche Maßnahmen der Berufsbildung, bei denen der Arbeitgeber die Teilnahmekosten der Arbeitnehmer ganz oder teilweise trägt. Schlagen Arbeitgeber und Betriebsrat mehr Teilnehmer vor als Teilnehmerplätze vorhanden sind, muß die Auswahl nach einheitlichen Kriterien erfolgen[143]. Kommt eine Einigung nicht zustande, so entscheidet die Einigungsstelle verbindlich. Gegebenenfalls nimmt die Einigungsstelle eine Auswahl zwischen den von Arbeitgeber und Betriebsrat vorgeschlagenen Teilnehmern vor, selbst wenn nur ein Teilnehmer entsandt werden kann[144].

115 Die infolge der Einigung zwischen Betriebsrat und Arbeitgeber oder aufgrund der Entscheidung der Einigungsstelle ausgewählten Arbeitnehmer haben gegen den Arbeitgeber einen **arbeitsvertraglichen** Anspruch auf Teilnahme bzw. Freistellung oder (und) Übernahme der Teilnahmekosten[145].

116 Um Streitigkeiten zu vermeiden, kann die Aufstellung **objektiver Auswahlgesichtspunkte** angeraten sein. Hierin kann niedergelegt werden, daß Arbeitnehmer mit einer bestimmten fachlichen Qualifikation, bestimmtem Alter und bestimmten Prüfungen an Bildungsmaßnahmen teilnehmen. Auswahlgesichtspunkte dieser Art sind keine Auswahlrichtlinien im Sinne des § 95 BetrVG. Sie können jedoch zwischen Arbeitgeber und Betriebsrat verbindlich vereinbart werden, so daß es sich dann um Vorentscheidungen im Zusammenhang mit dem Mitbestimmungsrecht nach § 98 Abs. 3 BetrVG handelt[146].

117 Nicht dem Mitbestimmungsrecht des Betriebsrates unterliegen **Fortbildungskurse** für **leitende Angestellte,** da dieser Personenkreis dem Anwendungsbereich des Betriebsverfassungsgesetzes nicht unterliegt. Hingegen fallen Kurse für Arbeitnehmer, die sich für eine Lei-

---

143 BAG vom 8. 12. 1987, AP Nr. 4 zu § 98 BetrVG 1972.
144 BAG vom 8. 12. 1987, AP Nr. 4 zu § 98 BetrVG 1972; *Buschmann* in: Däubler/Kittner/Klebe, § 98 Rz. 23; *Hess/Schlochauer/Glaubitz*, § 98 Rz. 58; *GK-Kraft*, § 98 Rz. 19.
145 *Fitting/Kaiser/Heither/Engels*, § 98 Rz. 34; *GK-Kraft*, § 98 Rz. 22.
146 *Hess/Schlochauer/Glaubitz*, § 98 Rz. 61; *Dietz/Richardi*, § 98 Rz. 49; *Fitting/Kaiser/Heither/Engels*, § 98 Rz. 35.

V. Maßnahmen der beruflichen Bildung

tungsaufgabe qualifizieren wollen, unter das Mitbestimmungsrecht, da diese noch keine leitenden Angestellten sind[147].

§ 98 Abs. 6 BetrVG ordnet die entsprechende Anwendung der oben erläuterten Vorschriften für Bildungsmaßnahmen des Arbeitgebers an, die keine Berufsbildungsmaßnahmen sind, d. h. sich nicht auf die aktuelle oder zukünftige berufliche Tätigkeit des Arbeitnehmers beziehen. Voraussetzung ist hier, daß die Bildungsmaßnahme Kenntnisse und Fähigkeit nach einem Lehrplan systematisch vermittelt. In Frage kommen Erste-Hilfe-Kurse, Kurse zur Unfallverhütung, Programmierkurse, Sprachkurse, REFA-Lehrgänge, Lehrgänge über elektronische Datenverarbeitung, Kurzschriftkurse, Kurse über Arbeits- und Sozialrecht und ähnliches[148]. 118

Das Mitbestimmungsrecht besteht nur insoweit, als der **Arbeitgeber** die Bildungsmaßnahme durchführt oder diese unter seiner Verantwortung veranstaltet wird. An welchem Ort die Bildungsmaßnahme stattfindet, ist für das Mitbestimmungsrecht unerheblich[149]. Auch hier besteht ein unter Einschaltung der Einigungsstelle erzwingbares Mitbestimmungsrecht des Betriebsrates hinsichtlich der Durchführung der Maßnahmen und hinsichtlich der Teilnehmer. Die oben beschriebenen Grenzen des Mitbestimmungsrechtes gelten selbstverständlich auch hier. Mitbestimmungsfrei ist danach die Entscheidung des Arbeitgebers, ob er solche Maßnahmen durchführen will. Ein Mitbestimmungsrecht besteht auch hinsichtlich der Auswahl der Ausbilder. 119

Nicht unter den Begriff der **Bildungsmaßnahmen** fallen Veranstaltungen, die der Unterhaltung oder Freizeitbeschäftigung dienen, wie z. B. Sportlehrgänge, die Einrichtung eines Sportvereines oder eines Werksorchesters sowie eines Schachclubs[150]. 120

---

147 *Buschmann* in: Däubler/Kittner/Klebe, § 98 Rz. 25; *Fitting/Kaiser/Heither/Engels*, § 98 Rz. 36; *GK-Kraft*, § 98 Rz. 32, der ein Mitbestimmungsrecht in diesem Falle lediglich im Hinblick auf die Auswahl der Teilnehmer, nicht jedoch im Hinblick auf die Durchführung der Maßnahme annimmt.
148 *Fitting/Kaiser/Heither/Engels*, § 98 Rz. 38; *Hess/Schlochauer/Glaubitz*, § 98 Rz. 64; *Matthes* in: Münchener Handbuch zum Arbeitsrecht, Band 3, § 343 Rz. 15; *Stege-Weinspach*, §§ 96–98, Rz. 44; *GK-Kraft*, § 98 Rz. 35.
149 *Fitting/Kaiser/Heither/Engels*, § 98 Rz. 41; *Stege-Weinspach*, § 96–98 Rz. 46; *Buschmann* in: Däubler/Kittner/Klebe, § 98 Rz. 29; *GK-Kraft*, § 98 Rz. 32.
150 *GK-Kraft*, § 98 Rz. 36; *Fitting/Kaiser/Heither/Engels*, § 98 Rz. 39, *Dietz/Richardi*, § 98 Rz. 53.

VI. Personelle Einzelmaßnahmen

1. Beteiligungsrechte bei Einstellungen, Eingruppierungen, Umgruppierungen und Versetzungen (§§ 99–101 BetrVG)

a) Allgemeine Voraussetzungen der Mitbestimmung nach §§ 99–101 BetrVG

121 Die Vorschriften der §§ 99–101 BetrVG gelten nur für Betriebe mit in der Regel mehr als **20 wahlberechtigten Arbeitnehmern**[151]. Der Betriebsrat wird also aus mindestens 3 Mitgliedern bestehen. Erhöht sich die Arbeitnehmerzahl nach Wahl des Betriebsrates auf mehr als 20 wahlberechtigte Arbeitnehmer, so wächst dem Betriebsrat das personelle Mitbestimmungsrecht nachträglich zu. Sinkt die Zahl der regelmäßig beschäftigten wahlberechtigten Arbeitnehmer auf weniger als 21 geht der Betriebsrat des personellen Mitbestimmungsrechtes verlustig[152]. Für das Bestehen des Mitbestimmungsrechtes kommt es darauf an, daß die zahlenmäßige Voraussetzung zu dem **Zeitpunkt** vorliegt, zu dem die personelle Maßnahme tatsächlich durchgeführt wird.

122 Bei der **Ermittlung** der Zahl der wahlberechtigten Arbeitnehmer zählt der einzustellende Mitarbeiter nicht mit. Der zu kündigende Mitarbeiter, der bereits Teil der betrieblichen Organisation ist, wird hingegen mitgezählt[153].

123 Betriebe, die die Zahl von mehr als **20 wahlberechtigten Arbeitnehmern nicht** erreichen, verfügen zwar nicht über die Mitbestimmungsrechte der §§ 99 ff. BetrVG. In Wahrnehmung seiner allgemeinen Aufgaben gemäß § 80 BetrVG kann der Betriebsrat jedoch personelle Maßnahmen anregen, die dem Betrieb und der Belegschaft dienen. Aus § 2 Abs. 1 BetrVG kann zudem gefolgert werden, daß der Arbeitgeber verpflichtet ist, den einköpfigen Betriebsrat über personelle Einzelmaßnahmen zu unterrichten. Selbstverständlich ergibt sich aus den allgemeinen Vorschriften keine Verpflichtung des Arbeitgebers, nicht ohne erfolgte Zustimmung des Betriebsrates zu handeln. Einer solchen Pflicht kann der Arbeitgeber sich aber durch den Abschluß einer Betriebsvereinbarung unterwerfen. Ferner ist eine Regelung über personelle Einzelmaßnahmen durch Tarifvertrag möglich.

---

151 Zum Arbeitnehmerbegriff vgl. oben Teil A Rz. 43 ff.
152 *Fitting/Kaiser/Heither/Engels*, § 99 Rz. 4; GK-*Kraft*, § 99 Rz. 7; *Dietz/Richardi*, § 99 Rz. 10; *Hess/Schlochauer/Glaubitz*, § 99 Rz. 9; *Matthes* in: Münchener Handbuch zum Arbeitsrecht, Band 3, § 344 Rz. 5.
153 *Fitting/Kaiser/Heither/Engels*, § 99 Rz. 4; *Dietz/Richardi*, § 99 Rz. 10; *Hess/Schlochauer/Glaubitz*, § 99 Rz. 3; *Kittner* in: Däubler/Kittner/Klebe, § 99 Rz. 6; GK-*Kraft*, § 99 Rz. 7; **a. A.** *Matthes* in: Münchener Handbuch zum Arbeitsrecht, Band 3, § 344 Rz. 6.

VI. Personelle Einzelmaßnahmen

§ 99 BetrVG unterwirft die wichtigsten personellen Einzelmaßnahmen dem Mitbestimmungsrecht des Betriebsrates. Der Arbeitgeber ist verpflichtet, den Betriebsrat vor jeder **Einstellung, Eingruppierung, Umgruppierung** oder **Versetzung** zu unterrichten und ihm zweckdienliche Informationen und Unterlagen über die Person, um die es sich handelt, zur Verfügung zu stellen. Der Betriebsrat kann hierauf unter bestimmten Voraussetzungen, die im Gesetz aufgezählt werden, die Zustimmung zu der beabsichtigten Maßnahme verweigern. Im Falle der Weigerung muß der Arbeitgeber beim Arbeitsgericht beantragen, die Zustimmung zu ersetzen. Ohne die Zustimmung des Betriebsrates darf er nicht handeln.

124

Dem Betriebsrat wird durch den § 99 BetrVG ein starkes Instrument in die Hand gegeben, um auf die personelle Entwicklung im Betrieb Einfluß zu nehmen. Die Aufzählung des Gesetzes ist als erschöpfend anzusehen, so daß eine **Erweiterung** auf andere personelle Maßnahmen, wie z. B. die Umsetzung, unzulässig ist[154].

125

Zu beachten ist, daß sich betriebsverfassungsrechtliche Voraussetzungen und arbeitsvertragliche Voraussetzungen einer personellen Maßnahme nicht decken müssen, so daß sie unabhängig voneinander **Einfluß** auf die **Zulässigkeit** der **Maßnahme** gegenüber dem einzelnen Arbeitnehmer haben können[155].

126

b) Die mitbestimmungspflichtigen Maßnahmen im einzelnen

aa) Einstellung

Unter **Einstellung** versteht das Bundesarbeitsgericht sowohl die Begründung eines Arbeitsverhältnisses, d. h. den Abschluß eines Arbeitsvertrages, als auch die zeitlich damit zusammenfallende, vorhergehende oder auch nachfolgende tatsächliche Arbeitsaufnahme in einem Betrieb[156]. Fallen beide Zeitpunkte auseinander, löst die jeweils erste Maßnahme das Mitbestimmungsrecht aus[157]. Dieses Verständnis der Einstellung führt zur Anwendbarkeit des § 99 BetrVG sowohl bei der Verlängerung eines beendeten Arbeitsverhältnisses,

127

---

154 *Fitting/Kaiser/Heither/Engels,* § 99 Rz. 9; *Kittner* in: Däubler/Kittner/Klebe, § 99 Rz. 35.
155 Als Beispiel ist hier zu nennen, die Versetzung, die arbeitsvertraglich an bestimmte Voraussetzungen geknüpft sein kann, die das Betriebsverfassungsrecht nicht aufstellt.
156 BAG vom 12. 7. 1988, AP Nr. 54 zu § 99 BetrVG 1972; BAG vom 14. 5. 1974, EZA § 99 BetrVG 1972 Nr. 6.
157 BAG vom 28. 4. 1992, AP Nr. 98 zu § 99 BetrVG 1972.

im Falle eines nichtigen Arbeitsvertrages wie auch im Falle der Beschäftigung ohne Arbeitsvertrag[158].

128 Das Bundesarbeitsgericht bejaht eine mitbestimmungspflichtige Einstellung bereits dann, wenn Personen, ohne Arbeitnehmer im Sinne der Definition zu sein, in den Betrieb **eingegliedert** werden, um zusammen mit den dort schon beschäftigten Arbeitnehmern den arbeitstechnischen Zweck des Betriebes durch weisungsgebundene Tätigkeit zu verwirklichen. Auf das Rechtsverhältnis, in dem diese Personen zum Arbeitgeber stehen, kommt es nicht an. Maßgebend ist allein, ob die zu verrichtende Tätigkeit ihrer Art nach weisungsgebunden ist, der Verwirklichung des arbeitstechnischen Zwecks des Betriebes dient und vom Arbeitgeber organisiert werden muß. Unerheblich ist hierbei, ob die Tätigkeit tatsächlich die Vornahme von Weisungen erfordert[159].

129 **Beispielsweise** liegt eine Einstellung auch vor bei der Neubeschäftigung von Praktikanten, Honorarlehrkräften und freien Mitarbeitern, unter der Voraussetzung, daß ein partielles Weisungsrecht des Arbeitgebers besteht. § 99 BetrVG dient dem Zweck, die im Betrieb Beschäftigten durch die Gewährleistung der Mitsprache des Betriebsrates vor Veränderungen in der personellen Zusammensetzung zu schützen[160]. Die Arbeitsaufnahme von Leiharbeitnehmern stellt eine Einstellung für den Entleiherbetrieb dar, da die Leiharbeitnehmer tatsächlich in den Betrieb eingegliedert werden[161]. Um eine Einstellung handelte es sich ferner, wenn Arbeitnehmer aus einem anderen Konzernunternehmen vorübergehend im Betrieb beschäftigt werden[162].

130 Keine Einstellung liegt vor, sofern der Arbeitgeber absonderbare Arbeiten auf **Fremdfirmen** überträgt oder eine **Werk- oder Dienstleistung** für sich **einkauft** im Hinblick auf die Beschäftigung von Arbeitnehmern des fremden Arbeitgebers[163]. Dies gilt selbst dann, sofern die

---

158 *Kittner* in: Däubler/Kittner/Klebe, § 99 Rz. 37.
159 BAG vom 27. 7. 1993, AP Nr. 3 zu § 93 BetrVG 1972; BAG vom 20. 4. 1993, AP Nr. 106 zu § 99 BetrVG 1972, BAG vom 28. 4. 1992, AP Nr. 98 zu § 99 BetrVG 1972; BAG vom 3. 7. 1990, AP Nr. 81 zu § 99 BetrVG 1972; BAG vom 8. 5. 1990, AP Nr. 80 zu § 99 BetrVG 1972; BAG vom 1. 8. 1989, AP Nr. 68 zu § 99 BetrVG 1972; BAG vom 18. 4. 1989, AP Nr. 65 zu § 99 BetrVG 1972; BAG vom 15. 4. 1986, AP Nr. 35 zu § 99 BetrVG 1972.
160 BAG vom 5. 3. 1991, AP Nr. 90 zu § 99 BetrVG 1972.
161 *Fitting/Kaiser/Heither/Engels,* § 99 Rz. 11; *Kittner* in: Däubler/Kittner/Klebe, § 99 Rz. 56; GK-*Kraft,* § 99 Rz. 28.
162 *Fitting/Kaiser/Heither/Engels,* § 99 Rz. 11.
163 BAG vom 31. 3. 1993, AP Nr. 2 zu § 9 AüG; BAG vom 13. 5. 1992, NZA 1993, 357; BAG vom 5. 5. 1992, AP Nr. 97 zu § 99 BetrVG 1972; BAG vom 5. 3. 1991, AP Nr. 90 zu § 99 BetrVG 1972 (mit weiteren Nachweisen).

VI. Personelle Einzelmaßnahmen Rz. 132 **Teil I**

Tätigkeit des Fremdpersonals im Betrieb unverzichtbar zur Erreichung des Betriebszwecks ist, der Umfang der Fremdtätigkeit vom Betriebsablauf abhängt, das Fremdpersonal angelernt werden muß und der Arbeitgeber den Einsatz durch eigene Arbeitnehmer des Betriebes koordinieren muß[164]. Beispielsweise sind hier zu nennen die Übertragung von Bewachungsaufgaben an Fremdunternehmen, von Gebäudereinigungsservice, von Pförtner-, Wartungs-, Service-, Reparatur-, Botendiensten, der Lehrgutentsorgung sowie Lagerhaltungs- und Versorgungsaufgaben, des Kantinenbetriebes. Auch im Falle der Gebrauchsüberlassung von Maschinen mit Bedienungspersonal, sofern die Überlassung des Personales untergeordnete Bedeutung hat und die Gebrauchsüberlassung der Maschinen im Vordergrund steht, liegt keine Einstellung vor[165].

Dem gegenüber handelt es sich nach der neuen Rechtsprechung des Bundesarbeitsgerichtes um eine Einstellung, im Falle des **Einsatzes von Fremdfirmen,** sofern die hierbei entsandten Arbeitnehmer derart in die Arbeitsorganisation des Auftraggebers eingegliedert sind, daß dieser die **Personalhoheit** hat und über den Arbeitseinsatz auch nach Zeit und Ort zu entscheiden hat[166]. Nicht als ausreichend sieht das Bundesarbeitsgericht es an, wenn Fremdarbeitnehmern im Einverständnis mit dem Dienst- oder Werkunternehmer vom Auftraggeber bzw. dessen Arbeitnehmern notwendige Einzelweisungen erteilt werden, sofern alle sonstigen aus dem Direktionsrecht folgenden Anweisungen zur Ausführung der Tätigkeit vertraglich zwischen Arbeitgeber und Dienst/Werkunternehmer festgelegt sind[167]. Da die Abgrenzung, ob der Betriebsrat im Falle des Fremdfirmeneinsatzes mitzubestimmen hat, äußerst problematisch ist, empfiehlt sich für beide Betriebspartner der Abschluß einer Betriebsvereinbarung über die Mitbestimmungsrechte des Betriebsrates im Rahmen von Fremdfirmeneinsätzen. 131

Keine Einstellung liegt vor, sofern eine Kündigung zurückgenommen wird, wenn der Arbeitnehmer seine Beschäftigung ohne Unterbrechung fortsetzt[168]. Gleiches gilt im Falle der Weiterbeschäftigung nach dem Ende des Berufsausbildungsverhältnisses gemäß § 78a BetrVG, der vorläufigen Weiterbeschäftigung nach § 102 Abs. 5 132

---

164 BAG vom 18. 10. 1994, AP Nr. 5 zu § 99 BetrVG 1972 Einstellung.
165 BAG vom 17. 2. 1993, AP Nr. 19 zu § 10 AüG.
166 BAG vom 5. 5. 1992, AP Nr. 97 zu § 99 BetrVG 1972; BAG vom 9. 7. 1991, AP Nr. 90 zu § 99 BetrVG 1972; BAG vom 30. 1. 1991, AP Nr. 8 zu § 10 AüG.
167 BAG vom 30. 1. 1991, AP Nr. 8 zu § 10 AüG.
168 *Fitting/Kaiser/Heither/Engels,* § 99 Rz. 13; *Dietz/Richardi,* § 99 Rz. 26; **a. A.** *Kittner* in: Däubler/Kittner/Klebe, § 99 Rz. 46.

BetrVG, der Betriebsübernahme gemäß § 613a BGB[169], der gerichtlichen Feststellung, daß ein freies Mitarbeiterverhältnis ein Arbeitsverhältnis ist[170], sowie der Wiederaufnahme eines ruhenden Arbeitsverhältnisses beispielsweise nach Ableistung des Wehr- oder Zivildienstes oder nach Beendigung eines Arbeitskampfes[171].

133 Nach umstrittener jedoch richtiger Ansicht liegt eine Einstellung vor bei einer Beschäftigung eines Arbeitnehmers über die vertraglich vereinbarte oder tarifliche Altersgrenze hinaus, da das Arbeitsverhältnis qua Gesetzes bzw. Tarifvertrages beendet war[172].

bb) Eingruppierung

134 Die **Eingruppierung** bedeutet die Zuordnung eines Arbeitnehmers zu einer **tarifvertraglich festgelegten Lohn- oder Gehaltsgruppe,** die im allgemeinen durch bestimmte Tätigkeitsmerkmale, teilweise auch durch das Lebensalter oder die Zeit der Berufstätigkeit umschrieben wird[173]. Weist die Entgeltgruppe mehrere Fallgruppen aus, ist auch die Zuordnung dazu eine Eingruppierung, wenn mit den unterschiedlichen Fallgruppen verschiedene Rechtsfolgewirkungen z. B. der Bewährungsaufstieg verbunden sind[174].

135 Eine **tarifliche Lohn- oder Gehaltsgruppenordnung** kann unmittelbar kraft Tarifbindung oder kraft einzelvertraglicher Vereinbarung oder einseitiger Einführung durch den Arbeitgeber zur Anwendung kommen[175].

136 Bei **nicht nach Tarifvertrag entlohnten Arbeitnehmern** ist unter Eingruppierung die Festlegung der betriebsüblichen Entlohnung durch Betriebsvereinbarung, Richtlinie oder einseitig vom Arbeitgeber geschaffenen Vergütungsordnung zu verstehen[176]. Gibt es eine Lohn- oder Gehaltsgruppenordnung, die im Betrieb Anwendung findet, ist

---

169 BAG vom 7. 11. 1975, AP Nr. 3 zu § 99 BetrVG 1972.
170 BAG vom 3. 10. 1975, AP Nr. 15 zu § 611 BGB Abhängigkeit.
171 *Fitting/Kaiser/Heither/Engels,* § 99 Rz. 13.
172 BAG vom 12. 7. 1988, AP Nr. 54 zu § 99 BetrVG 1972; BAG vom 18. 7. 1978, AP Nr. 9 zu § 99 BetrVG 1972; *Kittner* in: Däubler/Kittner/Klebe, § 99 Rz. 45; *Fitting/Kaiser/Heither/Engels,* § 99 Rz. 13; **a. A.** GK-*Kraft,* § 99 Rz. 26.
173 GK-*Kraft,* § 99 Rz. 38; *Dietz/Richardi,* § 99 Rz. 42; *Fitting/Kaiser/Heither/Engels,* § 99 Rz. 14; *Hess/Schlochauer/Glaubitz,* § 99 Rz. 27.
174 BAG vom 27. 7. 1993, AP Nr. 110 zu § 99 BetrVG 1972.
175 BAG vom 23. 11. 1993, AP Nr. 111 zu § 99 BetrVG 1972; BAG vom 3. 12. 1985, AP Nr. 31 zu § 99 BetrVG 1972.
176 BAG vom 23. 6. 1992, AP Nr. 55 zu § 77 BetrVG 1972; BAG vom 23. 11. 1993, AP Nr. 111 zu § 99 BetrVG 1972; BAG vom 28. 1. 1986, AP Nr. 32 zu § 99 BetrVG 1972.

VI. Personelle Einzelmaßnahmen

der Arbeitgeber individualrechtlich zur Eingruppierung der Arbeitnehmer und betriebsverfassungsrechtlich zur Beteiligung des Betriebsrates verpflichtet[177]. Gibt es keine Lohn- oder Gehaltsgruppenordnung im Betrieb, ist ein Mitbestimmungsrecht des Betriebsrates im Rahmen von § 99 BetrVG im Hinblick auf Ein- oder Umgruppierung nicht gegeben[178].

Die Einstellung eines Arbeitnehmers geht regelmäßig mit der ersten Eingruppierung einher, d. h. mit der ersten Festlegung der für die Entlohnung des Arbeitnehmers maßgebenden Lohn- bzw. Gehaltsgruppe. Mitbestimmungsrechtlich sind die **Einstellung** und die **(Erst-) Eingruppierung** jedoch zu trennen. Der Arbeitgeber hat den Betriebsrat unter beiden Gesichtspunkten zu beteiligen. Möglich ist dann, daß der Betriebsrat einer Einstellung bei Vorliegen einer der im Gesetz aufgezählten Widerspruchsgründe widerspricht und auch der Eingruppierung, im Falle, daß eine solche vom Arbeitgeber unrichtig vorgenommen ist. Liegt nur ein Widerspruchsgrund im Hinblick auf einen der beiden Mitbestimmungstatbestände vor, so hat der Betriebsrat die Zustimmungsverweigerung auf den den Mitbestimmungstatbestand betreffenden Widerspruchsgrund zu beschränken[179]. 137

Nicht dem Mitbestimmungstatbestand unterfällt die Vereinbarung **außertariflicher Entgelte**, sofern es hierfür keine eigene betriebliche Gehaltsgruppenordnung gibt[180]. 138

Das Mitbestimmungsrecht hinsichtlich der Eingruppierung dient dem **Zweck**, eine größere Gewähr für die Richtigkeit der vorgenommenen Eingruppierung und der gleichmäßigen Anwendung der Lohn- und Gehaltsgruppenordnung zwecks innerbetrieblicher Lohngerechtigkeit und Transparenz zu gewährleisten[181]. Nimmt der Arbeitgeber bei Vorhandensein einer Gehalts- oder Lohngruppenordnung eine Eingruppierung nicht vor oder versäumt er es, den Betriebsrat hieran zu beteiligen, kann der Betriebsrat sein Mitbestim- 139

---

177 BAG vom 23. 11. 1993, AP Nr. 111 zu § 99 BetrVG 1972.
178 BAG vom 20. 12. 1988, AP Nr. 62 zu § 99 BetrVG 1972.
179 BAG vom 20. 12. 1988, AP Nr. 62 zu § 99 BetrVG 1972; BAG vom 10. 2. 1976, AP Nr. 4 zu § 99 BetrVG 1972.
180 ArbG Düsseldorf vom 26. 6. 1988, NZA 1988, 703; BAG vom 31. 5. 1983, AP Nr. 27 zu § 118 BetrVG 1972; *Kittner* in: Däubler/Kittner/Klebe, § 99 Rz. 66; GK-*Kraft*, § 99 Rz. 33; *Dietz/Richardi,* § 99 Rz. 48.
181 BAG vom 30. 9. 1993, AP Nr. 33 zu § 2 KSchG 1969; BAG vom 9. 2. 1993, AP Nr. 103 zu § 99 BetrVG 1972; BAG vom 18. 6. 1991, AP Nr. 105 zu § 99 BetrVG 1972; *Kittner* in: Däubler/Kittner/Klebe, § 99 Rz. 67; *Dietz/Richardi,* § 99 Rz. 50; *Hess/Schlochauer/Glaubitz,* § 99 Rz. 22; *Matthes* in: Münchener Handbuch zum Arbeitsrecht, Band 3, § 347 Rz. 3.

mungsrecht über § 101 BetrVG durchsetzen[182]. Seiner Verpflichtung zur Beteiligung des Betriebsrates genügt der Arbeitgeber erst dann, wenn er die Zustimmung des Betriebsrates eingeholt hat oder aber dessen Zustimmung durch gerichtliche Entscheidung ersetzt ist[183]. Scheitert der Arbeitgeber mit seinem Ersetzungsantrag vor dem Arbeitsgericht, muß er die Zustimmung des Betriebsrates zur Eingruppierung des Arbeitnehmers in eine andere Vergütungsgruppe beantragen. Es findet ein erneutes Beteiligungsverfahren, bei Verweigerung der Zustimmung durch den Betriebsrat ein erneutes arbeitsgerichtliches Ersetzungsverfahren statt.

140 § 99 BetrVG gewährt dem Betriebsrat kein **Initiativrecht** für die Einleitung eines Eingruppierungsverfahrens, wenn er eine Eingruppierung eines Arbeitnehmers für falsch hält[184]. Der einzelne Arbeitnehmer kann seine Eingruppierung jedoch im arbeitsgerichtlichen Urteilsverfahrens überprüfen lassen[185]. Wird der Arbeitgeber rechtskräftig zu einer anderen Eingruppierung verpflichtet, so ist der Betriebsrat hier erneut zu beteiligen. Die rechtskräftig ersetzte Zustimmung des Betriebsrates zu einer bestimmten Eingruppierung hat keine präjudizielle, d. h. keine rechtsverbindliche Wirkung für den Eingruppierungsrechtsstreit eines Arbeitnehmers[186].

cc) Umgruppierung

141 Die **Umgruppierung** ist jede Änderung der Einreihung in die tarifliche oder betriebliche Lohn- oder Gehaltsgruppenordnung[187]. Sie kann mit einer Versetzung verbunden sein. Umgruppierungen sind jedoch auch möglich bei unverändertem Tätigkeitsbereich des Arbeitnehmers, z. B. im Falle der Änderung der Vergütungsgruppenordnung[188], bei Berichtigung der Ersteingruppierung[189], sowie im Falle der Beför-

---

182 Vgl. nur BAG vom 30. 9. 1993, AP Nr. 33 zu § 2 KSchG 1969.
183 Vgl. zum Vorgehen des Arbeitgebers bei Verweigerung der Zustimmung durch den Betriebsrat unten Rz. 236 ff.
184 BAG vom 18. 6. 1991, AP Nr. 105 zu § 99 BetrVG 1972.
185 BAG vom 9. 2. 1993, AP Nr. 103 zu § 99 BetrVG 1972; *Dietz/Richardi*, § 99 Rz. 50; *Fitting/Kaiser/Heither/Engels*, § 99 Rz. 14c; *GK-Kraft*, § 99 Rz. 43.
186 BAG vom 12. 1. 1993, AP Nr. 101 zu § 99 BetrVG 1972; BAG vom 13. 5. 1981, AP Nr. 24 zu § 59 HGB.
187 *Fitting/Kaiser/Heither/Engels*, § 99 Rz. 16; *GK-Kraft*, § 99 Rz. 46; *Dietz/Richardi*, § 99 Rz. 54; *Kittner* in: Däubler/Kittner/Klebe, § 99 Rz. 75; *Hess/Schlochauer/Glaubitz*, § 99 Rz. 33; *Stege-Weinspach*, §§ 99–101, Rz. 126.
188 BAG vom 16. 2. 1966, AP Nr. 6 zu § 1 TVG TV: BAVAV.
189 BAG vom 3. 5. 1990, AP Nr. 31 zu § 75b PersVG; BAG vom 20. 3. 1990, AP Nr. 79 zu § 99 BetrVG 1972.

derung, die mit gar keinen oder nur geringen Änderungen des bisherigen Tätigkeitsbereichs verbunden ist.

Unter die Umgruppierung fällt sowohl eine **Höher-** als auch eine **Herabstufung.** Ob eine Umgruppierung vorzunehmen ist, richtet sich nach der jeweiligen Gehalts- oder Lohngruppenordnung und den hierin enthaltenen Gruppenmerkmalen für die Zuordnung zu einer bestimmten Lohn- oder Gehaltsgruppe. Merkmal kann die ausgeübte Tätigkeit sein, es kommen jedoch auch andere Merkmale, wie das Lebensalter oder die zunehmende Berufserfahrung in Betracht, die die in der Regel dann zu erfolgende Höhergruppierung auslösen[190]. 142

Das Eingreifen des Mitbestimmungstatbestandes setzt alleine voraus, daß der Arbeitgeber gegenüber einem Arbeitnehmer die Lohn- oder Gehaltsgruppe ändern will. Ohne Bedeutung ist es, warum diese **Änderung** erforderlich ist. Auch wenn ein Arbeitnehmer allein aufgrund eines höheren Lebensalters in eine andere Entgeltgruppe fällt, handelt es sich bei der damit erforderlich werdenden Zuordnung zu dieser Entgeltgruppe um eine Umgruppierung. 143

Ohne Belang für das Mitbestimmungsrecht ist es auch, ob die Maßnahme **einseitig** durch den Arbeitgeber vorgenommen werden kann oder ob sie eine **Änderungskündigung** voraussetzt[191]. Geht mit der Umgruppierung der Ausspruch einer Änderungskündigung einher, so hat der Arbeitgeber neben dem Mitbestimmungsrecht aus § 99 BetrVG das Mitbestimmungsrecht gemäß § 102 BetrVG zu beachten. Beide Mitbestimmungsverfahren bestehen nebeneinander, ihre Voraussetzungen sind je für sich zu erfüllen[192]. 144

Das Mitbestimmungsrecht hat keinen Einfluß auf den individualrechtlichen Anspruch des Arbeitnehmers auf die „**richtige**" Eingruppierung. Nimmt der Arbeitgeber eine Höhergruppierung ohne Beteiligung des Betriebsrates vor, so hat der Arbeitnehmer im Falle der richtigen Zuordnung zur maßgeblichen Entgeltgruppe einen Anspruch auf die der Entgeltgruppe entsprechende Vergütung[193]. 145

Wird ein Arbeitnehmer zu einem **leitenden Angestellten** gemäß § 5 Abs. 3 BetrVG „befördert", so unterliegt diese Umgruppierung nicht der Mitbestimmung des Betriebsrates gemäß § 99 BetrVG. Der Betriebsrat ist von der personellen Maßnahme allein in Kenntnis zu 146

---

[190] GK-*Kraft,* § 99 Rz. 47.
[191] BAG vom 28. 1. 1986, AP Nr. 32 zu § 99 BetrVG 1972.
[192] BAG vom 30. 9. 1993, NZA 1994, 615; BAG vom 10. 8. 1993, NZA 1994, 187.
[193] BAG vom 10. 3. 1982, AP Nr. 7 zu § 75b PersVG; BAG vom 19. 7. 1978, AP Nr. 8 zu §§ 22, 23 BAT 1975; BAG vom 15. 12. 1976, AP Nr. 95 zu §§ 22, 23 BAT; BAG vom 5. 9. 1973, AP Nr. 72 zu §§ 22, 23 BAT.

setzen, § 105 BetrVG[194]. Insofern kann nichts anderes gelten, als für die Neueinstellung eines leitenden Angestellten, dessen Vergütung nach allgemeiner Auffassung freier Vereinbarung unterliegt. Eine Beteiligung des Betriebsrates gemäß § 99 BetrVG hat jedoch stattzufinden, sofern ein außertariflicher Angestellter in die höchste Tarifgruppe herabgestuft werden soll[195]. Gleiches hat im Falle der Geltung einer betrieblichen Lohn- oder Gehaltsgruppenordnung zu gelten.

147 Der Mitbestimmung des Betriebsrates unterliegt nicht die **Vereinbarung** eines höheren Entgelts zwischen Arbeitgeber und Arbeitnehmer, selbst wenn die Erhöhung des Entgelts aus Zweckmäßigkeitsgründen als freiwillige Gewährung einer höheren Tarifgruppe bezeichnet wird[196].

dd) Versetzung

148 § 95 Abs. 3 BetrVG enthält eine eigene betriebsverfassungsrechtliche Definition der Versetzung. Hiernach ist die **Versetzung** jede Zuweisung eines anderen Arbeitsbereiches, die voraussichtlich die Dauer von einem Monat überschreitet, oder die mit einer erheblichen Änderung der Umstände verbunden ist, unter denen die Arbeit zu leisten ist. Dieser Begriff gilt nach Auffassung des Bundesarbeitsgerichts grundsätzlich auch für Auszubildende[197].

149 Nach der Definition wird die Versetzung zunächst **zeitlich** bestimmt. Sofern ein **anderer Arbeitsbereich zugewiesen wird** und **dies voraussichtlich einen Monat überschreitet,** liegt eine Versetzung vor. Der Versetzungsbegriff ist aber auch dann erfüllt, wenn die Zuweisung des neuen Arbeitsbereichs mit einer erheblichen Änderung der Umstände verbunden ist, unter denen die Arbeit zu leisten ist.

150 Unter **Arbeitsbereich** wird der konkrete Arbeitsplatz und seine Beziehung zur betrieblichen Umgebung in räumlicher, technischer und organisatorischer Hinsicht verstanden[198]. Ein anderer Arbeitsbereich

---

[194] BAG vom 29. 1. 1980, AP Nr. 24 zu § 5 BetrVG 1972; BAG vom 8. 2. 1977, AP Nr. 16 zu § 5 BetrVG 1972; GK-*Kraft*, § 99 Rz. 9; *Dietz/Richardi*, § 105 Rz. 3; *Fitting/Kaiser/Heither/Engels*, § 99 Rz. 20.
[195] BAG vom 28. 1. 1986, AP Nr. 32 zu § 99 BetrVG 1972.
[196] GK-*Kraft*, § 99 Rz. 50; *Dietz/Richardi*, § 99 Rz. 68; *Hess/Schlochauer/Glaubitz*, § 99 Rz. 39; *Stege-Weinspach*, §§ 99–101, Rz. 129e.
[197] BAG vom 3. 12. 1985, AP Nr. 8 zu § 95 BetrVG 1972.
[198] BAG vom 23. 11. 1993, AP Nr. 33 zu § 95 BetrVG 1972; BAG vom 19. 2. 1991, AP Nr. 25 zu § 95 BetrVG 1972; BAG vom 8. 8. 1989, AP Nr. 18 zu § 95 BetrVG 1972; BAG vom 1. 8. 1989, AP Nr. 17 zu § 95 BetrVG 1972; BAG vom 3. 12. 1985, AP Nr. 8 zu § 95 BetrVG 1972; BAG vom 10. 4. 1984, AP Nr. 4 zu § 95 BetrVG 1972.

VI. Personelle Einzelmaßnahmen   Rz. 153 **Teil I**

wird zugewiesen, sofern der Inhalt der Arbeitsaufgabe ein anderer wird, so daß sich das Gesamtbild der Tätigkeit erheblich ändert[199]. Zum Arbeitsbereich gehört auch der Arbeitsort. Ein Ortswechsel, wie auch der Wechsel der betrieblichen Einheit[200], wird nach allgemeiner Auffassung als Versetzung angesehen.

Für einen **Ortswechsel** genügt es, daß der Arbeitnehmer seine Arbeitsleistung in einer anderen Gemeinde erbringen soll. Danach ist die Zustimmung des Betriebsrates auch bei unveränderter Arbeitsleistung an einem anderen Ort erforderlich, sofern der Wechsel für länger als einen Monat beabsichtigt ist[201]. Ist der Arbeitsplatzwechsel an einen anderen Ort von kürzerer Dauer als einen Monat, ist er aber mit einer erheblichen Änderung der Umstände verbunden, unter denen die Arbeit zu leisten ist, wie z. B. einer erheblich längeren Fahrtzeit, liegt ebenfalls eine Versetzung vor[202]. 151

Keine Versetzung liegt hingegen vor, wenn lediglich der Vorgesetzte wechselt, der Betriebsteil einer anderen Leitungsstelle im Unternehmen zugeordnet wird[203] oder eine Betriebsabteilung in andere Räume am selben Ort verlegt wird[204]. 152

Ob der Arbeitgeber die Versetzung einseitig kraft **Direktionsrechts** anordnen kann oder ob der Tätigkeitsbereich des Arbeitnehmers vertraglich so genau festgelegt ist, daß eine Versetzung nur mit **Zustimmung** des **Arbeitnehmers** oder im Wege der **Änderungskündigung** erfolgen kann, hängt von dem Inhalt des Arbeitsvertrages ab[205]. Die erfolgte Beteiligung des Betriebsrates gemäß § 99 BetrVG kann eine individualrechtlich erforderliche Zustimmung des Arbeitnehmers keinesfalls ersetzen[206]. Umgekehrt kann auch die individualrechtlich zulässige oder vereinbarte Versetzung nicht die Beteiligung des Be- 153

---

199 BAG vom 26. 5. 1988, AP Nr. 13 zu § 95 BetrVG 1972.
200 BAG vom 2. 11. 1993, AP Nr. 32 zu § 95 BetrVG 1972.
201 BAG vom 19. 2. 1991, AP Nr. 26 zu § 95 BetrVG 1972; BAG vom 18. 10. 1988, AP Nr. 56 zu § 99 BetrVG 1972; BAG vom 18. 2. 1986, AP Nr. 33 zu § 99 BetrVG 1972.
202 LAG Köln, AiB 1992, 232; BAG vom 8. 8. 1989, AP Nr. 18 zu § 95 BetrVG 1972; BAG vom 1. 8. 1989, AP Nr. 17 zu § 95 BetrVG 1972.
203 BAG vom 10. 4. 1984, AP Nr. 4 zu § 95 BetrVG 1972; a. A. *Kittner* in: Däubler/Kittner/Klebe, § 99 Rz. 100.
204 LAG Berlin, NZA 1992, 854; a. A. *Kittner* in: Däubler/Kittner/Klebe, § 99 Rz. 95; GK-*Kraft*, § 99 Rz. 60.
205 BAG vom 27. 3. 1980, AP Nr. 26 zu § 611 BGB Direktionsrecht; *Fitting/Kaiser/Heither/Engels*, § 99 Rz. 21; *Kittner* in: Däubler/Kittner/Klebe, § 99 Rz. 88; *Hess/Schlochauer/Glaubitz*, § 99 Rz. 45.
206 LAG Düsseldorf, DB 1978, 2494.

triebsrates gemäß § 99 BetrVG ersetzen[207]. Kann die Versetzung nur im Wege der Änderungskündigung individualrechtlich umgesetzt werden, hat der Arbeitgeber sowohl das Verfahren gemäß § 102 BetrVG als auch dasjenige nach § 99 BetrVG durchzuführen. Zwar ist die Zustimmung des Betriebsrates gemäß § 99 BetrVG keine Wirksamkeitsvoraussetzung für die Änderungskündigung. Die Änderungskündigung kann jedoch letztendlich nicht umgesetzt werden, da für die tatsächliche Zuweisung des neuen Arbeitsbereiches nach Ablauf der Kündigungsfrist die Zustimmung des Betriebsrates gemäß § 99 BetrVG erforderlich ist. Bis zum Abschluß des Verfahrens gemäß § 99 BetrVG hat der Arbeitgeber den Arbeitnehmer dann in seinem bisherigen Arbeitsbereich weiter zu beschäftigen[208].

154 Eine Versetzung liegt nach der betriebsverfassungsrechtlichen Definition nicht nur dann vor, wenn die Zuweisung eines anderen Arbeitsbereiches die Dauer von einem Monat überschreitet, sondern auch dann, wenn mit ihr eine **erhebliche Änderung der Umstände verbunden ist, unter denen die Arbeit zu leisten ist.**

155 Unter den **Umständen** der **Arbeitsleistung** werden die Gestaltung des Arbeitsplatzes, die Lage der Arbeitszeit, Umwelteinflüsse und fachliche Anforderungen verstanden[209]. Eine Veränderung der materiellen Arbeitsbedingungen wird regelmäßig eine Umgruppierung darstellen, sofern hiermit jedoch die Zuweisung neuer Tätigkeiten einhergeht, kann sowohl eine Umgruppierung als auch eine Versetzung vorliegen[210].

156 Bereits der **Entzug** von bisher wahrgenommenen Aufgaben stellt den Beginn einer Versetzung dar, da dies der erste Schritt für die Zuweisung des neuen Arbeitsbereiches ist[211]. Anderes gilt nach Auffassung des Bundesarbeitsgerichts jedoch dann, wenn der Arbeitsbereich durch den Entzug von bisher wahrgenommenen Aufgaben nicht wesentlich verändert wird[212]. Das Bundesarbeitsgericht bejaht die Voraussetzung einer Versetzung, wenn einem Arbeitnehmer ein wesent-

---

207 BAG vom 30. 9. 1993, AP Nr. 33 zu § 2 KSchG 1969; BAG vom 14. 11. 1989, AP Nr. 76 zu § 99 BetrVG 1972; BAG vom 26. 5. 1988, AP Nr. 13 zu § 95 BetrVG 1972.
208 BAG vom 30. 9. 1993, AP Nr. 33 zu § 2 KSchG 1969; *Fitting/Kaiser/Heither/Engels,* § 99 Rz. 21a.
209 BAG vom 10. 4. 1984, AP Nr. 4 zu § 95 BetrVG 1972; LAG Düsseldorf vom 28. 1. 1987, NzA 1988, 69; *Kittner* in: Däubler/Kittner/Klebe, § 99 Rz. 101; *Fitting/Kaiser/Heither/Engels,* § 99 Rz. 23.
210 *Dietz/Richardi,* § 99 Rz. 84; *Fitting/Kaiser/Heither/Engels,* § 99 Rz. 23.
211 LAG Hamm, BB 1979, 2042; ArbG Kassel, DB 1977, 1417; LAG Frankfurt, DB 1983, 2143; *Kittner* in: Däubler/Kittner/Klebe, § 99 Rz. 105; *Fitting/Kaiser/Heither/Engels,* § 99 Rz. 25.
212 BAG vom 27. 3. 1980, AP Nr. 26 zu § 611 BGB Direktionsrecht.

licher Teil seiner Aufgaben entzogen wird. Bei einem Autoverkäufer, der bislang als Gebietsverkäufer zu 75% im Außendienst und zu ca. 25% als Ladenverkäufer eingesetzt war, kann eine Versetzung bereits vorliegen, wenn dem Autoverkäufer der Ladendienst entzogen wird[213]. Bei der Veränderung einzelner Teiltätigkeiten wird man zu prüfen haben, ob bei Betrachtung der Gesamttätigkeit sich diese wesentlich verändert[214].

Auch die Veränderung der **Arbeitszeit,** kann eine mitbestimmungspflichtige Versetzung darstellen. Verändern sich lediglich Lage und Dauer der Arbeitszeit eines Arbeitnehmers, liegt grundsätzlich keine zustimmungspflichtige Versetzung vor[215]. Dies wäre beispielsweise bei der Verlängerung oder Verkürzung der normalen Wochenarbeitszeit oder der Umsetzung von Normal- in Wechselschicht oder von Tag- in Nachtschicht der Fall. Bei Hinzutreten weiterer Umstände kann eine Versetzung jedoch vorliegen, wie z. B. im Falle, daß der Wechsel von Tag- in Nachtschicht organisatorische Veränderungen mit sich bringt[216]. 157

Nicht dem Tatbestand der Versetzung unterfallen Veränderungen des Arbeitsbereichs, die voraussichtlich **weder** länger als einen Monat dauern, **noch** mit einer erheblichen Änderung der äußeren Arbeitsbedingungen einhergehen[217]. Es ist eine Beurteilung nach objektiven, sachlichen Kriterien vorzunehmen, ob die Veränderung des Aufgabenbereichs wahrscheinlich den Zeitraum von einem Monat nicht erreicht. 158

Als **Beispiel** kommen in Betracht Krankheits- und Urlaubsvertretungen. Verlängert sich der Zeitraum über einen Monat hinaus, ohne daß dies vorhersehbar gewesen wäre, bedarf es nicht mehr der nachträglichen Zustimmung des Betriebsrates. Etwas anderes gilt, sofern sich der Zeitraum über einen Monat hinaus verlängert, und aus nunmehriger Sicht die Wahrnehmung der neuen Aufgaben noch länger als einen Monat dauern wird[218]. 159

---

213 BAG vom 2. 4. 1996 – 1 AZR 743/95.
214 *Kittner* in: Däubler/Kittner/Klebe, § 99 Rz. 98; *Fitting/Kaiser/Heither/Engels,* § 99 Rz. 25.
215 BAG vom 23. 11. 1993, AP Nr. 33 zu § 95 BetrVG 1972; BAG vom 16. 7. 1991, AP Nr. 28 zu § 95 BetrVG 1972; BAG vom 19. 2. 1991, AP Nr. 25 zu § 95 BetrVG 1972; GK-*Kraft,* § 99 Rz. 59; *Hess/Schlochauer/Glaubitz,* § 95 Rz. 47; *Fitting/Kaiser/Heither/Engels,* § 99 Rz. 25a.
216 BAG vom 19. 2. 1991, AP Nr. 25 zu § 95 BetrVG 1972.
217 *Hess/Schlochauer/Glaubitz,* § 99 Rz. 55; *Fitting/Kaiser/Heither/Engels,* § 99 Rz. 27; *Dietz/Richardi,* § 99 Rz. 85; **a. A.** GK-*Kraft,* § 99 Rz. 67.
218 *Hess/Schlochauer/Glaubitz,* § 99 Rz. 52; *Dietz/Richardi,* § 99 Rz. 82; GK-*Kraft,* § 99 Rz. 65; *Fitting/Kaiser/Heither/Engels,* § 99 Rz. 27.

160 **Mitbestimmungsfrei** zulässig, da nicht mit einer erheblichen Änderung der Arbeitsbedingungen verbunden, ist
- ▶ die Beauftragung eines Reparaturschlossers mit der Betreuung einer anderen Maschine,
- ▶ die Anweisung, eine Schreibkraft solle statt mit einer Schreibmaschine nunmehr Texte mit Hilfe des Bildschirmes schreiben[219],
- ▶ die Aushilfstätigkeit einer Kassiererin in einem bestreikten Tochterunternehmen[220],
- ▶ die Beauftragung eines Mitgliedes einer Hofkolonne mit der Vornahme von Abladearbeiten als Ferienvertretung[221], sowie
- ▶ die Unterstellung einer Mitarbeiterin unter einen anderen Vorgesetzten bei gleichbleibender Materie und gleicher Abteilung[222].

161 Werden Arbeitnehmer in auswärtige Filialen bis zu einem Monat **abgeordnet,** so handelt es sich um eine Versetzung, bei der der Betriebsrat der abgebenden Filiale zu beteiligen ist, sofern der Einsatz mit einer erheblichen Änderung der Umstände der Arbeitsleistung verbunden ist. Ob eine Änderung erheblich ist, hängt im jeweiligen Einzelfall von der Entfernung und von den Verkehrsverbindungen des betroffenen Arbeitnehmers ab[223]. Auch ein Einverständnis des Arbeitnehmers mit der Veränderung seines Arbeitsortes schließt die Beteiligung des Betriebsrates nicht aus[224].

162 Wird ein Arbeitnehmer gemäß § 36 BetrVG Bundesdatenschutzgesetz zum **Datenschutzbeauftragten** bestellt, handelt es sich um eine Versetzung, gegebenenfalls auch um eine Umgruppierung. Der Betriebsrat ist auf dieser Grundlage zu beteiligen[225].

163 Eine Versetzung ist zu veneinen, wenn ein Arbeitnehmer **ständig** an **wechselnden Arbeitsorten** beschäftigt wird. § 95 Abs. 3 Satz 2 BetrVG ordnet insofern an, daß die Bestimmung des jeweiligen Arbeitsplatzes nicht als Versetzung anzusehen ist.

---

[219] BAG vom 10. 4. 1984, AP Nr. 4 zu § 95 BetrVG 1972.
[220] BAG vom 19. 2. 1991, AP Nr. 26 zu § 95 BetrVG 1972.
[221] *Fitting/Kaiser/Heither/Engels,* § 99 Rz. 26.
[222] LAG Bremen, BB 1978, 2493.
[223] BAG vom 8. 8. 1989, AP Nr. 18 zu § 95 BetrVG 1972; BAG vom 1. 8. 1989, AP Nr. 17 zu § 95 BetrVG 1972; BAG vom 18. 10. 1988, AP Nr. 56 zu § 99 BetrVG 1972; BAG vom 28. 9. 1988, AP Nr. 55 zu § 99 BetrVG 1972; BAG vom 16. 12. 1986, AP Nr. 40 zu § 99 BetrVG 1972.
[224] BAG vom 1. 8. 1989, AP Nr. 17 zu § 95 BetrVG 1972.
[225] BAG vom 22. 3. 1994, AP Nr. 4 zu § 99 BetrVG 1972 Versetzung; *Kittner* in: Däubler/Kittner/Klebe, § 99 Rz. 98; *Fitting/Kaiser/Heither/Engels,* § 99 Rz. 24, **a. A.** ArbG München, RDV 1994, 258.

VI. Personelle Einzelmaßnahmen   Rz. 165 **Teil I**

Beispiele:

▶ Tätigkeiten als Monteur,
▶ Arbeiter im Baugewerbe,
▶ angestellter Handelsvertreter und
▶ in Ausbildungsverhältnissen soweit hiermit ein planmäßiger Ortswechsel verbunden ist[226].

Voraussetzung ist, daß der Wechsel das Arbeitsverhältnis ausmacht, d. h. typisch für das Arbeitsverhältnis ist[227]. Weitere Beispiele für Arbeitsverhältnisse, bei denen der Arbeitsort typischerweise wechselt, sind die Tätigkeit als Dekorateur von Einzelhandelsfirmen, sofern in unterschiedlichen Filialen die Schaufenster dekoriert werden, die Tätigkeit von Revisoren, von Angestelltenvertretern und von Propagandisten[228].

Eine arbeitsvertragliche **Vereinbarung,** über einen **ständigen Wechsel** 164
des Arbeitsortes, sofern dieser nicht zur besonderen Eigenart des Arbeitsverhältnisses gehört, stellt uneingeschränkt eine mitbestimmungspflichtige Versetzung dar. Dies gilt insbesondere für Umsetzungs- oder Versetzungsklauseln in Arbeitsverhältnissen[229].

c) Unterrichtung des Betriebsrats und Einholung der Zustimmung

§ 99 BetrVG schreibt vor, daß der Arbeitgeber den Betriebsrat über 165
die beabsichtigte personelle Einzelmaßnahme zu **unterrichten** hat, ihm die erforderlichen Bewerbungsunterlagen vorzulegen und Auskünfte über die Person des Beteiligten zu geben hat. Ferner hat der Arbeitgeber dem Betriebsrat unter Vorlage der erforderlichen Unterlagen Auskunft über die Auswirkungen der geplanten Maßnahme zu geben und die **Zustimmung** des Betriebsrates zu der geplanten Maßnahme **einzuholen.** Bei Einstellungen und Versetzungen wird zusätzlich das Erfordernis aufgestellt, daß der Arbeitgeber den in Aussicht genommenen Arbeitsplatz und die vorgesehene Eingruppierung mitteilt. § 99 Abs. 2 BetrVG zählt abschließend die Gründe auf, die eine Verweigerung der Zustimmung durch den Betriebsrat rechtfertigen können.

---

226 BAG vom 3. 12. 1985, AP Nr. 8 zu § 95 BetrVG 1972.
227 BAG vom 8. 8. 1989, AP Nr. 18 zu § 95 BetrVG 1972; BAG vom 18. 2. 1986, AP Nr. 33 zu § 99 BetrVG 1972.
228 BAG vom 2. 11. 1993, AP Nr. 32 zu § 95 BetrVG 1972; LAG Hamm, DB 1979, 2042.
229 BAG vom 18. 2. 1986, AP Nr. 33 zu § 99 BetrVG 1972; *Fitting/Kaiser/Heither/Engels,* § 99 Rz. 29; *Kittner* in: Däubler/Kittner/Klebe, § 99 Rz. 111; GK-*Kraft,* § 99 Rz. 78; *Hess/Schlochauer/Glaubitz,* § 99 Rz. 59; *Stege-Weinspach,* §§ 99–101 Rz. 151 ff.; *Dietz/Richardi,* § 99 Rz. 90 ff.

166 Der Betriebsrat ist nur dann in der Lage, sachgemäß zu der geplanten personellen Maßnahme Stellung zu nehmen, wenn er vom Arbeitgeber **umfassend** und **rechtzeitig informiert** ist. Der Arbeitgeber darf dem Betriebsrat keine Informationen vorenthalten[230]. Der Arbeitgeber hat bei seiner Information deutlich zu machen, zu welcher konkreten personellen Maßnahme er um die Zustimmung des Betriebsrates ersucht. Der Betriebsrat muß wissen, welchen Inhalts die geplante Maßnahme sein soll. Der Arbeitgeber hat dem Betriebsrat ferner hinreichend Zeit zu geben, sich über seine Stellungnahme schlüssig zu werden.

167 § 99 Abs. 3 BetrVG stellt inzident die Voraussetzung auf, daß der Arbeitgeber den Betriebsrat mindestens **eine Woche** vor der geplanten Maßnahme informieren und um Zustimmung ersuchen muß. Der Betriebsrat hat nach dieser Vorschrift nämlich eine Woche Zeit, dem Arbeitgeber mitzuteilen, ob er die Zustimmung verweigert. Äußert der Betriebsrat sich binnen der Wochenfrist nicht, gilt die Zustimmung als erteilt[231].

168 Bei einer **geplanten Einstellung** bedeutet dies für den Arbeitgeber, daß er den Betriebsrat spätestens eine Woche vor dem geplanten Abschluß des Arbeitsvertrages zu informieren hat. In Eilfällen kann der Betriebsrat aber gehalten sein, seine Stellungnahme nach Möglichkeit vor Ablauf der Wochenfrist abzugeben, z. B. wenn der Arbeitgeber Aushilfskräfte für die Erledigung plötzlich anfallender Arbeiten benötigt oder für erkrankte Arbeitnehmer Ersatz einstellen muß. Auch in diesem Falle bleibt es jedoch bei der Verpflichtung zum Ersuchen um Zustimmung **vor** Durchführung der Maßnahme[232].

169 Wird der Betriebsrat **unvollständig informiert,** so wird die Frist für die Zustimmungserklärung von einer Woche nicht in Lauf gesetzt. Die Zustimmung des Betriebsrates gilt nach Ablauf der Wochenfrist weder als ersetzt noch kann sie durch das Arbeitsgericht ersetzt werden[233]. Der Betriebsrat kann gegen die Durchführung der Maßnahme gemäß § 101 BetrVG einschreiten[234]. In schwerwiegenden Fällen kann er aber auch ein Unterlassungsverfahren gemäß § 23 Abs. 3

---

230 *Kittner* in: Däubler/Kittner/Klebe, § 99 Rz. 115; *Fitting/Kaiser/Heither/Engels,* § 99 Rz. 30.
231 GK-*Kraft,* § 99 Rz. 105; *Hess/Schlochauer/Glaubitz,* § 99 Rz. 64; *Stege-Weinspach,* §§ 99–101 Rz. 23.
232 *Kittner* in: Däubler/Kittner/Klebe, § 99 Rz. 122; *Hess/Schlochauer/Glaubitz,* § 99 Rz. 65; *Fitting/Kaiser/Heither/Engels,* § 99 Rz. 30.
233 *Fitting/Kaiser/Heither/Engels,* § 99 Rz. 30; *Kittner* in: Däubler/Kittner/Klebe, § 99 Rz. 116.
234 Vgl. hierzu die Ausführungen unter Rz. 267 ff.

VI. Personelle Einzelmaßnahmen   Rz. 172 **Teil I**

BetrVG einleiten. Der Arbeitgeber begeht ferner eine Ordnungswidrigkeit gemäß § 121 BetrVG, sofern er den Betriebsrat unvollständig unterrichtet.

Nach ständiger Rechtssprechung des Bundesarbeitsgerichts berechtigt die nicht ordnungsgemäße Unterrichtung des Betriebsrates diesen jedoch nicht zum Widerspruch gemäß § 99 Abs. 2 Nr. 1 BetrVG wegen Gesetzesverstoßes[235]. 170

Informiert der Arbeitgeber den Betriebsrat über alle Einzelheiten, die üblicherweise zu einer **ordnungsgemäßen Information** gehören, hält der Betriebsrat diese Information dennoch für unzureichend, ist er nach dem Grundsatz der vertrauensvollen Zusammenarbeit verpflichtet, den Arbeitgeber innerhalb der Wochenfrist auf die Unzulänglichkeit der Information hinzuweisen und die entsprechenden Nachfragen zu stellen[236]. Unterläßt er dies, kann er sich nach Ablauf der Wochenfrist nicht darauf berufen, seine Zustimmung könne mangels ordnungsgemäßer Information nicht als ersetzt gelten. Gibt der Arbeitgeber auf Nachfrage dem Betriebsrat ergänzende Informationen, beginnt die Frist des Absatz 3 erneut zu laufen[237]. 171

Bei **Neueinstellungen** hat der Arbeitgeber dem Betriebsrat die Personalien aller, d. h. auch der nicht zur Einstellung vorgesehenen Bewerber mitzuteilen[238]. Als Bewerber ist jedoch nur derjenige Arbeitnehmer anzusehen, der sich um einen konkreten Arbeitsplatz bewirbt, nicht jedoch jeder für den Arbeitsplatz geeignete Arbeitnehmer, der sich um einen anderen Arbeitsplatz beworben hat[239]. Die Verpflichtung zur umfassenden Vorlegung der Bewerberunterlagen erstreckt sich auch auf die Vorlage von Vermittlungsvorschlägen des Arbeitsamtes für den betreffenden Arbeitsplatz. Es sind die erforderlichen **Bewerbungsunterlagen** aller Bewerber bestehend aus Bewerbungsschreiben, Personalfragebogen, Ergebnis von Auswahlprüfun- 172

---

235 BAG vom 14. 3. 1989, BB 1989, 1523; BAG vom 20. 12. 1988, DB 1989, 1240; BAG vom 28. 1. 1986, AP Nr. 34 zu § 99 BetrVG 1972.
236 BAG vom 14. 3. 1989, DB 1989, 1523; LAG Köln vom 29. 4. 1988, DB 1988, 1859.
237 BAG vom 20. 12. 1988, DB 1989, 1240.
238 BAG vom 19. 5. 1981, AP Nr. 18 zu § 118 BetrVG 1972; BAG vom 18. 7. 1978, AP Nr. 7 zu § 99 BetrVG 1972; BAG vom 6. 4. 1973, AP Nr. 1 zu § 99 BetrVG 1972; BVerwG vom 11. 2. 1981, BVerwGE 61, 325; *Kittner* in: Däubler/Kittner/Klebe, § 99 Rz. 129; *Dietz/Richardi*, § 99 Rz. 105; *Fitting/Kaiser/Heither/Engels*, § 99 Rz. 31; **a. A.** LAG Köln vom 29. 4. 1988, DB 1988, 1859; *GK-Kraft*, § 99 Rz. 74 ff., die eine Informationspflicht gegenüber dem Betriebsrat lediglich bejahen, sofern es sich um vom Arbeitgeber tatsächlich in Betracht gezogene Bewerber handelt.
239 BAG vom 10. 11. 1992, AP Nr. 100 zu § 99 BetrVG 1972.

gen, Zeugnissen, Lichtbild und Lebenslauf vorzulegen[240]. Der Arbeitgeber darf hierbei nicht vom Bewerber als vertraulich bezeichnete Unterlagen zurückhalten, da der Betriebsrat selbst zur Verschwiegenheit verpflichtet ist[241]. Ein Anspruch des Betriebsrates, beim Vorstellungsgespräch eines Bewerbers zugegen zu sein und sich vom Bewerber ein persönliches Bild verschaffen zu können, besteht nach Auffassung des Bundesarbeitsgerichts nicht[242]. Der Betriebsrat darf die Bewerbungsunterlagen lediglich bis zur Beschlußfassung über den Antrag auf Zustimmung, d. h. längstens eine Woche, behalten[243].

173 Arbeitgeber und Betriebsrat können zur Umgehung der mit der Vorlage aller Bewerberdaten verbundenen praktischen Schwierigkeiten **Vereinbarungen** treffen, wonach der Betriebsrat beispielsweise nur über Bewerber zu unterrichten ist, die nach einer Vorauswahl des Arbeitgebers für eine Einstellung in Betracht kommen[244].

174 Nimmt für den Arbeitgeber eine **Unternehmensberatungsfirma** die Vorauswahl qualifizierter Bewerber vor, ist der Arbeitgeber lediglich verpflichtet, den Betriebsrat über diejenigen Bewerber zu informieren, die ihm von der Firma genannt wurden[245]. In jedem Falle ist dem Betriebsrat aber zusätzlich mitzuteilen, sofern sich betriebseigene Arbeitnehmer auf die Stelle beworben haben[246]. Die letztendliche Entscheidung, welchem Arbeitnehmer der Arbeitgeber den Vorzug gibt, liegt allein beim Arbeitgeber[247].

175 Soll in einem Unternehmen mit **mehreren Betrieben** ein Arbeitnehmer auf Dauer in einem anderen Betrieb tätig werden, so handelt es sich für den abgebenden Betrieb um eine Versetzung, für den aufnehmenden Betrieb um eine Einstellung[248]. Dies gilt lediglich dann nicht, sofern der Arbeitnehmer mit der Versetzung einverstanden ist, da in einem solchen Fall die Interessen der Belegschaft des abgebenden Betriebes nicht betroffen sind. In diesem Fall ist allein der Betriebsrat des aufnehmenden Betriebes zu beteiligen[249].

---

240 BAG vom 3. 12. 1985, AP Nr. 29 zu § 99 BetrVG 1972; *Kittner* in: Däubler/Kittner/Klebe, § 99 Rz. 146; *Fitting/Kaiser/Heither/Engels*, § 99 Rz. 37.
241 GK-*Kraft*, § 99 Rz. 72; *Hess/Schlochauer/Glaubitz*, § 99 Rz. 79; *Kittner* in: Däubler/Kittner/Klebe, § 99 Rz. 136; **a. A.** *Dietz/Richardi*, § 99 Rz. 114.
242 BAG vom 18. 7. 1988, AP Nr. 7 zu § 99 BetrVG 1972.
243 BAG vom 3. 12. 1985, AP Nr. 79 zu § 99 BetrVG 1972.
244 *Kittner* in: Däubler/Kittner/Klebe, § 99 Rz. 129; *Fitting/Kaiser/Heither/Engels*, § 99 Rz. 31.
245 BAG vom 18. 12. 1990, AP Nr. 85 zu § 99 BetrVG 1972.
246 *Fitting/Kaiser/Heither/Engels*, § 99 Rz. 31.
247 BAG vom 18. 7. 1978, AP Nr. 7 zu § 99 BetrVG 1972.
248 BAG vom 26. 1. 1993, AP Nr. 102 zu § 99 BetrVG 1972.
249 BAG vom 20. 9. 1990, AP Nr. 84 zu § 99 BetrVG 1972.

VI. Personelle Einzelmaßnahmen Rz. 179 Teil I

Wird ein Arbeitnehmer lediglich **vorübergehend** in einem **anderen** 176
Betrieb eingesetzt, wobei gleichzeitig die Rückkehr vereinbart wird, handelt es sich um eine einheitliche personelle Maßnahme, die sich für den aufnehmenden Betrieb als Einstellung, für den abgebenden Betrieb als Versetzung darstellt[250]. Eine Zuständigkeit des Gesamtbetriebsrates kommt hier nicht in Betracht, da die einzelnen Betriebsräte die Angelegenheit jeweils für ihren Betrieb selbst regeln können, vgl. § 50 Abs. 1 BetrVG[251].

Der Arbeitgeber hat dem Betriebsrat in der Regel den **Namen,** die 177
genauen **Personalien,** die vorgesehene Eingruppierung, den Zeitpunkt der Maßnahme sowie alle persönlichen Tatsachen über den Arbeitnehmer bzw. Bewerber mitzuteilen, die den Betriebsrat nach Abs. 2 zur Verweigerung der Zustimmung berechtigen könnten. Der Betriebsrat hat das Recht, alle Umstände zu kennen, die über die fachliche und persönliche Eignung für den vorgesehenen Arbeitsplatz sowie über die betrieblichen Auswirkungen Aufschluß geben können[252]. Bei beabsichtigten Einstellungen sind dem Betriebsrat sowohl die vom Bewerber hereingereichten als auch die vom Arbeitgeber ermittelten Angaben mitzuteilen. Der Datenschutz steht der Mitteilung von Personaldaten an den Betriebsrat nicht entgegen[253].

Die Auskunft hat **rechtzeitig, wahrheitsgemäß** und **vollständig** zu 178
sein. Der Betriebsrat muß sich ein Bild von der Person aller Bewerber bzw. des betroffenen Arbeitnehmers machen können. Andererseits müssen lediglich solche Angaben gemacht werden, die Rückschlüsse auf die fachliche und persönliche Eignung erlauben. Private Angelegenheiten des Arbeitnehmers bzw. Bewerbers, die dem Arbeitgeber zur Kenntnis gelangt sind, müssen nicht mitgeteilt werden.

Bei **Einstellungen** und **Versetzungen** ist insbesondere der vorgesehe- 179
ne Arbeitsplatz, d. h. die für den Bewerber beabsichtigte Funktion sowie die beabsichtigte Eingruppierung mitzuteilen. Bei befristeten Arbeitsverhältnissen ist außerdem die voraussichtliche Dauer der

---

250 BAG vom 1. 8. 1989, AP Nr. 17 zu § 95 BetrVG 1972; BAG vom 18. 10. 1988, AP Nr. 56 zu § 99 BetrVG 1972; BAG vom 26. 1. 1988, AP Nr. 50 zu § 99 BetrVG 1972; BAG vom 18. 2. 1986, AP Nr. 33 zu § 99 BetrVG 1972.
251 BAG vom 26. 1. 1993, AP Nr. 102 zu § 99 BetrVG 1972; BAG vom 20. 9. 1990, AP Nr. 84 zu § 99 BetrVG 1972; GK-*Kraft,* § 99 Rz. 91; *Hess/Schlochauer/Glaubitz,* § 99 Rz. 58; *Fitting/Kaiser/Heither/Engels,* § 99 Rz. 32a; **a. A.** *Dietz/Richardi,* § 99 Rz. 97.
252 BAG vom 10. 11. 1992, AP Nr. 100 zu § 99 BetrVG 1972; BAG vom 18. 10. 1988, AP Nr. 57 zu § 99 BetrVG 1972; *Kittner* in: Däubler/Kittner/Klebe, § 99 Rz. 132; *Dietz/Richardi,* § 99 Rz. 110; *Fitting/Kaiser/Heither/Engels,* § 99 Rz. 33.
253 *Fitting/Kaiser/Heither/Engels,* § 99 Rz. 33.

Beschäftigung mitzuteilen, bei Teilzeitkräften die beabsichtigte Lage und Dauer der Arbeitszeit[254].

180 Bei **Leiharbeitsverhältnissen** kann der Betriebsrat die Vorlage der Arbeitnehmer – Überlassungsverträge gemäß § 12 AÜG verlangen, nicht jedoch die Vorlage der Arbeitsverträge der Leiharbeitnehmer mit dem Verleiher, § 11 AÜG[255]. Bei der Einstellung von Leiharbeitnehmern sind dem Betriebsrat Anzahl, Qualifikation, Einsatzdauer, Einstellungstermin, vorgesehene Arbeitsplätze und Auswirkungen der Einstellungen auf die Stammbelegschaft mitzuteilen[256]. Gleiches hat für die Beschäftigung von freien Mitarbeitern sowie im Falle des Fremdfirmeneinsatzes von Arbeitnehmern zu gelten[257].

181 Die Unterrichtung des Betriebsrates kann sowohl **mündlich** als auch **schriftlich** geschehen. Das Gesetz stellt insofern kein formelles Erfordernis auf. Die Unterrichtung ist mit der **Bitte** um **Zustimmung** zu der geplanten Maßnahme zu verbinden.

182 **Adressat** der Information und des Zustimmungsersuchens durch den Arbeitgeber ist der Betriebsrat, vertreten durch seinen Vorsitzenden, bei dessen Verhinderung durch dessen Stellvertreter. Im Falle der Zuständigkeit des Betriebsausschusses für die Wahrnehmung der Mitbestimmungsrechte im personellen Bereich, ist ebenfalls der Betriebsratsvorsitzende, bzw. sein Stellvertreter zu unterrichten, da beide Mitglieder des Betriebsausschusses sind. Nimmt ein anderer Ausschuß die Mitbestimmungsrechte in personellen Angelegenheiten wahr, kann die Mitteilung an den Vorsitzenden dieses Ausschusses erfolgen. Der Betriebsrat kann grundsätzlich auch ein Mitglied ermächtigen, der die Erklärungen entgegenzunehmen hat. Sind der Betriebsratsvorsitzende, sowie sein Stellvertreter verhindert, so ist jedes Betriebsratsratsmitglied berechtigt und verpflichtet, die Mitteilung des Arbeitgebers entgegen zu nehmen[258].

183 Nach Auffassung des Bundesarbeitsgerichts ist eine **Verlängerung** der **Wochenfrist** des Betriebsrates zur Stellungnahme sowohl durch Vereinbarung zwischen Arbeitgeber und Betriebsrat als auch durch Tarifvertrag zulässig[259]. Aus dem Gesetz ist nicht zu entnehmen, daß

---

254 BAG vom 20. 12. 1988, AP Nr. 62 zu § 99 BetrVG 1972; LAG Frankfurt, NZA 1987, 499; *Kittner* in: Däubler/Kittner/Klebe, § 99 Rz. 128.
255 BAG vom 6. 6. 1978, AP Nr. 6 zu § 99 BetrVG 1972.
256 LAG Köln, DB 1987, 2106; *Kittner* in: Däubler/Kittner/Klebe, § 99 Rz. 133.
257 *Fitting/Kaiser/Heither/Engels*, § 99 Rz. 35b; *Kittner* in: Däubler/Kittner/Klebe, § 99 Rz. 134.
258 LAG Frankfurt a. M., BB 1977, 1048; GK-*Kraft*, § 99 Rz. 80.
259 BAG vom 17. 5. 1983, AP Nr. 18 zu § 99 BetrVG 1972; BAG vom 22. 10. 1985, AP Nr. 23 zu § 99 BetrVG 1972; BAG vom 22. 10. 1985, AP Nr. 24 zu § 99 BetrVG 1972.

VI. Personelle Einzelmaßnahmen Rz. 186 Teil I

die Wochenfrist nicht einvernehmlich verlängert werden kann. Es sind zudem auch keine schutzwürdigen Interessen, insbesondere von Arbeitnehmern ersichtlich, die gegen die Möglichkeit der Fristverlängerung sprechen würden, da der Arbeitnehmer ohnehin keine Kenntnis davon hat, wann der Arbeitgeber das Mitbestimmungsverfahren einleitet und ob es endgültig durchgeführt ist[260].

Erhält der Arbeitgeber nicht innerhalb der gesetzlichen Wochenfrist oder aber der durch Vereinbarung oder Tarifvertrag verlängerten Frist die Zustimmungsverweigerung des Betriebsrates, **gilt die Zustimmung** als **erteilt**. Kann der Betriebsrat die Wochenfrist nicht einhalten, weil der Arbeitgeber ihn hieran, wenn auch unbeabsichtigt, gehindert hat, so gilt die Fristversäumnis nicht als Zustimmung[261]. 184

Die Verweigerung der Zustimmung durch den Betriebsrat setzt einen **wirksam gefaßten Betriebsratsbeschluß** voraus[262]. Das Gesetz fordert, daß die Zustimmungsverweigerung dem Arbeitgeber sodann **unter Angabe von Gründen schriftlich** mitzuteilen ist. Erforderlich ist, daß die Mitteilung die Unterschrift des Vorsitzenden oder dessen Stellvertreter bzw. des Vorsitzenden des zuständigen Ausschusses oder dessen Stellvertreter trägt[263]. Unter der Angabe der Gründe ist die Benennung von konkreten Tatsachen zu verstehen, die substantiiert aufzuführen sind. Eine Zustimmungsverweigerung ohne Angabe von Gründen in schriftlicher Form ist wirkungslos[264]. 185

Als **nicht ausreichend** ist es anzusehen, wenn der Betriebsrat lediglich den Gesetzeswortlaut wiederholt oder pauschal, formelhaft auf die gesetzlichen Gründe Bezug nimmt[265]. Nicht ausreichend ist es auch, wenn der Betriebsrat völlig sachfremde Gründe anführt, die mit den gesetzlich benannten Zustimmungsverweigerungsgründen nichts zu tun haben, oder aber er nur pauschal erklärt, die Einstellung verstoße gegen „Recht und Billigkeit"[266]. Das Bundesarbeitsgericht 186

---

260 GK-*Kraft,* § 99 Rz. 112.
261 BAG vom 5. 2. 1971, AP Nr. 6 zu § 61 BetrVG; *Kittner* in: Däubler/Kittner/Klebe, § 99 Rz. 157; *Dietz/Richardi,* § 99 Rz. 204.
262 *Hess/Schlochauer/Glaubitz,* § 99 Rz. 91; GK-*Kraft,* § 99 Rz. 114.
263 BAG vom 24. 7. 1979, AP Nr. 11 zu § 99 BetrVG 1972; *Kittner* in: Däubler/Kittner/Klebe, § 99 Rz. 162; *Dietz/Richardi,* § 99 Rz. 207; *Hess/Schlochauer/Glaubitz,* § 99 Rz. 103; *Fitting/Kaiser/Heither/Engels,* § 99 Rz. 59.
264 BAG vom 24. 7. 1979, AP Nr. 11 zu § 99 BetrVG 1972.
265 BAG vom 18. 7. 1978, AP Nr. 1 zu § 101 BetrVG 1972; BAG vom 24. 7. 1979, AP Nr. 11 zu § 99 BetrVG 1972; BAG vom 16. 7. 1985, AP Nr. 21 zu § 99 BetrVG 1972; *Fitting/Kaiser/Heither/Engels,* § 99 Rz. 59; *Hess/Schlochauer/Glaubitz,* § 99 Rz. 100; *Stege-Weinspach,* §§ 99–101, Rz. 94; GK-*Kraft,* § 99 Rz. 116; *Dietz/Richardi,* § 99 Rz. 211.
266 *Fitting/Kaiser/Heither/Engels,* § 99 Rz. 59; GK-*Kraft,* § 99 Rz. 116.

verlangt, daß es als möglich erscheint, daß mit der vom Betriebsrat gegebenen Begründung ein gesetzlicher Tatbestand der Zustimmungsverweigerungsgründe geltend gemacht wird[267].

187 Allein eine Begründung, die offensichtlich auf keinen der Verweigerungsgründe des Gesetzes Bezug nimmt, ist nach dieser Rechtsprechung unbeachtlich. Hieraus folgt, daß auch eine nach Ansicht des Arbeitgebers **unzutreffende,** aber nicht offensichtlich unsinnige **Begründung beachtlich ist,** d. h. der Arbeitgeber infolge der Zustimmungsverweigerung das Arbeitsgericht anzurufen hat. Das Arbeitsgericht ist sodann berufen, die Stichhaltigkeit der Gründe nachzuprüfen. Dieses Prüfungsrecht steht nicht dem Arbeitgeber zu, so daß sich dieser nicht über die Zustimmungsverweigerung mit der Begründung hinwegsetzen kann, daß die vom Betriebsrat angegebene Begründung keinem der gesetzlichen Zustimmungsverweigerungsgründe zugeordnet werden kann. Ansonsten würden die Parteirollen vertauscht und der Betriebsrat würde entgegen der Absicht des Gesetzgebers gezwungen, seinerseits gemäß § 101 BetrVG das Arbeitsgericht anzurufen[268].

188 Führt der Betriebsrat **substantiierte Gründe** für die Zustimmungsverweigerung an, die nicht völlig unsachlich, willkürlich oder in Abs. 2 überhaupt nicht aufgeführt sind, hat der Arbeitgeber die Zustimmungsverweigerung als wirksam zu erachten und ist gehindert, die personelle Maßnahme durchzuführen, bevor das Arbeitsgericht die Zustimmung zu der personellen Maßnahme nicht ersetzt hat[269].

189 Hat der Betriebsrat der Durchführung der personellen Maßnahme **ordnungsgemäß widersprochen,** so kann das Arbeitsgericht die Entscheidung des Betriebsrates allein im Hinblick auf die angeführten Verweigerungsgründe überprüfen. Ein **Nachschieben** von neuen **Gründen** für die Zustimmungsverweigerung ist nach Auffassung des Bundesarbeitsgerichts unzulässig[270]. Erfährt der Betriebsrat aber erst später von neuen Gründen, die die Verweigerung der Zustimmung

---

[267] BAG vom 20. 11. 1990, AP Nr. 47 zu § 118 BetrVG 1972; BAG vom 18. 10. 1988, AP Nr. 57 zu § 99 BetrVG 1972; BAG vom 26. 1. 1988, AP Nr. 50 zu § 99 BetrVG 1972.
[268] BAG vom 18. 10. 1988, AP Nr. 57 zu § 99 BetrVG 1972; BAG vom 26. 1. 1988, AP Nr. 50 zu § 99 BetrVG 1972; BAG vom 21. 11. 1978, AP Nr. 3 zu § 101 BetrVG 1972.
[269] *Fitting/Kaiser/Heither/Engels,* § 99 Rz. 59a; GK-*Kraft,* § 99 Rz. 118.
[270] BAG vom 10. 8. 1993, NzA 1994, 187; BAG vom 15. 4. 1986, AP Nr. 36 zu § 99 BetrVG 1972; BAG vom 3. 7. 1984, AP Nr. 20 zu § 99 BetrVG 1972; *Matthes* in: Münchener Handbuch zum Arbeitsrecht, Band 3, § 344 Rz. 118; *Hess/Schlochauer/Glaubitz,* § 99 Rz. 108; **a. A.** GK-*Kraft,* § 99 Rz. 118; *Fitting/Kaiser/Heither/Engels,* § 99 Rz. 70.

VI. Personelle Einzelmaßnahmen   Rz. 193 **Teil I**

gerechtfertigt hätten, so kann er diese neuen Gründe auch im arbeitsgerichtlichen Beschlußverfahren noch nachschieben[271].

Die Berechnung der **Wochenfrist** erfolgt in Anwendung der §§ 187 Abs. 1, 188 Abs. 2 BGB. Danach ist der Tag, an dem die Mitteilung des Arbeitgebers dem Betriebsrat zugegangen ist, nicht mitzurechnen. Hat der Betriebsrat die Mitteilung an einem Donnerstag erhalten, so muß er vor Ablauf des folgenden Donnerstags seine Verweigerung schriftlich erklären. Endet die Frist an einem Samstag, Sonntag oder gesetzlichen Feiertag, so tritt an die Stelle dieses Tages der nächste Werktag, § 193 BGB.

190

War die Information des Arbeitgebers **zunächst nicht vollständig,** hat er seine Auskünfte jedoch später präzisiert, so berechnet sich die Wochenfrist vom Tage des Zugangs der vollständigen Information an[272]. Hat der Arbeitgeber den Betriebsrat lediglich unzureichend informiert, tritt die Zustimmungsfiktion nach Ablauf der Wochenfrist überhaupt nicht ein. Das Arbeitsgericht hat ferner den Zustimmungsersetzungsantrag des Arbeitgebers als unbegründet abzuweisen[273]. Gelangt der Betriebsrat auf andere Weise als über den Arbeitgeber an die notwendigen Informationen, so tritt keine Zustimmungsfiktion nach Ablauf der Wochenfrist ein. Auch in diesem Fall läuft für den Betriebsrat die Wochenfrist zur Stellungnahme nicht[274].

191

Verweigert der Betriebsrat jedoch bereits aufgrund einer **unvollständigen Unterrichtung** durch den Arbeitgeber die Zustimmung zu einer personellen Maßnahme, ist der Arbeitgeber nicht gehindert, das Arbeitsgericht anzurufen und die Information des Betriebsrates nunmehr zu vervollständigen. Der Betriebsrat hat dann binnen einer weiteren Woche abschließend Stellung zu nehmen, ob er die Zustimmungsverweigerung aufrechterhält bzw. neue Zustimmungsverweigerungsgründe, die sich aus der nachgeholten Information ergeben, vorbringt. Ist dies der Fall, hat das Arbeitsgericht nunmehr in der Sache zu entscheiden[275].

192

Kann der Betriebsrat erkennen, daß die Information durch den Arbeitgeber **lückenhaft** ist und läßt er die Wochenfrist zur Stellungnah-

193

---

271 BAG vom 24. 6. 1986, AP Nr. 37 zu § 99 BetrVG 1972; *Kittner* in: Däubler/Kittner/Klebe, § 99 Rz. 167; *Fitting/Kaiser/Heither/Engels,* § 99 Rz. 70; GK-*Kraft,* § 99 Rz. 104.
272 *Fitting/Kaiser/Heither/Engels,* § 99 Rz. 61.
273 BAG vom 15. 4. 1986, AP Nr. 36 zu § 99 BetrVG 1972; BAG vom 28. 1. 1986, AP Nr. 34 zu § 99 BetrVG 1972.
274 BAG vom 1. 9. 1987, AP Nr. 10 zu § 101 BetrVG 1972.
275 BAG vom 10. 8. 1993, NzA 1994, 187.

me verstreichen, gilt die Zustimmung trotz nicht ausreichender Information als erteilt. Dies folgt nach Auffassung des Bundesarbeitsgerichts aus dem Grundsatz der vertrauensvollen Zusammenarbeit zwischen Arbeitgeber und Betriebsrat. **Untätigkeit** des Betriebsrates führt hier zum **Verlust** seiner **Beteiligungsrechte**[276].

194 Die **Zustimmungsverweigerung** muß dem Arbeitgeber selbst, einem vertretungsberechtigten Organ oder einem von ihm sonst zum Empfang bevollmächtigten Vertreter **zugehen**[277].

195 **Führt der Arbeitgeber** eine personelle Maßnahme **ohne** Zustimmung des Betriebsrates **durch,** sei es, daß der Betriebsrat gar nicht unterrichtet wurde, sei es, daß der Arbeitgeber die Maßnahme vor der Erteilung der Zustimmung durch den Betriebsrat durchführt oder aber die Zustimmung durch den Betriebsrat verweigert wurde, so fragt sich, welche Auswirkungen dies auf das Verhältnis zwischen Arbeitgeber und Arbeitnehmer, dem die Maßnahme gilt, hat.

196 Im Falle der **Einstellung** ist die Zustimmung des Betriebsrates nicht zivilrechtliche Wirksamkeitsvoraussetzung für den abgeschlossenen Arbeitsvertrag[278]. Ein Anspruch auf tatsächliche Beschäftigung des Arbeitnehmers ist hierdurch jedoch nicht gesichert. Wird dem Arbeitgeber gemäß § 101 BetrVG durch das Arbeitsgericht nämlich aufgegeben, die personelle Maßnahme aufzuheben, so ist er verpflichtet, den Arbeitnehmer nicht weiter zu beschäftigen[279]. Nach Auffassung des Bundesarbeitsgerichtes ist es aus diesem Grunde zulässig, den Arbeitsvertrag unter der auflösenden Bedingung abzuschließen, daß er mit Ablauf von 2 Wochen nach Rechtskraft einer die Einstellung ablehnenden gerichtlichen Entscheidung endet[280].

197 Fehlt die Zustimmung des Betriebsrates im Falle einer beabsichtigten **Versetzung** eines Arbeitnehmers, so ist nach Auffassung des Bundes-

---

276 BAG vom 10. 8. 1993, NzA 1994, 187; BAG vom 14. 3. 1989, AP Nr. 64 zu § 99 BetrVG 1972; *Kittner* in: Däubler/Kittner/Klebe, § 99 Rz. 169; *Hess/Schlochauer/Glaubitz,* § 99 Rz. 105; *Fitting/Kaiser/Heither/Engels,* § 99 Rz. 61.
277 *Hess/Schlochauer/Glaubitz,* § 99 Rz. 98; *Kittner* in: Däubler/Kittner/Klebe, § 99 Rz. 163; GK-*Kraft,* § 99 Rz. 119.
278 BAG vom 1. 7. 1980, AP Nr. 9 zu Art. 33 Abs. 2 GG; BAG vom 2. 7. 1980, AP Nr. 5 zu § 101 BetrVG 1972; *Dietz/Richardi,* § 99 Rz. 232; *Hess/Schlochauer/Glaubitz,* § 99 Rz. 9; *Kittner* in: Däubler/Kittner/Klebe, § 99 Rz. 216; a. A. *Fitting/Kaiser/Heither/Engels,* § 99 Rz. 64a.
279 Vgl. hierzu unten Rz. 267 ff.
280 BAG vom 17. 2. 1983, AP Nr. 74 zu § 620 BGB befristeter Arbeitsvertrag.

VI. Personelle Einzelmaßnahmen

arbeitsgerichts die dennoch vorgenommene Versetzung unwirksam[281].

Nimmt der Arbeitgeber unter Verstoß gegen das Mitbestimmungsrecht des Betriebsrates eine **Eingruppierung** vor, ist diese dennoch wirksam[282]. Ist die Eingruppierung zutreffend, hat der Arbeitnehmer, auch wenn die Zustimmung des Betriebsrates fehlt, einen Zahlungsanspruch gemäß der vom Arbeitgeber vorgenommenen Eingruppierung. Ist die Eingruppierung unrichtig, hat der Arbeitnehmer einen Anspruch auf die „richtige Vergütung". Der Betriebsrat hat die Möglichkeit gemäß § 101 BetrVG gegen den Arbeitgeber vorzugehen[283]. Ist der Arbeitnehmer seinerseits mit der Eingruppierung nicht einverstanden, kann er die ihm nach seiner Meinung zustehende Vergütung einklagen.

198

Auch bei der **Umgruppierung** hat ein Verstoß gegen das Mitbestimmungsrecht des Betriebsrates keine individualrechtlichen Auswirkungen im Verhältnis Arbeitgeber – Arbeitnehmer. Ist die neue Eingruppierung zu hoch, ist zu überprüfen, ob es sich nicht um die Zusage eines „übertariflichen" Entgelts handelt, das von der korrekten Eingruppierung unabhängig ist. Voraussetzung hierfür ist allerdings, daß die Erklärung des Arbeitgebers hierfür Anhaltspunkte enthält[284].

199

d) Gründe für die Verweigerung der Zustimmung

§ 99 Abs. 2 BetrVG zählt die **Gründe**, auf die der Betriebsrat die Zustimmungsverweigerung stützen kann, **abschließend** auf. Auf andere Gründe kann der Betriebsrat zwar „Bedenken" gegen die personelle Maßnahme stützen, solchermaßen geäußerte Bedenken haben jedoch nicht die Folge der Zustimmungsverweigerung, sondern verpflichten den Arbeitgeber lediglich nach dem Grundsatz der vertrauensvollen Zusammenarbeit die Maßnahme selbst noch einmal zu überdenken[285]. Eine Verpflichtung, in einem solchen Fall Verhandlungen mit dem Betriebsrat aufzunehmen, sieht das Gesetz nicht vor.

200

---

281 BAG vom 26. 1. 1988, AP Nr. 50 zu § 99 BetrVG 1972; *Kittner* in: Däubler/Kittner/Klebe, § 99 Rz. 218; *Fitting/Kaiser/Heither/Engels*, § 99 Rz. 66; a. A. GK-*Kraft*, § 99 Rz. 124; *Dietz/Richardi*, § 99 Rz. 238; *Hess/Schlochauer/Glaubitz*, § 99 Rz. 9.
282 BAG vom 22. 3. 1983, AP Nr. 6 zu § 1 BetrVG 1972; BAG vom 26. 1. 1988, AP Nr. 50 zu § 99 BetrVG 1972.
283 BAG vom 23. 3. 1983, AP Nr. 6 zu § 101 BetrVG 1972.
284 GK-*Kraft*, § 99 Rz. 126.
285 BAG vom 3. 12. 1985, AP Nr. 29 zu § 99 BetrVG 1972.

aa) § 99 Abs. 2 Nr. 1 BetrVG

201 Der Betriebsrat kann die Zustimmung verweigern, wenn die personelle Maßnahme entsprechend § 99 Abs. 2 Nr. 1 BetrVG gegen
- ein Gesetz,
- eine Verordnung,
- eine Unfallverhütungsvorschrift,
- eine Bestimmung in einem Tarifvertrag oder in einer Betriebsvereinbarung,
- eine gerichtliche Entscheidung,
- eine behördliche Anordnung verstoßen würde.

202 Zwar ist eine solche Maßnahme bereits gemäß **§ 134 BGB** nichtig. Eine Möglichkeit für den Betriebsrat, diese Nichtigkeit geltend zu machen, sowie die Rücknahme der personellen Maßnahme zu erreichen, ergibt sich hieraus jedoch nicht[286]. Infolge dessen ist es sinnvoll und richtig, personelle Maßnahmen im Hinblick auf die genannten Normverstöße der Mitbestimmung des Betriebsrates und damit seiner Kontrolle zu unterwerfen.

203 Ein **Gesetzesverstoß** als Zustimmungsverweigerungsgrund setzt voraus, daß die personelle Maßnahme als solche gesetzeswidrig ist, nicht allein einzelne Vertragsbestimmungen. Ein Zustimmungsverweigerungsgrund besteht im Falle einer geplanten Einstellung nur dann, wenn nach dem **Zweck** der verletzten Norm die geplante Einstellung ganz zu unterbleiben hat. Das Mitbestimmungsrecht des Betriebsrates bei Einstellungen stellt insofern kein Instrument einer umfassenden Vertragskontrolle dar[287].

204 Als **Verstöße** gegen **gesetzliche Verbote** und **Vorschriften** in Rechtsverordnungen kommen in Betracht, z. B. das Verbot der Beschäftigung von Frauen gemäß dem Mutterschutzgesetz, die Verbote und Beschränkungen, bestimmte Personen mit gefährlichen Arbeiten zu beschäftigen (§ 120e Gewerbeordnung, §§ 15a ff. Gefahrstoffverordnung), ferner Unfallverhütungsvorschriften, das Verbot der Beschäftigung von Ausländern aus Nicht-EG-Staaten ohne Arbeitserlaubnis[288], der Beschäftigung von Arbeitnehmern ohne Gesundheitsattest gemäß §§ 17, 18 Bundesseuchengesetz, der Beschäftigung von Jugendlichen entgegen den Bestimmungen des Jugendarbeitsschutzgesetzes, sowie die Beschäftigung unter Verstoß gegen den Gleichbehandlungsgrundsatz (§ 75 Abs. 1, § 611a BGB).

---

286 *Fitting/Kaiser/Heither/Engels,* § 99 Rz. 41.
287 BAG vom 28. 6. 1994, AP Nr. 4 zu § 99 BetrVG 1972 Einstellung.
288 BAG vom 22. 1. 1991, AP Nr. 86 zu § 99 BetrVG 1972.

VI. Personelle Einzelmaßnahmen   Rz. 209 Teil I

Der Betriebsrat kann unter Hinweis auf einen Verstoß gegen den Gleichbehandlungsgrundsatz die Zustimmung verweigern, sofern beim Bewerbungsverfahren das Geschlecht ein Kriterium von mehreren für den Arbeitgeber ist, eine Einstellung abzulehnen[289]. 205

Ein Gesetzesverstoß liegt auch dann vor, wenn der Arbeitgeber einen Arbeitnehmer, der die gesetzlich geforderten Qualifikationen für die Wahrnehmung des Amtes des **Datenschutzbeauftragten** nicht erfüllt, als solchen bestellt[290]. Gleiches gilt für andere betriebliche Beauftragte, bei denen das Gesetz die Bestellung von persönlichen oder fachlichen Qualifikationen abhängig macht, wie insbesondere bei dem betrieblichen Arbeitsschutz- und/oder Umweltschutzbeauftragten[291]. 206

Das Bundesarbeitsgericht bejaht auch dann einen **Gesetzesverstoß**, wenn die Versetzung eines Betriebsratsmitgliedes die Betriebsratsarbeit in unzulässiger Weise behindert. In einem solchen Fall liegt der Gesetzesverstoß in der Nichtbeachtung der Vorschrift des § 78 BetrVG[292]. 207

Als Verstoß gegen gesetzliche Vorschriften ist es **nicht** anzusehen, wenn der Arbeitgeber Einstellungen, Eingruppierungen, Umgruppierungen oder Versetzungen durchführt, ohne den Betriebsrat beteiligt zu haben. Es handelt sich hierbei um einen Verstoß gegen das Verfahren bei der Beteiligung des Betriebsrates, nicht um ein Verbot der Vornahme der personellen Maßnahme als solcher[293]. 208

Ein Gesetzesverstoß im Sinne des Absatzes 2 Nr. 1 liegt **nicht** darin, daß ein Arbeitsvertrag eine Klausel enthält, nach der das Arbeitsverhältnis mit Vollendung des 65. Lebensjahres endet oder aber ein Arbeitsvertrag ohne rechtfertigenden Grund eine Befristung des Arbeitsverhältnisses vorsieht[294]. In einem solchen Fall ist nicht die 209

---

289 BVerfG vom 16. 11. 1993, DB 1994, 1292.
290 BAG vom 22. 3. 1994, AP Nr. 4 zu § 99 BetrVG 1972 Versetzung; LAG München, BB 1979, 1092; a. A. ArbG München, RDV 1994, 258.
291 Vgl. z. B. §§ 16f Gentechnik – SicherheitsVO, § 29 Strahlenschutzverordnung, § 55 Abs. 1a, Abs. 2 Satz 1, 58c Abs. 1 Bundesimissionsschutzgesetz, § 58a Bundesimissionsschutzgesetz, § 2 Atomrechtliche Sicherheitsbeauftragten- und MeldeVO, § 2 Abs. 1 GefahrgutbeauftragtenVO, § 11c Abs. 2 Satz 1 Abfallgesetz.
292 BAG vom 26. 1. 1993, AP Nr. 102 zu § 99 BetrVG 1972.
293 BAG vom 18. 10. 1988, AP Nr. 57 zu § 99 BetrVG 1972; BAG vom 15. 4. 1986, AP Nr. 36 zu § 99 BetrVG 1972; BAG vom 28. 1. 1986, AP Nr. 34 zu § 99 BetrVG 1972.
294 BAG vom 16. 7. 1985, AP Nr. 21 zu § 99 BetrVG 1972; BAG vom 10. 2. 1988, AP Nr. 6 zu § 92a Arbeitsgerichtsgesetz 1979, BAG vom 13. 4. 1994, AP Nr. 9 zu § 72 LPVG NW; BAG vom 28. 6. 1994, AP Nr. 4 zu § 99 BetrVG 1972 Einstellung.

Einstellung gesetzeswidrig, sondern unter Umständen die spätere Beendigung des Arbeitsverhältnisses[295].

210 Erst recht kein Gesetzesverstoß kommt in Betracht bei **Zweifeln** über die Zulässigkeit von befristeten Arbeitsverträgen gemäß Beschäftigungsförderungsgesetz[296], im Hinblick auf die Ausgestaltung von Teilzeitarbeitsverträgen gemäß §§ 2 ff. Beschäftigungsförderungsgesetz[297], wohl aber nach Auffassung des Bundesarbeitsgerichts im Falle der Einstellung eines nicht schwerbehinderten Arbeitnehmers, wenn der Arbeitgeber vor der Einstellung nicht gemäß § 14 Abs. 1 Satz 1 Schwerbehindertengesetz geprüft hat, ob der freie Arbeitsplatz mit einem schwerbehinderten Arbeitnehmer besetzt werden kann[298].

211 Verstöße gegen einen **Tarifvertrag** kommen insbesondere im Hinblick auf eine Eingruppierung oder Umgruppierung in Betracht, wenn der Arbeitgeber sich in einem solchen Fall nicht an die tarifvertragliche Lohn- oder Gehaltsgruppenordnung hält[299]. Ein Verstoß gegen einen Tarifvertrag ist auch im Falle, daß dieser den Abschluß von bestimmten Arbeitsverträgen verbietet, möglich. Als Beispiel kommt in Frage, das tarifvertragliche Verbot der Unterschreitung einer Mindestarbeitszeit[300], sowie das Verbot Kinder oder ungelernte Arbeiter auf bestimmten Arbeitsplätzen einzusetzen.

212 Regelt ein Tarifvertrag, daß **befristete Arbeitsverträge** nur bei Vorliegen eines sachlichen oder in der Person des Arbeitnehmers gegebenen Grundes abgeschlossen werden dürfen, so begründet die dennoch beabsichtigte Einstellung keinen Verstoß gegen den Tarifvertrag[301]. Anderenfalls könnte der Betriebsrat hier eine Vertragsinhaltskontrolle vornehmen, was nicht Zweck des Mitbestimmungsrechtes ist[302].

213 Sogenannte **tarifliche Abschlußgebote** können ein Zustimmungsverweigerungsrecht begründen. Dies beispielsweise wenn der Tarifvertrag vorsieht, daß bestimmte Arbeitsplätze gewissen Arten von Arbeitnehmern vorbehalten bleiben sollen, wie z. B. im Falle von Quo-

---

295 BAG vom 16. 7. 1985, AP Nr. 21 zu § 99 BetrVG 1972.
296 LAG Berlin, BB 1986, 942.
297 LAG Düsseldorf, NzA 1986, 200; a. A. LAG Baden-Württemberg, BB 1985, 2321.
298 BAG vom 10. 11. 1992, AP Nr. 100 zu § 99 BetrVG 1972; BAG vom 14. 11. 1989, AP Nr. 77 zu § 99 BetrVG 1972; a. A. LAG München, BB 1989, 424.
299 BAG vom 8. 10. 1985, AP Nr. 22 zu § 99 BetrVG 1972.
300 BAG vom 28. 1. 1992, AP Nr. 95 zu § 99 BetrVG 1972.
301 BAG vom 28. 6. 1994, AP Nr. 4 zu § 99 BetrVG 1972 Einstellung.
302 BAG vom 28. 6. 1994, AP Nr. 4 zu § 99 BetrVG 1972 Einstellung.

VI. Personelle Einzelmaßnahmen   Rz. 217 Teil I

tenregelungen, Regelungen zugunsten schwerbehinderter älterer Arbeitnehmer[303].

§ 99 Abs. 2 Nr. 1 BetrVG nennt ferner die **Betriebsvereinbarung** als Grundlage für die Zustimmungsverweigerung. Als begründet wurde die Zustimmungsverweigerung angesehen wegen einer Arbeitsplatzsicherung bzw. eines Wiedereinstellungsanspruchs bestimmter Arbeitnehmer aus einem Sozialplan[304], im Falle eines audrücklichen Verbotes der Beschäftigung über eine Altergrenze von 65 Jahren hinaus[305] sowie bei durch Betriebsvereinbarung geregelter Beteiligung des Betriebsrates bei Einstellungsgesprächen[306]. 214

Verstöße gegen **gerichtliche Entscheidungen** kommen vor allem in Betracht, wenn eine personelle Maßnahme durch rechtskräftige Entscheidung des Arbeitsgerichts beendet ist, bzw. ihre Aufhebung angeordnet ist, §§ 100 Abs. 3, 101 BetrVG, oder aber wenn ein Gericht den Arbeitgeber zu einer bestimmten Eingruppierung rechtskräftig verurteilt hat; ferner im Falle eines rechtskräftig ausgesprochenen Berufsverbotes gemäß § 70 StGB[307]. 215

Als **behördliche Anordnungen,** die eine Zustimmungsverweigerung begründen können, kommen Fälle der Untersagung des Einstellens von Auszubildenden oder des Ausbildens gemäß Berufsbildungsgesetz sowie Handwerksordnung in Betracht, ferner das Verbot der Beschäftigung von Jugendlichen gemäß Jugendarbeitsschutzgesetz[308]. 216

bb) § 99 Abs. 2 Nr. 2 BetrVG

Der zweite in § 99 Abs. 2 BetrVG vorgesehene Zustimmungsverweigerungsgrund ist der, daß die **personelle Maßnahme gegen eine Richtlinie nach § 95 BetrVG verstoßen würde.** Der Zustimmungsverweigerungsgrund ist unabhängig davon einschlägig, ob die Aufstellung der Richtlinie freiwillig erfolgte, oder aber der Arbeitgeber wegen der Betriebsgröße auf Verlangen des Betriebsrates zu der Aufstellung verpflichtet war, § 95 Abs. 1 und 2 BetrVG[309]. Verweigert der Betriebsrat die Zustimmung mit der Begründung des Verstoßes gegen eine Auswahlrichtlinie, hat das Arbeitsgericht im Zustimmungserset- 217

---

303 BAG vom 22. 1. 1991, AP Nr. 67 zu Art. 12 GG.
304 BAG vom 18. 12. 1990, AP Nr. 85 zu § 99 BetrVG 1972.
305 BAG vom 10. 3. 1992, AP Nr. 96 zu § 99 BetrVG 1972.
306 LAG Berlin, NZA 1985, 604.
307 *Fitting/Kaiser/Heither/Engels,* § 99 Rz. 48; *GK-Kraft,* § 99 Rz. 133; *Dietz/Richardi,* § 99 Rz. 161; *Kittner* in: Däubler/Kittner/Klebe, § 99 Rz. 179.
308 *Fitting/Kaiser/Heither/Engels,* § 99 Rz. 49; *GK-Kraft,* § 99 Rz. 134.
309 *Fitting/Kaiser/Heither/Engels,* § 99 Rz. 50.

zungsverfahren zu überprüfen, ob die Auswahlrichtlinie wirksam ist, oder ob sie wegen Verstoßes gegen zwingendes Recht nichtig ist, ferner ob die vorgesehene personelle Maßnahme tatsächlich gegen die Richtlinie verstößt[310].

cc) § 99 Abs. 2 Nr. 3 BetrVG

218 Der Betriebsrat kann die Zustimmung gemäß § 99 Abs. 2 Nr. 3 BetrVG verweigern, wenn die **durch Tatsachen begründete Besorgnis** besteht, daß **infolge der personellen Maßnahme im Betrieb beschäftigte Arbeitnehmer gekündigt werden oder sonstige Nachteile erleiden, ohne daß dies aus betrieblichen oder persönlichen Gründen gerechtfertigt ist.**

219 Der Tatbestand dieser Norm setzt voraus, daß der Betriebsrat durch Tatsachen belegt, daß die Besorgnis besteht, daß im Betrieb beschäftigte Arbeitnehmer gekündigt werden oder sonstige Nachteile erleiden. Ferner dürfen keine betrieblichen oder persönlichen Gründe vorliegen, die die Kündigung oder Benachteiligung gerechtfertigt erscheinen lassen. Bei diesem Widerspruchsgrund geht es um die Nichtbeachtung berechtigter Belange von im Betrieb beschäftigten Arbeitnehmern, die von einer personellen Maßnahme betroffen werden können. Keine Rolle spielt der Zustimmungsverweigerungsgrund bei Eingruppierungen und Umgruppierungen[311].

220 Voraussetzung ist zunächst, daß der Betriebsrat durch **Tatsachen** belegt, daß die Besorgnis der angeführten Benachteiligung besteht. Diese Besorgnis muß aufgrund der vorgetragenen konkreten Fakten **objektiv** als **begründet** erscheinen. Bloße Vermutungen des Betriebsrates reichen nicht aus[312].

221 Es muß die Besorgnis bestehen, daß **infolge** der personellen Maßnahme Arbeitnehmer die genannten Nachteile erleiden. Voraussetzung ist daher ein Kausalzusammenhang zwischen der Maßnahme und dem befürchteten Nachteil. Das Bundesarbeitsgericht verlangt darüber hinaus, daß der Nachteil **unmittelbare Folge** der personellen Maßnahme ist[313]. Nachteile, die erst durch weitere zusätzliche Um-

---

310 *Hess/Schlochauer/Glaubitz,* § 99 Rz. 121; *Stege-Weinspach,* §§ 99 und 101, Rz. 66; *Dietz/Richardi,* § 99 Rz. 161; *GK-Kraft,* § 99 Rz. 136.
311 *GK-Kraft,* § 99 Rz. 137; *Hess/Schlochauer/Glaubitz,* § 99 Rz. 122; *Dietz/Richardi,* § 99 Rz. 164.
312 *Kittner* in: Däubler/Kittner/Klebe, § 99 Rz. 183; *Fitting/Kaiser/Heither/Engels,* § 99 Rz. 51; *Hess/Schlochauer/Glaubitz,* § 99 Rz. 122; *GK-Kraft,* § 99 Rz. 137; *Dietz/Richardi,* § 99 Rz. 168.
313 BAG vom 7. 11. 1977, EzA § 100 BetrVG 1972 Nr. 1.

VI. Personelle Einzelmaßnahmen Rz. 224 Teil I

stände eintreten können, sind hiernach nicht ausreichend[314]. Die personelle Maßnahme muß aber weder die einzige noch die maßgebliche Ursache für die Benachteiligung sein[315].

Der Zustimmungsverweigerungsgrund ist gegeben, wenn zu befürchten ist, daß infolge der personellen Maßnahme einem anderen Arbeitnehmer **gekündigt** wird. Das Zustimmungsverweigerungsrecht dient hier dem Arbeitsplatzschutz und ergänzt den Kündigungsschutz[316]. Ausreichend ist es, daß Neueinstellungen angesichts der bestehenden wirtschaftlichen Lage des Betriebes über kurz oder lang zu Kündigungen bereits beschäftigter Arbeitnehmer führen können[317]. 222

Wird ein Arbeitnehmer, dessen Arbeitsplatz wegfällt, auf einen noch besetzten Arbeitsplatz **versetzt,** so begründet dies die Besorgnis, daß dem Inhaber dieses Arbeitsplatzes gekündigt wird. Die Zustimmungsverweigerung ist aber dennoch unbegründet, sofern wegen des Wegfalls des Arbeitsplatzes eine betriebsbedingte Kündigung ausgesprochen werden kann, der Arbeisplatzinhaber in die soziale Auswahl nach § 1 Abs. 3 KSchG einzubeziehen ist und er weniger schutzwürdig ist als der Arbeitnehmer, der versetzt werden soll[318]. Ist zum Zeitpunkt der Einleitung des Verfahrens gemäß § 99 BetrVG eine Kündigung bereits ausgesprochen, der Bestand des Arbeitsverhältnisses aber noch im Streit, kann die Zustimmung unter Hinweis auf Abs. 2 Nr. 3 auch dann verweigert werden, sofern die Kündigung wegen des Wegfalles des Arbeitsplatzes, auf den sich nunmehr die personelle Maßnahme bezieht, ausgesprochen wurde[319]. 223

Der Zustimmungsverweigerungsgrund besteht auch dann, wenn infolge der personellen Maßnahme Arbeitnehmer **sonstige Nachteile** erleiden **können.** In Betracht kommen alle erheblichen Verschlechterungen der bisherigen Position der betroffenen Arbeitnehmer. Hierunter fallen auch tatsächliche Nachteile, wie etwa die Erschwerung der Arbeit für andere Arbeitnehmer, wie z. B. im Falle der Verdoppelung des Verantwortungsbereiches für einen Schichtleiter durch Versetzung des 2. Schichtleiters der Abteilung[320]. Ferner andere Formen 224

---

314 GK-*Kraft,* § 99 Rz. 138; *Stege-Weinspach,* §§ 99–101 Rz. 71.
315 BAG vom 15. 9. 1987, EzA § 99 BetrVG 1972 Nr. 56.
316 *Matthes* in: Münchener Handbuch zum Arbeitsrecht, Band 3, § 344 Rz. 76; *Kittner* in: Däubler/Kittner/Klebe, § 99 Rz. 185; *Dietz/Richardi,* § 99 Rz. 170; GK-*Kraft,* § 99 Rz. 139.
317 GK-*Kraft,* § 99 Rz. 139.
318 BAG vom 15. 9. 1987, AP Nr. 45 zu § 99 BetrVG 1972.
319 ArbG Ludwigshafen, ARSt. 1985, 83; ArbG Wiesbaden, NZA 1986, 170; ArbG Offenbach, BB 1981, 1462; GK-*Kraft,* § 99 Rz. 139; *Hess/Schlochauer/Glaubitz,* § 99 Rz. 126; **a. A.** *Kittner* in: Däubler/Kittner/Klebe, § 99 Rz. 190.
320 BAG vom 15. 9. 1987, AP Nr. 46 zu § 99 BetrVG 1972.

der Leistungsverdichtung, wie z. B. Folgen für die Arbeitszeit[321]. Der Wegfall bloßer Beförderungschancen zählt nicht zu den Nachteilen, solang sie sich nicht zu einer rechtlich gesicherten Anwartschaft verdichtet haben[322]. Die Zustimmungsverweigerung mit der Begründung, ein im Betrieb vorhandener Arbeitnehmer sei geeigneter für die neu zu besetzende Stelle, reicht nicht aus[323]. Ausreichend ist jedoch die Begründung, durch nicht notwendige Einstellungen werde es zu Kurzarbeit kommen oder zu Überstunden der Arbeitnehmer infolge Versetzungen anderer Arbeitnehmer[324].

225 Der Zustimmungsverweigerungsgrund scheidet trotz Vorhandenseins der vorstehend erörterten Nachteile aus, sofern die Maßnahme durch **persönliche oder betriebliche Gründe** gerechtfertigt ist. Hierfür trägt der Arbeitgeber die Darlegungslast[325]. Solche Gründe sind beispielsweise, die Notwendigkeit einen besonders qualifizierten Arbeitnehmer zu gewinnen, die Ungeeignetheit eines bisherigen Arbeitsplatzinhabers, dem gekündigt wird[326]. Dem Arbeitgeber steht hier ein gewisser Beurteilungsspielraum zu[327]. Die Zweckmäßigkeit einer unternehmerischen Entscheidung hat der Betriebsrat hinzunehmen[328]. Der Betriebsrat kann die Rechtfertigung für die Maßnahme aber dadurch zu Fall bringen, daß er vorträgt, die angeführten Gründe lägen tatsächlich nicht vor.

226 Der Betriebsrat kann letztendlich nur erreichen, daß eine **Benachteiligung unterbleibt.** Ein Anspruch auf Einstellung oder Versetzung eines bestimmten Arbeitnehmers folgt hieraus nicht. Die Auswahl unter den Bewerbern ist allein Sache des Arbeitgebers[329].

---

321 *Fitting/Kaiser/Heither/Engels,* § 99 Rz. 51; *Kittner* in: Däubler/Kittner/Klebe, § 99 Rz. 186.
322 BAG vom 13. 6. 1989, AP Nr. 66 zu § 99 BetrVG 1972; BAG vom 6. 10. 1978, AP Nr. 10 zu § 99 BetrVG 1972; BAG vom 18. 7. 1978, AP Nr. 1 zu § 101 BetrVG 1972; BAG vom 7. 11. 1977, AP Nr. 1 zu § 100 BetrVG 1972.
323 *Fitting/Kaiser/Heither/Engels,* § 99 Rz. 51; *GK-Kraft,* § 99 Rz. 141.
324 *Fitting/Kaiser/Heither/Engels,* § 99 Rz. 51; *Kittner* in: Däubler/Kittner/Klebe, § 99 Rz. 189.
325 *Kittner* in: Däubler/Kittner/Klebe, § 99 Rz. 191; *Dietz/Richardi,* § 99 Rz. 178; *Fitting/Kaiser/Heither/Engels,* § 99 Rz. 52.
326 *Fitting/Kaiser/Heither/Engels,* § 99 Rz. 52; *GK-Kraft,* § 99 Rz. 141.
327 *Fitting/Kaiser/Heither/Engels,* § 98 Rz. 52.
328 *Hess/Schlochauer/Glaubitz,* § 99 Rz. 126; *GK-Kraft,* § 99 Rz. 141.
329 BAG vom 19. 5. 1981, AP Nr. 18 zu § 118 BetrVG 1972; *Fitting/Kaiser/Heither/Engels,* § 99 Rz. 53; *Dietz/Richardi,* § 99 Rz. 171.

dd) § 99 Abs. 2 Nr. 4 BetrVG

§ 99 Abs. 2 Nr. 4 BetrVG nennt als weiteren Zustimmungsverweigerungsgrund denjenigen, daß **der betroffene Arbeitnehmer durch die beabsichtigte personelle Maßnahme benachteiligt wird, ohne daß dies aus betrieblichen oder in seiner Person liegenden Gründen gerechtfertigt ist.** Dieser Zustimmungsverweigerungsgrund dient allein der Wahrung der Individualinteressen des Arbeitnehmers, der von der personellen Maßnahme unmittelbar betroffen ist[330]. Aus diesem Grund greift der Zustimmungsverweigerungsgrund in dem Falle nicht ein, daß der Arbeitnehmer, dem die personelle Maßnahme gilt, hiermit einverstanden ist[331]. Anderenfalls könnte der Betriebsrat eine Versetzung, die der Arbeitnehmer wünscht, aus seinem angeblich „wohlverstandenen Interesse" verhindern.

227

Eine **Ein-** oder **Umgruppierung** kann zu einer Benachteiligung des betroffenen Arbeitnehmers führen, sofern die Eingruppierung zu niedrig erfolgt oder die Umgruppierung zu einer Herabgruppierung führt. In diesem Fall ist die Zustimmungsverweigerung jedoch bereits gemäß Abs. 2 Nr. 1 gerechtfertigt, da ein Verstoß gegen einen Tarifvertrag oder eine Betriebsvereinbarung vorliegt[332]. Im Falle der **Versetzung** gewinnt der Zustimmungsverweigerungsgrund der Nr. 4 große Bedeutung. Worin hier die Benachteiligung liegt, ist unerheblich. Sie kann in der mit der Versetzung verbundenen Änderung der materiellen Arbeitsbedingungen bestehen, in einer Verschlechterung der Umstände, unter denen die Arbeit zu leisten ist (Lärm oder Schmutz) oder in der Erschwernis beim Erreichen des Arbeitsplatzes (längerer Anfahrtsweg)[333]. Der Betriebsrat kann die Zustimmung verweigern mit der Begründung, der Arbeitgeber habe im Falle der Versetzung eines Arbeitnehmers auf einen niedriger einzustufenden Arbeitsplatz soziale Auswahlkriterien nicht berücksichtigt[334].

228

Das Zustimmungsverweigerungsrecht entfällt jedoch, wenn die Versetzung und die damit verbundenen Nachteile durch **betriebliche** oder in der **Person** des Arbeitnehmers liegende Gründe gerechtfertigt sind. Das Bundesarbeitsgericht bewertet die Schließung einer Abtei-

229

---

330 BAG vom 6. 10. 1978, AP Nr. 10 zu § 99 BetrVG 1972.
331 *Hess/Schlochauer/Glaubitz*, § 99 Rz. 128; GK-*Kraft*, § 99 Rz. 143; **a. A.** *Kittner* in: Däubler/Kittner/Klebe, § 99 Rz. 194; *Fitting/Kaiser/Heither/Engels*, § 99 Rz. 55.
332 *Dietz/Richardi*, § 99 Rz. 181; *Hess/Schlochauer/Glaubitz*, § 99 Rz. 128; GK-*Kraft*, § 99 Rz. 145.
333 GK-*Kraft*, § 99 Rz. 147; *Fitting/Kaiser/Heither/Engels*, § 99 Rz. 54.
334 BAG vom 2. 4. 1996, – 1 ABR 39/95.

lung als einen vorgegebenen, betrieblichen Grund, der nicht auf seine Zweckmäßigkeit hin überprüft werden kann[335].

ee) § 99 Abs. 2 Nr. 5 BetrVG

230 Zustimmungsverweigerungsgrund ist gemäß § 99 Abs. 2 Nr. 5 BetrVG weiter, daß der Arbeitgeber eine **nach § 93 BetrVG erforderliche Ausschreibung im Betrieb** unterlassen hat. Auf Verlangen des Betriebsrates, sind Arbeitsplätze, die besetzt werden sollen, allgemein oder für bestimmte Arten von Tätigkeiten innerhalb des Betriebes auszuschreiben[336]. Unterläßt der Arbeitgeber die Ausschreibung, obwohl der Betriebsrat sie verlangt hat, kann dieser einer Besetzung des Arbeitsplatzes unter Hinweis hierauf ohne weitere Begründung die Zustimmung verweigern[337]. Die Zustimmungsverweigerung kann nicht damit begründet werden, daß der Arbeitgeber keinen der Bewerber aus dem Betrieb einzustellen beabsichtigt[338].

231 Eine **Ausschreibung** hat auch dann zu erfolgen, wenn nach Auffassung des Arbeitgebers keiner der Arbeitnehmer seines Betriebes für die zu besetzende Stelle in Betracht kommt. Unterläßt der Arbeitgeber aus diesem Grund die innerbetriebliche Ausschreibung und verweigert der Betriebsrat aus diesem Grunde seine Zustimmung, kann die Verweigerung allerdings rechtsmißbräuchlich und somit unwirksam sein. Unter diesen Voraussetzungen wird die Zustimmung im Zustimmungsersetzungsverfahren durch das Arbeitsgericht erteilt. Der Arbeitgeber ist zunächst jedoch gehindert, die Einstellung vorzunehmen[339].

232 Das Zustimmungsverweigerungsrecht des Betriebsrates besteht auch in dem Falle, daß Arbeitgeber und Betriebsrat eine **bestimmte Form** der Ausschreibung vereinbart haben und der Arbeitgeber sich hieran nicht hält[340]. Fehlt eine solche Vereinbarung, kann der Arbeitgeber Inhalt und Form der Ausschreibung bestimmen. Ein Verstoß gegen die Verpflichtung zur geschlechtsneutralen Ausschreibung macht

---
335 BAG vom 10. 8. 1993, NZA 1994, 187.
336 Vgl. hierzu die Ausführungen oben Rz. 15 ff.
337 LAG Hamm, DB 1992, 2639; *Kittner* in: Däubler/Kittner/Klebe, § 99 Rz. 197; *Fitting/Kaiser/Heither/Engels*, § 99 Rz. 56.
338 BAG vom 30. 1. 1979, AP Nr. 11 zu § 118 BetrVG 1972; *Dietz/Richardi*, § 99 Rz. 187; *Fitting/Kaiser/Heither/Engels*, § 99 Rz. 56; GK-*Kraft*, § 99 Rz. 148.
339 *Fitting/Kaiser/Heither/Engels*, § 99 Rz. 56; *Dietz/Richardi*, § 99 Rz. 188; GK-*Kraft*, § 99 Rz. 148; **a. A.** *Hess/Schlochauer/Glaubitz*, § 99 Rz. 133; *Kittner* in: Däubler/Kittner/Klebe, § 99 Rz. 201.
340 *Fitting/Kaiser/Heither/Engels*, § 99 Rz. 56; GK-*Kraft*, § 99 Rz. 148; *Kittner* in: Däubler/Kittner/Klebe, § 99 Rz. 198.

VI. Personelle Einzelmaßnahmen   Rz. 236 **Teil I**

dann aber keinen Grund für die Verweigerung der Zustimmung nach Abs. 2 Nr. 3 aus[341].

Führt der Arbeitgeber in einer externen Ausschreibung geringere Anforderungen für eine Bewerbung an, als in der innerbetrieblichen Ausschreibung, liegt hierin keine ordnungsgemäße innerbetriebliche Ausschreibung im Sinne von § 93 BetrVG. Der Betriebsrat kann daher die Zustimmung zur Einstellung des Bewerbers verweigern, der sich auf die Stellenanzeige mit den geringeren Anforderungen hin beworben hat[342].   233

Auch im Falle einer **dringenden Einstellung** ist der Arbeitgeber verpflichtet, die innerbetriebliche Ausschreibung, selbst wenn sie nicht mehr ordnungsgemäß möglich ist, unverzüglich vorzunehmen. Tut er das nicht, kann der Betriebsrat die Zustimmung zur Einstellung eines Bewerbers verweigern[343].   234

ff) § 99 Abs. 2 Nr. 6 BetrVG

Als letzten Grund für den Betriebsrat, die Zustimmung zu einer beabsichtigten personellen Einzelmaßnahme zu verweigern, nennt das Gesetz **die durch Tatsachen begründete Besorgnis, daß der für die personelle Maßnahme in Aussicht genommene Bewerber oder Arbeitnehmer den Betriebsfrieden durch gesetzwidriges Verhalten oder durch grobe Verletzung der in § 75 Abs. 1 BetrVG enthaltenen Grundsätze stören werde.**   235

Voraussetzung ist, daß der Betriebsrat bestimmte Tatsachen über das Verhalten eines Bewerbers oder Arbeitnehmers vorbringen kann, aus denen sich ergibt, daß bei objektiver Beurteilung seiner Persönlichkeit die Besorgnis besteht, daß er sich auf den ihm zugedachten Arbeitsplatz gesetzwidrig verhalten oder die Grundsätze von Recht und Billigkeit oder der Gleichbehandlung grob verletzen werde und daß hierdurch der Betriebsfriede gestört würde. Die herrschende Meinung verlangt, daß eine ernstliche Störung des Betriebsfriedens zu erwarten ist[344].   236

---

341 *Matthes* in: Münchener Handbuch zum Arbeitsrechts, Band 3, § 354 Rz. 86; *Stege-Weinspach*, §§ 99–101 Rz. 82; *Hess/Schlochauer/Glaubitz*, § 99 Rz. 125; GK-*Kraft*, § 99 Rz. 148; a. A. ArbG Berlin, Betriebsberater 1983, 1920; *Kittner* in: Däubler/Kittner/Klebe, § 99 Rz. 198.
342 BAG vom 23. 2. 1988, AP Nr. 2 zu § 93 BetrVG 1972.
343 *Fitting/Kaiser/Heither/Engels*, § 99 Rz. 56a; *Kittner* in: Däubler/Kittner/Klebe, § 99 Rz. 200; *Dietz/Richardi*, § 99 Rz. 188; GK-*Kraft*, § 99 Rz. 148.
344 *Fitting/Kaiser/Heither/Engels*, § 99 Rz. 57; *Kittner* in: Däubler/Kittner/Klebe, § 99 Rz. 202; *Hess/Schlochauer/Glaubitz*, § 99 Rz. 135; GK-*Kraft*, § 99 Rz. 150.

237 Als Beispiele kommen hier in Betracht der Diebstahl an Kollegen, Beleidigung oder Mobbing gegenüber Kollegen und nachgeordneten Mitarbeitern, Raufereien am Arbeitsplatz, Verleumdungen oder Denunziationen, sexuelle Belästigungen am Arbeitsplatz sowie körperliche Züchtigung jugendlicher Arbeitnehmer. Unerheblich ist Verhalten, das mit dem betrieblichen Geschehen in keinerlei Zusammenhang steht, wie z. B. die Übertretung von Verkehrsgesetzen, häusliche Streitigkeiten sowie politische Tätigkeit außerhalb des Betriebes[345]. Ausnahmsweise kann außerbetriebliches Verhalten die Verweigerung der Zustimmung rechtfertigen, sofern es entsprechende Rückwirkungen auf den Betrieb und das Verhältnis der Arbeitnehmer zueinander hat[346].

e) Antrag auf Ersetzung der Zustimmung gemäß § 99 Abs. 4 BetrVG

238 Gegen die Verweigerung der Zustimmung durch den Betriebsrat hat der Arbeitgeber die Möglichkeit, beim Arbeitsgericht zu beantragen, die **Zustimmung** zu **ersetzen.** Eine Frist zur Einleitung des Zustimmungsersetzungsverfahrens ist vom Arbeitgeber nicht zu beachten[347]. Das Arbeitsgericht entscheidet hier im Beschlußverfahren gemäß § 2a ArbeitsGG. Hierbei haben die von der geplanten personellen Maßnahme erfaßten Arbeitnehmer nicht die Rechtsstellung eines Beteiligten[348]. Diese haben ferner auch kein eigenes Antragsrecht[349].

239 Der Arbeitgeber hat die Möglichkeit, den Antrag auf Ersetzung der Zustimmung nur **hilfsweise** zu stellen. Als Hauptantrag kommt die Feststellung in Betracht, daß die Zustimmung des Betriebsrates nach dessen ordnungsgemäßer Unterrichtung wegen Fristablaufs als erteilt gilt[350]. Dies empfiehlt sich, sofern über die ordnungsgemäße Unterrichtung gestritten wird. Das Arbeitsgericht hat gegebenenfalls aber auch ohne ausdrücklichen Antrag statt auf Ersetzung der Zustimmung auf die Feststellung zu erkennen, daß die Zustimmung als erteilt gilt[351].

---

345 *Fitting/Kaiser/Heither/Engels,* § 99 Rz. 58; GK-*Kraft,* § 99 Rz. 150; *Hess/Schlochauer/Glaubitz,* § 99 Rz. 136; *Dietz/Richardi,* § 99 Rz. 190.
346 GK-*Kraft,* § 99 Rz. 150; *Dietz/Richardi,* § 99 Rz. 190.
347 BAG vom 15. 9. 1987, AP Nr. 46 zu § 99 BetrVG 1972.
348 BAG vom 27. 5. 1982, AP Nr. 3 zu § 80 ArbeitsGG 1979; BAG vom 31. 5. 1983, AP Nr. 27 zu § 118 BetrVG 1972; BAG vom 22. 3. 1983, AP Nr. 6 zu § 101 BetrVG 1972.
349 *Fitting/Kaiser/Heither/Engels,* § 99 Rz. 67a.
350 BAG vom 28. 1. 1986, AP Nr. 34 zu § 99 BetrVG 1972.
351 BAG vom 18. 10. 1988, AP Nr. 57 zu § 99 BetrVG 1972.

VI. Personelle Einzelmaßnahmen

Im Verfahren auf Ersetzung der Zustimmung hat der Arbeitgeber darzulegen und unter Beweis zu stellen, daß die vom Betriebsrat konkret und fristgemäß vorgetragenen Gründe zur Verweigerung der Zustimmung nicht gegeben sind. Sofern die ordnungsgemäße Unterrichtung streitig ist, trägt der Arbeitgeber auch hierfür die Darlegungs- und Beweislast[352]. Soweit die Formalien der Zustimmungsverweigerung im Streit sind, hat der Betriebsrat diese darzulegen und unter Beweis zu stellen[353]. Der **Amtsermittlungsgrundsatz** im Beschlußverfahren bedingt eine Aufklärung des zur Nachprüfung gestellten Sachverhaltes von Amts wegen durch das Gericht. Kann der Beweis hinsichtlich einer vorgetragenen Tatsache jedoch nicht geführt werden, so unterliegt diejenige Partei, die die Beweislast für die Tatsache trägt.

240

Stellt das Arbeitsgericht fest, daß der Betriebsrat die Zustimmung zur personellen Maßnahme zu Unrecht verweigert hat, gibt es dem Antrag des Arbeitgebers statt und ersetzt die Zustimmung des Betriebsrates. Der Arbeitgeber kann nunmehr die Maßnahme durchführen. Lehnt das Arbeitsgericht hingegen den Antrag ab, hat der Arbeitgeber von der Durchführung der geplanten Maßnahme abzusehen. Der Arbeitgeber kann die Maßnahme selbstverständlich aber dann durchführen, wenn der Antrag mit der Begründung abgewiesen wurde, die Zustimmung sei nicht erforderlich[354]. Entfällt im Laufe des arbeitsgerichtlichen Verfahrens der Grund für die Durchführung der personellen Maßnahme, ist das Verfahren nach § 99 Abs. 4 BetrVG wegen Erledigung der Hauptsache einzustellen[355].

241

f) Vorläufige Maßnahmen gemäß § 100 BetrVG

Die Vorschrift des § 100 BetrVG enthält ein System, daß es dem Arbeitgeber einerseits ermöglicht, in dringenden Fällen oder Eilfällen eine personelle Maßnahme durchzuführen, bevor der Betriebsrat sich geäußert hat oder eine Maßnahme trotz Verweigerung der Zustimmung des Betriebsrates durchzuführen. Da hier aber der Betriebsrat nicht derjenige ist, der beabsichtigt zu handeln und um das Verfahren auf Erteilung der Zustimmung nach § 99 BetrVG nicht zu verdrängen,

242

---

352 BAG vom 28. 1. 1986, AP Nr. 34 zu § 99 BetrVG 1972; GK-*Kraft*, § 99 Rz. 144; *Kittner* in: Däubler/Kittner/Klebe, § 99 Rz. 211; *Hess/Schlochauer/Glaubitz*, § 99 Rz. 142.
353 GK-*Kraft*, § 99 Rz. 145; *Hess/Schlochauer/Glaubitz*, § 99 Rz. 143; *Kittner* in: Däubler/Kittner/Klebe, § 99 Rz. 211; *Fitting/Kaiser/Heither/Engels*, § 99 Rz. 69.
354 BAG vom 21. 9. 1989, AP Nr. 72 zu § 99 BetrVG 1972.
355 BAG vom 26. 4. 1990, AP Nr. 3 zu § 83a ArbeitsGG 1979.

ist der Arbeitgeber verpflichtet, das Arbeitsgericht anzurufen, sofern er die personelle Maßnahme aufrechterhalten will, obwohl der Betriebsrat dessen Durchführung nicht für dringend erforderlich hält.

243 Im Falle der rechtskräftigen Entscheidung des Arbeitsgerichts, durch die die Ersetzung der Zustimmung abgelehnt wird oder festgestellt wird, daß die Maßnahme nicht dringend erforderlich war, endet die vorläufige personelle Maßnahme mit Ablauf von 2 Wochen nach Rechtskraft der Entscheidung. Der Arbeitgeber darf die personelle Maßnahme nicht über diesen Zeitpunkt hinaus aufrechterhalten.

244 Der Wortlaut des § 100 BetrVG legt nahe, daß die Vorschrift auf alle in § 99 BetrVG genannten personellen Maßnahmen Anwendung findet. Nach der Rechtsprechung gilt § 100 BetrVG für Einstellungen und Versetzungen. Das Bundesarbeitsgericht hat Bedenken, die Vorschrift auch auf Ein- und Umgruppierungen anzuwenden, da es sich hierbei lediglich um Akte der Rechtsanwendung handele und nicht um nach außen wirkende Maßnahmen[356].

245 Der Arbeitgeber ist nur dann berechtigt, eine personelle Maßnahme vorläufig durchzuführen, wenn dies **aus sachlichen Gründen dringend erforderlich** ist. Dies setzt voraus, daß ein verantwortungsbewußter Arbeitgeber im Interesse des Betriebes alsbald handeln müßte, die geplante Maßnahme also keinen Aufschub duldet. Die Dringlichkeit der Maßnahme muß auf vom Arbeitgeber nicht rechtzeitig voraussehbaren Umständen beruhen. § 100 BetrVG eröffnet dem Arbeitgeber also keine Handlungsmöglichkeit, sofern er die Dringlichkeit selbst zu verantworten hat[357].

246 Ob die Durchführung der Maßnahme **dringend** erforderlich ist, ist nach objektiven Gesichtspunkten zu entscheiden, d. h. aus der Sicht eines objektiven Betrachters unter verständiger Würdigung der Belange des Betriebes[358]. Unter **sachlichen** Gründen sind insbesondere betriebliche Gründe zu verstehen.

247 Es kommt in erster Linie auf die Verhältnisse zum **Zeitpunkt** der Durchführung der Maßnahme an. Entfällt nachträglich die dringende Notwendigkeit für die sofortige Durchführung der Maßnahme, ist der

---

356 BAG vom 27. 1. 1987, AP Nr. 42 zu § 99 BetrVG 1972.
357 *Fitting/Kaiser/Heither/Engels*, § 100 Rz. 3; *Kittner* in: Däubler/Kittner/Klebe, § 100 Rz. 3; **a. A.** GK-*Kraft*, § 100 Rz. 11; *Hess/Schlochauer/Glaubitz*, § 100 Rz. 8.
358 *Fitting/Kaiser/Heither/Engels*, § 100 Rz. 3; *Hess/Schlochauer/Glaubitz*, § 100 Rz. 9; *Stege-Weinspach*, §§ 99–101 Rz. 106; GK-*Kraft*, § 100 Rz. 10.

Arbeitgeber nicht verpflichtet, die Maßnahme vor Abschluß des Zustimmungsersetzungsverfahrens wieder aufzuheben[359].

Eine vorläufige Durchführung einer **Einstellung** wäre beispielsweise möglich, wenn der Arbeitgeber die Möglichkeit erhält, eine dringend benötigte, im Betrieb nicht vorhandene Fachkraft einzustellen. Der Betriebsrat wird dann auf die Notwendigkeit der innerbetrieblichen Ausschreibung verweisen. Trotz verweigerter Zustimmung kann der Arbeitgeber die Maßnahme aber vorläufig durchführen[360]. Das Bundesarbeitsgericht hat den Fall entschieden, daß eine sofortige **Versetzung** von Arbeitnehmern erforderlich ist, um die Erstellung der monatlichen Lohnabrechnungen im Betrieb sicherzustellen[361]. 248

Der Arbeitgeber darf die Maßnahme, sofern die oben benannten Voraussetzungen vorliegen, vorläufig durchführen. In diesem Fall hat er den betroffenen Arbeitnehmer über die Sach- und Rechtslage aufzuklären sowie den Betriebsrat **unverzüglich** von der vorläufigen personellen Maßnahme zu unterrichten. Bei der Aufklärung gegenüber dem betroffenen Arbeitnehmer hat der Arbeitgeber sowohl die Vorläufigkeit der Maßnahme zum Ausdruck zu bringen, als auch die Tatsache, daß diese möglicherweise wieder rückgängig gemacht werden muß. Ferner hat er den Arbeitnehmer über die Gründe, die den Betriebsrat veranlaßt haben, seine Zustimmung zu verweigern, aufzuklären. 249

Unterläßt der Arbeitgeber diese **Information** schuldhaft und entsteht dem Arbeitnehmer daraus Schaden, können Schadensersatzansprüche gegen den Arbeitgeber aus culpa in contrahendo in Frage kommen. Es ist für den Arbeitgeber deshalb zweckmäßig, die Vereinbarung mit dem Arbeitnehmer unter Vorbehalt zu schließen, d. h. unter der auflösenden Bedingung einer negativen arbeitsgerichtlichen Entscheidung. Der Arbeitnehmer wiederum hat den Arbeitgeber auf persönliche Umstände hinzuweisen, die zu einer Verweigerung der Zustimmung des Betriebsrates führen könnten[362]. Unterläßt der Arbeitnehmer diesen Hinweis, kann dies zur Minderung von Schadensersatzansprüchen gemäß § 254 BGB führen[363]. 250

---

359 BAG vom 6. 10. 1978, AP Nr. 10 zu § 99 BetrVG 1972; *Fitting/Kaiser/Heither/Engels,* § 100 Rz. 3; *GK-Kraft,* § 100 Rz. 10; *Hess/Schlochauer/Glaubitz,* § 100 Rz. 11; *Stege-Weinspach,* §§ 99–101 Rz. 106.
360 *Fitting/Kaiser/Heither/Engels,* § 100 Rz. 3; *Hess/Schlochauer/Glaubitz,* § 100 Rz. 10.
361 BAG vom 7. 11. 1977, AP Nr. 1 zu § 100 BetrVG 1972.
362 BAG vom 8. 10. 1959, AP Nr. 1 zu § 626 BGB schuldrechtliche Kündigungsbeschränkungen.
363 *Fitting/Kaiser/Heither/Engels,* § 100 Rz. 4; *GK-Kraft,* § 100 Rz. 20; *Hess/Schlochauer/Glaubitz,* § 100 Rz. 15; *Kittner* in: Däubler/Kittner/Klebe, § 100 Rz. 19.

251 Der Arbeitgeber hat ferner den Betriebsrat von der vorläufigen personellen Maßnahme **unverzüglich,** d. h. ohne schuldhaftes Zögern, zu unterrichten[364]. Hierfür sind alle Angaben zu machen, die auch § 99 Abs. 1 Satz 1 BetrVG verlangt. Des weiteren ist die sachliche Dringlichkeit der Maßnahme darzulegen[365].

252 Hat der Arbeitgeber den Betriebsrat gemäß § 100 BetrVG von der vorläufigen Maßnahme unterrichtet, so sind drei unterschiedliche **Reaktionen** des **Betriebsrates** denkbar.

253 Er kann der vorläufigen Durchführung **zustimmen.** Dann hat der Arbeitgeber die Möglichkeit, die Maßnahme als vorläufige aufrechtzuerhalten, bis das nach § 99 BetrVG durchzuführende Verfahren bezüglich der endgültigen Durchführung der personellen Einzelmaßnahme abgeschlossen ist.

254 Der Betriebsrat hat ferner die Möglichkeit, sich **nicht** zu **äußern.** Für diesen Fall sieht § 100 BetrVG keine dem § 99 BetrVG entsprechende Regelung vor, wonach die Zustimmung unter dieser Voraussetzung als erteilt gilt. Da gemäß § 100 Abs. 2 Satz 3 BetrVG die Pflicht des Arbeitgebers zur Anrufung des Arbeitsgerichts jedoch nur dann besteht, wenn der Betriebsrat die Dringlichkeit der Maßnahme bestreitet, bleibt der Arbeitgeber, sofern ihm eine solche Mitteilung des Betriebsrates nicht unverzüglich zugeht, zur Aufrechterhaltung der vorläufigen personellen Maßnahme berechtigt[366].

255 Die dritte Reaktionsmöglichkeit des Betriebsrates ist, daß er die dringende Erforderlichkeit der Maßnahme **bestreitet.** Dies hat er dem Arbeitgeber unverzüglich mitzuteilen. Der Zugang dieser Mitteilung bewirkt, daß der Arbeitgeber die Maßnahme auch als vorläufige nur aufrechterhalten darf, wenn er innerhalb von drei Tagen das Arbeitsgericht anruft.

256 Für die **Fristberechnung** gelten die §§ 186 ff. BGB. Der Tag des Zugangs der Mitteilung des Betriebsrates wird nicht mitgerechnet. Der Antrag muß aber binnen 3 Tagen beim Arbeitsgericht eingehen. Da das Gesetz auf Kalendertage abstellt, muß ein Arbeitgeber nach Erhalt des Widerspruchs des Betriebsrates an einem Freitag bereits am folgenden Montag das Arbeitsgericht anrufen. Nur wenn der letzte Tag

---

[364] BAG vom 7. 11. 1977, AP Nr. 1 zu § 100 BetrVG 1972; GK-*Kraft,* § 100 Rz. 23; *Fitting/Kaiser/Heither/Engels,* § 100 Rz. 5.
[365] GK-*Kraft,* § 100 Rz. 23; *Dietz/Richardi,* § 100 Rz. 20; *Fitting/Kaiser/Heither/Engels,* § 100 Rz. 5; *Kittner* in: Däubler/Kittner/Klebe, § 100 Rz. 15.
[366] *Fitting/Kaiser/Heither/Engels,* § 100 Rz. 6; *Dietz/Richardi,* § 100 Rz. 23; GK-*Kraft,* § 100 Rz. 27; *Kittner* in: Däubler/Kittner/Klebe, § 100 Rz. 23; *Stege-Weinspach,* §§ 99–101 Rz. 112.

VI. Personelle Einzelmaßnahmen   Rz. 261 **Teil I**

der Frist ein Samstag, Sonntag oder gesetzlicher Feiertag ist, d. h. hier bei Erhalt der Mitteilung des Betriebsrates an einem Donnerstag, verlängert sich die Frist bis zum Ablauf des nächsten Werktages (§ 193 BGB), d. h. z. B. bis zum Ablauf des Montages.

Der **Antrag** des Arbeitgebers geht auf Feststellung, daß die Maßnahme aus sachlichen Gründen dringend geboten war, sowie auf Ersetzung der Zustimmung des Betriebsrates zur personellen Maßnahme. Die Verfahren gemäß §§ 99 Abs. 4 und 100 Abs. 2 BetrVG werden so miteinander verbunden[367]. Der Antrag auf die Ersetzung der Zustimmung nach § 99 Abs. 4 BetrVG ist nur dann entbehrlich oder später hinfällig, wenn der Betriebsrat die Zustimmung erteilt oder er diese nicht fristgerecht oder formgerecht verweigert hat. Soweit feststeht, daß die Maßnahme betriebsverfassungsrechtlich endgültig zulässig ist, kann sie selbstverständlich auch vorläufig durchgeführt werden. Entsprechende Anträge des Arbeitgebers werden gegenstandslos, das Verfahren ist für erledigt zu erklären[368].   257

Hält der Arbeitgeber trotz unverzüglichen Bestreitens des Betriebsrates im Hinblick auf die sachliche Dringlichkeit der vorläufigen Durchführung der **Maßnahme** diese dennoch **aufrecht,** ohne das Arbeitsgericht anzurufen, kann der Betriebsrat gemäß § 101 BetrVG verfahren. Gleiches gilt im Falle der Fristversäumnis durch den Arbeitgeber[369].   258

Denkbar sind im Verfahren nach § 100 BetrVG **vier Ergebnisse** des Arbeitsgerichts. Zunächst kann das Arbeitsgericht zu dem Ergebnis kommen, die Maßnahme sei dringlich und es sei keiner der geltend gemachten Verweigerungsgründe des § 99 Abs. 2 BetrVG gegeben. In diesem Falle obsiegt der Arbeitgeber voll. Er kann die Maßnahme endgültig durchführen.   259

Verneint das Arbeitsgericht die Dringlichkeit und erkennt es auch die Weigerungsgründe des Betriebsrates an, werden die Anträge des Arbeitgebers **endgültig zurückgewiesen,** d. h. er darf die Maßnahme weder vorläufig noch endgültig aufrechterhalten.   260

Bejaht das Arbeitsgericht die Dringlichkeit der Maßnahme an sich, erkennt es aber die Weigerungsgründe des Betriebsrates an, bleibt die Maßnahme zwar **vorläufig gerechtfertigt,** sie muß aber mit Rechtskraft der arbeitsgerichtlichen Entscheidung aufgehoben werden.   261

---

367 BAG vom 15. 9. 1987, AP Nr. 46 zu § 99 BetrVG 1972; *Kittner* in: Däubler/Kittner/Klebe, § 100 Rz. 27; *Fitting/Kaiser/Heither/Engels,* § 100 Rz. 7; *Dietz/Richardi,* § 100 Rz. 28; **a. A.** GK-*Kraft,* § 100 Rz. 35.
368 *Dietz/Richardi,* § 100 Rz. 43; GK-*Kraft,* § 100 Rz. 29; *Fitting/Kaiser/Heither/Engels,* § 100 Rz. 7a; *Hess/Schlochauer/Glaubitz,* § 100 Rz. 22.
369 *Fitting/Kaiser/Heither/Engels,* § 100 Rz. 7a.

262 Hält das Arbeitsgericht die Verweigerung der Zustimmung durch den Betriebsrat nicht für gerechtfertigt, die Maßnahme aber nicht für sachlich dringend, liegt kein Fall des § 100 Abs. 1 Satz 1 BetrVG vor. Das Bundesarbeitsgericht vertritt hier, daß der Feststellungsantrag aber gleichwohl nur dann abzuweisen ist, wenn die Maßnahme **offensichtlich** nicht dringend war[370]. Im Regelfall wird dann, da ein Zustimmungsverweigerungsgrund durch den Betriebsrat nicht gegeben war, die Maßnahme für – auch vorläufig – zulässig erklärt werden.

263 Die vorläufige personelle Maßnahme endet im Falle der rechtskräftigen Ablehnung der Ersetzung der Zustimmung des Betriebsrates oder der rechtskräftigen Feststellung, daß die Maßnahme aus sachlichen Gründen dringend erforderlich war, **zwei Wochen** nach Rechtskraft dieser Entscheidung.

264 Der Arbeitgeber darf die personelle Maßnahme nicht länger aufrechterhalten. Der Arbeitsvertrag mit dem betreffenden Arbeitnehmer, sofern er nicht unter der auflösenden Bedingung des Wegfalls der betriebsverfassungsrechtlichen Zulässigkeit abgeschlossen war, kann nur durch Kündigung oder Aufhebungsvertrag beendet werden.

265 In Frage kommt hier lediglich eine **ordentliche Kündigung.** Ein wichtiger Grund zur außerordentlichen Kündigung liegt nicht bereits in der rechtskräftigen Entscheidung des Arbeitsgerichts. Der Arbeitgeber ist verpflichtet, den Arbeitnehmer von der Arbeitsleistung zu suspendieren. Gemäß § 615 BetrVG behält der Arbeitgeber jedoch seinen Entgeltanspruch[371].

266 Im Falle einer **vorläufigen Versetzung** darf der Arbeitnehmer zwei Wochen nach Rechtskraft der Entscheidung nicht mehr an dem neuen Arbeitsplatz beschäftigt werden. Bis zur wirksamen individualrechtlichen Rückgängigmachung der Versetzung, gegebenenfalls durch Änderungskündigung, behält der Arbeitnehmer den Entgeltanspruch, der ihm auf dem neuen Arbeitsplatz zustünde[372].

g) Verletzung der Beteiligungsrechte durch den Arbeitgeber gemäß § 101 BetrVG

267 Die Vorschrift des **§ 101 BetrVG** sichert die Einhaltung der personellen Mitbestimmungsrechte des Betriebsrates sowohl nach § 99 BetrVG als auch nach § 100 BetrVG, in dem dem Betriebsrat ein Mittel an die Hand gegeben wird, den Arbeitgeber zur Rückgängig-

---

370 BAG vom 18. 10. 1988, AP Nr. 4 zu § 100 BetrVG 1972.
371 GK-*Kraft,* § 100 Rz. 47; *Kittner* in: Däubler/Kittner/Klebe, § 100 Rz. 40.
372 GK-*Kraft,* § 100 Rz. 48.

VI. Personelle Einzelmaßnahmen　　　　　　　Rz. 272 Teil I

machung der Maßnahme zu zwingen. Führt der Arbeitgeber nämlich eine personelle Maßnahme im Sinne des § 99 BetrVG ohne Zustimmung des Betriebsrates durch oder hält er eine vorläufige personelle Maßnahme entgegen § 100 Abs. 2 BetrVG oder entgegen einer rechtskräftigen Verurteilung gemäß § 100 Abs. 3 BetrVG aufrecht, so kann der Betriebsrat beim Arbeitsgericht beantragen, dem Arbeitgeber aufzugeben, die personelle Maßnahme aufzuheben. Kommt der Arbeitgeber dem nicht nach, hat das Arbeitsgericht auf Antrag des Betriebsrates den Arbeitgeber zur Aufhebung der Maßnahme durch Zwangsgeld, das für jeden Tag der Zuwiderhandlung 500,00 DM betragen kann, anzuhalten.

§ 101 BetrVG erfaßt hiernach 3 Fälle. Zunächst ist der Fall erfaßt, daß 268
der Arbeitgeber eine **endgültige personelle Maßnahme** ohne Zustimmung des Betriebsrates durchführt. Hiermit ist gemeint, daß der Betriebsrat entweder gar nicht beteiligt wurde oder aber dieser seine Zustimmung nicht erteilt hat und auch das Arbeitsgericht die Zustimmung im Beschlußverfahren nicht ersetzt hat.

Das Verfahren nach § 101 BetrVG kommt weiter in Betracht, wenn 269
der Arbeitgeber eine **vorläufige personelle Maßnahme** aufrecht erhält, ohne den Betriebsrat überhaupt oder unverzüglich zu unterrichten oder nach zwar unverzüglicher Unterrichtung das Arbeitsgericht nicht innerhalb von 3 Tagen nach ablehnender Äußerung des Betriebsrats anruft.

Der dritte erfaßte Fall ist der, daß der Arbeitgeber die **vorläufige** 270
personelle Maßnahme über 2 Wochen nach rechtskräftiger negativer Entscheidung gemäß § 100 Abs. 3 BetrVG weiter aufrecht erhält.

Nach Auffassung des Bundesarbeitsgerichts hat der Arbeitgeber in 271
diesem Verfahren **nicht** mehr die Möglichkeit, hilfsweise die fehlende Zustimmung des Betriebsrates ersetzen zu lassen, oder aber geltend zu machen, in Wahrheit fehle ein Zustimmungsverweigerungsgrund[373]. Anderenfalls könnte der Arbeitgeber das Zustimmungsersetzungsverfahren gemäß § 99 BetrVG überspringen.

Das Arbeitsgericht entscheidet im **Beschlußverfahren.** Hierin sind 272
der Betriebsrat und der Arbeitgeber, nicht jedoch der betroffene Arbeitnehmer beteiligt[374].

---

[373] BAG vom 16. 7. 1985, AP Nr. 21 zu § 99 BetrVG 1972; BAG vom 21. 11. 1978, AP Nr. 3 zu § 101 BetrVG 1972; BAG vom 18. 7. 1978, AP Nr. 1 zu § 101 BetrVG 1972.
[374] BAG vom 27. 5. 1982, AP Nr. 3 zu § 80 ArbeitsGG 1979.

273 Liegt eine rechtskräftige Entscheidung vor, nach der der Arbeitgeber die personelle Maßnahme aufzuheben hat, muß er unverzüglich die tatsächlichen Konsequenzen aus der rechtsunwirksamen personellen Maßnahme ziehen. Geschieht dies nicht, kann der Betriebsrat nach rechtskräftiger Entscheidung beim Arbeitsgericht beantragen, den Arbeitgeber durch **Zwangsgeld** zur Befolgung der gerichtlichen Anordnung anzuhalten. Eine vorherige gerichtliche Androhung des Zwangsgeldes ist hierbei nicht erforderlich. Die Höhe des Zwangsgeldes darf für jeden Tag und jeden Fall der Zuwiderhandlung 500,00 DM nicht überschreiten. Im übrigen bestimmt das Gericht die Höhe des Zwangsgeldes nach freiem pflichtgemäßem Ermessen. Die Vollstreckung des Zwangsgeldes erfolgt von Amts wegen entsprechend den Vorschriften der ZPO[375].

274 Die Einleitung des Verfahrens gemäß **§ 23 Abs. 3 BetrVG** durch den Betriebsrat ist durch die Sondervorschrift des § 101 BetrVG ausgeschlossen, sofern es um die Beseitigung eines bereits eingetretenen mitbestimmungswidrigen Zustandes geht. Dies gilt ohne Rücksicht auf die Schwere des Verstoßes[376]. Der Betriebsrat hat jedoch die Möglichkeit, einen vorbeugenden Unterlassungsanspruch nach wiederholten groben Verstößen des Arbeitgebers gegen die §§ 99 oder 100 BetrVG geltend zu machen[377]. Dieser wird auf § 23 Abs. 3 BetrVG gestützt. Das Bundesarbeitsgericht hat bislang offen gelassen, ob unabhängig von dem Vorliegen grober Verstöße ein allgemeiner Unterlassungsanspruch gegenüber dem Arbeitgeber durchgesetzt werden kann, auf Einhaltung der Mitbestimmungsverfahren der §§ 99 und 100 BetrVG[378].

2. Beteiligungsrechte des Betriebsrats bei Kündigungen (§ 102 BetrVG)

275 § 102 BetrVG ordnet an, daß der Betriebsrat **vor** jeder Kündigung zu **hören** ist. Wegen der einschneidenden Bedeutung einer Kündigung für den einzelnen Arbeitnehmer wird dem Betriebsrat hierbei eine starke Rechtsstellung eingeräumt. Der Betriebsrat soll aus seiner Sicht zu der Kündigung und deren Begründung Stellung nehmen, damit der Arbeitgeber bei seiner Entscheidung den Widerspruch oder etwaige Bedenken des Betriebsrates berücksichtigen kann. Sinn und

---
375 *Fitting/Kaiser/Heither/Engels*, § 101 Rz. 4b.
376 BAG vom 17. 3. 1987, AP Nr. 7 zu § 23 BetrVG 1972.
377 BAG vom 7. 8. 1990, AP Nr. 82 zu § 99 BetrVG 1972; BAG vom 1. 8. 1989, AP Nr. 68 zu § 99 BetrVG 1972; BAG vom 17. 3. 1987, AP Nr. 7 zu § 23 BetrVG 1972.
378 BAG vom 3. 5. 1994, AP Nr. 23 zu § 23 BetrVG 1972.

VI. Personelle Einzelmaßnahmen   Rz. 279 **Teil I**

Zweck des Mitbestimmungsrechtes ist folglich auf den Willensbildungsprozeß des Arbeitgebers im Vorfeld der Kündigung einzuwirken, um gegebenenfalls den Ausspruch einer Kündigung verhindern zu können[379].

a) Anwendungsbereich

Die **Anwendbarkeit** von § 102 BetrVG setzt zunächst voraus, daß eine Kündigung in einem Betrieb ausgesprochen werden soll, in dem ein Betriebsrat aufgrund wirksamer Wahl existiert und funktionsfähig ist[380]. Eine Mindestbeschäftigtenzahl ist für die Beteiligung des Betriebsrates bei Kündigungen anders als bei den personellen Einzelmaßnahmen des § 99 BetrVG nicht vorgesehen.

276

Bei einer **nichtigen** Betriebsratswahl, die nur ausnahmsweise dann anzunehmen ist, wenn die Wahl an einem offensichtlichen schweren Mangel leidet[381], besteht kein Betriebsrat, so daß der Arbeitgeber eine Kündigung aussprechen kann, ohne den Betriebsrat zuvor angehört zu haben[382]. Gleiches gilt, wenn die Wahl wirksam angefochten wurde, vgl. § 19 Abs. 1 BetrVG, von der Rechtskraft dieser Entscheidung an.

277

Wurde ein Betriebsrat **erstmals gewählt**, ist er vom Zeitpunkt seiner Konstituierung ab zu beteiligen. Vor seiner Konstituierung besteht der Betriebsrat im betriebsverfassungsrechtlichen Sinne nicht[383]. Ein Betriebsrat besteht auch dann nicht, wenn seine Amtszeit gemäß § 21 Satz 1 BetrVG abgelaufen ist und ein neuer Betriebsrat nicht gewählt wurde. Gleiches gilt, sofern alle Betriebsratsmitglieder nach § 24 Abs. 1 BetrVG ihr Amt verloren haben oder aber im Falle der längeren Verhinderung eines ersatzlosen einköpfigen Betriebsrates[384].

278

Das Mitbestimmungsrecht greift auch dann nicht ein, wenn der Betriebsrat zu der Zeit, zu der die Kündigung ausgesprochen werden soll, nicht **funktionsfähig** ist, d. h. alle Mitglieder und Ersatzmitglieder gleichzeitig an der Ausübung ihres Amtes gehindert sind[385]. Besteht der Betriebsrat lediglich aus einem Betriebsratsmitglied und ist dieses arbeitsunfähig erkrankt, so läßt dies nicht gleichsam Rück-

279

---
379 BAG vom 13. 7. 1978, AP Nr. 17 zu § 102 BetrVG 1972.
380 *Fitting/Kaiser/Heither/Engels*, § 102 Rz. 4a; GK-*Kraft*, § 102 Rz. 4.
381 Vgl. hierzu Teil B Rz. 101 f.
382 BAG vom 27. 4. 1976, AP Nr. 4 zu § 19 BetrVG 1972.
383 BAG vom 23. 8. 1984, AP Nr. 36 zu § 102 BetrVG 1972; *Matthes* in: Münchener Handbuch zum Arbeitsrecht, Band 3, § 348 Rz. 25; *Fitting/Kaiser/Heither/Engels*, § 102 Rz. 4a.
384 *Fitting/Kaiser/Heither/Engels*, § 102 Rz. 4a; GK-*Kraft*, § 102 Rz. 6.
385 *Dietz/Richardi*, § 102 Rz. 29; GK-*Kraft*, § 102 Rz. 9; *Hess/Schlochauer/Glaubitz*, § 102 Rz. 16.

schlüsse auf die Amtsunfähigkeit des Betriebsratsmitgliedes zu. Nach Auffassung des Bundesarbeitsgerichts besteht eine Anhörungspflicht des Arbeitgebers zumindest dann, wenn der Arbeitgeber das erkrankte Betriebsratsmitglied wenige Tage vor Ausspruch der Kündigung in einer anderen Angelegenheit beteiligt hat[386]. Darüber hinaus dürfte es dem Arbeitgeber zumutbar sein, sofern nicht bereits eine Beteiligung des Betriebsrates trotz Erkrankung des einzigen Betriebsratsmitgliedes stattgefunden hat, mit dem Betriebsratsmitglied Kontakt aufzunehmen und sich zu erkundigen, ob er zur Ausübung der Amtsgeschäfte imstande ist, sofern dies nicht aufgrund der Schwere der Erkrankung offenkundig zu verneinen ist. Erklärt das Betriebsratsmitglied dem Arbeitgeber, amtsunfähig zu sein, kann dieser bis zum Ende der Arbeitsunfähigkeit davon ausgehen, daß Beteiligungsrechte des Betriebsrates für diese Zeit nicht bestehen[387].

280 Ist in einem mehrköpfigen Betriebsrat ein Teil der Betriebsratsmitglieder verhindert, der Betriebsrat aber trotz Einrückens der Ersatzmitglieder nicht beschlußfähig, so nimmt der Restbetriebsrat analog § 22 BetrVG die Mitbestimmungsrechte des Betriebsrates wahr; es tritt damit keine Funktionsunfähigkeit des Betriebsrates ein[388].

281 Will der Arbeitgeber **während** der **Betriebsferien** eine Kündigung aussprechen, so hat er zumindest zu versuchen, sich mit dem Vorsitzenden oder dem Stellvertreter in Verbindung zu setzen. Scheitert die Kontaktaufnahme, so ist der Betriebsrat für die Dauer der Betriebsferien als funktionsunfähig anzusehen, so daß die Kündigung ohne Anhörung des Betriebsrates erfolgen kann. Sind trotz der Betriebsferien noch Betriebsratsmitglieder vorhanden, sind diese in entsprechender Anwendung des § 22 BetrVG anzuhören[389].

281a Hat der Arbeitgeber den Betriebsrat aber schon **zu Beginn der Betriebsferien** i. S. d. § 102 BetrVG unterrichtet, läuft die Anhörungsfrist während der Betriebsferien nicht, die fehlenden Anhörungstage sind an das Ende der Betriebsferien anzuhängen[390].

282 § 102 BetrVG gilt nur für Kündigungen gegenüber Arbeitnehmern im Sinne des Betriebsverfassungsgesetzes. Gegenüber **leitenden Angestellten** besteht danach, da diese vom Geltungsbereich des Betriebsverfassungsgesetzes ausgenommen sind (vgl. § 5 Abs. 3 BetrVG), lediglich eine Informationspflicht gemäß **§ 105 BetrVG**. Hier kann sich

---
386 BAG vom 15. 11. 1984, AP Nr. 2 zu § 25 BetrVG 1972.
387 GK-*Kraft*, § 102 Rz. 10.
388 BAG vom 18. 8. 1982, AP Nr. 24 zu § 102 BetrVG 1972.
389 BAG vom 18. 8. 1982, AP Nr. 24 zu § 102 BetrVG 1972.
390 *Fitting/Kaiser/Heither/Engels*, § 102 Rz. 4a; GK-*Kraft*, § 102 Rz. 12.

VI. Personelle Einzelmaßnahmen   Rz. 285 **Teil I**

jedoch, sofern ein Sprecherausschuß gewählt ist, die Verpflichtung ergeben, diesen gemäß § 31 Abs. 2 BetrVG Sprecherausschußgesetz zu hören. Die Anhörung gemäß Sprecherausschußgesetz folgt denselben Grundsätzen wie die Anhörung gemäß § 102 BetrVG.

Die Verpflichtung zur Anhörung des Betriebsrates vor Ausspruch der Kündigung besteht ohne Rücksicht darauf, ob das **Kündigungsschutzgesetz** auf das Arbeitsverhältnis bereits Anwendung findet oder ob die Kündigung innerhalb der **Probezeit** ausgesprochen werden soll[391]. 283

Auch vor Ausspruch von Kündigungen gegenüber **ausländischen Arbeitnehmern** ist der Betriebsrat grundsätzlich zu hören. Dies gilt auch dann, sofern für den Arbeitsvertrag ausländisches Arbeitsvertragsrecht vereinbart ist, sofern der Betrieb im Inland, d. h. im räumlichen Geltungsbereich des Betriebsverfassungsgesetzes liegt[392]. Ist ein Arbeitnehmer in einen ausländischen Betrieb entsandt worden, so kommt es für die Anwendbarkeit des deutschen Betriebsverfassungsgesetzes darauf an, ob die Entsendung lediglich vorübergehend erfolgt ist. In diesem Fall besteht die Beteiligungspflicht gegenüber dem Betriebsrat des Betriebes, aus dem der Arbeitnehmer entsandt wurde, fort[393]. Auch die Kündigung von in Heimarbeit Beschäftigten bedarf der vorherigen Anhörung des Betriebsrates[394]. 284

Das Mitbestimmungsrecht des Betriebsrates vor Ausspruch von Kündigungen besteht für **jede Art** von **Kündigung,** auch für die Änderungskündigung[395]. Bei der außerordentlichen und der ordentlichen Kündigung handelt es sich um jeweils rechtlich selbständige Kündigungen, selbst wenn diese gleichzeitig, in Form der außerordentlichen, hilfsweise ordentlichen Kündigung, ausgesprochen werden. Die Anhörung zur außerordentlichen Kündigung ersetzt damit nicht die Anhörung zur hilfsweise ordentlichen Kündigung und umgekehrt[396]. 285

---

391 BAG vom 18. 5. 1994, AP Nr. 64 zu § 102 BetrVG 1972; BAG vom 11. 7. 1991, AP Nr. 57 zu § 102 BetrVG 1972; BAG vom 8. 9. 1988, AP Nr. 49 zu § 102 BetrVG 1972.
392 *Fitting/Kaiser/Heither/Engels*, § 102 Rz. 4; *GK-Kraft,* § 102 Rz. 21.
393 *Fitting/Kaiser/Heither/Engels*, § 102 Rz. 4; *Kittner* in: Däubler/Kittner/Klebe, § 102 Rz. 40.
394 *Fitting/Kaiser/Heither/Engels*, § 102 Rz. 5; KR-*Etzel*, § 102 BetrVG Rz. 11; GK-*Kraft,* § 102 Rz. 22.
395 BAG vom 10. 3. 1982, AP Nr. 2 zu § 2 KSchG 1969; *Fitting/Kaiser/Heither/Engels*, § 102 Rz. 6; GK-*Kraft,* § 102 Rz. 27.
396 BAG vom 16. 3. 1978, AP Nr. 15 zu § 102 BetrVG 1972; BAG vom 12. 8. 1976, AP Nr. 10 zu § 102 BetrVG 1972; *Fitting/Kaiser/Heither/Engels*, § 102 Rz. 31; *Matthes* in: Münchener Handbuch zum Arbeitsrecht, Band 3, § 348 Rz. 3; *Kittner* in: Däubler/Kittner/Klebe, § 102 Rz. 65; GK-*Kraft,* § 102 Rz. 27; *Dietz/Richardi*, § 102 Rz. 50.

286 **Schiebt** der Arbeitgeber nach einer bereits erklärten Kündigung weitere Kündigungen **nach**, ist hierfür jeweils die vorherige Anhörung des Betriebsrates erforderlich. Dies gilt selbst dann, wenn die erneute Kündigung auf denselben Sachverhalt wie die vorangegangene Kündigung gestützt wird. Die Einhaltung des Verfahrens gemäß § 102 BetrVG entfaltet nur Wirksamkeit hinsichtlich der Kündigung, für die sie vorgenommen wurde[397]. Nach Auffassung des Bundesarbeitsgerichts besteht die Verpflichtung zur erneuten Anhörung des Betriebsrates lediglich dann nicht, sofern er der ersten Kündigung zugestimmt hatte und die erneute Kündigung in einem engen zeitlichen Zusammenhang zu der vorherigen und aus denselben Gründen ausgesprochen wird[398].

287 Beinhaltet das vom Arbeitgeber im Zusammenhang mit einer Änderungskündigung ausgesprochene **Änderungsangebot** eine Versetzung oder Umgruppierung, so hat der Arbeitgeber in Betrieben mit in der Regel mehr als 20 wahlberechtigten Arbeitnehmern **auch** das Mitbestimmungsrecht des Betriebsrates nach § 99 BetrVG zu beachten[399]. Beide Verfahren können miteinander verbunden werden, jedoch hat der Arbeitgeber deutlich zu machen, daß er den Betriebsrat sowohl wegen der Änderungskündigung als auch wegen der Versetzung bzw. der Umgruppierung anhört[400].

288 Das Mitbestimmungsrecht des Betriebsrates gemäß § 102 BetrVG greift **lediglich bei Kündigungen** ein. Eine **Anhörung** des Betriebsrates ist danach **nicht** erforderlich bei der Beendigung eines Arbeitsverhältnisses durch Zeitablauf[401], bei der Beendigung des Arbeitsverhältnisses durch Aufhebungsvertrag[402], durch Kündigung seitens des Arbeitnehmers, durch Anfechtung und Geltendmachung der Nichtigkeit des Arbeitsvertrages sowie bei Arbeitsverhältnissen, die kraft Vereinbarung oder kraft Gesetzes ruhen, bei der Beendigung durch Eintritt einer Bedingung sowie im Falle des Verlangens des Betriebsrates auf

---

[397] BAG vom 20. 9. 1984, AP Nr. 80 zu § 626 BGB; BAG vom 16. 3. 1978, AP Nr. 15 zu § 102 BetrVG 1972; GK-*Kraft*, § 102 Rz. 27.
[398] BAG vom 16. 3. 1978, AP Nr. 15 zu § 102 BetrVG 1972; *Kittner* in: Däubler/Kittner/Klebe, § 102 Rz. 102; *Dietz/Richardi*, § 102 Rz. 44; *Fitting/Kaiser/Heither/Engels*, § 102 Rz. 31; GK-*Kraft*, § 102 Rz. 28.
[399] BAG vom 10. 3. 1982, AP Nr. 2 zu § 2 KSchG 1969; BAG vom 3. 11. 1977, AP Nr. 1 zu § 75b PersVG; *Dietz/Richardi*, § 102 Rz. 278 ff.; *Hess/Schlochauer/Glaubitz*, § 102 Rz. 17; KR-*Etzel*, § 102 BetrVG Rz. 30 ff.; GK-*Kraft*, § 102 Rz. 30; a. A. *Fitting/Kaiser/Heither/Engels*, § 102 Rz. 7.
[400] KR-*Etzel*, § 102 BetrVG Rz. 31; GK-*Kraft*, § 102 Rz. 30.
[401] BAG vom 24. 10. 1979, AP Nr. 49 zu § 620 BGB befristeter Arbeitsvertrag; BAG vom 15. 3. 1978, AP Nr. 45 zu § 620 BGB befristeter Arbeitsvertrag.
[402] BAG vom 30. 9. 1993, AP Nr. 37 zu § 123 BGB.

VI. Personelle Einzelmaßnahmen

Entfernung eines betriebsstörenden Arbeitnehmers gemäß § 104 BetrVG[403]. Darüber hinaus sieht das Bundesarbeitsgericht die Anhörung auch in dem Fall als entbehrlich an, daß der Betriebsrat außerhalb des Anwendungsbereiches von § 104 BetrVG vom Arbeitgeber die Kündigung oder Änderungskündigung eines Arbeitnehmers verlangt[404].

Hinsichtlich der **Befristung** des Arbeitsverhältnisses ist weiter zu differenzieren. Ist die Befristung zulässig, d. h. entweder durch einen sachlichen Grund gerechtfertigt oder aber in Anwendung des Beschäftigungsförderungsgesetzes vereinbart, so endet das Arbeitsverhältnis mit Zeitablauf, so daß keine Kündigung vorliegt und es damit einer Anhörung des Betriebsrates nicht bedarf. Ist die Befristung dagegen unzulässig, so endet das Arbeitsverhältnis nicht mit dem bloßen Ablauf des vereinbarten Zeitraumes, wenn sich der Arbeitnehmer auf die Unwirksamkeit der Befristung beruft. Der Arbeitgeber hat in diesem Fall eine Kündigung auszusprechen, auf die § 102 BetrVG uneingeschränkt Anwendung findet. Die Erklärung des Arbeitgebers, das Arbeitsverhältnis werde unter Berufung auf die Befristung nicht verlängert bzw. laufe aus, enthält in aller Regel nicht die Erklärung einer Kündigung. Anderes gilt nach Auffassung des Bundesarbeitsgerichts dann, wenn Streit über die Wirksamkeit der Befristung besteht und der Arbeitgeber an seinem Standpunkt festhält. Dieses Verhalten kann als vorsorgliche Kündigung verstanden werden, die allerdings für ihre Wirksamkeit der vorherigen Anhörung des Betriebsrates gemäß § 102 BetrVG bedarf[405].

289

Die Einhaltung der Verpflichtung zur Anhörung des Betriebsrates vor Ausspruch der Kündigung ist deshalb für den Arbeitgeber wichtig, weil jede Kündigung, die unter Mißachtung der Vorschrift des § 102 BetrVG ausgesprochen wird, von vorne herein **unwirksam** ist[406]. Der Arbeitgeber trägt danach das Risiko, daß eine ohne Beteiligung des Betriebsrates ausgesprochene Kündigung möglicherweise erst im

290

---
403 GK-*Kraft*, § 102 Rz. 25 f.; *Fitting/Kaiser/Heither/Engels*, § 102 Rz. 10.
404 BAG vom 15. 5. 1997, demnächst EZA § 102 BetrVG 1972 Nr. 99.
405 BAG vom 28. 10. 1986, AP Nr. 32 zu 118 BetrVG 1972; BAG GS vom 12. 10. 1960, AP Nr. 16 zu § 620 BGB befristeter Arbeitsvertrag; vgl. auch BAG vom 26. 4. 1979, AP Nr. 47 zu § 620 BGB befristeter Arbeitsvertrag; BAG vom 15. 3. 1978, AP Nr. 45 zu § 620 BGB befristeter Arbeitsvertrag; GK-*Kraft*, § 102 Rz. 31; *Fitting/Kaiser/Heither/Engels*, § 102 Rz. 11; KR-*Etzel*, § 102 Rz. 40; *Hess/Schlochauer/Glaubitz*, § 102 Rz. 14.
406 BAG vom 5. 2. 1981, AP Nr. 1 zu § 72 LPVG NW; BAG vom 28. 9. 1978, AP Nr. 19 zu § 102 BetrVG 1972; BAG vom 16. 3. 1978, AP Nr. 15 zu § 102 BetrVG 1972; BAG vom 4. 8. 1975, AP Nr. 4 zu § 102 BetrVG 1972; BAG vom 28. 2. 1974, AP Nr. 2 zu § 102 BetrVG 1972.

Kündigungsschutzverfahren Monate später für unwirksam erklärt wird und er hinsichtlich einer neu auszusprechenden Kündigung unter Beteiligung des Betriebsrates erneut die Kündigungsfrist einzuhalten hat. Auf ein Verschulden des Arbeitgebers im Hinblick auf die Nowendigkeit der Anhörung des Betriebsrates kommt es nicht an[407].

291 Die **Unwirksamkeit** einer ohne die Anhörung des Betriebsrates ausgesprochene Kündigung kann durch den Arbeitnehmer gemäß § 13 Abs. 3 KSchG jederzeit geltend gemacht werden. Diskutiert wird lediglich der Eintritt von Verwirkung des Rechts zur Geltendmachung der fehlenden oder fehlerhaften Anhörung des Betriebsrates, sofern der betroffene Arbeitnehmer sich für einen längeren Zeitraum auf die fehlende Anhörung des Betriebsrates nicht beruft[408].

292 § 102 Abs. 1 Satz 3 BetrVG bestimmt, daß die ohne Anhörung des Betriebsrates ausgesprochene Kündigung unwirksam ist. Es entspricht jedoch allgemeiner Auffassung, daß eine Kündigung, die aufgrund **mangelhafter** Anhörung des Betriebsrates ausgesprochen wird, ebenfalls unwirksam ist. Das Risiko der ordnungsgemäßen Anhörung des Betriebsrates trägt allein der Arbeitgeber. Auch eine Stellungnahme des Betriebsrates ist nicht geeignet, Fehler des Arbeitgebers bei der Anhörung zu heilen[409].

293 Eine **nachträglich,** nach Ausspruch der Kündigung, erfolgte **Zustimmung** des Betriebsrates heilt eine ohne vorherige Anhörung des Betriebsrates bzw. aufgrund mangelhafter Anhörung des Betriebsrates ausgesprochene Kündigung nicht[410].

294 Eine **Frist** für den **Ausspruch** der **Kündigung** nach Erhalt der Mitteilung des Betriebsrates auf die erfolgte Anhörung enthält das Gesetz nicht. Nach Auffassung des Bundesarbeitsgerichts ist der Arbeitgeber jedoch gehindert, eine Kündigung erst geraume Zeit nach der Anhörung des Betriebsrates auszusprechen, sofern sich der Kündigungssachverhalt inzwischen geändert hat[411].

---

407 KR-*Etzel*, § 102 Rz. 107a; *Fitting/Kaiser/Heither/Engels*, § 102 Rz. 25.
408 Vgl. ArbG Bielefeld, NZA 1985, 187; *Fitting/Kaiser/Heither/Engels*, § 102 Rz. 25a.
409 BAG vom 15. 2. 1981, AP Nr. 1 zu § 72 LPVG NW; BAG vom 28. 9. 1978, AP Nr. 19 zu § 102 BetrVG 1972.
410 BAG vom 18. 9. 1975, AP Nr. 6 zu § 102 BetrVG 1972; BAG vom 28. 2. 1974, AP Nr. 2 zu § 102 BetrVG 1972; GK-*Kraft*, § 102 Rz. 37; *Hess/Schlochauer/Glaubitz*, § 102 Rz. 19; *Dietz/Richardi*, § 102 Rz. 100; *Fitting/Kaiser/Heither/Engels*, § 102 Rz. 27.
411 BAG vom 26. 5. 1977, AP Nr. 14 zu § 102 BetrVG 1972.

VI. Personelle Einzelmaßnahmen   Rz. 298 **Teil I**

b) Die ordnungsgemäße Einleitung des Anhörungsverfahrens durch den Arbeitgeber

§ 102 BetrVG bestimmt, daß der Betriebsrat vor jeder Kündigung zu hören ist und daß eine ohne Anhörung des Betriebsrates ausgesprochene Kündigung unwirksam ist. Eine Kündigung kann hiernach erst dann wirksam ausgesprochen werden, wenn das **Anhörungsverfahren** seitens des Arbeitgebers **ordnungsgemäß eingeleitet** wurde und wenn es **ordnungsgemäß abgeschlossen** wurde. Das Anhörungsverfahren muß in jedem Fall abgeschlossen sein, bevor die Kündigung ausgesprochen wird. 295

Eine schriftliche Kündigung ist dann ausgesprochen, wenn das Kündigungsschreiben den Machtbereich des Arbeitgebers verlassen hat, insbesondere zur Post gegeben ist[412]. Auch in **Eilfällen** kann auf das Erfordernis der Anhörung des Betriebsrates vor Ausspruch der Kündigung nicht verzichtet werden. Es kommt in diesen Fällen auch keine Verkürzung der gesetzlichen Fristen des Betriebsrats zur Stellungnahme in Betracht[413]. Soll die Kündigung an einem bestimmten Termin ausgesprochen werden, so hat der Arbeitgeber das Anhörungsverfahren so rechtzeitig einzuleiten, daß es in jedem Fall noch vor diesem Zeitpunkt abgeschlossen werden kann. 296

§ 102 Abs. 2 BetrVG konkretisiert die Zeitspanne, die der Arbeitgeber grundsätzlich zwischen der Unterrichtung des Betriebsrates und dem Ausspruch der Kündigung abwarten muß. Bei **ordentlichen Kündigungen** hat der Betriebsrat eine Überlegungsfrist von **einer Woche**, bei **außerordentlichen Kündigungen** eine solche von längstens **3 Tagen**. Der Betriebsrat ist nicht verpflichtet, sich zu der beabsichtigten Kündigung zu äußern. Das Anhörungsverfahren ist ordnungsgemäß abgeschlossen, und damit der Weg frei für die beabsichtigte Kündigung, wenn der Betriebsrat sich innerhalb der in Abs. 2 Satz 1 und 3 genannten Fristen überhaupt nicht geäußert hat, oder aber, gegebenenfalls auch vor Ablauf der Fristen, wenn dem Arbeitgeber eine endgültige Stellungnahme durch den Vorsitzenden, im Verhinderungsfall durch den Stellvertreter oder ein bevollmächtigtes Betriebsratsmitglied übermittelt worden ist. Die Stellungnahme kann eine Zustimmung des Betriebsrates, allgemeine Bedenken oder einen förmlichen Widerspruch beinhalten. 297

Der Betriebsrat hat auch die Möglichkeit, zu der Kündigungsabsicht des Arbeitgebers nicht sachlich Stellung zu nehmen, sondern ledig- 298

---
412 BAG vom 13. 11. 1975, AP Nr. 7 zu § 102 BetrVG 1972.
413 BAG vom 29. 3. 1977, AP Nr. 11 zu § 102 BetrVG 1972; BAG vom 13. 11. 1975, AP Nr. 7 zu § 102 BetrVG 1972.

lich zu erklären, er **wolle sich nicht äußern** und somit von der gesetzlichen Möglichkeit, den Entschluß des Arbeitgebers zu beeinflussen, keinen Gebrauch zu machen. Die Erklärung des Betriebsrates ist sodann auszulegen im Hinblick auf die Frage, ob die Äußerung als abschließend angesehen werden kann. Dabei ist der bisherigen Übung des Betriebsrates in solchen Fällen maßgebliches Gewicht beizumessen[414]. Solange keine abschließende Äußerung des Betriebsrates vorliegt, kann der Arbeitgeber, wenn die gesetzlichen Fristen des Betriebsrates zur Stellungnahme nicht abgelaufen sind, nicht ohne das Risiko kündigen, daß diese Kündigung wegen mangelhafter Anhörung des Betriebsrates für unwirksam erklärt wird.

299 Bei der **außerordentlichen Kündigung** hat der Arbeitgeber neben der Bemessung der Fristen für die Reaktion des Betriebsrates zu beachten, daß die Anhörung so rechtzeitig stattfindet, daß die Kündigung selbst noch innerhalb der Frist des § 626 Abs. 2 BGB zugehen kann[415]. § 626 Abs. 2 BGB verlangt neben dem Vorliegen eines wichtigen Grundes den Ausspruch der Kündigung binnen 2 Wochen nach Kenntnis des Kündigungsberechtigten von den für die Kündigung maßgebenden Tatsachen. Praktisch bedeutet dies für den Arbeitgeber, daß die Mitteilung an den Betriebsrat, die das Anhörungsverfahren einleitet, spätestens am 10. Tag nach Kenntnis der die Kündigung begründenden Tatsachen dem Betriebsrat zugegangen sein muß, damit sichergestellt ist, daß bei Ausschöpfen der 3-Tages-Frist durch den Betriebsrat der Zugang der Kündigung am 14. Tag erfolgen kann.

300 **Träger** des **Mitbestimmungsrechtes** ist der Betriebsrat, nicht der Gesamt- oder Konzernbetriebsrat. Eine Zuständigkeit von Gesamt- oder Konzernbetriebsrat kann sich nur ergeben, wenn der Betriebsrat ihnen die Zuständigkeit ausdrücklich übertragen hat. Eine derartige Delegation kann jedoch nur für den Einzelfall erfolgen[416]. Selbst im Fall, daß ein Arbeitgeber einen Betrieb gemäß § 613a BGB veräußert und ein Arbeitnehmer dem Übergang seines Beschäftigungsverhältnisses auf den Erwerber widerspricht, ist für die danach wegen fehlender Weiterbeschäftigungsmöglichkeit ausgesprochene Kündigung nicht der Gesamtbetriebsrat zuständig. Im entschiedenen Fall hatte der Arbeitgeber, da er den Arbeitnehmer wegen des Fehlens eines

---

414 LAG Hamm, DB 1983, 48; *Fitting/Kaiser/Heither/Engels*, § 102 Rz. 32a; *Dietz/Richardi*, § 102 Rz. 85; *Hess/Schlochauer/Glaubitz*, § 102 Rz. 82; KR-*Etzel*, § 102 BetrVG 103; **a. A.** ArbG Hamburg, DB 1983, 2145.
415 *Fitting/Kaiser/Heither/Engels*, § 102 Rz. 30; *Hess/Schlochauer/Glaubitz*, § 102 Rz. 21; KR-*Etzel*, § 102 BetrVG Rz. 79; GK-*Kraft*, § 102 Rz. 41.
416 LAG Düsseldorf, DB 1984, 937; KR-*Etzel*, § 102 BetrVG Rz. 48; GK-*Kraft*, § 102 Rz. 44.

VI. Personelle Einzelmaßnahmen
Rz. 302 **Teil I**

Arbeitsplatzes keinem seiner Betriebe zuordnen konnte, den Gesamtbetriebsrat vor der Kündigung angehört. Das Bundesarbeitsgericht betonte, daß eine Zuständigkeit des Gesamtbetriebsrates außer in dem Fall der Delegation nur in Betracht kommen kann, wenn ein Arbeitsverhältnis **mehreren** Betrieben des Unternehmens gleichzeitig zuzuordnen ist[417]. Hört der Arbeitgeber den falschen Betriebsrat an, ist die Kündigung wegen fehlerhafter Anhörung des Betriebsrates unwirksam[418].

Da der Betriebsrat Träger des Mitbestimmungsrechtes ist, muß die Anhörung gegenüber denjenigen Personen erfolgen, die allgemein oder im Einzelfall berechtigt sind, für den Betriebsrat Erklärungen entgegenzunehmen. Anderenfalls kann die Kenntnis der mitgeteilten Tatsachen dem Betriebsrat nicht zugerechnet werden[419]. Die Anhörung ist danach grundsätzlich dem **Betriebsratsvorsitzenden,** bei dessen Verhinderung dem **Stellvertreter** zur Kenntnis zu bringen. Ist ein Ausschuß zur selbständigen Entscheidung oder Vorbereitung der Reaktion des Betriebsrates berufen, ist die Mitteilung an dessen Vorgesetzten bei seiner Verhinderung ebenfalls an den Stellvertreter zu richten. Der Betriebsrat oder der zuständige Ausschuß können aber auch ein anderes Betriebsratsmitglied zur Entgegennahme der Mitteilung des Arbeitgebers ermächtigen. Von einer stillschweigenden Ermächtigung kann der Arbeitgeber ausgehen, wenn der Betriebsrat die Mitteilung an ein Betriebsratsmitglied wiederholt unwidersprochen hat genügen lassen[420]. Lediglich dann, wenn die zur Entgegennahme ermächtigten Betriebsratsmitglieder verhindert sind und der Betriebsrat für diesen Fall keine Vorkehrungen getroffen hat, ist der Arbeitgeber berechtigt, die Information nach § 102 BetrVG einem beliebigen anderen Betriebsratsmitglied zu übermitteln[421]. 301

Erhält ein nicht zur Empfangnahme berechtigtes Betriebsratsmitglied die Information des Arbeitgebers, so ist dieses lediglich **Bote** des Arbeitgebers. Der Arbeitgeber trägt danach das Übermittlungsrisiko, d. h. das Risiko, daß die Mitteilung dem gesamten Betriebsrat zur Kenntnis gebracht wird. Zudem beginnen die Fristen des § 102 302

---

417 BAG vom 21. 3. 1996 – 2 AZR 559/95.
418 LAG Düsseldorf, DB 1984, 937.
419 BAG vom 27. 6. 1985, AP Nr. 37 zu § 102 BetrVG 1972; BAG vom 27. 8. 1974, AP Nr. 1 zu § 72 PersVG Niedersachsen.
420 GK-*Kraft* § 102 Rz. 45; *Hess/Schlochauer/Glaubitz,* § 102 Rz. 53; *Dietz/Richardi,* § 102 Rz. 64.
421 LAG Frankfurt, BB 1977, 1048; *Dietz/Richardi,* § 102 Rz. 65; *Fitting/Kaiser/Heither/Engels,* § 102 Rz. 14; GK-*Kraft,* § 102 Rz. 45.

Abs. 2 BetrVG erst dann zu laufen, wenn die Mitteilung dem empfangsberechtigten Betriebsratsmitglied zugeht[422].

303 Grundsätzlich hat die Unterrichtung des Betriebsrates während der Arbeitszeit und in den Betriebsräumen stattzufinden. Nimmt das zur Entgegennahme ermächtigte Betriebsratsmitglied die Mitteilung des Arbeitgebers außerhalb der Arbeitszeit oder außerhalb der Betriebsräume widerspruchslos entgegen, wird die Frist des § 102 Abs. 2 BetrVG zu diesem Zeitpunkt in Lauf gesetzt[423].

304 Der Betriebsrat muß aus der Mitteilung des Arbeitgebers entnehmen können, daß er zu einer beabsichtigten, noch bevorstehenden Kündigung gehört werden soll[424]. Eine **Information** des Betriebsrates nach **§ 105 BetrVG** kann nicht ohne weiteres in eine **Anhörung** gemäß **§ 102 BetrVG umgedeutet** werden, falls sich im nachhinein herausstellt, daß der gekündigte Arbeitnehmer kein leitender Angestellter ist[425]. In praxi empfiehlt es sich immer, sofern nicht zweifelsfrei sicher ist, daß der zu kündigende Arbeitnehmer leitender Angestellter ist – und diese Fälle sind selten – den Betriebsrat rechtsvorsorglich gemäß § 102 BetrVG anzuhören und gemäß § 105 BetrVG zu informieren. Häufig erleben Arbeitgeber in Kündigungsschutzprozessen die Überraschung, daß das Gericht den gekündigten Arbeitnehmer nicht für einen leitenden Angestellten hält, so daß die Kündigung aus diesem Grund für unwirksam erklärt wird.

305 Wie ausgeführt bewirken Mängel im Anhörungsverfahren die Unwirksamkeit der ausgesprochenen Kündigung. Ein **Mangel** in der Einleitung des **Anhörungsverfahrens** liegt nicht nur dann vor, wenn der Arbeitgeber die Mitteilung überhaupt unterlassen oder er sie zu spät gemacht hat. Auch wenn die Anhörung nicht den vorgeschriebenen Inhalt aufweist, ist die später ausgesprochene Kündigung unwirksam[426].

306 Erhält der Betriebsrat während des Anhörungsverfahrens aufgrund **eigener Nachforschung** von notwendigen Tatsachen Kenntnis, die der Arbeitgeber ihm im Rahmen der Anhörung hätte mitteilen müssen, wird hierdurch der Mangel des Anhörungsverfahrens nicht ge-

---

422 BAG vom 27. 8. 1974, AP Nr. 1 zu § 72 PersVG Niedersachsen; *Fitting/Kaiser/Heither/Engels,* § 102 Rz. 14; *Hess/Schlochauer/Glaubitz,* § 102 Rz. 53; KR-*Etzel,* § 102 Rz. 85.
423 BAG vom 27. 8. 1982, AP Nr. 25 zu § 102 BetrVG 1972.
424 BAG vom 18. 9. 1975, AP Nr. 6 zu § 102 BetrVG 1972.
425 BAG vom 18. 9. 1975, AP Nr. 6 zu § 102 BetrVG 1972; BAG vom 7. 12. 1979, AP Nr. 21 zu § 102 BetrVG 1972; BAG vom 26. 5. 1977, AP Nr. 13 zu § 102 BetrVG 1972.
426 Zum notwendigen Inhalt der Anhörung vgl. unten Rz. 309 ff.

heilt⁴²⁷. Anderes gilt, sofern der Arbeitgeber selbst die Anhörung durch nachträgliche Mitteilung, sei es aufgrund einer Nachfrage des Betriebsrates, vervollständigt⁴²⁸.

Treten **auf Seiten** des **Betriebsrates** in der Behandlung der vom Arbeitgeber vollständig und fristgerecht übermittelten Anhörung **Fehler** auf, wie z. B. bei der Einladung zur Sitzung, in der über die beabsichtigte Kündigung Beschluß gefaßt werden soll, bei der Beschlußfassung selbst, oder bei der Weitergabe der Anhörung vom Betriebsratsvorsitzenden an den Betriebsrat, so betreffen diese Mängel grundsätzlich den Verantwortungsbereich des Betriebsrates. Dem Arbeitgeber können Fehler dieser Art nicht zugerechnet werden, so daß die danach ausgesprochene Kündigung nicht wegen fehlerhafter Betriebsratsanhörung unwirksam ist. Dies gilt nach Auffassung des Bundesarbeitsgerichts auch dann, wenn der Arbeitgeber Kenntnis von den Mängeln hat⁴²⁹. Ein allein dem Risikobereich des Betriebsrat zuzurechnender Fehler liegt allerdings dann nicht vor, wenn der Arbeitgeber den Fehler selbst veranlaßt hat. Ein solcher Fall liegt etwa vor, wenn er dem Betriebsrat als Gremium keine Gelegenheit zur ordentlichen Beschlußfassung gibt⁴³⁰ oder aber, wenn der Arbeitgeber den Betriebsratsvorsitzenden auffordert, den Beschluß über die Stellungnahme zur beabsichtigten Kündigung im Umlaufverfahren herbeizuführen, d. h. in einem schriftlichen Verfahren ohne das Stattfinden einer Sitzung und einer gemeinsamen Beschlußfassung des Betriebsrates, oder aber wenn der Arbeitgeber bewußt auf eine fehlerhafte Zusammensetzung des Betriebsrates bei der Beschlußfassung hinwirkt⁴³¹. 307

Ein **Mangel** in der Behandlung durch den Betriebsrat ist auch dann für den Arbeitgeber erkennbar, wenn er unmittelbar nach der Mitteilung der Kündigungsabsicht an den Betriebsratsvorsitzenden von diesem die Erklärung erhält, er stimme der beabsichtigten Kündigung zu, so daß ohne weiteres ersichtlich ist, daß dem keine ordnungsgemäße Beschlußfassung des Betriebsrates als Gremium vorausgegangen ist⁴³². 308

---

427 BAG vom 6. 2. 1997 – 2 AZR 265/96.
428 BAG vom 6. 2. 1997 – 2 AZR 265/96.
429 BAG vom 2. 4. 1976, AP Nr. 9 zu § 102 BetrVG 1972; BAG vom 4. 8. 1975, AP Nr. 4 zu § 102 BetrVG 1072.
430 BAG vom 24. 3. 1977, AP Nr. 12 zu § 102 BetrVG 1972.
431 *Hess/Schlochauer/Glaubitz,* § 102 Rz. 78; KR-*Etzel,* § 102 BetrVG Rz. 115 f.; GK-*Kraft,* § 102 Rz. 72.
432 BAG vom 28. 3. 1974, AP Nr. 3 zu § 102 BetrVG 1972; BAG vom 28. 2. 1974, AP Nr. 2 zu § 102 BetrVG 1972.

c) **Der materiellrechtliche Inhalt der Mitteilungspflicht**

309 Der Arbeitgeber hat den Betriebsrat zunächst über die Person des zu entlassenden Arbeitnehmers zu unterrichten. Hierbei hat er die **Personalien** anzugeben, wobei es ausreicht, daß es dem Betriebsrat möglich ist, den zu kündigenden Arbeitnehmer zu bestimmen[433]. Die Anhörung kann sich auf mehrere Arbeitnehmer gleichzeitig beziehen. Unzulässig ist jedoch die rein vorsorgliche Anhörung im Hinblick auf „eventuell" notwendig werdende Entlassungen[434].

310 Der Arbeitgeber hat ferner die **Art** der beabsichtigten **Kündigung** anzugeben. Will er bei einer außerordentlichen Kündigung hilfsweise ordentlich kündigen, so ist dies dem Betriebsrat mitzuteilen. Nur wenn der Betriebsrat klar erkennen kann, welche Art von Kündigung beabsichtigt ist, kann er seine Aufgabe im Rahmen des Anhörungsverfahrens optimal erfüllen[435]. Anzugeben sind bei der ordentlichen Kündigung ferner **Kündigungsfrist** und Kündigungstermin[436]. Bei der außerordentlichen Kündigung ist die Angabe von Kündigungsfrist und Beendigungstermin entbehrlich, da sich bereits aus der Art der Kündigung ergibt, daß sie unverzüglich nach Abschluß des Anhörungsverfahren ausgesprochen werden soll und das Arbeitsverhältnis mit Zugang der Kündigung als beendet angesehen wird. Desgleichen reicht es auch bei der außerordentlichen, hilfsweise ordentlich ausgesprochenen Kündigung, wenn hierin angegeben wird, das Arbeitsverhältnis solle zum nächst zulässigen Zeitpunkt beendet werden.

311 **Nicht ausreichend** ist es allerdings, wenn der Arbeitgeber offenläßt, wann, unter Einhaltung welcher Kündigungsfrist und zu welchem Zeitpunkt die Kündigung ausgesprochen werden soll[437]. Nach einer neuen Entscheidung des Bundesarbeitsgerichts ist jedoch auch bei der ordentlichen Kündigung die Angabe der Kündigungsfrist entbehrlich, sofern diese dem Betriebsrat bekannt ist, da sie sich aus dem anwendbaren Tarifvertrag ergibt[438].

---

433 GK-*Kraft*, § 102 Rz. 47; *Dietz/Richardi*, § 102 Rz. 50; *Hess/Schlochauer/Glaubitz*, § 102 Rz. 47; KR-*Etzel*, § 102 BetrVG Rz. 58.
434 LAG Hamm, DB 1977, 1515; LAG Düsseldorf, DB 1974, 1918.
435 BAG vom 29. 8. 1991, AP Nr. 58 zu § 102 BetrVG 1972; BAG vom 12. 8. 1976, AP Nr. 10 zu § 102 BetrVG 1972.
436 BAG vom 15. 12. 1994, AP Nr. 67 zu § 1 KSchG 1969 betriebsbedingte Kündigung; BAG vom 16. 9. 1993, AP Nr. 62 zu § 102 BetrVG 1972; BAG vom 29. 3. 1990, AP Nr. 56 zu § 102 BetrVG 1972; BAG vom 21. 8. 1990, AP Nr. 3 zu § 72 LPVG NW.
437 KR-*Etzel*, § 102 BetrVG Rz. 59a; GK-*Kraft*, § 102 Rz. 53; *Fitting/Kaiser/Heither/Engels*, § 102 Rz. 16.
438 BAG vom 7. 11. 1996, – 2 AZR 720/95.

VI. Personelle Einzelmaßnahmen
Rz. 314 Teil I

Keinen Kündigungstermin kann der Arbeitgeber dem Betriebsrat benennen, wenn er vor Ausspruch der Kündigung noch die Zustimmung einer anderen Stelle, wie z. B. der obersten Landesbehörde nach § 9 Abs. 3 Mutterschutzgesetz oder aber der Hauptfürsorgestelle nach § 15 Schwerbehindertengesetz einzuholen hat. In diesem Fall reicht es, wenn er den Betriebsrat auf die einzuholende Zustimmung hinweist. Dieser Hinweis kann nur dahin verstanden werden, daß bis zum Ausspruch der Kündigung einige Zeit vergehen kann, daß jedoch alsbald nach der Erteilung der Zustimmung die Kündigung zum nächstmöglichen Kündigungstermin ausgesprochen werden soll. In diesem Fall braucht der Arbeitgeber bei unverändertem Sachverhalt den Betriebsrat nach Erteilung der Zustimmung nicht erneut zu beteiligen, selbst wenn das Zustimmungsverfahren jahrelang dauert[439]. Zu empfehlen ist jedoch den umgekehrten Weg zu gehen und zunächst die Stelle anzuhören, die ihre Zustimmung zu der auszusprechenden Kündigung erteilen muß und unmittelbar nach Erhalt der Zustimmung den Betriebsrat anzuhören. Dies ermöglicht es dem Betriebsrat, die Ansicht der Hauptfürsorgestelle in seine eigene Meinungsbildung einzubeziehen. Darüber hinaus erspart der Arbeitgeber sich hiermit die möglicherweise unnütze Beteiligung des Betriebsrates, sofern die Zustimmung zur auszusprechenden Kündigung von der zu beteiligenden Stelle nicht erteilt wird.

312

Der Arbeitgeber hat dem Betriebsrat ferner die **Kündigungsgründe** mitzuteilen. Hierunter sind nicht nur die wichtigsten Kündigungsgründe zu verstehen. Der Arbeitgeber hat den Betriebsrat vielmehr über alle Gesichtspunkte, sowohl Tatsachen als auch subjektive Vorstellungen, zu unterrichten, die ihm bisher bekannt sind und auf die er die Kündigung stützen will[440]. Es müssen dem Betriebsrat nicht alle **objektiv** kündigungsrechtlich erheblichen Tatsachen mitgeteilt werden, sondern die vom Arbeitgeber für die Kündigung als ausschlaggebend angesehenen Umstände. Es gilt der Grundsatz der „subjektiven Determinierung"[441].

313

Der Arbeitgeber hat dem Betriebsrat danach **alle** die **Gründe** mitzuteilen, die nach seiner Auffassung den Schluß rechtfertigen, der Arbeitnehmer sei zu kündigen. Hierbei hat der Arbeitgeber dem Betriebsrat sowohl belastende als auch entlastende Umstände mitzuteilen. Eine Anhörung unter Verschweigen entlastender Umstände wäre keine ordnungsgemäße Betriebsratsanhörung und würde die Unwirksam-

314

---
439 BAG vom 10. 5. 1994, EzA § 611b BGB Abmahnung Nr. 31.
440 *Fitting/Kaiser/Heither/Engels,* § 102 Rz. 18; KR-*Etzel,* § 102 Rz. 62.
441 BAG vom 22. 9. 1994, AP Nr. 68 zu § 102 BetrVG 1972; BAG vom 11. 7. 1991, AP Nr. 57 zu § 102 BetrVG 1972.

keit der Kündigung nach sich ziehen. Das gleiche gilt, sofern der Arbeitgeber dem Betriebsrat den Sachverhalt bewußt irreführend schildert[442].

315 Die maßgebenden Tatsachen muß der Arbeitgeber dem Betriebsrat **substantiiert** mitteilen. Bloße Werturteile oder schlagwortartige Angaben von Kündigungsgründen, wie z. B. die Angabe der Arbeitsverweigerung reichen grundsätzlich nicht aus[443]. Hat der Arbeitgeber den Betriebsrat aber bereits vor dem Anhörungsverfahren erschöpfend über die Kündigungsgründe unterrichtet, kann er im Anhörungsverfahren pauschal hierauf verweisen[444].

316 Wird die Kündigung auf andere als dem Betriebsrat mitgeteilte Gründe gestützt, die dem Arbeitgeber bei Ausspruch der Kündigung bekannt waren, so sind diese zugunsten des Arbeitgebers nicht zu berücksichtigen. Die Überprüfung des Arbeitsgerichts im Kündigungsschutzprozeß beschränkt sich auf die dem Betriebsrat mitgeteilten Gründe. Dies gilt selbst dann, wenn der Betriebsrat der Kündigung aus den mitgeteilten Gründen zugestimmt hatte[445]. Der Arbeitgeber kann im Rechtsstreit andere Kündigungsgründe zwar **nachschieben**. Dies setzt jedoch voraus, daß die Gründe zum Zeitpunkt der Kündigung bereits vorlagen, dem Arbeitgeber aber noch nicht bekannt waren und dieser den Betriebsrat erneut anhört, bevor er die Gründe im Rahmen des Kündigungsschutzprozesses nachschiebt. Einer erneuten Kündigung bedarf es dann nicht[446].

317 Ob die dem Betriebsrat mitgeteilten Gründe eine **Kündigung rechtfertigen,** wird erst im Kündigungsschutzprozeß von den Arbeitsgerichten überprüft. Der Arbeitgeber kommt seiner Informationspflicht nach, wenn er alle Umstände, die die Kündigung begründen, so genau und umfassend darlegt, daß der Betriebsrat ohne eigene Nachforschungen in der Lage ist, selbst die Stichhaltigkeit der Kündigungsgründe zu prüfen und sich über seine Stellungnahme schlüssig zu werden[447].

---

442 BAG vom 9. 3. 1995, NzA 1995, 678; BAG vom 22. 9. 1994, NzA 1995, 363.
443 KR-*Etzel*, § 102 BetrVG Rz. 62; *Fitting/Kaiser/Heither/Engels*, § 102 Rz. 18.
444 BAG vom 19. 5. 1993, AP Nr. 31 zu § 2 KSchG 1969.
445 BAG vom 26. 9. 1991, AP Nr. 28 zu § 1 KSchG 1969; BAG vom 3. 2. 1982, AP Nr. 1 zu § 72b PersVG; BAG vom 1. 4. 1981, AP Nr. 23 zu § 102 BetrVG 1972.
446 BAG vom 11. 4. 1985, AP Nr. 39 zu § 102 BetrVG 1972; *Fitting/Kaiser/Heither/Engels*, § 102 Rz. 18a; *Dietz/Richardi*, § 102 Rz. 114; *Hess/Schlochauer/Glaubitz*, § 102 Rz. 39 ff.; a. A. *Kittner* in: Däubler/Kittner/Klebe, § 102 Rz. 116.
447 BAG vom 18. 12. 1980, AP Nr. 22 zu § 102 BetrVG 1972.

VI. Personelle Einzelmaßnahmen   Rz. 321 **Teil I**

Zur Bezeichnung der Person des zu kündigenden Arbeitnehmers gehören neben dem Namen und Vornamen auch die grundlegenden **sozialen Daten,** soweit sie dem Arbeitgeber bekannt sind[448]. Die Angabe der Sozialdaten ist grundsätzlich für jede Art von Kündigung erforderlich, nicht allein für die betriebsbedingte Kündigung, da auch die verhaltensbedingte und die personenbedingte Kündigung eine Interessenabwägung unter Einbeziehung auch der Sozialdaten des Arbeitnehmers erfordert[449]. 318

Im einzelnen hat der Arbeitgeber anzugeben, die Dauer der Betriebszugehörigkeit, das Geburtsdatum, den Lebensstand, die Zahl der Unterhaltsberechtigten, sowie die Umstände, die einen besonderen Kündigungsschutz begründen, wie z. B. die Einberufung zum Wehr- oder Ersatzdienst, die Schwerbehinderteneigenschaft oder eine ausgesprochene Gleichstellung, sowie eine Schwangerschaft. Der Arbeitgeber ist hingegen nicht verpflichtet, Nachforschungen über ihm nicht bekannte Daten des Arbeitgebers anzustellen[450]. 319

Allein im Fall einer außerordentlichen Kündigung, die wegen der Annahme von Schmiergeldern in Millionenhöhe ausgesprochen werden sollte, hat das Bundesarbeitsgericht die Angabe der Sozialdaten als entbehrlich angesehen[451]. Dem Betriebsrat war hier das ungefähre Alter des Arbeitnehmers und die Tatsache seiner langjährigen Betriebszugehörigkeit bekannt gewesen. Angesichts der Schwere der Vorwürfe war es ausnahmsweise auf die Kenntnis der exakten Sozialdaten des Arbeitnehmers nicht angekommen. 320

Im Falle der **betriebsbedingten Kündigung** sind neben den Sozialdaten des zu kündigenden Arbeitnehmers auch die Sozialdaten anderer Arbeitnehmer mit vergleichbarer Tätigkeit anzugeben, sofern der Arbeitgeber diese in die Sozialauswahl einbezogen hat[452]. Etwas anderes gilt allein dann, sofern der Arbeitgeber annimmt, der zu kündigende Arbeitnehmer sei mit keinem anderen Arbeitnehmer vergleichbar und insofern keine Sozialauswahl für erforderlich hält. In diesem Fall ist die Betriebsratsanhörung ordnungsgemäß ohne die Mitteilung von Sozialdaten anderer Arbeitnehmer. Der Arbeitgeber trägt jedoch das Risiko, daß sich im Arbeitsgerichtsverfahren erweist, daß eine Sozialauswahl vorzunehmen gewesen wäre. Im Falle, daß der gekündigte 321

---

448 BAG vom 16. 9. 1993, AP Nr. 62 zu § 102 BetrVG 1972; BAG vom 29. 3. 1984, AP Nr. 31 zu § 102 BetrVG 1972.
449 KR-*Etzel*, § 102 Rz. 58a.
450 LAG Baden-Württemberg vom 9. 11. 1990, LAGE § 102 BetrVG 1972 Nr. 25.
451 BAG vom 15. 11. 1995, DB 1995, 2378.
452 BAG vom 26. 10. 1995, BB 1995, 2376; BAG vom 16. 9. 1993, AP Nr. 62 zu § 102 BetrVG 1972; BAG vom 29. 3. 1984, AP Nr. 31 zu § 102 BetrVG 1972.

Arbeitnehmer sozial schwächer als ein anderer vergleichbarer Arbeitnehmer ist, ist die Kündigung aus diesem Grunde unwirksam, nicht aber wegen mangelhafter Anhörung des Betriebsrates[453].

322 Beabsichtigt der Arbeitgeber, eine **betriebsbedingte Kündigung** auszusprechen, so hat er dem Betriebsrat bei **außerbetrieblichen** Gründen, wie Auftragsmangel oder Umsatzrückgang, diese Gründe und ihre unmittelbaren Auswirkungen auf den Arbeitsplatz im einzelnen darzulegen. Bei **innerbetrieblichen** Gründen, wie z. B. Rationalisierungsmaßnahmen, der Produktionsumstellung und Personalabbau hat der Arbeitgeber diese Gründe und die deshalb beabsichtigten organisatorischen Maßnahmen mit ihren Auswirkungen auf die Arbeitsplätze zu erläutern[454]. Dagegen hat der Arbeitgeber im Falle der betriebsbedingten Kündigung keine Angaben dazu zu machen, ob eine Weiterbeschäftigung auf einem anderen Arbeitsplatz möglich ist. In der mitgeteilten Kündigungsabsicht liegt bereits die Verneinung einer Weiterbeschäftigungsmöglichkeit[455].

323 Will der Betriebsrat, obwohl der Arbeitgeber keine Auswahl nach sozialen Gesichtspunkten getroffen hat, **überprüfen,** ob die beabsichtigte Kündigung unter sozialen Gesichtspunkten gerechtfertigt ist, so kann er vom Arbeitgeber verlangen, daß dieser ihm die sozialen Daten aller mit dem zu kündigenden Arbeitnehmer vergleichbaren Arbeitnehmer mitteilt, soweit sie dem Betriebsrat nicht bereits bekannt sind[456].

324 Bei der **verhaltensbedingten Kündigung** hat der Arbeitgeber den Betriebsrat konkret über den Sachverhalt zu informieren, ihm mitzuteilen, ob, wann und weswegen der Mitarbeiter zuvor abgemahnt wurde und ihm die Umstände darzulegen, die den Arbeitnehmer entlasten, wie z. B. evtl. Gegenvorstellungen. Die Vorlage von Beweismaterial kann der Betriebsrat nicht verlangen[457].

325 Die Information über den konkreten Sachverhalt beinhaltet die nicht nur schlagwortartige **Angabe** des **Kündigungsgrundes,** d. h. der Arbeitgeber hat den gesamten Kündigungssachverhalt im Zusammenhang darzustellen. Darüber hinaus empfiehlt sich, der Anhörung die zuvor ausgesprochenen Abmahnungen beizufügen. Ein Irrtum des Arbeitgebers über die Kenntnis dieser Tatsachen durch den Betriebsrat geht zu seinen Lasten, d. h. bewirkt die Fehlerhaftigkeit der Anhö-

---

453 BAG vom 7. 11. 1996 – 2 AZR 720/95.
454 KR-*Etzel,* § 102 Rz. 62c.
455 BAG vom 29. 3. 1990, EzA § 1 KSchG soziale Auswahl Nr. 29.
456 KR-*Etzel,* § 102 BetrVG Rz. 62h; *Fitting/Kaiser/Heither/Engels,* § 102 Rz. 17.
457 BAG vom 26. 1. 1995, NZA 1995, 672.

rung⁴⁵⁸. Zu den mitzuteilenden entlastenden Umständen zählt etwa auch die Angabe, der einzige in Betracht kommende Tatzeuge habe den erhobenen Vorwurf nicht bestätigt⁴⁵⁹.

Bei einer **Verdachtskündigung** hat der Arbeitgeber zu berücksichtigen, daß die Rechtsprechung zwischen der Kündigung wegen einer erwiesenen Tat und der Kündigung wegen des Verdachts einer Tat unterscheidet. Eine Verdachtskündigung liegt nur dann vor, wenn der Arbeitgeber die Kündigung damit begründet, daß gerade der Verdacht des strafbaren oder vertragswidrigen Verhaltens das für die Fortsetzung des Arbeitsverhältnisses erforderliche Vertrauensverhältis zerstört habe⁴⁶⁰. Der Arbeitgeber hat daher die Anhörung des Betriebsrates so zu gestalten, daß klar wird, ob eine Kündigung wegen erwiesener Tat oder eine Verdachtskündigung ausgesprochen werden soll. Teilt der Arbeitgeber dem Betriebsrat mit, daß er beabsichtige, wegen einer erwiesenen Straftat zu kündigen so ist es ihm verwehrt, die Kündigung später auf den Verdacht der Tat zu stützen⁴⁶¹. Es wird sich also empfehlen, bei einer Kündigung wegen einer Straftat den Betriebsrat stets rechtsvorsorglich zugleich zu einer Verdachtskündigung anzuhören. Dabei sind neben den Tatsachen, die den Kündigungsgrund bedingen, auch diejenigen Umstände mitzuteilen, die im Rahmen der vorzunehmenden Interessenabwägung zu Lasten oder zugunsten des Arbeitnehmers ausschlagen⁴⁶². 326

Bei einer personenbedingten Kündigung und dem Regelfall, der **krankheitsbedingten Kündigung,** hat der Arbeitgeber dem Betriebsrat die einzelnen Fehlzeiten aus der Vergangenheit mitzuteilen. Hierbei genügt nicht die pauschale Angabe, der Arbeitnehmer weise „wiederholte Fehlzeiten wegen Arbeitsunfähigkeit" auf oder aber die Mitteilung der Zahl der addierten Fehlzeiten je Kalenderjahr⁴⁶³. 327

Der Arbeitgeber hat dem Betriebsrat auch die Art der jeweiligen Erkrankung anzugeben, sofern sie ihm bekannt ist. Darüber hinaus hat der Arbeitgeber dem Betriebsrat auch **konkrete Tatsachen** mitteilen, aus denen sich eine erhebliche Beeinträchtigung betrieblicher Interessen, wie z. B. erhebliche betriebliche Belastungen oder Betriebsablaufstörungen, ergeben⁴⁶⁴. Er hat ihm auch Tatsachen mitzu- 328

---

458 BAG vom 27. 6. 1985, AP Nr. 37 zu § 102 BetrVG 1972.
459 GK-*Kraft*, § 102 Rz. 64.
460 BAG vom 14. 9. 1994, AP Nr. 24 zu § 626 BGB Verdacht strafbare Handlung; BAG vom 26. 3. 1992, AP Nr. 23 zu § 626 BGB Verdacht strafbare Handlung.
461 BAG vom 3. 4. 1986, AP Nr. 18 zu § 626 BGB Verdacht strafbare Handlung.
462 BAG vom 2. 3. 1989, AP Nr. 101 zu § 626 BGB.
463 BAG vom 18. 9. 1986, RzK III. 1b Nr. 8.
464 BAG vom 9. 4. 1987, EzA § 1 KSchG Nr. 18.

teilen, die belegen sollen, daß diese Beeinträchtigungen von ihm billigerweise nicht mehr hingenommen werden können[465].

329 Will der Arbeitgeber die Kündigung allein auf krankheitsbedingte Fehlzeiten und die hierfür aufgewandten Lohnfortzahlungskosten stützen, genügt die Mitteilung der krankheitsbedingte Fehlzeiten und ihrer zeitlichen Lage sowie die Mitteilung der Höhe der Lohnfortzahlungskosten[466]. Will der Arbeitgeber eine krankheitsbedingte Kündigung auf die dauernde Unmöglichkeit des Arbeitnehmers, die geschuldete Arbeitsleistung zu erbringen, stützen, muß er dem Betriebsrat keine darüber hinausgehenden Betriebsbeeinträchtigungen mitteilen[467].

330 Bei der **Änderungskündigung** hat der Arbeitgeber neben den personen-, verhaltens- oder betriebsbedingten Gründen für die Kündigung auch das Änderungsangebot mitzuteilen[468]. Nur wenn der Betriebsrat die angebotenen neuen Arbeitsbedingungen und deren voraussichtliches Inkrafttreten kennt, kann er die Tragweite der Kündigung für den betreffenden Arbeitnehmer beurteilen und prüfen, ob er der Kündigung widersprechen soll.

331 Bei Arbeitnehmern, die noch **nicht unter** das **Kündigungsschutzgesetz** fallen, d. h. die weniger als 6 Monate beschäftigt sind, entfällt die Anhörung des Betriebsrates nicht. Das Bundesarbeitsgericht fordert auch in diesen Fällen eine substantiierte, durch Tatsachen belegte Begründung der Kündigung[469]. In diesen Fällen ist die Substantiierungspflicht gegenüber dem Betriebsrat aber nicht an den objektiven Merkmalen von noch nicht erforderlichen Kündigungsgründen nach § 1 KSchG zu messen, sondern daran, welche konkreten Umstände oder subjektiven Vorstellungen zum Kündigungsentschluß geführt haben. Hat der Arbeitgeber keine Gründe oder wird sein Kündigungsentschluß allein von subjektiven, durch Tatsachen nicht belegbaren Vorstellungen bestimmt, so reicht die Unterrichtung über diese Vorstellungen aus[470]. Nicht ausreichend sind allein formelhafte Begrün-

---

465 BAG vom 24. 11. 1983, EzA § 102 BetrVG 1972 Nr. 54; LAG Hamm vom 24. 5. 1983, BB 1984, 210; LAG Nürnberg vom 30. 10. 1981, AuR 1982, 355; a. A. LAG Düsseldorf vom 19. 9. 1979, DB 1980, 117.
466 BAG vom 2. 11. 1989, RzK III. 1b Nr. 13.
467 BAG vom 30. 1. 1986, RzK III. 1b Nr. 5.
468 BAG vom 10. 3. 1982, AP Nr. 2 zu § 2 KSchG 1969; *Hess/Schlochauer/Glaubitz*, § 102 Rz. 30; KR-*Etzel*, § 102 BetrVG Rz. 65; *Matthes* in: Münchener Handbuch zum Arbeitsrecht, Band 3, § 348 Rz. 17.
469 BAG vom 11. 7. 1991, AP Nr. 57 zu § 102 BetrVG 1972; BAG vom 8. 9. 1988, AP Nr. 49 zu § 102 BetrVG 1972; BAG vom 28. 9. 1978, AP Nr. 19 zu § 102 BetrVG 1972.
470 BAG vom 18. 5. 1994, NZA 1995, 24.

dungen, wie z. B. die der „völlig unzureichenden Leistungen" oder des „hohen Anteils an Fehlzeiten"[471].

Grundsätzlich hat der Arbeitgeber den Betriebsrat nicht ausdrücklich aufzufordern, zu der beabsichtigten Kündigung Stellung zu nehmen. Auch eine lediglich mit „Hausmitteilung" überschriebene Betriebsratsanhörung wäre nicht fehlerhaft, solange die **Kündigungsabsicht** und die **Kündigungsgründe** hierin enthalten sind[472]. Etwas anderes gilt allein dann, wenn aufgrund der besonderen Umstände des Einzelfalles der Betriebsrat die vom Arbeitgeber erklärte Kündigungsabsicht und auch die mitgeteilten Kündigungsgründe nicht ohne weiteres als Einleitung des Anhörungsverfahren verstehen kann. In diesem Fall muß der Arbeitgeber dem Betriebsrat eindeutig erklären, daß er das Anhörungsverfahren nach § 102 BetrVG einleiten will[473]. Ein solcher Fall liegt beispielsweise vor, wenn nicht ganz klar ist, ob der Arbeitnehmer, dem gekündigt werden soll, zum Kreis der leitenden Angestellten gehört oder aber im Falle, daß das Arbeitsverhältnis aufgrund einer Befristung möglicherweise automatisch endet und die Kündigung nur rechtsvorsorglich ausgesprochen werden soll[474]. 332

Für die Anhörung des Betriebsrates gibt es keine Formvorschriften, die Mitteilung kann insbesondere auch **mündlich** erfolgen. Dies gilt selbst bei komplexen Sachverhalten[475]. Aus Beweisgründen ist es jedoch zu empfehlen, die Anhörung schriftlich zu verfassen. Darüber hinaus kann es sich empfehlen, die Hintergründe der Kündigungsabsicht gegenüber dem Betriebsrat mündlich zu verdeutlichen. 333

d) Stellungnahme des Betriebsrats

Zunächst ist festzustellen, daß die **Reaktion** des **Betriebsrates,** egal wie sie aussieht, den Arbeitgeber nicht hindert, die beabsichtigte Kündigung auszusprechen. Die Reaktion des Betriebsrates verpflichtet den Arbeitgeber, sich mit den vom Betriebsrat vorgetragenen Gründen auseinander zu setzen. Selbst der Widerspruch des Betriebsrates hindert den Arbeitgeber aber nicht, die Kündigung – unter Bei- 334

---

471 BAG vom 28. 9. 1978, AP Nr. 19 zu § 102 BetrVG 1972.
472 BAG vom 28. 2. 1974, EzA § 102 BetrVG 1972 Nr. 8; *Fitting/Kaiser/Heither/Engels,* § 102 Rz. 16; *Dietz/Richardi,* § 102 Rz. 65; GK-*Kraft,* § 102 Rz. 29; KR-*Etzel,* § 102 Rz. 72.
473 BAG vom 26. 5. 1977, EzA § 102 BetrVG 1972 Nr. 29.
474 BAG vom 7. 12. 1979, EzA § 102 BetrVG 1972 Nr. 42; LAG Frankfurt vom 20. 6. 1979, AuR 1980, 252.
475 BAG vom 6. 2. 1997 – 2 AZR 265/96; BAG vom 26. 1. 1995, EzA § 102 BetrVG 1972 Nr. 87.

fügung einer Abschrift der Stellungnahme des Betriebsrates – auszusprechen. Einzige Rechtsfolge, die der Arbeitnehmer aus einem erfolgten Widerspruch des Betriebsrates herleiten kann, ist die, daß er im Falle der ordentlichen Kündigung einen Anspruch gegen den Arbeitgeber hat, nach Ablauf der Kündigungsfrist bis zum rechtskräftigen Abschluß des Kündigungsschutzverfahrens zu unveränderten Arbeitsbedingungen weiterbeschäftigt zu werden, § 102 Abs. 5 BetrVG. Dem Arbeitgeber steht hiergegen die Möglichkeit zu, durch einstweilige Verfügung von der Verpflichtung zur Weiterbeschäftigung des Arbeitnehmers entbunden zu werden.

335 Der Betriebsrat hat seine Stellungnahme binnen einer Woche abzugeben. Möglich ist jedoch eine einvernehmliche Fristverlängerung[476]. Für die Fristberechnung gelten die §§ 187 ff. BGB. Ist der letzte Tag der Frist ein Sonntag, gesetzlicher Feiertag oder Samstag, so endet die Frist mit Ablauf des nächsten Werktages, § 193 BGB[477].

336 Hat der Betriebsrat gegen eine ordentliche Kündigung **Bedenken**, so hat er dies unter Angabe der Gründe dem Arbeitgeber spätestens innerhalb einer Woche schriftlich mitzuteilen. Der Betriebsrat kann Bedenken gegen die geplante Kündigung aus allen ihm wichtig erscheinenden Gründen erheben. Auf das Vorbringen von Gründen, die die Kündigung als sozial ungerechtfertigt oder aus sonstigen Gründen rechtsunwirksam erscheinen lassen oder aber auf die Gründe des § 102 Abs. 3 BetrVG ist der Betriebsrat nicht beschränkt[478]. Der Arbeitnehmer kann im Kündigungsschutzprozeß aus den vom Betriebsrat geäußerten Bedenken jedoch keine Rechte herleiten. Sie können lediglich mittelbar die Stellung des Arbeitnehmers im Kündigungsschutzprozeß verbessern[479].

337 Der Betriebsrat hat nach pflichtgemäßem Ermessen zu beschließen, ob er Bedenken geltend machen will. Die Geltendmachung von **Bedenken** ist insofern der generelle Auffangtatbestand für alle ablehnenden Stellungnahmen des Betriebsrates. Sie ist nicht zu verwechseln mit der Einlegung des Widerspruchs[480]. § 102 BetrVG sieht ausdrücklich vor, daß im Falle der Nichtäußerung binnen der Wochen-

---

476 BAG vom 14. 8. 1986, AP Nr. 43 zu § 102 BetrVG 1972; GK-*Kraft*, § 102 Rz. 75; *Dietz/Richardi*, § 102 Rz. 71.
477 *Fitting/Kaiser/Heither/Engels*, § 102 Rz. 32.
478 *Fitting/Kaiser/Heither/Engels*, § 102 Rz. 34; GK-*Kraft*, § 102 Rz. 88; *Hess/Schlochauer/Glaubitz*, § 102 Rz. 70.
479 *Matthes* in: Münchener Handbuch zum Arbeitsrecht, Band 3, § 348 Rz. 32; *Fitting/Kaiser/Heither/Engels*, § 102 Rz. 37.
480 Vgl. hierzu unten Rz. 342 ff.

VI. Personelle Einzelmaßnahmen   Rz. 342 Teil I

frist die Zustimmung zur Kündigung als erteilt gilt. Im Falle der außerordentlichen Kündigung hat der Betriebsrat Bedenken unverzüglich, spätestens jedoch innerhalb von 3 Tagen, dem Arbeitgeber schriftlich mitzuteilen. Eine Folge der Fristversäumnis, wie bei der ordentlichen Kündigung, ist im Gesetz nicht vorgesehen. Da der Betriebsrat hier aber auch nicht die Möglichkeit hat, der Kündigung zu widersprechen, ist mit Ablauf der 3-Tages-Frist auch ohne Äußerung des Betriebsrates das Anhörungsverfahren ordnungsgemäß abgeschlossen. Die Kündigung kann hiernach ausgesprochen werden.

Gemäß § 102 Abs. 2 Satz 4 BetrVG soll der Betriebsrat, soweit dies erforderlich erscheint, vor seiner Stellungnahme den betroffenen **Arbeitnehmer hören**. Hört der Betriebsrat den Arbeitnehmer jedoch nicht an, so ist diese Unterlassung ohne Einfluß auf die Ordnungsmäßheit der Anhörung[481]. Hört der Betriebsrat im Rahmen des Anhörungsverfahrens jedoch generell Arbeitnehmer nicht an, kann ein Antrag gemäß § 23 Abs. 1 BetrVG auf Auflösung des Betriebsrates gerechtfertigt sein[482]. 338

Lediglich bei der ordentlichen Kündigung hat der Betriebsrat die Möglichkeit, dieser zu **widersprechen.** Wie bei der Anmeldung von Bedenken, muß auch die Einlegung des Widerspruchs binnen der Frist von einer Woche schriftlich erfolgen[483]. 339

Der Widerspruch kann allein aufgrund der in **§ 102 Abs. 3 BetrVG** erschöpfend aufgezählten Gründe erhoben werden. Widerspricht der Betriebsrat aus anderen Gründen, so ist dieser Widerspruch unbeachtlich und als Geltendmachung von Bedenken zu behandeln[484]. 340

Nach Ablauf der Äußerungsfrist kann der Betriebsrat keine neuen Widerspruchsgründe nachschieben. Die Wochenfrist des § 102 BetrVG bezweckt, dem Arbeitgeber bei Ablauf der Äußerungsfrist Klarheit darüber zu verschaffen, aus welchen Gründen der Betriebsrat der Kündigung widerspricht[485]. 341

Lediglich der ordnungsgemäß binnen der Frist eingelegte Widerspruch hat die Rechtsfolge, daß der Arbeitnehmer seine Weiterbeschäftigung nach Ablauf der Kündigungsfrist verlangen kann, § 102 342

---

481 BAG vom 3. 2. 1982, AP Nr. 1 zu § 72b PersVG; BAG vom 2. 4. 1976, AP Nr. 9 zu § 102 BetrVG 1972.
482 *Fitting/Kaiser/Heither/Engels,* § 102 Rz. 36.
483 GK-*Kraft,* § 102 Rz. 102.
484 GK-*Kraft,* § 102 Rz. 103; *Kittner* in: Däubler/Kittner/Klebe, § 102 Rz. 71; KR-*Etzel,* § 102 BetrVG Rz. 147; *Fitting/Kaiser/Heither/Engels,* § 102 Rz. 38.
485 BAG vom 6. 12. 1984 – 2 AZR 542/83 – n. v.

Abs. 5 BetrVG. Hierfür ist erforderlich, daß in dem Schreiben des Betriebsrates die Widerspruchsgründe durch Angabe von **konkreten Tatsachen** erläutert werden[486]. Eine nur formelhafte Bezugnahme auf eine oder mehrere der Nummern des Abs. 3 genügt ebenso wenig wie die Wiederholung des Gesetzestextes. Des weiteren müssen die vom Betriebsrat zur Begründung seines Widerspruchs angeführten Tatsachen es als möglich erscheinen lassen, daß einer der in § 102 Abs. 3 BetrVG angeführten Widerspruchsgründe vorliegt[487]. Nicht erforderlich ist es demgegenüber, daß die Tatsachen, die der Betriebsrat vorbringt, auch zutreffen. Ein unzulässiger und damit unwirksamer Widerspruch ist nur anzunehmen, wenn die Begründung offensichtlich auf keinen der Tatbestände des Abs. 3 Bezug nimmt[488].

343 Die vom Betriebsrat vorgebrachten Tatsachen müssen **geeignet** sein, dem Arbeitgeber und gegebenenfalls den Gerichten die Überprüfung zu ermöglichen, ob der vom Betriebsrat angeführte Widerspruchsgrund tatsächlich gegeben ist. Ohne einen konkreten Anhaltspunkt für das Vorliegen eines Widerspruchsgrundes fehlt es an einem ordnungsgemäßen Widerspruch. Die konkrete Begründung muß andererseits nicht ohne weiteres einleuchtend sein[489].

344 Betrifft die Stellungnahme des Betriebsrates **mehrere Arbeitnehmer,** so ist für das Vorliegen eines ordnungsgemäßen Widerspruchs erforderlich, daß ersichtlich ist, welcher Arbeitnehmer im einzelnen gemeint ist und auf wen sich bei verschiedenen Widerspruchsgründen diese jeweils beziehen[490].

345 Bei den **Widerspruchsgründen** handelt es sich im wesentlichen um solche, die bei beabsichtigten betriebsbedingten Kündigungen eine Rolle spielen können. Der Betriebsrat hat hier häufig einen besseren Überblick über die betrieblichen Geschehnisse als der einzelne Arbeitnehmer. Im Kündigungsschutzprozeß kann der Widerspruch dem Arbeitnehmer die Argumentation erleichtern, da er sich die notwendigen Informationen häufig nur schwer verschaffen kann.

---

486 LAG Düsseldorf vom 5. 1. 1976, DB 1976, 1065; LAG Hamburg vom 29. 10. 1975, BB 1976, 184; LAG Düsseldorf vom 23. 5. 1975, EzA zu § 102 BetrVG 1972 Beschäftigungspflicht Nr. 4; KR-*Etzel,* § 102 Rz. 143; GK-*Kraft,* § 102 Rz. 105; *Hess/Schlochauer/Glaubitz,* § 102 Rz. 87.
487 LAG München vom 17. 8. 1994, LAGE § 102 BetrVG 1972 Beschäftigungspflicht Nr. 18; LAG München vom 2. 3. 1994, BB 1994, 1287.
488 *Hess/Schlochauer/Glaubitz,* § 102 Rz. 87; *Kittner* in: Däubler/Kittner/Klebe, § 102 Rz. 73; GK-*Kraft,* § 102 Rz. 105; KR-*Etzel,* § 102 BetrVG Rz. 144; *Fitting/Kaiser/Heither/Engels,* § 102 Rz. 38.
489 *Fitting/Kaiser/Heither/Engels,* § 102 Rz. 38; KR-*Etzel,* § 102 Rz. 144.
490 LAG Frankfurt vom 20. 10. 1976, AuR 1978, 57.

VI. Personelle Einzelmaßnahmen

Beispiele für einen ordnungsgemäßen Widerspruch sind: 346
Der Betriebsrat legt gegen die beabsichtigte betriebsbedingte Kündigung eines langjährigen Mitarbeiters mit Unterhaltspflichten Widerspruch ein, weil in derselben Abteilung einige Arbeitnehmer beschäftigt sind, die kürzer dem Betrieb angehören und keine Unterhaltspflichten haben, § 102 Abs. 3 Nr. 1 BetrVG.
Der Betriebsrat legt gegen die Kündigung Widerspruch ein, weil der zu kündigende Arbeitnehmer nach kurzer Umschulung Arbeiten in einer anderen Abteilung übernehmen kann, § 102 Abs. 3 Nr. 4 BetrVG, oder aber weil ein Arbeitsplatz in einer anderen Abteilung zu schlechteren Arbeitsbedingungen vorhanden ist und der zu kündigende Arbeitnehmer bereit ist, diese Tätigkeit aufzunehmen, § 102 Abs. 3 Nr. 5 BetrVG.

Für das Vorliegen eines ordnungsgemäßen Widerspruchs ist des weiteren erforderlich, daß die Entscheidung des Betriebsrates aufgrund eines **nicht nichtigen Beschlusses** des Betriebsrates oder des zuständigen Ausschusses zustandegekommen ist. Der Beschluß darf nicht auf groben Formverstößen beruhen, der Betriebsrat bzw. zuständige Ausschuß muß insbesondere beschlußfähig gewesen sein, aufgrund ordnungsgemäßer Sitzung, nicht im Umlaufverfahren, abgestimmt haben, sowie eine ordnungsgemäße Ladung zur Sitzung vorhanden sein[491]. Aus einem nichtigen Betriebsratsbeschluß kann ein Arbeitnehmer keine Rechte nach § 102 Abs. 5 BetrVG herleiten. Ein aufgrund nichtigen Beschlusses des Betriebsrates eingelegter Widerspruch ist dennoch geeignet, das Anhörungsverfahren wirksam abzuschließen. Der Arbeitgeber kann hiernach auch vor Ablauf der Wochenfrist davon ausgehen, daß die Stellungnahme des Betriebsrates abschließend ist und die Kündigung ausgesprochen werden kann[492]. 347

Der einmal dem Arbeitgeber zugeleitete Widerspruch des Betriebsrates kann zurückgenommen werden, solange der Arbeitgeber die Kündigung nicht ausgesprochen hat. Mit dem Ausspruch der Kündigung entsteht für den Arbeitnehmer eine **gesicherte Rechtsposition,** die ihm nicht einseitig wieder entzogen werden kann[493]. 348

Der Betriebsrat kann der auszusprechenden Kündigung mit den folgenden Gründen widersprechen: 349

---

491 LAG Nürnberg vom 27. 10. 1992, LAGE § 102 BetrVG 1972 Beschäftigungspflicht Nr. 11; KR-*Etzel,* § 102 Rz. 145.
492 KR-*Etzel,* § 102 BetrVG Rz. 145.
493 LAG Berlin, AuR 1979, 253; *Dietz/Richardi,* § 102 Rz. 61; *Fitting/Kaiser/Heither/Engels,* § 102 Rz. 52; GK-*Kraft,* § 102 Rz. 106.

1. Der Arbeitgeber hat bei der Auswahl des zu kündigenden Arbeitnehmers soziale Gesichtspunkte nicht oder nicht ausreichend berücksichtigt.
2. Die Kündigung verstößt gegen eine Richtlinie nach § 95 BetrVG.
3. Der zu kündigende Arbeitnehmer kann an einem anderen Arbeitsplatz im selben Betrieb oder in einem anderen Betrieb des Unternehmens weiterbeschäftigt werden.
4. Die Weiterbeschäftigung des Arbeitnehmers ist nach zumutbaren Umschulungs- oder Fortbildungsmaßnahmen möglich.
5. Eine Weiterbeschäftigung des Arbeitnehmers ist unter geänderten Vertragsbedingungen möglich und der Arbeitnehmer hat hierzu sein Einverständnis erklärt.

350 Der Widerspruchsgrund zu **Nr. 1** kommt nur bei betriebsbedingten Gründen in Betracht, da allein hier eine soziale Auswahl zu treffen ist. Die fehlerhafte soziale Auswahl bei einer betriebsbedingten Kündigung bewirkt ihre Sozialwidrigkeit gemäß § 1 Abs. 3 Satz 1 KSchG. Zu berücksichtigen ist, daß nach der neuen Fassung des KSchG die allgemeine Formulierung „soziale Gesichtspunkte" entfallen ist und nunmehr lediglich als soziale Gesichtspunkte die Dauer der Betriebszugehörigkeit, das Lebensalter und die Unterhaltspflichten des Arbeitnehmers aufgeführt sind. Da § 102 Abs. 3 Nr. 1 BetrVG keine Änderung entsprechend dem Kündigungsschutz erfahren hat, ist aber davon auszugehen, daß der Betriebsrat auch mit der Begründung Widerspruch einlegen kann, daß der Arbeitgeber ein in § 1 Abs. 3 KSchG nicht mehr genanntes soziales Kriterium nicht oder nicht ausreichend berücksichtigt hat. Zur ordnungsgemäßen Widerspruchsbegründung reicht es hier, wenn der Betriebsrat auf einen oder mehrere soziale Gesichtspunkte hinweist, die seines Erachtens vom Arbeitgeber nicht oder lediglich unzureichend berücksichtigt wurden[494]. Der Betriebsrat muß zwar nicht einzelne Arbeitnehmer angeben, die er für sozial stärker hält, er muß jedoch den Kreis der mit dem betroffenen Arbeitnehmer vergleichbaren Arbeitnehmer hinreichend präzise bezeichnen. Danach genügt es, wenn der Betriebsrat darauf hinweist, daß in der Abteilung des betroffenen Arbeitnehmers mehrere Arbeitskollegen mit kürzerer Betriebszugehörigkeit und geringeren Unterhaltspflichten beschäftigt sind[495].

---

[494] LAG Rheinland-Pfalz vom 19. 1. 1982, AuR 1982, 323; LAG Niedersachsen vom 22. 8. 1975, BB 1975, 1989; LAG Düsseldorf vom 23. 5. 1975, EzA § 102 BetrVG 1972 Beschäftigungspflicht Nr. 4; *Fitting/Kaiser/Heither/Engels*, § 102 Rz. 43a; KR-*Etzel*, § 102 BetrVG Rz. 151.
[495] *Fitting/Kaiser/Heither/Engels*, § 102 Rz. 39; KR-*Etzel*, § 102 Rz. 151; *Dietz/Richardi*, § 102 Rz. 159; GK-*Kraft*, § 102 Rz. 108; **a. A.** *Hess/Schlochauer/Glaubitz*, § 102 Rz. 109; *Matthes* in: Münchener Handbuch zum Arbeitsrecht, Band 3, § 348 Rz. 66.

VI. Personelle Einzelmaßnahmen Rz. 353 Teil I

Zu berücksichtigen hat der Betriebsrat, daß er nur einen Vergleich zwischen austauschbaren Arbeitnehmern des **Betriebes,** nicht aber des gesamten Unternehmens oder Konzerns vornehmen kann und demnach seinen Widerspruch auch nur hierauf stützen kann[496]. Anderes gilt allein bei einem Gemeinschaftsbetrieb zweier oder mehrerer Unternehmen. Dann ist die Sozialauswahl bezogen auf den Gemeinschaftsbetrieb vorzunehmen[497]. 351

Soweit in einem Betrieb eine Auswahlrichtlinie gemäß § 95 BetrVG besteht, nach der eine erforderlich Kündigung vorzunehmen ist, berechtigt der Verstoß gegen diese Richtlinie den Betriebsrat, nach **Nr. 2** Widerspruch einzulegen. Der Betriebsrat muß in seinem Widerspruchsschreiben die Auswahlrichtlinie, gegen die verstoßen wurde, bezeichnen, sowie die Tatsachen angeben, aus denen sich der Verstoß gegen die Auswahlrichtlinie ergibt, wie z. B. das Alter und die Dauer der Betriebszugehörigkeit des zu kündigenden Arbeitnehmers[498]. Bei betriebsbedingten Kündigungen sind Richtlinien über die soziale Auswahl häufig, in denen festgelegt ist, welches Gewicht der Dauer der Betriebszugehörigkeit, dem Lebensalter, den Unterhaltspflichten sowie evtl. anderen Kriterien zukommt. Denkbar ist es auch, daß eine Auswahlrichtlinie festlegt, welche Vorgänge nicht zu Personalentscheidungen herangezogen werden dürfen[499]. 352

Der Widerspruchsgrund der Weiterbeschäftigungsmöglichkeit des zu kündigenden Arbeitnehmers an einem anderen Arbeitsplatz im selben Betrieb oder in einem anderen Betrieb des Unternehmens, § 102 Abs. 3 **Nr. 3** BetrVG, erfordert vom Betriebsrat die Darlegung, auf welchem freien Arbeitsplatz eine Weiterbeschäftigung des Arbeitnehmers in Betracht kommt. Hierbei ist der freie Arbeitsplatz zumindest in bestimmbarer Weise anzugeben und der Bereich zu bezeichnen, in dem der Arbeitnehmer anderweitig weiterbeschäftigt werden kann[500]. Hingegen reicht es nicht aus, wenn der Betriebsrat lediglich umschreibt, wie er sich eine Beschäftigungsmöglichkeit im konkreten Fall vorstellt, ohne einen konkreten freien Arbeitsplatz zu nennen oder aber lediglich zum Ausdruck bringt, es müsse im Betrieb irgend- 353

---

[496] BAG vom 20. 5. 1986, AP Nr. 4 zu § 1 KSchG 1969 Konzern; *Kittner* in: Däubler/Kittner/Klebe, § 102 Rz. 187; *Fitting/Kaiser/Heither/Engels,* § 102 Rz. 43.
[497] BAG vom 5. 5. 1994, AP Nr. 23 zu § 1 KSchG 1969 soziale Auswahl.
[498] Zum zulässigen Inhalt von Richtlinien gemäß § 95 vgl. oben Rz. 63 ff.
[499] *Fitting/Kaiser/Heither/Engels,* § 102 Rz. 44.
[500] LAG Hamm vom 1. 7. 1986, LAGE § 102 BetrVG 1972 Beschäftigungspflicht Nr. 8; LAG Düsseldorf vom 26. 6. 1980, DB 1980, 2043; ArbG Bochum vom 7. 3. 1974, DB 1974, 729.

eine anderweitige Beschäftigungsmöglichkeit geben[501]. Das Widerspruchsrecht des Betriebsrates kann sich immer nur auf vorhandene Arbeitsplätze beziehen. Der Betriebsrat kann der auszusprechenden Kündigung nicht vor dem Hintergrund widersprechen, daß es sinnvoll wäre, einen neuen Arbeitsplatz zu schaffen, indem z. B. außer Haus gegebene Arbeiten im Unternehmen verrichtet werden[502].

354 Auch in absehbarer Zeit nach Ablauf der Kündigungsfrist **freiwerdende Arbeitsplätze** sind zu berücksichtigen[503]. Denkbar ist auch die Argumentation des Betriebsrates, daß der zu kündigende Arbeitnehmer auf einem Arbeitsplatz mit gleicher Tätigkeit aber in einer anderen Schicht weiterbeschäftigt werden kann, daß in einer bestimmten Abteilung des Betriebes mehrere Stellen angefordert worden seien, daß im Beschäftigungsbetrieb ein der Ausbildung des Arbeitnehmers entsprechender Arbeitsplatz frei sei, oder aber, daß in der Abteilung des betroffenen Arbeitnehmers mehrere Arbeitsplätze nicht besetzt sind, auf denen eine Weiterbeschäftigung möglich wäre[504].

355 Bei einer beabsichtigten **personen- oder verhaltensbedingten Kündigung** muß der Betriebsrat zusätzlich darlegen, daß die Gründe in der Person oder in dem Verhalten des Arbeitnehmers der Weiterbeschäftigung an dem neuen Arbeitsplatz nicht entgegenstehen. Beispielsweise hat der Arbeitgeber vor Ausspruch einer verhaltensbedingte Kündigung wegen persönlicher Auseinandersetzungen zwischen Arbeitskollegen zu prüfen, ob eine Weiterbeschäftigungsmöglichkeit auf einem anderen freien Arbeitsplatz einer anderen Abteilung möglich ist, so daß ein Zusammentreffen der streitenden Kollegen ausgeschlossen ist.

356 Ausdrücklich bezieht sich der Widerspruchsgrund der Nr. 3 nur auf den Fall, daß der Arbeitnehmer auf einem anderen Arbeitsplatz weiterbeschäftigt werden kann. In entsprechender Anwendung des § 102 Abs. 3 Nr. 3 BetrVG nimmt die herrschende Meinung ein Widerspruchsrecht des Betriebsrats erst recht an, wenn der Arbeitnehmer auf seinem **bisherigen Arbeitsplatz** weiterbeschäftigt werden kann. In diesem Fall ist die Sozialwidrigkeit der Kündigung noch offensichtlicher als bei der Möglichkeit der Weiterbeschäftigung auf einem ande-

---

501 BAG vom 24. 3. 1988, RzK III 1e Nr. 12.
502 ArbG Berlin vom 20. 7. 1977, BB 1977, 1761.
503 BAG vom 15. 12. 1994, AP Nr. 66 und 67 zu § 1 KSchG 1969 betriebsbedingte Kündigung.
504 LAG Hamm vom 20. 10. 1983, DB 1984, 671; LAG Berlin vom 15. 9. 1980, DB 1980, 2449; *Fitting/Kaiser/Heither/Engels*, § 102 Rz. 39; KR-*Etzel*, § 102 Rz. 163.

ren Arbeitsplatz⁵⁰⁵. Keinesfalls kann der Betriebsrat aber die wirtschaftlich-unternehmerische Entscheidung, daß der Arbeitsplatz des gekündigten Arbeitnehmers wegfällt, angreifen. Er kann lediglich geltend machen, die Behauptung des Arbeitgebers über den Wegfall des Arbeitsplatzes treffe nicht zu oder der Arbeitsplatz solle demnächst wieder besetzt werden⁵⁰⁶.

Der Widerspruchsgrund der Nr. 3 macht anders als der der Nr. 5 das Widerspruchsrecht des Betriebsrates nicht davon abhängig, daß der Arbeitnehmer mit der Weiterbeschäftigung einverstanden ist. 357

Grund zum Widerspruch hat der Betriebsrat auch, wenn eine Weiterbeschäftigung des Arbeitnehmers nach zumutbaren **Umschulungs- oder Fortbildungsmaßnahmen** möglich ist, § 102 Abs. 3 **Nr. 4** BetrVG. Dieser Widerspruchsgrund gewinnt Bedeutung, in Fällen, in denen durch Rationalisierungsmaßnahmen neue technische Einrichtungen eingeführt werden, deren Bedienung der Arbeitnehmer nicht beherrscht. Der Betriebsrat hat hier darzulegen, welche Umschulungs- oder Fortbildungsmaßnahmen er für zumutbar hält und welcher freie Arbeitsplatz nach der Umschulung oder Fortbildung von dem betroffenen Arbeitnehmer besetzt werden kann⁵⁰⁷. Es kommen auch Weiterbeschäftigungsmöglichkeiten außerhalb des Betriebes auf einem freien Arbeitsplatz im Unternehmen in Betracht. 358

Zumutbar ist eine Umschulungsmaßnahme für den Arbeitnehmer, wenn sie in angemessener Zeit den Erfolg verspricht, daß der Arbeitnehmer die neuen Aufgaben verrichten kann. Zu berücksichtigen sind weiter die finanziellen Mittel des Arbeitgebers⁵⁰⁸. Da sowohl Umschulung als auch Fortbildung des Arbeitnehmers eine Änderung der Arbeitsbedingungen mit sich bringen, hat der Betriebsrat vor Einlegung des Widerspruchs die Zustimmung des betroffenen Arbeitnehmers einzuholen⁵⁰⁹. 359

Ist eine Weiterbeschäftigung des betroffenen Arbeitnehmers zu gleichen Vertragsbedingungen (Nr. 3) oder nach Umschulungs- oder 360

---

505 ArbG Heilbronn vom 17. 5. 1976, AuR 1976, 315; ArbG Ulm vom 9. 4. 1975, AuR 1975, 250; *Fitting/Kaiser/Heither/Engels,* § 102 Rz. 47; *Kittner* in: Däubler/Kittner/Klebe, § 102 Rz. 83; KR-*Etzel,* § 102 Rz. 64; **a. A.** BAG vom 12. 9. 1985, AP Nr. 7 zu § 102 BetrVG 1972 Weiterbeschäftigung; einschränkend GK-*Kraft,* § 102 Rz. 87.
506 KR-*Etzel,* § 102 BetrVG Rz. 164; *Hess/Schlochauer/Glaubitz,* § 102 Rz. 118; *Stege-Weinspach,* § 102 Rz. 134.
507 KR-*Etzel,* § 102 BetrVG Rz. 169; GK-*Kraft,* § 102 Rz. 115.
508 KR-*Etzel,* § 102 Rz. 169b.
509 *Fitting/Kaiser/Heither/Engels,* § 102 Rz. 48; *Hess/Schlochauer/Glaubitz,* § 102 Rz. 128; *Stege-Weinspach,* § 102 Rz. 145; KR-*Etzel,* § 102 Rz. 169c.

Fortbildungsmaßnahmen (Nr. 4) nicht möglich, so kann der Betriebsrat einer Kündigung mit dem Ziel widersprechen, eine **Weiterbeschäftigung** des Arbeitnehmers unter **geänderten,** auch **ungünstigeren Arbeitsbedingungen** zu erreichen, § 102 Abs. 3 **Nr. 5** BetrVG. Voraussetzung hierfür ist, daß der Arbeitnehmer sich hiermit gegenüber dem Betriebsrat einverstanden erklärt hat, bevor der Widerspruch gegen die beabsichtigte Kündigung eingelegt wird[510]. Der Arbeitnehmer kann sein Einverständnis auch nur bedingt erteilen, d. h. vorbehaltlich der gerichtlichen Nachprüfung der sozialen Rechtfertigung der Änderung im Kündigungsschutzprozeß[511]. Unter diesen Voraussetzungen hat der Arbeitgeber eine Änderungskündigung auszusprechen. Spricht er gleichwohl eine Beendigungskündigung aus, so führt der Widerspruch des Betriebsrates dazu, daß die Kündigung bei Vorliegen des Tatbestandes der Nr. 5 sozial ungerechtfertigt ist[512].

361 Der Betriebsrat kann seinen Widerspruch nicht damit begründen, daß der Arbeitgeber die Möglichkeit hat, die Kündigung durch die Einführung von **Kurzarbeit** zu verhindern[513]. Insofern besteht aber die Möglichkeit, daß der Betriebsrat gemäß § 87 Abs. 1 Nr. 3 BetrVG initiativ wird und auf diesem Wege betriebsbedingte Kündigungen überflüssig macht[514].

362 Der Widerspruch der Nr. 4 ergänzt die Widerspruchsgründe der Nr. 3 und 4[515]. Erforderlich ist daher auch hier, daß ein **freier Arbeitsplatz** vorhanden ist. Durch den Widerspruch des Betriebsrates kann der Arbeitgeber nicht verpflichtet werden, einen neuen Arbeitsplatz einzurichten.

e) Rechtsfolgen des Widerspruchs des Betriebsrats

363 Hat der Betriebsrat gegen die auszusprechende Kündigung einen ordnungsgemäßen Widerspruch eingelegt, so ist der Arbeitgeber dennoch nicht gehindert, die geplante Kündigung auszusprechen. Um die Position des gekündigten Arbeitnehmers in einem etwaigen Kün-

---

510 GK-*Kraft,* § 102 Rz. 95; *Hess/Schlochauer/Glaubitz,* § 102 Rz. 135; *Kittner* in: Däubler/Kittner/Klebe, § 102 Rz. 220.
511 *Kittner* in: Däubler/Kittner/Klebe, § 102 Rz. 221; GK-*Kraft,* § 102 Rz. 96; *Fitting/Kaiser/Heither/Engels,* § 102 Rz. 50; *Dietz/Richardi,* § 102 Rz. 146; KR-*Etzel,* § 102 Rz. 173; **a. A.** *Hess/Schlochauer/Glaubitz,* § 102 Rz. 135.
512 *Fitting/Kaiser/Heither/Engels,* § 102 Rz. 50.
513 LAG Hamm vom 8. 3. 1983, BB 1983; 1349; LAG Düsseldorf, DB 1974, 2113; *Hess/Schlochauer/Glaubitz,* § 102 Rz. 134; *Fitting/Kaiser/Heither/Engels,* § 102 Rz. 50a; **a. A.** ArbG Mannheim, BB 1983, 1031; ArbG Bocholt, BB 1982, 1938; *Kittner* in: Däubler/Kittner/Klebe, § 102 Rz. 219.
514 BAG vom 4. 3. 1986, AP Nr. 3 zu § 87 BetrVG 1972 Kurzarbeit.
515 *Fitting/Kaiser/Heither/Engels,* § 102 Rz. 48.

VI. Personelle Einzelmaßnahmen

digungsschutzprozeß zu verbessern, schreibt Absatz 4 aber vor, daß der Arbeitgeber dem Arbeitnehmer bei der Kündigung eine **Abschrift der Stellungnahme** des Betriebsrates zuzuleiten hat. Hierdurch soll der Arbeitnehmer in die Lage versetzt werden, die Erfolgsaussichten eines Kündigungsschutzprozesses besser abzuschätzen und sich im Prozeß selbst zur Begründung der Unwirksamkeit der Kündigung auf den Widerspruch stützen zu können[516].

Verletzt der Arbeitgeber diese **Mitteilungspflicht,** so führt dies nicht zur Unwirksamkeit der Kündigung. Eine solche Rechtsfolge kann der gesetzlichen Regelung nicht entnommen werden[517]. Es kommen aber Schadensersatzansprüche des Arbeitnehmers aus positiver Vertragsverletzung in Betracht[518]. Beispielsweise kann der Arbeitnehmer, sofern er bei Kenntnis des Widerspruchsgrundes von der Klageerhebung abgesehen hätte, den Ersatz von Rechtsanwalts- und Prozeßkosten von dem Arbeitgeber verlangen. Im Extremfall kann der Schaden in dem Verlust des Arbeitsplatzes bestehen, wenn der Arbeitnehmer die Erhebung einer Kündigungsschutzklage unterlassen hat, weil er infolge Unkenntnis von dem Widerspruch des Betriebsrats die Klage für aussichtslos hielt[519]. Handelt der Arbeitgeber, seiner Verpflichtung zur Beifügung der Abschrift des Widerspruchs ständig und fortgesetzt zuwider, so kommt die Einleitung eines Verfahrens gemäß § 23 Abs. 3 BetrVG gegen den Arbeitgeber in Betracht[520].

364

Bei einer ordentlichen Kündigung, der der Betriebsrat widersprochen hat, eröffnet **Abs. 5** dem betroffenen Arbeitnehmer darüber hinaus das Recht, von der Erhebung der Kündigungsschutzklage an seine Weiterbeschäftigung auch nach Ablauf der Kündigungsfrist bis zum rechtskräftigen Abschluß des Kündigungsschutzprozesses zu verlangen. Auf die Wirksamkeit oder Unwirksamkeit der Kündigung kommt es hierfür nicht an.

365

Bis zum Ablauf der Kündigungsfrist hat der Arbeitnehmer kraft Arbeitsvertrages ohnehin einen **Beschäftigungsanspruch,** soweit dem nicht überwiegende und schwerwiegende Interessen des Arbeitgebers entgegenstehen[521]. Gewinnt er den Kündigungsschutzprozeß, so be-

366

---

516 Amtliche Begründung, BR-Drucks. 715/70, Seite 52.
517 *Fitting/Kaiser/Heither/Engels,* § 102 Rz. 53; *Dietz/Richardi,* § 102 Rz. 64; *Hess/Schlochauer/Glaubitz,* § 102 Rz. 140; GK-*Kraft,* § 102 Rz. 133.
518 *Dietz/Richardi,* § 102 Rz. 164; *Hess/Schlochauer/Glaubitz,* § 102 Rz. 140; *Kittner* in: Däubler/Kittner/Klebe, § 102 Rz. 224; KR-*Etzel,* § 102 BetrVG Rz. 180.
519 GK-*Kraft,* § 102 Rz. 135.
520 *Fitting/Kaiser/Heither/Engels,* § 102 Rz. 53; *Dietz/Richardi,* § 102 Rz. 164; GK-*Kraft,* § 102 Rz. 136; a. A. KR-*Etzel,* § 102 BetrVG Rz. 180.
521 BAG vom 19. 8. 1976, AP Nr. 4 zu § 611 BGB Beschäftigungspflicht.

steht das bisherige Arbeitsverhältnis ohne Unterbrechung fort. Dies steht allerdings erst nach rechtskräftiger Entscheidung fest. Da der Arbeitgeber ein Rechtsmittel einlegen kann, kann sich diese Feststellung zeitlich sehr lange hinziehen. Verliert der Arbeitnehmer den Prozeß, so bestand vom Ablauf der Kündigungsfrist an ein besonderes gesetzliches Beschäftigungsverhältnis auf Grundlage des Widerspruchs des Betriebsrates[522]. Das Bestehen des Weiterbeschäftigungsanspruch ist von den Erfolgsaussichten des Kündigungsschutzprozesses grundsätzlich unabhängig.

367 Spricht der Arbeitgeber neben einer **außerordentlichen** Kündigung zugleich hilfsweise eine **ordentliche** Kündigung aus, so ist ein Weiterbeschäftigungsanspruch gemäß Abs. 5 ausgeschlossen. Nach dem Gesetzeswortlaut ist der Weiterbeschäftigungsanspruch auf die Fälle der ordentlichen Kündigung beschränkt[523].

368 Im einzelnen setzt der **Weiterbeschäftigungsanspruch** gemäß Abs. 5 voraus, daß
- der Betriebsrat der Kündigung frist- und formgerecht aus einem der Gründe aus Abs. 3 widersprochen hat
- der Arbeitnehmer binnen 3 Wochen nach der Kündigung Klage nach § 4 KSchG mit dem Feststellungsantrag erhoben hat, daß das Arbeitsverhältnis durch die Kündigung nicht aufgelöst ist
- der Arbeitnehmer neben der Klageerhebung noch ausdrücklich die vorläufige Weiterbeschäftigung verlangt hat.

369 Nach Auffassung des Bundesarbeitsgerichts kann der **Weiterbeschäftigungsantrag** noch 4 Monate nach Erhebung der Kündigungsschutzklage gestellt werden[524]. Die Weiterbeschäftigung kann nicht verlangt werden, sofern das Arbeitsverhältnis noch nicht dem Schutzbereich des Kündigungsschutzgesetzes unterfällt oder aber der Arbeitnehmer einen Auflösungsantrag nach § 9 KSchG stellt[525].

370 Der Arbeitnehmer kann unter den genannten Voraussetzungen seine **tatsächliche Beschäftigung** verlangen, nicht lediglich die **Fortzahlung** des **Entgelts**. Die Weiterbeschäftigung hat zu unveränderten Arbeitsbedingungen zu erfolgen. Die Fortzahlung des Entgelts bezieht

---

522 BAG vom 12. 9. 1985, AP Nr. 7 zu § 102 BetrVG 1972 Weiterbeschäftigung.
523 LAG Frankfurt a. M., EzA § 102 BetrVG 1972 Beschäftigungspflicht Nr. 1; LAG Hamm, DB 1982, 1679; *Dietz/Richardi*, § 102 Rz. 203; *Hess/Schlochauer/Glaubitz*, § 102 Rz. 152; KR-*Etzel*, § 102 BetrVG Rz. 198; *Stege-Weinspach*, § 102 Rz. 167; **a. A.** *Fitting/Kaiser/Heither/Engels*, § 102 Rz. 57; *Kittner* in: Däubler/Kittner/Klebe, § 102 Rz. 249.
524 BAG vom 31. 8. 1978, AP Nr. 1 zu § 102 BetrVG 1972.
525 *Fitting/Kaiser/Heither/Engels*, § 102 Rz. 59; *Kittner* in: Däubler/Kittner/Klebe, § 102 Rz. 256.

VI. Personelle Einzelmaßnahmen Rz. 374 **Teil I**

sich auch auf zwischenzeitlich gewährte allgemeine Lohnerhöhungen, sowie auf die Beiträge zur Sozialversicherung bzw. zu Unterstützungskassen[526]. Erst jetzt hinzukommende Leistungen, die an eine ununterbrochene Betriebszugehörigkeit anknüpfen, wie z. B. Gratifikationen, Jubiläumsgelder und Ruhegelder sind erst dann nachzuzahlen, wenn der Kündigungsschutzprozeß gewonnen wird[527]. Nach Sinn und Zweck der Vorschrift des Absatzes 5 ist der Arbeitnehmer nicht schlechter, aber auch nicht besser zu stellen, als in einem ungekündigten Arbeitsverhältnis.

Über die Voraussetzungen des § 102 Abs. 5 BetrVG hinaus hat der Arbeitnehmer nach einem Beschluß des Großen Senats des Bundesarbeitsgerichts vom 27. 2. 1985[528] einen **Weiterbeschäftigungsanspruch**, sofern er Kündigungsschutzklage erhoben hat, und in der ersten Instanz vor dem Arbeitsgericht obsiegt hat. Dieser Beschäftigungsanspruch besteht solange, bis eine etwa gegenteilige Entscheidung eines Landesarbeitsgerichts oder des Bundesarbeitsgerichts ergeht. Ein Widerspruch des Betriebsrates ist hierfür nicht Voraussetzung. 371

Der Weiterbeschäftigungsanspruch gemäß Abs. 5 sowie der gerade erörterte erweiterte Weiterbeschäftigungsanspruch kann von dem Arbeitnehmer bei Weigerung des Arbeitgebers im Wege der **Klage** aber auch im Wege der **einstweiligen Verfügung** durchgesetzt werden[529]. Als Verfügungsgrund reicht es auch, daß der Arbeitnehmer glaubhaft macht, sein Arbeitsplatz solle durch einen anderen Arbeitnehmer besetzt werden[530]. Die Vollstreckung erfolgt gemäß § 888 ZPO durch Verhängung von Zwangsgeldern gegenüber dem Arbeitgeber. 372

Das gemäß Abs. 5 begründete Weiterbeschäftigungsverhältnis **endet** mit der rechtskräftigen Abweisung der Kündigungsschutzklage oder aber mit dem rechtskräftigen Obsiegen des Arbeitnehmers. In letzterem Fall hat das Arbeitsverhältnis während des gesamten Kündigungsschutzprozesses ohnehin fortbestanden. 373

Auch bei ordentlichen **Änderungskündigungen** kann Abs. 5 Anwendung finden. Hat der Arbeitnehmer die Weiterbeschäftigung zu den veränderten Bedingungen abgelehnt, so wandelt sich die Änderungs- 374

---

526 BAG vom 26. 5. 1977, AP Nr. 5 zu § 611 BGB Beschäftigungspflicht.
527 *Fitting/Kaiser/Heither/Engels,* § 102 Rz. 65.
528 AP Nr. 14 zu § 611 BGB Beschäftigungspflicht.
529 LAG Nürnberg, BB 1992, 444; LAG Düsseldorf, DB 1993, 1680; *Kittner* in: Däubler/Kittner/Klebe, § 102 Rz. 266; GK-*Kraft,* § 102 Rz. 133; *Hess/Schlochauer/Glaubitz,* § 102 Rz. 169; KR-*Etzel,* § 102 Rz. 222.
530 LAG Köln, NZA 1984, 300; LAG München, NZA 1994, 997.

kündigung in eine Beendigungskündigung, so daß bei erfolgtem Widerspruch des Betriebsrates und erhobener Kündigungsschutzklage der Weiterbeschäftigungsanspruch geltend gemacht werden kann[531]. Hat der Arbeitnehmer das Änderungsangebot unter dem Vorbehalt angenommen, daß die Änderung nicht sozial ungerechtfertigt ist, so geht seine Kündigungsschutzklage nunmehr dahin, lediglich diese Frage vom Gericht überprüfen zu lassen. Der Wortlaut des Abs. 5 Satz 1 verlangt jedoch eine Klage auf Feststellung, daß das Arbeitsverhältnis nicht aufgelöst ist. Aus diesem Grund kommt ein Weiterbeschäftigungsanspruch nach Abs. 5 in diesem Fall nicht in Betracht. Der Arbeitnehmer ist verpflichtet, nach Ablauf der Kündigungsfrist zu den geänderten Arbeitsbedingungen zu arbeiten. Stellt sich im nachhinein heraus, daß die Änderung der Arbeitsbedingungen sozial ungerechtfertigt war, bleibt das Arbeitsverhältnis zu den ursprünglichen Bedingungen bestehen. Der Arbeitgeber ist dann verpflichtet, den Arbeitnehmer zu den bisherigen Bedingungen weiterzubeschäftigen[532].

375 Ausnahmsweise braucht der Arbeitgeber den Arbeitnehmer trotz Geltendmachung des Weiterbeschäftigungsanspruchs nicht weiter zu beschäftigen, wenn ihn das Arbeitsgericht aufgrund einer von ihm beantragten **einstweiligen Verfügung** von der Verpflichtung zur Weiterbeschäftigung entbindet. Der Antrag auf Erlaß einer einstweiligen Verfügung ist zulässig, wenn entweder
▶ die Klage des Arbeitnehmers keine hinreichende Aussicht auf Erfolg bietet oder mutwillig erscheint
oder
▶ die Weiterbeschäftigung des Arbeitnehmers zu einer unzumutbaren wirtschaftlichen Belastung des Arbeitgebers führen würde
oder aber
▶ der Widerspruch des Betriebsrates offensichtlich unbegründet war.

376 Die Entscheidung des Arbeitsgerichts ergeht im **Urteilsverfahren**[533]. Es handelt sich nicht um eine betriebsverfassungsrechtliche Streitigkeit, sondern um die Regelung individualrechtlicher Angelegenheiten zwischen Arbeitgeber und Arbeitnehmer. Der Antrag unterliegt

---

[531] *Fitting/Kaiser/Heither/Engels*, § 102 Rz. 9; KR-*Etzel*, § 102 BetrVG Rz. 199e; GK-*Kraft*, § 102 Rz. 172.
[532] LAG München, LAGE § 611 BGB Nr. 18 Beschäftigungspflicht; GK-*Kraft*, § 102 Rz. 173; *Fitting/Kaiser/Heither/Engels*, § 102 Rz. 8a; *Hess/Schlochauer/Glaubitz*, § 102 Rz. 173.
[533] LAG Düsseldorf, EzA § 102 BetrVG 1972 Beschäftigungspflicht Nr. 3 und 4; *Fitting/Kaiser/Heither/Engels*, § 102 Rz. 68; *Dietz/Richardi*, § 102 Rz. 235; GK-*Kraft*, § 102 Rz. 177.

VI. Personelle Einzelmaßnahmen

keiner Frist, kann daher zu jedem Zeitpunkt bis zum rechtskräftigen Abschluß des Kündigungsschutzprozesses gestellt werden. Er kann auch wiederholt werden, sofern sich der Arbeitgeber dabei auf neue Tatsachen stützt und sein Begehren bereits rechtskräftig abgewiesen wurde[534].

Stützt der Arbeitgeber seinen Antrag darauf, die Klage habe **keine hinreichende Aussicht auf Erfolg** oder **erscheine mutwillig,** hat das Gericht alle Gründe, die zur Kündigung geführt haben, summarisch auf ihre Stichhaltigkeit zu prüfen. Eine Aufhebung der Weiterbeschäftigungspflicht kommt dann nur in Betracht, sofern die Prüfung ergibt, daß die Kündigungsschutzklage entweder offensichtlich oder doch mit hinreichender Wahrscheinlichkeit keinen Erfolg haben wird. Hierbei sind dieselben Grundsätze maßgebend, wie sie im Verfahren auf die Zuerkennung von Prozeßkostenhilfe entwickelt wurden[535]. 377

Eine für den Arbeitgeber **unzumutbare wirtschaftliche Belastung bei Weiterbeschäftigung des Arbeitnehmers** wird nur ausnahmsweise vorliegen, wie z. B. in Fällen der erforderlichen Kündigung einer größeren Zahl von Arbeitnehmern wegen Wegfalls jeder Beschäftigungsmöglichkeit. Für den Normalfall ist zu berücksichtigen, daß dem Entgeltanspruch des Arbeitnehmers auch die Arbeitskraft, die dem Arbeitgeber zur Verfügung steht, gegenüber steht. Allein die Tatsache, daß der Arbeitgeber den Arbeitnehmer nicht mehr benötigt, reicht für die Begründung einer unzumutbaren wirtschaftlichen Belastung nicht aus. Die wirtschaftlichen Belastungen des Arbeitgebers müssen so schwerwiegend sein, daß die wirtschaftliche Existenz des Betriebes durch die Lohnfortzahlung in Frage gestellt ist[536]. Der Arbeitgeber hat die Tatsachen, die die wirtschaftliche Unzumutbarkeit begründen, glaubhaft zu machen[537]. 378

Ein Fall der **offensichtlichen Unbegründetheit des Widerspruchs des Betriebsrates** liegt dann vor, sofern ohne detaillierte Nachprüfung für das Gericht erkennbar ist, daß der Widerspruchsgrund nicht besteht. Ein solcher Fall liegt etwa vor, wenn der Betriebsrat bei einer personen- oder verhaltensbedingten Kündigung die soziale Auswahl rügt, obwohl bei dieser Art von Kündigung eine Sozialauswahl nicht vor- 379

---

534 GK-*Kraft,* § 102 Rz. 177; *Fitting/Kaiser/Heither/Engels,* § 102 Rz. 68.
535 ArbG Stuttgart, ArbuR 1993, 222; *Fitting/Kaiser/Heither/Engels,* § 102 Rz. 68; *Hess/Schlochauer/Glaubitz,* § 102 Rz. 177; KR-*Etzel,* § 102 BetrVG Rz. 224; *Dietz/Richardi,* § 102 Rz. 226; GK-*Kraft,* § 102 Rz. 179.
536 ArbG Stuttgart, ArbuR 1993, 222; *Fitting/Kaiser/Heither/Engels,* § 102 Rz. 68.
537 GK-*Kraft,* § 102 Rz. 180; *Hess/Schlochauer/Glaubitz,* § 102 Rz. 80; KR-*Etzel,* § 102 BetrVG Rz. 229; *Dietz/Richardi,* § 102 Rz. 230.

zunehmen ist oder aber wenn der Arbeitsplatz, den der Betriebsrat im Falle des Absatzes 3 Nr. 3 für den zu kündigenden Arbeitnehmer beansprucht, bereits besetzt ist[538]. Hat der Betriebsrat den Widerspruch nicht ordnungsgemäß erhoben, fehlt beispielsweise eine Begründung auf Grundlage der abschließend aufgezählten Widerspruchsgründe, so liegt an sich kein Fall der offensichtlichen Unbegründetheit des Widerspruchs vor, da hiermit nur **sachlich** unbegründete Widersprüche, nicht aber nicht **ordnungsgemäße** Widersprüche gemeint sind. Die herrschende Meinung billigt dem Arbeitgeber dennoch die Möglichkeit zu, sich in einem solchen Fall von der Weiterbeschäftigungspflicht entbinden zu lassen und bejaht eine analoge Anwendung der Vorschrift für Fälle nicht ordnungsgemäß erhobener Widersprüche[539]. In einem solchen Fall hat der Arbeitgeber den Antrag auf Feststellung zu stellen, daß ein Weiterbeschäftigungsanspruch nicht besteht, hilfsweise auf Entbindung von der Weiterbeschäftigungspflicht[540].

f) Erweiterung des Mitbestimmungsrechts durch Betriebsvereinbarung

380 Arbeitgeber und Betriebsrat können in einer **Vereinbarung** vorsehen, daß Kündigungen der Zustimmung des Betriebsrates bedürfen und daß bei Meinungsverschiedenheiten über die Berechtigung der Nichterteilung der Zustimmung die Einigungsstelle entscheidet, § 102 Abs. 6 BetrVG. Nach Auffassung des Bundesarbeitsgerichts ist für diese Fälle der Abschluß einer Betriebsvereinbarung erforderlich. Eine formlose Regelungsabrede genügt nicht[541]. Die Betriebsvereinbarung kann das Zustimmungserfordernis lediglich für bestimmte Arbeitnehmergruppen oder für bestimmte Arten von Kündigungen vorsehen. § 102 Abs. 6 BetrVG gilt jedoch nicht für Kündigungen von Betriebsratsmitgliedern, da § 15 Abs. 1 KSchG und § 103 BetrVG hier zwingende Sonderregelungen enthalten[542].

---

538 LAG Düsseldorf, DB 1975, 1995; *Dietz/Richardi*, § 102 Rz. 231; *Fitting/Kaiser/Heither/Engels*, § 102 Rz. 68; KR-*Etzel*, § 102 Rz. 231; GK-*Kraft*, § 102 Rz. 181.
539 LAG Hamm, EzA § 102 BetrVG 1972 Beschäftigungspflicht Nr. 6; LAGE § 102 BetrVG 1972, Beschäftigungspflicht Nr. 8; *Dietz/Richardi*, § 102 Rz. 232; *Fitting/Kaiser/Heither/Engels*, § 102 Rz. 68a; *Hess/Schlochauer/Glaubitz*, § 102 Rz. 183; KR-*Etzel*, § 102 BetrVG Rz. 282.
540 GK-*Kraft*, § 102 Rz. 182.
541 BAG vom 15. 2. 1978, AP Nr. 60 zu Art. 9 GG Arbeitskampf.
542 *Hess/Schlochauer/Glaubitz*, § 102 Rz. 193; *Kittner* in: Däubler/Kittner/Klebe, § 102 Rz. 312; *Fitting/Kaiser/Heither/Engels*, § 102 Rz. 69.

VI. Personelle Einzelmaßnahmen Rz. 384 Teil I

Besteht eine solche Vereinbarung, ist die ohne Zustimmung des Betriebsrates ausgesprochene **Kündigung unheilbar unwirksam**[543]. Zu berücksichtigen ist, daß durch eine derartige Betriebsvereinbarung das Mitbestimmungsrecht des Betriebsrates erheblich verstärkt wird, auf der anderen Seite aber eine Widerspruchsmöglichkeit und damit eine Weiterbeschäftigungspflicht des Arbeitgebers nach Abs. 5 entfällt. Nach der herrschenden Auffassung tritt die freiwillige Betriebsvereinbarung an die Stelle der gesetzlichen Regelung des § 102 Abs. 1 bis 5 BetrVG[544]. 381

Die Betriebsvereinbarung kann **andere Maßstäbe** als die des Abs. 3 für die Unzulässigkeit einer Kündigung setzen. Sie hat aber die Grundgedanken der Gleichbehandlung, der vertrauensvollen Zusammenarbeit zum Wohl der Arbeitnehmer und die Maßstäbe des Kündigungsschutzgesetzes zu berücksichtigen. In durch den Arbeitnehmer bereits erworbene einzelvertragliche Rechtspositionen, wie z. B. die des Ausschlusses der ordentlichen Kündigung, kann die Betriebsvereinbarung nicht eingreifen[545]. Ferner können die Tatbestände für eine außerordentliche Kündigung über das Gesetz hinaus (§ 626 Abs. 1 BGB) nicht erweitert werden[546]. Empfehlenswert ist die Festlegung von Fristen für den Verfahrensweg. 382

Stimmt der Betriebsrat der beabsichtigten Kündigung **zu,** kann der Arbeitgeber die Kündigung aussprechen. Der Arbeitnehmer kann dann Klage auf die Feststellung erheben, daß das Arbeitsverhältnis durch die Kündigung nicht aufgelöst ist. Seine Rechtsstellung nach dem Kündigungsschutzgesetz bleibt unberührt[547]. 383

Die Betriebsvereinbarung über die Zustimmungsbedürftigkeit von Kündigungen muß nicht zwingend die Bestimmung enthalten, daß bei Meinungsverschiedenheiten über die Erforderlichkeit der Kündigung die **Einigungsstelle** anzurufen ist[548]. Ist eine solche Bestimmung in der Betriebsvereinbarung enthalten, so unterliegt die Entscheidung 384

---

543 *Hess/Schlochauer/Glaubitz,* § 102 Rz. 194; *Kittner* in: Däubler/Kittner/Klebe, § 102 Rz. 309; KR-*Etzel,* § 102 BetrVG Rz. 245; *Dietz/Richardi,* § 102 Rz. 302; GK-*Kraft,* § 102 Rz. 187.
544 *Dietz/Richardi,* § 102 Rz. 309; KR-*Etzel,* § 102 Rz. 248; *Hess/Schlochauer/Glaubitz,* § 102 Rz. 196; *Fitting/Kaiser/Heither/Engels,* § 102 Rz. 70; **a. A.** *Kittner* in: Däubler/Kittner/Klebe, § 102 Rz. 313.
545 BAG vom 16. 2. 1962, AP Nr. 11 zu § 4 TVG Günstigkeitsprinzip.
546 BAG vom 22. 11. 1973, AP Nr. 67 zu § 626 BGB.
547 *Fitting/Kaiser/Heither/Engels,* § 102 Rz. 71; *Kittner* in: Däubler/Kittner/Klebe, § 102 Rz. 309; *Hess/Schlochauer/Glaubitz,* § 102 Rz. 190.
548 *Dietz/Richardi,* § 102 Rz. 298; GK-*Kraft,* § 102 Rz. 153; KR-Etzel, § 102 Rz. 256; *Hess/Schlochauer/Glaubitz,* § 102 Rz. 200; **a. A.** *Fitting/Kaiser/Heither/Engels,* § 102 Rz. 71.

der Einigungsstelle im Hinblick auf Rechtsverstöße der vollen Überprüfung durch das Arbeitsgericht im Beschlußverfahren[549].

385 Eine Regelung hinsichtlich der Zustimmungsbedürftigkeit von Kündigungen kann auch durch **Tarifvertrag** getroffen werden[550].

g) Beteiligungsrechte des Betriebsrats bei Ausspruch von Massenentlassungen

386 Der Arbeitgeber ist gemäß § 17 Abs. 1 KSchG verpflichtet, dem Arbeitsamt Anzeige zu erstatten, bevor er in Betrieben mit in der Regel

21 bis 59 Arbeitnehmern	mindestens 6 Arbeitnehmer
60 bis 499 Arbeitnehmern	10% der regelmäßig beschäftigten Arbeitnehmer oder mindestens 26 Arbeitnehmer
500 und mehr Arbeitnehmern	mindestens 30 Arbeitnehmer

entläßt. Den Entlassungen stehen andere Beendigungen des Arbeitsverhältnisses gleich, die vom Arbeitgeber veranlaßt werden, § 17 Abs. 1 Satz 2 KSchG.

387 Beabsichtigt der Arbeitgeber, solchermaßen anzeigepflichtige Entlassungen vorzunehmen, so hat er gemäß § 17 Abs. 2 KSchG dem Betriebsrat rechtzeitig die zweckdienlichen Auskünfte zu erteilen und ihn schriftlich insbesondere zu unterrichten über
▶ die Gründe für die geplanten Entlassungen
▶ die Zahl und die Berufsgruppen der zu entlassenden Arbeitnehmer
▶ die Zahl und die Berufsgruppen der in der Regel beschäftigten Arbeitnehmer
▶ den Zeitraum, in dem die Entlassungen vorgenommen werden sollen
▶ die vorgesehenen Kriterien für die Auswahl der zu entlassenden Arbeitnehmer
▶ die für die Berechnung etwaiger Abfindungen vorgesehenen Kriterien

388 Von der geplanten Massenentlassung hat der Arbeitgeber den Betriebsrat rechtzeitig zu **unterrichten.** Die Anzeige hat schriftlich zu

---

549 BAG vom 11. 7. 1958, AP Nr. 27 zu § 626 BGB.
550 BAG vom 10. 2. 1988, AP Nr. 53 zu § 99 BetrVG 1972; BAG vom 12. 3. 1987, AP Nr. 47 zu § 99 BetrVG 1972; *Kittner* in: Däubler/Kittner/Klebe, § 102 Rz. 315; KR-*Etzel*, § 102 Rz. 244; **a. A.** *Dietz/Richardi*, § 102 Rz. 289; GK-*Kraft*, § 102 Rz. 150; *Hess/Schlochauer/Glaubitz*, § 102 Rz. 198.

erfolgen, eine lediglich mündliche Unterrichtung genügt nicht. Die Stellungnahme des Betriebsrates ist Wirksamkeitsvoraussetzung für die Anzeige[551].

Eine **rechtzeitige** Unterrichtung des Betriebsrates liegt dann vor, wenn diese mindestens 2 Wochen vor der beabsichtigten Entlassungen erfolgt. Eine Durchschrift der Mitteilung an den Betriebsrat hat der Arbeitgeber gleichzeitig dem Arbeitsamt zuzuleiten, § 17 Abs. 3 Satz 1 KSchG. 389

Die **Folgen** eines **Verstoßes** gegen die **Unterrichtungspflicht** gemäß § 17 Abs. 2 KSchG hat der Gesetzgeber nicht ausdrücklich geregelt. Nach § 17 Abs. 3 KSchG ist jedoch eine Anzeige an das Arbeitsamt nur dann wirksam, wenn ihr eine Stellungnahme des Betriebsrates beigefügt wird oder aber der Arbeitgeber glaubhaft macht, daß er den Betriebsrat mindestens 2 Wochen vor der Anzeige unterrichtet hat. Da bei fehlender Unterrichtung weder die eine noch die andere Voraussetzung erfüllt werden kann, ist die Einhaltung der Unterrichtungspflicht zumindest mittelbare Wirksamkeitsvoraussetzung für die Anzeige. Das Fehlen einer wirksamen Anzeige begründet ein Kündigungsverbot. Nach Auffassung des Bundesarbeitsgerichts führt die Verletzung der Anzeigepflicht jedoch nur dann zur Unwirksamkeit der Kündigung, wenn sich der Arbeitnehmer auf diesen Verstoß beruft, d. h. in irgendeiner Weise, sei es im Rahmen der Kündigungsschutzklage, sei es durch sein Arbeitsangebot nach dem Kündigungstermin Widerspruch gegen die Entlassung erhebt[552]. 390

h) Darlegungs- und Beweislast für die ordnungsgemäße Betriebsratsanhörung

Die ordnungsgemäße Anhörung des Betriebsrates ist Wirksamkeitsvoraussetzung für jede Kündigung durch den Arbeitgeber. Daher trägt der Arbeitgeber im Kündigungsschutzprozeß die **Darlegungs- und Beweislast** dafür, daß die **Anhörung** des Betriebsrates **ordnungsgemäß** durchgeführt wurde[553]. Der Arbeitnehmer trägt demgegenüber im Streitfall die Beweislast dafür, daß eine Anhörung wegen wirksamen Bestehens eines Betriebsrates erforderlich war[554]. 391

---

551 KR-*Weigand*, § 17 KSchG Rz. 57.
552 BAG vom 6. 12. 1973, AP Nr. 1 zu § 17 KSchG 1969; BAG vom 6. 11. 1958, AP Nr. 1 zu § 15 KSchG 1951.
553 BAG vom 19. 8. 1975, EzA § 102 BetrVG 1972 Nr. 15; KR-*Etzel*, § 102 BetrVG Rz. 192; *Fitting/Kaiser/Heither/Engels*, § 102 Rz. 25a; *Dietz/Richardi*, § 102 Rz. 107.
554 *Fitting/Kaiser/Heither/Engels*, § 102 Rz. 25a.

392 Demgemäß muß der Arbeitgeber im Kündigungsschutzprozeß alle diejenigen Tatsachen vortragen, aus denen auf eine ordnungsgemäße Anhörung des Betriebsrates geschlossen werden kann, sofern die Existenz eines Betriebsrates feststeht. Unterläßt er dies, haben die Gerichte für Arbeitssachen die Kündigung als unwirksam anzusehen, da eine Wirksamkeitsvoraussetzung vom Arbeitgeber nicht dargelegt ist. Nach Auffassung des Bundesarbeitsgerichts hat der Arbeitnehmer die ordnungsgemäße Anhörung des Betriebsrates jedoch zu bestreiten, damit die entsprechende Darlegungslast des Arbeitgeber ausgelöst wird[555].

393 Diese Grundsätze zur Darlegungs- und Beweislast gelten **ausnahmsweise** dann **nicht,** wenn es sich um ungewöhnliche, vom normalen Gang der Ereignisse stark abweichende Mängel handelt, wie z. B. eine Bedrohung des Betriebsrates durch den Arbeitgeber. Für das Vorliegen solcher Ausnahmesituationen trägt der Arbeitnehmer die Darlegungs- und Beweislast. Demgegenüber hat der Arbeitgeber darzulegen und gegebenenfalls zu beweisen, daß er im Falle einer unvollständigen oder irreführenden Information des Betriebsrates diese nicht bewußt unvollständig oder falsch durchgeführt hat[556].

394 Der Arbeitgeber darf sich bei Bestreiten einer wirksamen Anhörung durch den Arbeitnehmer nicht damit begnügen, lediglich die Stellungnahme des Betriebsrates vorzulegen. Denn diese stellt lediglich die Reaktion auf die notwendige Anhörung dar. Der Arbeitgeber hat im Prozeß, gegebenenfalls unter Antritt von Zeugenbeweis durch den Betriebsratsvorsitzenden, zu beweisen, daß die Anhörung vollständig, unter Mitteilung aller aus seiner Sicht für die Kündigung wesentlichen Tatsachen, und rechtzeitig erfolgt ist. Aus diesem Grund empfiehlt sich die Verwendung eines Formblattes für die Anhörung des Betriebsrates, auf dem sämtliche Sozialdaten, Kündigungsgründe und die Art der Kündigung sowie Kündigungsfrist und Kündigungstermin vermerkt sind. Darüber hinaus ist die mündliche Erörterung der Kündigungsgründe empfehlenswert.

VII. Geltung der Schutzvorschriften für leitende Angestellte, § 105 BetrVG

395 § 105 BetrVG bestimmt, daß eine beabsichtigte Einstellung oder personelle Veränderung eines der in § 5 Abs. 3 BetrVG genannten leiten-

---

555 BAG vom 23. 6. 1983, EzA § 1 KSchG Krankheit Nr. 12; BAG vom 14. 10. 1982, EzA § 613a BGB Nr. 38.
556 BAG vom 22. 9. 1994, EzA § 102 BetrVG 1972 Nr. 86.

VII. Geltung der Schutzvorschriften für leitende Angestellte   Rz. 397 **Teil I**

den Angestellten dem Betriebsrat rechtzeitig mitzuteilen ist. § 5 Abs. 3 BetrVG wiederum bestimmt, daß das Betriebsverfassungsgesetz auf leitende Angestellte nur in den ausdrücklich genannten Fällen Anwendung findet. Demzufolge besteht bei personellen Maßnahmen, die diesen Personenkreis betreffen, kein Mitbestimmungsrecht des Betriebsrates[557]. Der Betriebsrat ist von der beabsichtigten Maßnahme lediglich in Kenntnis zu setzen.

Bei **Zweifeln**, ob ein Arbeitnehmer zum Personenkreis der leitenden Angestellten gehört, ist zu empfehlen, das Anhörungsverfahren gemäß § 102 BetrVG vorsorglich durchzuführen. Eine Information nach § 105 BetrVG kann grundsätzlich nicht in eine Anhörung nach § 102 BetrVG umgedeutet werden[558]. Auf die Auffassung des Betriebsrates, des Arbeitgebers oder des Angestellten selbst kommt es diesbezüglich nicht an[559]. Es kommt hier allein auf die objektive Rechtslage an. Arbeitgeber und Betriebsrat können diesbezüglich keine Absprache treffen[560]. 396

Die **Mitteilungspflicht** des Arbeitgebers besteht sowohl bei Einstellungen als auch bei personellen Veränderungen wie etwa der Umgruppierung, der Versetzung, der Entlassung aber auch bei jeder Änderung der Führungsfunktion des leitenden Angestellten, auch bei einem Ausscheiden im gegenseitigen Einverständnis[561]. Die Mitteilung gegenüber dem Betriebsrat hat rechtzeitig vor der beabsichtigten Maßnahme zu erfolgen. Sie ist jedoch nicht an eine bestimmte Form gebunden. Der Betriebsrat hat die Möglichkeit gegen die vom Arbeitgeber beabsichtigte Maßnahme Bedenken anzumelden oder Gegenvorstellungen zu erheben. Aufgrund des Gebotes der vertrauensvollen Zusammenarbeit mit dem Betriebsrat ist der Arbeitgeber verpflichtet, die Bedenken und Gegenvorstellungen des Betriebsrates zu hören. Er ist jedoch nicht verpflichtet, die Angelegenheit mit dem Betriebsrat zu erörtern, auf die Bedenken einzugehen oder gar von der personellen Maßnahme Abstand zu nehmen[562]. 397

---

557 Hinsichtlich der Definition des leitenden Angestellten vgl. oben Teil A Rz. 93 ff.
558 BAG vom 7. 12. 1979, AP Nr. 21 zu § 102 BetrVG 1972; BAG vom 25. 5. 1977, AP Nr. 13 zu § 102 BetrVG 1972; BAG vom 19. 8. 1975, AP Nr. 1 zu § 105 BetrVG 1972.
559 BAG vom 30. 5. 1978, EzA § 105 BetrVG 1972 Nr. 3; BAG vom 19. 8. 1975, AP Nr. 5 zu § 102 BetrVG 1972.
560 *Fitting/Kaiser/Heither/Engels*, § 105 Rz. 1.
561 KR-*Etzel*, §105 Rz. 21 ff.; *Fitting/Kaiser/Heither/Engels*, § 105 Rz. 2; *Kittner* in: Däubler/Kittner/Klebe, § 105 Rz. 5.
562 KR-*Etzel*, § 105 Rz. 33; *Hess/Schlochauer/Glaubitz*, § 105 Rz. 1; *Fitting/Kaiser/Heither/Engels*, § 105 Rz. 5.

398 **Verletzt** der **Arbeitgeber** seine **Mitteilungspflicht**, bleibt dies ohne Auswirkungen auf die vorgenommene personelle Maßnahme. Insbesondere ist eine ohne Mitteilung an den Betriebsrat ausgesprochene Kündigung eines leitenden Angestellten wirksam[563]. Die Verletzung der Mitteilungspflicht führt auch nicht dazu, daß der Betriebsrat bei personellen Maßnahmen gemäß § 99 BetrVG in entsprechender Anwendung des § 101 BetrVG deren Rückgängigmachung verlangen kann[564]. Verstöße gegen § 105 BetrVG sind auch nicht gemäß § 121 BetrVG unter Strafe gestellt. Bei wiederholten Verstößen des Arbeitgebers gegen die Mitteilungspflicht gegenüber dem Betriebsrat kommt allerdings ein Verfahren gemäß § 23 Abs. 3 BetrVG in Betracht[565].

Auf die Beteiligungsrechte des Betriebsrates bei der außerordentlichen Kündigung von Betriebsratsmitgliedern wurde oben im Teil D eingegangen.

---

[563] BAG vom 25. 3. 1976, EzA § 5 BetrVG 1972 Nr. 23; *Fitting/Kaiser/Heither/Engels*, § 105 Rz. 6; GK-*Kraft*, § 105 Rz. 15; *Hess/Schlochauer/Glaubitz*, § 105 Rz. 14.

[564] LAG Düsseldorf vom 13. 5. 1976, DB 1976, 1283; *Kittner* in: Däubler/Kittner/Klebe, § 105 Rz. 12; *Hess/Schlochauer/Glaubitz*, § 105 Rz. 14.

[565] *Fitting/Kaiser/Heither/Engels*, § 105 Rz. 6; *Dietz/Richardi*, § 105 Rz. 16; KR-*Etzel*, § 105 Rz. 40.

Teil J
Mitbestimmung in wirtschaftlichen Angelegenheiten

Die §§ 106–109 BetrVG regeln die Tätigkeit des **Wirtschaftsausschusses**. Dieser ist ein im Gesetz besonders erwähnter Ausschuß, der den Betriebsrat unterstützen soll und die Aufgabe hat, wirtschaftliche Angelegenheiten mit dem Unternehmer zu beraten und den Betriebsrat sodann hierüber zu unterrichten. Zur Errichtung und zu den Aufgaben des Wirtschaftsausschusses vgl. die Ausführungen oben Teil B Rz. 322 ff. 1

In den §§ 111–113 BetrVG sind die Beteiligungsrechte des Betriebsrates bei Betriebsänderungen geregelt. Betriebsänderungen können einen Arbeitsplatzverlust oder eine Veränderung der Arbeitsplatzsituation sowie der sozialen Stellung für Arbeitnehmer mit sich bringen. Neben dem Mitbestimmungsrecht des Betriebsrates in sozialen und personellen Angelegenheiten gemäß §§ 87 ff. und 99 ff. BetrVG, welche häufig die Folge von Betriebsänderungen sind, wird dem Betriebsrat durch die §§ 111 ff. BetrVG zusätzlich ein Mitbestimmungsrecht bei der **Durchführung** von Betriebsänderungen zuerkannt. 2

In § 111 BetrVG wird zunächst geregelt, bei welchen Betriebsänderungen der Betriebsrat zu beteiligen ist. Beteiligung bedeutet hier die Notwendigkeit der Unterrichtung und der Beratung der geplanten Betriebsänderung mit dem Betriebsrat, wobei der Arbeitgeber den Abschluß eines Interessenausgleichs mit dem Betriebsrat anzustreben hat. Hierin wird festgelegt, ob, wann und wie die beabsichtigte Betriebsänderung durchgeführt werden soll. Der Arbeitgeber hat hierbei alle Verständigungsmöglichkeiten auszuschöpfen. Letztlich entscheidet er jedoch allein, wenn er eine Einigung mit dem Betriebsrat nicht herbeiführen kann. Die **Entscheidungsfreiheit** des **Unternehmers** in wirtschaftlichen Angelegenheiten bleibt so voll erhalten. Bringt eine Betriebsänderung allerdings **wirtschaftliche Nachteile** für **Arbeitnehmer** mit sich, ist der Arbeitgeber verpflichtet, eine Sozialplan aufzustellen. Dieser Sozialplan kann, wenn eine Einigung im Wege der Verhandlungen nicht erzielt wird, durch den Betriebsrat über die Einigungsstelle erzwungen werden. Der Sozialplan kann folglich auch gegen den Willen des Arbeitgebers beschlossen werden. Die Einigungsstelle hat bei der Aufstellung des Sozialplanes aber die finanziellen Auswirkungen und deren Zumutbarkeit für den Unternehmer zu berücksichtigen. 3

4 Da der Betriebsrat die Vornahme einer Betriebsänderung letztendlich nicht verhindern kann, bieten die **Regelungen** über den **Sozialplan** eine gewisse Gewähr dafür, daß sich der Unternehmer nicht leichtfertig und ohne Rücksicht auf die sozialen Interessen der Belegschaft zu einer Betriebsänderung entschließt und er sie in einer für die Arbeitnehmer möglichst schonenden Form durchführt[1].

5 Das neue **Umwandlungsgesetz** verpflichtet den Arbeitgeber, den Betriebsrat über die Folgen der Umwandlung für die einzelnen Arbeitnehmer zu unterrichten. Der Betriebsrat muß hiernach darüber informiert werden, welche Betriebe und Betriebsteile und welche Arbeitsverhältnisse bei einer Spaltung auf welchen Rechtsträger übergehen, ob mit dem Wechsel ein Wechsel in einen anderen Tarifvertrag verbunden ist, ob Betriebsvereinbarungen wegen Verlust der Betriebsidentität enden und ob sich der Betriebsrat verkleinert oder ein Gesamtbetriebsrat wegfällt. Da diese Maßnahmen Folgen für die Arbeitsverhältnisse haben können, besteht auch eine Informationspflicht im Hinblick auf personelle Maßnahmen, wie z. B. Versetzungen, Entlassungen oder Umschulungen, die die Umwandlung mit sich bringt. Die Einhaltung der Unterrichtungspflichten nach dem Umwandlungsgesetz entbindet den Arbeitgeber nicht von der Beteiligung des Betriebsrates gemäß § 111 BetrVG dieses Gesetzes. Beide **Mitbestimmungsrechte** bestehen **unabhängig** voneinander **nebeneinander**[2].

6 Neben dem Betriebsrat ist in wirtschaftlichen Angelegenheiten auch der **Wirtschaftsausschuß** zu beteiligen, **§ 106 BetrVG**. Der Arbeitgeber hat sowohl den Wirtschaftsausschuß als auch den Betriebsrat zu unterrichten und die vorgesehenen Maßnahmen mit beiden Vertretungen zu beraten[3]. Während der Wirtschaftsausschuß aber für das gesamte Unternehmen errichtet wird, besteht das Mitbestimmungsrecht der §§ 111 ff. BetrVG lediglich für den einzelnen Betrieb.

7 Der **Gesamtbetriebsrat** ist in wirtschaftlichen Angelegenheiten, außer im Fall der Beauftragung durch den Betriebsrat, nur zuständig, sofern es um die Regelung von Angelegenheiten geht, die das gesamte Unternehmen oder zumindest mehrere Betriebe betreffen und diese nicht durch die einzelnen Betriebsräte innerhalb ihrer Betriebe geregelt werden können[4].

---

1 BAG vom 20. 4. 1982, AP Nr. 15 zu § 112 BetrVG 1972; BAG vom 22. 5. 1979, AP Nr. 4 zu § 111 BetrVG 1972.
2 *Fitting/Kaiser/Heither/Engels*, § 111 Rz. 12.
3 Zu den Mitbestimmungsrechten des Wirtschaftsausschusses vgl. oben Teil B Rz. 322 ff.
4 BAG vom 26. 10. 1982, AP Nr. 10 zu § 111 BetrVG 1972; BAG vom 17. 2. 1981, AP Nr. 11 zu § 112 BetrVG 1972.

I. Allgemeine Voraussetzungen für die Beteiligung des Betriebsrats nach §§ 111 ff. BetrVG

Die Beteiligungsrechte des Betriebsrates in wirtschaftlichen Angelegenheiten bestehen nur dann, wenn im Betrieb in der Regel **mehr** als **20 wahlberechtigte Arbeitnehmer** beschäftigt werden. Insofern ergibt sich ein Gleichlauf der Mitbestimmungsrechte bei personellen Einzelmaßnahmen gemäß § 99 BetrVG und in wirtschaftlichen Angelegenheiten[5].

8

Die **Größe** des **Betriebes** von mehr als 20 wahlberechtigten Arbeitnehmern muß für den Zeitpunkt ermittelt werden, zu dem der Arbeitgeber mit der Betriebsänderung beginnt. Kommt es durch eine Betriebsänderung zu einer Verringerung der Arbeitnehmerzahl und sinkt hierdurch die Arbeitnehmerzahl unter die Zahl von mehr als 20 wahlberechtigten Arbeitnehmern, so kommt es bei einer weiteren Betriebsänderung, die sich an die erste Betriebsänderung anschließt, auf die Zahl der nunmehr beschäftigten Arbeitnehmer an. Anderes gilt jedoch dann, sofern es sich um eine einheitliche Maßnahme handelt. Hierfür spricht der zeitliche Zusammenhang von Betriebsänderungen. In einem solchen Fall kommt es auf die Zahl der bei Einleitung der Maßnahme beschäftigten Arbeitnehmer an[6].

9

In der Regel kommt es auf die Arbeitnehmerzahl des **Betriebes,** nicht des gesamten Unternehmens an[7]. Dies gilt auch im Falle der Zuständigkeit des **Gesamtbetriebsrates** für eine Betriebsänderung. Seine Zuständigkeit erstreckt sich dann nicht auf Betriebe mit in der Regel nicht mehr als 20 wahlberechtigten Arbeitnehmern oder auf betriebsratslose Betriebe[8].

10

Hatte der Arbeitgeber mit der Betriebsänderung bereits begonnen und wird jetzt ein Betriebsrat gewählt, so stehen dem **neu gewählten Betriebsrat** keine Beteiligungsrechte hinsichtlich dieser Betriebsänderung zu[9]. Dies gilt nach Auffassung des Bundesarbeitsgerichts selbst dann, wenn dem Arbeitgeber im Zeitpunkt seines Entschlusses bekannt war, daß ein Betriebsrat gewählt worden war[10].

11

---

5 Zu der Feststellung der Anzahl der wahlberechtigten Arbeitnehmer vgl. oben Teil I Rz. 122 f.
6 BAG vom 9. 5. 1995, AP Nr. 33 zu § 111 BetrVG 1972.
7 Zur Abgrenzung vgl. oben Teil A Rz. 1 ff.
8 BAG vom 16. 8. 1983, AP Nr. 5 zu § 50 BetrVG 1972; *Fitting/Kaiser/Heither/Engels,* § 111 Rz. 25; GK-*Fabricius,* § 111 Rz. 54; **a. A.** LAG Bremen vom 31. 10. 1986, DB 1987, 895.
9 BAG vom 20. 4. 1982, AP Nr. 15 zu § 112 BetrVG 1972.
10 BAG vom 28. 10. 1992, AP Nr. 63 zu § 111 BetrVG 1972.

12 Bei einer geplanten Betriebsstillegung kommt dem Betriebsrat ein **Restmandat** bis zur Abwicklung aller mit der Betriebsänderung zusammenhängenden Aufgaben zu. Dies gilt selbst dann, wenn die Betriebsratsmitglieder bereits entlassen wurden[11].

1. Begriff der Betriebsänderung

13 Das Mitbestimmungsrecht des Betriebsrates besteht nicht bei jeder wirtschaftlichen Maßnahme des Arbeitgebers, sondern nur bei **Betriebsänderungen, die wesentliche Nachteile für die ganze Belegschaft oder erhebliche Teile der Belegschaft** zur Folge haben können. § 111 Satz 2 BetrVG zählt beispielhaft auf, welche Tatbestände als Betriebsänderungen gelten. Satz 2 enthält insoweit keine abschließende Aufzählung der mitbestimmungspflichtigen Tatbestände. Auch Maßnahmen des Arbeitgebers, die zwar keinen der Tatbestände des Satzes 2 erfüllen, die aber wesentliche Nachteile für die Belegschaft zur Folge haben können, unterfallen der Betriebsänderung im Sinne des § 111 BetrVG[12].

14 Beabsichtigt der Arbeitgeber eine Maßnahme vorzunehmen, die **keinem** der in **Satz 2 aufgezählten Tatbestände** unterfällt, ist zu prüfen, ob infolge der Maßnahme wesentliche Nachteile für die ganze Belegschaft oder erhebliche Teile der Belegschaft entstehen können. Anders bei den Tatbeständen des Satzes 2, die gemäß der gesetzlichen Formulierung als Betriebsänderungen gelten. Hier unterbleibt eine Prüfung, ob Nachteile für die Belegschaft aus der Maßnahme entstehen können[13].

---

11 BAG vom 16. 6. 1987, AP Nr. 19 zu § 111 BetrVG 1972; BAG vom 30. 10. 1979, AP Nr. 9 zu § 112 BetrVG 1972.
12 *Däubler* in: Däubler/Kittner/Klebe, § 111 Rz. 44; GK-*Fabricius*, § 111 Rz. 111; Fitting/Kaiser/Heither/Engels, § 111 Rz. 31; **a. A.** *Dietz/Richardi*, § 111 Rz. 8; Hess/Schlochauer/Glaubitz, § 111 Rz. 15 ff.; das BAG hat diese Frage bislang offengelassen, BAG vom 6. 12. 1988, AP Nr. 26 zu § 111 BetrVG 1972; BAG vom 17. 8. 1982, AP Nr. 11 zu § 111 BetrVG 1972; BAG vom 17. 2. 1981, AP Nr. 9 zu § 111 BetrVG 1972.
13 BAG vom 7. 8. 1990, AP Nr. 30 zu § 111 BetrVG 1972; BAG vom 6. 12. 1988, AP Nr. 26 zu § 111 BetrVG 1972; BAG vom 21. 10. 1980, AP Nr. 8 zu § 111 BetrVG 1972; BAG vom 22. 5. 1979, AP Nr. 3 zu § 111 BetrVG 1972; BAG vom 6. 6. 1978, AP Nr. 2 zu § 111 BetrVG 1972; *Dietz/Richardi*, § 111 Rz. 24; GK-*Fabricius*, § 111 Rz. 217 ff.; Hess/Schlochauer/Glaubitz, § 111 Rz. 22.

I. Voraussetzungen für die Beteiligung des Betriebsrats   Rz. 18 **Teil J**

2. Die einzelnen Fälle einer Betriebsänderung nach § 111 Satz 2 BetrVG

a) Einschränkung und Stillegung des ganzen Betriebs oder von wesentlichen Betriebsteilen

Als ersten Fall einer Betriebsänderung nennt die Vorschrift des § 111 Satz 2 BetrVG den Tatbestand der **Einschränkung** und **Stillegung des ganzen Betriebes** oder **von wesentlichen Betriebsteilen (Nr. 1)**. 15

Eine **Stillegung** des Betriebes liegt vor, wenn der Betriebszweck unter gleichzeitiger Auflösung der Betriebsorganisation aufgrund eines ernstlichen und endgültigen Willensentschlusses des Arbeitgebers für unbestimmte, nicht nur vorübergehende Zeit aufgegeben wird[14]. Der Betriebszweck liegt in der Durchführung der Aufgaben sowie der wirtschaftlichen oder ideellen Zielsetzung eines Unternehmens. Wird diese Zweckbestimmung aufgehoben, tritt an ihre Stelle keine andere, hört der Betrieb auf zu funktionieren und ist stillgelegt[15]. 16

Es muß sich um eine vom Unternehmer **gewollte**, durch Auflösung der betrieblichen Organisation auch **tatsächlich durchgeführte** Maßnahme handeln. Der Willensentschluß muß hierbei deutlich äußerlich in Erscheinung treten, was z. B. durch Nichtbenutzung der räumlichen oder sachlichen und gegenständlichen Betriebsmittel oder aber durch die Unterlassung der Beschäftigung der Arbeitnehmer während der üblichen Arbeitszeit erfolgen kann[16]. Die Weiterbeschäftigung weniger Arbeitnehmer mit Abwicklungsarbeiten steht der Annahme einer Stillegungsabsicht allerdings nicht entgegen[17]. Wird der Betriebs jedoch alsbald nach einer Ruhepause wieder eröffnet, spricht dies gegen eine ernsthafte Stillegungsabsicht[18]. 17

Nach dem Gesetzeswortlaut reicht es aus, daß ein **wesentlicher Betriebsteil** stillgelegt wird. Der Begriff des Betriebsteiles entspricht nicht dem der Betriebsabteilung. Ob ein Betriebsteil wesentlich ist, beurteilt sich zum einen nach der Bedeutung des Betriebsteiles innerhalb der betrieblichen Gesamtorganisation. Das Bundesarbeitsgericht hat angenommen, daß eine Reinigungsabteilung innerhalb einer Druckerei kein wesentlicher Betriebsteil ist[19]. Auch die Herstellung 18

---

14 BAG vom 19. 6. 1991, AP Nr. 53 zu § 1 KSchG 1969 betriebsbedingte Kündigung.
15 GK-*Fabricius*, § 111 Rz. 147.
16 BAG vom 27. 9. 1984, AP Nr. 39 zu § 613a BGB.
17 BAG vom 14. 10. 1982, AP Nr. 1 zu § 1 KSchG 1969 Konzern; BAG vom 23. 4. 1980, AP Nr. 8 zu § 15 KSchG 1969.
18 BAG vom 27. 9. 1984, AP Nr. 39 zu § 613a BGB.
19 BAG vom 6. 12. 1988, AP Nr. 26 zu § 111 BetrVG 1972; BAG vom 6. 6. 1978, AP Nr. 2 zu § 111 BetrVG 1972.

eines Vorproduktes macht nach Auffassung des Bundesarbeitsgericht einen Betriebsteil nicht zu einem wesentlichen[20].

19 Ein Betriebsteil ist auch dann als **wesentlich** anzusehen, wenn in ihm ein erheblicher Teil der gesamten im Betrieb beschäftigten Belegschaft tätig ist. Dies ist nach Auffassung des Bundesarbeitsgerichts der Fall, wenn die Zahlenwerte des § 17 KSchG erfüllt sind und im Betriebsteil mindestens 5 % der Belegschaft tätig sind[21].

20 Nicht als Betriebsstillegung ist ein **Betriebsübergang** nach § 613a BGB anzusehen[22]. Geht der Betrieb nämlich als ganzes auf einen Erwerber über, liegt ein Betriebsübergang vor. Der neue Arbeitgeber übernimmt den Betrieb hier in der Lage, in der er sich im Zeitpunkt des Betriebsübergangs befand. Der Tatbestand der Betriebsstillegung tritt gerade nicht ein.

21 Werden jedoch die Betriebsmittel **nach** Kündigung der Arbeitsverhältnisse veräußert, handelt es sich nach Auffassung des Bundesarbeitsgerichts um eine Betriebsstillegung, nicht um einen Betriebsübergang[23]. Die gekündigten Arbeitsverhältnisse können hier nicht mehr nach § 613a BGB übergehen.

22 **Anläßlich** eines Betriebsüberganges kann es aber gleichwohl zu einer Betriebsänderung im Sinne von § 111 BetrVG kommen. Führt z. B. der bisherige oder der neue Arbeitgeber aus Rationalisierungsgründen Sanierungsmaßnahmen durch, kann der Tatbestand der Betriebsänderung erfüllt sein. Hierbei sind die Beteiligungsrechte des Betriebsrates zu beachten[24]. Es ist in diesen Fällen aber sorgfältig zu prüfen, ob die geltend gemachten Nachteile durch die Betriebsänderung entstehen und damit sozialplanpflichtig sind, oder aber sie lediglich Folge des Betriebsüberganges sind und somit nicht ausgleichspflichtig[25].

23 Geht lediglich ein Betriebsteil auf einen Betriebserwerber über, so bleibt der **Betriebsrat** des alten Betriebes im Amt und ist zuständig für die Verhandlungen über eine evtl. Betriebsänderung[26].

24 Die **Einschränkung** des Betriebes oder eines wesentlichen Betriebsteiles setzt voraus, daß die Leistungsfähigkeit des Betriebes herabge-

---

20 BAG vom 7. 8. 1990, AP Nr. 30 zu § 111 BetrVG 1972.
21 BAG vom 7. 8. 1990, AP Nr. 30 zu § 111 BetrVG; zu der Berechnung gemäß § 17 KSchG vgl. unten Rz. 26.
22 BAG vom 28. 4. 1988, AP Nr. 74 zu § 613a BGB.
23 BAG vom 21. 10. 1980, AP Nr. 8 zu § 111 BetrVG 1972.
24 BAG vom 7. 3. 1987, AP Nr. 18 zu § 111 BetrVG 1972.
25 Vgl. die Entscheidung des BAG vom 10. 12. 1996, NZA 1997, 787.
26 BAG vom 16. 6. 1987, AP Nr. 19 zu § 111 BetrVG 1972.

I. Voraussetzungen für die Beteiligung des Betriebsrats   Rz. 27 **Teil J**

setzt wird, was sowohl durch eine Verringerung der sächlichen Betriebsmittel als auch durch Einschränkung der Zahl der Arbeitnehmer realisiert werden kann[27].

Eine Betriebseinschränkung durch Verringerung der **sächlichen Betriebsmittel** ist möglich durch die Außerbetriebsetzung von Maschinen, wobei es sich um eine erhebliche Einschränkung handeln muß. Betriebstypische Schwankungen im Falle von saisonalbedingtem Auftragsrückgang bleiben außer Betracht[28].   25

Wird die Betriebseinschränkung durch reinen **Personalabbau** bei unveränderter Erhaltung der sächlichen Betriebsmittel vollzogen, so ist erforderlich, daß eine größere Anzahl von Arbeitnehmern betroffen ist. Eine Betriebsänderung liegt hier vor, wenn die Zahlen und Prozentangaben von § 17 Abs. 1 KSchG für die wegfallenden Arbeitsplätze erreicht werden[29]. Es gilt danach die folgende Staffel, wobei zu berücksichtigen ist, daß das Bundesarbeitsgericht zusätzlich verlangt, daß mindestens 5% der Belegschaft entlassen wird: 26

– Betriebe mit 21 bis 59 Arbeitnehmer	6 zu entlassende Arbeitnehmer
– Betriebe mit 60 bis 490 Arbeitnehmer	10% oder mehr als 25 zu entlassende Arbeitnehmer
– Betriebe mit mindestens 500 Arbeitnehmern	30 zu entlassende Arbeitnehmer

Bei der Ermittlung der **Zahl** der **beschäftigen Arbeitnehmer** sind auch diejenigen Arbeitsverhältnisse mitzuzählen, die nur deshalb gekündigt werden müssen, weil die Arbeitnehmer dem Übergang auf einen Teilbetriebserwerber gemäß § 613a BGB widersprochen haben und eine Beschäftigungsmöglichkeit im Betrieb nicht mehr besteht[30]. Auch Teilzeitbeschäftigte, die zur Entlassung stehen, zählen voll mit. Es ist jedoch erforderlich, daß die Entlassung aus betriebsbedingten Gründen ansteht. Arbeitnehmer, die infolge natürlicher Fluktuation, z. B. wegen Erreichens der Altersgrenze aus dem Betrieb ausscheiden, sind nicht mitzuzählen[31].   27

---

27 BAG vom 28. 4. 1993, AP Nr. 32 zu § 111 BetrVG 1972.
28 BAG vom 7. 8. 1990, AP Nr. 30 zu § 111 BetrVG 1972.
29 BAG vom 7. 8. 1990, AP Nr. 30 zu § 111 BetrVG 1972; BAG vom 2. 8. 1983, AP Nr. 12 zu § 111 BetrVG 1972.
30 BAG vom 10. 12. 1996, NZA 1997, 787.
31 BAG vom 2. 8. 1983, AP Nr. 12 zu § 111 BetrVG 1972.

b) Verlegung des Betriebs oder von wesentlichen Betriebsteilen

28 Die **Verlegung** des **gesamten Betriebs** oder von **wesentlichen Betriebsteilen**[32], § 111 S. 2 Nr. 2 BetrVG, verlangt eine wesentliche Veränderung der örtlichen Lage des Betriebes oder von wesentlichen Betriebsteilen unter Weiterbeschäftigung des größeren Teiles der Belegschaft[33]. Nicht erfaßt werden von dem Mitbestimmungstatbestand der Nr. 2 Betriebe oder Betriebsteile, die ihrem Wesen nach nicht ortsgebunden sind, wie z. B. Baustellen, Wandertheater[34].

29 Eine **wesentliche** Veränderung der örtlichen Lage ist die Verlegung des Betriebes vom Zentrum an den Stadtrand oder an einen 4,3 km entfernten Ort, selbst wenn dies in einer Großstadt mit günstigen Verkehrsverbindungen geschieht[35]. Nicht erfaßt wird der Umzug von einer Straßenseite auf die andere, da hier keine wesentlichen Nachteile für die Belegschaft ersichtlich sind[36].

30 Nachteile, die durch einen Sozialplan aufgefangen werden müssen, können hier darin liegen, daß ortsgebundene Arbeitskräfte **entlassen** werden müssen, oder aber die den Wechsel mitmachenden Arbeitnehmer **erschwerte Wege zur Arbeit** in Kauf nehmen müssen. Werden wesentliche Teile der Belegschaft am neuen Arbeitsort nicht mehr weiterbeschäftigt, so handelt es sich um eine Betriebsstillegung (Nr. 1) und die anschließende Neuerrichtung eines Betriebes[37].

31 Unerheblich für das Vorliegen einer sozialplanpflichtigen Verlegung des Betriebes ist die **arbeitsvertragliche Situation,** d. h. die Frage, ob der Arbeitgeber den Umzug kraft seines Direktiosrechts anordnen kann oder ob er eine Änderungskündigung aussprechen muß[38].

c) Zusammenschluß mit anderen Betrieben oder die Spaltung von Betrieben

32 Unter dem **Zusammenschluß** mit einem anderen Betrieb, § 111 S. 2 Nr. 3 BetrVG, ist die Verschmelzung eines Betriebes mit einem ande-

---

32 Hinsichtlich der Definition wesentlicher Betriebsteile vgl. oben Rz. 18 ff.
33 *Fitting/Kaiser/Heither/Engels*, § 111 Rz. 25; *Dietz/Richardi*, § 111 Rz. 50; *Däubler* in: Däubler/Kittner/Klebe, § 111 Rz. 64; **a. A.** GK-*Fabricius*, § 111 Rz. 152.
34 *Fitting/Kaiser/Heither/Engels*, § 111 Rz. 25; GK-*Fabricius*, § 111 Rz. 172; *Dietz/Richardi*, § 111 Rz. 52; *Däubler* in: Däubler/Kittner/Klebe, § 111 Rz. 67.
35 BAG vom 17. 8. 1982, AP Nr. 11 zu § 111 BetrVG 1972; LAG Frankfurt vom 28. 10. 1986, AiB 1987, 292.
36 *Fitting/Kaiser/Heither/Engels*, § 111 Rz. 63.
37 BAG vom 6. 11. 1959, AP Nr. 15 zu § 13 KSchG.
38 *Fitting/Kaiser/Heither/Engels*, § 111 Rz. 63; *Däubler* in: Däubler/Kittner/Klebe, § 111 Rz. 64; *Dietz/Richardi*, § 111 Rz. 49.

I. Voraussetzungen für die Beteiligung des Betriebsrats

ren zu verstehen. Diese kann entweder dadurch erfolgen, daß aus dem bisherigen Betrieb ein neuer Betrieb gebildet wird, oder aber ein bestehender Betrieb nimmt einen anderen unter Aufgabe von dessen arbeitstechnischern Selbständigkeit in sich auf[39]. Die Betriebe, die zusammengelegt werden, können auch verschiedenen Unternehmen angehören. Erforderlich ist dann, daß eine einheitliche unternehmerische Leitung gebildet wird[40].

Der Tatbestand des § 111 Satz 2 Nr. 3 BetrVG erfaßt neben dem Zusammenschluß mit anderen Betrieben auch die **Spaltung** von **Betrieben**. Die Aufteilung des Betriebes kann innerhalb desselben Unternehmens erfolgen und der Arbeitgeber derselbe bleiben, oder aber die Aufspaltung zu einem Betriebsinhaberwechsel für den abgespaltenen Betriebsteil führen, womit dann auch ein Übergang der Arbeitsverhältnisse der dort beschäftigten Arbeitnehmer verbunden wäre. Im letzteren Fall kann die Spaltung auf einer Gesamtrechtsnachfolge im Rahmen einer Umwandlung nach Umwandlungsgesetz oder aber auf Grundlage einer Veräußerung eines Betriebsteiles nach § 613a BGB geschehen[41]. Der Tatbestand der Spaltung von Betrieben setzt nach der Rechtsprechung des Bundesarbeitsgerichts in jedem Falle voraus, daß mit der Spaltung eine grundlegende Änderung der Betriebsorganisation oder des Betriebszwecks verbunden ist[42]. 33

Die Spaltung des **Betriebes** darf nicht mit der Spaltung des **Unternehmens** gleichgesetzt werden. Ein Betrieb kann innerhalb des Unternehmens gespalten werden[43]. Nach Auffassung des Bundesarbeitsgerichts steht der Annahme einer Spaltung auch nicht entgegen, daß es sich um einen verhältnismäßig kleinen Betriebsteil handelt, der abgespalten wird. Der Wortlaut des Mitbestimmungstatbestandes der Nr. 3 verlangt nicht wie die Nr. 1 und 2 das Betroffensein von wesentlichen Betrieben bzw. Betriebsteilen. Wird ein Betriebsteil veräußert, so setzt dies eine veräußerungsfähige Einheit voraus. Die Ausgliederung im Zusammenhang mit einer solchen Übertragung erfüllt regelmäßig auch den Begriff der Spaltung[44]. 34

---

39 *Fitting/Kaiser/Heither/Engels,* § 111 Rz. 65; *Dietz/Richardi,* § 111 Rz. 53; *Däubler* in: Däubler/Kittner/Klebe, § 111 Rz. 70; GK-*Fabricius,* § 111 Rz. 178; *Matthes* in: Münchener Handbuch zum Arbeitsrecht, Band 3, § 351 Rz. 57; **a. A.** *Hess/Schlochauer/Glaubitz,* § 111 Rz. 67.
40 *Fitting/Kaiser/Heither/Engels,* § 111 Rz. 65.
41 *Fitting/Kaiser/Heither/Engels,* § 102 Rz. 66.
42 BAG vom 10. 12. 1996, NZA 1997, 787; BAG vom 16. 6. 1987, AP Nr. 19 zu § 111 BetrVG 1972.
43 BAG vom 10. 12. 1996, NZA 1997, 787.
44 BAG vom 10. 12. 1996, NZA 1997, 787.

d) Grundlegende Änderung der Betriebsorganisation, des Betriebszwecks oder der Betriebsanlagen

35 Mitbestimmungstatbestand ist des weiteren die **grundlegende Änderung der Betriebsorganisation, des Betriebszwecks oder der Betriebsanlagen**, § 111 S. 2 Nr. 4 BetrVG. Eine genaue Abgrenzung der Veränderung von Betriebsorganisation, von Betriebszweck und von Betriebsanlagen ist nicht erforderlich, da sämtliche Änderungen dem Mitbestimmungsrecht des Betriebsrates unterliegen[45].

36 Erforderlich ist aber die Abgrenzung, wann eine **grundlegende** Änderung vorliegt. Nach der herrschenden Auffassung ist eine Änderung grundlegend, wenn sie erhebliche Auswirkungen auf den Betriebsablauf hat. Das Bundesarbeitsgericht stellt hierbei entscheidend auf den Grad der technischen Veränderung ab. Läßt sich nicht zweifelsfrei beurteilen, ob die Änderung grundlegend ist, so ist auf die Zahl der von der Änderung betroffenen Arbeitnehmer abzustellen[46]. Die Sätze des § 17 Abs. 1 KSchG werden auch in diesem Fall als Richtschnur herangezogen.

37 Die **Betriebsorganisation** betrifft die Art und Weise, wie Arbeitnehmer und Betriebsanlagen so koordiniert werden, daß der gewünschte arbeitstechnische Erfolg eintritt. Eine Änderung tritt hier z. B. ein, wenn Entscheidungsbefugnisse, dezentralisiert werden oder die innere Struktur von Betriebsabteilungen verändert wird[47]. Häufig werden Änderungen unter dem Schlagwort „lean production" zusammengefaßt und beinhalten beispielsweise die Einführung flacher Hierarchien, die vermehrte Außer-Haus-Verlagerung von Sekundärfunktionen wie Bewachung, Verpflegung und Reinigung. Diese Änderungen stellen in aller Regel eine grundlegende Änderung der Betriebsorganisation dar[48].

38 Bei der **grundlegenden Änderung** des **Betriebszwecks** geht es lediglich um die Änderung des arbeitstechnischen, nicht des arbeitswirtschaftlichen Zwecks des Betriebes[49]. Eine Änderung liegt immer dann vor, wenn ein anderes Produkt oder eine Dienstleistung mit anderem Inhalt angeboten wird, wie z. B. bei der Umstellung von der Motorrad- auf die Kraftwagenproduktion oder aber der Beschränkung von der Produktion auf bloße Reparaturarbeiten. Möglich ist auch, daß

---
45 BAG vom 17. 12. 1985, AP Nr. 15 zu § 111 BetrVG 1972.
46 BAG vom 26. 10. 1982, AP Nr. 10 zu § 111 BetrVG 1972.
47 *Däubler* in: Däubler/Kittner/Klebe, § 111 Rz. 175; *Fitting/Kaiser/Heither/Engels,* § 111 Rz. 68.
48 *Fitting/Kaiser/Heither/Engels,* § 111 Rz. 68; *Däubler* in: Däubler/Kittner/Klebe, § 111 Rz. 75.
49 BAG vom 17. 12. 1985, AP Nr. 15 zu § 111 BetrVG 1972.

der bisherige Zweck durch einen weiteren ergänzt wird[50]. Nicht erfaßt wird die rein quantitative Expansion.

Unter **Betriebsanlagen** sind alle technischen Hilfsmittel zu verstehen, die im Arbeitsprozeß Verwendung finden. Gemeint sind damit nicht nur ortsfeste Produktionsanlagen, sondern auch Gegenstände, die sich in Umlauf befinden soweit sie für das betriebliche Gesamtgeschehen von erheblicher Bedeutung sind[51]. 39

Eine **grundlegende** Änderung der Betriebsanlagen liegt insbesondere vor bei der Einführung neuer Maschinen, eines neuen technischen Produktionsverfahrens, der völligen Umgestaltung der Büroeinrichtung in einem Dienstleistungsbetrieb, des Übergangs zur Selbstbedienung in einem Einzelhandelsgeschäft, des Baus neuer Werkshallen, der Einführung von Datensichtgeräten oder Bildschirmarbeitsplätzen, der Einrichtung von Telearbeitsplätzen und des Einsatzes neuer Druckmaschinen[52]. Läßt sich nicht ohne weiteres klären, ob die Veränderung für das betriebliche Gesamtgeschehen von erheblicher Bedeutung ist, ist zusätzlich darauf abzustellen, wie viele Arbeitnehmer von der Maßnahme betroffen sind. Hierbei sind die Sätze des § 17 Abs. 1 KSchG als Richtschnur zu verwenden[53]. 40

e) **Einführung grundlegender neuer Arbeitsmethoden und Fertigungsverfahren**

Unter den Mitbestimmungstatbestand der **Nr. 5** fallen Veränderungen im Hinblick auf den **Einsatz der menschlichen Arbeitskraft**. Häufig wird gleichzeitig der Mitbestimmungstatbestand der Nr. 4 erfüllt sein, wobei es bei diesem in der Hauptsache um Änderungen in Bezug auf die sächlichen Arbeitsmittel geht. 41

Veränderte Arbeitsmethoden liegen beispielsweise vor bei dem Übergang zur Selbstbedienung in Einzelhandelsgeschäften, dem Übergang zur Gruppenarbeit, der Einführung der systematischen Beschäftigung von Teilzeitkräften mit flexibler Arbeitszeit, dem Übergang zu EDV-Anlagen oder PC's am Arbeitsplatz. 42

---

50 BAG vom 17. 12. 1985, AP Nr. 15 zu § 111 BetrVG 1972.
51 BAG vom 7. 8. 1990, NzA 1991, 115; BAG vom 26. 10. 1982, AP Nr. 10 zu § 111 BetrVG 1972; LAG Frankfurt vom 27. 10. 1987, LAGE, § 111 BetrVG 1972 Nr. 7.
52 BAG vom 26. 10. 1982, AP Nr. 10 zu § 111 BetrVG 1972; LAG Berlin, DB 1981, 1519, 1522; *Fitting/Kaiser/Heither/Engels*, § 111 Rz. 70; *Däubler* in: Däubler/Kittner/Klebe, § 111 Rz. 77.
53 BAG vom 28. 10. 1982, AP Nr. 10 zu § 111 BetrVG 1972; *Däubler* in: Däubler/Kittner/Klebe, § 111 Rz. 79; *Fitting/Kaiser/Heither/Engels*, § 111 Rz. 70.

43 Entscheidend ist immer, darauf abzustellen, daß die Art und Weise des Einsatzes der Arbeitskraft verändert wird[54]. Ob die Veränderung **grundlegend** neu ist, ist allein nach den Verhältnissen im einzelnen Betrieb oder in der betroffenen Betriebsabteilung, nicht aber nach dem Gewerbezweig zu beantworten. Grundlegend neu ist eine Veränderung auch, wenn sie durch die Verhältnisse in der Branche gefordert wird. Ausgeschlossen sind allein routinemäßige Verbesserungen[55]. Führt diese Prüfung zu keinem eindeutigen Ergebnis, ist darauf abzustellen, ob eine erhebliche Zahl von Arbeitnehmern von der Einführung betroffen ist. Als Richtschnur sind auch hier die Sätze des § 17 Abs. 1 KSchG heranzuziehen[56].

44 Werden durch die Einführung neuer Arbeitsmethoden oder Fertigungsverfahren gleichzeitig die **Arbeitsbedingungen** von Arbeitnehmern geändert, besteht neben dem Mitbestimmungsrecht gemäß §§ 111 ff. BetrVG das Mitbestimmungsrecht des Betriebsrates gemäß § 87 BetrVG, d. h. die soziale Mitbestimmung.

II. Aufbau der Beteiligungsrechte bei Betriebsänderungen

45 § 111 BetrVG ordnet zunächst an, daß der Arbeitgeber den Betriebsrat über geplante Betriebsänderungen rechtzeitig und umfassend zu unterrichten hat und diese mit dem Betriebsrat zu beraten hat. Wegen des Grundsatzes der freien unternehmerischen Entscheidung über die Betriebsänderung hat der Betriebsrat hier allein **Informations- und Beratungsrechte**. Beide Parteien haben darüber zu beraten, ob, wann und wie die geplante Betriebsänderung durchgeführt werden soll[57].

46 Ziel der Beratungen ist ein **Interessenausgleich,** d. h. eine Vereinbarung über den Ausgleich der gegenläufigen Interessen von Arbeitgeber und Betriebsrat zur Vermeidung oder Abmilderung von Nachteilen für Arbeitnehmer ohne nachhaltige Beeinträchtigung der wirtschaftlichen Belange des Arbeitgebers. § 112 Abs. 2 BetrVG ordnet insofern an, daß bei Nichtzustandekommen eines Interessenaus-

---

54 *Däubler* in: Däubler/Kittner/Klebe, § 111 Rz. 82; *Fitting/Kaiser/Heither/Engels*, § 111 Rz. 71.
55 *Fitting/Kaiser/Heither/Engels*, § 111 Rz. 71; *Dietz/Richardi*, § 111 Rz. 73; *Hess/Schlochauer/Glaubitz*, § 111 Rz. 77; *Däubler* in: Däubler/Kittner/Klebe, § 111 Rz. 83.
56 BAG vom 6. 12. 1983, AP Nr. 7 zu § 87 BetrVG 1972 Überwachung; BAG vom 7. 8. 1990, NzA 1991, 115; *Däubler* in: Däubler/Kittner/Klebe, § 111 Rz. 83; *Fitting/Kaiser/Heither/Engels*, § 111 Rz. 71.
57 BAG vom 17. 9. 1991, AP Nr. 59 zu § 112 BetrVG 1972; BAG vom 27. 10. 1987, AP Nr. 41 zu § 112 BetrVG 1972.

gleichs der Arbeitgeber oder der Betriebsrat den Präsidenten des zuständigen Landesarbeitsamtes um Vermittlung ersuchen können. Geschieht dies nicht oder bleibt der Vermittlungsversuch ergebnislos, können Arbeitgeber oder Betriebsrat die Einigungsstelle anrufen. Hierbei sollen beide Parteien der Einigungsstelle Vorschläge zur Beilegung der Meinungsverschiedenheiten machen.

Die **Einigungsstelle** hat eine Einigung der Parteien zu versuchen. Kommt eine solche Einigung nicht zustande, hat der Betriebsrat weder eine Möglichkeit, die Betriebsänderung zu verhindern, noch die Möglichkeit, einen Interessenausgleich zu erzwingen. 47

Dagegen hat der Betriebsrat hinsichtlich des Ausgleichs oder der Milderung von wirtschaftlichen Nachteilen, die den Arbeitnehmern infolge der geplanten Betriebsänderung entstehen, ein **echtes Mitbestimmungsrecht**. Wegen der genannten sozialen Auswirkungen kann er verlangen, daß ein **Sozialplan** abgeschlossen wird. Dieser hat dann die Wirkung einer Betriebsvereinbarung, d. h. er gilt unmittelbar und zwingend und wirkt hierdurch zugunsten aller Arbeitsverhältnisse. Kommt eine Einigung über den Sozialplan nicht zustande, entscheidet die Einigungsstelle bindend über die Aufstellung des Sozialplanes. Der Spruch der Einigungstelle ersetzt dann die Einigung zwischen Arbeitgeber und Betriebsrat[58]. 48

Der **Anspruch** des Betriebsrates **auf** die **Unterrichtung** durch den Arbeitgeber setzt ein, sobald die Planung des Unternehmers zu einer gewissen Reife gelangt ist, d. h. sobald der Unternehmer sich entschlossen hat, eine Maßnahme, vorbehaltlich der Bemühungen um eine Einigung mit dem Betriebsrat, durchzuführen. Bei juristischen Personen ist maßgeblich der Zeitpunkt, in dem der Vorstand oder die Geschäftsleitung sich zu der Betriebsänderung entschlossen haben, auch wenn die Genehmigung des Aufsichtsrates, Beirates oder eines anderen Gremiums fehlt[59]. Die Unterrichtung des Betriebsrates muß aber so rechtzeitig erfolgen, daß noch über einen Interessenausgleich und einen Sozialplan verhandelt werden kann und notfalls das Einigungsstellenverfahren abgeschlossen werden kann[60]. Eine Unterrichtung, nachdem der Arbeitgeber mit der Durchführung der Maßnahme bereits begonnen hat, wäre verspätet. Anderes gilt allein dann, wenn die wirtschaftliche Lage den Unternehmer zu plötzlichen Maßnah- 49

---

58 Vgl. zu den Wirkungen eines solchen Spruchs oben Teil G Rz. 67.
59 BAG vom 14. 9. 1976, AP Nr. 2 zu § 113 BetrVG 1972; LAG Düsseldorf vom 27. 8. 1985, NZA 1986, 371; *Däubler* in: Däubler/Kittner/Klebe, § 111 Rz. 129; GK-*Fabricius*, § 111 Rz. 78; *Fitting/Kaiser/Heither/Engels*, § 111 Rz. 77; **a. A.** *Dietz/Richardi*, § 111 Rz. 108.
60 BAG vom 14. 9. 1976, AP Nr. 2 zu § 113 BetrVG 1972.

men zwingt. In diesem Fall ist der Betriebsrat zum frühstmöglichen Zeitpunkt in dem noch möglichen Umfang zu beteiligen[61].

50 Die **Unterrichtung** des Betriebsrates hat **umfassend** zu sein. Der Unternehmer muß die Gründe für die geplante Betriebsänderung darlegen, den Inhalt der beabsichtigten Maßnahme und die Auswirkungen auf die Arbeitnehmer beschreiben sowie den Zeitplan benennen, in dem die Maßnahme umgesetzt werden soll. Der Betriebsrat muß sich von der gesamten Maßnahme und deren Auswirkungen ein vollständiges Bild machen können. Geschäfts- und Betriebsgeheimnisse schränken die Unterrichtungspflicht nicht ein; die Verpflichtung besteht ohne Vorbehalt[62].

51 Der Unterrichtung folgt die **notwendige Beratung** mit dem Betriebsrat nach. Es geht hierbei um den Abschluß eines Interessenausgleiches und Sozialplanes. Die Dauer der Beratung hängt vom Inhalt und Umfang der geplanten Betriebsänderung ab. Der Unternehmer darf dem Betriebsrat keine Fristen setzen. Auf der anderen Seite darf der Betriebsrat die Beratung nicht mutwillig verzögern[63]. Ziel der Beratungen ist zunächst der Abschluß eines Interessenausgleichs. Dieser hat den über einen Sozialplan hinausgehenden und ihm vorgreifenden Zweck, Nachteile für die von einer Betriebsänderung betroffenen Arbeitnehmer möglichst überhaupt nicht entstehen zu lassen, zumindest aber in Grenzen zu halten. Beim Interessenausgleich geht es anders als beim Sozialplan nicht nur um den Ausgleich oder die Milderung wirtschaftlicher Nachteile, sondern aller wesentlichen Beeinträchtigungen infolge der Betriebsänderung. Um so mehr der Interessenausgleich sozial verträglich ist, um so weniger wird der erforderliche Sozialplan Nachteile abfedern müssen, die für die Arbeitnehmer entstehen.

52 **Gegenstand** eines **Interessensausgleichs** kann sein die Veränderung der ursprünglichen Planung der Betriebsänderung in zeitlicher, qualitativer oder quantitativer Hinsicht, die Entscheidung zugunsten anderweitiger Maßnahmen, wie z. B. der Einführung von Kurzarbeit, Umschulungsmaßnahmen zur Qualifikation von Arbeitnehmern sowie Fortbildungsmaßnahmen. Was Gegenstand des Interessenausgleichs sein kann, kann nach Auffassung des Bundesarbeitsgerichts nicht Gegenstand von Sozialplänen sein[64].

---

61 *Däubler* in: Däubler/Kittner/Klebe, § 111 Rz. 129; *Hess/Schlochauer/Glaubitz*, § 111 Rz. 34; *Fitting/Kaiser/Heither/Engels*, § 111 Rz. 78.
62 *Däubler* in: Däubler/Kittner/Klebe, § 111 Rz. 131; GK-*Fabricius*, § 111 Rz. 81; *Fitting/Kaiser/Heither/Engels*, § 111 Rz. 80; **a. A.** *Dietz/Richardi*, § 111 Rz. 111.
63 *Fitting/Kaiser/Heither/Engels*, § 111 Rz. 81.
64 BAG vom 17. 9. 1991, AP Nr. 59 zu § 112 BetrVG 1972.

II. Aufbau der Beteiligungsrechte bei Betriebsänderungen

Der **Interessenausgleich** ist **schriftlich** niederzulegen und vom Unternehmer und Betriebsrat zu unterschreiben. Zulässig ist es, Interessenausgleich und Sozialplan in einer Urkunde niederzulegen. Auf die Bezeichnung kommt es hierbei nicht an, maßgebend ist allein der Inhalt der Einigung[65].

Über die **rechtlichen Wirkungen** enthält das Gesetz keine Regelungen. Auswirkungen auf die einzelnen Arbeitsverhältnisse hat der Interessenausgleich nicht. Er bindet jedoch die Parteien. Umstritten ist allerdings, ob der Betriebsrat einen Anspruch darauf hat, daß der Unternehmer den Interessenausgleich wie vereinbart durchführt[66]. Unabhängig von dieser Frage greift die Sanktion des § 113 BetrVG ein, wenn der Unternehmer von einem Interessenausgleich ohne zwingenden Grund abweicht. Die betroffenen Arbeitnehmer, die infolge dieser Abweichung entlassen werden, können beim Arbeitsgericht Klage erheben und beantragen, den Arbeitgeber zur Zahlung von Abfindungen zu verurteilen. Bei der Bemessung der Höhe der Abfindung wird § 10 KSchG entsprechend angewandt.

Unabhängig hiervon hat der Interessenausgleich seit der **Neuregelung des Kündigungsschutzgesetzes vom 1. 10. 1996** eine besondere Bedeutung, sofern hierin diejenigen Arbeitnehmer, denen gekündigt werden soll, namentlich bezeichnet sind. In einem solchen Fall wird gemäß § 1 Abs. 5 KSchG vermutet, daß die Kündigung durch dringende betriebliche Erfordernisse im Sinne des Abs. 2 bedingt ist. Bestreitet der Arbeitnehmer dies, so hat er, anders als im Normalfall der betriebsbedingten Kündigung, in dem der Arbeitgeber beweisen muß, daß die Kündigung durch dringende betriebliche Erfordernisse bedingt ist, den Nachweis zu führen, daß der Kündigungsgrund nicht vorhanden ist. Die Beweislast kehrt sich daher um. Ferner kann nach der gesetzlichen Neuregelung die soziale Auswahl der Arbeitnehmer nur auf grobe Fehlerhaftigkeit durch das Arbeitsgericht überprüft werden. Es wird danach den Betriebspartnern die Verantwortung für die ordnungsgemäße Sozialauswahl der zu kündigenden Arbeitnehmer auferlegt. Ein Angreifen der Sozialauswahl durch die Arbeitsgerichte kommt allein dann in Betracht, wenn ein evidenter Gesetzes-

---
65 BAG vom 20. 4. 1994, AP Nr. 27 zu § 113 BetrVG 1972; BAG vom 9. 7. 1985, AP Nr. 13 zu § 113 BetrVG 1972.
66 Für eine Bindung: *Fitting/Kaiser/Heither/Engels*, §§ 112, 112a Rz. 13; *Matthes* in: Münchener Handbuch zum Arbeitsrecht, Band 3, § 352 Rz. 16; *Dietz/Richardi*, §§ 112, 112a Rz. 22; Gegen eine Bindung spricht sich, jedoch ohne Begründung das Bundesarbeitsgericht aus, vom 28. 8. 1991, AP Nr. 2 zu § 85 Arbeitsgerichtsgesetz 1979; ebenso *Hess/Schlochauer/Glaubitz*, §§ 112, 112a Rz. 11; GK-*Fabricius*, §§ 112, 112a Rz. 22.

verstoß oder ein evidenter Verstoß gegen die Grundsätze der Sozialauswahl vorliegt.

56 Scheitert der innerbetriebliche Interessenausgleich, sieht § 112 Abs. 2 BetrVG die Möglichkeit vor, daß jede Seite den Präsidenten des Landesarbeitsamtes um **Vermittlung** ersucht. Die Einschaltung des Präsidenten des Landesarbeitsamtes ist jedoch fakultativ. Ihr Unterbleiben hat keinerlei Rechtsfolgen. Unternehmer und Betriebsrat können darüber hinaus jede andere Person oder Stelle um Vermittlung ersuchen[67].

57 Kommt es zu einem solchen Vermittlungsversuch nicht oder bleibt er erfolglos, können beide Seiten nunmehr die **Einigungsstelle** anrufen. Für den Unternehmer ist die Anrufung der Einigungsstelle zum Ausgleich von Ansprüchen von Arbeitnehmern zu empfehlen. Arbeitnehmer, die infolge einer Betriebsänderung entlassen werden oder andere wirtschaftliche Nachteile erleiden, **ohne** daß der Unternehmer mit dem Betriebsrat einen **Interessenausgleich versucht** hätte, können ebenso, wie im Fall der Abweichung des Unternehmers von einem Interessenausgleich, das Arbeitsgericht anrufen mit dem Antrag, den Arbeitgeber zur Zahlung von **Abfindungen** zu verurteilen, **§ 113 Abs. 3 BetrVG.** Der Gesetzgeber hat diesen Anspruch durch die Hinzufügung der folgenden Regelung seit dem 1. 10. 1996 aufgeweicht. Der Unternehmer hat den Interessenausgleich nach der neuen Gesetzeslage bereits dann versucht, wenn er den Betriebsrat rechtzeitig und umfassend über die geplante Betriebsänderung unterrichtet und ihn zur Aufnahme von Beratungen aufgefordert, oder aber Beratungen aufgenommen hat und binnen 2 Monaten nach diesem Zeitpunkt der Interessenausgleich nicht zustande gekommen ist. Ein Unternehmer muß hiernach lediglich 2 Monate lang Beratungen mit dem Betriebsrat durchführen, um dem vorstehend erörterten Nachteilsausgleichsanspruch von Arbeitnehmern zu entgehen. Für den Fall der Anrufung der Einigungsstelle sieht die Vorschrift eine besondere Regelung vor. Ruft der Unternehmer binnen der Frist von 2 Monaten nach Aufnahme von Beratungen oder der Aufforderung zur Aufnahme von Beratungen die Einigungsstelle an, so wird ebenfalls vermutet, daß der Unternehmer den Interessenausgleich hinreichend versucht hat, sofern nach Anrufung der Einigungsstelle 1 Monat vergangen ist und die Frist von 2 Monaten hiermit überschritten wird. Die Regelung könnte dazu verleiten, einen Interessenausgleich mit dem Betriebsrat nicht mehr ernstlich zu versuchen, da finanzielle Ansprüche von Arbeitnehmern

---

[67] *Fitting/Kaiser/Heither/Engels*, §§ 112, 112a Rz. 15; *Däubler* in: Däubler/Kittner/Klebe, §§ 112, 112a Rz. 27; GK-*Fabricius*, §§ 112, 112a Rz. 131; **a. A.** *Dietz/Richardi*, §§ 112, 112a Rz. 149.

II. Aufbau der Beteiligungsrechte bei Betriebsänderungen

hiernach praktisch nicht mehr drohen. Dem Betriebsrat bleibt aber das Instrumentarium, auf die Verpflichtung des Unternehmers zur rechtzeitigen und umfassenden Unterrichtung gemäß § 111 BetrVG hinzuwirken. Erst unter dieser Voraussetzung laufen nämlich die genannten Fristen. Dieser Anspruch kann im Wege der einstweiligen Verfügung gesichert werden und der Unternehmer auf diese Weise in Interessensausgleichsverhandlungen gezwungen werden.

Die **Einigungsstelle** ist gehalten, zunächst Vorschläge von Unternehmer und Betriebsrat zur Überbrückung der Meinungsverschiedenheiten entgegenzunehmen. Auch die Einigungsstelle kann aber bereits in einem frühen Stadium Vorschläge für die Einigung machen. Zur Klägerung des Sachverhalts kann sie jede Seite auffordern, Unterlagen vorzulegen. Beruft sich der Unternehmer darauf, daß überhaupt keine Betriebsänderung im Sinne des § 111 BetrVG beabsichtigt sei bzw. die Maßnahme nicht den Tatbestand einer Betriebsänderung erfülle, so hat die Einigungsstelle hierüber als Vorfrage mitzuentscheiden[68]. 58

Die Einigungsstelle hat sodann eine Einigung der Parteien zu versuchen. Kommt diese zustande, so ist sie schriftlich niederzulegen und vom Betriebsrat (nach gefaßtem Betriebsratsbeschluß), vom Unternehmer und dem Vorsitzenden der Einigungsstelle zu unterschreiben. Ist die **Schriftform** nicht gewahrt, entfaltet der Interessenausgleich keinerlei Wirkungen[69]. 59

Kommt auch vor der Einigungsstelle kein Interessenausgleich zustande, so hat der Vorsitzende der Einigungsstelle dies festzuhalten[70]. Ein Spruch der Einigungsstelle über einen Interessenausgleich wäre unverbindlich[71]. Die Einigungsstelle ist jedoch nicht gehindert, unverbindliche Empfehlungen abzugeben. Der Unternehmer kann nunmehr, egal ob der Interessenausgleich zustandegekommen ist oder nicht, die geplante **Maßnahme durchführen.** Selbstverständlich bleiben parallel bestehende Mitbestimmungsrechte des Betriebsrates vor und während der Durchführung der Betriebsänderung bestehen[72]. 60

Jede Betriebsänderung i. S. d. § 111 BetrVG zieht zwingend die Aufstellung eines **Sozialplanes** nach sich. Diese Verpflichtung besteht 61

---

68 BAG vom 18. 3. 1975, AP Nr. 1 zu § 111 BetrVG 1972.
69 BAG vom 9. 7. 1985, AP Nr. 13 zu § 113 BetrVG 1972.
70 LAG Düsseldorf vom 14. 11. 1983, BB 1984, 511.
71 BAG vom 17. 9. 1991, AP Nr. 59 zu § 112 BetrVG 1972; LAG München vom 13. 1. 1989, BB 1989, 916.
72 Als solches kommen in Betracht Mitbestimmungsrechte gemäß § 87 Abs. 1 Nr. 3 und 6, § 90, § 98, § 99 und § 102.

unabhängig davon, ob der Unternehmer einen Interessenausgleich mit dem Betriebsrat erreicht hat. Die Verpflichtung besteht selbst noch nach Durchführung der Betriebsänderung. Selbst wenn der Unternehmer einen Interessenausgleich überhaupt nicht versucht hat, d. h. die Rechtsfolgen des § 113 BetrVG eintreten können, entfällt die Verpflichtung zum Abschluß eines Sozialplanes nicht[73]. Selbstverständlich ist der Abschluß eines Sozialplanes auf freiwilliger Basis möglich, wenn die Voraussetzungen einer Betriebsänderung nicht vorliegen. § 112 Abs. 4 BetrVG greift für diesen Fall jedoch nicht ein.

62 Der Sozialplan soll die **wirtschaftlichen**, d. h. die vermögenswerten Nachteile der geplanten Maßnahme für die Arbeitnehmer ausgleichen oder mildern. Keine Regelung kann hinsichtlich der Milderung oder des Ausgleichs von immateriellen Beeinträchtigungen, wie z. B. des Verlustes sozialer Beziehungen, der Entwertung eines langjährigen Wissens, erzwungen werden[74]. Der Sozialplan dient der **Überbrückung** im Hinblick auf die Auswirkungen der Betriebsänderung auf das Arbeitsverhältnis. Nach Auffassung des Bundesarbeitsgerichts ist der Sozialplan keine Entschädigung für den Verlust des Arbeitsplatzes an sich oder zusätzliche Belohnung der in der Vergangenheit für den Betrieb geleisteten Dienste[75].

63 Das **Verfahren** zur Herbeiführung des Sozialplanes entspricht dem des Interessenausgleichs. Grundlage für die Aufstellung des Sozialplanes ist der Inhalt der Betriebsänderung. Ändert der Unternehmer nachträglich seine Planung hinsichtlich der Durchführung der Betriebsänderung, ist ein **neuer** Sozialplan aufzustellen, der den alten ganz oder teilweise ersetzen kann. Gleiches gilt, sofern zunächst nur eine Teilstillegung des Unternehmens geplant ist, vor deren Durchführung jedoch die Entscheidung getroffen wird, das gesamte Unternehmen stillzulegen. In einem solchen Fall ist ein neuer Sozialplan für alle Arbeitnehmer aufzustellen[76].

64 Durch die Erzwingbarkeit des Sozialplanes über die Einigungsstelle besteht für die Betriebspartner ein Anreiz, sich ohne die Einigungsstelle auf den Ausgleich von Nachteilen zu einigen. Hierbei sind die Betriebspartner lediglich an höherrangiges Recht gebunden und ha-

---

[73] BAG vom 15. 10. 1979, AP Nr. 5 zu § 111 BetrVG 1972; LAG Hamm, AP Nr. 1 zu § 112 BetrVG 1972.
[74] *Fitting/Kaiser/Heither/Engels,* §§ 112, 112a Rz. 39; GK-*Fabricius,* §§ 112, 112a Rz. 33; *Dietz/Richardi,* §§ 112, 112a Rz. 47.
[75] BAG vom 9. 11. 1994, AP Nr. 85 zu § 112 BetrVG 1972; BAG vom 11. 8. 1993, AP Nr. 71 zu § 112 BetrVG 1972; BAG vom 28. 10. 1992, AP Nr. 66 zu § 112 BetrVG 1972.
[76] BAG vom 9. 12. 1981, AP Nr. 14 zu § 112 BetrVG 1972.

II. Aufbau der Beteiligungsrechte bei Betriebsänderungen   Rz. 67 **Teil J**

ben nach billigem Ermessen zu entscheiden, welche Nachteile und wie die Nachteile ausgeglichen oder gemindert werden sollen[77]. Maßgebend ist die Betrachtung von zu erwartenden Nachteilen zu dem **Zeitpunkt,** zu dem der Sozialplan abgeschlossen werden soll, also zu einem Zeitpunkt, in dem die Betriebsänderung noch bevorsteht. Hierbei ist von den Nachteilen auszugehen, die im Zeitpunkt der Betriebsänderung typischerweise entstehen werden[78].

In einem Sozialplan können **Regelungen über Abfindungen** oder laufende Ausgleichszahlungen enthalten sein. Hierbei sind Pauschalierungen nach Punktesystemen, die soziale Kriterien berücksichtigen, sowie nach regionalen Arbeitsmarktproblemen zulässig[79]. Es kommen weiter in Betracht Zahlungen von Lohnausgleich oder Auslösungen bei Versetzungen, Gewinnbeteiligungen, Beihilfen für Umschulungs- oder Fortbildungsmaßnahmen, Übernahme von Bewerbungs- und Fahrtkosten, Aufrechterhaltung von Pensionsanwartschaften sowie Ansprüche auf bevorzugte Wiedereinstellung[80]. 65

Im Grundsatz können Arbeitnehmer und Betriebsrat entscheiden, welche Nachteile sie ausgleichen wollen[81]. Hierbei haben Arbeitgeber und Betriebsrat jedoch den allgemeinen Gleichbehandlungsgrundsatz zu beachten[82]. Dieser verbietet eine sachfremde Schlechterstellung einzelner Arbeitnehmer gegenüber anderen Arbeitnehmern in vergleichbarer Lage. Neben dem Gleichbehandlungsgrundsatz ist das Diskriminierungsverbot wegen des Geschlechts zu beachten. Auch Ausländer dürfen nicht schlechter gestellt werden. Gleiches gilt für teilzeitbeschäftigte Arbeitnehmer[83]. 66

Beispiele: 67
Ein Sozialplan, der Arbeitnehmer automatisch von den Leistungen des Sozialplanes ausnimmt, sofern sie ihr Arbeitsverhältnis selbst gekündigt haben, verstößt gegen den Gleichbehandlungsgrundsatz[84]. Zulässig ist jedoch die Regelung, daß Arbeitnehmer, die im Zusam-

---

77 BAG vom 14. 9. 1994, AP Nr. 87 zu § 112 BetrVG 1972; BAG vom 28. 9. 1988, AP Nr. 47 zu § 112 BetrVG 1972; BAG vom 26. 7. 1988, AP Nr. 45 zu § 112 BetrVG 1972; BAG vom 27. 10. 1987, AP Nr. 41 zu § 112 BetrVG 1972.
78 BAG vom 23. 4. 1985, AP Nr. 76 zu § 112 BetrVG 1972.
79 BAG vom 22. 5. 1979, AP Nr. 4 zu § 111 BetrVG 1972.
80 *Fitting/Kaiser/Heither/Engels,* §§ 112, 112a Rz. 54 ff.
81 BAG vom 30. 11. 1994, AP Nr. 89 zu § 112 BetrVG 1972; BAG vom 28. 9. 1988, AP Nr. 47 zu § 112 BetrVG 1972.
82 BAG vom 30. 11. 1994, AP Nr. 89 zu § 112 BetrVG 1972; BAG vom 15. 1. 1991, AP Nr. 57 zu § 112 BetrVG 1972.
83 *Fitting/Kaiser/Heither/Engels,* §§ 112, 112a Rz. 59 f.
84 BAG vom 28. 10. 1992, AP Nr. 64 zu § 112 BetrVG 1972; BAG vom 15. 1. 1991, AP Nr. 57 zu § 12 BetrVG 1972.

menhang mit einer Betriebsstillegung durch Eigenkündigung ausscheiden, eine niedrigere Abfindung erhalten[85]. Zulässig ist auch eine Regelung in einem Sozialplan, die Arbeitnehmer von seinem Geltungsbereich ausnimmt, die vor dem Scheitern des Interessenausgleichs bereits ihr Arbeitsverhältnis im Hinblick auf eine vom Arbeitgeber angekündigte Betriebsstillegung selbst gekündigt haben (sog. Stichtagsregelung)[86]. Auch Arbeitnehmer, die das Arbeitsverhältnis vor der geplanten Stillegung des Betriebes selbst kündigen, obwohl der Arbeitgeber ein berechtigtes Interesse an der geordneten Weiterführung des Betriebes bis zu dessen Schließung hat und hierzu auf das Verbleiben seiner Mitarbeiter angewiesen ist, können von Sozialplanansprüchen ausgenommen werden[87].

68 Eine Regelung in einem Sozialplan, die Arbeitnehmer von Abfindungsansprüchen ausnimmt, die aufgrund eines Aufhebungsvertrages oder einer Eigenkündigung ausgeschieden sind, nachdem sie eine neue Arbeitsstelle gefunden haben, aber denjenigen Arbeitnehmern eine Abfindung beläßt, die noch innerhalb der Kündigungsfrist einen neuen Arbeitsplatz finden und deswegen vor Ablauf der Kündigungsfrist ausscheiden, verstößt nicht gegen den Gleichbehandlungsgrundsatz. Eine solche Regelung kann wirksam in einem Sozialplan vereinbart werden[88]. Zulässigerweise von einem Sozialplan ausgenommen werden können auch Arbeitnehmer, die zum Zeitpunkt der Auflösung des Arbeitsverhältnisses die Voraussetzungen für den übergangslosen Rentenbezug erfüllen[89]. Ein Sozialplan kann auch Arbeitnehmer von einer Abfindung ausnehmen, die durch Vermittlung des Arbeitgebers einen neuen Arbeitsplatz erhalten. Unter Vermittlung kann jeder Beitrag verstanden werden, der das neue Arbeitsverhältnis möglich macht[90]. Zulässig ist es ferner, in einem Sozialplan aus Gründen der praktikablen Durchführung die Zahlung eines Abfindungszuschlages für unterhaltsberechtigte Kinder davon abhängig zu machen, daß diese auf der Lohnsteuerkarte eingetragen sind[91].

69 Zulässig ist es auch, Arbeitnehmer von der Zahlung von Abfindungen auszunehmen, sofern diese einen gleichwertigen oder gleichbezahlten Arbeitsplatz in einem anderen Betrieb des Unternehmens

---

85 BAG vom 11. 8. 1993, AP Nr. 71 zu § 112 BetrVG 1972.
86 BAG vom 24. 1. 1996, NZA 1996, 986; BAG vom 30. 11. 1994, NzA 1995, 492.
87 BAG vom 20. 4. 1994, NZA 1995, 489; BAG vom 28. 4. 1993, AP Nr. 67 zu § 112 BetrVG 1972.
88 BAG vom 20. 4. 1994, NZA 1995, 489.
89 BAG vom 31. 7. 1996, NZA 1997, 165.
90 BAG vom 19. 6. 1996, NZA 1997, 562.
91 BAG vom 12. 3. 1997, BB 1997, 1522.

II. Aufbau der Beteiligungsrechte bei Betriebsänderungen   Rz. 73 **Teil J**

oder Konzerns ablehnen. Hierbei kann der Sozialplan näher festlegen, welches Arbeitsplatzangebot zumutbar ist[92].

Wird der **Gleichbehandlungsgrundsatz** oder das **Diskriminierungsverbot** verletzt, können die benachteiligten Arbeitnehmer Gleichbehandlung mit den begünstigten Arbeitnehmern verlangen[93]. Es können hiernach Sozialplanleistungen eingeklagt werden, die andere Arbeitnehmer erhalten haben[94].   70

Der Sozialplan ist eine **Betriebsvereinbarung besonderer Art**. Trotz etwaiger Tarifüblichkeit in ihm enthaltener Regelungen kann er wirksam abgeschlossen werden und hat die Wirkung einer Betriebsvereinbarung[95]. Der Tarifvorbehalt des § 77 Abs. 3 BetrVG gilt hier nicht.   71

Aufgrund des Sozialplanes entstehen **unmittelbare Rechtsansprüche** der einzelnen Arbeitnehmer. Grundsätzlich sollte in einem Sozialplan die Fälligkeit der Ansprüche der Arbeitnehmer geregelt werden. Ist dies nicht ausdrücklich festgelegt, kommt es auf den Zeitpunkt der Beendigung des Arbeitsverhältnisses bei Ausscheiden aufgrund des Sozialplanes an, ansonsten auf den Beginn der Durchführung der Betriebsänderung. Wird der Sozialplan erst nach der Betriebsänderung erlassen, entstehen Ansprüche von Arbeitnehmern mit dem Zustandekommen des Sozialplanes[96].   71a

Wurde bei Aufstellung des Sozialplanes ein Arbeitnehmer versehentlich nicht berücksichtigt, so hat er Anspruch auf Auszahlung des ihm nach den Regelungen des Sozialplanes zustehenden Betrages. Auf eine evtl. **Erschöpfung** des für den Sozialplan gebildeten **Fonds** kommt es nicht an. Einzelvertraglich zugebilligte **Abfindungen** können aufgrund der zwingenden Wirkung des Sozialplanes im übrigen Sozialplanabfindungen nicht unterschreiten, sondern nur überschreiten.   72

Grundsätzlich werden von einem Sozialplan **leitende Angestellte** nicht erfaßt. Selbstverständlich kann die Geltung des Sozialplanes jedoch auch für leitende Angestellte vereinbart werden. Eine Ver-   73

---

92 BAG vom 29. 8. 1988, AP Nr. 47 zu § 112 BetrVG 1972; BAG vom 25. 10. 1983, AP Nr. 18 zu § 112 BetrVG 1972; BAG vom 8. 12. 1976, AP Nr. 3 zu § 112 BetrVG 1972.
93 BAG vom 16. 1. 1991, AP Nr. 57 zu § 112 BetrVG 1972.
94 BAG vom 25. 10. 1983, AP Nr. 18 zu § 112 BetrVG 1972; BAG vom 8. 12. 1976, AP Nr. 3 zu § 112 BetrVG 1972.
95 BAG vom 8. 11. 1988, AP Nr. 48 zu § 112 BetrVG 1972; BAG vom 27. 8. 1975, AP Nr. 2 zu § 112 BetrVG 1972.
96 *Fitting/Kaiser/Heither/Engels,* §§ 112, 112a Rz. 73.

pflichtung des Arbeitgeber aufgrund des Gleichbehandlungsgrundsatzes besteht hierzu aber nicht[97].

74 Die **Festlegung** einer bestimmten Zahl auszusprechender betriebsbedingter Kündigungen im Interessenausgleich/Sozialplan entbindet nicht von der Verpflichtung, die **Kündigungen** gegenüber jedem einzelnen Arbeitnehmer **auszusprechen**. Ein kollektiver Ausspruch durch die Betriebspartner kommt nicht in Betracht[98].

75 Leistungen aus dem Sozialplan können nicht davon abhängig gemacht werden, daß die einzelnen Arbeitnehmer auf die Erhebung einer **Kündigungsschutzklage verzichten.** Eine solche Regelung wäre unwirksam. Sozialplanleistungen bezwecken nicht, den einzelnen Arbeitgeber von dem Risiko sozialwidrig ausgesprochener Kündigungen zu entbinden, sondern lediglich Nachteile auszugleichen, die mit der Betriebsänderung verbunden sind[99].

76 Eine **Sicherung** der Sozialplanansprüche wird in konzernangehörigen Unternehmen erreicht, indem, für den Fall der Zahlungsunfähigkeit des die Betriebsänderung durchführenden Unternehmens, eine Durchgriffshaftung angenommen wird. Dies unter der Voraussetzung, daß ein Beherrschungs- oder Gewinnabführungsvertrag besteht, wonach das herrschende Unternehmen für alle Schulden einzustehen hat, § 302 Aktiengesetz, oder aber auch ohne einen solchen Vertrag, sofern das herrschende Unternehmen das beherrschte Unternehmen dauernd und umfassend geleitet hat und dies in einer Weise, daß es auf die Belange der abhängigen Gesellschaft keine Rücksicht genommen hat[100].

77 Kommt eine Haftung eines anderen Unternehmens nicht in Betracht, können die betroffenen Arbeitnehmer zur **Sicherung** ihrer **Ansprüche** die Belastung der Grundstücke des Unternehmens mit einer Grundschuld zugunsten eines Treuhänders verlangen[101].

78 Ein **Verzicht** auf Leistungen aus dem Sozialplan ist durch den einzelnen Arbeitnehmer nur möglich, sofern der Betriebsrat zustimmt[102].

---

97 BAG vom 16. 7. 1985, AP Nr. 32 zu § 112 BetrVG 1972; BAG vom 31. 1. 1979, AP Nr. 8 zu § 112 BetrVG 1972; GK-*Fabricius*, §§ 112, 112a Rz. 75; *Däubler* in: Däubler/Kittner/Klebe, §§ 112, 112a Rz. 47.
98 BAG vom 17. 7. 1964, AP Nr. 3 zu § 80 ArbGG; *Dietz/Richardi*, §§ 112, 112a Rz. 65; *Fitting/Kaiser/Heither/Engels*, §§ 112, 112a Rz. 75.
99 BAG vom 20. 12. 1983, AP Nr. 17 zu § 112 BetrVG 1972.
100 BAG vom 8. 3. 1994, AP Nr. 6 zu § 303 Aktiengesetz.
101 *Fitting/Kaiser/Heither/Engels*, §§ 112, 112a Rz. 76; *Däubler* in: Däubler/Kittner/Klebe, §§ 112, 112a Rz. 115.
102 GK-*Fabricius*, §§ 112, 112a Rz. 72; *Fitting/Kaiser/Heither/Engels*, §§ 112, 112a Rz. 79; *Däubler* in: Däubler/Kittner/Klebe, §§ 112, 112a Rz. 139.

II. Aufbau der Beteiligungsrechte bei Betriebsänderungen   Rz. 81 Teil J

Das Gesetz über den Sozialplan im **Konkurs-** und **Vergleichsverfahren** enthält Sonderregelungen bezüglich des Abschlusses von Sozialplänen im Falle des Konkurses und im Hinblick auf die Behandlung von Sozialplanansprüchen im Konkurs. Unterschieden wird zunächst nach Sozialplänen, die vor und die nach Eröffnung des Konkursverfahrens aufgestellt werden. Für Sozialpläne, die nach Eröffnung des Konkursverfahrens aufgestellt werden, wird die an Arbeitnehmer auszuzahlende Abfindung auf bis zu $2^1/_2$ Monatsverdienste begrenzt, § 2 BetrVG. Sozialpläne, die vor Eröffnung des Konkursverfahrens, jedoch nicht früher als 3 Monate vor dem Antrag auf Eröffnung des Konkurs- oder Vergleichsverfahrens aufgestellt werden, dürfen insgesamt keine höheren Abfindungen festlegen als den Gesamtbetrag, der sich aus $2^1/_2$ Monaten aller von einer Entlassung betroffenen Arbeitnehmern ergibt. Nur in dieser Höhe finden Ansprüche im Konkursverfahren Berücksichtigung, § 3 BetrVG. Sozialplanansprüche werden im Konkursverfahren mit dem Rang des § 61 Abs. 1 Nr. 1 BetrVG der Konkursordnung vorrangig berichtigt, § 4 BetrVG. Das Gesetz sieht sodann weitere Beschränkungen für die Geltendmachung im Konkurs vor.

79

Für Sozialplanleistungen können **Ausschlußfristen** gelten. Diese können zum einen im Sozialplan selbst vereinbart werden. Allgemeine tarifliche Ausschlußfristen können aber auch Sozialplanansprüche erfassen. Hierfür ist eine Auslegung der jeweiligen tariflichen Bestimmungen erforderlich. Grundsätzlich sind Sozialplanansprüche „Ansprüche aus dem Arbeitsverhältnis"[103].

80

Sozialpläne können durch weitere neue Sozialpläne abgeändert werden, da Sozialpläne die Wirkung einer Betriebsvereinbarung haben und jede Betriebsvereinbarung durch eine neue Betriebsvereinbarung abgeändert werden kann, die sodann an die Stelle der älteren tritt. Auch für 2 aufeinanderfolge Sozialpläne gilt das Ablösungsprinzip[104]. Ansprüche der Arbeitnehmer, die auf der Grundlage eines früheren Sozialplanes entstanden sind, können durch einen späteren Sozialplan im Rahmen von Recht und Billigkeit für die Zukunft verschlechtert werden[105]. Sozialpläne, die Dauerregelungen enthalten, sind zudem für die Zukunft unter besonderen Voraussetzungen kündbar. Dies gilt z. B. wenn ein einmal entstandener wirtschaftlicher Nachteil durch laufende Leistungen, wie z. B. Fahrtkostenerstat-

81

---
103 BAG vom 27. 3. 1996, 10 AZR 668/95; BAG vom 30. 11. 1994, AP Nr. 89 zu § 112 BetrVG 1972; BAG vom 3. 4. 1990, EzA § 4 TVG Ausschlußfristen Nr. 94.
104 BAG vom 10. 8. 1994, AP Nr. 86 zu § 112 BetrVG 1972.
105 BAG vom 24. 3. 1981, AP Nr. 12 zu § 112 BetrVG 1972.

tung gemildert wird und Arbeitgeber und Betriebsrat vereinbart haben, daß der Sozialplan unter bestimmten Voraussetzungen gekündigt werden kann. Fehlt es jedoch an einer solchen Vereinbarung, kommt eine ordentliche Kündigung des Sozialplanes nicht in Betracht.

82 Der Sozialplan ist die Regelung der Folgen einer Betriebsänderung, deren soziale Bedingungen nicht nachträglich einseitig geändert werden können[106]. Eine Anpassung ist lediglich für die Zukunft nach den Regeln über den **Wegfall der Geschäftsgrundlage** möglich. Dies setzt jedoch voraus, daß der einen Seite das Festhalten an der Vereinbarung unzumutbar geworden ist. Hieran sind hohe Anforderungen zu stellen. Darüber hinaus müssen beide Parteien bei Abschluß des Sozialplanes eine bestimmte Vorstellung gehabt haben, die sich nicht realisiert hat[107]. Das Bundesarbeitsgericht hat den Fall entschieden, daß ein Arbeitgeber wegen einer geplanten Betriebsstillegung alle Arbeitsverhältnisse gekündigt hatte, sich alsbald nach Ausspruch der Kündigung jedoch ein Erwerber fand, der den Betrieb mit allen Arbeitsverhältnissen unverändert fortführen wollte[108]. Der Wegfall der Geschäftsgrundlage hat lediglich die Folge, daß die Regelungen im Sozialplan den geänderten tatsächlichen Umständen anzupassen sind. Behauptet eine Partei das Vorliegen der oben angeführten Voraussetzungen für den Wegfall der Geschäftsgrundlage, hat sie gegenüber der anderen Partei einen Anspruch auf Aufnahme von Verhandlungen über die Anpassung des Sozialplanes. Verweigert die andere Partei die Anpassung oder kommt es nicht zu einer Einigung, kann die Einigungsstelle angerufen werden, die dann entscheidet, ob die Geschäftsgrundlage entfallen ist und die notwendig werdenden Neuregelungen trifft[109]. Im übrigen wirken die Regelungen eines Sozialplanes nach, bis sie durch eine Neuregelung ersetzt werden[110].

83 Kommt eine Einigung über den Sozialplan nicht zustande, so entscheidet die **Einigungsstelle** über die Aufstellung des Sozialplanes und dessen Inhalt **verbindlich,** § 112 Abs. 4 BetrVG. Ihre Entscheidung hat sich in den Grenzen von Recht und Billigkeit zu halten[111]. § 112 BetrVG enthält Richtlinien für die Ermessensentscheidung der

---
106 BAG vom 10. 8. 1994, AP Nr. 86 zu § 112 BetrVG 1972.
107 BAG vom 10. 8. 1994, AP Nr. 86 zu § 112 BetrVG 1972.
108 BAG vom 28. 8. 1996, – 10 AZR 886/95.
109 BAG vom 10. 8. 1994, AP Nr. 86 zu § 112 BetrVG 1972.
110 BAG vom 10. 8. 1994, AP Nr. 86 zu § 112 BetrVG 1972.
111 BAG vom 14. 9. 1994, AP Nr. 87 zu § 112 BetrVG 1972; BAG vom 20. 4. 1994, AP Nr. 77 zu § 112 BetrVG 1972; BAG vom 24. 11. 1993, AP Nr. 72 zu § 112 BetrVG; BAG vom 28. 9. 1988, AP Nr. 47 zu § 112 BetrVG 1972.

Einigungsstelle. Wird dieses Ermessen überschritten, so ist der Sozialplan ermessensfehlerhaft und damit unwirksam[112].

Nach der Vorschrift des § 112 BetrVG hat die Einigungsstelle bei ihrer Entscheidung die **sozialen Belange** der betroffenen **Arbeitnehmer** zu berücksichtigen, jedoch auch die **wirtschaftliche Vertretbarkeit** ihrer Entscheidung für das **Unternehmen** zu beachten. Hierbei hat die Einigungsstelle sich insbesondere von den folgenden Grundsätzen leiten zu lassen: Sie soll, orientiert an den konkret eintretenden wirtschaftlichen Nachteilen, Leistungen vorsehen, die den Gegebenheiten des Einzelfalles Rechnung tragen. Zudem hat sie die Aussichten der betroffenen Arbeitnehmer auf dem Arbeitsmarkt zu berücksichtigen und folglich Arbeitnehmer von Leistungen auszuschließen, die ihren Arbeitsplatz nicht verlieren oder lediglich verlieren aufgrund der Ablehnung eines zumutbaren Weiterbeschäftigungsangebotes, für denselben Betrieb, einen anderen Betrieb des Unternehmens oder ein zum Konzern gehörendes Unternehmen tätig zu werden. Bei der Bemessung des Gesamtbetrages der Sozialplanleistungen hat die Einigungsstelle darauf zu achten, daß der Fortbestand des Unternehmens oder die nach Durchführung der Betriebsänderung verbleibenden Arbeitsplätze nicht gefährdet werden[113]. Bei der Feststellung der zumutbaren Weiterbeschäftigungsmöglichkeit hat die Einigungsstelle im Rahmen ihres Ermessensspielraumes zu beurteilen, welche anderen Arbeitsplätze zumutbar sind. Dies sind in der Regel die Arbeitsplätze, die gleichwertige Arbeitsbedingungen bieten. Diese müssen aber nicht gleichartig sein. Wohl muß die Gleichwertigkeit der Arbeitsbedingungen in finanzieller und beruflicher Hinsicht gewährleistet sein. Der Wegfall von Überstunden am neuen Arbeitsplatz ist zumutbar. Finanziell auch zumutbar ist die Hinnahme von Gehaltseinbußen, sofern der Sozialplan zusätzlich Ausgleichsleistungen gewährt[114].

III. Besonderheiten bei Personalabbau und Neugründungen, § 112a BetrVG

Geplante Betriebsänderungen nach § 111 Satz 2 Nr. 1 BetrVG, d. h. Betriebsänderungen, die in einer Einschränkung und Stillegung des ganzen Betriebes oder von wesentlichen Betriebsteilen bestehen und

---
112 BAG vom 14. 9. 1994, AP Nr. 87 zu § 112 BetrVG 1972.
113 *Fitting/Kaiser/Heither/Engels*, §§ 112, 112a Rz. 107.
114 BAG vom 28. 9. 1988, AP Nr. 47 zu § 112 BetrVG 1972; BAG vom 27. 10. 1987, AP Nr. 41 zu § 112 BetrVG 1972; BAG vom 25. 10. 1983, AP Nr. 18 zu § 112 BetrVG 1972.

die lediglich durch Personalabbau und nicht unter gleichzeitiger Änderung sächlicher Betriebsmittel erfolgen, sind nur dann sozialplanpflichtig, wenn eine bestimmte, im § 112a BetrVG festgelegte Anzahl von Arbeitnehmern entlassen wird.

85a Die Entlassung kann auch in dem Abschluß eines Aufhebungsvertrages oder in einer vom Arbeitgeber veranlaßten Eigenkündigung des Arbeitnehmers liegen[115].

86 Selbstverständlich ist der Arbeitgeber aber nicht gehindert, mit dem Betriebsrat, auch in Fällen, in denen die Größenordnung der Vorschrift nicht erreicht werden, freiwillig einen Sozialplan abzuschließen.

87 § 112a Abs. 1 BetrVG sieht für die Erzwingbarkeit von Sozialplänen folgende Größenordnungen vor:
▶ in Betrieben mit in der Regel mehr als 20 und weniger als 60 Arbeitnehmern müssen 20 vom 100 der regelmäßig beschäftigten Arbeitnehmer, **aber** mindestens 6 Arbeitnehmer entlassen werden,
▶ in Betrieben mit in der Regel mindestens 60 und weniger als 250 Arbeitnehmern müssen 20 vom 100 der regelmäßig beschäftigten Arbeitnehmer **oder** mindestens 37 Arbeitnehmer entlassen werden,
▶ in Betrieben mit in der Regel mindestens 250 und weniger als 500 Arbeitnehmern müssen 15 vom 100 der regelmäßig beschäftigten Arbeitnehmern **oder** mindestens 60 Arbeitnehmer entlassen werden,
▶ in Betrieben mit in der Regel mindestens 500 Arbeitnehmer müssen 10 vom 100 der regelmäßig beschäftigten Arbeitnehmer, **aber** mindestens 60 Arbeitnehmer entlassen werden.

88 Die Entlassung muß in allen Fällen **aus betriebsbedingten Gründen** erfolgen. Unter die Vorschrift fallen jedoch auch Entlassungen aus Gründen der Betriebsänderung, die auf Grundlage von Aufhebungsvereinbarungen auf Veranlassung des Arbeitgebers erfolgen.

89 Keine Verpflichtung zum Abschluß eines Sozialplanes besteht ferner in den Fällen **neugegründeter Unternehmen,** für die ersten 4 Jahre nach ihrer Gründung. Hierdurch soll dem Unternehmer die schwierige Anfangsphase des Aufbaus erleichtert werden. Gleichzeitig soll dem Unternehmer das Risiko genommen werden, im Falle des Scheiterns seiner Neugründung mit Sozialplanverpflichtungen belastet zu werden. Um Streitigkeiten über den Zeitpunkt der Gründung auszu-

---

[115] BAG vom 14. 7. 1989, AP Nr. 27 zu § 111 BetrVG 1972.

schließen, bestimmt § 112a Abs. 2 Satz 3 BetrVG, daß es auf den Zeitpunkt der Aufnahme der Erwerbstätigkeit ankommt.

Nicht begünstigt sind Unternehmen, deren Neugründung im Zusammenhang mit der rechtlichen Umstrukturierung von Unternehmen oder Konzernen stattfindet. Der Regierungsentwurf nennt hierfür die Beispiele der Verschmelzung von Unternehmen zu einem neuen Unternehmen, der Umwandlung in ein neues Unternehmen, der Auflösung eines Unternehmens und der Übertragung seines Vermögens auf ein neues Unternehmen, der Aufspaltung eines Unternehmens auf mehrere neugegründete Unternehmen und der Abspaltung von Unternehmensteilen auf neugegründete Tochtergesellschaften[116]. Der Tatbestand der Umstrukturierung ist immer erfüllt, sofern unternehmerische Aktivitäten von einer rechtlichen Einheit auf eine andere übertragen werden. Auf eine Änderung der rechtlichen Strukturen kommt es nicht an[117]. 90

Die Begünstigung gilt für **Unternehmen** in den ersten 4 Jahren nach ihrer Gründung. Auf die Frage, ob der Betrieb, den das Unternehmen betreibt, vor diesem Zeitpunkt evtl. schon bestand, kommt es nicht an[118]. Erwirbt beispielsweise ein neugegründetes Unternehmen einen seit vielen Jahren bestehenden Betrieb, so unterliegt dieses Unternehmen nach dem Wortlaut der Vorschrift dennoch für 4 Jahre nicht der Sozialplanpflicht. 91

IV. Rechtstreitigkeiten um und nach dem Abschluß von Interessenausgleich/Sozialplan

Häufig besteht Streit über die Frage, ob eine geplante Maßnahme des Unternehmers den Tatbestand einer Betriebsänderung erfüllt. Der Betriebsrat kann diese Frage im **Beschlußverfahren** vor den Arbeitsgerichten klären lassen und dem Arbeitgeber aufgeben, seine Unterrichtungspflichten nach § 111 BetrVG zu erfüllen. Dieser Anspruch kann in Eilfällen im Wege der **einstweiligen Verfügung** durchgesetzt werden. Die Zwangsvollstreckung findet nach § 85 ArbeitsGG in Verbindung mit § 888 ZPO statt[119]. 92

Der Betriebsrat kann im Beschlußverfahren auch feststellen lassen, daß die geplante Maßnahme eine Betriebsänderung ist und der Unter- 93

---
116 BT-Drucks. 10/2102 v. 11. 10. 1984.
117 BAG vom 22. 2. 1995, AP Nr. 7 zu § 112 a BetrVG 1972.
118 BAG vom 13. 6. 1989, AP Nr. 3 zu § 112a BetrVG 1972.
119 BAG vom 10. 11. 1987, AP Nr. 15 zu § 113 BetrVG 1972.

nehmer zu **Verhandlungen** über einen Interessenausgleich und Sozialplan **verpflichtet** ist. Das Rechtsschutzinteresse für den Feststellungsantrag entfällt aber, wenn die Betriebsänderung bereits durchgeführt ist. In diesem Fall kann nur noch die Verpflichtung zur Aufstellung eines Sozialplanes festgestellt werden[120].

94 Die Feststellung des Arbeitsgerichts, daß eine Betriebsänderung vorliegt, hat auch **Bindungswirkung für Ansprüche der Arbeitnehmer** gegen den Arbeitgeber, wie z. B. auf Nachteilsausgleich gemäß § 113 BetrVG[121]. Umstritten ist, ob der Betriebsrat im Wege einer einstweiligen Verfügung die **Unterlassung** der **geplanten Maßnahme** bis zur Ausschöpfung seines Verhandlungsanspruches über einen Interessenausgleich verhindern kann. Wesentlich ist diese Frage im Hinblick auf ein mögliches Verbot, Kündigungen auszusprechen oder in anderer Weise vollendete Tatsachen zu schaffen. Eine Entscheidung des Bundesarbeitsgerichts liegt hierzu bislang nicht vor. Die Rechtsprechung der Instanzgerichte ist unterschiedlich. Für **zulässig** erachtet wird der Erlaß einer einstweiligen Verfügung von den Landesarbeitsgerichten Hamburg und Frankfurt, sowie den Arbeitsgerichten, Frankfurt, Hamburg, Jena und Eisenach[122]. Die Landesarbeitsgerichte Düsseldorf, Baden-Württemberg, Rheinland Pfalz, Köln sowie die Arbeitsgerichte Düsseldorf, Köln, Neustrelitz, Nürnberg verneinen diese Möglichkeit[123].

95 Die Frage ist zu bejahen. Das Bundesarbeitsgericht hat für mitbestimmungspflichtige Angelegenheiten gemäß § 87 BetrVG einen Anspruch auf Unterlassung von Maßnahmen bejaht, die diesem Mitbestimmungsrecht unterliegen[124]. Auch im Rahmen des § 111 BetrVG kommt dem Betriebsrat aber ein Mitbestimmungsrecht zu. Damit Mitbestimmungsrechte nicht wertlos sind, ist es erforderlich, Unterlassungsansprüche zuzulassen, die gerichtlich verfolgt werden kön-

---

120 BAG vom 10. 11. 1987, AP Nr. 15 zu § 113 BetrVG 1972; BAG vom 17. 12. 1985, AP Nr. 15 zu § 111 BetrVG 1972.
121 BAG vom 10. 11. 1987, AP Nr. 15 zu § 113 BetrVG 1972.
122 LAG Berlin vom 7. 9. 1995, NZA 1996, 1284; LAG Hamburg vom 8. 6. 1983, DB 1983, 4369; LAG Frankfurt vom 30. 8. 1994, DB 1985, 178; ArbG Frankfurt vom 15. 6. 1982, DB 1983, 239; ArbG Hamburg vom 3. 8. 1993, BB 1993, 2022; ArbG Jena vom 22. 9. 1992, BB 1992, 2223; ArbG Eisenach vom 24. 11. 1993, ArbUR 1994, 35.
123 LAG Düsseldorf vom 19. 11. 1996, DB 1997, 1286; LAG Baden-Württemberg vom 28. 8. 1985, DB 1986, 805; LAG Rheinland-Pfalz vom 28. 3. 1989, NzA 1989, 863; LAG Köln vom 21. 2. 1989, NzA 1989, 863; ArbG Düsseldorf vom 7. 1. 1983, DB 1983, 2093; ArbG Köln vom 27. 10. 1993, BB 1993, 2311; ArbG Neustrelitz vom 24. 2. 1995, BB 1995, 206; ArbG Nürnberg vom 20. 3. 1996, BB 1996, 863.
124 BAG vom 3. 5. 1994, AP Nr. 23 zu § 23 BetrVG 1972.

nen. Anderenfalls könnte der Betriebsrat mitbestimmungswidriges Verhalten des Arbeitgebers letztlich nicht verhindern.

Der Abschluß eines Interessenausgleiches kann nicht erzwungen werden, so daß insofern auch kein gerichtlich durchsetzbarer Anspruch bestehen kann. Der Abschluß eines **Sozialplanes** kann über die Einigungsstelle erzwungen werden. Fraglich kann danach nur sein, ob und inwieweit der **Spruch** der **Einigungsstelle rechtlich überprüft** werden kann. 96

Das Arbeitsgericht entscheidet im **Beschlußverfahren** über die Frage, ob die Einigungsstelle die Ermessensgrenzen des § 112 Abs. 5 BetrVG eingehalten hat und im Rahmen ihres Beurteilungsspielraumes unter vertretbarer Interessenabwägung den Sozialplan aufgestellt hat. Dieser Antrag kann in Anwendung von § 76 Abs. 5 Satz 4 BetrVG nur binnen 2 Wochen vom Tage der Zustellung des Spruchs der Einigungsstelle gestellt werden. Auch sofern eine Maßnahme nicht der Sozialplanpflicht unterliegt und die Betriebspartner hierüber auf freiwilliger Basis einen Sozialplan abgeschlossen haben, unterliegt dieser der gerichtlichen Billigkeitskontrolle[125]. 97

Gerichtlich überprüft werden kann auch die Frage, ob der Arbeitgeber den Sozialplan richtig auslegt. Antragsfristen bestehen insofern nicht[126]. 98

Der einzelne Arbeitnehmer kann **Ansprüche** aus einem **Sozialplan** im Urteilsverfahren verfolgen. Ist er unter Verletzung des Gleichbehandlungsgrundsatzes von Leistungen des Sozialplanes ausgeschlossen worden, kann er diese Leistungen im Urteilsverfahren einklagen[127]. Die Frage der Angemessenheit des finanziellen Gesamtrahmens oder der Billigkeit des Sozialplanes insgesamt kann jedoch nicht von dem einzelnen Arbeitnehmer einer gerichtlichen Überprüfung unterzogen werden[128]. 99

---

125 BAG vom 14. 2. 1984, AP Nr. 21 zu § 112 BetrVG 1972; BAG vom 9. 12. 1981, AP Nr. 14 zu § 112 BetrVG 1972; BAG vom 17. 2. 1981, AP Nr. 11 zu § 112 BetrVG 1972; BAG vom 11. 6. 1975, AP Nr. 1 zu § 77 BetrVG 1972 Auslegung.
126 BAG vom 8. 11. 1988, AP Nr. 48 zu § 112 BetrVG 1972.
127 BAG vom 25. 10. 1983, AP Nr. 18 zu § 112 BetrVG 1972; BAG vom 8. 12. 1976, AP Nr. 3 zu § 112 BetrVG 1972.
128 BAG vom 26. 7. 1988, AP Nr. 45 zu § 112 BetrVG 1972; BAG vom 14. 2. 1984, AP Nr. 21 zu § 112 BetrVG 1972; BAG vom 17. 2. 1981, AP Nr. 11 zu § 112 BetrVG 1972.

V. Ausgleichsansprüche gemäß § 113 BetrVG

100 Weicht der Unternehmer von einem Sozialplan ab, kann der einzelne Arbeitnehmer seine Rechtsansprüche aufgrund des Sozialplanes unmittelbar klageweise geltend machen. Anderes gilt, sofern der Unternehmer von einem **Interessenausgleich** abweicht oder einen Interessenausgleich mit dem Betriebsrat nicht versucht. Da keine Verpflichtung zum Abschluß eines Interessenausgleichs besteht und der Interessenausgleich dem einzelnen Arbeitnehmer keine Ansprüche vermittelt, eröffnet § 113 BetrVG dem einzelnen Arbeitnehmer die Möglichkeit, bei einem Abweichen des Unternehmers von einem Interessenausgleich oder einem Unterlassen des Verfahrens auf Interessenausgleich gegen den Unternehmer Zahlungsansprüche geltend zu machen.

101 Nach § 113 Abs. 1 BetrVG können Arbeitnehmer, die infolge einer **Abweichung** von einem **Interessenausgleich,** die ohne zwingenden Grund vorgenommen wird, entlassen werden, beim Arbeitsgericht Klage erheben mit dem Antrag, den Arbeitgeber zur Zahlung von Abfindungen zu verurteilen.

102 **Zwingende Gründe** für ein Abweichen vom Interessenausgleich liegen dann vor, wenn im Interesse des Unternehmens oder seiner Arbeitnehmerschaft ein Abweichen zur Abwendung unmittelbar drohender Gefahren oder in Anpassung an eine Lage, die dem Unternehmer praktisch keine andere Wahl läßt, erforderlich ist. An die Notwendigkeit der Abweichung ist ein strenger Maßstab anzulegen[129]. Entscheidender Zeitpunkt für die Notwendigkeit der Abweichung ist der der Durchführung der Maßnahme. Die Tatsache, daß sich die wirtschaftliche Entscheidung des Unternehmens nach Durchführung der Maßnahme als sachlich falsch herausstellt, begründet keine Notwendigkeit der Abweichung vom Interessenausgleich[130].

103 Bei der Klage auf Zahlung der Abfindung handelt es sich um eine **Leistungsklage,** die von den Arbeitsgerichten im Urteilsverfahren entschieden wird. Der Arbeitnehmer hat nachzuweisen, daß der Unternehmer von einem Interessenausgleich abgewichen ist, und er deshalb entlassen werden mußte. Ist bereits in einem Beschlußverfahren entschieden worden, daß die geplante Maßnahme eine Betriebsänderung darstellt, so entfaltet diese Entscheidung präjudizielle Wirkung für die Abfindungsklage. Das Arbeitsgericht kann keine abweichende Beurteilung vornehmen. Eine Abfindungsklage ist danach

---
[129] *Dietz/Richardi*, § 113 Rz. 9; *Hess/Schlochauer/Glaubitz*, § 113 Rz. 4; GK-*Fabricius*, § 113 Rz. 15; *Fitting/Kaiser/Heither/Engels*, § 113 Rz. 3.
[130] *Fitting/Kaiser/Heither/Engels*, § 113 Rz. 5; *Dietz/Richardi*, § 113 Rz. 17.

V. Ausgleichsansprüche gemäß § 113 BetrVG

aussichtslos, sofern das Vorliegen einer Betriebsänderung bereits verneint wurde[131]. Gleiches gilt für die rechtskräftige Feststellung im Beschlußverfahren, ob zwei Unternehmen einen gemeinsamen Betrieb bilden, mit der Folge, daß die nach § 111 BetrVG maßgebende Arbeitnehmerzahl erreicht wird oder nicht[132].

Der Arbeitnehmer hat seinen Abfindungsanspruch in der Klage nicht zu **beziffern**. § 113 Abs. 1 BetrVG verweist insoweit auf § 10 KSchG. Hiernach setzt das Arbeitsgericht die Abfindung nach freiem gerichtlichen Ermessen im Rahmen des Höchstmaßes und der Richtlinien des Gesetzes fest[133]. Ansprüche aufgrund des § 113 Abs. 1 BetrVG sind unabhängig von evtl. Leistungen aufgrund eines Sozialplanes. Dennoch erfolgt nach Auffassung des Bundesarbeitsgericht eine Anrechnung eines erfolgreich eingeklagten Nachteilsausgleich nach § 113 Abs. 1 BetrVG auf Sozialplanansprüche[134]. 104

§ 113 Abs. 2 BetrVG eröffnet Arbeitnehmern, die infolge einer nicht zwingend erforderlichen Abweichung von einem Sozialplan **andere wirtschaftliche Nachteile** erleiden, die Möglichkeit, diese Nachteile im Wege des Ausgleichsanspruchs vom Unternehmer bis zu einem Zeitraum von 12 Monaten ausgeglichen zu erhalten. 105

§ 113 Abs. 2 BetrVG betrifft Ansprüche von Arbeitnehmern, die zwar nicht entlassen werden, die aber andere Nachteile, wie z. B. Nachteile durch Versetzungen, Umsetzungen oder erhöhte Fahrtkosten erleiden. Finanzieller Ausgleich wird in diesen Fällen nur **für ein Jahr** vom Beginn des wirtschaftlichen Nachteils an gewährt. Entfällt die Benachteiligung vor Ablauf dieses Jahres, entfällt auch der Anspruch des Arbeitnehmers. Kann ein genauer Betrag für den wirtschaftlichen Nachteil nicht ermittelt werden, so ist dessen Höhe nach § 287 ZPO vom Arbeitsgericht zu schätzen. 106

In § 113 Abs. 3 BetrVG ist der Fall gleichgestellt, daß der Unternehmer das Verfahren nach §§ 111 ff. BetrVG durchführt, **ohne** einen **Interessenausgleich** mit dem Betriebsrat **versucht** zu haben. Werden infolge der Betriebsänderung Arbeitnehmer entlassen oder erleiden diese andere wirtschaftliche Nachteile, können sie Abfindungsklagen entsprechend dem Absatz 1 bzw. Klagen auf Ausgleich ihrer wirtschaftlichen Nachteile für einen Zeitraum von bis zu 12 Monaten gemäß dem Abs. 2 der Vorschrift geltend machen. Die seit dem 1. 10. 107

---

[131] BAG vom 10. 11. 1987, AP Nr. 15 zu § 113 BetrVG 1972.
[132] BAG vom 9. 4. 1991, AP Nr. 8 zu § 18 BetrVG 1972.
[133] BAG vom 22. 2. 1983, AP Nr. 7 zu § 113 BetrVG 1972.
[134] BAG vom 15. 10. 1979, AP Nr. 5 zu § 111 BetrVG 1972; BAG vom 13. 12. 1978, AP Nr. 6 zu § 112 BetrVG 1972.

1996 geänderte Vorschrift legt nunmehr einen Zeitraum für die Beteiligung des Betriebsrates fest. Es wird hiernach fingiert, daß der Interessenausgleich versucht wurde, sofern der Unternehmer den Betriebsrat rechtzeitig und umfassend unterrichtet hat und nicht innerhalb von 2 Monaten nach Beginn der Beratung oder schriftlicher Aufforderung zur Aufnahme der Beratungen ein Interessenausgleich zustande gekommen ist. Wird innerhalb dieser 2-Monats-Frist die Einigungsstelle angerufen, endet die Frist 1 Monat nach Anrufung der Einigungsstelle, wenn dadurch die Frist nach Satz 2 überschritten wird[135].

108 Allgemein ist in § 113 BetrVG mit **Entlassung** nicht lediglich die Beendigung des Arbeitsverhältnisses aufgrund arbeitgeberseitiger Kündigung gemeint. Die Entlassung kann auch auf einem Aufhebungsvertrag oder einer vom Arbeitgeber veranlaßten Eigenkündigung des Arbeitnehmers beruhen. Es gelten hier die dieselben Grundsätze wie im Falle des Sozialplanes wegen Personalabbaus[136].

109 Der Arbeitnehmer kann seine Klage nach § 113 BetrVG mit einer **Kündigungsschutzklage** verbinden. In diesem Fall ist der Anspruch gemäß § 113 BetrVG als Hilfsanspruch geltend zu machen. Für Klagen nach § 113 BetrVG gelten jedoch keine Fristen, so daß der Anspruch auch noch nach Abweisung einer Kündigungsschutzklage geltend gemacht werden kann[137].

---

135 Zu der geänderten Vorschrift wurde oben Rz. 57 bereits Stellung genommen.
136 BAG vom 4. 7. 1989, AP Nr. 27 zu § 111 BetrVG 1972; BAG vom 23. 8. 1988, AP Nr. 17 zu § 113 BetrVG 1972; *Fitting/Kaiser/Heither/Engels,* § 113 Rz. 14; *Däubler* in: Däubler/Kittner/Klebe, § 113 Rz. 14.
137 GK-*Fabricius,* § 113 Rz. 158; *Dietz/Richardi,* § 113 Rz. 35; *Fitting/Kaiser/Heither/Engels,* § 113 Rz. 17.

Teil K
Beteiligung des Betriebsrats in Tendenzbetrieben und Religionsgemeinschaften, § 118 BetrVG

I. Allgemeine Grundsätze

Das Betriebsverfassungsgesetz findet gemäß § 118 Abs. 2 BetrVG keine Anwendung auf **Religionsgemeinschaften** und ihre **karitativen** und **erzieherischen Einrichtungen** unbeschadet deren Rechtsform. Der Tatbestand der Norm erfaßt nicht die öffentlich rechtlich organisierten, „verfaßten" Kirchen, für die § 130 BetrVG Anwendung findet, sondern lediglich die privatrechtlich organisierten Gemeinschaften[1]. Im übrigen ist der Begriff weit auszulegen und entspricht dem der Religionsgemeinschaften im Sinne des Art. 137 Abs. 3 Weimarer Verfassung in Verbindung mit Art. 140 GG[2].

Karitative und **erzieherische Einrichtungen** im Sinne der Vorschrift sind Einrichtungen, die eine solche Nähe zu einer der Religionsgemeinschaften aufweisen, daß sie sich als „ihre" Einrichtungen darstellen. Erforderlich ist hierfür, daß die Einrichtung sowohl inhaltlich mit der Religionsgemeinschaft übereinstimmt, als auch ihr organisatorisch zugeordnet ist. Die Religionsgemeinschaft muß einen maßgeblichen Einfluß auf die Einrichtung nehmen können[3].

§ 118 Abs. 1 BetrVG enthält demgegenüber lediglich die Bestimmung, daß in bestimmten Unternehmen und Betrieben mit Rücksicht auf ihre Eigenart **(Tendenzbetriebe)** einzelne Bestimmungen des Betriebsverfassungsgesetzes keine Anwendung finden. Zweck der Vorschrift ist es, die vom Grundgesetz statuierten Grundrechte, insbesondere aus Art. 4, 5 und 9 Abs. 3 sowie das Grundrecht der allgemeinen Handlungsfreiheit durch das Mitbestimmungsrecht der Arbeitnehmerschaft nicht beeinflussen zu lassen[4].

Die Vorschrift verlangt, daß eine **Güterabwägung** vorgenommen wird zwischen den Freiheitsrechten der Tendenzträger einerseits und dem Sozialstaatsprinzip, aus dem die Beteiligung des Betriebsrates folgt,

---
1 BAG vom 30. 7. 1987, AP Nr. 3 zu § 130 BetrVG 1972.
2 BAG vom 24. 7. 1991, AP Nr. 48 zu § 118 BetrVG 1972; GK-*Fabricius*, § 118 Rz. 753 ff.; *Fitting/Kaiser/Heither/Engels*, § 118 Rz. 48.
3 BAG vom 9. 2. 1982, AP Nr. 24 zu § 118 BetrVG 1972; *Fitting/Kaiser/Heither/Engels*, § 118 Rz. 49.
4 BAG vom 21. 4. 1975, AP Nr. 2 zu § 118 BetrVG 1972.

andererseits. Nicht ausgeschlossen ist es hiernach, wenn ein Arbeitgeber dem Betriebsrat freiwillig Mitbestimmungsrechte in tendenzrelevanten Fragen einräumt, da der Umfang der Ausübung von Freiheitsrechten durch den Inhaber der Rechtsposition begrenzt werden kann[5].

5 § 118 Abs. 1 BetrVG regelt, daß Unternehmen und Betriebe, die unmittelbar und überwiegend entweder
- politischen, koalitionspolitischen, konfessionellen, karitativen, erzieherischen, wissenschaftlichen oder künstlerischen Bestimmungen oder
- Zwecken der Berichterstattung oder Meinungsäußerung, auf die Art. 5 Abs. 1 Satz 2 des Grundgesetzes Anwendung findet,

dienen, nur dann dem **Anwendungsbereich** des **Betriebsverfassungsgesetzes** unterfallen, sofern die Eigenart des Unternehmens oder des Betriebes dem nicht entgegensteht. Im übrigen sind die §§ 106 bis 110 BetrVG gar nicht, §§ 111 bis 113 BetrVG nur insoweit anzuwenden, als sie den Ausgleich oder die Milderung wirtschaftlicher Nachteile für die Arbeitnehmer infolge von Betriebsänderungen regeln.

II. Die geschützten Bestimmungen des § 118 Abs. 1 BetrVG

6 Die Ausnahme von der Geltung des Betriebsverfassungsgesetzes für bestimmte Unternehmen und Betriebe erfordert zunächst eine Begriffsklärung der oben angeführten Ausrichtungen. Geschützt sind Unternehmen und Betriebe, die **politischen** Bestimmungen dienen. Betriebe und Unternehmen mit politischer Zweckbestimmung sind die Verwaltungen der politischen Parteien mit den zugehörigen Geschäftsstellen, Büros und Sekretariaten, sog. Arbeitsgemeinschaften politischer Parteien sowie wirtschaftspolitische und sozialpolitische Vereinigungen, wie z. B. die Wirtschaftsverbände, Verbände der Behinderten oder Vertriebenen sowie der Bundesverband der deutschen Industrie[6].

7 Unternehmen oder Betriebe mit **koalitionspolitischen** Bestimmungen sind zum einen die Gewerkschaften, zum anderen die Arbeitgeberverbände und deren Dachverbände, Hauptverwaltungen, Geschäftsstellen sowie Bildungs- und Schulungseinrichtungen der Gewerkschaften oder Arbeitgeberverbände, sofern sie der Weiterbildung und Schulung zur Förderung und Stärkung der koalitionspolitischen Tätigkeit die-

---
5 BAG vom 31. 1. 1995, AP Nr. 56 zu § 118 BetrVG 1972.
6 *Fitting/Kaiser/Heither/Engels,* § 118 Rz. 16; GK-*Fabricius,* § 118 Rz. 277 ff.; *Matthes* in: Münchener Handbuch zum Arbeitsrecht, Band 3, § 356 Rz. 7.

II. Die geschützten Bestimmungen des § 118 Abs. 1 BetrVG   Rz. 9 **Teil K**

nen[7]. Mit der Vorschrift soll dem Grundrecht aus Art. 9 Abs. 3 GG Rechnung getragen werden. Erfaßt werden demnach alle Koalitionen im Sinne der Grundgesetznorm. Nicht erfaßt werden jedoch die den Koalitionen verbundenen Erwerbsunternehmen, wie Wohnungsbaugesellschaften, Banken, Automobilclubs, Versicherungsgesellschaften und Zusatzversorgungs- oder Lohnausgleichskassen[8].

Betriebe oder Unternehmen mit **konfessionellen** Bestimmungen sind kirchlich oder weltanschaulich ausgerichtete Einrichtungen, die rechtlich selbständig sind und nicht bereits unter § 118 Abs. 2 BetrVG fallen[9]. Erfaßt werden beispielsweise Jugend, Männer- und Frauenverbände der Kirchen, Einrichtungen der inneren Mission, der Caritas sowie Freidenkerverbände und anthroposophische Vereinigungen. Nicht unter den Schutzbereich fallen Hersteller von kirchlichen Gerätschaften und Utensilien sowie von Religionsgemeinschaften betriebene Erwerbsunternehmen[10]. 8

Karitativ ist eine Tätigkeit im Dienste Hilfsbedürftiger. Nach Auffassung des Bundesarbeitsgerichts dient ein Unternehmen karitativen Bestimmungen, wenn es sich ohne die Absicht der Gewinnerzielung und ohne eine gesetzliche Verpflichtung freiwillig zur Aufgabe gesetzt hat, körperlich, geistig oder seelisch leidenden Menschen in ihren inneren oder äußeren Nöten heilend, lindernd oder vorbeugend zu helfen. Die karitativen Einrichtungen müssen vom Bestreben der tätigen Nächstenliebe getragen sein. Dies muß jedoch für die karitativ tätigen Arbeitnehmer und für das Unternehmen oder den Betrieb nicht völlig uneigennützig sein. Kostendeckende Einnahmen werden als zulässig angesehen[11]. Die karitative Tätigkeit muß sich aus dem Statut der Vereinigung ergeben[12]. Als Betriebe oder Unternehmen, die karitativen Bestimmungen dienen, werden allgemein angesehen das Deutsche Rote Kreuz, Wohlfahrtsverbände, private Fürsorgevereine oder Heime, Drogenberatungsstellen, Familienhilfswerke, Heime für Dro- 9

---

7 BAG vom 3. 7. 1990, NzA 1990, 903; GK-*Fabricius*, § 118 Rz. 71 ff.; *Fitting/Kaiser/Heither/Engels*, § 118 Rz. 17; *Blanke* in: Däubler/Kittner/Klebe, § 118 Rz. 24.
8 GK-*Fabricius*, § 118 Rz. 177; *Blanke* in: Däubler/Kittner/Klebe, § 118 Rz. 24; *Fitting/Kaiser/Heither/Engels*, § 118 Rz. 17.
9 GK-*Fabricius*, § 118 Rz. 180; *Blanke* in: Däubler/Kittner/Klebe, § 118 Rz. 26; *Fitting/Kaiser/Heither/Engels*, § 118 Rz. 18.
10 GK-*Fabricius*, § 118 Rz. 185; *Hess/Schlochauer/Glaubitz*, § 118 Rz. 16; *Blanke* in: Däubler/Kittner/Klebe, § 118 Rz. 26; *Fitting/Kaiser/Heither/Engels*, § 118 Rz. 18.
11 BAG vom 8. 11. 1988, AP Nr. 38 zu § 118 BetrVG 1972; BAG vom 29. 6. 1988, AP Nr. 37 zu § 118 BetrVG 1972; BAG vom 7. 4. 1981, AP Nr. 16 zu § 118 BetrVG 1972.
12 BAG vom 29. 6. 1988, AP Nr. 37 zu § 118 BetrVG 1972.

gengefährdete, Müttergenesungswerke, die Deutsche Krebshilfe, die Deutsche Rettungsgesellschaft, die Bergwacht, die Gesellschaft zur Rettung Schiffsbrüchiger sowie der Volksbund Deutscher Kriegsgräberfürsorge[13]. Je nach den Umständen des Einzelfalles können auch Behindertenwerkstätten im Sinne des § 54 Schwerbehindertengesetz und Berufsförderungswerke für Behinderte karitative Einrichtungen sein[14].

10 **Erzieherischen Bestimmungen** dienen Bildungseinrichtungen allgemeinbildender und berufsbildender Art, die ihre Aufgaben unter Wahrung eines gewissen Niveaus, auf Dauer und planmäßig in mehreren ausbildenden oder berufsbildenden Fächern betreiben[15]. Hierunter fallen beispielsweise Privatschulen aller Art, Berufsbildungswerke, Berufsförderungswerke zur Wiedereingliederung Behinderter in das Berufsleben, private Erziehungsanstalten, Internate, aber auch Volkshochschulen und Fernlehrinstitute[16], jedoch nicht Fahrschulen und Sprachschulen, die ausschließlich Fremdsprachen nach einer bestimmten Methode unterrichten[17].

11 **Wissenschaftlichen Bestimmungen** dienen Bibliotheken, soweit sie selbst Forschung oder Lehre betreiben[18], sowie wissenschaftliche Buch- und Zeitschriftenverlage, Forschungsinstitute, nicht aber die rein kommerzielle Forschung, wie z. B. die Forschungsabteilung einer Arzneimittelfabrik[19]. Wissenschaftlich ist jede Tätigkeit, die nach Inhalt und Form als ernsthafter Versuch zur Ermittlung der Wahrheit anzusehen ist[20].

12 **Künstlerischen Bestimmungen** können Werke der Sprache, der Musik sowie der darstellenden und bildenden Kunst dienen, sofern die wirtschaftliche Zwecksetzung nicht Vorrang hat vor der geistig-ideellen[21]. Als Beispiele für künstlerischen Betriebe oder Unternehmen

---

13 *Fitting/Kaiser/Heither/Engels*, § 118 Rz. 19; *Blanke* in: Däubler/Kittner/Klebe, § 118 Rz. 29; *Hess/Schlochauer/Glaubitz*, § 118 Rz. 17; *Dietz/Richardi*, § 118 Rz. 52.
14 BAG vom 31. 1. 1984, AP Nr. 15 zu § 87 BetrVG 1972 Lohngestaltung; BAG vom 31. 1. 1995, NZA 1995, 1059.
15 BAG vom 21. 6. 1989, AP Nr. 43 zu § 118 BetrVG 1972.
16 BAG vom 31. 1. 1995, AP Nr. 56 zu § 118 BetrVG 1972; BAG vom 30. 6. 1989, AP Nr. 36 zu § 87 BetrVG 1972 Arbeitszeit; *Fitting/Kaiser/Heither/Engels*, § 118 Rz. 21; *Blanke* in: Däubler/Kittner/Klebe, § 118 Rz. 31.
17 BAG vom 7. 8. 1981, AP Nr. 17 zu § 118 BetrVG 1972.
18 BAG vom 20. 11. 1990, AP Nr. 47 zu § 118 BetrVG 1972.
19 BAG vom 21. 6. 1989, AP Nr. 43 zu § 118 BetrVG 1972.
20 BAG vom 20. 11. 1990, AP Nr. 47 zu § 118 BetrVG 1972; BAG vom 8. 5. 1990, AP Nr. 46 zu § 118 BetrVG 1972.
21 GK-*Fabricius*, § 118 Rz. 266; *Blanke* in: Däubler/Kittner/Klebe, § 118 Rz. 35; *Fitting/Kaiser/Heither/Engels*, § 118 Rz. 23; vgl. auch BAG vom 15. 2. 1989, AP Nr. 39 zu § 118 BetrVG 1972.

sind zu nennen Theater, Konzertagenturen, Musikverlage, Sinfonieorchester, bellestrische Buchverlage, Filmherstellungsbetriebe, nicht jedoch Revue- und Zirkusunternehmen sowie reine Tanz- und Unterhaltungsstätten oder Verwertungsgesellschaften zur Verwertung von Urheberrechten[22].

Zwecken der **Berichterstattung** oder **Meinungsäußerung,** auf die Artikel 5 Abs. 1 Satz 2 des Grundgesetzes Anwendung findet, dienen Unternehmen und Betriebe, die Presseerzeugnisse hervorbringen, Rundfunk- und Fernsehsender, soweit sie privatrechtlich organisiert sind, dagegen nicht der reine Handel mit Zeitschriften, Zeitschriften und Büchern[23]. Bei Zeitungen oder Zeitschriften spielt es keine Rolle, ob das Druckerzeugnis politisch gebunden ist oder nicht. Ausschlaggebend für die Tendenzeigenschaft ist der Zweck als Medium der Berichterstattung oder Meinungsäußerung. Soweit Druckerzeugnisse nicht unmittelbar der Berichterstattung oder Meinungsäußerung dienen, verfolgen sie jedoch im allgemeinen geistig-ideelle Ziele im Sinne des Absatzes 1 Nr. 1 der Vorschrift[24]. 13

Betreibt ein Presseverlag in einem einheitlichen Betrieb zugleich eine Druckerei, die **allein** die eigenen Zeitungen oder Zeitschriften druckt, so erstreckt sich die Eigenschaft als Tendenzbetrieb ohne weiteres auch auf die Druckerei als unselbständige Betriebsabteilung[25]. Ist die Druckerei allerdings **selbständiger Betriebsteil** oder **Nebenbetrieb** im Sinne des § 4 BetrVG, ist diese nur dann ein Tendenzbetrieb, wenn im Betrieb vorwiegend der Druck von Zeitungen oder Zeitschriften mit Tendenzcharakter erfolgt[26]. Nicht unter die Vorschrift fallen reine Lohndruckereien, die als selbständige Betriebe oder Unternehmen für Tendenzunternehmen Lohnaufträge durchführen[27]. Sie selbst verfolgen ebenso wenig eine grundrechtlich geschützte Zielrichtung wie Papierfabriken, die das notwendige Papier für die Erzeugnisse liefern. Keine Tendenzunternehmen im Sinne der Nr. 2 sind außerdem Verlage, die ausschließlich amtliche Mitteilungen oder Bekanntmachungen sowie Adreß- bzw. Telefonbücher herausgeben, Zeitungszustell- 14

---

22 Vgl. z. B. BAG vom 8. 3. 1983, AP Nr. 26 zu § 118 BetrVG 1972; BAG vom 3. 11. 1982, AP Nr. 12 zu § 15 KSchG 1969; BAG vom 28. 10. 1986, AP Nr. 32 zu § 118 BetrVG 1972.
23 BAG vom 9. 12. 1975, AP Nr. 7 zu § 118 BetrVG 1972; BAG vom 7. 11. 1975, AP Nr. 3 zu § 99 BetrVG 1972.
24 BAG vom 15. 2. 1989, AP Nr. 39 zu § 118 BetrVG 1972.
25 BAG vom 13. 7. 1955, AP Nr. 1 zu § 81 BetrVG 1952; einschränkend jedoch BAG vom 27. 8. 1968, AP Nr. 10 zu § 81 BetrVG 1952; BAG vom 22. 2. 1966, AP Nr. 4 zu § 81 BetrVG 1952.
26 BAG vom 31. 10. 1975, AP Nr. 3 zu § 118 BetrVG 1972.
27 BAG vom 30. 6. 1981, AP Nr. 20 zu § 118 BetrVG 1972.

betriebe, der Buch-, Zeitschriften- und Zeitungshandel, der Filmverleih und -vertrieb, Hersteller von Werbefilmen und Lesezirkel[28].

15   Der Tendenzschutz greift nur für Betriebe oder Unternehmen ein, die **unmittelbar** und **überwiegend** den geschützten Tendenzen dienen. Der Betriebszweck muß danach auf die Tendenz ausgerichtet sein. Es genügt nicht, wenn der Betrieb nach seiner wirtschaftlichen Tätigkeit geeignet ist, den eigentlichen Tendenzbetrieb zu unterstützen, wie z. B. im Falle der Verwendung von Überschüssen eines Betriebes für die Finanzierung eines Tendenzbetriebes. In diesem Fall stellt das finanzierende Unternehmen keinen Tendenzbetrieb dar[29].

16   Erforderlich ist eine direkte Beziehung zwischen Zweck und Tendenz[30]. Das Erfordernis des überwiegend den geschützten Tendenzen dienenden Betriebes oder Unternehmens bezieht sich auf **Mischbetriebe,** die sowohl einer bestimmten Tendenz dienen, als auch eine völlig tendenzfreie Ausrichtung haben. In diesen Fällen muß ein quantitatives Übergewicht unmittelbar tendenzbezogener Tätigkeiten vorhanden sein, d. h. mehr als 50 von 100 der Produktion/Kapazität bzw. des Umfangs der Tätigkeit des Betriebes muß auf tendenzgeschützte Zielsetzungen ausgerichtet sein[31].

17   Hiernach kann ein **Presseunternehmen,** bei dem Verlag und Druckerei ein einheitliches Unternehmen oder einen einheitlichen Betrieb bilden, nur dann unter den Tatbestand der Nr. 2 fallen, wenn der Verlag seiner Bedeutung, insbesondere seiner Arbeitnehmerzahl nach, gegenüber der Druckerei das Übergewicht hat, wobei es auf ein zahlenmäßiges Übergewicht von sog. Tendenzträgern nicht ankommt[32]. Privatwirtschaftliche **Rundfunksender** dienen nach Auffassung des Bundesarbeitsgerichts dann überwiegend Zwecken der Berichterstattung und Meinungsäußerung, wenn das Programm lediglich zu 40% Musiksendungen enthält, im übrigen das Programm zu 10% aus Wort und zu 50% aus moderierten Musikbeiträgen besteht[33].

18   Die Feststellung der Tendenzgebundenheit ist grundsätzlich nicht auf den Betrieb sondern auf das **Unternehmen** abzustimmen. Hat ein

---

28 *Blanke* in: Däubler/Kittner/Klebe, § 118 Rz. 46; *Fitting/Kaiser/Heither/Engels,* § 118 Rz. 29; GK-*Fabricius,* § 118 Rz. 326 ff.
29 BAG vom 8. 3. 1983, AP Nr. 26 zu § 118 BetrVG 1972.
30 GK-*Fabricius,* § 118 Rz. 408 ff.; *Blanke* in: Däubler/Kittner/Klebe, § 118 Rz. 7; *Fitting/Kaiser/Heither/Engels,* § 118 Rz. 15.
31 BAG vom 21. 6. 1989, EzA § 118 BetrVG 1972 Nr. 49; *Blanke* in: Däubler/Kittner/Klebe, § 118 Rz. 9; *Fitting/Kaiser/Heither/Engels,* § 118 Rz. 15.
32 BAG vom 27. 7. 1993, NZA 1994, 329; BAG vom 16. 3. 1989, AP Nr. 36 zu § 87 BetrVG 1972 Arbeitszeit; BAG vom 21. 6. 1989, EzA § 118 BetrVG 1972 Nr. 49.
33 BAG vom 27. 7. 1993, NZA 1994, 329.

Unternehmen nur einen Betrieb, entscheidet der Tendenzcharakter des Unternehmens zugleich über den Tendenzcharakter des Betriebes. Nach der Rechtsprechung des Bundesarbeitsgerichtes kommt es hierbei nicht auf die persönliche Einstellung oder Motivation des Unternehmers, sondern auf die Art des Unternehmens an[34]. Bei Unternehmen mit mehreren Betrieben oder selbständigen Betriebsteilen bzw. Nebenbetrieben kommt es für deren Tendenzcharakter darauf an, ob sich die Tendenz des Unternehmens in ihnen auswirkt. Es ist hier eine doppelte Prüfung erforderlich. Einerseits ist zu prüfen, ob und wieweit jeder einzelne Betrieb die Voraussetzungen der Tendenzeigenschaft erfüllt, zum anderen ist festzustellen, ob auch das Unternehmen in seiner Gesamtheit überwiegend und unmittelbar den aufgeführten Tendenzeigenschaften dient[35].

III. Einschränkung der Beteiligungsrechte des Betriebsrats

1. Absoluter Ausschluß von Beteiligungsrechten

§ 118 Abs. 1 Satz 2 BetrVG ordnet an, daß die **§§ 106–110 BetrVG nicht,** die §§ 111 bis 113 BetrVG nur insoweit anwendbar sind, als sie den Ausgleich oder die Milderung wirtschaftlicher Nachteile für den Arbeitnehmer infolge von Betriebsänderungen regeln. Infolge der Nichtanwendbarkeit der §§ 106 bis 110 BetrVG ergibt sich ohne weiteres, daß in Tendenzunternehmen ein Wirtschaftsausschuß nicht errichtet werden kann. Da die §§ 106 bis 110 BetrVG an das Unternehmen, nicht an den Betrieb anknüpfen, entscheidet allein der Tendenzcharakter des Unternehmens über die Frage, ob der Betriebsrat einen Wirtschaftsausschuß errichten kann. In der Konsequenz ergibt sich, daß in einem Tendenzunternehmen ein Wirtschaftsausschuß nicht errichtet werden kann, selbst wenn einzelne Betriebe nicht unter die Tendenzbestimmung fallen[36]. Keine Anwendung findet ferner § 110 BetrVG. Es entfällt danach die Unterrichtung der Arbeitnehmer über die wirtschaftliche Lage und Entwicklung des Unternehmens, nicht aber der jährliche Bericht in der Betriebsversammlung nach § 43 Abs. 2 Satz 3 BetrVG[37].

19

---

34 BAG vom 1. 9. 1987, AP Nr. 11 zu § 101 BetrVG 1972; BAG vom 29. 5. 1970, AP Nr. 13 zu § 81 BetrVG.
35 *Fitting/Kaiser/Heither/Engels,* § 118 Rz. 15; *Hess/Schlochauer/Glaubitz,* § 118 Rz. 6; *Blanke* in: Däubler/Kittner/Klebe, § 118 Rz. 15.
36 *Blanke* in: Däubler/Kittner/Klebe, § 118 Rz. 59; GK-*Fabricius,* § 118 Rz. 523; *Fitting/Kaiser/Heither/Engels,* § 118 Rz. 45.
37 BAG vom 8. 3. 1977, AP Nr. 1 zu § 43 BetrVG 1972.

2. Eingeschränkte Anwendbarkeit der §§ 111 bis 113 BetrVG

20 Nach der gesetzlichen Regelung sind die §§ 111 bis 113 BetrVG nur anwendbar, soweit sie den Ausgleich oder die Milderung wirtschaftlicher Nachteile für die Arbeitnehmer infolge von Betriebsänderungen regeln. Die §§ 111 bis 113 BetrVG sind danach wie folgt anzuwenden.

21 Die Unterrichtung und Beratung über eine Betriebsänderung gemäß § 111 BetrVG besteht nur im Hinblick auf die Vermeidung wesentlicher Nachteile für die Arbeitnehmer. Das Informations- und Beratungsrecht aus § 111 BetrVG bezieht sich danach nur auf das „wie" und nicht auf die Frage des „ob" der Betriebsänderung[38]. Die §§ 112, 112a BetrVG gelten nur für den Abschluß eines Sozialplanes, nicht hingegen für den Interessenausgleich[39]. Die Einschaltung des Präsidenten des Landesarbeitsamtes gemäß § 112 BetrVG sowie die Zuständigkeit der Einigungsstelle für den Sozialplan bleibt bestehen[40]. § 113 Abs. 3 BetrVG gilt lediglich mit der Maßgabe, daß anstelle der Verhandlung über den Interessenausgleich, die Verhandlung über den damit im inneren Zusammenhang stehenden Sozialplan tritt. Der Arbeitgeber soll den Betriebsrat auch eines Tendenzunternehmens nicht vor vollendete Tatsachen stellen können[41]. Die §§ 113 Abs. 1 und 2 BetrVG sind nicht anwendbar[42].

3. Relativer Ausschluß von Beteiligungsrechten

22 Im übrigen finden die Vorschriften des Betriebsverfassungsgesetzes keine Anwendung, soweit die **Eigenart** des **Unternehmens** oder des **Betriebes** der **Beteiligung** des **Betriebsrates entgegensteht**. Dies ist für den konkreten Einzelfall zu prüfen. Es ist festzustellen, ob die Einschränkung der Beteiligungsrechte durch die Tendenz bedingt oder doch im Hinblick auf die Tendenz erforderlich ist, weil ansonsten deren Verwirklichung durch Beteiligungsrechte des Betriebsrates ver-

---

38 *Fitting/Kaiser/Heither/Engels*, § 118 Rz. 46; GK-*Fabricius*, § 118 Rz. 533; *Hess/Schlochauer/Glaubitz*, § 118 Rz. 54; *Matthes* in: Münchener Handbuch zum Arbeitsrecht, Band 3, § 357 Rz. 5; *Blanke* in: Däubler/Kittner/Klebe, § 118 Rz. 61.
39 BAG vom 17. 8. 1982, AP Nr. 11 zu § 111 BetrVG 1972.
40 *Fitting/Kaiser/Heither/Engels*, § 118 Rz. 46; *Hess/Schlochauer/Glaubitz*, § 118 Rz. 55; *Dietz/Richardi*, § 118 Rz. 148; *Blanke* in: Däubler/Kittner/Klebe, § 118 Rz. 61.
41 Vgl. BT-Ausschuß für Arbeit- und Sozialordnung, BT-Drucks. VI/2729 Seite 17.
42 *Fitting/Kaiser/Heither/Engels*, § 118 Rz. 46; GK-*Fabricius*, § 118 Rz. 533; *Matthes* in: Münchener Handbuch zum Arbeitsrecht, Band 3, § 357 Rz. 5; *Hess/Schlochauer/Glaubitz*, § 118 Rz. 55.

III. Einschränkung der Beteiligungsrechte des Betriebsrats   Rz. 25 **Teil K**

hindert oder ernstlich beeinträchtigt werden könnte[43]. Läßt sich nicht zweifelsfrei feststellen, ob im konkreten Einzelfall die Eigenart des Unternehmens oder des Betriebes der Beteiligung des Betriebsrates entgegensteht, bleiben die Beteiligungsrechte des Betriebsrates bestehen.

Zum einen ist die **Tendenznähe** der Maßnahme zu überprüfen; außerdem aber auch die Frage, inwieweit der von der Maßnahme betroffene Tendenzarbeitnehmer selbst **Tendenzträger** ist, d. h. den Tendenzcharakter des Unternehmens oder Betriebes mit verwirklicht. Sofern nicht sowohl Tendenznähe der Maßnahme als auch Tendenzträgereigenschaft zu bejahen sind, bleibt das Beteiligungsrecht des Betriebsrates bestehen[44]. Tendenzträgereigenschaft wird um so eher anzunehmen sein, je näher ein Arbeitnehmer maßgebenden Einfluß auf die Tendenzverwirklichung im Unternehmen oder Betrieb nehmen kann[45].   23

Im einzelnen gilt hinsichtlich der Beteiligungsrechte des Betriebsrates folgendes:

Die **organisatorischen** und **allgemeinen** Vorschriften des Betriebsverfassungsgesetzes über die Beteiligung des Betriebsrates (§§ 1 bis 86 BetrVG) sind regelmäßig anwendbar. Das Bundesarbeitsgericht hat dies beispielsweise bejaht für den Einblick in die Lohn- und Gehaltslisten, auch für Tendenzträger, da die Höhe ihrer Bezüge nichts mit der Tendenzbezogenheit ihrer Dienste zu tun hat[46], ferner für das Zugangsrecht der Gewerkschaften zum Betrieb[47], sofern nicht dem gerade der Tendenzcharakter entgegensteht.   24

Auch in **sozialen Angelegenheiten**, §§ 87 bis 89 BetrVG, kommt eine Einschränkung der Beteiligungsrechte des Betriebsrates im allgemeinen nicht in Betracht, da es hier regelmäßig um den wertneutralen Arbeitsablauf im Betrieb geht[48]. Hinsichtlich der **Arbeitszeit** kann aus tendenzbezogenen Gründen das Mitbestimmungsrecht des Betriebsrates gemäß § 87 Abs. 1 Nr. 2, 3 BetrVG zu verneinen sein. Das Bundesarbeitsgericht hat dies beispielsweise angenommen in karitativen Einrichtungen aus therapeutischen Gründen sowie in Ganztags-   25

---

43 BAG in st. Rspr.; vgl. z. B. vom 21. 9. 1993, AP Nr. 4 zu § 94 BetrVG 1972; BAG vom 11. 2. 1992, AP Nr. 50 zu § 118 BetrVG 1972.
44 *Blanke* in: Däubler/Kittner/Klebe, § 118 Rz. 47; *Dietz/Richardi*, § 118 Rz. 107; *Fitting/Kaiser/Heither/Engels*, § 118 Rz. 31.
45 BAG vom 28. 10. 1986, AP Nr. 32 zu § 118 BetrVG 1972.
46 BAG vom 30. 6. 1981, AP Nr. 15 zu § 80 BetrVG 1972; BAG vom 22. 5. 1979, AP Nr. 12 zu § 118 BetrVG 1972; BAG vom 30. 4. 1974, AP Nr. 1 zu § 118 BetrVG 1972.
47 BAG vom 14. 2. 1978, AP Nr. 26 zu Art. 9 GG.
48 BAG vom 13. 2. 1990, AP Nr. 45 zu § 118 BetrVG 1972.

schulen aus erzieherischen Gründen[49]. Bei Presseunternehmen kann sich wegen der Aktualität der Berichterstattung die Beteiligung des Betriebsrates erübrigen[50]. Anderes gilt jedoch, wenn nur der organisatorisch-technische Arbeitsablauf betroffen ist. Hier ergibt sich selbst für Tendenzträger eine Tendenzeigenschaft der Maßnahme ansich nicht[51].

26 Bei Fragen der Gestaltung von **Arbeitsplatz, Arbeitsablauf** und **Arbeitsumgebung**, §§ 90 bis 91 BetrVG, wird in der Regel keine Einschränkung der Beteiligungsrechte des Betriebsrates im Hinblick auf die Tendenz in Betracht kommen. Gleiches gilt auch für die Mitwirkungs- und Beschwerderechte der einzelnen Arbeitnehmer gemäß §§ 81 bis 86 BetrVG[52].

27 Bei den **personellen Angelegenheiten** kann das Mitbestimmungsrecht des Betriebsrates eingeschränkt sein, sofern eine Maßnahme gegenüber einem sog. Tendenzträger vorgenommen werden soll. Unberührt bleiben die Beteiligungsrechte des Betriebsrates bei der **Personalplanung**, § 92 BetrVG, die **innerbetrieblichen Stellenausschreibung**, auch der für Tendenzträger, § 93 BetrVG[53], sowie bei der **Berufsbildung**, §§ 96–98 BetrVG. Die Beteiligungsrechte entfallen lediglich für **Personalfragebögen**[54], sowie für **Beurteilungsgrundsätze** und **Auswahlrichtlinien**, die sich ausdrücklich auf den Personenkreis der sog. Tendenzträger beziehen. Die Mitbestimmungsrechte gemäß **§ 99 Abs. 2 BetrVG** und das Widerspruchsrecht nach **§ 102 Abs. 3 BetrVG** und der Weiterbeschäftigungsanspruch nach **§ 102 Abs. 5 BetrVG**, jedoch nicht die Informationspflichten des Arbeitgebers nach §§ 99 Abs. 1 BetrVG und 102 Abs. 1 BetrVG, entfallen bei tendenzbedingten personellen Maßnahmen gegenüber solchen Arbeitnehmern, die in verantwortlicher und maßgeblicher Stellung des Tendenzbetriebes als sog. **Tendenzträger** tätig sind, wie z. B. für Redakteure oder Ressortleiter mit eigenem Verantwortungsbereich einer Zeitung[55].

---

49 BAG vom 13. 1. 1987, AP Nr. 33 zu § 118 BetrVG 1972.
50 LAG Niedersachsen, BB 1991, 974.
51 BAG vom 22. 5. 1979, AP Nr. 12 zu § 118 BetrVG 1972; vgl. im übrigen zum Mitbestimmungsrecht bei Redakteuren BAG vom 30. 1. 1990, AP Nr. 44 zu § 118 BetrVG 1972; BAG vom 14. 1. 1992, AP Nr. 49 zu § 118 BetrVG 1972; BAG vom 11. 2. 1992, AP Nr. 50 zu § 118 BetrVG 1972.
52 *Fitting/Kaiser/Heither/Engels*, § 118 Rz. 33; *Dietz/Richardi*, § 118 Rz. 129.
53 BAG vom 30. 1. 1979, AP Nr. 11 zu § 118 BetrVG 1972.
54 BAG vom 21. 9. 1993, AP Nr. 4 zu § 94 BetrVG 1972.
55 BAG vom 8. 5. 1990, AP Nr. 46 zu § 118 BetrVG 1972; BAG vom 19. 5. 1981, AP Nr. 18 zu § 118 BetrVG 1972; BAG vom 30. 1. 1979, AP Nr. 11 zu § 118 BetrVG 1972; BAG vom 9. 12. 1975, AP Nr. 7 zu § 118 BetrVG 1972; BAG vom 7. 11. 1975, AP Nr. 3 zu § 99 BetrVG 1972 und Nr. 4 zu § 118 BetrVG 1972; BAG vom 22. 4. 1975, AP Nr. 2 zu § 118 BetrVG 1972.

III. Einschränkung der Beteiligungsrechte des Betriebsrats   Rz. 31 **Teil K**

Nach Auffassung des Bundesarbeitsgerichts gehören auch Musiker eines Theaterorchesters und hauptamtliche Funktionäre der Gewerkschaften zu Tendenzträgern[56], ferner Lehrer an Schulen[57], sowie Psychologen und Lehrkräfte an einem Berufsförderungswerk für Behinderte[58] und Wissenschaftler mit Forschungsaufgaben[59]. 28

Insbesondere bei **Einstellungen** von Tendenzträgern wird eine tatsächliche Vermutung dafür sprechen, daß die Einstellung tendenzbedingt ist und insoweit kein Zustimmungsverweigerungsrecht des Betriebsrates besteht[60]. Auch bei **Versetzungen** von Tendenzträgern spricht eine Vermutung für die Tendenzbedingtheit der Maßnahme und somit für die Nichtanwendbarkeit von § 99 Abs. 2 BetrVG[61]. Beteiligungsrechte entfallen allerdings nicht, wenn es um Eingruppierungsfragen, also die Höhe der Vergütung geht[62]. 29

Die Rechte des Betriebsrates nach §§ **99 Abs. 1** und **102 Abs. 1 BetrVG** auf Information und Anhörung bleiben in jedem Falle bestehen, auch bei tendenzbedingten Maßnahmen gegenüber Tendenzträgern[63]. Im Rahmen dieses Anhörungs- und Informationsverfahren kann der Betriebsrat schriftlich Bedenken geltend machen, die der Arbeitgeber ernsthaft zu prüfen hat[64]. Eine vorläufige Durchführung der Maßnahme gemäß § 100 BetrVG vor Ablauf der Wochenfrist des Betriebsrates zur Stellungnahme kommt lediglich ausnahmsweise in Betracht[65]. 30

Die §§ 101 bzw. 102 Abs. 1 Satz 3 BetrVG sind anwendbar, sofern der Arbeitgeber seine Informationspflichten vernachlässig. Für **Kündigungen** bedeutet dies, daß der Betriebsrat ordnungsgemäß zu informieren ist. Ihm sind alle Gründe für eine beabsichtigte Kündigung 31

---

56 BAG vom 6. 12. 1979, AP Nr. 2 zu § 1 KSchG 1969 verhaltensbedingte Kündigung.
57 BAG vom 22. 5. 1979, AP Nr. 12 zu § 118 BetrVG 1972.
58 BAG vom 8. 11. 1988, AP Nr. 38 zu § 118 BetrVG 1972.
59 BAG vom 18. 4. 1989, AP Nr. 65 zu § 99 BetrVG 1972.
60 BAG vom 7. 11. 1975, AP Nr. 3 zu § 99 BetrVG 1972.
61 BAG vom 27. 7. 1993, AP Nr. 51 zu § 118 BetrVG 1972; BAG vom 1. 9. 1987, AP Nr. 10 zu § 101 BetrVG 1972.
62 BAG vom 7. 9. 1988, AP Nr. 25 zu § 87 BetrVG 1972 Lohngestaltung; BAG vom 3. 12. 1985, AP Nr. 31 zu § 99 BetrVG 1972; BAG vom 31. 5. 1983, AP Nr. 27 zu § 118 BetrVG 1972.
63 BAG vom 8. 5. 1990, AP Nr. 46 zu § 118 BetrVG 1972 bezüglich Versetzung; BAG vom 19. 5. 1981, AP Nr. 21 zu § 118 BetrVG 1972 betreffend Einstellung; BAG vom 7. 11. 1975, AP Nr. 4 zu § 118 BetrVG 1972 und vom 7. 11. 1975, AP Nr. 1 zu § 130 BetrVG 1972 betreffend Kündigung.
64 BAG vom 19. 5. 1981, AP Nr. 18 zu § 118 BetrVG 1972.
65 BAG vom 8. 5. 1990, AP Nr. 46 zu § 118 BetrVG 1972.

mitzuteilen, nicht nur die sog. tendenzfreien Gründe[66]. Als Reaktion des Betriebsrates kommt die Geltendmachung von Bedenken gemäß § 102 Abs. 2 BetrVG in Betracht. Lediglich ein Widerspruch des Betriebsrates gemäß § 102 Abs. 3 BetrVG ist nicht möglich[67].

32 Bislang offengelassen wurde vom BAG die Frage, ob außerordentliche Kündigungen von **Betriebsratsmitgliedern**, die Tendenzträger sind, und denen aus tendenzbedingten Gründen gekündigt werden soll, nur dem Anhörungsgebot des § 102 Abs. 1 BetrVG oder aber der Zustimmung des Betriebsrates nach § 103 Abs. 1 BetrVG unterliegen[68].

33 Bei **Meinungsverschiedenheiten** über die Frage, ob Beteiligungsrechte des Betriebsrates bestehen, entscheidet das Arbeitsgericht im Beschlußverfahren, § 2a Arbeitsgerichtsgesetz. Es muß sich immer um einen konkreten Streitfall handeln. Die abstrakte Feststellung der Tendenzeigenschaft von Maßnahmen kann nicht verlangt werden[69]. Über die Anwendbarkeit des § 118 BetrVG wird im Kündigungsschutzprozeß auch als Vorfrage entschieden. Führt der Arbeitgeber eine personelle Maßnahme mit der Begründung, es handle sich um eine Maßnahme mit Tendenzbezug, ohne Zustimmung des Betriebsrates oder gerichtliche Ersetzung der Zustimmung durch, trägt er das Risiko, daß ihm auf Antrag des Betriebsrates die Aufrechterhaltung der Maßnahme nach § 101 BetrVG untersagt wird[70]. Verletzt der Arbeitgeber allerdings die auch für Tendenzbetriebe ohne weiteres geltende Anhörungspflicht, kann der Betriebsrat allein auf dieser Grundlage das Verfahren nach § 101 BetrVG betreiben[71].

---

66 BAG vom 7. 11. 1975, AP Nr. 1 zu § 130 BetrVG 1972.
67 BAG vom 22. 4. 1975, AP Nr. 2 zu § 118 BetrVG 1972.
68 BAG vom 3. 11. 1982, AP Nr. 12 zu § 15 KSchG 1969; für die Anwendbarkeit lediglich von § 102 Abs. 1 sprechen sich aus *Fitting/Kaiser/Heither/Engels*, § 118 Rz. 41; dagegen *Blanke* in: Däubler/Kittner/Klebe, § 118 Rz. 100.
69 BAG vom 13. 7. 1955, AP Nr. 2 zu § 81 BetrVG 1952.
70 BAG vom 1. 9. 1987, AP Nr. 11 zu § 101 BetrVG 1972.
71 BAG vom 1. 9. 1987, AP Nr. 10 zu § 101 BetrVG 1972.

Anhang

I. Checklisten

1. Organe der Betriebsverfassung

1. Betriebsrat

▶ Voraussetzungen für die Errichtung:
Betrieb mit in der Regel **mindestens fünf wahlberechtigten** (§ 7 BetrVG) **Arbeitnehmern**, von denen **drei wählbar** (§ 8 BetrVG) sind, § 1 BetrVG.

▶ Errichtung fakultativ. Einzelheiten siehe Teil B Rz. 1 ff.

2. Betriebsausschuß

▶ Voraussetzung für die Errichtung:
Betriebsrat mit neun oder mehr Mitgliedern (§ 27 Abs. 1 Satz 1 BetrVG).

▶ Errichtung muß bei Vorliegen dieser Voraussetzung **zwingend** erfolgen.

▶ Zusammensetzung:
Vorsitzender des Betriebsrats, dessen Stellvertreter und bei Betriebsräten mit
  9 bis 15 Mitgliedern   3 weitere Ausschußmitglieder,
19 bis 23 Mitgliedern   5 weitere Ausschußmitglieder,
27 bis 35 Mitgliedern   7 weitere Ausschußmitglieder,
37 oder mehr Mitgliedern 9 weitere Ausschlußmitglieder,
§ 27 Abs. 1 Satz 2 BetrVG. Einzelheiten siehe Teil B Rz. 557 ff.

3. Weitere Ausschüsse

▶ Voraussetzungen für die Errichtung:
Bestehen eines Betriebsausschusses (§ 28 Abs. 1 Satz 1 BetrVG).

▶ Errichtung fakultativ. Siehe Teil B Rz. 575 ff.

4. Gemeinsame Ausschüsse

▶ Errichtung fakultativ. Siehe Teil B Rz. 583 ff.

5. Jugend- und Auszubildendenvertretung

▶ Voraussetzungen für die Errichtung:
(1) Betriebe, in denen in der Regel mindestens fünf Arbeitnehmer beschäftigt werden, die das 18. Lebensjahr noch nicht vollendet haben oder die zu ihrer Berufsausbildung beschäftigt sind und das 25. Lebensjahr noch nicht vollendet haben (§ 60 Abs. 1 BetrVG).
(2) Bestehen eines Betriebsrats (vgl. § 63 Abs. 2 BetrVG).

▶ Errichtung muß bei Vorliegen dieser Voraussetzungen **zwingend** erfolgen. Einzelheiten siehe Teil B Rz. 438 ff.

6. Schwerbehindertenvertretung

Zu errichten in Betrieben, in denen **wenigstens fünf Schwerbehinderte** nicht nur vorübergehend beschäftigt sind (§ 24 Abs. 1 Satz 1 SchwbG). Einzelheiten siehe Teil B Rz. 535 ff.

7. Betriebs- und Abteilungsversammlungen

▶ Vom Betriebsrat **einmal in jedem Kalendervierteljahr** einzuberufen (§ 43 Abs. 1 Satz 1 BetrVG).

▶ Grundsätzlich: **Vollversammlung.**

▶ Ausnahmen:
(1) Teilversammlungen (§ 42 Abs. 1 Satz 3 BetrVG).
(2) Abteilungsversammlungen (§ 42 Abs. 2 BetrVG).

▶ Zur Einberufung der kalendervierteljährlichen Betriebs- bzw. Abteilungsversammlungen ist der Betriebsrat **zwingend** verpflichtet.

▶ Einzelheiten siehe Teil B Rz. 591 ff.

8. Gesamtbetriebsrat

▶ Voraussetzung für die Errichtung:
Bestehen mehrerer (mindestens zwei) Betriebsräte, § 47 Abs. 1 BetrVG.

▶ Errichtung muß bei Vorliegen dieser Voraussetzung **zwingend** erfolgen.

▶ Zusammensetzung:
Zwei Mitglieder von jedem Betriebsrat, sofern ihm Vertreter beider Gruppen angehören. Die Mitglieder dürfen nicht derselben Gruppe angehören. Besteht der Betriebsrat nur aus Vertretern einer Gruppe, so entsendet der Betriebsrat nur ein Mitglied in den Gesamtbetriebsrat, § 47 Abs. 2 BetrVG. Abweichende Zusammensetzung des Gesamtbetriebsrats: § 47 Abs. 4 und 5 BetrVG.

▶ Einzelheiten siehe Teil B Rz. 127 ff.

9. Gesamt-Jugend- und Auszubildendenvertretung

▶ Voraussetzungen für die Errichtung:
  (1) Bestehen mehrerer (mindestens zwei) Jugend- und Auszubildendenvertretungen (§ 72 Abs. 1 BetrVG).
  (2) Bestehen eines Gesamtbetriebsrats.
▶ Bei Vorliegen dieser Voraussetzungen muß die Errichtung einer Gesamt-Jugend- und Auszubildendenvertretung **zwingend** erfolgen.
▶ Zusammensetzung:
  Ein Mitglied aus jeder Jugend- und Auszubildendenvertretung (§ 72 Abs. 2 BetrVG). Abweichende Regelung durch Tarifvertrag oder Betriebsvereinbarung möglich (§ 72 Abs. 4 und 5 BetrVG).
▶ Einzelheiten siehe Teil B Rz. 521 ff.

10. Gesamtschwerbehindertenvertretung

▶ Voraussetzungen für die Errichtung:
  Bestehen eines Gesamtbetriebsrats (§ 27 Abs. 1 Satz 1 SchwbG). Bei Errichtung einer Schwerbehindertenvertretung nur in einem Betrieb nimmt diese die Rechte und Pflichten der Gesamtschwerbehindertenvertretung wahr (§ 27 Abs. 1 Satz 2 SchwbG).
▶ Einzelheiten siehe Teil B Rz. 551 ff.

11. Wirtschaftsausschuß

▶ Voraussetzungen für die Errichtung:
  (1) Unternehmen mit **in der Regel mehr als einhundert ständig beschäftigten Arbeitnehmern** (§ 106 Abs. 1 Satz 1 BetrVG).
  (2) Bestehen eines Betriebsrats.
▶ Zusammensetzung:
  Mindestens drei und höchstens sieben Mitglieder, die dem Unternehmen angehören müssen, darunter mindestens ein Betriebsratsmitglied (§ 107 Abs. 1 Satz 1 BetrVG). Die Mitglieder sollen die zur Erfüllung ihrer Aufgaben erforderliche fachliche und persönliche Eignung besitzen (§ 107 Abs. 1 Satz 3 BetrVG).
▶ Einzelheiten siehe Teil B Rz. 322 ff.

12. Konzernbetriebsrat

▶ Voraussetzungen für die Errichtung:
  (1) Bestehen eines Konzerns.
  (2) Bestehen von mindestens zwei Gesamtbetriebsräten. Hat ein Konzernunternehmen nur einen Betriebsrat, tritt dieser an die Stelle des Gesamtbetriebsrats (§ 54 Abs. 2 BetrVG).

Anhang   I. Checklisten

(3) Zustimmung zur Errichtung durch die Gesamtbetriebsräte der Konzernunternehmen, in denen insgesamt mindestens 75% der Arbeitnehmer der Konzernunternehmen beschäftigt sind (§ 54 Abs. 1 Satz 2 BetrVG).

▶ Zusammensetzung:
Zwei Mitglieder von jedem Gesamtbetriebsrat, sofern ihm Vertreter beider Gruppen angehören. Die Mitglieder dürfen nicht derselben Gruppe angehören. Besteht der Gesamtbetriebsrat nur aus Vertretern einer Gruppe, so entsendet der Gesamtbetriebsrat nur ein Mitglied in den Konzernbetriebsrat, § 55 Abs. 1 BetrVG. Abweichende Zusammensetzung des Konzernbetriebsrats: § 55 Abs. 4 BetrVG.

▶ Einzelheiten siehe Teil B Rz. 254 ff.

13. Europäischer Betriebsrat

▶ Voraussetzungen für die Errichtung:
(1) Unternehmen mit **mindestens 1.000 Arbeitnehmern**, das in **zwei Mitgliedstaaten jeweils mindestens 150 Arbeitnehmer** beschäftigt (§ 3 Abs. 1 EBRG).
(2) Unternehmensgruppe mit **mindestens 1.000 Arbeitnehmern**, der in mindestens **zwei Mitgliedstaaten zwei Unternehmen** angehören, in denen **jeweils mindestens 150 Arbeitnehmer** tätig sind (§ 3 Abs. 2 EBRG).

▶ Errichtung grundsätzlich durch Vereinbarung zwischen zentraler Leitung und **besonderem Verhandlungsgremium**, das auf schriftlichen Antrag von mindestens 100 Arbeitnehmern oder ihren Vertretern aus mindestens zwei Betrieben oder Unternehmen, die in verschiedenen Mitgliedstaaten liegen, an die zentrale Leitung gebildet wird (§ 9 EBRG).

▶ Errichtung des Europäischen Betriebsrats kraft Gesetzes: § 21 EBRG.

▶ Einzelheiten siehe Teil B Rz. 649 ff.

14. Sprecherausschuß für leitende Angestellte

▶ Voraussetzung für die Errichtung:

▶ Betrieb mit in der Regel **mindestens zehn leitenden Angestellten** i. S. von § 5 Abs. 3 BetrVG (§ 1 Abs. 1 SprAuG).

▶ Errichtung fakultativ. Erforderlich ist ein **Verlangen der Mehrheit** der leitenden Angestellten in einer Versammlung oder durch schriftliche Stimmabgabe (§ 7 Abs. 2 Satz 4 SprAuG). Einzelheiten siehe Teil B Rz. 708 ff.

2. Betriebsratswahl

1. Zeitpunkt

▶ **Regelmäßige Wahlen:** alle vier Jahre in der Zeit vom 1. 3. bis zum 31. 5. (§ 13 Abs. 1 BetrVG).

▶ **Außerhalb des regelmäßigen Zeitraums:** nach § 13 Abs. 2 BetrVG, wenn
  (1) mit Ablauf von 24 Monaten, vom Tage der Wahl an gerechnet, die Zahl der regelmäßig beschäftigten Arbeitnehmer um die Hälfte, mindestens aber um fünfzig, gestiegen oder gesunken ist,
  (2) die Gesamtzahl der Betriebsratsmitglieder nach Eintreten sämtlicher Ersatzmitglieder unter die vorgeschriebene Zahl der Betriebsratsmitglieder gesunken ist,
  (3) der Betriebsrat mit der Mehrheit seiner Mitglieder seinen Rücktritt beschlossen hat,
  (4) die Betriebsratswahl mit Erfolg angefochten worden ist,
  (5) der Betriebsrat durch eine gerichtliche Entscheidung aufgelöst ist oder
  (6) im Betrieb ein Betriebsrat nicht besteht.

2. Ermittlung der organisatorischen Einheit, für die ein Betriebsrat zu wählen ist:

Betrieb, Betriebsteil, Nebenbetrieb, gemeinsamer Betrieb mehrerer Unternehmen (§§ 1, 4 BetrVG).

3. Bestellung des Wahlvorstandes

▶ Spätestens 10 Wochen vor Ablauf der Amtszeit des bestehenden Betriebsrats durch Beschlußfassung (§ 16 Abs. 1 BetrVG).

▶ Bestellung durch das Arbeitsgericht, sofern acht Wochen vor Ablauf der Amtszeit des bisherigen Betriebsrats kein Wahlvorstand besteht (§ 16 Abs. 2 BetrVG).

▶ Bei erstmaliger Wahl: Bestellung durch Betriebsversammlung, zu der drei wahlberechtigte Arbeitnehmer des Betriebs oder eine im Betrieb vertretene Gewerkschaft einladen können (§ 17 Abs. 1 und 2 BetrVG). Wird trotz Einladung zur Betriebsversammlung kein Wahlvorstand gewählt, bestellt ihn das Arbeitsgericht auf Antrag von mindestens drei wahlberechtigten Arbeitnehmern oder einer im Betrieb vertretenen Gewerkschaft (§ 17 Abs. 3 BetrVG).

4. Unverzügliche Aufstellung der Wählerlisten

▶ Getrennt nach Gruppen der Angestellten und Arbeiter (§ 2 Abs. 1 WahlO).

▶ Bei Bestehen eines Sprecherausschusses: Zuordnungsverfahren für leitende Angestellte (§ 18a BetrVG).
 (1) Spätestens acht Wochen vor dem ersten Tag der Stimmabgabe Versuch der Verständigung der Wahlvorstände über die Zuordnung der Angestellten, die als leitende Angestellte in Betracht kommen (§ 18a Abs. 1 Satz 1 BetrVG, § 3 Abs. 1 Satz 2 WahlO).
 (2) Bei Nichtzustandekommen einer Einigung spätestens sieben Wochen vor dem ersten Tag der Stimmabgabe Entscheidung durch Vermittler (§ 18a Abs. 2 BetrVG).

5. Einleitung der Wahl

▶ Spätestens sechs Wochen vor dem ersten Tag der Stimmabgabe durch Bekanntmachung des Wahlausschreibens und Auslegen der Wählerlisten (§ 3 Abs. 1 WahlO, § 2 Abs. 4 WahlO).

▶ Zwingende Inhalte des Wahlausschreibens: § 3 Abs. 2 WahlO, § 25 Abs. 8 WahlO.

▶ Berichtigung von Fehlern des Wahlausschreibens möglich, wenn das Wahlverfahren danach noch ordnungsgemäß ablaufen kann (vgl. § 19 Abs. 1 BetrVG).

6. Einsprüche gegen die Richtigkeit der Wählerliste

▶ Spätestens vor Ablauf von zwei Wochen nach Bekanntmachung des Wahlausschreibens (§ 4 Abs. 1 WahlO).

▶ Unverzügliche Entscheidung des Wahlvorstands hierüber (§ 4 Abs. 2 WahlO).

7. Gruppen- oder Gemeinschaftswahl

▶ Regelmäßig Gruppenwahl (§ 14 Abs. 2 BetrVG).

▶ Beschluß über gemeinsame Wahl in getrennten, geheimen Abstimmungen spätestens vor Ablauf von zwei Wochen nach Bekanntgabe des Wahlausschreibens möglich (§ 6 Abs. 2 Satz 1 WahlO, § 6 Abs. 1 Satz 2 WahlO).

8. Einreichen der Wahlvorschläge

▶ Vor Ablauf von zwei Wochen nach Bekanntmachung des Wahlausschreibens (§ 6 Abs. 1 WahlO).

▶ Bei gemeinsamer Wahl: Nachfrist von einer Woche, Bekanntmachung wie Wahlausschreiben erforderlich (§ 6 Abs. 2 WahlO).

- Stützunterschriften bei Gruppen- und gemeinsamer Wahl (§ 14 Abs. 6 und 7 BetrVG).
- Ungültigkeit von Vorschlagslisten: § 8 WahlO.
- Nachfristsetzung für Vorschlagslisten: § 9 WahlO.

9. Prüfung und Beanstandung der Vorschlagslisten

- Bestätigung des Eingangs mit Datum und Uhrzeit (§ 7 Abs. 1 WahlO).
- Unverzügliche Prüfung, möglichst innerhalb von zwei Arbeitstagen nach Eingang. Bei Ungültigkeit oder Beanstandungen einer Liste: unverzügliche schriftliche Unterrichtung des Listenvertreters hierüber unter Angabe der Gründe (§ 7 Abs. 2 WahlO).

10. Beseitigung von heilbaren Mängeln der Vorschlagsliste

Spätestens drei Arbeitstage nach Mitteilung der Beanstandung (§ 8 Abs. 2 WahlO).

11. Bekanntmachung der Vorschlagslisten

- Bei mehreren Listen: Listen-Nrn. nach Los. Zur Losentscheidung sind die Listenvertreter rechtzeitig einzuladen (§ 10 Abs. 1 WahlO).
- Bekanntmachung der gültigen Vorschlagslisten spätestens eine Woche vor Beginn der Stimmabgabe (§ 10 Abs. 2 WahlO).

12. Wahlverfahren

- Bei mehreren Vorschlagslisten: Listenwahl (§§ 11–20 WahlO).
- Bei einer Vorschlagsliste: Mehrheitswahl (§§ 21–24 WahlO).

13. Öffentliche Stimmenauszählung, Wahlergebnis

- Öffentliche Auszählung unverzüglich nach Abschluß der Wahl (§ 13 WahlO).
- Ermittlung der Gewählten bei Gruppenwahl und mehreren Vorschlagslisten nach Höchstzahlverfahren (§ 15 WahlO).
- Verteilung der Sitze bei gemeinsamer Wahl (§ 16 WahlO).
- Ermittlung der Gewählten bei gemeinsamer Mehrheitswahl (§ 23 Abs. 2 WahlO).
- Niederschrift über Wahlergebnis. Inhalte der Niederschrift: § 17 Abs. 1 Nr. 1 bis 8 WahlO. Unterzeichnung der Niederschrift vom Vorsitzenden und mindestens einem weiteren stimmberechtigten Mitglied des Wahlvorstands (§ 17 Abs. 2 WahlO).

14. Benachrichtigung der Gewählten

▶ Unverzüglich und schriftlich (§ 18 Abs. 1 Satz 1 WahlO).

▶ Annahme der Wahl, falls nicht innerhalb von drei Tagen nach Zugang der Benachrichtigung gegenüber dem Wahlvorstand die Erklärung abgegeben wird, daß die Wahl abgelehnt werde (§ 18 Abs. 1 Satz 2 WahlO).

15. Bekanntmachung der Gewählten

▶ Sobald die gewählten Betriebsratsmitglieder feststehen: Aushang des Ergebnisses für zwei Wochen (§ 19 Satz 1 WahlO).

▶ Unverzügliche Übersendung einer Abschrift der Wahlniederschrift jeweils an Arbeitgeber und die im Betrieb vertretenen Gewerkschaften (§ 19 Satz 2 WahlO).

16. Konstituierende Sitzung des Betriebsrats

Einberufung durch den Wahlvorstand vor Ablauf einer Woche nach der Wahl (§ 29 Abs. 1 BetrVG).

17. Wahlanfechtung

Innerhalb von zwei Wochen, vom Tage der Bekanntgabe des Wahlergebnisses an gerechnet, durch mindestens drei Wahlberechtigte, eine im Betrieb vertretene Gewerkschaft oder den Arbeitgeber, wenn gegen zwingende Wahlvorschriften verstoßen wurde und die Möglichkeit besteht, daß die Wahl ohne den Verstoß zu einem anderen Ergebnis geführt hätte (§ 19 BetrVG).

3. Betriebsvereinbarung

1. Vorbereitungsphase

Vor der gemeinsamen Verhandlung über eine mögliche Betriebsvereinbarung sollten sich Arbeitgeber und Betriebsrat – letzterer in einer ordnungsgemäß einberufenen Sitzung (§§ 33 ff. BetrVG) – stets mit folgenden Punkten befaßt haben:
a) Was **muß** in der Betriebsvereinbarung unbedingt geregelt werden?
b) Was **sollte** in der Betriebsvereinbarung geregelt werden?
c) Ggf. Erarbeitung eines eigenen Entwurfs der abzuschließenden Betriebsvereinbarung.

Auf seiten des Betriebsrats sollte hierüber ein entsprechender Beschluß gefaßt werden.

2. Verhandlung zwischen Arbeitgeber und Betriebsrat

Darstellung und (soweit möglich) Durchsetzung der eigenen Vorstellungen (s. o. 1.).

Einigung über die Inhalte der Betriebsvereinbarung.

Kommt eine Einigung zwischen Arbeitgeber und Betriebsrat über den Inhalt der durch die Betriebsvereinbarung zu regelnde Angelegenheit nicht zustande, soll die Angelegenheit aber gleichwohl geregelt werden, so ist die Einigungsstelle anzurufen, soweit der Betriebsrat in der zu regelnden Angelegenheit ein **echtes Mitbestimmungsrecht** (z. B. aus § 87 Abs. 1 BetrVG) hat.

3. Ausformulierung der Betriebsvereinbarung durch Arbeitgeber und Betriebsrat

(Sofern sich Arbeitgeber und Betriebsrat über den Inhalt der Betriebsvereinbarung einigen)

a) Formelle Ausgestaltung einer Betriebsvereinbarung

- ▶ Die Betriebsvereinbarung muß stets **schriftlich** niedergelegt werden (§ 77 Abs. 2 Satz 1 BetrVG).
- ▶ Zu empfehlen ist weiterhin, daß die Betriebsvereinbarung mit der Überschrift „Betriebsvereinbarung" versehen wird.
- ▶ Außerdem kann die Betriebsvereinbarung mit der zu regelnden Angelegenheit überschrieben werden (Beispiel: Betriebsvereinbarung „Gleitende Arbeitszeit").
- ▶ Nach der Überschrift sollten die Vertragsparteien bezeichnet werden (Beispiel: „zwischen der Firma ... – nachfolgend Firma/Arbeitgeber – und dem Betriebsrat der Firma ... – nachfolgend Betriebsrat –").
- ▶ Die einzelnen Regelungen der Betriebsvereinbarung sollten untergliedert werden, z. B. durch fortlaufende §§, Zahlen (1., 2., 3.) oder Buchstaben (A., B., C.).

b) Inhaltliche Ausgestaltung einer Betriebsvereinbarung

- ▶ Die erste Regelung der Betriebsvereinbarung sollte stets den **Geltungsbereich** zum Gegenstand haben (Beispiel: „Diese Betriebsvereinbarung gilt für alle Arbeitnehmer des Betriebes, ausgenommen: ... / Diese Betriebsvereinbarung gilt für alle Außendienstmitarbeiter der Firma").
- ▶ Es folgen sodann die zu regelnden Gegenstände. Hierbei sollten folgende Punkte **stets beachtet** werden:

(1) Möglichst **knappe, präzise Sätze** bilden.
(2) Die Formulierungen sollten (auch für Dritte) **stets verständlich** sein.
(3) Die Regelungen der Betriebsvereinbarung dürfen auf keinen Fall Anlaß zu Mißverständnissen geben. Im Zweifel sollten unklare oder unbestimmte Begriffe in der Betriebsvereinbarung definiert werden. Möglich ist zudem die Anfertigung von Protokollnotizen.
(4) In **rechtlicher Hinsicht** ist zu prüfen:
- Verstoßen die Regelungen nicht gegen den Tarifvorbehalt des § 77 Abs. 3 BetrVG? (Siehe dazu Teil F Rz. 50 ff.)
- Werden die Grundsätze des § 75 BetrVG beachtet? (Siehe dazu Teil F Rz. 95 ff.)
- Verstoßen die Regelungen nicht gegen sonstige zwingende gesetzliche oder tarifliche Bestimmungen? (Siehe dazu Teil F Rz. 15 ff. und 92 ff.)

Die letzten Regelungen der Betriebsvereinbarungen sollten folgende Fragen regeln:
(1) Beginn des Inkrafttretens (Beispiel: „Diese Betriebsvereinbarung tritt am ... in Kraft.").
(2) Kündigungsfrist, ggf. Vereinbarung einer Mindestlaufzeit (Beispiel: „Diese Betriebsvereinbarung kann mit einer Frist von ... Monaten / erstmals zum ... / gekündigt werden."). Wird keine Kündigungsfrist vereinbart, so gilt die gesetzliche Kündigungsfrist von drei Monaten (§ 77 Abs. 5 BetrVG).
(3) Nachwirkung (Beispiel: „Wird diese Betriebsvereinbarung gekündigt, wirken ihre Regelungen nach Ablauf der Kündigungsfrist nicht nach / bleibt sie solange in Kraft, bis eine neue Vereinbarung getroffen worden ist."). Wird die Frage der Nachwirkung in der Betriebsvereinbarung nicht geregelt, so wirken die Regelungen, bei denen der Betriebsrat ein erzwingbares Mitbestimmungsrecht hat, kraft Gesetzes weiter, bis sie durch eine andere Abmachung ersetzt werden (§ 77 Abs. 6 BetrVG).
(4) Salvatorische Klausel (Beispiel: „Sind einzelne Bestimmungen dieser Betriebsvereinbarung unwirksam, so wird hierdurch die Wirksamkeit der Betriebsvereinbarung nicht berührt. Eine dadurch mögliche Lücke in der Gestaltung der Betriebsvereinbarung ist in gegenseitiger vertrauensvoller Absprache nach Sinn und Zweck des gemeinsamen Vertragswillens zu schließen.").

4. Abschließende Beratung und Beschlußfassung über die Betriebsvereinbarung

Auf seiten des Betriebsrats ist in einer ordnungsgemäß einberufenen Sitzung über den Inhalt der Betriebsvereinbarung zu beraten und zu beschließen. Mängel bei der Beschlußfassung des Betriebsrats über die Betriebsvereinbarung können zu deren **Unwirksamkeit** führen.

Wird der Abschluß der Betriebsvereinbarung vom Betriebsrat mehrheitlich **abgelehnt**, müssen die Schritte 1. bis 4. wiederholt werden. Beim endgültigen Scheitern der Verhandlungen bedarf es der Anrufung der Einigungsstelle, soweit der Betriebsrat in der zu regelnden Angelegenheit ein erzwingbares Mitbestimmungsrecht hat.

Stimmt der Betriebsrat dem Abschluß der Betriebsvereinbarung mehrheitlich zu, ist weiter mit 5. zu verfahren.

5. Unterzeichnung der Betriebsvereinbarung durch Arbeitgeber und Betriebsrat

Die Betriebsvereinbarung muß vom Arbeitgeber und vom Betriebsrat unterzeichnet werden (§ 77 Abs. 2 Satz 2 BetrVG). Die Betriebsvereinbarung ist daher

▶ sowohl vom Arbeitgeber (oder seinem Vertreter)
▶ als auch vom Betriebsratsvorsitzenden (im Falle seiner Verhinderung vom stellvertretenden Betriebsratsvorsitzenden, § 26 Abs. 3 Satz 2 BetrVG)

zu unterzeichnen. Anderenfalls ist die Betriebsvereinbarung **unwirksam** (§ 125 BGB).

Vor den Unterschriften sollten auch der Ort und das Datum der Unterzeichnung angegeben werden.

Kommt eine Betriebsvereinbarung durch den **Spruch der Einigungsstelle** zustande, so entfällt das Erfordernis der Unterschriftsleistung von Arbeitgeber und Betriebsrat (§ 77 Abs. 2 Satz 2 Halbsatz 2 BetrVG). In dem Fall ist die Betriebsvereinbarung vom Vorsitzenden der Einigungsstelle zu unterzeichnen (§ 76 Abs. 3 Satz 3 BetrVG).

Unterzeichnet der Betriebsratsvorsitzende eine Betriebsvereinbarung ohne entsprechenden Beschluß des Betriebsrats, so ist seine Erklärung schwebend unwirksam. Sie kann aber durch Genehmigungsbeschluß des Betriebsrats rückwirkend wirksam werden (§ 177 Abs. 1 BGB).

6. Bekanntgabe der Betriebsvereinbarung

Die Betriebsvereinbarung ist schließlich vom Arbeitgeber durch **Auslegung an geeigneter Stelle** im Betrieb bekanntzugeben (§ 77 Abs. 2 Satz 3 BetrVG). Daneben kann auch der Betriebsrat die Betriebsvereinbarung gegenüber den Mitarbeitern bekanntgeben, etwa durch Mitteilung oder Aushängen am Schwarzen Brett.

4. Betriebsratsanhörung / Behandlung im Betriebsrat

A) Fristablauf für die Stellungnahme überprüfen.

B) Verfügt der Betriebsrat über sämtliche Informationen oder ist eine Nachfrage beim Arbeitgeber erforderlich (evtl. Fristablauf auf Grundlage nachgeschobener Informationen neu berechnen)?

C) Anhörung des zu Kündigenden.

D) Betriebsratssitzung/Beschluß.

E) Zuleitung der Reaktion des Betriebsrates an den Arbeitgeber.

II. Muster

1. Formulierungsvorschlag bei Widerspruch des Betriebsrats

Der Betriebsrat erhebt gegen die Kündigung von Herrn Meyer auf Grund von § 102 Abs. 3 Nr. 1 BetrVG Widerspruch.

Begründung:

In der Abteilung, in der Herr Meyer als Drucker arbeitet, befinden sich mehrere Arbeitnehmer auf vergleichbaren Arbeitsplätzen, die eine Kündigung weniger hart treffen würde. Mehrere Arbeitnehmer sind hier wesentlich jünger und haben eine kürzere Betriebszugehörigkeit als Herr Meyer.

2. Betriebsratsanhörung / ordentliche Kündigung

An den Betriebsrat
z. H. des Betriebsratsvorsitzenden

Betr.: Anhörung vor ordentlicher Kündigung

Sehr geehrte Damen und Herren,

es ist beabsichtigt, dem Arbeitnehmer Robert Meyer, geboren am ...., wohnhaft ...., eine ordentliche fristgerechte Kündigung zum .... auszusprechen.

Herr Meyer ist verheiratet/ledig/geschieden, hat .... minderjährige Kinder (laut Steuerkarte). Er ist bei uns beschäftigt seit ...., zuletzt als .... in der Abteilung ....

Die Kündigung ist aus folgenden Gründen erforderlich:

(umfassende Auflistung aller Kündigungsgründe)

....
....
....

Wir bitten um Zustimmung zur Kündigung gem. § 102 BetrVG.

..............., den ....
                                           (Unterschrift des Arbeitgebers/Vertreters)

Anhang   II. Muster

3. Betriebsratsanhörung / außerordentliche Kündigung

An den Betriebsrat
z. H. des Betriebsratsvorsitzenden

Betr.: Anhörung vor außerordentlicher Kündigung

Sehr geehrte Damen und Herren,

es ist beabsichtigt, dem Arbeitnehmer Robert Meyer, geboren am ...., wohnhaft ....,

(nichtzutreffendes streichen)
- eine außerordentliche fristlose Kündigung auszusprechen.
- eine außerordentliche Kündigung mit Auslauffrist zum .... auszusprechen.
- eine außerordentliche fristlose und hilfsweise zugleich eine ordentliche fristgerechte Kündigung zum .... auszusprechen.

Herr Meyer ist verheiratet/ledig/geschieden, hat .... minderjährige Kinder (laut Steuerkarte). Er ist bei uns beschäftigt seit ...., zuletzt als .... in der Abteilung ....

Die Kündigung ist aus folgenden Gründen erforderlich:

(umfassende Auflistung aller Kündigungsgründe)

....

....

Wir bitten um unverzügliche schriftliche Mitteilung etwaiger Bedenken gegen eine außerordentliche Kündigung, spätestens innerhalb von drei Kalendertagen
und *(bei zugleich hilfsweiser ordentlicher Kündigung)*
binnen Wochenfrist um schriftliche Darlegung etwaigen Vorbringens gegen eine hilfsweise ordentliche Kündigung.

................, den ....
                                             (Unterschrift des Arbeitgebers/Vertreters)

4. Betriebsratsanhörung / Änderungskündigung

An den Betriebsrat
z. H. des Betriebsratsvorsitzenden

Betr.: Anhörung vor Änderungskündigung
        Unterrichtung über Umgruppierung/Versetzung

Sehr geehrte Damen und Herren,
es ist beabsichtigt, dem Arbeitnehmer Robert Meyer, geboren am ....,
wohnhaft ...., eine ordentliche fristgerechte Kündigung zum ....
auszusprechen.

Herr Meyer ist verheiratet/ledig/geschieden, hat .... minderjährige Kinder (laut Steuerkarte). Er ist bei uns beschäftigt seit ...., zuletzt als .... in der Abteilung ....

Die Kündigung ist aus folgenden Gründen erforderlich:

(umfassende Auflistung aller Kündigungsgründe)

....

....

Gleichzeitig ist beabsichtigt, Herrn Robert Meyer die Fortsetzung des Arbeitsverhältnisses unter folgender Änderung des Arbeitsvertrages anzubieten:
- Derzeitiger Arbeitsbereich: ....
- Derzeitige Lohn/Gehaltsgruppe: ....
- Neuer Arbeitsbereich: .... (oder aber Vorlage des Arbeitsvertragsangebotes)
- Neue Lohn/Gehaltsgruppe: ....

Auswirkungen der Umgruppierung/Versetzung: ....

Wir bitten binnen Wochenfrist um Zustimmung zur Änderungskündigung und zur Umgruppierung/Versetzung des Herrn Robert Meyer sowie um Darlegung etwaiger Gründe gem. §§ 99 Abs. 2, 102 Abs. 2, 3 BetrVG.

.................., den ....
                                              (Unterschrift des Arbeitgebers/Vertreters)

5. Niederschrift Betriebsratssitzung

A) Von den Betriebsratsmitgliedern sind erschienen .... /sind nicht erschienen ....
   Von den nicht erschienenen Betriebsratsmitgliedern fehlt das Betriebsratsmitglied .... entschuldigt mit der Begründung, ..., das Betriebsratsmitglied .... unentschuldigt.

B) Anwesend sind ferner von folgenden Stellen Vertretungen *(Jugend- und Auszubildendenvertretung, Schwerbehindertenvertretung, etc.)* ....

C) Die rechtzeitige Ladung der Betriebsratsmitglieder und aller Teilnahmeberechtigten unter Zugang der Tagesordnung wird festgestellt.

D) Es sind .... Betriebsratsmitglieder erschienen. Der Betriebsrat ist beschlußfähig.

E) Tagesordnung

I. ....

II. Kündigung des Arbeitnehmers ....

Erläuterung der vom Arbeitgeber geltend gemachten Kündigungsgründe; Bericht über die Anhörung des Arbeitnehmers; Stellungnahme der Betriebsratsmitglieder; Wortmeldungen der Betriebsratsmitglieder ....

Beschluß des Betriebsrates:

Die Beschlußfassung erfolgte mit .... Stimmen

..............., den ...., den ....

....
Der Betriebsratsvorsitzende   Schriftführer

6. Einleitung eines Beschlußverfahrens gem. § 99 BetrVG

An das
Arbeitsgericht ....

..............., den ....

Beschlußverfahren

In Sachen
der Firma ....

– Antragstellerin –

gegen

den Betriebsrat der Firma ...., vertreten durch den Betriebsratsvorsitzenden ....

– Antragsgegner –

wegen Versetzung des Arbeitnehmers ....

Es wird beantragt,

die vom Antragsgegner verweigerte Zustimmung zur Versetzung des Arbeitnehmers .... zu ersetzen.

Begründung:

1. Die Antragstellerin ist ein Unternehmen der .... mit .... Mitarbeitern. Die Antragstellerin hat den Antragsgegner am .... über die beabsichtigte Versetzung unterrichtet. Mit Schreiben vom ...., bei der Antragstellerin eingegangen am ...., hat der Antragsgegner seine Zustimmung zu der personellen Maßnahme verweigert.

Beweis: Vorlage der Anhörungsunterlagen und der Zustimmungsverweigerung, in Kopie als Anlagen A 1.

Die vom Antragsgegner angegebenen Gründe für die Verweigerung der Zustimmung der Versetzung sind nicht gegeben. *(Nunmehr genaue Darstellung, warum die Versetzung erforderlich ist und weshalb die vom Betriebsrat vorgetragenen Gründe nicht eingreifen)*

7. Einleitung eines Beschlußverfahrens gem. § 101 BetrVG

An das
Arbeitsgericht ....

................, den ....

Beschlußverfahren

In Sachen
des Betriebsrates der Firma ...., vertreten durch den Betriebsratsvorsitzenden ....

– Antragsteller –

g e g e n

die Firma ....

– Antragsgegnerin –

Arbeitnehmer ....

– Beteiligter zu 1. –

wegen Aufhebung einer Versetzung.

Es wird ein Beschlußverfahren eingeleitet und beantragt,

der Antragsgegnerin wird aufgegeben, die Versetzung des Beteiligten zu 1. aufzuheben.

Begründung:

Am .... hat die Antragsgegnerin dem Antragsteller mitgeteilt, daß beabsichtigt sei, den Beteiligten zu 1. auf die Position des .... zu versetzen. Der Antragsteller hat hierzu seine Zustimmung nach § 99 BetrVG verweigert.

Beweis: Vorlage der Anhörungsunterlagen und der Zustimmungsverweigerung, in Kopie als Anlage A 1.

Die Antragsgegnerin war hiernach verpflichtet, ein Zustimmungsersetzungsverfahren einzuleiten. Dies erfolgte nicht. Dennoch hat die Antragsgegnerin die Maßnahme aufrechterhalten.

Stichwortverzeichnis

Fett gedruckte Ziffern verweisen auf den Teil, in Normalschrift gedruckte Ziffern auf die Randziffer des Teils.

Abstimmungen, siehe Betriebsratsbeschlüsse
Amtsenthebung, siehe Ausschluß aus dem Betriebsrat
Amtszeit
- Beginn der Amtszeit des Betriebsrates **B** 103 f.
- Betriebsausschuß **B** 565 ff.
- Betriebsrat **B** 103 ff.
- Dauer der Amtszeit des Betriebsrates **B** 105
- Ende der Amtszeit des Betriebsrates **B** 106 ff.
- Europäischer Betriebsrat **B** 682 ff.
- Gesamtbetriebsratsmitglied **B** 140 f.
- Gesamt-Jugend- und Auszubildendenvertretung **B** 526
- Jugend- und Auszubildendenvertretung **B** 457 ff.
- Konzernbetriebsratsmitglieder **B** 284 ff.
- Sprecherausschuß für leitende Angestellte **B** 725 ff.
- Wirtschaftsausschuß **B** 342 f.

Angestellte
- Begriff **A** 44
- Mitbestimmung bei Gehaltsgruppenkatalog außertariflicher Angestellter **H** 135
- Tarifvorbehalt bei außertariflichen Angestellten **F** 62
- siehe auch Leitende Angestellte

Arbeiter
- Begriff **A** 44

Arbeitgeber
- Abschrift des Kündigungswiderspruchs an Arbeitnehmer **I** 363 f.
- Antrag auf Ausschluß aus dem Betriebsrat **D** 229
- Bekanntgabe der Betriebsratskosten in Betriebsversammlung **E** 83 ff.
- Berichterstattung in der Betriebsversammlung **B** 635 ff.
- Durchführungspflicht hinsichtlich Betriebsvereinbarung **F** 101
- einseitige mitbestimmungswidrige Maßnahmen des Arbeitgebers **H** 34 ff.
- Freistellung von Betriebsratsmitgliedern **D** 70 ff.
- Teilnahme an Betriebsratssitzungen **C** 32
- Teilnahme an Betriebsversammlung **B** 620 ff.
- Teilnahme an Wirtschaftsausschußsitzungen **B** 354 ff.
- Unterichtung der Arbeitnehmer **B** 418 ff.
- Unterrichtung des Wirtschaftsausschusses **B** 391 ff.
- Verletzung von Mitwirkungsrechten des Sprecherausschusses für leitende Angestellte **B** 797 ff.
- Zusammenarbeit mit Sprecherausschuß für leitende Angestellte **B** 755 f.
- siehe auch Erzwingung betriebverfassungsgemäßen Verhaltens des Arbeitgebers

Arbeitnehmer
- Angestellter **A** 44
- Arbeitszeitversäumnis durch Besuch der Betriebsratssprechstunde **C** 95 ff.
- Arbeiter **A** 44
- arbeitnehmerähnliche Personen **A** 63 ff.
- Auszubildende in reinen Ausbildungsbetrieben **A** 67
- Begriff **A** 43 ff.
- zu ihrer Berufsausbildung Beschäftigte **A** 64 f.
- Beschäftigung zur Heilung und Wiedereingewöhnung **A** 73
- Beschäftigung zur sittlichen Besserung und Erziehung **A** 73
- Ehegatten, Verwandte, Verschwägerte **A** 74
- Einigungsstellenspruch bei individuellen Rechtsansprüchen **G** 77

Stichwortverzeichnis

- Einschränkungen **A** 68 ff.
- freier Mitarbeiter **A** 54 ff.
- karitative oder religiöse Beweggründe **A** 72
- Kündigungsschutzklage bei Betriebsratswiderspruch **I** 365 f.
- Leiharbeitnehmer **A** 50 ff.; **H** 3
- Leiharbeitsverhältnis **A** 51f
- Unterichtung durch den Arbeitgeber **B** 418 ff.
- siehe auch Arbeitsverhältnis

Arbeitsbefreiung und Vergütungsanspruch bei Betriebsratstätigkeit
- Akkordlohn **D** 30
- Aufwendungsersatz **D** 29 f.; **E** 36
- Erforderlichkeit der Arbeitsbefreiung **E** 34 f.
- fehlende Abmeldung bei Betriebsratstätigkeit **E** 34
- Lohnausfallprinzip **D** 28
- Nebenbezüge und allgemeine Zuwendungen **D** 28
- Schulung teilweise außerhalb der Arbeitszeit **D** 39 f.
- Schulung teilweise außerhalb der Arbeitszeit bei Teilzeitbeschäftigung **D** 40
- Schulung von Ersatzmitgliedern **E** 54
- Tätigkeit außerhalb der Arbeitszeit **D** 32 ff.
- Vergütung statt Arbeitsbefreiung **D** 41, 46 ff.
- Zuschläge **D** 31
- Zustimmung des Arbeitgebers zu Freizeitausgleich **D** 42
- siehe auch Kosten und Sachaufwand des Betriebsrates; Schulungskosten des Betriebsrates

Arbeitsgerichtliches Beschlußverfahren, siehe Beschlußverfahren

Arbeits- und Gesundheitsschutz, Mitbestimmung H 94 ff.
- Abberufung bei Betriebsärzten und Fachkräften für Arbeitssicherheit **H** 99
- Abgrenzung zu § 99 BetrVG bei Betriebsärzten und Fachkräften für Arbeitssicherheit **H** 98
- Betriebsärzte **H** 96 ff.
- Bildschirmarbeit **H** 95
- Fachkräfte für Arbeitssicherheit **H** 96 ff.

- freiberufliche Betriebsärzte und Fachkräfte für Arbeitssicherheit **H** 100
- Initiativrecht bei Betriebsärzten und Fachkräften für Arbeitssicherheit **H** 97

Arbeitsverhältnis
- Abgrenzung zum freien Mitarbeiterverhältnis **A** 55 ff.
- Eingliederung in den Betrieb **A** 61
- Eingliederung in die fremde Arbeitsorganisation **A** 57
- persönliche Abhängigkeit **A** 56
- siehe auch Arbeitnehmer

Arbeitsvertragliche Einheitsregelung, siehe Einheitliche Handhabungen im Betrieb

Arbeitszeit, Mitbestimmung
- Einführung von Kurzarbeit **H** 68 ff.
- kollektiver Tatbestand **H** 74
- Lage der Arbeitszeit **H** 54 ff.
- Überstunden **H** 75 f.
- vorübergehende Verkürzung **H** 68 ff.
- vorübergehende Verlängerung **H** 71 ff.

Auflösung des Betriebsrates
- Antragsbefugnis **D** 252
- Auflösungsbeschluß des Arbeitsgerichts **D** 258 f.
- Fälle grober Pflichtverletzung **D** 255
- grobe Pflichtverletzung **D** 253 ff.
- Rücktritt nach Einleitung des Verfahrens **D** 256

Ausschluß aus dem Betriebsrat
- Antragsberechtigung **D** 227 ff.
- arbeitsgerichtliches Beschlußverfahren **D** 240
- Ausschluß von Ersatzmitgliedern **D** 251
- nicht zum Ausschluß führende Verstöße **D** 250
- Folgen des Ausschlusses **D** 238, 241
- grobe Amtspflichtverletzung **D** 232 ff.
- grobe Amtspflichtverletzung in vorheriger Amtszeit **D** 236
- Verletzung der Schweigepflicht **D** 243
- Vernachlässigung der Amtsbefugnisse **D** 244
- Verstoß gegen das Verbot parteipolitischer Betätigung **D** 247

- Verstoß gegen das Verbot von Kampfmaßnahmen **D** 245
- Verstoß gegen die „vertrauensvolle Zusammenarbeit" **D** 244
- Verstoß gegen die Grundsätze für die Behandlung der Betriebsangehörigen **D** 248

Ausschreibung, siehe Stellenausschreibung, innerbetriebliche

Außerordentliche Kündigung von Betriebsratsmitgliedern
- Anhörung des Betriebsrates **D** 189
- Beschluß des Betriebsrates **D** 190 ff.
- Offenbarung eines Betriebs- oder Geschäftsgeheimnisses **D** 146
- Rechtsanwaltskosten bei Zustimmungsersetzungsverfahren **E** 29
- wichtiger Grund **D** 179 f., 183
- zeitweilige Verhinderung bei fristloser Kündigung und Kündigungsschutzklage **D** 125
- Zweiwochenfrist **D** 184
- siehe auch Kündigungsschutz, besonderer

Auswahlrichtlinien I 63 ff.
- Arbeitnehmerzahl **I** 69
- Begriff **I** 64 f.
- Einhaltung **I** 68
- Einigungsstelle **I** 71 f.
- fachliche Voraussetzungen **I** 75 f.
- Form **I** 66
- gerichtliche Überprüfung der Sozialauswahl bei Kündigungen **I** 83
- Inhalt **I** 74 f.
- Kündigungen **I** 80 ff.
- persönliche/soziale Voraussetzungen **I** 77 f.
- Punktesystem **I** 84
- Sozialauswahl bei Kündigungen **I** 81 ff.
- Versetzungen **I** 85
- Widerspruch des Betriebsrates wegen Verstoß **I** 352
- Zustimmung des Betriebsrates bei Verstoß **I** 217

Berufsausbildungsverhältnis A 64 ff.
- Auszubildende in reinen Ausbildungsbetrieben **A** 67
- Berufsausbildung, Begriff **A** 65
- siehe auch Übernahme von Auszubildenden

Berufsbildung
- Auswahl der teilnehmenden Arbeitnehmer **I** 114 ff.
- Begriff **I** 92 ff.
- betriebliche Einrichtungen **I** 102
- Bildungsmaßnahmen **I** 118 ff.
- Förderung – Anspruch des Arbeitnehmers **I** 97
- Fortbildungskurse für leitende Angestellte **I** 117
- Merkmal „betrieblich" **I** 98
- Mitbestimmung und Beteiligung **I** 87 ff., 104 ff.
- Person des Ausbildenden **I** 90 f., 108 ff.
- Streitigkeiten **I** 100
- Themen **I** 96
- Widerspruch des Betriebsrates gegen bestellten Ausbilder **I** 112 f.
- Zuständigkeit des Gesamtbetriebsrates **B** 212

Beschäftigungsanspruch, siehe Weiterbeschäftigungsanspruch

Beschlußverfahren
- Ausschluß aus dem Betriebsrat **D** 240
- Kosten der Rechtsverfolgung **E** 17 ff.
- Prozeßvertretung des Betriebsrates durch Rechtsanwalt **E** 21 ff.
- Streit über Amt und Tätigkeit des Wirtschaftsausschusses **B** 435 ff.
- Streitigkeiten über Betriebsvereinbarung **F** 153 ff.
- Streitigkeiten über die Geschäftsführungskosten **E** 86 ff.
- Überprüfung des Einigungsstellenspruchs **G** 68 ff.
- Umfang gerichtlicher Kontrolle von Betriebsvereinbarungen **F** 155
- Verletzung von Mitwirkungsrechten des Sprecherausschusses für leitende Angestellte **B** 798 f.
- siehe auch Erzwingung betriebsverfassungsgemäßen Verhaltens des Arbeitgebers; Vorläufige personelle Maßnahme; Zustimmungsersetzungsverfahren

Betrieb
- Begriff **A** 1ff.
- siehe auch Gemeinsamer Betrieb

Betriebliche Lohngestaltung, Mitbestimmung H 119 ff.
- Akkordrichtsatz **H** 162 ff.

- Änderung der Verteilungsgrundsätze bei Anrechnung von Tariflohnerhöhungen auf übertarifliche Zulagen **H** 144 ff.
- Änderungen des Entlohnungssystems **H** 126
- Anrechnung von Tariflohnerhöhungen auf übertarifliche Zulagen **H** 136 ff.
- Entlohnungsgrundsatz **H** 123
- freiwillige Leistungen **H** 129 ff.
- Gehaltsgruppenkatalog außertariflicher Angestellter **H** 135
- Geldakkord **H** 163
- Höhe des Arbeitsentgelt **H** 127
- individuelle Sonderboni **H** 133
- kollektive Tatbestände **H** 122
- kollektiver Tatbestand bei Änderung der Verteilungsgrundsätze bei Anrechnung von Tariflohnerhöhungen auf übertarifliche Zulagen **H** 149 ff.
- leistungsbezogene Entgelte **H** 161 ff.
- Lohn, Begriff **H** 120 f.
- Lohngestaltung **H** 123
- Nichtbeachtung des Mitbestimmungsrechts bei Anrechnung von Tariflohnerhöhungen auf übertarifliche Zulagen **H** 155 ff.
- Prämienlohn **H** 167
- Provisionen **H** 170 f.
- tatsächliche oder rechtliche Hindernisse bei Anrechnung von Tariflohnerhöhungen auf übertarifliche Zulagen **H** 138 ff.
- vergleichbares Entgelt hinsichtlich Akkord- und Prämienlohn **H** 168
- Verhalten des Arbeitgebers bis Einigung hinsichtlich Anrechnung von Tariflohnerhöhungen auf übertarifliche Zulagen **H** 159
- Verteilungsgrundsätze **H** 146
- Zeitakkord **H** 164

Betriebliche Übung, siehe Einheitliche Handhabungen im Betrieb

Betriebs- und Geschäftsgeheimnis, siehe Geheimhaltungspflicht; Geheimhaltungspflicht des Betriebsratsmitglied

Betriebsänderung, Beteiligungsrechte
- Arbeitnehmerzahl **J** 8 ff.
- Betriebsänderung, Begriff **J** 13 f.
- Beratung des Unternehmers mit Betriebsrat **J** 51
- Betriebsanlagen **J** 39 f.
- Betriebsorganisation **J** 37
- Betriebsübergang und Stillegung **J** 20 ff.
- Betriebszweck **J** 38
- Einschränkung **J** 24 ff., 85 ff.
- grundlegende Änderungen der Betriebsorganisation, des Betriebszwecks, der Betriebsanlagen **J** 35 ff.
- grundlegende Änderungen, Begriff **J** 36, 43
- grundlegende neue Arbeitsmethoden und Fertigungsverfahren **J** 41 ff.
- Informations- und Beratungsrechte **J** 45
- Mitwirkung des Sprecherausschusses für leitende Angestellte **B** 794 ff.
- Personalabbau **J** 26 f., 85 ff.
- Spaltung **J** 33 f.
- Stillegung **J** 16 ff., 85 ff.
- tatsächliche Durchführung einer Stillegung **J** 17
- Tendenzunternehmen **K** 20 f.
- Umfang der Unterrichtung **J** 50
- Unterlassungsanspruch des Betriebsrates **J** 94 f.
- Verlegung **J** 28 ff.
- Verringerung sächlicher Betriebsmittel **J** 25
- wesentlicher Betriebsteil bei Stillegung **J** 18 f.
- Zeitpunkt der Unterrichtung **J** 49
- Zusammenschluß **J** 32
- Zuständigkeit des Gesamtbetriebsrat **B** 215
- Zuständigkeit des Konzernbetriebsrates **B** 311
- siehe auch Interessenausgleich; Sozialplan

Betriebsausschuß
- Abberufung der weiteren Mitglieder **B** 566
- Amtszeit **B** 565 ff.
- Aufgaben **B** 569 ff.
- außerordentliche Kündigung eines Betriebsratsmitglieds **D** 192
- Errichtung **B** 555 f.
- laufende Geschäfte **B** 569
- Teilnahme- und Stimmrecht der Jugend- und Auszubildendenvertretung **B** 474
- Übertragung von Aufgaben **B** 570 ff.
- Wahl **B** 559 ff.

- Wahl von Ersatzmitgliedern **B** 563
- Zusammensetzung **B** 557 ff.

Betriebsgröße
- Kampagnebetrieb **A** 39
- regelmäßig Beschäftigte **A** 37 ff.
- ständige Beschäftigung **A** 40
- Verringerung der Arbeitnehmerzahl **A** 42

Betriebsrat
- Amtszeit **B** 103 ff.
- Antrag auf Amtsenthebung eines Betriebsratsmitglieds **D** 231
- Aufgaben **B** 119 ff.
- Beginn der Amtszeit **B** 103 f.
- Dauer der Amtszeit **B** 105
- Ende der Amtszeit **B** 106 ff.
- Entgegennahme von Erklärungen **I** 182, 301 f.
- Geschäftsordnung **C** 80 ff.
- Größe **B** 18 ff.
- Gruppen **B** 32 ff.
- Haftung **E** 94 f.
- Haftung für Handlungen des Betriebsratsvorsitzender **C** 18 f.
- Mängel in Betriebsratssphäre bei Kündigungsanhörung **I** 307 f.
- nicht funktionsfähiger bei Kündigungsanhörung **I** 279 ff.
- Rechtsstellung gegenüber Gesamtbetriebsrat **B** 192 ff.
- Rest- oder Übergangsmandat **D** 105
- Sinken der Mitgliederzahl unter vorgeschriebene Zahl **C** 40
- Teilnahme an Sitzungen des Wirtschaftsausschusses **B** 360
- Unterrichtung durch den Wirtschaftsausschuß **B** 411 ff.
- Zusammenarbeit mit Sprecherausschuß für leitende Angestellte **B** 757 ff.
- Zusammensetzung **B** 25 ff.

Betriebsräteversammlung B 236 ff.
- Bedeutung **B** 237 f.
- Durchführung **B** 251
- Einberufung **B** 248 ff.
- Freistellung **B** 252
- Kosten **B** 253
- Tätigkeitsbericht des Gesamtbetriebsrats **B** 245
- Zusammensetzung **B** 239 f.

Betriebsratsbeschlüsse
- Abänderbarkeit **C** 55
- außerordentliche Kündigung eines Betriebsratsmitglieds **D** 190 f.
- Aussetzung auf Antrag der Jugend- und Auszubildendenvertretung **B** 475 f.; **C** 60
- Aussetzung auf Antrag der Mehrheit einer Gruppe **C** 60 ff.
- Begründung eines Aussetzungsantrags **C** 63
- Beschlußfähigkeit **C** 39 ff.
- Beschlußfassung **C** 44 ff.
- Beschlußunfähigkeit bei Äußerungsfristen **C** 43
- Erklärung der Nichtteilnahme an einer Abstimmung **C** 41 f.
- erneute Beschlußfassung bei Aussetzungsantrag **C** 65
- Fristen bei Aussetzungsantrag **C** 64 f., 67
- Gesetzeswidrigkeit **C** 58 f.
- Nichtigkeit **C** 57 ff.
- persönliche Betroffenheit eines Betriebsratsmitglieds **C** 51 f.
- Stimmenthaltung **C** 50
- Stimmengleichheit **C** 49
- Stimmenmehrheit **C** 44 ff.
- unwirksamer Beschluß **C** 53 f.
- Verfahren der Abstimmung **C** 44 ff.
- Widerspruch bei Kündigung **I** 347
- siehe auch Betriebsratssitzungen

Betriebsratsmitglied
- Ab- und Zurückmeldung bei Verlassen des Arbeitsplatzes **D** 27; **E** 32 ff.
- Abmelden bei Betriebsratstätigkeit **E** 33
- Amtspflichtverletzung **D** 237
- Amtszeit **B** 103 ff.
- Änderungskündigung **D** 186
- Arbeitsbefreiung **D** 7 ff.
- Arbeitsbefreiung bei Tätigkeit außerhalb der Arbeitszeit **D** 32 ff.
- Aufgaben **D** 10 ff.
- Auslagenpauschale **D** 3
- Ausschluß von Arbeitsbefreiung **D** 13
- eigene Angelegenheiten als Fall zeitweiliger Verhinderung **D** 119 ff.
- eigene Angelegenheiten bei Organisationsakten **D** 122
- Einsicht in sämtliche Unterlagen **C** 77 ff.
- Entgegennahme von Erklärungen **C** 22
- Entgeltschutz **D** 151 ff.

Stichwortverzeichnis

- Erforderlichkeit der Arbeitsbefreiung **D** 16 ff.
- Erlöschen der Mitgliedschaft **B** 116 ff.
- Irrtum über Vorliegen von Betriebsratstätigkeit **D** 14
- Massenänderungskündigung **D** 187
- Niederlegung des Amtes **D** 100
- persönliche Betroffenheit in bestimmter Angelegenheit **C** 51 f.
- Schulung **D** 15
- Tätigkeit außerhalb der Arbeitszeit **D** 32 ff.
- Teilnahme an Gerichtsverhandlungen **D** 12
- Übernahme eines Auszubildenden nach Ausbildungsende **B** 511 ff.
- unentgeltliche Tätigkeit **D** 2 f.
- zeitweilige Verhinderung **D** 115 ff.
- zeitweilige Verhinderung bei fristloser Kündigung und Kündigungsschutzklage **D** 125
- zeitweilige Verhinderung bei Unzumutbarkeit **D** 124
- siehe auch Ausschluß aus dem Betriebsrat; Außerordentliche Kündigung von Betriebsratsmitgliedern; Freigestellte Betriebsratsmitglieder; Geheimhaltungspflicht des Betriebsratsmitglieds; Kündigungsschutz, besonderer; Aufwendungsersatz siehe Kosten des Betriebsrates

Betriebsratssitzungen
- Einberufung **C** 24 ff.
- Geschäftsordnung **C** 82
- Hausrecht **C** 37a
- konstituierende Sitzung **C** 1 ff.
- Leitung **C** 37
- Sitzungsniederschrift **C** 69 ff.
- Stimmrecht der Jugend- und Auszubildendenvertretung **B** 472 f.
- Teilnahme der Gewerkschaften **C** 33
- Teilnahme der Jugend- und Auszubildendenvertretung **B** 468 ff.
- Teilnahme der Schwerbehindertenvertretung **B** 544 f.
- Teilnahme des Arbeitgebers **C** 32
- Teilnahmerecht **C** 30 ff.
- Terminierung **C** 35
- Verhinderungsfälle **C** 31
- siehe auch Betriebsratsbeschlüsse

Betriebsratsvorsitzender
- Aufgaben **C** 14 ff.
- Entgegennahme von Erklärungen **C** 20 ff.; **I** 182, 301
- Handlungs- und Entscheidungsbefugnisse **C** 16 ff.
- Hausrecht **C** 37a
- Leitung der Sitzungen **C** 37
- Verhinderung des Vorsitzenden **C** 23
- Vertrauenshaftung des Betriebsrates **C** 18 f.
- Wahl **C** 1, 6 ff.
- Wahl des Stellvertreters **C** 8
- Wahlanfechtung **C** 11 ff.

Betriebsratswahl
- Berechnung der Sitzverteilung bei gemeinsamer Wahl **B** 64
- Berechnung der Sitzverteilung für Minderheitsgruppe **B** 28 ff.
- Berechnung der Sitzverteilung nach Höchstzahlverfahren **B** 63
- Beteiligungsrechte bei Kündigung bei nichtiger Wahl **I** 277
- Betriebsteil **A** 22
- Gemeinschaftswahl **B** 60
- Gruppenwahl **B** 27 ff., 59
- Kostentragung **B** 85 ff.
- Listenwahl **B** 62
- Mehrheitswahl **B** 65 ff.
- Minderheitsgruppe **B** 29 ff.
- Nichtigkeit **B** 101 f.
- repräsentative Zusammensetzung des Betriebsrates **B** 37 f.
- Sitzanzahl für Minderheitsgruppe **B** 29
- Verfahren **B** 74 ff.
- Verhältniswahl **B** 61
- Wahlausschreiben **B** 74 ff.
- Wählbarkeit **B** 9 ff.
- Wahlbeeinflussung **B** 82 f.
- Wahlberechtigung **B** 2 f.
- Wahlschutz **B** 81 ff.
- Zahl der Wahlberechtigten **B** 21 f.
- Zeitpunkt **B** 2 f.
- Zuordnung leitender Angestellter **B** 16 f.
- siehe auch Wahlanfechtung

Betriebsstillegung
- Begriff **A** 10 ff.
- Kündigung von Betriebsratsmitgliedern **D** 208 ff.
- Kündigung von Betriebsratsmitgliedern wegen Stillegung einer Betriebsabteilung **D** 209

Betriebsteil
- Begriff **A** 14 ff.
- Betriebsratswahl **A** 22
- Meinungsverschiedenheiten über Selbständigkeit **A** 22
- als selbständiger Betrieb **A** 15 ff.
- als selbständiger Betrieb bei Eigenständigkeit durch Aufgabenbereich und Organisation **A** 19 ff.
- als selbständiger Betrieb bei räumlich weiter Entfernung vom Hauptbetrieb **A** 17 ff.
- Tarifvertrag über Zuordnung **A** 21

Betriebsvereinbarungen
- Ablösung einer vertraglichen Einheitsregelung, Gesamtzusage, betrieblichen Übung **F** 86 ff.
- Abschluß **F** 23 ff.
- Abschluß einer neuen Betriebsvereinbarung **F** 129
- Abschlußberechtigte **F** 24 f.
- allgemeine Grundsätze **F** 1 ff.
- Altersgrenze **F** 19 f.
- Anhörung des Sprecherausschusses **F** 32
- Arbeitsentgelte, Begriff **F** 53
- Aufhebungsvertrag **F** 128
- Aufrechterhaltung von Rechten bei Spaltung eines Betriebes **F** 8
- Auslegung **F** 33 ff.
- Ausschlußfristen **F** 110 ff.
- Beendigung **F** 120 ff.
- Bekanntgabe **F** 30 f.
- Betriebsinhaberwechsel **F** 114
- Betriebsumstrukturierungen **F** 115 ff.
- Billigkeitskontrolle **F** 95 ff.
- Durchführung **F** 99 ff.
- Einigungsstellenspruch **F** 26
- Einzelfälle zum Tarifvorbehalt **F** 63 f.
- Ende der Amtszeit des Betriebsrates **F** 135
- erweiterte Mitbestimmungsrechte bei Kündigungen **I** 380 ff.
- erzwingbare **F** 9 f.
- freiwillige **F** 11
- freiwillige Mitbestimmung bei sozialen Angelegenheiten **H** 176 f.
- Geltungsbereich einer Gesamtbetriebsvereinbarung **B** 227 ff.; **F** 39
- Gesamtbetriebsvereinbarung **B** 224 ff.
- Günstigkeitsprinzip im Verhältnis Betriebsvereinbarung – Arbeitsvertrag **F** 81 ff.
- Kleidung **F** 14
- Konzernbetriebsvereinbarung **B** 317 f.
- Kündigung **F** 122 ff.
- Kündigungsmodalitäten **F** 123 ff.
- Kürzung freiwilliger Sozialleistungen bei Arbeitsunfähigkeit **F** 97 f.
- Mißachtung durch Arbeitgeber **F** 102 ff.
- Nachwirkung **F** 137 ff.
- Nachwirkung bei freiwilliger Mitbestimmung **F** 141
- Nachwirkung bei Teilmitbestimmung **F** 142
- Öffnungsklausel **F** 80
- Ordnung des Betriebes **F** 13
- Personalfragebögen **I** 32
- Personalplanung **I** 3
- persönlicher Geltungsbereich **F** 40 ff.
- Rechtswirkungen **F** 77 ff.
- Regelung von Ruhestandsverhältnissen **F** 46
- Regelungsgegenstände **F** 5 ff.
- rückwirkendes Inkrafttreten **F** 48 f.
- Schriftform **F** 27 ff.
- sonstige Arbeitsbedingungen, Begriff **F** 54
- Streitigkeiten **F** 153 ff.
- tarifliche Öffnungsklausel **F** 74 ff.
- tarifliche Regelung **F** 56 ff.
- Tariftüblichkeit **F** 65 ff.
- Tarifvorbehalt **F** 50 ff.
- Tarifvorbehalt bei außertariflichen Angestellten **F** 62
- Umdeutung in vertragliche Einheitsregelung **F** 145
- Umfang gerichtlicher Kontrolle **F** 155
- Unabdingbarkeit **F** 79
- Unwirksamkeitsfolgen **F** 143 ff.
- unzulässige Regelungsgegenstände **F** 15 ff.
- Verhältnis Tarifvorbehalt – Tarifvorrang des § 87 Abs. 1 BetrVG **F** 68 ff.; **H** 18
- Verwirkung **F** 109
- Verzicht auf Rechte durch Arbeitnehmer **F** 106 ff.
- Wegfall der Geschäftsgrundlage **F** 130 ff.

739

- Zahl der freigestellten Betriebsratsmitglieder **D** 60 f.
- Zeitablauf **F** 120
- zeitlicher Geltungsbereich **F** 47
- Zustimmung des Betriebsrates bei Verstoß **I** 214
- Zweckerreichung **F** 120

Betriebsversammlung
- Abteilungsversammlung **B** 596 ff.
- auf Antrag einer Gewerkschaft **B** 607
- außerordentliche Teil- oder Abteilungsversammlung **B** 606
- Bekanntgabe der Betriebsratskosten in Betriebsversammlung **E** 83 ff.
- Bericht des Arbeitgebers **B** 635 ff.
- Bestellung eines Wahlvorstands **B** 43 ff.
- Dauer **B** 617
- Durchführung **B** 628 ff.
- Einberufung **B** 598 f., 608
- Einladung **B** 43 ff.
- Funktion **B** 590
- innerhalb/außerhalb der Arbeitszeit **B** 612 ff.
- Kosten **B** 642
- Kritik **B** 639
- Ort **B** 616
- sonstige Betriebsversammlungen **B** 603
- Tätigkeitsbericht **B** 632 ff.
- Teilnahmeberechtigte **B** 618 ff.
- Teilversammlung **B** 593 ff.
- Themen **B** 640
- Vergütungsfortzahlung **B** 642 ff.
- weitere Betriebsversammlungen **B** 600 ff.
- auf Wunsch des Arbeitgebers oder eines Viertels der Arbeitnehmer **B** 604
- zeitliche Lage **B** 610 ff.
- Zeitpunkt **B** 591

Beurteilungsgrundsätze I 53 ff.
- Einführung **I** 56
- Einigungsstellenverfahren **I** 58 f.
- Führungsrichtlinien **I** 55

Drittfirmeneinsatz
- Beteiligungsrecht des Betriebsrates **A** 53
- als Einstellung **I** 130 f.

Eingruppierung
- Begriff **I** 134
- und Einstellung **I** 137
- fehlende Zustimmung des Betriebsrates **I** 198
- Initiativrecht des Betriebsrates **I** 140
- Mitbestimmungsrecht **I** 139
- nicht nach Tarifvertrag **I** 136
- siehe auch Personelle Einzelmaßnahme, Mitbestimmung

Einheitliche Handhabungen im Betrieb
- Ablösung einer arbeitsvertraglichen Einheitsregelung **F** 87 ff.
- Ablösung einer betrieblichen Übung **F** 87 ff.
- Ablösung einer Gesamtzusage **F** 87 ff.
- arbeitsvertragliche Einheitsregelung **F** 87
- betriebliche Übung **F** 87
- Gesamtzusage **F** 87
- Umdeutung Betriebsvereinbarung in vertragliche Einheitsregelung **F** 145

Einigungsstellenverfahren G 1 ff.
- Ablauf **G** 43 ff.
- Antrag **G** 44 f.
- Auskunftsanspruch des Wirtschaftsausschusses **B** 432 ff.
- Auswahlrichtlinien **I** 71 f.
- Beisitzer **G** 12 f.
- Beschlußfassung **G** 48 ff.
- Betriebsvereinbarungen **G** 66
- Beurteilungsgrundsätze **I** 58 f.
- Ermessen bei erzwingbaren Einigungsstellenverfahren **G** 63 f.
- Ermessensüberschreitung **G** 72 ff.
- Errichtung der Einigungsstelle **G** 11 ff.
- Errichtung der Einigungsstellen bei erzwingbarem Verfahren **G** 5 ff.
- erzwingbares Verfahren **G** 3 ff.
- Freistellung von Betriebsratsmitgliedern **D** 72 ff.
- freiwilliges Verfahren **G** 8 ff.
- gerichtliche Bestellung des Vorsitzenden **G** 16 ff.
- gerichtliche Überprüfung bei Spruch zu Rechtsfragen **G** 69 f.
- gerichtliche Überprüfung bei Spruch zu Regelungsfragen **G** 71 f.

- gerichtliche Überprüfung des Ermessens **G** 71 f.
- gerichtliche Überprüfung des Sozialplans **J** 97
- gerichtliche Überprüfung des Spruchs **G** 68 ff.
- nach gescheitertem innerbetrieblichen Interessenausgleich **J** 57 ff.
- Hinzuziehung eines Sachverständigen **G** 37
- Höhe des Vergütungsanspruchs der Beisitzer **G** 30 ff.
- Höhe des Vergütungsanspruchs der Einigungsstellenmitglieder **G** 26 ff.
- Personalfragebögen **I** 58 f.
- Rechtsstellung der Einigungsstellenmitglieder **G** 22 ff., 40 ff.
- Rechtsweg bei Vergütungsstreit **G** 34 f.
- Regelungsstreitigkeiten **G** 63
- Sozialplan **J** 64, 83 f.
- Spruch bei freiwilligen Leistungen **H** 130
- Spruch bei individuellen Rechtsansprüchen **G** 77
- Stimmenthaltung des Vorsitzenden **G** 50
- tarifliche Schlichtungsstelle **G** 78
- Vergütung der Einigungsstellenmitglieder **G** 22 ff.
- Vollzug des Spruchs bei Anrufung des Gerichts **G** 76
- Vorsitzender **G** 14 ff.
- Wirkungen des Spruchs **G** 65 ff.
- Zuständigkeit **G** 57 ff.
- Zweifel an Unbefangenheit des Vorsitzenden **G** 20

Einstellung
- Begriff **I** 127
- Bewerbervorauswahl durch Beratungsfirma **I** 174
- Eingliederung in den Betrieb **I** 128 f.
- und Eingruppierung **I** 137
- fehlende Zustimmung des Betriebsrates **I** 196
- Fremdfirmeneinsatz **I** 130 f.
- Unternehmen mit mehreren Betrieben **I** 175 f.
- Unterrichtungsumfang bei Neueinstellungen **I** 172 ff.
- Widerspruchsfrist **I** 168
- siehe auch Personelle Einzelmaßnahmen, Mitbestimmung

Einstweilige Verfügung
- allgemeiner Unterlassungsanspruch **H** 46 ff.
- Entbindung vom Weiterbeschäftigungsanspruch **I** 375 ff.
- Fortführung des Betriebsratsamtes während des Kündigungsschutzverfahrens **D** 127
- Sanktionen des § 23 Abs. 3 BetrVG **H** 45
- Unterlassungsanspruch des Betriebsrates bei Betriebsänderung **J** 94 f.
- Weiterbeschäftigungsanspruch **I** 372

Entgeltschutz, siehe Tätigkeits- und Entgeltschutz

Ersatzmitglieder
- Ausschluß aus dem Betriebsrat **D** 251
- Begriff **D** 86
- Fälle des Nachrückens **D** 98 ff.
- Fehlen von Ersatzmitgliedern **D** 95
- freigestellte Betriebsratsmitglieder **D** 85
- Kündigungsschutz **D** 87
- Nachrücken **D** 89 ff.
- Nachrücken bei Aufhebungsvertrag **D** 103
- Nachrücken bei Beendigung des Arbeitsverhältnisses **D** 101 ff.
- Nachrücken bei Betriebsobmann **D** 93
- Nachrücken bei Betriebsteilübergang **D** 104
- Nachrücken bei Erschöpfen sämtlicher Listen einer Arbeitnehmergruppe **D** 95
- Nachrücken bei Kündigung des Betriebsratsmitglieds **D** 102
- Nachrücken bei Mangel der Wählbarkeit **D** 109
- Nachrücken bei Mehrheitswahl **D** 92
- Nachrücken bei Nichtfortbestehen des Betriebsrates **D** 113
- Nachrücken bei Niederlegung des Amtes **D** 100
- Nachrücken bei Verhältniswahl **D** 91
- Nachrücken bei Verlust der Wählbarkeit **D** 106 f.
- Nachrücken bei zeitweiliger Verhinderung **D** 115 ff.

- nachwirkender Kündigungsschutz **D** 219
- Niederlegung des Amtes **D** 127a
- Rechtsfolgen des Nachrückens **D** 110 ff.
- Schulung **E** 54
- Verhinderung des Ersatzmitglieds **D** 96

Erzwingung betriebsverfassungsgemäßen Verhaltens des Arbeitgebers D 261 ff.
- Antragsberechtigte **D** 269
- Antragszeitpunkt **D** 267
- Betriebsvereinbarung **F** 102 f.
- Fälle grober Pflichtverletzungen **D** 268
- grobe Pflichtverletzung **B** 125; **D** 265 ff.; **H** 37 f.
- mitbestimmungswidrige Maßnahme **H** 37 ff.
- Ordnungsgeld **D** 271 f.
- personelle Maßnahme ohne Zustimmung des Betriebsrates **I** 267 ff.
- Unterlassungsanspruch bei mitbestimmungswidrigen Maßnahmen des Arbeitgebers **H** 40 ff.
- Vollstreckungsverfahren **D** 270 ff.
- vorläufige personelle Maßnahme **I** 267 ff.
- Zwangsgeld **D** 273 f.
- Zwangsgeld zur Einhaltung des personellen Mitbestimmungsrechts **I** 273
- Zwangsvollstreckung des allgemeinen Unterlassungsanspruch **H** 44
- siehe auch Einstweilige Verfügung

Europäischer Betriebsrat
- Arbeitnehmerzahl **B** 650, 652
- Aufgabe des besonderen Verhandlungsgremiums **B** 663 f.
- beherrschender Einfluß **B** 655
- besonderes Verhandlungsgremium **B** 659 ff.
- Bildung des besonderen Verhandlungsgremiums **B** 659
- Geltungsbereich des EBRG **B** 650 ff.
- Geschäftsführung des besonderen Verhandlungsgremiums **B** 662
- gesetzesverdrängende Vereinbarungen **B** 705 ff.
- Hinzuziehung eines Sachverständigen **E** 16

- Kosten des besonderen Verhandlungsgremiums **B** 662
- Leitung des Unternehmens/der Unternehmensgruppe **B** 653 f.
- Sitzungsteilnahme eines leitenden Angestellten **B** 776
- Vereinbarung eines anderen Verfahrens zur Unterrichtung und Anhörung **B** 668 f.
- Vereinbarung eines Europäischen Betriebsrates **B** 666
- Zusammensetzung des besonderen Verhandlungsgremiums **B** 660 f.
- siehe auch Europäischer Betriebsrat kraft Gesetzes

Europäischer Betriebsrat kraft Gesetzes
- Amtszeit **B** 682 f.
- Aufgaben **B** 690 ff.
- Bestellung **B** 679 f.
- Errichtung **B** 672 ff.
- Geheimhaltungspflicht **B** 700 ff.
- Geschäftsführung **B** 685 ff.
- Hinzuziehung eines Sachverständigen **E** 16
- Schutzbestimmungen **B** 704 f.
- Tendenzunternehmen **B** 696
- Unterrichtung und Anhörung durch zentrale Leitung **B** 692 ff.
- vertrauensvolle Zusammenarbeit **B** 699
- Zusammensetzung **B** 675 ff.

Freier Mitarbeiter
- Abgrenzung zum Arbeitsverhältnis **A** 55 ff.
- Arbeitnehmereigenschaft **A** 54 ff.

Freigestellte Betriebsratsmitglieder
- Abberufung **D** 77
- Anrufung der Einigungsstelle **D** 72 ff.
- Anzahl der Freistellungen **D** 49 ff.
- Arbeitszeit und -ort **D** 79
- Aufgaben **D** 79 ff.
- Beratung mit dem Arbeitgeber vor der Wahl **D** 63 f.
- Berücksichtigung der Gruppen bei der Wahl **D** 67 ff.
- Berufsbildungsmaßnahmen **D** 171 f.
- Betriebe mit weniger als 300 Arbeitnehmern **D** 58
- Erhöhung der Zahl freigestellter Betriebsratsmitglieder **D** 56 f.

- Ersatzfreistellung **D** 59
- Ersatzmitglieder **D** 85
- Freistellung durch den Arbeitgeber **D** 70 ff.
- Freizeitausgleich **D** 82
- Gesamtbetriebsrat **B** 164
- Kosten für Fahrten zwischen Wohnung und Betrieb **E** 25
- Regel-Personalstärke **D** 53 f.
- Regelungen in Tarifvertrag oder Betriebsvereinbarung **D** 60 f.
- Tätigkeitsschutz **D** 168
- Teilfreistellungen **D** 55
- Vergütung **D** 84
- Verhältniswahl **D** 66; 69
- Wahl **D** 62 ff.
- Wahlverfahren **D** 65 ff.

Freiwillige Mitbestimmung, siehe Betriebsvereinbarung

Fristlose Kündigung, siehe Außerordentliche Kündigung von Betriebsratsmitgliedern; Kündigungen, Beteiligungsrechte

Geheimhaltungspflicht
- Betriebs- und Geschäftsgeheimnis, Begriff **B** 403; **D** 132
- Europäischer Betriebsrat **B** 700 ff.
- Jugend- und Auszubildendenvertretung **B** 520
- Offenbaren und Verwerten **D** 141
- Sprecherausschuß für leitende Angestellte **B** 746 ff.
- verpflichtete Personengruppen **D** 138 f.
- Wirtschaftsausschuß **B** 346
- siehe auch Geheimhaltungspflicht des Betriebsratsmitglieds

Geheimhaltungspflicht des Betriebsratsmitglieds D 128 ff.
- Arten von Betriebs- und Geschäftsgeheimnissen **D** 134
- außerordentliche Kündigung wegen Offenbarens **D** 146
- Betriebs- und Geschäftsgeheimnis, Begriff **D** 132
- Betriebsratsinterna **D** 150
- Erklärung der Geheimhaltungsbedürftigkeit **D** 135
- Kenntniserlangung als Betriebsratsmitglied **D** 136
- Offenbaren und Verwerten **D** 141

- persönliche Daten von Arbeitnehmern **D** 147 ff.
- Sanktionen **D** 143

Gemeinsame Ausschüsse B 583 ff.
- Beschlußfassung **B** 589
- Kompetenzen **B** 585 f.
- Zahl der Mitglieder **B** 588

Gemeinsamer Betrieb
- Begriff **A** 27 ff.
- Betriebsratswahl **A** 33
- Darlegungs- und Beweislast **A** 30
- Führungsvereinbarung **A** 28 f.
- und Kündigungsschutzrecht **A** 34
- tatsächliche Umstände für Vorliegen eines gemeinsamen Betriebes **A** 31

Gesamtbetriebsrat
- Abberufung **B** 147
- Abberufung des Vorsitzenden **B** 166
- absolute Mehrheit **B** 187 f.
- Amtszeit des Mitglieds **B** 140 f.
- Aufgaben des Gesamtbetriebsausschusses **B** 161
- Ausgleich für Tätigkeiten **B** 168
- Ausschluß von Mitgliedern **B** 142 ff.
- Aussetzung von Beschlüssen **B** 182
- Beschlußfähigkeit **B** 190 f.
- Ende der Mitgliedschaft im Gesamtbetriebsausschuß **B** 163
- Errichtung **B** 127
- Ersatzmitglieder **B** 137 ff., 148
- Europäischer Betriebsrat **B** 234, 661
- Freistellung **B** 164
- Geltungsbereich einer Gesamtbetriebsvereinbarung **B** 227 ff.; **F** 39
- Gesamtbetriebsausschuß **B** 155 ff.
- Gesamtbetriebsvereinbarung **B** 224 ff.
- Geschäftsführung **B** 150 ff.
- Größe **B** 133 f.
- Informationspflicht gegenüber Einzelbetriebsräten **B** 235
- Kosten und Sachaufwand **B** 167 ff.
- Modalitäten der Entsendung durch den Betriebsrat **B** 135 f.
- Ort der Sitzungen **B** 179
- Rechtsstellung gegenüber Betriebsräten **B** 192 ff.
- Reisekosten **B** 167, 170
- Rücktritt **B** 149
- Schulung **B** 165
- Sitzungen **B** 171 ff.

- Sitzungsniederschrift **B** 181
- Stimmengewichtung bei Beschlußfassung **B** 183 ff.
- Teilnahmerecht der Gewerkschaften **B** 178
- Unternehmen **B** 128 f.
- Verhältnis zu Konzernbetriebsrat **B** 305
- Wahl weiterer Mitglieder des Gesamtbetriebsausschusses **B** 160
- weitere Ausschüsse **B** 162
- Wirtschaftsausschuß **B** 231 ff.
- Zusammensetzung **B** 132
- Zusammensetzung des Gesamtbetriebsausschusses **B** 156 ff.
- Zuständigkeit **B** 195 ff.
- Zuständigkeit bei Berufsbildung **B** 212
- Zuständigkeit bei Betriebsänderung **B** 215
- Zuständigkeit bei Kündigungen **I** 300
- Zuständigkeit bei Lohngestaltung **B** 206 ff.
- Zuständigkeit bei Personalfragebögen **I** 31
- Zuständigkeit bei Personalplanung **B** 211
- Zuständigkeit bei personellen Angelegenheiten **B** 212
- Zuständigkeit bei sozialen Angelegenheiten **B** 205 ff.
- Zuständigkeit bei Stellenausschreibung **I** 26
- Zuständigkeit bei wirtschaftlichen Angelegenheiten **B** 214
- Zuständigkeit kraft Auftrags **B** 217 ff.
- siehe auch Betriebsräteversammlung

Gesamt-Jugend- und Auszubildendenvertretung
- Amtszeit **B** 526 ff.
- Bedeutung und Funktion **B** 521 f.
- Errichtung **B** 523 f.
- Geschäftsführung **B** 527 ff.
- Schulung **B** 534
- Sitzungen **B** 530
- Stimmengewichtung **B** 532
- Stimmrecht im Gesamtbetriebsrat **B** 189
- Zusammensetzung **B** 525

Gesamtschwerbehindertenvertretung
- **B** 551 f.

Gesamtzusage, siehe Einheitliche Handhabungen im Betrieb
Gesundheitsschutz, siehe Arbeits- und Gesundheitsschutz, Mitbestimmung
Gewerkschaften
- Antrag auf Ausschluß aus dem Betriebsrat **D** 230
- Betriebsräteschulung **E** 51
- Entsendungsrecht der Gewerkschaften zum Wahlvorstand **B** 49
- Teilnahme an Betriebsratssitzungen **C** 33
- Teilnahmerecht an Betriebsversammlung **B** 623
- Teilnahmerecht an Sitzungen des Gesamtbetriebsrates **B** 178
- Teilnahmerecht an Sitzungen des Wirtschaftsausschusses **B** 361 ff.

Herabgruppierung, siehe Umgruppierung
Höhergruppierung, siehe Umgruppierung

Innerbetriebliche Stellenausschreibung, siehe Stellenausschreibung, innerbetriebliche
Interessenausgleich J 46, 52 ff.
- Einigungsstellenverfahren **J** 57 ff.
- Gegenstand des Interessenausgleichs **J** 52
- namentliche Bezeichnung der Gekündigten **J** 55
- rechtliche Wirkungen **J** 54 f.
- Rechtsstreitigkeiten **J** 92 ff.
- und Sozialplan **J** 61
- Vermittlungsversuch **J** 56 f.
- Vermutung des Versuchs eines Interessenausgleichs **J** 57, 107
- siehe auch Nachteilsausgleich

Jugend- und Auszubildendenversammlungen
- Durchführung **B** 495 ff.
- Einberufung **B** 490 ff.

Jugend- und Auszubildendenvertretung
- Amtszeit **B** 457 ff.
- Anregungen **B** 464 f.

- Aufgaben in bezug auf Betriebsrat **B** 461 f.
- Aussetzung von Beschlüssen des Betriebsrates **B** 475 f.
- Bedeutung und Funktion **B** 438 f.
- Benachteiligungs- und Begünstigungsverbot **B** 505
- Durchführung der Wahl **B** 450 ff.
- Errichtung **B** 440 f.
- Geschäftsführung **B** 480
- Größe **B** 446
- Kündigungsschutz **B** 506
- Schulung **B** 501 ff.
- Sitzungen **B** 482 ff.
- Sprechstunden **B** 486 ff.
- Stimmrecht bei Betriebsratssitzungen **B** 472 f.
- Teilnahme an Betriebsratssitzungen **B** 468 ff.
- Teilnahme- und Stimmrecht bei Sitzungen des Betriebsausschusses **B** 474
- Teilnahmerecht an Besprechungen zwischen Arbeitgeber und Arbeitnehmer **B** 477 ff.
- Übernahme eines Auszubildenden nach Ausbildungsende **B** 511 ff.
- Überwachung der Einhaltung von Gesetzen, Vorschriften **B** 463 f.
- Unterrichtung durch den Betriebsrat **B** 466 f.
- Verschwiegenheitspflicht **B** 520
- Wahl **B** 442 ff.
- Wählbarkeit **B** 443
- Wahlberechtigung **B** 442
- Wahlvorstand **B** 450 ff.
- Zeitpunkt der Wahl **B** 448 f.
- Zusammensetzung **B** 447

Konzernbetriebsrat
- Abhängigkeitsverhältnis in Unterordnungskonzern **B** 258
- Amtszeit der Mitglieder **B** 284 ff.
- Auslandsunternehmen bei Konzern **B** 265 ff.
- Ausschluß eines Mitglieds durch gerichtliche Entscheidung **B** 288
- Beschlußfassung **B** 299
- besondere Zuständigkeiten **B** 314
- einheitliche Leitung bei Unterordnungskonzern **B** 257
- Errichtung **B** 268 ff.
- Errichtung mit Zustimmung der Gesamtbetriebsräte **B** 270 ff.
- Europäischer Betriebsrat **B** 314, 661
- faktischer Konzern **B** 263
- Gemeinschaftsunternehmen **B** 261
- Geschäftsführung **B** 291
- Konzernbegriff **B** 255
- Konzernbetriebsausschuß **B** 295
- Konzernbetriebsvereinbarung **B** 317 f.
- Konzernunternehmen mit nur einem Betriebsrat **B** 319 ff.
- Kosten **B** 297
- Rechtsstellung **B** 273 ff.
- Verhältnis zu Gesamtbetriebsräten **B** 305
- Voraussetzungen der Errichtung **B** 254
- Zusammensetzung **B** 276 ff.
- Zuständigkeit **B** 306 ff.
- Zuständigkeit bei Betriebsänderung **B** 311
- Zuständigkeit bei Kündigungen **I** 300
- Zuständigkeit bei Personalfragebögen **I** 31
- Zuständigkeit bei personellen Angelegenheiten **B** 312
- Zuständigkeit bei sozialen Angelegenheiten **B** 310
- Zuständigkeit bei Stellenausschreibung **I** 26
- Zuständigkeit kraft Auftrags **B** 315

Kosten und Sachaufwand des Betriebsrates
- arbeitsrechtliches Handbuch **E** 71
- Aufopferung von Vermögenswerten **E** 231
- Bekanntgabe der Betriebsratskosten in Betriebsversammlung **E** 83 ff.
- BetrVG-Kommentar **E** 68 f.
- Büroausstattung **E** 63 f.
- Büropersonal **E** 80 ff.
- Büroräume **E** 59 ff.
- Computer **E** 75 ff.
- Erforderlichkeit **E** 2 ff.
- Erstattungsanspruch ausgelegter Geschäftsführungskosten **E** 90 ff.
- Fachliteratur **E** 66
- Fachzeitschrift **E** 70
- Fahrgemeinschaft bei Dienstreisen **E** 26

745

- Fahrt zwischen Wohnung und Betrieb bei freigestelltem Betriebsratsmitglied E 25
- Geschäftsführung E 5 ff.
- Hinzuziehung eines Rechtsanwalts E 14 f.
- Hinzuziehung von Sachverständigen E 10 ff.
- Kostenregelung E 1
- nicht notwendige Rechtsverfolgung E 18 ff.
- Nutzung eines innerbetrieblichen technischen Kommunikationsmittels E 78 f.
- Prozeßvertretung durch Rechtsanwalt E 21 ff.
- Rechtsverfolgung E 17 ff., 28
- Reisekosten E 24 ff.
- Reisekostenordnung E 27
- Rundschreiben E 7
- Schwarzes Brett E 73 f.
- Streitigkeiten über die Geschäftsführungskosten E 86 ff.
- Telefongespräche E 65
- Verweigerung der Begleichung der Rechtsanwaltsgebühren E 23
- Vorschuß E 9
- siehe auch Schulungskosten des Betriebsrates

Kündigung
- Änderungskündigung und Umgruppierung I 144
- Änderungskündigung von Betriebsratsmitgliedern D 186
- Ausschluß von Sozialplanabfindung bei Eigenkündigung J 67 f.
- Auswahlrichtlinien I 80 ff.
- Berechtigung zur Betriebsratswahl bei Kündigung B 8
- Kündigungsschutzklage bei Betriebsratswiderspruch I 365 f.
- leitende Angestellte B 783 ff.
- Massenänderungskündigung und Betriebsratsmitglied D 187
- Wählbarkeit zum Betriebsrat bei Kündigung B 11
- Zustimmung des Betriebsrates zu personeller Maßnahme bei Besorgnis einer Kündigung I 218 f.
- siehe auch Kündigungen, Beteiligungsrechte; Weiterbeschäftigungsanspruch

Kündigungen, Beteiligungsrechte I 275 ff.
- Abschrift des Widerspruchs an Arbeitnehmer I 363 f.
- Änderungskündigung I 287
- Anhörung des Arbeitnehmers I 338
- ausländische Arbeitnehmer I 284
- Bedenken des Betriebsrates I 336 f.
- befristetes Arbeitsverhältnis I 289
- behördliche Zustimmungen nach MuSchG oder SchwbG I 312
- Darlegungs- und Beweislast für Betriebsratsanhörung I 391 ff.
- Einleitung des Anhörungsverfahrens I 295 ff.
- Erweiterung durch Betriebsvereinbarung I 380 ff.
- Form der Kündigungsmitteilung I 332
- Fristen bei außerordentlicher Kündigung I 299
- Klarheit der Kündigungsmitteilung I 332
- Kündigung während Betriebsferien I 281 f.
- Kündigungsausspruch nach erfolgter Anhörung I 294
- leitende Angestellte I 282, 304, 395 ff.
- Mängel des Anhörungsverfahrens I 305 ff.
- Mängel des Anhörungsverfahrens in Betriebsratssphäre I 307 f.
- Massenentlassungen I 386 ff.
- materiellrechtlicher Inhalt der Mitteilungspflicht I 309 ff.
- Mitteilung der Kündigungsart I 310
- Mitteilung der Kündigungsgründe I 313 ff.
- Mitteilung der Personalien I 309
- Mitteilung der Sozialdaten I 318 ff.
- Mitteilung von Kündigungsfrist und -termin I 310 ff.
- Mitteilungsumfang bei Änderungskündigung I 330
- Mitteilungsumfang bei betriebsbedingter Kündigung I 321 ff.
- Mitteilungsumfang bei krankheitsbedingter Kündigung I 327 ff.
- Mitteilungsumfang bei Kündigung von Arbeitnehmern unterhalb sechsmonatiger Beschäftigung I 331

- Mitteilungsumfang bei Massenentlassungen I 387 ff.
- Mitteilungsumfang bei Verdachtskündigung I 326
- Mitteilungsumfang bei verhaltensbedingter Kündigung I 324 f.
- Nachschieben von Kündigungsgründen I 316
- Nachschieben weiterer Kündigungen I 286
- nicht funktionsfähiger Betriebsrat I 279 ff.
- Nichtäußern des Betriebsrates I 298
- nichtige oder angefochtene Betriebsratswahl I 277
- Rechtsfolgen des Widerspruchs des Betriebsrates I 363 ff.
- Stellungnahme des Betriebsrates I 334 ff.
- Träger des Mitbestimmungsrechts I 300
- Überlegungsfristen des Betriebsrates I 297
- Unwirksamkeit einer Kündigung bei mangelhafter Anhörung I 290 f.
- Unwirksamkeit einer Kündigung bei Nichtanhörung I 290 f.
- Verstoß gegen Unterrichtungspflicht bei Massenentlassungen I 390
- Widerspruch aufgrund ordnungsgemäßen Betriebsratsbeschlusses I 347
- Widerspruch des Betriebsrates bei ordentlicher Kündigung I 339 ff.
- Widerspruch wegen anderweitiger Weiterbeschäftigungsmöglichkeit I 353 ff.
- Widerspruch wegen fehlerhafter sozialer Auswahl I 350 f.
- Widerspruch wegen freiwerdender Arbeitsplätze I 354
- Widerspruch wegen Verstoß gegen Auswahlrichtlinie I 352
- Widerspruch wegen Weiterbeschäftigung auf bisherigem Arbeitsplatz I 356
- Widerspruch wegen Weiterbeschäftigung unter geänderten Arbeitsbedingungen I 360 ff.
- Widerspruch wegen zumutbarer Umschulungs- oder Fortbildungsmaßnahmen I 358 f.
- Widerspruchsgründe des Betriebsrates bei ordentlicher Kündigung I 340 ff.

Kündigungsschutz, besonderer
- Betriebsratsmitglieder D 173 ff.
- Betriebsstillegung D 208 ff.
- Ersatzmitglieder des Betriebsrats D 87
- Jugend- und Auszubildendenvertretung B 506
- nachwirkender D 218 ff.
- Nebenpflichtverletzung D 182
- Stillegung einer Betriebsabteilung D 209
- Wahlbewerber B 88 ff.; D 223 f.
- Wahlvorstandsmitglieder B 88 ff.; D 223 f.
- wichtiger Grund D 179 f., 183
- siehe auch Außerordentliche Kündigung von Betriebsratsmitgliedern

Leiharbeitsverhältnis
- echtes Leiharbeitsverhältnis A 51
- unechtes Leiharbeitsverhältnis A 52
- Unterrichtung des Betriebsrates I 180

Leistungsbezogene Entgelte, Mitbestimmung, siehe Betriebliche Lohngestaltung, Mitbestimmung

Leitende Angestellte
- Abgrenzung zu sonstigen Angestellten A 77
- Aufgaben „von Bedeutung" A 96 ff.
- Auslegungsregel A 108 ff.
- Beteiligungsrechte des Betriebsrates bei Kündigung I 282, 395 ff.
- Beteiligungsrechte des Betriebsrates bei personellen Einzelmaßnahmen I 397 f.
- dreifache Sozialversicherungs-Bezugsgröße A 126 ff.
- Einzelfälle A 130 ff.
- Entscheidungen im wesentlichen weisungsfrei/maßgeblich beeinflußbar A 100 ff.
- funktionsbezogene Aufgabenstellung A 93 ff.
- Generalvollmacht oder Prokura A 88 ff.
- Leitungsebene mit überwiegend leitenden Angestellten A 120 f.

- Mitbestimmung bei Betriebsärzten und Fachkräften für Arbeitssicherheit **H** 98
- Mitbestimmung bei Fortbildungskursen **I** 117
- regelmäßige Aufgabenwahrnehmung **A** 105 f.
- selbständige Einstellungs- und Entlassungsbefugnis **A** 84 ff.
- Sonderstellung **A** 75 ff.
- Sozialplan **J** 73
- Sprecherausschuß **B** 708 ff.
- Stellung im Unternehmen oder im Betrieb **A** 78 ff.
- übliches Jahresgehalt **A** 122 ff.
- Umgruppierung **I** 146
- Unterstützung durch Sprecherausschuß für leitende Angestellte **B** 771 f.
- Versammlung der leitenden Angestellten **B** 761
- Wirtschaftsausschuß **B** 335
- Zuordnung anläßlich einer Wahl oder durch gerichtliche Entscheidung **A** 116 ff.
- Zuordnung bei Wahlen **B** 16 f.
- siehe auch Sprecherausschuß für leitende Angestellte

Massenentlassungen, siehe Kündigungen, Beteiligungsrechte
Mitbestimmung, siehe Personelle Einzelmaßnahmen, Mitbestimmung; Soziale Angelegenheiten, Mitbestimmung; Wirtschaftliche Angelegenheiten, Beteiligungsrechte

Nachteilsausgleich J 100
- Entlassung, Begriff **J** 108
- Klage auf Abfindung bei Abweichen vom Interessenausgleich **J** 101 ff.
- Klage auf Abfindung bei Abweichen vom Sozialplan **J** 105 f.
- Klage auf Abfindung bei fehlendem Versuch eines Interessenausgleichs **J** 107 f.
- Vermutung des Versuchs eines Interessenausgleichs **J** 107
- zwingende Gründe für Abweichen vom Interessenausgleich **J** 102

Nebenbetrieb
- abweichende Regelungen durch Tarifvertrag **A** 25
- Begriff **A** 23 ff.
- Meinungsverschiedenheiten über Selbständigkeit **A** 26

Personalfragebögen
- AIDS **I** 47
- Alkoholismus **I** 49
- Begriff **I** 34 f.
- Betriebsvereinbarung **I** 32
- Einführung **I** 29 f.
- Einigungsstellenverfahren **I** 58 f.
- Mitbestimmungsrecht **I** 28 ff.
- persönliche Angaben in Formulararbeitsverträgen **I** 52
- psychologische Tests **I** 48
- Schwangerschaft **I** 44
- Schwerbehinderung bzw. Gleichstellung **I** 46
- unzulässige Fragen **I** 38 ff.
- Vermögensverhältnisse **I** 42
- Vorstrafen/Ermittlungsverfahren **I** 40
- Zugehörigkeit zu bestimmten Organisationen **I** 43

Personalplanung
- Betriebsvereinbarung **I** 3
- Personalinformationssysteme **I** 8
- Unterrichtung **I** 1 ff.
- Unterrichtungsumfang **I** 9 f.
- Verletzung der Beteiligungsrechte **I** 14
- Vorschlagsrecht **I** 13
- Zeitpunkt der Beteiligung **I** 5
- Zuständigkeit des Gesamtbetriebsrates **B** 211

Personelle Angelegenheiten, siehe Auswahlrichtlinien; Berufliche Bildung; Beurteilungsgrundsätze; Personalfragebögen; Personelle Einzelmaßnahmen, Mitbestimmung; Stellenausschreibung, innerbetriebliche

Personelle Einzelmaßnahmen, Mitbestimmung
- Adressat der Information und des Zustimmungsersuchens **I** 182
- Arbeitnehmerzahl **I** 121 ff.
- außerordentliche Kündigung eines Betriebsratsmitglieds **D** 189
- Betriebsärzte **H** 98

- Bewerbervorauswahl durch Beratungsfirma **I** 174
- Fachkräfte für Arbeitssicherheit **H** 98
- leitende Angestellte **I** 397 f.
- ordentliche Kündigung von Betriebsratsmitgliedern wegen Betriebsstillegung **D** 208 ff.
- personelle Einzelmaßnahmen **I** 124
- Tendenzunternehmen **K** 27 ff.
- Unterrichtungsumfang **I** 165 f., 177 ff.
- Unterrichtungsumfang bei Leiharbeitsverhältnis **I** 180
- Unterrichtungsumfang bei Neueinstellungen **I** 172 ff.
- Unterrichtungsumfang, unzureichender **I** 171
- Widerspruchsfrist **I** 167 ff.
- Widerspruchsfrist bei Einstellungen **I** 168
- Widerspruchsfrist, Verlängerung **I** 183
- Zuständigkeit des Gesamtbetriebsrates **B** 213
- Zuständigkeit des Konzernbetriebsrates **B** 312
- siehe auch Eingruppierung; Einstellung; Kündigung, Beteiligungsrechte; Umgruppierung; Versetzung; Vorläufige personelle Maßnahme; Zustimmung des Betriebsrats

Pflichtenverletzung
- des Arbeitgebers siehe Erzwingung betriebsverfassungsgemäßen Verhaltens des Arbeitgebers
- des Betriebsrates siehe Auflösung des Betriebsrats
- des Betriebsratsmitglieds siehe Ausschluß aus dem Betriebsrat

Privatwirtschaft
- Abgrenzung zu Verwaltungen und sonstigen öffentlich-rechtlichen Einrichtungen **A** 145 ff.

Räumlicher Geltungsbereich des BetrVG A 133 ff.

Regelungsabrede F 147 ff.
- Beendigung **F** 151
- Regelungsgegenstände **F** 149

Religionsgemeinschaften A 141 ff.
- karitative und erzieherische Einrichtungen **K** 2

- Kirchen **K** 1
- Sprecherausschuß für leitende Angestellte **B** 718

Sachaufwand des Betriebsrates, siehe Kosten und Sachaufwand des Betriebsrates

Sachverständige
- Hinzuziehung durch den Betriebsrat **E** 10 ff.
- Hinzuziehung durch Europäischen Betriebsrat und weitere EBRG-Einrichtungen **E** 16
- Hinzuziehung durch Wirtschaftsausschuß **B** 406 ff.; **E** 13
- Hinzuziehung eines Rechtsanwalts durch den Betriebsrat **E** 14 f.
- Hinzuziehung zur Betriebsversammlung **B** 627

Schulung
- Betriebsratsmitglied **D** 15
- Gesamtbetriebsrat **B** 165
- Gesamt-Jugend- und Auszubildendenvertretung **B** 534
- Jugend- und Auszubildendenvertretung **B** 501 ff.
- Schwerbehindertenvertretung **B** 549
- Sprecherausschuß für leitende Angestellte **B** 744 f.
- teilweise außerhalb der Arbeitszeit bei Betriebsratsmitglied **D** 39 f.
- Wirtschaftsausschuß **B** 345
- siehe auch Schulungskosten des Betriebsrates

Schulungskosten des Betriebsrates
- Entsendungsbeschluß des Betriebsrates **E** 52
- Erforderlichkeit der Schulung **E** 39 ff.
- Erforderlichkeit hinsichtlich bestimmter Themen **E** 41 ff.
- gewerkschaftlicher Seminarveranstalter **E** 51
- Grundsatz der Verhältnismäßigkeit **E** 46
- Rhetorikseminare **E** 43
- Schulung teilweise außerhalb der Arbeitszeit bei Teilzeitbeschäftigung **E** 50
- Schulung von Ersatzmitgliedern **E** 54
- Spezialwissen **E** 44

Stichwortverzeichnis

- Umfang der Kostentragungspflicht E 49 ff.
- Vermittlung von Grundkenntnissen E 40

Schwerbehindertenvertretung
- Amtszeit B 540
- Aufgaben B 541 f.
- Aussetzung von Beschlüssen des Betriebsrates B 545
- Kosten B 550
- Rechtsstellung B 548
- Schulung B 549
- Schwerbehindertenversammlung B 547
- Teilnahme an Betriebsratssitzungen B 544 f.
- Teilnahmerecht an Besprechungen zwischen Arbeitgeber und Arbeitnehmer B 546
- Unterrichtung und Anhörung durch den Arbeitgeber B 543
- Wahl B 536 ff.
- Zeitpunkt der Wahl B 538 f.

Soziale Angelegenheiten, Mitbestimmung
- abschließende und zwingende Regelung H 17
- Ausgestaltung der Sozialeinrichtung H 108
- Ausschluß durch Tarifvorbehalt F 68 ff.
- Auszahlung der Arbeitsentgelte H 80 f.
- betriebliche Ordnung und Verhalten der Arbeitnehmer H 49 ff.
- betriebliches Vorschlagswesen H 172 ff.
- Betriebsbußenordnung H 51
- Eilfälle H 23 ff.
- einseitige mitbestimmungswidrige Maßnahmen des Arbeitgebers H 34 ff.
- einstweilige Verfügung H 45 ff.
- erzwingbare H 7 f.
- Grenzen des Initiativrechts H 30 f.
- Initiativrecht H 27 ff.
- kollektiver Bezug H 19 ff.
- Kündigung von Wohnräumen H 116
- Leiharbeitnehmer H 3
- Modifizierungen des Mitbestimmungsrechtes H 6
- Notfälle H 26
- Nutzungsbedingungen der Werkmietwohnungen H 118
- Sanktionen bei mitbestimmungswidrigen Maßnahmen des Arbeitgebers H 37 ff.
- Schweigen des Betriebsrates H 10 f.
- Sozialeinrichtungen H 102 ff.
- Sozialeinrichtungen, Begriff H 103 ff.
- Tendenzunternehmen K 25
- Unterlassungsanspruch bei mitbestimmungswidrigen Maßnahmen des Arbeitgebers H 40 ff.
- Urlaubsgrundsätze H 82 ff.
- Vergabe von Werkmietwohnungen ohne Betriebsratszustimmung H 115
- Verhalten des Arbeitnehmers ohne Bezug zur Arbeit H 52 f.
- Vermögensbildung H 175
- Verwaltung der Sozialeinrichtung H 108 f.
- Vorrang von Gesetz und Tarifvertrag H 12 ff.
- Vorrangtheorie F 70 ff.
- Werkdienstwohnungen H 111
- Werkmietwohnungen H 110 ff.
- Zuständigkeit des Gesamtbetriebsrates B 205 ff.
- Zuständigkeit des Konzernbetriebsrates B 310
- Zustimmungsverweigerung H 9
- Zuweisung von Wohnräumen H 114 f.
- Zwangsvollstreckung des allgemeinen Unterlassungsanspruch H 44
- Zwei-Schranken-Theorie F 69
- siehe auch Arbeits- und Gesundheitsschutz, Mitbestimmung; Arbeitszeit, Mitbestimmung; Betriebliche Lohngestaltung, Mitbestimmung; Technische Überwachungseinrichtungen, Mitbestimmung

Sozialplan
- Ablösungsprinzip J 81
- Ausschlußfristen J 80
- Besonderheiten bei Neugründungen J 89 ff.
- Besonderheiten bei Personalabbau J 85 ff.
- Durchgriffshaftung im Konzern J 76
- Eigenkündigung J 67 f.
- Einigungsstelle J 64, 83 f.

- gerichtliche Überprüfung des Einigungsstellenspruchs J 97
- Gleichbehandlungsgrundsatz J 66 ff.
- und Interessenausgleich J 61
- Konkurs- und Vergleichsverfahren J 79
- mögliche Regelungen J 65 ff.
- neuer Arbeitsplatz J 68 f.
- Rechtsstreitigkeiten J 92 ff.
- Rechtswirkungen J 71 ff.
- unerwartete Betriebsübernahme F 131 f.
- Wegfall der Geschäftsgrundlage F 130 ff.; J 82
- Zweck J 62
- siehe auch Betriebsvereinbarung; Nachteilsausgleich

Sprecherausschuß für leitende Angestellte
- Amtszeit B 725 ff.
- allgemeine Aufgaben B 763 ff.
- allgemeine Grundsätze B 708 ff.
- Anhörung bei Betriebsvereinbarungen F 32
- Anhörung durch Arbeitgeber B 768
- Anhörung vor jeder Kündigung B 783 ff.; I 282
- Arbeitsbedingungen und Beurteilungsgrundsätze B 774 f.
- Arbeitsbefreiung B 738 ff.
- Betriebsänderung B 794 ff.
- Einschränkungen von Mitwirkungsrechten B 801
- Einstellung und personelle Veränderung B 778 ff.
- Ersatzmitglieder B 731 ff.
- Erweiterung von Mitwirkungsrechten B 801 f.
- freiwillige Sprecherausschüsse B 816 ff.
- Geheimhaltungspflicht B 746 ff.
- Gesamtsprecherausschuß B 713
- Geschäftsführung B 735 ff.
- Größe B 719 f.
- Konzernsprecherausschuß B 715
- Parallelität SprAuG – BetrVG B 710
- Rechtsstellung der Mitglieder B 738 ff.
- Religionsgemeinschaften B 718
- Richtlinien und Vereinbarungen B 803 ff.

- Schulung B 744 f.
- Schutzbestimmungen B 750 ff.
- Teilnahme an Sitzungen des Europäischen Betriebsrates B 776
- Tendenzunternehmen B 717
- Unternehmenssprecherausschuß B 714
- Unterrichtung durch Arbeitgeber B 766
- Unterstützung einzelner leitender Angestellter B 771 f.
- Verletzung von Mitwirkungsrechten durch Arbeitgeber B 797 ff.
- Versammlung der leitenden Angestellten B 761
- Vertretungskompetenz B 763 ff.
- Voraussetzungen der Errichtung B 711 ff.
- Wahl B 722 ff.
- wirtschaftliche Angelegenheiten B 791 ff.
- Zusammenarbeit mit Arbeitgeber B 755 f.
- Zusammenarbeit mit Betriebsrat B 757 ff.

Sprechstunden
- Arbeitszeitversäumnis durch Besuch C 95 ff.
- Betriebsrat C 88 ff.
- Betriebsratssprechstunde C 93
- Durchführung durch Betriebsrat C 90
- Form der Sprechstunden des Betriebsrates C 91
- Jugend- und Auszubildendenvertretung B 486 ff.; C 99
- Vereinbarung mit Arbeitgeber C 92 f.

Stellenausschreibung, innerbetriebliche I 15 ff.
- Art und Weise I 20 f.
- Ausschreibung, Begriff I 17 f.
- im Unternehmen oder Konzern I 26
- parallellaufende außerbetriebliche I 22
- Teilzeitarbeitsplätze I 24
- Zustimmung des Betriebsrates bei nicht ordnungsgemäßer Ausschreibung I 231 ff.
- Zustimmung des Betriebsrates bei Unterlassen der Ausschreibung I 230 ff.

Tarifvertrag
- Anrechnung von Tariflohnerhöhungen auf übertarifliche Zulagen **H** 136 ff.
- Öffnungsklausel **F** 74 ff.
- tarifliche Schlichtungsstelle statt Einigungsstelle **G** 78
- Tarifvorbehalt **F** 50 ff.
- Verhältnis Tarifvorrang – Tarifvorbehalt **F** 68 ff.; **H** 18
- Zahl der freigestellten Betriebsratsmitglieder **D** 60
- Zustimmung des Betriebsrates bei Verstoß **I** 211 ff.

Tätigkeits- und Entgeltschutz
- Akkordlohn **D** 162
- allgemeine Zuwendungen **D** 163
- Berufsbildungsmaßnahmen **D** 171 f.
- Dauer des Entgeltschutzes **D** 164
- entgegenstehende betriebliche Notwendigkeiten **D** 169 f.
- gleichwertige Tätigkeit **D** 166
- Jugend- und Auszubildendenvertretung **B** 504
- Tätigkeitsschutz bei freigestellten Betriebsratsmitgliedern **D** 167
- Tätigkeitsschutz, Begriff **D** 165 f.
- vergleichbare Arbeitnehmer **D** 152 ff.
- Vergleichbarkeit und betriebsübliche berufliche Entwicklung **D** 159 ff.
- Vergleichbarkeit und subjektive Elemente **D** 156 ff.
- Wechselschichtvergütung **D** 162
- Zuweisung höherwertiger Tätigkeit **D** 167

Technische Überwachungseinrichtungen, Mitbestimmung
- Anwendung einer technischen Überwachungseinrichtung **H** 92
- Datenverarbeitung durch Dritte **H** 93
- Einführung einer technischen Überwachungseinrichtung **H** 92
- Fälle eines nichtbestehenden Mitbestimmungsrechtes **H** 91
- objektive Geeignetheit zur Überwachung **H** 88
- technische Überwachungseinrichtungen, Begriff **H** 90
- Überwachung des einzelnen Arbeitnehmers **H** 89
- Überwachung, Begriff **H** 87

Teilzeitbeschäftigung
- Arbeitsbefreiung bei Betriebsratstätigkeit außerhalb der Arbeitszeit **D** 37 f.
- innerbetriebliche Stellenausschreibung **I** 24
- Schulung teilweise außerhalb der Arbeitszeit bei Betriebsratsmitglied **D** 40; **E** 50

Tendenzunternehmen A 140
- Ausschluß von Beteiligungsrechten wegen Eigenart des Betriebes/Unternehmens **K** 22 ff.
- Betriebsänderung **K** 20 f.
- Druckerei **K** 14
- erzieherische Bestimmung **K** 10
- Europäischer Betriebsrat **B** 696
- Güterabwägung **K** 4
- karitative Bestimmung **K** 9
- koalitionspolitische Bestimmung **K** 7
- konfessionelle Bestimmung **K** 8
- künstlerische Bestimmung **K** 12
- Meinungsverschiedenheiten **K** 33
- organisatorische/allgemeine Vorschriften des BetrVG **K** 24
- personelle Einzelmaßnahmen, Mitbestimmung **K** 27 ff.
- politische Bestimmung **K** 6
- Presseunternehmen **K** 17
- privater Rundfunksender **K** 17
- soziale Angelegenheiten **K** 25
- Sprecherausschuß für leitende Angestellte **B** 717
- Unternehmensbezug **K** 18
- Wirtschaftsausschuß **K** 19
- wissenschaftliche Bestimmung **K** 11
- Zwecke der Berichterstattung und Meinungsäußerung **K** 13 f.
- Zweck-Tendenz-Beziehung **K** 15 ff.

Übernahme von Auszubildenden
- Mitteilung der Nichtübernahme eines Mitglieds des Betriebsrates oder der Jugend- und Auszubildendenvertretung nach Ausbildungsende **B** 512 ff.
- Übernahme eines Mitglieds des Betriebsrates oder der Jugend- und Auszubildendenvertretung nach Ausbildungsende **B** 511 ff.

Stichwortverzeichnis

- Unzumutbarkeit der Weiterbeschäftigung eines Mitglieds des Betriebsrates oder der Jugend- und Auszubildendenvertretung nach Ausbildungsende **B** 516 ff.
- Weiterbeschäftigungsverlangen eines Mitglieds des Betriebsrates oder der Jugend- und Auszubildendenvertretung nach Ausbildungsende **B** 513

Umgruppierung
- Änderungskündigung **I** 144, 287
- Begriff **I** 141 f.
- einzelarbeitsvertragliche Vereinbarung **I** 147
- fehlende Zustimmung des Betriebsrates **I** 199
- Grund der Änderung **I** 143
- leitende Angestellte **I** 146
- und Versetzung **I** 155
- siehe auch Personelle Einzelmaßnahmen, Mitbestimmung

Unterlassungsanspruch, allgemeiner, siehe Erzwingung betriebsverfassungsgemäßen Verhaltens des Arbeitgebers

Unternehmen
- Begriff **A** 7 ff.
- Bestehen mehrerer Betriebsräte **B** 130 f.
- gemeinsamer Betrieb **A** 27 ff.
- Gesamtbetriebsrat **B** 128 f.

Vergütungsanspruch bei Betriebsratstätigkeit, siehe Arbeitsbefreiung und Vergütungsanspruch bei Betriebsratstätigkeit

Versetzung
- Abordnung **I** 161
- anderer Arbeitsbereich **I** 150
- Änderungskündigung **I** 287
- Begriff **I** 148 ff.
- Entzug bisher wahrgenommener Aufgaben **I** 156
- erhebliche Änderung der Umstände **I** 155 ff.
- fehlende Zustimmung des Betriebsrates **I** 197
- individualrechtliche Seite und Beteiligung des Betriebsrates **I** 153
- mitbestimmungsfreie Maßnahmen **I** 160
- Ortswechsel **I** 151
- ständig wechselnde Arbeitsorte **I** 163 f.
- Unternehmen mit mehreren Betrieben **I** 175 f.
- Veränderung der Arbeitszeit **I** 157
- Vertretungen **I** 159
- Zeitaspekt **I** 149
- Zustimmungsverweigerung bei Kündigungsbesorgnis wegen Versetzung auf noch besetzten Arbeitsplatz **I** 223
- Zustimmungsverweigerung wegen Benachteiligung bei Versetzung **I** 228 f.
- siehe auch Personelle Einzelmaßnahmen, Mitbestimmung

Vorläufige personelle Maßnahme **I** 242 ff.
- Antrag des Arbeitgebers bei Widerspruch des Betriebsrates und Zustimmungsersetzung **I** 257
- Aufklärung des betroffenen Arbeitnehmers **I** 249 ff.
- Bestreiten der dringenden Erforderlichkeit durch Betriebsrat **I** 255 ff.
- Dringlichkeit **I** 245 ff.
- Ende **I** 243, 263 ff.
- Entscheidungsmöglichkeiten des Arbeitsgerichts **I** 259 ff.
- Nichtäußern des Betriebsrates **I** 254
- Unterrichtung des Betriebsrates **I** 250
- Zustimmung des Betriebsrates **I** 253
- siehe auch Erzwingung betriebsverfassungsgemäßen Verhaltens des Arbeitgebers

Wahl
- Betriebsratsvorsitzender **C** 6 ff.
- Ersatzmitglieder für freigestellte Betriebsratsmitglieder **D** 85
- freizustellende Betriebsratsmitglieder **D** 62 ff.
- Jugend- und Auszubildendenvertretung **B** 442 ff.
- Schwerbehindertenvertretung **B** 536 ff.
- Sprecherausschuß für leitende Angestellte **B** 722 ff.
- siehe auch Betriebsratswahl

Wahlanfechtung
- Änderung oder Beeinflussung des Wahlergebnisses **B** 93
- Anfechtung der Wahl einer Gruppe **B** 94
- Anfechtungsberechtigte **B** 95 f.
- Beschlußverfahren **B** 98
- Beteiligungsrechte bei Kündigung bei angefochtener Wahl **I** 277
- Betriebsausschußwahl **B** 564
- Frist **B** 97
- Verstoß gegen wesentliche Vorschriften **B** 91 f.
- Wirkung **B** 99

Wählerliste B 14 ff.

Wahlvorschlag B 68 ff.
- Unterzeichnung **B** 69 ff.

Wahlvorstand B 39 ff.
- Aufgaben **B** 52 f.
- Ausscheiden von Mitgliedern **B** 51
- Bestellung **B** 41
- Bestellung in betriebsratslosem Betrieb **B** 43 ff.
- Einsetzung nach Auflösung des Betriebsrates **D** 260
- Ende des Amtes **B** 54
- Entsendungsrecht der Gewerkschaften **B** 49
- für Jugend- und Auszubildendenvertretung **B** 450 ff.
- gerichtliche Bestellung **B** 47 f.
- Kosten **B** 55 f.
- Kündigungsschutz **B** 88 ff.; **D** 223 f.
- Vorsitzendenbestellung **B** 50
- Zusammensetzung **B** 40

Weiterbeschäftigungsanspruch
- Änderungskündigung **I** 374
- außerordentliche, hilfsweise ordentliche Kündigung **I** 367
- bei Betriebsratswiderspruch und Kündigungsschutzklage **I** 366 ff.
- einstweilige Verfügung **I** 372
- einstweilige Verfügung des Arbeitgebers **I** 375 ff.
- bei Obsiegen in erster Instanz **I** 371
- offensichtliche Unbegründetheit des Betriebsratswiderspruchs **I** 379
- tatsächliche Beschäftigung **I** 370
- unzumutbare Belastung bei Weiterbeschäftigung **I** 378
- Voraussetzungen **I** 368

Weitere Ausschüsse B 575 ff.

Wirtschaftliche Angelegenheiten, Beteiligungsrechte, siehe auch Betriebsänderung; Einigungsstellenverfahren; Interessenausgleich; Sozialplan
- Begriff **B** 375 ff.
- Beratung und Unterrichtung des Wirtschaftsausschusses **B** 374 ff.
- Europäischer Betriebsrat **B** 690 ff.
- Zuständigkeit des Gesamtbetriebsrat **B** 214

Wirtschaftsausschuß
- allgemeine Grundsätze **B** 322
- Amtszeit der Mitglieder **B** 342 f.
- arbeitsgerichtliches Beschlußverfahren **B** 435 ff.
- Beratung durch den Arbeitgeber **B** 390
- Beschäftigtenzahl **B** 326 ff.
- Betriebs- und Geschäftsgeheimnisse **B** 402 ff.
- Eignung der Mitglieder **B** 338 f.
- Einigungsstellenverfahren **B** 422 ff.
- Errichtung **B** 325 ff.
- Freistellung **B** 344
- Gesamtbetriebsrat **B** 231 ff.
- Geschäftsführung **B** 348 ff.
- Größe **B** 334, 336 f.
- Jahresabschluß **B** 415 ff.
- Konzern **B** 329
- Kosten **B** 372 f.
- leitende Angestellte im Wirtschaftsausschuß **B** 335
- Meinungsverschiedenheiten **B** 421 ff.
- Mißachtung der Unterrichtungspflicht durch den Arbeitgeber **B** 409 f.
- Sachverständige **B** 406 ff.
- Schulung **B** 345
- Sitzungen **B** 350 ff.
- Teilnahme des Unternehmers an Sitzungen **B** 354 ff.
- Teilnahmeberechtigte an Sitzungen **B** 353 ff.
- Teilnahmerecht der Gewerkschaften **B** 361 ff.
- Teilnahmerecht des Betriebsrates an Sitzungen **B** 360
- Tendenzunternehmen **K** 19
- Umfang der Unterrichtung durch den Arbeitgeber **B** 396 f.
- Unterrichtung der Arbeitnehmer durch den Arbeitgeber **B** 420

- Unterrichtung des Betriebsrates
  B 411 ff.
- Unterrichtung durch den Arbeitgeber **B** 391 ff.
- Unterrichtung durch den Arbeitgeber durch Vorlage von Unterlagen
  B 398 ff.
- Verschwiegenheitspflicht **B** 346
- wirtschaftliche Angelegenheiten
  B 374 ff.
- Zeitpunkt der Unterrichtung durch den Arbeitgeber **B** 392 ff.

Zustimmung des Betriebsrates
- außerordentliche Kündigung eines Betriebsratsmitglieds **D** 174 ff., 191 ff.
- Benachteiligung des betroffenen Arbeitnehmers **I** 227 ff.
- Benachteiligung durch Versetzung
  I 228 f.
- Berechnung der Widerspruchsfrist
  I 190
- Besorgnis einer Kündigung **I** 218 ff.
- Besorgnis einer Störung des Betriebsfriedens **I** 235 ff.
- Besorgnis sonstiger Nachteile
  I 224 f.
- Eingruppierung ohne Zustimmung
  I 198
- Einstellung ohne Zustimmung **I** 196
- formelle Voraussetzungen einer wirksamen Zustimmungsverweigerung **I** 185 ff.
- nicht ordnungsgemäße Stellenausschreibung **I** 231 ff.
- Umgruppierung ohne Zustimmung
  I 199
- Unterlassen einer Stellenausschreibung **I** 230 ff.
- Versetzung ohne Zustimmung
  I 197
- Verstoß gegen Auswahlrichtlinien
  I 217
- Verstoß gegen Betriebsvereinbarung
  I 214
- Verstoß gegen Gesetz **I** 203, 206 ff.
- Verstoß gegen gesetzliche Verbote und Rechtsverordnungen **I** 204
- Verstoß gegen Tarifvertrag **I** 211 ff.
- Verstoß gegen Vorschrift, Gerichtsentscheidung, behördliche Anordnung **I** 201 ff.
- Verstreichenlassen der Widerspruchsfrist bei personellen Einzelmaßnahmen **I** 184
- Verweigerungsgründe **I** 200 ff.
- Widerspruchsfrist bei unvollständiger Unterrichtung **I** 191 ff.
- siehe auch Erzwingung betriebsverfassungsgemäßen Verhaltens des Arbeitgebers

Zustimmungsersetzungsverfahren
  D 200 ff.; **I** 238 ff.
- Darlegungs- und Beweislast **I** 240
- hilfsweiser Antrag auf Zustimmungsersetzung **I** 239
- Nachschieben von Gründen **D** 207;
  I 189
- Rechtsanwaltskosten **E** 29

Zwangsgeld, siehe Erzwingung betriebsverfassungsgemäßen Verhaltens des Arbeitgebers

Friedemann

Das Verfahren der Einigungsstelle für Interessenausgleich und Sozialplan

Von Dr. *Hartmut Friedemann*. 341 Seiten Lexikonformat, 1997, gbd. 98,– DM. ISBN 3 504 42644 6

Sozialplan ohne Fehler!

Bei Verhandlungen über den Sozialplan präsentieren beide Betriebspartner oftmals unhaltbare Forderungskataloge. Vor diesem Hintergrund entstehen Sozialpläne, die einer Kontrolle durch das Arbeitsgericht nicht standhalten. Deswegen muß bereits die Einigungsstelle wissen, wie ein ausgewogener und rechtsfehlerfreier Sozialplan zu gestalten ist.

Einigungsstelle funktionsfähig?

Dieses Buch verwertet Erfahrungen aus der Perspektive des Gerichts und der Leitung von Einigungsstellen. Es will zwischen den Interessenlagen der Betriebspartner einen vermittelnden Kurs steuern. Es belegt die These, daß die Einigungsstelle zu betreiben ist, ohne auf die für das Verfahren vor den Gerichten geschaffenen Prozeßordnungen zugreifen zu müssen.

Ein Autor mit Erfahrung.

Dr. Hartmut Friedemann ist Direktor des Arbeitsgerichts Hannover. Im Laufe der letzten Jahre hat er Erfahrungen aus der Leitung einer Vielzahl von Einigungsstellenverfahren gesammelt. Er wendet sich mit diesem Buch an jeden, der sich mit Einigungsstelle, Interessenausgleich und Sozialplan befaßt: Betriebsräte, Personalleiter, Rechtsanwälte, Vorsitzende und Beisitzer in Einigungsstellen.

Verlag Dr. Otto Schmidt · Köln

Weber/Ehrich/Hörchens
Handbuch zum Betriebsverfassungsrecht

● Hinweise und Anregungen: _____
_____
_____
_____
_____

● Auf Seite _____ Teil _____ Rz. _____ Zeile _____ von oben/unten
muß es statt _____
_____
_____

richtig heißen: _____
_____
_____

Weber/Ehrich/Hörchens
Handbuch zum Betriebsverfassungsrecht

● Hinweise und Anregungen: _____
_____
_____
_____
_____

● Auf Seite _____ Teil _____ Rz. _____ Zeile _____ von oben/unten
muß es statt _____
_____
_____

richtig heißen: _____
_____
_____

Absender:

_____

_____

_____

Antwortkarte

Verlag Dr. Otto Schmidt KG
– Lektorat –
Unter den Ulmen 96-98

50968 Köln

Absender:

_____

_____

_____

Antwortkarte

Verlag Dr. Otto Schmidt KG
– Lektorat –
Unter den Ulmen 96-98

50968 Köln